中国古代文化常识辞典

商务印书馆辞书研究中心 编

 商务印书馆
The Commercial Press

 四川教育出版社

中国古代文化常识辞典

顾　问　　何九盈　顾德希

编　者　　徐从权　俞必睿　白彬彬　陈锦剑　刘　静

审　读

　　　　　包诗林　李智初　吕海春　史建桥　吴满蓉

　　　　　范中华　侯文富　华学诚　黄金武　李志江

　　　　　潘正安　彭　林　邵宇彤　沈　伟　宋守江

　　　　　孙玉文　张大同　赵志峰

责　编　　徐　童

编　务　　孙　欣　郭　威　白建利

出版说明

　　中华优秀传统文化是中华文明的智慧结晶和精华所在，是中华民族的根和魂；要认识今天的中国，就要深入了解中国的文化血脉，准确把握滋养国人的文化土壤。近年来，中小学生和普通民众对古代文化常识的学习需求不断增长，我馆既有的古汉语品牌辞书《古汉语常用字字典》《古代汉语词典》等，从字词学习和语言表达等层面能够满足这些阅读需求；但在古代文化知识的学习延展方面，这些辞书限于篇幅和定位，难于完全满足读者的阅读要求。为此，我们组织编写了这本《中国古代文化常识辞典》。

　　我们这本辞典，主要根据王力先生主编的《中国古代文化常识》的编写理念，同时参照已有古代文化类辞书，结合当下中小学文言文学习要求，筛选出约4300个词目，以辞条形式展现中华优秀传统文化，满足广大中小学师生和传统文化爱好者的阅读需求。本辞典为中小型古代文化常识类工具书，收录了中国古代各个历史时期的常用文化辞条，涵盖思想、哲学、宗教、文学、艺术、科学、技术、教育、政治、经济、军事、民俗等十多个领域。每个辞条都经过专家的严格审核和精心编写，释文突出文化性，力求准确、简明、易懂，使读者能够快速获取古代文化知识。本辞典顾问何九盈先生认为本书有"四好"：第一好，本书主旨，总体设计，有创意；第二好，条目的选取得当，有很强的针对性；第三好，各条目的解说能撮要提纲；第四好，解说文字可读性强，许多条目简洁、周到、畅达。

　　我们希望本书能够帮助读者更好地学习和了解中国古代文化常识，成为大家掌握中国古代文化常识的常用工具书。编写过程中，我们得到语言学界、历史学界、辞书学界、语文教育界、出版界等有关领域专家的指导和帮助。在此，我们谨向他们表示衷心的感谢。由于水平有限，本书的编写工作肯定会有一些不足甚至失误的地方，希望读者朋友们提出宝贵意见、建议，以便我们对这本辞书能不断改进和完善。

商务印书馆编辑部

2024 年 5 月

目　　录

凡　例

　　一、本辞典旨在较为全面地梳理并介绍中国古代文化知识，帮助读者走近中华优秀传统文化，传承、发展中华优秀传统文化。

　　二、本辞典共收录词条约4300条。涉及天文历法、地理胜迹、宫室车马、衣器食物、人物掌故、政事法律、朝代民族、科举职官、宗法礼俗、宗教知识、军事外交、经济科技、学术考据、典籍艺文、乐律娱体、动物植物等领域。

　　三、本辞典贯彻执行国家的各项语言文字规范。正文按词目汉语拼音音序排列；释文使用规范汉字，《通用规范汉字表》以外的汉字不做类推简化。

　　四、本辞典的词条结构分为词目和释文两个部分。如果一个词条含有多个义项，以"①②……"区分。

　　（一）词目采用常见常用、表述准确的词语。

　　1. 词目中的多音字或难字，酌情注音。

　　2. 词目有异形词的，异形词用"也作"标示，异形词本身加引号；词目有另外称呼的，另外称呼用"也称"标示，另外称呼本身不加引号。

　　（二）释文依据可靠的史料和文献，力求解释准确简明，通俗易懂，注重揭示文化内涵和历史信息。

　　1. 释文中的公元纪年，同一词条内只在首次出现时加"公元"二字。帝王年号加括号注明公元纪年时，只注公元纪年的阿拉伯数字，"公元前"的"前"字保留。

　　2. 释文中如有书证，书证优先选用能够体现其文化内涵和用法的经典文献或名人名言，注重时代性和典型性。

　　五、本辞典为了方便读者查检，正文前附有"词目首字拼音索引"和"词目首字笔画索引"，正文后附有"词目分类索引"和"词目异称、合称索引"。

词目首字拼音索引

词目首字笔画索引

术	369	白	7	召	345	百	10	传	52
札	522	仞	326	加	187	有	505	伎	185
可	227	瓜	133	皮	299	匠	197	伏	109
左	570	丛	57	边	21	夸	231	优	504
厉	242	令	250	圣	351	夺	90	延	481
石	69	用	504	对	88	达	59	伤	341
	356	印	499	弁	22	成	369	华	169
右	505	氏	72	台	392	列	248		170
布	27	尔	93	矛	272	成	45	伪	427
戊	444	乐	515	**六画**		夹	188	伊	493
龙	257	册	34	匡	231	夷	494	向	456
平	300	外	418	耒	235	轨	141	后	162
东	79	冬	81	邦	13	尧	490	行	152
匝	493	务	444	刑	465	毕	19		466
卡	222	刍	50	戎	326	至	545		553
北	15	饤	78	圭	140	贞	535	舟	322
占	523	包	14	寺	381	师	351	全	177
	524	主	559	吉	184	光	139	会	231
卢	259	市	362	考	225	吐	415		154
业	491	立	243	老	234	虫	49	合	552
归	140	冯	107	执	544	曲	321	众	516
甲	189	玄	473	扫	338		322	刖	182
申	347	兰	233	地	74	团	416	肌	520
号	153	半	13	扬	487	吕	263	杂	113
田	408	头	413	耳	94	同	411	负	469
只	542	汉	149	芋	509	吊	77	匈	277
史	358	氾	99	共	128	因	497	名	90
叫	200	礼	236	芍	345	岁	388	多	538
冉	325	记	185	亚	480	回	176	争	338
四	377	永	502	朴	302	网	425	色	468
生	350	司	373	机	182	肉	327	饧	563
失	351	尼	290	权	322	年	291	壮	24
丘	319	弘	160	过	145	朱	556	冰	562
仕	362	出	50	更	243	缶	109	庄	318
代	68	辽	247	协	462	先	451	庆	251
仙	451	奴	293	西	446	廷	409	刘	
仪	494	卯	138	在	520	竹	559		

齐	306	丞	46	志	546	时	357	含	146
	564	如	327	报	14	吴	436	邸	73
交	198	妃	104	拟	291	助	560	龟	140
衣	493	好	153	劫	201	县	453	兔	276
决	218	妈	268	芙	110	里	241	狄	73
充	49	戏	450	芜	482	园	513	角	199
闭	20	羽	507	邯	146	足	568	鸠	214
问	433	观	135	芸	519	邮	504	条	409
并	24	买	270	茉	110	串	53	饭	99
关	134	红	160	花	168	员	513	饮	499
米	275	纨	419	芥	203	别	23	状	563
灯	72	纪	185	苍	31	岐	306	亩	282
州	553		186	严	482	帐	531	床	53
汗	151	巡	477	芒	560	岑	34	库	231
江	195	**七画**		克	227	兕	381	应	500
汲	184	麦	270	苏	384	针	536		502
汤	399	玛	270	杜	86	牡	282	庐	260
守	365	进	206	材	29	告	121	序	471
字	565	戒	203	杖	530	利	243	辛	464
安	1	远	514	杏	468	私	376	弃	308
讲	197	划	37	巫	435	兵	24	忘	426
军	219	扶	110	极	184	估	129	闰	328
祁	306	抚	112	李	237	何	155	间	191
许	471	走	567	杨	488	佐	571	羌	312
论	265	抄	40	更	123	佃	75	判	297
	265	贡	128	束	370	作	571	兑	89
农	293	赤	48	豆	83	伯	24	灶	521
艮	123	折	346	两	246	佣	502	汪	420
导	70		534	辰	42	住	560	沙	339
阮	328	抓	561	还	171	身	347	泪	276
孙	389	孝	461	奁	244		511	沧	31
阳	487	均	220	连	244	皂	521	沈	349
收	364	抛	298	轩	472	佛	108	怀	170
阪	13	投	414	轫	516	近	207	宋	382
阶	200	坊	102	步	27	余	505	良	245
阴	497	抖	82	卤	260	金	309	评	301
防	102	护	168	卣	505	坐	572	补	25

棒	14	鹅	92	曾	522	鄢	481	戡	72
楮	51	稺	183	湛	525	鼓	132	路	263
楛	168	程	47	湖	166	塘	402	遣	311
焚	105	黍	368	湘	455	毂	132	蜗	434
椒	199	税	372	温	429	摊	398	蛾	93
椎	563	筑	561	渭	429	薯	352	署	368
惠	178	策	34	湟	176	靴	475	蜀	369
粟	387	筒	413	游	504	蓝	233	幌	176
棘	184	答	59	寒	148	墓	283	嵩	381
硬	502	筝	539	富	115	蓬	299	错	58
雁	485	傅	115	寓	510	蓑	391	锡	449
辋	426	鸟	450	甯	292	蒲	302	锤	53
辁	291	牌	297	裲	247	蒙	273	锦	206
辐	564	集	184	裙	324	蓂	280	锱	564
雅	480	焦	199	禅	36	献	453	雉	548
紫	565	傩	295		341	椿	55	稗	12
棠	402	街	201		263	禁	207	鼠	369
皖	171	御	510	禄	462	楚	51	催	58
鼎	78	殽	459	谢	364	楷	224	衙	480
喇	233	番	98	谥	309	楸	320	腰	490
景	213	释	364	谦	368	槐	171	鹏	299
践	195	舜	372	属	560	榆	506	腾	502
跏	189	腊	233		218	楼	259	詹	523
蛟	199		449	屏	368	楹	501	鲈	260
罦	191	鲁	260	疏	72	裘	320	鲍	15
嗟	200	舼	130	登	373	感	118	舼	128
幄	434	馓	132	稍	227	碓	89	解	202
赋	115	蛮	271	缂	377	碑	15		203
赎	368	敦	89	缌	21	零	250	廉	245
赐	57		90	编	338	辒	430	靖	214
赕	399	哀	302	骚	514	输	368	新	464
铸	561	粱	56	缘	514	辌	504	韵	519
铺	302	童	412	**十三画**		督	85	意	496
	303	善	341	瑟	338	虞	506	雍	502
铜	193	普	303	瑁	272	鉴	195	阘	323
短	88	尊	570	髡	232	睢	387	数	370
犊	86	道	70	摄	347	愚	507	慈	56

A

【阿罗汉】 即罗汉。指彻底消除了欲望、摆脱了烦恼的佛教修行者。释迦牟尼的弟子中，能称阿罗汉的最初有十六人，后逐渐增至十八人、一百零八人乃至五百人。今很多佛教寺院中常有十八罗汉或五百罗汉塑像。另小乘佛教修证的果地分为九等，第五等为"舍念清净地"，到此等得阿罗汉果，能折服现行烦恼，但还未到消灭根本烦恼的境界，如在此基础上发广大心，即可入佛乘。

【哀辞】 古代一种文体，是哀悼死者的文辞。源于东汉班固《梁氏哀辞》，古用以哀悼夭而不寿者，后世也用于寿终者。哀辞之体，以哀痛为主，用以表达对逝者的惋惜和思念。它所表达的情感通常分为两种：一种是哀悼、爱惜之情，主要针对幼弱夭亡者。另一种则是敬意与哀思之辞，与诔相似。多用韵语，或四言，或楚骚，后者如唐柳宗元《杨氏子承之哀辞》。

【艾】 植物名。有特殊香气，可入药。古人认为它能辟除病邪毒气，故五月端午有悬艾、簪艾、佩艾的习俗。挂在门上的用艾束成的假人，称"艾人"。给儿童戴在头上的用艾制成的虎形饰物，称"艾虎"。

【安车】 可坐乘的小车。上古乘车都是靠着厢板站在车厢里，而这种车因可安坐在车厢里，故名。一般采用单匹马拉，安稳舒适，供年迈的大臣或贵族妇女乘坐。汉代以来，遇德高望重的老臣告老或被征召，皇帝往往赐乘安车，这是一种礼遇。汉武帝曾派使者带着玉璧和丝帛，用四匹马拉安车的规格迎接名儒申培公，以体现礼遇之高。典故"安车召"即由此而来。

【安抚使】 古代官名。隋代称安抚大使，由行军主帅兼任。唐初如遇战乱或自然灾害，朝廷派巡察、安抚或存抚等使节巡视抚恤，称安抚使。后由节度使、观察使取代。宋初，在战乱、灾荒之地设安抚使，事后即罢，往往由知州、转运使等兼任。至宋真宗景德年间，开始长设安抚使一职，后由掌管一方军事和民政之官兼任。辽金也设。元仅设于西南地区，为安抚司长官，参用土官。明清沿置，为武职土官。

【安济坊】 宋徽宗时创设的救治贫病之人的机构。设立的初衷是救助遭受瘟疫而流离失所的百姓，后逐渐发展为专门的救助场所。安济坊的设立有效遏制了疫情的蔓延，是我国医疗救助史上的一大进步。

【安史之乱】 唐代安禄山与史思明发动的叛乱。也称天宝之乱。唐开元、天宝之际，政治日趋腐败，社会矛盾尖锐,中央集权削弱,藩镇势力兴起。平卢、范阳、河东三镇节度使安禄山于天宝十四载(755)十一月以诛杨国忠为名,在范阳(今北京)起兵,连败唐军,河北州县闻风而降,叛军迅速渡过黄河,攻下洛阳。次年,安禄山在洛阳称帝,国号"燕"。六月,破潼关,入长安。玄宗逃往蜀中,肃宗在灵武(今宁夏灵武)即位,主持平叛。至德二载(757)安禄山为其子安庆绪所杀,长安、洛阳为唐将郭子仪等收复,安庆绪退守邺郡(今河南安阳)。乾元二年(759)史思明杀安庆绪,回范阳自称"燕帝"。两年后史思明为其子史朝义所杀。广德元年(763)史朝义走投无路,自杀,叛乱被平定。安史之乱前后历时八年,严重破坏社会安定和生产秩序,唐朝由盛而衰,进入藩镇割据的局面。

【安世高】 东汉末僧人,生卒年不详,中国佛教史上第一位翻译家。原名清,字世高。本为安息国太子,后让国于叔,出家为僧。他博综经藏,通晓天文、地理、占卜、推步等术,尤精于医学,受到西域各国的敬重。精通小乘佛典,是佛经汉译的创始人,初译介了印度小乘佛教禅类经典。后在洛阳译经,至建宁五年(172)译出《安般守意经》《阴持入经》等30余部。所译《明度五十校计经》为确凿可考的佛典汉译第一经。作为中国佛教翻译史上第一位译经家,安世高深刻影响了"直译"佛经的翻译事业,对推动佛教在中国的传播起到了重要作用,也促进了中西方文化的交流和融合。

【安西四镇】 唐代前期西域的四个军事重镇。贞观十四年(640),唐太宗灭高昌,设安西都护府。贞观二十二年(648),于龟兹(今新疆库车一带)、于阗(今新疆和田西南)、焉耆(今新疆焉耆)、疏勒(今新疆喀什)四镇设都督府,由安西都护府统辖。安史之乱以后,四镇先后陷落于吐蕃、回鹘之手。

【安置】 宋朝王公及文武官员因犯罪被贬到指定地点居住的惩处方式。有的削官爵而安置,有的除名而安置,有的贬官职、减俸禄而安置。此惩处方式"非流非徙非迁而又似流似徙似迁"。一般情况下是被贬到指定地点居住,当事人仍可在当地自由活动,称"居住"。罪行较重的则受到监视并被限制行动。

【按察使】 古代职官。职责为赴各道巡察,考核吏治。也称臬司、臬台、廉访。唐始置。唐睿宗景云二年(711)分置十道按察使,分察各地,成为常设官员。曾改称采访处置使、观察处置使。实为各州刺史的上级,权力仅次于节度使,凡有节度使之处也兼带观察处置使衔。宋以诸路转运使兼按察,专主巡察,别设提点刑狱官。元置提刑按察使,后改为肃政廉访司。明仍建提刑按察使司,以按察使为一省司法长官。清沿明制,各省均设,掌刑名按劾之事,隶属各省总督、巡抚,与专管政令的布政使并称"两司"。清末改称提法使。

【按赀配马】 赀,zī,资产。十六国北凉的养马制度。北凉沮渠氏西迁高昌后,按当地民众民户资产多少分配饲养军马的数量,供军队骑乘或用于驿乘。官府定期检查马匹的配养情况,若出现饲养不当或马死未能及时补养的情况，则以"阅马遁"的罪名对配养者予以处罚。

【案】 古代器物。按用途可分为食案和书案。食案是古代进送食物用的短足托盘，有长方形的，也有圆形的，前者四足，后者三足，可以放在地上或床上。东汉梁鸿、孟光夫妻二人"举案齐眉"，其中的"案"就是食案。书案是一种长条形的矮桌，两端有宽足向内曲成弧形，供读书写字之用。

【案首】 明清时科举考试，凡县试、府试、院试的第一名称为"案首"。因考官揭晓名次称"出案"，故名。

B

【八大山人】（1626—1705）清初画家。本名朱耷，字刃庵，号雪个、个山等，江西南昌人。明宁王朱权后裔。明亡，出家为僧，后又当道士，住持南昌青云谱道院。他擅水墨花卉鱼鸟，笔墨凝练，极富个性，所画鱼鸟每作"白眼向天"的情状，给观者留下深刻印象。其作品意境冷寂，落款八大山人，连起来好像"哭之""笑之"。题诗也含意隐晦，寄寓亡国之痛以及对新朝代的不满。与弘仁、髡残、石涛合称"清初四僧"。

【八丁兵】西魏推行的一种军事制度。把境内民丁分为八批轮换服役。至北周改为"十二丁兵"，每年服役一个月。一说，"八丁兵"和"十二丁兵"是周武帝时一年所训练的兵次，即每年进行的训练次数。刚开始实施时，每年进行八次训练，称为"八丁兵"。随着越来越多的汉人加入军队，每年的训练次数增加到了十二次，因而有了"十二丁兵"的称谓。

【八分书】书体名。即八分，字体似隶而体势多波磔。也称分书。相传为秦时上谷人王次仲所造。关于八分的命名，历来说法不一：或以为其二分似隶八分似篆，故称；或以为似汉隶的波磔，向左右分开，如八字分背，故称。近人以为八分非定名，汉隶为小篆的八分，小篆为大篆的八分，今隶为汉隶的八分。古代八分书法是官方文书和重要文献的书写方式，具有规范、工整、易读的特点。

【八纲】中医诊断各种临床症状的四对八种辨证要素。即阴、阳、表、里、虚、实、寒、热。出自汉代张仲景《伤寒杂病论》。清代程国彭《医学心悟》对其做了系统总结，以此为纲分析归纳各种病症，为治疗提供依据。

【八公山】位于今安徽淮南，淝水以北，淮水以南。也称北山。因西汉淮南王刘安与八门客登此山而得名。东晋太元八年（383），谢石、谢玄于淝水抵御前秦苻坚南侵，得胜，史称"淝水之战"。苻坚登寿春城远眺八公山，以为山上草木都是晋兵，"草木皆兵"的典故即从此来。

【八股文】明清科举考试的文体。由破题、承题、起讲、入手、起股、中股、后股、束股八部分组成。文章的发端为破题、承题，后为起讲。入手为起讲后入手之处，其后分起股、中股、后股和束股四个段落正式论述。在四段中，每个段落都有两股排比对偶的文字，合计八股，故称。也称八比。因题目取于"四书"，内容也要根据宋代朱熹的《四书章句集注》等书，不许作者自由发挥，故又称四书文。其体源于宋元的经义，明成化以后渐成定式，清光绪末年废。明清时，用"时文""制义"或"制艺"称八股文。

【八卦】《周易》中的八种基本图形。即乾（☰）、坤（☷）、震（☳）、巽（☴）、坎（☵）、离（☲）、艮（☶）、兑（☱），分别代表天、地、雷、风、水、火、山、泽。其中，乾（☰）、坤（☷）两卦最重要，被视为一切现象产生的基础与根源。构成八卦的基本符号是爻，"—"代表阳爻，"--"代表阴爻。每三爻组成一个卦象。如"乾"卦是由三个阳爻"—"构成，即"☰"。任取两卦相互搭配可组成一个重卦，下面的卦称为下卦，上面的卦称为上卦。重卦共有六十四组，称为六十四卦，用来象征自然现象和社会人事变化。传说八卦起源于"三皇五帝"之一的伏羲，反映了华夏先民对现实世界的朴素认识，蕴含朴素的辩证法因素。后来被用作占卜的符号，带有神秘色彩。

【八关都尉】东汉灵帝时在京城洛阳附近八个关隘设置的守关长官。中平元年（184）为阻遏黄巾军进攻，设于函谷、广城、伊阙、大谷、轘辕、旋门、小平津、孟津八关，指挥所辖关隘的军队，保卫洛阳的安全。

【八角鼓】①打击乐器名。鼓腔呈八角形，故名。单面蒙皮，七面嵌有响铃，无铃一面饰双股长穗。演奏时用指击鼓面发出鼓声，摇动鼓身发出铃声。②满族曲艺曲种。原是满族牧民的歌曲，乾隆时发展成坐唱形式，并由专业艺人演出。后渐趋衰落。③单弦的别称。因用弦子和八角鼓伴奏，故名。

【八戒】指佛教徒在家修行所遵循的八项戒律。全称"八关斋戒"。"关"指关闭众生生死之门。这八项戒律是：一、不杀生。二、不偷盗。三、不淫欲。四、不妄语。五、不饮酒。六、不眠坐高广华丽床座。七、不装饰打扮及观听歌舞。八、过午不食。其中，前七项为戒，第八项为斋。

【八闽】福建的别称。先秦合称其地部族为七闽，东晋以来有林、黄等中原八姓入闽，五代时王审知在此建闽国。北宋时始分为八州、军，南宋分为八府、州、军，元分为八路，明改为八府，于是有八闽之称。到了清代，增加台湾、福宁府，又有九闽、十闽之称。

【八旗制度】清代满族的军事组织和户口编制。明万历二十九年（1601），努尔哈赤在统一女真各部过程中，创建八旗制度，以旗色为标志，将部众分为八个各有旗号的军政合一组织。初分正黄、正白、正红、正蓝四旗，万历四十三年（1615）增镶黄、镶白、镶红、镶蓝，称八旗。其中镶黄、正白、正黄为上三旗，也称内府三旗，直属亲军，担任内府侍卫。其余为下五旗。每旗辖五参领，每参领辖五佐领。凡满族成员分隶各佐领，平时生产，战时从征。皇太极时，又将归降的蒙古人和汉人编为"八旗蒙古"和"八旗汉军"，与"八旗满洲"共同构成清代八旗的整体。初期，兼有军事、行政、生产三方面的职能，后来成为兵籍编制，对推动满族社会和经济的发展起了积极作用。入关后，满族统治阶级利用八旗制度加强对百姓的控制，其生产职能日趋缩小。作为一个军事组织，八旗军队后与绿营兵共同构成清代统治阶级统治全国的工具。作为一个行政机构，在某些地区，八旗各级衙署与州县系统并存至清末。八旗官员平时管理民政，战时任将领，旗民子弟世代当兵。清亡后，八旗制度废除。

【八旗庄田】清内务府及八旗宗室官兵占有的田产。分为：皇庄，即内务府官庄；王庄，即八旗官员、将领的庄田；八旗驻防各省官兵在驻所建立的庄田。八旗庄田是清代特有的土地制度，反映了当时社会的等级结构和经济形态。

【八王之乱】西晋皇族争夺政权的变乱。晋武帝司马炎称帝后，大封宗室，豪门世族之间的矛盾日益激化。武帝死，惠帝立，惠帝妻贾后与辅政外戚杨骏争权，永平元年（291）贾后杀杨骏，以汝南王司马亮为太宰，专权。其后楚王司马玮、赵王司马伦、齐王司马冏、河间王司马颙、成都王司马颖、长沙王司马乂、东海王司马越先后起兵，争权夺势，战争持续达十六年之久。尽管西晋皇族中参与这场动乱的王不止八位，但这八位王是主要的参与者，因此史称这次动乱为"八王之乱"。

【八仙】古代"八仙"的说法不止一种。民间流传最广的，是道教的八位神仙：铁拐李、汉钟离、张果老、何仙姑、蓝采和、吕洞宾、韩湘子和曹国舅。关于这八位神仙最著名的故事当属八仙过海。传说八仙路过东海，吕洞宾提出不能乘云过海，须各以物投水并乘之渡海。于是铁拐李投杖，汉钟离投鼓，张果老投纸驴，何仙姑投

竹罩，蓝采和投拍板，吕洞宾投箫管，韩湘子投花篮，曹国舅投玉版，正所谓"八仙过海，各显神通"。

【八议】我国古时规定对八种人予以减免刑罚特权的特别审议制度，包括议亲、议故、议贤、议能、议功、议贵、议勤、议宾。但如果触犯"十恶"这样的大罪，则不在此列。"八议"源于周代的"八辟"，汉代改名"八议"。三国时魏国正式写入法典，一直沿用到清代。

【八音】①古代对乐器的分类。根据材质分为金、石、土、革、丝、木、匏、竹八类。钟、铃等属金类，磬等属石类，埙、陶钟等属土类，鼓、鼗等属革类，琴、瑟等属丝类，柷、敔等属木类，笙、竽等属匏类，管、籥等属竹类。②民间乐种名称。如潮州八音、海南八音、壮族隆林八音、仡佬族八音、彝族八音等。

【八珍】本指周代的八种名食：淳熬、淳母、炮豚、炮牂、捣珍、渍、熬、肝膋。八珍体现了黄河流域先秦宫廷的饮食文化，其制作方法对我国传统菜肴的发展影响很大。此后，又有山八珍、海八珍、中八珍、下八珍、小八珍等称。因此后来八珍也用来泛指珍馐美味，如八珍豆腐。

【八阵图】阵图名。相传为黄帝所创，历代演变有所不同。诸葛亮推演兵法，作八阵图，或谓即天、地、风、云、龙、虎、蛇、鸟八阵。杜甫在《八阵图》诗中，通过赞颂诸葛亮的军事成就，表达了对这位历史人物深深的敬仰之情。

【巴】古族名、古国名。相传周代以前，生活在武落钟离山（今湖北长阳

西北）。商朝时称巴方。后随武王伐纣。周朝建立后，受封为巴国，居汉水中游。此后与邓、申、楚等国交融，征战频繁。一度与楚结盟。约在公元前5世纪迁往鄂西、川东一带，在四川东部立国。主要从事农业，能制盐和酿酒。战国后期，巴国的中心区域被楚占据。前316年，秦派司马错灭巴国、蜀国，后在此基础上建立巴郡。巴人信奉白虎，有人祭、行船棺葬等风俗。居渝境的，部分称板楯蛮。南移到今湘西与樊瓠蛮杂处，构成武陵蛮的一部分。先后移到今鄂东的，东汉时称江夏蛮，两晋、南北朝时称五水蛮。后人也习惯以巴指代川东地区。

【巴蜀】 长江上游四川盆地及周围地区。先秦巴人、蜀人曾在此建国，其东部抵汉中为巴国，川西平原一带为蜀国。战国时被秦所灭，分设巴郡、蜀郡，汉魏以来其地常割据称蜀，巴、蜀二郡之地逐渐缩小，唐以来改立渝州、成都府，后遂以此泛指今四川、重庆一带。巴蜀地区自古以来就有"天府之国"的美誉。

【拔贡】 科举制度中选拔贡入国子监的生员的一种。明崇祯八年（1635）始行，通考府、州、县学廪生，各取一人，贡入国子监。清制，初定六年选拔一次，乾隆七年（1742）改为每十二年（逢酉岁）一次，由各省学政选拔文行兼优的生员，经汇考核定，贡入京师，称为"拔贡生"，简称"拔贡"。先赴会考，择优者再赴朝考。经朝考合格，可以充任京官、知县或教职。与岁贡、恩贡、副贡、优贡合称五贡。

【灞桥】 也作"霸桥"。在今陕西西安东。春秋时期，秦穆公改滋水为灞水，在水上建桥，故名。西汉末年，王莽将灞桥改名长存桥。隋开皇三年（583），灞桥重新建造。唐中宗景龙四年（710），在位于早期灞桥以南又建一桥，形成南北二桥。此后唐至宋历代不断修葺，沿用至元代方废弃。是我国迄今发现的时代最早、规模最大的多孔石拱桥。南朝梁文人江淹名篇《别赋》第一句"黯然销魂者，唯别而已矣"，使灞桥又得名"销魂桥"。唐人有送客至灞桥折柳相赠的习俗，灞桥作为表现离愁别绪和与亲友深厚情谊的文化符号，在唐以来的文学作品中被广泛运用。诗人李白《忆秦娥》："年年柳色，灞陵伤别。"

【白板天子】 板，也作"版"。白板指无纹路、空白的木板，没有国玺的皇帝如同没有身份标识的白板。后来也常常被用来比喻没有实权的傀儡皇帝。秦汉以来，玉玺被视为传国之大宝和正统之象征。西晋亡，传国玉玺失落。晋元帝南渡建东晋，数传至穆帝，皆无此玺，北方的人将没有玉玺的东晋皇帝称为"白板天子"，含蔑视意。

【白册】 明朝地方政府编造的一种用于征派赋役的簿册。明朝初期，制定了赋役黄册作为征派赋役的依据。在编造黄册时，编造人员常和官吏串通舞弊，涂改捏造，使人户、田地与实际不符，无法作为有效的赋役征派依据。为了满足赋役征派的需要，另编一册作为征派赋役依据，因是私编，不报户部，故名。也称实征黄册、赋役白册。

【白登之围】 公元前200年，汉高祖

刘邦被匈奴围困于白登山（今山西大同东北）的事件。汉高祖七年（前200）匈奴大军围攻晋阳（今山西太原西南），刘邦率三十余万大军亲征，小胜后与前锋骑军追敌冒进，被匈奴围困于平城白登山七日之久。后用陈平计，重赂冒顿的阏氏，方得以突围。此后刘邦将宗室女嫁与匈奴冒顿单于，开启了和亲政策。此事件让汉朝开始重视与匈奴的关系，并在一定程度上推动了汉朝与匈奴的交流和互动。

【白帝】古代神话中的五天帝之一，西方之神。名为白招拒。古人曾将蛇神视作白帝。相传秦文公梦见蛇，于是在鄜畤用牛、羊、豕三牲祭祀白帝。《史记》中记载了刘邦斩白蛇的故事，而白蛇称白帝子。

【白叠】古代用棉纱织就的一种白布。也称白氎。《梁书》中记载，高昌国多草木，其实如茧，茧中丝如细纑，人们以此织出来的布又软又白，可以拿到市场上交易。

【白虎观会议】观，guàn。白虎观是汉代的一座宫观。建初四年（79），东汉章帝召集大夫、博士、议郎、郎官和诸生在洛阳白虎观召开了一次讨论儒家经典的学术会议。章帝亲自主持，讨论"五经"同异，旨在调和统一群经歧义及今文家说，重整今文经学，反对古文经学，以皇帝之权威，法典之形式，制定有关经学的标准疏释，以巩固其思想上的统治地位。当时名儒丁鸿、班固、贾逵等均参加了会议。会后班固等奉命整理讲论记录，编撰成《白虎通义》。

【白虎通义】东汉统合今古文经义的一部著作。东汉班固等编撰。又称《白虎通》。针对当时今文经学与古文经学相互攻讦辩难的情况，朝廷曾会集学者于白虎观，讲论"五经"同异，由汉章帝亲自裁决经义奏议。会后班固奉敕据辩论结果编撰成书，定名为《白虎通义》。今流传的《白虎通义》包含44篇，几乎涉及了汉代社会生活的各个方面，是研究古代政治、哲学、民俗、语言等历史文化现象的重要资料。

【白居易】（772—846）唐代诗人，字乐天。祖籍太原（今山西太原），后迁居下邽（今陕西渭南）。年少时刻苦向学，贞元十六年（800）中进士，授秘书省校书郎。元和年间任左拾遗及左赞善大夫。因宰相武元衡遇刺，上表请求严缉凶手，触怒权贵，被贬为江州司马。历任杭州刺史、苏州刺史，后官至刑部尚书、太子少傅。晚年居于洛阳香山一带，自号香山居士。在文学上，白居易积极倡导新乐府运动，主张"文章合为时而著，歌诗合为事而作"，诗作多尖锐地揭发时政弊端和社会矛盾，反映民生疾苦，如《卖炭翁》《秦中吟》。晚年诗风趋于平淡，多怡情悦性、流连光景之作，语言通俗平易。与元稹齐名，世称"元白"。存诗约3000首，其中《长恨歌》《琵琶行》等广为流传。有《白氏长庆集》。

【白鹿洞书院】我国古代著名书院。位于江西庐山五老峰东南。唐贞元年间，李渤隐居于庐山，养白鹿自娱，人称白鹿先生。宝历年间，李渤任江州刺史，在当年养鹿处修建亭台，引山泉种植花木，因此处山峰回合，如同一山洞，故名"白鹿洞"。南唐时国子监九经李善道、助教朱弼等人在白鹿书院置田聚徒讲学，史称"庐山国学"。北宋初年，扩为书院，与睢阳、石鼓、岳麓并称四大书院。后于皇祐年间毁于兵火。南宋淳熙六年（1179），朱熹重建书院，订立教规，在此讲学。经几代人苦心经营，书院名声大著，成为南宋书院的典范。书院于元末又毁于战火，明清两代重建。鼎盛时学生多达500余人。现保存有宋元以来的摩崖石刻、明清以来的碑刻、先贤编纂的《白鹿洞书院志》及历代诗词歌赋等1000多首。

【白鹭】鸟名。在古代白鹭被视为自由、高贵和纯洁的象征。杜甫在《绝句》中写道："两个黄鹂鸣翠柳，一行白鹭上青天。"诗中描绘白鹭飞向蓝天，象征自由与高远，还有奋发向上的寓意。白鹭飞行时成群有序不乱，旧时以鹭序寓百官班次，寓意官员们的清廉有序。明清官服中，白鹭作为七品文官的补子纹样。白鹭因其优雅的姿态和行为，在诗歌中被赋予了隐居生活的象征，这一点在《诗经》等文学作品中也有所体现。

【白马寺】我国第一座佛教寺院。位于今河南洛阳东。始建于东汉永平十一年（68）。《水经注》《洛阳伽蓝记》《高僧传》等文献将其建立视为佛教入中国之始。相传汉明帝梦见金人，项背有日月之光，自称为"佛"。遂遣郎中蔡愔、博士弟子秦景等赴天竺求法。永平十年（67），他们与中天竺僧人摄摩腾等携带佛经、佛像回到洛阳，初居鸿胪寺，后明帝诏令在雍门外别建住所，新住所名也因礼重天竺僧人延续用"寺"。其寺名的来历，一说因为天竺高僧与汉使用白马驮经而还，故名。自东汉末年屡遭战乱损毁，但各朝都斥巨资修整。今保存古代碑刻40余方，如宋崇宁二年（1103）刻石、金"重修释迦舍利塔记"碑、元"龙川和尚遗嘱记"刻石、元"洛京白马寺祖庭记"碑、明"重修古刹白马禅寺记"碑等尤为珍贵。

【白茅】俗称"茅草"。叶子细长柔软，茎部高大直立，春夏季开花，穗状，有银白色长丝毛。白茅在古代被视为清洁之物，在重大典礼时，用来包裹或垫衬祭品或礼品。

【白描】用墨勾勒轮廓，不着颜色或略施淡墨渲染的画法。多用于人物、花卉画。原用于创作底稿，也称粉本、小样，宋以后演化为独立的创作形式。唐吴道子、北宋李公麟、元张渥皆为白描名家。

【白朴】（1226—约1307）元代戏曲家。字仁甫、太素，号兰谷先生。隩州（今山西河曲）人。与关汉卿、马致远、郑光祖并称"元曲四大家"。父白华仕金，为枢密院判。白朴曾跟随元好问学习。蒙古灭金后，终身不仕，放浪山水而终。所作杂剧十六种，今存《墙头马上》《梧桐雨》《东墙记》三种。另有词集《天籁集》。

【白契】旧时未向官署纳税及未加盖官印的不动产买卖、典当契约。与"红契"相对，也称草契。多为不动产典卖及过继等大事所立，须备录其事要节，当事人及作保中人俱签其名，可充诉讼依据，效力逊于红契。

【白直】由白丁充当的值勤人员。魏晋以来军政长官或从麾下选取壮勇及晓事者侍从执勤，因其当值无禄得名。南北朝发展为一种职役，按定额配备给各级官员随侍驱使，或折钱代役。隋唐以来沿用，为地方杂职。

【百保鲜卑】 北齐精选鲜卑族壮士组建的精锐部队。百保指其勇猛，能以一当百。高洋代魏后创建，用以宿卫，也常征战。

【百家姓】 我国古代以识字为主的幼儿启蒙读物。成书于北宋初，全书集400多个常见姓氏编成韵文，像四言诗，易于诵读、记忆。姓氏排序以当时国姓"赵"姓为首，明代改以"朱"姓为首，清康熙时又改以"孔"姓居首。今流行的版本多是北宋本。宋代以后，与《三字经》《千字文》成为我国传统启蒙教育的三大读物，合称"三百千"。

【百家争鸣】 春秋战国时期，各种学术思想流派著书立说、互相论辩的繁荣局面。百，泛指数量多。时逢社会变革，代表社会各阶级、阶层利益的思想家纷纷撰写著作，创立学说，众多学派应运而生。儒家、道家、法家、名家、墨家、阴阳家、纵横家、杂家、农家等学者在天道观、认识论、名实关系、社会伦理、礼法制度和政治主张等方面展开论辩，竞相宣扬各自主张并加以实践，后世称这种现象为"百家争鸣"。各学派之间互相辩驳，互相影响，取长补短，兼容并包，极大地促进了思想文化和社会的发展。

【百里奚】 （约前725—前621）春秋时秦穆公贤臣。字子明，楚国宛（今河南南阳）人。原为虞国大夫，虞国灭亡时为晋所俘，作为晋献公女陪嫁之臣入秦。中途逃至宛，被楚人捉住。秦穆公听说他很贤能，就用五张羊皮将其赎回，封为大夫，世称"五羖大夫"。后与蹇叔等共同辅佐秦穆公建立霸业。

【百戏】 古代乐舞杂技的总称。秦汉时已有，秦代又称角抵。包括扛鼎、寻橦、吞刀、吐火等技艺表演，装扮人物的乐舞，装扮动物的鱼龙曼延，以及故事性节目《东海黄公》等。汉武帝时极为盛行，汉墓陶俑中有杂技俑，汉壁画中有杂技图像。南北朝后也称散乐。隋唐和北宋均十分繁荣。元以后，种类更丰富，故多采用各种乐舞杂技的专名，"百戏"一词日渐少用。

【百姓】 古代最初有封地和官爵之人才能有姓，故百姓指百官之姓，指贵族。战国以来，才逐渐成为平民的通称。

【百夷】 ①对分布于今云南中部地区夷人族群的统称。源出于秦汉时西南夷的僰人。②白夷。元明时傣族先民的称谓。主要分布于今云南西双版纳傣族自治州和德宏傣族景颇族自治州及其邻近地区。明钱古训、李思聪著有《百夷传》。

【百越】 古代长江中下游以南沿海越人族群的统称。也称百粤、越。越人有披发文身的习俗，主要从事农耕、渔猎。有金属冶炼技术，善水上航行。有肩石斧、有段石锛和几何印纹陶为早期共同文化特征。春秋末年，其政权首领勾践灭吴，越族群的生活范围北上延伸到江淮。时至秦汉，支系繁茂，有东瓯、闽越、南越、西瓯及雒越等，这些部族各有头领，时或立国。魏晋以来越人渐与各族融合，部分仍聚于华南。

【柏】 植物名。生长缓慢，树龄极长，

被誉为"百木之长"。四季常青，经冬不凋。人们历来将柏与松并举，作为长寿与品格坚贞的象征。孔子说过："岁寒，然后知松柏之后凋也。"

【柏肆之战】 十六国后期北魏和后燕的一场重大决战。公元396年，北魏趁后燕新君初立，拓跋珪集结步骑十万南下，兵分三路，征讨后燕。397年初，北魏围困后燕的都城中山，战局僵持不下。在这关键时刻，北魏国内却发生了内乱，迫使拓跋珪不得不撤军。后燕皇帝慕容宝趁机调集了十六万大军以及新近招募的盗匪一万多人，屯兵于柏肆坞（今河北藁城北），以截击拓跋珪大军。拓跋珪面对突发状况，随机应变，设计反击，最终大破燕军。燕军精锐损失殆尽。

【拜】 古代礼节。也是打躬作揖及下跪叩头的通称。不同的拜礼，用于不同的场合。周代，分为稽首、顿首、空首、振动（同"恸"）、吉拜、凶拜、奇拜、褒拜、肃拜，称为九拜。稽首是九拜中最隆重的拜礼，主要用于臣子拜君王，后也用于儿子拜父亲、学生拜老师等。也称叩首，俗称磕头。顿首通常用于下级对上级，也用于书信的开头或结尾。空首，行礼时，拜跪在地上，双手合拱于胸前与心平行，再低头至手，因头不到达地面，故称。是位尊者对位卑者的答拜礼。振动用于丧礼中，是凶拜而后踊，是战栗哀痛的拜礼。吉拜用于丧礼中齐衰以下，轻于凶拜，是先空首而后顿首。凶拜，丧礼中三年丧的斩衰、齐衰并用，是先顿首而后空首。奇拜是一拜，即先屈一膝，然后空首拜，汉代称为雅拜，通常用于燕礼、射礼中，是国君拜臣下之礼。褒拜，后世又称再拜，即两次以上的空首礼。肃拜，是女子所用的拜礼，即屈膝跪地，垂手不至于地而头微俯，军中因甲胄在身，也行此礼。古代常礼为两拜稽首，清初通行一跪三叩首，朝会大典臣下对皇帝行三跪九叩首，是最隆重的礼仪。

【拜舅姑】 婚礼仪式之一。也称妇见舅姑。舅姑，指丈夫的父母，即公婆。亲迎的次日清晨，新妇早起，沐浴盛装拜见公婆。拜见时，双手捧笲（圆形竹器），盛以枣、栗、腶脩（捶打而加姜桂的干肉）。枣、栗献给公公，取"早自谨敬"之意；腶脩献给婆婆，取"断断自修"之意。然后行新妇盥馈礼，即新妇用特豚（一头小猪）做成的美食献给公婆，表示孝敬。公婆食毕，与新妇共宴于堂上，取杯斟酒给新妇，表示回敬。宴毕，公婆从宾阶（西阶）下堂，新妇从阼阶（东阶）上堂，表示新妇要代替婆婆主持家务。

【拜门】 新婚夫妇婚后首次到女方娘家省亲、探访的礼仪性活动。也称回门。某些少数民族男女自由结合生子后男子拜见岳父母，执子婿之礼。如女真人有自择配偶的风俗，男子可未经女方家庭同意携女而去，女子生子后，男子再备礼物前往女方家执此礼。

【拜堂】 婚礼仪式之一。也称拜天地。唐代已有此礼。宋以后，流行于全国各地。新郎新娘所拜的对象是天地、祖宗、公婆，之后彼此交拜，表示新娘从此成为男方家族的一员。

【拜帖】 拜访别人时所用的写有拜访者名字、籍贯、爵位等信息的纸片。也称名刺、名帖。最早用竹木制作，后来改用纸。

【稗史】 稗，bài，琐碎。记录遗闻琐事之书。有别于正史，故称。多省称"稗"，如清潘永因《宋稗类钞》。相传古代设立稗官，采录民间情况，以供统治者参考。有时也用来泛指野史，如《明季稗史汇编》。

【班彪】 （3—54）东汉史学家。字叔皮，扶风安陵（今陕西咸阳东北）人。起初在天水依附于隗嚣。后至河西，为窦融从事，为其谋划归附光武帝。东汉初，任徐令，因病免官。后专力从事史学著述，因见《史记》所记止于汉武帝太初年间，故搜集史料，博采异闻，作《后传》65篇，其子班固、其女班昭和马续续撰乃成《汉书》。所著辞赋论著，今存《王命论》《览海赋》《北征赋》等。

【班禅】 藏传佛教格鲁派地位最高的两大活佛之一。班是梵语音译，意为"精通五明学者"。禅是藏语音译，意为"大"。清顺治二年（1645），和硕特蒙古固始汗尊罗桑确吉坚赞为班禅，即四世班禅（前三世为追认）。康熙五十二年（1713），清朝政府册封班禅五世罗桑意希为班禅额尔德尼（额尔德尼是满语音译，意为"宝"），正式确定了班禅额尔德尼的地位。此后历世班禅额尔德尼转世确认必经中央政府册封批准，成为定制。

【班超】 （32—102）东汉人，字仲升，扶风安陵（今陕西咸阳东北）人。丝绸之路的开辟者之一。史学家班彪的幼子，其长兄班固、妹妹班昭也是著名史学家。其父去世后，家里贫穷，为官府抄书赡养母亲。班超智勇双全，以张骞为榜样。东汉明帝永平十六年（73），慨然投笔从戎，随窦固出征匈奴，不久奉命率三十六人出使西域。在西域诸国的协助下，经过二十多年的艰苦斗争，驱散匈奴势力，使西域五十多国全部内属。和帝永元三年（91），任西域都护。永元七年（95），封定远侯。其妹班昭以其年老，为之上书乞归。永元十四年（102）归洛阳，病逝。班超经营西域三十一年，是我国古代杰出的外交家，他以卓越的领导才能、成功的外交策略保证了丝绸之路的畅通，促进了汉与西域各国的友好往来，为中西方文化交流做出了巨大贡献。此外，他还是一位杰出的历史学家，著有《西域记》等重要著作。

【班固】 （32—92）东汉史学家、文学家。字孟坚，扶风安陵（今陕西咸阳东北）人。曾续写其父班彪所著《史记后传》，被人告发私改国史，下狱。弟班超上书为其辩白，获释。明帝时召为兰台令史、典校秘书，奉诏续成其父所著书，前后历二十余年。和帝永元元年（89），随窦宪出征匈奴。永元四年（92），窦宪擅权被杀，他受牵连，死于狱中。其时所撰《汉书》未成，由其妹班昭与马续续撰并最终完成。《汉书》开创了"包举一代"的断代史的编纂体例，为后代史家所继承。在史学上，班固与司马迁并称"班马"。擅长写赋，有《两都赋》等。另编撰有《白虎通义》。

【班婕妤】 （前48—约前6）婕妤，jiéyú。西汉女辞赋家。名不详，楼烦（今山西宁武附近）人。班固祖姑，出身功勋之家，少有才学，成帝时被选入宫，立为婕妤。晚年因受到赵飞燕姐妹的诬陷和迫害，退处东宫，写下《怨歌行》（也称《团扇歌》）等作品，抒发孤独凄清的情感。

【班昭】 （约49—约120）东汉史学家、文学家。一名姬，字惠班，扶风安陵（今陕西咸阳东北）人。班彪之女，班固之妹。班固死时，所撰《汉书》未完成，她奉命与马续共同续撰，最终完成。和帝时，常出入宫廷，担任皇后和妃嫔的教师，以其夫姓曹，被尊称为"曹大家"。著有《东征赋》《女诫》等。

【班直】 宋朝御前禁卫军。属殿前司，选拔最精锐的士兵组成，独立成军，只有班或直一个层级，其中班为骑兵，直为步兵。除做皇帝近卫外，有时也参加征战，兼充仪仗。历北宋建隆、熙宁及南宋各时期，名额略有变更。

【阪泉之战】 相传黄帝与炎帝为争夺统治权在阪泉之野进行的战役。阪泉，也作"版泉"，古地名，其今地有数说：一说在今河北涿鹿东南，一说在今山西运城解池附近，一说在今山西阳曲东南。

【版帐钱】 南宋初以军兴为名征收的税项。由各县搜刮的多种杂税拼凑而成。起初以添助版曹（户部）财计为名在东南诸路进行征收，税率大致为百取其十，官吏乘机渔利。后来发展成为无孔不入的苛敛手段。尽管州县之吏明知这种税收方式非法，但由于版帐钱额太重，即使想要不横取于民，也难以做到。

【版筑】 传统建筑技术，是一种建造土墙的方法：用两块一定长度和厚度的木板横立两侧，两板间距等于墙的厚度，板之外用四根木柱支撑。两板之间反复填土，其间不断用杵筑实，直至达到墙所需要的高度。房屋、院墙都可以使用这种方法建造。此项技术起源历史久远，传说商朝武丁的大臣傅说即是从事版筑的夫役出身，《孟子》有"傅说举于版筑之间"的说法。战国时发明了砖，可以替代版筑工艺建造房屋，但当时主要用于贵族的地下墓室即台基、地面等，后世还有一些地方采用这种方法筑墙，一般称为"干打垒"。

【半两】 古铜币，外圆内方，始于秦代。秦始皇统一六国后，废除贝、刀、布等币，以半两钱为全国统一的铸币。每枚重量为当时的半两，即十二铢。汉初所铸钱虽陆续减轻重量，仍称半两。如高后二年（前186）减为八铢，文帝五年（前175）减为四铢。民间私铸的半两，有轻到不足一铢的，因其轻薄如榆荚，故称"榆荚半两"或"荚钱"。元狩五年（前118）停铸半两，改铸品质精良的五铢钱。

【半坡遗址】 新石器时代仰韶文化遗址。位于今陕西西安半坡村。公元前4800—前4200年的文化遗迹。遗址北端为氏族公共墓地，南面为居住生活区，住所多为圆形半地穴或地面式。生活区的东北边为制造陶器的窑场，绝大多数为夹砂红陶和泥质红陶，彩陶数量不多，其花纹的显著特点是动物形象较多，最基本的纹样是鱼纹和变体鱼纹，此外还有人面、鹿等。

【邦布之籍】 战国时期齐国征收的户税。布指刀币，其额约每户每年交10币。

【榜】 告示应试录取的名单。参加科举

考试中试，称作"中榜"。科考录取的全部名单的全榜，称为"一榜"。科举时代会试或乡试公布正式录取名单的榜示，称"正榜"。

【榜眼】 科举制度中殿试一甲第二名称"榜眼"。榜眼之名，始于北宋初，当时科举考试经殿试录取的第二、第三名皆称榜眼，意指榜中之双眼。至明清专指第二名，第三名称"探花"。

【棒喝】 佛教禅宗接待初入佛门者的一种方式，即对其大喝一声或虚打一棒，也存在棒喝并用的情况，试图以此帮助弟子开悟。

【包拯】 （999—1062）北宋政治家。字希仁，庐州（今安徽合肥）人。天圣五年（1027）中进士，历任监察御史、天章阁待制、龙图阁直学士，官至枢密副使。卒谥孝肃。为官刚正不阿，断讼明敏，执法严峻。知开封府时，百姓有"关节不到，有阎罗包老"之语。民间多尊称包公、包青天，为古代清官的典型。

【包子】 一种带馅的发面或半发面的蒸制面食。魏晋时期叫馒头，也称馒首。相传诸葛亮七擒孟获，为了改变当地以人头祭祀的恶习，用面团包裹牛、羊、猪等肉类替代之，因面团状似人头，故称。而称为包子约始于宋代。据记载，北宋时期，包子品类繁多，上自宫廷宴请，下至平民百姓餐桌，包子都很常见，如细馅大包子、水晶包儿、笋肉包儿、虾鱼包儿、江鱼包儿、蟹肉包儿、鹅鸭包儿、七宝包儿，当时还有专门的包子酒店。在我国有些地方，包子至今仍称为"馒头"，如上海话就将生煎包称为"生煎小馒头"。

【宝船】 明永乐年间专为郑和下西洋建造的大型海船，满载排水量可达数千吨，多由南京下关江畔的宝船厂制造。船体高大，结构坚固，行驶快捷平稳，是当时世界上最大的木质帆船，也代表了当时造船业的最高水平，在世界造船及航海史上具有重要地位。嘉靖以来宝船厂趋于废弛，相关技术失传。因其用于装运明朝皇帝和西洋各国互通往来的礼品，以及郑和船队海外贸易交换所得的物品，这些物品或珍贵，或罕见，故船因此得名。也称宝舡、宝石船、宝舟、龙船。因其形体巨大，也称作巨舶、巨艒、巨艇、大舶。宝船也专指郑和率领的海上特混舰队的旗舰。

【保甲法】 编制乡村民户以加强基层治安管理的制度。北宋王安石推行的新法之一。即以十家为一保，五保为一大保，十大保为一都保，分设保长、大保长、都保长。实行连坐，训练保丁，寓有节省军费、部分恢复征兵制之意，但不久即蜕变为承担乡村职役的组织。元明清时期的基层管理对此均有所继承。

【报丧】 丧礼仪式之一。将亲人去世的消息通知亲友邻里。也称告丧。起源于周代，书面语作"赴告"或"讣告"，也省作"赴""讣"。天子崩，要讣告诸侯和全国，诸侯应立即奔丧。诸侯薨，应先讣告天子，同时将玉珪还给天子，三年后天子另封诸侯时再赐予玉珪。天子闻丧后应痛哭示哀，停止朝议，赐诸侯布帛、车马等，赐谥号，亲自或派使臣前往哀悼，并立即令有关部门为其治丧。重臣死，也如此。列国间的诸侯薨，还应讣告各国友邻,友邻国家当派使者前去吊丧。民间,父母长辈死,一般由丧家晚辈或请亲邻至亲戚朋友家叩头报丧,子孙须戴重孝。如路上遇到亲故,要就地叩头报丧,对方不必还礼。少数民族报丧有放炮、放枪、击鼓、鸣锣、吹牛角号等形式。

【抱朴子】 东晋葛洪编撰的一部道教典籍。葛洪自号抱朴子,因以名其书。分内外篇。内篇20篇,谈"神仙方药、鬼怪变化、养生延年、禳邪却祸之事",其中有关用矿物炼丹药、炼金银和用植物治疗疾病的记载,对研究我国古代化学、药学有一定参考价值。外篇50篇,评论"人间得失,世事臧否",反映了作者内神仙而外儒术的根本立场,是研究东晋社会历史以及道教理论的重要资料。

【抱厦】 厦,shà。传统建筑中主要殿宇、厅堂楼阁外接建出的房屋,能使建筑造型更显生动活泼,也兼具实用性。又称龟头屋。位于正房后面的称倒座抱厦,常用于住房或辅助用房。一般认为出现于隋唐时期,唐宋建筑中采用颇多。有些地方将突出于房屋前部的外廊,也称抱厦。

【鲍照】(约414—466)南朝宋文学家。字明远,东海(今山东郯城一带)人。曾任秣陵令、中书舍人等职。后为临海王刘子顼前军参军,故世称鲍参军。刘子顼起兵失败,鲍照被乱兵所杀。鲍照长于乐府诗,尤擅七言,风格俊逸,对唐诗人李白、岑参等颇有影响。杜甫评曰"俊逸鲍参军"。代表作有《芜城赋》《登大雷岸与妹书》。有《鲍参军集》。

【爆竹】 古时以火燃竹,爆裂时毕剥有声,称为爆竹,用以驱鬼。宋代开始用卷纸包裹火药,引燃后发出爆炸声,称爆仗。

【杯酒释兵权】 宋太祖赵匡胤为防范禁军将领兵变,以和平方式解除元勋将领兵权的事件。其事时间并无明确记载,相传发生于公元961年。宋太祖与赵普定策,召集禁军将领石守信、王审琦等宴饮,以高官厚禄为条件,解除兵权。开宝二年(969),又用同样手段,罢王彦超、武行德、郭从义等节度使,消除藩镇割据的隐患。杯酒释兵权使用和平手段解除了将领的军权,成功地防止了军队的政变,是历史上有名的安内方略,加强了中央集权,巩固了统治。

【碑碣】 碣,jié。碑刻的总称。长方形的刻石称碑;圆首形的或形在方圆之间、上小下大的刻石称碣。秦始皇通过刻石纪功,开创了树立碑碣的风气。东汉以来,碑碣渐多,有碑颂、碑记,又有墓碑,用以纪事颂德,碑的形制也有了一定的格式。唐以来墓道五品以上用碑,龟趺螭首;五品以下用碣,方趺圆首。后世碑碣名称往往混用。

【北漕南粮】 清朝湖广漕粮主要有两个去向:北漕和南粮。北漕指的是湖广每年运往京城的漕粮,都有固定的数额。南粮指的是每年运交荆州等地、供驻防军队食用的粮食。

【北朝】 ①南北朝时期,北方五个朝代的合称。分别是北魏、东魏、西魏、北齐、北周。北朝的建立者主要是北方游牧民族,其中,北魏是由鲜卑族拓跋部所建,其前身为十六国时代的代国,淝水之战后由拓跋珪重建并改国号为"魏",史称"北魏"。后北魏分裂为东魏和西魏,北齐取代了东魏,北周取代了西魏,最后由北周灭北齐。公元 581 年,北周静帝禅让帝位于杨坚,隋朝建立,北朝结束。②泛指在我国北方的王朝。如后晋对契丹,宋人对辽金,多称北朝。

【北斗七星】 在北天排列呈斗形的七颗亮星。即天枢、天璇、天玑、天权、玉衡、开阳、摇(也作"瑶")光。简称北斗。前四星组成斗身,称魁、斗魁或璇玑。后三星组成斗柄,称斗柄、斗杓或玉衡。在我国古代神话中,北斗七星被认为是天地秩序的制定者,指引着四季的变化,即春生、夏长、秋收、冬藏。在我国传统文化中,北斗常用来寓意光明,指引方向。

【北府兵】 东晋在京口组建的精锐部队。公元 377 年,经宰相谢安策划,孝武帝命谢玄监江北军事,在北府京口招募劲勇,编制训练成军,后为淝水之战击败前秦的主力。自此其分化和兵权争夺常影响东晋政局,曾为桓玄吞并,代晋建立刘宋的刘裕也从其将领而发迹。

【北固山】 山名。在今江苏镇江北。因山壁三面环水、形势险固而得名。梁武帝曾登临此山,北顾长江壮丽景色,因而又称北顾山。山上有南、北、中三峰,晋蔡谟在北峰建有北固亭。宋建炎四年(1130),韩世忠曾在此伏击金兀术。南宋辛弃疾曾作《永遇乐·京口北固亭怀古》,为传世名篇。

【北汉】 ①十六国之一。晋永兴元年(304),匈奴刘渊起兵称大单于,旋即称汉王。永嘉二年(308)称帝,迁都平阳(今山西临汾),建号"汉",史称"北汉"。后改为"赵",史称"前赵"。②五代十国之一。公元 951 年,后汉河东节度使刘崇在晋阳(今山西太原)称帝,国号"汉",史称"北汉"。疆域包括今晋中和陕西、河北部分地区。太平兴国四年(979),为北宋赵光义(太宗)所灭,共历 4 主,29 年。

【北京】 我国首都。也是古都名。战国时称为蓟州(在今北京西南),燕国国都。秦时为上谷郡治。汉时为广阳郡治。隋唐隶属幽州。辽称南京。宋设燕山府。金称中都。元称大都。明洪武元年(1368)设北平府,永乐元年(1403)建北京,永乐十九年(1421)迁都于此。1928 年改称北平。1949 年中华人民共和国成立,复称北京。

【北京人】 即北京猿人。也称北京直立人。于 1927 年首次在我国北京西南房山周口店龙骨山洞穴内发现。经科学检测,距今约 70 万—23 万年。至今已发现 40 多个个体北京人化石,其中,由考古学家裴文中于 1929 年发现的一个较完整的头盖骨在太平洋战争期间下落不明。头盖骨的顶部、前额、眉嵴、宽度、壁厚,特别是脑容量特征都与猿类相似,而下颌骨、齿列则与人类相近。此外,北京人骨骼化石四肢的形态和肌肉附着点都与现代人类相似。据考古研究,北京人以采集和狩猎为生。能制造粗糙的石器和骨器,但用途分工并不细密,应属旧石器时代初期的制作。而其生活的洞穴内所发现的木炭和燃烧后的石、骨等痕迹证明,北京猿人能使用火。随着 1966 年又一具北京猿人头盖骨的发现，考古工作对北京猿人的了解更进一步。北京猿人的发现，对研究人类发展史具有重大意义。

【北军】 汉代守卫京师的屯卫兵。因屯守长安城内北部，故名。其兵原由郡国轮番征发，武帝扩其编制，设八校尉，由中垒校尉领北军营垒之事，渐成常备兵，也出外征战。东汉省置五校尉，另设北军中候统领。后世多指驻于宫城之北的皇宫禁卫军，与汉时名同实异。

【北军中候】 东汉所设北军五营的监领官。光武帝始置，监领屯骑校尉、越骑校尉、步兵校尉、长水校尉、射声校尉所部禁军，秩轻职重，魏晋废。

【北凉】 十六国之一。公元397年，由段业、匈奴贵族沮渠蒙逊建立的政权，疆域主要包括今甘肃和宁夏的一部分。蒙逊与从兄沮渠男成于此年在骆驼城（今张掖高台县内）拥段业，叛后凉，建立北凉政权，称凉王。401年，蒙逊杀段业自立，先后建都张掖（今甘肃张掖）、姑臧（今甘肃武威）。其子沮渠牧犍于439年降北魏，牧犍弟沮渠无讳自酒泉（今甘肃酒泉）率众徙高昌（今新疆吐鲁番以东）立国，460年无讳弟沮渠安周在位时，被柔然所灭。

【北六朝】 魏晋以来北方地区六个王朝的合称。所指不一，或指曹魏、西晋、北魏、北齐、北周、隋六个建都于北方的王朝，或指北魏、东魏、西魏、北齐、北周、隋六个北方王朝。

【北邙】 邙，Máng。山名。一作"北芒"。也称邙山。在今河南洛阳北。汉魏以来，王侯公卿多葬于此，故后世以其泛指墓地。金元好问曾发出"驱马北邙原，踟蹰重踟蹰。千年富贵人，零落此山隅"的感慨。

【北齐】 公元550年，东魏权臣高欢的次子高洋取代东魏建立的政权。建都邺城（今河北临漳）。因皇室姓高，故也称高齐。疆域包括今河南洛阳以东的晋、冀、鲁、豫及内蒙古一部分。577年为北周所灭。共历7帝，28年。

【北宋】 公元960年，后周诸将发动陈桥兵变，拥立赵匡胤为帝，建立宋朝，定都开封（今河南开封），改元建隆。史称"北宋"，因皇室姓赵，也称赵宋。后高宗赵构南渡，建都临安（今浙江杭州），沿称南宋。北宋取代后周后，相继征服了南方各国及北汉政权，统一了黄河中下游直至岭南的广大地区，其政治、经济、文化承唐而有进一步发展，繁华之况空前，又力图以新政或变法解决内外矛盾。北边及西北先后与辽、西夏、金相峙，1127年为金所灭。共历9帝，167年。

【北闱】 闱，wéi。明清科举制对北京乡试的通称。明代实行南、北两京制，故以在北京举行的顺天乡试为北闱，在南京举行的应天乡试为南闱。清代沿之。

【北魏】 南北朝时期的北方政权，北朝首个王朝。公元4世纪初，鲜卑族拓跋部在今山西北部、内蒙古等地建立代国，后为前秦苻坚所灭。淝水之战后，拓跋珪于386年重建代国，在牛川称王，定都盛乐（今内蒙古和林格尔），改国号为"魏"，史称"北魏"，也称后魏、拓跋魏、元魏。天兴元年（398）迁都平城（今山西大同），次年称帝。陆续并吞后燕、夏、北燕、北凉，439年统一北方，与南朝对峙。

493 年孝文帝迁都洛阳（今河南洛阳），后改姓元。疆域北至蒙古高原，西至今新疆东部，东北至辽西，南境初以黄河为界，其后逐渐扩展至秦岭、淮河，跨有淮南地。534 年分裂为东魏与西魏。后东魏为北齐所代，西魏为北周所代。

【北魏律】 北魏时期所制定的多部法典的总称。公元 386 年，北魏建国，先后多次编纂法典，通行的有《天兴律》《神䴥律》《正平律》《太和律》《正始律》等。早期法典内容吸取汉魏以来立法和司法的经验以及北族的风俗习惯，后逐渐沿袭魏晋、江左律，其以《正始律》取长补短，体例甚精，为后世刑律所继承和发展。

【北衙六军】 唐代宿卫宫城的六支禁军，因在皇宫之北，故称。因时期不同所指有异，肃宗以来指左右羽林军、左右龙武军、左右神武军，由皇帝亲自指挥，有时也以亲信外官率之。至中晚唐不含羽林而增左右神策军，皆由宦官统领。

【北燕】 燕，Yān。①古诸侯国名。周武王灭纣，封召公于北燕（今天津蓟州区），以别于南燕。②十六国之一。公元 407 年，汉族冯跋推翻后燕慕容熙的统治，立高云为天王，建都龙城（今辽宁朝阳），国号"燕"，史称"北燕"，因其建都龙城，也称为"黄龙国"。两年后高云为部下所杀。冯跋平定事变，在昌黎（今辽宁义县）即天王位。有今辽宁西南部和河北东北部。436 年为北魏所灭。共历 2 帝，28 年。

【北洋】 明清北方沿海及以外海面、岛屿的统称，常指今渤海、黄海沿海一带。清曾置北洋大臣掌其通商、外交、海防等务。清末又称今辽宁、河北、山东等沿海各省为北洋。

【北周】 北朝之一。公元 557 年，西魏权臣宇文泰之子宇文觉取代西魏建立的政权。国号"周"，建都长安（今陕西西安西北），史称"北周"，也称后周、宇文周。自关陇逐渐扩张至巴蜀、云贵地区及今湖北北部。577 年灭北齐，统一北方。581 年为隋取代。共历 5 帝，25 年。

【贝币】 原始货币。种类不一，以齿贝最为通行，学名"货贝"。我国在殷周时期就以齿贝为货币，以若干贝为一"朋"。后来仿制品有珧贝、蚌制贝、骨贝、石贝、陶贝、铜贝等。殷商晚期，便出现了用铜铸造的铜贝，这是人类最早使用的金属货币。殷周的王或贵族常用贝赏赐臣属。秦始皇统一六国后，统一币制，废贝、刀、布等币。王莽曾一度恢复使用。在云南一带，一直沿用到清初。

【糒】 bèi。蒸熟的干饭，古代行军或远行时作为干粮带在路上食用。

【奔命】 军情紧急时就近征发募集的应变士兵。闻命奔赴，故称。汉朝多见，以郡国材官（古代兵种名）、骑士为主要兵源。

【奔丧】 丧礼仪式之一。初指居他处闻丧而归并服丧。后多专指奔赴亲丧。周制，子女在外闻父母丧，应哭答者并详问父母死因，而后着深衣、戴素帽急返故乡。途中素食、哀哭，到家则从门外号哭到堂上。因残病、临产、生育等无法奔丧者，则寄物以示吊唁。历朝官员如遇父母大丧，一般都须去职赴丧。不奔父母丧的，被视为大不孝。而皇帝有权诏令重臣或身在军中者放弃奔丧。东汉以来，天子崩逝时，对诸侯、守臣奔丧会加以限制，以防止地方动乱。

【本草纲目】药物学著作。明李时珍编撰。52卷，分16部，60类。载药1892种、药方11000余个，并附药图1100余幅。书中针对每种药物确定其名称，叙述其产地、形态、栽培及采集方法，分析其药理，说明其炮制法，并考订药物品种的真伪，纠正文献记载错误，内容极为丰富。全书系统地总结了我国16世纪以前的药物学知识与经验，是我国药物学的集大成之作，也为世界药物学者、植物学者所称道。

【本纪】纪传体史书中记载帝王事迹的部分。司马迁《史记》首创此体，有十二本纪，后各史皆仿其体。"本纪"与"列传"对举，传以纪为本，故纪称"本纪"；纪所不能详者，于传中列叙，故称"列传"。

【崩】古时天子去世称崩，意为如山岳之崩裂。

【匕首】短剑。匕，勺子。首，指剑柄的顶端。因这种短剑的剑柄如勺柄，故名。匕首非常轻便，可随身携带，易于隐藏。历史上有著名的荆轲刺秦王的故事，荆轲将匕首藏在卷起来的地图里，图穷匕见之时，对秦王发起了突然袭击。

【比部】古代官署名。刑部所属四司之一。魏晋南北朝尚书有比部曹，为尚书的一个办事机关。南朝宋时掌法制，北齐时掌诏律令勾检等事。隋、唐、宋属刑部，掌审计财政，核查赋税及诸司百官经费等。其长官，三国魏以下为比部曹，隋初为比部侍郎，后改称比部郎。唐宋为比部郎中及员外郎。元以后废。明清时是对刑部及其司官的通称。

【比甲】古时女式骑射服装，其特征是没有领和袖，类似于今天的背心，但前、后身有下摆，且后身下摆较前身更长。相传比甲是元代昭睿顺皇后始创，至明清时已成为日常服饰。

【比丘】梵语音译词，意为"乞士"。因初期以乞食为生而得名。特指年满20岁、受过具足戒的男性僧侣。

【比翼鸟】古代传说中的鸟。《尔雅》中认为就是鹣鹣，这种鸟一翼一目，不比（并）不飞。故古人常以其比作恩爱的夫妻。唐代白居易《长恨歌》"在天愿作比翼鸟，在地愿为连理枝"即是唐明皇和杨贵妃之间表达爱情的山盟海誓。比翼鸟也用作形容形影不离的朋友，如三国魏曹植《送应氏诗》："愿为比翼鸟，施翮起高翔。"

【比罪】在法律条文没有明确规定时，用类推的方法定罪量刑。历代都有此法，有的是以轻推重，有的是以此推彼。宋代多指被判编管或流配的官员可用官职等抵罪或交纳铜赎罪，犯诬告罪或出入人罪的官员，可比照其他的刑罚减罪或免罪。

【笔记】文体名。泛指随笔记录的短文。也称随笔、笔谈、杂识、札记。内容大都为记见闻，辨名物，释古语，述史事，写情景。最早以笔记为书名的始于北宋的宋祁。南宋以来，凡杂记见闻者，常以笔记为名，如陆游的《老学庵笔记》。

【毕昇】（？—约1051）北宋锻工，活字印刷术的发明者，英山（今湖北英山县）人。毕昇深感当时普遍采用的雕版印书费工费时，于是努力总结前人的经验，最终在北宋仁宗庆历年间（1041—1048）成功发明了活字印刷术。

【**闭纳**】 元朝一种预征赋税的方式。地方官府征收赋税时，部分人户拖欠未交，于是向其他人户预借补足。

【**郧之战**】 郧，Bì。春秋时楚国建立霸权的战役。为春秋中期的一次著名会战，是当时最强大的两个诸侯国——晋、楚为争霸中原继城濮之战后的第二次重大较量。楚庄王十七年（前597），楚军攻郑，晋兵往救，渡过黄河，驻扎于敖、鄗两山之间。晋军将领主战主和不一。楚军在郧（今河南荥阳北）突然进兵，晋军主帅荀林父指挥失当，晋军措手不及，中军、下军争船渡河退走，溃不成军，因而大败。此战后，楚国在中原建立了霸权。

【**陛下**】 陛，本义是登高的台阶，后专指帝王宫殿的台阶。陛下原指站在宫殿台阶下的侍者，一说，群臣与帝王说话，不敢直接称指，所以先呼台阶下的侍者代为转达给帝王，通过位卑者传达给位尊者，以示尊敬。后用为对帝王的尊称。

【**辟除**】 辟，bì，征召。除，授官。古代选官制度。也称辟署、辟举。指高级官员选用僚属的一种方式。汉代中央自丞相、御史大夫、三公以至地方官员，皆可自行辟除掾属。被辟除者经公府、州郡试用，再经荐举或察举，可迁任中央或地方官职。与后代吏部铨选的制度不同。

【**辟谷**】 辟，bì。古代修身养性之法。也称断谷、绝谷。即不食五谷，仅靠药物兼导引之术求得长生。后此法被道教所承袭，成为"修仙"的方法。道教认为，人身体中有三彭（也称三虫、三尸），是靠五谷生存的。三彭危害人体，而通过绝五谷，并佐以修炼和药石，就能驱三彭进而达到长生。

【**辟雍**】 辟，bì，通"璧"。周代为贵族子弟所设的大学。因校址圆形如璧环，围以水池，故称。据说大学有五：东称东序，为学干戈羽籥之所；西称瞽宗，为演习礼仪之所；南称成均，为学乐之所；北称上庠，为学书之所；中称辟雍。东汉以后，历代皆有辟雍，除北宋末年为太学之预备学校外，均为行乡饮、大射或祭祀之礼的地方。

【**碧云寺**】 一座园林式寺庙，位于今北京海淀区香山东麓。始建于元代至顺年间，至今保存完好。原称碧云庵。寺庙依山势而层层叠起，建筑呈明显南北对称轴线式布局，主要建筑集中于中路，有山门、山门殿、弥勒殿、大雄宝殿、菩萨殿、孙中山纪念堂、金刚宝座塔。罗汉堂建筑有禅堂、罗汉堂、藏经阁等。此外，还有清代乾隆皇帝的行宫水泉院。碧云寺集中凸显了明清两代宗教建筑的特点，其正殿有着鲜明的明代建筑风格，大石牌坊则是明末清初雕制艺术的遗存，而金刚宝座塔是清代极盛时期的代表作品。1925年，孙中山逝世后曾停灵于此，除其纪念堂外，此处还设立了其衣冠冢，位于金刚宝座塔院的汉白玉塔内。

【**蔽膝**】 商周至元明时期一直沿用的一种礼服服饰。也称袯、韠。形似围裙，系在腰间革带上，长至膝盖以下。多为皮革、布帛制成。多用于祭祀礼服。皇家贵族所着蔽膝上的图案纹样能体现穿着者的身份。

【**觱篥**】bìlì。古乐器名。一作"筚篥"，也称筚管。以竹为管身，后也有木制的，管口插有芦制哨子，有九孔，前七后二（后也有前七后一的），形状似胡笳，竖吹，音色深沉、悲凉。自西域传入，为隋唐燕乐及唐宋教坊乐的重要乐器。约元代起，用紫檀木制管身，俗称"管子"。

【**壁画**】绘在建筑墙壁或天花板上的画。此形式源自原始人类在洞穴壁上刻画各种图形，以记事表情。后汉武帝画诸神像于甘泉宫，宣帝图功臣像于麒麟阁。自魏晋至唐宋，佛道两教盛行，寺院多有壁画。敦煌石窟中的壁画保存了当时大量杰出的艺术作品。明清卷轴盛行，壁画渐衰。

【**避讳**】讳，忌讳、回避。古代讲求"为尊者讳、为亲者讳、为贤者讳"，臣下或晚辈不能直呼君主或尊长的名字，凡遇到与君主、尊长的名字相同的字，就采用某种方法回避，以表尊敬。避讳主要有两类：一是公讳，即诗文中不直书帝王及其亲属的名，属共讳。一是家讳，即说话和行文避免提到自己的父名、祖名，属私讳。方法有以下几种：第一，改字法。即改用音近或义同的字来代替应避讳的字。如东汉为避光武帝刘秀讳，改"秀才"为"茂才"。第二，空字法。即将应避讳的字空着，或作"□"（虚缺号），或作"某"，或直写"讳"字。第三，用原字而省缺笔画，即对所避的字少写一两笔。第四，改音法。即读书时遇到讳字，就改变声调或读别

的音。如果不遵守避讳的规则而犯讳，将受到严厉的处罚或被视为不忠不孝，科举试卷犯此错误者不得录取。

【**璧**】玉器名。平圆形，中心有孔，孔为方形或圆形。也有用琉璃制的。古代贵族朝聘、祭祀、丧葬时用的礼器，也做装饰品，还常做馈赠的礼币。璧历来受统治者重视，不少历史故事都与璧有关，如战国时蔺相如"完璧归赵"的故事。也泛指美玉。

【**边铺军**】金朝在今河南、陕西与南宋、西夏毗邻地界编练百姓、守御边界的军队。

【**边塞诗**】一种以描写雄奇壮丽的边塞风光、充满战斗气息的军旅岁月、抗敌立功愿望与思亲怀乡心情为主题的诗歌。代表作家有高适、岑参、王昌龄、李颀等。王昌龄的《出塞》是边塞诗的代表作之一，这首诗分为两篇，其中首篇流传最广、影响最大，被誉为"唐人七绝压卷之作"。边塞诗是盛唐诗歌的重要组成部分，大诗人李白、杜甫也写过边塞诗，这些边塞诗成为他们代表作的一部分。如李白的《关山月》《塞下曲》《战城南》《北风行》等，杜甫的《兵车行》《前出塞》《后出塞》等。

【**边引**】明清以来官府发给边商支取、行销盐、茶等的凭证。

【**编年体**】我国传统史书的一种体裁。按时间顺序叙述，将史事记载于年月日之下的一种史书体式。从《春秋》《左传》《竹书纪年》，到后来的《汉纪》《后汉纪》《资治通鉴》等，均用这种体裁。其中《春秋》为我国现存最早的编年体史书。司马迁改编年为纪传，荀悦又改纪传为编年，遂开编年

B

体断代史之先河，使编年体臻于完备。自是纪传与编年并行。司马光撰《资治通鉴》，创设长编之法，成为编年体史书的典范。

【编磬】 古代打击乐器。"八音"分类中"石"的代表乐器。用玉、石或金属制成。一般为16枚，应十二正律加四半律，按不同的大小、厚薄，从低音到高音，顺序排列，分两排悬于木架上，用小木槌击奏。

【编修】 古代官名。掌奉敕编修有关书籍的官员。也称编修官。宋代始置，凡修国史、实录、会要等均随时置编修官，枢密院也有编修官，均负责编纂记述。明清属翰林院，职位次于修撰，与修撰、检讨同谓之史官，掌修国史。清代赵执信、吴锡麒、蒋士铨、翁方纲等，皆曾授编修之任。

【编钟】 古代打击乐器。钟，多用铜制成，顶端铸有半环。多件钟应律吕和依大小顺序排列，悬挂在"月"形木架上，用小木槌击奏。历代形制大小、枚数不一。

【鞭春】 一种传统岁时风俗。也称打春、打春牛。其源头可追溯至汉代。立春之日朝廷要陈列土牛模型，以示时令。南朝时期，州县各级官吏于衙前陈列土牛、耕犁，设坛以祭先农神，并持彩杖鞭牛三下，有奖劝农耕之意。由此沿袭成例。此风俗寄托了先民祈求丰收的美好愿望。

【鞭刑】 古代刑罚。起源很早，《尚书》里已记载用鞭杖惩罚失职的官吏。北齐、北周时期，鞭刑是正刑。隋废鞭刑改用杖刑，不久生重用。唐初也一度废鞭刑。后世以鞭刑为附加刑或法外刑的情况甚多。

【扁鹊】 （前407—前310）战国时名医。姓秦，名越人，渤海郡郑（今河北任丘北）人。师从长桑君学医，尽得其传。入秦，秦太医令李醯自知医术不如扁鹊，便派人刺杀了他。扁鹊擅长运用望、闻、问、切四诊，来诊断疾病。他对内、外、妇、儿、五官等科的疾病有深入的了解，并应用砭刺、针灸、按摩、汤液、热熨等方法进行治疗。据传著有《扁鹊内经》《外经》，今已佚。现存《难经》一书，系后世托名之作。

【弁】 biàn。古代贵族的一种帽饰，仅次于冕，一般与男子礼服相配。弁有两种：一种为爵弁，也称雀弁，赤黑色，通常用于大夫家祭及士礼。另一种为皮弁，为白鹿皮所制，尖顶，形状似瓜皮帽，鹿皮缝合处缀有一行行如星星般闪烁的小玉石，多用于田猎场合。汉代以来，弁的形制有很多变化，但一直是礼服的配套帽饰。

【变文】 文体名。也称敦煌变文，简称变。唐五代时期的一种说唱文学，由散文与韵文交杂组成，内容原为佛经故事，后也包括历史故事、民间传说等，如《大目乾连冥间救母变文》《伍子胥变文》等。

【变造】 将赋税折算为等价钱物缴纳入账的制度。也称折造、回造、折纳。始于南北朝，唐制按官方平价折算，如纳布代租、以米折绢之类，也可折算为钱或杂物。宋以来多有，名目不一。

【辨证论治】 辨证，即我国传统医学辨认疾病的证候，通过望、闻、问、切四诊来搜集症状、体征等临床资料，进而分析、辨清疾病的原因、性质、部位及邪正关系等，判断属于何证。论治，即根据辨证的结论，确立相应的治疗方法，并选用药。辨证论治的主要特点之一是审证求因，强调治病必先识病，识病然后议药。辨证和论治是诊治疾病过程中相互联系、不可分割的两个方面。也称辨证施治。

【标枪】　手掷用枪。宋元时已广泛使用。清代所用标枪上加铁镞，多以木、竹为柄，或完全用铁打造。

【镖】　投掷武器。形如矛头，用以遥掷伤人。清代最通行的镖长三寸六分，重六七两。可分为三种：一为衣带镖，即在镖的末端扎红绿绸二寸许，红绿绸名为镖衣，掷镖人可据以观察镖的飞行路线以及是否击中；二为光杆镖；三为毒药镖。

【表】　①古代一种文体。臣子写给皇帝的书信、奏章。如诸葛亮《出师表》、李密《陈情表》。②史书体裁的一种。按时间顺序编排记述史事或人物事迹的表。《史记》有十表，如《十二诸侯年表》《汉兴以来诸侯王年表》《六国年表》《高祖功臣侯者年表》等。如因年代久远，事迹不详，不能按年记述，而以世排列的，则称"世表"，如《三代世表》。或历时短而事迹多，因此以月记述的，则称"月表"，如《秦楚之际月表》。以后正史仅《汉书》《新唐书》《宋史》《辽史》《金史》《元史》《明史》有年表。宋以后学者为补历代正史所未备，往往有补表之作，如熊方《补后汉书年表》、万斯同《历代史表》等。

【别驾】　古代官名。汉设别驾从事史，属刺史佐吏。因随刺史出巡时另乘驿车，故称。魏晋以后均承汉制，诸州置别驾，总理庶务，职权甚重，时称其职居刺史之半。隋唐曾改为"长史"，后又复原名，然职任已轻。因品高俸厚，常以安置贬谪大臣，时有废罢。宋改置诸州通判，以职守相同，故"通判"也有"别驾"之称。据传，隋初官员赵轨在齐州担任别驾时，为人清廉，受到百姓爱戴，离任时齐州百姓为其献上一碗清水送行。从此，赵轨有了一个"清水别驾"的称号。

【别史】　史书的一种。有别于"正史"和"杂史"。但各家著录的标准也不尽一致。宋代陈振孙《直斋书录解题》专列"别史"一门收录有关一朝政事的著作，如唐高峻《高氏小史》等。明末清初黄虞稷《千顷堂书目》则以编年体、纪传体之外，杂记历代或一代史实的史书称为"别史"。《宋史·艺文志》《四库全书总目》都有别史一类。《东观汉记》《东都事略》《大金国志》《通志》《宋史新编》等，皆入别史。

【宾阶】　古代宫室前的台阶一般分为东西两部，其西边的一部台阶即为宾阶，也称西阶，是专供宾客行走的。与之相对应的东边的台阶，称阼阶，也称东阶，则是专供主人行走的。

【宾客】　指东汉各种依附于世家豪族者的称谓。一般从事生产，养活主人，逐渐成为世家豪族的依附或役属人口。三国以来，因战乱，宾客剧增，其身份要比奴隶稍高，与主人是隶属或荫庇关系，为主人耕作、打仗。唐宋以后各种人身依附关系削弱。后渐泛指一般来访的客人。

【宾礼】　古代五礼之一。即诸侯朝见天子的礼节。春见曰朝，夏见曰宗，秋见曰觐，冬见曰遇，时见曰会，殷见曰同，时聘曰问，殷覜曰视。

【宾射】 古代射礼之一。天子与来朝的诸侯一起，在射宫射箭时所行之礼。诸侯互朝，卿大夫、士互相拜访也行此礼。

【膑刑】 膑，bìn。古代剔掉人的膝盖骨的酷刑。约在夏代开始有此刑。相传，战国时期军事家孙膑曾与庞涓一同学习兵法。后庞涓为魏惠王将军，因嫉妒孙膑才能，将其骗到魏国，并用奸计陷害，使其遭受膑刑，故称孙膑。

【冰人】 指媒人。晋代时，孝廉令狐策有一天梦见自己站在冰上，和冰下人说话，索紞解释说："冰上为阳，冰下为阴，主阴阳之事；《诗经》里有'士如归妻，迨冰未泮'，说的是婚姻的事；你在冰上和冰下人说话，为阳语阴，主为人说媒。因而你当为人做媒，冰河开了，婚姻也就成了。"由此后人称媒人为冰人。

【并刀】 并，bīng。并州出产的刀剪。并州自古以制造锋利的刀剪而著称。陆游在《秋思》诗中写道："诗情也似并刀快，剪得秋光入卷来。"

【兵部】 古代官署名。主管中央及地方武官的选用、考查以及有关兵籍、军械、军令等事宜。魏始置五兵尚书，至隋始改兵部尚书。隋唐以后为六部之一，领兵部（兵曹）、职方、驾部、库部四司，长官为兵部尚书。后皆沿用其制，直至清末改官废止。

【兵募】 也称募人、募兵、征人。平时无固定建制和兵额，战时由兵部发符责成州县征募。选取原则是户殷丁多、人才骁勇。装备由州县负责，不足则自备和亲邻资助，口粮由朝廷供给。服役期间免除本身租庸调和杂徭，事

毕即散归为农。后渐发展为长期服役的职业募兵。

【般若】 bōrě。梵语音译，也译为"波若"。意为"智慧"。佛教认为其不同于世俗的聪明，是能看透了解一切事物本质的智慧，是超越世俗、非一般人能达到的特殊认识。有了这种智慧，即可达到涅槃的精神境界，所以获得它也为成佛所必需。大乘佛教将之称为"诸佛之母"。

【伯乐】 春秋秦穆公时人，字子良，号伯乐。以善相马、医马著称。有一次，楚王派他去买千里马。他来到齐国，看见一匹瘦马正奋力拉着盐车上一陡坡。伯乐行至马前，瘦马对他嘶鸣不已。他认为这是一匹千里马，便买下带回楚国。楚王听到伯乐对马的介绍后，命马夫尽心尽力把马喂好。半个月后，瘦马神采奕奕，楚王靠这匹马驰骋疆场，立功无数。后以伯乐借指善于发现、选拔、使用人才的人。

【伯牙】 春秋时音乐家。楚国郢都（今湖北荆州）人，曾任晋国上大夫。精于琴艺，善奏《高山流水》，相传琴曲《水仙操》即其所作。据传楚国钟子期最懂伯牙的音乐，二人被称为千古知音。钟子期死后，伯牙终身不再鼓琴，以示对友人的怀念。

【伯仲叔季】 古代兄弟行辈中长幼排行的次序。伯是老大，仲是老二，叔是老三，季是老四。也常用于表字，东汉末年长沙太守孙坚有四子，依次是孙策、孙权、孙翊、孙匡，按长幼依次字伯符、仲谋、叔弼、季佐。

【帛】 丝织品的统称。其中未经漂煮的丝织物称为生帛，也称绢、素、缟、绡。而经过漂煮的丝织物称为熟帛，

也称练。我国桑蚕养殖、缫丝和丝纺的历史悠久，丝织品的生产与应用技术发达，除了用于服饰，在纸尚未普及之前，丝织品还用于书画。

【帛画】 我国古代画种。用笔墨和色彩在丝织物上描绘人物、飞禽、走兽、神灵等形象的图画。约兴起于春秋战国时期，楚先王庙、公卿祠堂多画天地、山川之神和古代圣贤之像，至西汉发展到高峰，随着丝绸之路的开通，帛画传播到世界各地，成为中外文化交流的重要载体。帛画是现存最古老的中国画，线描规整劲利，色彩绚烂端丽，具有很高的艺术价值。

【舶脚】 唐以来对进港停靠的外商船舶征收的税种。

【博山炉】 古代香具。多为铜制，炉上有盖，盖高而尖，镂空，呈山形，山形重叠，其间雕有云气纹、人物及鸟兽。于炉中焚香，轻烟飘出，缭绕炉体，形成群山朦胧、众兽浮动的效果。盛行于汉晋。相传汉武帝在青州遥望海上仙山，回京后便令能工巧匠铸造铜熏炉，炉盖模拟《山海经》里的蓬莱、方丈、瀛洲三座仙山胜景，将三山融于一炉盖，于博大中蕴含清秀，故谓博山炉。

【博士】 古代官名。六国时有博士，秦汉相承，诸子、诗赋、术数、方技，都立博士。西汉属太常，参与议政。汉文帝置一经博士，武帝时置五经博士，职责是教授、课试，或奉使、议政。晋置国子博士。唐有太学国子诸博士，另有律学博士、算学博士、医学博士等，都为教授官，而非中央官学传授儒经学官的专称。唐宪宗元和七年（812）韩愈任国子博士，写下《进学

解》。明清国子监、太常寺、钦天监均设博士，又有五经博士一职，为孔孟及儒家诸族的世袭官。

【博学鸿词】 科举的一种名目，为制科之一种。"鸿"一作"宏"，唐代吏部考选进士及第者的科目，考中后授予官职。宋绍圣元年（1094）置宏词科，绍兴三年（1133）改立博学宏辞科，直到宋末。清代康熙、乾隆年间重设。也称博学鸿儒。宋代名士如苏轼、苏辙、富弼等均由此科入仕，故士大夫以此为荣，称之为"大科"。

【卜辞】 商周时代，刻在龟甲或兽骨上的占卜活动记录。也称甲骨卜辞。古人崇尚迷信，常根据烧灼龟甲、兽骨后出现的裂纹占吉凶，并在其上铭刻占卜结果。一条卜辞一般包括前辞、命辞、占辞、验辞等，内容多为祭祀、征伐、气候、狩猎、农事、疾病等。

【卜筮】 古时的占卜方法。根据烧灼龟甲、兽骨后出现的裂纹预测吉凶，称卜。通过蓍草的推演和计数预测，称筮。合称卜筮。殷商时，崇尚占卜，凡事必卜。如军队出征前要进行占卜，预测战事及主帅、车右、御者等的吉凶、成败。

【补服】 明清时期的官服。其长度介于长袍与短褂之间，对襟，前心后背都缀有一片绣有花纹图案的"补子"，其图案内容可显示官员的身份和等级，故称。补服最早出现在明朝洪武年间，后一度废止。明代规定，在补子上文官饰鸟，武官饰兽。清沿明制，并根据官员的文、武职能、品级以及皇族成员等级对服装的颜色、补子的图案做出了明确且严格的规定，其中文官一至九品的补子分别绣有鹤、锦

鸡、孔雀、雁、白鹇、鹭鸶、鹨鹈、鹌鹑以及练雀；武官的补子自一品至九品分别为麒麟、狮、豹、虎、熊、彪、犀、海马。其他司法、监察等部门官员还要绣上獬豸图案，以示其具有辨别曲直的职能。此外，命妇受封，也得用补服，补饰从其夫的品级。

【补阙】古代官名。武则天时置，职掌侍奉、规谏皇帝、补其阙失并举荐人员，分左、右补阙。左补阙属门下省，右补阙属中书省。北宋改补阙为司谏。南宋及元明重又设置，均随设随罢。明成祖时，与左、右拾遗合称"遗补"。

【不道】古代一种重罪罪名。指行为极其残忍、手段特别恶劣的犯罪，比如杀害无辜、虐待父母等。这些行为违反了法律，违背了道德和人伦，被视为不可饶恕的重大罪行。自隋以来，作为"十恶"之一，与谋反、谋大逆、谋叛、恶逆、大不敬、不孝、不睦、不义、内乱九种罪行并列，这些罪行被认为是对社会秩序和伦理道德的极大破坏。

【不二法门】不二即指唯一。法门指芸芸众生摆脱世俗走上圣道的门径。佛教指能直入圣道的门径与方法。后指独一无二的方法。

【不封不树】古代一种墓葬习俗。墓葬既没有封土堆，也不植树做标志。上古时比较普遍，随着坟墓上设施的日渐完善，不封不树反而成为一种特殊现象。如曹操、曹丕、司马懿等都要求不封不树。

【不毂】毂，gǔ，善。古代王侯自称的谦辞。

【不惑】能辨明一切事理，不再感到困惑。语出《论语·为政》："子曰：吾十有五而志于学，三十而立，四十而不惑，……"后代用以代称男子四十岁。

【不空】（705—774）全名不空金刚，音译"阿目佉跋折罗"。唐代僧人，佛教密宗创始人之一。本北天竺婆罗门族，一说师子国（今斯里兰卡）人，十五岁出家。幼年丧父，随叔父来中国，师事金刚智。开元二十九年（741），一说天宝二年（743），奉金刚智遗命往天竺及师子国广求密藏，天宝五载（746）返回中国，深得朝廷崇奉，赐号"大广智三藏"，封"开府仪同三司"、肃国公。大历九年（774）卒，死后谥"大辩正广智不空三藏和尚"。他一生历玄宗、肃宗、代宗三朝，中经安史之乱，先后在长安、洛阳、武威等地译出密部经77部，120余卷。

【不睦】古代一种重罪罪名。指亲族之间相互侵害的犯罪行为。自隋以来，作为"十恶"之一。唐代，不睦包括：谋杀及出卖缌麻以上亲属，殴打或控告丈夫及大功以上尊长或小功尊属。缌麻、大功、小功都是古代丧服，古人因已故亲人辈分、亲疏远近等因素着不同丧服，这里是用丧服之名来指代特定亲属群体。明清基本相同。

【不孝】古代一种重罪罪名。自隋以来，作为"十恶"之一。唐代，不孝包括：向官府控告祖父母、父母及咒骂等行为；祖父母、父母健在，子孙却另立户籍、分割财产；不赡养祖父母、父母，或赡养的方式不恰当；居父母丧期间自己嫁娶，作乐而脱丧服，改穿吉服；隐匿祖父母、父母死亡的消息，不发讣告不举办丧事，或谎称祖父母、父母死亡等。

【不义】 古代一种重罪罪名。自隋以来，作为"十恶"之一。唐代，不义包括：杀本属府主、刺史、县令、授业老师及吏卒杀本部五品以上官长，以及隐瞒丈夫死亡的消息而不发讣告、不举办丧事，守丧期间作乐、穿吉服、改嫁。明清基本相同。

【布币】 古代货币之一，仿照农具镈铸造的铜币。镈为翻地农具，"布"是"镈"的同音假借字。较早出现的是春秋时晋国铸造的空首布，战国时期主要流行于韩、赵、魏等国，形制略有变化。早期布币保留镈的形状，首空可以纳柄，形如今之铲，故也称铲币、空首布。以后布首变成扁平，下部分成两足，形状不一，有"尖足布""方足布""圆足布"和"三孔布"等名称。币上一般铸有地名，有的还铸有币值面额、干支等。秦始皇统一六国后，废除布币。后王莽曾一度仿制使用。

【布达拉宫】 宫堡式建筑群，位于今西藏拉萨市区西北的玛布日山上。公元7世纪，由吐蕃赞普松赞干布下令修建。相传是为了迎娶唐文成公主进藏而兴建此宫，一说是因迁都而修建。后经过不断修葺，至清顺治年间，始具备今日之规模和样式。主体建筑由东部的白宫和中部的红宫组成。白宫原为达赖喇嘛所居之处，红宫是佛殿和历代达赖喇嘛灵塔殿。宫内藏有大量珍贵文物，其壁画、彩画、木雕等风格、技艺以藏族为主，展现了各民族能工巧匠高超的技艺和艺术水准，是我国多民族文化艺术融合的杰出体现。

【布浑察儿】 蒙古语"许亲宴"的音译。蒙古族女子定亲后所办的款待亲家的宴会。参加此宴叫"吃布浑察儿"。一说蒙古人的议婚风俗是父亲可为其子向女方求婚，如女方答应则双方饮"布浑察儿"许婚酒。

【布缕之征】 战国时期各国以手工织品为征收形态的赋税，属于实物形式的课税。

【布施】 梵语意译。佛教将给予他人财物、智慧，以此积累功德直至成佛的修行方式称为"布施"。给予人财物称为"财布施"，以讲授佛法度人称为"法布施"，救人于危难称为"无畏布施"。

【布衣】 用麻、葛、棉等为原料制成的衣服。一般为平民百姓或隐逸之士所穿，后代指平民。诸葛亮在《出师表》中说："臣本布衣，躬耕于南阳。"

【布政使】 古代官名。明清各直省承宣布政使司主官，掌一省政令、财赋。简称布政。也称藩司、藩台、方伯。明洪武九年（1376）改行中书省为承宣布政使司。宣德后，全国府、州、县等分统于两京和十三布政使司，每司设左、右布政使各一人，为一省最高行政长官。后因军事需要，增设总督、巡抚等官，权位高于布政使。清代始正式定为督、抚属官，专管一省的财赋和人事，与按察使并称"两司"。

【步打球】 古代一种球类竞技游戏。因徒步以杖击球，故名。简称步打。起源于唐代。唐宋时宫廷中盛行的游戏。宋时发展成为捶丸，又称步击。比赛时分两队，队员各持下端弯曲的木棍击球，以击入对方球门多者为胜。此游戏直到清末还在民间流传。

【步摇】 妇女的头饰。戴在头上会随着人的行走而摇摆，故名。一般由黄金等材料制成，有龙凤、鸟兽、花枝等形状，并缀以珠玉等装饰。

【步障】 一种用以遮蔽风尘或视线的屏幕。晋代石崇豪奢，与王恺斗富。王恺做紫丝布步障四十里，石崇就做锦步障五十里和他匹敌。

【部曲】 原指军队的编制单位。汉代多指依附和隶籍于豪族的私人武装。魏晋到隋唐常指依附于势族高门、充当家丁杂役的各种人员，身份介于奴婢和平民之间。宋以来消亡，但仍用部曲泛指私家奴仆和佃客。

【部引】 清户部统一印制和颁发的盐引。引是引票的简称。宋以后给予商人运销货物的凭证。宋原名盐钞，行引法后改称盐引，也称钞引，元明清只称盐引。

【部院】 清代巡抚别称。清制，各省巡抚多兼兵部侍郎和都察院右副都御史衔，故称。也为六部和都察院的合称。

C

【才人】 宫廷女官名,多是妃嫔称号。从晋代到明代多沿置。晋代的才人,爵为千石以下。唐初定为九人,正五品,位次于美人。唐玄宗时改置七人,正四品。武则天曾被唐太宗选为才人。唐代以后虽沿用此称,但已没有明确的品位定制。

【材官】 秦汉征发于郡国的精锐步兵。也称材士。这些兵士勇武有才艺,善射,平时分散务农,定期集中操练,受朝廷统一征调,戍卫京师或驻屯边塞,间或用于仪仗,西汉以来设材官将军统之。东汉初罢置,魏晋置材官校尉,东晋复设材官将军,领土木工程,间亦领兵出征,后为中低级武职。

【采办】 明制,金银矿藏,皆由朝廷委派内外官员经营管理或监督开采,规定每年征收金银之数额,称为采办。又为和买(一种以购买为名的变相赋税)的一种形式。明初地方每年进贡土产,称岁办,不足或不合要求的部分,出钱向商人采购,也称采办。官吏借机搜刮,出钱仅是虚名。也称采买、采造。

【采莲】 古代吴、楚、越等江南水网地区池塘遍布,多植莲藕。每逢夏秋之际,少女多乘小舟出没莲荡中,一边采摘莲子,一边轻歌互答。这项生产民俗历史悠久,并在文人墨客眼中充满诗意与浪漫。莲花洁净、高雅,常被寄寓美好、纯洁的情感。莲子与"怜子"同音,古人常以之含蓄表达对心爱之人的爱慕。汉乐府中,就有"江南可采莲,莲叶何田田"的诗句。南朝乐府民歌《西洲曲》则以"采莲南塘秋,莲花过人头。低头弄莲子,莲子清如水"表达了对心爱之人的深情与思念。以"采莲"为创作题材的诗、词、赋作品出现在历代文人的作品中,其中不乏名篇佳作。

【采石之战】 南宋与金之间的一场重要战争。南宋绍兴三十一年(1161)金主海陵王完颜亮大举侵宋,淮西宋将王权不战而逃,统制姚兴力战阵亡,淮东刘锜军也败退江南。十一月金军主力到达杨林渡(今安徽和县东),准备渡长江。当时王权已被罢免,军无主帅,文臣虞允文到采石(今安徽马鞍山西南)犒师,召集统制张振、王琪、时俊等聚议,激励将士,迎击金军。金军以为采石无备,贸然渡江,及见设防,欲退不能。虞允文使时俊等奋勇出击,以海鳅船猛冲金船,大获全胜。宋水师进追杨林河口,射退敌骑,焚毁余船。同时山东、河南义军纷起袭击金军后方,海陵王为部将所杀,金军乃退,南宋转危为安。

【彩胜】用彩色的罗、绢或纸剪成的长条状小旗。古代立春之日，妇女或将其戴在头上，或点缀在花枝上，迎风招展，以示迎春。也称春幡胜、春幡、幡胜。此俗起于汉代，至唐宋时，彩胜的制作愈发精巧，有用金银装饰的。皇帝于立春日颁赐臣下，以示庆贺。

【彩选】古代一种博戏。也称彩选格、叶子戏。相传为唐代李郃所制。用骰子掷彩，依彩之大小，进选以官职名目，故名。宋时称"升官图"。后来的"选仙图"等，均属此类博戏。

【蔡伦】（约62—121）东汉造纸术发明家。字敬仲，桂阳（今湖南耒阳）人。永平末年入宫为宦官，先后担任小黄门、中常侍、长乐太仆等内宫职务，元初元年（114）封为龙亭侯。蔡伦在总结前人经验的基础上，用树皮、麻头、破布、旧渔网等原料造纸，世称"蔡侯纸"。从此，轻便的纸张取代了笨重的简牍，有力地推动了文化的传播。

【蔡文姬】汉末女诗人。名琰，字文姬，陈留圉（今河南杞县）人。文学家蔡邕之女。博学多才，通晓音律。起初嫁给河东卫仲道，丈夫死后无子，归家。逢汉末中原大乱，为董卓部将所虏，后归南匈奴左贤王，在南匈奴居住十二年，并为左贤王生下二子。建安十三年（208），曹操念蔡邕无后，以金璧赎归，改嫁同郡屯田都尉董祀。蔡文姬一生颠沛流离，所作《悲愤诗》五言及骚体各一首，叙述自己的悲惨遭遇，并反映了当时百姓经受的战乱之苦。琴曲歌辞《胡笳十八拍》相传也是她所作。

【蔡襄】（1012—1067）襄，xiāng。北宋文学家、书法家。字君谟，兴化仙游（今福建仙游）人。天圣八年（1030）登进士，庆历三年（1043）知谏院，历任福州知州、福建转运使、知制诰、知开封府、翰林学士等。卒谥忠惠。工书，正楷端重沉着，行书温淳婉媚，草书参用飞白法，被誉为"蔡体"，与苏轼、黄庭坚、米芾合称"宋四家"。有《蔡忠惠集》。

【蔡邕】（133—192）邕，yōng。东汉文学家、书法家，蔡文姬之父。字伯喈，陈留圉（今河南杞县）人。熹平四年（175），与杨赐等奏请"正定六经文字"，部分由蔡邕书写经文，刻碑立于太学门外，世称"熹平石经"。灵帝时为议郎，因上书论朝政阙失，遭到诬陷，流放朔方。遇赦后，亡命江湖十余年。董卓专政，被迫为侍御史，官左中郎将，人称"蔡中郎"。董卓被诛后，蔡邕受牵连，死于狱中。蔡邕通经史、音律、天文，善辞章。散文长于碑记，表现了汉末文风的转变。其书法精于隶体，结构严整，并始创"飞白"书体，为历代所推崇。蔡邕还精通音乐，相传"焦尾琴"即为其所制，是我国古代四大名琴之一。其作品后人辑为《蔡中郎集》。

【参禅】佛教禅宗的修行方法。即习禅者为求开悟而向各处禅师参学。也用来指称一般依教坐禅或参话头。

【参合之役】十六国后期的一场重大战役。也称参合陂之战。公元395年，后燕太子慕容宝率领八万后燕军进攻北魏，北魏拓跋珪采取了先率部落远迁示弱以骄敌的策略，诱敌深入，拖而不打，渡黄河南下，与后燕军队隔河对峙。后燕军队长途跋涉，不能速战速决，加之天气渐冷，又误信慕容垂去世的消息，决定撤兵。拓跋珪率军两万奇袭燕军于参合陂（一说在今内蒙古凉城，一说在今山西阳高），大获全胜，由此揭开了其南下中原吞并后燕的序幕。此战加速了后燕的灭亡，也奠定了北魏统一北方的基础。

【参军】古代官名。东汉末有"参军事"之名，掌参谋军务，简称"参军"。晋以后军府和王国始置为官员。或单称，或冠以职名，如谘议参军、记室参军，大都督府、都督府置录事参军、文学参军等。南朝宋鲍照曾任临海王刘子顼前军刑狱参军，故世称他为"鲍参军"。沿至隋唐，兼为郡官。宋有司户参军等，为地方官府低级官员。

【参议】古代官名。元明中书省属官有参议。明布政司设"参议"一职，分左、右参议，掌分守各道，及派管粮储、屯田、驿传、水利等事宜。通政使司设"参议"一职，佐理通政使受理四方章奏。清各部也有参议。

【参知政事】古代官名。简称"参政"。唐初以参知政事为他官参与宰相事务的职名。至宋，于宰相外别设参知政事，为宰相的副职。其后权位逐渐提高，开宝六年（973）始诏薛居正、吕余庆于都堂与宰相共同议政，至道元年（995）诏宰相与参政轮班知印，同升政事堂。自寇准任参知政事，敕后署押（签名）与宰相齐衔，出行则与宰相并马。元丰改制时废。南宋恢复。辽金元相承，明废。宋代的范仲淹、欧阳修、王安石都曾任此职。

【骖服】骖，cān。驾车时位于中间的两匹马称服，位于两旁的马称骖。骖也指同驾一车的三匹马。

【骖乘】cānshèng。古人乘车以居左为尊，御者居中，两手分别拉着几匹马的缰绳，另有一人居右陪乘，称骖乘。车上其他陪乘的人也称骖乘。其职责是随侍尊者，防备车辆倾侧。

【仓颉】也作"苍颉"。相传为汉字的创造者。曾做过黄帝的史官。在《荀子》《韩非子》《吕氏春秋》等多部古籍中都有其相关记载。由于文字是在社会的长期实践中逐步产生、形成的，不可能由一人独创，故仓颉可能只是整理文字的一位著名人物。

【苍头军】苍，青色。秦末各地起义时，吕臣领导的农民军。因头裹青巾，故称。也作"仓头军"。陈胜被害后，其部将吕臣在新阳（今安徽界首北）组织苍头军，收复陈县（今河南周口淮阳区），处死杀害陈胜的庄贾，重建张楚政权。后归项梁。

【沧海桑田】晋代葛洪《神仙传》中记载了一则故事：仙女麻姑看见东海三次变成桑田。后比喻世事变化很大。同义的还有桑田碧海、沧桑陵谷。

【沧浪诗话】书名。南宋严羽撰。严羽自号"沧浪逋客"，故其诗话称《沧浪诗话》。全书分诗辨、诗体、诗法、诗评、考证五个部分。严羽论诗，推崇盛唐，主张诗有别裁、别趣，反对当时以文字、才学、议论为诗的弊病。又以禅喻诗，强调"妙悟"，对明清的诗歌评论影响颇大。

【沧浪亭】苏州古代四大园林之一。最早为五代时期吴越广陵王钱元璙的私家花园，北宋年间为诗人苏舜钦所购得。苏舜钦在园内临水修建一座亭，命名为"沧浪亭"，并以亭名园。历史上沧浪亭数易其主，也屡经毁建。

C

【藏钩】古代一种游戏。钩，环状物。相传汉昭帝母钩弋夫人少时手拳握，不可张开。入宫，汉武帝展其手，得一钩，后人乃作藏钩之戏。玩法为：分两方，一方藏钩或其他小物件于手中，另一方猜，猜中获胜。常于饮宴间进行，以助兴取乐。

【藏书楼】我国古代收藏和阅览图书的建筑。分为官藏与私藏两种。历代的官方藏书建筑有汉代天禄阁和石渠阁、明代文渊阁、清代天禄琳琅等。现存最早私家藏书楼是明代宁波范氏天一阁，其余如明末山阴祁氏澹生堂、常熟毛氏汲古阁等也较为知名。晚清著名的四大藏书楼有常熟瞿氏铁琴铜剑楼、钱塘（今浙江杭州）丁氏八千卷楼、归安（今浙江湖州）陆氏丽宋楼和聊城杨氏海源阁。

【曹】古时分科办事的官署或部门。如西汉置尚书五人，其一为仆射，四人分为四曹；东汉尚书六人，分五曹。古代州郡的属官也称曹。

【曹兵】北齐为各级官署配备的以供役使的吏卒。

【曹操】（155—220）东汉末政治家，军事家，诗人。字孟德，小名阿瞒，沛国谯县（今安徽亳州）人。20岁举孝廉，任洛阳北部尉，迁顿丘县令。后镇压黄巾起义，讨伐董卓，逐步扩充实力。建安元年（196），迎汉献帝于许昌，挟天子以令诸侯。建安五年（200）官渡之战，大破袁绍，又削平乌桓，统一了北方地区。建安十三年（208）进位丞相。同年率军南下，被孙权和刘备联军击败于赤壁。建安二十一年（216）封"魏王"。子曹丕代汉称帝，追尊为"太祖武帝"，世称"魏武帝"。善诗歌，创作以四言为主，继承了《诗经》和汉乐府民歌的传统，具有鲜明的现实主义精神，被誉为"汉末实录"。代表作有《蒿里行》《观沧海》等。散文亦清峻真率。与其子曹丕、曹植合称"三曹"，共同开创了悲凉慷慨、气韵沉雄的文学创作风格，被称为"建安风骨"。

【曹丕】（187—226）三国魏的建立者，诗人，文学批评家。字子桓，沛国谯县（今安徽亳州）人。曹操次子。建安十六年（211）为五官中郎将，建安二十二年（217）立为魏太子。曹操死后嗣位为丞相、魏王。建安二十五年（220），代汉自立，国号"魏"，建都洛阳，即"魏文帝"。曹丕爱好文学，于诗、赋、文学理论皆有成就。其《燕歌行》为现存最早的完整的七言诗。其《典论·论文》是我国最早的文学理论批评专著。与其父曹操、弟曹植合称"三曹"。

【曹石之变】明英宗复辟后发生的历史事件。也称石曹之乱、石曹之变。明英宗复辟后，石亨和曹吉祥由于迎复有功，受到英宗的宠信，权势日重，后英宗疏远石、曹等人。天顺四年（1460），石亨借助妖书的传言，策划发动叛乱，被人告密，下狱处死。天顺五年（1461），曹吉祥策动其侄曹钦谋反，事泄而败，曹钦投井自尽，曹吉祥被处以磔刑。

【曹魏】三国政权之一。也称三国魏、前魏、先魏。公元220年曹丕代汉称帝，国号"魏"，定都洛阳（今河南洛阳）。因是曹氏所建，故称曹魏，以别于拓跋魏。雄踞北方，后灭蜀汉。占有今淮河两岸以北中原地区和秦岭以北关中、陇右、河西地区，西包新疆，东抵朝鲜半岛西北部。265年司马炎代魏称晋，曹魏亡。共历5帝，46年。

【曹魏屯田】 曹魏政权组织流民和军队耕种荒地以恢复生产、保障军粮的措施。东汉建安元年（196）曹操在许下（今河南许昌）一带开始施行民屯，后迅速推广，设典农和度支两套将尉系统，分别管理民屯和军屯，为统一北方奠定了经济基础。曹魏末罢各级民屯为郡县，所屯之田私有化，军屯仍以不同方式在边地延续。

【曹雪芹】 （约1715或1721—约1764）清代文学家。名霑，字梦阮，号雪芹、芹圃、芹溪。满洲正白旗包衣。自曾祖起三代先后任江宁织造六十余年，为康熙亲信。雍正时受政治斗争牵连，父曹𫒋被革职抄家，迁往北京。晚年居于西郊一带，过着"举家食粥酒常赊"的生活，贫病而卒。曹雪芹早年经历了一段富贵繁华的生活，后家道衰落，饱尝人世艰辛，他以此为背景创作了不朽的作品《红楼梦》，是我国古代长篇小说的巅峰之作。

【曹植】 （192—232）三国魏诗人。字子建，沛国谯县（今安徽亳州）人。曹操第三子，曹丕弟。封陈王，谥思，世称陈思王。幼聪颖，为曹操所宠爱，欲立为太子。然任性放诞，后渐失宠。其兄曹丕、侄曹叡即位后，他备受猜忌与迫害，屡次遭贬与移换封地，郁郁而终。曹植是建安文学的代表作家和集大成者。诗歌创作以五言为主，前期多抒写人生抱负与宴游之乐，语言精练，积极明快，如《白马篇》等；后期诸作则集中反映其受压迫的苦闷和对人生悲观失望的心境，风格慷慨

悲壮。辞赋及散文作品则辞采华茂，形象生动，《洛神赋》为千古名篇。与其父曹操、兄曹丕合称"三曹"。

【漕帮】 明清漕运船只和相关人员的组织形式。明代指漕运船只以帮为单位分年轮番承运的组织，清代发展为帮会团体。清雍正四年（1726）正式创立了漕帮，从一个行业组织转变为一个帮会团体。嘉庆年间，安庆府的漕帮水手们为了反抗清朝的统治，成立了秘密组织"安庆道友会"，后来改称为"安清道友会"，即青帮。

【漕斛】 斛，hú，量器，也用作容量单位。古代以10斗为1斛，南宋末年改为5斗。漕斛为收兑漕米所用量器名，也称仓斛。形方，上窄下广。自元即为量制的标准。清户部铁斛，为官府仓场收纳漕粮时使用的标准量具，5斗为1斛。

【漕平】 清漕粮改征银两后所用的标准秤。后渐为民间所采用。但各地标准不同，一般多冠以地名，如申漕平、苏漕平等。

【漕试】 宋代科举考试方式。即转运司试。宋仁宗景祐年间，命各路转运司类试现任官员亲戚中之应试者，后成为制度。现任官所申报的随侍子弟和五服内亲戚，以及寓居本路士人、有官文武举人、宗女夫等，皆由本路转运使组织考试，试法同州、府解试。漕试合格，赴省试。

【漕运】 古代东南各地通过水路向京师或指定的公仓运粮，有专官督责。漕运的方式主要有河运、水陆递运和海运三种。源于秦始皇将关内粮食运往北河（今内蒙古乌加河一带）做军粮。隋唐以来多指专供京都的水运，

大运河在其中占有重要地位，设发运使掌其事。元朝以来河漕之外又兴海漕，明清时期东南粮食通过贯通南北的大运河运到北京。漕运主要承担调运粮食（主要是公粮），包括供应宫廷消费、百官俸禄、军饷支付和民食调剂等，在南北交通和物资交流上有重要作用。辛亥革命后漕粮全征折色（将征实物折价改征银两），漕运废除。又食盐也有漕运，往往利用漕粮回空船只，运送长芦、两淮所产食盐至销售地区。

【**漕运四河**】 北宋汴京附近四条可通漕运的河道，即汴河、黄河、蔡河和五丈河。

【**草市**】 草，乡野、民间。旧时乡村的定期市集。起源很早，各地名称不同，两广、福建等地称墟，川、渝、黔等地称场，江西等地称圩，北方称集。东晋时建康（今江苏南京）城外有草市。大多位于水陆交通要道或津渡及驿站所在地。草市既非官设，也无市官。唐宋以来有很多草市，并在此基础上发展为较大规模的定期定点集市或商埠集镇。

【**册**】 ①古代文字书于简，编简成册。因以为文献、典籍之称。②古代帝王祭告天地神祇的文书以及古代帝王册立、封赠的诏书。帝王祭祀用的册书为"祝册"，帝王祭祀告天或上尊号用玉简制成的册书为"玉册"，封赐王侯的册书为"封册"，罢免大臣的册书为"免册"等。有玉、金、银、铜之制，各有等差。

【**册封**】 皇帝封立太子、皇后、妃嫔夫人、王侯、公主、郡主等，正式授予名号的礼仪。是古代嘉礼之一。也

称册立、册命、策命。始于周代，后世沿之。举行仪式时，由皇帝派遣相应的大臣为使者，向受封者及相关人等宣读册文，并授以印玺，受封者的地位即获得承认。诏书因被封者的等级不同而分别使用金、银、纸等不同材质。

【**册府元龟**】 类书名。北宋王钦若、杨亿等辑。全书 1000 卷，分 31 部、1104 门。将上古至五代君臣的事迹分门编纂，按序排列。该书保存了不少史料，对宋以前史籍的辑佚和校勘工作较有价值。

【**策问**】 汉以来试士，以经义、政事等设问，写在简策上，要求应举者条对，故称。分为"射策""对策"。"射策"类似抽签考试，由应举者用矢箭射简策，并阐释射中的简策上的疑难问题。将政事或经义方面的问题写在简策上发给应举者作答，称"对策"。后世科举考试也多采用之。

【**策勋**】 记录功勋于策上。在古代是一种荣誉制度，用以表彰个人的军事功绩或其他杰出贡献。这一做法可以追溯到先秦时期，当时的君主会将功臣的名字和功绩记录在竹简或木简上，以此作为授予爵位、官职或赏赐的依据。《木兰诗》中"策勋十二转，赏赐百千强"，描述的就是花木兰因战功显赫而受到的封赏。

【**岑参**】 （约 715—770）唐代诗人。江陵（今湖北荆州）人。天宝三载（744）进士。天宝八载（749）至安西节度使高仙芝幕府任掌书记，后又入封常清北庭幕府。至德二载（757）与杜甫等五人授右补阙。曾出任嘉州刺史，世称"岑嘉州"。岑参长期在

西域从军，对边塞环境和军旅生活有深刻体验，其边塞诗尤多佳作，后人往往将他与另一位边塞诗的代表高适并称为"高岑"。岑参的边塞诗不仅生动地描绘了壮阔奇丽的边塞风光，也歌颂了驻守将士建功立业的豪迈情怀，气势雄放，想象丰富，慷慨悲壮。代表作有《白雪歌送武判官归京》等。有《岑嘉州诗集》。

【茶】 即茶树。其叶经烘制可做饮料。我国有着数千年种茶树的历史和饮茶文化，我国西南地区是世界茶树的原产地之一。茶的栽培和饮用始于川、滇。相传神农尝百草，日遇七十二毒，以茶解之。《尔雅》中称茶为槚、苦荼，郭璞注详细记录了其性状。汉代开始，茶已是士大夫阶层生活的必需品，买茶、烹茶成为日常。随着佛教的兴起，佛教信徒提倡坐禅、戒酒，并通过饮茶提神醒脑，对民间饮茶习俗产生了深远影响。唐代陆羽在《茶经》中详细记载了全国八郡四十二州产茶区的分布情况。宋代，产茶区域又有所扩大。伴随着饮茶产生的各类茶文化有茶道、茶艺、茶具制作、茶谱、茶诗、茶画、茶学、茶故事等。茶叶还是中外文化交流的纽带，通过古代丝绸之路，茶被运往西域。17世纪，传入欧洲，风靡于宫廷和上层社会，并很快在民间流行。欧洲人认识中国，最早是从接触茶叶和瓷器开始的。

【茶经】 茶学专著。唐陆羽撰。全书3卷，论茶的性状、产地、采制、烹饮等，并引征古代有关茶事的若干文献，记载翔实，是我国最早的茶学著作。

【茶课】 课，kē。官府征收的茶税。始于唐代，宋代已成为重要的财政收入。

产茶、贩茶均课税，创茶引法实行专卖。元以来循此损益，明清官府榷茶易马，商人则纳课领引贩茶，至清代后期有所放宽，又增收通过税。

【茶引】 旧时发给茶商的茶叶运销凭证。引为官府发给商人运销货物的凭证。唐代已有茶叶官卖制度和运销凭证，北宋崇宁元年（1102）蔡京立茶引法，商人运茶贩卖，须纳税领引，运销数量和地点都有限制。元明清仍用茶引。分长引、短引、正引、余引。四川又有行于内地的腹引、行于边地的边引及行于土司的土引。还有兼行票法的。清末引制渐废。

【茶由】 由，凭证。元明官府颁发的茶叶零售凭证。明代称由票。元代改革茶法，规定茶商必须持有茶引和茶由。茶引属于大宗的批发式的茶叶运销凭证。茶由主要颁发给那些零售茶叶商人。元代茶引每引90斤，茶由每由9斤，后改为3斤至30斤十等。明代每引100斤，每由60斤。

【察院】 古代官署名。唐始置，御史台下属三院之一，为监察御史办公之所。宋元沿置，掌分察尚书省六部及其百司之事，纠其谬误。明改御史台为都察院，简称察院，清因之。又明清各省巡按御史驻节的官署也叫"察院"，京师巡城御史称"五城察院"。河南曲剧经典剧目《卷席筒》中著名唱段《在察院》，讲的是察院的曹保山替弟弟鸣冤，惩处了收受贿赂的县官的故事。

【钗】 一种妇女的头饰。由叉而来，其形态就是两股簪子合成叉子形状。钗在古代显示了妇女的身份和地位，身份尊贵者往往佩戴金、玉等贵重材料打造的钗，样式华丽，价格不菲。普通百姓则多用荆钗。钗还常作为表达情感的信物。唐白居易在《长恨歌》里写道："唯将旧物表深情，钿合金钗寄将去。钗留一股合一扇，钗擘黄金合分钿。但教心似金钿坚，天上人间会相见。"诗中的旧物，就是金钗和钿盒。因钗为两股，分开男女双方各执一股，以示对彼此情感的专一和忠贞。

【差发】　差，chāi，差遣，劳役，赋役。金元向民户征调摊派各种赋役的统称。元朝凡草原蒙古民户派纳牛马、车仗、人夫、羊肉、马奶，汉地民户则包括科差、税粮、杂泛差役、和雇、和买等。

【差科簿】　差，chāi，差遣，劳役，赋役。各地官府记录丁口服役情况的簿册。历代有之。唐以来称差科簿，簿册的编制由县令负责，以乡作为单位进行统计，总计该乡破除（包括死亡、迁徙、废疾、单身等）的人数与现有的人数，报县确认，按户登录丁男、中男及其服役、免役、缓役、纳课代役等事项，是征发徭役的依据。

【差遣】　差，chāi。古代任官制度。宋代官制，有"官""职""差遣"之别。"官"指寄禄官，即用以确定官位、俸禄的官称，如光禄大夫、迪功郎等。"职"为一种加官，即馆职与贴职，用以授文学之士，贴职也常称为"职名"。"差遣"为官员所担任的实际职务，如枢密使、三司使、提点刑狱、知州、知县之类。三者相分和搭配任用为宋初以来官制的基本特点，有设置繁复、名实不符之弊。元丰改制后，渐回归到官、职关系的常态。

【差委】　差，chāi。清代任用官员方法之一。由皇帝钦派称"差"，由各衙门堂官及各省督抚等所派称"委"。凡学政等限期满更换之差，均请旨选派。各衙门所属无额缺官员，均由本堂官委派。

【柴窑】　古代名窑。窑址传在今河南郑州一带，但迄今尚未发现。传为周世宗柴荣时所烧造，故名。据文献记载，所烧瓷器有"青如天，明如镜，薄如纸，声如磬"的特点。柴窑瓷器以天青色为主，相传当时臣下请示瓷器的形式，世宗在奏状上批曰："雨过天青云破处，这般颜色作将来。"所谓雨过天青，即淡蓝色的青瓷。

【幨车】　幨，chān。古代有帷幕的车子，多为妇女所乘。

【单于】　chányú。匈奴等北方游牧部族最高首领之称。全称为撑犁孤涂单于，在匈奴语里，撑犁、孤涂、单于分别表示天、子、广大之意，意为像天子那样广大的首领。每位单于前加号以示尊贵，如"老上单于""军臣单于"等。后乌桓、鲜卑等族首领也称单于。五胡时期，能称王中原者常称"大单于"。公元3—4世纪，"单于"这一称呼被东胡族部首领的"可汗"取代。

【禅】　"禅那"的简称。梵语音译，意为静虑或思维修，即屏除一切杂念、静中思虑的修行方式。

【禅机】　禅宗高僧在传授佛法时，以独特的言行对僧徒所做的微妙暗示。这种教授方法和禅宗不立文字、讲究教外别传的主张是分不开的。如棒喝、"世尊拈花，迦叶微笑"等都是这一教授方法的体现。

【禅宗】 我国佛教宗派之一，因专修"禅定"而得名。相传南朝宋末由印度高僧菩提达摩从天竺传入。至第五世弘忍门下，分为北方神秀的渐悟说和南方慧能的顿悟说两宗。渐悟说不久衰落，而顿悟说主张不立文字，教外别传，直指人心，见性成佛，通俗简易，日益盛行。慧能也因此被尊为禅宗六世祖。自唐至宋，禅宗一直是我国流传最广的佛教宗派，与净土宗并为我国佛教两大宗派，对我国古代思想、文化、艺术影响深远。

【缠足】 指女子用布帛紧扎双足，使足骨变形。由于裹后的双足脚形尖小，故称为三寸金莲。也称裹脚。相传南唐李后主令宫嫔窅娘以帛绕脚，令纤小作新月状，由是人皆效之。一说始于南齐东昏侯时。这一行为极大损害了女性的身心健康，严重限制了女性自身的发展，是一种陋俗。辛亥革命后逐渐废绝。

【蝉】 昆虫名。也称蜩。古人认为蝉居高食洁、餐风饮露，是高洁的象征。汉代侍从官所戴的冠，上有蝉饰，并插貂尾，故称蝉冠或貂蝉冠，后因以"蝉冠"指称显贵。

【澶渊之盟】 澶，chán。公元 1005 年，宋辽在澶州（今河南濮阳）订立的盟约。澶州又名澶渊郡，故史称"澶渊之盟"。1004 年秋，辽圣宗与萧太后率军大举南侵，参知政事王钦若请避往升州，陈尧叟请避往益州。宰相寇准力排众议，促真宗亲征。宋军坚守辽军背后的城镇，澶州守军又射死辽大将萧挞凛（一作"览"），辽恐腹背受敌，提出和议。双方约和，宋每年向辽提供岁币银十万两、绢二十万匹，在边境上设立榷场，与辽进行贸易往来。

【划佃】 划，chǎn。也作"搀佃""掺佃"。宋以来田主强制收回佃户所租土地另行招佃的一种行为。宋时官田、民田，均得划佃。或已佃而逃，或虚占待垦田不耕，或纳租违期，或嫌原佃租额太轻，都可成为划佃依据。没官田、户绝田，利厚租轻，富豪往往互相划佃。民田，佃户间也有互相增租划佃的现象。

【菖蒲】 植物名。多生长于池沼等浅水处。其叶细长如剑，一名"水剑"。全株有香气，夏季开黄花。古人认为久服菖蒲的根和花，可使人耳聪目明、长生不老。我国民间端午节有采扎菖蒲和艾悬挂于门头的习俗，即所谓艾虎蒲剑，认为可以祛恶辟邪。唐时端午用菖蒲酿酒，称菖蒲酒。

【长安】 古都名。位于今陕西西安西北。公元前 202 年，汉高祖刘邦在此置县，前 200 年，定都于此，史称"长安"，寓意长治久安。后因规模狭小，于汉惠帝三年（前 192）进一步扩充营建，因城南为南斗形，城北为北斗形，故也称斗城。我国历史上的西汉、新莽、前赵、前秦、后秦、西魏、北周、隋、唐都定都于此。隋初，以汉长安城为都城，后在其东南（也在今西安市区）兴建新都，史称"大兴城"，唐代的长安城也是在此基础上扩建的。汉唐时期，长安既是政治中心，也是对外经济交流中心。作为丝绸之路的起点，长安自西汉时起就有外国人的居住区，时至唐代，来自日本、朝鲜、波斯、大食等亚洲各地的外国人数以万计，东西各国都派遣使者、留学生来长安。长安为佛、道、基督、伊斯兰等各种宗教文化兼容并包的国际都市，学术交流、经济贸易高度发达，百业兴旺，人口众多，市坊林立，规模空前，展现了大一统王朝博大包容的宏伟气魄。汉长安城未央宫遗址、唐长安城大明宫遗址、大雁塔、小雁塔、兴教寺塔、碑林等历史遗迹，都是长安辉煌历史的见证。

【长城】 古代军事防御建筑。《左传》已有记载。战国时期，齐、楚、魏、燕、赵、秦和中山等国皆在地势险要处修筑城墙。秦始皇统一六国后，为防御匈奴南侵，将秦、赵、燕北部的城墙连接、增筑成为一体，长度约有万里。后历代整修延展。至明代，为防御鞑靼、瓦剌族的侵扰，洪武至万历年间，前后修筑长城十八次，部分地段还筑有内长城，重要的地段设置二十多道城墙。长城以宏大的规模构成了明代北边防御体系的重要依托。万里长城是中华民族大一统的象征，是世界上最壮观、绵长、宏伟的人类建筑，也是了解中国历史、文化、民族的一个很好的切入点。

【长从宿卫】 唐玄宗时守卫京城的常备兵。高宗、武后时，府兵制逐渐瓦解，宿卫京师的府兵大量逃亡，开元十一年（723）玄宗采纳宰相张说的建议，以招募方式选京兆、蒲、同、岐、华等州府兵和白丁，再增加潞州长从兵，共十二万，分两批长年轮流充任宿卫，故名。次年更名彍骑，后又分隶诸卫，安史之乱起而废。

【长跪】 古代礼节。直身而跪。古人席地而坐，坐姿为两膝着地，两脚的脚背朝下，臀部落在足跟上。长跪则是两膝着地，将臀部抬起，挺身直腰，表示庄重。据说行此礼时，身体看起来似乎变长，故称。也称跽。

【长命缕】 古代以五月为恶月，其时天气炎蒸，疫病易于流行，自汉以来，即于此月重五前后，以彩色丝线系在小儿手臂上，认为可不染瘟疫、平安健康，又谓能避刀兵之灾，故称。也称五彩丝、长寿线。

【长平之战】 公元前 260 年，秦军在长平（今山西高平西北）大败赵军的战役。秦昭王四十五年（前 262），秦将白起攻韩，取野王（今河南沁阳），上党郡与韩不能相通，郡守冯亭以地献赵，引起秦、赵在长平大战。廉颇坚守长平，秦用反间计，使赵王派纸上谈兵的赵括取代廉颇为将。赵括无实战经验，率大军盲目出击。白起在正面诈败后退，另用两支奇兵袭击赵军后路。赵军被包围，不能突围，赵括被射死，赵军四十多万人被俘坑死。从此赵国国势衰落。

【长上匠】 长年服役于官府的工匠。历代皆有，处境不同，唐时与短期的番匠相对而言，有匠籍，不得脱籍转业，在每年二十天义务服役期满后，继续服役者可得雇资，多为官府手工作坊中的骨干。

【长生殿】 传奇剧本。清代洪昇著。洪昇康熙十二年（1673）作《沉香亭》传奇，后改写为《舞霓裳》。至康熙二十七年（1688），又重新修订，易名为《长生殿》。题目来自唐代诗人白居易《长恨歌》中"七月七日长生殿"的诗句。共 50 出。故事取材于《长恨歌》和元代剧作家白朴的剧作《梧桐雨》，主要讲述了唐明皇李隆基与贵妃杨玉环之间的爱情故事。《长生殿》的思想内容相当复杂，它一方面颂扬了唐明皇、杨贵妃的生死不渝的爱情，一方面又联系了"安史之乱"前后广阔的社会背景，批判了统治阶级荒淫误国、祸害人民的罪恶，抒发出国破家亡的感慨。剧本艺术表现细腻，带有浓厚的抒情色彩。唱词优美流畅，富有浓郁的诗意。康熙二十八年（1689），因在清圣祖佟皇后大丧期间演出此剧，洪昇遭弹劾，被革去国子监生籍，时人诗云："可怜一曲《长生殿》，断送功名到白头。"

【**常参官**】 古代官名。日常参朝的官吏。唐制，于常朝日参见皇帝的高级文官称常参官，包括每日上朝的五品以上职事官、八品以上供奉官以及员外郎、监察御史、太常博士等官。其后常朝制度及参加范围有所变化，宋初要官每日常朝，元丰改制后指门下省、中书省侍从官及尚书省、御史台等机构的高级官员。

【**常朝**】 古代天子处理军国大政、日常行政事务召开的决策性会议。常朝时间相对固定，与不时举行的朝会相对而言，规模较小，往往每日或每三五日举行一次，皇帝与高官、要官在朝会上一同处理日常政务。汉宣帝时正式确定五日一朝。除五日一朝外还有初一、十五照常进行的朔望朝，及在百官朝会殿中召开的决策性会议。常朝时间不可避免地受到皇帝个人因素及突发事件的影响。

【**常平仓**】 古代为调节粮价而设置的粮仓。汉宣帝五凤四年（前54），耿寿昌建议于边郡筑粮仓，谷贱时用较高价钱收进，谷贵时减价卖出，称为常平仓。汉以后历代在"调节粮价，备荒赈恤"的名义下，常设这种粮仓。西晋泰始四年（268）也置常平仓。唐初置常平仓，元和中改称"常平义仓"。宋初除边郡外，各地设常平仓和惠民仓。王安石行青苗法，用两仓钱谷作为贷本。金元有常平仓。清规定州县设常平仓，所储米谷既用作平粜，也用作赈贷。常平仓运用价值规律来调剂粮食供应，充分发挥了稳定粮食市场价格的作用，不仅使朝廷储藏粮食的大谷仓都能够得到有效利用，而且也使得市场上的粮食供应得到保障。

【**常侍**】 中常侍、散骑常侍、内常侍等官的简称。为皇帝的近侍，负责辅助皇帝处理宫内事务。秦汉时设立中常侍，隋唐内侍省设立内常侍。

【**嫦娥**】 古代神话传说中的月神。最早见于《山海经》，叫"常羲"。也称姮娥。相传为后羿的妻子，因窃食了后羿向西王母求得的不死之药而奔月成仙。六朝以后的文学作品或书画等艺术形式中，嫦娥渐成清冷孤寂的美丽女神化身。长沙马王堆一号汉墓出土帛画中，有疑似"嫦娥奔月"的内容。

【**厂卫**】 明代专司侦缉治狱诸事的东厂、西厂与锦衣卫的合称。厂、卫都是明代的特务机构，为皇帝耳目，故常并称。"锦衣卫"是掌侍卫、缉捕、刑狱等事的一支京卫亲军。公元1382年，明太祖改仪鸾司而来，为京卫中的上直卫亲军指挥使司之一。"东厂"全称"东缉事厂"，明永乐以来由宦官统领的侦缉机构。始设于1420年，以强化对百官的刺察，制衡锦衣卫。"西厂"全称"西缉事厂"，明成化以来与东厂并置的侦缉机构。1477年始设，以御马监掌印太监汪直为提督，以制衡东厂。

【**氅衣**】 氅，chǎng。古代罩于衣服外面的大衣，大多无袖，功能类似于披风，用于挡风御寒。其原始形态为鹤氅（即鸟羽制成的裘）。唐时由毛羽的初始形向袍服形转变，宋时氅衣形制逐步定型。氅衣在清代达官贵人阶层更趋于材质华美和做工精细。一说，当时道教的法袍即由此演变而来。

【**鬯**】 chàng。古代祭祀、宴饮用的香酒。用郁金草配黑黍酿成。

【**抄本**】 也作"钞本"。①照原本抄写的书本。唐以前多称写本，唐以后多称抄本。现存最早的抄本书是西晋元康六年（296）的佛经残卷。唐以后刻本渐行，但有些比较专门、不甚著名或需求不广的著作仍以传抄方式流通。习惯上又将时代较早、缮写工整、校勘严谨、纸墨精良的抄本称作写本。②宋元时发行钞币的准备金，为用来买卖金银、收换昏钞而储备的新钞。

【**钞关**】 明清设于水陆交通要冲或商品集散地的征税机构。也称常关。与沿海口岸设置的进出口管理和征税机构"海关"相对而言。最初用大明宝钞交税，故名。明宣德四年（1429）起，先后设置漷县、济宁、徐州、淮安、扬州、上新河、浒墅、九江、金沙洲、临清、北新、正阳等钞关。清沿明制，因系户部管辖，又称户关。道光二十一年（1841）扩充至24处。所征税项分正税、商税、船料三种。鸦片战争后另设海关，原有户关改称常关。

【**钞引**】 宋代官府发给商人支领和运销茶、盐、矾的凭证，名"茶引""盐

钞""矾引"，统称钞引。又名交子、会子、关子等。金代开始有交钞（纸币）之制，外为阑，作花纹，其上衡书贯例，左右书料、号、禁条，阑下书行换之法，有官员押字。大钞有一贯、二贯、三贯、五贯、十贯五种，小钞有一百文、二百文、三百文、五百文、七百文五种。后世相沿称纸币为钞票。

【**钞引法**】 金代印造交钞、盐钞与盐引的制度。公元1154年海陵王设印造钞引库，印造交钞、盐钞、盐引。交钞与钱并用，卖盐时须钞、引、公据俱备。

【**超度**】 原指超越劫难。后指佛、道教信徒诵经、做法事助亡者灵魂超脱苦难。

【**晁错**】 （前200—前154）西汉政治家。颍川（今河南禹州）人。文帝曾担任太常掌故，后历任太子舍人、博士、太子家令。景帝即位后，任为内史，后迁至御史大夫。在政治上，他坚持重本抑末政策，提出纳粟受爵、募民充实塞下、积极备御匈奴贵族攻掠，以及逐步削夺诸侯王国的封地等主张，为景帝采纳。不久，吴楚等七国以诛晁错为名，举兵叛乱，晁错遭袁盎等诬陷，被杀。所著政论有《论贵粟疏》等。

【**朝服**】 古代君臣朝会时穿的服饰，也指在国家重大活动典礼时穿的礼服。历朝历代的朝服为彰显官员的文武官职、官阶、等级、身份，在衣服的材质、颜色、样式及配饰上有诸多不同，且一般规定都很严格。朝服最早出现在周代，《周礼》中的"皮弁服"就是最早的朝服。先秦也以皮弁、玄端

为朝服。至汉明帝开始制作朱衣朝服。唐代将朝服分为一至五品和六、七品两个等级，后者无剑、佩、绶，服饰相同。此后各朝代多沿此惯例，只在某些着装场合和等级标识上有些变化。

【朝贺】 古嘉礼。逢岁首等重要节日时，群臣拜贺皇帝，或宫内太子、妃嫔、命妇等拜贺皇帝皇后的礼仪。名目分为贺岁、贺寿、贺文武功业、贺祥瑞等。始于秦，历代皆有此制，于礼仪、日程上或有因革。

【朝笏】 笏，hù。古代臣子朝见时手中所执的狭长板子，通常用玉、象牙或竹片制成，作为指画及记事备忘之用。帝王也常用来赏赐臣下，以示宠异。也称手板。

【朝会】 百官、诸侯及外国使者会集于朝廷拜见天子的制度。古代称臣见君为"朝"，君见臣为"会"。古代朝会有两种：一为大朝，指皇帝于元旦、冬至及大庆之日御正殿受群臣朝贺；一为常朝，指皇帝于平时召见文武官员，处理政务。前者属于礼节庆贺性质，后者属于日常公务性质。

【朝觐】 诸侯藩国朝见天子的礼仪。古代宾礼之一。周代始制礼，诸侯春季拜见天子称"朝"，夏季称"宗"，秋季称"觐"，冬季称"遇"。朝觐的时间，有五年朝觐一次、三年朝觐一次等说法。朝觐时，诸侯要向天子汇报自己封地的情况，并向天子进贡玉器、珍玩等礼品。如果不按时朝觐，则被视为对天子大不敬。后也泛指朝见天子。

【朝考】 清代科举制度。凡新科进士引见前，由礼部以名册送翰林院掌院学士，奏请皇帝，由皇帝再试于保和殿，称朝考。也称廷试。按朝考的成绩，结合殿试及复试的名次，由皇帝分别决定应授何种官职，最优者用为翰林院庶吉士，次者分别用为主事、中书、知县等职。朝考按诗文四六各体出题，视其所能，或一篇或二三篇，或各体皆作，悉听其便。

【朝聘】 古代诸侯与天子及诸侯国之间相互交往的制度。朝指朝见，聘指聘问，包括诸侯按期朝见天子，天子遣使问候诸侯，以及诸侯之间相互存问等制度。

【朝审】 明清时由朝廷派员对判处死刑但尚未执行的案件进行重审的制度。源于唐律规定立春到秋分停止处决囚徒和"三复奏"制度。明英宗认为人命至关重要，处死后就无法复生，后果难以挽回，于公元 1459 年定制"朝审"。即每年霜降以后，由中央三法司会同公、侯、伯等，在吏部或户部尚书的主持下，对全国上报的重案囚犯重新审理。清代仿照明代，处理京师案件称"朝审"，每年秋天八月定期审理。将刑部已判死刑的京师案件由刑部临时派遣的王公大臣集中审理。按犯罪程度分为情实、缓决、可矜、可疑、留养承祀，上报皇帝裁决。

【朝仪】 朝廷所用的典礼仪制。包括朝会、祭祀等方面的礼仪、程序、队列、仪仗、物品及相关部门和官员等一系列规定。

【朝元】 ①古代诸侯和臣属在岁首元日朝贺帝王。汉以来通常在正月朔日进行。也称大朝会。②清时，新科进士参加朝考，名次分一、二、三等，一等第一名称朝元。

【朝珠】 清代礼服中的一种颈饰，是显

示身份和地位的标志之一。帝、后、妃、文官五品、武官四品以上都戴朝珠。朝珠外形似念珠，每串108颗小珠，每27颗小珠中间夹一颗大珠，共4颗大珠。珠的材料一般为东珠（珍珠）、珊瑚、琥珀、蜜蜡等。珠的材料以及穿珠的绦的颜色的使用有明确而严格的规定。如东珠串缀的朝珠和明黄色的绦仅限于皇帝、皇后和皇太后使用。官员按品级职位的高低也在朝珠的质地、大小、色泽上有显著的不同。

【车船】 古代用人力驱动转轮鼓浪而行进的战船。也称桨轮船、轮船、车轮舸、车轮舟。最早为东晋将领刘裕的部将王镇恶率水军攻击后秦时所用。南朝以来历代有所改进，宋代称此。明代加装各类火器，由水手分组脚踩转轮以提高行进速度，被视为现代轮船的雏形。

【车裂】 古代酷刑之一。也称轘、轘裂。执行死刑时，将犯人的头部与四肢分别捆绑在五辆车上，用五匹马驾车，然后驱马朝不同的方向奔跑，撕裂肢体。俗称五马分尸。周代已有此刑，春秋战国到南北朝时期常用。相传，战国时期商鞅被处以车裂。隋律废"车裂"，但隋炀帝仍用，后世有时也用。

【车同轨，书同文】 语出《礼记》。轨，马车上两轮间的距离。书，公文、文书。文，文字。一国之内规定了车子轮距的统一尺寸，用同一种文字书写，表示文物制度的划一，天下一统。秦始皇统一六国后，为保证律令统一，进行了统一车轮距和文字的工作，即"车同轨，书同文"，促进

了经济与文化的交流。后比喻国家统一。

【砗磲】 也作"车渠""车磲"。贝类，其介壳曾为西域七宝之一。磲谓车轮，因其纹理很像车轮的形状，故称。可做佩饰和器皿。相传，用砗磲做酒杯，注酒满过一分，不会溢出。

【辰星】 ①星名。秦汉以后，因"五行说"普及，又称水星。古时占星术认为，辰星主杀伐之气，是战斗之象。先秦古籍中谈到天象时所说的"水"，不一定指行星中的水星，而是指恒星中的定星，即室宿。②指二十八宿中的心宿。

【陈国】 周朝诸侯国名。周武王灭商后分封舜的后裔妫满（也称陈胡公）于陈，继承舜帝之正统。陈国先都株野（今河南柘城胡襄镇），后都宛丘（今河南周口淮阳区），境域包括今河南西部和安徽的一部分。春秋中期，楚两度灭陈，均复其国，公元前479年为楚所灭。

【陈洪绶】 （1598—1652）明末画家。字章侯，号老莲，诸暨（今属浙江）人。初从蓝瑛学画；及长，从学刘宗周。崇祯时一度到宫中临摹历代帝王像，后南返。公元1646年清兵入浙东，剃发于绍兴云门寺，改号为悔迟、悔僧，也号云门僧。晚年在绍兴、杭州以卖画为生，纵酒狂放，以寄寓故国遗民之痛。能诗文，善书画，山水、花卉、人物皆佳，尤以人物画成就最高。笔法古拙挺秀，造型夸张，具有独特的绘画风格。代表作有《归去来图》《溪山清夏图》等。另绘有《水浒叶子》《博古叶子》及《九歌》《西厢记》等绣像插图，由名工镌刻，为

明清版画的精品。著有《宝纶堂集》《避乱草》。

【陈家岛之战】 绍兴三十一年（1161），南宋将领李宝率水师在陈家岛海域（今山东青岛黄岛区南）击溃金军水师的战役。也称陈岛之战、唐岛海战。此战金军七万由海路船运南侵，李宝率舰百余、水军三千袭之于海上，以火箭（带有引火物以纵火攻敌的箭）尽烧敌船而取胜，为我国军事史上首次使用火药兵器的海战。此战阻止了金朝进攻，保卫了南宋领土。

【陈亮】 （1143—1194）南宋思想家、文学家。字同甫，人称"龙川先生"。婺州永康（今属浙江）人。自幼颖异，喜谈兵，议论风生，下笔数千言立就。孝宗时作《中兴五论》，力主抗金。遭当权者嫉恨，屡次被捕入狱。光宗绍熙时，举进士第一，被授职签书建康府判官，然未赴任而卒。其为人才气超迈，提倡注重事业功利有补国计民生的"事功之学"，为浙东事功学派的永康学派主要代表。所作政论气势纵横，笔锋犀利；词作感情激越，风格豪放。与辛弃疾交好，辛弃疾曾作《破阵子·为陈同甫赋壮词以寄之》。有《龙川文集》《龙川词》。

【陈平】 （？—前178）西汉初大臣。阳武（今河南原阳东南）人。少时家贫，好黄老之术。陈胜起义，他投奔魏王咎，为太仆。后跟随项羽入关，任都尉。因不受重视，转投刘邦，任护军中尉，建议用反间计使项羽疏远谋士范增，并以爵位笼络大将韩信，为刘邦采纳。汉朝建立，因功封"曲逆侯"。高祖六年（前201），建议刘邦伪游云梦，逮捕韩信。次年，刘邦

被匈奴困于平城白登山（在今山西大同东北）七天七夜，后采纳陈平计策，重贿冒顿单于的阏氏，才得以解围。汉高祖死后，吕后以陈平为郎中令，辅佐汉惠帝。吕后死，陈平与太尉周勃合谋平定诸吕之乱，迎立代王为汉文帝。文帝初，陈平让位周勃，徙为左丞相，因明于职守，受到文帝赞赏。不久周勃罢相，陈平专为丞相。汉文帝二年（前178）去世，谥献侯。

【陈桥兵变】 赵匡胤夺取后周政权的政变。也称陈桥驿兵变。后周显德七年（960）正月初一，殿前都点检赵匡胤在赵普、石守信等的策划下，借口北汉和辽会师南下，需北上设防，率军从大梁（今河南开封）出发。行至陈桥驿（今河南封丘东南陈桥镇），授意将士给他穿上黄袍，拥立他为皇帝。随后，赵匡胤率军回到开封，京城守将石守信、王审琦开城迎接，胁迫周恭帝禅位。赵匡胤即位后，改国号为"宋"，定都开封（今河南开封）。

【陈胜】 （？—前208）秦末农民起义首领。字涉，阳城（今河南登封东南）人。雇农出身，为人有大志。有一次他对一起耕田的伙伴们说："以后如果大家有谁富贵了，可别忘了一块吃苦受累的穷兄弟。"大伙听了都觉得好笑，他感叹道："燕雀怎么知道鸿鹄的志向呢？"秦末赋役繁重，刑政苛暴。秦二世元年（前209），包括陈胜在内的900余人被征屯戍渔阳（今北京密云区西南），中途遇雨，不能按时到达。按照当时的法律，失期当斩。于是陈胜同吴广在蕲县大泽乡（今属安徽宿州）发动同行戍卒起义。起义军迅速发展到数万人，并在

陈县（今河南周口淮阳区）建立"张楚"政权，他被推为王。不久派兵攻取赵魏之地，又遣周文率主力进攻关中。后周文战败自杀，秦将章邯围攻陈县。他率军战败后退至下城父（今安徽涡阳东南），为其御者庄贾所杀。陈胜发动的大泽乡起义是我国历史上第一次大规模的农民起义，"张楚"政权是我国历史上第一个由农民建立起来的政权。

【陈抟】（？—989）抟，tuán。五代宋初道士。字图南，自号扶摇子，世称陈抟老祖。亳州真源（今河南鹿邑）人，一说普州崇龛（今重庆潼南区西境）人。生于唐末。后唐长兴年间，举进士不第，从此不求俸禄官职，转以山水为乐。曾隐居武当山九室岩，服气辟谷二十余年。后移居华山云台观。宋太宗时屡次召见，赐号"希夷先生"。著有《无极图》和《先天图》，认为万物一体，只有超绝万有的"一大理法"存在。其学说后经周敦颐、邵雍加以推演，成为宋代理学的组成部分。还著有《指玄篇》，言导养和还丹之事。元代戏曲家马致远写有《陈抟高卧》的故事。

【陈维崧】（1625—1682）明末清初文学家。字其年，号迦陵，江苏宜兴人。复社名士陈贞慧之子。少负才名，17岁应童子试，被阳羡令何明瑞拔为第一，诗人吴伟业誉之为"江左凤凰"。明亡后，科举不第。康熙十八年（1679）诏试博学鸿词科，授翰林院检讨，参与编修《明史》，四年后卒于任上。陈维崧才力富健，诗文兼擅，尤以词与骈文成就最高。其词学苏、辛，风格以豪放为主，今存词1600余首，为历代词人之冠，是阳羡词派的开创者。骈文气韵雄厚，风骨浑成，与吴绮同称名家。有《湖海楼集》等。

【陈振孙】宋代藏书家、目录学家。浙江湖州安吉人。字伯玉，号直斋。历任溧水、绍兴、鄞县教授，兴化军（今福建莆田）通判，台州知州，嘉兴知府等职。淳祐四年（1244），除国子司业。后官至侍郎，以宝章阁待制致仕。任职期间，广泛搜求抄写各家藏书，仿晁公武《郡斋读书志》编成《直斋书录解题》。全书录历代典籍51 180余卷，分经、史、子、集四部、53类，并分别考订其内容得失，为宋代著名的提要目录。所著录图书颇多亡佚，凭借此书得以考见大概，因此具有重要的文献价值。原本久佚，清人纂修《四库全书》时从《永乐大典》辑为22卷。

【陈子昂】（659—700）唐文学家。字伯玉，梓州射洪（今属四川）人。少时慷慨任侠，至十七八岁始立志向学，饱览经史。后以上书论政，为武则天所赞赏，拜麟台正字，转右拾遗，世称陈拾遗。万岁通天元年（696），随武攸宜击契丹，所献计策不被采纳反遭记恨。圣历元年（698）辞官回乡。权臣武三思指使县令段简罗织罪名诬陷他，陈子昂在狱中忧愤而死。作为唐代诗文革新运动的先驱者，陈子昂论诗标举汉魏风骨，强调兴寄，反对齐梁以来柔靡淫丽的诗风，为唐诗的发展开辟了道路。对于文章，他反对浮艳，重视散体，开韩柳古文运动之先声。《感遇》《登幽州台歌》为其诗歌代表作。有《陈拾遗集》。

【宸濠之乱】 宸，chén。明武宗正德十四年（1519），南昌的宁王朱宸濠起兵争夺皇位的叛乱，是明朝历史上由藩王发动的最后一次叛乱。武宗即位，朱宸濠勾结宦官钱宁，制作兵器，收罗亡命，谋夺帝位，后阴谋被觉察，起兵反叛，声称"奉太后密旨，令起兵入朝"，改元"顺德"，计划建都南京。率军攻打安庆，分兵陷九江、南康等地。43 天后，被提督南赣军务、都御史王守仁率军平定。江南四大才子之首的唐伯虎，当时受到朱宸濠的邀请，到宁王府当幕僚，察觉宁王要造反，靠喝酒装疯卖傻，离开了宁王府，"别人笑我忒风颠，我笑他人看不穿"可能是其当年心路历程的写照。

【称提】 称，chēng。①南宋防止纸币贬值的措施。包括官府用金属币收兑贬值的纸币，限制纸币发行量，规定其使用界限及按期调换等内容。最早见于北宋，原为调整铜铁比值关系的一种办法，后用来表示以钱币、金银、实物等收兑贬值纸币。②南宋发行纸币（交子、会子），按发行数额提取现金做储备，到期兑换，此项储备金名为称提。"称提"的命名可能与调整、平衡货币价值有关。

【成都】 古都名。也称锦官城。秦时设蜀郡于此。三国蜀汉刘备政权，十六国的成汉政权，五代十国的前、后蜀政权建都于此。物产丰饶，景色秀丽。蜀锦、麻布、漆器驰名天下，文人骚客也多有关于此地的名篇流传于世。唐杜甫《春夜喜雨》"晓看红湿处，花重锦官城"、《蜀相》"丞相祠堂何处寻，锦官城外柏森森"，都是描写成都的名句。

【成服】 丧礼制度之一。人死后的第四天，即大殓的次日，其亲属根据和死者关系的亲疏远近，按五服制度将丧服穿戴齐备。

【成汉】 朝代名。十六国之一。公元301 年巴賨族（巴氏族）首领李特在蜀地领导西北流民起义。304 年，李特儿子李雄称成都王，两年后称帝，国号"成"，定都成都（今属四川）。338 年李特侄李寿改国号为"汉"。史称"成汉"，也称前蜀。有今四川东部、重庆全部和云南、贵州的一部分。347 年为东晋桓温所灭。共历 5 帝，45 年。

【成吉思汗】 （1162—1227）古代蒙古首领、军事家和政治家。名铁木真（或作帖木真），出生于漠北草原斡难河上游地区（今蒙古国肯特省），为蒙古乞颜部孛儿只斤氏族。公元 12 世纪末 13 世纪初，先后统一蒙古诸部，1206 年蒙古贵族在斡难河源头召开大会，铁木真被推为大汗，称"成吉思汗"（蒙古语"海洋"或"强大"之意），建立蒙古汗国。颁布札撒，建万人怯薛，封诸千户，设札鲁忽赤掌行政司法诸事。成吉思汗六年（1211）和十年（1215）大举攻金，直到黄河北岸，占领中都（今北京城西南隅）。十四年（1219），第一次西征，灭花剌子模，遣军攻入钦察，在喀勒喀河击败斡罗斯和钦察联军，占领中亚大片土地，分封给长子尤赤、次子察合台和三子窝阔台。二十二年（1227），灭西夏，在六盘山病死。至元二年（1265），元世祖忽必烈追尊为"元太祖"。

【成康之治】 公元前 11 世纪后半叶，周朝成王（姬诵）、康王（姬钊）时期的安定发展局面。西周初年，周公建立了周王朝的典章制度，并主张"明德慎罚"，成王、康王都相继推行这种和缓政策，凭借强大军事力量的保障和诸侯的藩屏，使王朝统治得以巩固，礼乐制度顺利推进，社会安定而经济发展。史称"成康之治"。

【成实宗】我国佛教学派之一，以研习《成实论》而得名。公元5世纪初，鸠摩罗什译出《成实论》，这部著作是由古印度人诃梨跋摩所作，内容为苦、集、灭、道四谛，提倡人空、法空，是小乘佛教空部最后的发展，和大乘佛教十分接近。成实宗在南北朝时期非常兴盛，唐代逐渐衰落。

【成周】指周朝都城雒邑。位于今河南洛阳，周成王时营建，称"东都"，与"宗周"镐京（称"西都"）相对而称。平王东迁后为东周都城，后也专指敬王至赧王所居的雒邑东郊新城。

【成周八师】周成王时组建、驻扎于成周雒邑（今河南洛阳）的八支部队。也称殷八师。由王室直接指挥，是周王室镇抚殷遗民，征伐荆楚、南淮夷等部族的常备武装力量，到西周晚期趋于瓦解。

【丞】①古代官名。传说为帝王的四辅之一。通常负责提醒和辅助天子处理日常事务。②多为佐官之称。秦始置。汉以后，为中央和地方官吏的副职，如大理丞、府丞、县丞等。③清代公牍中简称各府同知为"丞"。

【丞相】官名。古代中央政权的最高行政长官，协助皇帝处理国家政务。战国秦始置，分左、右丞相，辅弼国君，管理本国军政要务。秦代沿置，皇帝之下设丞相府、太尉府和御史大夫寺组成中枢机构，丞相官位最高，尊称为相国，通称为宰相。汉武帝以后，丞相官位虽尊，权力逐渐减小。西汉末丞相改称大司徒，太尉改称大司马，御史大夫改称大司空，号称"三公"，都是宰相。明太祖洪武十三年（1380），统治者为加强专制，废丞相及中书省，权归六部。至此，丞相之制遂废。

【承宣使】古代官名。宋代由节度观察留后改称的武臣阶官。宋初承唐制，藩镇置节度观察留后，后均成为武臣加官的虚衔。政和七年（1117）改称"承宣使"，位在节度使之次。无定员，无职任，虽冠有军名，并不赴任，职责主要是宣扬朝廷的德泽、禁令等，并将其下达于各级行政机关。南宋时常冠以某军州之名，如岳飞曾有镇南军承宣使之衔。

【城旦舂】舂，chōng。秦汉时期，强制男犯修筑城墙等、女犯舂米服劳役的刑罚。始于先秦，秦汉时盛行。可与其他刑罚结合施用，如髡钳城旦舂就是犯人须剃发戴械。刑期一般是四年。北周时期，将服劳役的刑罚定名为"徒"，列为"五刑"之一。隋唐以后，各代都沿用"徒刑"。

【城隍】神话中的守城之神。道教尊奉为"剪恶除凶，护国保邦"之神。古代把有护城河的城堑称为"池"，无护城河环护的城堑称为"隍"。历代王朝也都将城隍列入祀典，目的在于求雨、祈晴、禳灾。今上海、西安等城市仍可见城隍庙。

【城濮之战】春秋时晋国击败楚国的战役。周襄王十九年（前633），楚成王使令尹子玉率陈、蔡、郑、许诸国军队围攻宋国，宋向晋国求救。次年，晋文公派兵进攻楚的盟国曹、卫。晋、楚两军在城濮（今山东鄄城西南）交战。晋军选择楚军薄弱环节，首先击溃由陈、蔡军队组成的楚军右翼。晋文公流亡楚国时曾许下"退避三舍"的诺言，为此他主动令晋军后退，避开楚军的锋芒。然后回师夹攻，迫使楚军主力后退。战后，楚北进受阻，晋文公成为霸主。

【程颢】（1032—1085）颢，hào。北宋理学家、教育家。字伯淳，人称"明道先生"，河南洛阳人。嘉祐二年（1057），举进士。熙宁初，为太子中允、监察御史里行，因与王安石政见不合，出任地方官，所治有政绩。哲宗立，召为宗正丞，未赴任而卒。程颢早年就学于学者周敦颐，与其弟程颐世称"二程"，是宋代理学的创始人。提出"天者理也""万物皆只是一个天理"，认为天理是万物的本原，先有理而后有万物。并把天理和人伦道德直接联系起来，提出"人伦者，天理也"。二程的学说后来为朱熹所继承和发展，世称"程朱学派"，在我国儒学发展史中占有重要地位。著述有《定性书》《识仁篇》。后人编为《遗书》《文集》《经书》等，收入《二程全书》。

【程门立雪】出自《宋史·杨时传》。一天，杨时和游酢去拜谒理学家程颐。当时天降大雪，二人见程颐正闭目养神，不敢惊扰，于是侍立于旁，直到程颐醒时，门外大雪已有一尺厚。后人用"程门立雪"来形容尊重师长，虔诚求教。

【程颐】（1033—1107）北宋理学家、教育家。字正叔，人称"伊川先生"，河南洛阳人。为程颢之胞弟。曾任秘书省校书郎，官至崇政殿说书。反对王安石新政。曾和兄程颢就学于周敦颐，兄弟俩同为理学创始人，世称"二程"。著有《易传》《颜子所好何学论》等。后人收入《二程全书》。

【程朱学派】宋代理学的主要派别。北宋程颢、程颐和南宋朱熹提倡性理，以主敬存诚为本，成一学派。认为理为宇宙的本原，人性为理的体现。主张为学之道在"穷天理，去人欲"，其方法为"居敬穷理"，既做"敬"的修养功夫，又穷天下万物之理以致知。因为他们的学说基本一致，后人称为程朱学派，也称程朱理学。由于封建统治阶级的大力提倡，该学派曾长期居于思想上的统治地位。

【澄城民变】明天启七年（1627）陕西澄城民众反抗催征税粮的暴动。其年大旱，澄城知县张斗耀不恤饥民而催征税粮，激起了民众的强烈不满。白水县（今属陕西）人王二率领饥民冲进县城，杀死了张斗耀，由此揭开了明末农民起义的序幕。

【蚩尤】上古部落首领，一说为东方九黎族的首领。其生活年代与华夏族的炎帝、黄帝同时。相传与黄帝大战于涿鹿，善兴云作雾，黄帝制造指南车应对之，指南车能在大雾中辨别四方。蚩尤最终战败被杀，他身上的刑具化为一片殷红的枫林，所葬之地常有红色的盐卤从地下渗出。又相传蚩尤擅长做兵杖、大弩等各种兵器，后世将其视作战神加以奉祀。另有传说认为，黄帝欲统一中原，蚩尤制造剑、铠、矛、戟等各种兵器,帮助黄帝兼并了各部。

【**绤绤**】 chīxì。绤,细葛布。绤,粗葛布。两者都是将葛经过浸渍煮晾的加工方法提取植物纤维,并织成布衣。后统指葛布衣服。

【**答刑**】 古时用小荆条或小竹板抽打犯人的臂、腿、背部的刑罚。隋代定为"五刑"中最轻的一种,实施对象是轻微犯罪者或减刑后的罪犯,起到惩戒的作用。此刑起源很早,秦汉以来多用竹片,以责罚过失。隋唐用无节、无刺的荆条,分为十下、二十下、三十下、四十下、五十下五等。后世沿此损益,明清用小竹板,依循唐代分为五等。

【**篪**】 chí。传统竹制的管乐器。单管,有八孔,横吹。专用于雅乐。为边棱音气鸣乐器。"八音"属"竹"。相传为春秋时苏成公所造。吹口在上方,五指孔在前,有底。近末端管侧有一大孔。吹口有一枣核状凸起,称"翘"。通常有大小两种形制,大者称"沂"。

【**尺**】 长度单位。1尺等于10寸。具体长度历代不同,大致今比古长。上古时代,长度通过人体手足和动作测量,"布手知尺"即大拇指与食指张开后两者之间距离为1尺。也为度器的总称。

【**尺八**】 古代竹制的管乐器。单管,有六孔,竖吹,旁一孔蒙竹膜。因管长一尺八寸而得名。为边棱音气鸣乐器。"八音"属"竹"。传为唐代吕才所造。其前身是汉魏竖笛。唐代仅用于燕乐。宋代称为"尺八管""箫管""中管""竖篴"等。约公元8世纪或更早时传入日本,今仍流行于日本,形制稍异,仅五孔,前四后一。

【**豉**】 即豆豉。将煮熟的大豆配上盐等调料,密封在瓮中,使大豆在一定温度和湿度条件下发酵而成。古人发明豆豉的时间可以追溯到秦汉时期。《史记》《汉书》中都有相关记载。唐宋时期,风味种类更加丰富,民间普遍食之。豉既可用作菜肴的调味料,又可直接佐餐,还可入药。时至今日,我国一些地区,如四川、江西等地所生产的豆豉还以其鲜美、风味独特而闻名。

【**赤壁之战**】 东汉末年曹操大军与孙权、刘备联军在赤壁(今湖北赤壁西北)一带进行的战役。因赤壁对岸为乌林(今湖北洪湖东南),又称乌林之役。曹操平定北方后,于建安十三年(208)率兵二十余万南下,打算灭吴。孙权结好刘备,联军五万共同抗曹。曹军进到赤壁,小战失利,退驻江北,与孙刘联军隔江对峙。孙刘联军利用曹军远来疲惫、疾疫流行、不习水战、后方不稳等弱点,放火延烧曹操水师,孙权大将周瑜与刘备又从陆路猛攻,水陆并进,曹军全线崩溃,退回北方。战后,孙权政权得到巩固,刘备据有荆州大部地区,又取得益州,形成三国鼎立的局面。赤壁之战是我国历史上著名的以少胜多、以弱胜强的战役之一。

【**敕令格式**】 宋朝补充刑律和规定行政制度的部分法律形式。唐代法令、法制文书有律、令、格、式。宋神宗认为律无法囊括一切,改为敕、令、格、式,但仍存律。其中敕,特指修正刑律的各种制敕。令,指其他各种禁令和约束。格，指各种等级性规定。式，指公文籍账等的行政范式。凡断狱必先依律，律未载，则依敕、令、格、式，必要时再加以删订和编纂。

【敕命】皇帝所下的命令，可兼指口宣敕和文书敕。历代的名目很多，明清时期，专称"敕命"，是皇帝封赠六品以下（含六品）官员及藩臣的文书。

【敕授】唐制，朝廷封授六品以下官称"敕授"。"敕"有告诫义。在给官员加官进爵的时候，皇帝用"敕授"来告诫官员要戒骄戒躁，再接再厉，不要骄傲自满，恃宠而骄。

【充军】古时将免死的罪犯发配到边远地区的军中服苦役的刑罚。秦代称为"谪发"，如秦二世元年（前209），陈胜、吴广等900余名犯人被发往渔阳（今北京密云区西南）边塞戍守。宋代成为刑罚专名。充军之地既有军中，还有官办作坊、盐亭等。明代普遍使用充军刑。地点按远近分为极边、烟瘴、边远、边卫、沿海附近。又分终身刑和永远刑两种，后者累及子孙，世代服刑。清代沿用，大体相同。

【虫书】秦书八体之一。汉字篆书的变体。因字形像鸟虫，故又称鸟虫书。也称鸟书、鸟篆、虫篆、鸟虫篆等。春秋战国时就有这种字体，大都铸或刻在兵器和钟镈上。秦书八体中有"虫书"，王莽六书中有"鸟虫书"，用于旗帜和符信，也用作印章文字。

【重阳】古代传统节日。在农历的九月初九日。也称重九、九日。古代《易》学以奇数为阳数，偶数为阴数，九为"极阳"，而九月九日更是两个"极阳"之数相重，故名。人们在此日有登高、赏菊、插茱萸、喝菊花酒、吃重阳糕等习俗。相传东汉桓景随费长房游学数年，一日，费长房突然告诉桓景说："九月九日，你家有灾，赶快回去，叫家人各做绛色的纱囊，囊中装上茱萸，系在手臂上，登上高山，饮菊花酒，灾祸可消。"桓景日夜兼程赶回家中，吩咐家人照此办理，果然避免了灾祸。从此，民间相沿成俗。又因九月初九的"九九"谐音是"久久"，有长久之意，所以人们常在此日举行祭祖与敬老活动。

【抽分】我国历史上对国内外商货贸易征收实物税。也称抽解。唐建中三年（782），在各商路要津对竹木等商货抽收十分之一。宋对贩运竹木、砖瓦、柴炭等物一般征十分之一，但不固定。国外进口海舶，市舶司收购一部分，名抽买，又征收一部分，名抽解。粗货抽十分之三，细货抽十分之一，南宋一度一律提高到十分之四。抽分商货供宫廷和官府消费，或再行售出。元沿宋制，进口粗货抽十五分之一，细货抽十分之一。明对贩运竹木等货仍设局（后改工关）抽分。外商货物起初除收购外不征税，正德间对市舶抽十分之二，万历间改征饷银。清对竹木等商货征税，间或还用抽分名目。

【绸】用蚕丝织造的薄而软的平纹织物。古代传说黄帝的妻子嫘祖始创种桑养蚕之术。战国时期丝绸织物逐渐丰富，但仅限王室成员穿用。汉代以来，绸不仅是珍贵的贡品，也是东西方交流极为重要的贸易品，故我国古代通往西域各国的商贸之路称为"丝绸之路"。绸的传统织造工艺有煮茧、缫丝、织造、染整等。随着桑蚕养殖业的逐渐普及，制绸工艺也不断改良进步。明清以来，绸成为丝织物的统称。

【出殡】 丧礼仪式之一。殡，入殓后停丧待葬。将盛放遗体的灵柩送到埋葬的地方。古时出殡，多用人抬。根据贫富状况、棺罩大小等，所用人数有不同的规格。

【出河店之战】 公元 1114 年，新崛起的女真与辽在出河店（今黑龙江肇源西南）发生的战役。辽天祚帝天庆四年（1114），完颜阿骨打起兵反辽。同年十月，攻克了宁江州。天祚帝命都统萧嗣先和副都统萧挞不也统兵七千进攻女真，并在鸭子河北集结军队。阿骨打于十一月率领三千七百甲士迎敌，取得胜利。此役女真首领完颜阿骨打以少胜多，是女真建国前与辽的一次重要战争，为金朝建立奠定了基础。

【出家】 即脱离家庭，去寺庙做僧尼。出家制度并非佛教始创，在佛陀时代，出家修行已经非常普遍，但佛陀以王子之身出家的榜样，使出家的风气在佛教中得到了发扬，因此佛教就有了出家男女二众和在家男女二众的区别。出家之人被称为僧尼。

【出界粮】 唐后期藩镇兵奉诏出界作战时，朝廷供给的军粮。当时藩镇往往不尊朝廷政令，自以其地财赋扩充兵力，故若奉诏出兵，须由朝廷另给粮饷。这标志着当时藩镇军队的地方化。

【初税亩】 初，即开始。税亩，指按土地亩数对土地征税。春秋时期鲁国在宣公十五年（前 594）实行的田税改革，主要内容是按土地占有面积征税。

近人认为初税亩创造了以土地面积为依据征税的新税制，但对于纳税人的身份和这种措施的作用有分歧。实行初税亩之前，鲁国按井田征收田赋，私田不向国家纳税，国家财政收入不断下降。初税亩的实行，不分公田、私田，凡占有土地者均按土地面积纳税，增加了财政收入，适应和促进了新生的封建土地占有关系。

【初唐四杰】 初唐诗人王勃、杨炯、卢照邻和骆宾王的合称。他们的诗文虽还承沿南朝齐梁以来的绮丽习气，但题材较广泛，风格清峻，对初唐文学风气的转变起了一定作用。

【初租禾】 战国时秦国实行的田税变革。秦简公七年（前 408），废除井田制的"籍法"，开始按照地主所有田地面积征收一定数量的谷子作为地税。这与鲁国在春秋时实行的初税亩性质相同。初租禾的实施对农业的发展起到了积极的推动作用。

【樗】 chū。即"臭椿"。植物名，外形似椿树，叶背有腺体，破裂后气味较臭，故而得名。木材可造纸。古人认为它质地不好，不能成材，因此常用来比喻无用之才或作为自谦之词。

【刍稿】 刍，喂牲口的草。稿，干草。刍稿，喂牲口的干草。也指征收干草以供官府的税种。始于战国，秦汉规定编户每人每年须缴纳一定数量，以充饲料等用，或折钱收取。后世多为各地杂赋，其称不一。

【刍狗】 古代祭祀时用草扎成的狗。因为用不起猪、牛、羊等大的牲畜，古代百姓就用狗来祭祀，后来渐渐用草扎成狗形来代替。在还没有用来祭祀之前，大家对它都很重视；祭祀以后，就把它扔下不管了。另一说指草和狗两种事物。《老子》中说："天地不仁，以万物为刍狗。"后用来比喻微贱无用的东西。

【除服】 丧礼仪式之一。俗称脱孝，即服丧期满后脱去丧服，换上常服。也称除丧、脱服。按五服制度，服丧期不同，除服的时间也不一样。孝子、子妇、承重孙等服斩衰，丧期最长，一般须27个月方可除服。

【除名】 本指除去名籍，取消原有身份。后也专指剥夺官员身份的追加刑罚。此刑比只撤职的"免官"更重一级。魏晋时已有此法，唐代律法规定其包含除官和除爵。被罚者六年后方可降级使用。常作为十恶、贪赃枉法等重罪的追加惩罚。沿用到清代。

【除夕】 俗称大年夜。指农历一年最后一天的晚上，也可指一年的最后一天。作为重要的传统节日，有吃年夜饭、守岁、挂喜神等习俗。

【楮】 chǔ。植物名。即构树，也称榖树。树皮是造纸的主要原料。东汉蔡伦已利用楮树皮造纸。用楮树皮造的纸坚韧耐磨，为优良的书画和造币材料，故俗称纸为"楮"，纸币为"楮币"。

【楚辞】 骚体类作品集。由西汉刘向编辑成书，收录了战国时期屈原、宋玉、景差及汉代淮南小山、东方朔、王褒、贾谊、严忌等人的辞赋，加上刘向本人的作品《九叹》，共16篇。这些作品因具有浓郁的楚地色彩，故名《楚辞》。

【楚辞体】 文体名。属辞赋一类。起于战国时楚国，以屈原所作《离骚》为代表。也称骚体。这类作品，富于抒情成分和浪漫气息，篇幅、字句较长，形式也较自由，形式上多用"兮"字以助语势。

【楚国】 ①古国名。从江汉地区发展起来的芈姓诸侯国。也称荆、荆楚、楚荆、荆蛮。楚之世系可追溯至商末的鬻熊，鬻熊的妻子妣厉生熊丽时难产，剖宫产后妣厉离世，熊丽存活。妣厉死后，巫师用"楚"（荆条）包裹其腹部埋葬。为了纪念她，后人就称自己的国家为"楚"。周成王时封熊绎为诸侯，立国于荆山一带，建都丹阳（今湖北秭归西北）。熊渠做国君时，疆土扩大到长江中游。春秋早期熊通称王，建都郢（今湖北荆州市荆州区西北），逐步扩张为大国。公元前606年前后，楚庄王称霸，持续与晋争战，为"春秋五霸"之一。疆域西北到武关（今陕西丹凤东南），东南到昭关（今安徽含山北），北到今河南南阳，南到洞庭湖以南。战国时疆域又有扩大，东北到今山东南部，西南到今广西东北角。楚怀王攻灭越国，疆域又扩大到今江苏和浙江，成为"战国七雄"之一。战国晚期，国力日衰，前278年秦克郢，楚迁都陈（今河南周口淮阳区一带），后又迁都巨阳（今安徽太和县东北，一说在阜阳北）、寿春（今安徽寿县），前223年为秦所灭。②五代十国之一。公元896年马殷据今湖南，907年受后梁封为楚王，建都长沙。951年为南唐所灭。共历6主，56年。

【楚汉战争】 项羽、刘邦争夺统治权的战争。也称楚汉之争、楚汉争霸、楚汉相争、楚汉之战等。公元前206年，秦亡后，项羽自立为西楚霸王，封刘邦为汉王，又划地分封十七个王。后刘邦乘项羽出击齐地的机会，攻占关中，并继续东进，占领项羽的根据地彭城（今江苏徐州），项羽回师大败刘邦。刘邦联合各地力量攻打项羽，与项羽在荥阳（今河南郑州西北古荥镇）、成皋（今河南荥阳西北）间相持。又派韩信攻占赵、齐等地，使项羽两面受敌。前203年双方约定以鸿沟为界，东属楚，西属汉。次年，刘邦乘项羽撤兵的机会全力追击，并约韩信、彭越合围。项羽败退至垓下（今安徽固镇东北、沱河南岸）被围，在乌江（今安徽和县东北）自杀。历时四年，以刘邦的胜利而告终。

【褚遂良】 （596—658 或 659）唐初大臣、书法家。字登善，钱塘（今浙江杭州）人，一说阳翟（今河南禹州）人。太宗时，历任起居郎、谏议大夫、中书令等职。贞观二十三年（649）受太宗遗诏辅政。高宗即位，封河南郡公，任尚书右仆射，世称"褚河南"。因反对高宗废王皇后而立武则天为后，被贬谪而死。其书法初学虞世南，后取法"二王"（王羲之、王献之），别开生面，自成一体。与欧阳询、虞世南、薛稷并称"唐初四大书家"。传世碑刻有《房玄龄碑》《雁塔圣教序》等。

【踹坊】 明清从事棉布整理加工的作坊。也称踏布坊、踹布坊。坊内工匠脚踏元宝形（凹字形）大石反复碾压染色后的布卷，使之平整光洁。多见于江南苏州等地，常由包头向布商揽活雇佣踹匠为之。后因染坊多自雇工人踹布，渐趋衰落。

【传灯】 佛教认为，佛法如明灯，能照亮世界，为众生指点迷津，故把传播佛法称为"传灯"。宋代道原的《景德传灯录》专门叙述禅宗师徒相承的语录和事迹。道原称，灯能照暗，祖祖相授，以法传人犹如传灯，故名。

【传胪】 胪，lú。科举时代，殿试揭晓唱名的一种仪式。殿试公布名次之日，皇帝殿上宣布登第进士名次，由阁门承接，传于阶下，卫士齐声传名高呼。明时进士二甲、三甲第一名为传胪，清时则专称二甲第一名为传胪。

【传奇】 小说体裁之一。一般指唐宋时用文言写作的短篇小说。源于六朝志怪，而内容已扩展到人情世态和社会生活的描写。如《南柯太守传》《长恨歌传》《李娃传》《东城父老传》《绿珠传》等都属这类作品。唐传奇多为后代说唱和戏剧所取材，故宋元戏文、金诸宫调、元杂剧等也有称为传奇的。明清时传奇用来指以唱南曲为主的长篇戏曲，以别于北杂剧，是宋元南戏的进一步发展。盛于明嘉靖到清乾隆年间。昆腔、弋阳腔、青阳腔等剧种，都以演唱传奇剧本为主。著名作品有《牡丹亭》《桃花扇》等。

【传习录】 明王守仁的讲学语录。"传习"二字出自《论语·学而》中曾子"传不习乎"句。由其门人徐爱、钱德洪等辑录。编入《阳明全书》作为首篇，共上中下三卷。记载有关"致良知""知行合一"等论点的问答。《传习录》包含了王守仁的主要思想，是研究阳明心学的必备资料。

【船山遗书】 明清之际王夫之著作。因明亡后作者隐居石船山（在今湖南衡阳西北），自号"船山老人"，世称"船山先生"，故名。卷帙浩繁，内容丰富，共 358 卷，包括经部 22 种、155 卷、史部 4 种、77 卷、子部 14 种、54 卷、集部 30 种、72 卷。清道光年间，其裔孙王世佺刊成《船山遗书》，计 18 种。清同治四年（1865），曾国荃在江宁重刊《船山遗书》，通称"金陵节署本"，始以四部合编，凡 288 卷。

【船引税】 明代海防向海外贸易商船颁发船引所征之税。船引即官府发给出海贸易船只的凭证，其上详列船主、货物、去处、限期等，由海商纳税申领，海防官和州县各置号簿登记以备查验。

【串票】 清官府征收地丁钱粮后开列的单据。也称截票、联票、粮串、印票。始于清顺治十三年（1656）。票上开列实征地丁钱粮数，分为两半，一留官府，一给纳税户。康熙二十八年（1689）改为三联，一留官府，一给差役，一交纳税户，称三联串票。雍正三年（1725）改四联，雍正八年（1730）又改三联。后形式常有变动。

【床】 供人坐卧的家具。古代床有两用，既可以用作坐具，又可以用作卧具。最早的床，床足较矮，周围有栏杆，床上可放置几案，供人们写字、读书、进食之用。魏晋以后，随着胡床、椅子、方凳、圆凳等传入中原，床坐的功能逐渐被替代，成为卧具。这时床足开始变高，形制与今天的床几乎没有差别。

【幢主】 幢，chuáng。南北朝时期的中低级将领。也称幢将、幢帅。幢为军事部伍单位，可达五百人。其统领即以此为称，多见于北朝，除宿卫外也常征战，至北齐为九品武官衔，隋炀帝时废其名。

【炊饼】 即馒头。也称蒸饼。相传起源于汉代的祭祀。其做法是将面粉发酵，做成圆形，上笼蒸熟。由于当时凡面食都称为"饼"，故名"蒸饼"。汉代文献记载，寒食时节，做蒸饼，样式是团状，以枣附着其上。北宋时因避仁宗赵祯讳，改名"炊饼"。

【垂帘听政】 历史上因皇帝年幼、身体不适、权力旁落等原因，由皇后、皇太后或太皇太后临朝听政，处理国家大事。因在御座前用帘子遮隔，故称。唐代以前称"后宫临朝"。汉成帝时的皇太后也即汉平帝时的太皇太后王政君、北魏胡太后都曾临朝听政。从武则天开始，听政时需要垂帘，后世沿用。如清代慈禧太后垂帘听政等。

【捶丸】 古代一种球类竞技游戏。在场地上画一球基，离球基远处挖一定数目的浅穴为球窝，旁边立彩旗，球放在球基处，用下端弯曲的木棒击之，入球窝者胜。由唐代步打球发展而来，盛行于宋辽金元时的北方民间，北宋时称作"步击"，明代仍继续流行。后逐步发展为一项采用间接对抗形式的游戏。

【锤】 也作"槌"。捶击的兵器。一头有柄，锤头状如瓜，或木或铜或铁制。形状多种，重量也不同。锤的历史可以追溯到春秋战国乃至西周时期，它从棍棒演化而来，最初称为"椎"，张良在博浪沙狙击秦始皇用的就是"椎"这种兵器。随着时间的推移，锤逐渐发展出多种形制，如长柄单锤、短柄双锤及链子锤等，成为有效的破甲武器。在宋代，锤的形制变得更加多样化，明代时锤头常为瓜形或蒜瓣形，明末清初则出现了多边形（八宝形）的锤头。

【春饼】 一种薄饼，因是立春日所食，

故名。用白面做外皮，圆薄平匀，内包时令菜蔬，卷起来食。古代于立春日将春饼、时菜放在一个盘子里，用以馈赠亲友，叫春盘。皇帝于立春日赐百官春饼。

【春江花月夜】乐府吴声歌曲名。相传为南朝陈后主陈叔宝所作，原词已佚。今存曲词为隋炀帝杨广及唐代张若虚、张子容、温庭筠等拟题之作，收于《乐府诗集》。其中最著名的是张若虚的拟题诗作，后世评价甚高，有"孤篇压全唐"的美誉。

【春节】我国传统节日。在农历元旦，即正月初一，故又称元旦。与端午、中秋并为我国传统三大节日。相传自尧、舜时，已为节日。自秦汉起，朝廷于此日有朝贺之礼，群臣朝见皇帝，称觞祝寿，称为"贺正"，皇帝受贺，则有赐宴作乐等仪节。此外，民间普遍有祭祖先、饮屠苏酒、食五辛盘、燃爆竹、贴春联、拜年等节日活动。

【春盘】古代习俗。立春之日，把生菜、果品、饼饵等装盘、食用。民间以此互赠亲友，皇帝也以此赏赐近臣，以表迎接春天的到来。

【春秋】①儒家经典著作。相传由孔子（前551—前479）根据鲁国编年史编订加工而成，记载了鲁隐公元年（前722）至鲁哀公十四年（前481）间计242年的历史。《春秋》是编年体史书的始祖，故而也作为编年体史书的通称。《春秋》纪事简短，文字凝练，后世儒者认为它"微言大义"，将这种委婉曲折而寓褒贬的写作手法称为"春秋笔法"。②时代名。因鲁国编年史《春秋》而得名。其起讫年代说法不一，今多以周平王元年至周敬王

四十四年（前770—前476）为春秋时期。这一时期，周王室日益衰微，诸侯国之间互相征伐，出现了先后称霸的五个诸侯，史称"春秋五霸"。春秋也是我国文化发展的重要时期，老子、孔子都是这一时期的代表人物。

【春秋繁露】西汉董仲舒撰。共17卷，82篇。因篇名、篇数与《汉书·艺文志》《隋书·经籍志》及《汉书·董仲舒传》所记载的不尽相同，后人怀疑不全是董仲舒一人所撰。此书推崇公羊学，阐发"春秋大一统"之旨，杂糅儒家思想和五行学说，把孔子神圣化，把儒家思想神学化，对自然和人事做各种牵强比附，建立比较系统的"天人感应"论，包括"三纲""五常""三统""性三品"等。

【春秋决狱】西汉董仲舒主张以《春秋》经义为据去考察犯罪者的主观动机，再对案件做出裁决。这种"论心定罪"，以《春秋》经义附会法律审判案件的方法称春秋决狱。也称经义决狱、引经决狱。实质是把儒家经典法律化，有很大的主观随意性，破坏了法律的确定性和权威性。盛行于汉代和魏晋南北朝，隋唐以后废弃。

【春秋三传】解释《春秋》的《左传》《公羊传》《谷梁传》的合称。简称"三传"。《左传》为古文学，详于叙述经文所记之事。《公羊传》《谷梁传》为今文学，详于解释经文之义例（宗旨、体例）。

【春秋五霸】五霸，也作"五伯"。霸、伯，古代诸侯之长。春秋时期，一些强大的诸侯国为了争夺霸权，互相征战，争做霸主，先后称霸的五个诸侯是齐桓公、宋襄公、晋文公、秦穆公

和楚庄王，史称"春秋五霸"。一说指齐桓公、晋文公、楚庄王、吴王阖闾、越王勾践，一说指齐桓公、晋文公、秦穆公、楚庄王、吴王阖闾，一说指齐桓公、宋襄公、晋文公、秦穆公、吴王夫差。

【春社】古时春季祭祀社神（土地神）的日子。初无定日，先秦、汉、魏、晋各代择日不同，一般在春分前后。自宋代起，以立春后第五个戊日为社日。这一天，官府及民间皆祭社神祈求丰年，明清两代皇帝要行亲耕礼，民间有饮酒、分肉、赛会、妇女停针线之俗。唐王驾《社日》"桑柘影斜春社散，家家扶得醉人归"，描绘了春社日人们开怀畅饮的热闹欢乐场面。

【椿】通称香椿。木质细致坚实，耐湿耐腐，是建筑和制造家具的优质材料。嫩叶称椿芽，可作为蔬菜食用。古代椿被视为长寿的象征，古人因此称父亲为椿庭。祝人长寿，则谓椿年、椿龄等。

【椿庭】相传，上古时有大椿树，以八千岁为春，八千岁为秋。因椿树长寿，故古人将它比喻父亲，希望父亲像椿树一样长生不老。《论语》记载，孔鲤趋庭接受父亲孔子的训导，后以"椿庭"为父亲的代称。

【椿萱】椿，长寿的大椿树，象征父亲。萱，古人认为可令人忘记忧愁的一种草，象征母亲。后以"椿萱"为父母的代称。"椿萱并茂"，意思是大椿树和萱草都很茂盛，比喻父母都很健康。也作"萱椿"。

【纯钩】古宝剑。相传春秋时铸剑大师欧冶子铸造了湛卢、纯钩、胜邪、鱼肠和巨阙五把剑，其中纯钩剑以锋利和精美闻名。越王勾践曾请相剑大师薛烛相剑，先拿出毫曹、巨阙两把宝剑，薛烛认为这两把不算作宝剑。当勾践让人请出纯钩，薛烛则赞不绝口。

【莼菜】一种水生植物。也称水葵。叶椭圆形，浮生于水面。春夏之际嫩叶如丝，采摘可做汤羹，味淡而柔滑。晋时张翰见秋风起，于是想起家乡吴中的莼羹和鲈鱼，便弃官而归，"莼鲈之思"在后世遂成为思乡、退隐的代名词。

【淳于髡】髡，kūn。战国时齐国人，政治家、思想家。姓淳于，因曾受髡刑（古代一种剃去头发的刑罚），故称"淳于髡"。淳于髡身长不满七尺，滑稽多辩，能言善谏。齐威王当政之初，沉湎酒色，国政荒乱，群臣莫敢谏。淳于髡对齐威王说："国中有大鸟，止王之庭，三年不飞又不鸣，王知此鸟何也？"齐威王明白他的用意后回答说："此鸟不飞则已，一飞冲天；不鸣则已，一鸣惊人。"从此振作起来。齐威王八年（前349），楚国出兵讨伐齐。齐威王命淳于髡带黄金千镒、白璧十双、车马百驷向赵国求援，淳于髡向赵王陈明利害关系，请其出兵。赵国当即派精兵十万、革车千乘援齐，楚国因此退兵。淳于髡也是稷下学派的代表人物。

【戳截法】清官府针对茶叶运销和茶税征收的查验办法。即州县、关津须盘查茶商纳税运销的茶引和茶叶，若种类、数量相符就将茶引截角钤记后放行，行销京师的则在崇文门将茶引戳去中间以验。

【绰号】人的本名以外，别人根据对方

的特征给其另起的名字，大都含有亲昵、憎恶或开玩笑的意味。也称外号、诨名。如《水浒传》中梁山头领宋江常急人所急，济人贫苦，故有绰号"及时雨"。

【粢】cī。将米饭蒸熟（或加以捣烂）做成的饼状食物。糯米、粟米皆可做粢。后世称为糍糕、糍饭、糍粑、糍团，形状、做法也各有不同。

【词】文体名。按谱填写，可合乐歌唱。源于南朝，始于唐，盛于宋。因其源于诗，故称诗余；以其入乐，故又称曲子、乐府、乐章、琴趣；又因句子长短不齐，故也称长短句。早期的词，因合乐歌唱，故唐五代时多称为曲、杂曲或曲子词。词牌是词的调子的名称，不同的词牌在总句数、每句的字数、平仄上都有规定。词一般分两段，称上下阕或上下片，少数有不分段或分两段以上的。不分段称为单调，分段则按所分段数称为双调、三叠、四叠。按风格可分为婉约派和豪放派两大类。婉约派的代表人物有李煜、晏殊、柳永、晏幾道、秦观、周邦彦、李清照、姜夔、吴文英等，豪放派的代表人物有苏轼、陆游、辛弃疾等。

【词话】①评论词调源流、作者事迹、词作内容的论著，其体裁略如诗话。如陈廷焯《白雨斋词话》等。②元明时的一种说唱艺术。其中有词曲，有说有唱，故名。长篇有明诸圣邻《大唐秦王词话》等。也有短篇，如《清平山堂话本》中《快嘴李翠莲记》等。明人章回小说中夹有诗词的，也称词话，如《金瓶梅词话》等。

【词牌】填词用的曲调。最初的词，都是配合音乐来歌唱，有的按music制调，有的依调填词，曲调的名称即词牌，一般根据词的内容而定。后来主要是依调填词，曲调和词的内容不一定有联系，而且大多数词都已不再配乐歌唱，所以各个调只作为文字、音韵结构的定式。有些词牌，正名之外另标异名一至数种，也有同名异调、一名数体的。如《蝶恋花》这个词牌，又称《鹊踏枝》《凤栖梧》《黄金缕》等。

【词谱】辑录词调各种体式，分类编排，说明词的格律及变体，给填词者做依据的书。内容主要介绍填词的各种规则，如字句定格、声韵安排、词调来源等。"词谱"之称始于宋代，但多指曲谱或声律谱。现传最早的词谱为明代张綖《诗余图谱》。较完备的有清代万树的《词律》和康熙时陈廷敬、王奕清等奉敕合编的《钦定词谱》。

【慈悲】指佛教持爱护之心，以给众生安乐为慈；持怜悯之心，以助众生摆脱苦难为悲。

【刺兵】古代矛、枪、剑等直刺类兵器的统称。也称直兵。

【刺配】古时在犯人的身上刺字，用墨染上颜色，然后发配到远地充军或到指定场所服劳役的惩罚。所刺的部位有面部、臂部等。也称刺字。所刺的文字一般为所犯事由和发配到的指定地点。重者终身不得释放。古有"墨"或"黥"，但不刺字。如《水浒传》中宋江、卢俊义、林冲、武松等都遭受过刺配。后世此刑的施用范围较大。

【刺史】古代官名。原为朝廷所派督察地方之官，后沿为地方官职名。汉武帝元封五年（前106），分全国为十三部，部置刺史，督察郡国，官阶低于郡守。曾改称州牧，因其掌管一州之军政大权，故称。后复称刺史。魏晋重要的州、郡由都督兼任刺史，权力更大。隋以后，刺史为一州的行政长官，以后刺史成为太守的别称。宋制设知州，以朝臣充任，虽仍有刺史一官，仅属虚衔。元明以后，刺史官名亦废。清代用作知州的别称。清顾炎武认为，汉时的刺史相当于后世的巡按御史，魏晋以来的刺史相当于后世的总督，隋以后的刺史相当于后世的知府及直隶州知府。

【刺绣】 在织物上以彩色丝线绣出花纹图案或字形的我国传统工艺品。我国刺绣工艺有两三千年的历史。唐代时，刺绣技术已达到很高水平，针法有新的发展，做工精巧，色彩华美。宋代设有绣院，有绣工三百余人，制作人物花鸟、山水楼阁，用针极细密巧妙。我国古代著名的手工刺绣品种有苏州苏绣、湖南湘绣、四川蜀绣和广东粤绣，并称我国"四大名绣"。

【赐服】 皇帝特赐臣子穿戴高规格服饰。西周时期，从天子到庶人，服饰有不同的等级。秦汉以来有服饰等级制度，并以"赐服"作为皇帝褒奖臣子的方式。唐宋到明清极为流行，如唐制，三品以上官员服紫色，如果官员品级不够而皇帝特赐准许服紫，称"赐紫"。赐紫同时赐金饰鱼袋，称"赐金紫"，宋初沿用唐制。司马光、曾巩、王安石均曾获赐金紫。明代有赐蟒袍或斗牛服，如明嘉靖时名将马芳，被赐蟒袍。明神宗时，张居正被赐绣蟒斗牛服。清代有赏黄马褂、顶戴、花翎等。

【葱岭】 古代对今帕米尔高原和昆仑山天山西段的统称。因当地生长着大量的野葱而得名。汉代属西域都护府统辖，唐代属安西都护府。为汉以来丝绸之路上的要地。随着时间的推移和文化的交流，葱岭之名逐渐为帕米尔高原所取代。

【从便易钱法】 金朝行用的一种钱币汇兑办法。金章宗（1204）始行，听人输纳铜钱于京城，可在山东、河北、大名、河东等路依数支取。

【丛书】 按一定名义，将多种单独的著作汇辑起来，并冠以总书名的一套书。也称丛刊、丛刻、汇刻书。丛书分为专门性和综合性两种。唐陆龟蒙《笠泽丛书序》初次提到"丛书"一词，指诗文集的别称，与后来通行的丛书不同。一般认为，我国的丛书始于南宋俞鼎孙、俞经所编的《儒学警悟》。此后，历代多有丛书编纂。明清刊刻丛书的风气盛行，著名的有《汉魏丛书》《古今逸史》《四库全书》等。其中《四库全书》是我国古代规模最大的一部丛书。

【琮】 cóng。玉器名。方柱形，也有长筒形的，中有圆孔。是古代贵族朝聘、祭祀、丧葬时用的礼器，也用作发兵的符信。其形制大小因名分地位和所用之事不同而异。

【促织】 俗称蟋蟀、蛐蛐儿，也称莎鸡、寒蛩等。因其鸣叫的声音如同急促的织布声而得名。雄性善鸣好斗，唐代每到秋季，宫中妇人就用小金笼捉促织，关在笼中，放在枕畔，夜晚听其鸣声。后来老百姓也跟着效仿。宋代斗促织赌博之风盛行，贾似道撰有《促织经》2卷。明清此风更甚，有白麻头、黄麻头、蟹胲青、琵琶翅、梅花翅、竹节须等名称，贵的一只可值数金。促织常于秋夜鸣叫，其声如泣如诉，往往惹人愁绪，古诗文中常以之渲染凄凉、孤独的氛围。

【蹴鞠】 cùjū。古代的一种足球运动。用以练武、娱乐、健身。鞠，最初用皮革缝制，内装米糠等，唐代开始用“气球”替代，气球以八片皮革缝缀，用动物的胎衣做球胆，灌气而成。传说始于黄帝，至春秋战国时已很流行。汉代时场地、用具、比赛等已趋于规范化，盛行于贵族及军队中，民间也相当普及。唐宋时仍盛行，并有所发展，称蹴球。至清代渐衰。

【攒宫】 攒，cuán。古代帝、后暂殡之所。南宋特指哲宗皇后孟氏至高宗以下诸帝、后茔冢，位于今浙江绍兴东南攒宫山，规制稍简，意为临时安置，待恢复中原后归葬河南祖宗陵区。

【爨】 Cuàn。古代西南地区族群，以僰、叟等族为主体。也称爨夷、爨蛮。其大姓爨氏东晋以来居滇池以南，后以此泛指其势力所及的滇池周边各族部。隋朝分为东、西两部，唐朝东爨衰落，而西爨以洱海为中心日益兴盛。唐玄宗时建南诏国，唐朝末年国灭，陷入纷乱。五代时建立大理国，后为元朝所灭。

【崔致远】 （857—？）朝鲜新罗时代学者、文学家。字孤云、海云。唐咸通十年（869），12岁入唐求学。乾符元年（874），17岁时登科，曾任宣州溧水县尉、淮南节度使从事等职。唐僖宗时曾为高骈幕僚，因撰写《讨黄巢檄文》而扬名。光启元年（885）归国，任侍读，后外放，曾出使中国。因所学不得展，晚年遂隐居伽倻山，不知所终。他一生生活于两个国度，对中国的儒释道思想、诗文、史书、典章制度等方面有深入的研究和领悟，并将其融入自己的创作中，对新罗时代的学术和文学发展颇有影响。他是朝鲜历史上第一位留下了个人文集的大学者、诗人，一向被朝鲜和韩国学术界尊奉为朝鲜半岛汉文学的开山鼻祖，有“东国儒宗”“东国文学之祖”的称誉。现存著作有《桂苑笔耕集》20卷，《全唐诗》有其作品。

【催妆】 一种婚俗仪式。新妇出嫁，必多次催促，始梳妆启行。据说此俗始自北朝，至唐流行。唐代新娘出嫁之日，新郎作诗，派人传达至女方催妆，称为“催妆诗”。诗为五、七言近体，多颂赞吉利语。宋以后，民间婚俗，成亲前男方往女方家送礼品，也称为催妆。

【错金银】 在器物上镶嵌金银纹饰的工艺。也称金银错。方法是先铸出或刻出铭文和纹饰的凹槽，再镶嵌金银丝、金银片，锤打磨光而成。春秋末开始有此工艺。最初用于青铜器的装饰，后也用于漆器、木器、玉器等。

【错役制】 三国魏和西晋时期施行的异地征发力役兵役的制度。由曹操创立，主要目的是加强对兵士的控制，通过将兵士与家属分开，相隔两地，来保证兵士的忠诚。

D

【达赖】 藏传佛教格鲁派地位最高的两大活佛之一。达赖在蒙古语中，意为"大海"。明万历六年（1578），土默特蒙古俺答汗尊格鲁派领袖人物索南嘉措为达赖喇嘛，格鲁派将其视为达赖三世（一世、二世为追认）。清顺治十年（1653），册封达赖五世阿旺罗桑嘉措为"西天大善自在佛所领天下释教普通瓦赤喇怛喇达赖喇嘛"，承认其在西藏的政治和宗教地位，此后历世达赖喇嘛必经中央政府册封批准成为定制。

【怛罗斯之战】 怛，dá。唐朝军队与大食军队在怛罗斯（今哈萨克斯坦塔拉兹一带）发生的激战，是唐帝国与阿拔斯王朝之间的一场重要战役。此前唐玄宗命高仙芝为安西节度使经略西域，多有征战。公元751年，高仙芝再率蕃、汉兵深入中亚，至怛罗斯与东进的阿拔斯王朝联军遭遇，双方大战，唐军败退，大食联军也死伤惨重。此战使大食东进之势受挫，唐军被俘者中多有工匠，由此使造纸、纺织等技术传入西方。

【答剌罕军】 元灭南宋期间临时招募的军兵。答剌罕为突厥语和蒙古语"自在"的音译，因这些军兵不在正规军制内，以允许其军前掳掠人口、财物充饷而得名。答剌罕军主要由流浪汉、地痞、无赖等组成，他们在战时被临时招募，没有明确的军事目标，主要用来增加人数，以壮大军威。当时性质与此相类的，还有乾讨房军、无籍军等。

【鞑靼】 Dádá。古代北方游牧族群名。其名称又译为达靼、达怛、达旦、达达、塔塔儿等。最早见于唐代记载，是突厥统治下的一个部落。突厥衰落后，鞑靼日益强大，生活在今呼伦贝尔草原和克鲁伦河下游一带。宋辽金三代，除主体外，其位于漠北蒙古的支系称为黑鞑靼，漠南汪古部称为白鞑靼。公元13世纪为蒙古所兼灭。此后，西方习惯把蒙古称为鞑靼，到了明代，鞑靼指的是东部蒙古成吉思汗后裔各部落。

【打草谷】 辽朝以牧马为名南下中原，抢劫百姓粮草财物的活动。这是一种无专门的后勤保障，通过军人自筹给养的方式，掳掠民间的粮草财物，维持军队的生存和发展。

【打醮】 醮，jiào。道教指为人诵经祈祷或设坛做道场。

【打女真】 打，打博，即贸易。辽朝皇帝每春驻跸于宁江州捺钵（营地），凿冰钓鱼放弋为乐，女真来献貂鼠之类。双方民众在指定市场交易其土特产。一说因辽人恃强不等价交易得名。

【打油诗】 诗体的一种。内容和词句通俗诙谐，不拘于平仄韵律。相传为唐代张打油所创，故称。张打油《雪诗》："江山一笼统，井上黑窟窿。黄狗身上白，白狗身上肿。"

【打坐】 佛、道教信徒的一种修炼方法，即盘腿而坐，闭目静气，屏除杂念。后也成为气功的健身方法。

【大巴山】 巴山。广义的大巴山是指绵亘川、渝、甘、陕、鄂五省市边境山地的总称，是四川、汉中两盆地之间的界山。狭义的大巴山是指汉江支流河谷地以东，渝、陕、鄂边境的山地。最高峰位于神农架林区，原始植被茂密。古人常以"巴山"泛指巴蜀地区。自古巴蜀相对中原来说地处偏远，而蜀道出入又极为艰难，故唐代诗人李商隐在其《夜雨寄北》诗的开篇，写下了"君问归期未有期，巴山夜雨涨秋池"的诗句，体现了巴蜀之行遥远而漫长，以及自己和亲人之间的两地牵挂和思念。

【大不敬】 古代不敬皇帝的罪名。也称不敬。汉代已有以侵犯皇权为主要内容的犯罪。自隋以来，作为"十恶"之一。历代多列为重罪。按唐律，"大不敬"的行为和处罚主要有：在皇帝隆重祭祀时偷祭神物者，流放二千五百里。偷或伪造皇帝印玺者，判绞刑。偷皇帝服御物品者，流放二千五百里。配制皇帝所用药物时，配错药方，或虽照方配完但在封口处题签时出错的医生判绞刑。为皇帝烹调御膳时，误用禁忌的搭配，厨师判绞刑。给皇帝造车辆、船只因失误而不牢固的工匠判绞刑。指责皇帝，特别严重地危害情理的，判斩刑。违抗皇帝派遣的使者、不敬皇帝下的命令、无人臣之礼的，判绞刑。明清律也有类似的规定。

【大长秋】 古代官名。掌管皇后事务的官员。秦时称"将行"。汉时改称"大长秋"。宣达皇后旨意，管理宫中事宜，为皇后近侍，多由宦官充任，或任士人。"长秋"本为汉代皇后所居宫名。东汉以来其所在机构称长秋寺或长秋监，改称"长秋寺卿"或"长秋监令"，皆由宦官充任。

【大朝】 规模最大、最隆重的朝会。臣见君称朝，天子大会诸侯群臣称大朝，以别于平日常朝。历代常指正旦、冬至日举行的朝会，明清还常包括皇帝诞辰等节举行的朝会，例由全部京官、各地长官或代表及诸侯、藩邦和外国使者参加。

【大车】 即牛车。商周时期已有。春秋至两汉时期，牛车多用于运送物资。《史记》描述西汉建国初年，天子出行找不到四匹颜色一致的马拉车，而将相出行，只能用牛车。魏晋时，人乘牛车反而演变为一种潮流，尤其贵族、名士阶层，都讲究乘牛车，南北朝时甚至还给快牛取了陈世子青、王三郎乌、吕文显折角、江瞿昙白鼻等名字。

【大乘】 佛教派别之一，以普度众生为宗旨。自称能运载众生从现实世界到达觉悟的彼岸，超越生死，达到涅槃。与小乘相对，虽在教义上与小乘多有重合，传入我国的时间也几乎与小乘同时，但大乘不主张小乘的自我解脱观点，强调一切众生都能成佛，一切修行当以自利和利他并重，并在修行方式上允许在家修行，这些更符合我国的文化传统, 故日益兴盛。

【大戴礼记】 也称《大戴礼》《大戴记》。原本相传是西汉戴德从所存战国以来说礼之文中选取 85 篇而成。当时, 由戴圣选编的《小戴礼记》因东汉末郑玄为之作注而成为独占"礼记"之名的"三礼"之一,《大戴礼记》遂被认为非圣人之言而不传习。今本残缺, 存 39 篇。是研究我国古代社会状况、文物制度和儒家学说等的重要历史文献。

【大定重修制条】 公元 1177 年, 金世宗颁行的法律类编。共 12 卷, 1190 条。简称《重修制条》《大定条例》。

【大风歌】 古歌名。汉高祖十二年(前 195), 汉高祖刘邦征讨淮南王黥布, 返回途中路过故乡沛县, 与父老子弟相会。刘邦酒酣之际, 击筑而唱此歌, 并令沛中 120 名儿童习唱。汉惠帝时, 以此诗作为沛宫四时祭祀高祖的歌曲。歌词为: "大风起兮云飞扬, 威加海内兮归故乡, 安得猛士兮守四方!" 反映了刘邦希望四海统一、国家安宁的情怀。后人题为《大风歌》。因作于沛县, 又名《过沛诗》。

【大夫】 ①官名。古之国君以下, 设卿、大夫、士三级, 大夫为一般任官职者之称。秦汉有御史大夫、谏议大夫等。唐宋循有损益。明清不设。②爵位名。周代官爵分公、卿、大夫、士四等, 大夫又有上、中、下三分。秦汉分爵位二十级, 大夫位列第五。

【大功】 古代五服中第三等丧服, 次于齐衰。用熟麻布做成, 缝边。服期为九个月。一般来说, 男子为出嫁的姊妹和姑母、为堂兄弟和未嫁的堂姊妹、女子为丈夫的祖父母伯叔父母、为自己的兄弟服大功。

【大官人】 古代对有钱有势、社会地位较高的男子和富贵人家子弟的尊称。如《水浒传》中柴进是后周皇室的后裔, 人称"柴大官人"。

【大归】 旧时称已嫁女子回母家后不再回夫家, 为"大归"。后也称妇人被休、永归母家为大归。

【大鸿胪】 胪, lú。古代官名。主管诸侯、藩邦及朝廷礼宾等政务的长官。秦时称"典客"。汉武帝太初元年(前 104)更名"大鸿胪", 掌接待宾客等事。魏晋以来为鸿胪寺之长, 隋唐以来称"鸿胪寺卿", 所属机构和职掌限于宾客及凶仪等事。金元废, 明清复设, 掌殿廷礼仪之事。后渐变为礼仪官。

【大计】 古代考核地方官员政绩的制度。也称外计、外察、朝觐考察。始见于周代, 每三年进行一次, 依据考绩赏罚。明清两代考核外官的制度称大计, 每三年在外官入京朝觐时举行, 先期各县、府、道、省递加考察, 由督抚、按察使核其事状、考核等, 汇册送部复核, 最终奏定其称职与否。标准为守、才、政、年四格以分优劣。考语分称职、勤职、供职三等。

【大家】 ①家, jiā。宫中近臣或后妃对皇帝的称呼。②家, gū。对妇女的敬称。如东汉班昭博学高才, 气节品行很合礼法。皇帝多次召班昭进宫, 让皇后、妃嫔拜她为师, 称她为大家。此外媳妇对婆母也称大家。

【大九州】 战国时期, 齐人邹衍提出的一种地理学说。即世界由九大块陆地构成。九大陆地之间有海相隔, 并不相通, 且周边也是浩瀚无垠的大海,直通天地尽头。中国称赤县神州，仅是其中一板块，由于其内被大禹分为九州，相较于此九州，九大陆地可称为"大九州"。这一观点反映出随着海上交通的发展，当时古人已感知到世界之广大。

【大礼议】因明世宗朱厚熜欲追尊生父朱祐杬而引发的君统、礼仪之争。公元1521年，明武宗暴亡，事先没立继位人，武宗从弟朱厚熜由藩王继帝位。即位后，使礼臣议本生父兴献王祐杬的尊号。张璁等迎合帝意，议尊为"皇考"。杨廷和认为不合礼法，主张称孝宗（武宗父）为"皇考"，兴献王为"皇叔考"。争论三年，世宗于嘉靖三年（1524），去"本生"之称，追尊兴献王为"皇考恭穆献皇帝"。群臣哭阙力争，世宗大怒，因此下狱的达134人，廷杖致死的17人，另有部分谪戍和致仕而去的官员。

【大理寺】古代官署名。掌管刑狱的机构，是全国最高的法律机构。秦汉时置廷尉。北齐始立大理寺。寺指官署，其长官称大理寺卿，也简称大理卿，下设大理寺少卿、大理寺丞。历代相沿。明清与刑部、都察院为三法司，会同处理重大的司法案件。

【大殓】丧礼仪式之一。为逝者加冠，将穿好衣服、已装裹好的遗体装入棺材，钉上棺盖。大殓时辰由占卜而定，届时由家属在棺木两侧守护。父母死，待儿女返家方可盖棺。妇女死，待娘家父母兄弟姊妹告别后方可盖棺。一般是死后三天举行，也有死后七天或第二天举行的。大殓是丧礼中的重要环节，标志着亲人与逝者的最后一别。结束后，就择日将死者安葬。

【大明湖】位于山东济南。为小清河上源。湖畔有遐园、秋柳园、南丰祠、北极阁、铁公祠、小沧浪、辛稼轩纪念堂、明湖居等胜迹，湖中有历下亭。其西岸有古刹大明寺，故名。

【大明历】南朝祖冲之主持编定的历法，于宋孝武帝大明六年（462）完成，梁天监九年（510）颁行。也称甲子元历。此历首次引入"岁差"，推算出一回归年的长度为365.242 814 81日，求出交点月的天数，定每月为27.212 23日，与今利用现代天文观测手段测得的结果极为接近。还改革闰法，将旧历中以19年7闰为周期，改为391年144闰，从而更符合天象实际。《大明历》施行达八十多年，对后世历法影响深远。

【大明律】明代法典的总称。主要有令、律、诰、例等形式。洪武元年（1368），明太祖朱元璋颁布《大明令》，是我国唯一完整保存至今的古代令典，也是古代最后一部以"令"为名的法典。洪武六年（1373），又诏刑部尚书刘惟谦等撰《大明律》，次年颁行。洪武三十年（1397）进行修订颁行，共30卷，460条。按六部官制，编目分为名例律、吏律、户律、礼律、兵律、刑律、工律。为维持货币秩序，专列"钞法"，并增设市廛、田宅、钱债、邮驿、营造等编目。诰有《明大诰》，例有《问刑条例》等，用来弥补律的不足。

【大辟】辟，pì。隋以前称"死刑"为大辟。隋唐时，不用"大辟"之名，称之为"死刑"。大辟是早期"五刑"中最重的一种。执行大辟的方式很多，有的极为残酷。周代分为七等：斩、杀、搏、焚、辜磔、踣、罄。秦代有斩、枭首、车裂、弃市、腰斩、体解、磔、蒺藜等刑。也有凿颠、抽胁、镬烹等刑。

【大清律例】 清代的主要法典。简称《大清律》。乾隆五年（1740）颁行。它的结构、形式、体例、篇目与《大明律》基本相同，共 47 卷，30 篇。律有436 条，包括名例律、吏律、户律、礼律、兵律、刑律、工律等。附例有 1409条，律与例并行。自颁行后，律文极少更改，只不断修订和增加律文后的"附例"。律文后所附的条例，是重要的组成部分。

【大射】 古代射礼之一。天子率诸侯、卿、大夫、士在祭祖、祭神等重大祭祀活动前进行的射礼，并以此选定参加祭礼的贡士，是射礼中规模最为盛大的。后世帝王举行此礼，以表示重视武备。

【大赦】 古时对已判罪犯免刑或减刑，是最高规格的宽恤赦免措施。赦令均出自帝王。相传始于尧舜。汉魏到明清多在改朝换代或登基大典等重要庆典时颁行，赦免常赦不及的罪犯或宽减其刑罚，还包括安置流亡、清理债务、优抚孤寡、收罗人才等宽恤施惠之举，其具体规定和限制都载明在大赦诏令中。但"十恶"等重罪通常不在赦列。

【大审】 明朝由皇帝派官员代表自己与主管部门会同重新审判在京以及各地在押囚犯的制度。此制创立于宪宗成化年间，为了察枉理冤，在京的罪囚由司礼监太监一员会同三法司在大理寺审录。南京命内守备行之，各地则由南北直隶、布政司与巡按御史会同审录。常每五年大审一次。

【大食】 唐以来对阿拉伯人和阿拉伯帝国的称呼。为波斯语及阿拉伯语的音译，也译作"大石""大寔"。据其不同王朝所尚服色，分为白衣大食、黑衣大食和绿衣大食。公元 6 世纪兴起于西亚，盛时其地自中西亚扩至地中海东、南、西部，唐王朝曾与之争锋中亚，扼制其东向之势。自后长期与之通使，其客商活跃于陆上、海上丝绸之路。我国的造纸术和炼丹术曾由大食传至西方，大食的工艺品如玻璃等也流传到我国。

【大顺】 明末农民起义领袖李自成所建政权的国号。崇祯十六年（1643）在长安（今陕西西安）时所定，年号"永昌"。"大顺"作为国号，有多种说法。一是为了应证明朝的谶语"遇顺则止"，一是明末社会上普遍存在着对"顺"字的热衷。李自成取西安前，已在襄阳建立政权。崇祯十七年（1644）攻入北京，推翻明朝。因措置失当，内部腐败，被入关清军击败。退出北京后于关中、湖北、江西屡战屡败。永昌二年（清顺治二年，1645）李自成在九宫山（今湖北通山境内）被地方乡勇狙击而亡。其余部李过、李来亨等仍坚持抗清。辖境最盛时达到今江苏北部淮安、宿迁等地以北的中原地区。

【大司成】 古代官名。原指周代司徒属官，职责主要是协助司徒处理相关事务，掌儒学训导之政。在唐国子监中，大司成的职责相当于西汉的博士仆射、东汉的博士祭酒。高宗龙朔二年（662）改国子监为司成馆，改国子祭酒为大司成，咸亨元年（670）复旧。

后成为国子监祭酒的别称。

【大司农】 古代官名。秦置治粟内史，汉景帝时改称大农令，武帝太初元年（前104）更名大司农。简称"司农"。位列九卿，掌租税、钱谷、盐铁和国家的财政收支。北齐时称司农寺卿，隋唐以后所置略同。元置大司农司，掌农桑、水利、学校、救荒等事。明初置司农司，不久即废，其职掌并入户部。清代因户部主管钱粮田赋，故俗称户部尚书为大司农。曹操之父曹嵩曾任大司农。

【大唐西域记】 简称《西域记》。唐贞观十九年（645）玄奘结束了印度取经之旅，携佛经、佛像等回到长安。在唐太宗建议下，于次年完成了由其本人口述、弟子辩机记录整理的《大唐西域记》12卷。书中记述了贞观元年至十九年（627—645）玄奘西行所亲历和听闻的100多个城邦、地区、国家的概况。是研究中古时期中亚和南亚诸国的历史、地理、宗教、文化及中西交通的珍贵资料，也是研究佛教史学、佛教遗迹的重要文献。

【大挑】 选官制度的一种。清乾隆十七年（1752）定制。三科以上在会试中不中的举人，由礼部分省造册，咨送吏部，皇帝钦派王大臣拣选，称"大挑"。挑取其中一等的以知县用，二等的以教职用。六年举行一次，意在使举人出身者有较宽的出路。挑取的标准重在形貌与应对。

【大同兵变】 明嘉靖时大同镇卒因不堪虐待而爆发的抗争。公元1524年以郭鉴、郭疤子及黄镇等为首，夜间举火为号，杀死贪官张文锦，打开仓库，发放粮食，砸开监狱，释放囚犯，占

领了大同府城。明朝政府派遣蔡天佑、桂勇等人，以"谕抚"为名，设计宴请郭鉴等人，郭鉴等三十多人受骗被捕，惨遭杀害。1533年，兵变再次爆发，以朱振、王福胜等人为首，火烧总兵府，总兵李道自杀。明朝派总督刘源清与总兵部永前去镇压，以计诱捕朱振，朱振自杀。明军又逮捕、杀害了王福胜等三十多人，平息兵变。

【大统式】 西魏行政法令。因在大统十年（544）颁行，故以年号为名。由苏绰等编定，是西魏、北周选官和各地治理的纲要性规定。也称中兴永式。《大统式》的颁行，使"式"这种古代规定官署公文程式的法规形式，上升为后世主要法律形式之一。

【大汶口文化】 新石器时代文化。1959年首次发现于山东泰安大汶口一带，因地得名。据考古发现，大汶口文化约始于公元前4500年，反映了母系氏族向父系氏族过渡的社会特征。其范围以山东泰山地区为中心，东起黄海之滨，西到鲁西平原东部，北至渤海南岸，南及今安徽淮北一带，河南也发现有少量遗存。其生产工具多以磨制石器为主，还发现了鹿角锄、骨、角、牙、蚌质的镰刀。以农业经济为主，以粟为主要种植对象，有猪、牛等动物的家畜养殖。此外，制骨工艺和制陶工艺也非常发达。其骨雕筒、骨梳、雕花骨匕皆玲珑精致，甚至镶有绿松石。陶器早期以红陶为主，中期灰、黑陶比例有所增加，后期出现了质地细腻的薄胎灰白陶和黑陶高柄杯。此后的龙山文化，也是在大汶口文化的基础上发展而来的，其与大汶口文化有上下叠压的地层关系，更有

许多前后承袭的共同文化因素。

【**大西**】明末农民起义领袖张献忠建立的政权。崇祯十六年（1643）起义军取武昌，张献忠称"大西王"。次年攻占四川，在成都称帝，年号"大顺"，以成都为西京。设立内阁六部，有左右丞相、六部尚书等官，并开科取士。全盛时据有今四川、重庆大部地区。因治理无方，酷暴滥杀，两年后其主力在凤凰山（今四川西充境内）被清军击败，张献忠战死，其余部孙可望、李定国等于公元1651年改奉南明永历朝。

【**大相国寺**】著名汉传佛教寺院。在今河南开封，始建于北齐天保六年（555），初名建国寺，后毁于兵火。唐代重建。延和元年（712），唐睿宗因纪念其由相王登上皇位，赐名大相国寺。北宋时期，相国寺深得皇家尊崇，僧众万余人，多次扩建，是汴梁最大的寺院，更是全国佛教活动中心。后因战乱、水患而损毁。今大相国寺为清乾隆时重建。

【**大小金川之役**】清乾隆时为平定金沙江中游的大小金川土司叛乱发动的两次战役。乾隆十二年（1747），四川大金川土司莎罗奔用兵攻打邻近土司，欲吞灭小金川泽旺等，并杀伤清兵，清政府遂出兵进攻大金川。乾隆十四年（1749），莎罗奔兵败投降。乾隆三十六年（1771），莎罗奔侄孙索诺木联合小金川反清，清政府再度用兵，大学士、定边将军温福战死。又以阿桂为督师猛攻，先取小金川，再克大金川。平定后设阿尔古、美诺两直隶厅分治大小金川。

【**大小引**】明清常规食盐运销凭证每引

300斤，把每引400斤以上的凭证称为大引，200斤以下的称为小引。

【**大行皇帝**】大行，一去不返。因皇帝新近去世，谥号未定，故暂且称此。西汉时始指死后停棺未下葬而暂无谥号的皇帝。此后历代沿用之。

【**大雄**】佛教信徒对释迦牟尼的尊称。梵语意译是无所畏惧的勇士。我国佛教寺院供奉佛陀的正殿一般称为"大雄宝殿"。

【**大选**】①指朝廷铨叙授官，这种选拔方式主要适用于高级官员的补缺。明清吏部每逢双月举行常规铨选，故又称双月选。候选者为任满离职和因考核升降的一般官员。②"吏部尚书"的别称。

【**大学**】《礼记》中的一篇，儒家经典之一。相传为曾子所作。提出明德、亲民、止于至善的三纲领和格物、致知、诚意、正心、修身、齐家、治国、平天下的八条目。被宋儒称为"初学入德之门""所以教人之法"。南宋朱熹将《大学》与《论语》《孟子》《中庸》合称"四书"。《大学》被朱熹收入"四书"以后，在儒学中的地位也迅速提高，成为儒者的必读书和君主治理国家最重要的思想指导。明太祖朱元璋命令臣子把《大学》写在皇宫的墙壁上，以便自己经常学习。

【**大学士**】古代官名。唐宋明清皆设，职权不一。唐代有弘文馆学士、集贤院学士，为掌文学著作之官，尝以宰相兼领，知馆、院事，称大学士。宋沿之，对学士中资望特高者，加"大"字，有昭文馆大学士、集贤殿大学士，以首相、次相分领。明中叶，大学士为内阁长官，其中的华盖殿大学士、谨身殿大学士、武英殿大学士、文渊阁大学士、东阁大学士等都是重要的官职，替皇帝起草诏令、批答奏章、商承政务，其官阶在尚书、侍郎下，但实权甚重。后以尚书、侍郎入阁办事，兼大学士，位望益尊，成为事实上的宰相，称为"阁老"。清代沿袭，设内阁大学士四人，协办大学士二人，为文臣最高官位，称为"中堂"。

【大衍历】 唐代僧一行主持编定的历法，唐玄宗开元十七年（729）颁布施行。也称《开元大衍历》。僧一行是世界上用科学方法实测地球子午线长度的创始人。此历参考了前代的有关观测数据，能比较准确地反映太阳的视运动的规律，以及各地日食之期和恒星运动轨迹，系统而周密，表明我国古代历法体系趋于成熟。

【大雁塔】 我国现存最早、规模最大的唐代四方楼阁式砖塔。位于今陕西西安南的大慈恩寺内。又名"慈恩寺塔"。唐高宗永徽三年（652），玄奘法师为保存由天竺经丝绸之路带回长安的经卷佛像，主持修建了大雁塔，最初为五层，武则天长安年间改建为七层。大雁塔按古印度佛寺建筑形式建造，塔底层四面有门，门楣上布满精美线刻佛像，南门洞两侧嵌置碑石，西龛是唐太宗李世民亲自撰文、褚遂良手书的《大唐三藏圣教序》碑，东龛是唐高宗李治撰文、褚遂良手书的《大唐三藏圣教序记》碑，人称"二圣三绝碑"。两块碑石是永徽四年（653）十月由玄奘亲手竖立于此的，至今保存完好。唐代新中进士，均在大雁塔内题名，后世以"雁塔题名"代称进士及第。

【大一统】 语出《公羊传》。一元化政治理论及原则，为秦汉统治者不断实践与贯彻，实现经济、政治、思想、法度的高度集权，即全统一于天子之下。为历代王朝所奉行。后泛指封建王朝统治全国。

【大雩】 雩，yú。古人为求雨而举行的祭祀。所祭祀对象为被视为能兴云降雨的"山川百神"。周代的雩礼分为两种，一种是在孟夏四月由天子举行的常规雩礼，称"大雩帝"，用盛大的舞乐队伍，演奏隆重的乐曲，祭祀名山大川及众水之源，祈求风调雨顺，五谷丰登，具有节日气氛。另一种是因天旱而举行的雩，举行的日期不定，用巫舞而不用乐，气氛严肃，祈祷殷切。后世官方和民间皆有此祭。

【大禹治水】 古代神话传说。大禹为夏后氏部落首领，也称夏禹、戎禹。相传其父鲧奉尧命治水，偷取天帝的息壤筑堤防水，九年未能平洪水。大禹奉尧命，继续治水。采用因势利导的办法悉平水患。为治理洪水，大禹曾三过家门而不入。继舜之后，任部落联盟首领，分天下为九州，建都安邑。

【大庾岭】 庾，yǔ。山名，"五岭"之一。古称塞上、台岭、寒岭。位于今江西大余和广东南雄之间。相传汉武帝时，有庾姓将军在此筑城，故名。又因唐代张九龄在此督办开凿通往粤地的道路，在道路两侧种植梅树，得名梅岭。五代时此路荒芜。宋代元祐年间重修，夹道种植松树，岭上立关，名梅关。是岭南、岭北间的交通要道。

【大宛】 宛，yuān。古西域国名。北通康居，西南邻大月氏。约以今费尔干纳盆地为中心。王治贵山城（今塔吉克斯坦胡占德）。属邑七十余城。以农牧业为主，盛产葡萄、苜蓿，并产著名骏马汗血马。张骞通西域后，与汉朝往来逐渐频繁。西晋时仍遣使献汗血马。南北朝以来为昭武九姓之地，南北朝称"破洛那"。隋唐称"钹汗""拔汗那"等。唐天宝三载（744）玄宗改其国名为宁远，并封宗室女为和义公主，嫁其王。

【大元通制】 元代法律的总称。元代初期沿用金律，元世祖忽必烈时起制定元代的法律。内容多依照唐律，形式多沿用宋时的编敕，称为条格。至元二十八年（1291）颁行《至元新格》，是元代最早的法典。至治二年（1322）完成法典《大元圣政国朝典章》，简称《元典章》。它按吏、户、礼、兵、刑、工六部职掌将当时的法律法规分类编辑，为明清律的体例奠定了基础。英宗至治三年（1323），将元世祖以来的诏制、条格、断例加以厘正编纂而成《大元通制》，共 2539 条，是元代法律编纂史上首部较为系统的法典。至正六年（1346），增删《大元通制》而成《至正条格》，共 2909 条。

【大月氏】 氏，zhī。古族名。也称大月支，简称月氏。西周以来称为禹氏、牛氏。秦汉时期，在敦煌与祁连山之间以游牧为生。西汉初期，因数次受到匈奴侵犯，族群大部西迁至今新疆伊犁河流域，后又逐渐迁至中亚，称为大月氏氏。张骞出使西域，曾到其地。小部分向南，穿越祁连山，与羌人杂居，称为小月氏。

【大藏经】 藏，zàng。佛教典籍的总称。也称一切经、契经、藏经、三藏。内容包括"经"（释迦牟尼在世时的说教以及后来增入的少数佛教徒阿罗汉或菩萨的说教）、"律"（释迦牟尼为信徒制定的必须遵守的仪轨规则）、"论"（关于佛教教理的阐述或解释）。《大藏经》的编纂，始于释迦牟尼涅槃不久，弟子们为保存他的说教，统一信徒的见解和认识，通过会议方式的结集，形成公认的经、律、论内容。其后又增加了有关经、律、论的注释和疏解等"藏外典籍"，成为卷帙浩繁的四大部类。现存的《大藏经》，按文字的不同可分为汉文、藏文、蒙古文、满文、西夏文、日文和巴利语七大系统。

【大真国】 宋宁宗嘉定八年（1215），蒲鲜万奴在我国东北建立的地方政权。次年投降蒙古，嘉定十年（1217）再度建国。改称东夏。宋理宗绍定六年（1233），东夏国沦为大蒙古国的藩国。至迟约在咸淳八年（1272），东夏国便已被大蒙古国并入辽东路总管府。疆域在鼎盛时期覆盖了今吉林和黑龙江两省的大部分地区。

【大宗】 古代宗法制。由嫡长子、嫡长孙世代继承宗嗣特有的权利、义务，为大宗，其余为小宗。比如，周天子的王位由嫡长子世袭，这是大宗；诸侯的君位也由嫡长子世袭，在本国是大宗；余子分封为卿大夫，卿大夫在本族是大宗。士、庶人等的家庭关系也是如此。不能继承宗族长之位的其他各支称小宗。宗法地位上大宗较小宗为尊，嫡长子较其余诸子为尊，以此达到以兄统弟、以君统臣，抑止统治阶层的内讧，巩固贵族世袭统治的作用。

【**大宗正司**】 古代官署名。北宋置，掌管宗室训导、纠察、赏罚等事务的机构。设知大宗正事、同知大宗正事，以宗室有德望者任职。与掌管宗室谱系等事的宗正寺并立。南宋沿置。

【**大足石窟**】 古代石窟艺术代表之一。位于今重庆大足区境内，是大足区境内 141 处摩崖造像的总称，属我国石窟艺术晚期的代表。初开凿于唐永徽年间，盛于两宋，明清时期有所增刻。规模宏大，雕刻精美，题材多样，其刀法丰富细腻，与早期石窟的古朴、庄严、程式化和单一化形成鲜明对比，以集儒、道、释"三教"一体而独具特色，展现了从唐末至宋代我国石窟艺术风格以及民间宗教信仰的发展与变化，对我国石窟艺术的创新与发展有重要贡献。

【**代北**】 桑干河上游以北及雁门关外地区。桑干河上游春秋时有戎人建立的代国，后被赵国吞并，赵武灵王始置代郡，秦汉沿置，或封代国，地域续有调整。西晋末以此一带封拓跋代国，后发展为建都平城的北魏，其地为京畿，设司州，迁都洛阳后改置恒州，遂以此指平城一带及以北地区。北朝后期置代州于雁门关一带，唐宋以来沿置，又以此泛指雁门关外地区。

【**代耕架**】 靠人力牵引取代畜力牵引的耕地机械。也称耕架代牛、人力耕架。由唐高宗时王方翼创制，到明代有较大的发展，李衍、欧阳必进等加以改进。明代天启年间，王徵做代耕架，并撰《代耕架图说》，图解代耕架的形制和构造，三人合作以耕，足抵两牛，提高了生产效率。

【**玳瑁**】 海洋爬行动物名。其形像乌龟。甲壳黄褐色，有黑斑和光泽，古人常用其做成精美的配饰、装饰品，汉乐府《有所思》："何用问遗君，双珠玳瑁簪。"即将用玳瑁做成的发簪赠给所思之人。玳瑁也能用来入药。

【**带**】 古代束衣之物。古人衣服无纽扣，故常用丝条系结，腰间束大带。随身之物就系在腰带上。古代贵族、官员之带一般为两类，一类为生绢所制，一类为皮革所制。腰带及其配饰往往是佩带者品级、身份的体现。如唐代贞观年间，三品以上官员用金制腰带扣版，而六品以上用犀角制扣版，九品以上用银制扣版，庶人则只能用铁制的。平民腰带往往为熟牛皮所制，故"布衣韦带"就成了平民的代指。

【**带钩**】 古代束衣的皮革腰带上的钩，多为铜制，也有以金、银、铁或玉制成的。带钩的一端弯曲。在长期的演进中，带钩逐渐制成龙形、蛇形、凤形以及各种昆虫的形状，发挥其美观装饰的作用。

【**带征**】 清朝各省追征往年积欠钱粮的一种措施。始于雍正时期，即在当年征税时附带一定数额的积欠钱粮，限若干年内追缴完毕。

【**待诏**】 古代官名。本指等待皇帝诏书，犹言候命。汉时以才技征召未有正官者，使之待诏，依其处所性质有不同名目，如"待诏公车""待诏金马门""待诏博士"等。后渐演变为官名。北齐后主置文林馆，引文学之士充之，称为"待诏"。唐代有翰林待诏，负责四方表疏批答、应和文章等事，后改为翰林供奉。明清翰林院属官有待诏，掌校对章疏文史，为低等级事务官。

【埭桁渡津税】 埭，dài，指浅滩水急处筑坝，以人、牛牵引船运的设施。桁，héng，指桥梁。渡、津，即渡口、码头。东晋、南朝在水路上增设关卡征收的商旅通过税。这是在传统关津税外的特别加税措施。

【戴震】 （1723—1777）清代语言文字学家、思想家、哲学家。字东原，号杲溪，安徽休宁人。乾隆二十七年（1762）中举人，三十八年（1773）由纪昀等荐举，任《四库全书》馆纂修。四十年（1775）赐同进士出身，授翰林院庶吉士。在馆五年，积劳而卒。戴震治经力主"由字以通其词，由词以通其道"，通过音韵训诂探讨古书之义理。著名学者王念孙、段玉裁为其弟子。戴震在哲学上反对宋明理学，阐明宇宙本原是物质性的"气"。在人性论、理欲观方面指出"后儒以理杀人"同"酷吏以法杀人"，揭露了理学家"存天理，去人欲"的虚伪说教，承认人的正当欲望具有合理性。著有《原善》三卷、《孟子字义疏证》三卷，还有《声韵考》《声类表》《方言疏证》等二十余种。后世辑为《戴氏遗书》。

【丹墀】 墀，chí，台阶上的地面，也指台阶。古时宫殿前的石阶。因通常涂以朱漆呈红色而得名，而红色突出了宫殿的帝王气势和仪典性质。

【丹书铁券】 古时帝王赐给功臣世袭的优遇及免罪等特权的证件。契券用铁制成，用朱砂书写，或刻字并嵌以黄金，故称。也作"丹书铁契"。颁赐时，宰白马歃其血，以示坚守誓约，后人称为"丹书白马"。

【禅衣】 禅，dān。一种衣袖宽大而无里衬的单层服装。也称单衣。东汉、魏晋时期可作为官员的朝服，属仅次于朝服的盛服，平日也作为见尊者时的穿着。一说指僧人穿的衣服。

【石】 dàn。①古代重量单位。西汉时，1石等于120斤，1斤约等于今天国际标准单位的250克，所以1石约等于今天重量单位的30千克。按照汉制，郡守的俸禄是二千石，故称郡守官职为"二千石"。②容量单位。西汉时，用来度量粮食多少的"石"有大石、小石的分别，大石和小石的体积比约为5∶3。1石等于10斗即等于1斛，1斗等于10升，1升约等于今天国际标准单位的200毫升，所以1石约等于今天的20 000毫升，是大石。小石约等于今天的12 000毫升。

【党锢】 东汉桓帝、灵帝时，部分士人因反对宦官专权被禁止为官并遭杀害的事件。一作"党固"，也称党锢之祸。公元166年，东汉士大夫李膺等联合太学生郭泰等猛烈抨击宦官，李膺、陈寔、范滂等被诬结党"诽讪朝廷"被捕，牵连下狱200多人，后虽释放，桓帝仍下令其终身禁锢不得为官。168年灵帝即位后，李膺等又被起用，与大将军窦武谋诛宦官。事败后，李膺等百余人被杀，受连累者甚众。直至黄巾起义爆发，方下诏赦免了部分党人。

【党项】 "党项羌"的简称。古代西戎族群中的一支。魏晋南北朝时，分布于今青海东南部河曲和四川松潘以西的山谷地带，以游牧为生。唐初，迁居到今甘肃、宁夏和陕北一带。唐朝政府对党项时有保护管理，时有打压节制，但始终保持边贸与文化交流。

唐王朝于贞观年间赐"党项"姓（李氏）。北宋时期，受到中原汉文化的影响，党项农牧业、手工业与商业都快速发展并达一定高度，还据汉字创制了西夏文。公元 1038 年，其头领李元昊称帝，建立以党项为主体的大夏王朝，定都兴庆（今宁夏银川）。文事之汉化，加之固有的尚武彪悍，使西夏王朝一度强大，对北宋王朝形成不小的威胁。1227 年亡于蒙古。元代称党项羌及其所建立的西夏政权为唐兀或唐兀惕。

【刀币】 春秋战国时流通于燕、赵、齐等国的一种铜币，形状如刀，故名。种类很多，有齐刀、安阳刀、针首刀、尖首刀、圆首刀、明刀等。其上一般铸有铸造地点等文字。秦朝建立后刀币被废除。王莽建国后一度铸金错刀、契刀，行之不久即废。

【舠】 dāo。小船。以其窄，形同刀薄，故得名。古代诗歌中常见的"吴舠"，即指吴地的小船。

【导引】 初为古代的养生强身之术。即以肢体运动配合呼吸做锻炼。通过调整呼吸，使脏腑经络周流顺畅，通过肢体运动使身体血气通顺。马王堆汉墓出土的《导引图》，绘有导引姿势数十种，隋代巢元方《诸病源候论》载有导引法二百余条。后被道家吸纳为一种修炼方法。

【捣衣】 古代制作寒衣的程序之一。古代平民衣服多为葛麻制成，葛麻的纤维较硬，需要用木杵等捶打，使之柔软，以便缝制，也可使麻布与里面的棉絮粘为一体，以增加保暖效果。多于秋夜进行，因为秋天正是给戍边的亲人寄送寒衣的季节。在古典诗词中，凄冷的捣衣声往往用于表现征人离妇的惆怅情绪。

【道场】 佛教、道教信徒做法事的场所。用于礼拜、诵经、祭祀、学道、行道等。也指较大的诵经礼拜仪式，如"水陆道场"，是指佛教遍施饮食以救度水陆一切鬼魂的法会，诵经设斋，声势较大。如《水浒传》中作者用"却似做了一个全堂水陆的道场：磬儿、钹儿、铙儿，一齐响"来描写镇关西被鲁提辖一拳捶得耳鸣目眩。

【道德经】 道家典籍。也称《老子》《老子五千文》。相传春秋时期老子著。传说当年老子西出函谷关，关令尹喜求而问书，老子留下五千余言。西汉河上公作《老子章句》，分为八十一章，前三十七章为《道经》，后四十四章为《德经》，故有《道德经》之名。阐释了老子"道法自然""无为而治"的思想，被奉为道教的主要经典。书中保存了许多古代天文、生产技术等方面的资料，还涉及军事和养生。

【道法自然】 语出《老子》。意思是"道"所反映出来的规律是自然而然的，非人力所能干预的。老子认为道虽产生万物，却是无目的、无意识的。道不据万物为己有，不自夸功劳，不主宰万物，而是任由万物自然而然地发展。并据此提出"无为而治"的观点。

【道家】 以先秦老子、庄子关于"道"的学说为中心的学术派别。"道家"的名称，出自西汉司马谈《论六家之要指》，也称为道德家。东汉班固将其列为"九流"之一。一般认为道家的创始人是老子，庄子继承并发展其说。早期道家学说以老子和庄子的自

D

然观、天道观为主，主张在思想上效法"道"的"生而不有，为而不恃，长而不宰"的精神，政治上"无为而治"，知识上"绝圣弃智""绝仁弃义"等。道家崇尚自然的审美旨趣，对我国古典文学艺术等方面产生了深远影响。主要著作有《老子》《庄子》等。

【道教】 我国本土宗教。从先秦黄老道教和神仙方术等发展而来。相传源于西汉，到东汉时形成组织派系。张道陵始创五斗米道，张角创太平道，此为道教早期的两大派别。后成为汉末农民起义的旗帜。魏晋至南北朝时期，道教经历了从流衍不一到逐渐定型的过程。东晋葛洪所著《抱朴子》，整理了战国以来的神仙方术理论，丰富了教义。北魏嵩山道士寇谦之创立了北天师道，南朝宋庐山道士陆修静创立了南天师道，俱崇奉三清尊神等神灵谱系和三洞四辅诸部经典。唐宋时期，道教曾被立为国教。唐高宗为老子上"太上玄元皇帝"尊号，在各州建道观。宋真宗命王钦若、张君房等编辑《道藏》，大建宫观，徽宗更自称"教主道君皇帝"，全国范围内搜集道教仙经，校定镂板，刊行全藏，还在太学置《道德经》《庄子》《列子》博士。元代南北天师道及其他道教宗派逐渐合流为正一派，与之相对的是王重阳创建的全真派，讲求以道为主，兼容儒释。两大派别并立，直至清代方式微。道教文化在我国传统文化中具有重要地位，其所崇尚的重生贵生、积功累德、举善济人等主张对古人的思想文化产生了深远影响，还传播到朝鲜半岛、日本、南洋一带。

【道士】 奉守道教经典戒律、修行道经及其法术、熟悉各种祭祷仪式、师承明确的道教教职人员。也称道长。早期也包括方术士，南北朝以后逐渐成为道教专职人员的称呼。按道行高低，有法师、炼师、真人、天师等不同称谓。

【道台】 古代官名。清时省以下、府以上一级的官员。也称道员、观察。常由布政使司的左右参政、参议及按察使司的副使、金事担任，有各省皆设的分守道、分巡道，以及办理专门事务的督粮、督册、兵备、屯田、盐法、驿传等道。按地区分者如"济东道"，按职务分者如"盐法道"。

【道统】 儒家学术思想传承的统系。唐代韩愈作《原道》，提出尧、舜、禹、汤、文、武、周公、孔孟承续传授的系统说，并称自己继承的是儒家正宗道统。南宋朱熹对它系统化，后世儒者多自认承此谱系。

【道藏】 藏，zàng。道教典籍。道教经书的汇集始于六朝，唐宋后开始汇辑成"藏"并刊印。明代先后汇辑、刊印《正统道藏》和《万历续道藏》。1923—1926 年，商务印书馆借用北京白云观所存明刊《道藏》加以影印，为现今通行本。其中除道教经书外，还有涉及医学、化学、生物、体育、养生、天文、地理等学科的论著，内容十分丰富。

【德治】 儒家用道德教化来治理国家的政治主张。孔子提出："导之以政，齐之以刑，民免而无耻。导之以德，齐之以礼，有耻且格。"认为政令、刑法只能起到强制压服的作用，德、礼则可以感化人心。与"法治"相辅相成。

【灯谜】 谜语的一种。也称灯虎。张贴谜语于花灯上，供人猜测，故名。谜面多着眼于文字意义，如一个字、一句诗、一种名称。相传谜格有二十四种，常用的有卷帘、谐声、会意、白头、粉底、拆字、解铃、系铃等格。古代元宵节多有猜灯谜活动。

【登封观星台】 我国现存最早的天文台建筑，也是世界现存最早的观测天象的建筑之一。位于今河南登封告成镇。是元代天文学家郭守敬奉命修订新历法时在全国所建的 27 个观测站的中心天文台。观星台由回旋踏道环绕的台身和自台北壁凹槽内向北平铺的石圭组成。高耸的台身相当于立于地面的长竿，被称为表。台下有一南北方向如长堤的构造，如一把测量长度的尺，被称为圭，也称量天尺。每日中午，阳光照在台身横梁上的影子投在量天尺上，天文学家通过测量影子长度的变化，确定一年的长度。古人通过这一天文台，演算出先进的历法《授时历》。

【登科】 科举考试应试中选，特指考取进士。五代后周燕山府窦禹钧五个儿子仪、俨、侃、偁、僖，相继及第，世称五子登科。也称登第。

【登人】 商王为作战而征集一定数量人员的制度。多见于商后期。与之相类的有"共人"，是商王亲自或命其臣属聚集作战人员的军事活动。

【登闻鼓检院】 登闻鼓院和登闻检院的合称。宋以来收受臣民投诉、检举的机构。古时统治者在朝堂外悬鼓，让臣民击鼓上闻，以申冤抑，或陈谏议，称为"登闻鼓"，简称"鼓院"。其事起于晋，唐时长安、洛阳并置登闻鼓，宋真宗景德四年（1007）置登闻鼓院。武则天时曾置理匦使，接受四方上书。宋代初期，改为理检使，并置登闻检院，掌接受文武官员与士民上书。凡朝政得失、公私利害、军期机密、陈乞恩赏、理雪冤滥及奇方异术、改换文资等事无例通进者，均先至登闻鼓院投进，如被拒绝，即到登闻检院投进。

【戥】 děng。专用于称量金银珠宝、药品、香料等的杆秤，一头或两头装盘。它的最大单位是两，小到以分、厘为单位。因计量刻度中以厘最常用，故又称厘戥秤。一说戥秤唐代始见。一说宋朝掌管皇家贡品库藏之官刘承珪，因当时木杆秤计量精度只能精确到"钱"，无法称量贵重物品，经过潜心研制，发明了戥秤。秤杆有骨质、象牙、虬角、乌木等。秤砣与戥子盘大都用青铜铸造。每枚戥秤专门配制有坚硬的木盒，便于古时商人在外经商时携带保管，在称量金银、买卖名贵药品时能立即派上用场。相传，戥秤是吉祥的象征，是"抓周"这一习俗所用到的物品之一。

【氐】 Dī。古代民族。相传源于低地之羌的关陇族群。殷周时期，活动范围在今甘肃、青海、四川西部至云南西北部，因与羌杂居，故又称氐羌。以畜牧业和农业为生。汉魏时期，汉武帝于其地设武都郡（今甘肃礼县、成县一带），曹魏又迁至扶风（今陕西咸阳、宝鸡一带）、天水（今甘肃天水）等郡。因长期与汉人杂居，受到汉民族文化的深刻影响，并掌握了汉民族多种生产技术。晋太康年间，先后建立了仇池、前秦、后凉等政权。

著名历史人物有前秦国君苻坚,在位期间,兴修关中水利,劝课农桑,与民休息,使前秦国力盛极一时。

【鞮】dī。古时用兽皮制作的鞋。今称皮鞋。古书中也称皮屦、革舄、革履等。

【狄】古代生活在中原以北的族群,故又称北狄。春秋以前,长期活动于河西、太行山一带。春秋时期,活动范围逐渐向东迁徙,与齐、鲁、晋、卫、宋等国接触频繁。以游牧为生。时而侵犯华夏诸小国或城邦。据史书记载,晋国公子重耳为逃避父亲晋献公追杀,投奔狄十二年。公元前7世纪,分为赤狄、白狄、长狄三部。随着华夏族的不断强大,先后被晋、齐所兼并。

【狄仁杰】(630—700)唐代政治家。太原(今山西太原)人。字怀英,谥号文惠,世称"狄国公"。以明经举,阎立本举荐为并州都督府法曹参军。仪凤年间,任大理寺寺丞,断案贤明,一年内判决大量积压案件,涉及多达一万七千人,却无一人诉冤,后擢升侍御史。武周天授二年(691),任地官侍郎、同凤阁鸾台平章事。因来俊臣诬陷谋反而下狱,以死抗争,贬为彭泽县令,转魏州刺史、幽州都督。万岁通天元年(696),契丹首领孙万荣作乱,攻陷冀州,一时间河北震动。武则天为了稳定局势,起用狄仁杰,万荣闻听狄仁杰被起复,不战而退。神功元年(697)复相。狄仁杰在位期间,不畏权势,敢于直言进谏。又以举贤为任,所荐张柬之、姚崇等数十人,皆为一代名臣。

【笛】竹制的管乐器。古作"篴"。左一孔为吹口,次孔加竹膜,右六孔皆上出。为边棱音气鸣乐器。"八音"属"竹"。唐代指竖吹笛,横吹称横笛。宋元时期以后称竖笛为箫,称横笛为笛。

【嫡庶】正妻、非正妻及其所生子女的身份区别。正妻所生子女为嫡生。庶,与嫡系相对的旁支、支族。古代宗法社会嫡、庶之分很严格。在权利义务上,虽各朝制度不同,但总体嫡大于庶。如唐代名将郭子仪的孙子郭钊去世后,太原郡公的爵位传给他的儿子郭仲文,但因后来发现郭仲文是庶出,郭仲辞才是郭钊的嫡子,最后要求郭仲文归还爵位,授给郭仲辞。

【嫡长子继承制】王位和财产等由正妻所生长子继承的制度。宗法社会称正妻为"嫡"。正妻所生子女为嫡生。该制度起于商末,定于周初。具体规定为"立嫡以长不以贤,立子以贵不以长"。是古代宗法制度的核心内容。

【邸】dī。①古时进京朝见皇帝的官员在京城的住所,后指公家提供的高级官员办事或居住之地,即官邸、府邸。②泛指旅舍为客邸,即城中供客商寓居、存货、交易的客栈。也称邸阁。

【邸报】邸,dī。古代报纸的通称。地方长官在京师设邸,邸中传抄诏令、奏章和朝廷动态等方面的内容,以报于诸藩,故称。汉唐时期已有,宋代始称。后世泛指朝廷官报,也称邸抄。清代称京报,由报房商人经营。明末开始有活字版印本。

【邸店】邸,dī。从储存仓库发展而来的商栈设施,兼具堆栈、商店、客舍性质的市肆。东汉时期以来有邸舍、邸阁,指屯物储货之所,东晋南朝称邸店,多指大族所建屯物交易之所,隋唐时期指客商寄货售卖之所。宋代以来兼有寓居、储货和交易功能，从城市扩展到乡村，称邸铺、邸肆。明曾以此特指官营店铺。

【地丁钱粮】 明清田赋与丁银的合称。指按土地、丁口征收钱粮。清康熙时，政府规定以康熙五十年（1711）的人丁数作为征收丁税的固定丁数，以后滋生人丁，永不加赋。地丁银就是指这种赋税制度中的一部分，即按照土地和人丁数量征收的税款。

【地力常新壮说】 宋元农书总结的农学理论与方法。南宋初陈旉《农书》中提出此说，认为经常在耕作的土地上增添肥沃的客土，针对不同土壤使用不同的肥料，精耕细作、改良土壤，可在增加产出的前提下保持地力常新壮，解决了因年年耕种，土地越种越衰退的问题。元代王祯《农书·粪壤篇》发展了这一理论。

【地祇】 祇，qí。管理土地社稷之神。包括社神及山、河等所有地上神祇。在商周时期人们的鬼神崇拜体系中，与天神、人鬼并列。

【地税】 唐以户为单位按亩征收的土地税。自唐初以来各地建立义仓以备灾荒的做法发展而来，后由官府统一按亩摊收粟米，称"地子"，数额也逐渐增加。德宗以来成为两税法的组成部分。

【地狱】 某些宗教认为人死后，其灵魂受苦之处。佛教的"地狱"意为"苦难的世界"。认为世界分为天、人、阿修罗、地狱、饿鬼、畜生六道，众生因行事善恶的不同，在这六道中升沉出入，轮回相续。地狱是恶道之一。基督教的地狱与"天堂"相对，认为是上帝惩罚、囚禁魔鬼和恶人之地。后人们以"地狱"比喻人世间痛苦无望的处境。所谓"十八层地狱"，则是人们将地狱想象成有十八层，一层比一层黑暗、令人痛苦，人死后灵魂一旦陷落其中，将承受永世不得翻身的厄运。后也用来比喻生活陷入绝望的境地。

【地藏】 藏，zàng。佛教大乘菩萨。在我国佛教里，与文殊、观音、普贤合称"四大菩萨"。因其像大地一样，有着安忍不动、沉静深密的品质，含藏无限善根种子，故名"地藏"。安徽九华山为地藏菩萨应化说法的道场。

【地支】 子、丑、寅、卯、辰、巳、午、未、申、酉、戌、亥十二支的统称。我国传统用作表示顺序的符号。又与十天干甲、乙、丙、丁、戊、己、庚、辛、壬、癸配成六十组，表示年、月、日的次序。

【帝姬】 宋代以前，皇帝的女儿一般称公主。北宋政和三年（1113），宋徽宗仿周代"王姬（周天子的女儿）"之称，将公主改称"帝姬"，大长公主改称"大长帝姬"，另加如安德、惠福之类的美名作为封号。如宋徽宗的第二十个女儿，称"柔福帝姬"。此制度维持了十多年。宋高宗时，因大臣们认为本朝是商的后裔，不是姬姓等原因，认为"帝姬"这一称呼不合适，宋高宗下诏复称皇帝女儿为"公主"。

【帝喾】 喾，Kù。传说中的古代部族首领，一说为"三皇五帝"中的"五帝"之一。号高辛氏，据传为黄帝之曾孙。在位期间，迁都于亳（今河南商丘）。有四妻四子：姜嫄生弃（即后稷），是周族祖先；简狄生契，是商族祖先；庆都生帝尧；常仪生帝挚。

【第二次鸦片战争】 英法两国于 19 世纪中叶联合发动的侵华战争。1856、1857 年，英国与法国分别以亚罗号事件及马神父事件为借口，挑起事端，在俄、美支持下，联手进攻清政府。因为这场战争实际上是第一次鸦片战争的延续和扩大，故称。1860 年英法联军攻陷北京，咸丰帝逃往热河，侵略军焚掠圆明园。清政府被迫签订了中英、中法《北京条约》，批准了此前签订的中英、中法《天津条约》。沙俄又胁迫清政府签订了《中俄北京条约》，割让了乌苏里江以东的大片领土。

【谛】 佛教指真实而正确的道理。泛指道理、意义。

【褅祫】 dìxiá。天子祭祀祖先的隆重典礼。源于殷商时期。西周以来，褅指祭祀始祖及五服内祖先，多在祭天地及四时享祀先王时举行，又常每五年一次在祫祭后分祭于群庙；祫指合祭所有祖先，多在天子丧事毕后次年及每五年一次在始祖庙合祭。其祭法和所定制度，历代有所不同。

【典簿】 元明清时期国子监、翰林院等机构管理文牍簿书等事务的低等级官员。元代朝廷官署如国子监、翰林兼国史院等机构都设置典簿。明代太常寺、国子监和诸王府也设置典簿。清代沿置，但王府不设，其主要负责起稿校注。晚清名臣曾国藩的官途始于翰林院典簿。

【典吏】 元明清各机构管理文书等事务的吏员。元朝始设，负责本机构文书收发、文档保管等事务。清代司、道、府、厅、州、县的吏员都叫典吏。员额不等。清代各省布政使司所设，以江苏最少，四川最多。分吏、户、礼、兵、刑、工六房办事。

【典论·论文】 文论著作。三国魏曹丕著。丕撰《典论》5 卷，今已亡佚，仅存《论文》一篇。主张"诗赋欲丽"，认为"文以气为主"，强调文章是"经国之大业，不朽之盛事"。反映了汉魏之际文学观念的演进，是我国文学史上第一篇文学理论专论，对后来的文学创作与文学理论产生了深远的影响。

【典签】 古代官名。本为掌管文书的小吏。也称典签帅、签帅、主帅。南朝宋齐多以年幼皇子出镇各地，皇帝常命亲信充任长史、典签作为佐属官，这些人多出身寒门，他们执掌府内机要，对皇子们既辅佐也监控，权力甚大。故时人称："诸州唯闻有签帅，不闻有刺史。"梁代以后渐废。隋唐时期诸王府也设典签，但仅掌文书。宋代以后废除。

【点青】 请人用针在身上刻画出各种花纹图案，涂以青色，使永久不去。也称黔、刺花、扎青。所绘内容多为植物、动物、人物、景物等，但也有例外。

【佃户】 简称佃。魏晋时世家豪族荫庇下的依附农民。唐代后指完全失去土地、租种地主土地的农民，其身份是地主的私属，可免交官府的赋税及不负担徭役。宋代编入国家的户籍，不再是地主的私属，须交纳身丁税和负担徭役，地位近似农奴。

【佃客】 受世家豪强荫庇的农民，后也指佃户。始于东汉，魏晋时期盛行。

西晋初,对其有所限制,但实际上贵族、官员荫庇佃客也是常例。佃客依附于主家耕作劳役,受主家荫庇从而规避赋役,身份低于编户。各地士族、豪强所荫占的佃客数量多者达上千人。南北朝以后,佃客的依附关系有所减弱。后也指租种土地的佃户和佃种田庄土地的庄客。

【佃契】 佃户与田主订立的租地契约。也称佃约、租契、租约、租帖。开始包括口头约定或书面契约,随着时间的推移,口头契约逐渐减少,书面契约增多。有些地方房屋出租的合同也称佃契,其格式与房屋出租合同基本相同。

【钿】 古代妇女佩戴在发髻上的一种花朵形首饰。花钿,和金钿、翠钿统称为"金华(花)",无论钿饰采用哪种材料制成,都是以花卉的形象为主要题材,取其华贵之意。唐白居易的《长恨歌》写道:"花钿委地无人收。"

【殿】 泛指高大的堂屋。后专指帝王举行礼仪仪式和处理日常政务之所。如明清两代的皇宫,其太和殿是当时最高等级的建筑,华丽壮观、金碧辉煌,故又称金銮殿。也指供奉神佛之处,如庙宇中的大雄宝殿。古代殿堂早期多为单檐庑殿顶,后常见重檐庑殿、歇山顶。一般为重檐木结构或砖木混合建造,两边或四边有基台石阶。我国历史上朝代更迭,皇家殿堂和佛道寺庙屡毁屡建。文人墨客常以其作为咏史的对象,感叹兴亡更替,如唐杜甫《咏怀古迹五首》之四有"翠华想像空山里,玉殿虚无野寺中"之句。

【殿本】 清代宫廷刻印的书籍。因刻印书籍的机构设置在武英殿,故名。全称武英殿本。也称殿版、内府本。康熙时在武英殿设立修书处,所刻的书籍以校勘严格、纸精墨妙、印刷优良著称。

【殿试】 科举考试中的最高一级。皇帝亲临殿廷策试。也称廷试。殿试始于汉时皇帝亲策贤良文学之士。武则天天授二年(691)在洛阳殿前亲策贡举人。宋太祖于讲武殿策试贡院合格举人,并颁定名次,自此省试之后行殿试,始为常制。元代无殿试。明清时期省试之后集中京师会试,会试中式后再行殿试,以定甲第。殿试后分为三甲:一甲三名,赐进士及第,通称状元、榜眼、探花;二甲若干名,赐进士出身;三甲若干名,赐同进士出身。

【殿中侍御史】 古代官名。也称殿中御史。三国魏始置,居宫殿中纠察非法,隶御史台。晋、南朝沿置。北朝时地位较重,北魏或掌宿卫禁兵。唐代殿中侍御史属殿院,掌殿廷仪卫及京城纠察。宋代沿置,掌纠弹百官朝会失仪者。辽、金、元也置,明初废。

【刁斗】 古代行军用具。铜制,方形,有柄,能容一斗。白天用于煮饭,晚上可用来敲击巡夜。也称镳斗。

【雕版印刷】 将文字、图像反向雕刻于木板,再于雕刻图文的印版上涂墨印刷的技术。雕版印刷从印章、碑拓等发展而来,唐代始用于印制佛经。到宋代雕版印刷兴盛,书籍的传播方式从写本转变为刻本。雕版印刷的工序繁复,须在木板上雕刻出凸起的反字阳文,在阳文上均匀涂刷黑墨,上覆白色宣纸施压,再用干净的鬃刷在宣纸上刷印,使印版上图文转印在纸张上,后揭取装订。每一页刻书,都需一块雕版。因古时多用枣木或梨木雕刻书版，故又以"枣梨"代指雕版印刷。

【吊问】 外人前来祭奠死者、慰问丧家或遭遇不幸者的礼俗。简称"吊"。周朝诸侯国遭遇灾害，他国也可行吊礼，后世沿之，各有其仪。

【钓鱼城之战】 南宋将领王坚扼守合州钓鱼城（今重庆合川东北），挫败蒙古军进攻的战役，是蒙古国与南宋之间的一场关键战役。也称合州之战。公元1258—1259年，蒙古军欲下西南包抄南宋，在钓鱼城下围攻半年不下，死伤疫病者甚众，亲自督战的大汗蒙哥也死于前线。各路蒙古军因此撤围，北还争位，缓解了灭宋之势。

【叠山】 古代园林中一种造景艺术。也称掇山、叠石。据传始于汉代。叠山工艺一般采用自然山石，如太湖石、黄石等人工堆叠成假山，其形式或似岩洞溪谷，或似奇峰绝壁。或高低盘曲，或飞瀑直下。发展至六朝，工艺日趋精巧，后历朝历代皆出名家。其中，又以精于山水画者最为著名，如计成、石涛、张南垣等，将我国古代山水画内容和意境大量融入叠山，故其叠山作品一般石工难以望其项背。今苏州园林可见不少古代叠山杰作。

【叠铸法】 金属铸造技术。把多件相同的范模套叠成型后共享一个浇口，向共享浇口杯和直浇道中灌注金属液，可一次性浇铸出多个铸件的工艺。春秋战国时期，此技术随铸币需要量剧增而产生。汉代以来，除了用于制作钱币，也用于成批铸造车马器、环、链、装饰品等。后世沿之发展，并不断提高生产效率，使产品标准化。

【鞢䩞】 diéxiè。也作"鞊鞢""蹀躞"。古代胡人衣服上佩戴的饰品，后演变成朝服上革带下面的悬挂之物，隋唐时期较为流行。悬挂的物件称"鞢䩞七事"，即七种显示身份、等级的物件，悬挂物以不同的材质彰显官员的地位和职级，如武官五品以上挂佩刀、砺石、火石袋等，至唐代则简化成了仅挂饰片，即用玉、金、犀角、银、鍮石（天然黄铜块）或铁制成的腰间吊牌。

【丁家洲之战】 南宋德祐元年（1275），元军在丁家洲（今安徽铜陵北）击破南宋水陆阻击的战役。此役元将伯颜率降将吕文焕自鄂州（今湖北武昌）沿江东下，南宋权臣贾似道督师来御，因将帅不谐、军无斗志而败，南宋主力至此丧失殆尽。此战标志着南宋苦心经营的荆湖—江淮防线的彻底崩溃，是宋元战争中的一场决定性大会战。

【丁口簿】 宋朝登记成年男丁的簿籍。用于摊派差役和丁税。

【丁口税】 按丁口征发的赋役。古代成年男子称丁，未成年和已老男子及女子称口。始于战国，秦称"口赋"，汉征口钱和算赋，丁男另征力役或以钱代役。魏晋时期以来并入户税，另计丁口征役，至唐代可纳钱绢代役，称庸，边地族部别征丁税。宋代为杂税之一，称身丁钱或丁钱。元代北方地区及无地税的官吏商贾依丁纳粮，明代又演变为代役钱，称丁银，各地轻重不等，至清代摊丁入亩而告终。

【丁香】 植物名。初春开花，淡紫色或白色，有香气。其花蕾丛生如结，唐宋诗人多用以喻郁结不解的愁绪。

【丁忧】 丁，遭逢，遇到。原指遭遇父母的丧事。后多指官员居丧。也称丁艰、丁家艰。古时规定，父母去世后，子女按礼须守丧三年，实际是二十四个月，其间不婚娶，不歌舞作乐，不参加考试，不做官等。朝廷官员在位者遇父母亡故，须辞官回祖籍，为父母守丧三年，期满后才能复出任职。

【丁中制】 划分编户人口年龄段和相应赋役义务的制度。即赋予不同的年龄组别以不同的年龄称谓，并将它与赋役紧密联系。丁中的年龄标准历代有所不同。源于战国秦汉，西晋时定型，将男女按年龄划分为正丁、次丁、老、小四个年龄段，依次递减或免除赋役，并关涉占田亩数和某些刑事责任的年龄规定。南北朝相沿，或只计男子的年龄。隋唐时期，男女都分为黄、小、中、丁、老，成"丁"的年龄有浮动，较前提高，"老"的年龄标准降低。唐代以后只有金朝沿用其制，其余多只规定丁、老之龄而作用衰减。

【顶戴】 清代用以区别官员等级的帽饰。依顶珠品质、颜色的不同而区分官阶大小。也称顶珠、顶子。清制，文武一品红宝石，二品红珊瑚（后改一品红珊瑚，二品镂花珊瑚），三品蓝宝石，四品青金石，五品水晶，六品砗磲，七品素金，八品阴纹镂花金，九品阳纹镂花金，无品者无顶珠。摘去顶戴即同罢官。此外，帝后为龙凤金顶，饰以东珠，亲王以下宗室减其制。通常皇帝可赏给无官的人某品顶戴，也可对次一等的官赏加较高级的顶戴。

【鼎】 古代一种炊煮肉类的食器。一般是圆腹三足，所以古人用"鼎足""鼎立"等词语来比喻三方并峙的情况。也有长方形四足的方鼎。鼎口左右有耳，可以用杠子抬动。鼎足的下面可以烧火，有几种肉食就分几个鼎来煮，煮熟后就在鼎内取食，所以后来用"列鼎而食""钟鸣鼎食"来形容贵族的奢侈生活。鼎也是礼之重器，夏商周以它作为国家政权的象征，奉为传国之宝。传说夏禹时铸九鼎，象征九州。使用鼎的数量成为区分各级贵族身份的标志之一。周代的礼制规定，天子用九鼎，诸侯用七鼎，大夫用五鼎，士用三鼎。

【钉】 dìng。宴会或祭祀时，堆叠在盘中，仅供陈列而非食用的果蔬。也称果钉、看食。

【定军山】 山名。位于今陕西勉县东南。东汉建安二十四年（219）蜀将黄忠在此与曹操麾下将领夏侯渊展开激战，大败夏侯渊。蜀主刘备由此占领汉中。

【定逆案】 公元 1629 年，明崇祯帝诛除阉党魏忠贤及其党羽的大案。因其首逆及附从名单由皇帝钦定得名。按七等定罪，重者处死，轻者革职不复任用。

【定杀】 古代执行死刑时，将犯人抛入水中使其淹死。始于秦代，是对特定犯罪人适用的刑罚，常用于患麻风病的犯人。汉代以后，定杀成为法外之刑。

【定窑】 古代名窑。窑址在今河北曲阳县，因此地北宋时属定州，故名。最初为民窑，自北宋中后期开始烧造宫廷用瓷。其烧造白瓷的历史可追溯至唐代，五代至宋也一直以烧造白瓷为主，兼有黑釉、酱釉、绿釉（黑定、紫定和绿定）。白釉往往以刻花、划花、印花修饰，多花鸟题材，风格典雅。

【东床】 东晋时期，太尉郗鉴派门生去见丞相王导，想在王家的子弟中选女婿。王导叫门生到东边的厢房注意观察他的子侄。门生回去后对郗鉴说："王家子弟都不错，可是他们一听到有信使来，都显得拘谨不自然，只有一个人坐在东床上，露着肚子吃饭，若无其事。"郗鉴说："坦腹东床的那位正是我要选的女婿。"一打听，原来是王羲之。郗鉴就把女儿嫁给了他。后来"东床"就成为女婿的代称。

【东丹国】 公元 926 年契丹灭渤海后所立附属国。以耶律倍为王，统治渤海国地。因在契丹之东，故名。后迁辽河流域，都辽阳。耶律倍泛海入后唐后，东丹建置渐废。部分遗民以今鸭绿江畔白山为中心建立定安国，辽圣宗时也并入辽。一部分遗民迁移至中原地区，逐渐融入汉民族。

【东都】 古代王朝统治范围内位于东部的都城。如，西周指雒邑（今河南洛阳）。东汉以洛阳为都，因在西汉都城长安（今陕西西安西北）以东，故也称东都。隋唐两代以长安为都，洛阳为东都。

【东方朔】 （前 154—前 93）西汉文学家。字曼倩，平原厌次（今山东德州陵城区东北）人。汉武帝时，下诏征天下贤良方正直言极谏之士，东方朔应诏至长安上书，受到赏识。建元三年（前 138），因上书《谏起上林苑疏》被擢拔为太中大夫。其生性诙谐滑稽，司马迁在《史记》中称他为"滑稽之

雄"。屡次上疏言事，然武帝只以俳优视之，终不受重用，曾作《答客难》发泄牢骚。辞赋以《答客难》《非有先生论》著称。《神异经》《海内十洲记》等书皆为托其名之作。后世关于东方朔的故事很多，如饮不死之酒等，多系传说而非信史。

【东汉】 公元 25 年刘秀重建并改都洛阳的政权。也称后汉。因国都洛阳在西汉国都长安（今陕西西安西北）的东面，故称。与西汉（前汉）合称"两汉"。25 年刘秀自立为帝，复兴汉室，平定全国，恢复生产，解放奴婢，以儒术为治，至明帝、章帝时达到全盛。此后各地豪强势力逐渐形成，外戚宦官不时乱政，中平元年（184）爆发黄巾起义，东汉王朝名存实亡。延康元年（220）曹丕称帝，东汉灭亡。共历12 帝，196 年。

【东胡】 古代民族。因居于匈奴（即胡）以东而得名。春秋战国以来，南邻燕国。后被燕国将领秦开率军击败，迁往今西辽河南源的老哈河、北源的西拉木伦河流域。以畜牧业、狩猎为生，与燕国、赵国及匈奴接触频繁，时有战争。燕、赵皆筑长城抵御东胡或匈奴来犯。后被匈奴冒顿单于击败，部落瓦解。退居乌桓山的部落称为"乌桓"，退居鲜卑山的称为"鲜卑"。一说东胡联盟中，原就有"乌桓""鲜卑"之称，后联盟解体，分散四方，以族名山。除此以外，吐谷浑、柔然、室韦、奚、契丹等民族都是东胡的后裔。

【东家行】 清代各地工商业主自行组织的团体。以协调业主利益和维护行规，共同应付所雇工匠、店员、学

徒增加工钱、提高待遇的要求及罢工等活动。

【东晋】 公元317年司马睿重建的政权，定都建康（今江苏南京）。其地理位置相对于西晋（中原地区）在东边，故称，与西晋合称"两晋"。西晋灭亡后，其宗室司马睿在江东即晋王位，次年称帝。据有江淮以南及云贵高原一带，与过江及吴姓门阀士族共同为治，曾数次北伐，但由于内部不和，除刘裕外，皆以失败告终。祖逖有望恢复旧土，被司马睿挟制。420年为刘裕所灭。共历11帝，104年。

【东京】 ①指洛阳。东汉定都洛阳，因位于西汉都城长安（今陕西西安西北）以东，故时称东京。②指开封。五代后梁灭唐，定都开封，名之为东都。后晋改名为东京。后汉、后周、北宋皆定都于此并沿用其名。宋孟元老《东京梦华录》之"东京"即指此。

【东京梦华录】 史料笔记。宋孟元老撰。共十卷。孟元老，号幽兰居士，曾任开封府仪曹，北宋末叶在东京居住二十余年，晚岁追忆旧京的繁盛而写成此书。所记汴京城市面貌、岁时物产、风土习俗等，反映出北宋城市经济的发达和市民文化娱乐生活的丰富。

【东林党】 晚明以江南官僚士大夫为主的政治集团。明代神宗末年，社会矛盾尖锐，政治腐败。江苏无锡人顾宪成等修复宋代著名理学家杨时讲学的东林书院，与志同道合的高攀龙、钱一本等人在那里讲学。他们以清流自居，在讲学之余往往讽议朝政，反对权贵贪纵枉法，要求朝廷振兴吏治、开放言路、革除积弊，抨击阉党，逐

渐形成以江南官僚士大夫为主体、批评时政的党派，对明末政局产生巨大影响。"风声雨声读书声声声入耳，家事国事天下事事事关心"是东林党领袖顾宪成所写的对联，反映了东林党人关心天下的家国情怀。

【东林寺】 佛教寺院。我国佛教净土宗的发源地。位于庐山西北麓。东晋太元六年（381）名僧慧远在此建寺讲学，倡导"弥陀净土法门"，后世尊他为净土宗始祖。名士谢灵运钦服慧远，为其在东林寺中开东西两池，遍种白莲，故净土宗又称莲宗。唐代高僧鉴真东渡日本前，曾来此寺，后与本寺僧人智恩同渡日本讲经。日本佛教净土宗和净土真宗将东林寺视为祖庭。宋元丰年间，神宗敕令改称"东林太平兴国禅院"。

【东坡巾】 古代男子所戴幞头的一种式样。里层有四墙，外层有重墙，比里层稍短。前后左右各以角相向，戴之则有角，介在两眉间。相传是宋代苏东坡所戴，故名。

【东魏】 公元534年，高欢拥立北魏孝静帝元善见建立的政权。北魏末，元修（孝武帝）不堪权臣高欢迫胁，不愿做傀儡皇帝，逃往关中投宇文泰。高欢另立元善见为帝，徙都邺（今河北临漳县西南），据有原北魏东部地区，史称"东魏"。武定八年（550）高欢之子高洋废孝静帝，自称帝，建北齐王朝。

【东兴之役】 公元252年，孙吴诸葛恪率军在东兴（今安徽含山县西南）迎击司马昭所率魏军的战役。也称东关之役。此役魏国出动了十五万大军，兵分三路，进攻东吴的南郡、武昌以

及东兴。东路军由司马昭担任都督，率领七万军队直逼东兴。为了抵御魏军的进攻，孙吴太傅诸葛恪出任统帅，率领四万军队迎击，其部将丁奉等在东关击破魏军前沿营垒，乘胜追击，魏军溃逃，死者数万。

【东洋】 元代以来南海东部及以东海洋、岛国之称。元代至明中期东洋包括加里曼丹岛、爪哇岛、苏拉威西岛、马鲁古群岛及菲律宾群岛一带。明后期至清初期只包括加里曼丹岛北部至菲律宾群岛一带。清代以来常以"东洋"指代日本。

【东岳大帝】 道教敬奉的泰山之神，掌管人间赏罚和生死大事。全称东岳天齐仁圣大帝，也称东岳天齐大帝、天齐大帝。唐玄宗时封为"天齐王"。元世祖至元二十八年（1291）尊为"东岳天齐大生仁皇帝"。历朝都有封祀。旧时各地普遍建有东岳庙，每年农历三月二十八日为祭祀日。

【东周】 ①朝代名。公元前770年周平王迁都雒邑（今河南洛阳）以后的周朝。在旧都镐京（今陕西西安）之东，故称东周。前256年被秦所灭，共515年。东周又可分为春秋、战国两个时期。②古国名。战国时西周分裂出来的小国。前367年西周威公去世，少子根在东部争立，赵、韩用武力加以支持，遂分裂成西周、东周两小国。东周建都在巩（今河南巩义西南）。前249年为秦所灭。

【东周列国志】 长篇小说。23卷，108回。明末冯梦龙在余邵鱼《春秋列国志传》基础上改编为《新列国志》。清代乾隆年间，蔡元放继续修订并加评语，定名为《东周列国志》。用浅近文言写成。叙述春秋战国时代五百多年间列国征战兴亡的历史故事。作者根据史实线索，增入若干虚构的情节，使历史事件故事化、历史人物传奇化，诸如晏平仲二桃杀三士、孙武演阵杀美姬、孙庞斗智、伍子胥复仇、河伯娶妇、信陵君窃符救赵、荆轲刺秦王、曹沫劫齐侯、朱亥出使，都写得曲折生动、有声有色。能够在波澜起伏的情节中刻画人物，突出人物的主要性格特点，如宋襄公愚顽、晋灵公暴戾、晏平仲机智、南宫适勇猛、孙膑善谋、庞涓狂妄、程婴仗义等，都写得特征鲜明，给人留下深刻印象。

【冬至】 二十四节气之一。因此后白日渐长，故称。也称长至、长日、大冬、冬节。在公历的12月21日或22日。汉代视冬至为重要节日，仅次于元旦。此日，天子亲率三公九卿迎岁，祀五方帝及日月星辰于郊坛。民间则更易新衣，备办饮食，享祀祖先，庆贺往来，谓之"拜冬"。吴俗更有"冬至大如年"之谚。古代冬至还有全家团聚的风俗。唐白居易《邯郸冬至夜思家》："邯郸驿里逢冬至，抱膝灯前影伴身。想得家中夜深坐，还应说着远行人。"表达了诗人冬至日孤身一人漂泊在外的孤寂之感和思家之情。

【董解元西厢记】 解，jiè。金代诸宫调作品。也称《西厢记诸宫调》。简称《董西厢》。作者姓董，"解元"疑是当时对读书人的通称，大约为金章宗时人，生平事迹已不可详考。取材于唐元稹《莺莺传》，但在情节上有进一步的创造和发展，突出了莺莺、张生、红娘同老夫人之间的矛盾，最后以张生和莺莺两人团圆结束。全书除说词之外，共用了包括 14 种宫调的 193 套组曲。有说有唱，曲多白少，语言优美，情节曲折，对元王实甫《西厢记》有直接影响。

【董其昌】 （1555—1636）明代书画家。字玄宰，号思白、思翁，别号香光。松江华亭（今上海松江区）人。万历七年（1579）进士，官至南京礼部尚书，卒谥文敏。书法从颜真卿入手，后改学虞世南，又转学钟繇、王羲之，并参以李邕、徐浩、杨凝式等笔意，疏宕秀逸，甚受推崇。其画山水，师法董源、巨然及黄公望、倪瓒，讲究笔致墨韵，清润明秀。在画论上，他以佛教禅宗的南北派相比附，创绘画的"南北宗"说，标榜"士气"，推崇南宗为文人画正脉，形成崇南贬北的偏见，对晚明以后画坛颇有影响。著作有《容台集》《容台别集》《画禅室随笔》等。传世画作有《峒关蒲雪图》《溪山平远图》《夏木垂阴图》等。

【董仲舒】 （前 179—前 104）西汉儒家，今文经学家。广川（治今河北景县西南）人。致力于研究《春秋公羊传》，读书用功，曾三年不窥园。汉景帝时为博士。汉武帝建元元年（前 140）举贤良文学，他对答策问，提出"天人三策"，建议"罢黜百家，独尊儒术"，为武帝所采纳，遂罢百家博士，专立五经博士，定儒术于一尊。此后儒家学说成为两千多年封建社会的正统思想。他以儒家宗法思想为中心，将神权、君权、父权、夫权联结成封建神学体系，其核心是"天人感应"说。又提出"三纲五常"的封建伦理。在教育上主张以教化为本，设太学，立庠序。著作今存《春秋繁露》

《董子文集》。

【洞庭湖】 ①我国第二大淡水湖。位于湖南北部，长江南岸。沿湖有岳阳、华容、南县、汉寿、沅江、湘阴等市县。汇湘、资、沅、澧四水，由岳阳市城陵矶入长江。湖中多小山，以君山最为著名。②太湖的别称。

【兜鍪】 dōumóu。古代作战时戴的头盔，原称"胄"，秦汉以后称"兜鍪"。也作"兜牟""兜鞪"。种类多以形象设定，有虎头兜鍪、凤翅兜鍪、狻猊兜鍪等。

【斗】 ①容量单位。1 斗等于 10 升，10 斗等于 1 石。南朝宋文学家谢灵运认为天下的文才共有一石，曹植独占八斗，他占一斗，天下其他的人共分另外的一斗，成语"才高八斗"即由此而来。②量器名。

【斗拱】 传统木构建筑中独有的构件。也称山节、铺作。立于立柱顶、额枋与屋顶之间，逐层向外挑出，上大下小，承托屋顶出檐部分。其主要作用是：1. 合理分布承载荷载。2. 延长屋檐的伸出部分。3. 形成独特的装饰，美化建筑物。4. 提高建筑物的抗震能力。斗拱使用的历史悠久，西周时期出土的文物中已见早期斗拱的形象，唐宋时期技术成熟并得到广泛应用。其复杂程度与建筑结构的需要有关，但更与建筑物主人的地位、身份有关。

【斗租】 斗，dǒu。以应交田赋斗数来计算田亩租额的租佃方式。流行于清朝南方某些地区。

【抖空竹】 民间体育游戏，也是传统杂技节目。空竹，一名空钟，俗称响簧、地龙、闷葫芦等，由轴和盘两部分组成，多以竹、木制成。也称抖空钟，南方也叫扯铃。表演时用两根短竿，系上绳子，将空竹扯动使之旋转，并表演串绕、抢高、对扔、过桥等动作。

【斗彩】斗，dòu。瓷器釉彩名。其制法是，先以釉下彩（一般是青花）勾画花纹轮廓，罩以白釉，入窑焙烧；后再用红、黄、绿等釉上彩料在青花轮廓内填绘，入窑烘烤后而成。其特点为釉上与釉下的纹饰（彩色与青花）凑合在一起，互相映发，富有层次感，故名。也称豆彩、逗彩。明成化的"鸡缸杯"为斗彩瓷中的典型器物。

【斗舰】斗，dòu。古代一种装备较好的战船，自三国时期一直使用到唐代。船舷上设有女墙（一种可以遮蔽半身的防护设施，高度大约三尺），女墙下有擎棹孔，用于划桨。船内的空间可达五尺高，还建有棚，与女墙齐平，前后左右竖牙旗、帜幡、金鼓。斗舰在赤壁之战中扮演了重要角色。

【豆】古代一种食器。形状类似今天的高足盘，圈足，多有盖。起初用来盛黍稷等谷物，后用于盛肉酱、肉羹等食物。有陶、木、瓦、竹、铜等不同材质，其中木豆叫作豆，竹豆叫作笾，瓦豆叫作登。新石器时代晚期开始出现，盛行于商周。除了作为食器，豆还被作为礼器使用，成对出现。与礼器组合称"俎豆"。

【豆腐】传统食品。将泡发的黄豆磨浆，加入少量凝结剂，如石膏、盐卤等，使豆浆中的蛋白质凝结，再去除剩余水分制成。相传豆腐是西汉淮南王刘安在求仙制药时，不经意间使豆浆、石膏和盐发生了反应而发明出来的。据考古发现，我国在西汉时期就有豆腐作坊。豆腐色白、细腻，古有菽乳、黎祁、酪、小宰羊等名称，"豆腐"之名，约始于五代时，至宋代，制作豆腐已很普遍。用豆腐制作的菜肴数不胜数，如宋林洪《山家清供》中就记载有东坡豆腐、雪霞羹（用豆腐和芙蓉花烧制而成）等菜肴。

【豆蔻】一种初夏开花的植物。因开花的时节还未到盛夏，故以之比喻少女。后因称少女十三四岁为"豆蔻年华"。

【饾版印刷】饾，dòu。多版次的彩色套印技术。将彩色画稿按不同颜色分别勾摹下来，每种颜色刻成一块小木版，然后依照"由浅到深，由淡到浓"的原则，逐色套印，最后完成作品。因这种分色印版堆砌拼凑，形状好像"饾饤"（一种五色小饼，做成花卉、禽兽、珍宝等形状，盛于盒中），故名。这种技术产生于明末，是在套版印刷技术的基础上发展而来。印出来的画面，浓淡深浅，阴阳向背，形神俱在，几与原作无异。

【窦娥冤】元杂剧剧本。全名《感天动地窦娥冤》，元杂剧四大悲剧之一。关汉卿著。主要剧情为：窦娥3岁丧母，7岁因抵债到蔡婆家做童养媳，17岁成婚，丈夫当年去世。守寡两年，蔡婆向赛卢医催索债银，被骗至荒郊险被勒死。恰值张驴儿父子路过，将她救活，借此占住蔡家，并强逼蔡家婆媳改嫁他们父子。蔡婆被迫依从，窦娥抵死不从。张驴儿欲毒死蔡婆，不意反而害死了自己的父亲，却诬告窦娥为凶手。太守桃杌欲向蔡婆用刑，窦娥不忍婆婆受刑，只能含屈诬服，被判斩刑。临刑时，窦娥发下三桩誓愿：上天若认为窦娥果然蒙冤，头落处，血飞素练；六月天降大雪；楚州大旱三年。窦娥死后誓愿一一应验。三年后，其父窦天章任肃政廉访使，来楚州审囚刷卷。窦娥鬼魂向其申诉，冤案得以平反。

【都部署】 北宋前期临时委任的方面军统帅。掌本部、本路军旅屯戍和攻战守御之事。景德二年（1005）诸路设都部署等渐成定制，为地方军事长官，英宗以后改称都总管。辽代也设都部署。

【都察院】 古代官署名。明清时期最高监察机构。明洪武年间设置。掌监察弹劾官吏，参与审理重大案件。以左、右都御史为长官，下设有副都御史、金都御史、监察御史等。清代沿置，改以左都御史、左副都御史为主官，右都御史及右副都御史为总督、巡抚加衔，裁撤金都御史。雍正元年（1723）以六科给事中并入，合称"科道"。所属有六科、十五道、五城察院、宗室御史处及稽察内务府御史处等机构。

【都督】 古代官名。统率宫城内外军队或全国军政的最高长官。汉末领兵官多称"督"，驻一地为"某地督"，攻城者为"攻城督"，后渐以大督、都督、都督中外诸军事为统率诸军者官号。魏文帝始置都督中外诸军事，权位颇重。吴蜀也置，如汉中都督、庲降都督等。晋、南北朝因之，为地方军政长官，分使持节、持节、假节三种，职权各有不同。后周改都督诸军为总管，又有大都督、帅都督、都督。至隋代，三都督并为散官。唐代复为都督府，分为上、中、下三等，上都督

由亲王任之，常为赠官，其边防重地之都督，则加旌节，谓之节度使。开元后，节度使成为地方长官，都督遂成虚设。明代改元之枢密院为大都督府，又改为五军都督府，正一品。置左、右都督及诸官，分领全国卫所，制与元同，而非晋、唐旧制。

【都护府】 古代官署名。汉唐管辖边境地区的最高军政机构。分大都护府和上都护府。汉宣帝设西域都护府。唐初推广其制，监护边境各族各国，据其重要性及管治区域有大、上、中之分。著名的有天山南部的安西、天山北部的北庭、漠北的安北、漠南的单于、辽东及朝鲜的安东、交趾一带的安南六大都护府，各府存在时间长短不等。大都护常由亲王遥领，由大臣任副大都护主持一府的军政。安史之乱后边地多被放弃，各府相继罢撤，南宋废。

【都监】 监，jiàn。古代官名。三国时称内侍官。唐中叶常以太监为监军，称"都监"。如唐德宗命韩全义讨淮西，以中人贾良国为都监；唐宪宗命高崇文讨刘辟，以刘贞亮为都监。宋代于诸路、州、府，皆置兵马都监，省称"都监"。各路都监掌本路禁军屯戍、边防、训练之事。州府以下都监，掌本地屯驻、兵甲、训练、差使等事务。

【都江堰】 古代著名水利工程。位于今四川都江堰市西北。战国时，秦国蜀郡太守李冰父子主持修建。由鱼嘴、飞沙堰、宝瓶口三部分组成。二分岷江，既调控了岷江汛期水量，起到防洪作用，又能引江水灌溉农田，使成都平原沃野千里。与灵渠、郑国渠并

称秦三大水利工程。

【都料】 都，dū。手工业中的高级匠师。也称都料匠。历代有之，唐时多为土木工程的设计和调度者，待遇较一般工匠优厚。宋以来沿称。

【都事】 古代官名。掌管本机构文书稽核和收发之官。晋置尚书都令史，主要负责处理尚书省的日常事务。隋改为都事，分隶六尚书，领六曹事，也称尚书都事。至唐分属尚书都省的左、右司，掌文书收发稽核，每年定期与六部诸司令史复核文书的隐漏差谬。宋沿置。元代中书省设左、右司都事，其他主要官署设都事。明于都察院、五军都督府、留守司、各省都指挥使司、布政使司、经历司下设，掌收受公文事务。清代主要设于都察院，掌文书事务。

【都司】 都指挥使司的简称，为明代地方最高军事管理机构，负责管理一省军事。明洪武朝，在兵部与五军都督府之下，各省及要地设都指挥使司或行都司、留守都司，各设都指挥使及同知、佥事掌之，下辖各卫，也设指挥使、同知、佥事。

【都统】 古代官名。晋太元中，前秦苻坚兴兵讨晋，征富家子弟二十以下者共三万余骑，命秦州主簿赵盛之为少年都统。都统官名，始于此。唐乾元元年（758）置都统，后又置诸道行营都统，掌征伐，兵罢则省。宋时置都统制，也非定职。清代始设八旗都统，是八旗各旗及驻防地区的军政长官，分掌满蒙汉军二十四旗政令。满名"固山额真"，顺治十七年（1660）始定汉名为"都统"。统本旗户籍、营制等事，掌驻防地区军政诸务。清

代在各省建置驻防八旗，设将军或都统为长官，一般两者不并置，凡设将军处，其下置副都统。在一部分地区，都统即为该地区最高行政长官，如热河都统、察哈尔都统等。

【都统制】 古代官名。宋朝征战或驻扎军的统领官。北宋末因西南用兵始置，统领出征诸军，事毕罢。宋建炎元年（1127），设置御营司都统制，始成为禁军将领的常设官名。后凡出兵作战或派兵驻屯各地时，多设此官。

【都头】 古代军职名。唐末田令孜募神策新军，分五十四都，每都设将率领，称都头，也称都将。五代沿之。宋时禁军有都头、副都头，位次指挥使。另外，州、县捕快的头目也称都头，如《水浒传》中武松曾担任阳谷县都头一职。

【都万户府】 元朝统辖若干万户的军事编制和机构。其所统军队以蒙古探马赤军为主，以山东河北、河南淮北、陕西四川三处所设最为重要。

【督抚】 明清各地总督和巡抚的并称。为明清两代最高地方官，兼理军事、政治、刑狱、财政等方面。作为地方最高行政长官，总督主要负责"厘治军民，综制文武，察举官吏，修饬封疆"。巡抚的职责包括考察本省地方官员、监察本地政务、总理本省关税漕政、主持每三年一次的乡试和武举等。

【督护】 监领所属军官和部队的官职。从秦汉督军御史、护军等官发展而来，魏晋南北朝设于州郡及军府，管治府属诸将，或统军征伐。

【督邮】 古代官名。本名"督邮书掾"或"督邮曹掾"。汉置，为郡守佐吏，

郡的重要属吏，职掌督送邮书，并代表太守督察县乡，督察长吏和邮驿，宣达教令，兼纠举所领县违法之事。每郡分二至五部，每部置督邮一人，职权很重。唐以后始废。

【独尊儒术】 汉董仲舒提出"罢黜百家，独尊儒术"的治国思想，即废除其他思想，只尊崇儒家的学说。汉武帝采纳董仲舒的主张，兴办太学，设五经博士，用儒家经典教育贵族子弟；选用官吏时，以儒学为标准，起用儒学家参与国家大政。"独尊儒术"加强了中央集权，维护了国家大一统，奠定了儒家正统思想的地位。此后历代王朝都以儒学为尊，但也在一定程度上阻碍了各学派学术思想的自由发展。

【读通鉴论】 明清之际王夫之撰。30卷，末附叙论4篇。成书于康熙二十六年（1687）。是王夫之在研读宋司马光《资治通鉴》后，针对其中记载的历史人物、历史事实发表的评论，其主旨在于"以上下古今兴亡得失之故，制作轻重倚伏之原"。在对历史的评析中，阐明了作者的政治观念和主张。

【犊鼻裈】 裈，kūn。围裙，形如犊鼻，故名。一说是短裤。也作"犊鼻裩"。简称犊鼻、犊裩。汉代司马相如曾在临邛与妻子卓文君开酒馆，身着犊鼻裈，与伙计们一起当街清洗酒具。

【杜甫】 （712—770）唐代诗人。字子美，自称少陵野老、杜陵布衣，后世称"杜少陵"。西晋名将杜预之后，祖父为著名诗人杜审言。杜甫二十岁时，曾南游吴、越。天宝三载（744）在洛阳与李白相识。安史之乱爆发后，被困长安，后逃至凤翔，谒见肃宗，授官左拾遗。不久，因上疏营救房琯被贬。后弃官入蜀，于成都筑草堂定居。一度入西川节度使严武幕，被荐为检校工部员外郎，故后世又称杜工部。晚年携家出蜀，大历五年（770）在湘江去世。杜甫亲身经历了安史之乱这一唐王朝盛衰的转折点，其诗歌真实反映了这一历史时期战乱不停、百姓流离失所的现实情况，被誉为"诗史"。其诗风格沉郁顿挫，语言精练形象，韵律谨严，众体兼备，在后世备受推崇，是我国古代伟大的现实主义诗人，被尊为"诗圣"。与李白齐名，世称"李杜"。流传至今的诗篇有1400余首，《望岳》《兵车行》《春望》《茅屋为秋风所破歌》《闻官军收河南河北》等皆为传世名篇。有《杜工部集》。

【杜甫草堂】 唐代著名诗人杜甫在成都的故宅。位于四川成都西郊浣花溪畔。旧址已无存，现存茅屋和祠宇为北宋元丰年间重建，元明清历代均做过改建修葺。安史之乱后，杜甫在流寓成都近四年的时间内作诗240余首，居住草堂期间有多首名诗问世，《蜀相》《茅屋为秋风所破歌》是这一阶段的代表作，分别表达了诗人对国家命运的忧虑和对底层劳动人民的深切同情，以深刻的思想性和艺术性著称于世。

【杜衡】 一种香草。叶如马蹄，全草可入药，有辛香。古人常以之沐浴熏香。也作"杜蘅"。

【杜牧】 （803—853）唐代文学家。字牧之，京兆万年（今陕西西安）人。文宗大和二年（828）进士，历任校书郎、监察御史、黄州刺史、池睦二州刺史、司勋员外郎等职，后官至中书舍人。因曾居长安城南樊川别墅，故世称"杜樊川"。作为晚唐重要的诗人，其近体诗清新俊逸，咏史之作多借古讽今，尤以七绝见长，《秋夕》《泊秦淮》《题华清宫》等为传世之作。与李商隐齐名，并称"小李杜"。赋亦佳，代表作如《阿房宫赋》。有《樊川文集》。

【杜如晦】 （585—630）唐初大臣。字克明，京兆杜陵（今陕西西安）人。隋末，辅佐李世民讨平群雄。后与房玄龄一起参与策划玄武门事变，帮助李世民取得帝位。杜如晦与房玄龄二人为左右宰相，共掌朝政，房玄龄善谋，杜如晦善断，史称"房谋杜断"，为"贞观之治"的出现奠定了基础，后世言良相则必曰"房杜"。

【杜佑】 （735—812）唐代史学家。字君卿，京兆万年（今陕西西安）人。著名诗人杜牧的祖父。历任节度使、检校司徒同平章事等职。封岐国公。自代宗大历元年（766）起，至德宗贞元十七年（801），他耗时35年，撰成《通典》200卷，专记历朝典章制度的兴革，是我国第一部记述典章制度的通史。

【杜宇】 古蜀帝名。周代末年称帝于蜀地，号"望帝"，后以楚人鳖令（后称开明帝）为相，自认德不及鳖令而让位，归隐西山。时值二月，鹃鸟啼鸣，"布谷布谷"之声闻之如"不如归去"，蜀人想念望帝，故称鹃鸟为杜鹃、杜宇、子规。另有说法，认为是望帝与鳖令之妻私通，事发后无颜面对众人，故遁走山林，其魂化为鹃鸟，其声悲苦，啼至出血而不止。杜宇、杜鹃、子规在我国古典诗歌中频繁出现，大多寄寓凄凉悲哀的情感。

【杜预】 （222—285）西晋将领、学者。字元凯，京兆杜陵（今陕西西安）人。官至镇南大将军，后以灭吴功，封当阳县侯。杜预镇守荆州时，兴建了一批水利工程，灌溉农田，解除水患，受到了当地百姓的赞扬，并尊称他为"杜父"。杜预勤奋好学，淹博多才，被誉为"杜武库"。参与制定《晋律》，著有《春秋左氏经传集解》《春秋释例》等。其中《春秋左氏经传集解》考释严密，是现存最早的关于《春秋左氏传》的注释，后被收入《十三经注疏》）。

【度牒】 古代官府发给出家僧尼的书面证明。此制度始于南北朝，时称凭由。唐时称祠部牒。唐代以后，出家僧尼由政府掌管其资质认证，经审查合格者，方能获得祠部牒，以此作为身份凭证，并获得免除劳役、赋税等权益。

【度量衡】 度，计量长短。量，计量容积。衡，计量轻重。日常生活中计量长短、容积、轻重的标准的统称。商周时，已有专职官吏掌管度量衡标准器的颁发、检定与使用。春秋战国时，列国各自为政，度量衡制度参差不齐。秦国商鞅变法，对度量衡制进行改革。秦始皇统一六国后，统一度量衡。汉代到三国时基本沿用秦制。两晋南北朝时，出现"大制"，即因社会动荡，政权分裂，度量衡增率大幅度上升，约为秦制的百分之一百四十。但有的还沿秦汉之制，如在调乐律、测日影、定药量和制作冠冕礼服等方面，不得

D

随意改变,称为"小制"。隋文帝时再次统一度量衡,将前期增大的量值固定。唐、宋、元、明、清沿用隋制,进一步趋向完善。

【度田】 东汉时丈量查核田亩,以便据实征收田赋的措施。建武十五年(39)汉光武帝下令实行,目的是弄清耕地实际数量和归属,以抑制兼并和调整赋税。此举遭到豪强地主抵制,但仍收到一定的效果。

【度田收租制】 东晋咸和五年(330)实行的按田亩实数亩税三升的制度。因世族豪门的抵制,隆和元年(362)减为亩收二升。太元元年(376)废除此法,改为王公以下每口税米三斛,服徭役者不需缴纳。

【端平更化】 南宋理宗亲政后实施的一系列改革措施。公元1233年,当政多年的权臣史弥远病死,理宗下诏于次年改元端平,旨在纠偏,相继贬逐史党,开通言路,使理学成为官方学说,又采取措施澄清吏治,整顿财政。这些举措声势不小,也有一定积极效果,但多流于表面,未能改变南宋走向衰落的趋势。

【端平入洛】 南宋理宗端平元年(1234)联合蒙古灭金后,收复洛阳等地的军事行动。当时蒙古军北撤,河南空虚。理宗接受赵范、赵葵等西守潼关、凭河为御的建议,派兵进取河南,收复应天府(今河南商丘)、开封府和洛阳。但因军力不强,粮道不继,被南下蒙古军所败。宋蒙战争由此开端。

【端午】 我国传统节日,在农历五月初五日。端为开端、开始之意,又因农历五月称午月,故名。也称端阳。端午与春节、中秋并为我国传统三大节日。它的起源很古老,大致与祈求农业丰收和夏季防疫病相关,驱邪禳灾是端午节的主题之一。后来纪念战国时期伟大的爱国诗人屈原的活动,与端午节联系在一起。此日民间历来有悬艾蒲于门户、饮雄黄酒、竞渡、戴长命缕、食粽子等风俗。

【端砚】 我国传统石雕工艺品。因产于端州(今广东肇庆一带),故名。大约于初唐武德年间,开始制砚。以石质坚实细润,发墨不损毫,书写流利,雕琢精美著称。与山东鲁砚、甘肃洮砚、安徽歙砚并称我国"四大名砚"。

【短陌】 也称短钱、省陌、省钱。"陌"通"佰",钱一百文或纸钱一百张。以百钱当百钱使用的,称为足陌;不足百钱当百钱使用的,称为短陌。短陌始于汉代,常因钱币短缺而出现于交易、出纳活动,如南朝梁有东钱、西钱、九陌钱,金世宗大定年间有短钱。官府大户往往以此为聚敛手段。

【段玉裁】 (1735—1815)清代学者、训诂学家。字若膺,号懋堂,江苏金坛(今常州金坛区)人。师从戴震,致力于经学和语言文字学的研究。治文字学方面著有《说文解字注》,与同时代的桂馥、王筠、朱骏声并称"《说文》四大家"。古音方面著有《六书音均表》,分古韵为六类十七部。另有《古文尚书撰异》《诗经小学》《周礼汉读考》《仪礼汉读考》《毛诗故训传定本》《经韵楼集》等著作。

【堆垛场】 宋朝储存商货的库场。也称垛场。按储存多少和日期,官办的收取垛地官钱,民办的收取垛地户钱。

【对策】 古代选拔官吏的考试方法。也

称策试。由皇帝提出一些有关政事、经义方面的问题，由被荐举的士人回答，始于汉。后科举考试也袭用此法，常由辅政大臣协助皇帝定其优者加以重用。此类策试一般在殿廷举行，故俗称金殿对策。

【对景】 我国传统园林的造景手法。与"障景"相对。在园林各部分的空间处理中，为了形成多重的艺术组合，在实用需求的基础上，多采用对（景）与障（景）相呼应、结合的处理方法，如某园区入口所设立的假山石，本意是遮挡一部分视野，以免使内部园景一览无余（障景作用），但从园中的某一月门洞或花窗中望去，假山石又成为远处的一景，使人感觉如画框（门框或窗框）中的景色（对景作用）。于是同一座假山石，从不同的角度，使人产生了"障"与"对"的不同视觉感受。

【对联】 互相对偶的文句。也称对、联、对句、对子。由上联和下联组成。一般张贴、悬挂或镌刻在门、厅堂及柱子上。讲究对仗工整贴切，上句末字声调必仄，下句末字声调必平。根据位置与性质的不同，可以分为门联、楹联、寿联、挽联、春联等。相传对联起源于桃符。一说是因为古人在春节期间用桃木板画上神荼和郁垒二神的形象悬挂于大门两侧，用以驱邪避祸。五代后蜀主孟昶在桃符板上题"新年纳余庆，嘉节号长春"，成为最早的对联。另一种说法是起源于"宜春"，古人在立春日多贴"宜春"二字，以表达辟邪除灾、迎祥纳福的愿望，后来这种形式逐渐发展为春联。

【对钱】 材质、大小、面值等完全相同，只是钱文用不同字体书写的货币。也称对文钱、对书钱。始于五代十国的南唐，其"唐国通宝"就是对钱，钱文分别为隶书和篆书。盛行于宋代，从北宋仁宗开始，到南宋孝宗止，历朝都铸有对钱。从宋孝宗淳熙七年（1180）起，不再铸造对钱，而在钱的背面铸上表示年份或铸造地方的字样。

【兑运】 明代运漕粮的一种方式。江南漕粮原为民运至北京，因粮户送粮到北方各仓，往返需时近一年，有误生产，明宣德六年（1431），规定粮户可送粮至淮安、瓜州（今江苏扬州南）后，由官军代运抵京。官军代运之费及损耗定额由原承运者支付，以充军费，称为"兑运"。不愿兑交的粮户仍可自运。成化七年（1471）又改长运。

【敦】 duì。古代一种食器。用于盛放黍、稷、稻、粱等饭食。青铜制。盖和器身都作半圆球形，各有三足或圈足，上下合在一起组成球形，盖可却置。产生于春秋中期，盛行于春秋晚期和战国。敦是从簋发展变化而来的，所以《仪礼》中簋与敦不分。

【碓】 duì。一种舂谷工具。由臼与杵发展而来。其构造利用杠杆原理，用一根长的木杠杆，架设于支点之上，杠杆一头装有石制或木制的杵头。人以脚踏杠杆的另一头时，杵头抬起。当脚松开时，杵头即借重力自动舂下，使臼内的粮食得到加工。后来又发明了畜力碓、水力碓。

【敦煌】 ①郡名。汉武帝元鼎六年（前111）初设，郡治在敦煌县（今甘肃敦煌西）。前凉时曾一度改置沙州，后恢复为敦煌郡。北魏孝昌二年（526）改置瓜州。隋复改为敦煌郡。唐高祖武德二年（619）再次改置瓜州，五年（622）又改为沙州。②县名。汉初设，为敦煌郡治。北周改为鸣沙县，隋恢复为敦煌县。唐武德初年改为瓜州治，后陷落于吐蕃。元为沙州路治，明为沙州卫，清乾隆重置敦煌县。位于河西走廊西段。自古以来，既是边防重镇，也是连接我国与中亚的交通要道。汉代张骞出使西域、唐代玄奘西行取经都经此道。举世闻名的莫高窟即位于敦煌鸣沙山东麓，敦煌卷子、壁画、雕塑记录了古代丝绸之路宗教繁盛、艺术多元、贸易昌盛、多民族交融的盛景。

【敦煌词】 清末在甘肃敦煌莫高窟藏经洞发现的唐、五代词。其写作时代在公元 8 世纪—10 世纪之间。除极少数可考知作者姓名的文人词外，绝大多数是无名氏的作品。内容广泛，多写商人、歌伎、旅客、边民及征人离妇的感情，生动自然。形式上有小令及长调，开北宋慢词的先声，对研究词的发展具有重要意义。

【敦煌汉简】 出土于敦煌的汉简。自 20 世纪初陆续出土于甘肃敦煌汉塞烽燧遗址等地。截至 21 世纪初，前后共计 10 批、25 000 余枚。其时间最早始于汉武帝太始元年（前 96），大部分为汉代敦煌郡玉门都尉和中部都尉及其下属各烽燧的文件档案，包括戍边战士名册、装备、兵器登记簿，出入关卡备案，医方和兽医方等。另外还发现了《苍颉篇》《急就篇》等字书的断简。

【盾】 古代作战时，一种手持的挡御刀箭等的护身武器。一作"楯"，也称盾牌。其历史可以追溯到史前时代。历史上，盾的种类很多，包括木盾、竹盾、铜盾和铁盾等。《韩非子》记载：有个楚国人卖矛与盾，他夸耀自己的盾十分坚固，任何东西都无法刺破。又夸耀自己的矛十分锋利，可以刺破任何东西。有人问他，用你的矛刺你的盾会怎么样呢？楚人无法回答。后用"矛盾"比喻事物之间相互抵触，互不相容。

【顿悟】 不经过复杂的程序和长时间的修行，对佛教真谛的突然领悟。与"渐悟"相对而言。禅宗第五代时分为南北两宗，南宗代表慧能认为人人本有佛性，悟即一切悟，当下明心见性，便可"见性成佛"，主张"顿悟"之说。后也指对艺术的突然领悟。相传唐代书法家怀素精于翰墨，一天他观察夏日风吹云动的景象，顿悟了笔意，自认得到了草书的精义。

【多马】 殷商时期王室的多支军队。每支军队为一马，约有百人，或皆为车兵。

【多射】 殷商时期由众多弓箭手组成的王室部队。约以百人为单位。

【多戍】 戍，shù。殷商时期王室的各支卫戍部队，也指统率这些部队的贵族。

【夺嫡】 嫡，dí，正妻，也指嫡长子。西周宗法制以正妻所生的第一个儿子即嫡长子继承为核心，因此传庶幼而舍嫡长，或庶子取代嫡子的地位，称"夺嫡"。后也泛指帝王嗣位之争。如杨广是隋文帝杨坚与文献皇后的次子，隋文帝夫妇和皇太子杨勇产生矛盾时，杨广博得文献皇后和右仆射杨素的支持。开皇二十年（600），隋文帝废黜长子杨勇，立次子杨广为皇太子。后杨广继位，即隋炀帝。

【**夺门之变**】 明景泰八年（1457），被幽禁的明英宗为复辟而发动的宫廷政变。也称南宫复辟。其时武清侯石亨、太监曹吉祥、左副都御史徐有贞等人攻夺南宫及大内诸门，迎立英宗于奉天殿，废景帝，诛杀于谦等大臣，改元天顺。

【**夺情**】 官制用语。古时官员遭父母丧，须去职在家守制。朝廷要员，经皇帝特准不必去职，或守制未满时经征召在服丧期间任职办事，均称为"夺情"。这类官员要穿素服办公，不穿公服，不参加吉礼。

【**铎**】 duó。古代乐器。青铜制，大铃的一种，形如铙、钲而有舌，其舌有木制和金属制两种，故有木铎和金铎之分。盛行于春秋至汉代，宣布政教法令或遇战事时使用。

【**垛集**】 明朝的一种征兵制度。明初，如果一户人家有三个或以上的丁男，就要征收其中一丁为兵，这样的兵被称为正军。这种做法就像是将人员"垛"起来集中管理，故名。一旦某个壮丁通过垛集的方式从军，他和他的后代将世代为军，其户籍也从民户变成军户，此后不可撤销。

【**堕马髻**】 堕，duò。古代妇女的一种发髻样式。将头发梳向一边垂下，似从马上堕下，故名。据说由东汉梁冀妻子孙寿始创，在上层妇女中较受欢迎。相传此发式与"愁眉"和"啼妆"结合可呈娇媚之姿。后传入民间，老幼皆喜欢梳此发型。

E

【阿弥陀佛】 大乘佛教的佛名。阿弥陀是梵语的译音，意为"无量"。也称无量寿佛、无量光佛。净土宗将阿弥陀佛视为西方极乐世界的教主。认为常念此佛名号，对其深信不疑之人，在临终前会得到阿弥陀佛的引导，往生极乐之地。

【阿房宫】 阿房，Ēpáng。我国历史上第一个统一的多民族中央集权制国家——秦帝国的宫城。始建于秦始皇三十五年（前212），全部工程至秦亡时犹未完成。规模宏大，其前殿东西五百步，南北五十丈，上可以坐万人。秦末，项羽引兵进入咸阳，火烧阿房宫，相传大火三月不灭。唐杜牧有《阿房宫赋》。

【阿房宫赋】 唐杜牧所作赋名。杜牧在《上知己文章启》中交代写作缘起说："宝历（唐敬宗年号）大起宫室，广声色，故作《阿房宫赋》。"此赋通过对阿房宫兴建及毁灭的描写，生动形象地总结了秦朝因骄奢淫逸的统治而导致亡国的历史教训，向唐朝统治者发出了警告，希望他们能够以史为鉴，避免重蹈覆辙。全文气势磅礴，词采华丽，骈散结合，铺排得当，是历代传诵的名篇。

【峨眉山】 山名。位于今四川峨眉山市西南。有大峨、中峨、小峨之分。山峰相峙，望之如蛾眉，故名。峰峦叠翠，巍峨挺秀，素有"峨眉天下秀"的美誉。唐李白《峨眉山月歌》："峨眉山月半轮秋，影入平羌江水流。"又《蜀道难》："西当太白有鸟道，可以横绝峨眉巅。"有报国寺、华藏寺、万年寺等诸多佛教寺庙和胜迹。与山西五台山、安徽九华山、浙江普陀山并称我国佛教"四大名山"。

【娥皇女英】 相传是上古部落联盟首领尧的两个女儿，姐妹同嫁舜为妻。舜继承尧成为部落联盟首领后，南巡逝于苍梧。娥皇、女英赶至南方，途经潇湘，泪洒青竹，竹上因此生出泪斑，后人称为"湘妃竹"或"潇湘竹"。二人后逝于湘江之畔。自先秦起，人们往往将湘水之神与湘夫人的爱情神话附会于舜和娥皇、女英的传说，将娥皇、女英视为湘夫人，最著名的当属战国屈原《九歌·湘夫人》。汉代刘向《列女传》、北魏郦道元《水经注》也有相关记载。

【鹅】 一种家禽，由鸿雁驯化而来。约在春秋时代已饲养。东晋书法家王羲之曾留下《黄庭经》换鹅的著名典故。山阴有一道士，养了一群鹅，王羲之很喜欢，想要买走。道士说："你帮我抄一遍经，我就把整群鹅送给你。"于是王羲之很高兴地答应，用

E

写下的《黄庭经》换走了道士的鹅。唐代诗人骆宾王七岁写下《咏鹅》诗："鹅，鹅，鹅，曲项向天歌。白毛浮绿水，红掌拨清波。"古代也有使鹅相斗的博戏。

【鹅湖之会】南宋淳熙二年（1175），由吕祖谦发起，在信州鹅湖寺（今江西铅山县鹅湖山麓）举行的一场辩论会。参加者有朱熹、陆九渊及其弟子和福建、浙江、江西的多位学者，主要围绕儒学原理和认识路径等问题进行辩论。这是第一次具有典范性的学术讨论会，在我国哲学史上有重要地位。

【鹅黄】①色彩名称。一般泛指淡黄色，如鹅嘴或小鹅绒毛的颜色。古典诗文中多用鹅黄色形容花草、服饰、新柳芽等。②古代一种酒名，产于汉州。

【蛾眉】古时女子细而长的双眉，形如飞蛾的两个触须，故称。《诗经·卫风·硕人》有"螓首蛾眉，巧笑倩兮，美目盼兮"之句，描写卫庄公夫人的美貌。这种眉形长而美，因此一直为女子所好。后"蛾眉"成为美人代称。

【额外课】元朝正课以外的杂税。共有历日、契本、河泊、山场、窑冶、房地租等32种名目。

【轭】è。车辕前架在牲口脖子上的横木，多呈人字形。或用軏（青铜铸的销子）固定在辕头上，或前端系在辕前脚横木（衡）上，故古代往往"衡轭"并称。

【恶逆】谋杀直系和旁系尊亲属，如谋杀兄、姊、丈夫和丈夫的直系尊亲属，以及殴打祖父母、父母的行为。隋以来，作为"十恶"之一。因这些行为穷恶尽逆，绝弃人理，故名。汉代时就有殴打父母者处以枭首之罪，但无"恶逆"之名。在唐代，谋杀期亲（服丧一年的亲属）尊长，外祖父母，夫，夫的祖父母、父母者斩；谋杀缌麻（服丧三个月的亲属）以上尊长者，流放二千里，杀人者处绞刑，伤人者斩；殴打祖父母者斩。明、清律对谋杀祖父母，父母和期亲尊长，外祖父母，夫，夫的祖父母、父母，有行为者杖一百，流放二千里，杀人者处绞刑，伤人者斩。

【恩贡】科举制度中贡入国子监的一种生员。明清定制，凡遇皇室庆典，根据府、州、县学岁贡常额，本年加贡一次作为恩贡。也称恩贡生。清代特许先贤后裔入监者，也可称恩贡。与岁贡、副贡、拔贡、优贡合称"五贡"。

【恩科】宋时科举，承五代后晋之制，凡士子于乡试合格后，礼部试或廷试多次未录取者，遇皇帝亲试时，得别立名册以奏，经特许附试，谓之"特奏名"。凡特奏名者，一般皆能得中，故称"恩科"。清于寻常科举外，遇朝廷庆典，特开科考试，也称恩科。若正科与恩科合并举行，则称恩正并科。

【尔雅】我国古代第一部训诂书，也是最早的一部词典。关于其名，一般认为，"尔雅"是近正的意思，意谓大抵用雅正通用之语解释方言古语。今本十九篇。首三篇《释诂》《释言》《释训》所收为一般词语，将古书中同义词分别归并为各条，每条用一个通用词作解释。以下《释亲》《释宫》

《释器》等十六篇是关于各种名物事象的解释。为考证上古词义和古代名物的重要资料。后世经学家常用以解说儒家经义，至唐宋时成为"十三经"之一。

【耳顺】语出《论语》。孔子有"六十而耳顺"之语，指六十岁时能懂得隐含在话语之内微妙的意旨，对正确的话予以采纳，对不正确的话也不计较。后因以"耳顺"为六十岁的代称。

【珥珰】ěrdāng。古代冠两边的垂珠。也指妇女的两耳坠饰物，后泛指珠玉首饰或华贵的饰品。

【二谛】佛教用语。指俗谛和真谛。谛，真实的道理。佛教认为，就现象而言，一切事物是"有"，也称"色"，这是顺着世俗世界道理说的，称为"俗谛"。就本质而言，一切事物是"无"，也称"空"，这是超脱于世俗道理说的，称为"真谛"。

【二广】春秋楚王亲兵军制名。楚王的亲兵戎车分为左右两部，每部都名曰广。共三十乘，分为左右广，每广十五乘。战时，每日先以右广护卫楚王，至午时再更换左广。后借指两支队伍。

【二京】一朝同时设两个都城。周朝始开此先例，西周镐京与雒邑并立。后东汉定都洛阳，但仍将西汉故都长安作为辅都。唐代长安、洛阳并立，北宋汴京、洛阳并立，明代自永乐年间开始北京、南京并立。

【二十八宿】宿，xiù。古人把黄道赤道（即地球赤道在天球上的投影）附近的恒星划分为二十八个区域，用来说明日、月、五星运行所到的位置，每个区域叫一宿，每宿包含若干颗恒星。

二十八宿分四组，每组七宿，与四方及四象相配。东方苍龙七宿：角宿、亢宿、氐宿、房宿、心宿、尾宿、箕宿。北方玄武七宿：斗宿、牛宿、女宿、虚宿、危宿、室宿、壁宿。西方白虎七宿：奎宿、娄宿、胃宿、昴宿、毕宿、觜宿、参宿。南方朱雀七宿：井宿、鬼宿、柳宿、星宿、张宿、翼宿、轸宿。战国初期，已有关于二十八宿和四象的记载。二十八宿中有些星宿因为星象特殊引人注目，被古代作家运用到诗词中。《诗经》"维南有箕""维北有斗"中的"箕"即箕宿，"斗"即斗宿。宋代苏轼《赤壁赋》"（月）徘徊于斗牛之间"中的"斗""牛"，即斗宿、牛宿。也称二十八舍、二十八星。

【二十年目睹之怪现状】长篇小说。清末吴沃尧作。共108回。为"晚清四大谴责小说"之一。全书以主人公"九死一生"的见闻为线索，着重描写官场、商场和洋场的"怪现状"，多侧面地暴露了晚清政治的黑暗和社会的丑恶，在思想上表现出改良主义倾向。

【二十四节气】古人根据季节更替和气候变化的规律，把一年划分为二十四段，分列在十二个月中，反映四季、气温、降雨、物候等方面的变化，就是二十四节气。二十四节气名称依次为：立春、雨水、惊蛰、春分、清明、谷雨、立夏、小满、芒种、夏至、小暑、大暑、立秋、处暑、白露、秋分、寒露、霜降、立冬、小雪、大雪、冬至、小寒、大寒。一年十二个月，二十四个节气，每月两个节气，前半月的节气称"节（气）"，后半月的

E

节气称为"中（气）"，二十四节气就由十二个节（气）和十二个中（气）组成。二十四节气起源于我国黄河流域，是古代历法的重要组成部分和独特创造。早在西周、春秋时期，古人就用圭表测日影的方法，测定了冬至、夏至、春分、秋分，后来又测出立春、立夏、立秋、立冬，使节气逐渐完善。《淮南子》中已完整地记载二十四节气，其名称、顺序和现在完全一致。

【二十四桥】古代名胜。位于江苏扬州旧城西门外。旧说隋代所建，原为二十四座桥，皆以城门坊市为名，后因军队筑城而不存。沈括《梦溪补笔谈》曾列出二十四座桥名，而当时也仅存七座。至后世，二十四桥转为一桥专名，仅指吴家砖桥，一名红药桥。为单孔拱桥，长 24 米，宽 2.4 米，栏柱 24 根，台阶 24 级，是古代桥梁建筑的杰作。关于二十四桥的得名，民间传说十分丰富，一说桥因古时二十四美人吹箫于此，故名。唐代杜牧《寄扬州韩绰判官》诗有"二十四桥明月夜，玉人何处教吹箫"之句。

【二十四诗品】诗论著作。简称《诗品》。旧题唐司空图撰。全书把诗歌的艺术风格和意境分为雄浑、冲淡、纤秾、沉着、高古、典雅、洗练、劲健、绮丽、自然、含蓄、豪放、精神、缜密、疏野、清奇、委曲、实境、悲慨、形容、超诣、飘逸、旷达、流动 24 品类，每品用 12 句四言韵语加以描述，语言典雅优美。强调诗歌要有"韵味"，对后来王士禛的"神韵说"、袁枚的"性灵说"等都有一定影响。

【二十四史】我国 24 种纪传体史书的合称。魏晋南北朝时期称《史记》《汉书》《东观汉记》为"三史"。后《东观汉记》失传，益以《后汉书》，称"三史"。及《三国志》书，合称"四史"，因居诸正史之前，又称"前四史"。及唐，益以《晋书》《宋书》《南齐书》《梁书》《陈书》《魏书》《北齐书》《周书》《隋书》，合称"十三史"。至宋，加《南史》《北史》《新唐书》《新五代史》，合称"十七史"。至明代，加《宋史》《辽史》《金史》《元史》，合称"二十一史"。至清乾隆时官修《明史》告成，加前已有二十一史，合称"二十二史"。后于二十二史之外，再加上旧有的《旧唐书》《旧五代史》，遂称"二十四史"，为敕定的正史。

【二十四孝】古代关于尽孝道的二十四个故事的统称。包括：孝感动天、戏彩娱亲、鹿乳奉亲、百里负米、啮指痛心、芦衣顺母、亲尝汤药、拾葚异器、埋儿奉母、卖身葬父、刻木事亲、涌泉跃鲤、怀橘遗亲、扇枕温衾、行佣供母、闻雷泣墓、哭竹生笋、卧冰求鲤、扼虎救父、恣蚊饱血、尝粪忧心、乳姑不怠、涤亲溺器、弃官寻母。相传由元代郭居敬辑录成书，书名为《全相二十四孝诗选集》。

【二税簿】全称夏秋税租簿，是宋代征税的一种簿记。分为夏税簿和秋苗簿，其上开列各县乡原管和新增的户数，夏秋二税总额，以及各户的户名和税额，用以催税。

【二王】东晋书法家王羲之和王献之父子的合称。二人皆为一时名士，书法风格尤受推崇，故以此指称其人及其书体。王羲之被誉为"书圣"，他的《兰亭集序》被誉为"天下第一行书"。

其子王献之不仅继承了父亲的书法技艺，还敢于创新，创造了"大令体"，其代表作《廿九日帖》和《鸭头丸帖》同样声名显赫。各时期同时齐名的王姓二人，如西晋王戎和王衍、中唐王伾和王叔文等，也用此合称。

【二五户丝】 元朝在江淮以北按户纳丝的制度。公元1236年窝阔台定制，每二户出丝一斤，输于官府；每五户出丝一斤，输于食邑于本地的诸王或勋臣；非产丝地可折钞输纳。元朝建立后，民户须交丝料成倍增加，输于官府和贵族的办法和比重有所调整。

【贰臣】 贰，二心。朝代更替之际兼仕两朝的大臣。投降敌方并为其服务的官员被原统治集团称为贰臣。封建社会在忠君思想的支配下，官员以做贰臣为耻。宋元和明清之际，有大量前朝官员拒绝为新朝服务，他们或隐遁山林专务学术，或浪迹天涯不知所终。但也有一些人顺应时变，积极投入新朝怀抱，为新兴政权奔走。清乾隆四十一年（1776）下诏在国史中增列《贰臣传》，记载明臣降清做官者的事迹。如诗人钱谦益就被乾隆帝下诏列入《贰臣传》。

F

【**乏徭**】服役不足期限而逃亡的罪名。类似此罪的规定，见于秦律。战国时期秦国指应服役的人已到达集合地点或服役地点后逃亡。唐律在秦律的基础上，分在役逃亡、有课役而逃亡及无课役而逃亡。

【**罚俸**】官员在一定时间内被停发俸禄的处分。也称夺禄。起源较早，流行于汉唐间，宋代以来多用于处分考核结果为下等者、官员公事过失，或用来抵折官员被判处的刑责。按照被罚的缘由分为罚一个月、一个季度或半年、一年的俸禄。

【**法服**】①古代礼法制度规定的服饰。主要在出席祭祀、朝会等仪式时穿着。西周时期已有此类服装，战国时期出现"法服"的称谓。南北朝后期至明代，法服和常服并存，使用范围始终遵照旧制。法服袍大袖阔，配以高帽和宽腰带。②僧、道在举行宗教仪式时穿的法衣。

【**法号**】法名。佛教信仰者出家时，由师傅另赐名字，以示皈依成为释迦牟尼弟子。唐代名僧玄奘，俗名陈祎，"玄奘"即为其法号。

【**法家**】战国时期的一个学派。起源自春秋时管仲、子产，发展于战国时李悝、商鞅、慎到和申不害等人。战国末期，韩非对他们的学说加以综合，集法家之大成。主张用法治代替礼治，实行统一的国家君主制，提倡以农致富，以战求强，严刑峻法，监察官吏。西汉统治者虽"罢黜百家，独尊儒术"，但仍采用外儒内法、儒法兼治的方法。东汉班固将法家列为"九流"之一。主要著作有《商君书》《韩非子》等。

【**法驾**】也称法车。天子的车驾。也借指天子。天子的车驾有多种形制，法驾以金为饰，由六匹马拉，旁有侍中乘坐的四匹马拉的五色副车陪同，从属车辆三十六乘。

【**法界**】佛教指宇宙中所有的现象，界是分界、种类之意。后也指现象后的本质。

【**法门**】佛教指众生得入佛道的门径。后泛指学习、处事的正确途径和方法。如"不二法门"。

【**法器**】佛教指具有传承佛法才能的人。也指佛教、道教举行宗教仪式时所用到的器物。包括钟、鼓、铙、钹、引磬、木鱼等乐器及瓶、钵、杖、麈等。

【**法曲**】曲，qǔ。古代乐曲。也称法乐。因用于佛教法会而得名。原为含有外来音乐成分的西域各族音乐，传至中原地区后，与汉族的清商乐相结合。至迟从梁代起，以清商乐为主的"法乐"即已出现，后发展为隋代法曲。乐器有铙、钹、钟、磬、幢箫、琵琶等。演奏时，金石丝竹先后参加，然后合奏，音清而近雅。唐代法曲又掺杂道曲而发展至极盛，中唐以后渐衰。著名法曲有《赤白桃李花》《霓裳羽衣曲》等。

【法师】 佛教对精通佛法奥义、能讲解佛典、致力于修行的僧人的尊称。如唐玄奘，通晓经藏、律藏和论藏，被称为三藏法师。另外法师也用作对僧人的敬称。

【法事】 和尚、道士等宗教人士为了超度亡魂所举行的仪式。

【法帖】 帖，tiè。名家书法的拓本或印本。相传"法帖"的名称始于北宋淳化三年（992），翰林侍书王著编次摹刻秘阁所藏法书《淳化阁帖》十卷，每卷卷首刻"法帖第×"。法帖中的巨制《三希堂法帖》全称《三希堂石渠宝笈法帖》。清乾隆十二年（1747）高宗命梁诗正等编次内府所藏魏晋至明代法书，包括三希堂所藏东晋王羲之《快雪时晴帖》、王献之《中秋帖》、王珣《伯远帖》墨迹三种，故名。

【法显】 （约337—约422）东晋高僧、旅行家、翻译家。俗姓龚，平阳（今山西临汾西南）人。中国僧人到天竺留学的先驱。因感中国经律残缺，于隆安三年（399）与同学慧景、道整等从长安（今陕西西安）西行求法，渡流沙，翻葱岭，遍历北、西、中、东天竺等地，后赴师子国（今斯里兰卡），并到过爪哇岛（今属印度尼西亚），义熙九年（413）抵建康（今江苏南京）。前后共十四年，游历三十多国，带回很多梵本佛经。归国后于建康道场寺与佛陀跋陀罗合译经律论，主要有《大般泥洹经》等。又记旅行见闻，撰成《佛国记》（又名《法显传》），是研究南亚次大陆各国古代史地的重要资料。

【番匠】 短期轮番服役于官府的工匠。也称短番匠。唐仍纳入匠籍，扣除路途所需日程后，每年需净服役二十天，可按日绢三尺的标准交纳钱物替代。唐官府手工业主要使用无偿劳作的番匠，有偿劳作的明资匠、巧儿匠占极少数。

【蕃兵】 北宋中期至晚期，因对西夏战争，将沿边以羌人为主的少数民族内附者组成的军队称"蕃兵"。后依人数多寡，编成都与指挥。神宗行将兵法，蕃兵或单独成将，或与汉兵合编成将。朝廷除分配耕地外，对蕃兵军官分等给军俸及添支钱。

【藩镇割据】 唐后期节度使等地方军政长官对抗朝廷政令，各为政的局面。藩镇又称方镇，主要指镇督一方总领其地军政大权的节度使等。安史之乱后，唐中央集权大为削弱，被迫以魏博、成德、幽州三镇分授安史旧将为节度使，他们在辖区内自行其是，扩充军队，委派官吏，征收赋税，形成河朔三镇割据态势。其势后逐渐蔓延至全国各地，形成普遍的藩镇割据局面，对社会生产、稳定造成极大危害，最终导致唐朝灭亡。到北宋初，藩镇割据局面才结束。

【翻车】 由低处向高处提水的木制农具。由车槽、刮板、链条和齿轮等组成，用人力、畜力或风力带动链条循环转动轮轴，装在链条上的刮板将水刮入车槽，水沿车槽上升，流入田间，提高农田抗旱的能力。因带水的木板连接成环带，形状好像龙的骨头，故又称龙骨车。东汉灵帝时始制，属于简易灌溉工具，提水高度一般为一至两米，出水量因车槽尺寸和齿轮转速而异。

【氾胜之书】氾，Fán。古代农书。西汉氾胜之撰。约成书于公元前1世纪后期。原书已佚，现存本为后人从《齐民要术》等辑录而成。主要记载和总结陕西关中地区的耕作经验。提出"凡耕之本，在于趣时，和土，务粪泽，早锄早获"的基本原则，将农作物的栽培过程视作一个包含六个环节在内的有机整体；以前人施肥经验为基础，提出"溲种法"（在种子上粘上一层粪作为种肥）；结合北方实际情况，提出"区田法"；又总结了禾、黍、麦、稻、豆、麻、桑等十多种农作物的栽培法。奠定了我国古代农业生产的基本理论。

【燔】fán。将成块的肉置于火上或烧热的石板上烤熟至干，以便于长期保存。

【反真】道家指返璞归真、复归自然本真的状态。也指人死后归于自然。

【反坐】古代一种刑罚。故意捏造事实和罪名诬告他人的，构成诬告罪。因以被诬告人所受的处罚，反过来惩罚诬告者，故名。秦汉以后，历代都有此刑。

【饭】煮熟的谷类（黍、稷、麦、菽、麻、稻等）食物。特指干饭。

【范成大】（1126—1193）南宋诗人。字致能，号石湖居士，苏州吴县（今江苏苏州）人。高宗绍兴二十四年（1154）擢进士第。官至参知政事。晚年退居家乡石湖。其诗取唐宋诸名家之长，自成一家。使金途中所作绝句，写渡淮后的见闻，表现其渴望恢复祖国统一的心情，颇多名篇。组诗《四时田园杂兴》六十首，以善于描写农村风光和风俗而著称。与尤袤、杨万里、陆游并称为南宋"中兴四大家"。著有《石湖居士诗集》《桂海虞衡志》《揽辔录》等。

【范雎】（？—前255）雎，jū。战国时秦相。字叔，战国时魏国芮城（今山西芮城）人。初为魏中大夫须贾门客，后入秦，以远交近攻等主张游说秦昭王。秦昭王四十一年（前266），任秦相，封于应（今河南鲁山东），称"应侯"。秦赵长平之战，范雎用反间计使赵国以赵括代廉颇为将，造成赵军惨败。后因荐人不当，忧惧交加，辞归封地，不久病死。

【范宽】北宋画家。字中立，一作"仲立"。因性情宽和，人称"范宽"。华原（今陕西铜川耀州区）人。画山水初师李成，又师荆浩。后感到"与其师人，不若师诸造化"，因移居于终南、太华山中，朝夕观察山中胜境，对景造意，不取繁饰，写山真骨，自成一家。善用皴笔画山，画境雄伟浩莽，绘出北方山岳浑厚峻拔的气势，尤其擅长画雪山之景。与李成、董源并称"北宋三大家"，人称董得"山之神气"，李得"山之体貌"，范得"山之真骨"。存世作品有《溪山行旅图》《雪景寒林图》《雪山萧寺图》等。

【范晔】（398—446）南朝宋史学家。字蔚宗，顺阳（今河南淅川南）人。晋末为刘裕（宋武帝）子彭城王刘义康参军。宋建立后，先后担任尚书吏

F

部郎、宣城太守、太子詹事等职。元嘉二十二年末（446年初），因孔熙先等谋迎立彭城王刘义康一案牵涉，被杀。曾删取各家关于东汉的史作，著成《后汉书》，记载了从光武帝刘秀起至汉献帝195年的历史，与《史记》《汉书》《三国志》合称"前四史"。

【范缜】 （约450—约510）南朝齐梁时思想家。字子真，南乡舞阴（今河南泌阳西北）人。出身寒微，先后仕齐、梁，任尚书殿中郎、尚书左丞等职。梁武帝萧衍及竟陵王萧子良皆笃信佛教，朝野风靡。范缜著《神灭论》，提出"形存则神存，形谢则神灭"，有力地驳斥了佛教三世轮回及因果报应之说。其朴素的唯物主义思想对后来无神论的发展有较大影响。

【范仲淹】 （989—1052）北宋政治家、文学家。字希文，卒谥文正，苏州吴县（今江苏苏州）人。幼年丧父，家境贫寒，勤学苦读，志向远大。大中祥符八年（1015）中进士。宝元三年（1040）西夏攻延州，与韩琦同任陕西经略副使，改革军制，巩固边防。当时西夏人言"小范老子胸中有数万甲兵"，边境因得以相安无事。后入为枢密副使、参知政事，与富弼、欧阳修等有意改革时政，然而终未能施行，史称"庆历新政"。范仲淹胸怀大志，其《岳阳楼记》中有"先天下之忧而忧，后天下之乐而乐"的名句。词作今传世仅五首，风格劲健。有《范文正公集》。

【梵呗】 呗，bài，梵语音译词"呗匿"的简称，意为"赞颂"。因其最初传自梵土（天竺），故称。佛教举行宗教仪式时，赞唱佛、菩萨的经文，伴有曲调，可用乐器伴奏。我国三国时已有呗流传，相传陈思王曹植登鱼山（今山东东阿境内）闻天籁，创梵呗，称为"鱼山梵呗"。

【梵夹装】 印度古代书籍的一种装订形式。先将佛经用梵文写在贝多罗树的叶子上，然后依照经文的顺序依次叠放起来并用两片长条竹或木板上、下相夹，以绳带捆扎成一册。也称册叶装。这种图书装帧形式传入我国后被称为梵夹装，流传于唐五代时期。

【梵文】 印度古代的一种文字，书体右行。相传由大梵天王所造，故称。

【方苞】 （1668—1749）清代散文家。字灵皋，号望溪，安徽桐城人。曾因戴名世《南山集》案株连而入狱，后得释。康熙闻其文名，特命他以白衣身份入南书房供职。历任翰林院侍讲学士、礼部右侍郎等职。方苞长于散文创作，推崇《左传》《史记》及"唐宋八大家"，为文提倡"义法"，讲究文风的"雅洁"，是桐城派散文的创始人。与弟子刘大櫆、再传弟子姚鼐合称"桐城派三祖"。所作多为碑志颂序经说类文字，宣扬儒家伦理纲常。也有一些记事、抒情的杂记小品，或写遗民气节，或记朋友情谊，或述生平际遇。有《方望溪先生全集》。

【方国】 ①商周时期指四方的诸侯国。后来也泛指州郡。②海外之国。

【方腊起义】 北宋末年由方腊领导的东南地区农民起义。因繁重的赋役和花石纲等横征暴敛，宣和二年（1120）爆发于歙县（今安徽歙县）一带，响应者甚众，多为摩尼教徒，曾建立政权，自号圣公，建元永乐，占领两浙及江东大部。次年被童贯等镇压，方腊被俘，秋季在东京（今河南开封）被杀。余部在吕师囊等人的领导下，转战温、台等州，到宣和四年（1122）失败。

【方里】 地积单位。按周制，1方里合900亩。唐代以后，1方里合540亩。

【方士】 古代方术之士。好讲神仙方术，自言长生不老，从事求仙、炼丹、巫祝之术的人。与黄老道、儒术关系密切。起源于战国燕、齐一带。曾以修炼成仙和炼不老之药博取统治者的信任。秦朝时，曾有徐福向秦始皇请得童男童女数千人，乘船入海求仙，一去不返。西汉末年，曾有夏贺良作谶文，以汉家气数已尽为由，促使汉哀帝改年号"建平二年"（前5）为"太初元将元年"，后以"反道惑众"罪被杀。东汉时的费长房、三国时期的葛玄、东晋时的王嘉都是有名的方士。其方术部分被东汉以来的经学、谶纬学吸收，被道教伎术者所应用，故后来也把从事炼丹、斋醮、画符、养生等术的道士称为"方士"。

【方术】 指天文（包括占候、星占）、医学（包括巫医）、神仙术、占卜、相术、命相、遁甲、堪舆等。《后汉书》有"方术列传"上、下篇，介绍相关人物事迹。由于其中采药炼丹、祭祀祈禳、服食养生等为道教所吸收，成为其重要的修炼方法，故后世也把道教采药炼丹和养生之术称为"方术"。

【方司格】 格，法规的称呼。北魏孝帝时，根据各地姓族的高下选用官员的法规。也称举选格。孝文帝迁都洛阳后，诏各郡中正呈奏本地的姓、族等第，朝廷确定后据以选官，与之相关的法规即以此为称。

【方田均税法】 简称"方田"。北宋清丈土地、均平赋税负担的措施。以东西南北千步为一方。这项新法最初由北宋大理丞郭谘提出，最早被称为"千步方田法"。王安石于熙宁五年（1072）推行，为新法之一。每年九月县官派人分地丈量，按地势土质分五等定税，以各县原租税数额分派，并制定田契及各项簿册单据。由于清丈工作繁难，弊端多，加上豪强地主反对，实际只在少数地区实行。元丰八年（1085）废止。徽宗时复行，也屡行屡罢。宣和二年（1120）全废，已丈量田地照旧法纳税。

【方孝孺】 （1357—1402）明代政治家、文学家。字希直、希古，人称"正学先生"。浙江宁海人。曾任侍讲学士、《太祖实录》总裁。燕王朱棣发动"靖难之役"兵入京师（今江苏南京）后，因不肯为其草拟登基诏书而遇害，并被诛灭十族（宗亲九族及学生）。著有《逊志斋集》。

【方言】 方言和训诂著作。西汉扬雄撰。全称《輶轩使者绝代语释别国方言》。今本十三卷。体例仿《尔雅》，分类收集古今各地同义词语，大部分注明通行范围。材料来源于古代典籍和直接口头调查，可以看出汉代方言分布情况，为研究古代词汇的重要材料。

【方彝】 一种方形的青铜器。古文献和铜器铭文中本无方彝这一名称，该名称是清代学者根据其形制所定。流行于商代和西周初年。1976年安阳殷墟妇好墓曾出土一件形似两件方彝联成一体的长方形铜器，器底中部有铭文"妇好"两字，后被定名为"妇好偶方彝"。

【**方以智**】 （1611—1671）明清之际思想家、科学家。字密之，号曼公，安徽桐城人。崇祯十二年（1639）举人，十三年（1640）进士。任翰林院检讨，曾受崇祯皇帝召见。明亡后出家为僧，法名弘智，字无可，又号药地。精于考据，对自然科学有广泛的兴趣。著《通雅》训释名物、语言。又有《物理小识》，涉及医药、饮食、金石、器用、草木、鸟兽、方术等。诗文随笔有《浮山文集》前后编、《博依集》等。

【**方舆胜览**】 古代地理总志。南宋祝穆撰，七十卷。成书于宋理宗时。以行在临安府为首，所记浙西路、浙东路、福建路、江东路、江西路等十七路，皆为南渡后疆域。各路记载所属府、县情况，包括郡名、风俗、形胜、土产、山川、人物、名贤、题咏、四六等。尤详于名胜古迹、诗赋序记。于各地风土习俗，采摭丰富，为记载南宋地理的重要著作。

【**方丈**】 佛教寺院或道观中住持居住之地。因面积一丈见方，故名。据《维摩诘经》记载，维摩诘居士所住的卧室仅一丈见方，但能容纳无限。后也以此专指住持。

【**坊**】 古代城市的居住区。四周围以高墙，或四面或两面开门，墙内建有住宅和寺庙。唐代长安城内，除皇城外，建有108坊。与市（城市商业区）有严格的分界线，实行夜间关闭坊门的宵禁制度。唐以后，随着社会生产力的发展，商业的繁荣，城市里逐渐出现店铺侵街的现象，至宋代，坊市完全相合，界线不复存在。

【**防阁**】 配给贵族、官员的防卫人员，负责防卫斋阁，故名。魏晋以来，抽调士兵或征役充任，南北朝时期有防阁将军，掌王、都督等显贵要官的侍卫，至唐为亲王至五品以上官员所配部分仆从的专称。唐初按贵族等级和职事官品定其员额，高宗以来逐渐一并折为俸料钱发给。

【**防秋**】 我国古代西北边疆的一项军事防御活动，主要是为了抵御游牧民族秋季南侵。在古代，尤其是唐代，西北地区的游牧部落会利用秋天马匹肥壮、兵士战斗力强的时期南下侵犯。为此唐朝每年秋天都会从关内调集大量兵力到陇右（今甘肃一带）加强边防，这些部队被称为"防秋军"。防秋军通常会在秋季草肥马壮时集结，到了初冬时节则会撤回，这种季节性的军事部署对于维护边疆安全起到了重要作用。

【**防御使**】 古代官名。主管一地军事守御及治安等事的使职。全称"防御守捉使"，有都防御使、州防御使两种。武则天时始置，安史之乱时分设于中原军事要地，掌管本区军事，刺史兼任，常与团练使互兼。至宋代为武将兼衔，虚职。辽南面官及金、元也设防御使。清代凡陵寝及驻防之处，设防御使。

【**防主**】 守御要冲之地的军官。南北朝始置此职，镇守军事要地，或以刺史、郡守或都督兼领。负责守护城池或边境要塞，以防范可能的敌军侵袭或是内部的叛乱等紧急情况。隋唐时，成为府兵制中的一种低等级军官名，位于副将军之下、团主之上。

【**房玄龄**】 （579—648）唐初大臣。齐

F

州临淄（今山东淄博临淄区）人。隋末举进士。唐兵入关中，归附李世民，任秦王府记室，随李世民征伐，功勋卓著。参与玄武门之变，帮助李世民取得帝位。贞观元年（627）为中书令，任宰相十五年。房玄龄善于谋划，另一位宰相杜如晦善于决断，二人被称为"房谋杜断"，为"贞观之治"的出现做出了重要贡献。他还受诏重撰《晋书》。

【放风筝】 我国民间传统体育游戏。也称放鹞子、放纸鸢。风筝历史极为悠久，相传为汉初韩信所作。初名纸鸢，五代时在纸鸢上系竹哨，风入竹哨，声如筝鸣，故名。以竹篾为骨架，糊以纸、绢制成，用长线系之，借风势放上天空。

【放黄米】 ①青黄不接时以高额利息向农民放贷米石，于新谷登场时按月计利清偿的借贷形式。此类做法起源甚早，明清时有此称。②指在农历正月十五这一天，人们会在家门口或庭院里放置一些黄色的米粒，以祈求平安和吉祥。这个习俗源于古代汉族民间信仰，认为黄色是五行中的土，可以镇宅辟邪、保佑家庭平安。

【放下屠刀，立地成佛】 佛教劝人改恶从善之语。后泛指作恶的人只要决心悔改，仍能变成好人。

【飞白】 汉字书体的一种。相传后汉蔡邕所创。汉灵帝熹平年间，诏蔡邕作《圣皇篇》。篇成后，前往鸿都门，当时鸿都门正在修饰，蔡邕见工匠用刷白粉的帚写字，得到启发，作飞白书。这种书法，古朴苍劲，气魄雄伟，笔画中丝丝露白，像枯笔写成的模样，故称。汉魏时曾广泛采用其体装饰题署宫阙。

【飞叉】 一种传统的武术器械。起源于古代武器长枪，后来演变成了用于健身和表演的器械。飞叉的历史可以追溯到新石器时代的渔猎工具。一般认为出现于宋代，清代盛行。能于百步外击人。叉全体铁铸，长约九寸，叉头占三分之一，柄占三分之二，叉头分三股或五股，三股较多。

【飞廉】 古代神话中的风师。也称风伯。《离骚》："前望舒使先驱兮，后飞廉使奔属。"

【飞梁】 指架空的高桥，在我国园林艺术中一般指架在池塘水面上带有围栏的桥，或鱼池前的观鱼平台。飞梁可根据景点的需要设计成不同的平面形状，如直角形、圆弧形或丁字形等。

【飞骑】 唐太宗所设的一支精锐禁军。贞观十二年（638），唐太宗在宫城的玄武门置左、右屯营，选骑射骁捷者充其兵，即以此为称。高宗以来改为左右羽林军，仍以此泛称。

【飞钱】 唐宋时的汇兑业务。也称便换、便钱、兑便。持有者无须运输实体货币，仅凭一张纸券即可兑换现金。唐后期各地在京商人遂将售货所得款项，交付各道驻京的进奏院及各军各使等机关或设有联号的富商，由收钱单位发给半联票券，另半联寄往各道有关机关、商号。商人回到本道后，合券取钱。元和元年（806）曾予禁止。七年（812）令商人到户部、度支、盐铁三司飞钱。后来飞钱已不限于京师，飞钱者也不限于商人。北宋开宝三年（970）在京师设便钱务办理汇兑。后改由榷货务办理。南宋初年汇兑尚盛行，后渐衰落。

【飞洒】 明清地主逃避赋役的方法。又称飞走、洒派、活洒。田主富室勾结当地官吏，将田地和赋税化整为零，把自家应纳赋税钱粮，分别记在贫弱户、逃亡灭绝户甚至无地农户名下。明江西散给实有人户的称活洒，散给逃亡灭绝户的称死寄。清摊丁入亩后，始少见。

【飞天】 佛教壁画或石刻上空中飞舞的天神。梵语称"提婆"，意译为"天"。敦煌石窟、云冈石窟有诸多飞天壁画或造像。

【妃】 ①宫廷女官名。皇帝的妾，位次于皇后。秦时王者一后三妃。隋依周制，立三夫人，正一品。唐高祖设置贵妃、淑妃、德妃、贤妃各一人。唐玄宗改定为三妃，即惠妃一，丽妃二，华妃三。三妃辅佐皇后，管理妇礼和后宫各种事务。②太子和王、侯的妻子。如三国时魏国陈王曹植的妻子被封为王妃，即"陈妃"。

【非攻】 古代墨家学派的主张之一。反对无差别的攻伐战争，主张以和平方式解决争端。非攻的思想基础是墨家的兼爱观念，即对所有人都应持有平等的爱心，这样就能避免相互攻伐，达到天下和谐。虽然非攻主张和平，但并不完全排斥战争。在必要时，为了自卫或保护无辜，可以进行防御性的战争。

【非命】 古代墨家学派的主张之一。认为富贵、贫贱、吉凶、祸福非命所定，反对天命之说，提倡人定胜天，事在人为。

【非乐】 乐，yuè。古代墨家学派的主张之一。墨子从节省人力物力、利国利民的角度，认为制造乐器需要聚敛百姓的钱财，荒废百姓的生产，且音乐还会使人耽于荒淫。反对劳民伤财、费时费力、以享乐为主的音乐活动。

【骐】 fēi。古代驾车的马，在中间的称为服，在两旁的称为骐。

【淝水之战】 公元383年，东晋在淝水（今安徽寿县东南）一带击败来犯前秦大军的战役。是我国历史上以少胜多的著名战例。东晋太元八年（383），前秦苻坚强征各族人民，号称组成八十余万大军（实则仅二十多万），分道南下攻晋。晋相谢安使谢玄等率北府兵八万迎战，晋将刘牢之在洛涧（今安徽淮南东洛河）大破秦军前哨。苻坚登寿阳城，见晋军严整，遥望八公山（今安徽寿县北）上草木，以为都是晋兵，始有惧色。晋军进至淝水，要求秦兵略向后移，以便渡河决战。苻坚打算乘对方半渡而击，便挥军后退。不料大军因多不愿战，一退而不可止。晋军乘机渡河攻击，秦军大败，溃兵逃跑时闻风声鹤唳，都以为是晋军追兵。谢玄乘胜攻占洛阳、彭城等地。苻坚逃至关中，后为羌族首领姚苌所杀。此战使我国南北朝对峙的局面得以延续了半个多世纪。"草木皆兵""风声鹤唳"等成语与淝水之战有关。

【朏】 fēi。古代有"月相纪日法"，即用描述月相的特称来纪日。朏，指新月初现光明，故古人将农历每月初三月之初现微光之日称为朏。

【分成租】 按田地产量比例交纳的地租，即农民将土地上一定比例的收获物作为地租缴纳给地主。战国秦汉以来，租种官田私田的佃农常按预定数额或产量分成交纳地租，分成租率常在五成上下，有利于刺激佃户积极性，但定额租仍在某些情况下起重要作用。

【分定姓族】 北魏太和二十年（496）起，孝文帝统一确定胡汉族姓门第的举措。孝文帝改革的重要措施之一，其目的在于辨别汉族士人和鲜卑贵族的门第高下，以恢复门阀制度。太和十七年（493）孝文帝迁都洛阳后，相继停用北族语言、服饰，改拓跋为元姓，其余北族诸姓均改为汉姓，落籍河南。孝文帝亲自拟定条制，规定鲜卑元姓门望最高，鲜卑穆、陆、贺、刘、楼、于、嵇、尉八姓同汉族头等门阀崔、卢、郑、王四大姓门第相当，其下各姓也按父祖官位各定其等，以统合胡汉关系，指导官职选用。

【分赔法】 清朝征缴关税短缺时，责令监督、督抚按数分别赔偿的处罚办法。

【分守道】 古代官名。明清各省布政使司分区理务的派出机构。明始置。常分派左右参政、参议到各属府州县，负责辅佐布政使监督农桑、处理钱粮等财政税收事务。

【分巡道】 古代官名。明清各省按察使司分道巡察的派出机构。因分道巡察，故称。主要职责为巡视监察、处理刑名和维护治安，进一步控制和监察地方官员。

【分野】 古人把天上的星宿分为十二星次，与地上的州国相对应，天上的星空区域称"分星"，与之相对应的地域称"分野"。唐王勃《滕王阁序》"星分翼轸"，即在分野的意义上提到翼宿、轸宿。

【分至】 春分、秋分、夏至、冬至的合称。也称二分二至。相传，尧舜时期对它已有认识，商周时定此称，为历代制定历法所重视。

【焚书】 明末李贽著，六卷。包括书答、杂述、读史短文等，对儒家经典、宋明道学、封建社会的家规、师训、官场禁例及应对礼仪，进行了痛切的揭露和批判。作者公开以"异端"自居，蔑视孔、孟。提出"童心说"，风靡一时。自序中谓其书可焚，故名《焚书》。

【焚书坑儒】 秦始皇焚烧典籍、坑杀儒生的事件。秦始皇统一六国后，为统治思想文化而制造的两起重大事件。秦始皇三十四年（前213），博士淳于越反对郡县制，要求根据古制，分封子弟。丞相李斯反驳其议，主张禁止儒生以古非今，以私学诽谤朝政。秦始皇采纳李斯建议，下令除秦国史书、博士官收藏的图书及医药、占卜、种植等书外，其余图书严禁民间私藏，多被焚毁。谈论《诗》《书》的处死，以古非今的族诛。禁止私学，欲学法令的以吏为师。次年，卢生、侯生等方士、儒生以秦始皇贪权专断、滥施刑罚为由，相约逃亡。秦始皇派御史查究，将460多名方士和儒生坑杀在咸阳。这是思想文化史上的浩劫，加速了秦的灭亡。

【轒辒】 fénwēn。攻城战役中使用的战车。《孙子兵法》即有记载。魏晋以来称"木驴"。四轮，上以绳为脊，外用生牛皮覆盖，攻城时，兵卒藏于其内合力推车前进，牛皮坚韧，可保护攻城士卒免受流矢、滚木、投石的伤害，也能助攻城方攀援、冲击城墙。唐宋以来续有发展。形式多样，名称不一。

【丰隆】古代神话中的云神。《离骚》："吾令丰隆乘云兮，求宓妃之所在。"一说为雷神。

【风骨】古代文艺理论术语。源于汉末魏晋时期的人物评鉴用语，大致指根植于丰沛骨气基础上的刚健雄强的作品风貌。也泛指诗文书画等雄浑豪放、刚健遒劲的艺术风格和气派。如汉末建安时期，一些诗歌继承汉乐府民歌的现实主义精神，具有"慷慨悲凉"的独特风格，后世称之为"建安风骨"。《文心雕龙》列有《风骨》篇。

【枫桥】古桥。位于今江苏苏州西郊枫桥街道，是上塘河上的月牙形单拱石桥。始建年代不详，现桥为清同治年间重建。旧名曾用"封桥"。唐代诗人张继曾船行到此夜泊，写下了脍炙人口的诗篇《枫桥夜泊》。此后该桥名为"枫桥"。枫桥跨越古运河，南临六朝古刹寒山寺，经千年江南烟雨洗礼，渗透出浓厚的历史文化审美意境。宋范成大《吴郡志·桥梁》曾赞叹："枫桥，在阊门外九里道旁，自古有名。南北客经由，未有不憩此桥而题咏者。"

【封人】古代官名。"封"指边界，"封人"指《周礼》地官司徒的属官，掌守帝王社坛及京畿的疆界，兼掌都邑城郭营建、祀天地和祖先等事宜。春秋时为典守封疆之官。如郑有颍谷封人、祭封人，卫有仪封人。在封建社会，封人扮演着重要的角色，他们是帝王直接任命的管理者，负责维护社会秩序、管理资源分配等。

【封禅】封，登泰山筑坛祭天，报天之功。禅，shàn，告天后在泰山下的梁父山（一说云山或亭山）设坛祭地，报地之功。此礼源于上古时期对天地山川的原始崇拜，是古代帝王为表明自己受命于天而举行的最隆重的典礼，多在太平盛世或止乱复治时举行。自远古时期，就有帝王封禅。春秋时期管仲认为在此之前曾有七十二代帝王进行封禅。公元前219年，秦始皇登泰山封禅，并刻石颂秦德，留下《泰山刻石》，相传其稿本是秦丞相李斯所书，唐人称颂它"画如铁石，字若飞动，骨气丰匀，方圆绝妙"。后汉武帝、汉光武帝、唐高宗、唐玄宗、宋真宗都曾封禅泰山。

【封赠】皇帝把官爵名号授予大官重臣的父祖、妻室，以示恩典的制度。授予在世者称"封"，授予过世者称"赠"，一般统称"封赠"。此制始于晋与南朝宋时期，到唐代逐渐完备。最初一般仅父母这一辈。后来可往上追赠曾祖父母、祖父母、父母三代。

【烽堠】fēnghòu。烽火台。烽，指烽火。堠，指古代瞭望敌情的土堡。烽堠是古代军事防御、警备和通信设施。各国在边境建造烽火台，台上储备干柴，遇有敌情，燃火以报警。历史上关于烽火传递军情的著名典故有"烽火戏诸侯"。西周末代君主周幽王为博宠姬褒姒一笑，采纳了大臣虢石父的建议，点燃烽火台谎报军情，戏弄了各地赶来援助的诸侯，从而失信于诸侯，最终导致亡国殒命。烽堠自西周末年至清代一直是我国现代化通信产生前的一项重要军事制度。

【烽燧】即烽火。古代边防报警的烟火。起源很早，其设置及守望之制完备于战国秦汉。凡有敌情，白天燃烧柴草起烟，称燧。夜间焚烧柴草起火，称烽。可增减烟柱或火堆以示敌情轻重。后世沿此损益，其设施和规定以长城沿线最为典型。

【冯梦龙】（1574—1646）明代文学家。字犹龙，别署龙子犹、顾曲散人、墨憨斋主人等，长洲（今江苏苏州）人。明思宗崇祯时贡生，曾官福建寿宁知县。清兵渡江后，参加抗清活动，后死于故乡。致力于小说、戏曲和其他通俗文学的研究、整理与创作，著述甚丰，主要有：话本小说集《喻世明言》《醒世恒言》《警世通言》（合称"三言"），另增补罗贯中的《平妖传》为《新平妖传》，改写余劭鱼《列国志传》为《新列国志》；时调集《挂枝儿》《山歌》；笔记小品《古今谭概》《笑府》《智囊》《智囊补》等；戏曲创作有《双雄记》《万事足》《风流梦》《新灌园》四种，又修改汤显祖、李玉诸人作品多种，合称《墨憨斋定本传奇》。

【凤凰】一种传说中的神鸟，与龙、麒麟、龟并称为"四灵"。关于其形象，据文献记载，为鸡头、蛇颈、燕颔、龟背、鱼尾，全身五彩，高六尺多。古人认为凤凰为百鸟之王，是祥瑞的象征，只有在政治清明、天下安宁时才会出现。古代帝后居处和用物多以凤凰为饰。一说雄曰凤，雌曰凰。西汉司马相如曾弹奏《凤求凰》琴曲，追求卓文君。

【凤翔秦墓】东周时期秦国墓葬。位于今陕西宝鸡秦都雍城遗址的南面。春秋战国时期，秦国曾在雍城建都长达293年，考古工作者在这里发掘出土了许多珍贵文物。在雍城遗址之南的

南指挥镇有秦公陵园，共发现43座规模较大的墓葬，其中的秦公大墓是我国目前已发掘的最大的土圹墓，也是迄今发掘的最大先秦墓葬。墓内186具殉人，是自西周以来发现殉人最多的墓葬。椁室的柏木"黄肠题凑"椁具，是迄今发掘周、秦时代最高等级的葬具。椁室两壁外侧的木碑是我国墓葬史上最早的墓碑实物。尤其是大墓中出土的石磬是我国发现最早的刻有铭文的石磬。最珍贵的是石磬上的文字，多达180多个，字体为籀文，酷似"石鼓文"，考古研究根据文字证明，墓葬主人为秦景公。其出土的随葬品金兽、玉璜、巨型石磬，以及各种青铜器、漆器、丝织品反映了当时秦国高超的工艺水平。

【凤阳花鼓】汉族民间歌舞。以演唱为主。明代流行于安徽凤阳燃灯寺一带，起初是农民在田间插秧时，击鼓互歌，故名。它的渊源可追溯到宋代的《村里迓鼓》，而与六朝的《巾舞》《扇舞》也有所关联。通常是男女二人表演，一人执小锣，一人击鼓，两人边歌边舞。最初的花鼓略大，近似腰鼓，斜背肩上，后来为便于外出卖艺时携带，将花鼓改造成扁形小手鼓，如碗口般大。早期花鼓音节凄婉，内容多是抒发家室流离之苦。曲调吸收当地秧歌。京剧、昆曲等曾吸收其为短剧节目。

【奉天法古】以合乎天道和效法先王之道为特征的施政主张。源自三代，西汉董仲舒以来对其有所总结和发挥。

【俸钞】元对汉民户所征赋税项目。元朝初期，官吏无俸禄，中统三年（1262）制定了百官俸禄制度，开始向民户征收额外的费用作为官员的

俸禄,此增赋给官俸,用钞缴纳,故名。至元四年(1267)新增纳的"一两"也是"俸钞",每户在包银之外另纳俸钞一两,以供各级官吏的俸禄开销。

【俸禄】 我国封建社会政府按规定付给各级官吏的薪给。以其有等秩,故又称俸秩。主要有土地、实物、钱币等形式。分封制下,以封地代禄,封地大小就是各级官吏的俸禄标准,俸禄即封地内的经济收入。俸禄制度规范化后,朝廷按官吏不同级别,按月发放定额粟米和钱帛。至唐宋又辅以职田、力役,增发料钱等津贴。其后俸禄逐渐以货币为主。

【佛】 "佛陀"的简称。意为"觉""智慧、觉悟之人"。"觉"有三个境界:一为自觉,即自我觉悟。二为觉他,即使众生觉悟。三为觉行圆满,当达到这种圆满的觉悟,才能称为"佛"。小乘佛教所指的佛,是佛教创始人释迦牟尼的原始佛教和部派佛教。大乘佛教所指的,则是释迦牟尼及一切觉行圆满者。

【佛诞节】 佛祖释迦牟尼的生日。在农历四月初八日。传说,释迦牟尼诞生后就能站立,他右手指天,左手指地,意思是:"天上天下,唯我独尊。"他走动时,步步生莲花,这时,天降九龙吐水,为其浴身。佛教传入中国后,这一天自然也就成为中国佛教信徒的节日。届时,寺院要举行诵经法会,以旃檀、紫檀、郁金、龙脑、沉香、麝香、丁香等天然香料调制成香汤灌洗太子像,称为浴佛,故此节也称浴佛节。此外,还要举行供献花卉、拜佛祭祖、布施等仪式。

【佛法】 佛教教义,也指佛所具有的法力。

【佛光】 初指佛所带来的光明。佛教认为佛法广大,其觉悟众生如驱散黑暗带来光明。在佛教艺术形式中,具象为在佛祖画像或雕塑上其身后或上方呈现的火焰。而佛教信仰者出于对佛祖的敬畏,将云雾天气中,某些海拔较高山峰的轮廓被阳光投射在云雾上的自然光学现象,称为"佛光"。

【佛号】 佛的名号,如世尊、如来等。又特指信佛者口中常念的佛号"阿弥陀佛"。

【佛教】 世界主要宗教之一。公元前6至前5世纪古印度释迦牟尼创立。以无常和缘起思想反对婆罗门的梵天创世说,以众生平等思想反对婆罗门的种姓制度,以涅槃(超脱生死)为理想境界。以戒、定、慧三学为修持方法,以经、律、论三藏为理论依据。在古印度的发展经历了几个阶段:释迦牟尼的原始佛教;前4世纪左右,部派佛教(上座部和大众部等);1至2世纪,大乘佛教(把以前的佛教称为小乘佛教);7世纪后,大乘密教。印度本土佛教在9世纪后渐趋衰微,13世纪初归于消灭,19世纪后始渐复兴。佛教传入我国的时间,一说为西汉元寿元年(前2),一说为东汉永平十年(67)。初期仅被视为神仙方术的一种。至东汉末,随着安世高、支谶首译汉文本佛经的行世,佛教教义开始与我国传统伦理和宗教观念相结合。经三国两晋到南北朝,佛教寺院广为建造,佛经的翻译与研究日渐发达,到隋唐达到鼎盛,产生三论、律宗、天台、华严、唯识、禅宗、净土、密宗等本土化宗派。对我国文学、艺术、哲学以至社会的风俗习惯等都有影响。

【佛龛】　佛教信仰者用于供奉佛像的石室或小阁。龛指掘凿崖为室，安置佛像，即供龛。在云冈、敦煌等石窟中均能见到。随着请佛进家的传统慢慢兴起，佛龛款式趋于多样，材质也更丰富。

【佛堂】　供奉佛像和做佛事的殿堂、堂屋。

【佛图户】　北朝佛寺所属的役户。北魏文成帝采纳昙曜的建议，由官府把犯重罪的囚犯和官奴婢配给某些寺院从事劳役，如清扫寺院、耕种土地等。佛图户隶属寺院，身份如同奴婢，不向政府供赋役。北周武帝灭佛运动后，佛图户制度被废除，改为编户。唐中期以后，在吐蕃统治下的敦煌地区仍有遗存。

【佛学】　我国对佛教哲学的称呼。包含佛教经典的各种义理，内容涉及哲学、逻辑学、美学、伦理学等。有时也称佛教。佛教自汉代进入我国，到魏晋南北朝时期已广泛流行。上至王公贵族，下至平民百姓，信徒众多。大量的佛经翻译工作也在此时展开。至唐代，佛教在我国形成了各宗派，诸派别与我国的传统学术、思想相交融，产生了我国佛教哲学。佛学通过各种论证达到教化、信仰的目的，其中包含着十分丰富的逻辑分析与辩证法观点，对此后的宋明理学、晚清思想以及文学、美学、艺术有着深远影响。

【佛牙】　指释迦牟尼火化后留下来的牙齿。也称佛牙舍利。《大唐西域记》记载：佛牙被置于精舍宝函中，长余寸半，其光泽随着朝夕更替不断变化。佛教徒视为珍宝，予以供奉。

【佛祖】　指佛教创始人释迦牟尼。又指开创佛教宗派的祖师。

【缶】　①古代一种用于汲水或盛酒的器皿。小口圆腹，有盖，肩上有环耳，形似后世的坛。多为陶制，也有的用青铜铸造。流行于春秋战国时期。②一种瓦质的打击乐器。战国时秦王赵王举行渑池会，秦王为羞辱赵王，请赵王鼓瑟。赵国大臣蔺相如则请秦王击缶作为还击。

【夫头】　清朝由地方官发给照票的金矿采金工头。负责管束人夫，收缴课金。

【夫役】　宋代一种无偿劳役。也称工役。按编户丁口多寡和户等高低征调。宋代，男子二十到五十九岁为丁，凡城乡有一丁以上的民户都须承担夫役，官户享有免役特权，担任职役的乡村上民暂免夫役。宋代夫役多用厢兵（承担各种杂役的军队），故民户夫役负担比前代略有减轻。北宋时，每年春季征调丁男修筑黄河堤岸，谓之"春夫"。一旦出现水患，则征调"急夫"。此外，夫役还用于筑城、开河、盖屋、修路、采矿、运粮等。

【夫子】　①古代对男子的尊称。②《论语》中孔门弟子出于对孔子士大夫身份及学识的尊重、崇敬，尊称孔子为夫子，后渐成为对老师的专称。③妻子对丈夫的称呼。

【伏羲】　中华神话中人类的始祖，古代帝王。一作"宓羲""庖牺"，也称牺皇、皇羲、太昊。风姓。相传人类由伏羲和其妹女娲氏婚配而生，又传他教授人类结网、渔猎、畜牧等生存技能，八卦和琴瑟也是由他制作的。伏羲的形象和事迹，反映了原始社会人们的精神世界和生活状态。

【扶风法门寺唐塔地宫】 法门寺中阿育王塔基遗址。法门寺位于今陕西扶风法门镇，始建于东汉桓帝、灵帝时，周魏以前称作"阿育王寺"，隋文帝时改称"成实道场"，唐高祖武德元年（618）时改名"法门寺"，因供奉释迦牟尼真身舍利而闻名于世。自唐高宗起，有八位唐朝帝王迎送舍利。寺中阿育王塔相传造于唐代，原是木构方塔。明代于唐塔基上建十三层八角砖塔，砖塔于 1981 年倒坍，塔基于 1986 年被发掘。因唐时塔基瘗埋佛指舍利，故其下造有复杂的地宫。地宫由踏步漫道、平台、隧道、前室、中室、后室、秘龛组成，总长 21.12 米，由宫内碑文得知，地宫封闭于唐咸通十五年（874），四枚佛指舍利分置于前、中、后室和秘龛中。经鉴定，佛指舍利为骨质或玉质。地宫内供养佛舍利的物品有金银器、铜器、石刻、瓷器、琉璃器以及丝织品。其中捧真身菩萨像、镏金银盒、熏炉等精美绝伦，代表了唐代最高的工艺水平。

【芙蕖】 蕖，qú。荷花。一说特指已开的荷花。也称芙蓉。

【茉苢】 fúyǐ。即车前子。古人认为它的籽实可以治妇人不孕。

【拂尘】 古代一种日常生活器具。长柄，前端有用棕丝、马尾、牛尾等做的穗。用于拂除尘埃、驱赶蚊蝇。

【拂菻】 菻，lǐn。我国古代对东罗马帝国的称呼。也作"拂壈""拂懍""拂临""佛朗""富浪""拂郎"等。隋唐以来各朝及西突厥汗庭皆与之有使节往来，宋时指塞尔柱突厥人统治下的小亚细亚一带。

【服阕】 阕，què，终了。服丧期满。也称服满。期限各有规定，服丧期间生活起居都受约束。汉代以来，其具体规定有所变化。

【服色】 古时各王朝的车马、牺牲、服饰等所规定采用的特定颜色。古人受"五行"观念及"五德始终说"的影响，历代王朝都有崇仰的颜色。夏尚黑色、殷尚白色、周尚赤色、汉尚黄色等。秦汉以来，新王朝建立都将改正朔、易服色视作关系国运的大事。秦始皇认为，周为火，秦为水，所以崇尚黑色。自唐高宗始，黄色成为帝王的专有色彩。后也泛指各级官职的服饰。

【宓妃】 宓，Fú。即洛神。古代神话传说中的洛水女神。据传宓妃为伏羲氏的女儿，在渡洛水时不幸落水淹死而成为洛水之神。《离骚》中有"吾令丰隆乘云兮，求宓妃之所在"的诗句。古代文人墨客留下不少描写宓妃的名言佳作，最著名的当属三国魏曹植的《洛神赋》，其赞美宓妃"翩若惊鸿，婉若游龙，荣曜秋菊，华茂春松，仿佛兮若轻云之蔽月，飘飘兮若流风之回雪"。而晋代书法家王献之书写的《洛神赋十三行》（也称《玉版十三行》）更是绝世珍品。继王献之后，元代的赵孟頫也有行书《洛神赋》传世。

【祓禊】 fúxì。古代习俗。古人于春秋两季，到水滨洗濯，以除凶去垢。源于上古。春季常在三月上旬的巳日，三国魏以后定为三月初三日。东晋王羲之于晋穆帝永和九年（353）三月三日同谢安、孙绰等人会于会稽山阴之兰亭，行被禊之礼，曲水流觞，饮酒赋诗，写下了流传千古的《兰亭集序》。

【浮生】 语出《庄子·刻意》之"其生若浮，其死若休"。指人生在世，虚浮无定。后来也把人生称为"浮生"。

【浮屠】 也作"浮图"。①佛。梵语音译。如浮屠之教，即佛教。浮屠寺，即佛寺。也指僧人。韩愈有《送浮屠文畅师序》。②塔的别名。如："救人一命，胜造七级浮屠。"

【符节】 符和节的合称。古代调兵或派遣使者的凭证。符作为调兵的信物，由竹、木、玉或金、铜等制成，上刻文字，一分两半，一半存朝廷，一半给出征将帅或外任官员。使用时，两半相合，经验证后生效。历史上关于符的著名故事有信陵君窃符救赵。节作为出使信物由使臣所持。西汉苏武奉命出使匈奴，被匈奴扣留，面对威逼利诱，毫不屈服，持节杖于北海苦寒之地牧羊十九年。"苏武节"因此成为历代诗文吟咏的对象，成为坚贞、忠义气节的代表。

【符离之战】 宋隆兴元年（1163），宋金在符离（今安徽宿州）展开的一次战役。也称符离之溃。此年孝宗登位，力图有为，以张浚为都督，命令李显忠与邵宏渊等将领率领十三万大军北伐，四五月间成功收复了灵璧（今安徽灵璧）和虹县（今安徽泗县），渡淮进至符离，李显忠与邵宏渊之间不和，邵宏渊拒绝全力作战，加上其他将领相继违令逃遁，被金反攻溃败。次年议和，宋对金称侄皇帝，每年向金贡献银二十万两、绢二十万匹。此战对宋孝宗的北伐计划造成了沉重打击，是南宋历史上的一次重大挫败。

【符箓】 箓，lù。道教所用的一种具有法力的图形。符指的是书于黄纸或帛上的笔画屈曲类似字形的符号。箓指的是记录天神名讳的秘文。道教认为，符箓可以传达天神的意旨，用来驱鬼降魔，禳灾祛病。

【福船】 宋元以来定型于福建地区的尖底海船。吃水深，稳性好，易于转舵，适于远洋航行和较狭窄、多礁石的航道，是当时东南沿海与东、西、南洋交通的主要客货用船和水军装备的战船。明代郑和下西洋以及名将戚继光、郑成功的水师主要船型就是福船。

【福地洞天】 道教传说中神仙所居住之胜境。即"十大洞天""三十六小洞天"和"七十二福地"。十大洞天指：王屋洞天、委羽洞天、西城洞天、西玄洞天、青城洞天、赤城洞天、罗浮洞天、句曲洞天、林屋洞天、括苍洞天。而三十六小洞天则在诸名山中，岱宗、少室等都包括在内。七十二福地则在胜地名山之间，上帝命真人治之，其间多得道之所。江苏句容地肺山、浙江临海盖竹山等均在列。

【福晋】 清朝亲王、世子、郡王妻子的封号。满语意思是妻子、贵妇，一说是汉语"夫人"的音译。分正、侧两种。正室封"福晋"，侧室则封"侧福晋"，亲王封侧福晋四人，郡王及世子封侧福晋三人。每五年一次，由礼部题准给册。

【幞头】 幞，fú。古时男子包头的软巾。又名帕头。相传始于北周，至唐初基本定型，始称幞头。最初仅用黑色纱罗缝制，后逐步发展为用桐木片做成顶部稍突状的里衬，使顶部高抬，后人称唐巾。宋时以藤编织做里，用纱做面，表面涂黑漆，做成可随意脱戴的幞头帽子。其后官场给不同职级的官员制作样式有别的幞头帽子，由于用材通常是青黑色纱罗，所以也称乌纱，民间俗称为乌纱帽。一直到清代，这种从包头软巾发展而来的官帽才被弃用。

【抚顺之战】明万历末努尔哈赤率军袭取抚顺（今辽宁抚顺）的战役。公元1618年，努尔哈赤利用明朝边防松弛之机，把握战机，周密部署，宣布"七大恨"，誓师告天，兵分几路，突袭抚顺。明守将降逃，援军覆灭，总兵等军官五十余人阵亡。此战是明朝与后金战争的开端。

【斧】古代的一种兵器。商代以前有石斧，商代有青铜斧，斧刃凸形，略外突。商周的铜斧，形状、雕刻、嵌镂皆精致华美。春秋战国时的铜斧大多以管插柄。汉代出现了铁斧，形状多样，长短宽窄各异，变体、名称渐多。在古代，斧被视为王权的象征。传说中的盘古开天辟地所用的斧，就是其至高无上权力的象征。斧也被用作仪仗或祭祀仪式的礼器。在商周时期，斧字在墓葬中的出土文献中频繁出现，显示了其在礼仪文化中的重要地位。

【斧声烛影】有关宋太祖赵匡胤之死和宋太宗赵光义即位过程的谜案。也称烛影斧声。宋开宝九年（976）十月壬午夜，宋太祖赵匡胤大病之时，召晋王赵光义入宫商议后事。席间有人看见宫内烛影摇动，仿佛赵光义离座退避，又过片刻，听到斧子戳地击物的声音，赵匡胤大声说"好为之"（一说"好做，好做"），这句话的含义以及他为何这么做，至今仍是一个未解的谜团。

【府】唐代将京师和东都洛阳所在地的州升为府，并将设有都督府或设有都护府的州升为府。一般大州都称府，隶属于道。宋代府、州并存，隶属于路。如东京东路包括济南府，青、密、沂、登、莱、淄、潍七州和淮阳军。元代的府或隶属于路，或直辖于中央。明代以京畿、应天诸府直隶京师，其余隶属于各省。清代顺天、奉天二府直隶京师，其余因袭明制。府的最高长官，唐称尹，宋称权知府事，明清称知府。

【府兵制】西魏、北周至隋唐的兵制。西魏宇文泰将上古周朝六军军制同鲜卑八部制进行糅合，创立了八柱国、十二大将军、二十四开府的府兵制管理系统。八柱国中，宇文泰特殊，元欣因地位尊崇而挂名，实际为六柱国，每个柱国领两位将军，每位将军管两位开府。北周时，府兵军士改称侍官，不属柱国。隋初称军府为骠骑府。大业三年（607）改称鹰扬府。唐初一度恢复"骠骑府"旧称，不久改为折冲府。天宝八载（749），折冲府无兵可交，府兵制名存实亡。宋时成为武官寄禄之衔，辽金置为州级行政官，元废。

【府试】科举时代府一级考试。童生试第二阶段考试。明始行，由各府长官主持。凡经县试录取的童生均可参加所属府的考试。清制，试期多在四月，报名、履历、保结、场期等与县试略同。录取者可参加上一级的院试。通过县试、府试和院试这三个阶段的考试，就可以取得生员资格，并可以进入官办的府、州、县学进行学习。

【**府尹**】古代官名。一般为京畿地区的行政长官。始于汉京兆尹。唐东都、西都、北都及州郡之升府者，皆置府尹，掌宣教令，岁巡所属县，观风俗、讯囚等。宋代开封之府尹不常置。明应天、顺天，清顺天、奉天，均置府尹，掌京府的政令，其佐官称府丞。后也用以泛称太守。北宋王安石为江宁府尹，提出"废湖还田"的主张，奏准宋神宗泄湖得田，导致玄武湖消失了二百多年。

【**釜**】也作"鬴"。古代一种炊器。早期为青铜制，后多以铁制。圆腹，双耳，无足，类似于现代的"锅"。使用时置于灶口，上置甑以蒸煮。盛行于汉代。项羽曾引兵渡河，渡河后凿沉船只，摔破釜甑，只带三天的军粮，以表示决不后退之义，这就是成语"破釜沉舟"的由来。

【**脯**】①即干肉。也称脩。也有古人认为，脯和脩在制作上有所区别，前者是不加姜、桂等作料，仅抹盐风干，后者是加姜、桂后捣捶以入味再风干。将肉风干，最初是为了便于保存，自周代就有干肉的相关记载。《齐民要术》中详细地介绍了干肉制作的时间、原材料和各种制作方法。②干制的果仁和果肉。《齐民要术》中介绍有枣脯法。

【**簠**】fǔ。古代食器。青铜制，长方形。其基本形制为对扣着的一对梯形台状盛器，分开则成为两个一样的器皿。祭祀和宴飨时用来盛放黍、稷、稻、粱等饭食。出现在西周早期后段，盛行于西周末春秋初，到战国晚期后消失。

【**负荆请罪**】出自《史记·廉颇蔺相如列传》。战国时，蔺相如在秦赵外交活动中数次成功为赵国化解危机，被拜为上卿，位居大将廉颇之上。廉颇不服，扬言要侮辱蔺相如。蔺相如为了国家利益，处处退让。廉颇知道其苦心后，深感惭愧，肉袒负荆，登门向蔺相如赔罪。这一典故在民间又称将相和。它既颂扬了蔺相如以大局为重、宽容大度的胸怀，也歌颂了廉颇善于反思、知错就改的磊落胸襟。

【**附生**】科举制度中生员名目之一。明代生员定额，后增广，不拘额数。宣德时，以初设食廪者为廪膳生员，以广者称增广生员，各有一定额数。明正统时，于府、州、县学廪生、增生名额之外又增加生员附于诸生之末，称为附生，是生员中资历最低者。清代凡童生入学者皆称附生，只领取膏火费，岁试、科试优等可逐年升为廪生、增生。

【**驸马**】古代官名。汉武帝时始置，掌管皇帝出行所用的副车之马，年俸禄是二千石，起初多由皇室或外戚及诸公子孙担任。三国时期，何进之孙何晏因与公主结婚，被授予"驸马都尉"一职。后西晋杜预、王济作为公主的丈夫都被授予"驸马都尉"。魏晋之后，皇帝的女婿封"驸马都尉"成为常例，简称"驸马"。"驸马"已不是官职，成为皇帝女婿的代称。清朝改称"额驸"。

【**复**】丧礼仪式之一。指招魂。古时人初死，断定无气息后，生者要上屋顶面北而呼，为死者招魂，称为复。复而不醒，方能办理丧事。此仪式源自上古，意在招唤死者的灵魂回复到身体，从而复活。战国屈原（一说宋玉）《招魂》模仿民间招魂习俗，呼唤楚王的灵魂回到楚国。经唐、宋、明而到近代，"复"的习俗渐不行。

【复辟】 辟，bì，君主。指被赶下台的君主重新掌权，登上君位。后多指被推翻的统治者重新上台，或旧制度得到恢复。如近代有历时仅 12 天的张勋复辟。

【复除】 古代国家免除徭役、赋税的措施。战国时始有，沿用至唐宋时期。具体做法历代不尽相同。如公元 264 年，曹魏权臣司马昭平定蜀国，为稳定动荡的形势，他下诏"特赦益州士民，复除租赋之半五年"，即减免蜀地民众五年之内的一半赋税。

【复道】 楼阁或山崖间架起的通道。也称阁道。一般有上下两层，上层通道连接建筑物的楼上，而下层通道则连接楼下。通道两侧有栏杆或花窗，形成保护围栏以及半隐蔽式的廊道。复道起源较早，春秋战国时期即有应用，由于其具有一定的防御和保密功能，故秦汉之后多用于宫廷建筑中。

【复客制】 官僚贵族的佃客可依法免除赋役的制度。盛行于三国孙吴治下，与世袭领兵制配套，朝廷也常赐予大臣佃客。孙吴政权赐予大族将领田地，使其免纳租赋，同时免除其佃客的赋税徭役，使这些佃客成为只向主人纳课服役的私佃客。这些佃客被称为"复客"或"赐民"，身份同于农奴。西晋发展为荫客制。

【复推】 宋代死刑案件的重审程序，规定案件审理完毕后，已判死刑但尚未执行时，要派其他无关的官员录问犯人。如果犯人在录问或行刑时呼冤翻供，或其家属诉冤，则由上级再差派官员依法重新审理。宋代法律规定，凡死罪案件，都要送朝廷刑部复审，同时朝廷也经常派出使臣到各地审理案件。案件一经"翻异"，司法机关便须再审理一次。

【复姓】 由两个或两个以上的汉字组成的姓。复姓的来源多样，有的来源于封邑，如春秋晋魏颗屡立战功，受封于令狐邑，其后人就以"令狐"为姓。有的来源于职业，如相传"漆雕"本是职业称谓，用以称呼油漆装饰工，他们的后代就以祖先的职业或技艺的名称"漆雕"为姓。有的来源于官名，如司马、皇甫。有的来源于少数民族汉化、融合改姓，如长孙、慕容、拓跋、哥舒、宇文等。

【复奏】 死刑的奏请制度。此制萌芽于汉代，确立于北魏，定型于隋唐。隋朝时规定死刑案要三次复奏，皇帝批准后才可执行。明清时期进一步完善，是古代刑事审判中的重要制度。

【副榜】 科举时代会试或乡试公布录取名单的榜示。科举时代会试或乡试取士，分正榜、副榜。正式录取的名额之外另取的附加名额，列为副榜。也称备榜。始于元至正八年（1348）。明永乐中会试有副榜，给下第举人以做官的机会。嘉靖中有乡试副榜，名在副榜者，准作贡生，称为副贡。清制，副榜与正榜同发。中乡试副榜者可入国子监肄业，称副贡或副贡生，但不得应会试，下科仍许应乡试。康熙三年（1664）停会试副榜，至雍正、乾隆时发展为"明通榜"。

【副贡】 科举制度中贡入国子监生员

的一种。清制,在乡试录取名额以外录取为副榜的,可直接入国子监读书,称为副榜贡生,简称副贡。也称副贡生。与岁贡、恩贡、拔贡、优贡合称"五贡"。

【赋】 文体名。是韵文和散文的综合体。讲究辞藻、对偶、用韵。最早以"赋"名篇的为战国荀子的《赋篇》。最早出现于诸子散文中的,称"短赋";以屈原为代表的"骚体"是诗向赋的过渡,称"骚赋";汉代正式确立了赋的体例,讲究文采、韵节,兼具诗歌与散文的性质,称为"辞赋";魏晋以后,日益向骈对方向发展,叫作"骈赋";唐代后接近于骈文的为"骈赋""律赋";宋代以散文形式写赋,称为"文赋"。著名的赋有:西汉司马相如的《子虚赋》《上林赋》,三国魏曹植的《洛神赋》,唐代杜牧的《阿房宫赋》,北宋苏轼的《前赤壁赋》等。

【赋役】 古代官府征收的各种赋税和徭役。源于三代,赋初指向臣属征发的军役和军用品。春秋后期,逐渐从田亩征赋。秦汉以来赋税有田赋、口税、户税等主税及各种杂税,徭役则由正役和各种杂役构成。魏晋至隋唐沿此损益。至中唐发生转折,从两税法到明清一条鞭法和摊丁入亩,征收重心从户丁转至土地等资产,所征物、力转以钱、银为主,各种杂税杂役不断滋生并入主税正役,各种工商税在财政收入中的比重明显上升。

【赋役黄册】 明清为征派赋役编造的户口簿册。一说男女始生为黄,黄代表人口;一说因送户部的簿册封面为黄色,故称黄册。也称黄籍、人籍。明洪武十四年(1381)命各州县以户为单位分"里",详细登载乡贯、姓名、年龄、丁口、田宅、资产,并按从事职业,分为民、军、匠三大类,一式四份,分送县、府、布政使司和户部。清康熙七年(1668)因每五年造送丁口增减册,停造黄册。

【傅籍】 由官府将治下的人名、户口等状况登记在簿籍,用作征发徭役的依据。简称傅。起源很早,战国时已经普遍存在,登记的重点对象是纳赋服役的成年男子,老幼和废疾者酌情减免。编入傅籍的具体年龄规定,秦汉以来多有调整。编入户籍,成为正式居民者才可按规定授予爵位、田宅。统计登记事项和办法,历代有所不同,大体是趋向严密。

【傅山】 (1607—1684)明清之际学者、书法家。山西阳曲(今属太原)人。初名鼎臣,字青竹,后改字青主。号朱衣道人,又有真山、浊翁、石道人等别名。而立之年,受知于山西提学佥事袁继咸。袁氏为阉党张孙振所诬陷,傅山率百余名山西生员进京伏阙讼冤,终得昭雪。明亡,隐居不出。康熙十八年(1679),朝廷以博学鸿词征召,以死拒绝,被放还。傅山生平博学,在经史、诸子、书法、文学、医药等方面都有研究。其草书奇崛雄伟,为书家所称道。主要著作有《霜红龛集》《荀子评注》《女科》。

【富春江】 钱塘江桐庐至杭州闻堰段的别称。全长68千米。两岸连山,风光旖旎。沿江有严子陵钓台、谢翱墓、葫芦瀑布等多处胜景。南朝梁吴均《与朱元思书》描绘自富阳至桐庐一百余里富春江的美景,称赞其为

"天下独绝"。元代黄公望的《富春山居图》是描绘富春江美景的名画。富春江盛产鲥鱼，肉质鲜美，是难得的珍馐。

【富平之战】 宋建炎四年（1130）金与南宋在富平（今陕西富平）进行的战役。建炎三年（1129）宋以张浚为宣抚处置使，经略川陕。张浚因金军屯兵淮南，欲牵制其兵力，以保东南，便在陕西集结军队，准备反攻。当时金由完颜宗弼率主力进至关中，欲由陕入川，包抄灭宋。张浚组织重兵防御反击，一度收复长安等地。张浚联合刘锡、刘锜、吴玠、孙渥、赵哲各部，以刘锡为都统制，在富平与金军会战。刘锜等率军力战，激战竟日。完颜宗弼一度被围，陷入苦战。后因金娄室部攻宋环庆军，经略使赵哲先逃，致宋全军溃败，退至秦岭一线要地布防，金遂占有关陕。

G

【**垓下**】垓，gāi。古地名。在今安徽固镇东北。公元前202年，楚汉相争的最后时刻，项羽被刘邦、韩信、彭越等率领的大军合围于此，粮尽无援，又闻四面楚歌，以为楚地尽失，自知大势已去，不禁慷慨悲歌，后自刎于乌江。

【**垓下歌**】古代歌曲名。据《史记》载，项羽在垓下（今安徽固镇东北）被汉军围困，兵少粮尽。羽夜饮帐中，自知败局已定，因慷慨悲歌："力拔山兮气盖世，时不利兮骓不逝。骓不逝兮可奈何，虞兮虞兮奈若何！"后人称《垓下歌》。

【**改降五等**】北魏孝文帝在太和十六年（492）进行的一项重大政治改革，其主要内容是将异姓王公的封爵降级。规定非道武帝子孙及异姓王，皆降为公，公降为侯，侯降为伯，子男仍旧。旨在巩固皇权，削弱旁支及异姓王公的地位，减轻财政负担。

【**改土归流**】明清两代在少数民族聚居区废除世袭土司，改行任命有任期的流官统治的一种政治措施。土司制度形成于唐宋时期，即由朝廷授予少数民族聚居区的首领世袭官衔，承担义务和自治其地。散居在云南、贵州、四川、广西等地的少数民族，明以前概由土司辖治。明永乐十一年（1413）平定思州、思南两宣慰使之乱后，废土司，设贵州布政使司，置思州、思南等八府。清雍正时，采纳云贵总督鄂尔泰改土归流建议，在云南、贵州等省设置府、厅、州、县，积极推行。改土归流以后，在原土司地区实行和汉族地区相同的政治制度，如丈量田地、征收赋税、编查户口、组织乡勇、兴办学校、实行科举等。此举加强了边远地区和内地经济、文化的交流，也加强了中央对边远地区的统治。

【**盖天说**】古代宇宙结构学说。古人对宇宙的认识，分为浑天、盖天、宣夜三种。盖天说在周朝初年即已形成。"天圆地方"是持这一观点的人对宇宙形态的基本认识，他们将天形容为一张撑开的大伞，覆盖在如棋盘一样的大地上，后也主张天如斗笠，地如倒扣着的盘。在这个天地体系里，日月星辰随着天盖而运动，因距离观察者的远近不断变化，形成了东升西沉的视觉效果。我国古老的天文著作《周髀算经》就是用来阐释盖天说的。古人在地上立一个长八尺的表，这个表就叫髀，将之视作不等边直角三角形的直角长边即是股，太阳照在表上，折射到地面的影子为直角短边即是勾。随着日照点的不断变化，勾的长短也会发生改变，人们再利用勾股定理、开平方等方法揭示日月星辰的运行规律，制定历法。故盖天说也称周髀说。

【干戈】古代常用于防御和进攻的两种兵器。干，盾，用于抵挡刀箭，是防御性武器。戈，平头戟，横刃，青铜或铁制，装有长柄，是进攻性武器。也泛指武器或引申为战争。

【干将莫邪】Gānjiāng Mòyé。干将、莫邪夫妻二人是古代的铸剑名匠，春秋时期吴国人。曾为吴王铸出利剑。后为楚王铸剑，历时三年，铸成雌雄二剑。楚王因忌惮夫妻二人再为他人铸剑，暗起杀心。干将携雌剑献楚王，被楚王杀害。莫邪逃亡生子，取名赤鼻。赤鼻长大后得雄剑，日夜期盼为父报仇而不能如愿。后遇一过客，向赤鼻要其头颅与雄剑，襄助其报仇，赤鼻自刎。过客携雄剑与赤鼻头颅俱献楚王，楚王大喜，将赤鼻头颅煮于汤镬之中。头三日不烂，楚王探头就镬查看，过客趁机抽雄剑砍掉了楚王的头，随后自己也饮剑自杀。三头于镬中俱烂，不可识别，后为人混葬。今河南汝南和孝镇有三王墓，相传即三人混葬之处。

【干栏】一种房屋建筑形式。目前考古发现我国最早的干栏式建筑出现在河姆渡文化时期。古代南方地区盛行，东北地区也有类似建筑。干栏式住房一般分为两层，以竹、木为桩柱，其上架设竹或木质的大小龙骨作为承托上层地板悬空的基座，基座上再立木柱和横梁，以板壁、草泥或竹条构成框架式围墙，顶盖茅草、树皮或瓦。上层分隔成为卧室、堂屋、晒台若干间。下层桩柱间不设墙体，堆放农具并饲养牛、猪等家畜。供人上下楼的木梯一般设在房屋侧面。现傣族、布依族、壮族等少数民族仍有部分地区采用干栏式住房，如云南景洪的傣族竹楼。

【甘结】古时官府断案后，受审人向官府出具的画押后的书面保证。其称呼历代有所不同，宋元以后专用此称，表示服从判决、保证所言属实，并声明如有违背则甘愿受罚。明清时期比较盛行，是官府结案的必备手续。

【甘露之变】唐文宗时宦官大肆诛杀朝官的事件。唐大和九年（835），唐文宗不甘为宦官控制，和大臣李训、郑注策划诛杀宦官，以左金吾卫仗院石榴树上夜降甘露为名，诱使宦官头目仇士良等前往观看，欲行诛杀。仇士良等到后，发觉有伏兵，仓皇逃走。后挟持文宗回宫，捕杀李训、舒元舆、王涯、郑注等，株连者千余人。后文宗郁郁而死，宦官专权则变本加厉，再不可制，直至公元903年朱温尽诛宦官，唐朝不久后灭亡。

【甘石星经】天文学著作。简称《星经》。我国古代占星学著作。相传战国时齐人甘德著有《天文星占》八卷，魏人石申著有《天文》八卷，后人将它们合并起来，称作《甘石星经》。现在一般认为是唐宋人所辑，托名甘德、石申所作。书中有120颗恒星的位置记载，为世界上最早的恒星表。

【甘之战】相传夏禹死后，其子启与反抗其继位的有扈氏在甘地（今河南郑州以北的原阳、原武一带）进行的战役。有扈氏败灭，夏后氏获得胜利，启得以建立夏朝。

【感遇诗】诗歌的一种。对所遇事物抒发感慨的政治抒情诗。初唐陈子昂最先以"感遇"为题作《感遇》诗三十八首。感遇诗内容或评论时事，或同情人民，或感怀身世，情感深厚、思想深刻。后世作者也多沿用此题。

【**纲运**】唐以来物资批量转运之法。将一批物资以若干船或车组成一队集中押运、管理，每批编立字号，分若干组，一组称"一纲"。唐广德二年（764）刘晏从扬州运米到河阴（今河南荥阳北），用船二千艘，每艘装千斛，十船编为一纲，为最早的纲运。宋广泛流行，也用于运输食盐和某些特种物品，如宋徽宗时的花石纲，即用来运送苏杭等地的奇花异石到东京（今河南开封）。

【**皋比**】gāopí。指虎皮座。古人常坐虎皮讲学，后来因此称讲学者的座席为"皋比"，并称任教为"坐拥皋比"。也指武将的座席。

【**皋陶**】Gāoyáo。上古黄帝长子少昊的后裔，东夷部落首领，是舜的肱股之臣。被任命掌管刑法。他秉公执法，为社会的安定、公平做出了杰出的贡献。曾被禹选为继承人，但因早死未能继位。相传春秋时英、六等国之君即其后裔。《尚书》有《皋陶谟》篇，记录了皋陶和夏禹在虞舜前对答、皋陶称述施政计谋的内容。古文献里也将其名字写作"皋繇""咎繇"。

【**高车**】北朝时民族名。敕勒（铁勒）族的别称。汉称"丁零"。后音变为"狄历""敕勒""铁勒"等。因所用车轮高大，辐数至多，故称"高车"。隋时，东至独洛河（今图勒河）以北、西至西海（今里海）的广大地区，分属东、西突厥。其漠北十五部，以薛延陀与回纥为最著。逐水草，事

畜牧，后渐知农耕，能歌善舞，《敕勒歌》是反映漠南阴山下敕勒川景物的千古绝唱。唐贞观末，于东部铁勒分设都督府、州，隶燕然都护府。天宝三载（744），其回纥部强盛，建立回纥汗国。

【**高车国**】公元487年由柔然敕勒部阿伏至罗建立的政权。定都车师前部（今新疆吐鲁番交河故城一带）。其疆域向南控制了通往西域的门户高昌以及焉耆、鄯善，东北至色楞格河、鄂尔浑河、土拉河一带，北达阿尔泰山，西接乌孙西北的悦般，东与北魏相邻。541年为柔然所灭。前后约五十五年。

【**高鹗**】（约1738—约1815）清代文学家。字兰墅，号研香，别署红楼外史。汉军镶黄旗人。乾隆进士，官至刑科给事中。熟谙经史，通晓诗词、小说、戏曲、绘画、金石等。通常被认为是《红楼梦》后四十回的续写者。著有《兰墅诗钞》《兰墅文存》等。

【**高句丽**】Gāogōulí。古王族名、古国名。也称高句骊、句骊、高丽等。战国时属燕，汉武帝时属玄菟郡。西汉建昭二年（前37）夫余人邹牟（也称朱蒙）在玄菟郡的高句丽县建国，都纥升骨城（今辽宁桓仁五女山城）。西汉元始三年（3）迁都国内城（今吉林集安）。东汉末到魏晋时期，活动范围日蹙。公元5世纪初占据后燕辽东、玄菟两郡。北魏始光四年（427）迁都平壤。南北朝时，一直与北朝各王朝通使往来，接受册封。北齐乾明元年（560）被封为高丽王。唐置安东都护府。

【**高渐离**】战国时燕人。以屠狗为业，

善击筑（古代一种击奏弦鸣乐器），为荆轲好友。燕太子丹派荆轲刺杀秦王嬴政，他到易水击筑送行，荆轲和而歌曰："风萧萧兮易水寒，壮士一去兮不复还！"慷慨激昂，士皆垂泪。荆轲刺杀秦王未遂被杀，高渐离乃变姓改名，替人做雇工，找机会报仇。秦王听说他善击筑，就熏瞎了他的眼睛，让他击筑。他在筑内暗藏铅块，在靠近秦王时举筑扑击，不中，被杀。

【高梁河之战】 北宋与辽在高梁河（今北京西直门外）一带进行的一次战役。北宋太平兴国四年（979）宋太宗灭北汉后，乘胜率师攻辽，击败辽将耶律奚底、萧讨古等军，包围辽南京（今北京西南隅），城中大震。辽以全力救援，战于高梁河，辽将耶律休哥与耶律斜轸左右夹击，耶律学古也开城接应。宋军大败溃退，尽失兵仗粮饷。宋太宗一度险被俘获，乘坐驴车逃生。经此一役，宋初恢复燕云计划遂告失败。

【高平陵之变】 三国曹魏正始十年（249）正月，司马懿发动的政变。也称正始之变。公元249年，魏帝曹芳与辅臣曹爽同出洛阳拜谒明帝高平陵，司马懿趁机起兵政变并控制京都，拥郭太后逼服曹爽，后大肆诛杀异己，司马氏自此主宰了曹魏政权。

【高启】 （1336—1374）明代诗人。字季迪，号槎轩，长洲（今江苏苏州）人。元末隐居松江青丘，因自号"青丘子"。少与杨基、张羽、徐贲齐名，人称"吴中四杰"。明洪武初，召修《元史》，授翰林国史编修。后擢升户部右侍郎，高启自陈年少不敢当此重任，辞归故乡。后替苏州知府魏观撰《上梁文》，其中有"龙蟠虎踞"之语，明太祖朱元璋疑为歌颂张士诚，借故将他腰斩，年仅三十九岁。高启被公认为有明一代最卓越的天才诗人，其诗歌博采众长，各体兼工，题材广泛，风格豪放清逸、含蓄优美。散文也很有名，与宋濂、刘基并称"明初诗文三大家"。著有《扣舷集》《凫藻集》。

【高唐神女庙】 遗址位于今重庆巫山县以东。也称高唐观。相传为楚怀王与巫山神女相会的地方，后世因此而立庙。战国楚宋玉作《高唐赋》："楚襄王与宋玉游于云梦之台，望高唐之观，其上独有云气。"高唐观具有两千余年的悠久历史，曾数次重建，故址仍存。高唐观以三峡神女的美丽传说和神秘的巫山云雨不断被历代文人赋诗吟诵。唐代李群玉有《宿巫山庙》诗："寂寞高唐别楚君，玉人天上逐行云。停舟十二峰峦下，幽佩仙香半夜闻。"

【高堂】 古时父母的居室一般处于正中位置的堂屋，又因堂屋的地面比其他房间高，故子女辈为表尊重，对外人提起父母时，尊称为"高堂"。

【高邮二王】 指清代江苏高邮的王念孙、王引之父子。二人都精通音韵训诂，学术成就齐名。王念孙（1744—1832），字怀祖，号石臞。乾隆进士。著有《广雅疏证》《读书杂志》《古韵谱》等。王引之（1766—1834），字伯申，号曼卿。嘉庆进士。著有《经义述闻》《经传释词》。

【膏火】 膏，特指灯油。本指照明用的油火。宋以来常指官学和书院发给学生的津贴。

【**缟**】 gǎo。细白的生绢。一种生丝织成的薄且坚韧的素色丝织品。也指未经染制的本色丝织品。相传历史上鲁国出产的缟轻薄细白，质地最佳。《汉书》中有"强弩之末，力不能入鲁缟"之句，从侧面反映出缟的轻薄。

【**告庙**】 古代吉礼之一。西周以来，天子或诸侯出行或遇有大事，按例要祭告于祖庙，祈求祖先的神灵指示、保佑。据记载，魏明帝曹叡在洛阳营建祖庙，施工时从地下挖出一块玉玺，方一寸九分，上面刻着"天子羨思慈亲"六个字。明帝持玺而大受触动，备下牲礼告庙。平民如有大事，也行入祠祭告祖宗之礼。

【**告朔**】 周制，天子在每年秋冬之交，把第二年的历书颁给诸侯，称为告朔。诸侯将其藏在祖庙，在每月朔日（农历初一）祭告于祖庙的仪式，也称告朔。周王室及诸侯都有此礼，后世相沿有所变化。

【**诰命**】 皇帝封赠官员的专用文书。明清官员五品以上方能授诰命。又以诰命特指受封赠的妇人。也称诰书。

【**戈**】 我国商周时代的主要兵器，盛行于殷周，秦以后逐渐消失。其向前部分名援，援上下皆刃，用以横击、钩杀。春秋战国的戈多有三至四穿的，同时，援变得狭长而扬起，像鸡鸣，故汉代也称戈为"鸡鸣"。在我国文化中，戈不仅仅是一种武器，还象征着军事力量和战争。在汉字中，许多与兵器或军事相关的字都使用"戈"作为意符。戈和干（盾）是商周时期士兵的标准装备，因此"干戈"一词就成为战争的别称或各种兵

器的统称。

【**哥窑弟窑**】 古代名窑。窑址在今浙江龙泉。相传南宋时章生一、章生二兄弟在当地烧造瓷器，各主一窑。兄所主之窑称"哥窑"，弟所主之窑称"弟窑"。哥窑所烧瓷器，黑胎青瓷，胎薄、性坚、体重；釉面多断纹隐裂的称"百圾碎"，周身细眼的称"鱼子纹"；由于器口与底足无釉的地方呈紫褐色，称"紫口铁足"。弟窑（通常所称龙泉窑即指此）以白胎厚釉为特色，色多粉青、翠青，尤以梅子青为上品，纹饰出现堆塑和贴花。

【**歌板**】 打击乐器。即拍板。用以定歌曲的节拍，故称。唐玄宗时乐工黄幡绰善于奏歌板，故也称绰板。檀木制的歌板，也称檀板。

【**革车**】 即车舆上覆有皮革的古代战车，覆皮革可使车坚固且利攻守。也有人认为革车是载器械、衣食用具等辎重的。

【**阁**】 本为古代两层楼房的泛称。也常指底层通透，平面多近似方形，四周设隔扇或栏杆、回廊，在建筑群中居主要位置的多层建筑，可供登临、远眺、藏书、供佛等用。如天津独乐寺观音阁、宁波天一阁等。古代建筑中，还指女子的卧房，常称为闺阁。

【**阁下**】 对人的尊称。多用于书信。意在不直呼对方的名字，而呼唤并拜托对方阁下侍者代为传达转告，以示尊敬。

【**格调说**】 清诗学理论。明代前、后七子推崇汉魏盛唐，主张从格律、声调上学习模仿古人，清沈德潜继承此一宗旨，提倡格调之说，使之与温柔敦厚的传统诗教相结合，讲求含蓄比兴，

不能明白外露。其说影响较大,在乾隆年间占有诗坛正统的地位。沈德潜所选《古诗源》《唐诗别裁集》《明诗别裁集》《国朝诗别裁集》风行一时,而对宋诗则摒弃不选。理论代表著作为沈德潜《说诗晬语》,详细阐述了"格调说"的理论,并以此来评价和指导诗歌创作。与神韵说、性灵说、肌理说并为清代前期四大诗歌理论派别。主"格调说"的诗人一般被归为"格调派"。

【格格】 清宗室封爵前六等之女的统称。满语意为"小姐"。初无定制,清太宗时定为王公女儿专号。分为五等,依次是亲王嫡女和硕格格,封为郡主。郡王嫡女多罗格格,封为县主。贝勒嫡女,亦称多罗格格,封为郡君。贝子嫡女固山格格,封为县君。镇国公、辅国公嫡女格格,封为乡君。

【格后敕】 唐朝流行的补充"格"的一种制敕。因是"格"颁行后随时形成并可援用为通例的制敕,故名。其效力与"格"条相仿,武周以后作用日益明显,有时也选编为"格后长行敕"。因唐安史之乱后不再全面修订开元时的"律""令""格""式",这种"制敕"就成为随时推出法律新规定的主要形式,后续仍对之删定编集,是宋代编敕的前身。

【格物致知】 我国古代认识论的命题。穷究事物的原理、规律,从而获得知识。简称"格致"。较早见于《礼记·大学》。宋代以后的儒者对"格物致知"的具体解释不同,程朱学派朱熹认为物心同理,要想领悟心中之理,不能仅靠反省,而应以格物为方法,穷尽万物之理后,心中所具之理才能够显

示出来,"格物"包括读书思辨和道德修养。陆王学派认为"格物致知"纯粹是内心的事。明清之际王夫之认为"格物"以考察外物为主,"致知"以心官思辨为主,两者相辅相成。清代颜元强调要想求得真知,必须投入到改造客观事物的实践中,肯定"行"先于"知"。

【葛布】 用葛的茎纤维织成的布。也称夏布。葛为多年生蔓草,其古代的主产区在吴越和岭南地区。江苏苏州草鞋山新石器遗址就发现了五六千年前的葛布。春秋战国时期极盛。由于葛产量低,宋元以后生产较少。广东所产的葛布,质量较好,有"细滑而坚"的美誉。

【槅扇】 槅,gé。古代建筑中的门窗构件。也称槅子。常见的样式是安装在建筑物金柱与檐柱间的门,分隔室内外空间。每开间设四、八扇木槅。园林中的厅堂等建筑物中的槅扇,既可当门,也可当窗。槅扇一般由槅心和裙板构成,槅心和裙板上常用木雕甚至珐琅等装饰,特别是宫廷建筑中的槅扇更有华丽的装饰。

【盖吴起义】 盖,Gě。北魏时西北各族人民大起义。北魏太平真君六年(445),卢水胡人盖吴为反抗北魏压迫,在杏城(今陕西黄陵西南)起义,设立了百官机构,自称"天台王",汉、氐、羌、匈奴等族人响应,人数多达十余万。盖吴为了获取外援,通使南朝宋,受封为雍州刺史、北地郡公。次年,北魏太武帝至长安督军猛攻,盖吴被迫退兵,散入北山。旋又在杏城集结义军,自称"秦地王"。后阵亡(一说为叛徒所害),起义军

相继败散。

【葛洪】（约281—341）东晋道教理论家、医学家、政论家。字稚川，自号抱朴子，丹阳句容（今属江苏）人。从祖父葛玄，为三国时期著名方士。受此影响，少拜郑隐为师，学习炼丹术。后隐居在罗浮山炼丹著书。结合道教思想和儒家思想，提出"身在山林而心存魏阙"。著《抱朴子》，该书分内、外两篇，内篇谈神仙方药、鬼怪变化、养生延年、禳邪却祸之事，其中有关用矿物炼丹药、炼金银和用植物治疗疾病的记载，对研究我国古代的化学、药物学有一定参考价值。外篇论述人间得失，阐明其社会政治观点。其中《酒诫》《讥惑》等篇章不仅批判了当时社会政治、风俗习尚等问题，还涉及人物品鉴、利害得失等主题。又精于医术，著《金匮药方》，并在《肘后备急方》中首次记载了天花和恙虫病。另著有《神仙传》等。

【根窝】清代盐商专卖的凭证。也称窝根、引窝。源出明后期纲法的窝本，即列名纲册者世代据有的食盐包销资格。清初沿明制，两淮课盐，招商人认窝缴纳银两，发给专卖凭证，谓之根窝。有根窝的可世袭其业，称为窝商。盐商费银一二千两取得根窝，凭根窝垄断一定地区的食盐运销。道光时，窝商常将"年窝"（每年呈经政府朱批的凭单）转售他人，或将根窝典质于人，坐收厚利。道光十一年（1831）陶澍改行票法时废止。后又变相恢复纲法，盐商所领部帖也成根窝。

【艮岳】宋代著名宫苑。宋徽宗政和七年（1117），在汴京（今河南开封）东北隅建造的大型人工山水苑。艮指东北方，此苑以山为名，故称。宣和四年（1122）竣工。其正门名阳华，又称阳华宫。艮岳全苑以造山为核心，意在"横写"山水。为此大兴"花石纲"，尽收天下奇石，筑石造山于苑中，使艮岳具备了规模空前的人造山系。苑中左山右水，亭台楼阁，吞山怀谷，突显出此前历朝宫苑少有的"诗情画意"。宋徽宗作《艮岳记》以示炫耀。公元1127年金人入侵，汴京陷落，艮岳尽毁。其中一些遗石被运往北京，金代建太宁宫，将艮岳中的太湖石移置于今北海公园琼华岛。

【更赋】一种以钱代更役的赋税。也称更徭。源于战国时期，盛行于秦汉、魏晋南北朝、隋唐等朝代。汉代男子年二十三至五十六岁，按规定轮番戍边服兵役，称为更。不愿或不能为更卒者，可出钱交官府雇人代役，称更赋。汉武帝以后渐演变为固定税种，以此为称。

【更名田】清康熙时改归承种民户所有的明宗室藩王田地。也称更名地、更明地、废藩田产。明朝时期的"藩封之产"，到了清朝初期，由于战乱荒芜和藩王逃亡，这些田地被农民所占有，部分被当地豪强侵占。顺治元年（1644）起，清政府下诏，将这些土地收归国有。康熙八年（1669），清政府又做出新的政策调整，将一部分原来明藩王所占的土地无偿划属耕种者所有，只更田主姓名，不另行过割，并于所在州县缴纳赋税。

【更始政权】新朝末年绿林起义军建立的政权。公元23年，绿林军领袖王匡、王凤等在宛城（今河南南阳宛城区）

拥立汉室刘玄为帝，年号更始，当年移都长安。两年后，赤眉军攻入都城长安后，刘玄投降，被赤眉军缢死，更始政权因此告终。

【更戍法】北宋禁军定期轮换防地的制度。宋初始定此法，即以屯驻、驻泊、就粮为名，据各支禁军驻地远近不同，在京师与外郡间定期调防，其统兵将官则由朝廷临时任命。此制虽有利于防范将领专权，却往往使兵将互不相知，削弱了禁军的战斗力。王安石变法时，更戍法被废止。

【更卒】在本地官府服各种徭役的成年男子。始于秦，西汉规定成年男子除有免役特权者外，每人每年须在本郡或本县无偿服役一个月，从事营造杂作及转输等事，因轮番更替得名。凡自往服役者称为践更。不愿或不能亲自服役的，可纳钱由官府雇人代替，称为过更。

【庚戌之变】明世宗嘉靖二十九年（1550）鞑靼军进攻北京的事件。也称庚戌虏变。此年干支纪年法为庚戌年，故名。蒙古土默特部首领俺答汗要求"贡市"及封爵，明世宗拒绝并杀其使者，俺答汗率军入古北口，直逼北京城下。当时严嵩执政，战备废弛，恐战败，不准诸将出击，任其军饱掠后自行撤退。自后连年南下掳掠，至公元1570年明穆宗许其和市，封俺答汗为顺义王而止。

【羹】有肉的浓汤。畜类、禽类、鱼类皆可做肉羹。古代的羹主要分为两种：一种是大羹，不加作料和蔬菜，用于祭祀。另一种是铏羹，佐以五味和蔬菜，蔬菜的类别根据肉的类别而定，如牛肉配以藿，羊肉配以苦（苦菜），猪肉配以薇。铏羹既用于祭祀，也用于日常饮食。后来羹成为浓稠状食物的统称，如莲子羹。

【工本钞】官府发给盐户作为生产成本的钱钞。也称盐钞。元朝官府根据盐户的财产情况规定每家必须上交的盐额，完成上交后，盐户可以得到一定数量的工本钞作为生产资金。工本钞以"引"为计算单位，上交每引（四百斤）盐可以得到若干工本钞。工本钞由盐运司系统各级官吏发放，数量非常少，常被克扣。

【工本盐】明后期灶户税课后剩余的盐。也称余盐。官府常以每引二钱计其工本收购，以鼓励余盐的生产。嘉靖三十二年（1553），都御史王绅、御史黄国用提出让盐场灶户于正盐额外煎剩余盐的建议，将运司割没盐银扣留八万二千余两给灶户充工本，增收盐三十五万引。此外，明朝给予灶户一定的工本米作为让其生产盐的补偿，同时"给草场以供樵采"，采到的柴草作为生产食盐的燃料。

【工部】古代官署名。掌管营造工程事项。汉代有民曹，魏晋以来有左民尚书、起部尚书，都是主管工役的官。隋唐因北周工部旧名总设工部，为六部之一，掌管各项工程、工匠、屯田、水利、交通等政令，长官为工部尚书。历代相沿不改。

【工尺谱】我国传统记录乐谱的工具。由音高符号、调名符号、节奏符号和补充符号组成。因用工、尺等字为记谱符号，故称。晚唐时已出现。随着音乐的发展，这种记谱形式在不同地区、不同乐种的具体运用，以及各种符号的写法上有很大的差异。明中叶后，随着昆腔的流行，逐渐形成一种常式。

【工墨钞】 金元时期的货币制度之一，涉及钞票的兑换和使用。以昏钞（旧钞、破损的钞）换新钞时，需交纳工墨钞作为新钞印制工本费用。也称工墨息钱、工墨钱。

【工商食官】 商周时期，尤其是西周春秋时期，工匠、商贾为王室及诸侯服役并领取口粮的制度。在这一制度下，工商业者是由政府占有并管理的，他们必须按照官府的规定和要求从事生产和贸易。当时的手工业者和商贾都是官府管理的奴仆，商人按照村社组织的形式存在，以家庭或家族为单位，主要为以天子、诸侯、贵族为主体的统治阶级提供工商业服务。往往聚族而居，接受某种统一管理。战国以来旧有身份关系瓦解，个人手工业大量出现，此制逐渐瓦解。

【弓箭】 古代兵器。传说黄帝时代，先民已会制作弓箭。原始弓箭制作比较简单粗糙，到了春秋后期，弓的制作比较烦琐，性能也更加精良。弓的各部位都有专名。弓把中部手握的部分称弣，弓梢称弰，挂弦的地方称峻，弣两旁弯曲处称弓渊，也称隈。弓在平时不上弦，用一个铜制的"弓形器"缚在弣上，以保持弹力。箭也称矢，箭头称镞，有铜镞、铁镞。盛箭的袋子称矢箙，多用竹木、兽皮做成。古代射箭是"六艺"之一，通过射箭来培养人的专注力、准确性和身心协调能力。古代诗词中对弓箭的描述体现了它的威力和将士的英勇，如王维《观猎》："风劲角弓鸣，将军猎渭城。"

【弓手】 兵役名。也称弓箭手、弓兵。属地方治安军。宋代，弓手是由政府招募的一种地方性治安武装，主要负责巡逻、缉捕盗贼等任务。元代称弓兵，属巡检司。明初天下冲要之地皆设巡检司，于丁粮相应人户内金点弓兵应役，一年更替。弓手的装备主要包括弓箭、刀剑等武器，以及盔甲等防护装备。

【弓手钱】 金朝征收以充州县弓手费用的一种杂税。属免役钱的一种，按民户物力多寡摊派。大定三年（1163）罢废。

【弓鞋】 古代缠足妇女所穿的鞋子。妇女因幼年缠足，脚掌变形为弓状，故其鞋称为"弓鞋"。鞋底为木质，弯曲如弓，鞋头形如笋尖。

【公安派】 明末文学流派。以袁宏道及其兄宗道、弟中道为首。因三袁是公安（今属湖北）人而得名。代表作家还有江盈科、陶望龄、黄辉等。他们反对前、后七子的拟古风气，主张文学"独抒性灵，不拘格套"，其诗文风格轻逸洒脱，重视小说戏曲的文学价值，在当时有一定影响。其创作称"公安体"，尤以小品散文著称。代表作有《满井游记》《徐文长传》等。

【公服】 古代官吏从事公务时所穿的服装。魏晋以来始有此称。北魏孝文帝将它规定为五等，即朱、紫、绯、绿、青，以区别官员品阶。唐代，其定制简于朝服，也称章服。特指官员谒见皇太子和从事公务时的规定服饰，分为五品以上和六品以下两等，六品以下无鞶囊和与绶相配的带饰。此后历朝沿用其制，各有具体规定。

【公侯】 周代有公、侯、伯、子、男五

种爵位，公爵和侯爵是其中的两个爵位。泛指有爵位的贵族或官高位显的人。公侯是我国古代社会的政治等级制度之一，也是古代皇帝对贵戚功臣的封赐。

【公卿】 三公九卿的简称。泛指朝廷中的高官。历代具体名称不一，职权也有所不同。

【公室】 春秋战国时诸侯的家族。也用以指诸侯国的政权。"三桓分公室"是春秋时期鲁国的一场重大政治变故，春秋时期鲁桓公的后代季孙氏、叔孙氏、孟孙氏发展势力、扩充疆土，使鲁国出现"公室卑，三桓强"的局面。公元前562年，三桓作三军，"三分公室而各有其一"。

【公输班】 我国古代建筑工匠。复姓公输，名班。班，一作"般""盘"。春秋时期鲁国人，故又称鲁班。相传曾创造了攻城的云梯、水战的钩拒、滑翔的木鹊等。还发明了锯子、钻子、刨子、曲尺、墨斗等木工工具，被后世木工尊为"祖师"。

【公孙龙】 （约前320—前250）战国时期思想家，名家代表人物。曾做过平原君的门客，反对诸侯之间的兼并战争。与名家的另一位代表人物惠施针锋相对，强调事物之间的差异性，提出"离坚白""白马非马"等重要论题。著作有《公孙龙子》。

【公堂】 ①指学校。②官署，衙门。

【公田】 ①古代井田制度下的土地形式，该制度将土地划成"井"字形，分为九区，中心区域由若干农夫共同耕种，这部分土地称为公田。收获物全部缴给统治者，与中区以外的私田形成对比。②封建官府控制的土地，也称官田。卿大夫以下的贵族所分得的土地，不经过王室或公室的特许，是不得随意买卖和转让的。

【公廨钱】 廨，xiè，官署。公廨，官署。隋唐时期官府为取得办公费用和官吏俸禄而投入商业活动或高利贷活动的本金。隋开皇十四年（594）曾将其改为职田，后在开皇十七年（597）又被恢复。唐高祖武德元年（618），制定了文武官吏俸禄制度，并设置公廨本钱，由各州、县令史经营。

【公廨田】 隋唐时期给各官署收租充办公经费的公田。隋开皇九年（589）始给予外官公廨田。唐内外各官署均依照等级高低给予公廨田，京官公廨田自二十六顷至二顷，外官自四十顷至一顷。官吏解职，移交后任。唐以后无给予公廨田的记载。

【公主】 从女子尊称发展而来的帝王之女的封号。最早为女子的尊称，东周始指天子、诸侯之女，汉朝以来为皇帝之女的封号。东汉诸侯王之女也称"公主"，依位次分别为乡、亭公主，仪服与乡侯、亭侯相同。历代沿置。清代又依嫡庶分别封为"固伦公主""和硕公主"，也有称"长公主"的。

【公子】 ①诸侯的儿子或女儿。如战国时期魏国国君魏文侯的女儿叫"公子倾"。②诸侯王嫡子以外的其他儿子。③通称贵族官僚子弟。④敬称他人之子。

【公罪】 非因私故意的公务过失罪。自先秦其处罚方式即有别于其他犯罪。魏晋始将公、私罪及对其不同的处罚原则明确区分。唐律的判定标准为是否挟私情而故违正理，公罪处罚比同类私罪轻，常止于杖笞且可累计赎刑。后世直至明清都沿用此法，但规定更细致。

【功曹】 古代官名。汉代州郡佐吏，有功曹、功曹史。掌管考查记录功劳，参与一郡的政务。北齐后称"功曹参军"。历代沿用，唐代在府的称"功曹参军"，在州的称"司功参军"。渐成空名。明废。古代卿寺中也有置功曹的。

【功臣配享】 享，也作"飨"，祭献，上供。古代吉礼之一。指大臣凭卓著功绩和生前官爵祔祀于帝王宗庙（即太庙）的祭祀制度。起源于商周，魏晋以来成定制，流行于唐宋以后。挑选标准严格，一般每位帝王祔祀一至三位功臣。如唐太宗庙，以房玄龄、魏徵配享。唐代宗庙，以郭子仪配享。宋太祖庙，以赵普、曹彬配享。宋神宗庙以富弼、王安石配享。这是大臣去世后的至高荣誉。在朝廷赐予官爵时，配享功臣的后代也常被优先考虑。

【功德】 指佛教徒诵经念佛，为死者做法事、募捐、施舍等善行。佛教将布施主称为"功德主"。后泛指功劳和德行。如"功德无量"。

【宫婢之变】 公元1542年，宫女杨金英等谋杀明世宗未遂的事件。因此年为壬寅年，故又称壬寅宫变。据载，明世宗朱厚熜酷爱方术，为了炼出长生不老药，竟然摧残宫女，以获取原料。宫女杨金英等人忍无可忍，决定趁皇帝睡着之时，用丝带勒死他，然而由于慌张中丝带打成死结，未能成功。宫女张金莲直奔方皇后的居所自首。事后，涉事宫女全都被凌迟处死，曹端妃、王宁嫔也一并被斩首。

【宫词】 古代的一种诗体。多以宫廷生活琐事为题材，故称。一般为七言绝句，唐五代诗歌中多见此类作品。唐代诗人王建有《宫词》百首，开以"宫词"为诗题的先河。后世继作颇多，最著名的是五代前蜀徐妃花蕊夫人的《宫词》。其诗清新隽永，富有民间小曲的韵味，把宫中的所见所闻描绘得惟妙惟肖。

【宫调】 戏曲、音乐术语。我国历代称宫、商、角、变徵、徵、羽、变宫为七声，七声中以任何一声为主，即可构成一种调式。凡以宫声为主的调式称宫，而以其他各声为主者则称调，统称宫调。以七声配十二律，理论上可得十二宫、七十二调，合称八十四宫调，也称八十四调。但在实际音乐中并不全用，如隋唐燕乐二十八宫调包括七宫二十一调；南宋词曲音乐只有七宫十二调；元代北曲用六宫十一调；明清以来南曲用五宫八调，通称十三调，最常用者不过五宫四调，通称九宫。宫调也泛指乐曲。

【宫娥】 被征选入宫廷服役的女子。也称宫女、宫人、内家。相传汉武帝在望鹄台西建俯月台，台下穿池，登台眺望，月影入池中，使宫娥乘舟弄月影，故名"影娥池"。

【宫市】 ①宫内的市肆。春秋齐桓公有宫中七市，其后如东汉灵帝、南齐东昏侯、唐中宗都曾在宫中设市。②唐德宗贞元末，宦官到民市强行买卖，付价甚少，甚至不付价，使卖者空手而归，是当时一大弊政。唐白居易新乐府有《卖炭翁》，题序称"苦宫市也"，即指此。宋初设市买司，太平兴国年间更名杂买务，掌宫中采办购置事。

【宫刑】 古时破坏生殖机能的酷刑，极具侮辱性。也称腐刑。商周时期已使用此刑。是早期"五刑"之一。初用来惩罚淫乱罪，后用来惩罚谋反、谋逆等罪，并用于连坐的犯人子女等。一说最初用来惩罚异族战俘。汉文帝时一度废除，不久又恢复。后时存时废。西汉司马迁因替战败投降的李陵辩护而受宫刑。

【龚自珍】 （1792—1841）清代思想家、文学家。字璱人，号定盦，浙江仁和（今杭州）人。早年从外祖父段玉裁钻研文字学。道光九年（1829）中进士，曾任内阁中书、宗人府主事、礼部主事等职。道光十九年（1839）乞归故里。道光二十一年（1841）在丹阳云阳书院讲学，卒于书院。作为嘉庆、道光年间今文经学的重要人物，强调经世致用，特别致力于朝政典制和边疆地理的研究。主张改革内政、抵制外国侵略。林则徐以钦差大臣赴广东查禁鸦片时，他作序送行，鼓励林则徐与侵略者和投降派做坚决斗争。诗文创作自成一家。其诗想象奇特，文辞瑰丽，代表作有《己亥杂诗》。文章不拘一格，短小精悍，《病梅馆记》为传世名篇。著有《定盦文集》。

【觥】 gōng。古代酒器。青铜制。腹椭圆形或方形，底有圈足。有盖，盖做成带角的兽头形，并附有小勺。盛行于商代和西周初期。

【拱花】 以凸出或凹下的线条来表现花纹的印刷技术。五代时已用此法制作暗纹花笺。明以来与饾版印刷结合，印制具有浮雕立体效果的图画。拱花分为有色拱花、无色拱花两种。

【拱券】 券，xuàn。传统建筑中用砖石等材料做成的半圆形或尖圆形拱形构筑物。常被用于高大房屋、城楼洞、桥梁、大型涵洞等建筑物顶部。拱券以弧形的结构特征，巧妙地分解了上部结构对梁体的向下的正压力，大幅度提高了梁体的承载能力和结构稳定性。

【共工】 古代神话传说人物。一说其为古代神话中西北的水神，曾与颛顼（一说与祝融）发生争斗，因战败而恼羞成怒，一头撞断了支撑天地的不周山，使天地倾斜。一说其为古代掌管水利、百工之官。另一说其为尧的大臣，与驩兜、三苗、鲧并称"四凶"，后被舜流放到幽州。

【共和执政】 公元前841年周厉王因国人暴动而出奔彘（今山西霍州）以后，由周定公和召穆公共同执政的局面。这一局面至前828年厉王死于彘、太子静即位为宣王结束。一说，厉王奔走后，朝中大臣公推共伯和代行天子之职。因其是共国诸侯，名为"和"，爵位为伯，故称其当政期间为"共和执政"。共和执政十四年，周厉王还是名义上的天子，但天子之职是由周定公和召穆公共同行使的，或者是由共伯和代行的。自前841年起，中国有文字记载的编年史未有间断。

【贡举】 古时地方向朝廷荐举人才。古有乡举里选、诸侯贡士之制。汉初令郡国举孝廉时开始实施，后合贡、举为一，统称"贡举"。后用以指科举考试。

【贡生】 科举时代，考选府、州、县生

员（秀才）中成绩优异者，升入京师的国子监修业，称为贡生。明代分为每年定额的岁贡、考试择优的选贡、因庆典而送的恩贡、捐纳而来的纳贡四种。清代有恩贡、拔贡、副贡、岁贡、优贡和例贡。清代贡生，别称"明经"。成为贡生则具备了为官的资格。

【贡士】古代地方向朝廷荐举人才。自唐以来，朝廷取士，由学馆出身者曰生徒，由州县选拔者曰乡贡，由朝廷自诏者曰制举。乡贡有秀才、进士、明经等名目。经乡贡考试合格者称贡士，由州县送京参加会试。明清时，会试考中者为"贡士"。

【贡院】科举时代专设的考试场所。主要举办会试和乡试。唐代始置，为礼部试士处。宋后，礼部、各州建贡院，作为考场。清代贡院通常建于城内东南方，大门正中悬"贡院"匾，大门内有龙门，再进为至公堂。贡院大堂为外帘官办事之地，至公堂之东、西侧为"外帘"，供考场管理人员居住。堂后为"内帘"，供考官办事居住。贡院两旁建号舍，供应试者居住。北京及大省凡万余间，小省则数千间。以数十间至百间为一列，形如长巷，每巷用《千字文》编列号数，如"天字第几号"。应试者入内即封号栅，等到交卷日方开。贡院外墙铺以荆棘，故贡院也称棘闱。

【贡助彻】夏商周三代的赋税制度。相传夏赋为"贡"，指实物地租。商赋为"助"，为劳役地租，借助民力耕种公田，又称为"藉"。周赋为"彻"，由农民通力耕田，计亩征收赋税。有人根据孟子"虽周亦助"之说，认为"彻"就是"助"。也有人认为"彻"是指"贡"和"助"兼行。

【供奉】古代官名。皇帝左右供职的官员。唐初设有"侍御史内供奉""殿中侍御史内供奉"等。唐玄宗时有"翰林供奉"，专备宫中应制。宋代东、西头供奉官为武职阶官，内东、西头供奉官为内侍（宦官）阶官，仅表示品级，无实际职掌。清代称南书房行走官员为内廷供奉。李白因才学出众，担任翰林供奉，常伴唐玄宗左右，为其创作诗文娱乐，但因狂傲不羁，一年后便被"赐金放还"。

【勾兵】古代兵器。钩挽敌人颈项而致其死，或将敌人钩近后用短兵器杀死。戈、戟以及铁钩枪、钩镰刀等长柄枪刀都属于勾兵。

【勾决】古时对判处死罪的案犯行刑前的司法程序。各地判处死刑的案件须经刑部复审，对情实者由刑部进呈报给皇帝，皇帝用朱笔做出勾去死囚姓名的裁决，方可执行死刑。如果是收监候，则等候第二年刑部秋审后再行处理。

【勾栏】栏杆。也作"构栏""钩栏""勾阑"。也称构肆。宋元时期曲艺、杂剧、杂技等演出的场所。勾栏内有戏台、戏房、神楼、腰棚等。

【勾征】查核和强制追缴拖欠的赋税。也称勾剥。常见于唐前期，有时成为聚敛搜括的手段。在实际执行过程中，由勾官检出征敛的物品。只有经勾官勾获的财物和名品，才称为勾征。

【笱】gǒu。用细篾条编成的捕鱼竹笼。大口窄颈，腹大而长，无底。颈部装有细竹的倒须，捕鱼时用绳子系住笼尾放入水中，鱼能进而不能出。

【估税】东晋南朝征收的交易税，类似

后代的契税和营业税。也称市调、市税、市估。东晋奴婢、马牛、田宅等交易，如果事先签订了契约，每笔交易额达到一万钱，就需要抽取四百文的税款，其中卖方出三百文，买方出一百文，这种税收形式称为"输估"。如果事先未签订契约，则按价值的百分之四进行抽取，这种形式的税收称为"散估"。南朝沿其制。

【**孤山**】杭州西湖中最大的岛屿，在今里湖与外湖之间。面积约20公顷，山高38米，是西湖著名景点。孤山孤峰独秀，景物清幽，碧波环绕，花木繁茂，唐宋时已经闻名遐迩。唐朝白居易有诗咏道："孤山寺北贾亭西，水面初平云脚低。"北宋林逋不乐仕进，隐居于此，广植梅花，其《山园小梅》中的"疏影横斜水清浅，暗香浮动月黄昏"，成为史上咏梅的佳句。山上旧时曾建寺庙、书院、阁堂等众多建筑，至明朝中叶时多已不存。今孤山顶有研究金石篆刻的西泠印社，西麓有秋瑾墓，南麓有文澜阁，北麓有放鹤亭，极尽孤山之钟灵毓秀。

【**孤竹**】也作"觚竹"。商周时期古国。最早见于殷墟甲骨文和商代金文，子姓墨氏侯国，国都位于今河北卢龙县南。其文化与殷商文化有重要联系。春秋早期，为齐桓公所灭。孤竹国出了一位知名的历史人物——伯夷，他是商末孤竹国君主亚微的长子，因辞让王位而逃亡，后遇到周武王讨伐纣王，他和弟弟叔齐叩马谏阻，但未被采纳。殷商灭亡后，两人因不愿食周粟而饿死在首阳山。

【**姑苏**】苏州的别称。因城西南有姑苏山而得名。唐代张继《枫桥夜泊》诗

有"姑苏城外寒山寺，夜半钟声到客船"的名句。姑苏历史悠久，周初，吴国开国之君泰伯居于此地，至其十九世孙寿梦称王，也称为勾吴。后吴夫差被越勾践所灭，此地归越国所有。秦时置吴县，汉时置吴郡，南朝的梁、陈两代置吴州。隋唐数易其名，称吴州、吴郡、苏州。宋代沿用苏州名，后改为平江府，明复称苏州府，清代沿明制。姑苏自古富庶繁华，文化昌盛，且城市格局别具特色。自春秋时起，就呈现出"水陆并行，河街相邻"的城市风貌。苏州是丝绸的故乡。苏绣技艺与湖南湘绣、四川蜀绣、广东粤绣并称我国"四大名绣"。苏州桃花坞的木版年画是我国江南民间木版年画的代表。苏州涌现了众多的历史文化名人，其中包括南朝梁时期的著名地理学家、文字训诂学家顾野王，唐代诗人、文学家陆龟蒙，北宋杰出政治家、文学家范仲淹，明代著名书画家唐寅、文徵明、沈周、仇英和散文家归有光等。以拙政园为代表的苏州古典园林和大运河苏州段是珍贵的世界文化遗产，而昆曲、评弹也是世界辨识中国的鲜明文化符号。

【**菰**】gū。一种多年生水生植物。嫩茎称"茭白"，可作为蔬菜食用。果实称"菰米"，可煮食。

【**觚**】gū。古代饮酒器。青铜制造。长身，有凸起的棱作为装饰。由下至上口沿向外发展，呈喇叭状。盛行于商代至西周初期。《论语》中记载，孔子看见一只觚，慨叹道："觚不觚，觚哉！觚哉！"后人认为，孔子因见觚在形态上失去了棱角，不复当初的样子，而借此感叹世道礼崩乐坏，事物

名不副实。

【古今图书集成】 我国现存最大的一部类书。清康熙时陈梦雷等编，雍正时蒋廷锡等奉敕重编。全书一万卷，总目四十卷。分为历象、方舆、明伦、博物、理学、经济六编，乾象、岁功、历法、庶征、坤舆、职方、山川等三十二典，六千一百零九部。

【古琴】 拨奏弦鸣乐器。"八音"分类中的"丝"类乐器。据说周代已有，因历史悠久，故称。相传最初只有五根弦，后又增加两根，故也称七弦琴。汉代定型，魏晋以后与今天大致相同。琴面上镶嵌的十三个琴徽是琴弦音位的标识。古典诗词中常用"琴"的意象象征夫妻情笃、渴望知音等，如成语"琴瑟和鸣""高山流水""伯牙绝弦"。齐桓公的琴名为号钟，楚庄王的琴名为绕梁，司马相如的琴名为绿绮，蔡邕的琴名为焦尾，是我国古代四大名琴。唐代李白《听蜀僧濬弹琴》、韩愈《听颖师弹琴》为描写琴音的杰作。

【古诗十九首】 古诗名。南朝梁萧统从传世无名氏"古诗"中选录十九首编入《文选》，题为"古诗十九首"。"古诗"产生的年代，《文心雕龙》泛指为两汉之作，今人或认为大都出于东汉末年，非一时一人之作。内容多写夫妇朋友间的离愁别绪和士人的彷徨失意，有些作品表现出追求富贵和及时行乐的思想。语言朴素自然，描写生动真切，在五言诗的发展上有重要地位，后世曹植、陆机等多有模仿。钟嵘《诗品》评价为"惊心动魄，可谓几乎一字千金"，刘勰《文心雕龙》评价为"五言之冠冕"。

【古诗源】 诗歌总集名。清沈德潜编。分十四卷，选收自上古至隋代的古诗和歌谣七百余首，除《诗经》《楚辞》外，唐以前诗歌名篇多已选录在内，并采辑了不少民歌、谣谚，有简要评释。编者认为诗至唐代达到极盛，而唐以前诗是唐以来诗歌之源，故名《古诗源》。

【古体诗】 诗体名。别于绝句、律诗等近体诗而言，为近体诗形成以前，除楚辞体外各种诗体的通称。又称"古诗""古风"。有四言、五言、六言、七言、杂言诸体，每篇句数不拘。后世使用五、七言者较多。不要求对仗，平仄和用韵也较自由。李白《静夜思》《蜀道难》等都为古体诗。

【古文辞类纂】 总集名。清姚鼐编。成书于乾隆四十四年（1779）。共七十五卷。全书按文体分类编选，分为论辨、序跋、奏议、书说、赠序、诏令、传状、碑志、杂记、箴铭、颂赞、辞赋、哀祭十三类。选文七百一十五篇，上自先秦两汉，中以"唐宋八大家"为主，下迄明归有光，清方苞、刘大櫆等。各篇有评点，略述各类文体或各篇文章的特点，体现了桐城派的文学观点。

【古文尚书】 传为汉武帝末年鲁恭王刘余从孔子住宅的壁中发现，较《今文尚书》多十六篇，因用秦汉以前的"古文"书写，故名。近代今文经学家魏源、龚自珍、康有为等怀疑为伪造。

【古文运动】 隋唐以来以复古为名的文体改革运动，主流文体从骈文向古文转变。代表人物有唐韩愈、柳宗元，宋欧阳修、苏洵、苏轼、苏辙、曾巩、王安石，即传统所谓"唐宋八大家"。崇尚先秦两汉诸子直抒情理的散文，反对铺陈辞藻、过求声韵，以形式妨碍内容表达的骈体。主张复兴儒学，强调文以明道，确立了质朴自然、平易畅达的散文传统，对后代影响深远。

【古稀】七十岁。古人年寿较短，能活到七十岁的稀少，故称。唐杜甫《曲江二首》其二："酒债寻常行处有，人生七十古来稀。"

【馉饳】gǔduò。古代一种面食。一说即馄饨。

【鼓】打击乐器。振动部位用皮革制成的乐器的统称。"八音"属"革"。远古以陶为框，后世改用木或铜铸成，多为圆桶形或扁圆形，中空，一面或两面蒙着皮革。以槌打击发声。甲骨文为"𪔂"，左侧"壴"中间是一面鼓，上面饰有羽毛，下面为鼓座。右侧象一人执棒敲击。形制大小不一，有一面蒙皮者，如板鼓、八角鼓、定音鼓；有两面蒙皮者，如堂鼓、书鼓、长鼓等。历史上因其大小、置摆方式、鼓腔形状、鼓皮材料、鼓腔材料、策动方式、应用场合等差异，名称各异。

【鼓吹乐】古乐的一种。用鼓、铤、箫、笳等乐器合奏。是北狄乐与汉乐及其他少数民族音乐的融合。采自民间，供奉于官府。根据乐器搭配的不同方式和用途，分为天子宴乐群臣时用的"黄门鼓吹"，随行车驾的"骑吹"，在庙社演奏的短箫铙歌以及行军中的横吹。历代鼓吹乐多有歌辞配合。

【鼓词】曲艺的一种。以鼓、板击节说唱的曲艺形式。今存作品有《大明兴隆传》《乱柴沟》《木皮散人鼓词》等。一说"鼓词"即"鼓书"，是"大鼓"的旧称。现在多用来指各种大鼓的唱词。

【毂】gǔ。车轮中心的圆木。其外周与辐条的一端相连，辐条的另一端连接辋，毂和辋分别形成车轮的内、外同心圆。毂中心有孔，车轴从中穿过。

【榖梁传】榖，gǔ。儒家经典著作。也称《春秋榖梁传》《榖梁春秋》。旧题战国鲁榖梁赤所撰，故称。专门阐释《春秋》，与《左传》《公羊传》合称"春秋三传"。起于鲁隐公元年（前722），终于鲁哀公十四年（前481）。是研究秦汉间和汉初儒家思想的重要资料。

【瞽瞍】gǔsǒu。传说中舜的父亲。也作"瞽叟"。瞽是目盲的意思。舜父双目失明，故名。姓妫。为人昏聩顽劣。曾与舜的继母及继母所生之子串通一气，欲置舜于死地。舜非但不怨恨，还一直孝顺瞽瞍夫妇，善待弟弟，最终使瞽瞍深受感动。

【故宫】旧时宫殿，今特指北京故宫博物院，是明清两代的皇宫。旧称"紫禁城"。始建于明永乐四年至十八年（1406—1420），经多次重修与改建，仍保持着原有的规模。由大小数十个院落组成，房屋9000多间，建筑面积约15万平方米，占地面积72万平方米，周围有10多米高的城墙和50米宽的护城河。四隅有角楼，南面正中为午门。主要建筑分外朝与内廷两大部分。外朝以太和、中和、保和三大殿为主体，建于三层汉白玉石台基上，是封建帝王行使权力、举行隆重典礼的地方。内廷以乾清宫、交泰殿、坤宁宫为主体，是帝王办公和居住的地方。其两侧东、西六宫为嫔妃的住所。此外，还有文华殿、武英殿和御花园等。是我国现存规模最大、最完整的古建筑群。整个建筑群按中轴线对称布局，层次分明，体现了我国古代建筑艺术的优秀传统和独特风格。

【顾恺之】（约345—409）东晋画家。字长康，小字虎头，晋陵无锡（今属江苏）人。出身士族，博学多才，在诗赋、书法、绘画方面都有造诣，有"三绝"（才绝、画绝、痴绝）的称号。作为古代绘画史上具有重要影响的人物，顾恺之第一次提出"以形写神"（即传神）这一绘画原则，其用笔后人赞为"春蚕吐丝""春云浮空""流水行地"。题材多为人物肖像及神仙、佛像、禽兽、山水等。画人物注重点睛，自云"传神写照，正在阿堵中"。画作有《女史箴图》《洛神赋图》《列仙图》《庐山图》等。著作有《论画》《魏晋胜流画赞》《画云台山记》等画论。

【顾绣】代表顾名世一家的刺绣技法和风格的刺绣品。顾名世为明嘉靖年间进士，家居上海九亩地的"露香园"。其子顾会海之妾缪氏擅刺绣，其孙媳韩希孟善画工绣，摹绣古今名画尤为神妙。曾选所绣宋元名迹十二幅，编成《露香园顾绣精品》。顾氏后裔继承绣法，收徒传艺，专门绣制各种花鸟走兽题材的画幅、册页、手卷等陈设品，技法、风格独树一帜，故以其姓得名顾绣。也称露香园顾绣。这种模仿绘画的刺绣，对后来陈设类刺绣的发展影响颇大。

【顾炎武】（1613—1682）明清之际思想家、学者。原名绛，字宁人，明亡后改名炎武。因故居旁有亭林湖，学界又尊为亭林先生。江苏昆山人。出身江南大族，少年时入"复社"，抨击明末弊政。清兵入关后，曾在昆山一带组织抗清。南明灭亡后，七谒明孝陵（南京），六谒明思陵（北京），意图匡复明室。后清廷统治趋于稳固，乃"以游为隐"，漫游四方，考察山川，从事著述，足迹遍及北方诸省。康熙十七年（1678），清廷诏举博学鸿词科，以死自誓不赴。顾炎武学问渊博，于国家典制、郡邑掌故、天文仪象、河漕兵农及经史百家等，莫不穷究原委，开清代朴学之风。梁启超称其为"清学开山之祖"。与黄宗羲、王夫之并称"清初三大儒"。著有《音学五书》《日知录》《顾亭林诗文集》等。

【瓜蔓抄】明成祖朱棣诛戮建文帝旧臣、广泛株连无辜的事件。建文四年（1402），燕王朱棣兵破京师（今江苏南京），夺取帝位。御史大夫景清欲为故主建文帝复仇，上朝时暗藏凶器，行刺朱棣。事败，面骂朱棣，被敲牙、剥皮、磔死。朱棣又严令灭其族，转相株连其九族姻亲及门生之门生，并籍杀其乡人，村里为墟。因牵连范围极广，时人称之为"瓜蔓抄"。

【寡人】寡，少。"寡人"即"寡德之人"，字面的意思是在道德方面做得不足的人，古代君主、诸侯自谦之辞。

【挂落】我国传统建筑中梁枋下的一种装饰构件。因其安装在檐下呈悬挂状，故名。用镂空的木雕或细木条拼接成镂空的格栅，悬挂于廊柱间的梁下，用作装饰或区隔内外空间，给人似隐非隐、内外呼应的视觉感受。挂落在廊道或亭榭等处所常与栏杆配合使用，其装饰效果非常明显。一般会用透雕、彩绘等多种艺术手段，并配合周边景物选择合适的花型和图案。

【挂喜神】 古代民俗。古人在祖辈逝世后，除按照礼仪安葬外，还须在家庙里立神主牌位，定期祭拜。汉代开始为先人画像，称作"喜神"。由于喜神容易损坏，所以平时珍藏在箱柜中。除夕时，取出悬挂，以香烛果品茶点供奉，全家人整肃衣冠跪拜，称为"挂喜神"。

【挂钟馗】 古代民俗。钟馗是民间传说中的食鬼之神。古人悬挂钟馗像于门首，以镇宅驱邪。传说唐玄宗于病中梦见一大鬼捉一小鬼食之，玄宗问之，大鬼自称名钟馗，生前曾应武举未中，死后决心消灭天下妖孽。玄宗醒后病即愈，命吴道子为钟馗画像。其像为破帽、蓝袍、眇一目，左手捉鬼，右手抉鬼眼。这一传说自唐时开始流传，当时翰林院照例于岁末进钟馗像，皇帝以之赏赐大臣。民间也纷纷效仿。唐宋时挂钟馗像多在岁首，其后则改在端午。

【拐子马】 北宋时左右翼骑兵的名称。挑选精悍骑兵，为大部队的左右翼，相互支持，以防御契丹骑奔突。因其势骁捷，转折倏忽得名。金人袭用其名，又称铁浮屠，用于阵前突袭、包抄。

【关帝】 三国蜀汉大将关羽死后，蜀汉后主于景耀三年（260）追谥其为壮缪侯。而对其祭祀始于宋徽宗时，初封为忠惠公，后加封为武安王。元文宗

时加封显灵威勇英济王。明代洪武年间，复原封，地位不算尊贵。至万历年间，应道士张通元的请求，神宗朱翊钧进封关羽为帝，关庙的称谓也由"忠武"改为"英烈"，万历四十二年（1614），又被敕封为"三界伏魔大帝神威远镇天尊关圣帝君"。清顺治九年（1652），被敕封为"忠义神武关圣大帝"。每年农历五月十三日，各地关帝庙都要举行祭祀仪式。因关羽是山西解州人，故山西解州的关帝庙气势尤为宏伟，是至今仍完整保存的全国最大的关帝庙。在我国历史中，关羽一直是忠、义、勇这些传统美德的化身，人们通过祭拜他，表达了企盼国泰民安、风调雨顺、安居乐业的美好愿望。除中国外，日本、东南亚各国对关羽的膜拜之风也长盛不衰。

【关东】 ①函谷关以东地区。②明代开始，多指山海关以东，即今天我国东北三省地区。

【关汉卿】 （1210？—1280？）元代戏曲作家。号已斋叟，大都（今北京）人。与马致远、郑光祖、白朴并称"元曲四大家"。生平事迹不详。据元钟嗣成《录鬼簿》记载，他曾任太医院尹。为人豪放不羁，自称"是个蒸不烂、煮不熟、捶不匾、炒不爆、响珰珰一粒铜豌豆"。致力于戏曲创作，所作杂剧60余部，现存10多部，代表作包括《窦娥冤》《救风尘》《拜月亭》《蝴蝶梦》《单刀会》《望江亭》等。另存有小令50余首、套曲10余套。

【关陇】 关中、陇右之地。大致相当于今陕西中部和甘肃东部地区。陇右即陇山（六盘山南段）以西黄土高原地

带，东南即关中盆地，历代两地经济社会关系密切。北周至隋唐皆奠基于此，唐以后地位逐渐下降。

【关陇集团】西魏、北周、隋及唐初控制军政大权的核心集团。其成员兼有胡汉，主要籍贯位于陕西关中和陇山（六盘山南段）周围，故名。北魏建立了六个军镇，西魏完善府兵制，设置了八柱国、十二大将军，出将入相，他们既是军队的统帅，又是国家的领导核心，还是当时关中地区最显赫的二十大家族，各方面都处于社会的顶端。西魏、北周、隋、唐四代皇帝都出自这个集团，其中，西魏、北周和唐朝的始祖都曾是八柱国之一，而隋朝的始祖曾是十二大将军之一。唐初仍有较大势力，后因武则天以来重用庶民新贵而衰落。

【关内】①古地区名。古代在今陕西定都的王朝，对函谷关或潼关以西的王畿附近区域的通称。也称关中。也可指今河北山海关以西，或四川康定以东，或甘肃嘉峪关以东地区。②古代行政区域。指唐代的关内道。贞观元年（627）始设。辖区为今陕西秦岭以北，甘肃祖厉河流域以东，内蒙古呼和浩特以西，阴山、狼山以南的河套地区和宁夏。

【关市】设于关津及边地的贸易市场。始于先秦，西汉设于毗邻匈奴、南越的要冲之地，由官府控制管理，其开设、废止和增减常由彼此协商决定，商人须获特许，按规定品种、数量互市。后世泛指与邻国和各族的通商，其管理和限制时松时紧。关市也指掌管关市税收事务的官署，或指掌管关市的官员。

【关外】函谷关、山海关等重要关隘以外地区。历代皆因关隘有别而所指不同，如秦汉至隋唐定都咸阳、长安（皆今陕西西安），多以此称函谷关、潼关以外地区。明清定都北京后多以此指山海关外东北地区。

【关西】指函谷关以西地区。也称关右。东汉杨震，弘农华阴（今陕西华阴东南）人，被时人誉为"关西孔子"。

【关中】古地区名。所指范围不一。①秦、汉定都皆在陕西，故将函谷关以西之地称为关中。包括战国时秦国故地，秦岭以南的汉中和巴蜀之地。②函谷关以西，大散关以东，以关中盆地为中心的区域，是华夏文明的重要发祥地。春秋战国时期，经过不断经营开发，形成八百里秦川的广袤沃土，秦始皇统一天下直至隋唐，多个王朝定都于此。

【观察使】古代官名。掌考察州县官吏政绩，后兼理民事。全称"观察处置使"。唐于诸道置观察使，位次于节度使。中叶以后，多以节度使兼领其职。无节度使之州，也特设观察使，管辖一道或数州，并兼领刺史之职，为一道实际军政长官。宋观察使为虚衔，无定员。元废。

【观象台】古代观测天文和气象的场所。明洪武年间，朱元璋在安徽凤阳东独山上始建，后废。后于南京鸡笼山巅置仪表以测象纬，名观象台，设浑天仪、简仪、圭表，以窥测七政行度。

【观音】梵语意译为"观世音"，因唐代避"世"字讳，故称。玄奘译《心经》时，改译"观自在"。佛教大乘菩萨。在我国佛教里，与文殊、地藏、普贤合称"四大菩萨"。佛经说其为广化众生，能示现种种形象，名为"普门示现"。观音的形象在印度一般为男身。传到中国后，因以大慈大悲、救苦救难、有求必应的形象出现在世人面前，故逐渐转变为一身穿白衣、手持净瓶的慈眉善目的女子形象。女相观音最早约出现在南北朝时期，盛于唐代以后。观音为阿弥陀佛的左胁侍，与阿弥陀佛及其右胁侍大势至合称"西方三圣"。浙江普陀山为观音菩萨应化说法的道场，与五台、九华、峨眉合称"中国佛教四大名山"。

【纶巾】 纶，guān。古代丝质的头巾，一般为青色。传说为诸葛亮所创，所以又称诸葛巾。常被用作儒将的装束。苏轼《念奴娇·赤壁怀古》有"羽扇纶巾，谈笑间樯橹灰飞烟灭"句，用羽扇纶巾表现出周瑜人生得意之时的儒雅俊逸。

【官簿】 记录官吏功绩和经历的簿籍。后多指做官的资历。秦汉时期，朝廷立簿记录诸官职名称、员数和任免情况，兼及其职掌、所属和功绩、履历之类，作为选补和升黜的依据，各地各部门官府皆仿此立簿，记其所属官吏的相应状况。此后历代皆有，又以此泛指为官的履历。

【官当】 当，dàng。古代官吏犯法，准许其用爵位或官品折抵刑罚的制度。"官当"之名初见于南朝的《陈律》。唐宋时期沿用，但细则有所不同。到清末正式废除。

【官渡之战】 曹操与袁绍在官渡（今河南中牟东北）进行的决战。东汉末年，袁绍据有冀、青、幽、并四州，兵多粮足，曹操据有兖、豫等州，兵少粮缺。建安四年（199）袁绍率兵十余万南下攻操。双方在官渡相拒。次年，曹操趁袁军轻敌、内部不和之机，两次偷袭袁军后方，焚烧袁军乌巢（今河南延津）粮屯。袁绍军心动摇，纷纷溃散，大将投降曹操。曹操乘机全线出击，歼灭袁军主力。此役为曹操统一北方奠定了基础。官渡之战是历史上著名的以弱胜强的战役之一。

【官户】 古代户别之一。其含义、人员构成等均不尽相同。最初指世代受官府控制、役使的贱户。主要是配给官府的战俘和罪犯之人的家属，有伎作户、乐户及屯、牧、兵户等名目，身份接近于官奴婢，时有放免或增加，其中轮番服役的称"番户"。起源很早，盛行于魏晋，北魏以此为统称。唐代官户的身份比官奴婢高，经赦免可转成平民。宋代废配没贱户制度后，"官户"渐指九品以上的朝廷命官之家。与"民户"相对。但辽金仍沿用旧称，指隶属于太府监的官奴婢。

【官家】 古代对皇帝的尊称。西汉称天子为"县官"，东汉称为"国家"。又有"五帝官天下，三王家天下"之说，魏晋将其合称，指天子。至宋尤为流行。后用作对官吏、尊贵者及有权势者的尊称。

【官缺】 官制用语。职官额定编制。历代均有定制。清制，官缺分为宗室缺、满洲缺、蒙古缺、汉军缺、汉缺、内务府包衣缺等。京内外各衙门官员额缺均有明确规定，一般不能任意更动。另有视职务紧要程度而定的要缺、繁缺、简缺等名目，其任用条件皆有明确规定和限制。地方官则依地区之不同，又分为烟瘴缺、苗疆缺、沿海缺、沿河缺等。如沿河缺，指沿黄河、运河之官缺。直隶良乡、通州等十二州县，河南祥符、郑州等十一州县，山东德州、东平等十三州县，江南山阳、邳州等十三州县，均为沿河缺。

【官人】①唐时称居官者，后用于敬称有一定社会地位的男子。②婢仆对主人的尊称。③妻子称丈夫。

【官生】明清荫监之一，指科举制度中以官荫而得入国子监读书者。明时高级官员所请荫之子称官生。清时京官四品以上及翰、詹、科、道，外官文三品、武二品以上高级官员，其子、孙、曾孙及胞兄弟应乡试者为官生，其试卷为官卷。官卷另外编字号，不占民额，也不能取中解元与经魁。

【官田】官府直接管理和支配的田地。西周始有此称，所指不一。自春秋战国直至明清，皆指各种不在私人名下、由官府直接管理的田地。其经营和出产由官府支配，耕种者或为罪徒官奴，或为军队，或为国家佃农。金元继承宋官田外，又掠夺大量民田为官田。明代官田面积极广，名目繁多。官田以地租定税粮，农民负担极重。民田科则低，但有差徭。嘉靖以后，官民田土科则逐渐平均。明末，官民田土区别基本消失。清官田已不重要，新设的有旗田和皇室官庄等。民田则有民赋田、更名地等。清末官田多为官僚及地主侵吞，逐渐转化为民田。

【官学】我国古代各级官府所办的学校，以教习经学和培养官吏为其主流。由朝廷直接管辖的为中央官学，如西周的国学、汉代的太学、唐代的国子学、元明清的国子监等。中央官学中既有相当于大学程度的太学，也有专科学校性质的鸿都门学。由地方政府管辖的为地方官学，如西周的乡学、汉代的郡国学、唐代的府州县学、元代以后的社学等。有些书院也为官府所办，具有官学性质。

【官铸】官府铸造货币。古代货币铸造分官铸和私铸两种。官铸货币是由官方的铸币机构铸造的，包括布政使藩库、盐库、官银钱局、海关、厘金局等。官铸的主要目的是统一货币的形状和成色，以便于管理和流通。由官府统一铸造货币始于汉武帝元鼎四年（前113）。

【冠】guān。古代男子用以罩住发髻的用品。初期的冠是玉石或兽骨打磨成统一的形状，以绳串联罩在发髻上用以固定头发。随着周以后冠服制度的不断完善，秦汉与冠服相统配的名目和形制逐渐复杂，凡礼服所戴的帽皆可称冠。汉代的梁冠就是以冠梁数目来区别官职的高低。唐宋时期则出现了向后延伸的卷梁冠等。清顺治初年，颁布命服制度，冠加高顶，顶上按官员文武职能和品级分别装饰红宝石、珊瑚、蓝宝石等。古代贵族在不同时期有各类冠饰，如花冠、凤冠等。

【冠盖】冠，guān。因古时贵族才能戴冠乘车，车有篷盖，故以"冠盖"代称贵人。因"冠盖"又指仕宦的冠服和车盖，故也用以代称仕宦。

【馆驿】驿站。古代供传递公文的人、往来官员或旅客食宿的处所。唐代驿可提供食宿、车马，而馆仅提供食宿，因所处交通线的繁忙和重要程度分不同的等级。

【管勾】官职名。掌管收藏稽考籍帐、案牍等事务。金元各职司多置管勾，内而尚书省、中书省、枢密院、御史台及各府院司监，外而行中书省、廉访司、宣慰司以及河桥、盐场、鹰坊等皆有其官。皆为重要吏员。

【管军】 宋代中央禁军高级将领的通称。包括殿前都指挥使、副都指挥使、马军都指挥使、副都指挥使、殿前、马军、步军都虞候、捧日、天武四厢都指挥使、龙、神卫四厢都指挥使。初不入品序，政和四年（1114）始定其品秩。

【管仲】 （？—前645）春秋初期政治家。名夷吾，字仲，颍上人。起初在公子纠手下做事，后来由好友鲍叔牙推荐，被齐桓公任命为卿，得到重用。管仲辅佐齐桓公进行一系列改革，使齐国国力大增。又协助齐桓公以"尊王攘夷"为号召，一匡天下，使桓公成为"春秋五霸"之首。管仲与好友鲍叔牙的友谊也为世人所称道。相传两人一起做生意，赚了钱管仲总是多拿，有人劝鲍叔牙勿与管仲相交，鲍叔牙却说："我一人吃饱了全家不饿，管仲还要赡养老母，他多拿是应该的。"两个人一起从军打仗，管仲一打起来就往后退，不顾鲍叔牙。有人说起这个事，鲍叔牙说："管仲上有老下有小，顾及家人才这样。"管仲听闻后对人说："生我者父母，知我者鲍子也！"后世用"管鲍之交"指交谊深厚的朋友。

【管仲改革】 公元前685年齐桓公即位后，任用管仲推行的一系列富国强兵政策。也称管仲变法。对内把全国分为六个工商之乡、十五个士乡，工商士农不相杂处。根据土地好坏征税，充分利用本国资源优势，大力展开商贸活动，使国力军力迅速增强。对外采取尊王攘夷、争取盟国的方针。改革还对分封制度、刑法、刑罚、人才选拔、财富分配等方面进行了重大调整，加强了国家的集权和实力，成就了桓公的霸业。

【管子】 书名。传为春秋时齐国管仲撰，实系后人伪托。《汉书·艺文志》著录于"道家"，《隋书·经籍志》著录于"法家"。原本八十六篇，今存七十六篇，分为八类。内容庞杂，包含道、儒、名、法等家思想，涉及政治、经济、法律、军事、哲学、伦理道德以及天文、历法、地理和农业生产等知识。"不翼而飞""见异思迁""令行禁止""内忧外患""十年树木，百年树人"等成语都出自该书。

【卯】 guàn。古代儿童的发式。易于梳整，只需将头发中分，左右各盘一髻如双角，并分垂一绺发丝即可。因形似"卯"字，故名。自春秋开始便成为流行的儿童发式。后世有所变化，不再保留垂下的一绺头发。后以"卯发"泛指少年。

【冠礼】 冠，guàn。古代男子成年时（20岁）加冠的礼节。举行冠礼之前，先选定吉日，届时由大宾（通常为父兄等）主持，在宗庙里举行。冠礼进行时，宾给冠者加冠三次。先加缁布冠（即用黑麻布做的冠），表示从此有治人的特权。次加皮弁（用白鹿皮制成），表示从此要服兵役。最后加爵弁（赤中带黑色的平顶帽，用极细的葛布或丝帛制成），表示从此有权参加祭祀。每加一次冠，宾都要对冠者致祝词。三次加冠后，主人设酒馔招待所有参加冠礼的人，称"礼宾"。

礼宾后，冠者入家拜见母亲，而后由大宾取字，依次拜见兄弟姑姊。最后，冠者换上玄色礼帽礼服，携礼品去拜见国君、乡大夫（在乡而有官位者）和乡先生（退休乡居的官员）。主人向来宾敬酒、赠送礼品。男子加冠后可娶妻。

【**鹳雀楼**】古代名楼。因常有鹳雀栖止其上，故名。相传始建于北周，初为军事瞭望之用。楼高三层，前瞻中条山，下瞰黄河，为形胜之地。唐人登临题诗者甚多，最著名的当数王之涣《登鹳雀楼》："白日依山尽，黄河入海流。欲穷千里目，更上一层楼。"原址在山西蒲州府（今永济），金时被焚。明初黄河泛滥，故址淹没。

【**光禄寺**】古代官署名。北齐始设光禄寺，九寺之一，职掌宫殿门户、帐幕铺设器物、百官朝会膳食等事务。唯辽代改名"崇禄寺"。元明清复称"光禄寺"，所辖大官、珍羞、良酝、掌醢四署，与唐代同。清代皇帝饮食由内务府掌管，光禄寺为外廷职司，仅料理祭祀食品。

【**光禄勋**】古代官名。九卿之一。秦设郎中令，掌管宫殿门户，兼侍从皇帝左右。汉初沿用此称，武帝时改名光禄勋，居宫中。属官有光禄、太中、中散、谏议等大夫。东汉末年复称"郎中令"。魏晋复设光禄勋，不再居宫中。南朝梁始改名"光禄卿"。北齐始置光禄寺，设卿、少卿等。唐以后成为专管皇室祭品、膳食及招待酒宴之官。

【**光武中兴**】东汉光武帝刘秀统治时期出现的治世。也称建武盛世。公元25年，刘秀自立为帝，建立东汉政权，后统一全国，推行解放奴婢、推崇儒学、精简官员等一系列政策，使社会经济得以稳定发展，因其谥号为光武皇帝。又重振了汉朝，故称光武中兴。

【**广东十三行**】清政府指定专营对外贸易的垄断机构。也称洋行、洋货行。明代已有十三行的名称。行数不固定。康熙二十四年（1685），在广东、福建、浙江和江南分别设立海关，税收由广东十三行出面主持。乾隆二十二年（1757），清政府规定与西洋各国贸易限在广州一处，此后业务更发达。可代外商报关纳税和从事中介贸易，后数量增加而成同类洋行的统称，以潘、伍、卢、叶四家最为著名，且立公会、行规协调行事。鸦片战争后，因通商口岸渐多而衰落。

【**广惠仓**】宋朝官府所设用于社会救济的粮仓。宋仁宗嘉祐二年（1057），由各路官府拨出一部分没收充公的田地，募民承佃，以所收租另仓贮存，作为社会救济之用，故名。与义仓不同，义仓通常是由官府组织、按人头和田亩抽取费用逐渐发展为民间自愿采纳的粮食储备方式。而广惠仓则是由官府直接管理，主要负责社会救济工作。

【**广陵散**】琴曲名。散，sǎn，曲类名称，如操、弄、序、引之类。全曲分小序、大序、正声、乱声、后序等部分，内含四十五段，为篇幅最长的琴曲之一。内容据说是聂政为父报仇刺杀韩王的故事，即《琴操》所记的《聂政刺韩王曲》（一说为严仲子报仇，刺杀韩相侠累）。三国魏嵇康以善弹此曲著称，后遭谮被害，临刑前索琴弹奏此曲，曰："《广陵散》于今绝矣！"后遂用来称人事凋零或事成绝响。

【广雅】 训诂学著作。三国魏张揖撰。隋代曹宪为之作音释，因避隋炀帝杨广名讳，改称《博雅》，后恢复原名，沿用至今。张揖有感于《尔雅》一书所集训诂不甚完备，将群书中文同义异、音转失读、八方殊语、庶物易名而《尔雅》未予收录的，都详录覈核，以著于篇。《广雅》旨在补《尔雅》之缺漏，增收了词语，拓展了事类，完善了某些释义。体例上参仿《尔雅》格局，自释诂、释言、释训以下，直至释兽、释畜，共19篇。全书搜集极广，博及群书，举凡汉代以前经传训诂，《楚辞》、汉赋笺注，以及汉代《方言》《说文解字》等书的解说都予收录，还包括后出的新词，共收词2343条。保存了汉魏以前词汇和训诂的珍贵资料。是一部重要的雅学著作，对后世雅书影响很大。

【广韵】 韵书名。全称《大宋重修广韵》。北宋陈彭年、丘雍等奉诏重修。原为增广《切韵》而作，故名。全书五卷，收字26 194个，注文191 692字。分206韵，其中平声57韵、上声55韵、去声60韵、入声34韵。是汉语音韵学、汉语方言学研究的重要著作。

【归化人】 日本历史书籍称早期移居日本的华人，也称渡来人。因东渡有先后，故有"秦人""汉人""新汉人"等不同称谓。人数众多，不仅在血缘上，而且在科学文化上，包括农业、蚕丝业、制造业、建筑、雕刻、绘画、医学以及儒学、佛教等各个方面都给日本以很大影响。同时也引入了我国的汉字和文化。逐渐融合成为日本民族的一部分。

【归有光】 (1507—1571)明代文学家。字熙甫，号震川，又号项脊生，昆山（今属江苏）人。9岁能文，弱冠通经史，然至35岁方中举人。又屡应进士不第，嘉靖四十四年（1565）始中进士。后官南京太仆寺丞，卒于任上。在古文创作方面，归有光尊崇《史记》及唐宋诸大家，强烈反对前、后七子"文必秦汉"的复古主张。其散文善于捕捉生活细节，直抒胸臆，感情真挚，《项脊轩志》为传世名篇。著有《震川先生集》。

【归真】 我国伊斯兰教用语。指灵魂离开躯体，归于真主。即指死亡。

【圭】 也作"珪"。玉器名。古代帝王、诸侯举行隆重仪式时所用的玉制礼器。长条形，上端圆或尖，下端方。圭是表示贵族身份高低的信符，其形制大小，因爵位及用途不同而异。因属贵重的玉器，故也用于形容人的美好品质。如《诗经》中就以"如圭如璧"形容君子的高尚品德。

【圭表】 圭，平卧的刻度水平尺。表，垂直竖立的标杆。古代用来观测日影长度变化从而计时的仪器。也称土圭。如一年中夏至的日影最短、白昼最长，冬至的日影最长、白昼最短。一天中正午时刻的日影最短等。春秋时已运用，是我国最古老的天文观测仪器之一，最早装置圭表的是位于今河南登封告成镇的周公测景台。

【龟】 一种爬行动物。古代视其为灵物，与龙、凤、麒麟并称"四灵"。寿命很长，古人将其作为长寿的象征。曹操作《龟虽寿》，以神龟为喻，感叹世上万物有盛必有衰，有生必有死。殷商时期，人们用火烧灼龟甲，以裂开的纹路预测吉凶。我国最早的文字甲骨文就是刻写在龟甲和牛肩胛骨上的。

【龟鹤】我国传统文化里的祥瑞动物。相传龟、鹤能活千年，故古人以"龟鹤"比喻长寿。传统服饰的纹饰、图案也常采用"龟鹤齐龄""龟年鹤寿"等表达此意。

【皈依】佛教信徒的入教仪式。表示对佛、法、僧三宝的归顺依附。也称三皈依、归依。

【轨】指车轴突出于毂外侧的部分，即"軎"。又指车两轮间的距离，也指两轮在路上轧出的痕迹，即"辙"。《礼记》中有"车同轨，书同文"之句，"车同轨"指国家统一了车辆两轮间距，同时统一了车辙的宽度，使车马行走通畅无阻。后也以此比喻国家实现了大一统的局面。

【诡寄】将自己的田地伪报在别人名下，以逃避田赋、差役的方法。明清常伪报在享有减免赋役特权的有功名者及官僚、贵族名下。豪绅势宦常利用优免权包揽、受献，乘机侵吞官府赋役，剥削和奴役投靠人户。清代摊丁入亩后，始少见。

【诡名挟佃】宋代地主和官僚为规避赋役而采取的一种策略。他们将田产寄在享有免役特权的官户、形势户（唐宋对在任文武职官及州县豪强人户的统称）名下，自己则冒充佃户，逃避赋役。诡名挟佃与诡名子户共同构成了地主阶级逃避国家赋役的主要方式。

【诡名子户】宋以来官僚、富户通过虚立户名，一户虚立几户以至几十户的户名，分散家产，以降低户等规避税役的方法。诡名子户与诡名挟佃共同构成了地主阶级逃避国家赋役的主要方式。

【鬼】迷信者认为人死后精灵不灭，能离开肉体独立存在，称为"鬼"。鬼有着千变万化的形态和超人的能力，或庇护人，或戕害人。古人对鬼的想象起源于原始崇拜。商代尚鬼，凡事都通过占卜求问鬼神。春秋战国时，楚人也是尚鬼的代表。我国古代文学作品里，很多场景中鬼和神没有明显的界限，譬如屈原笔下的《山鬼》，描绘的是一个美丽多情的女性山神形象。而清代蒲松龄《聊斋志异》中的鬼，多数有善良、忠诚、天真等美好品质和人情味儿，体现了人们对幸福生活及真善美品质的向往。随着印度佛教东传，佛教中罗刹鬼等恶鬼形象才在宗教故事、文学作品中有所表现。

【鬼谷子】战国时纵横家。楚人。籍贯、姓氏不详，因隐于河南鹤壁云梦山鬼谷，世称鬼谷子或鬼谷先生。长于修身养性和纵横捭阖之术。相传孙膑、庞涓、苏秦、张仪都是他的弟子。著有《本经阴符七术》。《鬼谷子》为后世托名之作。

【鬼门关】关名。也称鬼门。在今广西北流西南。有两峰对峙，中为关门。是古代通往钦、廉、雷、琼和交趾的要道。汉末，伏波将军马援远征交趾，曾途经此处立碑。史书记载，此关以南，瘴疠尤多，出关者十人九不还，故名。唐宋时期文人墨客遭贬谪常有客死于此地者。因其偏远、荒蛮，后人以其名代指凶险之地。也指神话中通往阴间的门。

【鬼薪白粲】 强制男犯砍柴、女犯拣择精米，以供祭祀鬼神之用的徒刑。始于先秦，秦汉时期盛行，服刑期是三年。此刑可附加其他刑罚，如"耐"指为鬼薪剃去胡须鬓毛，"刑"指为鬼薪加黥、斩趾等肉刑。魏晋至唐代，渐减轻为三年以下的一般徒刑。

【簋】 guǐ。古代食器。多为青铜或陶制，也有木制或竹制的。其形制为圆口、圆腹、圈足。有无耳、两耳、四耳不等。其功能像现在的碗。古人可将饭、肉、汤、菜等盛置在簋里食用。

【柜坊】 唐宋都市中代客保管金银财物的商铺。也称僦柜、寄附铺、质库、质舍。起源于邸店，始见于唐代，随着商业繁荣，邸店里替客人保管钱财的需求渐多，便分离出专门的柜坊，以收取柜租为利。富商巨贾常将货币和贵重物品存于柜坊，需用时，凭帖或信物支领。唐柜坊是我国最早的银行雏形。宋柜坊成为销熔铜钱和赌博的场所，官府常加以取缔，柜坊业务逐渐衰落。

【刽子手】 刽，guì，砍断。古时指从事执行死刑职业的人。也称刽子。

【桂陵之战】 公元前 353 年，齐国军队于桂陵（今河南长垣西北）大败魏军的战役。魏惠王十六年（前 354），魏国围攻赵国都城邯郸（今河北邯郸）。次年赵求救于齐，齐王命田忌、孙膑率军往救。孙膑以魏国精锐在赵，内部空虚，引兵直趋魏都大梁（今河南开封）城郊，诱魏将庞涓兼程赶回应战。魏军破邯郸后回救大梁，师老兵疲，孙膑在桂陵设伏袭击，大败魏军，生擒庞涓。孙膑在此战中避实击虚，

创造了"围魏救赵"战法，成为两千多年来军事上诱敌就范的常用战术。

【衮服】 古代帝王和王公穿的绘有卷龙图案的礼服。也称衮衣。一般指皇帝祭祀天地、宗庙、社稷等大典时的着装。据记载，传统的衮衣有十二种纹饰，分别是日、月、星辰、山、龙、华虫、宗彝、藻、火、粉米、黼、黻。周代规定，前六种纹饰绘于上衣，后六种绘于下服，且皂色衣，绛色裳。后世大体不变，只局部有所改动。清朝建立后，取消了十二纹章，但皇帝的服饰仍以龙的形象为主体。

【滚单】 清催征田赋所用的一种单据。康熙三十九年（1700）规定，每里以五户或十户为一单位，使用滚单催赋。单上逐户开明田亩数、银米数、应完分数和限期，由官府发给甲首，挨家催缴，令自封投柜。不交或迟交者予以处分。

【鲧】 Gǔn。传说中的原始部落首领，颛顼之子，因建国于崇，故号崇伯。奉尧之命治水。偷天帝息壤，使用筑堤防水的办法，治水九年未成，被治罪，死于羽山。化为黄熊，成为羽渊之神。虽然鲧治水失败，但后人仍将其视作治水的英雄。相传鲧的儿子大禹出生于鲧腹，继父之业继续治水，采用因势利导之法最终成功。

【郭】 在城外加筑的一道城墙，用于城防。一般作为外城区域，是平民百姓居住的地方。

【郭店楚简】 1993 年 10 月，考古人员在湖北荆门郭店一座战国中后期楚墓中发掘出土的一批竹简。共计 408 枚，简文用楚文字书写，包括道家著作《老子》甲、乙、丙三篇，《太一生水》

一篇。儒家著作共十篇：《缁衣》《鲁穆公问子思》《穷达以时》《五行》《唐虞之道》《忠信之道》《成之闻之》《尊德义》《性自命出》《六德》。另有《语丛》四篇，杂抄百家之说。郭店楚简的发现，对于研究我国哲学、思想史、古文字学、简册制度和书法艺术等，都提供了可贵的资料。

【郭璞】（276—324）东晋文学家、训诂学家。字景纯，河东闻喜（今属山西）人。晋室南渡后官著作佐郎，后任王敦记室参军。王敦欲谋反，命他卜筮，郭璞谓其若谋反必败，被王敦所杀，后追赠弘农太守。工文章，擅诗赋，博通训诂及天文、卜筮之术。所作《游仙诗》十四首，开游仙诗题材之先河。《江赋》气势雄浑、辞藻奇丽，为赋体名篇。深研《尔雅》，著有《尔雅注》《尔雅音》《尔雅图》《尔雅图赞》。另有《山海经注》《穆天子传注》等著作。

【郭守敬】（1231—1316）元代天文学家、水利学家、数学家。字若思，顺德邢台（今属河北）人。祖父郭荣为著名学者，熟知天文、水利、算学。郭守敬秉承祖业，在天文历法、水利、数学方面都取得了巨大的成绩。天文历法方面，他创制或改制简仪、仰仪、候极仪、浑天象、玲珑仪等天文仪器十余种，又在全国27处进行实测，重新观察了二十八宿及其他恒星的位置，测定了黄赤交角，达到了很高的精确度。主持修订了《授时历》。水利方面，主持修凿大都附近的通惠河，使漕运得以畅通。数学方面，与王恂创立招差术、弧矢割圆术。著有《推步》《立成》《历议拟稿》《仪象法式》等。

【郭熙】北宋画家。生卒年不详。字淳夫，河阳温县（今属河南）人，世称"郭河阳"。历任御画院艺学、翰林待诏直长。工画山水，取法李成，山石用状如卷云的皴笔，画树枝，如蟹爪下垂，笔势雄健，水墨明洁。早年风格较工巧，晚年转为雄壮，常于巨嶂高壁，作长松乔木、回溪断崖，峰峦秀拔、云烟变幻之景。后人把他与李成并称"李郭"。他反对因袭守旧，主张在"兼收众览"的同时师法自然。此外，还对山水的表现技法做了深入研究，如提出高远、深远、平远的"三远"法，是对传统绘画经验的总结。传世作品有《江山万里图》《早春图》等。有画论，子郭思纂集为《林泉高致》。

【郭象】（252—312）西晋玄学家。字子玄，河南洛阳人。官至黄门侍郎、太傅主簿。好老庄，善清谈。在向秀《庄子隐解》的基础上进一步发挥，作《庄子注》。作为魏晋玄学的代表人物之一，郭象提出"名教"即"自然"，肯定儒家的名教之治和道家的自然无为思想，合儒道为一。

【郭子仪】（697—781）唐代将领。华州郑县（今陕西渭南华州区）人。安史之乱时，任朔方节度使，出兵河北，击败史思明。潼关失守后，退兵朔方，拥立肃宗。后任天下兵马副元帅，主持平叛事宜，率军收复长安、洛阳。封汾阳郡王。代宗时，吐蕃、回纥联兵攻唐，郭子仪在泾阳面见回纥统帅，并率军击溃吐蕃。德宗时被尊为"尚父"。

【国】①国家。②国都。如《国语》中

"国有班事，县有序民"句，即指国都里各行各业并然有序，四郊百姓生活劳作很有秩序。③诸侯的封地和采邑。《战国策·齐策四》："孟尝君就国于薛。"指孟尝君的封地在薛（今山东滕州）。

【国别史】 我国传统史书体裁。即按不同的诸侯国分别记述其历史事件、人物的史书。代表有《国语》《战国策》等。

【国人】 周代居住在国都、大邑及其近郊的下级贵族和平民。与野人相对。最初国人一般是战争中获胜的部族，选择险峻地，筑城居住，以备守御。而战败的部族则退回平夷之地居住，进行耕作。后逐渐分成国人、野人两个等级。国人政治地位较高，有参政权利和服军役、缴纳军赋的义务，有资格接受军事训练和礼仪教育。各国的军队主力都是国人。春秋以后，国人的优势地位逐渐消失，与野人混同。

【国人暴动】 公元前841年，西周首都镐京（今陕西西安）的国人（西周、春秋时对居住于国都之人的通称）反抗厉王暴政的武装暴动。也称彘之乱、国人起义、厉王奔彘。周厉王为改变朝廷的经济状况，实行"专利"政策，将山林湖泽改由天子直接控制，不准国人进入谋生。前841年，镐京国人忍无可忍，集结起来，围攻王宫，厉王仓皇奔彘（今山西霍州），召穆公、周定公共保太子，联合执政。

【国史】 古代官方修纂的本朝实录和历史。体裁有编年和纪传两种。源于春秋各国，魏晋以来始立专官专司编修，体裁不一。唐时常在实录基础上参考其他资料以纪传体或编年体撰成，先后所修相续。宋由宰相领衔国史院编修，定为纪传体，其制趋于完备。清以编修实录代之。后泛指一朝之历史。

【国史馆】 古代官署名。编纂国史的机构。历代多设置，名称不同。清代始称"国史馆"，属翰林院，设总纂、提调、纂修等官。主要负责纂修纪传体国史，即各朝纪、志、传、表。

【国史之狱】 北魏太平真君十一年（450），太武帝因修国史失当诛杀崔浩等大批士族的事件。崔浩身居要职，为当时北魏士人的领袖，身处胡汉矛盾的中心。其主持编纂的国史直书北魏统治者拓跋氏祖先隐秘的历史，引起鲜卑贵族不满。太子拓跋晃等皆卷入其中。太武帝下令族诛崔浩及与之通好的范阳卢氏、太原郭氏、河东柳氏等北方高门，北方士族的实力由此受到沉重打击。此事件对北魏政局影响极为深远。

【国学】 古代指国家设立的学校。据《礼记》《大戴礼记》及《周礼》，西周国学由前代学制发展而成，按学生年龄分小学和大学。小学在王宫南之左，大学在郊。教育内容为六艺，小学以书、数为主，兼一般行为小节，大学以礼、乐、射、御为主。国学定有考查及奖惩制度，管教严格。后世国学为京师官学的通称，尤指太学和国子学。

【国野】 都城和郊外的合称。都城和近郊称"国"，郊外称"野"，居住在国、野之人分称为"国人""野人"。国人享有一定的政治权利，须交纳军赋，当兵作战。而野人地位较低，多为农业劳动者。

【国语】 史书名。我国最早的国别史著作，传为春秋时鲁国史官左丘明所撰。21卷，分晋、周、鲁、楚、越、齐、郑、吴八国。所记上起西周穆王，下至赵、韩、魏灭智伯。以记西周末年和春秋时周、鲁等国君臣的言论为主，广泛记载了当时的政治、军事、外交等活动，是研究春秋史乃至上古史的重要典籍，可与《左传》相参证，故有《春秋外传》之称。

【国子监】 监，jiàn。我国古代最高教育管理机构和最高学府。也称国子学。汉有太学，西晋立国子学，北齐始设国子寺掌学政，隋炀帝改国子寺为国子监。至唐除主管学政外，还总辖国子学、太学、四门学、律学、书学、算学等最高学府。明清兼指其机构与学府。

【虢国】 虢，Guó。周武王分封文王之弟虢仲、虢叔而建立的姬姓诸侯国。分为西虢和东虢。西虢原在今陕西宝鸡东，平王东迁时随迁于上阳（今河南三门峡陕州区李家窑村），跨黄河两岸，河北称北虢，河南称南虢，实为一国。公元前655年晋国借道虞国灭掉虢国，"唇亡齿寒"的典故即由此而来。西虢东迁后，原地余留有小虢，前687年为秦所灭。东虢在今河南荥阳东北，前767年为郑所灭。

【裹肚】 肚兜。古代束在胸腹部的内衣。也称袜肚、腰巾。

【裹脚】 ①绑腿的布带。也称行缠、行縢。为长途行走轻松便利，用一根长布条自脚至膝下缠紧。②指缠足。

【过割】 田宅等资产所有权的过户交割。宋以来常由官府介入，元明清必报当地官府依例纳税，立契给据，改由新主交纳田赋等相关课税。

【过继】 无子女的人收养同宗的子女为后嗣。也指把自己的子女继入养父母家庭为其后嗣。

【过秦论】 散文篇名。西汉贾谊作。"过秦"是责秦政失之意。汉初，百废待兴，以秦为鉴成为共识，"罪秦""过秦"成为时论。贾谊以强烈的参政意识，写就此文，将秦王朝迅速覆灭的原因归结为"仁义不施"，失去民心，以期作为汉王朝接受历史教训、稳定政局、巩固统治的借鉴。其文善用排比夸张手法，感情充沛，纵横开阖，《文选》等古代多种选本均有收录。

【过盏】 金朝喜庆及迎送的重要礼俗。上至朝廷，下至州郡，都有此礼。如宰相、百官的生日及民间婚娶、生子，迎接上差、趋拜地方官等，多以酒果为具，并以币帛、金银、鞍马、珍玩等相赠送。主人敬酒于宾客，彼此相互祝贺、祈求。

G

H

【海禁】禁止外国商船进口贸易和我国商船出口贸易的措施。也称洋禁。元朝始行，明清沿其制并强化。14世纪，明朝政府对海事进行了一系列限制政策，旨在防止倭寇走私和侵扰。清朝政府为了防止郑成功抗清力量与大陆的反清势力联合，沿袭了明朝的海禁制度，而正式全面实施海禁则始于顺治十二年（1655），严禁商民船只私自出海，结果类似闭关锁国。

【海上之盟】北宋与金联合攻辽的盟约。北宋重和元年（1118）徽宗派马政自登州（治今山东烟台蓬莱区）渡海，和金太祖策划攻辽。宣和二年（1120）又派赵良嗣（即马植）等赴金定约：由金军攻取辽中京（今内蒙古宁城西），由宋军攻取辽南京（今北京）、西京（今山西大同），双方不得单独与辽媾和，灭辽后，宋将输辽岁币转输于金，金将燕云地区归还于宋。由于双方地理位置上受到辽朝的阻隔，无法在陆上直接接触，只能通过往返渡海订立盟约，故名。

【海行】行，xíng。颁行天下、普遍适用的敕令格式的称呼，属于普通法。历代有之，宋以来用此称，与仅适用于一地、一司、一务者的特别法相对而言。如全国通行的编敕、条贯有"海行编敕""海行条贯"等。

【邯郸记】传奇剧本。明汤显祖作，"临川四梦"之一。取材于唐代沈既济的传奇小说《枕中记》。叙述卢生在梦中行贿中式，出将入相，享尽荣华，又因官场倾轧而遭贬，尔后复官的故事。剧本借卢生等形象抨击了当时社会的腐朽，表达了一种人生如梦的观念。

【邯郸学步】出自《庄子》。相传战国时，一燕国寿陵人来到赵国都城邯郸，见这里的人走路姿态很美，于是效仿其步态，结果不但学得不像，就连自己原有的步态都忘掉了。后人就用"邯郸学步"比喻盲目模仿他人，最后反而把自身长处都丢失了的行为。

【含殓】丧礼仪式之一。将珠、玉、米、贝等安放于逝者口内。新石器时代已有此俗。周代除了往死者口中放谷物，还流行将玉作为口含物。春秋时天子含珠，诸侯含玉，大夫含碧，士含贝。后世所含的物品演变为钱币或饭粒。也称含口。

【函谷关】古关名。秦函谷关在今河南灵宝南，是秦东关。因建于谷中，谷深如函，故名。函谷东起崤山，西至潼津，谷中绝岸壁立，其上松柏遮天蔽日，故道仅容一车通过，堪称天险，古人用"请以一丸泥东封函谷关"来形容其地势险要，可谓"一夫当关，万夫莫开"。汉函谷关在今河南新安东。汉武帝元鼎三年（前114）将关移于此处，三国魏正始元年（240）废。

【韩非】（约前280—前233）战国时期思想家，法家主要代表人物。韩国贵族，与李斯同为荀子弟子。曾建议韩王变法图强，不被采纳。著《孤愤》《五蠹》《说难》等十余万言，秦王嬴政读其书，大为赞赏，发兵攻韩，逼韩王遣韩非入秦。不久因李斯、姚贾谗害，自杀于狱中。主张实行重赏、重罚、重农、重战的政策，提出以"法"为中心的"法、术、势"三者合一的政治思想，强调加强中央集权，对后世影响很大。其"法不阿贵""刑过不避大臣，赏善不遗匹夫"的法治思想在封建社会难能可贵。著有《韩非子》。

【韩非子】书名。集先秦法家学说大成的代表作。韩非死后，后人搜集其遗著，并加入他人论述韩非学说的文章编成。二十卷，五十五篇。提出了"法、术、势"相结合的法治主张，对秦以及后世封建专制主义有很大影响。战国末已流传。据《史记》记载，秦王嬴政读后，称赞不已。书中不少寓言故事具有很高的文学价值，"智子疑邻""自相矛盾""买椟还珠""滥竽充数""守株待兔"等成语都出自该书。

【韩幹】唐代画家。京兆（治今陕西西安）人，一说大梁（今河南开封）人。年少时为酒肆佣工，后得到王维帮助，学画十余年而终成名家。其拜师于曹霸而重视写生，擅绘人物、鬼神，尤工画马，与戴嵩画牛并称"韩马戴牛"。杜甫曾有"韩幹画马，毫端有神""逸态萧疏，高骧纵姿"的评价。

代表作品有《牧马图》《相马图》《照夜白图》等。

【韩国】三家分晋后韩氏建立的诸侯国。势力范围主要在今山西东南及河南中部。韩氏源于周成王所封的韩侯，在今山西河津东北（一说今陕西韩城）。第一代韩侯为武王之子。西周、春秋间为晋所灭，晋公族姬万以韩为采邑，其族以韩为氏，世为晋卿。三家分晋后，公元前403年被周威烈王承认为诸侯。建都阳翟（今河南禹州）。其国介于魏、秦、楚、赵之间，为"战国七雄"之一。前375年韩哀侯灭郑，迁都新郑（今属河南），前230年为秦所灭。

【韩柳】唐代文学家韩愈、柳宗元的并称。二人同为唐代古文运动的倡导者和代表作家，对后代散文发展有很大影响。

【韩孟】唐代文学家韩愈、孟郊的并称。二人友谊深厚，韩愈以文章著称，孟郊长于五言诗，时号"孟诗韩笔"。诗歌创作都崇尚古风，且多联句之作，工力相敌，故后人论诗，也常以韩孟并举。

【韩诗】汉初燕（治今北京）人韩婴所传《诗经》文本及其解释。汉文帝时，韩婴为博士（专门传授儒家经学的学官），著作有《韩诗内传》和《韩诗外传》。"韩诗"属于今文经学，传授"韩诗"的有淮南贲生、蔡义等。成为官学。与"鲁诗""齐诗"合称为"三家诗"。后随着《毛诗》的兴起，"韩诗"逐渐衰落。西晋时"韩诗"虽存，但已无传授之人。南宋以后，《韩诗内传》散失，仅存《韩诗外传》（一说，《内传》并入《外传》中）。

【韩湘子】传说中的八仙之一，唐代文学家韩愈的侄孙。性格狂放，传说曾在初冬时节令牡丹花开数种颜色，每朵上有诗一联。又能聚盆覆土，使之顷刻开花。花瓣上有"云横秦岭家何在，雪拥蓝关马不前"之句。韩愈初见此句，不解何意，直到因为上书谏迎佛骨一事被贬官潮阳，途中遇雪，见韩湘子冒雪来相送，并诵曾在花上出现的诗句，才明白原是一则预言。二人共宿蓝关驿站。据史籍记载，韩愈确有侄孙名韩湘，为其侄十二郎之子，会昌三年（843）进士，在韩愈被贬时赠诗，中有"云横秦岭"一联。而其得道成仙一事，则是后人的附会。

【韩信】（？—前196）西汉军事家。淮阴（今江苏淮安淮阴区西南）人。早年家贫，然胸有大志，曾受胯下之辱。秦末投项羽，不得重用。萧何荐于刘邦，拜为大将军。在楚汉战争中平定诸侯，消灭项羽，屡建战功，受封齐王。汉朝建立，改封楚王。有人告其谋反，降为淮阴侯。又被诬告与陈豨勾结谋反。萧何与吕后定计，将其诱入宫中杀死，夷其三族。

【韩愈】（768—824）唐代文学家。字退之。祖籍昌黎，世称韩昌黎。河阳（今河南孟州）人。贞元进士，元和中任国子博士、刑部侍郎，因上表谏宪宗迎佛骨，被贬为潮州刺史。穆宗时官至吏部侍郎，卒谥文，世称韩文公。以继承儒学道统为己任，政治上反对藩镇割据，思想上尊儒排佛。散文创作主张"文以载道"，继承先秦两汉的传统，反对六朝以来的骈偶文风，气势磅礴，感情充沛，文字精练，与柳宗元同为"古文运动"的倡导者，并称"韩柳"，后世将他列为"唐宋八大家"之首。诗歌崇尚雄奇险怪的风格，以文为诗，与孟郊齐名，并称"韩孟"。苏轼赞扬他"文起八代之衰，而道济天下之溺"。有《昌黎先生集》。

【寒具】一种食物。也称粔籹、环饼，俗称馓子。将面粉、糯米粉佐以盐、糖揉搓成细条，用油煎炸而成。其形多样，或成饼状，或如栅栏状，或似麻花状。因其为油炸食物，易于保存，且能即食，而古代寒食节禁火，不能烹饪，其方便在寒食节当日作为代餐，故称"寒具"。

【寒门】魏晋南北朝时期门第势力弱小、仕宦不达的家族。也称素族、庶族、寒族、单家、孤门。在魏晋以来九品中正制下，属低品或二品以下之家。其成员常称寒人、卑庶，受士族歧视限制，多依附皇权，凭借才干、军功进阶为官。南北朝以后，逐步崛起为新兴势力。南朝梁武帝设立国学五馆，专门招收寒门俊才，且不限人数，改变了之前国子生只取贵族后代的旧例。

【寒山】唐代诗僧。早年四方云游，后长期隐居于始丰（今浙江天台）寒岩，自号"寒山子"。与国清寺僧人拾得交游。好吟诗唱偈，内容多表现山林隐逸之趣和佛教的出世思想，对世态也有所讥刺，语言通俗诙谐，别具一格。有诗三百余首，后人辑为《寒山子诗集》。

【寒食】古代传统节日。在冬至后第一百零五天或一百零六天，唐宋时改在清明前两三天。相传此俗源于纪念春秋时晋国的介之推。介之推随晋文公重耳流亡列国，曾割大腿肉供文公充饥。文公复国后遍赏群臣，却唯独漏掉了介之推。介之推禀性高洁，不愿争赏，携母归隐绵山。文公得知后追悔不已，再三请他出山。介之推坚辞，不愿出山。文公又焚山逼其出仕，没想到介之推竟和其母抱树被焚而死。文公葬其于绵山，修祠立庙，并下令于介之推焚死之日禁火寒食，以寄哀思，后相沿成俗。古人有寒食扫墓、插柳的习俗，唐代宫廷中还盛行寒食节荡秋千。

【寒食散】 也称五石散、乳石散。其主要成分为钟乳石、紫石英、白石英、硫黄、赤石脂。三国魏时清谈家、驸马何晏是寒食散的提倡者。当时，贵族争相服用，一时蔚然成风。因服此药后，须冷食、冷浴，故称寒食散。服后须走路以散发药性，谓之"行散"。又因这些矿石有毒性，时人不乏服用后致死者，如何晏、裴秀、晋哀帝司马丕、北魏道武帝拓跋珪、北魏献文帝拓跋弘等，而学者皇甫谧则因服散而致残。

【汉壁画墓】 西汉晚期兴起、东汉时期流行的以彩绘壁画为装饰的砖石结构墓。墓主多为地方豪强地主或达官显贵。分布于河南、江苏、安徽、山东、山西等地。壁画绘制了墓主人生前射猎、宴饮、乐舞、出游、仕宦等系列活动场景，包括其土地或庄园的农桑景象。也描绘古之圣君、儒道圣贤、忠臣良将、孝子烈女的伦理道德故事，还有伏羲、女娲及仙禽瑞兽的神话故事。壁画多以毛笔为工具，用矿物质颜料着色，直接画在砖壁或石面上，色彩经久不褪。其创作方法上继承了春秋晚期以来的现实主义传统。在绘制技巧上发展了战国至西汉早期宫廷壁画和帛画上所见的墨线勾勒轮廓再平涂施色的手法。20世纪50年代以来，考古工作者通过对洛阳旧城西、平陆枣园村、徐州黄山陇、梁山后银山、密县打虎亭、托克托、辽阳棒台子屯和三道壕等多座壁画墓的发掘及有关问题的探讨，初步了解了汉壁画墓的分布及大致特点。70年代时，河北安平逯家庄、定县八里店、陕西千阳、内蒙古和林格尔、洛阳卜千秋等墓的发现，进一步增进了对汉壁画墓的分布、产生年代和壁画题材内容等方面的了解。这对了解汉代社会和绘画艺术有重要意义。

【汉朝】 由刘邦建立、灭亡后又由刘秀重建的王朝。据首都变迁，分为西汉和东汉，史称"两汉"。公元前207年刘邦（即汉高祖）灭秦，后又战胜项羽，于前202年称帝，国号"汉"，建都长安（今陕西西安），史称"西汉"或"前汉"。公元8年，外戚王莽代汉称帝，国号"新"，实行改制。17年，爆发赤眉、绿林起义。25年，远支皇族刘秀（即汉光武帝）重建汉朝，建都洛阳，史称"东汉"或"后汉"。东汉末年，社会矛盾激化。中平元年（184），爆发黄巾起义。东汉王朝名存实亡。延康元年（220）曹丕称帝，东汉灭亡。

【汉承秦制】 汉初以来沿袭秦朝制度而调整发展的局面。表现在基本承袭与沿用秦王朝实行的中央集权制、以丞相为核心的各级官僚体制、行政区划的郡县制以及法律、礼乐、赋税、官员管理制度等方面，完善了秦朝开创的统一的多民族国家体制。汉武帝以来此局面发展已更为突出。

【汉赋】汉代流行的文学体裁。从《楚辞》发展而来，并吸取了荀子《赋篇》的体制和纵横家的铺张手法。有大赋和小赋两种。大赋多描写宫观园苑之盛，结构宏伟，代表作如司马相如《上林赋》。小赋多为抒情作品，于东汉后兴起，代表作如张衡《归田赋》。

【汉江】长江最大支流。也称汉水。发源于陕西宁强北嶓冢山。源头称为漾水，流经勉县（历史上称沔县）段时称为沔水。到襄城镇与襄水合流，自此称为汉水。经陕西南部、湖北西北部和中部，在武汉汇入长江。汉水历史悠久，早在《尚书·禹贡》中就有"嶓冢导漾，东流为汉"的记载。汉水流域孕育了古老的华夏文明和农耕文明。春秋战国时期，楚人以汉江上游丹阳为起点，开疆拓土，成为一方霸主，并创造了瑰丽独特的楚文化。

【汉军】①汉王刘邦的军队。②辽金元指由汉人组成的军队。元朝称此名的军队中，也包括原金朝境内的女真、契丹等族人，故有时又称"乣汉诸军"。清自崇德七年（1642），汉族士兵编为军队称汉军八旗。

【汉书】史书名。东汉班固撰。司马迁撰成《史记》，后人多有续作，其中班彪撰《史记后传》65篇。汉光武帝建武三十年（54），班彪去世，其子班固为父守丧，决心继承父志，完成史书编纂。三年后，着手编纂《汉书》。汉明帝永平五年（62），班固因被人告发私作国史而入狱。弟班超亲赴洛阳上书为其申辩，明帝观班固书稿，

赏识其才华，命其继续完成《汉书》。汉和帝永元四年（92），班固因受窦宪叛乱牵连，被捕入狱，冤死狱中。其时尚有"表"和《天文志》未完成。汉和帝命班固妹班昭、马续整理、补作、续撰，终得成完璧。《汉书》体例主要参照《史记》，又略有不同，如将"书"改为"志"，取消"世家"并入"列传"，把"本纪"改为"纪"。全书共100篇，后人分为120卷。班固历时二十多年，写成包举一代的断代史著作《汉书》，成为我国第一部纪传体断代史。这是司马迁之后我国历史学发展的重大突破，故后世有"史汉""班马"之并称。

【汉书·艺文志】《汉书》十志之一。为我国现存最早的图书目录。分六艺、诸子、诗赋、兵书、数术、方技六略，共收书38种，596家，13 269卷。《汉书·艺文志》开创了史志目录的先例，汉以后史书多仿其例而编有艺文志或经籍志，如《新唐书·艺文志》《宋史·艺文志》《明史·艺文志》《隋书·经籍志》《旧唐书·经籍志》等。

【汉武帝】（前156—前87）西汉皇帝。名刘彻，汉景帝之子。公元前141—前87年在位。在位期间，政治上，颁布"推恩令"，削弱割据势力，加强中央集权。思想文化上，采用董仲舒的建议，罢黜百家，独尊儒术。设立太学，选拔培养大量人才。外交上，于建元三年至元鼎二年（前138—前115），两次派张骞等出使西域各国，打通东西方在经济、文化上交流与联系的途径，史称"丝绸之路"。军事上，任用卫青、霍去病为将，打击匈奴贵族，解除了边境的威胁。在位54

年，将汉朝推向全盛，是封建时代一位有雄才大略的君主，也是我国历史上第一位使用年号的皇帝。

【汉学】 汉代知识分子研究经典文献，多注重语言文字，考订名物制度。清代乾隆、嘉庆期间称汉代这种学问为汉学，与宋明理学相对。也称朴学。汉学重实证而轻议论，推崇朴实学风，反对空谈义理。自群经至于子史，辨别真伪，往往超过前人，对整理古籍有不少贡献，但后来形成了一种为考据而考据的学风，脱离实际。

【汉阳诸姬】 周朝分封于汉水北岸、守卫王室南土的一些姬姓诸侯，有应、随、息等。这些诸侯国的任务，先是为了防御"淮夷诸嬴"（包括徐国、江国、樊国等，皆为嬴姓）。当"淮夷诸嬴"被周穆王击败后，任务又变为守卫青铜战略大通道。当楚国开始崛起，任务又变为防备楚国，但那时已经是春秋时期，周王室自身难保，汉阳诸姬失去后援，被楚国逐一吞并，史称"汉阳诸姬，楚实尽之"。

【汉印】 汉代的印章。汉印虽然直接沿袭秦制，却废田字格，摹印篆更加洗练，确立了样式制度与官印典型。篆体有别于秦篆，大都方正浑朴，布局谨严，与秦印并为后世篆刻家所取法。是书法和雕刻艺术的结合，体现了我国传统文化的博大精深。

【汉乐府】 汉代的乐府诗。分为郊庙歌辞、鼓吹歌辞、相和歌辞和杂曲歌辞等类。郊庙歌辞是为统治者祭祀所作的乐歌。鼓吹歌辞原是军歌，后用于宫廷朝会、贵族出行等场合。其余两类包括从各地采集的民间歌谣，其中多有反映百姓生活疾苦的作品。代表作如《长歌行》《江南》等。

【汉中】 汉水上游盆地及周围地区。秦始设汉中郡，汉高祖刘邦曾封汉中王，两汉设郡，魏晋以来名称变化，遂以此泛指今陕西西南汉中盆地及周围地区，其范围大致在秦岭以南，大巴山以北，西接嘉陵江流域，东至子午河、褶河一带。

【汉钟离】 传说中的八仙之一。复姓钟离，名权。因其原型为东汉时的大将，故称"汉钟离"。相传其率兵攻打吐蕃，兵败后得一胡僧指点，遇一披白鹿裘、执青藜杖的老人，从老人处得长生诀和金丹火候、青龙剑法。后又师从华阳真人与上仙王玄甫，道法大增，成为真仙，被玉帝封为"太极左宫真人"。后改名"金重见"，带兵戍守边关，兵败隐遁深山，度化吕洞宾得道成仙。全真教将其奉为"正阳祖师"。唐代确有名为钟离权之人，其有绝句三首见于《全唐诗》，且附小传，说其为咸阳人，遇老人授仙诀，又遇华阳真人、上仙王玄甫传道，自号"云房先生"，后仙去。此说或为后人杜撰。

【汗青】 古时在竹简上写字，先用火烤青竹简，使水分如汗渗出，干后易于书写和防虫蛀。这道烤炙青竹简的工序称为汗青（杀青）。后也指著作或史册完成。南宋文天祥的名句"人生自古谁无死，留取丹心照汗青"，即名垂青史之意。

【汗血马】 西域大宛所产的神骏之马。因其皮肤较薄，奔跑时，血液在血管中流动容易被人看到，马的肩部和颈部汗腺发达，出汗时往往先潮后湿，渗出的汗鲜红如血，故名。一说，大宛有高山，山上有马，不可得。因取五色母马与之交配，生汗血，号为"天马子"。汉武帝在得到大宛汗血马后，曾作《西极天马之歌》。古典诗词中常借咏叹汗血马，抒发豪情慷慨、建功立业的志向。

【翰林图画院】古代官署名。宫廷中的绘画官署。也称翰林图画局。简称画院、图画院。源于周代设色之工、汉之尚方画工、唐之翰林院，至五代十国之西蜀、南唐始有"画院"之称，以画师为翰林待诏，供奉于御前。北宋初置翰林图画院，至徽宗时发展至极盛，掌绘画及皇家藏画的鉴定整理，并授生徒，培养绘画人才。南宋重整画院，规模不减北宋。宋以后或废或置。

【翰林学士】古代官名。唐以来翰林院才学之士的称号和官衔。唐玄宗始设翰林院时，泛指供奉其中的各种艺能之士。后别设翰林学士院，成为文臣进入此院的一种加衔，加此衔者侍从皇帝以备顾问，起草重要诏书及应承皇帝的各种文字。德宗以后，翰林学士成为皇帝的亲近顾问兼秘书官，常值宿内廷，有"内相"之称。唐代后期，往往即以翰林学士升任宰相。北宋翰林学士仍掌制诰。宋至清，皆以翰林掌院学士为翰林院长官，地位清贵，号称储相，其下有侍读学士、侍讲学士。许多知名的历史人物担任过翰林学士，如元代赵孟頫和明代宋濂。

【翰林院】古代官署名。唐初置翰林，为内廷供奉之官，本以文学备顾问，得参谋议，其时医卜技术方士僧道，皆得待诏翰林，非尽文学之士。玄宗开元初始置翰林院，掌四方表疏批答、应和文章，号"翰林供奉"，与集贤院学士分司起草诏书及应承皇帝的各种文字。开元二十六年（738）改翰林供奉为学士，别置学士院，专掌内制。宋设翰林学士院，职掌在内朝起草诏旨。此外在内侍省下设翰林院，总天文、书艺、图画、医官四局。明将著作、修史、图书等事务并归翰林院，成为外朝官署。清沿明制，翰林院掌编修国史及草拟制诰等，其长官为掌院学士，满汉各一人，由大学士、尚书中特派，所属职官有侍读、侍讲、修撰、编修、检讨和庶吉士等，无定员。

【瀚海】也作"翰海"。①两汉六朝时期，多指蒙古高原东北的大湖。一说即今内蒙古的呼伦湖与贝尔湖，一说为今俄罗斯境内的贝加尔湖。汉武帝时，骠骑将军霍去病率军从代郡（今河北蔚县东北）出击匈奴，大败匈奴左贤王。霍去病封狼居胥山、禅姑衍山，率军直至瀚海才返还。②唐代以后，用以指沙漠，主要指蒙古高原大沙漠以北，及其迤西今准噶尔盆地一带广大荒漠地区。唐代边塞诗人的文学作品中屡有提及，如唐岑参《白雪歌送武判官归京》诗："瀚海阑干百丈冰，愁云惨淡万里凝。"③指唐贞观二十一年（647）所设的瀚海都督府。

【行帮】行，háng。按地区或行业结合起来的民间团体。分商帮、手工帮、苦力帮等。又各按地域分为本帮和客帮。从唐宋会、社发展而来，唐时城市中有行，宋代有团、行。明时称会馆或公所。明清多见于工商业较为发达的地区，类型多端，组织程度不一，同业之帮多有行规，以明确成员权利和义务，约束其经营活动。鸦片战争后逐渐衰落。

【行户】 行，háng。按行业登录、管理的工商户。起源很早，唐代始有此称，官府定期按行业编录工商铺户，作为摊派税役的标准和依据。宋元明清时期，多指加入行会之户，官府除仍对其编籍征收赋税外，也通过行会施加约束或抽调差役。有时也特指伎乐等特殊行业。

【行头】 ① hángtóu。古代军队行列之长。也作"行首"。② hángtóu。我国旧时各行业的首领、头目。③ xíngtou。戏曲演员演出时用的服装道具。包括盔、帽、蟒、靠、帔、官衣、褶子、靴、鞋等。一般按剧目、角色行当和人物特点，分为各种基本固定的式样和规格。通常色彩鲜明，纹饰华美，着重装饰性，富有独特的民族风格。

【豪放派】 宋词风格流派，与"婉约派"对称。以气象恢宏奔放、意境悲壮沉郁为特征。由北宋苏轼倡导，至南宋辛弃疾大盛，常以家国兴亡、军情政事入词。代表词人如苏轼、张元幹、辛弃疾、陆游等。代表词作如苏轼《念奴娇·赤壁怀古》、岳飞《满江红》、辛弃疾《永遇乐·京口北固亭怀古》等。

【豪强】 依仗权势横行于一地的家族。如"桓子家之豪强"，即春秋时鲁国卿大夫季桓子，掌握鲁国政权。西汉曾多次强制迁徙豪强以削弱其势力，如汉高祖将战国原诸侯国王族的后裔迁到关中。东汉以来，强宗豪族广占田地，聚集培养部曲家兵，战乱时修筑坞堡，据险守隘，各自为治，政治势力日益膨胀。如汝南袁氏、窦氏外戚等。魏晋南北朝时多演变为各地的世家大族，对政治和社会产生很大影响。唐宋到明清仍以此指各地的大族势家。

【濠桥】 濠，护城河。古代攻城时用于渡过护城河的一种军事工程装备。宋代被广泛使用，长短以濠的宽度为准，桥的前面有两个大轮，后面有两个小轮，推入濠中，轮陷则桥平可渡。如果濠太宽，则用折叠桥，即将两个濠桥接起来，中间有转轴，可以伸长。

【好水川之战】 公元1041年，西夏李元昊率军在好水川（今宁夏隆德西北好水，一说即今宁夏隆德东甜水河）地区击败宋军的战役。战前，北宋得到了关于李元昊准备率兵十万攻打渭州（今甘肃平凉）的情报。为了迎击西夏军队，宋朝调集了泾原路的军队进行西征，任命任福为主将，动员了镇戎军全军以及新招募的一万八千名士兵，统一由任福指挥。计划从怀远城（今宁夏西吉偏城）行军至德胜寨，再到牧隆城，最后在敌人退却时在其后方伏击。李元昊为发挥骑兵优势，采用设伏围歼的战法，将主力埋伏于好水川口，遣一部兵力至怀远城一带诱宋军入伏。宋军入伏，阵未成列，即遭西夏骑兵冲击。西夏军居高临下，左右夹击，宋军死伤甚众。西夏军获胜后，闻宋环庆、秦凤路派兵来援，遂回师。

【号】 古人在自己的名和字外另起的别名。起初多为自号，或以居住地环境自号,如东晋陶渊明,因住宅旁边种有五棵柳树,自号"五柳先生";或以旨趣抱负自号,如清代沈复为表示对去世妻子的深情,取宋代林逋"以梅为妻,以鹤为子"意,自号"梅逸";或以生辰自号,如元代赵孟頫在甲寅年生,自号"甲寅人"。后也有他人赠号的,或以其官职赠号,如唐代王维曾任尚书右丞,故世称"王右丞";或以文学意象赠号,如宋代贺铸因写有名句"试问闲愁都几许?一川烟草,满城风絮,梅子黄时雨",人称"贺梅子"。

【号商】 清代领到盐引,因无力运盐另觅他人代为运销、收取租金的盐商。

【耗羡】 各地官府征收赋税时,以补偿征收、保管、解运损耗等为名而加征的税负。也称火耗、羡余。历代有之,明为附加税,多为官吏私吞。地丁漕粮及其他杂税都以折耗为名征收附加。征粮时,增收雀鼠耗米;改征银两后增收熔化火耗,原征耗米也折银征收。耗羡一部分归州县官吏所有,名"养廉";余解交上级,名"羡余"。清雍正时统一归公而成正税,部分充当养廉银来源,剩余的解送布政司充本省财政收入。

【镐京】 镐,Hào。西周国都。周文王死后,周武王继位,从丰迁都于镐京(今陕西西安)。后武王灭商,建立西周,定都于此。

【合肥之役】 公元 208—253 年,孙吴与曹魏围绕合肥(今安徽合肥)展开的争夺战。也称合肥之战。先后爆发五次较大的冲突,互有胜负。其中一次逍遥津大战,发生于建安二十年(215),曹操征汉中,孙权认为合肥防守薄弱,亲率军十万围攻。时魏军七千余人屯合肥,守将张辽募勇士八百人,反复冲击吴军,吴兵无敢当者。孙权围合肥十余日,城不可拔,乃撤军还。张辽率步骑追击。当时孙权在逍遥津北,吴将凌统率亲兵保护孙权突围,而津桥已断,孙权乘骏马越桥方得脱逃。

【合欢】 植物名。其叶入夜两两相合,故也称合昏。古人以之作为夫妻之间恩爱和睦的象征。

【合卺】 卺,jǐn,一瓠分为两瓢。古代婚仪。新郎新娘将瓠一剖为二,各执一瓢盛酒漱口,表示两人从此成为一体,称"合卺"。后合卺演变为交杯酒,即新郎新娘换杯象征性地对饮。也用来借指成婚。

【合里合军】 金朝末期的兵种之一,主要由流亡者组成。金末归附的回鹘、乃满、羌、浑以及中原被俘或避罪来归的人员众多,朝廷从中选拔骑射技能优秀的人员编入忠孝军,技能稍逊的人员则另外组成合里合军。合里合军的士兵们接受武艺训练,通过考试后,有机会晋升为忠孝军的成员。金哀宗自汴梁(今河南开封)出逃时,其为护驾军之一。

【合浦珠】 东汉时合浦郡不产粮食,盛产珍珠。那里的珍珠誉满海内外,人称"合浦珠"。后因当地官员采捕无度,珍珠资源几近枯竭,客商散去,当地人因没有收入而饿死。孟尝到任合浦郡太守后,革除前弊,禁止滥捕,使珍珠资源得到保护和恢复,珠蚌又逐渐繁衍起来,合浦郡重新成为盛产珍珠之地,老百姓的本业得到恢复。后因以"合浦珠还"比喻人去复归或物归旧主。

【**合生**】①唐代歌舞伎艺。表演时以歌咏为主，伴有舞蹈。②宋代说唱艺术的一个流派。也称合笙。艺人当场指物赋诗，间或夹唱。也称唱题目。其内容滑稽并含讽劝意味的，称乔合生。

【**合十**】源于古印度的一般礼节，后成为佛教信仰者的普通礼节。姿态为左右合掌，十指并拢，置于胸前，以示敬意。也称合掌。

【**合受田**】均田制下授予民户的地亩总数。因官府可支配地块大小不一，散布各处，实际授田时往往须累计其数，故名。在均田制下，每户的"合受田"总数以及已受和未受的亩数都会被详细记载。已受田的信息包括其亩数、所在方位、所属渠名，以及各段田地的四至。同时，这些信息还会进一步区分为口分、永业、园宅地等类型。

【**合葬**】古代丧葬风俗。即把死者同葬一个墓穴。先秦文献已有合葬的记载。孔子就将父母合葬在防地（鲁国地名）。

【**合札猛安**】金朝由皇室、贵族直属猛安发展而成的侍卫亲军。"合札"意为亲近，"猛安"为女真部落统军首领。合札猛安最初是由金朝开国皇帝阿骨打创建的禁卫部队，其人数在不同的时期有所变化。这支部队由诸军中挑选出来擅长骑射的优秀士兵组成，是金朝皇帝的亲近军力，也是金朝军事力量的核心部分。

【**合纵连横**】简称"纵横"。战国时期，秦与东方六国（齐、楚、燕、韩、赵、魏）之间在兼并战事中所采取的军事外交手段。六国联合抗秦，因六国在东方，土地南北相连，故称合纵。秦在西方，自西向东与各诸侯结交为横向，故称连横。也称合横、连衡。合纵的核心是防止一家独大，即防止秦国的扩张。连横的核心则是避免全面树敌，通过联盟的方式防止被孤立，进而把六国各个击破。公孙衍、张仪、苏秦、庞煖是当时著名的纵横家。

【**何仙姑**】八仙之一。相传是唐代广东增城的何姓女子。少时曾梦中得仙人点化，食云母粉而升仙，每日往山中采果奉母，行动如飞。今广东增城有何仙姑庙，每年农历三月初七何仙姑生日，当地都会举行供奉的相关民俗活动。另有说法，认为何仙姑原为永州一道姑，因食仙人给的桃子而能预知人间祸福。

【**何晏**】（约190—249）三国魏玄学家。字平叔，南阳宛县（今河南南阳）人。东汉大将军何进之孙。少以才秀知名。娶魏公主。曹爽执政时，为散骑侍郎，官至侍中尚书。后为司马懿所杀。和夏侯玄、王弼等倡导玄学，善清谈。思想上以道释儒，援老入儒，以玄学观点解释孔子思想，调和儒道。著有《论语集解》《无名论》《道德论》《无为论》等。

【**和籴**】和，平。籴，dí，买谷米，买粮食。和籴，即平籴，平价购进粮食。古时官府以平价买卖粮食来平抑物价。源于先秦，汉武帝时均输平准和王莽的五均六管法，均有官府买跌卖涨平抑粮价之举。北魏以来称和籴，隋唐规定由户部度支司及转运使掌其事。宋朝极盛，有博籴、便籴、对籴、结籴、俵籴、寄籴等名目，明清沿此损益。北魏至中唐，和籴的主要目的是聚米备荒以及赈济灾民。中唐以后，其强制性质逐渐加强。到了宋朝，和籴成为括粮养兵的重要手段。和籴，名义上双方议价交易，实际往往按户摊派，限期逼迫，成为强买强卖的弊政。

【和而不同】 语出《论语》。和睦地相处，但保持自己的独立性，不盲目附和。

【和雇】 官府按市价雇人自愿服役的制度。唐官府手工业中大部分是服徭役的番匠，但已有官府出资雇用的明资匠、巧儿匠等。宋雇用工匠更多，称为募匠，甚至向民间购买音乐、绘画等服务，夫役也有采用和雇方式的。明嘉靖以后官府手工业大都雇用工匠。清不仅官府手工业和衙门差役用雇佣形式，各项大劳作如河工、水利、军事运输和营造等，也规定发给工食，募民承充。

【和亲】 古代中原王室与周边各族首领的政治联姻。先秦即有记载，汉唐时期发生次数较多。从出发点分，有以此获取政治、军事上的暂时妥协，为政权赢得休养生息机会或蓄势的权宜之计。如汉高祖刘邦将家人子封为公主，与匈奴冒顿单于和亲；汉景帝将亲生的公主与匈奴军臣单于和亲；汉武帝以宗室女刘细君和亲乌孙等。或有少数民族主动提出与汉王朝和亲的，如西汉时期呼韩邪单于向汉元帝求取王昭君。还有以联姻增进联系形成同盟的。如唐王朝先后将宗室女封为文成公主、金城公主，与吐蕃和亲。宋明两代此制度废止，元代有多位公主分别与汪古部、畏兀儿、高丽等和亲，而清政府与蒙古贵族则保持世代联姻。

【和尚原之战】 南宋绍兴元年（1131）吴玠率军在和尚原（今陕西宝鸡西南，为关中入蜀及进抵汉中的要冲）一带击败金军的战役。吴玠在富平之战失败后，与弟吴璘退保大散关以东的和尚原，积粟缮兵，列栅死守。公元1131年5月，金将没立、乌鲁折合分两路进攻，被吴氏兄弟击败。10月金将完颜宗弼率十余万人从宝鸡渡渭水进攻。玠、璘等选取劲弓强弩与战，箭发如雨，连续不断，号"驻队矢"，逼使金人稍退，又以奇兵邀击，断其粮道。激战三日，大败金军。完颜宗弼身中两箭败逃。此战为金灭辽破宋以来的首次惨败，其西路南下兵锋由此遭挫。

【和市】 官府向百姓议价购买货物。也称和买。南朝以来多有，唐时随商品经济发展渐趋普遍，但因官府的强势，名为随行就市的自愿交易，实际却常抑价强买。宋时盛行，有时官府也预支本钱，向民间作坊成批订购丝麻产品，实际往往强行摊派或克扣货款，成为变相的加征。

【河】 ①上古专指黄河。黄河是我国第二大河流，全长5464千米，流域面积79.5万平方千米，是我国最早进入农耕文明的区域。古代先贤通过多次治理黄河，变水患为水利，引黄灌溉，使黄河两岸沃野千里，黄河中下游更是成为华夏文明的重要发源地。后逐渐演化为水道的通称。如大好河山。②银河。南齐谢朓《暂使下都夜发新林至京邑赠西府同僚》诗有"秋河曙耿耿，寒渚夜苍苍"句，此处"秋河"就是银河。

【河北三镇】 安史之乱后，成德、魏博、卢龙三个藩镇长期控制河北、朔方要地，名义上虽尊奉朝廷，实际却有割据一方的野心。三镇的节度使也私相授受，或由子侄继承。三镇骄兵悍将常与朝廷相抗，直至唐朝灭亡。也称河朔三镇。

【河伯】 神话中的黄河之神。本名冯夷。相传冯夷渡河时不幸溺亡，天帝将其任命为河伯，管理黄河。古代黄河经常泛滥，故在人们的观念里，河伯性情暴虐，其威严不可侵犯。河伯娶妻的故事，也是古人因出于对自然水患的惧怕而产生的。而战国时魏国西门豹破除河伯娶妻的迷信，率百姓修渠治水、消除水患的故事，则体现了古人对自然规律认识的进步。《庄子》《楚辞》《史记》《抱朴子》等典籍里都有关于河伯的记载。

【河东】 黄河经山西境内，流向为自北而南，故把山西境内黄河以东的地区称为河东。秦汉在此设河东郡，治所在安邑（今山西夏县西北）。唐代初置河东道，治所在蒲州（今山西永济西南），开元年间改置河东节度使，治所在太原（今山西太原）。宋设河东路，治所在并州（今山西太原）。河东地区是华夏文明的重要发源地，有唐尧故地之称。西周时期此地为晋国，此后逐渐北扩，被称为表里山河。此地文化繁荣，汉代著名军事家卫青、霍去病，名相霍光，三国时期蜀汉大将关羽，晋代著名书法家卫夫人、高僧法显，唐代著名诗人王维、王之涣、柳宗元，宋代名臣司马光等都出于河东。苏东坡笔下的"河东狮吼"则指陈慥妻柳氏，因柳氏郡望为

河东，故名。

【河汾门下】 隋末，著名儒家学者王通在黄河、汾河之间办学，教授生徒。他名声远扬，受业者多达千余人，如唐代名臣房玄龄、杜如晦、魏徵、薛收等都是他的门徒，时人誉为"河汾门下"。后用来比喻名师门下，人才济济。

【河夫钱】 河夫，治理黄河的夫役。金朝以治理黄河为名征收的一种杂税，按百姓物力多寡摊派征收。也称黄河夫钱。

【河工】 修筑加固黄河堤岸、疏浚黄河河道的工程。历代皆征发徭役治河，明清常设总督综理黄河下游治河工程。明成化时始设河道总督于济宁（今山东济宁）主持其务。清雍正以来分为三段：北段由直隶总督兼领。南段由改驻清江浦（今江苏淮安）的河道总督掌之，又称南河总督。东段另设总督河南、山东河道的提督军务一职掌之，称副总河，又称东河总督。以上管理治理黄河工程的官员也称河工。

【河间】 汉以黄河近海北部多条河流之间的地区。秦汉以来黄河入渤海前，曾因漫流形成多流入海，西汉曾在此封河间国，此后相沿以称其地。隋唐设河间郡，宋以来罢置无常，或降为县，明设北直隶河间府，其范围屡有调整，大体在今河北献县、河间、青县、泊头一带。

【河陇】 河西走廊与陇右地区。秦汉以来指陇山（六盘山南段）以西至河西走廊西缘地区。河陇是我国古代丝绸之路的重要一段，是连接中原与西域的关键地带。它在历史上不仅是军事

要塞, 还是东西方文化交流的桥梁。

【河内】 黄河下游中段以北地区。先秦已有此称, 西汉置河内郡, 范围约在今京广铁路以西, 河南段黄河以北, 王屋、太行山东南, 北至漳、洹水之间。魏晋至隋沿置, 其范围有所调整。唐废河内郡后, 成为这一地区的泛称。

【河朔】 黄河以北地区。河即黄河, 朔指北方。先秦以来合此以指河北地区。汉武帝时卫青率军抗击匈奴, 收复河套一带, 称河朔之战。唐后期为成德、魏博、卢龙三个节度使的辖区, 称河朔三镇。

【河套】 黄河流经贺兰山以东, 狼山、大青山以南的地区。因其地域被黄河三面环绕而得名。其中的贺兰山以东一段流域, 称前套、西套。狼山、大青山以南一段流域, 称后套、东套。两处皆因泥沙淤积形成平原、河网, 水草丰美, 农业发达, 有"黄河百害, 唯富一套"的说法, 素为西北及北部战略要地。

【河豚】 鱼名。体内有剧毒, 加工后可食用。北宋诗人苏轼、梅尧臣都喜食河豚。南宋孙奕《示儿编》记载了一则苏轼食河豚的故事: 苏轼在常州时, 有一位善于烹制河豚的人, 邀请他前往享用美味。他们全家人都躲在屏风后面, 希望可以听到苏轼的点评。结果苏轼只顾着大快朵颐, 竟一言不发。正在他们大失所望的时候, 苏轼突然放下筷子, 说: "也值一死!" 于是全家人都很高兴。

【河西】 黄河以西地域的统称。也称河右。先秦也指今山西、陕西间黄河南段以西地区。秦汉以来指今甘肃、青海段黄河以西地区, 即河西走廊与湟水流域。北朝时又泛指今山西吕梁山以西的黄河东、西两岸。有时也专指河西四郡, 即武威、张掖、酒泉、敦煌。唐景云元年 (710), 置河西节度使, 为开元、天宝年间十节度使之一, 辖境相当于今甘肃河西走廊。治所凉州, 即今甘肃武威。汉朝霍去病率领精锐部队打通了这一战略要地, 汉武帝随后在此设立了河西四郡, 是古丝绸之路的一部分。

【河西四郡】 指西汉王朝在河西走廊设置的四个郡。公元前 121 年, 匈奴昆邪王杀休屠王向西汉政权投降, 设酒泉、武威、张掖和敦煌四郡及相应的军政设施, 并将内地百姓迁往屯垦。这一举措削弱了匈奴在河西走廊的势力, 使汉王朝对西域的经营得到极大保障。

【河阴之变】 北魏武泰元年 (528), 尔朱荣在河阴 (今河南洛阳孟津区东北) 倾覆北魏朝廷的变乱。也称尔朱氏之乱。北魏末期, 胡太后擅权秉政, 鸩杀北魏孝明帝, 改立元钊为帝。尔朱荣以明帝被弑为名, 进兵洛阳, 在河阴沉杀胡太后、幼主元钊及王公大臣两千多人, 北魏至此名存实亡。尔朱荣通过河阴之变, 将出仕北魏中央的高官消灭殆尽, 把自己的部下安插进朝廷任要职, 控制了北魏军队, 并以此完全掌控了北魏朝政。

【荷花】 多年生水生花卉。也称莲花、芙蓉、芙蕖、菡萏。花有红、紫、白等色。古人认为荷花出淤泥而不染, 故将其视为纯净高洁的象征, 北宋周敦颐有《爱莲说》。佛教中也尊其为神圣净洁之花。佛祖释迦牟尼讲经说法时，即坐于莲花宝座上。

【盉】hé。古代酒器。青铜制。形态多样。多为深腹、圆口、有盖，前有流，后有鋬，下有三足或四足，盖和鋬之间以链相连。盛行于商代和西周。

【贺铸】（1052—1125）北宋词人。字方回，晚年自号"庆湖遗老"。卫州（治今河南卫辉）人。身长七尺，面色铁青，眉目耸拔，人称"贺鬼头"。然性情豪迈，尚气使酒，喜谈论世事。晚年居吴，藏书万余卷，手自校雠。以词著称，所作词题材广泛，兼具豪放与婉约两种风格。其《青玉案》词有"试问闲愁都几许？一川烟草，满城风絮，梅子黄时雨"佳句，时人因有"贺梅子"之称。有词集《东山词》、诗集《庆湖遗老集》。

【赫连夏】公元407年由匈奴铁弗部赫连勃勃建立的政权，十六国之一。也称大夏、胡夏。勃勃为后秦大将，407年自立为大夏天王、大单于，改姓赫连。先后都统万城（今陕西靖边北白城子）、长安（今陕西西安）。431年为北魏属国吐谷浑所灭。统治范围在今陕北、关中、内蒙古河套地区、甘肃东南部、山西西南及河南西北部。

【褐】本指用兽毛或粗麻等原料制成的短衣，一般是古代贫穷的人穿用，所以也常将贫苦之人称为"褐夫"。而将做官称为"释褐"，即指脱去平民服饰，换上官服。汉代以后，"褐"的意思逐渐发生变化，改指一种斜领大袖、有腰带的长袍，一般为士人的家居常服。隋唐时期最为流行，宋代称为"直裰"。

【鹤】鸟名。羽毛洁白，体态修长，形态高雅。古代文人逸士多喜豢养，最著名的是北宋诗人林逋，他隐居西湖孤山，终身不娶不仕，以赏梅养鹤为乐，时有"梅妻鹤子"之称。古人把鹤视为仙禽，其常作为神仙的坐骑出现。传说费祎登仙，每乘黄鹤于黄鹤楼上休憩。诗文绘画中则以松鹤为题材，表达"延年益寿"的美好祝愿。

【恒山】山名，五岳之北岳。位于山西东北部浑源境内。恒山作为皇家祭祀之山，其名址曾有变迁。古恒山原为河北曲阳大茂山（曾称常山），自汉代起，历代皆祀北岳于此。明代开始以山西浑源玄岳（元岳）为北岳恒山。清雍正十七年（1739）改在浑源行岳祭。北岳恒山奇峰耸立，山势险峻，自然景观与人文景观俱佳。其代表景观悬空寺依山而建，距今已有千年历史，以"奇、悬、巧"著名，是我国罕见的佛、道、儒三教合一的独特寺庙，徐霞客称其为"天下巨观"。

【衡】车辕前端套牲口的横木。用轭固定在辕端。衡上安装着四个或两个略近人字形的青铜铸件或粗壮木杈，称为轭，夹在马脖子上，马发力后靠轭导力拉动车辆，作用类似后世马的夹板。

【衡山】山名，五岳之南岳。位于湖南衡山县等地境内。主峰祝融峰，海拔1300.2米。相传古时舜南巡和禹治水时都到过此山。衡山也是我国历史上的佛教与道教圣地，旧时有寺、庙、观200多处。衡山屹立湘中大地，自然景观和人文景观丰富。祝融峰山势雄伟，偕藏经殿之秀、方广寺之深、水帘洞之奇，形成了南岳壮观的"四绝"。唐代大文豪韩愈在《游祝融峰》诗中赞叹道："万丈祝融拔地起，欲见不见轻烟里。"

【薨】hōng。古时对人去世的称呼有严格的规定。周代诸侯之死叫"薨"。唐代，三品以上官员之死也叫"薨"。

【弘明集】书名。南朝齐梁僧祐编。十四卷。卷首自序云："道以人弘，教以文明，弘道明教，故谓之《弘明集》。"以辑录东汉以下至南朝梁的佛教文论、书表为主，间附论敌辩难之文，如范缜的《神灭论》等。共 183 篇，其中以论争之作居多。作者 122 人，其中僧 19 人，今无专集流传者，凭借此书得以保存，因而在保存佛教文献方面具有重要价值。

【红袄军】金末起事和活跃于今山东、河北一带的农民军。因身穿红袄而得名。也称红衲军。

【红单】清朝查核关税所用的两联单据。一给完税商民，一存关署备查。

【红豆】相思树的种子。也称相思子。成荚状，籽大如豌豆，微扁，色鲜红或半红半黑。古人常用以象征爱情或相思，最为人熟知的是唐代诗人王维的《相思》："红豆生南国，春来发几枝。愿君多采撷，此物最相思。"

【红巾军】元末农民利用白莲教组成的起义军。以红巾包头和红旗为号，故名。也称红军、香军（因通过烧香聚众来发动抗争）。元末政治黑暗，民不聊生，至正十一年（1351），韩山童、刘福通率白莲教众起事，韩山童死后刘福通奉其子韩林儿转战北方，南方彭莹玉、徐寿辉等纷起响应，各地义军皆烧香聚众，红巾裹头，或称帝建政，四出伐元。元军镇压招降，红巾军相互兼并，公元 1363 年刘福通死，五年后元朝被朱元璋率领的红巾军推翻。

【红楼梦】长篇小说。原名《石头记》，又有《情僧录》《风月宝鉴》《金陵十二钗》等别称。书成于清乾隆间。一百二十回。前八十回曹雪芹作，后四十回的作者颇有争议，有人认为是高鹗所续。全书以贾、史、王、薛四大家族的兴衰为背景，以贾宝玉与林黛玉、薛宝钗的恋爱经历以及其他红楼女子的生活经历为中心线索，真实而深入地描写了日益丰富的人性与生存环境的冲突、人性被压抑的痛苦以及要求人性解放而进行的挣扎或反抗，生动地塑造了贾宝玉、林黛玉、王熙凤、薛宝钗、尤三姐、晴雯等许多具有鲜明个性的艺术形象。作品规模宏大，结构完整严密，白话运用纯熟自如，具有高度的思想性和卓越的艺术成就，达到我国古代长篇小说中写实主义的高峰。后世流传版本众多，主要有脂评本、甲戌本、己卯本、庚辰本等。与《三国演义》《水浒传》《西游记》并称我国古典小说四大名著。

【红泥粉壁】元代，在犯人家的墙壁上用红泥书写其所犯的罪名。是对盗贼等罪犯施加的耻辱刑。有的在警迹人的居处门前立红泥粉壁，并写上姓名、犯事情由，敦促其每月分上、下半月，面见官府接受督察。

【红契】指经官府确认而加盖印信的买卖、典当契约。也称官契。与土地房屋买卖、抵押的民间自写契约"白契"相对。元明清多用于田宅等不动产交易，可至官府办理过户纳税手续，按既定格式，一式数份审验通过后署尾盖印，即为受官方保护的交易及产权凭证。

【洪范九畴】畴，类。记录在《尚书·洪范》篇中治理国家的九类法则。包括五行、五事、八政、五纪、建用皇极、乂用三德、明用稽疑、念用庶征、五福六极。其内容、理念对我国古代政治哲学和行政管理产生较大影响。

【洪荒】我国古人想象的宇宙处于混沌、蒙昧的状态。借指远古时代。

【洪迈】（1123—1202）南宋文学家、学者。字景卢，别号野处，乐平（今属江西）人。绍兴进士，官至端明殿学士，卒谥文敏。学识渊博，自经史百家以至医卜星算，皆有论述。撰有《容斋随笔》《夷坚志》等，编有《万首唐人绝句》等。诗集有《野处类稿》。与兄洪适、洪遵均以文学著称，并称"三洪"。

【洪昇】（1645—1704）清代戏曲作家。字昉思，号稗畦（一作"稗村"）、南屏樵者，钱塘（今浙江杭州）人。康熙二十七年（1688）完成《长生殿》，一时名满京师，朱门绮席，酒社歌楼，非此曲不奏。康熙二十八年（1689）因《长生殿》恰好在佟皇后丧葬期间演出，触犯禁忌，洪昇被革去国子监生籍，时人有诗叹曰："可怜一出《长生殿》，断送功名到白头。"后漫游江南，在吴兴醉酒落水而死。与《桃花扇》作者孔尚任有"南洪北孔"之称。杂剧今存《四婵娟》一种。也工诗词，有《稗畦集》《啸月楼集》《昉思词》等。

【鸿都门学】东汉灵帝光和元年（178）设在洛阳鸿都门的学校。专习教授辞赋书画。学生由州、郡、三公举送。录用入学者称鸿都门生，分为尺牍辞赋和工书鸟篆两类。学成后多授予高级官职，优者或出任郡守、刺史，或入为尚书、侍中。省称鸿都学。

【鸿胪寺】古代官署名。鸿胪，本为大声传赞、引导仪节之意。秦及汉初，九卿中有典客，掌管归顺的少数民族。汉武帝时改名"大鸿胪"。主外宾之事。北齐始置鸿胪寺，有卿、少卿各一人，所属有鸿赞、序班等官，掌管外国及少数民族首领迎送、接待、朝会、封授等礼仪，及赞导郊庙行礼，管理郡国计吏等事宜。主官为鸿胪寺卿。历代沿置，清末废。相传，清代大龄考生谢启祚98岁中举，102岁被选中给乾隆皇帝祝寿，因此被提拔为鸿胪寺卿。寿宴过后，乾隆皇帝写了一副对联赐给他："百岁登科古无今有，一经裕后人瑞国华。"

【鸿蒙】我国古人想象的宇宙形成前的混沌状态。也指宇宙间的元素。

【鸿儒】大儒。唐代刘禹锡《陋室铭》"谈笑有鸿儒，往来无白丁"，描绘在陋室与学问渊博的人谈笑风生、安贫乐道的情趣。今泛指知识渊博的学者。

【鸿雁】大雁。汉武帝时，使臣苏武奉命出使匈奴，被匈奴扣留，苏武不肯投降，被流放到北海苦寒之地牧羊十九年，须发尽白。后汉朝派使者要求匈奴释放苏武，匈奴谎称苏武已死。有人暗地里告知汉使实情，并给他出主意，让他对匈奴说汉皇在上林苑射下一只大雁，雁足上系有苏武的帛书，证明他并没死。匈奴无法再隐瞒，只好把苏武放回汉朝。从此，鸿雁传书的故事广为人知，后借指书信。

【侯】①君主，古时有国者的通称。②古代五等爵位公、侯、伯、子、男中的第二等。

【**侯汉**】　南北朝时期的政权之一。公元551年，侯景强迫南朝梁简文帝禅让，自称汉帝，年号太始，定都建康（今江苏南京）。552年，侯景被陈霸先、王僧辩击败，企图逃亡，被部下所杀。

【**侯景之乱**】　南朝梁武帝末东魏降将侯景发动的叛乱。梁太清三年（549）侯景攻下台城（宫城），故又称太清之难。侯景先属北魏尔朱荣，继归高欢，镇守河南。西魏大统十三年（547），侯景惧祸降梁，梁武帝不顾群臣反对，收留侯景，并封其为河南王。次年，梁与东魏议和，侯景力阻不成，以清君侧为名义在寿阳（今安徽寿县）起兵叛乱。公元549年，攻占都城建康（今江苏南京），武帝愤恨而死。侯景改立简文帝，分兵破广陵（今江苏扬州）等地，到处烧杀掠夺，长江下游地区受到极大破坏。大宝二年（551）侯景废简文帝，立萧栋为帝，旋废栋自立，国号"汉"，建元"太始"。次年建康被梁将陈霸先、王僧辩等所破，侯景逃亡时被部下杀死。战乱历时五年，江东地区元气大伤，百姓灾难深重。

【**后汉**】　①五代十国之一，是五代的第四个朝代。公元947年，刘知远所建取代后晋的中原王朝。国号"汉"，定都汴（今河南开封），950年为后周所灭。共历2帝，4年。是五代十国中存在时间最短的政权。②指刘秀所建王朝东汉和刘备所建王朝蜀汉。

【**后汉书**】　史书名。南朝宋范晔撰。共一百二十卷，包括本纪十卷，列传八十卷，志三十卷。主要记载了自汉光武帝建武元年（25）到汉献帝延康元年（220）东汉196年的历史，是研究东汉历史的重要资料。原书仅有纪传，北宋时将晋司马彪《续汉书》八志与之相配，成为今本。大部分沿袭《史记》《汉书》的现成体例，但在成书过程中，根据东汉一代历史的具体特点，有所创新与变动，如在帝纪之后添置了皇后纪，在《汉书》基础上新增加《党锢传》《宦者传》《文苑传》《独行传》《方术传》《逸民传》《列女传》七个类传。与《史记》《汉书》《三国志》合称"前四史"。

【**后稷**】　我国古代周民族的先祖。也称稷。姬姓，帝喾之子。相传后稷是在母亲姜嫄脚踏巨人的足迹后，有妊而生。又因被认为是不祥之子，一度被抛弃，故又名"弃"。但无论他被抛弃于何处，都得到上天的庇佑而顺利长大。后稷自幼善农作，尧舜时掌管部落农事，教人以播种、耕稼。在推动农业发展方面贡献巨大，舜因此将部分封给他，以表彰他的功勋。

【**后金**】　明时女真族所建政权。公元1616年，由努尔哈赤在统一女真各部落的基础上建立的。其国号初为"金"，建都赫图阿拉（今辽宁新宾西）。史称"后金"，以与完颜氏的金朝区分。后金势力逐渐扩大后，都城先迁辽阳（今属辽宁），又迁沈阳（今属辽宁）。天聪十年（1636）皇太极即皇帝位，改国号"清"，标志着后金时代的结束。

【**后晋**】　五代之一。后唐清泰三年（936），河东节度使石敬瑭勾结契丹贵族，割让幽、蓟等十六州与契丹，并以父事之，引契丹兵灭后唐，接受契丹册封为帝，初建都洛阳，之后迁至汴京（今河南开封）。国号"晋"，史称"后晋"，以别于司马炎所建立的晋王朝。公元946年为契丹所灭。共历2帝，11年。石敬瑭在位期间实行了一些有益于国家稳定的政策，如减轻赋税、兴修水利等，这些政策对于当时的社会经济发展起到了一定的推动作用。但是其向契丹称儿皇帝开创了后晋的这一行为，在历史上一直备受争议，这也为后来后晋的灭亡埋下了隐患。

【后凉】 十六国之一。淝水之战后，公元386年由氐人吕光建立的政权。吕光据凉州，称"酒泉公"，国号"凉"，建都姑臧（今甘肃武威），史称"后凉"，以别于张轨所建立的前凉政权。后改称"三河王"，又改称"天王"。有今甘肃西部和宁夏、青海、新疆的一部分。元兴二年（403）为后秦所灭。

【后梁】 五代之一。公元907年朱温代唐称帝，建都汴（今河南开封），国号"梁"，史称"后梁"，以别于南朝梁。有今河南、山东两省和陕西、山西、河北、宁夏、湖北、安徽、江苏各一部分。923年为后唐所灭。共历3帝，17年。后梁的建立标志着五代十国的开始，之后相继出现了后唐、后晋、后汉和后周四个朝代。

【后母戊鼎】 商代晚期青铜器。1939年在河南安阳武官村出土。长方形，四足，通高133厘米，口长112厘米，口宽79.2厘米，重832.84千克，是商王文丁为祭祀其母戊而铸。鼎腹内铸有铭文"后母戊"字，故名。此鼎造型庄严伟阔，纹饰精美，是古代科技与艺术、雕塑与绘画的完美结合，也是我国迄今为止发现的最大、最重的古代青铜器。

【后七子】 明嘉靖、隆庆年间李攀龙、王世贞、谢榛、宗臣、梁有誉、徐中行、吴国伦七人的合称。也称嘉靖七子。主张"文必西汉，诗必盛唐，大历以后书勿读"，形成一个复古文学流派，以诗社结友，主导嘉靖、万历之时的文坛。因他们继承了"前七子"的拟古主张，故称。

【后秦】 十六国之一。公元384年由羌人姚苌建立的政权。其所统治的地区为战国时秦国故地，故以此来命名自己的国家，国号"秦"，定都长安（今陕西西安），史称"后秦"，以别于苻氏王朝之秦（前秦），也称姚秦。有今陕西、甘肃、宁夏、山西、河南的一部分。417年为东晋刘裕所灭。共历3帝，34年。

【后蜀】 五代十国之一。公元934年，孟知祥在蜀地建立的割据政权。孟知祥为后唐成都尹、西川节度使，933年受后唐封为蜀王，次年称帝，建都成都（今属四川），国号"蜀"，史称"后蜀"，以别于唐末王建之蜀。有今四川、重庆和陕西南部、甘肃东南部、湖北西部。965年为北宋所灭。共历2主，33年。后蜀是五代时期经济文化较发达的地区，维持了30多年的安宁和平。

【后唐】 五代之一。公元923年，李存勖所建取代后梁的中原王朝。定都洛阳（今属河南），国号"唐"，史称"后唐"，以别于李渊父子建立的唐王朝。五代时期统治疆域最广的朝代，有今河南、山东、山西、河北、北京、天津等省市和陕西大部，宁夏、甘肃各一部分，湖北汉江流域，安徽和江苏的淮河以北。吴越、闽、楚、荆南奉其正朔。936 年为后晋所灭。共历 4 帝，14 年。

【后燕】 十六国之一。公元 384 年由鲜卑慕容垂建立的政权。慕容垂为前燕慕容皝之子，淝水之战后叛前秦，于此年复国，国号"燕"，初始的都城设在中山（今河北定州），之后迁移至龙城（今辽宁朝阳）。史称"后燕"。有今河北、山东、山西全部和河南、辽宁的一部分，与后秦东西对峙。后大败于北魏，内部又起纷争，其残余力量退到辽河流域。407 年为北燕所灭。

【后羿】 即"羿"，相传为夏代东夷有穷部落首领，善射。曾推翻夏代太康的统治，夺得君位，但由于沉溺于游猎，不理国事而最终被杀。关于其传说，最著名的当属射日。相传尧时，天上同时出现十个太阳，天下大旱，草木枯萎，鸟兽毒蛇四处为害，后羿一口气射去九个太阳，又射杀危害百姓的猛兽、长蛇、恶鸟，从此天下太平。另传说后羿妻是嫦娥，因窃食了后羿向西王母求得的不死之药而独自成仙奔月，从此夫妻天地分隔。

【后赵】 十六国之一。公元 319 年由羯人石勒建立的政权。319 年石勒称王，其统治地区为战国时赵国故地，故称赵王。329 年灭前赵，次年称帝，国号"赵"。建都襄国城（今河北邢台），后迁邺（今河北临漳西南），史称"后赵"，以别于前赵，又称石赵。极盛时有今河北、山西、河南、山东、陕西全部和江苏、安徽、甘肃、辽宁的一部分。

351 年为冉魏所灭。共历 7 帝，33 年。

【后周】 五代之一。郭威所建取代后汉的中原王朝。五代时期中原最后一个王朝，存在于公元 951—960 年。建都汴（今河南开封），国号"周"，史称"后周"，以别于三代之周。有今河南、山东、陕西、甘肃、湖北及河北南部、安徽北部之地。960 年赵匡胤建宋代周。共历 3 帝，10 年。

【候风地动仪】 古代测报地震的仪器。由东汉科学家张衡在阳嘉元年（132）发明。用精铜铸成，圆径八尺，合盖隆起，外形像酒樽，饰以篆文、山、龟、鸟兽之形。樽内立一铜柱，柱周围有八条滑道，樽外铸有八条龙伸向东、南、西、北、东南、东北、西南、西北八个方向，龙口各含一枚铜丸，龙头下各放置铜蟾蜍，张口向上，准备接住龙口吐出的铜丸。如果某个方向发生地震，铜柱倾倒，机关发动，触发震源方向龙口吐出铜丸，铜丸掉入铜蟾蜍口中，发出响亮声音，使人知晓并判明地震的方向。有一次，地动仪的西向龙口吐丸，后来传报地处西边的陇西果真发生地震，时人叹服其精妙。

【候正】 春秋晋国军中负责防卫巡逻、侦察敌情之官。也称候奄、元候。

【忽必烈】 （1215—1294）即元世祖。公元 1260—1294 年在位。1260 年长兄蒙哥去世即即汗位，始建年号"中统"。1271 年，改国号为"元"，1272 年建都大都（今北京）。随后对南宋发动进攻，1276 年，灭宋，随后又消灭了南宋流亡政权。1279 年，统一全国。在位期间加强对边疆的控制，注重农业，兴修水利，经济得以恢复和发展，巩固和发展了我国统一的多民族国家。

【忽雷】 颈式半梨形音箱的拨弦乐器。张二弦，形似琵琶，故又名"二弦琵琶"。出现于唐代。相传唐韩滉奉使入蜀，至骆谷，得良木，坚致如紫石，遂制二乐器，名大者曰大忽雷，长营造尺二尺八寸五分，小者曰小忽雷，长营造尺一尺四寸七分。大忽雷早已遗失，小忽雷现藏北京故宫博物院。

【狐】 即狐狸。生性机敏，行动诡秘，常用为狡猾者的代称，如狐假虎威。相传狐狸能修炼成精，化为人形，神通广大，如加触犯，必受其害。民间尊之为"大仙"。清代蒲松龄《聊斋志异》就记载了大量的狐仙故事。俗传狐善以媚态惑人，因称用阴柔的手段迷惑人为"狐媚"，蔑称那些用阴柔手段迷惑人的漂亮女人为"狐狸精"。

【胡】 古代对中原以北、以西各族的泛称。各代所指不尽相同。战国后期，称匈奴为胡。也把一切外国称为胡。而"五胡十六国"的"胡"，指的是匈奴、鲜卑、羌、氐、羯。而来自这些民族的文化艺术或物产多冠以"胡"字，如胡乐、胡旋舞、胡琴、胡马、胡椒等。我国古代诗词中，也有很多描述与胡地战争或文化往来的作品。如"但使龙城飞将在，不教胡马度阴山"，再如"胡雁哀鸣夜夜飞，胡儿眼泪双双落"。

【胡饼】 面食的一种，类似于今天的烧饼。甜、咸皆有，于炉中烘烤而成。据《释名》一书，胡饼之名，是取其两面蒙合之状（即两胡）。另一种说法是，因胡饼上撒有芝麻，而芝麻在汉代时从西域传入我国，称为胡麻，由此将撒了胡麻的烤饼称为"胡饼"。

【胡床】 即交椅。也称交床、绳床。是一种轻便可折叠的坐具。东汉时期由北方少数民族传入中原，故称"胡床"。形态类似今之马扎。展开时，床足斜向相交时可站稳，其上穿绳作为床面。有的较高，可供人垂足端坐，还有的带靠背，可供人躺卧。

【胡服】 原为先秦时中原以北少数民族的服装。自战国时期由赵国的赵武灵王引进，主要是将战车战斗的方式改为骑马射箭的单兵战斗方式，以适应战争发展的需要。胡服为短装、窄袖、长裤，后以其活动方便的特点传入广大的中原地区。汉朝末期因战事频繁，穿着胡服的人更多，从而逐渐成为日常服饰的一部分。

【胡服骑射】 战国赵武灵王见胡人的骑兵身穿短衣窄袖之服，足穿皮靴，作战机动灵活，优于赵国的步兵、兵车和长袍盔甲，于是决心推行军事改革，命令军队改穿胡人服饰，训练骑射。后又命将军、大夫、嫡子等都穿胡服。赵国的军事实力因此大为增强。

【胡蓝之狱】 明太祖朱元璋诛杀开国重臣胡惟庸、蓝玉及其党羽的大案。"胡狱"与"蓝狱"的合称。洪武十三年（1380），左丞相胡惟庸以谋逆罪被杀，其后右丞相汪广洋又以私通日本罪和私通蒙古谋逆罪被赐死，韩国公李善长等株连被杀，前后十多年，死者三万余人，史称"胡狱"。洪武二十六年（1393），凉国公蓝玉被锦衣卫指挥蒋瓛首告谋叛，被杀。同案牵连者有吏部尚书詹徽、开国公常昇等，株连而死者一万五千余人，史称"蓝狱"。同年九月，朱元璋下诏，停止追究胡党、蓝党，胡蓝之狱始告终结。胡蓝之狱，对明初政治造成重大影响。

【胡琴】 弦鸣乐器。古时从西北游牧民族传入中原的部分弦乐器的泛称。宋元以后指由琴筒、琴杆、琴弦、转动轴、琴弓组成的拉弦乐器，琴弓像小型弓箭的弓，用马尾毛做弓弦，琴弓系马尾夹于两弦间拉奏出声。如二胡、京胡、板胡等。大多二弦，也有三弦、四弦等。

【斛】 hú。①容量单位。西汉时，10斗为1斛，到南宋末改为5斗为1斛，2斛为1石。②量器名。

【湖广】 元以来湖广行省之地。元始置湖广行省，以辖境兼包宋时的荆湖南路、荆湖北路和广南西路而得名。明初北界扩展至今湖北省界，西部划归贵州省，划出原广南西路地区另置广西省，但省名仍相沿不改，辖境约相当于今湖南、湖北二省地。清康熙初年析分为湖南、湖北二省。

【蝴蝶装】 古代书籍的一种装订形式。将印有文字的纸面朝里对折，再将折缝的背口用糨糊粘连成册。翻阅时，书叶向左右两边张开，就像一只蝴蝶展开翅膀，故名。简称蝶装。蝴蝶装大约起于宋代，宋元版书主要采用这种图书装帧形式。

【縠】 hú。古代一种贵重的有皱纹的丝织品。也称纱縠。轻薄如雾，故也称雾縠。战国时宋玉《神女赋》"动雾縠以徐步兮"，即描写神女穿着薄如云雾的轻纱缓行。随着丝织技术的不断发展，縠已经成为精细、轻薄的丝织品的通称。

【虎贲】 贲，bēn。周王的近卫部队。虎贲，言如猛虎之奔走，喻其勇猛。也称虎臣。有左右和正侧之分。汉武帝置期门郎，至平帝元始元年（1）更名虎贲郎，置中郎将主宿卫，无常员，多至千人。历代因之，唐废。后世常以此泛指近卫禁军。

【虎臣师氏】 虎臣，即虎贲，形容勇猛。师氏，原指西周王室和诸侯公室掌教育贵族子弟的职官，因贵族教育尚武，故后师氏用来指军事长官。虎臣师氏，指西周时期王宫的警卫队官员。因长期在王左右，重要性和权势超过一般师氏，甚至影响到王位继承。

【虎符】 古代传达指令或调兵的凭证。简称"符"。因多用铜或玉、竹等材质做成虎形，故名。虎符一分两半，由皇帝、诸侯等施令者持一半，另一半则由施令者事先送至执行命令的文臣或武将处，命令发布后，执行者只有得到施令者的另一半，两半相合得到验证，才能最终执行指令。盛行于战国秦汉。

【虎牢关】 古关名。也称古崤关、成皋关、汜水关。在今河南荥阳汜水镇。相传周穆王巡猎于郑圃，卫士高奔戎生擒芦苇丛中的老虎献给周穆王。周穆王命人制柙畜养老虎于东虢，此为虎牢的来历。虎牢关萦带山阜，北临黄河，绝岸峻崖，十分险固，自古为兵家必争之地。秦末楚汉相争，项羽、刘邦战荥阳，争成皋之口，大战七十，小战四十。隋末，李世民抢占武牢关，在此生擒王世充、窦建德，此为唐朝建立的关键之战。武牢关即虎牢关。

【虎丘大会】 公元1633年，由复社张

H

溥邀约南北各文社执事者在苏州虎丘山举行的一次重要集会。与会者达数千人，共推张溥为盟主，江北应社等诸社并入其下，自此复社声势趋于全盛。在这次大会上，复社、应社等组织合并为一，并刊行了《国表社集》。另一次重要的虎丘大会发生在清顺治十年（1653），吴伟业应召入京时，路过虎丘并邀请了江南各地的名士参加，此次大会到会者达五百人甚至近千人。这两次虎丘大会对于当时的政治、文化都产生了深远影响，是明末清初社会活动的重要事件。

【琥】 雕刻成老虎形状的玉器。古代贵族朝聘、祭祀时所用的礼器，也可做发兵的符信，还可赏赐给臣下。

【琥珀】 松柏的树脂流入地下，经数万年而形成的化石。产自煤层中，一般质地透明、润泽、颜色从蜡黄到红褐。红色的叫琥珀，鹅黄色而透明的叫蜡珀，燃烧时有香气。可做装饰品和入药。我国在秦汉时已有用琥珀雕琢的工艺品。一说枫香树的树脂，流入地下，千岁后形成琥珀。

【户部】 古代官署名。朝廷掌管户口、财赋的官署。《周礼》有"地官大司徒"之职。秦为"治粟内史"，两汉时，则为"大农令"和"尚书民曹"。三国至唐，为"度支""左民""右民"等。隋改"度支"为"民部"，以度支尚书为"民部尚书"。唐永徽初，因避李世民讳，改为"户部"，为六部之一，掌管全国土地、户籍、赋税、财政收支等事务。唐中期以后，权力大减。五代至清因之。清末，将其民政的部分划出增设民政部，将其财政的部分改设度支部。

【户等制】 以各户丁口、田土、资产为依据划分编户等级的制度。始于汉代，魏晋以来一般分为九等，作为征发赋役的标准和依据。唐代以前，前四等为"上户"，次三等为"次户"，下中和下下户为"下户"，按上户多征的原则调节赋役轻重。北宋前期，乡村主户分为五等、坊郭户分为十等。元代，分为三等据以征派。明朝仍分为九等，一条鞭法推行后，逐渐废弃。

【户调式】 调，diào。公元280年，西晋平吴后制定的赋税等制度。在占田制和丁中制的基础上，对曹魏租调额做了调整，即丁男之户，每年输绢三匹、绵三斤，丁女及次丁男之户减半，次丁女不课，另定课田每亩输租谷八升。同时规定了品官占田的限额及其可庇荫亲属、衣食客、佃客免役的数量。

【户籍】 以"户"为单位登记人口等资料的官方簿籍。起源很早，战国秦汉时逐渐完备，每年八月进行户口登记与核查。魏晋以来，重视门阀士族等级，分为黄籍和白籍两类。名载在黄籍者，可免除赋役负担、荫庇他人。北魏到隋唐时，由乡里配合州县编定，综合登录丁口、身份、田土等项，作为征发赋役依据。宋代分主户、客户两类，另有二税版籍。主户是拥有土地并承担赋役的人，客户是没有土地也不直接承担赋役的人。金元多次括户造籍，别其职业。明清编制户口人丁，土地、赋役等项另有专籍。

【户税】 按户等征收的税种。也称户税钱、税钱。汉制按人征，东汉末曹操平定袁绍，定每户征收绢二匹、绵二斤，为户税之始。晋武帝司马炎又增其赋，称为户调。唐初上自王公下至农户工商，均须按户分三等纳钱，为租庸调以外的重要税种。后数额渐增，德宗以来成为两税法的组成部分。宋元又以此指计户征役和工商户所纳之税。

【户役】 按户分派的徭役。汉魏以来多为临时差派的杂役，唐行两税法后逐渐流行，差发原则常与户等及其人丁多少有关。

【户长】 宋代从事征税催税和监察盗贼的一种乡官。常轮差乡村第二等户充当。

【护军都尉】 秦汉监领军队的长官。秦称护军，汉武帝时称护军都尉，隶属大司马，哀帝时曾改称司寇，平帝时复称护军，东汉初复置护军都尉。献帝时改护军为中护军，魏晋又设护军将军，为掌武官选用的重要军职，后渐为杂号。后世掌兵官或仍以护军为名，唐有神策军护军中尉统诸禁兵。

【笏】 hù。古代大臣朝见君主时，手中所持的狭长板子。作为记事备忘之用，多用玉、象牙或竹板制成。古人以简策记事，面见君主时，要持笏。帝王也常用笏赏赐臣子，以示爱重。

【楛矢】 楛，hù。用楛木做杆的箭。楛木似荆而赤，长而直，适合做箭杆。《孔子家语》曾记载，孔子在陈国时，有一只隼鸟被楛矢射穿后坠落在陈惠公的庭院里，惠公派人去请教孔子。孔子告知，此为肃慎氏的箭矢，又告知陈国府库中，就有昔日周武王所赐的楛矢，上刻"肃慎氏贡楛矢"。武王以远方之贡物赐姓异姓诸侯，意在提醒其不忘事周。

【花冠】 古代用花朵编串成的头饰。最早出现在唐代，主要是女性佩戴，一般以草叶、绢等编制而成，后逐渐演变为使用簪插真花。及至宋代，佩戴花冠习俗盛行，且广泛流行于男子中。在一些古代壁画以及流传下来的绘画中，可以看到当时妇女佩戴花冠的形象。唐白居易《长恨歌》中有"云鬓半偏新睡觉，花冠不整下堂来"句。

【花间集】 词总集名。五代后蜀赵崇祚编。10卷。选录晚唐、五代词18家，500首，其中多数作品凭借此书得以保存。所选以前后蜀词作居多，内容多为冶游享乐之作，风格以婉丽柔靡为主，语多浓艳，对后世词坛影响很大。陈振孙《直斋书录解题》将《花间集》推许为"近世倚声填词之祖"。

【花翎】 清代官员官服配套的顶饰件，官帽的顶部向后垂托一根孔雀尾部的翎羽，按照翎羽上所具有的"眼"的多少，分单眼花翎、双眼花翎、三眼花翎。花翎一般授予有军职或有关军事的高级官员，如武职五品以上，文职巡抚兼提督衔以及派往西北边疆的两路大臣，以孔雀翎为冠饰，缀于冠后。或因受命领兵出征、随围时，亲王、郡王等可以佩戴，也有经皇帝赏赐佩戴的。清代后期开捐官可戴之例，蓝翎可以由捐得到。

【花帽军】 金朝后期的一支精锐军队。活跃于今河北一带，因抵抗蒙古军有功，被金朝赐姓完颜，特赐军名。

【花鸟画】 传统画科。以描绘花卉、竹石、鸟兽、虫鱼等为主，形成于隋唐之际。以动植物为描绘对象，可细分为花卉、蔬果、翎毛、草虫、畜兽、鳞介等支科。花鸟画独立成科后，出现了专门画家。至五代与两宋趋于成熟。有工笔、写意、白描、没骨等多种技法形式。元明清时大为发展。许多工山水、人物的大画家，往往也兼擅花鸟画，造诣精深，如宋王诜，元赵孟頫，明沈周、唐寅、徐渭、清朱耷、任伯年等。

【花蕊夫人】 五代时期女诗人，五代后蜀主孟昶之妃。姓费，青城（今四川都江堰南）人。孟昶降宋后，被掳入宋宫，得到宋太祖的宠爱。北宋时苏轼作《洞仙歌》词，写蜀主与花蕊夫人夜晚纳凉摩诃池上之事，其中有"冰肌玉骨，自清凉无汗"的名句。

【花朝节】 朝，zhāo。古代传统节日。传说农历二月十五日为百花的生日，故称此日为"花朝节"。也称花朝。也有农历二月初二、二月十二日等不同说法。起源不详，但至少在唐代已经有此节日。宋代逐渐在民间流行。每逢此节，天气转暖，百花陆续开放，正是游览赏花的好日子，古人往往在这一天外出踏青游赏，并有所谓"扑蝶之戏"。《红楼梦》中林黛玉的生日即在花朝节二月十二日。

【花馔】 馔，zhuàn。利用四时花卉做成的菜肴和点心。花卉和菜蔬一样，多可食用，于先秦时期已入馔。随着古人对花卉性状的进一步认识，古代医学的不断发展，花馔的制作也得以蓬勃发展。宋代花馔得以专类列谱。宋代林洪《山家清供》载花馔十五种，明人戴羲《养余月令》载花馔十六种，近人徐珂《清稗类钞》载花馔十四种。时至今日，用名花烹制的荤素菜肴，不下百余种。

【华表】 我国古代王者接纳谏言的标识，也做指示道路的路标之用，常设立在宫殿、城垣和陵墓前，一般有左右对称的两座。也称桓表。早期的华表以实用为主，多用木材制作，后来装饰作用更加突出，一般石质材料居多。华表由柱基、柱体和顶部组成，柱身一般为圆柱体，上雕刻蟠龙。顶部装有云板（雕刻有云彩形的板状装饰），左右华表上的云板图案相互对应。

【华盖】 ①帝王或贵官的车上所用的伞形遮蔽物，装饰华丽。相传远古时期部落联盟首领黄帝与蚩尤在涿鹿之野展开战争，时有五色云气出现在黄帝上空。黄帝据此制作了华盖。后因贵族的车驾配有华盖，故"华盖"也用作车的别称。②古星名。属紫微垣，共十六星。十五星在仙后座内，一星在鹿豹座内。古人迷信认为，运气不好，是华盖星犯命，叫作"交华盖运"，但和尚华盖罩顶则被视为好运。

【华夏】 夏商周人与其他部族融合形成的族群及其地域。中原服装之美称为"华"，礼仪之大称为"夏"。夏以来逐渐形成，西周以来始有此称，意为强大华美的国度和族群，并以黄河中下游地区为中心不断扩展。秦汉以来指统一王朝治下具有共同文化的各族成员及其聚居地。后来包举中国全部领土而言。

【华严宗】 我国佛教宗派。因崇奉《华严经》而得名。起源于唐杜顺禅师和智俨法师，至高僧法藏集其大成，创立宗派，又因法藏被封为"贤首国师"而被称为"贤首宗"。此宗认为天下一切互不相碍，互相融通。主张调和佛教各派思想，并倡导儒释道的融合。其影响及于当时的新罗、日本。唐武宗灭佛后走向衰落。

【化缘】 初指佛教化众生，因缘来人世间，缘尽而去。后佛、道以布施之人能与佛、仙结缘，而向人乞求布施财物。

【化斋】 僧、道向人募化吃食。《西游记》中唐僧对黄袍怪说："大王，我有两个徒弟叫做猪八戒、沙和尚，都出松林化斋去了。"

【华山】 山名，五岳之西岳。位于陕西东部。相传这一称呼是因周平王东迁，华山在东周王国之西，故称。因远望如花朵，故又名华（华，古同"花"）山。主峰太华山在华阴南，又有莲花、落雁、朝阳、玉女、云台五峰耸峙。山路崎岖，雄伟奇峻。诸峰间仅南北一径，有"自古华山一条路"之说。

【华佗】 （？—208）东汉末医学家。一名旉，字元化，沛国谯（今安徽亳州）人。精通内、妇、儿、针灸各科，尤擅长外科。曾用麻沸散使病人麻醉后进行手术，是世界上最早使用全身麻醉进行外科手术的医生。创造"五禽戏"，作为锻炼方式来防病健身，增强体质。后因不从曹操征召被杀。

【画龙点睛】 唐代张彦远《历代名画记》里记载，南朝梁武帝崇佛，重视修葺维护佛寺，常命一个叫张僧繇的画匠绘制佛寺壁画。张僧繇在金陵的安乐寺墙壁上画了四条白龙，但迟迟不点龙眼睛，原因是担心一旦画了眼睛，龙会变活飞走。众人以为是无稽之谈，纷纷要求张僧繇点龙眼。但万万没料到，龙眼一点上，倏忽间惊雷就劈开寺院墙壁，被点了眼睛的两条龙腾云而去，只剩没来得及点的两条龙留在墙壁上。后人常以"画龙点睛"比喻作文或讲话时，能于关键处用只言片语点明要旨，使内容精辟明了。

【怀素】 （725—785）唐代书法家，僧人。俗姓钱，字藏真，长沙（今属湖南）人。相传其家贫无纸，乃广植芭蕉，用芭蕉叶代替纸练字，因名其所居为"绿天庵"。又将长期练习书法所弃秃笔埋于山下，号为"笔冢"。性嗜酒，每当饮酒兴起，任意挥写，如疾风骤雨而皆有法度。前人评其狂草继承张旭而有所发展，谓"以狂继颠"，并称"颠张醉素"。存世书迹有《自叙帖》《苦笋帖》《小草千字文》《论书帖》等。

【淮南】 淮河以南地区。汉初刘邦封英布为淮南王，首置淮南国，辖九江、庐江、衡山、豫章四郡，其地兼有长江以南，文帝以来其国被分，地域缩小，武帝时罢为九江郡。汉末至隋淮南郡，皆在淮南江北寿春（今安徽寿县）一带，东晋以来曾在江南置其侨郡。唐宋设淮南道、路，治所都在今江苏扬州，其地西至汉阳及桐柏山区。后多以此泛指淮南、江北之地。淮南王刘安在八公山招贤纳士，编纂了《淮南子》。

【淮南三叛】 曹魏后期，镇驻淮南的王凌、毌丘俭、诸葛诞先后起兵反抗司马氏专权的军事行动。司马懿发动正始之变后，把持朝政，魏臣人人自危。公元251年，太尉王凌起兵反抗，255年、257年，相继为淮南统帅的毌丘俭、诸葛诞又接踵起兵反抗，但都很快被司马氏镇压。自此司马氏代魏大势已成。

【淮南子】 也称《淮南鸿烈》《鸿烈》。西汉淮南王刘安及其门客所著。《汉书·艺文志》著录内 21 篇，外 33 篇。内篇论道，外篇杂说。今只流传内 21 篇。以道家思想为主，糅合了儒、法、阴阳五行等家思想。书中保存了我国不少古代神话传说和史料，如女娲补天、后羿射日、嫦娥奔月、大禹治水等，弥足珍贵。"一叶知秋""塞翁失马，焉知非福"等成语也出自该书。

【槐】 落叶乔木。夏季开黄白色小花，可食用。木质坚硬，可做器具及建筑材料。传说上古三公面槐而坐，故古人庭园前多栽植槐树，以取吉兆。唐代，举子落第后往往不出京回家，而是借居在寺院等清净场所，研习学业，直到当年七月再献上新作的文章，时逢槐花正黄，因有"槐花黄，举子忙"的谚语。

【还魂纸】 将废旧纸作为原料回槽，掺入新纸浆中加以抄造的再生纸。宋代始用此法，《天工开物》记载，废纸洗去朱墨、浸烂后，入抄纸槽再造。此法节省了制作竹纸时的浸竹、煮竹等工序，损耗不多。元明时期，还魂纸在各地纸坊普及。

【环钱】 古代的一种铜币。也称圜金、圜钱。主要流通于战国时期的周、秦、魏等地区，圆形，中央有一圆孔或方孔。一说环钱不包括方孔者。钱上铸有文字，仿纺轮或璧环而制成。已出土的最早环钱，是河南辉县固围村战国墓出土的铸有"垣"字的钱，及山西闻喜县东镇乡战国墓出土的铸有"共"字的钱。

【桓楚】 公元 403 年，东晋末年，桓玄篡晋建立的政权。桓玄为多次主持北伐的东晋重臣桓温之子，桓温死后党羽甚众，晋安帝时内乱频生，桓玄禅代为帝，因桓玄封地在楚国，定国号为"楚"，故称桓楚，建都建康（今江苏南京）。桓玄在位期间，实行了一系列改革措施，但其篡位行为仍引起各地起兵反抗，次年即为刘裕所败，身死国亡。

【桓温北伐】 东晋桓温对北方少数民族政权发动的三次图谋恢复中原失地的战役。分别是永和十年（354）伐前秦苻健、十二年（356）伐羌人姚苌和太和四年（369）伐前燕慕容氏。曾先后进至关中，收复洛阳，皆未能巩固其军事成果，但打击了当时的北方少数民族政权，也使桓温权势日盛。

【宦官】 指阉割后失去生殖机能，在宫中侍奉皇帝及皇室成员的男子。也称寺人、阉人、阉宦、中官、内监。战国时置有宦者令的官职。秦汉时，宦者令隶属少府。一说早期宦官不一定是阉人，东汉后的宦官才完全由阉人担任。隋唐及宋时，宦官主管内侍省。明代，宦官分为太监、少监、监丞、长随、当差、火者六等，太监是最高的一级，后来宦官也通称为"太监"。宦官本是负责宫廷杂事的奴仆，不得干预外政，但因有机会接近皇室，因此历史上曾出现宦官掌握朝政大权的局面。如明代宦官魏忠贤专断国政，自称"九千岁"。

【浣衣局】 浣，huàn。明代专为宫内皇亲国戚提供洗衣服务的机构。为宫廷服务八局（兵仗局、银作局、浣衣局、巾帽局、针工局、内织染局、酒醋面局、司苑局）之一，排在御膳房之后。

【皖老免老】 皖，huàn。为体恤老年人减免其徭役的制度。秦及汉初规定编民皖老者徭役减半，免老者全免，具体年龄规定与爵级相关，有爵及爵高者可较无爵及爵低者提前优待。西汉中期以后，皖老起始年龄渐定为五十六岁，免老为六十岁。

【皇帝】统治天下的君主、帝王。我国"皇帝"之称，始于秦王嬴政。秦朝建立后，嬴政自认功德可以和"三皇五帝"相提并论，决定兼采帝号，即采用三皇的"皇"及"五帝"的"帝"二字，合成"皇帝"做自己的名号，自称"始皇帝"。此后，"皇帝"成为最高政治权力拥有者的称号。历代封建君主、帝王都称为"皇帝"。我国共有皇帝500多位，武则天是唯一的女皇帝，康熙则是在位时间最长的皇帝。

【皇后】①君主。皇，大。后，君。②皇帝的正妻。秦以前只称"后"。从秦始皇开始，称天子为"皇帝"，其正妻为"皇后"，此后历代沿用此称。皇后是后宫之主。因所居寝宫多位于后宫正中央，故皇后的寝宫称为"中宫"，后常用"中宫"代称皇后。

【皇史宬】宬，chéng，古代的藏书室。明清特指皇室专藏帝王手迹、实录、秘典等的地方。也称表章库。明嘉靖十三年（1534）建，位于北京东华门外旧太庙东南。

【皇太后】一般为皇帝生母的尊称。秦汉以后历代沿称。省称"太后"。吕雉为汉高祖刘邦之妻，通称吕后、汉高后等。吕雉之子汉惠帝刘盈即位后，她被尊为皇太后，成为史上有记载的第一位皇后和皇太后。汉惠帝驾崩后，吕雉先后拥立前少帝与后少帝，两度临朝称制，为秦始皇统一六国后第一位临朝称制的女性。

【皇太子】皇帝指定的继承皇位的人。始于西汉，一般为皇帝的嫡长子，也常有例外，由皇帝选定册立。省称"太子"。若皇帝指定的储君是其弟辈、孙辈，则称"皇太弟""皇太孙"。

【皇天后土】古人认为，天地神灵主宰宇宙万物，主持公道，所以将"天神"尊称为"皇天"，将"地神"称为"后土"。也泛指天地。

【皇庄】历代皇室直辖的田庄。皇庄出佃于民，其租入充做皇室专项经费。汉称苑，唐称宫庄。明永乐初，改燕王王庄为皇庄，为皇庄命名之始。天顺八年（1464）以没入太监曹吉祥地为宫中庄田，立皇庄。弘治二年（1489）畿内皇庄五处。武宗即位，建皇庄三十余处。嘉靖初，改皇庄为官地，隶户部，但实际仍掌握在宦官手中。清皇室也占有大量田地，设立田庄。辛亥革命后被取消。

【皇子】皇帝的儿子。年稍长，一般均封王侯，统称诸王。在宫廷里常是子以母贵，如能继帝位，则又母以子贵。清代皇子又称阿哥。"九龙夺嫡"是清朝历史上著名的事件，康熙皇帝有24个儿子，其中9个儿子参与了皇位的争夺。

【黄肠题凑】用柏木垒成框室以安棺椁的葬具。黄肠指材料和颜色，即柏木的黄心，因剥去树皮的柏木枋是淡黄色的，故名。题凑指墓葬的形式和结构，即用柏木条方垒砌成框室，条方两端对齐构成其室内外壁，如墙围在棺外。源于周代，汉代专用于安葬皇帝、诸侯王和获特许的部分贵族，是等级最高的特殊葬制。如西汉霍光去世时，汉宣帝特赐予梓宫、便房、黄肠题凑各一具，枞木外藏椁十五具。汉以后很少用此制。

【黄巢】（？—884）唐末农民起义首领。曹州冤句（今山东曹县西北）人，私盐贩出身。乾符二年（875），率众响应王仙芝起义。王仙芝战死后，被推为领袖，称"冲天大将军"，建元王霸。聚兵百万，先后攻克洛阳、长安。公元881年在长安建立"大齐"政权，不久被唐军包围，撤出长安。后在被唐军追击过程中战败自杀，一说为其甥林言所杀。

【黄道】古人想象的太阳周年运行的轨道。地球围绕太阳公转，从地球轨道不同的位置看太阳，则太阳在天球上投影的位置也不同。这种视位置的移动叫"太阳的视运动"。太阳周年视运动的轨迹就是黄道。约公元前80年，我国有了明确的"黄道"概念，而且进行了以黄道为基本大圆的天体位置量度。唐代，黄道替代赤道作为天体测量之坐标。也称光道。

【黄道婆】（约1245—？）元代棉纺织技术革新家。也称黄婆。松江乌泥泾（今上海徐汇区）人。出身贫寒，为童养媳，因不堪虐待，外逃至一道观存身，人称"黄道姑"。后流落至崖州（今海南岛），跟随当地黎族人学习棉花纺纱织布技术。元贞二年（1296）返回故乡，改革轧花车、弹棉椎弓、纺车等纺织工具以及织造、配花、织花等技术，促进松江一带棉纺织业繁荣发展，时有"松郡棉布，衣被天下"之谚，松江府成为当时全国最大的棉纺织中心。

【黄帝】传说中的上古帝王，被视作华夏始祖。少典之子，姓公孙。因居于轩辕之丘，故又称轩辕氏。后又居姬水，故改姓姬氏。因在有熊立国，也称有熊氏。率部众先在阪泉战胜炎帝部落，后在涿鹿战胜蚩尤部落，被各部尊奉为部落联盟首领，华夏族的共主。黄帝以土为德。相传桑蚕养殖、百谷播种、舟车制造、音律创作、医学发明都始于黄帝时期，故黄帝被视为中华文明的祖先。

【黄帝陵】简称"黄陵"。相传为中原各族始祖轩辕黄帝的陵墓。位于陕西黄陵县城北的桥山，因此又被称为"桥陵"。相传建于汉代，历代均不断修葺。黄帝陵墓与祭亭位于桥山顶，山下建有轩辕庙，气势恢宏，柏树参天，其中最大一棵为千年古柏，相传为黄帝亲手栽植。

【黄帝内经】医书名。简称《内经》。分为《素问》《灵枢》两书。成书年代约在先秦至西汉间。总结了古代劳动人民长期与疾病做斗争的临床经验和理论知识，提出了系统的生理、病理以及辨证施治学说。把人体器官看作既相区别又相联系的统一整体，认为人体某部的病变可影响全身，全身的状况又可影响局部的病变。同时，还把人体放在同外界环境的相互联系中进行考察，注意人体和自然环境的平衡关系，要求按照自然界的变化来调节起居生活和精神活动。

【黄公望】（1269—1354）元代画家。本姓陆，名坚，常熟（今属江苏）人。后出继永嘉（今浙江温州）黄氏为义子，因改姓名，字子久，号一峰、大痴道人等。曾为中台察院掾吏，被权贵中伤，一度入狱，后入全真教，往来杭州、松江等地。工书法，通音律，能散曲。擅山水，得赵孟頫指点，宗法董源、巨然，博采众长，晚岁自成一家。其画设色者以浅绛居多，笔势雄伟。水墨画则苍茫简远，有"峰峦浑厚，草木华滋"之评。与吴镇、倪瓒、王蒙并称"元四家"。传世作品有《富春山居图》等。另撰有《写山水诀》，为山水画创作经验之谈。

【黄鹤楼】 江南三大名楼之一，故址在今湖北武汉蛇山的黄鹄矶头。相传始建于三国吴黄武二年（223），临万里长江，为军事瞭望楼。历代屡废屡建，雄伟壮丽。唐宋以来，文人墨客在此创作了大量诗词，唐代崔颢《黄鹤楼》："昔人已乘黄鹤去，此地空余黄鹤楼。黄鹤一去不复返，白云千载空悠悠。晴川历历汉阳树，芳草萋萋鹦鹉洲。日暮乡关何处是，烟波江上使人愁。"堪称千古名篇。于公元1884年最后一次被焚毁。今所见之黄鹤楼，为1985年重建。

【黄巾起义】 东汉末年的农民大起义。太平道首领张角发动数十万人，提出"苍天已死，黄天当立，岁在甲子，天下大吉"的口号，于甲子年（184）起义，起义军用黄巾裹头，称为"黄巾军"。历时九月余，是我国历史上规模最大的以宗教形式组织的起义之一，沉重打击了东汉王朝的统治。张角病逝后，义军各部相继被朝廷和地方豪强镇压，由此揭开了军阀割据和东汉灭亡的序幕。

【黄金】 贵重金属。金、银、铜、铁、锡五金之首。古代主要用作流通货币。春秋战国时，已用金做货币。秦始皇统一币制时，以黄金为上币，单位是镒。其合金可制作装饰品和器皿。最早是将金锤成金箔，做包金。战国时期，制金技术有所发展，出现错金。战国燕昭王筑"黄金台"，存放黄金以馈赠四方贤士，招纳有才能的人。后"黄金台"成为典故，指帝王招贤纳士。因黄金贵重，故言语贵重称为"金口""金言"。

【黄景仁】 （1749—1783）清代诗人。字汉镛，一字仲则，号鹿菲子，江苏武进（今常州）人。乾隆诸生，屡应乡试不第。乾隆四十一年（1776）东巡召试，名列二等。后又入陕西巡抚毕沅幕，在毕沅的资助下，纳为县丞。常为生计奔走，于山西解州病重，卒于盐运使署。以诗名世，与洪亮吉、赵怀玉、杨伦、孙星衍、吕星垣、徐书受并称"毗陵七子"。诗学唐人，古风似李白，慷慨跌宕；近体七律缠绵清绮，多抒发怀才不遇、寂寞凄怆的情怀，也有相思情爱及愤世嫉俗之作。亦工词。有《两当轩集》《竹眠词》等。

【黄粱梦】 唐代沈既济《枕中记》里记载的一则故事。黄粱即黄小米。有位姓卢的读书人，一日宿于客栈，梦里尽享荣华富贵，梦醒时分，却发现这场大梦时间短得连客栈为他准备的小米饭都还没焖熟。后人用"黄粱梦"比喻虚幻而不可实现的愿望。

【黄龙】 ①古城名。又名"龙城"。在今辽宁朝阳。南北朝时期，后燕慕容宝以此为都。后冯跋拥立慕容云为帝，改国号为"北燕"。慕容云因政变被杀，冯跋平定政变，自立为天王，年号"太平"。南朝宋称之为黄龙图。②府名。在今吉林农安。原为扶余府。辽天显元年（926），辽太祖耶律阿保机平定渤海，返回途经此处，听闻此地有黄龙显现，故更名为"黄龙府"。后有废有设。金天眷三年（1140）改为"济州"。南宋抗金名将岳飞曾号召部下"直抵黄龙府，与君痛饮耳"，表达了收复失地、匡扶社稷的决心。

【黄门侍郎】古代官名。秦置，汉因之。因给事于黄闼之内，故名。省称"黄门郎""黄门"。为中朝官员，侍从皇帝，顾问应对，出则陪乘，多以外戚、重臣为之。东汉并给事中与黄门侍郎为一官，始设专职，故或称"给事黄门侍郎"，出入禁中，省尚书事。唐初曾称"东台侍郎""鸾台侍郎"，天宝元年（742）改称"门下侍郎"。

【黄丕烈】（1763—1825）清代藏书家、校勘学家。字绍武，号荛圃，又号复翁，江苏吴县（今苏州）人。乾隆间举人，官分部主事。后无意于官场，返归故里，专事收藏古籍及校雠。喜藏书，所藏古今善本极为丰富，搜购宋本图书百余种，专藏一室，名为"百宋一廛"，顾广圻为之撰《百宋一廛赋》，黄自作注释，说明版刻源流和收藏传授。勤于校勘，每得珍本，即作题跋，后人编集为《士礼居藏书题跋》。

【黄散】散，sǎn。古代官名，黄门侍郎与散骑常侍的合称，同为门下省官员，晋以后，共掌尚书奏事。

【黄山】山名。位于今安徽黄山市。古称"黟山""北黟山"。传说黄帝曾与容成子、浮丘公修身合丹于此，故唐天宝年间，改名为"黄山"。黄山风景秀丽，奇松、怪石、云海、温泉为其"四绝"。光明顶为主峰，莲花峰为最高峰。另有二湖、三瀑、十四洞、十六溪、二十潭、二十四泉、七十二峰等胜景。明代徐霞客在其游记中有"黄山诸峰，片片可掇"的描述。在《漫游黄山仙境》诗中有"五岳归来不看山，黄山归来不看岳"的赞叹。

【黄庭坚】（1045—1105）北宋诗人、书法家。字鲁直，号山谷道人、涪翁。洪州分宁（今江西修水）人。治平进士。以校书郎为《神宗实录》检讨官，迁著作佐郎。后以修实录不实的罪名，遭到贬谪。出于苏轼门下，与张耒、晁补之、秦观合称"苏门四学士"。又与苏轼齐名，世称"苏黄"。诗歌提倡"无一字无来处"和"点铁成金"。在宋代影响颇大，开创了江西诗派，被元方回尊为江西诗派"三宗"之首。书法擅行、草，与米芾、苏轼、蔡襄合称"宋四家"。有《山谷集》。另有诗文集《山谷精华录》，词集《山谷琴趣外篇》（又名《山谷词》）。书迹有《华严疏》《松风阁诗》及草书《廉颇蔺相如传》等。

【黄庭经】道教经名。分为《上清黄庭内景经》和《上清黄庭外景经》。此经以道教存神守一、宝精爱气之说与古代医学脏腑理论相结合，阐述修炼长生成仙之术。经中宣称人身各部位均有神仙真人居住其处，修道者若能常诵经书，默念神名，存思身神之形状、服色、居处及其所司职位，便能通神感灵，使脏腑安和，形神相守，延年却老，不死成仙。除诵经思神外，经中又言及漱津咽液、吐纳元气、房中固精、服食五牙、飞奔日月等方术，其中特别重视积精累气之术。晋代以来，上清派奉此经为首要经典，唐宋内丹家也深受此经影响。晋代书法家王羲之曾写《黄庭经》并留下了"写经换鹅"的故事。

【黄钺】 钺，yuè。古代兵器。青铜制，圆刃或平刃，安装木柄，用于砍斫。因用黄金作为装饰，故称黄钺。始于商周，是帝王所用，也赐给代帝王出军征伐的重臣。《尚书》记载，周武王左手执黄钺，右手执白尾旗，在牧野做战前动员。后世多用为仪仗。古代将帅出征，常特许"假黄钺"的称号，代表帝王行使征伐之权。如魏文帝曹丕亲自率军征讨孙权，委任曹休为征东大将军，假黄钺，代表皇上督率张辽等和各州郡共二十余路人马。

【黄宗羲】 （1610—1695）明末清初思想家、史学家。字太冲，号南雷，也称梨洲先生，浙江余姚人。父亲黄尊素为东林党重要成员。清兵南下时，招募义兵抗清。失败后，聚徒讲学，隐居著述，多次拒绝清廷征召。博闻强识，对天文、算术、乐律、经史百家以及释道之书，无不涉猎。与顾炎武、王夫之并称"清初三大儒"。提出"非君论"，公开宣称君主是天下之大害，反对君主把国家视为君主世代相承的私产，主张变"独治"为"众治"。这些观点在专制的封建时代难能可贵。主要著作有《宋元学案》《明儒学案》《明夷待访录》等。后人编有《黄梨洲文集》。

【湟中】 湟河流域的中心地区，今青海湟河两岸，因湟河流经其中，故名。先秦为羌戎所居，西汉以来渐纳入中原王朝治下。多河谷平川，气温相对较高，适宜于农业，又为其东西及南北各族的交通要道，常与黄河上游一带合称为"河湟"，历代皆为西北战略要地。

【璜】 一种弧形的玉石器。古贵族朝聘、祭祀、丧葬、征召时用的礼器，也做佩饰。璜是夏禹时期极为珍贵的宝器。相传，周文王到了磻溪，看见吕尚正在钓鱼。文王对他施礼。吕尚说："我钓得一块玉璜，上面写道：'姬昌受天命为天子，让我吕尚来辅佐。'"后吕尚辅助文王开创西周盛世，协助周武王灭商。"钓璜"因此成为典故，比喻君臣遇合、贤才遇明主。

【幌】 古代建筑中门窗、屏风上用以遮挡或起分隔作用的幔帐。大多采用帛制作，上面装饰有各种吉祥的花纹图案。

【徽商】 古徽州府（今安徽黄山、宣城绩溪及江西婺源等地）籍商人或商帮。也称新安商人。俗称徽帮。我国著名商帮之一。宋代初步形成，明清时其商业活动遍及全国，主要从事盐、典当、茶、木及米、丝布、纸墨等业。鼎盛时期，徽商曾占有全国总资产的七分之四，活动范围很广，足迹远至日本、东南亚各国以及葡萄牙等地。近代著名"红顶商人"胡雪岩即为徽商。

【徽政院】 元代掌管皇太后事务的机构。公元1294年成宗即位后，尊母弘吉剌氏为皇太后，改詹事院为徽政院以奉之。自此凡有皇太后则设。

【回纥】 纥，hé。古代民族名，后改称回鹘。魏晋时期称袁纥，属铁勒族群的一支，隋代时称韦纥。在今鄂尔浑河和色楞格河流域。隋大业元年（605），为反抗突厥，与仆固、同罗、拔野古等建立联盟，总称回纥。唐天宝三载（744）建立漠北回纥汗国。其疆域东起兴安岭，西至阿尔泰山乃至中亚费尔干盆地广大区域，有文字。曾助唐平定安史之乱。此后改名回鹘，取行动轻快敏捷如游隼（鹘）之意。以游牧为生，善骑射、狩猎、贸易，与唐朝政治、文化、经济交往频繁。信奉萨满教和摩尼教。开成五年（840），被黠戛斯击败。部族分散为高昌回鹘、葱岭西回鹘、河西回鹘等。

【回回历书】 即《明译天文书》，四卷。西域默狄纳国王马哈麻所作。元明时，伊斯兰文化传入我国，以历法为著。元至元四年（1267）西域扎马剌丁撰进万年历，世祖稍颁行之。至元八年设回回司天台。至元十七年置行司天监，皇庆元年（1312）改称回回司天监。明洪武元年（1368），设司天监与回回司天监。三年改为钦天监，内设回回历科。十五年，太祖命翰林吴伯宗、李翀会同天文学家海达尔、阿答兀丁、马沙亦黑和马哈麻等共同翻译回回历书，其底本为阿拉伯天文学家伊本·拉班的《占星术及（天文学）原则导引》，次年译成。回回历有一定的精度和特点，故元明两代，回回历和中国历并存，互相参证，在中国的历法上，起过一定的作用。其中，以三角函数求经纬度及"星等"概念之介绍，在我国天文学史上尚属首次。

【回教】 伊斯兰教在中国的旧称。也称回回教。伊斯兰教于公元7世纪中叶（唐高宗时）传入中国，自元以后，泛称信仰伊斯兰教的民族或人为"回回"，并称他们所信仰的宗教为回教，意为"回回信仰的宗教"。回教传入中国后，对中国的天文、历法、数学、医学等都产生了重要影响。促进了东西方文化的交流。

【回门】 传统民间婚俗。新婚夫妇成婚后首次到女家探亲。不同时地称呼不同，宋代称"拜门"，清代北方称"双回门"，南方称"会亲"，河北某些地区称"唤姑爷"，杭州称"回郎"。通常定在结婚后的第三天，所以常说"三朝回门"，也有定在六日、九日或者满一月后的。这是婚事中的最后一项仪式，以示女儿不忘父母养育之恩、女婿感谢岳父母之义。一般女家要设宴款待。

【回易】 官府的营利性经营活动。北朝常指官府以公廨本钱贷放生息，以供公用之举。唐宋泛指官府开设邸店、从事放贷等各种贸易经营活动，其盈利充当官费，因与民争利而常遭非议。五代至元初，还先后设立了回易务、回易库、博易场专管此事。

【会馆】 古代都市中同乡或同业的组织机构。起源很早。汉代京师已有外来同郡人的邸舍。南宋时杭州有外郡人为同乡谋公益的组织。"会馆"名称最早见于明代，清代盛行。早期多是一种同乡组织，随着商品经济的发展，逐步向工商业组织或行业组织发展，但仍保留较浓的地域观念。

【会盟】 西周时期，天子约见诸侯和春秋时天子、诸侯、大夫间会面和结盟的仪式。盟誓的仪式一般是割掉牛耳取血，用珠盘盛放牛耳，用玉制食器盛放牲血。会盟者将牲血涂在嘴唇边，以示诚意立盟、守信不悔。春秋时，为抵御大国侵略，一些弱小的诸侯国联合作战，一些强大的国家利用自己的影响力，胁迫小国加入自己的阵线，都曾会盟。其中葵丘会盟、践土会盟、黄池会盟、徐州会盟，合称"春秋四大会盟"。秦以来，中原王朝与少数民族之间也有会盟，如唐代的唐蕃会盟。

【会试】古代科举制度中的一级考试。始于金，明清时，每三年于京城举行一次，各省举人皆可应考。逢丑、辰、未、戌年为正科，若乡试有恩科，则次年也举行会试，称会试恩科。考期初在二月，后改在三月。分三场。考中者称贡士，第一名为会元。成贡士后可参加殿试。

【会武宴】科举制度中武科殿试发榜后，在兵部举行的公宴。始于明，清沿之，于传胪次日举行，钦派领侍卫大臣一人主持，兵部大臣、各考官及新科武进士均预宴。赏武状元盔甲、腰刀、靴袜等，其余武进士赏给银两。

【会要】分立门类，记一代政治、经济等典章制度、文物、要事的书。创始于唐苏冕所撰《九朝会要》，属政书。后经崔铉复续修为《续会要》。宋宰相王溥循此两书，撰成《唐会要》和《五代会要》。宋代重视会要的编辑，前后重修续修达十余次，自太祖至南宋宁宗共有十三朝会要。明清两代均有纂修。所记典章制度，远较各史书志为详。自宋代以来，又出现后人补修前代会要，如《西汉会要》《东汉会要》等，使会要体史书形成一个按朝代相续的系列。

【会元】科举时代，各省举人赴京会考，称会试，通称会试第一名为会元，也称会魁。

【会子】南宋的主要纸币。因广泛行用于东南地区，而南宋的首都临安（今浙江杭州）有临时安顿之意，称为行在，故又称东南会子、行在会子。最初由商人发行，具有支票、汇票性质，称为"便钱会子"。由行在会子库发行，成为兼具流通功能的铜钱替代券，发行量很大。又有湖广总领所印发的湖广会子，以铁钱为本位，流通限于湖北、京西路，也称湖北会子，简称湖会。南宋后期，四川钱引也改称会子。会子形态为竖长方形，上半中央是赏格，印有"敕伪造会子犯人处斩。赏钱一千贯"等字。赏格的右边为票面金额，如"大壹贯文省"，左边为号码，称第若干料。三年为一界，按界发行，到界以旧换新，旧会子定期收回，但展界（延长使用期限）的事也屡有发生。

【彗星】星名。也称孛星、欃枪。绕太阳运行。接近太阳时，形成彗核、彗发、彗尾。彗尾由极稀薄的气体和尘埃组成，朝背着太阳的方向延伸出去，形状像扫帚，民间俗称"扫帚星"。古时占星术认为，彗星出现是灾祸或战争的预兆。

【晦】农历每月最后一日，即大月的三十日、小月的二十九日。晦之得名，源自古代月相纪日法，即以月之盈缺变化而呈现的形象来纪日。每月最后一日看不见月亮，也无月光，天空昏暗，故称晦。古代正月晦日受到古人的重视，此日有送穷习俗，唐宋时盛行，寄托了人们在辞旧迎新之际，送走旧日的贫穷、苦难，迎接幸福的美好愿望。

【惠施】（约前370—约前310）战国时期哲学家、名家代表人物。也称惠子。宋国人，曾任魏相。主张联合齐、楚，停止战争，并随同魏惠王见齐威王，使魏、齐互尊为王。哲学上，主张"合同异"说，认为一切事物的差别、对立是相对的。但由于过分夸大事物的同一性，忽视事物之间的差异，结果往往流于诡辩。其思想、言论及生平事迹散见于《庄子》《荀子》《韩非子》《吕氏春秋》等。《庄子·天下》称"惠施多方，其书五车"。惠施与庄子是辩友，有著名的"濠梁之上"。

【慧根】佛教指能透彻领悟佛理的天赋和资质。

【慧能】（638—713）唐代高僧，我国佛教禅宗六祖，南宗创始人。也作"惠能"。俗姓卢。世居范阳（治今河北涿州），出生于南海（今广东广州）。据说原为不识字的樵夫，听人诵《金刚经》，发心学佛，投禅宗五祖弘忍门下做"行者"。后弘忍为选嗣法弟子，命寺僧各作一偈。慧能作偈曰："菩提本无树，明镜亦非台。本来无一物，何处惹尘埃？"弘忍大为赏识，于夜半专为慧能讲授《金刚经》，传法衣饭钵给他。仪凤二年（677）慧能到韶州（今广东韶关）曹溪宝林寺弘扬禅学，成为禅宗的正系。倡导顿悟法门，宣传"见性成佛"，与当时北方神秀倡行的"渐悟"相对，佛学史上称为"南顿北渐""南能北秀"。门人法海撰集其言行，编为《六祖坛经》，简称《坛经》。

【慧远】（334—416）东晋高僧。俗姓贾，雁门楼烦（今山西宁武附近）人。出生于世代书香之家，21岁时跟随道安法师修行。太元六年（381）入庐山，在东林寺广收弟子，传播般若学和禅学，使禅法流行于江南各地。又与刘遗民、宗炳、慧永等十八人结白莲社。净土宗尊为初祖。著有《法性论》《沙门不敬王者论》《庐山记》等。

【蕙草】香草名。古代妇女多佩在身上作为香料，或焚烧以避除瘟疫。以产于湖南零陵（今永州）者最为著名，故又名"零陵香"。蕙草与兰草同为古代著名的香草，古诗文中常将二者并提，喻指美好的事物。

【昏钞】磨损破烂的纸钞。也称烂钞。因用久币面字迹磨损而模糊，故称。宋金元明皆有昏钞更换法。

【昏礼】婚娶仪式。昏，后作"婚"。起源较早，周代多在黄昏时分举行，故称。依次为纳采、问名、纳吉、纳征、请期、亲迎六个程序，后世多循其礼意，但具体环节有所省略。

【浑天说】古代宇宙学说。主张天与地的关系就像鸡蛋壳包裹着蛋黄。天的形体浑圆像弹丸，故称"浑天"。最初，浑天说认为地球不是孤零零地悬在空中，而是浮在水上。后来又认为地球浮在气中，能回旋浮动。浑天说还认为天空的全部恒星都布于一个"天球"上，而日、月、五星依附在"天球"上运行。这与现代天文学的天球概念很接近。汉代编订《太初历》时，出现"盖天说"和"浑天说"之争，"浑天说"与实际天象、农时更符合，被汉武帝采纳。

【浑天仪】①古时测定天体位置的仪器。也称浑仪。西汉落下闳、东汉贾逵和唐李淳风等做过设计、制造和改进，形成一套以两个互相垂直的圈为基础构造的仪器。这两个圈内还有若干个可绕与地轴平行转动的圈，分别代表赤道、黄道、时圈、黄经圈等。在可转动的圈上，附有绕中心旋转的窥管，用以观测天体。今存世最早的浑天仪为明正统年间制造，目前珍藏在南京紫金山天文台。②古时演示天象运转的仪器。也称浑象。东汉张衡创制。类似现代天球仪。

【馄饨】用薄面片包裹馅料、煮熟而成的面食。相传起源于汉代。唐宋时期，馄饨成为日常的花色点心，并有专门的馄饨店。唐段成式《酉阳杂俎》中说长安城中萧家的馄饨店很有名，其馄饨的汤滗去肥油后可用来泡茶。一说将馄饨做成半圆形，就成了饺子。

【活佛】藏传佛教某一派或一区域领袖的俗称，也被视为佛或菩萨的化身。活佛有大小等级区别，影响力也各有不同。活佛在文献典籍里有时还指如来佛或是对高僧的尊称。如南宋高僧道济，后世称为"济公活佛"。

【活卖】买卖田宅等财产时，卖主保留赎回权利的一种交易方式。买卖双方达成口头协议或订立契约，有保留赎回权利内容的契约称为"活契"，卖方赎回权的保留有一定期限，超过期限不赎，成绝卖，不得回赎，在期限内赎回其活卖田宅或财物时，买方要按约收取一定的息金。这类买卖方式具有质典性质。

【火不思】拨弦乐器。也称琥珀胡琴、浑不似、胡不思。张三至四根弦，腹部音箱蒙蟒皮、蛇皮，有码，背部与弦轸雕刻精美花纹。形似琵琶，但颈细，槽有棱角，与琵琶有所区别。新疆吐鲁番交河故城发现的唐代古画有孩童弹火不思的形象。宋元时传入内地，元代盛行，明清时仍流行。

【火铳】铳，chòng。元代以来的管形射击火器。也称火筒、铜将军。铜制或铁铸成，内装火药、石球、铁球等，点燃引线把石球、铁球射出去。源自南宋竹制火枪，元前期创制，明朝时大量使用，被封为"大将军""夺门将军"等。清代戴梓发明连珠火铳，形状像琵琶，背脊上放火药和铅丸制子弹，装有机关，扳动枪机，可连射二十八发。

【火耕水耨】耨，nòu。南方稻作农业早期的耕作方式。即烧荒为田，以灰烬做肥，播种后反复引水淹田，以利水稻生长，并借此除去田中的杂草。汉以前的江南地区流行此耕作方式，汉以后多见于偏僻地区。

【火耗】明清弥补所征税银熔铸为官锭时损耗的加征。起于明代万历年间，原指碎银熔化重铸为银锭时的折耗。张居正推行"一条鞭法"，赋税征银，百姓的碎银熔化重铸的银锭有折耗，另征火耗。征税时加征的火耗大于实际火耗，差额就归官员了。清初沿用此法，雍正时列入正税，实行火耗归公和向官员发放养廉银。

【火箭】古代的管形火器。将草艾、麻布、油脂等易燃物缚在普通的箭杆上，点燃后把箭射向敌军，用以燃烧敌人的营帐、粮仓等。三国时期，魏将郝昭曾用这种火箭在陈仓（今陕西宝鸡）击退攻城的蜀军。唐末宋初，火药运用于火箭，即将火药制成球状，绑在箭头后，点燃引线后射出。

【火药】我国古代四大发明之一。也称黑火药。由硝酸钾、木炭和硫黄混合而成。魏晋南北朝时，炼金丹的道教术士对硫黄、硝、木炭的物理、化学性质有了进一步的认识，通过大量实践，冶炼操作方法和器具制造方面也有较大进步。唐宪宗元和三年（808），金华洞清虚子在《铅汞甲庚至宝集成》中所提到的《伏火矾法》，被认为是有年代可考的最早火药配方。中唐以后的炼丹家经多次爆炸起火与冒险试验，逐渐找到比例科学的配方。唐末至北宋，火药逐渐运用于军事。五代十国时，火药成分走向标准化。北宋初，《武经总要》中正式出现"火药"一词，并记载了火药的具体配方。公元 1280—1290 年，元代蒙古军西征中亚、西亚，使用各种火器，将火药传到阿拉伯与欧洲。

【霍光】（?—前 68）西汉大臣。字子孟。河东平阳（今山西临汾西南）人。霍去病异母弟。先后辅佐武帝、昭帝、宣帝，执政二十余年，权倾朝野。卒谥宣成。在位期间，轻徭薄赋，促进社会生产发展。死后，因其妻谋害许皇后事发，被诛九族。

【霍去病】（前 140—前 117）西汉名将。河东平阳（今山西临汾西南）人。名将卫青外甥。元朔六年（前 123），封骠姚将军，随卫青击匈奴。勇猛果断，用兵灵活，前后六次出击，远至狼居胥山，大捷而归。汉武帝想要为他建造府第，霍去病辞谢说："匈奴未灭，无以家为。"元狩六年（前 117），因病去世，年仅 23 岁，赐谥景桓侯。他和卫青发起的对匈奴的进攻性战争，改变了汉朝长期以来对匈奴作战的守势状态，一举把匈奴驱逐到漠北，解除了其对汉王朝北方多年的威胁。

【镬】huò。一种无足的鼎。用青铜或铁铸成，用来烹煮肉类。古代有种酷刑，称为汤镬，即将镬里的水煮开，再将人抛入其中烫死。《史记》中蔺相如为了完璧归赵，视死如归，自请汤镬之刑，其"镬"即此。

J

【几】 古代用于倚靠或放置器物的家具。常见有曲几和直几。曲几为水平弧形，弯曲的窄条状，下以三足支撑。古人席地而坐时，可扶靠在几上，其功能与今之椅子扶手和靠背类似。古人认为，谋于长者，必须持几杖以从之，这是因为老人居则凭几，行则携杖，几、杖都是养尊之必备。直几由三块木板榫接而成，一块为几面，其余两块竖立支撑几面。直几与现代家具的形态更接近，几面呈长方形。短足的如炕几、茶几，供人们日常看书、写字、置物，和案相似，故常"几案"并称。而长足的则类似于今长条形桌子。

【机工】 明清民间受雇于机户，计日受值，从事丝织等行业的工人。明朝中期以后，苏州、松江等江南地区的丝织业中出现了以生产商品为目的的机户。机户是早期的资本家，机工是早期的雇佣工人，机户与机工之间的雇佣关系实质上是资本主义性质的生产关系。

【机户】 宋元以后从事丝织业的个体劳动者或小作坊主。也称机家。自宋至清，在丝织业发达的江南地区，泛指个体手工业人户和绸缎商人。19世纪起，绸缎商人设机雇匠自织或发料给机户代为织造，为别于一般机户，自称缎庄、绸庄或账房。个体手工业者设有机房者仍称机户，有时也称机匠。其经营分自织和代织。前者自购丝料，自产自销，称现卖机户；后者从缎庄、绸庄或账房领料加工，取得计件工资，称带织机户，又名揽织、揽机、料机。清以前机户隶匠籍，须为织染官局服徭役。明江南机户常以存留匠形式服役于本府织染局。清自顺治八年（1651）起，南京、苏州、杭州三地官设织造局行买丝招匠经营办法。清末机器丝织业兴起，手工机户逐渐衰落。

【肌理说】 清诗学理论。乾隆年间由翁方纲提出的诗论主张。"肌理"指"义理"和"文理"，即要求思想和文辞的统一。要求作诗以经义为准则，以学问为根底，做到内容质实而形式典雅，意在纠正当时"神韵说""格调说"等诗论的肤廓虚矫与专事模拟。肌理说与神韵说、格调说、性灵说并为清代前期四大诗歌理论派别。"肌理说"的诗人一般被归为"肌理派"。

【积石】 即积石关。位于今甘肃临夏县西北。隋代时称"临津关"。唐代设积石军镇守。明代此地为汉藏互市茶马处，政府专设茶马司对贸易进行管理。

【笄】 jī。古代用来别住头发使之不散乱的长形条状首饰。最早用竹制作，后逐渐使用兽骨、金银及玉石等材料制作，其形状与工艺也日趋丰富和精致。笄一般有两种：一种是用来固定发髻，形状较短而男女都用；另一种是用作固定冕或弁等帽类，形体较长，从冕或弁的一边插入，穿过发髻，再从冕或弁的另一边穿出，笄的一端系一条丝带绕过额下再系在笄的另一端，从而固定发髻、冕等。

【屐】jī。一般指木底鞋，故也称木屐。最初作为雨鞋穿用，后逐渐成为一种日常在非正式场合穿用的便鞋。古代的屐有平底与齿底两种，齿底木屐出现于南北朝时期，主要用于登山，便于抓地。有些齿屐的齿可以随上下山坡的需要而拆装以调整齿的方向。唐李白《梦游天姥吟留别》"脚著谢公屐，身登青云梯"中的"谢公屐"，即南朝宋谢灵运游山时所穿的前后齿可装卸的木屐。木屐的使用延续久远，至今仍有南方水网地区在使用。

【嵇康】（223—262）三国魏文学家、思想家。字叔夜，谯郡（今属安徽）人。曹魏姻亲，为曹操之孙曹林之婿。曾任中散大夫，世称"嵇中散"。与阮籍、山涛、向秀、阮咸、王戎、刘伶友善，游于山阳（今河南辉县、修武一带）竹林，为"竹林七贤"之一。公元261年，吏部郎山涛离任前，举荐他出任吏部郎，他作《与山巨源绝交书》以明志，拒绝出仕。后遭钟会诬陷，又因吕安之狱牵连，为司马昭所杀，年四十岁。临刑前有三千太学生为其求情，终不许。死前索琴弹奏《广陵散》，并慨然长叹："《广陵散》如今绝矣！"反对当时虚伪的礼乐教化和黑暗政治，崇尚自然，提出"非汤武而薄周孔""越名教而任自然"的观点。诗工四言，风格清峻。又作《琴赋》《声无哀乐论》《养生论》等。有《嵇中散集》。

【箕踞】jījù。也作"箕倨""踑踞"。箕即簸箕。其姿势是臀部着地，两腿张开，平放而直伸，像簸箕一样。古人认为这是一种不拘礼节、傲慢不敬的坐相。据记载，荆轲刺秦王事败后，就"倚柱而笑，箕踞以骂"。

【畿】jī。古称天子所领之地，后指京城管辖的区域。

【畿辅】畿，jī。京畿及周边地区。古代自西周开始，实行以王都为中心，以近统远，层层分区而拱卫天子的制度。后世沿袭此传统，汉代的"三辅"，魏晋的司州，唐宋时的京畿道、路，元代的腹里，明清时的直隶，沿袭的都是此治理思路。

【墼】jī。土坯。经晒干、未经烧制的土砖。也称土墼。古人最初夯土筑墙建屋，后用土坯砌墙。战国时期，有了烧制砖技术，但墼仍然较多用于建筑，由于墼和烧制砖原料都是土，故古人也习惯把砖称为墼，不少出土的汉砖上都有"墼"字。而古人正式用砖砌墙建房，是从北魏开始的。

【羁縻卫所】明地方机构名。羁縻，联络、维系，谓笼络使不生异心。洪武、永乐时设于边疆少数民族地区。以当地部族首领为都督、都指挥、指挥，赐给敕书印记，管理当地军政事务。所置官员均由该部族世袭。

【及第】科举应试中选。因榜上题名有甲乙次第，故名。隋唐时只用于考中进士。宋代殿试分甲取人，文科一、二甲赐"本科及第"。又，礼部试及殿试合格者，通称"及第举人"或"及第人"。明清时殿试一甲一、二、三名赐"进士及第"，省称"及第"。

【及冠】 古代氏族社会的男子长到成年阶段，必须参加"成丁礼"才能成为氏族公社的正式成员，享有成员应有的权利和履行应尽的义务。后成丁礼演变为冠礼。周代贵族男子到二十岁时，要在自家宗庙举行加冠礼。冠礼标志此男子长大成人，因称男子二十岁为"及冠"。

【及笄】 笄，jī。指女子年满十五岁。古代女子十五岁行笄礼，结发加笄，作为成年的象征，也指女子已到许嫁之年。

【吉礼】 古代五礼之一，祭祀天神、地祇、人鬼等的礼仪活动，是祀神祈福之礼。如祭天神包括昊天上帝、日月星辰、司中、司命、雨师等，祭地祇包括社稷、五帝、五岳、山林川泽、四方百物等，祭人鬼包括先王、先祖、先师等。历代各有兴革，历来受统治阶级重视。有时也指婚礼。

【汲冢竹书】 晋武帝时从汲县（今河南卫辉）战国魏襄王墓中出土的一批竹简古书。也称汲冢书。当时的学者荀勖、束晳、和峤等对其做整理工作。后大多散佚，流传至今的只有《穆天子传》，另有辑本《竹书纪年》。是我国历史上较早且大量出土的战国简牍文献。

【极乐世界】 佛教认为阿弥陀佛居住的地方。摆脱了人间烦恼苦海，清净、快乐之地。也称净土、西天。

【棘】 植物名。即酸枣。枝条多刺，常种植于庭院周围，作为天然屏障。古代科举考场为防作弊，周围多插棘枝，故称考场为"棘院""棘围"等。

【集贤院】 古代官署名。唐文学三馆之一。掌理秘书图籍等事。唐开元十三年（725）改丽正殿修书院为集贤殿书院，简称"集贤院"，掌修书之事。以宰相一人为学士，知院事。一度设大学士。宋代设昭文馆、史馆、集贤院，称为"三馆"，掌理秘书图籍等事。集贤院置大学士，以宰相充任。并设学士、直学士、修撰、校理等官，无常员。元改制，集贤院主要掌管提调学校，征求隐逸，及道教、阴阳、祭祀、占卜等事，设大学士等官。

【集韵】 韵书。宋景祐四年（1037）诏命丁度、李淑、宋祁、郑戬、贾昌朝等在《广韵》的基础上修撰，于宝元二年（1039）九月书成颁行。十卷。平声四卷，上、去、入各二卷。收字原则是"务从该广"，不论正体、古体、俗体等，凡有根据者，均予收录，共计53 525字，比《广韵》多一倍有余。韵部仍分二百零六韵，但韵目用字、次序及字的归韵等与《广韵》稍有差异。内容注重文字形体和训诂，为研究文字训诂和宋代语音的重要资料。

【籍田】 古代帝王、诸侯亲自耕田以示重视农业的典礼。也称亲耕。每逢春耕，帝王、诸侯象征性亲耕农田，有劝勉农耕的寓意。后世成为帝王专行之礼，其田位于京郊专设的农神祀所，具体仪节，历代有所不同。

【己亥格】 晋末期，齐王司马冏等起兵讨伐赵王司马伦时，用于厚赏征募将士的法令。也称齐王功臣格。晋惠帝永康二年（301）正月，赵王司马伦篡位，三月齐王司马冏等三王起兵讨伐，在己亥日承制下令征募，故得名。到四月即讨平，诛杀司马伦，恢复惠帝位。此项措施常被后世征募援为故事。

【纪昀】（1724—1805）Jǐ Yún。清代学者、文学家。字晓岚、春帆，号石云、观弈道人。直隶献县（今属河北）人。乾隆进士，官至礼部尚书、协办大学士。谥文达。学识渊博而通达，曾以总纂官身份主撰《四库全书》，主持编撰《四库全书总目提要》。工诗文，也能作小说。有《纪文达公遗集》《阅微草堂笔记》等。

【给事中】 给，jǐ。古代官名。秦汉为列侯、将军、谒者等的加衔（本职外兼领他官）。常在皇帝左右侍从，备顾问应对等事，因执事于殿中，故名。魏或为加官，或为正官。晋始为正官。隋于吏部置给事郎。唐以后为门下省之要职，掌驳正政令之违失。元以后废门下省，设给事中。明给事中分吏、户、礼、兵、刑、工六科，掌侍从规谏，稽察六部之弊误，有驳正制敕之违失、章奏封还之权。清隶属都察院，与御史同为谏官，故又称给谏。省称给事。

【给侍】 给，jǐ。也称给予侍丁。唐朝的一种养老制度。唐朝规定为年满八十岁及以上的老人和不满八十岁但身患重病的老人配备侍者。侍者称侍丁，可免役，如是老人或残疾者亲属的称内侍，无亲属关系的称外侍。给侍制度在一定程度上解决了家庭养老的问题。

【戟】 jǐ。古代戈矛合体的兵器。长柄，顶端有直刃，两旁各有横刃，可以直刺、钩、斩三用。最早为青铜制，至战国时始有铁制。盛行于东周。戟在古代被视为权力和地位的象征，唐代以来，方天画戟成为皇家的标志之一。戟在一些古代文学作品中，是勇猛和力量的象征，常作为勇士的装备，《三国演义》中吕布使用的就是方天画戟。

【计口授田】 北魏前期推行的按人口分配田地的政策。道武帝入主中原后，曾离散北族各部，以此法安置其部民成为编户。当时还有迁至平城的大批山东移民，太武帝以来又屡从河西、齐青大规模移民至平城一带，或也以此为安置之法。至孝文帝时发展为均田制。

【计里画方】 古代一种比例尺绘图法，即在以一定比例划定的方格网上绘制地图，通过方格控制地图内容的位置，以方格的边长体现实际距离。宋代的《禹迹图》是现存第一幅用此法绘制的地图。此法沿用千余年，在中国和世界地图制图学史上具有重要意义。

【记事刻辞】 商周时期，契刻在兽骨、龟甲上的记事文字。主要记述当时的历史事件，按材料与刻写部位可分为甲桥刻辞、甲尾刻辞、背甲刻辞、骨臼刻辞和骨面刻辞五种。还有一些是铭记捕猎所获得的猎物、战争俘馘和功绩勋劳的文字。

【伎作户】 南北朝以来直属官府的匠作、伎乐的人户。由各种工匠和乐舞艺人组成，有专门的户籍，为官府所控制，世代强制服役，身份高于奴婢，低于平民。为保障官府需要，时放免时增加。隋唐以来仍较普遍，后世逐渐转变为出钱雇服徭役为主，仅某些时期和部门仍有此类户。

【纪年法】 用来标记和计算年份的方法。我国古代最基本的纪年法是干支纪年，以十天干同十二地支依次相配，成甲子、乙丑、丙寅、丁卯……，共六十组，通称"六十甲子"，用来纪年，周而复始，循环使用，如公元 1894 年，干支纪年是甲午年。此外，先秦至西汉武帝时使用王公在位的年次纪年，如前 767 年，年次纪年是周平王四年、鲁惠公二年、齐庄公二十八年、郑武公四年、秦襄公十一年等。汉武帝开始使用年号纪年，沿用到清末，如 627 年，年号纪年是贞观元年。

【纪日法】 用来标记和计算日期的方法。我国古代主要使用干支纪日和序数纪日。干支纪日以十天干同十二地支依次相配，成甲子、乙丑、丙寅、丁卯……，共六十组，一组对应一天。干支纪日在甲骨卜辞中已普遍使用。序数纪日是按照初一……初十、十一……直至月底的顺序来记录日期。此外，还有用"朔、朏、望、既望、晦"等特定名称来纪日的，农历每月初一叫朔，初三叫朏，十五或十六叫望，望的次日叫既望，每月最后一天叫晦。

【纪时法】 用来标记和计算时辰的方法。我国古代主要使用地支纪时法和天色纪时法，这两种纪时法都是将一天划分为十二个时辰，地支纪时法就是用十二地支依次对应十二个时辰来纪时。天色纪时法即根据天色的变化用夜半、鸡鸣、平旦、日出、食时、隅中、日中、日昳、晡时、日入、黄昏、人定对应十二个时辰，这些名称反映了古代人民日常生活的节奏和对

自然现象的观察，如"日出"指太阳升起的时候，"食时"指人们吃早饭的时间。此外，古代还有百刻制、十时辰制、十五时辰制、二十四时辰制等纪时法。

【纪事本末体】 传统史书中以历史事件为纲的体裁。将重要史实分别列目，独立成篇，各篇又按年月顺序编写，能完整地叙述历史事件的全过程，可补编年体、纪传体之不足。创始于南宋袁枢《通鉴纪事本末》，属"一书备诸事之本末"。继其之后有明陈邦瞻《宋史纪事本末》、清谷应泰《明史纪事本末》、晚清李有棠《辽史纪事本末》等。

【纪月法】 用来标记和计算月份的方法。我国古代有序数、地支、干支等纪月法，序数纪月即通过数字序列来记载月份，如一月、二月等。地支纪月即用十二地支分别对应十二个月，地支通常会加上"建"字，如"建子之月"，这种方法在古代天文学中有所应用。干支纪月以十天干同十二地支依次相配，成甲子、乙丑、丙寅、丁卯……，共六十组，一组对应一个月，五年为一周，周而复始。

【纪传体】 传，zhuàn。我国传统史书体裁。以人物传记为中心，叙述当时的史实，因以纪、传为主体而得名。司马迁的《史记》是我国第一部纪传体史书，后历代所修正史，基本上采用这种体例。

【既生霸】 既，已经。霸，pò，通"魄"，月初出或将没时的微光。古人通过观察月相变化来划分月份和日子，既生霸代表月亮圆面已经开始出现但未完全饱满的状态，为农历的初八至

十五。

【既死霸】既，已经。霸，pò，通"魄"，月初出或将没时的微光。古人通过观察月相变化来划分月份和日子，既死霸代表月亮从圆满状态开始逐渐亏缺的状态，为农历的二十三至下月初一。

【偈】jì。"偈陀"的简称。"偈陀"在梵文里是"颂"的意思。指佛经中的唱词。

【祭酒】官名。汉时置博士祭酒，为五经博士之首。西晋改设国子祭酒，隋唐以后称国子监祭酒，为国子监的主管官。

【祭祀】祭神或祀祖。指摆设供品向神佛或祖先行礼，表示崇敬并求保佑赐福。

【祭坛】古时祭祀或祭奠所用的台。也称祭台。祭坛上的每一等级祀礼的祭品、仪仗舞乐和建筑样式都有严格规定。我国著名的祭坛有天坛、地坛、祈谷坛、先农坛等。也指宗教祈祷用的台。

【祭田】出产以供祭祀费用的田地。也称祀田、香火田。唐宋以来多为民间乡里及宗族所置公产，以为祠祭之用。明朝赐孔子后裔祭田二千余顷，分五屯四厂十八官庄，佃户数百家，以祭孔子。清朝规定此类免赋。

【祭文】文体名。祭祀或祭奠时诵读的表示哀悼或祷祝称颂的文章。祭文内容通常有祈祷雨晴、驱逐邪魅、干求福降、哀悼死亡等，以哀悼死亡为主。体裁有散文、韵文、骈文等。韵文中以四言为正体。唐韩愈《祭十二郎文》是为其侄十二郎所写的祭文，被誉为祭文中"千年绝调"。

【寄庄】古代私人或寺庙等在外地或借外地人名义在本籍置办的田庄。始于唐，官员多于任所置田庄。宋以来渐多，明清尤为普遍，富户为逃避差徭，多在他处买田立庄。田庄主以此规避本籍的财产统计和赋役征收，另有把田地伪报在他人名下的"诡寄"、分摊到各户名下的"飞洒"等规避手段。

【稷】①一种古老的农作物，具体所指不详，后世有高粱、粟、黍等不同说法。②稷在上古时代农业生产中占重要地位，被尊为"五谷之长"，奉为谷神，与土地神（社）一起得到人们的供奉和祭祀，"社稷"遂成为国家的代称。

【稷下】古地名。战国时期齐国都城临淄稷门附近地区。位于今山东淄博临淄区西北。齐宣王继其祖桓公、父威王在此扩建学宫，广招文学游说之士数千人，任其讲学议论，并赐淳于髡、邹衍、田骈、接子、慎到、宋钘、尹文、环渊、田巴、鲁仲连和荀况等七十六人列第，为上大夫，因学宫位置靠近稷山之下，故这些学者又被誉为"稷下学士"。因学宫汇集了道、法、儒、名、兵、农、阴阳等百家之学，成为各学派汇集的中心，逐渐形成具有一定倾向的学派，又被称为稷下学派、稷下学，其中以黄老思想居于主导地位。齐襄王以后，学宫逐渐衰微。

【罽】jì。古代西部少数民族地区生产的一种染色毡类的毛织品，即用兽的细毛纺织成的毡布。汉代即有此类织物，价格高昂。

【加耗】以损耗名义在赋税原额外加收

J

的份额。历代多由纳税者担负。五代以来始称此，称量有升斗耗，存储有仓场耗、雀鼠耗，运输有漂没耗，熔铸银两有火耗。

【加役流】 加服劳役的流刑。唐太宗时始增设加役流，用来取代断趾等肉刑，后常以流三千里、劳役三年作为死刑的减刑。此刑是唐代最严厉的流放，相当于死刑减刑。如唐代李白曾因李璘谋乱失败而受牵连，成为"谋反"案从犯，被处以加役流。

【夹毂】 毂，gǔ。南朝亲王的卫队。出行时夹于王车两侧警卫。也称夹毂队。

【枷杻】 杻，chǒu。古代两种刑具名。枷，古代套在犯人颈项上的木制刑具。杻，手铐。北魏到隋代，已广泛使用枷杻，沿用到清代。不同时期，枷杻的大小规格不一。针对犯罪轻重的不同，重量也各有差别。

【枷号】 枷，古代套在犯人颈项上的木制刑具。将木枷套在犯人颈上，并写明所犯的罪状，令其示众。既是对犯人的体罚，也具有羞辱性，起到威慑他人的作用。明代始创，常作为附加耻辱刑，用来惩罚有伤教化的罪犯。枷的重量和示众时长、方式都有规定，枷重、时长的会致死。清代沿用，并有增减，满人犯徒、流、充军和杂犯死罪，可用"枷号"抵折。

【家臣】 春秋时各国卿大夫的臣属。卿大夫的宗族与政权组织称"家"，总管叫"宰"，宰下又设司徒、司马、工正、马正等官职。担任这些官职的，总称为"家臣"。家臣不世袭，由卿大夫任免。规定家臣要效忠于卿大夫，不得越级。后也泛指诸侯、王公的私臣。

【家谱】 以表谱形式，记载家族的世系繁衍及重要人物事迹的书。也称族谱、宗谱、氏谱、世谱。体例源于《世本》，兴起于南北朝，历代相沿。家谱是记录宗法制度的重要载体，也是维系我国宗法制度的一种手段。通过家谱可以寻根，既体现文化认同，又可以看到百姓的家族变迁。其所保存的珍贵资料对学术研究有重要的价值。据说，孔氏族谱是我国历史上延续时间最长、包罗内容最丰富、谱系最完整的族谱。后也用来借称家世。

【家业钱】 宋朝划分户等的主要依据。也称产钱、产业钱、家产钱、家业贯百，或称物力、家力、家治。包括田亩等常产和浮财两类。田亩物力也称实业物力，据田地的顷亩肥瘠折算。桑功、耕畜、家具、屋宇等服食器用之物，计入浮财物力。在我国传统文化中，家业钱被视为家族延续和发展的重要基础，也是家族成员之间相互扶持的重要来源。

【箝】 jiā。传统管乐器。双簧气鸣乐器。有两种形制：一为竹制，无侧孔。另一为木制，有三个侧指孔。因胡人卷芦叶吹之以作乐，故也称胡箝、芦箝。后用芦苇制成哨子，装在木制无按孔的管上吹奏，与乐器相和。另有以竹或羊角做管身者。汉时流行于塞北和西域一带。传说为春秋时李伯阳避乱西戎时所造，汉张骞从西域传入，发音悲凉。后形制递变，名称各异。魏晋以后以箝、笛为军乐，入仪仗队。为汉魏鼓吹乐中的主要乐器。清代有箝吹乐，形制有三孔，木制，两端弯曲。

【袈裟】 僧人的法衣。梵语音译。意为

"坏色"，即颜色不正之色。因袈裟不得使用青、黄、白、赤、黑等正色，只能用近似黑色的布料，故也称缁衣。又因制作方法是把布料裁成小块，再拼接缝合成一整块，类似田地，故也称福田衣。样式有三种，其一为僧伽梨，是用九至十五块布片缝合而成，即大衣；其二为郁多罗僧，是用七块布片缝合而成，即上衣；其三是安陀会，是用五块布片缝合而成，即内衣。合称"三衣"，总称"支伐罗"。

【**跏趺**】jiāfū。即"结跏趺坐"。佛教信徒修禅时双足交叠的坐姿。分全跏坐和半跏坐两种。全跏坐将双足交叉置于左右大腿上，半跏坐则单以右足置于左大腿上，或单以左足置于右大腿上。佛教认为这样的坐姿可助修行者减少妄念，集中精力。

【**嘉定和议**】　南宋宁宗嘉定元年（1208）与金订立的和约。开禧北伐失败后，金人要求惩办战争祸首，主和派礼部侍郎史弥远等杀死韩侂胄，函其首送给金人。南宋与金再度议和。南宋对金由叔侄之国降格为伯侄之国，岁币增至银、绢各三十万两、匹，另给金犒军钱三百万贯，用三百万缗钱赎回淮、陕两地。此后的六七年间，双方大致维持了和平。

【**嘉定三屠**】　清顺治二年（1645），清军对江南重镇嘉定（今上海嘉定）的三次屠城暴行。清朝颁布剃发令，嘉定民众及南明余部三次起义反抗，第一次在农历七月四日，侯峒曾领导的义兵失败，城破后死难两万余人。第二次在七月二十六日，清军镇压城外葛隆镇、外冈镇乡兵，大肆屠杀。第三次在七月二十七日，朱瑛领导的义

兵失败，嘉定城再被攻破。

【**嘉礼**】　古代五礼之一。用于饮宴、婚、冠、贺庆等联络感情、亲睦人际关系的相关礼仪。内容比较丰富，如君主登基、册立皇太子、天子纳后妃、太子纳妃、策拜王侯、节日受朝贺、公侯大夫士婚礼、冠礼、宴飨、乡饮酒、贺庆等。其中婚礼、冠礼是嘉礼中的重要典礼。后世特指婚礼。

【**嘉峪关**】　明长城西端关口，位于今甘肃嘉峪关嘉峪山西麓，是古代重要的交通要冲和军事重镇。依山而建，地势高险，关体呈梯形，周长 733 米，高 11.7 米。垛墙高 1.7 米，城四隅有角楼，东西城垣开门，均筑瓮城。号称"天下第一雄关"。关城西面城垣门额刻有"嘉峪关"三字，城外有文昌阁、关帝庙，周边有黑山石刻画像、魏晋壁画墓、堡垒烽台等古迹。

【**郏鄏**】　Jiárǔ。古代地名。西周时东都雒邑的别称。成王时周公所筑，自周平王以后的十二位天子皆以此处为都城，春秋时期称为王城。因城北有郏山而得名。

【**甲榜**】　元明以来称进士为甲榜。殿试进士合格后公布名次的皇榜，分为一、二、三甲三等录名放榜，故称。也称金榜，多由皇帝点定，俗称皇榜。

【**甲骨文**】　汉字字体之一。商周时期，刻记在龟甲兽骨上的文字。因用刀契刻而成，故也称契文。又因出土于河南安阳小屯村殷墟，又称殷墟文字。内容主要包括商代和西周早期的卜辞、铭记、典籍等，涵盖了多个领域，反映了我国古代先民们的社会生活、思想观念、文化传统等方面的状况。迄今为止我国发现的年代最早的成熟

文字系统，是汉字的源头和中华优秀传统文化的根脉。其基本字形结构与后世汉字一致，是汉字的较早书体。

【甲科】 汉代考试录用官吏的等级。汉时课士分甲、乙、丙三科，其高等为甲科。唐代明经有甲、乙、丙、丁四科，进士有甲、乙两科。明清时通称进士为"甲科"，举人为"乙科"，"甲"字逐渐成为进士考试中的最高荣誉象征。省试之后集中京师会试，会试中试后再行殿试，以定甲第。殿试后分为三甲，一甲赐进士及第，状元、榜眼、探花分别为一甲的第一、二、三名。

【甲喇】 八旗中层编制单位。满语音译，也称札兰。努尔哈赤创建八旗制度后，一甲喇约包括五个牛录，其长称甲喇额真，后称甲喇章京，入关后改名参领。

【甲申之变】 李自成率军攻入北京，推翻明王朝，随后清军入关的事件。因此年为甲申年得名。崇祯十七年（1644），李自成率领的农民军攻克了明朝的都城北京，建国大顺，标志着大明王朝的覆灭。不久，清军入关南下，迅速摧毁了起义军的大顺政权，以及江南的明朝残余势力，从此明清易代，政权更迭，也引发了巨大的社会变革。

【甲士】 披甲的战士。西周一辆战车（一乘）有甲士三人，中为御，左为持弓矢的车左或甲首，右为持戈矛的车右或骖乘，是作战主力的基层军官。后世泛指披甲的精锐士兵。

【甲午战争】 公元1894—1895年日本发动的侵略中国和朝鲜的战争。因战争爆发的1894年为甲午年，故称。也称中日甲午战争。日本首先侵占朝鲜全境，又在黄海海战中取得制海权，最后占领辽东半岛。这场战争以中国战败、北洋水师全军覆没告终。清朝政府被迫签订了丧权辱国的《马关条约》。战争进一步将中国推向半殖民地半封建社会的深渊。日本则国力更为强大，得以跻身列强。

【甲子】 甲居十天干首位，子居十二地支首位，用十天干与十二地支依次相配，成甲子、乙丑、丙寅、丁卯……，可得六十组，这六十组，从第一组"甲子"递配到第六十组"癸亥"为甲子一周，称"六十甲子""甲子"。主要用于纪年和纪日。六十甲子周而复始，循环不止，沿用至今。也以甲子代称岁月、年岁。

【甲子科】 公元213年，曹操制定的一部刑法。"科"是汉代以来法规的称呼，"甲子"可能是以这部刑法颁行的日期命名。以"治定之化，以礼为首，拨乱之政，以刑为先"为立法思想，并将汉律的量刑标准减半。后被魏明帝时新定的《新律》替代。

【甲卒】 披铠甲的步兵。汉时为郡国主要兵种，由郡尉典领。东汉初罢撤，唯西北诸郡仍有。后世以此泛指带甲步兵。

【贾岛】 （779—843）唐代诗人。字浪仙，一作"阆仙"，范阳（今河北涿州）人。家境贫寒，曾出家为僧，法名无本，后还俗。曾于京师骑驴吟诗，至"僧推月下门""僧敲月下门"二句犹豫不决，引手作推敲状，不觉冲撞京兆尹韩愈。后因谓斟酌字句、反复考虑为"推敲"。唐文宗时谪作长江主簿，世称贾长江。其诗喜写荒凉枯寂之境，颇多寒苦之辞，注重词句锤炼，刻苦求工。与孟郊齐名，人称"郊寒岛瘦"。有《长江集》。

【贾思勰】 勰，xié。南北朝时期北魏农学家。齐郡益都（今山东寿光南）人。曾任高阳郡（今河北高阳）太守。关心农事，他以搜集到的文献资料，访问老农和观察、试验所得，写成《齐民要术》。

【贾谊】 （前200—前168）西汉政论家、文学家。洛阳（今属河南）人。少有博学能文之誉，文帝初召为博士。不久迁太中大夫，深受文帝赏识。为大臣周勃、灌婴等排挤，贬为长沙王太傅。后为梁怀王太傅。怀王堕马死，贾谊自伤不已，一年多后去世，仅33岁。政治上主张削弱诸侯王势力，巩固中央集权。所著政论文有《陈政事疏》《论积贮疏》《过秦论》等，议论深刻，分析透彻，对后世政论文的发展有重要影响。辞赋作品有《吊屈原赋》《鹏鸟赋》等。有《贾谊集》。

【假父】 即义父。如战国末秦国嫪毐因与秦始皇母私通，而自称是秦始皇的假父。

【假黄钺】 假，授以代理官职。钺，yuè。黄钺，饰以黄金的长柄斧子，本用于天子仪仗，也用于征伐。三国时，特赐于出征重臣，以示威重，代表皇帝亲征的意思。魏文帝黄初三年（222）亲征孙权，以曹休为征东大将军，假黄钺。其后相沿成制。隋为荣誉称号。

【假民公田】 汉代实行的一项土地政策，即官府将公田（国有土地）租借给农民耕种。接受假田的对象有流民、贫民、无田者。遇到灾荒时，官府还会把国有的荒地和苑囿，以及山川林泽租借给流民进行生产。接受假田的人，前三五年可以免除租税，几年后，向国家缴纳假税。

【假母】 ①继母。如孔子的学生闵子骞的母亲去世，父亲续娶，继母虐待子骞。子骞反为继母求情，后继母对待子骞如同己出。闵子骞的大孝广为流传，武氏祠画像石中有题记：闵子骞与假母居。一说，也指父亲的旁妻，即庶母。②开设妓院的妇女，即鸨母。如《桃花扇》中李贞丽是明末秦淮名妓，是李香君的假母。

【斝】 jiǎ。古代酒器。多为青铜制造，形制似爵而略大。一鋬，两柱，三足。盛行于商代至西周早期。后也指饮器。《红楼梦》中妙玉请宝玉、黛玉喝茶，妙玉拿出两只杯子，其中一只杯上镌刻着"瓟斝"三个隶字。

【间架税】 唐后期征收的房屋税。始于建中四年（783）。按照百姓的房产占地面积、修筑年代以及房屋质量的好坏分等征收。房产越多，税就越多；房子越好，税就越重。间架税只对长安征收，大约半年就停止了。是我国房产税历史的开端。

【肩舆】 俗称"轿子"。因是用人肩膀抬着的"舆"，故名。其产生时期较早。相传大禹治水时即有。早期形制简陋，以竹制成，类似于今川渝地区之滑竿。后经不断改进，椅上下四周增了覆盖遮蔽物，能挡风雨，也使乘坐之人有了相对私密的空间，乘坐更具舒适感。唐宋以来，非常盛行。其形制大小不一，既有二人抬的小轿，也有多人抬的大轿，均以质地坚韧的木料及竹、藤等制成。明清时，其种类更为丰富，样式和抬轿人数因其种类而异。皇家有步舆、凤舆、仪舆、翟舆等，官轿分八抬和四抬，且从轿顶形制、用材可体现乘坐之人的社会等级。民间最常见的，则是花轿或绿檐黑帷的小轿。

【监察御史】 古代官名。秦以御史监理诸郡，汉罢其名，至晋太元中置检校御史，北魏、北齐、北周因之。隋改检校御史为监察御史，"监察御史"之称始于此，掌出使巡察州县，隶御史台。唐制，监察御史隶御史台察院，掌分察百官、巡抚州县狱讼、祭祀及监诸军出使等。后代皆因之。

【监国】 储君或大臣代国君监理国事。始于商周，春秋时国君缺位或外出，或由储君及宗室重要人物临时代行君权，后世沿此成制。北朝以来太子受诏管理政务，称太子监国，唐、明等朝也有此制。也有以诸王监国的，如五代后唐明宗李嗣源、南明弘光帝朱由崧未正式即位前，皆称监国。南明鲁王（朱以海）在浙东称监国。清末溥仪即位年幼，由父醇亲王载沣摄政，也称监国。

【监候】 明清对判处死刑的犯人暂行监禁，使等候，待秋审、朝审复核后再行裁定的制度。与"立决"相对。明代法律规定，凡刑狱重犯，如大逆、大盗这类决不待时外，其余死刑监候处决。清代法律规定，嫡孙、众孙殴伤庶祖母者，照殴伤庶母例减一等科断，至死者判绞监候，谋故杀者，拟斩监候，秋审后按会审结果酌情办理。

【监军】 古代官名。监督军队的官员，代表朝廷协理军务，督察将帅。汉武帝置监军使者。东汉魏晋皆有，省称监军，也称监军事。又有军师、军司，皆为监军之职。隋末或以御史监军事。唐玄宗始以宦官为监军。明以御史为监军，专掌功罪、赏罚的稽核。清废。

【监司】 古代官名或官署名统称。汉、晋、南北朝时指刺史、侍御史及尚书左、右丞等有监察权的官员。宋代诸路转运使、提点刑狱司、提举常平司等，有监察各州官吏的责任，故也称监司。元代廉访使、明代按察使因掌管监察，也称监司。清代称督察府州县的高级官员，如布政使、按察使等为监司。

【监战】 金及蒙元监督战事和指挥军队的官员。金朝时期，随着都城迁至汴京（今河南开封），皇权加强，为了确保对军队的有效控制，皇室会派遣"奉御"之官到军中担任监战，以监督将帅的军事行动。元初曾设监战万户，后废。

【兼爱】 墨家学派的主张。即一种以人人平等、没有任何区别地相亲相爱为特征的爱人原则。认为爱人当"兼"而不"别"，不分尊卑上下、不分亲疏远近，做到"爱无差等"。这样就能避免国与国、家与家、人与人相互攻伐、篡夺，实现天下和谐。这是墨家针对儒家"亲亲有术，尊贤有等"的宗法等级制度而提出的。后期墨家进一步发展为"爱人，待周爱人，而后为爱人"，将"兼爱"推衍为具有博爱倾向的"周爱人"或"尽爱人"。

【兼祧】 祧，tiāo，承继为后嗣。宗法制度下一个男子同时继承两家宗祧的习俗。兼祧人不脱离原来家庭，兼做他人的嗣子，故俗称"一子顶两门"。清乾隆年间特制此条例。

【缣】jiān。一种质地非常细密且以双丝制造而成的丝绢，略带黄色。因其品质与织造成本较高且颜色丰富，故汉代以来常被用来作为赏赐、酬谢或交易的物品，也用作书写和绘画的材料。

【检讨】古代官名。唐代始置。宋有史馆检讨。明时始属翰林院，位次于编修，与修撰、编修同谓之史官。以职掌修国史，故俗称"太史"。清因之，多由庶吉士之留馆者为翰林院检讨。

【剪纸】民间工艺美术的一种。一般指用剪刀将纸剪成各种图案作为装饰。早在汉唐时代，民间妇女即有用金银箔和彩帛剪成方胜、花鸟贴在鬓角作饰的风尚。所剪图案有动物、植物、人物、戏曲故事等。根据不同的用途，有各种名称：贴在窗户上的称"窗花"，贴在门楣上的称"门签"，用于喜庆礼品的称"喜花"，也有作为礼品装饰或刺绣花样之用的。其特点是构图单纯、造型洗练、轮廓分明、富有情趣。蔚县剪纸、扬州剪纸、佛山剪纸、安塞剪纸等都很有名。

【铜】jiǎn。一种传统的冷兵器，形状像鞭，长而无刃，有三棱或四棱，上端略小，下端有柄。在文学作品中，铜有着象征意义，如在《说唐演义全传》中的"杀手铜"，它不仅是一种钝器，还象征着能够击破敌人防御的决定性力量。历史上名将有使用铜的，如唐朝的秦琼使用翻天铜，宋朝岳飞使用四刃铁铜。

【建安风骨】汉魏之际曹操父子和建安七子等人诗文的刚健遒劲的风格。因其时为汉献帝建安年间得名。刘勰《文心雕龙》和钟嵘《诗品》都十分推崇建安时期的文风。李白有"蓬莱文章建安骨"的诗句。

【建安七子】汉末建安时期孔融、陈琳、王粲、徐幹、阮瑀、应场和刘桢七人，同时以文学齐名，为建安文学的重要代表人物。因其作品的题材、风格、成就相近，曹丕在《典论·论文》中曾以此七人并举，且予赞扬，后世因称为"建安七子"。又以同居邺中，也称邺中七子。

【建炎中兴】公元1127年北宋灭亡后，赵构建立南宋之举。1126年金围开封，宋徽宗第九子赵构出城议和，不久奉诏为河北兵马元帅。靖康之变后，赵构即帝位于南京应天府（今河南商丘），改元建炎，以此延续了皇统和法统，国号仍定为"宋"，史称"南宋"。逐渐在东南巩固了统治，故被视为宋朝中兴。

【建窑】古代名窑。也称建阳窑。窑址在今福建南平建阳区水吉镇。始于晚唐五代，盛于宋，衰于元。因出产乌金釉器，又称乌泥窑。其乌金釉器不但胎质极薄，釉色漆黑，而且在光亮的黑色中显出银色的白波纹。所制器型以茶盏最多，当时文学家苏轼、黄庭坚等都盛加称赏。一度也为宫廷烧制，其盏底皆刻有"供御"等字样。

【剑】兵器。首见于商代，初行于西周，盛行于春秋战国时期。春秋战国时名剑很多，如干将、莫邪、龙泉、太阿、纯钧、湛卢、鱼肠、巨阙等，都被世人所称道。商代、西周至战国初期，为青铜剑。战国中后期，出现了铸铁剑。秦汉以后，剑体甚长，剑格加大，剑体为钢甚至弹簧钢。在古代，剑不仅是一种防身武器，还是一种显示持有者社会地位的物品。

【剑阁】 ①剑阁道，古栈道名。在今四川剑阁县东北大剑山、小剑山之间。栈道长三里，在峭岩陡壁上凿孔架桥连阁而成，这种修建方法始于战国，是古代交通史上的奇迹。相传为诸葛亮主持修建，是连通川陕的要道，也是兵家戍守重地。唐代于此设立剑门关。②剑阁县，三国时蜀设置，唐代在此设剑门县。位于今四川剑阁县东北。

【剑门关】 古关名。位于四川剑阁县的剑门山。剑门山古称梁山、高梁山。有剑门七十二峰，峭壁中断，两崖相对如门，因此称为"剑门"。武周圣历中，置剑门县，并置剑门关。关口山势险要巍峨，极为雄壮。此关既是通往蜀地的重要通道，也是易守难攻的古代军事戍守要地。三国时期，蜀国将领姜维退屯以拒钟会的历史事件就发生在此地。

【剑南】 唐代初年设立的剑南道之地。因为地处剑门关以南，故名。唐玄宗时，又设剑南节度使管理军政。其范围大致包括自今甘肃南部至云南以南地区，西与吐蕃接界，东至四川东部及贵州西部。德宗时，改为剑南东川、剑南西川节度分而治之，又囊括了川东十二州。后世多以此泛指四川及其以南地区。

【监】 jiàn。宋代的地方行政区划名。始于五代。设置在坑冶、铸钱、牧马、产盐等地。分两种，一与府、州同级，隶属于路；一与县同级，隶属于府、州。

【监生】 监，jiàn。在国子监就读之学

生的统称。初由学政考取，或由皇帝特许。其名始于唐。明设国子监，令各地择诸生学行优者，送国子监学；举人会试不第，亦得入国子监。入学者，生员入监读书的称"贡监"，官僚子弟入监的称"荫监"，举人入监的称"举监"，捐资入监的称"例监"。至景泰中始开纳粟入监之例。清代监生有恩监、荫监、优监、例监之别。乾隆以后监生，多指由捐纳而得，并不入监就读。光绪三十一年（1905）立学部，废国子监，监生之名遂废。

【健儿】 唐代的职业雇佣兵，属于募兵制的兵种。也称官健、长征健儿。始于唐玄宗时，因其壮健，须长年戍边、征战，故名。终身免役，允许家口随军，田地、屋宅、装备由官府提供。安史之乱后常由藩镇自募，往往父死子继，世代为兵，形成地方军人集团。

【渐丁军】 元时具有预备役性质的童子军。元代早期全民皆兵，孩童稍长后就会被编入军队，作为军力储备的一部分，成人后即成为正规兵士。

【渐悟】 佛家一种修行方式。与"顿悟"相对。佛教认为，芸芸众生皆备佛性，但是因为世间障碍甚多，故必须渐次修行，心明累尽，才能领悟佛的真谛，最终达到"佛"的境界。

【谏议大夫】 古代官名。专掌议论。秦代设大夫，有谏议大夫、太中大夫、中大夫、谏大夫等各类官称，无定员，多至数十人，属郎中令。后代多置，名称职掌或有不同。后又分为左谏议大夫、右谏议大夫，分属门下省、中书省。明初亦置，不久又废。如唐代魏徵曾担任谏议大夫。其直言进谏，辅佐唐太宗共同创建"贞观之治"的

大业，被后人誉为"一代名相"。

【**谏院**】 古代官署名。掌谏议、纠论朝政得失的机构。五代始置。宋初由门下省析置，以分隶门下、中书的左、右谏议大夫、司谏、正言为谏官。可对大臣及百官的任用、政府各部门的措施提出意见，与主管弹劾官吏的御史台并称"台谏"。南宋建炎三年（1129）诏令谏官不再分隶门下、中书两省，另立官署。辽代设左、右谏院，分隶中书、门下。金设谏院，不隶三省。明初设，后罢，以其职归六科。司马光曾于嘉祐六年（1061）迁起居舍人同知谏院，嘉祐八年（1063）在《谏院题名记》中阐述了谏官的重大责任以及谏官应有的品德。

【**践土之盟**】 公元前632年，晋文公在践土（今河南原阳西南）大会诸侯，确立霸主地位的会盟。此次会盟由晋文公发起，参加会盟的包括晋、鲁、齐、宋、蔡、郑、卫等国，他们共同推举晋文公为盟主。周襄王也派出代表参加了此次会盟。"践土之盟"与齐桓公的"葵丘之盟"相距二十年，标志着春秋时期第二位霸主产生。

【**践祚**】 祚，zuò。也作"践阼"。古代的庙寝堂前有两个台阶，主阶在东，称为阼阶，阼阶上为主位。践祚原意是指走上阼阶主位的动作，后来被引申为帝王即位或登基。

【**鉴湖**】 湖泊名。汉代时环湖筑塘，用作农田水利灌溉。在今浙江绍兴西南。也称镜湖。宋代后湖水面积逐渐缩小，成为绍兴当地的一处风景名胜。宋代陆游因喜爱黄庭坚《登快阁》之诗，曾在鉴湖边建居，并名之以"快阁"。后"鉴湖"成为绍兴的别称。我

国民主革命烈士秋瑾是绍兴人，自号"鉴湖女侠"。

【**鉴真**】 （688—763）唐高僧。也称唐大和尚、过海大师、盲圣。俗姓淳于，广陵江阳县（今江苏扬州）人。日本律宗始祖。十四岁在故乡大云寺出家，后到长安、洛阳学习佛学，学成后回乡住持扬州大明寺。天宝元年（742）应日本僧人荣叡、普照等邀请东渡日本，五次东渡，因遭官府阻拦或遇飓风皆未能成功，其间双目失明，荣叡身亡。天宝十二载（753），日本遣唐使藤原清河等人抵达扬州，再次邀请鉴真前往日本传法，于天宝十三载（754）第六次东渡，终获成功。鉴真一行到达日本，受到各界人士欢迎，日本朝廷极其尊重鉴真，授以各种名位。第二年，在奈良东大寺建戒坛，传授戒法，为日本佛教徒登坛受戒之始。鉴真卒于日本。鉴真东渡，除传播佛教外，同时在日本传播了盛唐文化，在建筑、雕塑、医药、书法、印刷、语言和文学等领域，对日本文化产生了巨大的影响，为中日两国文化交流做出了卓越贡献。著有《鉴真上人秘方》。

【**槛车**】 槛，jiàn。古代装有栅栏的车，用于囚禁犯人或装运野兽。如春秋时，鲁国曾用槛车将管仲押送到齐国。

【**僭越**】 僭，jiàn，超越本分。古代指社会身份较低者擅自使用高等级阶层礼仪的行为。春秋战国时期，诸侯用天子之礼，大夫用诸侯之礼，导致礼崩乐坏。如春秋时孔子认为季氏使用天子所用的乐舞八佾是僭越。

【**江**】 初专指长江。我国第一大河。上源为出自青海唐古拉山脉格拉丹东峰

的沱沱河，由上至下，分不同江段，被称为通天河、金沙江、川江、荆江、扬子江。全长 6300 千米，流经青海、西藏、四川、云南、重庆、湖北、湖南、江西、安徽、江苏等多个省市、自治区，在上海市汇入东海。长江水量丰沛，流域面积广阔，中下游湖泊众多，自古对农业灌溉、交通运输起到至关重要的作用，长江流域也因此成为中华民族早期人类生存、演化的重要地区。新旧石器时代人类活动的遗迹遍布长江流域。大量古建筑、墓葬、石刻、造像充分反映了古代长江流域文化的繁荣。我国古代的文学作品，围绕长江创作的名篇佳作数不胜数，反映了长江流域政治、文化生活的活跃。后逐渐发展为江河的通称。

【江北】 长江以北地区。广义兼指长江以北各地。狭义指淮河流域，唐宋常指淮南道、路辖区，近代专指江苏长江北部一带。

【江表】 长江以南地区。"表"是外、外面的意思。古人以中原为中心看江南之地，在长江以外，故称"江表"。赤壁之战中，鲁肃对刘备说道："（孙权）聪明仁惠，敬贤礼士，江表英豪，咸归附之。"

【江东】 长江下游自芜湖至南京，水流走向是由西南向东北，故自秦汉至隋唐，把这一段的长江南岸称为江东。秦末，项羽自称与八千江东子弟渡江而西，而最终大败于刘邦，无颜面对江东父老，即此。三国时期，孙权建立吴国，定都建业（今江苏南京），当时把其统治之下的全部地区称为"江东"。因古代地理观念以左为东，以右为西，故江东也称江左，江西

也称江右。

【江南】 长江以南地区。广义可指长江以南各地，狭义多指长江中下游以南。唐初设江南道，不含长江上游以南，至开元时析之为东西道，其地大致西抵武陵，北抵澧水流域至洞庭湖以东长江河道，南抵南岭，东濒海。五代南唐曾号江南，宋朝置江南东西路，不含湖北、湖南。清曾置江南省，约相当于今江苏、安徽大部。明清狭义上指八府一州，即苏州、松江、常州、镇江、应天（清称江宁）、杭州、嘉兴、湖州府及太仓州。

【江淹】 （444—505）南朝梁文学家。字文通，济阳考城（今河南兰考东）人。少孤贫好学，早年即以文章出名。历仕宋、齐、梁三朝。梁武帝时，官至金紫光禄大夫，封醴陵侯。晚岁官高位显，才思衰退，时人谓"江郎才尽"。其诗风格清丽，多拟古之作。又有《恨赋》《别赋》，文辞精美，情调悲戚，为千古杰作。有《江文通集》。

【将军】 古代官名。高级军政官员。春秋时诸侯以卿统军，故卿通称将军。郑以詹伯为将军。晋魏舒为中军帅，也称将军。战国时始为武官名，而仍有将军之称。如赵蔺相如位上卿，廉颇称之为将军。汉置大将军、骠骑将军，位次丞相；车骑将军，卫将军，左、右、前、后将军，位次上卿；征伐时所加名号不一，如楼船将军、材官将军等，亦不常设。魏、晋、南北朝时，将军有各种不同的职权和地位，中军将军、龙骧将军等，多为临时设置而有实权；骁骑将军、游击将军等，则仅为称号。唐以后，上将军、大将军、将军，并为环卫之官及武散官。

宋元明时，多以将军为武散官，而殿廷武士也称为将军。明清时，如临时出征，置大将军、将军，事毕即罢。清时，将军为宗室爵号之一，也是驻防各地的军事长官之称。

【将作大匠】 古代官名。秦始置，称"将作少府"。汉景帝时，更名称"将作大匠"，简称"将作""大匠"，职掌宫室、宗庙、陵寝及其他土木营建。东汉、魏、晋沿置，东晋至南朝宋、齐，有事则置，无事则省。南朝梁改为"大匠卿"，北齐称"将作寺大匠"。隋改为"将作监大监"，并置副监。唐龙朔年间改为缮工监，光宅年间改为营缮监；神龙年间复为将作监，置大匠、少匠。宋又称为监、少监。元代设将作院院使，掌管金、玉、犀角、象牙、各种服饰及织造、刺绣等手工艺品的制作。职务已不同。明初设将作司卿，不久废，其职掌并入工部。

【姜夔】 （约1155—1209）南宋词人、音乐家。字尧章，号石帚，饶州鄱阳（今属江西）人。又因所居临近吴兴（今浙江湖州）苕溪之白石洞天，人称白石道人。一生不仕，往来于大江南北，遍游湘、鄂、江、浙一带的秀丽山水，与陆游、范成大、杨万里、辛弃疾、叶适等都有唱和交游。词重格律，喜自创新调，音节谐美，风格清雅，上承周邦彦，下开张炎一派，为宋代文人词"格律派"代表作家。现存他自注工尺旁谱的词17首，是研究宋词乐谱的重要资料，在音乐史上也极有价值。有《白石道人诗集》《白石道人歌曲》等传世。

【浆】 一种古代饮料。据文献记载，是供周王饮用的"水、浆、醴、凉、医、酏"六种饮料中的一种。有人认为是酒精度数非常低的淡酒，即醪糟。春秋开始，即有以卖浆为生者。后也指比较浓的汁液，如豆浆、血浆等。

【讲史】 宋元"说话"的一种。讲说历代兴废和战争之事，同后世之评书、评话关系密切。其话本多用浅近文言。

【讲约】 清朝各地官府召集士民宣讲"圣谕"及律条的制度。常在农历每月初一、十五日举行，参加者是本地的文武官员及绅民。

【匠班银】 明中期至清初官府向工匠征收的代役银。始于唐明资匠之制，自后名称不一，明成化二十一年（1485）初行匠班银制度，轮班工匠有愿出银价者，每名每月南匠出银九钱，免赴京；所司类货勘合，赴部批工。北匠出银六钱，到部随即批放。不愿者仍旧当班。嘉靖四十一年（1562）通改征银，并不许私自赴部当班。清初废除匠籍，各地匠班银陆续并入田赋征收。摊丁入亩后废。

【降服】 古代丧服制度。指降低一等规格服丧。如已出嗣为他人之后者，为亲生父母服丧等级由三年之服降为一年。也泛指从简治丧，缩短丧期。

【将兵法】 将，jiàng。北宋王安石推动的兵制改革措施。也称置将法。王安石变法时旨在加强兵、将协同的军事改革。即调整禁军编制和管理，加强军事训练，使平时率兵数千至一万的将领，可成建制纳入战时指挥系统，以克服更成法下兵不知将、将不识兵之弊，显著提高了战斗力。还通过裁减冗兵和加强训练等措施，提高了军队的效率和战斗力。这项改革对于北宋的军事和财政状况产生了深远的影响。北宋末年，军政腐败，缺额大增，将兵法仅存形式。

【交拜】①婚礼仪式之一。指举行婚礼时，新婚夫妇面对面相拜。唐代已有此礼，后世因之。②古人相见时的一种礼节，即相对而拜。

【交钞】金元纸钞的统称。交易时用之，故名。金贞元二年（1154），因国内铜少，仿宋交子成法开始发行。分大小两类。大钞有一贯、二贯、三贯、五贯、十贯五种；小钞有一百文、二百文、三百文、五百文、七百文五种。以七年为限，到期以旧换新。大定二十九年（1189）取消七年厘革制度。因严重贬值，贞祐三年（1215）改行贞祐宝券。窝阔台汗八年（1236）也曾发行交钞。中统元年（1260）发行中统元宝交钞，使用较久。元至正十年（1350）发行至正交钞，发行后即贬值。到了元末明初，交钞已经成为了一种毫无价值的废纸。

【交椅】古代坐具。由胡床发展而来。宋代陶穀《清异录》中记载了其形制与由来，相传是唐明皇常外出巡幸，群臣伴驾，野外坐卧极为不便，故创造了这种坐具，类似今之马扎。极轻便，可折叠携带。用时展开，床足斜向相交时可站稳，其上穿绳作为床面。有的较高，可供人垂足端坐，还有的带靠背，可供人躺卧。时人也称逍遥椅。后南宋吴渊又在此基础上增设了荷叶托首，人称"太师椅"。

【交引】北宋雍熙以后，商人在京师或边郡缴纳金银、钱帛、粮草等物资，然后按值至指定场所领取现金或某些商货运销的凭证。据《宋史》记载，商人采办军粮或茶盐等物时也会用到交引。太府寺属下有交引库，掌给印出纳交引钱钞之事。按种类不同，交引可分为见钱交引、茶交引、盐交引、香药交引、矾交引等。

【交子】我国最早的纸币。出现于北宋时期的四川，是在唐代飞钱基础上发展而来的。宋初，四川使用铁钱，流通不便，部分商人联合发行了"交子"，最初的交子实际上是一种存款凭证。随着经济发展，出现了经营现金保管业务的"交子铺户"。公元1004—1007年，益州知州张咏对交子铺户进行整顿，专由十六户富商经营。宋仁宗天圣元年（1023），由官府接管，改为国家办理。朝廷在四川设交子务，作为发行交子的专门机构。交子的币面价值，最早限于一贯至十贯，数额在发放时临时填写。后来改为定额印刷，即在交子上印好一定的价值数额。交子分界发行，定期收回。所谓界，就是交子的有效使用期限，两年或三年为一界，不同时期有变化。从宋仁宗天圣元年（1023）开始，到宋徽宗大观元年（1107）为止，前后共发行了四十二界官营交子。交子的发行总额，起初受到严格控制，规定每界的发行额为一百二十五万贯，绝不滥印滥发。后来，朝廷为了弥补财政亏空，或者两界并用，或者滥印滥发，造成交子贬值。为了挽救财政危机，朝廷在大观元年（1107）将"交子务"改名为"钱引务"，从第四十三界起，将"交子"改名"钱引"。钱引取代交子后，仍作为四川纸币，分界发行，沿用到南宋。交子的流通曾扩大到四川以外地区。金天会八年（1130）刘豫政权曾发行交子。南宋绍兴五年（1135）在荆南、六年在江淮和东南发行交子，旋即废。后在两淮行交子，简称"淮交"。

【郊祀】 古代祭礼。简称郊，也称郊天。即在郊外祭天的大典。与祭地之礼合称为"郊社"。古代唯帝王才有祭天的权力。意在报答上天及宗教始祖。周代以本族始祖后稷配飨，汉代以高祖刘邦配飨。祭天的"圜丘"建于南郊。仪式是架柴燃烧"圜丘"上贡奉的牺牲玉帛。由乐官之长主乐，以降神。扫地设祭，以苍璧致礼，陶豆荐血，并用一头赤色牛犊作牺牲。天子服衮冕，玄黄二色，象征天地的颜色。历代沿袭此典礼，直至清末。今北京天坛公园的圜丘，是明清皇帝郊祀的祭坛。郊祀在每年冬至日举行。

【娇客】 ①对女婿的爱称。在岳父岳母眼里，女婿是娇贵的客人，寄托女儿一生的幸福，故名。②因芍药花妩媚多姿，故别名"娇客"。

【椒房】 汉代皇后所居的宫殿名，因用椒泥涂壁，故名。也称椒室。花椒香味浓烈且多籽，古人认为其香气可辟邪，用其拌泥土涂抹墙壁，象征温暖、芳香、多子。皇后亲属为"椒房亲"。后用来代称后妃。

【蛟】 传说中的一种龙。相传能兴风作浪，引发洪水，造成灾害。其形象似蛇而四脚，小头细颈，有白癭，大者十数围，卵如一二石瓮，能吞人。南朝宋刘义庆《世说新语》记载，义兴水中有蛟，暴犯百姓。

【焦山】 山名。位于今江苏镇江东的长江中，与金山对峙。古名为"樵山"。相传汉末隐士焦光隐遁于此，皇帝三诏不起，后化作仙人飞升。故改名为"焦山"。焦山风景秀丽，古树葱茏，远望如碧玉浮于江中，故又名"浮玉山"。山上古碑林立，其中瘗鹤铭、魏法师碑、澄鉴堂法帖为稀世珍品，有吸江楼日出、华严阁月色、别峰庵板桥读书处、三诏古洞等名胜古迹，而定慧寺古刹是佛教圣地。由于其与金山相对的特殊地理位置，焦山自古还是重要的江防要塞。南宋将领韩世忠曾在此抗击金兵。东侧山脚下的炮台则是鸦片战争时期，我国军民在长江入海口与英军殊死搏斗、保家卫国的历史见证。

【角】 ①jiǎo。古代乐器名。流行于我国西北少数民族。最早直接取材于兽角，后也用木、皮革、金属等制成。多用于军中，作为军号。辛弃疾"醉里挑灯看剑，梦回吹角连营"，即指此。②jué。古代酒器。青铜铸造。前后两尾对称。有盖。类似于爵，但无两柱。盛行于商代。后也用来指酒的单位容量。如宋代孟元老《东京梦华录》中所记载的"羊羔酒八十一文一角"。

【角黍】 黍，shǔ。即粽子。用菱叶或苇叶、竹叶包裹糯米，其中加以枣、栗、糖、豆、肉及其他佐料，扎成三角锥体等形状，煮熟后食用。早期因用黍米为原料，故称。常于端午食用，据说与纪念屈原有关。屈原于农历五月初五投江后，楚人感到非常哀痛，每年此日，他们都用竹筒装米，投入江中祭奠他。东汉初年，有个叫欧回的人，白日在江边忽遇一人，自称是屈原，告诉他："多年来，人们祭我的米都被蛟龙所吃。如果你们再祭我的话，请用楝叶塞住竹筒口，并用五彩丝缠好，这两样东西是蛟龙最害怕的。"欧回就将此事转告大家，后世竹筒装米演变为做粽子，并缠以五彩丝线。

【叫歇】 作坊工人结帮罢工。也称叫帮。清康熙、雍正以来多见于苏州等地纺织业，以此要求增加工银、改善劳动条件，作坊主常连同官府打压禁止。

【校书郎】 古代官名。西汉的兰台和东汉的东观都是藏书室，征召学士至藏书处校勘典籍，未置官。以郎充任，则称"校书郎"；以郎中充任，则称"校书郎中"。三国魏始置校书郎官职，称"秘书校书郎"，司校勘宫中所藏典籍诸事。北魏属秘书省，掌校勘书籍，订正讹误。北周及隋有校书郎。唐置八人，掌校雠典籍，后历代因之。明以后不置。

【教坊】 坊，fāng。古代官署名。掌乐舞。唐高祖于禁中置内教坊，掌教习音乐，其官隶属太常。武后如意元年（692）改为"云韶府"。玄宗开元二年（714），更置内教坊于蓬莱宫侧，京都置左右教坊二所，以教俗乐，以中官为教坊使，从此不隶属太常。后凡祭祀朝会，则用太常雅乐；岁时宴飨，则用教坊诸部乐。宋元也置教坊，明置教坊司，隶属礼部。清雍正时废。

【教会】 基督教各派组织形式的统称。可指其整个组织（如天主教会、正教会、新教各宗派的教会），也可单指某一个国家、地区或教堂的组织。

【教士】 基督教将神职人员的权力、职分分三个品级，即主教、教士、执事（辅祭）。也称三级神品（圣品）制。其中第二级即为"教士"。其在

天主教制度里译为司铎（神父），正教译为司祭，在实行主教制的新教教派中也译作牧师。另也时常作为宗教教职人员的通称。

【教授】 学官名。汉唐置博士，教育诸生，即后世教授之职。宋制，诸路州军立学，置教授，负责教诲所属生员，并掌管课试之事。各王府也置教授之官，为教授名官之始。元诸路州府儒学，都设教授。明清时的府学也置教授，州学设学正，县学设教谕，各以训导为副职。

【教主】 某一种宗教的创立者或地位最高者。《方广大庄严经》中记载，能随应阐述佛法，教化众生，超越生死之人，称为教主。另宋代将被废黜入道的皇后，也称为教主。如宋仁宗郭皇后被废后称为"金庭教主"。

【阶】 ①古代大型建筑物，如宫殿、庙堂等一般建在较高的台基之上，通往台基上的踏步，称为台阶，简称阶。②唐代把隋代散官官号加以整理和补充，重新规定品级，作为标志官员身份级别的称号，称为"阶"，通称为"阶官"。宋元明清都有阶官，名称和品级不尽相同。

【阶级法】 以严刑峻法确保下级服从上级的军法。始于五代，确立于宋太祖时，即划定军官等级和相应的权任，在此基础上严明军纪，使上级握有对下级的生杀大权，以纠正晚唐以来骄兵悍将动辄抗上的局面，确保军事指挥系统的正常运转。

【嗟来之食】 《礼记》记载，春秋时，齐国闹饥荒，富商黔敖向路边饥民施舍食物。一饥民步履蹒跚，两眼无神地走来，黔敖说道："嗟，来食！"饥

民不为所动，说道："我就是因为不堪受嗟来之食，才沦落到此地步的。"说罢转身离开，黔敖赶上前去道歉，但饥民依然拒绝接受黔敖的食物，最终饿死。后人用"嗟来之食"比喻带有轻蔑性的施舍。

【街亭之役】 公元228年，诸葛亮北伐与魏军在街亭（今甘肃张家川西北）进行的战役。蜀汉建兴六年（228）诸葛亮首次北伐攻魏，亲率大军从西路进攻祁山，天水、南安、安定三郡皆叛魏应蜀。魏明帝遣右将军张郃率兵马步骑五万拒亮，并亲至长安督战。诸葛亮安排马谡领导诸军，与张郃战于街亭。马谡舍水上山，不下据城，裨将军王平屡谏不听。张郃绝断汲道，马谡大败逃跑。诸葛亮退还汉中，挥泪斩马谡，上疏请自贬三等。后主以诸葛亮为右将军，行丞相事。

【节度使】 古代官名。古代地方最高军政长官。因受职之时，朝廷赐以旌节，节是当时一种全权印信，受有此全权印信者，便可全权调度，故称"节度使"。唐代驻守各道的武将称"都督"，都督带使持节的称"节度使"。不带节者不称。节度使封郡王，掌总军旅，专诛杀。其初，仅于边地有之，安史之乱后遍设于国内。一节度使统管一道或数州，军事民政，用人理财，皆得自主。至宋初，中央收回兵权，节度使为虚衔。元废。

【节用】 墨家学派的主张。即勤俭节约，反对奢侈浪费。针对当时统治者荒淫奢侈的生活和无止境的享乐欲望，墨家认为圣明的君王治理天下，不追求华美而只在乎实用，没有益处的事情不做，省下这些支出可以使国

家的财利倍增。节用的标准是实用，凡是不实用的，不能让百姓有所增益的都要取消。

【劫】 "劫波"的简称。梵文的意思为"远大时节"。古印度婆罗门教认为，世界每隔若干万年都要经历一次毁灭，而后重生。每轮"灭生"称为一"劫"。或认为一劫等于人间四十三亿两千万年。后佛家沿用此说法，但说法不一。最普遍的说法是，一大"劫"包括成、住、坏、空四个阶段，故称四劫。四劫周而复始。每逢"坏劫"，有火、水、风三灾出现，世界被毁灭。后借指人世间的天灾人祸等厄运，故有劫数、浩劫等词。

【结发】 ①古代男子二十结发加冠，女子十五结发加笄，作为成年的象征，通称为结发。②婚礼仪式之一。在成婚洞房之夜，两个新人各剪下自己的一缕头发，然后再把这两缕头发互绾缠绕起来，作为两人永结同心的信物，故称。后结发被用来比喻夫妻。

【结竟】 狱案判决后的结案程序。历代结案都以当事人服辩认罪为前提，因此很重视口供。唐律规定，徒刑以下罪至此就可判决，将有关文书存档后结案。徒刑以上罪则在判决完结后，须分别告知当事人及其家属。如当事人不服判决，则须按当事人的申辩详加审理，最终再由当事人服辩认罪，才能结案。

【结揽】 金元由中间人向官府包办赋税的做法。也称揽纳。中间人称揽户，他们通常是地方大姓、退闲官吏、富商等。官府征收赋税时，可由中间人包揽若干民户赋税，统一收取缴纳官府，从中取利。元代多次下令

禁止结揽。

【结绳记事】 上古的一种记事方法。在文字产生之前，人们用绳子打结，大事结大结，小事结小结，帮助记忆。上古时期的中国和北美印第安人都用过这种方法来记事。

【结衔】 古代官吏在文件、文书及其他正规场合签署的头衔。以宋为例，当时官员官衔由寄禄官、散阶、差遣、封爵、食封、勋、服色等一定顺序组合，称结衔。入衔的官、职等名皆用正称，签署官文书时使用的头衔由法律加以规定，在官员表彰及死后追赠等盛典上，须按法定顺序列出其现有全部头衔。

【结义】 一种相好的朋友结为异姓兄弟的民俗。也称结拜，俗称拜把子，美称曰义结金兰。其义出于《周易》："二人同心，其利断金；同心之言，其臭如兰。"形式大多采取同饮血酒、叩头换帖、对天盟誓等，以誓言约束，维护结义关系。《三国演义》中刘备、关羽、张飞"桃园三结义"的故事，后世广泛流传。

【桔槔】 jiégāo。井上用于汲水的工具。也作桔皋。约产生于春秋时期，原理是在井口立一支架，其上安置一横木，横木一端挂桶，一端坠以重物。通过摆动横木，使其左右两端上下运动取水。这一装置利用杠杆、重物的惯性和重力加速度的作用，使提水的劳动减轻。其方法因简单、省力而被广泛运用。

【婕妤】 jiéyú。古时宫廷女官名，是宫中嫔妃的等级称号。西汉武帝时设置，初期位如上卿，秩比列侯。后至明代多沿汉置，地位各有变化。史上著名

者有西汉班婕妤。其《怨歌行》被收入《文选》，也称《团扇歌》。

【截漕】 明清漕粮因赈灾或急需截留本省或急拨别处使用。皆须履行奏准程序，事急先截者也须速奏听裁。

【碣石】 山名。位于河北昌黎县北，为燕山余脉。碣石主峰仙台顶海拔695米，是渤海近岸的最高峰，距海15千米。为古今观海胜地，自古就有秦皇、汉武帝、曹操、北魏文成帝、北齐文宣帝、唐太宗等在此登临观海。特别是曹操在碣石山上所作《观沧海》，大气磅礴，流传千古，更使碣石名声远扬。

【羯】 Jié。古代民族名。源于小月氏，曾附属于匈奴。也有说法认为是西域胡与匈奴和其他杂胡融合而成。信仰胡天（祆教），兼信佛教。魏晋时期，散居于今山西长治、晋城一带。南北朝时期，羯人石勒于公元319年建立后赵政权，自称赵王，后于331年称帝。

【羯鼓】 羯，jié。古代打击乐器。鼓腔为细腰形。两端有铁棬箍置皮革，两棬间以绳索拉牵，以调节皮膜松紧。下有牙床承之。用两根木制鼓杖敲奏。也称两杖鼓。起源于印度，从西域传入，盛行于唐开元、天宝年间。

【解铃还须系铃人】 出自宋代惠洪《林间集》。法眼和尚问众僧，谁能解下老虎脖子上的铃铛，一时无人能答。后泰钦禅师说，谁系上的铃铛，谁就能解下来。后比喻谁惹的麻烦还得由谁去解决。也给后人一种逆向思维的启示，即解决矛盾要善于抓住根本和关键，只有弄清楚问题产生的原因，才能知道怎么解决。

【戒律】佛教对出家为僧尼和在家修行的信徒所制定的戒规。戒指禁制。如五戒，即对在家修行的佛教徒所制定的条例：一不杀生，二不偷盗，三不邪淫，四不口出妄语，五不饮酒。此外还有十戒，即对在寺修行的沙弥和在庵修行的沙弥尼所制定的禁制：一不杀生，二不偷盗，三不淫欲，四不妄语，五不饮酒，六不涂饰香鬘，七不听视歌舞，八不坐高广大床，九不食非时食（过午不食），十不蓄金银财宝。另有二百五十戒、具足戒等。而律则是对禁制条文的解释。

【芥子园画传】中国画技法图谱。通称《芥子园画谱》。系李渔之婿沈心友请王概、王蓍、王臬三兄弟编绘，因刻于李渔在南京之别墅"芥子园"，故名。画谱系统地介绍了中国画的基本技法，浅显明了，便于初学者学习使用，流传甚广。

【借花献佛】据佛经记载，释迦牟尼前世为善慧仙人，想寻花敬献普光如来。后遇一青衣人赠花给他，释迦牟尼于是虔诚地将花转献给普光如来，并因此成佛，法号"释迦牟尼"。后人用以比喻拿他人的东西做人情。

【解元】解，jiè。唐宋时，凡举进士者，皆由州县地方推荐发送入京。科举时，因乡试本称解试，故乡试第一名称"解元"。

【今文经学】经学中研究今文经籍的学派。与"古文经学"相对。今文经，指汉代学者所传授和阐释的儒家经典，这些经典多数没有先秦古文旧本，是用汉代通行文字隶书将战国时代学者师徒口耳相传的内容抄录而成的定本。如今文《尚书》出自伏生，今文《仪礼》出自高堂生，《春秋公羊传》出自公羊氏和胡毋生。汉武帝时表彰儒家经典，设立经学博士，所用的都是今文经籍。今文经学重视经文大义的阐发，尤重视公羊家的春秋学。西汉中期后逐渐衰弱。东汉初期，古文经学开始流行，经学家马融和郑玄兼采今、古文学说，今、古文经学逐渐混同。清代龚自珍、魏源、廖平、康有为等继承今文经学的传统，发挥"公羊学"学说，干预时政，今文经学再次盛行。

【今文尚书】书名。儒家经典《尚书》传本之一。据传《尚书》由孔子编定，原有百篇，秦焚书后，至西汉初仅有原秦博士伏生所传28篇，用汉时通行文字隶书抄写，故名。

【金榜题名】古代科举殿试由皇帝在殿廷内主持，因殿试揭晓的皇榜用黄纸书写，故称"金榜"。殿试揭晓的榜上有名，即殿试录取。后泛指考试被录取。北宋诗人汪洙《神童诗》中描述人生有"四喜"："久旱逢甘雨，他乡遇故知。洞房花烛夜，金榜挂名时。"

【金朝】公元1115年，女真族首领完颜阿骨打所建王朝。1125年和1127年先后灭辽、北宋。都城起先为上京会宁府（今黑龙江阿城南），后相继迁都中都（今北京）、南京（今河南开封）。疆域东北到今日本海、鄂霍次克海、外兴安岭，西北到今蒙古国，西以河套、陕西横山、甘肃东部与西夏接界，南以秦岭、淮河与南宋接界。金与南宋对峙，是统治我国北部的一个王朝。天兴三年（1234）在蒙古和南宋联合进攻下灭亡。共历10帝，

120年。

【金错刀】古铜币。也称"错刀"。王莽铸于居摄二年（7）。刀上有"一刀平五千"五字。"一刀"二字是用黄金镶嵌而成，故名。这种大钱造成了通货膨胀，通行不久即废。

【金刚】佛身边的护法侍从，因手持金刚杵而得名。也称金刚力士。我国寺庙山门两旁常塑有四大金刚像，其源于印度佛教传说中犍陀罗山的四天王。即：东方持国天王，身白色，持琵琶；南方增长天王，身青色，持宝剑；西方广目天王，身红色，手上绕缠一龙；北方多闻天王，身绿色，右手持伞，左手持银鼠。

【金刚经】佛教典籍。全称《能断金刚般若波罗蜜经》。也称《金刚般若波罗蜜经》。因用金刚比喻智慧有能断烦恼的功用，故名。汉译本最早为后秦鸠摩罗什所译。此经认为世界上一切事物都是空幻不实，"实相者则是非相"，应该"远离一切诸相"而"无所住"，即对现实世界不执着或不留恋。由于此经篇幅适中，故历来弘传甚盛，特别为慧能以后的禅宗所重。卷末四句偈文"一切有为法，如梦幻泡影，如露亦如电，应作如是观"，被称为全经之精髓。

【金匮石室】匮，guì，匣子。古代国家珍藏重要书契、档案的装具和处所。西周时期已用金属封缄重要文档。秦汉时期有石室金匮的记载。

【金匮要略】匮，guì，匣子。医书名。东汉末张仲景著。原称《金匮要略方论》，为《伤寒杂病论》的杂病部分，一度散佚，至北宋时医书局校定整理成三卷。共25篇，载方262首，记载四十余种疾病，分类简明，辨证切要，对病因、病机、诊断、治疗、预防、护理等均有论述，为后世内科杂病学及妇产科学奠定了基础，为现存最早记载治疗杂病的重要文献。

【金匮之盟】匮，guì，匣子。关于宋太祖赵匡胤之母杜太后临终前命赵匡胤将来传位其弟赵光义的传说。也作"金柜之盟"。杜太后病重之时，赵匡胤在旁侍疾，临终时交代未来的皇位继承问题，劝说赵匡胤死后传位于其弟。太祖当时遵命起誓，郑重载录，亲手封藏于金匮之中，命可靠的宫人掌管。太平兴国六年（981）九月，太宗赵光义命令打开封藏的金匮，查看其中的誓书。誓书中写道："先帝遗诏，先传光义，后传德昭。"金匮之盟真伪迄今未有定论。

【金陵】古都名。今南京的古称。公元前333年，楚威王灭越国，在石头山北置金陵邑。三国时，东吴孙权定都于此，改称"建业"。此后东晋，南朝宋、齐、梁、陈均定都于此，也称建康。金陵也因此被誉为"六朝古都"。南唐以此为都，恢复"金陵"之名。明朝建立之初，太祖朱元璋以此为都，称"应天府"，成祖迁都北京后，改应天府为"南京"。在历史进程中，金陵一直是我国南方的政治、经济、文化中心。我国古典文化在此得到充分的体现。秦淮河两岸集市云集，经济繁荣伴随着文化的发达，诗词、书画开一代之风。

【金日磾】（前134—前86）磾，mídī。西汉大臣。字翁叔。本名日磾。匈奴休屠王的太子。后随昆邪王归汉，赐姓金。后升马监、侍中、驸马都尉、光禄大夫，因功拜车骑将军。昭帝即位，与霍光、上官桀、桑弘羊同受武帝遗诏辅政，封秺侯，官至太子太傅，死后其子孙世受封侯。

【金瓶梅词话】长篇小说。明万历刻本序谓"兰陵笑笑生作"，但其身份，至今未有结论。一百回。大约成书于万历前中期。作者借《水浒传》中西门庆、潘金莲的故事敷衍，以西门庆和他的家庭生活为中心线索，采用网状结构把当时复杂的现实生活交织在一起，借以展示其政治上的升迁史、经济上以经商为主的发家史以及其私生活中任性纵欲的情爱史。书中形形色色的人物达 800 多个，构成一幅丰富生动的城市生活风俗画。但受当时社会风气影响，书中对男女性描写有过分渲染之处，因而曾被视为"淫书"。我国第一部以家庭日常生活为素材的人情小说经典之作，对《红楼梦》《儒林外史》等创作都有影响。

【金山】山名。位于江苏镇江西北长江边。曾有氏父、金鳌、获苻、伏牛、浮玉等名，后因唐代裴姓头陀获金于此，故称。金山原为江中岛屿，与焦山相对，至清末才与陆地连为一片。金山风景秀丽，名胜古迹甚多，其中金山寺始建于东晋年间，为佛教名寺，又因白蛇水漫金山的民间传说而名扬于世。金山地标慈寿塔最早可追溯到齐梁时期，后屡有损毁，今所见之塔为光绪年间修复。

【金山寺】佛教寺院。位于江苏镇江西北金山之上。金山寺历史悠久，始建于东晋时期，原名泽心寺，唐代改称金山寺，后又名龙游寺、江天寺。建筑格局极具特色，整个庙宇依山势而建。大门西面长江，山寺一体，所有殿堂楼室皆由廊、檐、石阶巧妙连接，形成楼上有楼、楼外有阁、阁中有亭的精巧布局。从山脚到山顶，只见房屋不见山，故被称为"寺里山"。自古以来，关于金山寺的民间传说、文人诗赋十分丰富，如《白蛇传》、苏轼《游金山寺》、张岱《陶庵梦忆·金山夜戏》等。

【金圣叹】（1608—1661）明末清初文学批评家。本姓张，本名采，字若采。后改姓金，名喟，明亡后改名人瑞，自号圣叹。长洲（今江苏苏州）人。明代时屡试不第，入清后无意仕进，以著述为务。工诗文，喜品评，称《离骚》《庄子》《史记》《杜工部集》《水浒传》《西厢记》为"六才子书"，以评点《水浒传》《西厢记》著称，流传极广。顺治十八年（1661），因抗粮哭庙案与多人一齐被捕，押送南京后处死。其作品后人辑为《金圣叹全集》。

【金石录】书名。宋代赵明诚撰。最早的金石目录和研究专著。体例仿照《集古录》，前十卷为铜器铭文和石刻目录，按时代先后编排，每目有年月及撰者姓名；后二十卷为辨证，共跋尾 502 篇。书中不仅收录金石碑刻的目录，还对其中的一部分进行了详细的题跋和评论。该书于宋高宗建炎三年（1129）初具规模，赵明诚死后，其妻宋代著名女词人李清照于高宗绍兴四年（1134）最终整理完成，并为这本书写了后序。序中生动记载了夫妇二人收集金石拓本、书籍、古器以及最后逐次散佚的经历，词采俊逸，感人至深。

【金兽】 即香兽,古代以黄铜制作的熏香器具。因多制作为兽形,故称。一般为宫廷及富贵人家用。李清照《醉花阴》(薄雾浓云愁永昼)"瑞脑消金兽"即龙脑香料在金兽香炉中缭绕。

【金童玉女】 道教侍奉神仙的童男童女。唐代徐彦伯《幸白鹿观应制》有"金童擎紫药,玉女献青莲"之句。后也用来形容天真无邪的男孩女孩。

【金文】 古代铜器上所铸刻的文字。因古代称铜铸器为吉金,故名"吉金文字"或"金文"。通常专指殷、周、秦、汉铜器上的文字。也称钟鼎文。

【金银平脱】 用金银箔片制成纹样粘贴在器物表面,重新上漆,加工细磨,使金银纹样凸显的装饰工艺。这种工艺始于商周,盛唐时期登峰造极,影响周边各国。唐玄宗、杨贵妃曾赐给安禄山金平脱犀头匙箸、金银平脱隔馄饨盘、金平脱大玛瑙盘、金平脱装具玉盒、金平脱铁面碗等。安史之乱后,朝廷认为其奢靡,曾下令禁止,到宋代几乎绝迹。

【锦】 一种用彩色丝线制成的带有各种花纹图案的丝织品。为使织成的图案丰富多彩,通常使用的丝线颜色在三种以上。我国织锦业起源较早,春秋战国时期已有不俗的花色品种的织锦供王公贵族使用。秦汉以来织锦的种类更加繁多,精彩纷呈。唐宋时期,逐渐形成了以南京云锦、苏州宋锦、广西壮锦以及四川蜀锦四大名锦为代表的我国织锦文化。此外还有瑶族和傣族的棉锦等少数民族地区特有的优秀织锦产品和工艺。

【锦衣卫】 明官署名。也称锦衣亲军都指挥使司。明洪武十五年(1382)置。原为管理护卫皇宫的禁卫军和掌管皇帝出入仪仗的官署,后逐渐演变为皇帝心腹,特令兼管刑狱,给予巡察缉捕权力。所属南北两镇抚司,南司理本卫刑名及军匠,北司专治诏狱。明中叶后与东、西厂并列,成为厂卫合称的特务组织。最高长官为指挥使,常由功臣、外戚充任,地位特殊。至明代后期,附势骄横,酷毒天下,成为明代弊政之一。

【进奉】 正常上缴朝廷的税收之外,专门进献给皇帝的财物。盛行于唐后期,主管财赋的转运使、各地方镇常借此固宠聚敛。宋沿之。

【进士】 原指贡举的人才。始见于《礼记》。隋大业中乃以进士为取士科目,唐宋因之。唐制,应举者谓之举进士,试毕发榜合格者称进士,凡参加礼部考试的人,皆谓之进士。明清时,以举人经会试考中者为贡士,由贡士经殿试赐出身者为进士,进士始专指殿试合格之人。殿试一甲三名,赐进士及第,二甲赐进士出身,三甲赐同进士出身,通称"进士"。凡列衔皆先书赐进士及第或出身。

【进士科】 隋唐时科举制度取士的科目之一。始于隋炀帝,唐代特受重视,逐渐成为高级官吏的主要来源。宋以后其他科目仅存空名,进士科遂为科举制度中的唯一科目。元后科举考试不再分科目,只有文、武之区别,但习惯上仍称文科为"进士科"。历代对进士及第或出身者待遇优厚,故进士科得人最多,后世称为"将相科"。

【进奏院】 唐宋时官署名。周制,方伯

朝天子，有汤沐之邑。汉诸郡王侯在京师有朝宿之舍曰邸。唐代藩镇在京置邸，称"上都留后院"。大历十二年（777）改为"上都进奏院"，为各州镇官员入京时之寓所，掌章奏、诏令及各种文书的投递、承转。后由朝官监领。宋初沿唐制，也设进奏院，置进奏官；后改由朝官监领。南宋时隶属门下省，以给事中主管，掌承转诏旨和政府各部门命令、文件，摘录章奏事由，投递各项文书。元废。

【近体诗】 诗体名。唐代兴起的格律诗，别于古体诗而言。也称今体诗。包括绝句、律诗，句数、字数、平仄、用韵等都有严格的要求。

【晋】 春秋国名。公元前 11 世纪周分封的诸侯国，姬姓，由周成王弟叔虞创建，建都唐（今山西翼城西），称唐伯。至叔虞之子燮改封晋侯，曾建都翼、绛、新绛等地（分别在今山西翼城西、翼城东南、侯马）。晋文公改革内政，国力富强，成为霸主。晋称霸近百年，国境渐从河东扩展至河南、河北。后因卿大夫执政坐大，公室衰落，至春秋末韩、赵、魏三家瓜分晋地，前 403 年周威烈王承认三家皆为诸侯，晋室愈衰，前 376 年晋静公被废，国亡。山西别称晋，源于此。

【晋祠】 著名古建筑群。位于山西太原。最初是为周武王之子叔虞而建的祭祀之所。其址也是叔虞封地，其子燮因所在地为晋水源地而更国号，后人因称为晋祠。晋祠建于北魏前，是现存最早的皇家祭祀建筑。祠内有著名的周柏、隋槐，与长流不息的难老泉和宋塑侍女像。千百年来，晋祠屡经增扩修整，成为古代建筑艺术的集

约载体，体现了历史文脉的完整传承和发展。相传唐高祖李渊起兵伊始，曾在此地祈祷。贞观二十年（646），李世民御制晋祠之铭，立碑于祠。

【晋律】 晋武帝颁行的刑律。由贾充主持修订。因颁行的时间是泰始四年（268），故又称《泰始律》。此律在曹魏《新律》的基础上增删而成，共 20 篇，以名例为首篇，贯彻儒家礼法观念，以丧服规定的亲疏远近关系和身份等级作为定罪量刑的准则，在法理上区分了律、令的概念。《晋律》颁行后，律学家张斐、杜预为其作注，补律的不足，对南北朝法律产生较大影响。另有《晋令》40 卷同时颁行。

【晋商】 明清两代的山西籍商人或商帮。晋商是我国著名商帮之一，经营盐业、票号等，以票号最为出名。晋商不仅留下如乔家大院、三多堂等丰富的建筑遗产，也传承了儒商精神。

【禁锢】 古时对犯罪官吏免除官职，并终身禁止其本人或其亲属做官的惩罚。春秋时已有此刑。以后历代都沿袭此制。秦汉以前称"终身不齿"，秦时称"籍门"，称被禁锢的人为"废官"。后禁锢的范围有所扩大，除对有罪官吏本人终身禁锢外，有的锢及二世、三世，有的锢及三族、五族，有的锢及至交婚姻，有的锢及门生旧友等。后世也称"永不叙用"。

【禁军】 直属皇帝以供卫戍出征的部队。历代编制及名目不一，因归禁中节制多充近卫，故以此统称。唐制，禁兵分属南北衙，属南衙者为诸卫兵，属北衙者为禁军。宋初以来指带有禁卫军号的各支部队，是由朝廷直接管理的基本武装力量，分任皇帝近卫及

出征驻防。其主力至北宋灭亡时溃散，南宋时，各地尚存的禁兵则成为专供杂役、不从事战斗的部队。

【禁谒】 谒，yè。古时为防止失密或请托，禁止官员在办公期间接见或出谒宾客的法令。唐代已有相关规定，宋代用此称。宋初在二府、三司等处设禁，宋真宗、仁宗时推广到开封府和各司法部门，神宗以来在内外各司全面设禁。官员私接宾客也受此禁影响，如在门口竖立小牌子，写着"文武官员私宅免见"的提示。

【禁中】 皇帝所住的宫苑。也称禁省。因门户有守卫，有禁制，非侍卫及登记有名籍的人，不得入内。至汉元帝皇后父名"禁"，改称"省中"。

【京察】 明清定期考核京官的制度。明代规定每六年举行一次，因于南、北两京分别进行，故有"南察""北察"之分。清代吏部设考功清吏司，改为三年考核一次，在京的称"京察"，在外地的称"大计"。标准为守、才、政、年四格以分优劣，考语分称职、勤职、供职三等。

【京朝官】 京官和朝官的合称。汉以来前者指在朝廷各机构任职的官员，后者指须经常朝见皇帝的重要官员。唐京官外出任职渐多，朝官指参加常朝的五品以上及供职于重要部门的五品以下官员。至宋，朝官仍旧，京官改指朝官以下、幕职州县官以上的官员，并不一定在京师任职。古代朝官在京城中担任官职且经常朝见皇帝，享有较高的地位和权力。京官地位相对较低。

【京观】 京，高丘。观，guàn，宫门前两边的望楼。周以来战胜敌军后，积敌尸或首级封土而筑的高丘，用以炫耀武功。也称武军。

【京畿】 畿，jī。国都及其行政官署所管辖的地区。起源于西周时期，号称王畿千里。后世范围、建制屡有变化，但基本承其传统。

【京剧】 戏曲剧种。也称京戏。我国国粹。清乾隆末期，徽调、汉调相继传入北京后，相互合作和影响，同时接受了昆曲、秦腔的一些剧目、曲调和表演方法，并吸收了一些民间曲调，逐渐融合发展而成。唱腔属板腔体。腔调以西皮、二黄为主，用京胡、二胡、锣、鼓等伴奏。京剧的角色分为生、旦、净、丑、杂、武、流等行当，后三个行当已不再立专行。

【京控】 赴京告状的诉讼方式。历代都有此方式，清代成为专称。凡当事人对州县及府、道、司、院的案件判决结果不服，可到京都察院或通政司、步军统领衙门呈状申诉，直到案件重审或平反。清朝廷对京控时严时松，有的审理数年乃至十多年不判决。晚清名臣曾国藩曾判处湘军将领陈由立发配黑龙江，以至陈由立的妻子京控。

【京腔】 ①戏曲声腔。明末清初，弋阳腔传入北京后，与当地语言相结合而形成的戏曲声腔。乾隆前、中期为全盛期，乾隆末期逐渐衰落。②旧时称北京语音、语调为京腔。

【京师】 国都的别称。其名称可追溯到先秦。"京"本是天子之居。汉代史学家班固对京师的解释是：京，大也；师，众也。

【京堂】 明清对某些高级官员的称呼，意为"堂上之官"。都察院、通政司、詹事府、国子监和大理、太常、太仆、光禄、鸿胪等寺的长官，都称为"京堂"，又尊称为"京卿"。清中叶以后成为一种虚衔，如言三品京堂、四品京堂等，或称三、四品卿。咸丰十年（1860）左宗棠奉诏以四品京堂从曾国藩治军，率兵号"楚军"，成为拥兵带队、手握实权的将领，成为同治年间朝廷的"中兴名臣"。

【京债】朝廷新派往外省任职官员赴任前在京所借高利贷。唐代已有借京债的记载。

【京兆尹】古代官名。原为汉代政区名，是和郡、国相似的行政区划，因地属畿辅，故不称郡。作为官名是指管辖京兆尹的长官，职掌相当于郡太守，但地位高于太守。前身为秦朝时期的内史，掌治京师。汉景帝二年（前155），分置左右内史。武帝太初元年（前104），改右内史为京兆尹，下辖十二县，其长官也称京兆尹。后作为京城地方行政长官之通称。三国魏时改称京兆郡，官名改称太守。西魏、北周、隋仍称郡，改太守为尹。唐玄宗开元初，改雍州为京兆府，往往以亲王领京兆牧，改雍州长史为京兆尹，并增置少尹，以理府事。

【泾河】泾，Jīng。渭水的一大支流。位于陕西中部。源头在宁夏的六盘山。河水流经甘肃，在陕西西安高陵区汇入渭河。泾河支流较多，中上游流经黄土高原，水流挟带大量泥沙，水质浑浊，而渭河水清澈，故两河交汇口出现明显的清浊分界线。这就是"泾渭分明"的来历。后常以"泾渭"比喻人品的清浊。泾河历史悠久，其流经区域有着深厚文化底蕴。古代著名水利工程郑国渠，就是公元前246年由韩国水工郑国在秦国主持兴建的，即在今陕西泾阳县西北的泾河北岸引泾河水东注洛水。古代文学作品中的泾河龙王（《柳毅传书》），也与泾河有关。

【经典释文】训诂学著作。三十卷，唐陆德明撰。作者采集汉魏六朝音切凡230余家，兼采诸儒训诂，考证各本异同，所考释经有《周易》《古文尚书》《毛诗》《周礼》《仪礼》《礼记》《左传》《公羊传》《穀梁传》《孝经》《论语》《尔雅》各经，以及《老子》《庄子》。摘出所释正文及注文中的若干字，依次编排；重在考证字音，兼及字义字形。是研究我国文字、音韵及经籍版本、经学源流等的重要参考书。

【经籍籑诂】籑，zhuàn。我国最早的汇聚训诂的总集，也是一部专释字义的字典。清阮元主编。106卷。按《佩文韵府》106韵分部，每韵1卷，每字之下，只解字义，不注读音，一个字有几音读的按韵分部入各部，各作注释。全书所辑录的字词训释，都是唐以前的经传子史的注释和训诂书、字书、韵书、音义书中所有的。采用古书达100多种，收字13 349字（不含异体字），几乎汇聚了所有唐代以前的有关字词的训解。是一部探索古代词义和研究训诂的重要工具书。

【经界法】南宋时期的土地清查与核实措施。南宋时，势家兼并土地，田多无税。农民无田有税，相继逃亡，影响赋役的征发，乃行经界法。绍兴十二年（1142）朝廷命李椿年在平江府（今江苏苏州）设经界局，试行按图核地。绍兴十四年（1144）以李椿年为户部侍郎加以推广。由于势家反对，至绍兴二十年（1150）中止。后朱熹在漳州、赵磻夫在婺州继续推行。终南宋之世，屡行屡罢，未能贯彻始终。

【经历】 古代官名。职掌出纳文书。金都元帅府、枢密院、元枢密院、大都督府、御史台等衙署均置经历。明清都察院、通政使司、布政使司、按察使司等也置经历，品秩分别为正五品至从七品。

【经略使】 古代官名。简称"经略"。南北朝时曾设经略之职，唐贞观二年（628）始置经略使于沿边重要地区，为边防军事长官，后多由节度使兼任。宋于沿边各路所置经略使，常兼安抚使，称"经略安抚使"，掌管一路军事及行政。明及清初有重要军事行动时特设，职位高于总督，事毕即省。清初曾设经略大臣，中叶后不置。

【经史子集】 我国古籍的分类法，按内容区分出四大部类。经部收录儒家经典和小学类著作，史部收录历史、部分地理著作，子部收录诸子百家和释道宗教著作，集部收录诗词文赋、散曲、戏曲、诗文评论等。西汉时期，刘歆将典籍分为六艺略、诸子略、兵书略、数术略、方技略、诗赋略六大类，再加上概述性质的"辑略"，总题《七略》，这是较早的大规模古籍分类活动。西晋荀勖《晋中经簿》分为甲、乙、丙、丁四部，为四部分类奠定基础。到《隋书·经籍志》将图书分为经、史、子、集四部，这是最早确立经、史、子、集为四部名称的书目。此后，直到清人编纂《四库全书》，都以经、史、子、集四部分类，每类的下面再分为若干的子目。经、史、子、集四部分类法是我国古籍著录的主流。

【经世致用】 古代治学观点。主张研究经学应与解决实际问题相结合，用所学解决当前社会政治、经济等问题，达到国治民安的实际功效。这种思潮起源于南宋，明清时期盛行，代表人物有顾炎武、黄宗羲、王夫之、魏源、龚自珍、康有为等。体现了我国古代知识分子浓厚的家国情怀和强烈的社会责任感。

【经学】 注解或阐释儒家经典的学问。古代有"五经"，即《诗经》《尚书》《礼记》《周易》《春秋》，后来增加为"十三经"。战国以来，经书被儒家学派作为讲授教本，师徒相传。后因对经的阐释越来越多，到汉代就出现了"经学"的名称。汉武帝罢黜百家、独尊儒术以后，儒家经学成为我国封建社会文化的正统。汉代对儒家经学文本的传授和阐释分为今文经学、古文经学两派。后世注家也颇多，各有发挥。经学对我国古代社会制度的建立、巩固、发展有重要影响。

【经筵】 筵，yán。古代帝王为研读经史而特设的御前讲席。汉宣帝设石渠阁，唐置集贤院，均为御前讲席。宋时始称"经筵"，讲官以翰林学士或其他官员充任或兼任。每年二月至端午日，八月至冬至日，逢单日由讲官轮流入侍讲读。元明清三代沿袭此制，唯讲期有所变动。清制，经筵讲官为大臣兼衔，于仲秋、仲春之日进讲。

【经义】 科举制中的经义考试及其应试文体。从汉唐明经科的经义考试发展而来。宋以来进士考试始重经义，常以儒经文句为题，应试者须按规定要求，作文阐明其义理，故称。也称制义。与诗赋合称二科。明清时沿用而体裁稍变，俗称八股文。因是制举应试文章，故也称制艺。因应试之文体均为时下流行的文体，故也称时文。唐宋时指律赋，明清时特指八股文。

【经折装】古代书籍的一种装订形式。把长幅纸卷折叠成长方形书本的形式，首叶和尾叶粘以封面。经折装由卷轴装的形式改造而来，因为卷轴装展开和卷起都很费时，改用经折装后，便于循环翻阅。唐代佛、道两教的经籍主要采用这种装帧形式。

【经制钱】宋代为筹措军政费用而加征的杂税。北宋宣和中由经制江淮荆浙福建七路诸司财计陈遘所创，故名。靖康元年（1126）一度被废除，南宋建炎二年（1128）恢复，并固定了各项税收的名称和数额。

【经传】儒家典籍经与传的合称。经指儒家著述的古代典籍和重要代表作，传是阐释经文的著作。如《春秋》是经，阐释《春秋》的《左传》《公羊传》《穀梁传》是传。而后世因为尊经，往往把古代传注之作也称为经，如《左传》《公羊传》《穀梁传》被列入"十三经"之中。

【经传释词】训诂学著作。清王引之撰。10卷。作者搜集周、秦、西汉古书中常见的虚词160个进行讲解，既有单音节的虚词，也有同义虚词的连用。以唐代守温和尚的36字母为顺序，按照发音部位和方法将所收虚词分类，体现了音韵学上的声近义通原则。对每个虚词的解析，都先介绍其用法，随后辅以大量的文献例证，追溯其词义的原委和演变。此法对后世语法研究产生了深远的影响。

【荆】灌木名。多丛生原野，人们常用荆棘丛生形容环境困难，障碍极多。枝条可用来编织筐篮等。此外，古代贫家妇女有时以荆为钗，故丈夫对别人谦称自己妻子为拙荆、荆妻、荆室等。

【荆楚岁时记】我国一部记录岁时节令、风物故事的笔记体散文著作。南朝梁宗懔撰。原书已佚，现存1卷，系明人从类书中辑出。以时为序，自元旦至除夕，记录了公元6世纪荆楚地区（今湖北中南部）四时十二月重大节令的来历、传说、风俗、活动等，涉及天文、地理、历史、神话、农事、生产、婚姻、家庭、医药、文娱、体育、旅游等众多领域。其中关于端阳竞渡、寒食禁火、七夕乞巧、重阳登高等民俗记录，具有珍贵的历史价值，是研究我国古代民俗的重要资料。

【荆轲】（？—前227）战国时期著名刺客。也称荆卿、庆卿。卫国人。后游历燕国，被燕太子丹尊为上卿，派往秦国刺杀秦王嬴政。临行前，燕太子丹、高渐离等在易水边为他送行，他唱出了"风萧萧兮易水寒，壮士一去兮不复还"的悲歌。秦王在咸阳宫召见，他借献督亢地图之机，图穷匕见，刺杀秦王，未成，被杀。

【荆南】五代十国时期的南方九国之一。公元924年，高季兴在今湖北荆州、宜昌一带建立的割据政权。高季兴于907年任后梁荆南节度使，924年受后唐封为南平王，史称荆南或南平。929年，高季兴去世后，后唐明宗追封他为楚王，故称北楚，一说南平位于我国的中部地区，其地理位置在楚国的北边，故名。后其子高从诲袭封南平王。963年为北宋所灭。共历5主，40年。

【荆襄流民起义】 明成化年间刘通、石龙和李原等人在湖北荆州、襄阳一带领导流民发动的起义。明初恐农民聚众起义，禁止其到深山垦荒。荆襄地区山深地广，宜于开垦，明政府设为禁区。英宗时，为严重的土地兼并和沉重的赋役所迫，大量流亡农民不顾禁令，入山垦荒，人数逐渐增加到150万人。明政府屡次强令驱散。成化元年（1465）刘通、石龙等率众起义。刘通称王，国号"汉"，年号"德胜"。明政府派白圭、朱永领重兵镇压。次年，刘通、石龙被俘杀，起义暂时失败。起义军将领李原脱险后，在南漳、内乡等地号召饥民，于成化六年（1470）再度起义，聚众数万，称"太平王"。次年都御史项忠督军镇压，李原等被俘遇害。流民被强迫遣散，沿路被杀和因饥饿、瘟疫而死的达数十万人。

【旌表】 古时由官府为高士节妇、孝子义门等模范人物立牌坊或赐匾额，用来表彰德行的方式。秦汉以来，一般由地方官府申报朝廷颁赐，或标志、命名其门闾，或造牌坊等建筑纪念，或立碑赐匾，有的附赐钞米绢绵、减免徭役、授官等待遇，以崇教化，奖劝后人。古时江西德安县车桥镇义门陈村的旌表台，是当年义门陈最壮观的建筑，历代帝王旌表都在此处宣读。

【精卫填海】 神话传说。出自《山海经》。炎帝的小女儿游于东海，不幸溺亡。其魂魄化为精卫鸟，日夜不间断地从西山衔取树枝和小石头投入东海，誓将东海填平。后以"精卫填海"比喻不畏艰难、不懈奋斗的精神。

【井课】 清朝官府对四川、云南地区盐井、井户的课税。井课按井数征收，有的地区井也分等第，如四川简州每井征银一两二钱，而南部则上井每井征银三两，中井每井征银二两，中下井每井征银一两七钱，下井每井征银一两，下下井每井征银六钱。

【井田】 相传周代的一种土地制度。因土地划作"井"字形，故名。周代按阡陌沟渠将土地划为"井"字形的九块，中间一块为公田，周围八块为私田，同养公田，公田收入归贵族领主。春秋时期逐渐瓦解，至战国，各国相继废井田、开阡陌，井田制被彻底废除，但对后世影响甚大。对其具体分配、耕作及缴纳办法，自汉至清，意见分歧，迄无定论。

【井陉关】 陉，xíng。古代太行山进入华北的重要关隘，为古九塞之一。建于河北井陉县北的井陉山上。也称土门关、土门口、井陉口。公元前229年，秦国王翦出兵攻打赵国、攻陷邯郸，就取道此处。前204年，韩信率兵攻赵，出井陉口，令万人背水列阵，最终大败赵军。置之亡地而后存的历史故事据此关而来。唐颜真卿《祭侄文稿》："土门既开，凶威大蹙。贼臣不救，孤城围逼。父陷子死，巢倾卵覆。"清晰地描述了唐安史之乱土门关陷落，安禄山反扑常山郡，常山太守颜杲卿殊死抵抗、一家30余口取义成仁的历史事件。

【井中捞月】 佛教寓言故事。出自《摩诃僧祇律》。迦尸国波罗奈城有五百只猕猴，一日玩耍到井边，猴王见水中有一轮明月，就对同伴说："月亮淹死了，落在井里，我们应把它捞出来，以免长夜黑暗。"于是众猴首尾相连，下到井中捞月亮，最终只见一池碎波，哪有什么月亮？佛陀以这则寓言讽喻那些自以为是、不辨是非虚实的糊涂人。后常用以比喻白费气力、劳而无功的行为。

【景德镇】 历史文化名城，我国著名的瓷都。位于江西东北部。原名"新平"，因位于昌江东南，故名"昌南镇"。瓷土资源丰富，在南朝陈时期就已有制瓷业。五代时期已烧造白瓷。其色泽白如玉，明如镜，质地薄如纸，声如磬。宋景德年间，因烧造官窑器作为贡品，独创影青瓷，清新淡雅、莹润如玉。故以年号之名更名"景德镇"。元代又烧制成青花瓷、釉里红。自明代开始，成为我国制瓷业中心。明清两朝在此均设有御器厂。景德镇瓷器充分体现了我国古代社会物质文化生活的繁荣。景德镇旧时与佛山、汉口、朱仙镇并称"四大名镇"。

【景教】 基督教的一个支派，唐代对首次传入中国的基督教的称谓。公元5世纪初叙利亚人聂斯脱利所创。唐贞观九年（635），波斯人阿罗本携带景教经典至长安（今陕西西安），奉唐太宗命将其译为中文。贞观十二年（638），太宗下诏建景教寺，称波斯寺。高宗时，各州多建有波斯寺。玄宗天宝四载（745），以景教出自大秦（指东罗马帝国），因而下诏改波斯寺为大秦寺。德宗建中二年（781），教徒于长安集会，特立"大秦景教流行中国碑"，上刻中文及叙利亚文，详述景教传入中国的经过与历史。唐武宗时下诏禁止佛教流传，该教也遭波及，不久在中原地区的传播中断，但在契丹、蒙古等地仍流行。元代再次进入中原，与当时欧洲传入的天主教统称为"也里可温教"，元亡后又中断。此后教务日趋衰微，终至废绝。

【景泰蓝】 传统工艺美术品。用铜胎掐丝后填以珐琅彩釉，经烧制、磨光镀金或银而成。也称铜胎掐丝珐琅。器皿造型多样。其技术约在元代由阿拉伯传入中国，盛行于明景泰年间（1450—1457），因当时所用珐琅质中含有特殊的金属氧化物颜料钴蓝，使烧成的珐琅器带有一种特殊的宝蓝色，故将含有钴蓝颜料的掐丝珐琅都称为"景泰蓝"。清康乾时期达到鼎盛，闻名海内外。

【警跸】 跸，bì。帝王出行时的警卫措施。为防止意外，帝王出入所经过之处都须布置警卫、清除道路、断绝行人，进行戒备。秦汉以来历代沿用。

【警迹人】 宋元明时期将曾犯强盗、窃盗等罪者登记在簿，严加防范的制度。也称景迹人。如元代规定，强盗初犯刺项，并充警迹人，由本地官府进行监管。

【净土】 佛教所认为的极乐世界。后指未被污染的地方或社会环境。

【净土宗】 我国佛教宗派之一。以往生西方极乐净土为旨归。东晋太元六年（381），高僧慧远在东林寺广收弟子，传授般若学和禅学。相传其曾与十八高贤共结莲社，同修净业，倡阿弥陀佛净土法门。故后世也把净土宗称为"莲宗"。初唐时期，在善导法师的进一步推动传播下，宗派渐成。崇奉《无量寿经》《阿弥陀经》《观无量寿经》。净土宗与禅宗被视为我国佛教两大宗派。

【竟陵派】　明代文学流派。以钟惺、谭元春为代表。因二人均为竟陵（今湖北天门）人而得名。代表作家还有蔡复一、张泽、华淑等。他们受公安派影响，反对拟古，强调独抒性灵，同时批评公安派作品趋于浅俗，提倡作品应有深幽孤峭的风格，其主张在当时有不小的影响。其创作称"竟陵体"。

J

【靖康之变】　公元1127年金灭北宋的事件。也称靖康之祸、靖康之耻、靖康之难、靖康之乱。1126年，金朝大举南侵，宋徽宗惊慌失措，传位钦宗，改元靖康。靖康元年闰十一月二十五日（1127年1月9日），金军攻破东京（今河南开封）。次年四月，于大肆勒索搜刮后，俘徽宗、钦宗和宗室、后妃等数千人，以及教坊乐工、技艺工匠，携法驾、仪仗、冠服、礼器、天文仪器、珍宝玩物、皇家藏书、天下州府地图等北去，东京城中公私蓄积为之一空。北宋灭亡。

【靖难之役】　明初燕王朱棣为夺取皇位而发动的战争。也称靖难之变。洪武三十一年（1398）朱元璋去世，皇太孙朱允炆继位，史称"建文帝"。用齐泰、黄子澄之谋，削夺诸藩。先后废削周、齐、湘、代、岷五王。建文元年（1399），燕王朱棣起兵北平（今北京），以讨齐、黄为名，号称"靖难"，即平定变乱。建文四年（1402），燕兵破京师（今江苏南京），建文帝死于宫火（一说逃亡）。燕王称帝。

【鸠】　鸟名。传说其不营巢，常占据鹊等鸟的巢居住，故有"鸠占鹊巢"之说。另传它能够预知阴晴，啼时则有雨，田家往往以此来判断天气。汉代凡年满七十岁的老人会被赐以王杖。王杖长九尺，杖头雕刻成鸠鸟的模样。这是因为时人认为鸠鸟为不噎之鸟，以鸠鸟这一特点祝福老人饮食顺畅，身心舒畅，健康长寿。

【鸠摩罗什】　（344—413）后秦时高僧，佛经翻译家。其父天竺人，母龟兹人。初学小乘，后习大乘。通东西方言。曾讲佛学于西域诸国。弘始三年（401）姚兴迎其入长安，待以国师之礼。率弟子僧叡、僧肇等800余人，译《成实论》《法华经》《阿弥陀经》等，共74部，384卷。其中《成实论》为成实宗的主要经典，《法华经》为天台宗的主要经典，《阿弥陀经》为净土宗的主要经典之一，对我国佛教发展产生重要影响。其弟子中最著名者有道生、僧肇、道融、僧叡，称"什门四圣"。通过佛教典籍的传译和阐发，第一次把印度佛学按本来面目介绍过来，对六朝时我国佛学的繁荣以及隋唐佛教诸宗的形成都起了重要作用。

【九边】　明朝统治者为防北部游牧民族的侵扰，于洪武至弘治时期，在东起鸭绿江、西至嘉峪关沿线，设立的九个军事要镇，即辽东、宣府、大同、延绥、宁夏、甘肃、蓟州、太原、固原镇，合称"九边"。各镇设总兵统领军队，驻守维护所辖区域的长城。嘉靖、万历年间，曾增置昌平、真保、山海和临洮镇。

【九歌】　《楚辞》篇名之一。一般认为是战国楚人屈原据民间祭神乐歌改作或加工而成。共 11 篇，包括《东皇太一》《云中君》《湘君》《湘夫人》《大司命》《少司命》《东君》《河伯》《山鬼》《国殇》《礼魂》。除《国殇》一篇悼念和赞颂为楚国而阵亡的将士外，其他篇章多描写神灵间的眷恋。

【**九公封建**】金宣宗封九人为公的政治举措。金宣宗贞祐二年（1214），在蒙古军的打击下，金朝廷南迁。兴定四年（1220）二月，为了对抗蒙古军队的入侵，金宣宗采纳了御史中丞完颜伯嘉的建议，将山东、河北、山西等地势力较大的九个地主武装首领封为公爵，分别为沧海公王福、河间公移剌众家奴、恒山公武仙、高阳公张甫、易水公靖安民、晋阳公郭文振、平阳公胡天作、上党公张开、东莒公燕宁。赐号"宣力功臣"，允许他们在其管辖区域内自设公府，任命官吏，征敛赋税，赏罚号令。

【**九流十家**】先秦到汉初各种学术流派的合称。西汉时期，刘歆在《七略》中把先秦和汉初的诸子思想分为十家：儒家、道家、阴阳家、法家、名家、墨家、纵横家、杂家、农家、小说家。并分别论述各家的学术渊源和特点。"十家"中除去"小说家"，称为"九流"。后也泛指各学术流派。

【**九嫔**】嫔，pín。宫中女官名。掌教德、言、容、功四种女德的九类女官。也是帝王的妃子。晋武帝时据经典所载而设，地位等同九卿，即淑妃、淑媛、淑仪、修华、修容、修仪、婕妤、容华、充华。唐代以昭仪、昭容、昭媛、修仪、修容、修媛、充仪、充容、充媛为九嫔。后世名号有所更易。

【**九品混通**】魏晋南北朝官府按户等高低征收户调的赋税制度。也称九品相通。源于曹魏，定型于晋，为课田和户调式的实施细则。品代表的是户等，共划分为上上、上中、上下、中上、中中、中下、下上、下中、下下九等，各地官府综合各等情况确定赋税总额，按富多贫少的原则摊派输纳。南北朝时与宗主督护制结合行用，北魏至隋唐均田制下被改革调整，区分户等纳税的原则。唐宋以来仍在贯彻。

【**九品中正**】魏晋南北朝时期的一种官吏选拔制度。魏文帝曹丕黄初元年（220）采纳吏部尚书陈群的建议，在各州、郡设立中正官，将各地士人按才能分别评为上上、上中、上下、中上、中中、中下、下上、下中、下下九等（九品），每十万人举一人，供朝廷按等选用，由吏部授予官职，谓之"九品官人法"。沿至晋、南北朝，选取专重门第，导致"上品无寒门，下品无世族"的局面，成为世族豪门把持政权的工具。隋文帝时废除此制，改行科举制。

【**九天玄女**】古代传说中的女神，为道教所信奉。人头鸟身，为圣母元君弟子、黄帝之师。曾以六壬、遁甲、兵符、图策、印剑等物授予黄帝，并为其制夔牛皮鼓八十面，助黄帝大败蚩尤。也称玄女、九天玄女娘娘。

【**九锡**】锡，通"赐"，赐给。天子赐给诸侯、大臣的九种器物。西周以来对大臣的最高礼遇，所赐包括车马、衣服、乐悬、朱户、纳陛、虎贲、斧钺、弓矢、秬鬯。其形制、规格与天子器物相当，各有道德、功勋、权位等象征意义。九锡最早见于《汉书》，名目大同小异，排列前后次序不一。后世权臣图谋篡位，辄先邀九锡。

【九疑】 山名。疑，一作"嶷"。也称苍梧山。位于湖南宁远县南。因有九峰形态相似，使游人感到疑惑，故名。相传舜南巡，崩逝于苍梧之野，葬于九疑山。舜妃娥皇、女英赶至南方，投湘水而死，化为湘水神。战国屈原《九歌·湘夫人》"九嶷缤兮并迎，灵之来兮如云"，描述了舜使九疑的众神来迎湘夫人的盛大场面。

【九章律】 汉高祖时由丞相萧何主持制定的刑律。也称《汉律九章》。一般认为，九章是《法经》中的《盗律》《贼律》《囚律》《捕律》《杂律》《具律》六篇和后增加的《户律》《兴律》《厩律》三篇。此后内容有所调整，是汉律的重要组成部分。《九章律》是在秦律基础上，选取适合于当时的内容删订而成，是汉代第一部律法。

【九章算术】 我国古代最早的数学经典著作。也称《九章算经》。大约成书于东汉初年，非一人一时之作。全书九章，依次为《方田》《粟米》《衰分》《少广》《商功》《均输》《盈不足》《方程》《勾股》。包括整数和分数的四则运算、面积和体积、赋税的分派、粮食的互换等计算，以及一次方程组解法和测量用数学等。其中分数和正负数的计算、一次方程组解法都是具有世界意义的成就。并先后传入朝鲜、日本、印度、阿拉伯和欧洲，是古代数学名著之一。

【九州】 ①我国先民观念中的地理区划，具体说法并不统一。《尚书》记载，大禹治理洪水，分天下为冀、兖、青、徐、扬、荆、豫、梁、雍九州。而《吕氏春秋》有幽州而无梁州；《周礼》有幽州、并州而无徐州、梁州；《尔雅》有幽州、营州而无青州、梁州。②指中国。宋陆游《示儿》诗："死去元知万事空，但悲不见九州同。"

【九族】 族，表示家族的亲属关系。九族具体所指，主要有两种说法：一是同姓亲族，即高祖、曾祖、祖、父、本人、子、孙、曾孙、玄孙的九代直系亲属；二是包括异姓亲族，即父族四、母族三、妻族二。

【糺军】 糺，jiǔ。也作"紏"。辽金元由北方被征服诸族组成的军队。辽代分属契丹八部统领。金代已形成正式兵种，分属东北路、西北路和西南路招讨使统领。贞祐二年（1214），降蒙古。成吉思汗分其众给功臣孛斡儿出、木华黎二人。元代辽东亦有糺军，为乡兵，不出戍他方，与辽金不同。

【酒令】 古代饮酒时助兴取乐的一种游戏，可分输赢。也称行酒令、打令。推举一人为令官，其他人听其号令，号令可以是轮流说诗词也可以是其他游戏，违令或负者罚饮。自唐代以来盛行，直至近代。著名的酒令活动有东晋王羲之等的"曲水流觞"等。

【居士】 原指德才兼备而隐居不仕的人。佛教传入中国后，借指居家奉佛的人。古代信奉佛教或道教的文人雅士也常以"居士"为号。如李白号"青莲居士"，白居易号"香山居士"。

【居停主人】 经营邸店的主人。简称主人，唐朝多见。以经营商货贮购批销、银钱存放、说合交易牟利。

【居延汉简】 出土于汉代烽燧遗址（今内蒙古和甘肃的额济纳河流域）的木简。分两批被发现。第一批由西北科学考察团于1930年发现，共计1万余枚。第二批由甘肃居延考古队于1972—1976 年发掘采集，共计 2 万余枚。年代自汉武帝置居延县至东汉中叶。内容一小部分为书籍、历谱、私信，大部分为边塞的屯戍档案，是研究汉代长城烽燧建置、戍屯制度、文书档案制度的珍贵资料，具有极高的科学、历史与文物价值。

【居养院】 宋徽宗时所设收养贫病孤老者的机构。宋元符元年（1098）淮东路设官房，收养鳏寡孤独、贫困不能自存者，月给口粮，病者给医药。徽宗时赐名为"居养院"，并在全国广泛推行。居养人的口粮、日用钱、冬季柴炭钱，政府都有具体规定。

【居庸关】 古关名。位于北京昌平军都山上。军都山古称"居庸山"，"居庸"之名，取"徙居庸徒"之意。传说秦始皇修长城时将强征来的民夫士卒徙居于此，因此得名。居庸山是太行八陉的最北陉。陉，指山脉中间断开的地方。在此建关，可凭借两山夹峙之险。三国时期的西关、北齐的纳款关、唐代的居庸关（也称蓟门关、军都关）都建于此处，辽金元明清都称居庸关。今之居庸关建于明洪武元年（1368），是北京城西北的屏障，也为兵家必争之地。居庸关风景秀丽，花木葱茏，故有"居庸叠翠"的美称，被誉为"燕京八景"之一。

【菊】 花卉名。品种众多，形态、色彩各异，是著名的观赏花卉。古人认为食菊能延年益寿。菊花秋季开放，抗寒傲霜，晋代诗人陶渊明独爱菊，有"采菊东篱下，悠然见南山"的名句，后人因此将菊视为"花中隐士"，作为隐逸高雅的象征。

【菊花酒】 一种用菊花酿制的酒。汉代以来即有在重阳日饮菊花酒的习俗，古人认为能使人长寿。人们在菊花绽放时，采摘花瓣和茎叶，与黍米混合在一起酿酒。等到第二年的九月初九日酿成，打开饮用，称为"菊花酒"。

【举案齐眉】 《后汉书》里记载，梁鸿之妻孟光敬重丈夫的为人，给丈夫送饭时，总把端饭的木盘高举到跟眉毛一般齐的位置，以示尊敬。后以"举案齐眉"赞美夫妻互敬互爱的婚姻态度。

【举人】 唐代指各地乡试合格贡送到朝廷应举的人。宋代凡参加乡试的各科士人都称"举人"，俗称"举子"。明清时期"举人"专指在乡试中考中的人，可继续参加会试，也可以此为出身资格，被授予官职。

【巨鹿之战】 秦末项羽率起义军在巨鹿（今河北平乡）歼灭秦军主力的战役。公元前 207 年，秦将章邯率军攻赵，以重兵围巨鹿。楚怀王派宋义为上将军、项羽为次将，率起义军救赵。宋义途中逗留不进，项羽杀宋义，取得兵权。全军渡漳水后，破釜沉舟，只带三天干粮，以示拼死血战的决心。在巨鹿激战多次，大破秦军，秦将苏角被杀，王离被擒，涉间自杀。后章邯率余众 20 余万投降。这是推翻秦朝的决定性一役，也是军事史上以少胜多的著名战例。

【巨阙】 古宝剑。相传春秋时铸剑大师欧冶子铸造湛卢、纯钧、胜邪、鱼肠和巨阙五把宝剑。巨阙剑以其钝而厚重、坚硬无比著称，被誉为"天下至尊"。

【具狱】 备文结案的司法程序。也称狱具。始于战国，秦汉沿此并加以完善，明确规定判罪定案须以告讼词、证据、量刑、口供等文书都完备为前提，以此视为结案标志。后世沿之，其条件和程序更加严格。

【聚珍版】 清代宫廷活字本。也称聚珍本。为刻印《四库全书》中的善本，清代乾隆时期的武英殿刻书机构雕制木活字25万多个，用于刊印书籍。乾隆皇帝认为"活字版"这个名称不够文雅，于是改称"聚珍版"，所印之书称为《武英殿聚珍版丛书》。后各地也雕制木活字印书，称"外聚珍"。武英殿活字本则称"内聚珍"。

【屦】 jù。上古时先民把"鞋"称为"屦"。屦一般用麻、葛等野生植物的纤维绞成绳后，再在鞋楦（制鞋的模具）上编织成鞋。为使鞋子紧致结实，编织的过程中还要不断用木槌砸。成语有"葛屦履霜"，指冬穿夏鞋，比喻过分节俭。

【绢】 生丝织成的平纹织物。由于其经纬密度相等，故织物质地细腻、平展光顺，既可以制作服饰，也可用来进行书画创作、装潢等。绣工在这种薄顺平展的织物上可以绣出各种精美的图案。湖北江陵、甘肃敦煌等处均有绢出土，为了解绢的发展提供了丰富的原始资料。

【圈禁】 圈，juān。清朝犯罪的皇室宗族、贵族受到的禁闭刑罚。分为锁禁、拘禁、墙圈、屋圈、坐圈等。由宗人府负责执行。如清朝镇国公溥泰收受禁垦淀地，被削爵，圈禁一年。圈禁也用来抵折宗室贵族所犯的枷、徒、流罪。

【屩】 juē。古代一种草编鞋。也称屐。

屩穿着较轻便，适宜行走。

【决胜军】 金末由邳、海等州投降的红袄军及胁从归国充军者组成的军队。每名士兵分配田地三十亩，力大者给五十亩，不用交税，并且每天供应口粮。

【决事比】 判案时用来比附援引的判例。历代都有，汉代用此称。汉代凡是判案时有疑或法律无明文规定的，可比附类似的条文，逐级上报定夺，奏请皇帝定案判决。这种判例经汇编后再奏请皇帝批准，称"决事比"，具有法律效力，其判决结果可作为日后审理类似案件的依据。

【玦】 jué。一种环形有缺口的玉佩。古代文人佩玦，既是时刻提醒自己要保持谦逊，也是表达君子有决断的意思（玦、缺、决属同源字，都来自于"夬"）。如秦末在项羽所设的鸿门宴上，谋士范增多次举起佩玦提醒项羽，下定决心杀死刘邦的故事。此外玦还指射箭时戴在右拇指上用以拉开弓弦的用具，也称扳指。

【绝句】 诗体名。绝句有近体绝句和古体绝句两种。通常有五言、六言、七言的区别。或用平韵，或用仄韵。近体绝句始于唐，产生于律诗之后，截律诗之半而成，故又称截句、断句、绝诗。古体绝句实为最简短之古诗，产生于律诗之前，《玉台新咏》已载有《古绝句》。唐以后诗人所作古体绝句一般称"古风"。

【蕨】 一种植物，即蕨菜。初发时如小儿拳，故又称拳菜。其茎紫色，故又称紫蕨。嫩叶可食，根茎含淀粉，称蕨粉，也可食用。古人往往以采蕨为退隐不仕之典。

【爵】 ①古代常见酒器。相当于今之酒杯。初多用青铜制造，后也以金、玉制成。有流、柱、鋬和三足，可用以盛酒和温酒，盛行于商代和西周初期。②爵位、官位。旧说周代有公、侯、伯、子、男五等爵位。汉代有王、侯二等爵位。皇子封王，相当于先秦的诸侯，所以通称"诸侯王"。汉初异姓也封王，后"非刘氏不王"，异姓受封者通称"列侯"。三国以后，历代封爵制度不尽相同，同姓封王基本一致，异姓一般封为公、侯、伯、子、男。

【镢】 jué。即"大锄"。初为青铜所铸，战国中后期方用铁铸。据考古发现，其形多呈长条状，厚重而坚实，有椭圆形孔连接柄。其功用和锄类似，但各有分工，镢形体、重量较大，多用于开垦，而相比之下，尺寸较小而轻便的锄用于中耕。

【军】 宋代的地方行政区划名。与州、府、监同隶属于路。

【军机处】 清代官署名。全称办理军机事务处。雍正八年（1730）设立。位于宫中乾清门外西侧、隆宗门内。初名军机房，雍正十年（1732）铸予银印，命名为办理军机事务处。职掌机要，处理奏折文书，撰写谕旨，并负责文武官员的简放、换防、记名、引见、赐予以及外藩之朝使者颁赏等事宜。因参决军国大事，也称枢垣、枢廷。由皇帝特旨召三品以上满、汉大员入职为军机大臣，名额不定，少则三四人，多则六七人。军机大臣常侍皇帝左右，参与国家政策之商讨和重大案件之审拟。皇帝召集军机大臣商议国是时，会屏退闲杂人等。军机大臣以下，有军机章京，一般由各部、院考录四品

以下官员担任。宣统三年（1911）五月，责任内阁成立，军机大臣改任总理、协理大臣，军机处退出历史舞台。

【军礼】 古代五礼之一，国家有关军事方面的礼制和仪式。周代，军礼用于协同天下各邦国，有大师、大均、大田、大役、大封。大师是召集和整顿军队。大均是校正户口，调节赋征。大田是检阅车马人众，亲行田猎。大役是因建筑城邑征集徒役。大封是整修疆界、道路、沟渠。其中和军事活动关系最密切的是大师、大田之礼，均包含一系列礼仪。后世有沿革发展。

【军流】 清代将犯人流放到军队效力的制度。据犯罪情节轻重，按标明各军远近方位的《五军道里表》执行流放，分为附近、近边、边远、极边、烟瘴五等。

【军器监】 监，jiàn。古代官署名。掌管制造军械。唐初始置。后时设时废。北宋王安石变法，以军械不精，特设军器监，掌监督缮治兵器什物，监官以文臣充任。元代改为武备监。也为官名，指军器监长官。

【军市】 战国时期各国边地驻军附近的市场。军官和士兵可在此购买到生活日用品。市租的征收供军官与军队使用。其中不准藏有女子，不准私自贩卖粮食，不准轻惰之游民出入。

【军屯】 以军队或军事组织方式垦田耕作。历史上各代封建王朝普遍实行的一种屯田形式。也称兵屯。始行于汉武帝时期的西北地区驻军，以就地供应军粮，减轻朝廷的给养负担。后世多仿此而行，曹魏及明初尤为突出。

【军尉】 春秋时晋国设置的军官名。掌管卿将驾车及士卒训练。

【军须钱】 唐代中期开始实行的一种军事财政制度，用于支持军队的开支和战争的经费。这种制度的实施方式通常是由政府向商人借贷资金，然后以税收的形式偿还给商人。军须钱还常常用来支付官员的薪水和其他行政开支。后其使用逐渐变得混乱无序。一些官员甚至利用军须钱来谋取私利，导致国家财政状况恶化和社会动荡。唐玄宗于公元758年废除了军须钱制度，并采取了一系列措施来整顿财政秩序和加强军队管理。

【军镇守捉】 唐朝设置的军事和行政单位，属边防体系的一部分。唐初以来戍边之制，军为较大的军事单位，守捉为较小的军事单位。另有城镇，皆驻军守御，设使为长，多以其地为名，如卢龙军使、岢岚守捉使、蓬莱镇使等，总辖于各道节度使。安史之乱后，军、镇多设节度使统领，两者趋于合一，守捉渐亡。

【均输平准】 由官府转运买卖物资，以平抑物价和赚取差价的政策。起源甚早，汉武帝时以此为名。由大农令孔仅和桑弘羊提出。均输制度是指国家在各地设置均输官，负责收取各地民众向朝廷进贡的土特产品，而后在附近价格较高的地方出售，将收益交给中央。平准法则是在大司农之下设立平准官，通过在市场上随物价涨落贵卖贱买以营利。通过转运货物和贱卖贵买抑制商人暴利，增加财政收入，以充打击匈奴、经营西域的经费。后来王莽的"五均六管"及王安石的"均输法"等，都受到此法的影响。

【均田制】 北魏至唐中叶按人口数分配土地的制度。也称均田。北魏太和九年（485），孝文帝采纳李安世的建议，颁布均田令，规定男子年15岁以上、女子均可授无主荒田。所授田地不准买卖，受田者年满70岁或死亡时将田地归还国家。受田后不得迁徙。地方官员按级别给作为俸禄的职分田。北齐、北周、隋唐都沿此制，具体的实行办法有所变更。到唐中期，土地兼并加剧，均田制被废除。

【均徭银】 明中期至清初官府对丁壮征收的杂役代役银。均徭即按民户丁田的多寡分为上、中、下三等，依等派充经常性杂役。清代雍正时期，人们不再需要亲身充役，改为缴纳银两来代役，称为"银差"。官府用这部分征收的银两雇佣人员来完成各种杂役。

【君】 周代，诸侯称为君。战国、秦汉时期，贵族、功臣的封号也称君。如战国时齐国的孟尝君、赵国的平原君、魏国的信陵君、楚国的春申君，但称君的人不是诸侯国最高统治者，没有调动军队的权力。秦统一天下后，称皇帝为君。后来又引申为对男子的尊称，故丈夫和父亲也可称君，如"为君妇"的"君"指丈夫，对别人称自己的父亲为家君。

【君子】 西周、春秋时期，贵族统治阶级男子通称为君子。与"小人"相对。后以有德、无德来区分君子和小人。儒家的君子，指在道德品质、精神人格、才学能力诸方面都很完美的理想化形象。也泛称有才德的人。

【钧】 古代重量单位。汉代1钧为30斤，4钧为1石。

【钧窑】 古代名窑。窑址在今河南禹州

境内。因其地当时属钧州,故名。成功烧制铜红釉,以彩釉和丰富多彩的窑变驰名,兼烧青釉器。钧窑是宋代五大名窑(哥窑、汝窑、官窑、定窑、钧窑)之一。

【郡守】古代官名。先秦时为武职,防守边境。秦朝设郡县制,以郡为地方最高行政区划,每郡行政长官称郡守,主一郡之政事,汉景帝时改称太守。

【郡王】爵位名。晋武帝分封子弟二十余人为王,以郡为国,始见"郡王"之称。隋郡王位次于王。唐皇太子、诸王并为郡王,亲王之子承恩泽者也封郡王。宋代定为十二等爵第三等,位嗣王下、国公上。后郡王皆为次于亲王一等的爵号。除皇室外,大臣和节度使也有被封为郡王的,如崔玄暐、张柬之、敬晖、桓彦范、袁恕己五人参与了神龙革命,唐中宗打击五大功臣的时候,先封他们为郡王,后削夺他们的宰相权力。清代宗室封爵第三级称为"多罗郡王",简称"郡王"。

【郡望】某一郡内的名门大族。魏晋至隋唐时来源于东汉各郡声望高的姓氏大族,魏晋以来称此,由朝廷钦定、认同,每郡约有四个,称为四姓或郡姓。散于各地的同姓以出自此郡为贵,于是姓与郡名连称以相标榜。隋唐时期,位望崇高的有陇西李氏、弘农杨氏、范阳卢氏、清河崔氏、荥阳郑氏、太原王氏等。

【郡县制】我国古代地方行政制度。郡、县作为行政区划初见于周代,全国分百县,县辖四郡。春秋时期,各诸侯国在边地设郡,其面积大于县。战国时,又在边郡分设县,形成郡县两级制的雏形。秦始皇统一六国后,分全国为三十六郡,即三川、河东、南阳、南郡、九江、鄣郡、会稽、颍川、砀郡、泗水、薛郡、东郡、琅邪、齐郡、上谷、渔阳、右北平、辽西、辽东、代郡、巨鹿、邯郸、上党、太原、云中、九原、雁门、上郡、陇西、北地、汉中、巴郡、蜀郡、黔中、长沙和内史(秦代京畿附近由内史治理,即以官名为名,不称郡)。后又增加桂林、象郡、南海、闽中四郡。郡下辖县,自此,郡县制成为地方统治的基本框架,至唐代州郡迭改,宋设州府,至明代郡逐渐废止。郡县制是秦以来我国封建社会占主导地位的两级政区建制,与"分封制"相对,由中央政府直接管辖,起到了加强封建社会的中央集权制、稳定国家政局的作用。

【郡斋读书志】目录学著作。全称《昭德先生郡斋读书志》。南宋晁公武撰。我国现存第一部附有提要的私家藏书目录。因晁公武时任郡守,故名。全书按经、史、子、集四部分类法编排。书前有总序,四部各有总论,各类小序在每类第一种书的提要中,叙述学术源流。每书撰有提要,或介绍作者生平,或讨论书中要旨,或论学派渊源,或述篇章次第,较偏重考订。在目录的体系和提要考订方面都有首创意义。与南宋陈振孙的《直斋书录解题》被誉为宋代私家目录的双璧。

【郡主】郡公主。晋始置。郡主有帝女、皇太子之女、王女、皇帝庶女、亲王女等身份的不同。至唐,郡主才成为特定的封号,为皇太子之女。宋沿唐制,而宗室女亦得封郡主。明清用以封亲王之女,郡王女为县主。

K

【卡伦】 清政府在要隘设置的军事哨卡，以北部边境设置为多。满语"台""站"的音译。由边境内侧向外分为常设、移设、添设三层，各设数人至数十人，以佐领或参领为长，掌瞭望戍守，兼管税收等事。

【开成石经】 唐代的十二经刻石。唐文宗大和七年（833）始刻，开成二年（837）完成，故名。也称唐石经。刻石内容为《周易》《尚书》《毛诗》《周礼》《仪礼》《礼记》《春秋左氏传》《公羊传》《穀梁传》《孝经》《论语》《尔雅》十二种儒家经典。开成石经由114块巨大的青石组成，每块石碑高2米以上，共镌刻六十五万零二百五十二字。石碑比肩排列，绵延百米，两端石柱夹护，是唐代一项浩大的文化工程，也是后世研究我国经书历史的重要资料。

【开封】 古都名。在今河南开封。春秋时为郑国属地。战国时魏国建都于此，史称大梁。东魏置梁州，隋唐改名汴州。五代的梁、晋、汉、周和后来的北宋政权都在此地建都。宋称汴京。宋金对峙时期，金以此地为南京。元代改为汴梁路，明代改称开封府。自隋朝大运河开通以后，汴梁成为北方经济、军事重镇。

【开封之战】 明崇祯十四年（1641）至十五年（1642），李自成率军攻击开封的战役。战事跨度一年有余，对开封包围超过一百天，先后共发动了三次进攻。此役李自成先突袭开封失利，后与罗汝才联兵两度攻城，先后击退孙传庭、丁启睿等各部来援明军，又避过官军决黄河堤后的水势，最终攻克开封，城内原有的五十万居民丧失了四十五万之多，明廷在河南再无重镇可守。

【开府】 古代指高级官员（如三公、大将军、将军等）开建府署，辟置僚属。汉制。唯三公可开府。及汉末，李傕、张杨、董承等以将军开府，"开府"之名始此。魏晋以后，开府者增多，遂有"开府仪同三司"名号，即开府置官援照三公成例，以此作为对高级官员的优待。唐宋以"开府仪同三司"为文散官第一阶，即不带职官，亦与朝参禄俸。金文散官上曰"开府仪同三司"，中曰"仪同三司"。元代通用于武职。明代始废。清代称出任外省督抚为"开府"。

【开复】 清代铨选制度。即官吏被降革后恢复其原官或原衔。历代有之，京官由各该衙门堂官详核咨部，由部题请开复；外官由各该督抚详核咨部，题请开复。

【开皇礼】 礼仪法典。隋文帝开皇三年（583），由礼部尚书牛弘主持编纂，以"五礼"为纲，兼采南朝梁以及北齐的仪注，于开皇五年（585）撰成并颁行，共 100 卷。对南北朝时期的礼制做了总结，对唐礼产生很大影响。

【开豁贱民】清雍正以来将部分贱民改籍为良的户政举措。也称开豁为良。明清贱籍有世仆、乐户、丐户、惰民、蛋户、娼妓等名目。这些贱民并非奴隶，但地位低于平民，不列于民户的户籍。雍正初年始削天下乐籍及浙江等地惰民、丐户之籍，将之编入平民户，此后至乾隆、嘉庆皆续有放良之举而范围不等。除豁贱籍的条件相当苛刻，贱民需要经过四代人才正式除籍，并要求亲支不沾贱业。贱户改籍后法律地位有所提高，但社会和政治歧视仍长期延续。

【开阡陌】商鞅变法中有关土地制度变革的内容。即打破井田区隔，调整田间道路、水渠，增加土地面积；同时鼓励开荒，允许土地私有和自由买卖。这一政策废除了原有的井田制，确立了土地私有制。

【开缺】古代官吏因故不能留任，免除其职务，此时其职位出现空缺，需另外选人充任。

【开山】本指佛教择名山建寺。后也用以比喻某一技艺或学术派别的始创，如"开山之作"。佛教又将择山建寺并自成宗派之高僧称为"开山祖师"。此称也用来指某一技艺或学术派别的创始人。如宋刘克庄在《后村集》中提道："本朝诗惟宛陵（梅尧臣）为开山祖师。"

【开禧北伐】南宋宁宗开禧二年（1206），韩侂胄主持发动的伐金战争。宋宁宗执政期间，韩侂胄逐渐掌握了大权。他力主抗金，以郭倪为山东京东招抚使，赵淳、皇甫斌为京西北路招抚使、副使，分道攻金。勇将毕再遇取泗州，进至灵璧，因田俊迈攻宿州（今属安徽）失利被俘，被迫撤退。西路军皇甫斌攻唐州（今河南唐河）也告失败。诸军退守江淮。金军渡淮南下，与宋相持。北伐失败后，南宋与金签订了《嘉定和议》。

【开元礼】礼仪法典。开元二十年（732）由宰相萧嵩等编成并颁行，共一百五十卷。分吉、宾、军、嘉、凶五礼。对《开皇礼》以来的礼制发展进行总结，折中采用《贞观礼》和《显庆礼》的有关内容，是现存最早、最完整的中古礼仪制度的代表作。

【开元寺】佛教寺院，位于今福建泉州。始建于唐武后时，初名"莲花寺"，开元二十六年（738）更名为开元寺。宋代发展至鼎盛时期，有支院百余所。元代至元二十二年（1285）并为大寺，朝廷赐额"大开元万寿禅寺"。开元寺曾屡经毁坏并多次重修。寺内有珍贵的佛学经典和名家书法。其甘露戒坛与北京戒台寺寺坛、杭州昭庆寺寺坛并称中国三大戒坛。寺内东西两塔是中国现存最高的一对石塔。

【开元通宝】古钱币。唐武德四年（621）废五铢钱后开始铸造。币面上下右左有"开元通宝"四字，有人回环读作"开通元宝"。为后世铜币以"通宝"或"元宝"为名的由来。开元，意谓开辟新纪元，并非年号；通宝，意为流通的钱币。唐武宗会昌五年（845）曾铸新的开元通宝，背面有"昌"字或以一字代表州名，俗称"会昌开元"。此后，南唐和闽国也曾铸造

K

"开元通宝"。

【开元占经】 古代天文学著作，全称《大唐开元占经》，共一百二十卷，唐瞿昙悉达撰，成书于开元六年（718）至开元十四年（726）之间，书中涉及天文星象和各种物异等占语，故名。其天文内容有名词解释，宇宙理论，日月五星行度，二十八宿距度，石氏、甘氏、巫咸氏三家星官名称、度数等，介绍了《麟德历》《九执历》以及从古六历到《麟德历》共 16 种著名历法的积年、章率等基本数据。搜辑了许多唐以前的天文历法和纬书的资料，如《灵宪》《浑天仪图注》，甘、石、巫咸氏三家星经等，这些古书现多已亡佚。此书对我国天文学史的研究很有价值，所录《九执历》是研究印度古代天文学的珍贵资料。该书唐以后一度散佚，至明万历四十四年（1616），由歙县人程明善从古佛塑像腹中发现，始得流传。

【开元之治】 唐玄宗开元年间（713—741）出现的社会稳定、经济繁荣、文化发达的治世局面。开元时，姚崇、宋璟、张说、张九龄等先后为相，淘汰冗官，整顿吏治，禁建佛寺，兴修水利，发展生产，励精图治，政治安定清明。开元末，户口数较唐初增加四倍，经济达到繁荣顶点。"丝绸之路"畅通，海上航行渐有发展，中亚、西亚以及日本、新罗等国访唐者络绎不绝，唐成为亚洲经济文化交流中心。

【开中】 明朝政府以授予食盐运销权来鼓励商人输送粮食至边塞充军粮的制度。宋初于京师设折中仓，招募各地商人运粮到京师，兑给缗钱或盐茶等货物，称为"入中"或"折中"。明沿宋制，主要由山西一带商人运粟九边，后各地商人及各边地皆行此法。明中期以来其制弛坏，私盐盛行，官府难以兑现盐商持有的盐引，遂被十字纲册等法取代。

【铠甲】 古代士兵穿的护身衣。早期的甲用皮革制成。肩甲、胸甲、腿甲以不同皮革制作。甲片用皮条相连缀。宋代已盛行铁甲。元代蒙古骑兵多用网甲。明代铠甲制作更为精良，有护上身和肩臂的铁网衣，还有护下身的铁网裙、裤。

【楷书】 汉字书体。也称正楷、正书、真书。由隶书演变而成。因形体方正，笔画平直，可做楷模，故名。始于东汉，通行至今。唐以前，楷书也兼指八分书与隶书。唐欧阳询、颜真卿、柳公权与元赵孟頫，并称"楷书四大家"。欧阳询代表作《九成宫醴泉铭》被誉为"天下第一楷书"。

【堪舆】 俗称风水。古人认为，住宅或坟地周围的风向、水流等形势影响家族的祸福。也指相宅、相墓之法。

【康乾之治】 指清圣祖康熙、世宗雍正、高宗乾隆在位期间清王朝统治下的鼎盛局面。也称康雍乾盛世。是我国历史上社会发展程度较高的鼎盛时期之一。其时政局稳定、经济繁荣、国力强大、文化昌盛，大一统的中华版图初步奠定，多民族统一的中华民族大家庭最终形成。该时期长达一百多年，后期，清朝统治出现由盛转衰的迹象，盛世走向衰落。

【康熙】 清朝第四位皇帝爱新觉罗·玄烨（1654—1722）。年号"康熙"。公元 1662—1722 年在位，共 61 年，是历史上在位时间最长的皇帝。八岁即位，亲政后，智擒鳌拜，平定三藩叛乱，收复台湾，驱逐盘踞黑龙江的沙俄势力，平定准噶尔叛乱，加强了多民族国家的统一。在位期间重视农业、水利，进行全国性土地丈量，完成《皇舆全览图》的绘制。崇尚儒学，提倡程朱理学。重文兴教，开博学鸿词科。组织编纂《全唐诗》《康熙字典》等，为"康乾之治"打下了基础。

【康熙字典】 字书。清代张玉书、陈廷敬等奉诏编纂。康熙五十五年（1716）印行。共42卷。在明梅膺祚《字汇》、张自烈《正字通》基础上增删而成。全书收有47 035字（今人统计实际收字为47 043个），分为12集214部。连同《补遗》《备考》等，共收单字49 003个，是我国古代收字最多的字典。凡古代字书、韵书、经史子集中的僻字、奇字、其他字书不收的字，大都可以从此书查到。此书体例严谨，收字范围广泛，繁简得当，具有较高的实用性，又因是御敕修撰，故问世后影响极大、流行极广，至今仍不失为一本有价值的语文工具书。但因成于众手，在切音、释义方面标准不一，疏漏和错误较多。清人王引之《字典考证》、日本人渡部温《康熙字典考异正误》、今人王力《康熙字典音读订误》都有补正。

【考妣】 妣，bǐ。考，上古称父亲，后专指已去世的父亲。妣，原指祖母及祖母辈以上的女性祖先，后专指已去世的母亲。考妣，指已故的父亲和母亲。

【考工记】 最早的一部科技文献。作者不详。因书中有秦、郑国名，又用齐人语言，有人据此认为是春秋末期齐国人的著作。内容按木工、金工、皮工、设色工、刮摩工、抟埴工六类，分别对车舆、宫室、兵器、礼乐诸器等的制作工序做了较详细的记载。从中可考见先秦古器制度、工艺设施及科技水准的一般情况，以及先秦时期的审美时尚。书中记载"金有六齐（合金）"，关于六种不同成分的铜锡合金及其用途的叙述，与现代应用的锡青铜规范大体相同，这是世界上最早的关于合金成分分析研究的记载。

【考阅】 明朝由兵部会同科道官对军队进行的定期或随机检查。

【科差】 差，chāi。唐宋元历代封建政府征收的代徭税。也称差科、差税。初兴于唐，宋时沿袭，当时的征收面并不广泛，尽管有代役税，但仍然存在徭役。元代科差成为正式赋税项目。元朝的科差主要包括丝料、包银和俸钞三项。负担科差的主要是民户，此外还有医户、猎户等。军、站、僧、道、儒等户均免征此税。

【科场】 科举考试的场所。起源于唐朝，一直沿用到清朝。在科举制度刚产生的隋朝和唐朝初期，科举并没有专用的考场，一般是借用吏部办公区举行考试。唐玄宗开元二十四年（736），科举考试由吏部改为礼部主持，始置贡院作为考试专门机构。但此时的贡院仍然借用礼部或尚书省等机关办公区，考试时临时搭设考场，考完恢复原状。大致在北宋中期以后，官府才开始修建专门的建筑作为贡院考场。贡院内部设置成排的相互隔开、相对独立的小房间，即号舍，考生在号舍参加考试。号舍安排有一定规律，一般情况下，考生按所属地区和类别的不同，被分到不同的号舍。考试期间，考生需要严格遵守考场纪律，不得随意离开号舍，更不能与外界交流。

【科场案】古时科举考试中因营私舞弊事件引发的大案。常见的犯罪行为有贿买考官、夹带经文、请人代考等。科举制度建立后，舞弊事件也随之发生。唐宋都有因科场舞弊而被处罚的考官和考生。明清时期，科场案频繁出现，惩治也更严厉。明代洪武三十年（1397），爆发震惊全国的"南北榜案"，此后开始实行南北分榜取士制度。清顺治时的丁酉科顺天及江南乡试案、康熙时的辛卯科江南乡试案、咸丰时的戊午科顺天乡试案，史称"清朝三大科场案"。涉案人员众多，皆判斩、绞、充军、革职等处罚，又因牵涉官僚派系之争，审理过程颇多曲折。

【科道】古代官署名。明清六科给事中和都察院各道监察御史的统称。"六科"指吏科、户科、礼科、兵科、刑科、工科，掌纠劾、封驳之事。"道"指都察院分省而设的各道监察御史，监察各地兼纠在京百司行政。"六科"与"道"因职能交叉，常意见相左，清雍正帝为防其派系之争而将六科划属都察院，称科道合一。"科道"也为官名，指科道官。

【科第】考核官员，评定科别与等第。始于汉代的分科推荐或察举，西汉以来博士三科、光禄四行及东汉察举孝廉等科的考试，皆分其等第高下，以为选用依据。科举时代也用以指科举考试，或科举登第。

【科甲】汉唐取士设甲乙丙等科，甲科者为郎中，乙科者为太子舍人，丙科者补文学掌故。后通称科举为"科甲"，称经科举考试录取者为"科甲出身"。

【科举】隋唐以来分科目考试选拔文武官吏后备人员的制度。也指这种考试。隋文帝废九品中正制，改由诸州岁贡三人。炀帝时始设进士科。唐时，除进士外，复置秀才、明经、俊士、明法、明字、明算诸科，又有一史、三史等科，分科取士，因称"科举"。其后宋用帖括，明清两代以"四书"文句为题，规定文章体式为八股文，仍沿"科举"之称。自科举行而荐举渐废。至光绪三十一年（1905），推行学校教育，科举始废。

【科考】科举考试，乡试前府、州、县学对生员举行的甄别性考试。生员达一定等第，方准送乡试。也称科试。明代各省提学官在任三年中，考试所辖学校生员两次，第二次考试为科考，主要作为生员参加乡试前的资格考试。考试内容大体与岁考相同。考试结果分六等，其依次充补廪生及增生，以及前列者给赏等规定亦与岁考同。其一、二等可赴乡试。清沿之，凡经考试获各省一、二等及大省的三等前十名、中小省的三等前五名均有资格参加本省乡试。

【科名】科举考试制度所设的类别名目。也指科举考试所取得的功名。

【科目】唐代以来分科取士的项目。唐制，取士之科有秀才、明经、进士、俊士、明法、明字、明算等，见于史者五十余科，又有大经小经之目，故称科目。明清虽仅有进士科一科，仍沿称科目。

【科配】官府摊派正项赋税外的临时加税。也称纽配、科敛、科派。唐已有禁"擅加科配"的记载。宋初由坊廓户承担，后扩大至乡村，成为一种摊派征收的杂税。

【可敦】可，kè。古代鲜卑、蠕蠕、突厥、回纥、蒙古等族首领可汗的正妻。也称可贺敦、可孙、恪尊、合敦等。

【可汗】kèhán。简称"汗"。古代鲜卑、柔然、突厥、回纥、契丹、蒙古等部族最高首领的尊称。也作可寒，也称合罕。在鲜卑语中，"可汗"是"主上"。唐朝实行开明的民族政策，贞观四年（630），突厥、回纥等部族首领拥戴唐太宗为天下之共主，尊称为"天可汗"。

【克己复礼】儒家的修养方法。"复"是"返、还"之意。主张约束自己，使自己的言行举止符合礼制。

【刻符】秦书八体之一。刻于符节上的文字。刻符镌刻在信符上，用以征信，字体多用篆书，因为是用刀刻的，故笔画较为平直。代表作品是《新郪虎符》《阳陵虎符》等。

【客户】古代对寄居本地的外来人户的称谓。汉魏以来，大量失业的农民流亡各地，成为官僚地主门阀豪族的佃客、浮客、隐户、荫户、苞荫户等。唐宋时期户口有主户、客户的区别。晚唐客户变为专指租种主户田地的佃客。宋代以是否有土地为区分标准，有土地的为主户，无土地的为客户。元代"客户"名称消失。

【客家】汉族的支系。相传西晋末永嘉年间，生活在黄河流域的一部分汉族人为了躲避战乱一路向南迁徙。初到江南，后在唐末和南宋末年，又大批次继续南下至今江西、福建、广东东部和北部等地区。因远离家乡，客居他乡，故称。后这一称呼沿袭下来，成为这部分汉族人及后人的统称。客家人在聚居区保持自己的习俗传统。客家话是唐宋时期中原古汉语的活化石。

【客星】古时对天空中平时不见而突然出现的星象的统称。因其与常见诸星不同，出无恒时，居无定所，忽见忽没，或行或止，好像天外来客，故名。古书中记载的客星分为五类，即周伯、老子、王蓬絮、国皇、温星。当时一般根据客星出现和运行来占验行事。

【课田】西晋实行的占田课田制中，需要计亩征收的平均田赋额度。当时规定丁男丁女（皆16至60岁）课田额分别为50、20亩，次丁男（13至15岁和61至65岁）25亩，次丁女不课，平均每亩收租谷八升，另按户调式征收绢绵。官府以此为征收赋税的基准，再按每户实有田亩及其肥瘠之况加以调节。

【缂丝】缂，kè。用生丝做经线、各色熟丝做纬线以凸显花纹的高级丝织品。汉魏已有，宋以来工艺成熟，采用通经断纬织法，可摹织名人书画，有雕琢镂刻的视觉效果，故又称刻丝。多用于帝后服饰等御用织物。随着两宋更替，缂丝的生产重地向南方转移，明清以来，主要产自苏州。

【空海】（774—835）日本高僧。俗姓佐伯，名真鱼，赞岐（今香川县）人。自号"遍照金刚"，谥号"弘法大师"。十五岁学儒，后信佛。唐贞元二十年（804）入唐求法，后师事惠果，三年后得密宗真传，奉师命回国广传真言宗，奉诏在京都东寺（即教王护国寺）

建立真言宗，称为"东密"。创办日本最早私立学校"综艺种智院"，除教授儒道、佛教经典之外，还教授阴阳、律法、医学、工艺、音乐等课程，广泛传布中国文化。空海在日本佛教史上占有非常重要的地位，对日本佛教的发展产生了深远影响。著有《文镜秘府论》《篆隶万象名义》等，其中存有不少中国语文学和音韵学资料。

【空门】 佛教认为诸法皆空，并以悟"空"为进入涅槃之门，故称佛教为"空门"。

【箜篌】 传统拨弦乐器。分卧式、竖式两种，弦数因乐器大小而不同。也称空侯、坎侯。古代有卧箜篌、竖箜篌、凤首箜篌。卧箜篌相传为汉武帝时乐人侯调依琴制作，似瑟而小，七弦，面板设品柱，以拨弹弦发声，按弦于品取音。竖箜篌形似竖琴，体曲而长，二十二弦，竖抱于怀，用两手齐奏，南北朝时经西域传入中原。凤首箜篌因琴首饰以凤首而得名，由南方丝绸之路传入中原。

【孔壁经】 汉代在孔子家旧宅墙壁中发现的儒经。也称壁经、壁中书。西汉末期，相传鲁恭王刘余拆毁曲阜孔子旧宅时发现《古文尚书》《礼》《论语》《孝经》等，这些经书用战国通行文字书写。清代学者对这些古文经书做了系统的考辨。这批古文经书的面世，是经学史上的重大事件，在政治、学术等方面的影响深远。

【孔方兄】 钱的别称。战国时铜钱是圆形圆孔，晚期出现了圆形方孔钱。秦朝建立后，统一币制，铸"半两钱"，就是方孔圆钱，从此，铜钱的样式固定下来。"孔方兄"的称呼，最早见

于西晋鲁褒的《钱神论》，带有戏谑之意。南北朝时，士人为了自标风雅，不称"钱"而称"孔方"，成为风气。后更有人省称为孔兄、方兄。

【孔门三戒】 儒家的处世之道。出自《论语·季氏》。孔子曰："君子有三戒。少之时，血气未定，戒之在色；及其壮也，血气方刚，戒之在斗；及其老也，血气既衰，戒之得。"孔子认为，君子在人生少年、壮年、老年三个阶段，要依次做到戒色、戒争强好斗、戒贪。

【孔门十哲】 传说儒家学派创始人孔子的弟子约有三千人，弟子们各有所长，其中有十位是最杰出的，即以德行著称的颜渊、闵子骞、冉伯牛、仲弓，能言善辩的宰我、子贡，长于施政办事的冉有、子路，文章博学的子游、子夏。

【孔庙孔府】 古代著名思想家、教育家孔子故居，位于山东曲阜。孔子死后，鲁哀公将其故宅三间改建为庙，成为历代祭祀孔子的地方，故孔庙、孔府紧相毗邻。孔府旧称"衍圣公府"。西汉以来，历代帝王不断给孔子加封谥号，孔庙也不断扩建，现存建筑绝大部分为明清两代建成。庙内共有五殿、一祠、一阁、一坛、两堂、十七碑、五十三门坊、殿堂阁庑四百六十六间。庙内有碑刻两千余块，上自两汉，下至民国，既有帝王御笔，也有大家笔迹。孔府是孔子后代，即历代"衍圣公"的官邸和私宅。收藏了大批历史文物，最著名的是清乾隆三十六年（1771）赏赐的宫廷藏品"商州十器"。

【孔目】 古代官名。掌管文书档案，收

贮图书。因事无大小，都经其手，一孔一目，无不综理，故称。始于唐。唐有集贤殿孔目官，地方藩镇也有孔目官。宋时秘书诸馆、盐铁度支户部三司、都转运司等及王府皆有孔目或都孔目、副孔目，专管稽核文簿。元改都孔目为都目，置于诸司。明唯翰林置孔目，为翰林院首领官，掌传达、文移、簿书等事务。清因之。

【孔雀东南飞】长篇叙事诗。也称《古诗为焦仲卿妻作》。最初见于南朝陈徐陵《玉台新咏》。内容写东汉末年庐江（今安徽庐江西南）小吏焦仲卿和妻子刘兰芝受家长威权压迫而致死的悲剧，并歌颂了他们的反抗精神。全诗353句，1753字，是古代少见的长篇叙事诗，为汉乐府民歌中的优秀之作。与《木兰诗》并称为"乐府双璧"。

【孔尚任】（1648—1718）清代戏曲家。字聘之、季重，号东塘、岸堂、云亭山人，山东曲阜人。孔子六十四世孙。初隐居石门山中，康熙帝南巡至曲阜时，被召讲经，破格授国子监博士，历任户部主事、员外郎等职。以十余年时间，于康熙三十八年（1699）写成传奇剧本《桃花扇》。全剧通过侯方域、李香君的爱情故事，抒发历史兴亡之感。当时与洪昇有"南洪北孔"之称。其后不久即罢官回乡。戏曲作品还有同顾彩合写的传奇剧本《小忽雷》。另有诗文集《湖海集》《岸堂集》等。

【孔颖达】（574—648）唐代经学家。字冲远，冀州衡水（今属河北）人。出身北朝官宦之家，曾跟随当时名儒刘焯问学，博通群经。隋大业初，选为明经。入唐，为秦王府文学馆学士，是秦王府"十八学士"之一。奉唐太宗命主编《五经正义》，其特点在于融合南北经学家的见解，形成唐代义疏派。唐代以之为科举取士的标准。著《周易正义》10卷、《尚书正义》20卷、《毛诗正义》70卷、《礼记正义》63卷、《春秋左传正义》60卷，是当时经学研究的集大成之作。

【孔子】（前551—前479）春秋末期思想家、政治家、教育家，儒家学派创始人。名丘，字仲尼，春秋时鲁国陬邑（今山东曲阜东南）人。早年家境贫寒，十五岁立志学习，先后问学于郯子、师襄、老子等。在鲁国担任相礼（司仪）、委吏（管理粮仓）、乘田（管理畜养）一类的小官，鲁定公时任中都宰、司寇。因不满鲁国执政季桓子的所为，离开鲁国周游卫、宋、陈、蔡、楚等国，然而其政治主张不为各国君主所采纳，后又回到鲁国，以讲学授徒为业。史载，其弟子有三千人，其中身通"六艺"者七十余人。孔子主张"仁政"，提出"为政以德""仁者爱人"等观点，反对苛政聚敛。其思想经汉代董仲舒以来历代学者的补充、修正、改造，成为我国封建社会的统治思想。其整理编辑《诗》《书》《礼》《乐》《易》，增删《春秋》，后世合称"六经"，尊奉为儒家经典。而他在教育方面提出的有教无类、教学相长、因材施教等主张，也对古代教育的发展起到积极的推动作用。孔子也被历代统治者尊奉为至圣先师。他的言论事迹，主要见于由其弟子和再传弟子所纂辑的《论语》。

【孔子家语】 书名。主要记录孔子及孔门弟子的思想言行。《汉书·艺文志》曾著录，原书失传。今传本 10 卷 44 篇，系三国魏王肃收集整理。唐代论儒学，颇重此书。然自宋以后，受疑古思潮影响，有的学者以此为伪书，以为是王肃所伪撰。近年来，随着对《孔子家语》研究的深入，确证为先秦旧籍。书中所载孔子言论及孔门传承方面的资料，是研究孔子思想和孔门之学的重要史料。除此之外，书中还保留了大量的儒门师徒对《诗》《书》《礼》《乐》《易》《春秋》的评论，是研究先秦文学史和文学思想的重要史料。

【空印案】 空，kòng。明初朱元璋严惩地方官吏使用空白盖印文书至户部结算钱谷的案件。该案的起因是官员在呈报给户部的收支账目等文书上预先盖上印章，待到用时再填写具体内容，朱元璋认为这是利用空白文书簿册作弊。涉案的户部尚书至各地长官主印者数百人皆处死，佐贰官以下杖责充军，株连达上万人。

【口北】 明清长城关口以北地区。因长城关隘多称口，如古北口、喜峰口、张家口、杀虎口等，故名。也称口外。泛指长城以北，习惯上多指今北京以北重镇张家口以外地区。口北地区因其地理位置的特殊性，曾是军事重地，也是中原王朝与北方游牧民族交流的重要场所。

【口分田】 按人口分给的田地。北魏称"露田"，隋唐改称口分田。唐制，开元二十五年（737）令，丁男给田百亩，其中二十亩为永业田，八十亩为口分田。老男及重病残废的人，给口

分田四十亩，寡妻妾给口分田三十亩。口分田不得买卖、继承，耕者死亡后，即退还官府。

【口赋】 汉代向未成年人征收的人头税。汉初定其标准为七至十四岁每人每年二十钱，归朝廷少府管理，用于皇帝私奉养。武帝时提前至三岁起征，加三钱供补充车骑马匹用，元帝时从贡禹建议，复为七岁起征。魏晋以来渐演变为丁口税中的"黄""小"税额。

【口技】 传统民间表演技艺，属杂技的一种。演员运用口腔发音技巧来模仿各种声音，表演时配合动作以加强真实感。演员坐在帐幔内，配以极简单的器具，通过声音表演简单的情节，观众隔幔聆听。口技作为表演艺术到了宋代已相当成熟，常隔壁表演，所以俗称隔壁戏，又叫像声。为宋代瓦舍娱乐技艺，明清两代较流行。四川相书，即为隔壁戏的发展。

【口券】 宋朝军队出戍或就役时发放的钱粮补助凭证。当禁兵出戍边疆或厢军在外地服役时，政府会发放口券。持有口券的士兵可凭此领取钱币或者折算成粮食。这种制度在宋金绍兴和议之后发展出了生券和熟券之分。生券指戍边军队的补助凭证，熟券则是驻地留守军队的补助凭证。两者的价值根据时间和地点的不同而有所差异，但通常情况下生券的价值高于熟券。

【寇准】 （961—1023）北宋政治家、诗人。字平仲，华州下邽（今陕西渭南）人。太平兴国五年（980）中进士，曾两度拜相。直言敢谏，景德元年（1004）辽兵攻宋，他力主抗辽，促

使真宗亲征，前往澶州（今河南濮阳）督战，与辽订立澶渊之盟。善诗文，七绝尤佳。有《寇莱公集》。

【苦海】 佛教指充斥着烦恼、苦难的人世间。后也以此比喻艰难困苦的境遇。

【苦行】 宗教修行方法。即摒除所有物质享受和个人欲望，以严苛的自律和常人难以承受的痛苦修行、磨炼意志。

【库平】 清朝部库征收各项租税、出纳银两所用的衡量标准。康熙五十二年（1713）御定《数理精蕴》规定各种物体方寸的重量，如黄铜方寸重 6.8 两等于库平一两的重量。光绪三十四年（1908）农工商部和度支部拟订划一度量衡制度，规定库平一两等于 37.301 克。

【绔】 kù。古代一种只有裤腿、没有裤裆的下身服装。也作袴、绋，也称胫衣。穿着时两条裤腿分别套膝后用带子系在腰上，外面再罩上较长的外衣。古代把细绢做的裤子称作"纨绔"，穿这种高档材料的裤子一般都是富家子弟，故后世经常用"纨绔"特指公子王孙、贵族子弟。

【夸父追日】 出自《山海经》。相传一个名叫夸父的人跟太阳赛跑，最终口渴而死。后用来形容人征服自然的意志坚定；也用来形容不自量力。

【会计录】 会，kuài。朝廷统一编制的全国财政收支簿。历代有之，名称不一，唐称"国计簿"，宋以来称此。常确定某个时限，以各地申报的籍账为基础，按当时会计体制和收支项目归类整理而成。现存最完整的会计录是《万历会计录》。

【脍】 kuài。把鱼、肉切成细碎状。古人一般将脍佐以盐、醋，在不同的季节，搭配以不同的辛菜调味，如《礼记》中记载，"春用葱，秋用芥"。孔子也说"食不厌精，脍不厌细"。又引申为细切鱼肉。历史上关于"脍"的著名典故，出自南朝宋刘义庆《世说新语》：晋代张翰因见秋风起，想起家乡吴中的菰菜、莼菜羹和鲈鱼脍，感慨人生贵在顺心适意，不能因功名去家千里。于是辞官而去。

【款识】 识，zhì。古代钟鼎彝器上铸刻的文字。款识之说有三：1. 阴字凹入者为款，阳字突出者为识。2. 款在器外，识在器内。3. 花纹为款，篆刻为识。书画作品上的署名题款也称款识。

【匡庐】 庐山的别称。也称匡山。在江西九江南。相传古代有匡姓兄弟结庐隐居于此，故名。据东晋僧人慧远《庐山记略》，商周时，有一个人名叫匡裕（一说为匡俗），得道于仙人，隐居于崖岫，故后人将其所居之处称为匡庐。庐山群峰林立，草木葱茏，云海翻腾，其主峰汉阳峰海拔 1474 米、香炉峰、五老峰、含都口、仙人洞、白鹿洞、三叠泉等皆为胜迹。唐代白居易曾有"匡庐奇秀，甲天下山"的赞叹，李白《望庐山瀑布》、苏轼《题西林壁》更是流传至今、脍炙人口的名作。

【矿课】 古代官府征收的矿冶税。始于南朝，唐宋矿业仍多官营，听民私采则课税。元代多民营，常立提举司管理，税入官府及帝、后私库。明代矿禁时严时松，收入统归皇帝内库，后期常遣宦官督采而成弊政。清代康熙以来矿禁渐开，民矿所产除官购外，其余纳税。

【葵】 冬葵。也称葵菜、滑菜、冬寒菜、冬苋菜。古代"五菜"之一，被尊为"百菜之主"。其嫩叶可做羹汤，味道鲜美。《乐府诗集·长歌行》有"青青园中葵，朝露待日晞"之句。其中的"葵"，有人解释为葵花（向日葵），显然不实，因为葵花原产于美洲大陆，直到明代万历年间才引入中国。

【葵丘之盟】 公元前651年，齐桓公召集诸侯在葵丘（今河南民权东北）举行的会盟。齐、鲁、宋、卫、郑、许、曹等国之君共与此盟，周襄王也派人参加，表彰齐桓公尊王攘夷之德。葵丘会盟的主旨在于和平修好，让人民休养生息、发展经济。

【夔东十三家】 明末清初活跃于夔州（长江三峡南北一带）以东地区的多家抗清武装。也称川东十三家。实有十六营，以沿袭农民军习用的名称，叫"十三家"。用南明永历年号。由刘体纯、王光兴主持军务，拥有北起房、竹，南至巫、巴，西达万县（今重庆万州），东至施州卫，包括今神农架在内的广大地区。务农练兵，且屯且战。常出奇兵，牵制南下清兵。清康熙二年至三年（1663—1664）间，清军大举围攻，袁宗第、刘体纯、郝摇旗等均不屈战死，至李来亨举家自焚，夔东十三家始告失败。

【夔门】 古代东入蜀道的重要关隘，兵家必争之地。位于重庆奉节瞿塘峡西口，故又称瞿塘关。两岸高崖壁立，高数百丈，宽不及百米，崖下大江汹涌湍急，呼啸奔腾。古代船行此处，凶险异常，令人心悸，素有"夔门天下雄"之称。三峡大坝建成后，水位上升，水流变缓，高峡出平湖，又是另一番雄伟景象。

【昆腔】 戏曲声腔。也称昆曲、昆剧。因元末明初产生于昆山（今属江苏），故称。与海盐腔、余姚腔、弋阳腔并称"南戏四大声腔"。至嘉靖年间，魏良辅等融会革新，吸收海盐、弋阳等腔和当地民间曲调为昆腔，逐渐臻于完善，以词曲儒雅华丽、行腔婉转细腻、表演方式丰富著称。明末至清前期为鼎盛时期，清中叶以后逐渐衰落。

【昆仲】 对他人兄弟的敬称。昆，兄弟中排老大。仲，兄弟中排老二。

【裈】 kūn。古代指有裆的裤子。有长短两种，一种裤腿长至膝，可外穿；另一种是短裤，属内穿裤。

【髡钳】 髡，kūn，剃掉犯人的全部或部分头发。钳，用刑具锁住犯人的脖颈。古人认为身上的一切是父母给的，绝不能有丝毫损伤，爱护身体如同敬爱父母，所以被剃发就成为一种刑罚。汉时已有此二刑，多并用。大约在北周废除此刑。

L

【**喇嘛**】 藏传佛教对高僧的尊称。藏语音译，意思为"上师"。也是汉族人对内蒙古、青海、西藏等地藏传佛教僧人的统称。

【**腊八**】 古代传统节日。在农历十二月八日。相传是佛祖释迦牟尼成道的日子，因此也称成道节。腊八民间普遍有喝腊八粥的风俗。据说释迦牟尼成道前苦修六年，几无所获。一天在河中沐浴时，吃了牧女送的乳糜，恢复了精力，在毕钵罗树下悟了道。后来他的弟子为了纪念释迦牟尼，也为了感谢牧女，在腊八这天手捧钵盂，上街化缘，将化来的米、枣等煮成粥，发给挨饿的人们。民间纷纷效仿，遂成风俗，直至今日。

【**腊日**】 岁末祭祀百神、庆祝丰收的节日。古人于年终岁末猎取野兽，用以祭祀先祖。汉代以冬至后第三个戌日为"腊日"，后来改为十二月初八日。

【**兰亭**】 亭名。位于浙江绍兴西南兰渚山下。东晋书法家王羲之曾居住于此。东晋永和九年（353）三月初三日，王羲之邀约谢安等文人贤士于兰亭修禊，挥笔写下被后世誉为"天下第一行书"的《兰亭集序》，兰亭因而闻名天下。今兰亭是魏晋名士文化的重要纪念地。布局主要由流觞亭、王右军祠等古建筑和碑刻组成。其中最为醒目的是唐宋以来众多书法大家临摹的《兰亭集序》十余种，凸显了兰亭所蕴含的深厚历史文化价值。

【**栏杆**】 建筑物的楼、台、廊、梯等边缘处的围护构件。也作"阑干"。一般为木质或石质材料制成。用于宫殿、楼阁或其他大型建筑物的外廊边，起保护作用；也用于临水的廊道、亭榭或曲道上，作为扶手，还安装在廊道边的坐凳上作为靠背、扶栏，具有防护功能和装饰作用。

【**蓝**】 植物名。即蓼蓝。从其叶中可提制蓝靛，用作染料。《齐民要术》中详尽记载了以蓝草制取蓝靛的方法，这是世界上最早制作蓝靛的操作工艺记载。

【**蓝田人**】 晚期猿人化石。也称蓝田直立人。1963—1964年发现于陕西蓝田陈家窝和公王岭。距今115万—65万年。考古工作共发现头盖骨一具、上下颌骨各一具和牙齿三枚。头盖骨特征为：骨壁极厚，额骨宽且明显向后倾斜；眉嵴粗壮，头骨高度甚小。这表明较北京猿人更为原始。化石出土地还发现旧石器时代初期的打制石器，如刮削器、石片等。其伴生动物化石包括剑齿虎、短角丽牛、水鹿等。

【**揽织**】 明清丝织业中的承包方式。也称揽机。多见于苏州、南京等地，即由工匠或机户向大机户领取织机和原料进行加工，按所产绸匹计算工银。

【郎】 古代官名。郎官的泛称。皇帝侍卫官的通称，有郎中、中郎、外郎、侍郎、议郎等。议郎掌顾问应对，比较特殊。其他诸郎皆"掌守门户，出充车骑"。战国始置。秦汉，属郎中令，有侍郎、郎中，为侍从之职。西汉依职责不同，有郎中、中郎、外郎、侍郎、议郎等，无定员，皆隶郎中令。太初元年（前104）改隶光禄勋，后置期门、羽林作为属官，因是郎的一类，故称期门郎、羽林郎。东汉于光禄勋下设五官、左、右中郎将署，主管诸中郎、侍郎、郎中，实为储备官吏人才的机构，其郎官多达两千余人。尚书、黄门等机构则设专职郎官。魏晋以来，尚书、中书、门下诸官署所设郎、郎中、侍郎皆为固定官职。唐宋以后又为散阶官名称，位次大夫。

【郎官】 侍郎、郎中等供职于郎署，侍从护卫皇帝或受命办事的官员。秦置郎中令，多由高官子弟入宫执事，执掌护卫陪从，可随时建议。汉因秦制不变，有议郎、中郎、侍郎、郎中等名目。南北朝时为对尚书郎中、侍郎之统称。隋唐以后泛称尚书省左、右司及六部诸司郎中、员外郎。唐以后郎官的设置基本上无大变革。

【郎君】 ①汉任子制规定：二千石以上的官吏，任满三年，即可保举子弟一人为郎官。后来门生故吏因此称师门或长官的子弟为郎君。也用来通称贵家公子。②唐代用来称新进士。③女真宗室和贵臣也有"郎君"之称。

【郎窑】 古代名窑。窑址在今江西景德镇。康熙四十四年到五十一年（1705—1712），江西巡抚郎廷极奉命在景德镇督造官窑，因而得名。其中，以仿制明代宣德的宝石红釉最为成功，习惯上被称为"郎窑红"。

【郎中】 古代官名。战国时为近侍之称，秦置为官，与侍郎同隶郎中令，以其为郎官居禁中，故曰郎中。掌管门户、车骑等事；内充侍卫，外从作战。另尚书台设郎中司诏策文书。晋武帝置尚书诸曹郎中，为尚书曹司之长。隋唐以后，六部皆置郎中，遂为诸司之长，分掌各司事务，迄清末始废。也为郎中令省称。

【廊庑】 庑，wǔ。主建筑周边的廊屋总称。廊指主建筑檐下无墙围护的通道或区域。庑指主建筑周围的走廊、廊屋。

【老鸨】 鸨，bǎo。开设妓院的老妓或妓女的养母。一说，因鸨这种鸟体形似雁而略大，无后趾，虎纹，喜淫而无厌，诸鸟求之即就，故名。

【老残游记】 长篇小说。清末刘鹗著。共二十回。为"晚清四大谴责小说"之一。叙述了江湖医生老残游历山东各地的活动和见闻，对当时某些官吏的残暴昏庸有所揭露，着重抨击那些以清官之名，行酷吏之实的虐民行为。

【老马识途】 《韩非子》记载，春秋初期，管仲随齐桓公征伐孤竹国，春往秋返，迷失道路。于是管仲让老马走在前面，最终找到了归途。后人用以比喻阅历多的人富有经验，熟悉情况，能为先导。

【老婆】 男性配偶的称谓。"老婆"一词最早出现于唐代，指老年女性。宋代"老婆"中"老"字逐渐虚化，开始指称妻子，如宋吴自牧《梦粱录》："时运来时，买庄田，取老婆。"明代"老婆"已是很常见的指称妻子的词语。"老婆"指称妻子既是语言发展变化的结果，也是宋元明清世俗文化迅速发展在称谓上的体现。

【老爷】①古时对官绅或有权势者的尊称。②方言里对外祖父的称呼。③古时某些地区对出家人的尊称。④指守护神。今广东潮汕地区每年农历正月期间有"营老爷""拜老爷"的隆重祭祀习俗。

【老庄】道家学派的代表人物老子和庄子的合称。也指道家学派。

【老子】春秋时思想家，道家学派的创始人。一般认为即老聃，姓李，名耳，字伯阳。楚国苦县（今河南鹿邑东）人。做过周朝管理藏书的史官，孔子曾向他问礼，后退隐，著《老子》五千言。《老子》中用"道"来说明宇宙万物的演变，提出"道生一，一生二，二生三，三生万物"。认为一切事物都有对立的正反两面，一切事物的变化都是有和无的统一（"有无相生"），并指出"祸兮福之所倚，福兮祸之所伏"。这些观点对我国哲学的发展有深远影响。政治上提倡"无为而治"，以"小国寡民"的原始状态为理想社会。与庄子并称老庄。东汉末年，张道陵综合了道家的理论、民间的方术和神话传说等创立道教，奉老子为教主，尊为"太上老君"。

【罍】léi。古代盛酒或水的器皿。多为青铜制或陶制。圆、方形兼有。小口、广肩、深腹、圈足、带盖，肩部有两环耳，腹下又有一鼻。盛行于商周时期。

【耒耜】lěisì。古代农具，用于掘土。原始社会的人们在农耕时，用一头尖的弯木棒在地上挖出一条浅沟，用于撒种。这种弯木棒即耒，其尖头位置称为齿。耜是耒下端的起土部分，初为一根短木，横绑于靠近齿的部分。人们将齿插入土壤，再用脚踩横梁，使齿进一步入土，较之以耒掘地，耒耜配合使用能将地掘得更深。据考古发现，早期耒耜有单齿的，也有双齿的。随着生产力的发展，人们对原始耒耜做了改进，齿和耜的部分变化为板状刃，多为石、骨、蚌壳等制成，后又有青铜、铁等金属铸件，有长方形、桃形、舌形等不同形状，材料强度更大，掘地更加事半功倍。由于耒耜是非常古老的农具，故后世常以"耒耜"用作耕地农具的总称。

【诔】lěi。古代用以表彰死者德行并致哀悼的文辞，并以之定谥，多用于上对下。后来成为哀祭文体的一种。通常是先叙生平，次颂功德，末言哀。用韵文或散文形式写成。

【类书】古代将各门类或某一门类的文献资料辑录出来，按照一定的方法（如按类、韵、字等）编排，以便于查检和征引的工具书。曹魏时期编纂的第一部类书《皇览》现已散佚。以后历代都有编纂，但大多数已经散佚。著名的有唐代《北堂书钞》《艺文类聚》《初学记》，宋代《太平御览》《册府元龟》，明代《永乐大典》，清代《古今图书集成》等。类书中保存下来的一些零篇单句，对于作品辑佚、校勘等有很大的价值。

【厘钞】元代的一种纸币，面值分为二文、三文、五文三种。元人称钞一贯为一两，百文为一钱，十文为一分，一文为一厘，故五文以下钞为厘钞。

【离骚】《楚辞》篇名。战国时期屈原作。关于"离骚"之义，古人有不同的说法，或认为"离"通"罹"，"离骚"即遭遇忧愁；或解释为离别的忧愁；或认为"离骚"即牢骚。全诗前半部分主要表达了屈原对楚国命运的深切关怀和对自己政治理想的坚持。后半部分则通过幻想和象征的手法，描绘了屈原面对理想与现实冲突时的内心煎熬。全作表达出强烈的爱国主义情感，而其绚丽的辞藻、宏大的结构对我国文学的发展影响深远。开创了一种新的文学体裁"骚体"。

【梨园】唐玄宗时教练宫廷歌舞艺人的场所。唐玄宗选乐工三百人，宫女数百人，教授乐曲于梨园，亲自订正声误，称皇帝梨园弟子，也称梨园弟子。后以"梨园"泛指戏班或演戏之所，以"梨园弟子"泛指戏曲演员。

【犁】一种耕地翻土的农具。早期犁身为木质，用于翻土的部位称为铧，为石制，后为青铜铸造，战国时改为铁铸。唐代后期出现的曲辕犁，可调节吃土深浅，一直沿用至今。

【黎】民族名。相传为古代骆越的后裔。主要分布在海南，从事农业，以纺织业见长。宋元之交，黄道婆流落到崖州，向黎族人学习纺织技艺，并在此基础上，改革轧花车、弹棉椎弓、纺车等纺织工具以及织造、配花、织花等技术，对我国的棉花种植和纺织业的进步起到很大的推进作用。

【黎民】古代最初有封地有官爵的人统称"百姓"，而庶民称为"黎"。后泛指众民、平民。也称黎庶、黎氓。如孟子对梁惠王论述仁政时说"黎民不饥

不寒"。一说黎与黔都有"黑色"意，故黎民与"黔首"同指百姓、民众。

【缡】lí。也作"褵"。古代女子出嫁时所系的佩巾。出嫁时由母亲系在女儿身上称作"结缡"，以此告诫女儿至夫家后要勤谨。这既是一种装饰，也是一种礼节。

【藜】lí。植物名。似藿而茎红紫色，幼苗可做菜蔬食用，古人常以"藜藿"并举，用以指代粗劣的饭菜。藜的老茎可做拄杖，称"藜杖"。

【礼】①本指敬神。始见于卜辞，指祭神的器物和仪式，即用器皿盛双玉作为供奉，以表示对天神和先祖的敬重。引申为表示敬意的通称。②由风俗习惯而形成的为大家共同遵奉的仪式。如婚礼、葬礼。③指古代社会的行为准则和道德规范。春秋时郑国子产较早提出礼是上天的规范和大地的准则，是民众行为的依据。孔子对其进行全面论述，提出"克己复礼"。荀子主张用礼来节制人们无度量的欲望。战国末期和汉初的儒家主张用礼来调节人欲，使它符合儒家的道德规范。汉代将礼规定为五常（仁、义、礼、智、信）之一。礼对中华民族精神素质的培养起到了重要作用。

【礼部】古代官署名。朝廷掌管礼乐、祭祀、封建、宴乐及学校贡举的官署。魏晋称"祠部"。北魏称"仪曹"。北周始称"礼部"。隋唐以后为六部之一，管理国家的典章制度、祭祀、学校、科举和接待四方宾客等事，长官为礼部尚书。历代相沿不改。如清代纪昀曾任礼部尚书，参与了朝廷的礼仪、祭祀和书籍编纂工作，主持编撰了《四库全书总目提要》，还主持了

《大清一统志》的编纂工作。清末废部，改设典礼院。

【礼记】 古代儒家经典之一。先秦至汉初儒家论述各种礼仪的著作选集。成书于西汉。后世流传下来的《礼记》有两个版本：一是戴德辑录选编本，共 85 篇，称《大戴礼记》，这个版本到唐代时，只剩下 39 篇。二是戴德的侄子戴圣辑录的选本，有 49 篇，包括《曲礼》《檀弓》《王制》《月令》《礼运》《学记》《乐记》《中庸》《大学》等，称《小戴礼记》。如今通行版的《礼记》是《小戴礼记》，是研究古代社会状况、儒家学说和文物制度的重要资料。

【礼义廉耻】 古人提倡的四种道德准则，认为是治国的四纲。也称"四维"。礼，即崇尚礼仪，知礼守法，行为规矩。义，即按照义的要求行事，处事公道，取舍有度。廉，即廉洁不染，大节无亏。耻，即知耻，行己有耻，自律慎独。春秋初期政治家管子从整体上提出"礼、义、廉、耻"思想，将其作为"国之四维"，强调"四维不张，国乃灭亡"。今泛指一般的道德规范。

【李白】 （701—762）唐代诗人。字太白，号青莲居士。祖籍陇西成纪（今甘肃静宁西南），出生于碎叶城（唐时属安西都护府，在今吉尔吉斯斯坦北部托克马克附近）。幼时随父迁居绵州昌隆（今四川江油）青莲乡。少年即显露才华，吟诗作赋，博学广览，并好击剑行侠。25 岁离川，长年在各地漫游，饱览祖国名山大川。天宝初曾因诗名供奉翰林，但不受重视，又遭权贵谗毁，不久离开长安。天宝三

载（744），在洛阳与杜甫结交。安史之乱中，怀着平乱的志愿入永王李璘幕府，李璘兵败后以"附逆"罪流放夜郎，中途遇赦东还。宝应元年（762）在安徽当涂病故。作为古代伟大的诗人之一，其诗风雄奇豪放，想象丰富，语言流畅自然，音律和谐多变，极富浪漫主义色彩和艺术魅力，被誉为"诗仙"。与杜甫齐名，世称"李杜"。今存世诗文千余篇，有《李太白集》。

【李冰】 战国时水利家。秦昭王时被任命为蜀郡守。在总结前人治水经验的基础上，与其子在成都平原西部的岷江上修筑都江堰。这一水利工程两千多年来一直发挥着防洪灌溉的作用，使成都平原从水旱交加变成沃野千里。后世在都江堰修有二王庙以纪念李冰父子。

【李龟年】 唐代宫廷乐师。妙解音律，善于歌唱作曲，又善奏羯鼓、筚篥，兄弟李彭年、李鹤年都很有名。安史之乱爆发后，流落江南，每逢良辰美景，就为人歌唱数曲，听者莫不感动落泪。诗人杜甫作有《江南逢李龟年》。

【李贺】 （790—816）唐代诗人。字长吉，福昌（今河南宜阳西）人。父名晋肃，因"晋"与"进"同音，为避家讳，不得应进士科考。韩愈曾作《讳辩》为其鸣不平。官奉礼郎，郁郁不得志，死时仅 27 岁。相传李贺常骑驴出门，带着小书童，背着古锦囊，途中得佳句，即书后投入囊中，傍晚回去后整理成篇。其诗歌继承屈原的浪漫主义精神与汉魏六朝乐府的传统，熔铸词采，驰骋想象，好用古代神话

传说，以营造新奇瑰丽的诗境，在中唐诗坛上独树一帜，被称为"长吉体"。人称"诗鬼"。有《昌谷集》。

【李悝变法】悝，kuī。公元前455—前395年，魏文侯任用李悝推行的改革。主要内容是发展农业，选拔人才，严明法制。李悝在政治上主张废止世袭贵族特权，选贤任能，赏罚严明。经济上主要实行尽地力、平籴、均田等政策，鼓励农民精耕细作，增加产量，国家在丰年以平价购买粮食，荒年则以平价出售。变法促进了魏国的发展，使魏国因此而富强，在我国历史上产生了深远的影响。

【李隆基】（685—762）即唐玄宗。也称唐明皇。公元712—756年在位，是唐朝在位时间最长的皇帝。唐睿宗之子。唐隆元年（710）与太平公主合谋发动政变，杀韦后，拥父睿宗即位。延和元年（712）受禅即位，改元"先天"。次年，杀太平公主及其党羽，政权巩固，改元"开元"。任用姚崇、宋璟、张说、张九龄为相，整顿武周后期弊政，宽刑薄赋，倡导节俭，社会安定，经济繁荣，史称"开元之治"。主张"以孝治天下"，曾亲自注释《孝经》。后期任用李林甫、杨国忠等奸臣，政治腐败，又好声色，宠爱杨贵妃，奢侈荒淫，怠慢朝政，中央政权逐渐削弱，镇守各地的边将形成割据势力。天宝十四载（755）安禄山起兵，安史之乱爆发，次年叛军攻破长安，仓皇逃到四川。诸将拥立太子亨（肃宗）即位于灵武（今宁夏灵武西南），李隆基被尊为太上皇。至德二载末（758年初）回到长安，后抑郁而死。

【李梦阳】（1473—1530）明代文学家。字献吉，自号空同子，庆阳（今属甘肃）人。弘治七年（1494）进士，历任户部郎中、江西提学副使等职。反对明初"台阁体"浮薄华靡的文风，诗文标榜复古，倡言"文必秦汉，诗必盛唐"。创作强调真情，重视格调，肯定"真诗乃在民间"。但盲目尊古，徒尚形式，末流至以模拟剽窃为能，以艰深的文字掩盖内容的浅薄，受到后世批评。与何景明、徐祯卿、边贡、康海、王九思、王廷相号称"前七子"。有《空同集》。

【李攀龙】（1514—1570）明代文学家。字于鳞，号沧溟，历城（今山东济南）人。嘉靖二十三年（1544）进士，官至河南按察使。继"前七子"之后倡导文学复古运动，与王世贞、谢榛、宗臣、梁有誉、徐中行、吴国伦号称"后七子"。其作品以模仿先秦汉人为能，认为秦汉以后无文章。其文佶屈聱牙，成就不大。诗歌推崇汉魏古诗、盛唐近体，所编《古今诗删》宋元诗一首未录，可看出其论诗宗旨。有《沧溟先生集》。

【李清照】（1084—约1155）南宋女词人。号易安居士，齐州章丘（今山东济南章丘区西北）人。学者李格非之女。早期生活优裕，18岁嫁给太学生赵明诚为妻。夫妻琴瑟和谐，时相唱和，又共同收集古代金石书画与典籍，所作词多表达闲适及相思之情。随着金兵进犯，宋室南渡，逃至南方避乱。南渡后赵明诚病逝于建康（今江苏南京）。此后，她只身漂泊于越州、杭州、台州、金华一带，于辗转流离中，文物尽失，晚年生活凄凉孤苦，整理完成赵明诚所著《金石录》。这一时期的作品，多慨叹身世，情调感伤，词风转为哀怨凄苦。作为婉约派词人的代表，其词善用白描手法，语言清丽。论词则强调合于声律，提出词"别是一家"之说，反对以作诗文之法作词。其诗留存不多，多感时咏史之作，情辞慷慨，代表作如《夏日绝句》等。作品多亡佚，后人辑为《漱玉词》。

【李汝珍】（约1763—约1830）清代小说家。字松石，号北平子，大兴（今属北京）人。博学多才，涉猎经史百家，精通文学、音韵、围棋等。晚年写成长篇小说《镜花缘》，赞扬女子才能，对男尊女卑的观念和封建社会的某些现象有所批判。另有《李氏音鉴》《受子谱》。

【李善】（？—689）唐代学者。扬州江都（今江苏扬州）人。曾任崇贤馆直学士、兰台郎等职。学识渊博，但不善作文，人称"书簏"。曾被流放到姚州（治今浙江余姚北），遇赦还，寓居汴（今河南开封）、郑（今河南郑州）一带，以讲授《文选》为业，号"文选学"，学生多自远方而至。所作《文选注》60卷，征引广博，材料丰富，语源、典故注释详尽，广为流传，为后世治《文选》者所重视。

【李商隐】（813—858）晚唐诗人。字义山，号玉谿生，怀州河内（今河南沁阳）人。少年时为牛僧孺一派的令狐楚所赏识，开成二年（837），受令狐楚之子令狐绹的推荐，中进士。次年，入李德裕一派的泾原节度使王茂元幕为掌书记，王茂元深爱其才，把女儿嫁给他。此事被牛党视为"背恩变节"。宣宗时，牛党执政柄，他屡

遭摈斥，长期在外为幕僚，潦倒终身。李商隐诗文兼擅。其骈体文，所作以书启奏札为多，用典奥博，与温庭筠、段成式齐名，因三人都在家族里排行十六，时称"三十六体"。诗歌擅长律、绝，富于文采，构思精密，情致婉曲，风格独特。其弊端在于用典太多，导致诗旨隐晦。《锦瑟》与《无题》诸诗，为世所推崇。与杜牧并称"小李杜"，又与温庭筠并称"温李"。有《李义山诗集》。文集已散佚，后人辑有《樊南文集》《樊南文集补编》。

【李时珍】（1518—1593）明代医药学家。字东璧，号濒湖，蕲州（今湖北蕲春）人。祖、父皆从医。他继承家学，致力于药物和脉学研究，重视临床实践与革新。常上山采药，向农民、渔民、樵夫、药农、铃医请教，并参考历代有关书籍八百余种，对药物加以鉴别考证，纠正古代本草书籍中药名、品种、产地等错误，又收集整理宋元以来民间发现的药物，充实内容，经二十七年的努力，著成《本草纲目》。另有《濒湖脉学》《奇经八脉考》《脉诀考证》流传于世。

【李世民】（599—649）即唐太宗。公元626—649年在位。唐高祖李渊次子，随其父起兵灭隋。李渊即位后，封为秦王。武德九年（626）发动"玄武门之变"，杀死太子李建成、齐王李元吉，被立为太子并即位，改元"贞观"。在位期间轻徭薄赋，任贤纳谏，社会安定，经济复苏，史称"贞观之治"。贞观四年（630）击败东突厥，后相继平定吐谷浑、高昌，置安西都护府，被铁勒、回纥等族尊为"天可汗"。贞观十五年（641），以

文成公主嫁吐蕃赞普松赞干布，加强汉藏两族联系。著作有《帝范》等。

【李斯】（？—前208）秦朝政治家。楚上蔡（今河南上蔡西南）人。初为郡小吏，后从荀子学儒习法。战国末入秦，初为秦相吕不韦舍人，后被任为客卿。秦王政十年（前237），因为韩国水工郑国事件，宗室贵族建议逐客，秦王下令驱逐六国客卿，他上《谏逐客书》谏阻，被秦王采纳。秦统一天下后，被任为丞相，其间，推行郡县制，下禁书令，变籀文为小篆。秦始皇死后，与赵高定谋，矫诏杀长子扶苏，立少子胡亥为帝，即秦二世。后被赵高以谋反罪名腰斩于咸阳。工书法，传说泰山、琅邪等处刻石均为其所书。著有《仓颉篇》，已佚。

【李渔】（1611—1680）明末清初文学家、戏曲家。字笠鸿、谪凡，号笠翁。浙江兰溪人。明末诸生，入清后绝意仕进。初寄寓杭州，又迁居金陵（今江苏南京），以所居芥子园开设书铺，编刻图籍。工诗文，尤以戏曲、小说名世。有诗文集《笠翁一家言》，戏曲集《笠翁十种曲》，小说集《无声戏》。另有杂著《闲情偶寄》。

【李煜】（937—978）煜，yù。五代南唐君主、词人。初名从嘉，字重光，号钟隐、莲峰居士。彭城（今江苏徐州）人。南唐中主李璟第六子，也是南唐最后一位国君。公元961年即位，在位十四年，史称"李后主"。975年，宋攻破南唐，被俘至汴京（今河南开封），后被宋太宗毒死。在书法、绘画、音律、诗文方面均有造诣。其词以亡国为界限分为前后两个时期。前期作品带有鲜明的帝王生活的印迹，多为

流连光景之作。后期作品则抒发亡国之后的深悲剧痛，表现了浓厚的感伤情绪。代表作有《虞美人》（春花秋月何时了）、《浪淘沙》（帘外雨潺潺）、《破阵子》（四十年来家国）、《乌夜啼》（无言独上西楼）等。后人把他和父李璟的词合刊为《南唐二主词》。

【李渊】（566—635）即唐高祖。唐王朝的建立者，公元618—626年在位。字叔德，远祖出自陇西成纪（今甘肃静宁西南）。七岁袭封唐国公，隋大业十三年（617）任太原留守。乘隋末天下大乱之机起兵太原，攻占长安。义宁二年（618），李渊接受隋恭帝的禅让称帝，建立唐朝，定都长安。武德九年（626）"玄武门之变"后，禅位于次子李世民。

【李贽】（1527—1602）贽，zhì。明代思想家、文学家。号宏甫，又号卓吾，别号温陵居士、百泉居士。泉州晋江（今福建泉州）人。反对礼教，抨击道学，自标异端，屡遭明廷迫害，终以"敢倡乱道，惑世诬民"罪名被诬下狱，自刎而死。在哲学上，继承并修正王守仁的"良知说"，提出"童心说"。在文学上，主张创作必须抒发己见，并重视小说、戏曲在文学上的地位。曾评点《水浒传》。著有《焚书》《续焚书》《藏书》等。

【李自成】（1606—1645）明末农民起义领袖。陕西米脂双泉里人。参加闯王高迎祥农民起义军，英勇善战，崇祯九年（1636）高迎祥被俘就义，继为闯王，率众转战各地。其时中原灾荒严重，社会矛盾极度尖锐。他提出"均田免赋"等口号，得到广大人民的拥护，时有"杀牛羊，备酒浆，开

了城门迎闯王，闯王来时不纳粮"的歌谣。崇祯十六年（1643）在襄阳称新顺王。次年建立大顺政权，年号永昌。崇祯十七年（1644）春攻克北京，明思宗自杀，明王朝覆灭。后因滋生骄傲情绪，丧失警惕。明将吴三桂勾结清军入关，联合进攻农民军。李自成迎战失利，退出北京，兵败南下，公元1645年在湖北九宫山被当地民团杀害。

【里】 古代民户聚居之处。每里所居户数因时代而不同。周制，二十五户为一里。春秋时，又有一里八十户之说。到了唐代，百户为一里。同里之人，称为里人，如外围有门，则称为里门。今城市里的"里弄"以及末尾带"里"的地名，如北京的"和平里"、武汉的"新余里"等都是这一说法的延续。由于里是乡的基本构成单位，所以里也是乡以下基层行政单位。掌管里事务的人，称为里正、里吏、里君、里尹、里宰等。

【里耶秦简】 公元2002年6月至7月在湖南湘西里耶镇出土的秦代竹简。3.6万余枚。是秦王嬴政二十五年至秦二世二年（前222—前208）洞庭郡迁陵县的官署档案。内容非常丰富，包括户籍、垦殖、赋税、劳役、钱粮仓储、军用物资、道路管理、邮驿管理、奴隶买卖、刑徒管理、祭祀以及教育、医药等相关政令和文书。是对秦史资料的有力补充。

【理藩院】 清官署名。掌管蒙古、新疆、西藏、四川等地少数民族事务的机构。主管官员有尚书一人、左右侍郎各一人，由满洲贵族充任。额外侍郎一人，在蒙古贝勒或贝子中选任。下设六司，分掌部界、封爵、给俸、户口、耕牧、赋税、赈济、兵刑、交通、会盟、朝贡、宗教等事项。后金天聪年间设蒙古衙门，清崇德三年（1638）更名理藩院。光绪三十二年（1906）改名理藩部。

【理学】 宋明时期的儒家哲学思想。也称道学、宋明理学。因宋代儒生治经以义理阐释，兼谈性命为主，寻求儒经中大义和道理，故称理学。北宋时期，周敦颐、邵雍、张载、程颢、程颐等是理学的开创者，主张回归孔孟道统，提出天道、天理概念。南宋朱熹是理学的集大成者，他认为理先天地而存在，是宇宙的本体，把抽象的理提到永恒的、至高无上的地位。把三纲五常等封建伦理道德说成是天理，提出"存天理，灭人欲"的主张，为学主"即物而穷理"。在朱熹同时代，有陆九渊一派，提出"心即理也""宇宙便是吾心"，与程朱派对立。明代王守仁发展陆九渊的学说，认为"心外无物""心外无理"，心是宇宙万物的根源，为学主"明本心""致良知"。明末清初黄宗羲、顾炎武、王夫之和后来的颜元、戴震对理学有所批判，理学逐渐衰微。

【醴】 lǐ。薄甜酒，以麦芽和黍酿制，因一宿即成，故酒味较淡。《汉书·楚元王传》"常为穆生设醴"，即此酒。

【力差】 差，chāi。明均徭内容之一。指应役户亲身充役，有皂隶、狱卒、书手、库子、门子、斗级、长夫、殷实、祗候、马夫、巡拦、铺司兵、驿馆夫等名目。多在近地承当。士绅享有免役特权。一条鞭法后，力差渐改银差（通过缴纳一定的银两来免除力役），并入田赋。

【**力胜钱**】宋朝按商船载重量征收的税钱。起初对贩运粮食的商船免收，北宋中后期开始，渐向各种运输船只征收。苏轼在《乞免五谷力胜税钱札子》中曾就力胜钱的问题向朝廷提出了请求和建议。

【**力役之征**】古代对成年男子所课征的徭役。有成年男子每年服规定期限的正役，也包括各种杂役，如筑城修路、开河作堤、运输物资及田猎、逐寇、伺捕盗贼、丧葬、祭祀等。初时力役是由特定原因（军事）征发并有特定劳役（搬运和炊事）的徭役。后代渐泛指官府强制征发的物料以外的一切无偿劳役。明均徭中服役者亲身承当的力差也名力役。清官府各项劳作虽出资雇募，仍有力役性质。

【**历代名画记**】画论著作。唐代张彦远撰。成书于唐宣宗大中元年（847）。共 10 卷，分为三个主要部分：对绘画历史发展的评述与绘画理论的阐述、有关鉴识收藏方面的叙述、370 余名画家传记。第 1 卷至第 3 卷为通论部分，详尽地论述绘画的源流、绘画的兴废、绘画六法、师资传授、南北时代、用笔等。其中"绘画六法"是对南齐谢赫提出的六法论的进一步阐述和发展，特别是他提出的"离形得似"的艺术理念，强调绘画不应仅追求形似，更要追求气韵生动，对后世的绘画艺术产生了深远影响。第 4 卷至第 10 卷则以画家传记为主，记录从远古至晚唐会昌元年（841）的 370 余名画家，包括他们的姓名、事迹、画论等，为后世提供了极为珍贵的史料。《历代名画记》是我国第一部绘画通史，在我国绘画史学的发展中具有承先启后的里程碑意义，被誉为"画史之祖"。

【**历代诗话**】诗话丛书。清何文焕辑。汇刻南朝梁钟嵘《诗品》以及唐、宋、元、明诗话，共 27 种、57 卷，并附何氏自撰《历代诗话考索》1 种。所选以议论精确、文笔有致、能发新义为标准，但对于一些内容可采而传本讹误较多、时无善本校订的诗话，则不予收录。

【**历法**】推算日月星辰运行以定岁时节候的方法。历法大体分三类：阴历、阳历、阴阳历。阴历，以月亮的月相周期为一个月，十二个月为一年。阳历，以地球绕太阳一周的时间为一年。阴阳历，如我国的农历。阴阳历的特征是既重视月相盈亏的变化，又兼顾寒暑节气，年、月长度皆依据天象。历月和历年的平均值大致等于朔望月和回归年。大月 30 日，小月 29 日，每月以月相为起讫。平年 12 个月，全年 354 或 355 日，与回归年平均约差 10 日 21 时，故每 3 年置 1 闰，5 年再闰，19 年 7 闰。闰年 13 个月，全年 384 或 385 日。阴阳历比阴历优越，主要缺点是平年和闰年的日数相差过多。

【**厉王专利**】公元前 9 世纪中期，周厉王任用荣夷公为卿士，实行的"专利"政策。主要内容是将原本属于国人的山林湖泽收归天子直接控制，禁止国人进入这些地方谋生，在这些地方进行活动如采药、砍柴、捕鱼捉虾、狩猎鸟兽等都需要纳税，甚至喝水、走路也得缴纳钱物。此举激化了王室贵族与平民的矛盾，引发了国人暴动，周厉王被驱逐出周都。

【立春】二十四节气之一。在公历的 2 月 3 日、4 日或 5 日。是一年中的第一个节气，我国习惯将立春视为春季的开始。古时此日天子亲率公卿大夫出东郊，举行盛大的迎春典礼，以祈求丰年，奖励农耕。民间于此日有食春饼、戴春幡、打春牛等风俗。

【立冬】二十四节气之一。在公历的 11 月 7 日或 8 日。我国习惯以这一天作为冬季的开始。古时此日天子有出北郊举行迎冬之礼，并有赐群臣冬衣、抚恤孤寡之制。

【立枷】明清时的刑具。即用粗木棒制成笼子，笼顶开圆孔，以套住犯人颈部，使人昼夜直立，以致过劳而亡。或套枷时，在犯人脚下垫物，再抽走垫物，使人悬空窒息而死。此刑沿袭南朝梁时的"测罚"、陈时的"测立"。明代始创，清代沿用，辛亥革命后废除。

【立决】指判处死刑立即执行。也称决不待时。分斩立决与绞立决两种。如唐代法律规定，恶逆以上及奴婢、部曲杀主者立决。明代法律规定，犯"十恶"之罪应死及强盗者立决。清代对罪行特别严重的死刑犯，刑部的复文到则立即处决，不必再经朝审、秋审。

【立秋】二十四节气之一。在公历的 8 月 7 日、8 日或 9 日。我国习惯以这一天作为秋季的开始。古代此日天子亲率公卿大夫迎秋于西郊。汉代，于郊礼之后，皇帝还须射死一牲，荐于宗庙，称为"貙刘"。宋代有立秋日戴楸叶的习俗。"楸"与"秋"谐音，人们取楸叶插戴，以应时序。

【立夏】二十四节气之一。在公历的 5 月 5 日、6 日或 7 日。我国习惯以这一天作为夏季的开始。古时此日天子亲率公卿大夫出南郊，举行迎夏之礼，众皆穿赤衣，以符合夏神赤帝之意。同时以生肉、鲜果、五谷、茗茶祭祀古帝，后演变为立夏尝新之民俗。

【吏部】古代官署名。朝廷掌管官员选拔和任免的官署。西汉尚书有常侍曹，主管丞相御史公卿之事。东汉改为吏部曹，主选举祠祀，后又改为选部曹。魏晋以后都称吏部，置尚书等官，主管官吏任免、考课、升降、调动等事。班列次序，在其他各部之上。隋唐以后隶尚书省。元隶中书省。明始独立，直隶于皇帝。清末废，并其职掌于内阁。唐韩愈曾为吏部侍郎，故称其为"韩吏部"。

【吏目】古代官名。唐、宋有都孔目、孔目之官，后沿用。明代京、州各置吏目为参佐官，掌出纳文书或分领州事。清代于太医院、五城兵马司及各州置吏目，其职除太医院吏目与医士相同外，其余皆掌管缉捕、守狱及文书等官署事务。

【利玛窦】（1552—1610）天主教耶稣会传教士。意大利人，字西泰。精通历算及汉学。于明万历十年（1582）由印度果阿来华传教。初在广东肇庆传教。后任在华耶稣会会长。二十九年（1601）进京，进呈自鸣钟和《坤舆万国全图》等。他以学术广交中国士大夫。主张将孔孟之道和宗法敬祖思想同天主教相融合。研读四书五经，并作拉丁文释义和注释。也向中国介绍过一些西方的自然科学知识。著译有《几何原本》（与徐光启合译）等。身后葬于北京阜成门外。

【例贡】科举制度中贡入国子监生员之一种。也称例贡生。在清代的科举制度中，儒童或童生参加府县之试，合格录取者称为生员、庠生。在生员中再选拔一批人，升读国子监的称监生，其他的称贡生。贡生又分为拔贡、恩贡、副贡、岁贡、优贡，这五贡为正途资格出身。此外另有通过捐纳财物取得资格的，便称例贡。

【隶臣妾】秦汉时期，因犯罪、战争被俘，或亲属连坐被罚没为官府奴仆的犯人。男性称隶臣，女性称隶妾。服刑期间的劳役主要有种地，放牧，修筑城墙和官府的房屋，充当官营手工作场的工匠、士兵、狱卒，监视管理刑徒劳动等。秦时是终身刑徒，子女亦为官奴。年老无力时可免役。汉文帝时，定为有期刑，且只限于犯罪者本人。魏晋以后，历代都有类似的刑罚，但已不用此名。

【隶书】秦书八体之一。也称佐书、隶字。分秦隶、汉隶。由篆书简化演变而成。把篆书圆转的笔画变成方折，在结构上，把象形笔画隶书化，以便书写。讲究"蚕头燕尾""一波三折"。始创于秦代，到汉魏时期，隶书成为通行书体。

【荔枝】也作"荔支"。果树名，也指称荔枝树所结的果实。唐代杨贵妃爱吃荔枝，为了保证新鲜，沿途驿递快马加鞭，一刻不敢停息。杜牧《过华清宫》"一骑红尘妃子笑，无人知是荔枝来"即咏此事。北宋苏轼贬谪岭南地区时尝到荔枝的美味，留下了"日啖荔支三百颗，不妨长作岭南人"的佳句。

【郦道元】（约470—527）郦，Lì。北魏地理学家、散文家。字善长，范阳涿县（今河北涿州）人。青州刺史郦范的儿子。官至御史中尉，后任关右大使。好学博览，尤其留意地理之学。留心考索水道变迁和城邑兴废等地理现象，在旧有的《水经》基础上作注，撰成《水经注》一书。

【郦食其】（？—前203）Lì Yìjī。秦末陈留高阳乡（今河南杞县）人。家境贫寒，担任看管里门的小吏，生性猖狂，人们都称他为"狂生"。刘邦起义军至高阳时，他自称"高阳酒徒"求见，献计攻克陈留，封广野君。楚汉战争中，说服齐王田广归汉，然因韩信攻打齐国，齐王以为被出卖，将其杀死。

【鬲】lì。古代用来烹煮食物的炊器。新石器时代晚期开始出现，为陶制。商周时用青铜制。其形似鼎，圆腹，两耳或无耳，三足，足中空，方便炊煮时加热。春秋中期其制作使用开始减少，战国时已不多见，秦汉绝迹。

【笠】一种戴在头上遮雨的用具。制作材料因地制宜，如竹、莎草、油纸等，形式多样。春秋时期即被普遍使用，后逐渐发展成为"簦"，即伞。

【奁】lián。古代收放梳妆品的匣子。有盖，汉代多为漆木制，后也有陶制品。流行于战国至唐宋时期，形制多样，内分若干层。后成为一种可以开阖的梳妆镜匣。也泛指精致而小巧的匣子，如印奁、棋奁等。

【连枷】一种脱谷的农具。将一根长木棍的一端通过铰链和敲杆（一组平排的竹棍或木条）连接，操作者扬木棍另一端使敲杆旋转，敲击铺在地面上的作物穗荚，使籽粒脱落。

【连中三元】 科举考试中称乡试的第一名为解元，会试的第一名为会元，殿试的第一名为状元。接连在乡试、会试、殿试中考取第一名称连中三元。据统计，我国自科举取士以来的 1000 多年间，连中三元者有 17 人。

【连珠】 文体名。其体属韵文，不指说事情，借譬喻委婉表达其意。文辞华丽，每段文字用相同词语串接上下文意，如明珠历历相贯，故名。源于西汉扬雄所作之《连珠》。班固、贾逵等皆有作。后人加以扩充，有演连珠、拟连珠、畅连珠、广连珠等称。晋代陆机所作《演连珠》最为出色。

【连坐】 坐，获罪。连坐，一人犯罪，其家属亲友邻里连同被处罚的制度。周代已有此制。战国时商鞅创设除亲属外邻里什伍连同惩处制，如规定当同什伍里有人犯罪时，里正和伍长在其管辖范围内不告发的，要负连带责任，一并处罚。汉武帝时规定，主管官吏明知其部下犯罪，但故意不督察举发的，以同样的罪名连坐。唐代法律规定，犯谋反大逆之罪的，其母女、妻妾、祖孙、兄弟、姊妹等要株连。清代扩大连坐范围，奸党、交结近侍、反狱、邪教等连坐。也称缘坐、相坐、从坐、随坐。

【帘官】 科举考试中，乡试、会试考场的考官。因考场中有至公堂，其后有门，以帘隔之，故名。分内帘官与外帘官。始于宋。在内主考、同考谓之内帘官，主要职务为阅卷，并有内提调、监试、收掌等官，以管理试卷等事宜。外帘官为监临、外提调、监试、收掌、誊录等官所居，以管理考场事务。内帘官和外帘官不相往来，有公事则在内帘门问答授受。

【廉颇】 战国时赵国上卿。赵惠文王时，屡胜齐、魏等国。曾居功自傲，看不起上卿蔺相如，后幡然醒悟而负荆请罪。长平之役，他率兵坚壁固守三年，使秦师无功而还。后来赵国中了秦的反间计，用赵括代替廉颇，大败于秦军，四十五万赵国士兵被坑杀于长平。于赵孝成王十五年（前 251），战胜燕军，任相国，封信平君。赵悼襄王时不得志，奔魏国居于大梁（今河南开封）。后赵国多次被秦兵围困，赵王打算重新起用廉颇，派使者前去考察。使者谎称他一饭三遗矢，赵王以为廉颇老矣，不再任用。后入楚为将，老死于寿春（今安徽寿县西南）。

【炼丹】 最初为古代方术，后被吸收为道教的一种道术。即在炉鼎中烧炼矿石药物，制成所谓"长生不死"的金丹。包括炼内丹和炼外丹。前者是将人的身体视为炉鼎，将人之"精""气"视为药石，以"神"烧炼，认为精、气、神凝聚可结成内丹。宋金时为道教南北宗的主流。后者是用炉火烧炼铅、汞及其他药物配置的药石，炼成供"点化"用的"丹头"和道教认为"服食"后能成仙的所谓"仙丹"。

【殓】 丧礼仪式之一。分小殓、大殓两种。为死者沐浴、穿衣殓服，并设灵座于堂前供人吊哭称"小殓"。为死者加冠，并把已装裹好的遗体装放入棺材称"大殓"。

【良家子】 清白人家的子女。汉代，良家子是一个特定的阶层，凡是从军不在七科谪内者或非医、巫、商贾、百工的子女，均为良家子。汉代选拔陇西、天水、安定、北地、上郡、西河六郡的良家子充当羽林、期门，当时的名将多出于此，如卫青、霍去病等。良家女子是朝廷选秀的主要来源，西汉窦太后即以良家子的身份入宫。后世泛指良民子女。

【良人】夫妻互称，后多用为妻子称丈夫。

【良渚文化】渚，zhǔ。新石器时代文化，年代大约为公元前3300—前2300年。最早的考古发现位于浙江余杭（今杭州余杭区）良渚镇，故名。原始农业已具备较高水平，水稻已普遍种植。黑陶制品颇具代表性，表面光洁，造型规整，常见有壶、豆、盘、簋等。玉器制作工艺达到了我国史前玉器发展的顶峰。

【梁律】公元503年，南朝梁武帝颁行的刑律。由蔡法度主持起草，在《晋律》基础上，并增删《永明律》而成，共20篇。另有《梁令》30卷、《梁科》30卷同时颁行。

【梁山泊】古代湖泊名。位于今山东梁山、郓城和巨野等县间。古代曾是巨野泽的一部分。五代时期，黄河溃决，河水汇入大泽，水面扩大并北移，绕梁山形成一片湖泊。梁山，古名良山，相传汉梁孝王曾捕猎于此，死后葬于此处，故改名梁山，环梁山之湖故名梁山泊。梁山泊在北宋末年水域极为广阔，后随着黄河下游水道的变动，时而涸为平地，时而变为大泊。相传北宋末年，以宋江为首的农民起义啸聚于此。

【粱】粟的一种，成熟脱壳后就是大黄米，蒸煮后有黏性。古代认为粱是一种精美的食品，常常稻粱、膏粱并称，泛指精美的膳食。

【两都之战】公元1328年，大都（今北京）的元武宗和支持上都（今内蒙古正蓝旗境内）的泰定帝两系势力为争夺皇位而进行的一场内战。也称天历之变。同年七月，泰定帝于上都病逝。八月，燕帖木儿等在大都发动政变。九月，立怀王图帖睦尔即位，是为元文宗，改元"天历"。同月，泰定帝子阿速吉八在上都即位，双方展开大规模战争，波及全国。十月，上都一方失败投降，战争结束。

【两广】广东和广西的合称。岭南东西地区。唐末分岭南道为岭南东西道，约以萌渚岭南至云雾山为界，西道含海南岛。宋初改设广南东路、西路，东路治广州，西路治桂州（今广西桂林），后遂以此合称二路之地。元改置广东宣慰使司和广西宣慰使司，明清设两广总督，辖广东、广西两省。

【两湖】洞庭湖南北地区。宋初始置荆湖北路、南路。北路约在今湖北荆山、大洪山以南，至洞庭湖南缘东北、西南一线，治江陵府（今湖北荆州市荆州区）。洞庭湖以南至南岭为南路，治潭州（今湖南长沙）。后遂以此合称二路之地。清代合称湖南、湖北两省为两湖，也称湖广。故湖广总督，也称两湖总督。

【两淮】淮河流域东西部及其沿海南北部的合称。宋神宗分淮南路为东路、西路后，以此合称二路。淮东相当于今淮河安徽段以南地区，淮西相当于今安徽北部及淮河河南段以北一带。元代撤其建制后，因淮扬沿海一带的南北地区差异，又以此合指淮河南北地区。

【两京】 指一个朝代地位最高的两大都城，通常为政治、文化的中心。最早源于西周时期的镐京（今陕西西安）和雒邑（今河南洛阳）；东汉、唐代指的是长安（今陕西西安）和洛阳（今河南洛阳）；北宋时期指的是东京开封（今河南开封）和西京洛阳（今河南洛阳）；明代永乐后指的是北京和南京；清代指的是北京和盛京（今辽宁沈阳）。

【两税法】 公元780年唐德宗实施的赋税制度。分夏、秋两季征收，故名。由宰相杨炎主持制定，总结调整了以往的税制，以适应均田制和租庸调制瓦解后的财政需要。按各户土地、财产多少征税，开启了从以人丁为本到财产为本征收赋税的转折，为宋以来的赋税制度奠定了基础。

【裲裆】 liǎngdāng。背心、马甲。可较好地保护胸、腹、背部。多用棉布制作，男女都可以穿用，有夹也有棉。此外，也有用金属制作的，这就成为战士穿用的护心战甲。

【辽朝】 （907—1125）由契丹族建立的朝代。公元907年，辽太祖耶律阿保机成为契丹可汗，916年始建年号，国号"契丹"，918年建都皇都（今内蒙古巴林左旗）。947年改国号为"辽"，改皇都为上京。983—1066年间曾重称"契丹"。疆域东北到今日本海黑龙江口，西北到蒙古国中部，南以今天津海河、河北霸州、山西雁门关一线与宋接界。与北宋、西夏鼎立，是统治中国北部的一个王朝。1125年被金所灭。历10帝，210年。后耶律大石重建契丹国，仍用"辽"国号，史称"西辽"。

【辽东】 辽河以东地区。也称辽左。战国燕地，秦置郡，属幽州，汉因之。秦汉时，辽东成为连接中原与东北亚的重要桥梁，同时也是军事防御的重地。明清时，设立辽东指挥都司和辽东镇。

【辽沈之战】 公元1621年，后金进攻辽沈地区与明发生的战役。明天启元年（1621），努尔哈赤率领的后金大军攻克了沈阳和辽阳，辽东经略袁应泰自杀。后金军队乘胜攻下了金州（今辽宁大连）、复州（今辽宁瓦房店）、海州（今辽宁海城）、盖州（今辽宁盖州）等七十余城，并迁都辽阳，明尽失辽河以东地区。

【聊斋志异】 文言短篇小说集。清代蒲松龄撰。全书共包含近500篇短篇小说，多以狐、仙、鬼、怪为题材。全书大多采用传奇手法来描写志怪题材，融物性、神异性、人性于一体，塑造了一系列花妖狐魅的艺术形象，既生动描写了个人渴望解放和追求幸福的喜怒哀乐，也深刻揭示了现实社会的种种弊端和世态炎凉。在艺术表现上尤以构思奇妙、情节曲折、语言简洁生动取胜。被视作中国文言短篇小说的高峰。

【料钞】 元初发行的一种货币。以丝料做价值评估标准，故称。元代的货币体系以纸币为主。元世祖忽必烈曾想仿效宋朝以铜钱为主要流通货币，有大臣劝阻称，北方草原地区属于幽阴之地，气候不同于华夏阳明之区，因此更适合使用纸币。

【料民】 料，估计其数多少。古代调查人口数。著名的如周宣王兵败于姜氏之戎，丧"南国之师"，曾料民于太原。中国古代常进行人口的登记和调查。《周礼》规定大司徒、小司徒、乡大夫、遂大夫、小司寇均须负责掌握民数。商鞅曾实行全国人口的出生与死亡登记。东汉末徐幹认为周知民数是"为国之本"。"料民"的过程通常涉及将本地户口按照名册进行查阅，观察人口的多少，以及车马、粮食等物资的丰富程度，从而为政府的各项决策提供依据。

【列肆】 市场中连片设立的商铺。起源甚早，战国秦汉称此，当时城中之市皆以墙垣围起，有定期启闭之制，其中的商铺常按行业分区排列以便管理。唐宋以来市场渐趋开放，遂泛指各种店肆。

【列御寇】 战国前期道家代表人物。也称圄寇、圉寇、列子。相传为战国时郑国（今河南郑州）人。倡导虚静无为，学术思想接近黄老。唐天宝元年（742），被尊封为"冲虚真人"。《庄子》中有列御寇御风而行的记载。《汉书·艺文志》著录《列子》八篇，其中"愚公移山""杞人忧天"等典故流传至今。

【列传】 纪传体史书中列叙历史人物事迹的传记。司马迁《史记》创始，为历代纪传体史书所沿用。列传用以记述帝王以外的人物事迹、周边少数民族政权和外国史。后来封建王朝的官史大都沿袭这种体例。人物传记分一人一传的单传，如《商君列传》《李斯列传》；两人或几个人一传的合传，如《屈原贾生列传》《孟子荀卿列传》；按人物性质合在一起的类传，如《刺客列传》《货殖列传》；记古代周边各族和外国的四夷传，如《匈奴列传》《西南夷列传》。

【林逋】 （967—1028）逋，bū。宋代诗人。字君复，钱塘（今浙江杭州）人。隐居于西湖孤山二十年，种梅养鹤，终身不娶，人称"梅妻鹤子"。卒谥和靖先生。其诗风格淡远，内容多反映隐逸生活和闲适心情。其《山园小梅》中的"疏影横斜水清浅，暗香浮动月黄昏"被誉为千古咏梅绝唱。亦工书画。有《林和靖诗集》。

【林则徐】 （1785—1850）清末政治家，民族英雄。字元抚，一字少穆，福建侯官（今福州）人。嘉庆进士。先后在浙江、江苏、湖北、河南、山东等地任职，政绩卓著。道光十七年（1837），在湖广总督任上，严禁鸦片。次年受命为钦差大臣，赴广东查禁鸦片。会同两广总督邓廷桢、水师提督关天培等缉拿烟贩，整顿海防，将所缴外商鸦片二百三十七万多斤在虎门当众销毁。为了解外国情况，组织编写《四洲志》，开近代研究西方风气之先河。后因投降派诬陷，被革职，流放新疆。与家人分别之际，有《赴戍登程口占示家人》诗，其中"苟利国家生死以，岂因祸福避趋之"广为传诵。1845 年，被重新起用，历任署陕甘总督、陕西巡抚、云贵总督等职。1850 年再度受任钦差大臣，前往广西镇压农民起义，中途病逝。谥文忠，后人因称林文忠公。其作品后人辑《林则徐全集》。

【临川派】 明代戏曲文学流派。明万历年间，临川汤显祖创作《牡丹亭》等传奇，着重刻画人物，讲究辞藻，影响颇大。戏曲史上把明清两代仿效其风格的戏曲作家称为临川派。汤显祖书斋名为玉茗堂，故临川派也称玉茗堂派。其著作有传奇《紫箫记》《紫钗记》《牡丹亭》《南柯记》《邯郸记》五种，后四种合称"临川四梦"或"玉茗堂四梦"。公认的临川派作家还有阮大铖、吴炳、孟称舜、凌濛初等。

【临川四梦】 传奇剧本集。明著名戏曲家汤显祖所著《紫钗记》《牡丹亭》《南柯记》《邯郸记》的合称。汤显祖为江西临川人，四记皆以梦境穿插，故称。或以汤显祖书斋名称其为"玉茗堂四梦"。

【临清民变】 公元1599年，山东临清民众反抗税使马堂的事件。临清当地矿监税使马堂横征暴敛，在其暴政下，临清市民纷纷罢市，上万人聚集起来抗议。民变领导者是手工业者王朝佐，在他的组织和领导下，市民们进行了有力的抵抗，迫使马堂及其爪牙无法再行无道之事。

【麟趾格】 公元541年，东魏孝静帝下诏颁行的刑法。因制定地点在麟趾殿，故得名，共15篇。北齐初进行修订，后被《河清律》取代。

【廪生】 廪，lǐn。明清两代由公家给以膳食的生员，即领取全额生活补助的编内学生。也称廪膳生，全称廪膳生员。明初生员有定额，皆食廪，府学生员四十人，州、县依次减十，每人月给廪米六斗。廪生中食廪年深者可充岁贡。清制略同，廪生名额及待遇视州、县大小而异，月给廪饩银四两。经岁、科两试成绩优秀者，增生可依次升廪生，称"补廪"，廪生可依次升国子监学生，称"岁贡"。

【廪饩】 lǐnxì。廪，粮仓，粮食。饩，赠送的粮食。指由官府供给的粮食之类的生活物资。

【蔺相如】 战国时赵国上卿。赵惠文王得到和氏璧，秦昭王谎称愿以十五城交换。蔺相如奉命携和氏璧入秦，据理力争，坚持先割城再交璧，最终完璧归赵。赵惠文王二十年（前279），随赵王到渑池（今河南渑池西）与秦王相会，以其忠勇智慧，使赵王免受屈辱，因功封为上卿。赵国大将廉颇自以为功高，不服蔺相如，欲于众人面前羞辱他，蔺相如以国家为重，再三退避。廉颇听说后，向蔺相如负荆请罪。

【灵牌】 代表神灵或祖先的牌位。木制，上书写死者名字等，安放在庙宇或宗祠内，供祭拜。殷商末期，武王兴兵讨伐商纣王时，载文王木主（木制的神位）同行，表示奉文王命征伐，不敢自专。周代，设小宗伯，掌管设立神位和祭祀等，凡天地、日月、星辰、风雨、祖先都有神位，供奉于社稷、宗庙及各处坛位。诸侯、大夫、士也各有宗庙宗祠，奉祀先代灵牌。本族中男子死后，以昭穆的排列次序放在祖庙，立灵牌其中，供子孙祭祀。

【灵渠】 我国古代著名水利工程。位于今广西兴安县境内。也作"零渠"。也称秦凿渠、兴安运河、湘桂运河。秦始皇兼并六国，为开拓岭南地区，派兵南征百粤。为解决湘桂地区军队粮饷运输问题，命史禄带领军士、民夫在漓江与湘江之间修建人工运河。运河由南北两渠构成，设有堰坝、斗门，依次启闭调节水位，可使船只循渠逐级越过山岭。灵渠的开凿，沟通了湘江、漓江，打通了南北水上通道，秦军以此作为重要保障，攻克、统一了岭南，设桂林、象郡、南海三郡，将岭南正式纳入秦王朝的版图。汉、唐、明、清历代曾对灵渠做过修缮、改进。灵渠与都江堰、郑国渠并称秦三大水利工程。

【灵隐寺】 佛教寺院，江南著名的千年古刹，位于浙江杭州灵隐山麓。东晋咸和元年（326），相传为印度沙门僧惠理建。历代迭经毁修，清初全面重建。康熙二十八年（1689）赐名"云林禅寺"。寺前飞来峰崖壁及石洞内外有五代及宋元石刻塑像300余尊，弥足珍贵。苏轼有诗云："溪山处处皆可庐，最爱灵隐飞来孤。"

【凌迟】 古代酷刑。碎割犯人的肉体，使犯人缓慢、痛苦死去的刑罚。也作"陵迟"。也称剐、脔割。唐五代时出现，但为法外之刑，没有得到官方法律的正式认可。一般认为，辽代将"凌迟"正式写入官方法律，变为法定刑，后沿用到元明清，但未列入"五刑"。宋代犯所谓口语狂悖罪的，多用此刑，也常用来处罚谋反、大逆等"十恶"中"不道"以上的大罪。

【凌濛初】 （1580—1644）明代文学家、戏曲家。字玄房，号初成，别号即空观主人。浙江湖州府乌程（今浙江湖州）人。崇祯年间，官至徐州通判。后为李自成农民起义军围困，呕血而死。早年工诗文，后致力于小说、戏曲创作，尤以短篇小说集"二拍"闻名于世，后人多以之与"三言"并举。又撰杂剧九种、传奇三种。今存杂剧《宋公明闹元宵》《虬髯翁》《北红拂》三种。另著有《谭曲杂札》，编有《南音三籁》等。

【绫】 丝织品的一种。带有彩纹，细柔光顺，有素、花之分。素绫采用单一的斜纹或变化斜纹织成；花绫是在斜纹上再起斜纹花。是汉代以来较为贵重的丝织品类。唐宋时期发展至鼎盛，更有提花等新的工艺以及各种花色品种，其代表为吴越异样纹绫纱罗、河南河北纱绫以及蜀中锦彩等。

【零丁洋】 广东珠江口外呈喇叭状的河口湾。即伶仃洋，位于内、外伶仃岛之间。因南宋文天祥《过零丁洋》诗而得名。南宋末年，文天祥于五坡岭（今广东海丰北）被俘，被押解途中经过零丁洋，元将张弘范劝降，文天祥作《过零丁洋》以铭心志，"人生自古谁无死，留取丹心照汗青"成为千古名句。

【岭南】 五岭以南地区。又称岭表、岭外。先秦已有此称。唐设岭南道，约相当于今湖南、江西南部至广东、广西和海南全境，南抵南海及北部湾以西地区，其后直至明清，皆以此泛指其地。

【令】 古代官名。春秋时楚有令尹。后代有王门令、率更令之类。秦汉时县官辖区万户以上的称令，万户以下的称长。后来因有县令、大令之称。魏晋始，凡县之长官一律称令，历代相沿。元改称县尹。明清时改称知县。历代中央最高机关及某些下属机关的主官也称令。如尚书令、中书令、太子家令、掖庭令、太乐令等。

【令史】 古代官名。战国时，指秦国县府的属史。一般低级官吏又称令史。汉代兰台、尚书属官，设有兰台令史、尚书令史，掌文书事务，职位次于郎。历代因之。令史都有品秩，可以补升为郎。隋唐以后，令史已无品秩，成为三省、六部及御史台的低级事务员。宋元以来也用作官府中胥吏的通称。明废。

【令尹】①春秋战国时楚国最高的长官。在楚国，"令"表命令、指令，"尹"指管理、治理。原先楚国的百官之首是"莫敖"，其地位在楚武王改以令尹为执政后逐渐下降，令尹则位显权重，成为执掌楚国军政大权的要职。②县官别名。秦汉以来一县之长称为县令，元代叫县尹，因而也合称令尹。清为知县别称。

【刘安】（前179—前122）西汉思想家、文学家。沛郡丰（今江苏丰县）人。汉高祖刘邦之孙，世袭为淮南王。爱好文学，曾奉汉武帝命作《离骚传》。又招致宾客方术之士数千人，集体编写《鸿烈》，即《淮南子》。其思想综合先秦道、法、阴阳等各家，被归入杂家。元狩元年（前122），被告谋反，下狱后自杀。民间传说刘安发明了豆腐。

【刘邦】（前256或前247—前195）即汉高祖，西汉王朝的建立者，公元前202—前195年在位。字季，沛县（今江苏徐州）人。初为泗上亭长。秦二世元年（前209），陈胜、吴广起义，刘邦也在沛地举兵响应，号沛公。与项羽分兵入关破秦，刘邦先入咸阳，与父老约法三章，受到拥护。项羽入关后，刘邦被封为汉王。随后与项羽展开长达五年的楚汉战争，最终于前202年战胜项羽，即皇帝位，国号"汉"，定都长安（今陕西西安）。尊号高皇帝。

【刘备】（161—223）三国蜀汉政权的建立者。字玄德，涿郡涿县（今河北涿州）人。东汉皇族后代，家贫，与母亲贩履织席为业。曾参与镇压黄巾起义，后为徐州牧。得诸葛亮辅佐，联合孙权，大败曹操于赤壁。趁势夺取荆州（今湖北荆州），进而占据益州（今四川成都）。公元221年，在成都称帝，建立蜀汉政权，与魏、吴形成三足鼎立之势。222年，在伐吴的夷陵之战中大败，次年，病逝于白帝城，谥号昭烈。

【刘大櫆】（1698—1779）櫆，kuí。清代散文家。字才甫，又字耕南，号海峰，安徽桐城人。上承方苞，下传姚鼐，承上启下，后世称方、刘、姚为"桐城派三祖"。论文强调"义理、书卷、经济"，要求文章"神气""音节""字句"协调统一。所作古文雄肆醇正，气势充沛。亦工诗，师法唐人而自成一体。著有《海峰文集》《海峰诗集》《论文偶记》，编选《古文约选》《历朝诗约选》，纂修《歙县志》等。

【刘基】（1311—1375）明初大臣、文学家。字伯温，浙江青田南田武阳村（今属文成县）人。元末进士。在朱元璋起义后，到南京投奔，辅佐其北伐中原，统一天下，建立帝业，是明代开国功臣之一。官至御史中丞兼太史令，封诚意伯。洪武四年（1371）辞官。后被权相胡惟庸构陷，忧愤而死。谥号文成。所作诗文雄浑奔放，与宋濂、高启并称"明初诗文三大家"。寓言集《郁离子》为后世所重。有《诚意伯文集》。

【刘克庄】（1187—1269）南宋文学家。初名灼，字潜夫，号后村居士，莆田（今属福建）人。理宗淳祐年间赐同进士出身，官至工部尚书，以龙图阁学士致仕。其诗初学晚唐，后推崇陆游，但主要学习陆游的"奇对"和"好对偶"，喜用典故成语。内容则感慨时事，渴望恢复北方领土，反对当权者的妥协苟安。为江湖派重要作家。词风豪迈，颇受辛弃疾影响。有《后村先生大全集》。

【刘六刘七起义】 明朝中叶在北直隶（今河北一带）以刘六、刘七为首发动的一次大规模农民起义。刘六名宠，刘七名宸，分别排行第六、第七，故名。二人初是劫富济贫的"响马盗"，活动在霸州一带。正德五年（1510）十月，他们在霸州发动起义，数千农民热烈响应。起义军纪律严明，"栖野不占城郭，蹈虚不立所"，赢得了人民的爱戴。曾驰骋于黄河下游和江淮、湖广、江西，先后三次进逼北京，由于盲目流动作战且未建立稳固的后方，历时三年而败。

【刘向】 （约前77—前6）西汉经学家、目录学家、文学家。本名更生，字子政，沛县（今江苏徐州）人。汉皇族楚元王刘交五世孙。宣帝时任散骑谏大夫。元帝时，因反对宦官弘恭、石显，被捕下狱。成帝时，更名向，任光禄大夫、中垒校尉。长期于天禄阁潜心校书。所撰《别录》，是我国目录学的开山之作。所作辞赋33篇，今唯存《九叹》为完篇。有《洪范五行传》《列女传》《列仙传》《新序》《说苑》等。

【刘勰】 （约465—约532）勰，xié。南朝梁文学理论批评家。字彦和，东莞莒县（今属山东）人。早年笃志好学，家贫不婚娶，依沙门僧祐，精

通佛教经论。梁武帝时，历任奉朝请、东宫通事舍人等职，深为昭明太子萧统所重。晚年出家为僧，法名慧地。所著《文心雕龙》五十篇，是我国古代第一部体系较为完整的文学理论著作。

【刘歆】 （?—23）西汉末经学家、目录学家、天文学家。字子骏，后改名秀，字颖叔。沛县（今江苏徐州）人。刘向之子。成帝河平年间，与父亲刘向一起校订群书。刘向死后，继任中垒校尉，承袭父业，撰成我国历史上第一部图书分类目录《七略》。提倡将《左传》《毛诗》《逸礼》《古文尚书》列于学官。王莽执政时，立古文经博士，任命刘歆为国师。后谋诛王莽，事情泄露后自杀。著《三统历谱》，造圆柱形的标准量器。根据量器的铭文计算，所用圆周率为3.1547，世称"刘歆率"。作品多亡佚，明人辑有《刘子骏集》。

【刘秀】 （前5—57）即光武帝，东汉王朝的建立者，公元25—57年在位。字文叔，南阳蔡阳（今湖北枣阳西南）人。新莽时与其兄刘縯聚众起兵加入绿林军，23年取得昆阳之战的巨大胜利。刘縯被杀后，转战到河北一带活动。以恢复汉家制度为号召，取得部分官吏、豪强的支持，镇压和收编铜马等起义军，力量开始壮大。25年称帝，定都洛阳，史称"东汉"。在位期间，裁并郡县，减轻赋税，兴修水利，精简官吏，生产有所恢复和发展。

【刘禹锡】 （772—842）唐代文学家。字梦得，洛阳（今属河南）人。贞元九年（793）进士及第，任监察御史。参加王叔文政治革新集团，失败后被

贬为朗州司马，迁连州刺史。后以裴度力荐，任太子宾客，加检校礼部尚书。世称刘宾客。其诗雅健清新，因蕴含革新、奋发上进的精神，被称为"诗豪"，是中唐诗坛上独树一帜的重要诗人。文章简洁隽永，别具一格，代表作如《陋室铭》。和柳宗元交谊深厚，人称"刘柳"。在洛阳时，常与白居易唱和，时称"刘白"。有《刘梦得文集》。

【刘裕北伐】 公元409年和416年，东晋北府兵统帅刘裕伐灭南燕、后秦的军事行动。刘裕先消灭了南燕和后秦等国，降服仇池，又大破北魏军。收复山东、河南、关中等地，光复洛阳、长安两都，使潼关以东、黄河以南和山东全境划入晋朝版图，"七分天下，而有其四"，江淮流域得到保障。辛弃疾用"金戈铁马，气吞万里如虎"描绘了刘裕两次率领晋军北伐，收复洛阳、长安等地的气势。

【刘知幾】 （661—721）唐代史学家。字子玄，彭城（今江苏徐州）人。永隆进士。历经高宗、武后、中宗、睿宗、玄宗诸朝，曾任著作郎、太子左庶子、左散骑常侍等职。与吴兢等编撰《则天皇帝实录》。以毕生精力研究历史，加之长期在史馆修史的实践经验，于景龙四年（710）撰成我国第一部史学评论专著《史通》，对历代史书及其体例进行了详细的评论。他认为史学家必须具备"史才""史学""史识"，尤以"史识"最为重要。对著史则强调"直笔""不掩恶，不虚美"，表现出难能可贵的精神。

【留守】 皇帝亲征或出巡时，命亲王或大臣留京主持畿辅及后方政务的制度，后为官名。汉高祖巡幸关东，吕后在京留守。东汉和帝南巡，以太尉张禹为京城留守，尚非正式命官。北魏高祖南征，命太尉元丕、广陵王元羽为京城留守，为正式命官之始。唐贞观十九年（645）太宗亲征辽东，以房玄龄留守京城。行都和陪京也常设"留守"，以地方官兼任，总理钱谷、军民、守卫事务。隋代陪都太原置留守，掌守宫阙。

【流】 古时将犯人放逐到边远地区服劳役或戍守的刑罚。非帝王的特别诏令不得回乡。起源较早，但秦汉、魏晋间无此名，到南朝梁时才有。北齐时，将流刑定为死刑因赦而减等的法定刑，列入"五刑"之一，沿用到清代。其名称历代有所不同。帝尧时称"放"，秦时称"迁"，汉魏时称"徙"，北魏时称"流徙"。流放距离、刑期也不相同。北周分五等，最近的离京城管辖的地区二千五百里，最远的离京城管辖的地区四千五百里。期限最长是六年。也有附加刑鞭笞刑。隋代分一千里、一千五百里、二千里三等，期限为二年、二年半、三年。唐代也分三等，里程比隋各等加一千里，期限各缩短一年，无附加刑，但有赎罪法。宋代里数和刑期同唐代，附加杖刑。元无此刑。明清沿宋制，可以铜赎。从唐到清，凡犯此罪者妻妾从之，父、祖、子、孙听便。

【流火】 流，向下移动。火，特指心宿二。也称大火星。二十八宿之一，东方苍龙的第五宿的第二颗星，不是五大行星中的火星。每年农历五月黄昏时，火这颗星位于正南方的中天。七月的黄昏，火的位置逐渐西降，暑热开始减退，秋天将来临。《诗经·豳风·七月》"七月流火，九月授衣"即描述了这种变化。

【流泉务】 流泉，钱币，取其流通义。务，机构。金朝官营质典部门。为了减轻民营典当行收取高额利息给当户造成的危害，公元1163年世宗始置于中都（今北京）、南京（今河南开封）等处，设使、副掌其事，后一度罢废，又陆续添设于各地。元朝亦设，称"广惠库"。

【琉璃】 ①天然的各种有光宝石，半透明。本名"璧流璃"，后省称"琉璃""流离"。可制作装饰品、礼器、印章、器皿等。汉代"琉璃"是国宝之一。唐代称为玻璃，宋元以来称为宝石。今出土的西周墓葬中，有琉璃珠、琉璃管等制品。②一种低温釉陶制品。

【柳公权】 （778—865）唐代书法家。字诚悬，京兆华原（今陕西铜川）人。擅书法，尤以楷书著称。初学王羲之，后学颜真卿、欧阳询，结体劲媚，法度谨严。后世将其与颜真卿作品的风格誉为"颜筋柳骨"。相传唐穆宗曾问他用笔的方法，他说："用笔在心，心正则笔正。"代表作有《玄秘塔碑》《神策军碑》等。

【柳下惠】 （前720—前621）春秋时鲁国大夫展禽。姬姓，展氏，名获，字禽，一字季，柳下邑（今山东新泰）人。私谥惠，故称柳下惠。其"坐怀不乱"的故事广为流传。

【柳永】 （约987—约1053）北宋词人。字耆卿，原名三变，字景庄，排行第七，世称柳七。曾官屯田员外郎，所以也称柳屯田。崇安（今福建武夷山市）人。为人放荡不羁，以填词为业，自称"奉旨填词柳三变"。所作多抒发羁旅行役之情及描写歌妓生活、城市风光，音律谐婉，风格轻靡，流传甚广，时称"凡有井水处，即能歌柳词"。代表作有《雨霖铃》《望海潮》《八声甘州》等。致力于慢词的创作，改变了此前词作以小令为主的局面。有《乐章集》。

【柳宗元】 （773—819）唐代文学家、思想家。字子厚。河东解州（今山西运城）人，世称"柳河东"。贞元进士，曾参与王叔文政治革新运动，失败后被贬永州司马，不久迁柳州刺史，后世称"柳柳州"。与韩愈共同倡导古文运动，并称"韩柳"。"唐宋八大家"之一。提出"文以明道"的主张。其散文题材丰富，如《捕蛇者说》尖锐地揭露社会矛盾。《封建论》等政论文说理透辟，层次井然。《永州八记》等山水游记文笔清峭，多有寄托。《黔之驴》等寓言短小精悍，寓意深刻。亦工诗，与韦应物并称"韦柳"。有《柳河东集》。

【六出祁山】 公元228—234年，诸葛亮先后六次北伐曹魏的军事行动。旨在以攻为守，表明进取中原兴复汉室的立场。在蜀汉与魏先后的六次战争中，第四次为防御战，直接进攻魏为五次，出祁山（今甘肃礼县）仅两次。"六出祁山"的说法来源于小说《三国演义》，由于该小说在民间具有很大的影响力，所以"六出祁山"逐渐成为诸葛亮北伐的代名词。

【六服】 冕服的六个等级。也称六冕。即大裘冕、衮冕、鷩冕、毳冕、希冕、玄冕。相传始于西周，是天子乃至卿大夫参加朝会、祭祀活动、重要庆典时所穿的礼服。东汉明帝时复定其制，此后历代有所损益。明初仅存皇帝的衮冕。清代改用满族衣冠，衮冕废。

【六根】 在我国本土文化中，六根的说法出自《庄子》，即耳、目、鼻、口、心、知。古人认为，它们有着能使人具备听觉、视觉、嗅觉、味觉、认知、德行的基本条件。六根无壅，则通达，聪明不显露在外，则为有德。后"六根"也被用作佛教名词，根是"能生"之意。而眼、耳、鼻、舌、身、意具有能摄取色、声、香、味、触、法的功能，并使人由此产生眼识、耳识、鼻识、舌识、身识、意识。故将眼、耳、鼻、舌、身、意视为六根。而这六根于色、声、香、味、触、法六境不染着时，就做到了"六根清净"，后人也常以此形容根除欲念而无烦恼的思想境界。

【六和】 佛教中的一种教义。包括身和同住（行动上不侵犯他人，和合共住），口和无诤（言语上和谐亲切，和平共处），意和同悦（精神上志同道合），戒和同修（法制上人人平等），利和同均（经济上均衡分配），见和同解（思想统一，见解一致）。

【六经】 指儒家的六部经典《诗》《书》《礼》《易》《春秋》和《乐》。相传为孔子亲自删定。"六经"名称始见于《庄子》。

【六经皆史】 清代章学诚系统提出六经皆史的观点，认为六经是夏商周三代典章政教的历史记录，主张《诗》《书》《礼》《易》《春秋》《乐》六经皆为古代历史书籍。后来龚自珍、章炳麟等也倡导这种说法。

【六礼】 古代缔结婚姻的六道程序。先后为：（1）纳采，男方请媒人去女方家表达求亲意愿。（2）问名，男方请媒人询问女方名字及出生年月日。（3）纳吉，男方将女方信息进行占卜，若得吉兆，即通知女方正式缔结婚姻。（4）纳征，男方给女方下聘礼，女方接受后正式订立婚姻。（5）请期，男方择定婚期，征询女方意见。（6）迎亲，男方至女方家迎娶。

【六历】 黄帝、颛顼、夏、殷、周、鲁六种古历法的合称。制定于战国和秦代，是我国最早的历法。曾行用于战国各国及汉武帝颁行《太初历》以前。其中，周代末期制定的《颛顼历》是秦统一中国后颁行全国的第一个历法。

【六吕】 我国古代乐音标准名。也称六同。十二乐律中与六律相对的六个双数的律，即大吕、夹钟、仲吕、林钟、南吕和应钟。相传黄帝时伶伦截竹为管，以管的长短分别声音的高低清浊，乐器的音调皆以此为准。乐律有十二，阴阳各六，阳为律，阴为吕。

【六律】 我国古代乐音标准名。十二乐律中单数六个律，即黄钟、太簇、姑洗、蕤宾、夷则、无射。"律"本指定音的竹管，后世律管改为铜管。古人亦用钟弦定音，故有管律、钟律和弦律。相传黄帝时伶伦截竹为管，以管的长短分别声音的高低清浊，乐器的音调皆以此为准。乐律有十二，阴阳各六，阳为律，阴为吕。也称阳律、律。

【六亲】 六种亲属。具体所指有以下说法：1.父子、兄弟、姑姊、甥舅、婚媾、姻娅。2.父子、兄弟、夫妇。3.父母、兄弟、妻子。4.父子、兄弟、从父兄弟、从祖兄弟、从曾祖兄弟、同族兄弟。5.外祖父母、父母、姊妹、妻兄弟之子、从母之子、女之子。也泛指亲族、亲戚。

【六卿】 ①上古天子有六军,六军之主将称"六卿"。②周代的六官:冢宰、司徒、宗伯、司马、司寇、司空。也称六官。后用以泛称朝廷重臣。隋唐后又用以称吏、户、礼、兵、刑、工六部尚书。

【六神】 道教指分别主宰着人的心、肺、肝、肾、脾、胆的神灵,合称"六神"。后泛指心神。如六神无主。另也指六种神祇。说法并不统一。或指日、月、雷、风、山、泽,或指四时、寒暑、日、月、星、水旱等。

【六十种曲】 戏曲剧本集。也称《汲古阁六十种曲》。明毛晋编。共收杂剧《西厢记》1种,传奇58种,其中汤显祖《还魂记》兼收原作与后世改订本,共计为60种。全书共6套,第1套收《琵琶记》等10种,第2套收《南西厢记》等10种,第3套收《春芜记》等10种,第4套收《绣襦记》等10种,第5套收《锦笺记》等10种,第6套收《白兔记》等10种。是我国古代篇幅最大、流传最广的一部戏曲选集。

【六言诗】 诗体名。每句六个字的古体诗。这类诗不太流行,影响力不及五言诗和七言诗。唐代以后的六言绝句也称六言诗,如王维六言绝句《辋川六言》,该诗格律严整,对仗甚工,句式富于变化,被称为唐代六言绝句的代表作。相传始于西汉谷永,在盛唐时期较为流行,一些著名的诗人如李白、杜甫等皆创作了六言诗,他们笔下的六言诗篇大多呈现出"风趣"的艺术风貌,即风神俊逸、趣味非凡。宋元后的六言诗主要以写景抒怀为主,如朱熹《铅山立春六言二首》等。

【六幺令】 ①唐宋歌舞大曲。属软舞类。为女子独舞。节奏由慢到快,舞姿轻盈柔美。后用为词牌。又名《六幺》《绿腰》。幺是小的意思,因此调羽弦最小,节奏繁急,故名。双调九十四字,仄韵。有大曲和器乐曲等不同形态,流传很广。宋代教坊大曲及官本杂剧段数中,仍保存了多种《六幺》名目。②曲牌名。南北曲均有此曲牌。南曲属仙吕入双调,字数与词牌不同,用作过曲。北曲属黄钟宫者,字数与词牌或南曲都不同;属仙吕宫者,字数与词牌相同,句读略异;都用在套曲中。京剧也有《六幺令》,系吹打曲牌,无唱词,多用于官员上朝、回府时。

【六艺】 古代教育学生的六种科目。包括礼、乐、射、御、书、数六项艺能。汉以后亦指儒家的"六经",即《诗》《书》《礼》《易》《春秋》《乐》。

【六月飞霜】 相传战国时邹衍尽忠于燕惠王,但燕惠王听信谗将其下狱。邹衍在狱中仰天痛哭,时值炎夏,天忽然降霜。这一故事较早见于汉王充《论衡》。后用"六月飞霜"指代冤狱。元代关汉卿《窦娥冤》的"六月雪"的情节与之类似。

【六乐】 乐,yuè。古代黄帝、尧、舜、禹、汤、周武王六代的古乐:《云门》《大咸》《大韶》《大夏》《大濩》《大武》。《云门》为黄帝之乐,《大咸》为尧乐,《大韶》为舜乐,《大夏》

为禹乐，《大濩》为汤乐，《大武》为周武王之乐。亦指六种金属乐器：钟、镈、錞、镯、铙、铎。

【六赃】 赃，非法占有的财物。古时法律规定的六种非法占有公私财物的犯罪。"六赃"之名出现于唐代，唐代法律规定，"六赃"的犯罪有：强盗赃、窃盗赃、受财枉法赃、受财不枉法赃、受所监临赃、坐赃。明清法律中没有"受所监临"和"强盗"，但有"监守盗"和"常人盗"，均配附有《六赃图》。六赃惩罚贪污、受贿、抢劫、盗窃等行为的规定和按赃值定罪的原则被后世立法所继承，但名目有所变化。历代计算赃物的标准也有发展，唐代以绢的尺与匹为标准。明代以钱贯为标准，每贯钱千文。清代以银两数为标准。

【六镇之乱】 北魏末年北方六镇军民的反抗活动。孝文帝迁都洛阳后，政治重心南移，北边六镇军民地位低下，所受压迫日益深重。公元523年起，怀朔镇别将葛荣、沃野镇别将破六韩拔陵等相继起事南下，六镇军民纷纷响应。至529年方被朝廷借尔朱荣等豪酋势力镇压，又因尔朱荣嗜杀乱政，操纵废立，各地军阀纷起割据，北魏由此走向衰亡。

【六祖坛经】 佛教典籍。也称《六祖大师法宝坛经》，略称《坛经》。为禅宗六祖慧能（也作"惠能"）在韶州（今广东韶关）大梵寺的一座坛上为大众所讲之法，由弟子法海记录，故称《坛经》。我国佛教著作被称为"经"的仅此一部。该经记述了慧能一生得法、传教的言行事迹和禅法体系，宣扬"明心见性""顿悟成佛"的基本思想。《坛经》虽然简短，但内容丰富精当。全经第一部分为慧能讲述自己学佛、作偈、得五祖弘忍传法、南行等经历，著名的"菩提本无树，明镜亦非台。本来无一物，何处惹尘埃"偈子，便出自该经。

【龙】 一种传说中的神异动物。与麒麟、凤凰、龟并称为"四灵"。其形象是多种动物的集合，古人描述为角似鹿、头似驼、眼似兔、项似蛇、腹似蜃、鳞似鱼、爪似鹰、掌似虎、耳似牛。在中国文化中，龙是一种重要的文化符号，是华夏民族的精神图腾。古人认为龙善于变化，能兴云布雨，称为龙王。各地建有龙王庙，祈求风调雨顺、消灾降福。在封建时代，龙还被视作帝王的象征，帝王的居处和用物多以龙形图案为饰，如龙袍、龙椅等。

【龙凤】 龙与凤两种神异动物。"龙凤"并称代表吉祥如意、喜庆之事。也用来比喻帝王和帝后。

【龙井】 杭州名泉，位于今浙江杭州西湖西南风篁岭上。因泉水从不枯竭，古人认为其与海相通，必有龙，故名龙井。龙井泉水味甘冽，与玉泉、虎跑泉并称杭州三大名泉。相传东晋道教学者葛洪曾在此炼丹。龙井四周碧嶂环绕，山石峥嵘，松篁交翠。清乾隆六下江南，四游龙井，曾为龙井八景题有"湖山第一佳"五字。龙井周边山上所产"龙井茶"名满天下。名泉名茶，相得益彰，明人陈继儒有写龙井的《试茶》诗："龙井源头问子瞻，我亦生来半近禅。泉从石出情宜冽，茶自峰生味更圆。"

【龙龛手镜】 龛，kān。字书。辽代僧人释行均撰。宋代避宋太祖赵匡胤祖父名讳"敬"，曾改"镜"为"鉴"。全书收录汉字 26 430 余个。在编排上，《龙龛手镜》具有创新性。它不同于以往的汉字字典，既不是单纯按照部首排序，也不是仅仅按照字音排序，而是结合了部首和字音两种排序方法。具体来说，它按照平声、上声、去声、入声这四声的顺序，将字分为 242 部首。这种编排方式在当时的字书中是非常独特的。该书重在辨正字形，收有大量异体。释义简约，注音用直音或反切。字形的辨正，对校读古籍尤有参考价值。所收单字，也是研究汉字形体演变的历史资料。

【龙门石窟】 我国最具盛名的石窟艺术宝藏之一。位于今河南洛阳城南伊河两岸的龙门山和香山之上。也称伊阙石窟。自北魏至唐不断增建，逐步形成了南北长约 1000 米，2300 余座窟龛，10 万余尊造像，2800 余块碑刻题记的石窟遗存。留下了丰富的文化艺术遗产、宝贵的历史资料和瑰丽的书法艺术。位于龙门山南部的古阳洞窟龛所刻志的题记铭文，书法为魏碑体的代表之一，特别是"龙门二十品"，字体雄挺峭拔，后人也称其为龙门体。

【龙泉窑】 宋代著名瓷窑。在今浙江龙泉。始于北宋，南宋进入鼎盛期。分两种类型：一种为今所指之龙泉瓷，以粉青、梅子青为代表，习称"弟窑"。另一种胎细质白，微带灰色，釉面以冰裂纹为特色，习称"哥窑"。龙泉窑形器多样，元代曾大量销往海外，清代后一度衰落停产。今恢复生产。

【龙山文化】 我国新石器时代晚期的文化代表，位于黄河流域中下游，主要分布在陕西、河南、山西、河北以及安徽等广大的地区，因最早的考古发现在山东章丘的龙山镇，故称龙山文化。其年代大约在公元前3200—前2800 年。属父系氏族公社制时期，以农耕为主，并有较为发达的畜牧业。在生产工具和制造业方面，有较为成熟的磨制石器和绘有纹格的各种形状的陶器。因沿海地区的龙山文化中常有薄而有光泽的黑陶，故又被称为黑陶文化。

【龙舟运动】 我国民间习俗。以龙舟竞渡，每年端午节举行。传说起源为了纪念战国时懷石投江的伟大诗人屈原，也有祭曹娥、祭水神或龙神等祭祀活动。也称赛龙舟、斗龙舟。在我国南方地区普遍存在，北方靠近河、湖的城市也有赛龙舟习俗，但大部分是划旱龙舟、舞龙船的形式。

【隆兴和议】 南宋孝宗隆兴二年（1164）与金订立的和约。南宋隆兴北伐失败后，金世宗也急于稳定内部，双方再次议和，南宋与金签订了第二个和约。南宋对金由称臣改为称侄，所纳岁贡改称岁币，数额减为银 20 万两、绢 20 万匹。南宋放弃对商（今陕西商洛）、秦（今甘肃天水）等六州的领土要求，疆界恢复到绍兴和议时的状态。双方同意不遣返叛逃到对方的人。隆兴和议之后，宋金维持了长达四十多年的和平状态，由于和议于乾道元年（1165）正式生效，故也称乾道之盟。

【隆中对】 公元 208 年，诸葛亮在古隆中（今湖北襄阳）与来访的刘备进行的一次问对。诸葛亮提出占据荆、益两州，安抚西南各族，联合孙权，整顿内政，俟机从荆、益两路北伐曹操的策略，以图统一全国，恢复刘家帝业。这次对话促成了三国鼎立的战略决策，自此诸葛亮得到刘备重用。后刘备大体根据这个计划，建立蜀汉政权。

【陇头】 陇，Lǒng。即陇山，是古代一处重要的地理地标，位于今甘肃一带，古称陇坻或陇山。山上有流水，人称陇头水，其水鸣声幽咽，令人肠断，古人题咏甚众。陇头在古代文学中常被用来借指边塞地区。如唐代王维的《陇头吟》就通过戍楼、月夜、驻马等意象，勾勒出边塞的寂寞与悲凉。陇头也是历史上多民族文化交融的地区，尤其在汉代，这里是古羌人生活和居住的重要区域。羌族的分支如白马羌和参狼羌等在此地有较大的影响。

【陇右】 陇，Lǒng。陇山以西地区（古代以西为右）。约相当于今甘肃六盘山以西，黄河以东地区。陇右是古代丝绸之路的必经之地，是中西文化与商贸交流的重要通道。

【楼船】 甲板上建有木楼的大型船舰。春秋时已有记载，汉以来为水军的主力舰种，上建有女墙，作为水兵防御敌人矢石的掩体。船壁上用坚硬的木材制成战格，要害部分蒙有皮革，起到防护作用。相沿至明，其攻防及动力设施续有发展。楼船也可泛指建楼多重、舷可走马的各种大船。

【耧车】 耧，lóu。播种农具。由耧架、耧斗、耧腿、耧铲等构成。相传是汉武帝时赵过所创。由人扶畜力牵引的耧架前进，耧斗中的种子经过排种口、耧腿落入耧铲开出的种床中，开沟、下种、覆土一次性完成播种。有一腿耧至七腿耧多种，以两腿耧播种较均匀。可播大麦、小麦、大豆、高粱等。

【漏舶】 古代对走私行为的称谓。起源于汉武帝时期，当时长安有一批商人与匈奴人私下做买卖，被严惩并诛杀。为了打击这种行为，宋代出台了世界上第一部反走私法《漏舶法》，还设立了我国最早的专门管理对外贸易的机构市舶司。海外贸易归来的船舶，所带货物须在港口由市舶司按一定比例抽分课税。不法商人常在进港前先运走、发卖货物，或进港后隐匿部分货物以图逃税。

【漏刻】 漏即漏壶。古代计时器。漏壶中插入的箭上刻符号表时间，一昼夜一百刻，故称漏刻。漏刻有沉箭式和浮箭式。沉箭式的漏壶为泄水型，水流出壶中时，箭下沉指示时刻；浮箭式的漏壶为受水型，水流入壶中时，箭上升指示时刻。相传漏刻始于黄帝时期，西周时已有掌管漏刻的官员。

【漏泽园】 宋代官府设置的公共墓地。因战乱死亡尸体无人认领或家贫无葬地者，由官家丛葬，其地称为漏泽园。制起于宋，一说起于东汉。《汉书》称周之德泽"上昭天，下漏泉"，漏泽园取名于此。元明清延续此制，有时改称义冢。

【卢沟桥】 位于今北京西南部的永定河上。最早建于金大定二十九年（1189），明清两代进行过重建。桥长 266 米，宽 7.5 米，有 11 个桥涵。桥身两侧的石柱上雕刻有大小石狮 485 个，神态各异，生动多姿。桥头碑亭内有乾隆御笔"卢沟晓月"的汉白玉碑。自古以来被誉为"燕京八景"之一。1937年7月7日，日本帝国主义侵略军在这里无端挑衅袭击中国军民，发动了"卢沟桥事变"，中国驻军奋起抗击，全民族抗日战争从此开始，历时8年（整个抗日战争为14年），最终取得伟大胜利。也作芦沟桥。

【庐墓】丧礼习俗之一。遇君父、尊长去世，服丧者在逝者墓旁筑茅舍小屋居住守墓。始于春秋，流行汉唐间。居期一般是三年，也有长达终身者。

【炉火纯青】指道教炼丹时，丹炉中的火焰随着温度的不断升高，由最初的红色转为纯青色，这也意味着丹炼成了。后也以此比喻技艺、学识达到相对纯熟的境界。

【舻】鱼名。肉质细白肥嫩，味道鲜美。晋代张翰因见秋风起，想起家乡吴中的菰菜、莼羹和鲈鱼脍，说："人生贵得适志，何能羁宦数千里以要名爵乎？"于是辞官归乡。后因此称思乡之情为"莼鲈之思"。

【卤簿】古代帝王出外时的车马仪仗及制度。古时帝王外出及举办重大国务活动，有庞大的仪仗队、车乘、骑乘等担任导引、护卫和随从。根据皇帝出行的等级，确定车驾的种类、随从护卫、官员的数量、各种装备、仪仗规模等，并编制成册簿，称"卤簿"，是礼仪制度的重要组成部分。起源较早，秦汉后始有此称。皇帝的卤簿分大驾、法驾、小驾三等，规模依次递减。汉代以后，皇太后、皇后、亲王、大臣等都有不同规格的卤簿。唐宋以后卤簿的种类、数量和排列方式也有所变化。

【鲁国】周成王分封周公长子伯禽为鲁侯所建的姬姓诸侯国。位于泰山以南一带，都城在今曲阜，是周朝统治东方的重要据点，因周公位望极高，立国规制甚崇，故保有部分周天子所用礼制。春秋时国势衰弱，春秋后期公室为季孙氏、孟孙氏、叔孙氏三家所分。战国时成为小国，公元前256年为楚所灭。孔子出生在鲁国。

【鲁诗】汉代初期鲁人申培公所传的《诗经》文本及其解释。属于今文经学，西汉时传授最广，代表人物有瑕丘江公、刘向等。与"韩诗""齐诗"合称为"三家诗"。后随着《毛诗》兴起，"鲁诗"在东汉时逐渐衰落，西晋时失传。

【陆德明】（约550—630）唐代经学家、训诂学家。名元朗，以字行。苏州吴县（今江苏苏州）人。由隋入唐，唐太宗时迁国子博士。南朝陈至德初，博采汉魏六朝音切230余家，兼取诸家训诂，考证各本异同，撰成《经典释文》30卷，成为汉魏六朝以来研究儒家经典音义的总汇。

【陆贾】（约前240—前170）贾，gǔ。西汉政论家、辞赋家。辅佐刘邦建立汉朝，官至太中大夫。针对刘邦"马上得之，安事《诗》《书》"的观点，提出："居马上得之，宁可以马上治之乎？"力倡儒学，辅以黄老"无为而治"的思想，对汉初政治产生一定影响。著有《新语》等。

【陆龟蒙】（？—约881）唐代文学家。字鲁望，自号天随子、江湖散人。吴郡（今江苏苏州）人。举进士不第，隐居松江甫里，又自号甫里先生。闲暇时带着书卷、茶具、文具、钓具往来于江湖之上。与诗人皮日休唱和，世称"皮陆"。诗歌以描写水乡隐居生活为主。散文对统治阶级的腐败无能及社会黑暗进行揭露,尖刻辛辣。另著《耒耜经》,是一部专门论述农具的农学著作。有《甫里集》。

【陆机】 (261—303)西晋文学家。字士衡,吴郡华亭(今上海松江区)人。祖父陆逊、父亲陆抗,都是三国时吴国名将。吴国灭亡后,与其弟陆云在家乡闭门读书十年。太康十年(289),兄弟二人一同来到京师洛阳,为著名学者张华所赏,名动一时。张华说:"伐吴之战,获得了两个俊士。"并把他们推荐给诸公,二陆名气自此大振,时有"二陆入洛,三张减价"的说法("三张"指张载、张协和张亢)。先为赵王司马伦相国参军。司马伦死后,成都王推荐为平原内史,世称"陆平原"。后来成都王司马颖讨伐长沙王司马乂,任命陆机为后将军、河北大都督,兵败遭谗,被司马颖所杀。所作诗赋,辞藻宏丽,讲究对偶。所作《文赋》,首次论述创作过程、方法、形式、技巧等,在中国文学批评史上具有重要价值。后人辑有《陆士衡集》。

【陆九渊】 (1139—1193)南宋理学家、教育家。字子静,自号存斋。抚州金溪(今属江西)人。因曾结茅讲学于象山(今江西贵溪西南),学者称为象山先生。"心学"创始人,继承和发挥了程颢的"天即理即心"的观点,提出"心即理也"的命题,认为"宇宙便是吾心,吾心即是宇宙"。淳熙三年(1176),曾与朱熹在信州(今江西上饶)的鹅湖寺进行了一场关于"心"和"理"的重要辩论,这就是中国思想史上有名的"鹅湖之会"。其学说为明代王守仁加以继承和发展,被称为"陆王学派"。著作后人编为《象山先生全集》。

【陆游】 (1125—1210)南宋诗人。字务观,号放翁。越州山阴(今浙江绍兴)人。生于北宋灭亡之际,少年时即深受家庭中爱国思想的熏陶,喜论恢复之事。绍兴中,应试时为秦桧所黜。孝宗即位后赐进士出身,后官至宝谟阁待制。曾入蜀并任地方官多年。陆游始终主张抗金,反对苟安妥协的政策,受到主和派的压制,一度被罢斥还乡,晚年仍不忘收复中原。今存诗作九千三百多首,多抒发他的政治抱负和渴望祖国统一的激情,以及国耻未雪、壮志未酬的愤慨,风格雄浑豪放,《书愤》《示儿》等为世所传诵。与尤袤、杨万里、范成大并称为南宋"中兴四大家"。亦工词,风格多样,纤丽处似秦观,雄慨处似苏轼。有《剑南诗稿》《渭南文集》《南唐书》《老学庵笔记》等。

【陆羽】 (733—约804)唐代学者。家世不详,婴儿时,被竟陵僧人智积在水滨捡得,遂为复州竟陵(今湖北天门)人。长成后,以《周易》卜卦,得"蹇之渐"卦,曰"鸿渐于陆,其羽可用为仪",因以陆为姓,名羽,字鸿渐。肃宗上元初,隐居苕溪(今浙江湖州吴兴区),自号桑苎翁,又号竟陵子、东园先生、东冈子。与女诗人李冶、诗僧皎然、诗人皇甫冉等相友善。诏拜太子文学,不就。性嗜茶,对茶道有精深研究,撰成《茶经》三卷,是我国关于茶的最早著作。被后人尊为茶圣,民间祀为茶神。

【陆贽】（754—805）贽，zhì。唐代大臣。字敬舆，吴郡嘉兴（今属浙江）人。大历六年（771）进士及第。德宗即位，召为翰林学士。建中四年（783）泾原兵变，德宗避朱泚之乱于奉天，诏书多出其手，时号"内相"。贞元八年（792）出任宰相。在任期间，指陈弊政，揭露两税法的各种积弊，提出补救之法，惜未能推行。后因裴延龄谗毁罢相，被贬为忠州（今重庆忠县）别驾。后卒于任所，谥宣。所作奏议数十篇，多用排偶，条理精密，文笔流畅，为世所重。著有《陆宣公翰苑集》。

【录鬼簿】我国古代第一部戏曲目录专著。元代钟嗣成著。有至顺元年（1330）自序，当成书于此年前后。所著录作家152人（实际为151人，有1人重复著录），杂剧名目共458种。书中对杂剧作家的里籍、生平、著述情况，大都有简要的介绍，是现存元人记述元杂剧历史的重要文献资料。

【录科】清代科举考试制度。凡科考一、二等及三等小省前五名、大省前十名准送乡试外，其余未能直接获准乡试及因故未考者，及在籍之监生、荫生、官生、贡生名不列于学宫，不经科考者，均由学政于乡试年七月下旬再行考试，称为"录科"。经录科录取者即可参加乡试。

【录囚】由皇帝或上级官员亲自讯问已定罪的囚犯的制度。也称虑囚。两汉时期始有此制，唐宋尤盛，目的是检查决狱是否得当，纠正错案或督办久悬未决的案件。因"录"与"虑"古音近，故也作"虑囚"。

【录遗】清代科举考试制度。乡试前由各省学政为未取得参加乡试资格者举行的补考。清代对秀才举行科考，考在一等、二等及三等前十名者，取得乡试资格。三等十名以下，及因故未试之秀才与在籍监生、贡生等，须参加录科考试。录科未取及因故未参加者，可以参加录遗考试，未列于学宫的在籍监生、贡生、荫生、官生也须参加录遗考试。经过录遗录取者可参加乡试。

【鹿角】古时军事防御设备。也称鹿角寨、鹿寨。把带枝的树木削尖，形似鹿角，半埋入地，以阻止敌人的行进。有的专用防御步兵，有的用于阻止骑兵。汉代曾广泛使用，三国时魏军用以护城。

【鹿鸣宴】古代科举制度中的一种庆祝宴会，起源于唐代。乡举考试后，州县长官宴请考官、学政以及中试诸生，唱《鹿鸣》诗，故名。宋殿试文武两榜状元设宴，同年团拜，也称鹿鸣宴。科举制度自唐代以来，分设文武两科，鹿鸣宴、琼林宴为文科宴，鹰扬宴、会武宴为武科宴。

【绿林赤眉起义】绿，lù。新朝末年爆发的两次农民起义。其中绿林军为啸聚于绿林山（今湖北大洪山）的义军，以王匡、王凤为领袖，公元23年立刘玄为帝，年号"更始"，次年攻入长安，推翻了新朝，刘玄移都长安后，背叛起义军，杀害起义将领。赤眉军活跃于山东地区，涂眉为赤，以樊崇为领袖，更始政权建立后，樊崇等曾表示愿意归附，因未得适当安排，乃于更始二年（24）分两路进攻更始政权，25年立刘盆子为帝，不久攻入长安，取代更始政权，27年被刘秀镇压。

【绿营】 绿，lù。清兵入关后收编建立的常备军。也称绿旗兵。以数百人一营为基本编制，旗号绿色，兵籍世袭，合数营为标、协。有马兵、步兵、守兵三等。在京师的，称五城巡捕营步兵，其余分屯各省，隶属于提督总兵。总督、巡抚节制提镇，兼领本标绿旗兵。总兵之下有副将、参将、游击、都司、守备、千总、把总等职。是清前期军力的重要组成部分，太平天国起义，绿营屡战屡败，渐被淘汰，但绿营名义一直保存至清末。

【禄田】 以田中产物或租赋充当官员俸禄的官田。也称菜田、职田。周时已有雏形，西晋惠帝始定三公以下要官除发俸米、绢绵外，另给菜田六顷至十顷不等。东晋又定各地都督下至县令为三顷至二十顷不等。直至隋唐及明初，多按官职品级定其田额，由官府拨人耕作或出租，其物产或田租拨给官员充其部分俸禄，另有去职、到任的还、受、补偿之法。

【路引钱】 明清军民离乡远行前，向所在官府交纳领取通行凭证的费用。如明朝嘉靖时期，江西的每张路引费用为一钱银子。

【辘轳】 lùlu。古代一种用人力汲水的工具。其构造是在井上搭一木架，架起横轴，轴上套一长筒，筒上绕以长绳，绳的一端挂水桶。长筒头上装有曲柄，摇动曲柄，绳即在筒上缠绕或松开，水桶也随之吊上或放下。后有双辘轳、三辘轳、鸳鸯辘轳等。

【戮尸】 戮，lù。为惩罚死者生前的罪恶，暴陈、砍毁或鞭打其尸体示众。相传，春秋时伍子胥曾鞭打楚平王的尸体。戮尸是一种逞威泄愤的行为，不属于正刑。始于夏代，止于清代。

【露田】 北魏至隋实行均田制时授予农民种植谷物的田地。也称正田。北魏授露田，男15岁以上每人40亩，妇人、11岁以上男子及残疾者每人20亩，奴婢相同。耕牛每头30亩，每户限授4头。年老免赋或身亡交还，不得买卖。北齐授露田，男18岁每人80亩，女每人40亩，66岁时还田。北周一夫一妻授露田140亩，无妻男丁100亩，男女18岁起授田，64岁还田。宅地10人以上之家5亩，7人以上4亩，5人以上3亩。隋依北齐制。唐改称露田为口分田，男授田80亩，女不授，寡妻妾各授田30亩。

【闾】 lú。里巷的大门。古代将村庄称为"闾井""闾里"，称城镇中的街巷为"闾巷"。汉代以后，常称都城内的居民聚集点为"闾"。一般以25户为一闾。

【闾左】 闾，lú。由雇农、佃农等构成的贫苦人民。一说古代以25户为一闾，富强者居闾里的右边，贫弱者居闾里的左边，故名。如秦二世皇帝征发闾左去戍守渔阳（今北京密云区西南）。

【吕不韦】 （？—前235）战国末年卫国濮阳（今河南滑县）人。原为阳翟（今河南禹州）大商人，在邯郸遇见在赵国做人质的秦公子异人（后改名子楚），认为"奇货可居"，于是入秦活动，得到华阳夫人的支持，子楚回国后被立为秦太子。子楚即位后，任他为相，封文信侯，食邑十万户。子楚死后，秦王嬴政即位，因年幼，由他继续掌握政权，并尊为"仲父"。

执政期间，门下有宾客三千人，曾命令宾客集合众说编纂《吕氏春秋》，汇合了先秦各派学说，为先秦杂家的代表作。嬴政亲政后，被免职，出居封地河南（今河南洛阳），后又命其迁往蜀郡，自杀于途中。

【吕洞宾】唐末道士。传说中的八仙之一。名嵒（一作"岩"），字洞宾，号纯阳子，道教全真道尊为北五祖之一，俗称吕祖。相传两次应举不第，浪迹江湖，遇汉钟离，被传授上清秘诀。得道后游历各地，于江淮斩蛟、岳阳弄鹤、客店醉酒。《全唐诗》中载有他创作的诗二百余首，但真伪难辨。其形象常出现在后世文学作品中，多给人潇洒出尘、超凡脱俗的印象。湖南岳阳楼即因他的故事而享盛名，至今有三醉亭立于主楼北侧。

【吕梁覆军】公元 577 年，南朝陈与北周在吕梁山（在今江苏徐州东南）一带进行的战役。陈宣帝为保卫建康两度北伐，先乘北齐后主昏庸，进取江北寿春（今安徽寿县）、合肥（今安徽合肥）等地。又乘北周灭齐之际，以吴明彻为将进军至吕梁山一带，北周以徐州总管梁士彦拒之，另以援军断其归路，陈军溃败，吴明彻被擒后病死，陈朝精兵及先取之地丧失殆尽，国力严重削弱。

【吕氏春秋】书名。也称《吕览》。战国末年，秦相吕不韦召集门下宾客辑合百家九流之说编写而成。全书二十六卷，一百六十篇，内分十二纪、八览、六论。内容以儒、道思想为主，兼及名、法、墨、农及阴阳家学说。汇集先秦各派学说，为当时秦国统一天下、治理国家提供了思想武器。《吕氏春秋》撰成后，公布于咸阳城门，称有人能增损一字者，给予千金。这就是成语"一字千金"的由来。

【履】古代对鞋的统称。包括屦、屝、鞋、靴、屐、舄等。在不同时期或不同的环境下使用。汉代之前居家穿的履称为屦，是一种薄底的便鞋，而出门时穿的履称为屝；鞋是一种带有高帮的便履；靴是由西域传入我国的；屐通常指有齿或无齿的木底鞋，也有草制或帛制的；舄是高级别的礼服配用履。履有不同样式，如笏对履、分捎履、立凤履、重台履等。

【律例】律典和相关判例、事例。历代都以律作为刑法典，并用相关的判例作为辅助，以判决刑狱。明万历以后，开始将其合编，如《大明律集解附例》《大清律例》，是刑事基本法。

【律令格式】唐代将法律文书区分为律、令、格、式四类，四类各有侧重，相辅而行。秦汉以来都依律定罪量刑，用令补充律。魏晋以来，用令规定政治、经济、文化等制度。"格""式"本指行政惯例和规章，唐代编式作为行政范式和细则，编格用来补充律、令、式的相关规定。唐初这四种法典并行，对后世产生较大影响。

【律诗】诗体名。近体诗的一种。格律要求严格，平仄、押韵、句数、对仗等都有一定的要求，不能任意改变，故称律诗。对古诗而言，又称近体诗。按字数不同，又分五言律诗、七言律诗。以八句为定格，双句押韵，以押平声为常，首句可押可不押，每句有一定的平仄格式，中间两联使用对仗。亦偶有六律。十句以上的，称为排律。杜甫《登高》被誉为"古今七言律第一"。

【**鸾**】 传说中凤凰一类的神鸟，出现则天下安宁。一说凤有五种，多青色者为鸾。"鸾凤"比喻贤士或和美夫妻。

【**论语**】 论，Lún。儒家经典之一。是孔子弟子及其再传弟子根据直接记录和传闻整理的孔子及与孔门有关人士的言行录。共20篇，首创"语录体"。内容有孔子谈话、答弟子问及弟子间的谈话，是研究孔子和儒家思想的重要资料。《论语》的内容广泛，涉及伦理道德、教育思想、政治理念等领域。如在伦理道德方面，提出"己所不欲，勿施于人"；在教育方面，提出"学而时习之""温故而知新"；在政治方面，提出"为政以德"；等等。东汉时列为"七经"之一。唐代列为"十三经"之一。宋淳熙年间（1174—1189），朱熹又将它与《大学》《中庸》《孟子》合为"四书"。《论语》中的思想对后世产生了深远的影响。相传宋朝宰相赵普以"半部《论语》治天下"。

【**轮班工匠**】 明朝须轮流赴京服役的工匠。也称班匠、轮班匠。由明初改革元制而来。明初工匠分住坐和轮班两类，籍隶京师、在当地服役的称"住坐匠"，每月输工十天，属内府管辖；由外地调到京师的为"轮班匠"，每三年或一两年到京师服役三个月，轮班更替，属工部管辖，可免全家其他科差。后据工役繁简分五班，一至五年一轮。匠户世代承役，因受残酷压榨和剥削，逃亡甚多。明中期后也可纳银代替。清代与住坐匠皆改为按户征银代班。

【**轮回**】 佛教把众生世界分为六道，即天、人、阿修罗、地狱、饿鬼、畜生。认为众生根据自身的善恶业因在此六道中生死相续，无有止息，像滚滚车轮转动不停，故名。而只有佛才能免去六道轮回之苦。

【**论**】 文体名。即议论文。内容不拘，但须以辨析、论断道理为主，注重推理精微，讲究辞气、力度，观点鲜明。源于先秦。现存最早的单篇论文，是汉代贾谊的《过秦论》。

【**论衡**】 书名。东汉王充撰。30卷，共85篇，现缺《招致》一篇。作者有感于当时的著作多浮泛不实之言，乃用尽毕生精力，前后历经三十余年，写成此书。书中对流行的谶纬迷信进行了猛烈的抨击，论述了人与自然、精神与肉体的关系，具有朴素的唯物主义思想，在中国思想史上占有独特的地位。

【**论诗绝句三十首**】 组诗。金代元好问作。全组诗歌以七言绝句写成，分别评论自汉魏古诗直至北宋时的诗人作品，涉及曹植、刘桢、刘琨、温庭筠、李商隐、陶渊明、阮籍、潘岳、沈佺期、宋之问、陈子昂、杜甫、卢仝、李白、李贺、孟郊、元结、柳宗元、刘禹锡、欧阳修、梅尧臣、陈师道、秦观等人。作者崇尚天然劲健的风格，反对雕琢、柔靡的诗风，特别推重建安时代的曹植，魏晋时的阮籍、刘琨，初唐的陈子昂，盛唐的杜甫、元结等人。是继杜甫《戏为六绝句》以后运用绝句形式系统评论历代诗人、阐述诗歌主张的重要作品，在中国文学批评史上占有一席之地。

【**罗**】 质地稀疏轻软的丝织品，有生罗、熟罗之分。已出土的商代丝织物中即有罗的残片。湖北江陵马山一号楚墓也出土了罗织品，这证明罗的生产，历史悠久。时至唐宋，罗已广泛生产和使用，唐代官营织造作坊中有专门的罗作，宋代在润州（今江苏镇江）设有专门的织罗务，清代苏州地区有花罗、素罗、刀罗等多种名目的产品。除了制作衣物，罗还常用于制作扇面、幔帐等。

【罗贯中】 （约1330—约1400）元末明初文学家。名本，号湖海散人。出生地不详，一说是山西太原人。擅长通俗小说创作，代表作为《三国志通俗演义》（简称《三国演义》）。此外还有《隋唐两朝志传》《平妖传》等。

【洛河】 水名。发源于陕西洛南县西北部，东流入河南，经卢氏、洛宁、宜阳、洛阳后，至偃师纳入伊河，因此称为伊洛河，最后到巩义的洛口汇入黄河。古称"雒河"，因曹魏政权五行位次为土，而土为水之牡，根据阴阳相克相生的理论，水得土而流，土得水而柔，故去"雒"之"佳"，加"水"，改为"洛"。洛河流域是华夏文明的重要发源地，相传上古时期，伏羲的部族长期在这一带活动，有一匹龙马从黄河浮出，背负"河图"；有一只神龟从洛河浮出，背负"洛书"。伏羲依"图"和"书"画作八卦，就是《周易》一书的来源。此后大禹治水，天帝赐他《洪范九畴》，后人认为就是洛书。又传伏羲之女溺死于洛水，变为洛水之神，即宓妃。其名初见于屈原《离骚》的"吾令丰隆乘云兮，求宓妃之所在"。洛神从此作为文学创作形象，出现在历代诗词歌赋中，最著名的当属三国魏曹植的《洛神赋》。

【洛学】 以北宋程颢、程颐兄弟为代表的理学流派。是宋代理学的四个主要学派（"闽学""濂学""洛学""关学"）之一。因程颢、程颐是洛阳人，故名。二程拜理学家周敦颐为师，门下有吕大临、谢良佐、杨时、游酢，号称"程门四先生"。二程的学说影响较大，后世认为南宋朱熹之学是承袭自颐，陆九渊的心学则承袭自程颢。

【洛阳】 古都名。位于河南中部，古称"雒阳"，因在洛水（古称雒水）之阳而得名。在我国建都时间最长，号称九朝古都。战国至西汉时是全国性商业都市之一；东汉、魏晋、隋唐时期更是当时全国乃至全亚洲的经济、文化中心。洛阳文化底蕴丰厚，洛水更因伏羲氏之女为水神而传名。洛阳市南有号称我国三大石窟之首的艺术宝库——龙门石窟；市东有东汉时期佛教传入中国后兴建的第一座官办寺院——白马寺。此外还有金谷园、香山寺、关林等名胜古迹，洛阳牡丹驰名天下。

【洛阳名园记】 园林专著。宋李格非撰。1卷。记载北宋西京洛阳的著名私家园林，包括赵普、吕蒙正、文彦博、富弼、司马光等名人将相的园囿十九所，另有花市一处。作者于各园历史、景物、花木皆有记述，文笔省净，清丽可观。最后总论名园的兴衰，反映了洛阳的兴衰，象征着国家的治乱，寓意深远。

【洛阳伽蓝记】 伽，qié。书名。北魏杨衒之撰。共5卷。伽蓝，意为"众园"或"僧院"，佛教寺院的通称。杨衒之曾任期城郡太守，于东魏武定五年

（547）行经北魏旧都洛阳，时在丧乱之后，贵族王公耗费巨资所建佛寺已大半被毁，因作《洛阳伽蓝记》，记述佛寺园林的盛衰兴废，兼及北魏都洛期间政治及民俗等多方面情况，于当时豪门贵族、僧侣地主的骄奢淫逸，寓有讥评之意。文笔秾丽秀逸，骈中有散，颇具特色。

【落地税】对到店入市后发卖的商品所征之税。也称落地捐、落地销场税。明中期以来在正规商税之外抽分加征，至清扩展到乡镇集市的农副产品，同一货物异地销售即被重复开征而甚为烦苛。

L

M

【妈祖】 相传是宋代福建莆田湄洲岛人,名叫林默,8岁从师,10岁信佛,13岁习法术。北宋雍熙四年(987)盛装登山石"升天"为神。是古代沿海、沿江地区民间尊奉的海神。相传能保佑人们出海作业顺利平安。南宋时,仅福建莆田一带祀其为海神,元代始封为"天妃",明清两代均有加封,崇祯帝封之为"碧霞元君",康熙帝封之为"天后"。旧时近海之地、江河码头都建有天妃宫或天后庙。而伴随对外贸易和华侨足迹,影响达于南洋等地。

【麻姑】 古代神话中的仙女。相传每年农历三月三日王母娘娘寿辰时,麻姑会在绛珠河边酿制灵芝美酒为王母祝寿,民间有"麻姑献寿"的传说。另传说东汉时的仙人王方平与麻姑到蔡经家做客,蔡经见麻姑貌美且手指呈鸟爪状,心中有不敬之念,被王方平作法鞭笞,并告知麻姑是已经见过三次沧海变桑田的神仙。今江西南城县的麻姑山,据传就是麻姑曾经修炼得道的地方。唐代书法家颜真卿游览此地后,写下了被称为天下第一楷书的《麻姑仙坛记》。

【麻田】 北魏均田制下加授给农民种麻的土地。凡宜种麻之地,男子15岁以上给10亩,妇人5亩,奴婢授同良人,还、受之法同露田。

【马戛尔尼使华】 清朝乾隆时期,英国使臣马戛尔尼使团访华事件。清乾隆五十七年(1792),马戛尔尼使团受英王乔治三世之命来华,既为乾隆帝祝寿,又欲洽谈双方贸易等事。公元1793年抵热河(今河北承德),因使团拒绝以跪拜礼觐见乾隆,双方争执不下,后以改为单膝下跪礼妥协。此为中英两国首次正式接触,使团提出遣使驻京,至宁波、舟山、天津通商,准许传教等要求,然终因各自观念、利益反差太大,均遭清政府拒绝。1794年,乾隆帝派员礼送马戛尔尼从广州出境。

【马革裹尸】 将士战死沙场后,用马皮将遗体包裹起来。语出《后汉书·马援传》。马援是东汉名将,骁勇善战,颇具智谋胆略,为东汉王朝的建立立下汗马功劳,任伏波将军。东汉建武二十年(44),马援平定西南,班师还朝。朋友故旧前来欢迎慰劳,中有一人名叫孟冀,以足智多谋闻名。当他恭贺马援时,马援却说:"我本希望先生有忠言讲与我听,但可惜先生却和世人一样只一味恭贺。……现在匈奴、乌桓还在侵扰国家北境,我想求去讨伐。男儿应当死于边野,以马皮裹着尸体回来安葬,哪能安卧榻上守着妻儿呢?"这段话体现了军人英勇作战、为国捐躯的决心和气概。

【马褂】 清代满族男子骑马时所穿上衣。其长度较短,仅及于脐,便于上下马以及马上的活动。最初是兵营中的骑兵将士穿着,后成为普遍的男装常服,有长袖、短袖、对襟、大襟、宽袖、窄袖等多种式样。明黄色马褂是一种特殊的官服,只有巡幸扈从大臣或有功之臣才能穿。

【马可·波罗】 (1254—1324)也译作马哥·孛罗。意大利旅行家、中外文化交流的友好使者。出生于威尼斯城的商人家庭。公元1271年11月,随其父、叔前往中国。他们沿"丝绸之路"穿越叙利亚和两河流域,横越伊朗全境,穿过中亚沙漠,翻过帕米尔高原,向东经喀什、于阗、罗布泊,到达敦煌、玉门一带,于元至元十二年(1275)抵上都(今内蒙古正蓝旗内),拜见元世祖忽必烈,受到盛情款待和任用。1275—1292年,马可·波罗任职于元朝政府,游历几乎遍及中国,曾至今新疆、甘肃、内蒙古、山西、陕西、四川、云南、山东、江苏、浙江、福建及北京等地,还到过缅甸。伊儿汗国遣使向元室求婚,至元二十九年(1292)夏,与父、叔等护送元公主阔阔真出嫁波斯,由福建泉州港起程,历时两年多,抵达波斯。1295年冬顺道归国,回到威尼斯。1298年在战争中被俘,在狱中口述东游见闻,由同狱比萨作家鲁思梯谦笔录成书,名为《东方见闻录》,即《马可·波罗游记》。获释后返威尼斯,依旧经商。死后葬于圣洛伦索教堂墓地。

【马可·波罗游记】 也题作《寰宇记》《威尼斯人马可·波罗阁下关于东方各国奇事之书》《百万先生书》。初名《东方见闻录》。由旅行家马可·波罗口述,鲁思梯谦笔录。全书4卷。马可·波罗记述他经行地中海、欧亚大陆和游历中国的经历。此书是西方开始对东方,特别是对中国的历史、文化、风俗、物产等方面产生了解的重要资料。书中详细介绍各国风土人情、山川地理、物产文化、政治战事,盛赞中国地大物博、都市繁华、文教昌明。此书被誉为"世界一大奇书",对促进东西方文化交流和各国人民的相互了解,对此后新航路的开辟都产生了深远影响。一些欧洲地理学家据它绘制了早期的世界地图。哥伦布从中受到巨大鼓舞和启示,激起冒险东航的决心,无意中发现了美洲新大陆。

【马口钱】 汉代向养马户征收的马税。汉武帝元鼎五年(前112),诏令边境百姓养马。太初二年(前103)开始征收。由官府借给母马,满三年后收回母马,并征收产驹数的十分之一。公元前103年,汉武帝下令改按马匹数征钱,后时征时罢,又税及牛羊。

【马陵之战】 公元前341年,齐国军队在马陵(今河北大名)大败魏军的战役。当时魏伐赵败韩,韩向齐求救,齐以田忌、田婴为将,孙膑为军师救之,攻大梁。魏以太子申、庞涓为将,发举国之师,欲与齐决战。孙膑用"减灶增兵"之计,诱敌深入,在马陵险要处设伏,大败魏军,魏将庞涓被迫自杀,魏太子申也被俘杀,从此魏的国势衰落。

【马融】 (79—166)东汉经学家、文学家。字季长,扶风茂陵(今陕西兴平

M

东北）人。博通经籍，著述丰富。曾注《孝经》《论语》《诗经》《周易》《三礼》《尚书》《列女传》《老子》《淮南子》《离骚》等，使古文经学臻于成熟。除注书外，还设帐授徒，门徒多达千人，郑玄、卢植等都出自他的门下。其教学，坐于高堂之上，施绛色纱帐，前授生徒，后列女乐。著作已佚。后人辑为《马季长集》）。

【马嵬坡】 嵬，wéi。古地名，在今陕西兴平。相传古时马嵬曾在此筑城，故名。唐朝天宝年间，安禄山发动叛乱，攻克潼关，剑指京都长安（今陕西西安）。唐玄宗仓皇出逃至西蜀，途经马嵬坡时，将士义愤，群起杀死杨国忠，并要求处死杨贵妃，唐玄宗被迫将杨贵妃赐死。

【马援】 （前14—49）东汉将领。字文渊，扶风茂陵（今陕西兴平东北）人。起初在新莽朝做官，后依附军阀隗嚣。东汉建武十一年（35），任陇西太守，安定西羌。建武十七年（41），任伏波将军，封新息侯。南征交趾，立铜柱以表功。其柱铭文为：“铜柱折，交趾灭。”越人每过其下，以瓦石掷之，遂成丘。曾以“男儿要当死于边野，以马革裹尸还葬耳”自誓。后于讨伐五溪蛮时染病去世。

【马致远】 （约1251—约1321）元代戏曲作家、散曲家。号东篱，一说字千里，大都（今北京）人。与关汉卿、郑光祖、白朴并称“元曲四大家”。其戏曲创作内容以神化教化为主，以格调飘洒脱俗、语言典雅清丽著称，被称为“马神仙”。代表作有《汉宫秋》《岳阳楼》《陈抟高卧》《青衫泪》等。其散曲也备受称誉，有“曲状元”之

称，代表作《天净沙·秋思》被誉为“秋思之祖”。有辑本《东篱乐府》。

【玛瑙】 具有不同颜色而呈带状分布的玉髓矿物。品类很多，颜色光美，以红色多者为上品。可制器皿及装饰品。相传，曹操曾用玛瑙作为马笼头。也作“马脑”。

【买办】 明代专指官府中掌管采购和其他杂务的差役。清初专指为居住在广东商馆的外商服务的中国公行（一种行会组织）的采买人或管事人。鸦片战争后，废止公行制度，外商乃选当地中国商人代理买卖，沿称买办。

【买扑】 宋代以来私人向官府承包经营酒坊、河渡、盐井及场坊商税的方式。买，交易、购买；扑，博弈、竞争。买扑，通过竞价来获得某种特权或经营权。承包者须以自家产业抵押，多以三年为一期，向官府缴纳课利。在宋代繁复的买扑门类中，商人需要遵守严格的程序才能购买专卖商品。买扑制度还广泛应用于特许经营权拍卖、官田出让与请佃、商税承包、政府采购等范围，并形成了一套非常成熟的招投标程序。尽管买扑的形式和运用范围随着时间的推移发生了变化，但其通过竞争获取经营权或税收权的核心精神延续至今。

【麦积山】 山名。在今甘肃天水东南。形如堆积的麦秸，故名。据文献记载，自北魏景明三年（502）以来，这里就开始建造佛寺，开窟造像。经历了北魏、西魏、北周、隋、唐直至清代的不断修缮和增建，现存龛窟及摩崖雕刻共194处，各种塑像7000余座，另有壁画1000多平方米。是我国古代建筑艺术的重要遗迹。

【蛮】 古代对中原以南各族的统称。也称南蛮。周代分布于今长江中游及以南地区，魏晋以来活跃于江汉平原，后分布于西南地区。古代多在"蛮"前加上地域名以示区别，如荆蛮、五溪蛮、武陵蛮等。

【满洲】 古族名。也称满珠，简称满。是女真的后裔。公元 1616 年，努尔哈赤统一了女真各部，建立后金政权。后金天聪九年（1635），其子皇太极废除女真旧号，改族名为满洲，改国号为"清"。有自己的语言满语与文字满文。善于学习汉族文化。辛亥革命后称为满族。

【蟒袍】 绣有蟒纹的袍服。蟒为四爪，龙为五爪，蟒是除衮龙外最尊贵的图案。魏晋以来，龙纹渐为君王专用，元代民间仍可穿蟒袍，明初以此特赐亲近宦官及勋臣，明正德以来定为三品官服。清代正式称为"蟒袍"，皇室贵族以及各级官员均有按制的蟒袍，并以服色、图案以及蟒的数量严格区分官员的身份和等级。

【猫睛】 一种宝石。颜色蓝灰，发出的光与猫的眼睛一样，灵活明亮，能随着光线强弱而变化，故名。也称猫眼。是名贵的手工艺雕刻材料，可做佩饰和珍玩。根据闪光的强弱分出品级，以光亮带居中、竖直为上品。

【毛公鼎】 西周晚期青铜器。因作器者是毛公层，故名。清道光末年在陕西岐山出土。直耳，半球腹，兽蹄形足，口沿饰环带状的重环纹。高53.8厘米，重34.7千克。鼎上铸有铭文 32 行，共497 字（腹内铭文约499字），记述周宣王告诫和褒赏臣子毛公的事迹。毛公鼎是目前已发现的铭文最多的青铜器。今藏于台北故宫博物院。

【毛晋】 （1599—1659）明末清初藏书家、出版家。原名凤苞，字子晋，号潜在，常熟（今属江苏）人。曾游学于钱谦益门下，博学强记，好搜罗图书，以至变卖田地、房产也在所不惜。藏书宏富，多达八万四千余册，其中有很多宋元刻本，建汲古阁、目耕楼用以储藏。又喜刻书，为历来私家刻书最多者。曾校刻"十三经"、"十七史"、《津逮秘书》、《六十种曲》等，流布天下。其所抄录的罕见秘籍，缮写精良，后人称为"毛钞"。著有《隐湖题跋》《汲古阁珍藏书目》《汲古阁刻书目》等，又编有《海虞古今文苑》《明诗纪事》等。

【毛诗】 《诗》古文学派。相传为西汉初毛亨和毛苌所传。据称其学出于孔子弟子子夏。汉代传《诗》，有鲁（申培）、齐（辕固）、韩（韩婴）、毛（毛亨）四家。鲁、齐、韩三家《诗》，用汉代通行文字隶书记录，称"今文经"。《毛诗》用先秦文字篆书记录，称"古文经"。《毛诗》在西汉时未立于学官。东汉时郑众、贾逵、马融、郑玄等都治《毛诗》。郑玄曾为其作《笺》。魏晋以后，今文三家诗散亡或无传者，《毛诗》独盛。至唐孔颖达定《五经正义》，《诗》取毛、郑，更为后世所推重。今天通行的《诗经》即《毛诗》。另外，《毛诗》每一篇下都有小序，以介绍本篇的内容、意旨等。全书第一篇《关雎》下，除有小序外，另有一篇总序，称为《毛诗大序》，提出"风、雅、颂、赋、比、兴"的"六义"，是我国古代关于诗论的第一篇专著。

【矛】 古代兵器。商代以前的矛采用天然的兽角、竹木或带尖的石块，竹木不用再加杆，兽角、石块就绑在矛杆上。商代制作了青铜矛头，绑在矛杆上。春秋时，已能将矛的后部铸成筒状鞘，把矛杆安上，更牢固。汉代以后，多用铁矛，更锋利。

【茂才】 即秀才。汉时开始与孝廉并为举士的科名，东汉时避光武帝刘秀讳改称茂才。三国时复称秀才。唐初曾与明经、进士并设为举士科目，永徽二年（651）停废。元明以来用以指对读书人的泛称。明太祖采取荐举之法，举秀才数十人，任以知府等官。后专用以称府、州、县学的生员。

【瑁】 也作"冒"。玉器名。形方，下部缺似燕尾。天子接见诸侯时所执，用来与诸侯所执的圭相合。

【枚乘】 （？—前140）西汉辞赋家。字叔，淮阴（今江苏淮安）人。曾为吴王刘濞的郎中，汉景帝时采纳晁错的计策，削夺诸侯土地，吴王打算联合诸王谋反。他上书劝阻，吴王不听，于是投奔梁孝王。后来发生"七国之乱"，吴果然亡国。武帝即位后征召，死于途中。以辞赋著称，今仅存《七发》等三篇。《七发》开创了"七体"这一辞赋体裁，后世模仿者甚多。

【梅花】 我国珍贵观赏花卉。在我国传统文化中，梅花具有丰富的寓意。梅与兰、竹、菊并称"四君子"，象征着高洁、坚韧和不屈不挠的精神。梅又与松、竹并称"岁寒三友"，象征着不畏严寒、长青不老的精神。在中国文学中，梅花也占有重要地位，许多文人都曾以梅花为题材进行创作。北宋王安石的《梅花》和南宋陆游的《卜算子·咏梅》，都赞美了梅花不畏严寒、独自绽放的品格。

【梅尧臣】 （1002—1060）北宋诗人。字圣俞，宣州宣城（今属安徽）人。因宣城古称宛陵，故世称宛陵先生。仁宗时赐进士出身，因欧阳修推荐，曾为国子监直讲，后迁尚书都官员外郎，故世称梅直讲、梅都官。论诗注重政治内容，反对华靡文风。在写作技巧上重视细致深入，提出"必能状难写之景，如在目前；含不尽之意，见于言外"，受到后世推崇。与欧阳修并称"欧梅"，又与苏舜钦并称"苏梅"。还参与编撰《新唐书》，并为《孙子兵法》作注。有《宛陵先生文集》。

【煤炭】 即煤。我国人民对煤炭的开发和利用历史悠久。古代不同时期，对煤的称呼不一样。先秦时期称为石涅、涅石。汉魏时期称为石墨。晋至元时期称为石炭。直至明朝中叶，局部地区才改称为煤炭，而"石炭"一词仍继续沿用。战国时《山海经》已有煤炭的记载。汉代时民间已普遍用煤作燃料。南朝宋雷次宗《豫章记》与北魏郦道元《水经注》记载了煤炭的利用和储藏情况。西晋陆云写信给兄长陆机时也提及曹操在所建的铜雀园里藏石墨（石炭）数十万斤。南北朝到隋唐时，史料也记载开采使用煤炭煮食，以供生产和生活之需。宋代时，河东路的太原府及晋、泽、石三州（山西中北部地区），河北西路相州（今河南安阳、濮阳一带）、怀州（今河南沁阳）、磁州（今河北磁县）、邢州（今河北邢台），陕西路的广大地区以及京东西路的徐州等地建有煤井地，当时已知道找矿和炼焦。元丰元年（1078），徐州西南白土镇发现煤矿并用于冶铁，苏轼作《石炭诗》抒发对于发现和使用煤炭的惊喜与赞叹。元代，意大利旅行家马可·波罗来中国，看到把煤炭作为燃料，认为是奇事。他在游记中列专章介绍"用石作燃料"。明代，煤炭的开发利用继续发展。《天工开物》系统记载了我国煤炭开发技术。清代采煤业又有了进一步发展。

【美人】 妃嫔的一种称号，西汉始设，自汉至明，历代沿置。也是宫廷女官名，自汉至明，宫廷中都有美人名号。

【门阀】 "门第阀阅"的简称。也称阀阅。阀，通"伐"，功劳。阅，资历。指有功勋的世家或名门望族、官宦人家。大约形成于东汉末年，鼎盛于魏晋南北朝时。从东汉到隋唐，门阀制度成为选拔与任用官吏和评定人品的重要标准，其对于仕途的影响要远大于自身的德才。唐代门阀制度逐渐被科举制度取代。

【门生】 出自同一师门的学生。汉时专指师门弟子转相传授学业者，有别于老师亲自授业的弟子。被举主察举和征聘委任的人，也常以受教者的身份自称门生。二者都有一定的人身依附关系。后世泛指各种生徒门人和被科举主考官录取的举人、进士等。如"唐宋八大家"之一的曾巩是欧阳修的得意门生。也称门人。

【门下省】 古代官署名。掌受天下之成事，审查诏令，驳正违失，受发通进奏状，进请宝印等。其长官初名侍中，后又更名左相、黄门监等。东汉称"侍中寺"。晋时因其掌管门下众事，始称"门下省"。南北朝因之，与中

书省、尚书省并立。隋承其制。唐龙朔二年（662）改称"东台"，咸亨初复旧称，武则天临朝，改称"鸾台"。神龙初复旧称，开元元年（713）改称"黄门省"，五年（717）仍复旧称。宋、辽、金因之，元废。与中书省、尚书省合称三省，中书省决策，通过门下省审核，交尚书省执行。

【门下侍郎】 古代官名。门下省次官。秦汉时称黄门侍郎，君主近侍官。唐天宝元年（742）改称"门下侍郎"，为门下省长官侍中之副。常加"同中书门下平章事"衔为宰相。辽为南面朝官。宋初，仅为宰相叙迁之官。元丰改制后，例以尚书左仆射兼任，代行门下省长官侍中之职。南宋之后复置参知政事，省门下侍郎不置。

【蒙冲】 古代一种蒙着生牛皮的小型战船。船体狭长，装备有弩窗和矛穴，可以通过这些开口发射箭矢或长矛，对敌船进行攻击。以桨为动力，航速快，能够迅速接近并撞击敌船。东汉末年孙权在与黄祖的战役中就使用了蒙冲战船。也作"艨艟"。

【蒙恬】 （？—前210）秦国名将。先世本齐国人，自祖父蒙骜起世代为秦名将。秦统一六国后，率兵三十万北击匈奴，收河南地（今内蒙古河套一带），并筑长城，使匈奴不敢进犯。秦始皇死后，丞相李斯与赵高忌惮蒙恬的威望，于是合谋篡改遗诏，赐其死，乃自杀。

【蒙古】 蒙，Měng。民族名。源出唐代蒙兀室韦，居额尔古纳河流域，后西迁至蒙古高原东部，以游牧为生，逐渐发展壮大。自公元12世纪末成吉思汗兴起，逐渐统一和融合蒙古高原

M

各族部，1206 年建立蒙古汗国，陆续攻灭西辽、西夏、金、大理，并向西远征，发展为横跨欧亚的庞大帝国。1260 年，忽必烈继汗位，1271 年定国号为"元"。1279 年灭南宋，统一中国。1368 年，为朱元璋所推翻。少数贵族被迫退回蒙古草原，大多数仍留居今冀、晋、陕、甘、豫、滇等地，从事农业生产。

【孟浩然】（689—740）唐代诗人。襄州襄阳（今属湖北）人，世称孟襄阳。出生于诗书之家，早年隐居鹿门山。唐玄宗开元五年（717），游洞庭湖，作《临洞庭湖赠张丞相》诗，献给曾任丞相的岳州刺史张说，有意干谒，谋求引荐。后游历东南各地。十五年（727）冬，赴京师长安举进士，次年应试落第，滞留在长安、洛阳。曾闲游秘书省作诗联句，有"微云淡河汉，疏雨滴梧桐"句，四座称赞。二十二年（734），再上长安，求仕未果返乡。患背疽，卧病在家。二十八年（740），卒于襄阳。孟浩然一生大多在隐居和漫游中度过，故其创作多以田园隐逸、山水行旅为题材，诗风率然天真，意境清迥悠然。与王维齐名，并称"王孟"，是山水田园诗派的代表诗人。有《孟浩然集》。

【孟姜女】 我国古代传说中的人物。相传春秋时齐国有一人名叫杞梁（也作"良"），在战争中阵亡，其妻悲痛欲绝，抱住丈夫的尸体在城下痛哭十天，泪水冲塌城墙，将夫妻二人一并葬入。此为孟姜女故事的前身。故事后演变为青年农民杞梁被强迫远征服苦役修建长城，他的妻子孟姜女不远千里给丈夫送御寒的衣服，到达城下

时得知丈夫已经在艰苦的劳作中累死。孟姜女恸哭十日，泪水冲垮了长城，孟姜女投身其中与丈夫合葬，此为孟姜女哭长城的故事，它表现了一位忠实于爱情、反抗暴政的女性形象。后人据此创作了戏剧、民歌等多种形式的文艺作品。

【孟津之会】 商周之际，周武王在黄河孟津渡口（今河南孟州南）与诸侯相约讨伐商纣王的誓师大会。周武王即位第二年，为了检阅伐商的队伍，同时也为了试探商纣王对周人备战活动的反应，出动军队大规模地向东进发，到达黄河边上的孟津。前来参加大会的诸侯和部落首领，据说有八百人之多。武王在盟会上举行了誓师仪式，发布誓词，即有名的《泰誓》。

【孟子】（约前 372—前 289）战国时思想家。名轲，字子舆，邹（今山东邹城东南）人。幼年丧父，母亲为了给他提供一个良好的学习环境，曾多次搬家，此为"孟母三迁"的故事。受业于子思的门人。历游齐、宋、滕、魏等国，一度任齐宣王客卿。因主张未被采用，晚年与弟子万章、公孙丑等退而著书立说，今存《孟子》七篇。政治上，在继承孔子"仁"的观念的基础上提倡"仁政"，猛烈抨击统治者实行兼并的不义战争，公开提出"民为贵，社稷次之，君为轻"的民本观点，具有积极的社会意义。又从"性善论"出发，认为要通过"反身而诚"的修养功夫"养吾浩然之气"。其思想在后世影响深远，是孔子之后儒家的主要代表人物，被尊为"亚圣"。

【梦粱录】 史料笔记。南宋末吴自牧撰。书名取自黄粱一梦的故事，寄寓

了盛衰之感。体例上仿宋孟元老《东京梦华录》，详细记载了南宋都城临安（今浙江杭州）的风土人情，上至朝廷典祀、城市规划、地理环境，下至里巷风俗、杂戏伎艺、铺席茶肆，无所不包，涉及社会的方方面面，真实地反映了当时市民的生活面貌，对研究宋代城市史、经济史、社会史、政治史都有参考价值。

【**梦溪笔谈**】书名。北宋沈括撰。因写于润州（今江苏镇江）梦溪园而得名。内容分为17目，共609条，涉及天文、气象、历法、数学、地质、地理、医学、文学等方面，保存了丰富的科学资料，也包含作者广泛的见解和见闻。其中自然科学部分，总结了我国古代特别是北宋时期的科学成就，如毕昇发明活字版印刷术等。英国剑桥大学教授李约瑟称之为"中国科学史上的坐标"。

【**弥封**】科举时代为防舞弊的措施。也称糊名、封弥。考生试卷写姓名、籍贯的地方，由弥封官折角或盖纸糊住，用纸钉固，糊名弥封，上盖关防。始于唐代的吏部选人考试以及科举会试，当时考生自糊姓名。宋以来用于各级科举考试，弥封之法形成一套完备的制度。明清其制愈严，密封、开拆俱有专官负责。后为"弥封官"的简称，指科举考试特设之官，专掌试卷弥封事。

【**弥勒**】大乘佛教菩萨。"弥勒"是梵语音译，意译为"慈氏"。据佛教典籍载，弥勒住在兜率天，将下生凡世，在龙华树下继承释迦牟尼成佛。隋唐以来，多次农民起义者以弥勒降生为号召，聚众反抗封建统治者的压榨剥削。

【**祢衡**】（173—198）祢，Mí。汉末文学家。字正平，平原郡般县（今山东乐陵西南）人。少有才辩，性情高傲，蔑视权贵。与孔融交好，孔融多次向汉献帝、曹操举荐。曹操召见，他自称狂病，不往。后来曹操征召为鼓史，想要羞辱他，却被他当众裸身击鼓羞辱。曹操想借他人之手杀他，把他遣送给刘表。后来又得罪刘表，刘表把他转送给江夏太守黄祖，最后因当众侮辱冒犯被黄祖杀害。所著《鹦鹉赋》为托物言志之作，是汉末咏物小赋中的佳品。

【**蘼芜**】míwú。一种香草。其茎叶蘼弱而繁芜，故称。其叶风干可做香料，入药治妇女血闭无子。古人以为宜子，故述弃妇之诗每多及之。汉乐府有《上山采蘼芜》，表达了对故人的怀念和对重逢的期盼。

【**米芾**】（1052—1108）芾，fú。北宋书画家。初名黻，字元章，号襄阳漫士、海岳外史等。世居太原，迁襄阳，后定居润州（今江苏镇江）。他因个性怪异，举止癫狂，遇石称"兄"，膜拜不已，因而人称"米颠"。能诗文，擅书画，精鉴别。他以大笔触的水墨表现自然山川的烟云风雨变化，人称"米点山水"。其子米友仁承袭家风，并发展了这一画法，人们将他们的绘画称为"米氏云山"。传世画作有《云起楼图》《研山图》《春山烟霭图》等。其书法早年师法欧阳询、柳公权，字体紧结，笔画挺拔劲健；中年以后摹魏晋书法，尤得力于王羲之、王献之父子，书斋取名为"宝晋斋"。与苏轼、黄庭坚、蔡襄并称"宋四家"。传世的书法作品有《向太后挽辞》《蜀素帖》《苕溪诗帖》《草书九帖》《多景楼诗帖》等。书法理论著作有《书史》《海岳名言》《海岳题跋》等。

【弭兵】　弭，mǐ，停止。兵，战争，军事。弭兵，停止战争。春秋后期，中原地区形成了晋楚争霸的局面。由于长期对抗，兵连祸结，一些小国及人民饱经战乱，尤其是郑宋，常常是争夺的目标，受害最严重。公元前 579 年、前 546 年，宋国向戌利用与晋楚执政卿的交好，通过外交努力促成晋楚两次与诸侯会盟停战。此后，晋楚之间四十多年未发生战争。

【汨罗江】　汨，mì。水名。发源于江西修水。流经平江县至湘江县分为二水，南流者称为汨水，西流者因经过古罗城而称为罗水，两水在屈潭复合后称汨罗江。公元前 278 年，楚大夫屈原忧愤家国，自沉于此。

【秘书监】　监，jiàn。①古代官名。东汉延熹二年（159）置，掌典图书秘记。西晋、南北朝为秘书署、秘书寺或秘书省长官，有秘书少监及秘书丞助掌其事，掌图书著作等事。隋唐宋代亦为秘书省长官。唐代贺知章曾官秘书监，晚年自号"秘书外监"，后世称"贺监"。②古代官署名。辽代置为南面官，以太监为长官，通掌经籍图书、校勘在监文籍。金元亦置。

【秘书省】　古代官署名。主管图书典籍及著述等事务的最高机构。汉桓帝置秘书监，掌禁中图书秘记。汉末曹操为魏王，置秘书令，典尚书奏事。魏文帝分秘书立中书，置监令，而别以他官领秘书监。南北朝以后始设"秘书省"。其主官称"秘书监"，监以下有少监、丞及秘书郎、校书郎、正

字等官，领国史、著作二局。隋以秘书与尚书、门下、内史、殿中为五省。至唐完善其制，总掌举国经籍图书，兼历法星占等事，下设著作、太史局。唐时改称"兰台""麟台"。明以后其职务并入翰林院。

【密教】　佛教宗派。与显教相对。谓真言的教义，真言（咒）是大日如来自证的法门，深奥难测，故称。其他法门，称为显教。也称金刚乘、大乘密教。形成于公元 7 世纪。是大乘佛教中部分派别与婆罗门教互相调和的产物。以高度组织化的咒术、仪礼、民俗信仰为特征。

【密宗】　中国佛教宗派之一，源于古印度佛教中的密教。也称真言宗。以《大日经》《金刚顶经》为依据，传三密之法，即口诵真言（语密）、手结契印（身密）、心作观想（意密）。谓三密同时相应，便可使凡身成佛。唐开元四年（716）始，善无畏、金刚智、不空先后来华，翻译佛经，传播密教，形成宗派。善无畏传于一行，金刚智传于不空，不空传于青龙寺惠果。在中国只传两代即衰落。贞元二十年（804）由日僧空海传入日本。

【免行钱】　行，háng。唐末起，城市各工商行业除缴税外，还负担所需物料人工。至宋成为工商行户苦役。北宋熙宁六年（1073），东京（今河南开封）肉行要求出钱免除供肉，遂有免行钱。王安石变法时，把摊派给工商行户的科配折算为钱征收。后或废或行，南宋也曾推行。也称免行役钱。

【免役法】　北宋王安石变法时，由编户向官府纳钱以代差役的新法。也称雇役法、募役法。将差役改为雇役的役

法。原来不负担差役的坊郭户（城市人户）、官户、女户、寺观、单丁、未成丁等户，则交纳助役钱。它改变了原来轮流充役的农民和官府的应役方式，使农民可以选择交钱代替服徭役，官府也需要出钱雇人应役。

【冕】古代帝王、诸侯等在举行祭祀活动或国家大典时所戴的大礼冠。中古以后，臣子不能戴冕，故专指皇冠。冕由冠和綖两部分组成，冠加在发髻上用一根长簪固定住，长簪两端系一根丝带绕过下颚以进一步固定冠。綖是一块狭长的板，中间固定在冠的顶部，前低后高，两端微微上翘。綖的前后沿各用五彩丝绳穿玉珠，垂于綖之前后，名为"旒"，除起装饰作用外，还可遮掩眼神，使臣下看不清戴冕者眼神里流露出的喜怒。

【苗刘之变】南宋建炎三年（1129）武将苗傅、刘正彦等在杭州发动的兵变。也称明受之变。当时苗、刘等诛杀高宗亲信的宦官大臣，逼迫高宗传位于幼子赵旉，由哲宗皇后孟氏垂帘听政，改元"明受"。仅一个月后即被镇压，高宗复位。此次兵变使得赵构对武将产生了深深的戒心，为后来岳飞的悲剧埋下了伏笔。

【妙悟】原为佛禅术语，指对佛法的领会和觉悟。宋代严羽借用妙悟来评说诗歌，指诗歌创作或鉴赏中不借用文字和推理、灵感闪动、豁然开悟的艺术直觉能力和审美意识。清代王士禛进一步提出"神韵"说，成为评析诗歌的理论依据，也对后来的诗人创作产生深远影响。

【庙号】古代的皇帝死后，在太庙立室奉祀并被追尊的名号。起源于商代，一般以"太祖""太宗""世祖""高宗"等称号，表明其在创业、承统、守业、继绪等方面的贡献。

【闽学】以南宋理学家朱熹为代表的学派。是宋代理学的四个主要学派（"闽学""濂学""洛学""关学"）之一。因朱熹曾长期在福建居住、讲学，形成朱子学派，而福建的别称是"闽"，故名。也称朱学、朱子学、考亭学派。朱学源自周敦颐、邵雍、张载、程颢、程颐，到朱熹进一步完善。闽学通过遍注群经阐明天理，主张格物致知、穷理尽性，集北宋以来理学发展之大成。朱熹门人黄榦、蔡元定、陈淳、蔡沈等继承其学。

【闽越】秦汉时期，活跃于闽水流域的越人族群。秦设闽中郡对其进行统治。公元前202年刘邦封无诸为闽越王，后于前110年被汉武帝所灭，其众被强制徙至江淮间。

【名】一个人区别于其他人的称号。有乳名、学名之分。乳名是出生时起的非正式名字，多在家庭、亲戚或熟友之间使用，也称小名。学名是进入学校读书时使用的正式名字，也称大名。

【名讳】古代称谓礼节之一，即口头和书面对帝王、圣贤、长辈等尊显者名字的避讳。名讳有许多名目，通行的有"家讳"和"国讳"两种。家讳就是避讳父母的名字，包括与人交往时要避免提及别人父母的名字，甚至要避免说出与自己和别人父母名字相同的字。东晋书法家王羲之，其父名正，故其书法作品中凡遇到"正月"必写成"初月"或"一月"。唐代诗人李贺，其父名晋肃，因"晋"与"进"同音，干脆连进士也不能去考。为此韩愈专门写了一篇《讳辩》为他鸣不平。国讳则是全天下都必须遵守的名讳，也就是皇帝及其父祖的名字，有的朝代则扩大到皇后及其父祖。为了避免给老百姓造成麻烦，宋朝以后皇帝取名时往往故意选用冷僻的字，而且取单名，以便臣民避讳。除此之外，古代往往有所谓"圣人讳"，即对历代圣人，如孔子等古代圣贤的名字必须加以避讳。清朝就规定，凡人名、地名中遇到"丘"字（孔子名丘），一律改为"邱"。在古代社会，名讳是必须严格遵守的，一旦违犯，轻者结怨，重者罹祸，所以《礼记》有"入门而问讳"的告诫。

【名家】 先秦诸子百家之一。以辩论"名"与"实"关系为主题，强调"控名责实，参伍不失"，名称与事实必须完全相符。该派因擅长辩论，含辩证法、逻辑学等内容，也称辩者。因主张"刑名之辩"，也称刑名家。代表人物有公孙龙、宋钘、尹文、邓析、惠施等。东汉班固称其为"名家"，并列为"九流"之一。著名命题有"白马非马""离坚白""合同异"等。著作有《邓析子》《公孙龙子》等。

【名教】 讲究名分和亲疏、尊卑等级的封建礼教，以"三纲五常"为主要内容。汉代以来，儒家以"名教"作为礼法、政教的核心内容和合乎天道的社会秩序。

【名实】 中国古代哲学范畴。指"名（概念）"与"实（事实）"之间的关系。因各学派对"名实"问题的理解不尽相同，所以形成"名实之辩"，简称"名辩"。孔子认为"名不正则言不顺"，主张"正名"。墨子认为"取实予名"，主张依据事实给予名称，名称或概念反映事实。庄子认为"名者，实之宾也"，主张名与实是宾主关系。公孙龙认为"审其名实，慎其所谓"，主张"名"的作用是称呼"实"。荀子认为"名"对于"实"来说并非永久适合，应该"约定俗成"。韩非子认为"循名实而定是非"，主张按照名实是否相符来判定是非。

【名士】 汉魏以来，不拘礼法，率性而为，喜好清谈玄学，其才情、学问、地位和影响为当世所称誉的士人，代表人物有阮籍、嵇康等。也指有一定社会名气，但不做官的人。

【名田制】 将田地标注于某人名下，以明确其为私人占有的土地制度。始于战国，秦汉常据爵位分配田地，爵位越高者占田越多，一般人户又可通过国家授予及私家继承和买卖等方式获得。西汉中期以来土地兼并日趋严重，董仲舒和王莽皆曾主张限民名田，东汉初也曾度田以抑制兼并。后世多有田地登记之制，宋以来对土地兼并的限制明显放宽。

【明朝】 公元1368年朱元璋建立的王朝。朱元璋发迹于元末红巾军郭子兴部，后据有应天（今江苏南京）一带，陆续平定陈友谅、张士诚、方国珍等势力，于1368年正月称帝，国号"明"，也称朱明，定都南京，分兵北伐，于年底占领北京，推翻元朝，继而统一了全国。1421年明成祖迁都北京，1644年亡于李自成大顺政权。共历16帝，277年。明亡后，其宗室曾先后在南方建立弘光等政权，史称"南明"。

【明大诰】 诰，gào，君主对下属的命

令、训诫。明洪武十八年（1385）至洪武二十年（1387）间，贪官污吏盛行，豪强兼并。为严刑惩治吏民犯罪，明太祖朱元璋亲自主持编纂刑法《明大诰》，共有《大诰》《大诰续编》《大诰三编》《大诰武臣》四编，236条，包括案例、新的重刑法令和训诫三个方面。集中体现"重典治吏"的思想，其中有不少条文是我国法律史上的首例。洪武三十年（1397）《大明律》颁行，《明大诰》逐渐废止。也称《大诰》。

【明法】 汉、唐、宋各代察举人才及科举取士的科目。起源于汉代的诏令察举人才制度。汉建元初令郡察人才，设四科，其三曰明习法令，为明法的开始。唐宋科举都有明法科，主要用于考试法令专门学问，选拔明习法令的专门人才。

【明经】 科举考试科目之一，与进士等科并列，主要考试经义。也称明经科。汉代以明经射策取士。隋炀帝始置明经、进士二科，唐因隋制，增置秀才、明法、明字、明算并前为六科，以经义取者为明经，以诗赋取者为进士。宋改以经义论策试进士，明经始废。明清也用作贡生的别称。

【明镜高悬】 出于晋代葛洪《西京杂记》。相传秦代咸阳有一面方镜，可以照出人体内部的疾病，也可以看出人有无邪恶之心。秦始皇常用这面镜子检验宫中之人。古代官衙大堂前常悬挂"明镜高悬"牌匾，表示严格执法、审判公正之义。

【明末农民起义】 明末由高迎祥、李自成、张献忠等领导的农民起义。公元1627年，王二起义拉开序幕。1635年各路起义军会师于河南荥阳，此后形成了以李自成、张献忠、罗汝才为首的几大势力。其中李自成在高迎祥死后继为闯王，以"均田免赋"为号，势力最大，1644年攻克北京，推翻了明朝，其余亦多称帝称王。清军入关后，农民军采取联明抗清的决策。后因内部腐败，外有清军及各地地主武装镇压，相继败亡。

【明器】 初指钟鼎等重器。秦汉以来主要指随葬器物。也作"冥器"。古人有"事死如生"的观念，给死者随葬生活所需的各种物品，营造出犹如生时的状况。最初是用死者生前用的器物，后来用陶土、木头等做成模型，宋代以后，纸制明器逐渐流行。历代丧葬礼制中，关于明器的使用均有严格的规制。

【明儒学案】 书名。明清之际黄宗羲著。根据明代学者的文集语录，分析宗派，立学案十九。各学案又都冠以叙论，做简括的介绍说明，随后分列本案各学者，依次叙述他们的传略。在各叙传中，除了介绍生平，还扼要介绍主要学术观点，并加以评析。同时节录各学者的重要著作或语录，列于叙传之后，提供了解各家学术见解的具体资料。涉及学者二百余人，为我国最早的有系统的学术思想史专著。

【明堂】 古代帝王宣明政教的地方。凡朝会及祭祀、庆赏、选士、养老、教学等大典，均于其中举行。相传始于黄帝。夏称"世室"，商称"重屋"，周始称"明堂"。

【明夷待访录】 书名。明清之际黄宗羲著。"明夷"是《周易》卦名，该卦第五爻的爻辞有"箕子之明夷"句，象征着在黑暗中等待明君的来访。包含《原君》《原臣》《原法》《置相》等21篇文章，涉及政治、经济、文化、法律等方面的议题。黄宗羲在书中提出了许多前卫的政治理念，如反对君主专制，主张法治，提倡学校教育的重要性，并认为学校应该拥有较大的权力，甚至能够对君主的行为进行监督和批评。这些观点在当时是非常大胆的，对后来的思想界产生了深远的影响。

【明资匠】官府出资雇佣的工匠。起源甚早，南朝渐多，唐始称此，反映了商品经济的发展和工匠身份地位的改善。唐后期至宋尤为盛行，多用于雇佣技艺高超或官府紧缺的工匠。其中具有精巧技术，尤为特殊的称"巧儿匠"。

【鸣条之战】约公元前1600年，商汤率军在鸣条之野（今山西夏县，一说河南封丘）征伐夏王桀的战役。夏朝末年，夏王桀暴虐无道，大肆征兵徭役，引发了民众的强烈不满，导致人心离散。商汤崛起，他精选战车七十乘，敢死队六千人，联合各方国军队，先后征服了邻近的葛、韦、顾和昆吾等夏之属国，孤立了夏都。最后，商汤率领军队进攻夏王都，夏桀仓皇应战，在鸣条之战中被彻底击败，桀败走，被逐于南巢（今安徽巢湖）而死，夏朝灭亡。

【铭】文体名。古代铭常刻于碑版或器物上，或以称功德，或以申鉴异，后成为一种文体。句式以四言为主。包括青铜器铭、器物铭、碑铭等。源于先秦。《毛公鼎铭》《虢季子白盘铭》《大盂鼎铭》《散氏盘铭》被称为青铜器铭文中的"四大国宝"。《文心雕龙》有《铭箴》篇。

【蓂荚】míngjiá。传说中的一种瑞草。一说为树名。蓂荚每月从初一到十五，每天生一荚，十六日以后，每天落一荚，至月底落尽。如果该月少一天，那么最后一荚枯萎但不落下。这种现象被视为天象与自然万物和谐相应，是吉祥的象征。因此，蓂荚在古代也被称为"历荚"，它不仅是时间的标志，也是圣明帝王治理天下的象征。只有当君主英明且治国有方时，蓂荚才会按时生长和凋落。这种植物的神奇特性，使其成为历代文人墨客赞颂的对象，他们在诗文中通过对蓂荚的描述来表达对明君和盛世的向往。

【命妇】古代受有封号的妇人。始于周代，历代沿之，多为官员的妻母，享有各种仪节上的待遇。在宫廷内妃嫔等称为"内命妇"，在宫廷外臣下之母妻称为"外命妇"。

【摹印】秦书八体之一。秦代镌刻于玺印的文字。字体就小篆稍加变化，字形屈曲缜密，本用于玺文，后也用于一般印章。古代摹印的代表人物是梁袠。在摹印的过程中，他追求的不仅是表面的相似，更是内在的神韵，显示出杰出的艺术才华。

【磨勘】①唐宋官员考绩升迁的制度。唐时文武官吏由州府和百司官长考核属下的功过行能，分九等注入考状，期满根据考绩决定升降，并经吏部和各道观察使等复验。宋代设审官院主持此事，并确定"磨勘"的名称。磨勘考核的内容大致包括"德义有闻""清慎明著""公平可称""恪勤匪懈"等几个方面。②明清科试，对乡、会试卷，派人复核，检查词句书法是否符合规定。

【漠北】古代泛称蒙古高原大沙漠以北地区。也称幕北。北至贝加尔湖，南以戈壁为界，东抵大兴安岭，西至杭爱山、阿尔泰山，秦汉以来匈奴、柔然、突厥、蒙古等族活跃和称雄于此。清代，漠北特指乌里雅苏台将军辖区。

【漠南】古代泛称蒙古高原大沙漠以南地区。也称幕南。约相当于今内蒙古和东北地区的一部分，与中原王朝关系密切，常为北族南徙及东西各族交通往来之地，其南缘为农牧交错区。

【靺鞨】Mòhé。东胡族群的一支，源于肃慎。北魏时称勿吉。隋唐时称靺鞨。分布于今松花江、黑龙江流域。公元5世纪逐渐强盛，以农畜牧业为生，能种植粟、麦、穄，善养猪。隋唐时期，分为南北两支。其一为黑水靺鞨，位于黑龙江流域。其二为粟末靺鞨，位于松花江以南。其首领大祚荣于公元698年建立了渤海国，10世纪上半叶被契丹所灭，与邻族逐步融合。

【墨翟】（约前468—前376）翟，dí。春秋战国之际思想家、政治家，墨家学派的创始人。出身于小手工业者，具有高超的工艺技巧。针对当时战争频仍、贵族奢靡、平民困苦的现状，他提出"兼爱""非攻"和"非乐""节用""节葬"的主张，反对不义战争和奢侈享乐。有一年，楚国要攻打宋国，并且请了当时最有名的工匠鲁班设计攻城器械。墨子听说后，不辞劳苦，行走了十昼夜，赶到楚国劝阻。为了说明攻城必败，他与鲁班比试攻防器械及攻守战术。鲁班设计了多种攻城器械和攻城方案，都被墨子破掉了。

不得已，楚国只好打消了攻打宋国的念头。所著《墨子》，大都是门人弟子及后学据其讲学记录整理而成。

【墨家】先秦思想派别之一。创始人是墨子，名翟。以"兼爱、非攻、尚贤、尚同、节葬、节用、非命、非乐、明鬼、天志"为核心观点，在认识论、逻辑学及自然科学方面都有独到见解。墨子去世后，墨家分为相里氏之墨、相夫氏之墨、邓陵氏之墨三派。墨家在先秦时期影响很大，与儒家并称"显学"，有"非儒即墨"之称。东汉班固将"墨家"列为"九流"之一。汉代以后，统治者尊崇儒术，墨家逐渐衰微。主要著作有《墨子》。

【墨卷】科举制试卷名目之一，指考生答卷的正本。乡试、会试时，应试者用墨笔书写试卷，故称。也称原卷。为防止舞弊，墨卷先由誊录生用朱笔誊录，然后才送交试官评阅。宋以来，称取中士人的文章为程文。而清代刻录程文，试官往往按题自作一篇，又称程文，因而把刻录的取中试卷改称墨卷。

【墨子】书名。墨家学派著作总汇，由墨子弟子及后学汇集而成。《汉书·艺文志》著录71篇，现存53篇。分为两部分：一部分主要记载墨子的言行和阐述墨子的思想，主要反映了前期墨家的思想；另一部分，即《经上》《经下》《经说上》《经说下》《大取》《小取》6篇，一般称作《墨辩》或《墨经》，主要阐述墨家的认识论和逻辑思想。全书内容广博，涉及政治、军事、哲学、伦理、科学等，是研究墨子及其后学的重要史料。

【谋大逆】图谋毁坏皇帝家族供奉先人祖宗的宗庙、先前诸帝的坟墓和皇帝居住地宫殿的行为，是"十恶"之一。因该罪所侵犯的对象是皇帝，与封建统治的大道相违背，故名。它的处罚与谋反同。汉代规定，亲属株连，父母妻子、亲兄弟姐妹一律弃市。三国魏时，用言语和犯宗庙陵墓者腰斩，家属株连，但祖父母孙和许嫁之女除外。到唐代，有预谋但没有实际行动也构成罪名。

【谋反】 阴谋造反，危害朝廷的行为，是"十恶"之首。唐代的法律规定，谋反者处以斩刑。年龄16岁以上的父子连坐，处以绞刑。年龄15岁以下的母女妻妾、子的妻妾、祖孙兄弟姐妹（女子已许嫁的、男女被人领养的、聘娶未成的除外）及其部曲，都没收全部财产。明清律更加严酷，共谋的人凌迟处死。

【谋叛】 谋划背叛朝廷的行为，是"十恶"之一。唐代的法律规定，谋划者处以绞刑，从犯处以流刑。妻子、父母都可能跟着被流放。明清律改为"图谋叛国"，指谋划背叛本国，潜从他国。凡是共谋的人一律斩。妻妾子女为功臣人家当奴婢，父母祖孙兄弟都流放到两千里外安置。知情故纵及隐藏的人处以绞刑，知情不首报的人杖一百，流放三千里。已谋划但未开始实际行动的首犯处以绞刑，从犯杖百，流放三千里。知情但不第一时间报告的人，杖一百，徒三年。

【牡丹】 植物名。素称"花中之王"。上古无牡丹之名，统称芍药。唐以后始以木芍药称牡丹。原产我国西北秦岭。人工栽培大约始于南北朝时期，至唐，盛极一时，有"洛阳牡丹甲天下"之誉，北宋时为洛阳牡丹的鼎盛时期，明时曹州（今山东菏泽）牡丹崛起。牡丹花开时节繁花似锦，灿烂辉煌，成为吉祥幸福、繁荣昌盛的象征。刘禹锡曾感叹"惟有牡丹真国色，花开时节动京城"。在传统文化中，牡丹因其雍容华贵、端庄富丽的姿态，常被视为富贵和吉祥的代表。常与芍药并称"花中二绝"。在国画中，牡丹还常与其他花卉组合，如与月季搭配寓意"富贵长春"，与海棠一起象征"满堂富贵"。

【牡丹亭】 传奇剧本。也称《还魂记》。明汤显祖作。叙述南安太守杜宝之女杜丽娘偕侍女春香游园遣闷，梦中和书生柳梦梅相爱，醒后感伤致死。三年后柳至南安养病，发现丽娘自画像，深为爱慕，丽娘感而复生，两人终得结为夫妇。剧本塑造了杜丽娘、春香等典型形象，追求个性自由，反对封建婚姻制度，人物心理刻画细腻，曲词优美，有突破南北曲旧格律之处，影响较大。与《紫钗记》《南柯记》《邯郸记》合称"临川四梦"或"玉茗堂四梦"。

【亩】 土地面积单位。不同时期，具体的亩数不同。周制，1亩为100方步，称小亩。秦孝公时商鞅废除井田制度，开阡陌，定1亩为240方步，称中亩。南北朝时，定1亩为360方步，称大亩。历代基本沿用中亩。

【木芙蓉】 植物名。也称地芙蓉、木莲。其花朵皎洁如芙蓉出水，艳丽如菡萏展瓣。生于陆地。其花颜色一日三变，故又称三变花。开于仲秋至初冬，抗寒拒霜，古人因誉之为"拒霜花"。花朵娇艳欲滴，常被比喻为佳人。它的花期很短，绽放极为绚烂，之后便迅速凋谢，这种特征被古人赞赏并赋予了坚强和不畏艰难的象征意义。古代成都和湖南的木芙蓉特盛，故两地分别有蓉城和芙蓉国之称。

【木兰诗】 北朝民歌。郭茂倩《乐府诗集》归入《横吹曲辞·梁鼓角横吹曲》。长达 300 余字。内容写少女木兰代父从军、胜利归来的故事，塑造了一位坚强勇敢的女英雄形象。语言明朗刚健，具有北方民歌的特色。与《孔雀东南飞》并称"乐府双璧"。

【木兰围场】 清朝皇帝率八旗秋狝讲武的猎苑。木兰为满语"捕鹿"的音译，康熙始设于今内蒙古卓索图、昭乌达盟一带，除以此崇扬骑射传统外，清帝也常在此接见蒙古王公及藩邦使臣。

【木驴】 钉有横木、木架下装有轮轴的木架刑具。古时处决囚犯时，先把被判死刑的犯人绑在木驴上，游街示众，最后处死。

【木难】 难，nán。宝珠之名。可做佩饰。一说，为青绿色，是金翅鸟沫凝成的珠子。也作"莫难"。

【木牛流马】 古代两种运输工具名。相传由三国时诸葛亮发明。诸葛亮讨伐曹魏时，曾用木牛、流马运输粮食，节省人力。

【牧野之战】 周武王率领诸侯在商都郊外的牧野（今河南淇县西南）攻灭商王朝的决战。约公元前 1046 年，周武王率兵车三百乘、虎贲三千人、甲士四万五千人，会合西南的庸、蜀、羌、髳、微、卢、彭、濮等族东征，讨伐商纣。渡黄河，经孟津（今河南孟州南）进抵牧野。商纣军队十七万阵前倒戈，纣王兵败自焚，商朝灭亡。

【募兵制】 通过招募的方式组建军队的制度。始于战国，东汉以来有所发展。唐五代以后，募兵制取代了府兵制，成为封建时代兵制的一大变革。唐中期以后募兵成为重要兵源，北宋更将灾年招募流民为兵作为国策。元明清仍与征兵、世兵制并行，各朝中后期往往有增加募兵之势。

【墓表】 小于墓碑的立石，立于墓前或墓道内，刻载死者生平，表扬其功德。竖在墓道上的，称神道表或神道碑。墓表始于东汉，文体与碑碣同，不论死者生前是否入仕、官阶高低，皆可设立墓表来表彰其生平事迹和道德品质。后以刻在墓表上的文字列为文体之一。如欧阳修《泷冈阡表》即属此类，此文是欧阳修在他父亲去世后所作的墓表，盛赞父亲的孝顺仁厚与母亲的俭约、安于贫贱。

【墓志】 埋藏在墓穴中记录墓主生平事迹的碑刻。上面记载墓主的姓名、籍贯、生平事迹，以及对墓主的赞扬、悼念等，具有史料价值和书法价值。标明为墓志铭的方形墓志，较早的有南朝宋大明八年（464）刘怀民墓志。北魏以后，方形墓志成为定制。下底上盖，底刻志铭，盖上刻标题。此外，有的在砖上写或刻有墓主的姓名、籍贯、卒年等，也属墓志。古时也有人在生前为自己撰写墓志，如明朝张岱生前就自撰墓志。

【墓志铭】 文体名。埋在墓中的墓志文，通常包括志和铭两部分，也有仅用碑志或碑铭的。志多用散文撰写，叙死者姓氏、籍贯、生平等。铭则用韵文统括全篇，是对死者的赞扬、悼念之词。《柳子厚墓志铭》是韩愈为已故好友柳宗元所创作的墓志铭。

【**穆天子传**】 先秦典籍。西晋初年，在汲郡（今河南卫辉）发现一座战国时期魏国墓葬，出土了大批竹简，均为重要文化典籍，通称"汲冢竹书"。其中有《穆天子传》《周穆王美人盛姬死事》，后合并为至今流传的《穆天子传》。主要记载周穆王驾八骏从宗周（今河南洛阳）出发，越过漳水，经由河宗、阳纡之山、群玉山等地，西至于西王母之邦，和西王母宴饮酬酢的故事。《穆天子传》提供的材料，除去神话传说和夸张的成分，有助于了解先秦时期中西交通路径，古代各族分布、迁徙的历史以及他们之间的友好交往和文化交流情况。

N

【南无】nāmó。梵语音译词。意为"敬礼""归敬"。多加在佛、菩萨名或佛教经典题名之首。表示对佛和佛法的敬畏,如"南无阿弥陀佛"。

【纳贡】科举制度中贡入国子监生员之一种。明代准许纳资入国子监,凡由生员身份纳捐的称纳贡,没有生员身份纳捐入监的称例监,性质与清代的例贡相近。

【纳兰性德】(1655—1685)清代词人。原名成德,字容若,号楞伽山人,满洲正黄旗人。大学士纳兰明珠长子。康熙十二年(1673)进士。善骑射,为康熙的侍卫,多次跟随康熙皇帝巡幸各地,曾奉命前往中俄边界刺探敌情。虽为满洲贵族,纳兰性德却乐意与汉族文士交往,徐乾学、顾贞观、陈维崧、朱彝尊等都是他的好友,往来唱和密切。顾贞观的朋友吴兆骞因科场案被流放宁古塔,在纳兰性德的营救下,得以平安归来。纳兰性德与妻子卢氏情投意合,感情深厚。可是婚后仅三年卢氏就因病去世,给纳兰性德造成了难以弥补的伤痛。纳兰性德以词名世,尤长于小令,风格清新婉丽,感情真挚,自然生动,尤其是怀念妻子的悼亡之作,饱含血泪,感人至深。王国维甚为推崇,在《人间词话》中称其"北宋以来,一人而已"。他还

汇集宋元各家经解旧籍,刻成《通志堂经解》。有《饮水词》《侧帽词》,笔记《渌水亭杂识》。

【南北朝】从东晋灭亡到隋统一的170年间,我国历史上形成的南北对峙的局面,史称"南北朝"。唐初李延寿撰《南史》《北史》,前者记宋、齐、梁、陈史,后者记北魏、东魏及北齐、西魏及北周、隋史。后世以此界定南朝和北朝,习惯上多以公元589年隋朝灭陈为南北朝的终点。

【南北曲】南曲和北曲的合称。南曲又称南词,北曲又称北词,故南北曲合称为南北词。南曲以唐宋大曲、宋词为基础,曲调用五音阶,用韵以南方(主要为今江浙一带)语音为标准,有平、上、去、入四声。北曲用七音阶,用韵以《中原音韵》为准,无入声。宋元南戏及明清传奇均以南曲为主。元杂剧,包括金院本,都用北曲,明清传奇也采用部分北曲。南曲声调柔缓婉转,以箫笛伴奏;北曲声调遒劲朴实,以弦乐器伴奏,有"弦索调"之称。

【南北宗】①我国山水画自唐以后的两种流派。南宗源于王维,重渲染而少勾勒,即所谓淡赭山水,其传为张璪、荆浩、关仝、董源、巨然、郭忠恕、米芾米友仁父子,以至元之四家,明之

四家,清初四王;北宗源于李思训父子,重写实而多用重彩,即所谓青绿山水,其传为赵幹、赵伯驹、赵伯骕,以至马远、夏圭等。②我国佛教禅宗自五祖弘忍之后的两个派别:南宗为六祖慧能所创,主张"顿悟说",行于南方;北宗为神秀所创,主张"渐悟说",行于北方。故有"南能北秀""南顿北渐"之称。③道教全真道的南宗和北宗。金王重阳所传者为北宗;宋张伯端所传者为南宗。

【南朝】 南北朝时期据有江南地区的宋、齐、梁、陈四朝的合称。始于公元420年刘宋禅晋,至589年南朝陈为隋所灭告终。南朝以建康(今江苏南京)为都城,相对于北朝,南朝的局面相对安定,各个王朝都对经济进行了大开发,使得南方人口大量增加。

【南朝陈】 公元557年,陈霸先取代南朝梁建立的政权。也称南陈,国号"陈",建都建康(今江苏南京)。陈霸先出身寒微,曾在梁朝担任过将军和刺史等职务。在侯景之乱中,率军平定了叛乱,成为了南朝梁的重要将领。557年,废梁敬帝自立为帝,建立了陈朝。据有今长江下游和珠江流域各省,是南朝版图最小的王朝。589年为隋所灭。共历5帝,33年。被视为亡国之音的《玉树后庭花》的作者陈叔宝(陈后主)是南朝陈最后一位帝王。

【南朝梁】 公元502年,萧衍取代南朝齐建立的政权。萧衍封地在古梁郡,故定国号为"梁"。因皇室姓萧,也称"萧梁"。建都建康(今江苏南京)。疆域初同齐后期,一度乘北魏衰乱向北有所扩展。侯景之乱后版图丧失殆半,长江以北沦于北齐,巴蜀沦于西魏,弃云贵高原于土著民族,后又失襄樊一带于西魏,失荆州一带于西魏的附庸后梁。557年为南朝陈取代。

【南朝齐】 公元479年,萧道成取代南朝宋建立的政权。也称萧齐、南齐,国号"齐"。国号源于谶纬之说,民间有谶歌云"金刀利刃齐刘之",意即"齐"将取代"宋"。疆域同宋后期,北界时有变动,后退移到大巴山脉、淮河以南一线。建都建康(今江苏南京),502年为梁所代。共历7帝,24年。

【南朝宋】 公元420年,刘裕取代东晋建立的政权。国号"宋",建都建康(今江苏南京)。也称刘宋。刘裕受晋封爵为宋王,最终受晋禅位。强盛时北以秦岭、黄河(今黄河稍北)与北魏为界,西至今四川大雪山,西南包有云南,南以今越南横山与林邑接壤,东、东南抵海,是南朝疆域最大的王朝。后来河南淮北渐为北魏所夺。479年为南朝齐所取代。共历9帝,60年,是南朝中存在时间最长的朝代。

【南汉】 五代十国之一。公元917年,刘岩在岭南建立的割据政权。唐代末年,刘谦任封州(今广东封开县)刺史,刘谦死后,刘隐继承父职,逐步统一岭南,刘隐死后,其弟刘龑(初名刘岩)袭封,于后梁贞明三年(917)在番禺(今广东广州)称帝,国号"越",又改为"汉",史称"南汉"。据有今广东、广西、海南等地。971年为北宋所灭。共历4主,55年。南汉在岭南历史上是继南越之后建立的第二个地方割据政权。

【南军】 西汉时期守卫未央宫、长乐宫

的部队。因其守卫的未央、长乐宫均在长安城内南面，故名。地位次于北军，其兵称卫士，由郡国轮番征发，一年更换一次，由卫尉率领。除守卫未央宫、长乐宫外，还宿守建章、甘泉诸宫。后世多指驻于宫城以南的京师卫戍军，与汉名同实异。

【南凉】 十六国之一。公元397年由鲜卑秃发乌孤建立的政权。秃发氏为鲜卑拓跋部迁至河西的分支，乌孤于397年叛后凉，自称大单于、西平王，后改称武威王，国号"凉"，史称"南凉"。先后建都廉川堡（今青海民和西北）、乐都（今青海海东乐都区）、西平（今青海西宁）。据有今甘肃西部和青海的一部分。414年为西秦所灭。共历3主，18年。

【南六朝】 南朝六朝，通常指孙吴、东晋，以及南朝的宋、齐、梁、陈这六个朝代。它们都曾以建康（今江苏南京）为都，因唐人许嵩在《建康实录》一书记载了这六个朝代而得名。也称六代，皆建都于建康（吴称建业，今江苏南京），故南京被称为"六朝古都"。

【南明】 明亡后，南方各地相继拥立明宗室成员所建的多个政权。皆以承明自居。主要有福王朱由崧的南京弘光政权、鲁王朱以海的绍兴鲁监国政权、唐王朱聿键的福州隆武政权、宗室朱聿鐭的广州绍武政权和桂王朱由榔的肇庆永历政权。对诸王所建的政权，旧史称为"南明"。至公元1661年，先后为清朝所攻灭。也有将郑成功在台湾建立的郑氏政权归入其中的。

【南坡之变】 公元1323年发生于南坡（今内蒙古锡林郭勒盟上都镇），导致元英宗被杀的一次政变。此前英宗改革朝政，引起部分权贵不满，乘英宗自大都回上都驻营南坡之机，御史大夫铁失、知枢密院事也先帖木儿、大司农失秃儿等起事，杀英宗与右丞相拜住。后拥立泰定帝，新政中辍，政变发动者也被处死。

【南山案】 清康熙五十年（1711），针对戴名世所著《南山集》一书掀起的文字狱。戴名世，家居桐城南山，后世遂称他为"南山先生"，其《南山集》由左都御史赵申乔举发，指称该作品多采方孝标《滇黔纪闻》所载南明永历帝时事，尤其是书中的《与余生书》用"弘光""永历"等年号，"狂妄不谨""语多狂悖"。时值康熙晚年，戴名世和方孝标的所有著作及书版被清查并烧毁，列为禁书。时方孝标已死，被剖棺戮尸，家属充军。戴名世以大逆罪处斩，其余株连300余人，皆流放或免官。

【南书房】 古代官署名。清代内廷机构。清翰林在内廷侍候皇帝的地方，康熙时创立，因原为康熙帝早年读书处，在北京故宫乾清宫西南，故而得名"南书房"。康熙十六年（1677）始选翰林等官入内当值，称"南书房行走"。除应制撰写文字外，还秉承皇帝意旨，起草诏令，一度为发布政令所在。自军机处成立后，南书房各官不再参与机务，专司文词书画等事，一般称为"南斋"。南书房行走官员不限品级，自尚书至编修、检讨皆可充任，唯原则上须用翰林出身者。

【南宋】 公元1127年宋徽宗和宋钦宗被金所俘、北宋灭亡后，徽宗第九子康王赵构在应天府（今河南商丘）继承皇位，称高宗，后迁都临安（今浙江杭州），史称"南宋"。与北宋合称"两宋"，一般称南渡以前为北宋，以后为南宋。至 1279 年为元所灭，共历 9 帝，153 年。

【南唐】 五代十国之一。公元 937 年，徐知诰建立的割据政权。徐知诰为南吴大将徐温的养子，初为吴臣，后废吴自立，称帝于金陵（今江苏南京）。938 年，复其原姓为李，名昪，自称唐宗室后裔，因此改国号为"唐"。史称"南唐"。疆土占有今江苏、安徽中南部，江西、福建、湖南等地方，是十国中版图最大的政权。传至其孙李煜（后主），958 年后周军南下，割江北十四州，去帝号、年号，称臣于后周。975 年为北宋所灭。传三世，历 1 帝 2 主，39 年。

【南闱】 明清科举制对南京乡试的通称。明代实行南、北两京制，以在北京举行的顺天乡试为"北闱"，在南京举行的应天乡试为"南闱"。清代沿之，分别以顺天乡试、江南乡试为"北闱""南闱"。

【南戏】 宋元时南方流行的戏曲形式。也称戏文。由宋杂剧、唱赚、宋词以及里巷歌谣等综合发展而成。一般认为是我国戏曲最早的成熟形式。元代时虽不如杂剧盛行，但在南方民间仍广泛流传。明成化、弘治以后，进一步发展，演变为传奇。南戏对明清两代的戏曲影响颇大。明徐渭《南词叙录》说南戏产生于宋光宗时，是永嘉人所创，有《赵贞女》《王魁》两种，名叫"永嘉杂剧"。明祝允明《猥谈》也说南戏产生于宣和以后，南渡时叫"温州杂剧"。元后，逐渐称作"南戏"。剧本多为长篇，演出灵活，富

于变化，代表剧目有元末高明所作的《琵琶记》等。

【南衙北司之争】 唐后期外廷官僚集团和内廷宦官集团权力之争。南衙，指宫禁以南的宰相官署；北司，指宫禁北部宦官所在的内侍省。唐代后期，宦官专权，引发朝臣不满，双方多有权力之争。大和九年（835）宰相李训谋诛宦官仇士良等，反被杀害。天复三年（903）朱温用宰相崔胤言，杀宦官七百余人，宦官典兵预政局面结束。公元 904 年，崔胤被朱温所杀。南衙北司几乎同归于尽，唐朝也随之而亡。

【南燕】 燕，Yān。十六国之一。公元 398 年由鲜卑慕容德建立的政权。397 年北魏兵破后燕国都中山（今河北定州），后燕被截成两段，后燕丞相慕容德率领一部分人民南下。次年，慕容德率众由邺（今河北临漳西南）南迁滑台（今河南滑县），称燕王。后迁广固城（今山东青州）称帝，史称"南燕"。有今山东、河南的一部分。410 年为东晋刘裕所灭。

【南洋】 明清东南沿海至南海周围东南亚地区之称。清曾置南洋大臣掌其通商、外交、海防等事务。也常以此专指东南亚地区。

【南诏】 "诏"在蛮语（南方少数民族语言）中是"王"的意思。唐代，南诏是六诏之一。开元年间，其王皮逻阁在唐朝的支持下统一了六诏，被唐玄宗封为云南王并建立了地方政权。南诏后称大理国，其势力范围有一定扩张，最终因内乱而灭亡，被大长和国替代。

【铙】 náo。我国古代乐器。"八音"分类属"金"。①古代军中用以止鼓

退军的乐器。青铜制，体短而阔，有中空的短柄，插入木柄后可执，原无舌，以槌击之而鸣。三个或五个一组，大小相次，盛行于商代。②一种打击乐器。形制与钹相似，唯中间隆起部分较小，其径约当全径的五分之一。以两片为一副，相击发声。大小相当的铙与钹，铙所发的音低于钹而余音较长。

【哪吒】 古代神话人物。佛教中的护法神。传说其是托塔李天王的儿子，排行第三，故又称为哪吒三太子。相传哪吒幼时曾拜太乙真人为师，学得一身武艺。因与龙王太子发生争执，失手打死了龙王太子，玉帝震怒。哪吒为不连累父母，拔刀自刎，并割下自己的骨肉还给父母。其师用莲藕为骨干、荷叶为衣，注入哪吒的灵魂，使哪吒获得了新生，再造了一位神通广大、疾恶如仇的少年英雄。

【内班】 ①清朝宫廷侍卫内班指负责乾清门、宁寿门、内右门、神武门的宿卫。共有四十人，由御前侍卫和乾清门侍卫轮流值宿，隔日更代，归御前大臣统辖。②清朝的地方州县衙门内，内班是指衙内服役的人员，如门子、侍役等，负责衙门内部的日常工作和杂务。

【内藏库】 藏，cáng。由内廷直接支配的仓库。汉以来多称"左右藏库"，宋初用以储存战争中缴获的各国金帛和朝廷财政部门每年的财政盈余，以备非常之用，同时也是皇帝控制财政的重要手段。

【内朝】 在内宫协助皇帝决策和处理要务的机构和官职。也称中朝。内朝指禁中、内宫。西汉早期，皇帝处理国家大事，丞相也参与谋议。武帝为了加强君权而削弱相权，对于重要政事，依靠一些亲信在宫廷内做出决策，内朝由此得以形成，形成以内制外的局面。后世君主欲强化专制者，类皆仿此行事。

【内大臣】 古代官名。唐置枢密使，以宦官任之，掌承受表奏；又以宦官任护军中尉，统领神策军，防守京师。枢密使和护军中尉称为"内大臣"。清制，选满洲镶黄、正黄、正白三旗子弟作为皇帝侍卫，统率勋戚侍卫大臣，称为"领侍卫内大臣"，共六人。其次称"内大臣"，亦六人，掌先后宸御，左右翊卫，出入扈从，是武职中最高的官员。

【内阁】 古代官署名。明清由殿阁大学士协助皇帝综理国政的辅政机构。明太祖忌大臣权重，废丞相，另设华盖殿、谨身殿、武英殿、文华殿、文渊阁、东阁等大学士，收阅奏章，批发文稿，协助皇帝办理政务。成祖即位，选翰林院编修、检讨等官入午门内文渊阁当值，参与机务，因其地处内廷，故称。后职权渐重，兼领六部尚书，成为皇帝的最高幕僚兼决策机关。清初由内三院改制而成，移至太和门外，定为部院之上的常规辅政机构。

【内商】 明朝专事收买边商盐引，到盐场支盐售卖的盐商。明弘治后，凭引行盐的盐商（引商），分为边商（边地盐商）、内商（内地盐商）和水商（江湖行商）。清盐商分运商、场商两种，场商即由明内商转化而来。

【内圣外王】 古代修身为政的理想人格。儒家主张内在修圣人之德，个人通过提高自身的心性修养而达到的高尚境界；外在施仁政之道，追求治国平天下的政治抱负。不同学派对其具体内容的概括有所不同，其中儒家内圣外王的理想人格影响深远，成为我国历代士人追求的最高人生境界。

【内史】 古代官名。①西周始置，协助天子管理爵、禄、废、置等政务。春秋时沿置。也称作册内史、作命内史。②秦官，掌治理京师。西汉时沿置，景帝分置左右内史。汉武帝太初元年（前104）改右内史为京兆尹，左内史为左冯翊。③汉制。西汉初，诸侯王国置，掌民政。历代沿置，隋始废。

【内侍省】 古代官署名。内侍本指在皇帝宫廷侍奉的人。北齐初置内侍中省。后隋置内侍省，掌管宫廷内部事务，领内侍、内常侍等官，用宦官任职，偶用士人。唐或称内侍省，或称内侍监、司宫台，专用宦官，由内侍监、内侍少监等负责。宋于内侍省外增置入内内侍省，在宫内执役的隶属入内内侍省，在殿中执役的隶属内侍省。其官有内侍、殿头内侍、高品内侍、高班内侍等诸名。明分设内官二十四衙门。清宦官统归内务府管辖，遂无宦官专掌之官署。后因称宦官为内侍。

【内务府】 古代官署名。清代特设专掌宫廷事务的机构。凡皇宫内之庆典、仓储、财务、工程、畜牧、警卫、刑狱诸事，皆由内务府的特殊系统负责，不与外廷行政系统相混。其长官称内务府总管大臣，以满洲王公或满洲大臣兼充，无定员。清顺治初置。下设广储、会计、掌仪、都虞、慎刑、营造、庆丰七司及上驷院、奉宸院、武备院等。经办之事亦旁及国家庶政。其活动范围亦不限京师，甚至有派往国外者。

【内务府庄田】 清朝由内务府统一管理的田地。主要有皇庄、上三旗庄田，庄头负责组织生产。收入俱归皇室享用。主要分布在今北京以及河北、东北地区。

【内行厂】 行，xíng。官署名。明宦官侦缉机构。也称内办事厂。明代武宗时宦官刘瑾专权，特在京师荣府旧地设立，由其直接指挥，从事镇压民众及忤其意者。权力在东厂、西厂之上，两厂也在被监视之列。刘瑾死后废除。

【内省】 省，xǐng。儒家的修身之道。内心反省自己的言行、思想有无过错。

【内制】 唐宋时皇帝自宫中直接发出的诏命。唐初，中书省设中书舍人，负责起草诏命，没有内外制之分。至玄宗开元二十六年（738），始置翰林学士，掌内制；中书舍人只掌外制。宋代翰林学士带知制诰的称内制，其他官员带知制诰的称外制。宋初编《文苑英华》，分中书、翰林为二门，内制有赦书、德音、册文、制书、制诏等；外制为百官封拜的诏令。后来也称翰林学士为内制。

【尼】 梵语音译词"比丘尼"的简称。即尼姑。指信佛出家的女性。

【泥封】 古人文书、匣函等用绳穿连，绳端结合处用泥封缄，泥上加盖印章，以防别人偷拆，称泥封。这种钤有印章的土块称为封泥。泥封上的图文或为官品人名，或为厌胜吉语，皆阳文正刻。书简用青泥，诏书用紫泥，登封玉检用金泥。泥封体现了古代人们的艺术审美，封泥上的文字结体古拙朴实，章法布局匀停得当，特殊的材质造成了泥封式的美感。在古代社会中，印章是一种身份和权力的象征。封泥上的印章代表着一种权威和信任，可以用于信物的凭证。因此，泥封不仅是一种保密措施，也是一种身份和权力的象征。

【倪瓒】（1306或1301—1374）Nízàn。元代画家。初名珽，字元镇，号云林子、幻霞子、荆蛮民等。无锡（今属江苏）人。家有资财，曾修筑"云林堂""清阁阁"用于收藏书画。因元末社会动荡，隐居在太湖、泖湖一带，专心于绘画。擅画水墨山水，初学董源，后习荆浩、关仝，秀逸疏淡，自成一家。发明"折带皴"写山石的技法，丰富山水画的表现技巧。与黄公望、王蒙、吴镇并称为"元四家"。作品有《江岸望山图》《竹树野石图》《溪山图》《秋林山色图》《春雨新篁图》《修竹图》等。

【輗】ní。车辕前头与衡相衔接用以固定的销子。一般用于大车（牛车）。

【霓裳羽衣舞】舞名。舞曲为《霓裳羽衣曲》，故名。唐宫廷乐舞，著名法曲。传为开元中西凉节度使杨敬述所献，初名《婆罗门曲》，后经玄宗润色并制歌词，改用此名。一说玄宗登三乡驿，望女几山，作此曲前半，后吸收杨所献《婆罗门曲》续成全曲。其舞、乐和服饰都着力描绘虚无缥缈的仙境和仙女形象。白居易有《霓裳羽衣舞歌》诗，对此曲的结构和舞姿做了细致的描写。

【拟话本】模拟话本形式而作的小说。本用以称宋元间受话本影响而产生的作品，如《宣和遗事》等。今则多指明代文人模拟宋元话本而写的白话短篇，如冯梦龙"三言"中的一部分和凌濛初的"二拍"等。"拟话本"之名最初见于鲁迅《中国小说史略》。

【年号】古代皇帝在位时用来纪年的名号。西汉武帝继位始用年号，后形成制度。汉武帝即位的第一年（前140）称为建元元年，第二年称建元二年，逐年延续下去，直到改元。后每朝的新君即位，都改变年号，称"改元"。当遇到"天降祥瑞"或有大事、要事时，也更改年号。皇帝并不是一人一个年号，有的皇帝有几个甚至十几个年号，如唐高宗李治在位三十三年，用了十四个年号。明清时期的皇帝大都一人一个年号，基本不改元，因此后世用年号作为当朝皇帝的称呼，如明世宗被称为嘉靖皇帝、清高宗被称为乾隆皇帝等。

【年号钱】以皇帝年号命名的钱。中国最早的年号钱，是五胡十六国的成汉李寿所铸的"汉兴"钱，南朝宋的"孝建五铢"和北魏孝文帝的"太和五铢"等。年号钱成为制度始于宋代，从北宋太宗到南宋度宗的近三百年间，年号钱连绵不断。宋代以后，历代所铸的钱都是年号钱。年号钱的种类繁多，包括两字年号钱、年号加铢类钱、年号加宝类钱、年号加国号钱、年号加不同年号钱、年号宝文加背文钱等分支。

【年画】我国特有的一种绘画体裁。供人们在过年时张贴，故名。宋代已有关于年画的记载，称"纸画""贴子"。清代中叶更为盛行。产地很多，各有地方特色。其中以天津杨柳青、山东潍坊、江苏苏州桃花坞、广东佛山等地的产品为著名。传统的年画，多为

N

木刻水印,大多含有祝福更新的意义,线条单纯,色彩鲜明,画面热闹;题材主要有五谷丰登、春牛、婴儿、风景、花鸟等。

【捻军】 太平天国时期活动于北方的反清农民起义军。起源可以追溯到农村的迎神赛会活动,由于需要搓捻子燃油,故名。初期,首领为张洛行(张乐行)、孙葵心等。后为张宗禹、赖文光等,与太平军互有联络,接受其领导。极盛时期总兵力达二十万众。公元1865年,全歼僧格林沁军。捻军坚持战斗十六年,纵横驰骋于皖、豫、鲁、苏、鄂、陕、晋、直八省,有力地配合了太平天国的斗争。最后被左宗棠、李鸿章剿灭。

【犟】 niǎn。用人力推拉的车。相传夏朝始制犟。秦汉以后,专指帝王后妃在宫中乘坐的轻便的车。

【廿二史札记】 廿,niàn。史学著作。清赵翼撰。所考自《史记》止于《明史》,实为二十四史,因《旧唐书》及《旧五代史》当时未正式被列入正史,故名。撰成于乾隆六十年(1795)。按史之先后分卷编次,每类以类相从,各立标题,共609条。作者对每部史书的编纂体例、沿革、方法和史料来源等分别予以探讨,评其高下得失。其于古今风会之递变,历代之治乱兴衰,多归纳专题,加以论述。与钱大昕《廿二史考异》、王鸣盛《十七史商榷》并称"清代史学三大名著"。

【娘子关】 古关名。在今山西平定县东北。又名苇泽关。相传唐高祖李渊之女平阳公主曾率娘子军驻守此处。此关位于河北、山西两省要冲,与井陉关隔山相对,是历代兵家必争之地。

唐乾元初年,在此设置承天军。明成祖为防瓦剌入侵,于此处驻重兵防守。清末,八国联军与清军于此展开激战。抗日战争中著名的娘子关防御战也是据此地展开。

【涅槃】 梵语音译。或译作"泥洹"。意为消除一切烦恼。佛教认为,信仰佛的人,经过长期的修习,能达到超脱生死,解除一切烦恼的精神境界。也译作"般涅槃",意为"入灭""圆寂"。指寂灭一切烦恼和具备一切清净功德,进入无碍的自由境界。这是佛教修习要达到的最高境界,后也把僧人去世称为"涅槃"或"圆寂"。在中国近现代文学作品中,涅槃还引申为一个人在经历了漫长的时间和人世的磨难洗礼后,获得精神的升华和重生。

【孽海花】 长篇小说。清末曾朴著。为"晚清四大谴责小说"之一。共三十回,前六回原为金天羽作,后经曾朴修改。以状元金雯青、妓女傅彩云的经历为主要线索,真实地描写了晚清三十年间的历史变迁,涉及面甚广,对当时的官场腐败、科场闹剧、士林的麻木都有所讽刺。全书200多个人物,多以历史人物为原型,或用真名,或为影射。

【甯戚饭牛】 甯,Nìng。《离骚》中有"甯戚之讴歌兮,齐桓闻以该辅"之句,意思是说春秋时期卫国有一个喂牛的人,名叫甯戚,他自觉怀才不遇,常到东门外喂牛等待自荐的机会。一天,在齐桓公出城时,他就叩击牛角高声唱歌,齐桓公听到歌声,知道遇上了贤人,于是授予他客卿的官职。后人经常用"甯戚饭牛"来形容有贤能的人创造条件,寻求发挥自己才能的平台。

【牛鬼蛇神】 牛鬼指的是佛教故事中地狱里的牛头鬼卒，而蛇神指的是佛教故事中天龙八部里的摩睺罗伽。将二者合并于一处，始于杜牧，他用"牛鬼蛇神"形容李贺虚幻荒诞的诗风。后用来比喻社会上各种丑恶的人和事物。

【牛郎】 古星名。也称牵牛。由三颗星组成，在银河的东面，隔着银河与织女星相对。古代神话传说两边的两颗星为牛郎挑着的两个孩子，牛郎与织女只能于每年七夕在鹊桥相会一次。

【牛李党争】 唐后期以牛僧孺和李德裕为代表的官僚派之争。旧说元和三年（808），牛僧孺、李宗闵对策时讥刺宰相李吉甫（李德裕之父）而久不得升迁，双方结怨。长庆元年（821）李宗闵因其婿以关节进士及第被贬出朝，旧史谓翰林学士李德裕证成此事者。从此各分朋党，互相倾轧。历经宪、穆、敬、文、武、宣六帝，持续近四十年，后因党同伐异越演越烈，影响到内政、外事诸多方面。

【牛录】 清朝特有的一种社会组织形式。起源于女真族的狩猎组织，随着满族的发展，牛录制逐渐演变成为八旗制度的基础。牛录为满语"箭"的音译，一箭原为十人，努尔哈赤定为三百人左右，为八旗中合教养、生产和军事于一体的基层单位，其长称牛录额真，后称牛录章京，入关后改名佐领。

【牛头马面】 佛教指地狱中的两鬼卒。《楞严经》卷八："牛头狱卒，马头罗刹，手执枪矟，驱入城门。"后人们依造词习惯，将"马头"改为"马面"。

【牛头税】 金朝向受田女真户征收的一种赋税。也称牛具税。金进入中原，将所掠民田授予迁中原的女真族，组织军屯，公元1125年，太宗定猛安谋克之户受田输粟之制，规定每耕牛三头为一具，每具缴粟一石。天会四年（1126）改缴五斗，立为定制。大定二十一年（1181）又改为三斗。

【农田水利法】 王安石变法时推行的兴修水利、开垦荒田的法令。北宋时期由于土地兼并严重，赋役分配不均，导致水利设施失修，田地大面积荒芜。熙宁二年（1069）颁行农田水利法。派出各路常平官使管农田水利。凡吏民能提出土地种植办法，以及指出堤堰沟洫等利弊，行之有效的，按功利大小给奖。鼓励人民兴修农田水利，耕种荒废田地。

【农政全书】 农学著作。明代徐光启撰。全书60卷，70余万字，分农本、田制、农事、水利、农器、树艺、蚕桑、蚕桑广类、种植、牧养、制造、荒政十二门，全面总结了我国古代农业生产技术，是内容丰富的农业科学巨著。其中所载《除蝗疏》，为我国最早的治蝗专著。

【奴变】 也称江南奴变。家奴世仆反抗压迫的运动。明末清初普遍出现于江南和山东等地，由贱民仆役等组成，后成为明末农民起义的组成部分，构成了清雍正年间废除部分奴籍的背景。清康熙初年，富户不敢蓄奴。雍正时，贱民也取得良民地位。清政府被迫废除乐户奴籍，并解除徽州（今安徽歙县）等地世仆奴籍。

【弩】 nǔ。用机械发箭的弓，也称窝弓。弩是在弓的基础上创造出来的，射程远，杀伤力强，命中率高。种类很多，有夹弩、庾弩、唐弩、大弩等。夹弩、庾弩利攻守，唐弩、大弩利车战野战。战国末，出现了用足踏张弦的"蹶张弩"。汉代出现了连弩，三国时诸葛亮制作了诸葛连弩，这种连弩一次能发射十支箭。宋初出现了床弩，将弩弓固定在木架上，一张弩床可装好几张弓，用数人绞轴张弓，用锤击"牙"放箭，射程更远，杀伤力更强。秦兵马俑坑中发现了大量的弩遗迹。

【**弩机**】 弩的核心组成部分。有用青铜铸，也有铁制。装置于木弩臂的后部。一般弩机，四周有"郭"，"郭"中有"牙"，可钩住弓弦，"郭"上有"望山"作为瞄准器，"牙"下连接有"悬刀"作为扳机。发射时，把"悬刀"一扳，"牙"就缩下，"牙"所钩住的弦就弹出，有力地把箭射出。创始于战国，其后不断有所改进。

【**女儿节**】 传统民间节日。时间说法不一，有农历五月初一到初五、端午、七夕、重阳等几种。明清两代端午节。这一天，小姑娘簪戴榴花，已出嫁的妇女则回娘家省亲。重阳节也有娘家接女儿回来吃花糕的习俗。

【**女官**】 古代宫中执事的女性官员的统称。有一定的品秩，并且领有俸禄。其职责包括管理较低级的宫女，训练新入宫的宫女，照顾公主、皇子等。也称宫官。《周礼》中女官有九嫔、世妇、女御、女祝、女史等。秦汉后女官名目、等级各有不同。北魏孝文帝始仿照外官定其机构、编制、品秩、职掌，隋唐以来沿此变化，皆由皇后统属，构成了与宦官系统并行的另一套宫中管理系统。隋唐至金有尚宫、尚仪、尚服、尚食、尚寝、尚功等。明洪武时设六局一司，永乐后，职务多移于宦官。

【**女校书**】 ①东汉、三国魏时有主管校勘典籍、刊正文章等的官职，如校书郎、秘书校书郎等，后用"女校书"称有才华能诗文的妇女。②唐代薛涛随父亲流落蜀地，沦为歌妓，善于文词。蜀地剑南西川节度使韦皋赏识薛涛，常命她侍酒唱和，接应宾客，并奏请朝廷任命薛涛为"校书郎"，但未获批准，时人因称她为"女校书"。因薛涛是名妓，后也把能诗文的妓女叫女校书。

【**女萝**】 一种地衣类植物，它的特点是无数细枝状如线，常悬垂于高山针叶林的枝干间。也称松萝。这使它在文学作品中往往有着依附、温柔、坚韧等象征意义。它常被用来比喻新婚夫妇的关系，它的柔弱和缠绕的特性被看作夫妻情意缠绵的象征。

【**女墙**】 原指城墙主体顶上沿边附加的一道带有箭孔的城垛，用于窥视城外情况和自卫。也称女垣。后将有露孔且可以内外互视的墙，如花园中的嵌花透景的墙也称为女墙。这种墙体有虚隔空间的作用，常用于园林。

【**女史**】 古代宫廷中的女官名。由知书识字的妇女担任，协助掌管有关王后礼仪等。隋炀帝改名"女使"，唐代复称"女史"，掌管书写文件。

【**女娲**】 神话传说中的女神，相传其为伏羲氏之妹，一说为伏羲氏的妻子。被认为是人类的缔造者和始祖，用黄土造人，又在人类面临灾难之际，炼五色石补天，断鳌足以支撑四极，遏制洪水，驱杀猛兽，使人们能够安居繁衍。一说其与伏羲氏结成夫妻，繁衍了人类，这一说法在一定程度上展现了早期人类的婚姻繁衍状况，而随着人类的进一步发展，禁止兄妹通婚则说明了人类对自身认识和婚姻制度的进步。

【女巫】古代以歌舞迎神、掌占卜祈祷的女官。商代巫的地位较高。周时分男巫、女巫，司职各异，同属司巫。春秋以后，医道渐从巫术中分出，但民间专行巫术、装神弄鬼为人祈祷治病者，仍世世不绝。

【女贞】木名，中医以果实入药，称女贞子。古代以此树放养白蜡虫，故也称蜡树。古诗文中用以比喻有节操的女性。

【女真】古族名。宋朝以来是我国东北地区的主要民族群体。历史上的不同时期曾有肃慎、挹娄、勿吉、靺鞨等名称，其居住主要分布在松花江、黑龙江的下游至东部沿海地区，多从事捕鱼狩猎，也有少部分农业。曾从属于辽。北宋末年完颜阿骨打统一女真各部，建立金政权，公元1127年灭北宋。1153年完颜亮迁都中都（今北京），并开始逐渐吸收汉族文化。后在蒙古和南宋联合进攻下灭亡。明代，女真分建州、海西和野人三大部，于明末由努尔哈赤统一，成为满族的重要组成部分。

【女真文】金朝女真人参照汉字和契丹文所创制的用于记录女真语的文字。分大字和小字两种。大字于金天辅三年（1119）颁行。小字于熙宗天眷元年（1138）颁布，皇统五年（1145）始用。目前所见到的女真文有楷书和行书两种字体，有1000多个字，主要借助几种传世抄本《女真译语》，约有一半的字可识读。

【傩舞】傩，nuó，古时腊月驱除疫鬼的仪式。我国古代举行大傩仪式时所跳的舞。源于原始巫舞，为我国最古老的舞蹈形式之一。舞者头戴面具，手执戈盾斧剑等兵器，作驱鬼逐疫状。

【傩戏】傩，nuó，古时腊月驱除疫鬼的仪式。是汉族最古老的一种祭神跳鬼、驱瘟避疫、表示安庆的娱神舞蹈。由驱鬼逐疫的傩舞发展而成。流行于湖南、湖北、安徽、江西、广西等省、自治区。各地有"傩愿戏""傩堂戏"等不同称谓，多以演《姜女寻夫》《柳毅传书》《庞氏女》等剧目为主。演出时多戴面具，故也称师公脸壳戏。表演动作一般都较简单原始。音乐大多以锣鼓伴奏，人声帮和，故有的地方也称和合腔。

N

O

【欧阳修】 （1007—1072）北宋文学家、史学家。字永叔，号醉翁。吉州吉水（今属江西）人。早岁家贫，父亲去世后与母亲相依为命，母亲用荻秆在沙地上教他读书写字。欧阳修天资聪颖，又刻苦勤奋，二十三岁即考中进士，三十岁以前就以文章名满天下。在仕途上，欧阳修支持范仲淹的"庆历新政"，被贬为滁州知州，传世名篇《醉翁亭记》即写于滁州知州任上。后来又奉召回京，参与《新唐书》的编修，并独立修成《新五代史》。在散文创作上，欧阳修反对雕琢空洞的骈体文，提倡平实质朴的文风。嘉祐二年（1057）他担任主考官，录取了文风畅达、内容充实的苏轼、苏辙、曾巩等人，而崇尚险怪奇涩之文的"太学体"诸生则全部落第，从而极大地扭转了北宋文风。他自身的散文创作说理畅达，抒情委婉，与苏轼并称"欧苏"，为"唐宋八大家"之一。晚年以诗酒自娱，自称"吾家藏书一万卷，集录三代以来金石遗文一千卷，有琴一张，有棋一局，而常置酒一壶。……以吾一翁，老于此五物之间，是岂不为'六一'乎？"因自号"六一居士"。诗颇受李白、韩愈影响，重气势而能流畅自然。与梅尧臣并称"欧梅"。其词婉丽，与晏殊并称"晏欧"。又喜收集金石文字，编为《集古录》，对宋代金石学颇有影响。撰《六一诗话》，为最早以诗话名书的著作。有《欧阳文忠公文集》。

【欧阳询】 （557—641）唐代书法家。字信本，潭州临湘（今湖南长沙）人。其书法学王羲之、王献之父子，于平正中见险怪，自成一体，人称"欧体"，对后世影响很大。与虞世南、褚遂良、薛稷并称"唐初四大书家"。书法作品有《九成宫醴泉铭》《化度寺碑》《房彦谦碑》《梦奠帖》《张翰帖》《卜商帖》等。另与裴矩、陈叔达合作编纂《艺文类聚》一百卷。

【鸥】 水鸟名。善飞翔，能游泳，常随潮水上下起伏。《列子》中记载了"鸥鹭忘机"的故事：古时海上有一个喜欢鸥鸟的人，他每天和鸥鸟一起嬉戏，有时会有上百只鸥鸟跟着他。有一次他的父亲说："我听说鸥鸟都跟着你，你改天捉一只回来让我把玩一下。"第二天他再到海上，鸥鸟们都远远地飞着不下来。古诗文常以鸥鸟衬托闲适的田园生活。

P

【俳谐文】 俳谐，páixié，诙谐戏谑。内容诙谐、用以讽喻嘲谑的杂文。如汉代王褒《僮约》、南朝宋袁淑《庐山公九锡文》、唐代韩愈《毛颖传》及后人戏作《竹夫人传》《汤媪传》等。

【排律】 诗体名。律诗的一种。就律诗定格加以铺排延长，故名。包括五言排律、七言排律，简称五排、七排。凡五、七言律诗中间对偶句在三联以上者称排律，故也称长律。每首至少十句，多则有至百韵者。除首尾两联外，中间各联都须对仗。亦可隔句相对，称为扇对。往往于题目上标明韵数，如杜甫《敬赠郑谏议十韵》。元代杨士弘编《唐音》始列排律之目。

【牌坊】 一种传统的门架式建筑。也称牌楼。通常将单排立柱加额枋组成的称牌坊，带有斗拱屋檐起楼的称牌楼。大多用木材、石材以及砖木等材料建造，一般建立在庙宇寺院、祠堂、陵墓或官府衙署门前。牌楼的结构因设立者的地位或纪念对象的重要性而定，一般有三开间、五开间以及不同的高度、层数的建筑结构。大多作为彰表功德、宣传礼教之用，如功德坊、状元牌楼等。牌坊上多有纪念、歌颂的题字。

【牌子头】 元代基层军官中的十户长。也称牌头。又指清朝皇宫内务府的一种职位，负责管理皇帝和后宫妃嫔所使用的各种衣物箱柜，确保这些衣物的整洁、存放得当，并随时准备好供皇帝和后宫使用。

【盘古】 古代神话中开天辟地的神。早在三国时期，文献中就有关于盘古的记载。民间传说很久以前天地还没有分开，宇宙一片混沌，盘古就孕育在其中，他沉睡了一万八千年，一日醒来，见四周一片昏暗，遂挥动大斧，斧落瞬间，眼前倏忽清明，阳清之物上升为天，阴浊之物下降为地。盘古屹立于天地之间，手擎天，脚踏地，天每日升高一丈，大地每日增厚一丈，盘古的身形也随着天地日长一丈，如此又过了一万八千年，直到天变得极高，地极坚实。当他倒向大地时，他的两眼化为日月，肢体化为山岳，血脉化为江河，滋养着中华民族。古人敬重盘古，将其尊为创世之神和天地万物之祖。

【判牍】 牍，dú，古代书写用的木简。文体名。用于判决司法案件等方面的文字。"判"指的是剖决是非，"判"形成文字记录，就被称为"判牍"，其文辞则称为"判词"。古代多用四六骈文写成。唐代初任官者要通过铨选，考判文写作以考验断事能力。如张鷟《龙筋凤髓判》、白居易《甲乙判》、樊增祥《樊山判牍》等皆为判牍。

【泮宫】 泮，pàn。西周诸侯所设太学。因其院内有半圆形水池得名。也称泮水。由于政教不分，泮宫同时也是举行祭祀、庆功等多种礼乐活动的场所。规模小于天子所设大学"辟雍"。辟雍中央为高台建筑，四面环水，而诸侯泮宫仅有东、西、南三面环水。

【抛车】 古代军中用以发石击敌的战车。也称抛石车、霹雳车、抛雷。车以大木为床，下安四轮，上建双脮，中立独木，独木上方加一横木，横木一端有窠，可盛石块，另一端系绳，拉绳可把石块抛出打击敌人。东汉末年曹操使用发石车攻击袁绍的城楼，这种发石车就是抛车的一种。

【炮格】 炮，páo，烧烤。格，铜器，一说是铜柱。相传"炮格"是殷代的一种酷刑，在格下烧炭，使格受热发烫，迫使受刑人走到格上，堕入火炭中被烧死。后世沿代有此刑，但与殷代不同，使受刑者不迅速死。清代也有此刑。后人将"格"改作"烙"，意思是烧、灼。也称炮烙。

【袍】 古代服装。也称长衣。最早特指内装旧丝绵的长袄，一般是买不起裘服之人的穿着。秦汉时期袍服又被作为礼服，多袒领大袖。隋唐以来逐渐普及盛行。历史上契丹、蒙古、女真等民族多交领或圆领袍，小袖紧身，便于骑射。这也对汉服样式有一定影响。清朝废除了冠冕制，袍成为王室和官员的主要礼服。

【陪都】 ①在首都以外另设的都城。西周以雒邑为东都，即陪都设立之始。此后历代常两都并设。如明代永乐皇帝迁都北京后，南京成为陪都。清朝定都北京后，盛京（今辽宁沈阳）成为陪都。②指统治者避难偏安之都，如南宋的临安（今浙江杭州）、抗日战争时期的重庆。

【裴松之】 （372—451）南朝宋史学家。字世期，河东闻喜（今属山西）人。曾任国子博士、永嘉太守等职。晋代陈寿撰修的《三国志》，内容精简，然而宋文帝认为太过简略，故诏令裴松之作注。他在收集各家史料基础上作注，参考材料多达一百四十余种，字数较《三国志》原书多出三倍，开创了注史的新例。与其子裴骃、曾孙裴子野合称史学"三裴"。

【佩文韵府】 韵书。清代张玉书等奉敕编。康熙时刊行。"佩文"为康熙帝书斋名。此书合《韵府群玉》《五车韵瑞》两书加以增补。分韵一百零六，按词语最后一字归韵。首列单字，再将具有同一韵字的词语按字数顺序排列。单字下注明音训，词语下则备载出典，以经、史、子、集为序，供在科举制度下作诗文词赋时修饰辞藻、采择典故之用。

【辔头】 辔，pèi。为了驾驭马套在其颈上的器具，由嚼子和缰绳组成。古代贵族为体现身份地位，曾用黄金做马嚼子。

【彭蠡】 蠡，lí。鄱阳湖的古称。我国五大淡水湖之一。位于长江以南的江西北部，古又称彭湖。彭蠡是赣江、修水、鄱江、信江等河的总汇，在湖口汇入长江，面积约3800平方千米，为我国最大的淡水湖，具有农田灌溉、水利调控以及航运之利。彭蠡盛产银鱼、鳜鱼等，是我国淡水渔业主要基地之一。多白鹤、灰鹤和天鹅等珍贵鸟类，素有"珍禽王国"之称。湖滨有风景名胜庐山。

【彭祖】古代传说中的人物。汉代刘向《列仙传》、晋代葛洪《神仙传》都将他列为仙人。书中记载：彭祖姓篯，名铿，是颛顼的玄孙。尧封之于彭城，因其道可祖，故称。他会养生术，活到八百岁升天而去。所以后人将他视为长寿的象征。

【蓬】草名。野生，花蓬松，至秋因风吹起，旋转飘飞，故也称飞蓬、转蓬。古代诗文多以"蓬飞"喻生活漂泊不定或孤独无靠。李白在《送友人》中写道："此地一为别，孤蓬万里征。"用孤蓬来比喻只身飘零、行踪不定的旅人，表达了诗人对离别之人的不舍。蓬为极普通常见的野草，故也以"蓬门""蓬户"称乡村贫寒之家。

【蓬莱阁】在今山东烟台蓬莱区城北丹崖山。高居山巅，俯临大海，为宋代朱处约就原海神庙改建，明朝崇祯年间毁于战乱，后又多次重建。楼阁高15米，南向有三清殿、吕祖殿、天后宫、龙王宫等，形成高低错落、彼此呼应的建筑群。史载秦始皇、汉武帝为寻觅仙丹都曾到过这里，历代的文人墨客多次雅聚于此，留下了许多观海赏景的诗文题字刻石。

【鹏】传说中的大鸟。由传说中的大鱼鲲变化而来，善飞举，可奋起而飞数万里。古代文学作品中常用"鲲鹏之志"形容人的志向远大。

【铍】pī。古代长兵器。形如刀而两面有刃，形状介于剑和矛之间。其历史可以追溯到战国至汉初，尤其在赵、秦地区发现最多。秦以前的铍首多用青铜铸造，而到了汉代则多用铁制。

在作战时，铍的使用灵活多变，能够适应不同的战斗需求。它的首部通常是尖锐的锋刃，适合刺杀，而平脊两刃的设计又适合劈砍。

【霹雳炮】古代一种爆炸性火器。用纸管装石灰和火药，上节是火药，下节是石灰，点着引线后发出一声巨响升到空中，然后再发出一声巨响落下来，纸管裂开，石灰四散，眯住敌人的眼睛。北宋已有这种武器，南宋高宗绍兴三十一年（1161），宋军阻止金兵渡长江，曾使用过霹雳炮。

【皮币】一种有价凭证。汉武帝时，因为国用不足，于元狩四年（前119）冬采用皮币。皮币由禁苑中的白鹿皮制成，每张一尺见方，绘以彩画，每张值四十万钱。因价定得太高，流通不广，仅用于王侯宗室的朝觐聘享。皮币虽没有发挥货币的作用，但由此奠定了纸币的基础。

【皮室军】辽朝皇帝的御帐亲军。"皮室"为契丹语"金刚"的音译。辽朝建立后，太祖耶律阿保机为了加强宿卫力量而设立。他挑选精锐士兵，聚集在腹心之地，组成了一支强大的护驾军。到了太宗耶律德光时期，这支部队被正式命名为皮室军。后分为左、右、南、北、黄五部，各设详稳司管领。

【皮影戏】我国民间传统戏剧。用灯光照射兽皮或纸板做成的人物剪影来表演故事，故称。皮影最初用厚纸雕刻，后采用驴皮或牛羊皮，将其刮薄再行雕刻，并施以彩绘。风格类似剪纸，手、腿等分别雕制后用线连缀在一起，可活动自如。表演时，由艺人在幕后一边操纵，一边演唱，并配以音乐。也称影戏、影灯戏、土影戏。北宋时已有演出。

【皮租】 将所租之地转佃给他人收取的田租。也称小租、佃租、根租。始于宋，流行于明清。这是永佃权发展起来，土地占有形态上区分了"田底""田面"的结果，标志着土地经营方式和租佃契约关系的发达。

【琵琶】 我国传统弹拨乐器。东汉至隋代，是各种颈箱型弹拨乐器的泛称。据《释名·释乐器》，早期称"枇杷"。琵琶之称来自演奏方法，即弹为批、挑为把，后演为琵琶。琵琶分两类：一类指直项琵琶，出现于东汉，音箱为圆形，设4弦12柱。另一类指曲项琵琶，魏晋传自西域，音箱为梨形，设4弦4柱，用拨子弹奏，盛行于隋唐，为现代琵琶的前身。琵琶背板古称"槽"，多用紫檀木制，面板用桐木，设覆手或弦码，用丝弦。经不断改进，变横抱为竖抱，弃拨子而改用手指弹奏。可用于独奏、伴奏及合奏。

【琵琶记】 南戏剧本。元末高则诚作。蔡伯喈赴京应试，其妻赵五娘在家侍奉翁姑。蔡在京中状元，被迫入赘牛相府。家中遭饥荒，二老饿死。五娘求乞进京寻夫，最后得牛女之助，始得团聚。《琵琶记》基本上继承了宋代南戏《赵贞女》的故事框架，但改变了原故事中蔡伯喈背亲弃妇的形象，让他成为"全忠全孝"的书生。

【貔貅】 píxiū。一种古代传说中的猛兽。类似虎豹。古代行军时，遇到前方有猛兽，就举起画貔貅的旗帜以警示众人。后多喻指勇猛的将士。又一说貔貅是龙所生九子中的第三子，雄性为貔，雌性为貅，天生喜食金银珠宝，无排泄器官，故而只进不出，具有聚财的才能。

【骈文】 骈，pián，两马并驾。骈文，文体名。以字句两两相对的骈体写成的文章。也称骈体文、骈俪文、骈偶文。起源于汉魏，形成于南北朝，以偶句为主，讲究对仗、声律，易于讽诵。南北朝时，专尚骈俪，以藻绘相饰，文格遂趋卑靡。后世称多用对偶之文为骈文，又因多四、六字句，故又称四六文。成就高者，有南北朝的鲍照、江淹、庾信及清代的陈维崧、汪中等人。

【嫔】 pín。宫廷女官名。天子、诸侯的妾，位次于妃。周代设置九嫔之制，掌管妇人学习的法则，教育宫人作为妇人应具有的德行、言辞、仪态、劳动技能，带领所属的宫人按时依次到帝王安寝的处所侍候等。历代王朝多有九嫔之制，如西晋武帝以淑妃、淑媛、淑仪、修华、修容、修仪、婕妤、容华、充华为九嫔。唐代的九嫔是昭仪、昭容、昭媛、修仪、修容、修媛、充仪、充容、充媛。

【品】 古代官职的等级。汉代以禄石多寡作为官位高低的标志。曹魏时职官共分九等，从第一品至第九品，由高及低。隋唐时九品又分正从，自正四品起，每品又分上、下阶，共为三十级。明清加以简化，保留正、从品，而无上、下阶之分，共为十八阶，文武职相同。隋唐时九品以内官员通称"流内"，九品以外官员通称"流外"。流外经考铨后，可递升为"流内"，称为"入流"。清代不列入九品之内的官员称为"未入流"。

【平仓】 清朝农民遇灾荒之年群起平分富户仓米的举动。也称平米、平谷。

【平等】 佛教认为佛、法、僧三宝和心、佛、众生三法，以及一切众生都没有高下差别，故称。世俗社会中，多指人们在政治、经济、权利、地位等方面享有相等待遇。

【平话】 宋元以来民间伎艺的一种，以讲史为主。因用口语讲述，故称。话本有《五代史平话》《三国志平话》等。

【平齐户】 北魏在对南朝宋的战争中所俘掠并强制迁到魏都附近的山东人户。公元469年，北魏攻取南朝宋的青、齐等地，守将崔道固、刘休宾等投降，其降将、僚属和两城居民被迁徙到魏都平城（今山西大同），魏王设置平齐郡安置，故称。这些人有的被分赐给百官为奴婢，有的被役使垦殖耕作，地位与农奴类似。后有能力向僧官交纳谷子的平齐户转为僧祇户。平齐郡不久废除。魏文帝迁都洛阳后，这些人逐步恢复或取得了士族地位和特权。

【平阙】 古代书写礼仪格式。平，另起一行书写，又称平出。阙，空一至两格，又称阙字。为表示礼敬，行文时如遇到与亲族长辈及已故者相关的词，与王朝、皇帝的称呼称号及皇帝权威有关的词，反映上下级从属关系的官名等，都要平阙，即提行另写或空格，体现出身份关系和行政秩序。秦汉以来已规定相关格式，但未见平阙之名。唐朝公文的平出和空缺制度，称平阙之式。后历代相沿此称，但平阙的使用场合及具体格式有所变化。

【平王东迁】 公元前770年，周平王东迁雒邑（今河南洛阳）之举。周幽王时期，由于废黜了申后及太子宜臼，改立褒姒为后及伯服为太子，申后之父申侯联合缯、犬戎攻破镐京，杀周幽王，宜臼登位为平王，在晋、郑等诸侯扶持下迁都雒邑。周朝自此进入王室渐衰、诸侯坐大的东周时期。后世以周平王元年（前770）为春秋时代之始。

【平阳之战】 公元576年，北周与北齐争夺平阳（今山西临汾西南）的战役。北周武帝实施均田，整顿府兵，诛宇文护，加强集权，图谋统一北方。576年，周武帝率军攻取平阳，北齐后主率重兵来援，周军撤退，留梁士彦守城。北齐军攻之甚急，周武帝再率主力来援，在平阳城下大败北齐军，乘胜进取晋阳（今山西太原）。此役暴露了北齐当时主昏政乱的状况，次年北齐即为北周所灭。

【评话】 ①曲艺的一种。一般由一个人用当地方言讲说，特点是只说不唱，以演说历史故事为主，表演时多用醒木、折扇等道具。包括扬州评话、苏州评话等。②宋元讲史的别称。也作"平话"。

【评事】 古代官名。汉置廷尉平，与廷尉正、廷尉监同掌决断疑狱。隋炀帝乃置评事，明清分设左、右评事，均隶大理寺。清末废。

【凭由】 宋以来官府出具或认可的身份、所有权、税收、财物出纳等方面的文字凭证。

【萍】 我国古代对浮萍科植物的泛称。常见的有浮萍（青萍）、紫萍（水萍）。浮生水面，有根或无根。大者称"蘋"，古人采以为食。萍随水漂浮，古人认为其为飘荡无定的柳絮落水后所化，常用来比喻人的行踪漂泊无定。谓漂泊中偶然相遇为"萍水相逢"等。

萍的自由漂浮也被视为对束缚的摆脱，象征着自由和解脱。萍的生命周期短，易消逝，故也象征着生命的短暂和世事的无常。

【**朴刀**】朴，pō。古代武器。一种刀身狭长、刀柄较短的刀，双手使用。

【**颇黎**】也作"玻璟""玻瓈""玻璃"。一般指天然水晶石类，有酒色、紫色、白色等，是较贵重的装饰品，非今之人造玻璃。唐贞观十七年（643），拂菻国王波多力派使者来唐，献赤玻璃等物，太宗下诏书答慰。

【**哀田**】哀，póu。商后期王室农田的垦殖活动。垦殖地点有的在商王朝疆域之外。

【**扑满**】古时以泥烧成的存钱罐。汉代已有。因只有入孔而无出孔，钱满后只能扑破取出，故名。

【**铺首**】传统建筑的大门上衔住门环的底座，多用铜制作。铺首的形状根据建筑物的重要性或主人的地位而有所区别。一般以龙、虎、蛟等兽首的形状为多，有的还镶饰金、银等材料。平民百姓的住所则多采用一些简单的形制。也称铺。

【**仆**】古代奴隶的一种。起初从事家内贱役。殷商之后，因生产需要，领主、地主和商人大量使用仆从事农业和工商业。西周以来，天子常把臣仆赏赐下级。春秋时，将人分为十等，仆居第九等。古代社会里，仆一直是侍奉和依附主人的。

【**仆射**】射，yè。古代官名。秦、汉置为侍中、尚书、谒者、博士、郎等诸官之长。依其职事为称，意即其中的首长，如侍中之长称"侍中仆射"、谒者之长称"谒者仆射"等。一说因古

时重武臣，以善射者掌事，故名。汉成帝建始元年（前32）置尚书五人，以一人为仆射，位仅次尚书令，职权渐重。汉末分置左、右仆射。唐宋左、右仆射为宰相之职。南宋后废。

【**菩萨**】梵语音译。菩提萨埵的简称。意译为"觉有情"。即指上求菩提（觉悟）、下化有情（众生）的佛，既能达到自身解脱，又能使众生得到解脱的佛教修行果位者。旧译为"大士""大圣""高士"等，即能"发大心"之人。菩萨初为释迦牟尼未成佛前的称呼，后泛指修行到一定程度的、地位较高的佛或神，比如文殊、普贤、观音菩萨等。民间也把心地仁慈、乐善好施之人称作菩萨。

【**菩提**】梵语音译。意为"觉""智""道"等。即佛教断绝世间烦恼，达到涅槃的境界，又指彻悟的智慧和途径。

【**蒲松龄**】（1640—1715）清代文学家。字留仙、剑臣，号柳泉居士。室名聊斋，世称"聊斋先生"，淄川（今山东淄博淄川区）人。19岁科考曾得县、府、道三试第一，然此后屡试不第，至71岁始成贡生。因科举失意，蒲松龄一生贫困，长期在家乡做塾师，以授徒为业。课徒之余，蒲松龄将全部精力投入到《聊斋志异》的创作中。传说他曾在路旁设一茶摊，供行人歇脚，与这些南来北往的行人聊天，把听到的奇闻逸事记录下来，作为创作的素材。蒲松龄从30多岁开始写《聊斋志异》，一直到晚年才完成。除《聊斋志异》外，蒲松龄还创作了一些诗词歌赋、俚曲杂著等，后人辑为《蒲松龄全集》。

【**濮议**】濮，Pú。北宋宫廷中争议崇奉英宗本生父称谓的事件。公元1064年

宋仁宗死，因无子嗣，由侄赵曙继位，即英宗。赵曙是濮安懿王允让的儿子，治平二年（1065）命朝臣讨论已故濮王称谓。欧阳修、韩琦等执政大臣主张称"皇考"（父死称"考"），王珪、吕诲、司马光等主张称"皇伯"。后以称"考"定议，吕诲、吕大防、范纯仁等都因此被黜。

【**普度众生**】佛教认为，众生深陷苦海，只有本着慈悲之旨，并借助宏大法力，才能使众生到达彼岸，解脱世间烦恼。后用此形容救济众生。

【**普济堂**】清朝民间所办收容老病无依之人的社会救济设施。俗称"老人堂"。普济堂的名额以千人为限，专门收养60岁以上、无依无靠的老人。当名额满后，再有报名者则将名字写在签上，放竹筒内，等有死亡空缺，摇签顶补。堂内每5人住房一间，每个房间有字号编列，以备查考。普济堂的活动范围非常广泛，清末约有数百家普济堂。

【**普贤**】佛教大乘菩萨。在我国佛教里，与文殊、地藏、观音合称"四大菩萨"。是释迦牟尼的胁侍。寺院里普贤菩萨的塑像一般立于佛祖右侧，骑白象，佛祖左侧骑青狮者为文殊菩萨。普贤菩萨专司"理"德，文殊菩萨专司"智慧"。四川峨眉山为普贤菩萨应化说法的道场。

【**谱牒**】牒，dié。古代记述氏族、家族世系的书，包括家谱、家传史、宗族发源等。魏晋南北朝时期，因讲究门第，严别士族、庶族的等级界限，谱牒成为选任官员、门第婚姻等的重要依据，也成为专门的学问，出现贾氏、王氏等研习谱学的世家，著作有《百家谱》《十八州士族谱》等。

【**氆氇**】pǔlu。藏语音译。我国西北部少数民族手工编制生产的一种羊毛织物。一般用来制作床毯、服装等。

【**铺马**】铺，pù。元朝驿站提供的车马等交通工具及路途所需供应。蒙古语称"兀剌"。

P

Q

【七】 文体名。即"七体"，赋的体裁之一。西汉枚乘作《七发》，赋中假设楚太子有病，吴客前往说了七件事以启发楚太子。其体一般由八段文字组成，中七段设为问答，分说七事，为全文主干，故名。后世作家仿效其体，以作讽劝之文，如傅毅《七激》、张衡《七辩》、王粲《七释》、左思《七讽》等。《文选》列"七"为一门，收录枚乘《七发》、曹植《七启》、张协《七命》。唐代以后渐衰。

【七出】 我国古代休妻的七种理由。古代妻子如有不事公婆、无子、淫、妒、有恶疾、口多言、盗窃七种过错之一，丈夫可以休妻，解除婚姻。也称七去、七弃。但如有妻子无娘家可归、曾为公婆守丧三年、丈夫娶妻的时候贫贱但后来变富贵三种情况之一，丈夫不准休妻。"七出"始于汉代，唐代法律化，明清沿用。

【七国之乱】 汉景帝时七个同姓诸侯王发动的叛乱。汉初，皇帝的亲属被分封到各地为诸侯王，其中吴、楚、齐三国的封地最大。诸侯王在国内征收租赋，煮盐铸钱，成为中央政权的威胁。公元前155年，景帝用晁错之策厉行削藩，吴王刘濞联合楚、赵、胶东、胶西、济南、淄川王以清君侧为名起兵。汉景帝派周亚夫为太尉，在三个月内即击平吴、楚，其他五国也先后平定，诸王或自杀或被杀。从此诸侯王国的军政大权收归中央，后诸侯王国又经武帝的进一步削弱，名存实亡。

【七科谪】 谪，zhé。秦汉时期，法律规定强制七类人服役的制度。秦始皇时期，实行谪戍法，强制以下七类人服役：有罪官吏、逃亡罪犯、赘婿、商贾、曾经的商贾、父母曾从商的、祖父母曾从商的。汉武帝在对匈奴和大宛的战争中，也曾谪发这七类人当兵，增援前线。

【七略分类】 西汉刘歆整理宫廷藏书，编成辑略、六艺略、诸子略、诗赋略、兵书略、术数略、方技略，故称"七略"，是我国最早的图书分类目录，对我国后世目录学发展产生深刻影响。东汉班固《汉书·艺文志》中的图书分类就源自《七略》。

【七庙】 周代天子祭祖而立的宗庙制度。以太祖的庙居中，左边三昭即周二世庙、四世庙、六世庙，右边三穆即周三世庙、五世庙、七世庙，共为"七庙"。周代规定，天子设置七庙供奉、祭祀七代祖先。后泛指帝王供奉祖先的宗庙。

【七穆】 春秋时郑穆公七子后裔组成的七个家族的合称。七子即子罕、子驷、子良、子国、子游、子印、子丰，其族分别是罕氏、驷氏、良氏、国氏、游氏、印氏、丰氏。其中，罕氏的势力最强。他们都是郑国的世卿，轮流执政，互相制衡。

【七擒七纵】公元225年，诸葛亮南征过程中对南中（今川南至云贵一带）豪强采取的攻心策略。相传其七次生擒南中豪强孟获，又七次纵之再战，终使孟获心服，不再反蜀。此故事在《三国演义》中有详细的描述，也被各种文艺作品广泛传播。

【七声】音乐术语。五音及二变。依十二律高下的次序，定宫、商、角、徵、羽、变宫、变徵为七声，为乐律之本。后世乐家多用简号，各管色谱分合、四、乙、上、尺、工、凡，依次记写七声，谓之工尺谱。

【七十二候】候，即物候。指动物、植物或其他自然现象随季节气候变化而周期性变化的现象。古代以五日为一候，一月为六候，三候为一节气。一年分二十四节气，共七十二候。起源很早，北魏时载入历书。是国家政事、农事活动的依据。古代历书所举月令物候有所出入，候应几经修改。现代气象学上仍沿用之。

【七言诗】诗体名。全篇每句七字或以七字为主，如七言古诗、七言律诗、七言绝句等。七言诗之始，或说出于《诗》《骚》，或说起于汉《柏梁台》诗，说法不一，近人多以为起于汉魏，至六朝而趋于成熟，至唐代大为发展。与五言诗同为汉语古典诗歌的主要形式。三国魏曹丕《燕歌行》，为现存较早的纯粹七言诗。张若虚《春江花月夜》、王昌龄《出塞》、崔颢《黄鹤楼》、李商隐《安定城楼》等皆为七言诗。

【七曜】曜，yào。①日（太阳）、月（太阴）与金（太白）、木（岁星）、水（辰星）、火（荧惑）、土（填星、镇星）五大行星的合称。也称七政、七纬。东汉刘洪《七曜术》定其名。魏晋以来，从印度、中亚等地传入的占星术、历法或以"七曜"为译名，以"七曜日"代表一周七天。②北斗七星。

【七族】亲族的统称。有两种说法：一是上至曾祖，下至曾孙。二是父之族、姑之子、姊妹之子、女子之子、母之族、从子、妻父母。

【戚】古代兵器。斧的一种。钺大于斧，戚小于斧。商代以前是石制，商周用青铜铸，战国有铁戚，两汉以后出现了加钢刃的铁戚。《山海经》中记载了刑天舞干戚的神话。

【戚继光】（1528—1588）明代抗倭名将、军事家。字元敬，号南塘，山东登州（今山东烟台蓬莱区）人。将门之后，年轻时承袭父位担任登州卫指挥佥事一职，目睹倭寇在山东沿海一带烧杀抢掠，写下了"封侯非我意，但愿海波平"的诗句。嘉靖三十四年（1555）调浙江，次年任参将，招募义乌农民、矿工，编练新军，人称"戚家军"。经过10余年的战斗，终于扫平了多年为虐沿海的倭患，确保了沿海人民的生命财产安全。隆庆二年（1568），戚继光调任蓟镇总兵，修缮长城，防御鞑靼入侵。晚年又南调广东，不久辞官罢归，病逝于家中。有《纪效新书》《练兵实纪》《止止堂集》。

【期门】汉武帝所设地位略高于羽林

的一支精锐近卫军。挑选陇西、天水、安定、北地、上郡、西河六郡良家子组成，主要负责执兵宿卫，因常在殿门外等候皇帝的命令而得名。隶属光禄勋，偶被征调作战，平帝改称虎贲，东汉光武帝时仍称期门，后复称虎贲，以虎贲中郎将统领。

【期颐】　称百岁之寿。人生以百年为极，故曰期；百岁之人生活起居须人养护，故曰颐。《礼记·曲礼上》："百年曰期，颐。"

【漆画】　绘画的一种。多以天然漆为材料，结合金、银、贝壳以及加入漆颜料银朱等，运用刻、堆、雕、嵌、绘、磨等技法制作而成。我国在春秋战国时便有漆画出现。

【齐国】　周武王分封吕尚为齐侯所建的诸侯国。吕尚姜姓，即姜太公，受封后建都于营丘（今山东淄博）。为东方濒海大国，有渔盐桑麻之利，春秋早期，齐桓公在管仲辅佐下率先称霸。公元前386年，田氏（出于陈国公族，又称田陈氏）取代姜姓为齐国之主，相对于姜齐称田齐，前334年齐威王称王，国势甚盛，打败魏国，成为"战国七雄"之一。此后长期与秦国东西对峙。前284年燕、秦等五国联合攻齐，齐被燕将乐毅攻破，从此国力衰弱。前221年为秦所灭。

【齐民要术】　农学著作。北魏贾思勰著。全书10卷，92篇，分别论述各种谷物、蔬菜、果树、竹木的栽培，家畜、家禽的饲养，农产品加工和副业等，比较系统地总结了黄河中下游地区丰富的农业生产经验，是中国完整保存至今的最早的一部农书。该书还记录了一些来自域外的农作物或者相关知识，是了解中外农学知识交流的重要史籍。

【齐行】　清朝一地工商同行临时发起的划一行动。有时由业主为垄断商品价格等事而发起；有时由工匠发起，常通过一致罢工争取自身权益；在抵制官府弊政时，双方也可协同罢市、罢工。

【祁连山】　我国西北部的著名山脉。古祁连山有南北之分。南祁连在今新疆南部，自葱岭而东，包括古昆仑山、阿尔金山以及今祁连山（在甘肃南部），因位于河西走廊以南，故称南山，为河西通往青海的隘口，历代驻兵防守。北祁连即今新疆的天山，横贯新疆中部，自葱岭分支，蜿蜒而东，随地易名，绵延数千里。

【岐沟关之战】　公元986年，宋朝为了收复幽云地区而对辽国发起的一场战役。宋军分东、中、西三路进军，曹彬为东路，田重进为中路，潘美为西路。辽军以偏师骚扰宋军，并绝其粮道，然后趁着宋军疲惫不堪时发起总攻击。四月，宋军被迫从涿州败退，此时辽军乘势夹击。五月，辽圣宗和萧太后亲自统帅大军追击宋军至岐沟关（今河北涿州西南），曹彬所率宋军主力被辽军击溃。其他各路军也先后被击破。宋太宗下令宋军三路大军撤退。

【祗应】　祗，qí。元朝驿站为乘驿官员、使臣提供的饮食。或由站户负担，或由官府发给驿站。蒙古语称"首思"。

【耆长】　qízhǎng。宋朝维持治安和推排户等的一种职役。多以乡村第一、第二等户轮充。职责主要是追捕盗贼。

【畦种法】　畦，qí。一种整地种植技术。

把低地筑成高垄和低沟,易涝之地用沟排水,高垄播种。易旱之地沟间播种,高垄挡风保持土壤的水分,以利农作物生长。畦种法是战国时发展起来的。屈原《离骚》"畦留夷与揭车兮",即描述了分畦种植留夷、揭车两种香草。

【骑督】 魏晋时期督率骑兵的中级军官。汉魏间始有此名,多督率扈从将领的精骑,晋时与牙门将并为杂号将军以下的五品武官衔。

【骑射】 我国古代射术。骑在马上开弓放箭的一种体育活动。原为少数民族习俗,西周初期已出现。战国时,赵武灵王吸取胡人长处,穿胡服,习骑射,进行了军事改革,列国皆仿效之,使这项体育活动得到了很大发展。西汉李广即以骑射著名。汉魏以来,骑射活动广泛流传。南北朝时期进一步发展,妇女中也有技艺高强者,如李波小妹等。武则天长安二年(702)设武举制,骑射为主要项目之一,直至明清不变。唐时也为宫廷体育项目之一,妇女常参加骑射行猎。辽、金人为北方民族,精于骑射,契丹族有"射木兔"、女真族有"射柳"等习俗。至近代,因火器的普遍使用乃渐衰。

【麒麟】 一种古代传说中的仁兽。与龙、凤凰、龟并称为"四灵"。体形像鹿,头上有角,全身生鳞甲,尾像牛。传说只在明君圣主出现时它才降临人间。鲁哀公十四年(前481)春,哀公在大野进行狩猎,捕获了一只神兽。孔子认出是麒麟,感叹它生不逢时,作《获麟歌》。古人用它象征祥瑞,后也借喻杰出的人才。

【乞骸骨】 骸,hái。请求使骸骨归葬故乡,是古代官吏因年老自请退休的用语。

【乞活】 西晋末年以来,北方地区四处乞食求生的武装流民集团。由并州南下冀州求食的流民队伍蔓延发展而来,有组织者称乞活军,首领称乞活帅,或为五胡政权收编,或以抗胡为志,起到了捍蔽东晋政权的作用。因北方战乱饥荒不绝,旧的消失新的又生,故活跃于黄河南北达百余年。

【乞鞫】 鞫,jū,通"鞫",审问,审讯。案件结案后,在规定期限内请求重新审理的程序。始于秦代,完善于汉代。不同时期,乞鞫的期限有所不同。汉律规定,在案件审结后一年内可乞鞫,死罪不适用于此制。

【乞巧节】 即七夕节。在农历七月初七日。该节日与牛郎织女的神话传说有关。传说,织女原是天帝的孙女,擅长织布,后因嫁给牛郎,中断织布,天帝震怒,强令其与牛郎分离,只许他们每年七夕在鹊桥相会一次。后来人们就在牛郎织女相会的七夕,于庭院放上瓜果,摆上香案,在月光下用五色线穿七孔针,借以向织女乞求布的技巧。因此,七夕节也称为乞巧节。此习俗唐宋最盛。唐代林杰《乞巧》"七夕今宵看碧霄,牵牛织女渡河桥。家家乞巧望秋月,穿尽红丝几万条"即歌咏此风俗。

【起承转合】 诗文结构章法方面的术语。诗文的行文顺序:起是开端;承是承接上文加以申述;转是转折,从另一方面立论;合是结束全文。也用来比喻说话时的过渡。

【起复】 官员守丧期满后,被重新起用。降职或革职后重新启用,也可称起复。

【绮】 素地织纹起花的丝织物。是一种用经纬线错综地在织物上织出凸起的图案的工艺品种。文物考古发现，我国早在商代就有绮的实物，战国楚简上也出现了"绮"字。之后工艺不断进步。两汉时期发展迅猛。其中"锦绮"为高级丝织品，历代对使用对象都有严格的定制。

【稽首】 稽，qǐ，延迟，停留。古代的一种跪拜礼。行礼时，屈膝跪地，左手按右手，拱手于地，头也缓慢地叩到地。头触地后须停留一段时间，手在膝前，头在手后。相传西周定九拜之制，首列稽首，主要用于臣子拜君王。后也用于儿子拜父亲、学生拜老师等。

【弃市】 古代执行死刑的一种方式。即在闹市执行死刑，并将犯人的尸体暴露在街头，当众展示。秦汉时期，弃市用斩首。魏晋时弃市用绞刑。隋唐时执行斩、绞、凌迟、枭首等死刑一般都弃市。

【契丹】 古族名、古国名。源于东胡的一个分支。北魏时期就是辽河上游的一个游牧民族，其主要活动区域在今内蒙古西拉木伦河和老哈河流域。契丹政权最早由耶律阿保机统一契丹及邻近各部，于公元916年建立，国号"契丹"，947年改国号为"辽"。以畜牧业为主，逐步发展了农业和手工业，并有自己的文字。北宋宣和七年（1125）被金所灭。大多与汉人、蒙古人、女真人相融合。另有贵族与部分宗室西迁至现在的新疆至中亚地区，建立了西辽（哈喇契丹），不久被蒙古所灭。

【契丹文】 辽朝契丹人参照汉字所创制的用于记录契丹语的文字。分大字和小字两种。契丹大字于契丹神册五年（920）制成，后又参照回鹘文而另制契丹小字。一般认为，契丹大字是表意方块字，夹杂一些直接借用汉字的形式；契丹小字是比大字简便的拼音文字。目前所见到的契丹文字资料主要是我国东北地区所出的金石铭刻。另外还有一部契丹大字写本收藏在俄罗斯。

【帢】 qià。古代士人戴的一种便帽。有些像弁。但无四角，且不用鹿皮而改用缣帛缝制。帢相传是曹操为军队所创，早期仅做军队装束之用，其不同的颜色标志着头戴者的身份和地位。也作"帕""帗"。

【千户所】 元朝时期设置的一种军事和行政单位，属于世袭军职。分上、中、下等，隶属于万户，下领百户，统领一定数量的士兵，长官称为千户。明朝纳入卫所系统，隶属卫指挥使司。

【千牛备身】 带刀侍卫君主左右的军官。古代有位厨师，他分解了许多牛（千牛），分解牛的刀用了十九年，仍很锋利，后世因称精良锋利的刀为千牛刀，禁卫官叫千牛备身、千牛卫、千牛仗等，省称"千牛"。北魏始置，北齐至隋沿置，员数不一，常以亲贵子弟担任。唐十六卫中设左右千牛卫，其大将军、将军等掌宫殿侍卫及仪仗，所属仍有此官及备身左右、备身等职。宋代以后废止。

【千叟宴】 清代皇家举办的尊老盛宴。始于康熙时期，盛于乾隆朝。共举办四次，由60或70岁以上现任、致仕官员及部分民间老人参加。规模在千人至三千余人间。康熙六十一年

（1722），召 65 岁以上大臣及老百姓等千余人，赐宴于乾清宫前。席间，康熙帝与大臣作诗纪盛，名《千叟宴诗》。乾隆年间，曾两次在乾清宫举行千叟宴，规模更宏大，参加宴会者近三千人。是清代主张"养老尊贤""入孝出悌"以及优老政策的体现。

【金民壮法】 金，qiān。明朝征集民户壮丁训练以备调用的办法。正统、景泰年间，明朝政府已经开始招募丁壮进行训练以备战事，但并没有形成固定的制度。弘治七年（1494），正式颁布《金民壮法》，将募集民壮的做法制度化。规定 20 岁以上、50 岁以下的身体健康者可被金派为民壮，按州县大小每里征二至五名不等。富户可交钱免征，由官府代募。

【谦称】 古代的称谓礼节。古人在言谈与书信交流时，为表示谦恭的态度，凡提到自己的时候，一般避免直接用"我"等第一人称代词，改用含有"卑己"色彩的词语来自称。常用的有鄙人、不肖、不才、不佞、不敏、卑职、在下、晚生、老朽、仆、愚、妾、奴等。帝王诸侯的谦称有寡人、孤、不榖等。

【前凉】 十六国之一。西晋末年由张轨及其子孙建立的割据政权。从公元 317 年始，张氏世守凉州，成为割据政权，史称"前凉"。345 年张骏称"假凉王"，建都姑臧（今甘肃武威），仍对东晋称臣。有今甘肃西部、新疆东部和宁夏西部。349 年张重华自立为凉王，354 年张祚称帝，仍建都姑臧，至 376 年张天锡降前秦，国亡。前凉共传 5 世 8 主，历时 76 年，在十六国中统治时间最长。

【前七子】 明弘治、正德年间，文学家李梦阳、何景明、徐祯卿、边贡、康海、王九思、王廷相七人的合称。主张"文必秦汉，诗必盛唐"，形成一个复古的文学流派。因有后起的李攀龙、王世贞等后七子，故称。

【前秦】 十六国之一。公元 350 年氐族贵族苻洪称"三秦王"，352 年苻健称帝，建都长安（今陕西西安），史称"前秦"，也称苻秦。357 年苻坚即位后，去帝号，称"大秦天王"，国势渐强，灭前燕、前凉及代国，攻占仇池及东晋益州，进军西域，统一北方，成为十六国时最大的国家。有今河北、山西、山东、陕西、甘肃全部和河南、四川、重庆、贵州、辽宁、江苏、安徽、湖北的一部分。383 年淝水之战失败后，原被灭各国及各族首领纷起复国。385 年，苻坚被后秦擒杀，余部先后拥立苻丕、苻登、苻崇为帝，至 394 年苻崇被西秦斩杀，国亡。

【前蜀】 五代十国之一。公元 907 年，王建在蜀地建立的割据政权。891 年唐利州刺史王建攻取成都（今属四川），陆续扩占土地。903 年唐封其为"蜀王"，907 年称帝，建都成都，国号"蜀"，史称"前蜀"。有今四川、重庆和甘肃东南部、陕西南部、湖北西部。925 年为后唐所灭。共历 2 主，18 年。

【前四史】 "二十四史"中前四部史书的合称。具体则指西汉司马迁的《史记》、东汉班固的《汉书》、南朝宋范晔的《后汉书》以及西晋陈寿的《三国志》。

【前燕】 十六国之一。公元 337 年由鲜卑慕容皝建立的政权。285 年鲜卑贵族慕容廆成为慕容部首领，开始在辽

Q

河流域建立部落国家。337 年慕容廆子慕容皝称"燕王",建都大棘城(今辽宁义县),后迁龙城(今辽宁朝阳),史称"前燕"。慕容皝子慕容儁灭冉魏,迁都蓟(今北京),于 352 年称帝;五年后再迁都邺(今河北临漳西南)。有今河北、山东全部和山西、河南、安徽、江苏、辽宁的一部分。370 年为前秦所灭。

【前赵】 十六国之一。公元 319 年由匈奴刘曜建立的政权。304 年匈奴贵族刘渊在左国城(今山西吕梁东北)称王,建立汉国,308 年称帝,309 年徙都平阳(今山西临汾西南)。310 年刘聪即位,316 年灭西晋。319 年刘渊侄刘曜迁都长安(今陕西西安),改国号为"赵",史称"前赵"。有今陕西渭河流域及山西、河南、甘肃各一部分。329 年为后赵所灭。

【钱】 本来是农具名,形状像现代的铲。古以农具钱为交易媒介。其后制币,因仿其形为之,名曰泉,取泉水流行周遍之意。春秋战国时赵、魏、韩、秦盛行钱币。到了秦代,"钱"字已完全转变为货币名称。西晋的"太平百钱"是"钱"字最早出现在货币上的实物。

【钱大昕】 (1728—1804)清代学者。字晓征,号辛楣、竹汀居士,晚号潜揅老人。江苏嘉定(今属上海)人。乾隆十六年(1751)清乾隆帝南巡,因献赋获赐举人,官内阁中书。乾隆十九年(1754),中进士。先后在钟山、娄东、紫阳等书院讲学。涉猎广泛,在音韵、史学、天文、金石等方面都有杰出造诣。与王鸣盛、赵翼并称"清代史学三大家"。有《廿二史考异》

《十驾斋养新录》《潜揅堂文集》。

【钱谷】 清代官署中主办钱粮、税收、会计的幕僚。俗称钱谷师爷、钱粮师爷。

【钱谦益】 (1582—1664)明末清初文学家。字受之,号牧斋,晚号蒙叟、东涧遗老。常熟(今属江苏)人。明万历三十八年(1610)进士。南明时,召授礼部尚书。明亡后降清,授礼部侍郎,管秘书院事。不久告病归乡,曾秘密参与抗清活动,郑成功进兵南京,曾与他暗通消息。清乾隆帝以其为降臣,下旨将他列入《贰臣传》,于其身后禁毁其全部著作。家富藏书,曾建绛云楼,收藏宋刻孤本,后毁于火灾。学养深厚,为明清之际文坛领袖。作诗论文既重学养,也主性情,力斥前、后七子的模拟剽窃和竟陵派的僻仄冷涩。有《初学集》《有学集》《投笔集》等。编有《列朝诗集》。

【钱神论】 西晋鲁褒嘲讽当世金钱崇拜之风的一篇文章。当时的晋惠帝愚呆,贾后淫虐专政,社会风气败坏,贿赂公行。该文针对儒家"死生有命,富贵在天"等言论,指出"死生无命,富贵在钱"等,以寓言的形式阐述了钱作为神物的特点和价值,以及人们对钱的理解和敬仰。对金钱崇拜做了揭露和嘲讽。

【钱塘】 古代县名。秦代所设,名为"钱唐",下辖于会稽郡,位于今浙江杭州灵隐山麓。相传上古大禹治水,曾在此地弃杭(方舟)登陆,故此地也称余杭。还有一种说法认为,"余杭"是"禹杭"的误读。隋开皇年间,治所迁往今杭州市区。大业初年杭州改为余杭郡,钱唐仍为郡治所。唐代更名为钱塘县，为杭州治所。南宋时期，高宗赵构偏安江南，建都于此，改称"临安"，升为府，为浙西路治所。明清两代，为浙江省治，杭州府也治此。

【钱主】出钱买进或典入田地房产者。宋以来田地、房产等典卖时多用此称。

【钱庄】明清从事钱钞兑换和经营存放款业务的私营金融机构。也称银号、票号。早期的钱庄都为独资或合伙组织。规模大的钱庄，除办理存贷款业务、开发庄票外，少数还发行银钱票。小的钱庄仅从事兑换业务，俗称"钱店"。清末新式银行兴起以后，钱庄的地位逐渐为银行所代替。

【乾嘉学派】清乾隆、嘉庆年间（1736—1820）讲究训诂考据的经学派系。由于学派在乾嘉两朝达到鼎盛，故名。源于明清之际的顾炎武。到乾嘉时，学者继承古文经学的训诂方法而加以发挥，用于古籍整理和语言文字研究，形成所谓"朴学"。从校订经书扩大到史籍和诸子，从解释经义扩大到考究历史、地理、天文、历法、音律、典章制度；对古籍和史料的整理，有较大贡献。乾嘉学派除顾炎武，主要代表人物有阎若璩、钱大昕、段玉裁、王念孙、王引之等。

【乾隆】清高宗（爱新觉罗·弘历）年号（1736—1795），高宗禅位称"太上皇"后宫中仍用（1796—1799）。"乾隆"这个年号寓意"天道昌隆"，象征着希望国泰民安、天下太平。乾隆，也用于指代清高宗本人。他是清朝入关后第四位皇帝，执政六十余年。文治武功，功勋卓著。其统治时期经济、文化都得到极大发展，出现了盛世景象。后期大兴文字狱，奢华南巡，

宠信和珅，贪污之风盛行，社会危机加深，清王朝从此由盛而衰。

【乾象历】三国吴黄武二年（223）到吴亡（280）施行的历法。东汉末刘洪创制。因刘洪自制黄道浑仪观测月行快慢的天（乾）象而得名。是我国第一部引进月球运动不均匀性的历法。此历规定一回归年为365.246 2日，一朔望月为29.530 54日，第一次推算出近点月为27.553 36日，一个近点月内月球的近地点进动3°4'，并创立定朔算法。乾象历相比汉代的四分历更为精密，为后世历法所效仿。

【黔首】黔，qián，黑。战国、秦时对平民的称呼。据说秦始皇自以为得水德，衣服旄旌节旗都崇尚黑色。平民百姓用黑巾裹头，故名。后泛指编户平民。

【遣隋使】公元600—614年，日本推古天皇五次向中国隋朝派遣的使节。以第二、第三次遣隋大使小野妹子最为著名。遣隋使是遣唐使的先驱。

【遣唐使】公元630—894年，为了学习中国先进的文化、制度和技术，日本朝廷向中国唐朝派遣的使节。当时，日本称之为"西海使""入唐使"，中国称之为"日本朝贡使"。前后共派遣四期19次，正式受派遣而到达唐朝的遣唐使据说为13次。每次人数不等，最多的一次达651人。成员通常有通达经史的大使、副使、判官、录事等文官，还有通晓医学、美术、音乐等各种技艺的随员及学问僧、留学生，其中著名者有粟田真人、吉备真备、阿倍仲麻吕、道昭等。遣唐使回国后多位列公卿，参与国政，对中日文化交流影响巨大。他们大量引入中国的经、史、子、集等各类典籍，使

得中国文化在日本封建社会的上层阶级中风靡一时，深入到了思想、文学、艺术、风俗习惯等方面。

【**欠田**】 均田制下因人多地少未能按定额授予民户的欠缺地亩。唐代均田令规定，达到一定年龄的男子应分配一百亩田地，实际上常常出现分得田地不足的情况。新疆吐鲁番出土的文书中有"欠田"的专门记录。

【**羌**】 民族名。也称西羌。周代以前分布于今青海、甘肃、四川西部至云南北部、西藏北部广大地区。周时部分杂居中原。秦汉以来，部落众多，有先零、烧当、婼、广汉、武都、越巂等部。魏晋至唐宋间又有宕昌、邓至、白兰、党项等部。部落分散，以游牧为主。烧当羌、党项羌曾建立后秦、西夏等政权。与中原来往密切，曾助北魏、唐破氏及吐谷浑，后逐渐与西北和西南地区各民族相融合。

【**羌笛**】 单簧气鸣乐器。在川北羌族地区流行。制长二尺四寸，两管有指孔（古时有三孔、四孔等）。用当地油竹的细长竹节制成，双管并列，管上端装竹制吹嘴。吹嘴正面削平，切开一薄片作为簧片。是古代边塞诗中常见的意象，多表达离别之苦、思乡之情以及内心孤寂。如唐王之涣《凉州词》："羌笛何须怨杨柳，春风不度玉门关。"

【**枪**】 古代一种长柄刺击兵器，被誉为"百兵之王"。由古代的矛演变而来，其材质、形制随金属冶炼技术的进步而有所变化。到了宋代，枪的形制较多，骑兵有单钩枪、双钩枪、环子枪等。步兵用的有素木枪、颈项枪、锥枪、梭枪、大宁笔枪等，又有攻城专用的短刃枪、短锥枪、抓枪、蒺藜枪、拐枪、拐突枪、拐刃枪等。在古代有许多以使用枪而闻名的武将，如赵云、马超、岳飞等，《三国演义》中赵云以一杆长枪驰骋沙场，成为勇猛精进的代表。古代还有著名的"十大名枪"，包括霸王枪、龙胆亮银枪等。其中霸王枪与楚霸王项羽有关，据说中的巨型錾金虎头枪是由陨石中的精钢锻造而成，是其力量和勇猛的象征。

【**蔷薇**】 花木名。蔷薇在中国古代文学中通常象征着爱情、美丽和女性。蔷薇花作为一种观赏花卉，更多地与自然之美、女性之美以及文人雅士的情趣相联系。因蔷薇娇艳和带刺的特性，古代诗人常用它来比拟佳人含羞带怯、芳心难测的意象。

【**鞘**】 qiào。装刀剑的套。春秋及以前的剑较短，没有剑鞘，就插在束腰的带上。战国时，出现了铁剑，剑体渐长，剑柄渐大，剑刃又很锋利，插腰不安全，于是做剑鞘。剑鞘用竹木、皮革制作，再用金、银、铜、锡或玉石加以装饰。

【**切韵**】 韵书。隋陆法言撰。5 卷。此书缘起于开皇初，颜之推、萧该、薛道衡、卢思道等八人相聚于陆家，讨论音韵的南北是非、古今通塞及各家韵书之得失。陆法言在旁记录，写成提纲，十余年后又据提纲完成。原书久佚。经学者考证，按平、上、去、入 4 个声调共分 193 韵。

【**怯薛**】 蒙元时期大汗和皇帝的禁卫近侍。蒙古语"番直宿卫"之意。成吉思汗时创建，由亲近贵族及要官、功臣子弟入充，由宿卫、侍卫、环卫三队组成，各有队长统率，总隶于怯薛长。其普通军士地位也很高，待遇特殊，常可直接外派出任要职。

【钦差大臣】 古代官名。由皇帝特命派遣并颁发关防的钦差。权力比一般钦差官员大，简称"钦使"，统兵者称"钦帅"，驻外使节称"钦差出使某国大臣"。林则徐曾两次受命钦差大臣，公元 1838 年入广东查处禁烟，1850 年奉旨驰赴广西督剿太平军。

【钦天监】 监，jiàn。古代官署名。掌管观察天象、推算历法、制定历书、培养天文人才等。历代多设置，名称不同。明初始称钦天监，清沿之，设监正、监副等官。我国古代观测天文和气象的观象台，属钦天监管理。清时有个别欧洲传教士在钦天监任职。以耶稣会士德国人汤若望影响最大，曾在顺治时掌管钦天监，并加太常寺少卿衔。

【亲王】 爵位名。皇族中封王者。其名始于南朝末期。隋代以皇帝的伯叔兄弟和皇子为亲王，始置亲王府并设官属。唐代以皇帝的兄弟和皇子为亲王。宋明各代，一般因袭不改。清代宗室封爵第一等称为"和硕亲王"，主要册封皇子，蒙古贵族亦有封亲王者。凡宗室封亲王者，皆另加嘉名以别之，称"赐号"，如"礼亲王""豫亲王"等。清制，诸王均不就藩，然职权甚重。清朝共册封六个亲王，均为努尔哈赤的嫡出，他们同时担任八旗领旗的旗主。例如，代善是努尔哈赤的嫡次子，被封为正红旗旗主，并被册封为"和硕礼亲王"。多尔衮是努尔哈赤的嫡十四子，被封为镶白旗旗主，并被册封为"和硕睿亲王"。

【亲政】 帝王亲自处理朝政。特指年幼继位的帝王成年后亲政。如公元前 247 年，13 岁的秦王嬴政继位，尊吕不韦为相国，当时秦国的大政方针，实由吕不韦掌控。前 238 年，秦王开始亲政。

【秦朝】 公元前 221 年秦王嬴政建立的王朝。我国历史上第一个统一的封建王朝，其前身是春秋战国时期的秦国。建都咸阳（今陕西咸阳）。结束了战国分裂局面，首创皇帝之号，统一了文字、车轨、度量衡等，推行郡县制等一系列影响深远的统一的多民族国家体制。因实行暴政，至秦二世时各地举义反抗。前 206 年，秦王子婴降于刘邦，秦亡。共历 2 帝 1 王，14 年。

【秦观】 （1049—1100）北宋词人。字少游、太虚，号淮海居士，高邮（今属江苏）人。元丰八年（1085）进士及第。与黄庭坚、晁补之、张耒合称"苏门四学士"。元祐初，因苏轼举荐，任太学博士，迁秘书省正字兼国史院编修官。后因党争，屡次被贬。工诗词。词多写男女情爱，也颇有感伤身世之作，风格委婉含蓄，清丽雅淡。有《淮海集》《淮海居士长短句》。

【秦国】 周平王东迁时分封的嬴姓诸侯国。西周孝王始封伯益十六世孙非子于秦地（今甘肃天水）为附庸，至秦襄公佐周平王东迁有功，封为诸侯。公元前 677 年秦德公迁都于雍（今陕西宝鸡凤翔区），秦穆公在位时（前659—前 621）东向争霸；至秦孝公在位时（前 361—前 338）用商鞅变法，迁都咸阳（今陕西咸阳），渐趋强盛，成为"战国七雄"之一。前 325 年秦惠文君称王，前 221 年秦王嬴政统一六国，建立秦朝。

Q

【秦淮河】 河流名称，长江下游的一条支流，位于江苏西南部。其源头分别来自句容宝华山南麓和南京溧水区，两个源头的河流在南京江宁区汇合成为秦淮河的干流并经南京注入长江。南京是我国著名的六朝古都，而秦淮河两岸自古以来就是南京古城的文化和商业中心。六朝时期，秦淮河两岸是名门望族的聚居之地。宋代以后成为江南地区最为繁华的商业、娱乐中心。

【秦岭】 山脉名。横贯我国中部，是渭河、淮河和汉江、嘉陵江水系的分水岭，也是我国地理和气候上的南北分界线。山脉东西走向，在历史上曾为秦国之地，故称秦山或秦岭。狭义的秦岭特指陕西境内的一段山峦。广义的秦岭山脉西起甘肃、青海两省边境，东到河南中部，全长 1500 千米，包括西倾山、岷山、迭山、终南山、华山、崤山、嵩山、伏牛山等。山脊的南北两侧可以看到明显的南北方自然植被的变化差异。

【秦腔】 戏曲剧种。俗称梆子。流行于陕西及邻近西北各省和自治区，在当地民歌基础上形成。因西北地区本属古秦地，故名。音调激越高亢，以梆子击节，节奏鲜明，适于表现悲壮、激昂和凄楚的情感。传统剧目有《赵氏孤儿》《三滴血》《火焰驹》等。

【秦始皇】 （前 259—前 210）即嬴政。战国时秦国国君，秦王朝的建立者。13 岁继位，22 岁亲政，在 16 年的时间里，先后攻灭六国，北击匈奴，南平百越，于公元前 221 年建立了我国历史上第一个统一的封建王朝。他认为自己的功劳可以和"三皇五帝"相提并论，故号为"皇帝"；又因第一个使用皇帝称号，故称"始皇帝"。秦朝建立后，秦始皇采取了一系列加强中央集权的举措：实行郡县制，分全国为 36 郡，郡下设县；统一法律，统一文字，统一度量衡；修筑长城；焚书坑儒。因实行严刑峻法，租役繁重，加之连年用兵，导致民怨沸腾，去世不久就爆发了大规模农民起义，秦朝被推翻。

【秦始皇陵】 秦始皇嬴政陵墓。位于陕西西安临潼骊山北麓。是我国历史上第一座规模庞大、设计完善的帝王陵寝。其有内外两重夯土城垣，象征着帝都咸阳的皇城和宫城。1974 年在陵园外城以东发掘了属于陵园的陶俑坑，出土了大批兵马俑，陶俑、马、战车，皆仿实物彩绘制作。战车形制为单辕双轮，车上有挂甲武士俑。兵马俑排列有序，坐西向东、气势恢宏。兵俑神态刻画极为精致，其风格浑厚、洗练，富于感人的艺术魅力，是我国古代塑造艺术臻于成熟的标志。它既继承了战国以来我国的陶塑传统，又为唐代塑造艺术的繁荣奠定了基础，起着承上启下的作用，被誉为"世界第八大奇迹""人类古代精神文明的瑰宝"。1980 年在陵丘西侧发现两具铜车马，工艺高超，是罕见的古代金工杰作。

【秦印】 战国末期到西汉早期流行的印章。字体以小篆居多，以横田字形独立布字。白文的印面常有界格，风格苍秀。印文配置有顺式、横列式、交叉式、逆回文等，并无定制。字形或精严，或奇逸，多彩多姿。与汉印并为后世篆刻家所取法。秦印包含封泥在内，留存不多，难以考察当时的印制，风格为汉初所继承，有时颇难判别两者之时代区分。私印方面，属于战国末期至汉初者，为与古玺区别，也有人称为"周秦小玺"。

【秦中】 关中盆地平原地区。因其为战国秦的中心地区而得名。秦中是秦始皇统一六国的战略要地，也是后来刘邦和项羽争夺天下的主战场。安史之乱也发生于此。唐白居易有《秦中吟》诗，就是以秦中为背景，反映了当时的政治弊端与民生疾苦。

【青城山】 道教名山，位于今四川都江堰。因山上林木青翠，状若城廓，故名。相传东汉张道陵曾经在这里修道，被道教称为"第五洞天"。后世有众多道教名人来此修炼并留下了诸多道教文化遗迹。青城山中有八大洞、七十二小洞，清泉潺潺，风景秀丽，是国家重点风景名胜区，也是避暑休养的胜地。

【青瓷】 一种青釉瓷器。在坯体上施以青釉，在还原焰中烧制而成。晋代越窑烧的缥瓷，其釉色为青瓷的始祖。至唐代称"千峰翠色"，五代时称"秘色"，后周世宗时柴窑所制称"雨过天青色"。宋代的汝窑、龙泉窑等都是烧青瓷的名窑。青瓷以瓷质细腻、线条明快流畅、造型端庄浑朴、色泽纯洁而斑斓著称于世。

【青蒿】 草名。也称香蒿。青蒿茎叶的颜色像松桧一样深青，常与长松并提，如杨时《隐几》中的"青蒿与长松，各挺岁寒节"，青蒿与长松共同象征着清高的人格和坚韧的精神。此外，青蒿的茎叶虽然柔腻，但却能在恶劣的环境中生长，象征着人们在困境中

的坚韧和不屈。

【青花瓷】 瓷器釉彩名。白地蓝花瓷器的专称。先在瓷器毛坯上用含氧化钴的钴土矿为原料描绘纹饰，再上一层无色透明釉，以高温烧制而成。相传创始于宋代，至元代晚期，烧制技术已趋成熟。至明代永乐、宣德时期，青花瓷以胎釉精细、青色浓艳、造型多样而负盛名。到了清代康熙、雍正、乾隆时，青花瓷的烧制成就更加显著。

【青龙偃月刀】 我国古代的一种兵器，因形如偃月，并雕有青龙，故称。也称偃月刀。相传关羽为了得到一把称心如意的兵器，找到了技艺高超的汤铁匠。汤铁匠辛苦锻造多日，终于在一次炼刀时，一条青龙降临炉中，由此锻造出了青龙偃月刀。在文学作品尤其是《三国演义》中，青龙偃月刀被描述为关羽所使用的兵器，后世也将青龙偃月刀与关羽的形象紧密联系在一起，青龙偃月刀成为关羽英勇形象的象征。

【青绿山水】 以石青、石绿作为主色的山水画。因画中山石树木苍翠，故名。有大青绿和小青绿之分。大青绿多勾廓，皴笔少，着色浓重，笔法细润，色彩富丽，精巧工整。小青绿是在水墨淡彩的基础上，薄施青绿。在大青绿的基础上勾、点、涂、染金粉的，也称金碧山水。唐李思训首创了大青绿山水及金碧山水，形成了"金碧辉煌"的富丽效果，把青绿山水推向了一个高峰。北宋王希孟的《千里江山图》是青绿山水的代表作。

【青苗法】 宋王安石变法时推广施行的官府借贷制度。也称常平法。即夏收、秋收前，民户可向官府借贷钱谷，随

当年两税归还，取息二至三分。青苗法旨在减轻老百姓的负担，增加朝廷的收入，打压民间高利贷现象。初行于河北、京东、淮南三路，后遍行于诸路。有抑配和收取重息等弊。元祐元年（1086）废止。后兴废无常。

【青苗钱】 唐后期在秋收前据田亩征收的税钱。在禾未熟前征收，故名。也称青苗地头钱。代宗时从应急预征田税变为独立税种，两税法后并入夏税。北宋指青黄不接时官府借给民户周转之钱，王安石变法时曾制定推行。

【青鸟】 一种传说中的神鸟，为西王母的使者。古文中常借指传信的使者。

【青铜】 铜锡合金。因它的颜色灰青，故名。相传，早在夏代禹便用青铜铸九鼎。商代青铜的制作发达。《周礼》记载了青铜的铜锡合金比例。青铜的铸造性优良、抗磨性和化学稳定性高，可用来制造形状复杂的铸作。古时青铜器有烹饪器、食器、酒器、水器、杂器、兵器、乐器、工具、铜镜等。青铜器上一般有纹饰，许多青铜器上还铸或刻有铭文，称金文、钟鼎文，有很高的文字学和史学价值。青铜还被考古学界用来命名时代，即青铜时代。

【青州兵】 曹操麾下由青州黄巾军收编而来的军队。公元192年，曹操诱降青州黄巾军30万，收编其精锐为兵，故名。其家属百余万，被驱使于屯田、后勤诸务，曹操势力由此强盛。

【轻赍银】 赍，jī。明清漕粮加征耗米的折银部分。用作船运起驳雇佣等费。明时漕米兑运法，民运至淮安、徐州、临清、德州诸仓，兑与军运入京，需付路费耗米。每石米随船给运四斗，其余折银，称为轻赍银。清制，每纳入京仓漕米一石，所附加耗米视远近而定。运京仓、通州仓的漕米，每石附纳木板、大竹、席片等物，如折银，也称轻赍银。

【卿】 古代对人的敬称。如战国末期思想家荀况，被尊称为"荀卿"。战国末期刺客荆轲，据说是齐国庆氏的后裔，被尊称为"庆卿"。魏晋以来，对官位较低者或平辈、晚辈表示亲昵，也称卿。后夫妻或情侣之间也互称"卿""卿卿"。

【卿大夫】 西周、春秋时王室及诸侯所分封的有采地的臣属。服从君命，担任重要官职，对国君有辅助、纳贡和服役等义务。卿大夫在封地内分封小块土地给同姓庶民耕种，也被奉为宗子，世代掌握所属封地的军政大权。爵位高于士，低于诸侯。春秋战国之际，不少卿大夫代表新兴地主阶级崛起，篡夺诸侯或王国的权位。如春秋中期后，晋国掌权的共有六卿，即赵、韩、魏、智、范、中行。后韩、赵、魏三家瓜分了晋国，史称"三家分晋"。

【清朝】 明末后金国主皇太极建立的王朝。公元1616年女真族首领努尔哈赤建立后金政权。1626年努尔哈赤死，其子皇太极继位，1636年在盛京（今辽宁沈阳）称帝，改国号为"清"。1644年皇太极死，其子福临继位，多尔衮摄政，当年入关取代明朝，定都北京。自此先后镇压各地农民军，平定诸南明政权及割据势力，统一了全国。疆域西到新疆以西，东到海（包括台湾），北到外兴安岭以北，南到南海诸岛。1840年后，遭列强入侵，主权严重丧失。1911年被辛亥革命推翻，是中国历史上最后一个封建王朝。

清代从皇太极改国号为"清"起，共历 11 帝，276 年。

【清初测绘】 康熙四十七年（1708），康熙命法国传教士杜德美、白晋、雷孝思率中外人员，测绘长城、北直隶和满洲，后又命人做全国测量，康熙五十七年（1718）绘成《皇舆全览图》。此图改"计里画方"法为以地圆说为基础的"经纬图法"与"梯形投影法"。测绘珠穆朗玛峰，定二百里为地球经线一度，为地球扁圆说提供数据等，均开各国之先。康熙亲自领导完成的中国全图的测绘，是世界测绘学史上前所未有的创举。

【清规】 中国禅宗寺院组织的规程和寺众日常行事的章则。由唐代怀海禅师制定。包括始创"禅居"，尊"长老"为化主，处之"方丈"。不建佛殿，只树"法堂"，学众尽居"僧堂"，依受戒年次安排。设"长连床"，供坐禅偃息。阖院大众"朝参""夕聚"，长老上堂，徒众侧立，宾主问答，激扬宗要。"斋粥"随宜，二时均遍；又行"普请"法，上下均力。事务分置十"寮"，置首领主管等。由于规式的制定对禅宗寺院起到了清净的作用，故称。

【清明】 传统民间节日。源于二十四节气之一的"清明"。时间在每年农历三月内，公历 4 月 5 日或 4 日。《月令七十二候集解》："物至此时，皆以洁齐而清明矣。"古人此日有踏青、插柳、斗草等习俗。后来成为祭祀祖先的节日，人们在这一天上坟扫墓，缅怀先人。

【清明上河图】 绘画作品。北宋张择端绘。描绘了清明时节开封汴河沿岸店铺林立、游人摩肩接踵、贸易交往频繁的场面，规模宏大，场面壮观，对研究宋代开封城市生活面貌，具有不朽的珍贵价值。画面上，行医卖卜、僧人道士、官吏走卒、车夫轿脚、拉纤撑篙的男女老少，三教九流各式人物，共 550 余人；又有骆驼牛马等牲畜近 60 匹，马车 20 多辆，往来船只20 多艘，房屋 30 多组，安排井井有条，错落有致，具有重要的历史价值和艺术价值。现藏北京故宫博物院。

【清商乐】 ①我国古代汉族兴起于民间的音乐。也称清商曲。是汉魏时期兴起并在当时音乐生活中占主导地位的一种传统音乐，包括平调、清调、瑟调，因称"清商三调"。②魏晋南北朝时期前代所传的鼓吹曲、相和歌及江南吴歌和荆楚西声等的总称。隋唐时简称"清乐"。

【清史稿】 史书名。清末赵尔巽主修。536 卷，按照历代正史体例，分为纪、志、表、传四部分。所记之事，上起公元 1616 年清太祖努尔哈赤在赫图阿拉建国称汗，下至 1911 年清朝灭亡，共 296 年的历史。1914—1927 年修成，前后参加者有学者百余人。取材于《清实录》《清国史》《清会典》以及私家史著、地志及军机处、方略馆档案中的大量资料。但纂修人员多以遗老自居，对清代各帝歌功颂德，谩骂辛亥革命，立论颇有不当之处。

【清谈】 魏晋时期，士人间流行的一种崇尚老庄，竞谈深奥、玄妙道理的论辩风气。也称玄谈。代表人物有何晏、夏侯玄、王弼、王衍等。主要针对本末、有无、才性及养生、乐理等问题进行深入的论辩，穷究其道理要旨，力求超乎物外，探寻本源，有些论争具有政治内涵。这种风气到南北朝时期逐渐衰落。后也泛指一般不切实际的谈论。

【清议】东汉后期士人和太学生对时政及人物的评议。领袖有郭泰、李膺、陈蕃等人，其与追随者号称"清流"，其议旨在评点人物，激浊扬清，抨击宦官专权和政治腐败。汉魏之际渐演变为名士主持的乡里人物评议。后世沿用其名，多指清流士人主导的舆论。

【黥】qíng。墨刑。先用锋利的刀割破犯人面部，再涂上墨水，伤好后就留下深黑色的疤痕，作为惩罚标记，是早期"五刑"中较轻的刑罚。也称墨、黥面、刀墨。始于夏代，商周承袭。秦代以前此刑只用于男性，秦代广泛使用，且不限男女。各代所施黥刑的事由、对象、部位、形状、大小不同，各有规则。汉文帝时废除肉刑，用髡钳、城旦舂替代黥刑。魏晋南北朝时偶尔用之，隋唐无此刑，五代后晋恢复黥刑。清末制定《大清现行刑律》，废除黥刑。

【请安】古代问候礼节。即问好。多用于晚辈对尊长的问候，平辈间有时也行此礼。时间一般在早上、晚上或远别及归来时。行礼时，男女都一足跪，一足着地，垂手近踝关节。后演变为男子屈右膝，左腿半跪，左手着地，口称"给某人请安"，名叫"打千儿"；女子则双手抚左膝，右膝弯曲，往下蹲身以为礼。请双安则用手抚膝，且同时屈之。此礼来源于契丹族的辽代，金代、元代相沿用，后成为满族、蒙古族人特有的问安礼节。清代汉族也行此礼，北方比较盛行。

【请田】民户依法向官府申请授予地亩。也称请射、请地。唐代均田制规定，民户受田未足均额，可向官府申请授予公田或无主荒地。此外，请田也可以指代一种政治手段。如"王翦请田"，秦王命王翦进攻楚国，王翦深知秦王疑心极重，装作贪得小器的模样，行前多求良田屋宅园地，通过"请田"获得了必需的政治安全。后有很多人用这种方式来表现自己没有背叛主上的意思。

【庆历和议】北宋仁宗庆历四年（1044）与西夏达成的和约。宋夏战争爆发后，宋朝屡遭失败，损伤惨重，军费开支浩大，人民负担加重。西夏损耗也颇严重，又因双方停止互市，西夏物资日见匮乏，故遣使与宋议和。和约内容包括西夏向宋称臣、宋每年赐给西夏岁币、双方恢复互市等项。庆历和议给宋朝和西夏带来了20多年的和平环境，人民得以安居乐业，繁衍生息。庆历和议也增强了汉族与党项族之间的文化交流和民族融合。

【庆历新政】北宋仁宗庆历三年至五年（1043—1045），范仲淹、富弼等主持的改革。范仲淹提出"明黜陟、抑侥幸、精贡举、择官长、均公田、厚农桑、修武备、减徭役、覃恩信、重命令"十项改革主张。仁宗采纳了其中的大部分意见，颁布诏令陆续施行。庆历新政旨在整顿吏治，改善财政和增加军力，因触犯官僚集团利益，新政以范仲淹等被贬黜告终。它在一定程度上推动了社会的进步和发展，为王安石变法提供了借鉴和启示。

【庆元党禁】南宋宁宗庆元元年（1195）起，权臣韩侂胄打击政敌、禁锢道学之士的事件。源于韩侂胄与右相赵汝愚的权力斗争，因赵汝愚好道学，引朱熹为宁宗侍讲，二人及门下皆遭迫害，赵汝愚于次年死于贬所。韩侂胄斥道学为伪学，列"伪学逆党籍"59人，连同众多被牵连者重则下狱，轻亦禁锢不得为官。至公元1202年韩侂胄建议宁宗弛禁，历时6年有余。庆元党禁起源于南宋两个政治集团的争权夺利，最终变成了一场对理学的大规模打压。

【磬】qìng。我国古代打击乐器。"八音"分类中"石"的代表乐器。用玉、石或金属制成。悬挂于架上，以物击之而鸣。据磬的大小和不同用法分为大磬、歌磬、颂磬、笙磬，依不同音高编悬的磬称编磬。最早用于先民的乐舞活动，后用来配合祭祀、宴飨等礼仪活动，遂与钟、鼎等同为象征权力的礼器。

【穹庐】穹，qióng。古代北方少数民族居住的大型圆顶帐篷。也称毡包、毡房。至今仍有一些民族和地区在使用。

【琼花】古代花木名。也称聚八仙、蝴蝶花。汉代扬州有一株琼花，被称为"维扬一株花，四海无同类"。这株琼花因其独特的美丽而闻名遐迩，成为扬州的象征。关于扬州琼花，有"炀帝观花""观郎救白鹤"等传说，这些传说不仅描绘了琼花的美丽和独特，还反映了人们对于权贵的不满和对美好事物的向往。在我国古代文人眼中，琼花是一种美的象征，被视作珍贵的花卉。它的叶子柔软而有光泽，花色微黄且带有香气，常被用来描绘女性的美丽和纯洁。

【丘处机】（1148—1227）也作"邱处机"。金代道士，道教全真道北七真之一。字通密，号长春子，登州栖霞（今属山东）人。19岁时拜全真派创始人王重阳为师。王重阳死后，他潜修于龙门山（今陕西宝鸡境内），创立龙门派。元太祖成吉思汗闻其名，派使者召请，丘处机毅然率弟子18人从莱州出发，跋涉万里，历尽艰难，两年后抵达西域大雪山。太祖问他如何治理天下，他回答应以"敬天爱民"为本；问长生久视之道，回答以"清心寡欲"为要；并进言欲统一天下者，"必在乎不嗜杀人"。太祖深契其言，礼遇甚隆，尊为神仙，赐爵"大宗师"，命其总领道教。丘处机的弟子李志常撰《长春真人西游记》，记述此事甚详。丘处机死后，元世祖褒赠"长春演道主教真人"封号，世号"长春真人"。北京白云观有其遗骨埋葬处。著有《摄生消息论》《大丹直指》《磻溪集》等。

【丘役】春秋时期各诸侯国按丘征收牛、马等以充军赋的制度。后泛指为赋役。

【秋决】古时对判死刑的人在立秋后处决的制度。相传，它源自我国古人法天的理念，古人认为上天使万物在秋冬季节枯萎死亡，所以也应该在秋冬季处决犯人。春夏是上天让万物生长的季节，应该少杀人。具体沿袭自汉代以来的同类司法习惯和规定。明清时期，将死刑明确分为立决和监候两等，其中"监候"是判处死刑但不立即执行，暂行监禁，必须经朝审、秋审复核情实后才允许处决。也称大决。

【秋千】中国传统运动和游戏器械。两

绳下拴横板，上悬于木架，人坐或站在板上，两手分握两绳，前后往返摆动。相传春秋时，齐桓公自北方山戎传入。一说本为汉武帝时宫中之戏，作"千秋"，为祝寿之辞，后倒读为"秋千"。

【秋社】古代秋季祭祀土地神的日子。始于汉代，后世在立秋后第五个戊日，在秋分前后。此时收获已毕，官府与民间皆于此日陈设果蔬鸡豚祭祀社神，答谢社神一年的恩赐。人们则制作社糕、社酒，相互赠送。

【秋审】清代对死刑中的监候延缓到秋天八月由刑部和大理寺等机关审核后奏请皇帝裁决再执行的制度。秋审结果分为情实、缓决、可矜、留养承祀、可疑五类。情实指情况属实，适用法律得当，可下令执行死刑。缓决指案情尚有疑问，暂将犯人监禁，待来年秋审或朝审再处理。可矜指案情虽属实，但有可以宽恕的情节，可以免于处死，改判其他刑罚。留养、承祀指死刑犯是独子，而祖父母、父母年老无人奉养，由刑部提出申请，皇帝批准后免于死刑，在施以一定刑罚后获准留养。道光年后对此有严格限制。除情实者执行死刑外，其余四类都可减为流刑或徒刑。它源于唐律规定立春到秋分停止处决囚徒和"三复奏"制度。秋审是重要的死刑复审制度。

【楸】qiū。木名。楸树的木材质地坚硬耐用，常用来制作器具如棋盘（楸枰）和围棋盘（楸局）。楸树以其高大挺拔的树形、优美的枝叶和独特的花朵展现出强大的生命力，象征着生命的顽强与活力。在《诗经》中，楸树被用来代表秋天的到来。古人常植于道

旁或墓地。诗文中常以"楸行""松楸"借指墓地。

【仇池国】仇，qiú。十六国至南北朝时氐人杨氏在仇池一带（今甘肃西和县、文县、成县）建立的政权。公元296年由杨茂搜建立，371年为前秦所灭。其族人杨定于385年复国，443年为北魏所灭。史称"前后仇池国"。

【仇英】（约1501—约1551）仇，Qiú。明代画家。字实父，号十洲，太仓（今属江苏苏州）人。出身寒门，早年为漆工，后移居苏州，与文徵明结识，并拜周臣为师学画，以卖画为生。晚年曾客于收藏家项元汴家长达10余年，得以临摹唐宋元名画，技艺大进，落笔几可乱真，为世所称。与沈周、文徵明、唐寅并称"明四家"。绘画以广泛的题材和工整细丽的风格著称。擅人物，尤长仕女，体态俊美，笔法细微，敷色妍柔。山水喜设大青绿色，用笔萧疏，意境简远，工妙入神。代表作有《汉宫春晓图》《文姬归汉图》《桃源仙境图》《孤山高士图》等。

【裘】古代用兽皮制作的衣服。早期的裘，皮毛在外面，所以必须外罩一件罩衣，称为"裼衣"。在《周礼》中，裘服形成了一定的制度，还设有专门的司裘掌管天子裘服的制作。普通百姓一般采用羊皮、狗皮等来源广泛、价格低廉的皮毛制作皮衣。汉代以后，逐渐将皮毛一面作为里，特别是使用珍贵皮毛的裘服，皮毛向内，在皮上覆有丝织的衣里，保护皮毛，便于穿戴，一般仅在领口、袖口露出美丽的皮毛。

【糗】qiǔ。炒熟的米、麦。一般用作行军或远行的干粮。如果将其捣碎，用

Q

水调和后食用，称作"寒粥"。

【曲江】 曲，qū。在今陕西西安东南，临曲江村。原为天然池沼，汉武帝造宜春苑于此，其池水曲折，故名。也称曲江池。隋初开黄渠引义谷水注入池。唐玄宗开元年间（713—741）再度开凿，引南山止水，形成了周环约7里的长形水域。据称唐代曲江池水澄明，池边殿宇楼阁，亭榭林立，逢上巳、中元、重阳佳节，皇亲国戚、达官贵人络绎不绝，泛舟赏乐，宴饮赋诗，歌舞升平。安史之乱起，唐王朝风雨飘摇，曲江池边繁华不再。

【曲江会】 曲，qū。唐时考中进士，放榜后大宴于长安曲江亭，故称"曲江宴"或"曲江会"。始于神龙年间，盛于开元之末。宋沿其例，改称闻喜宴、琼林宴。明清称恩荣宴。因是新科进士的"毕业"宴会，故又称关宴、离筵。

【驱军】 金朝始设由放免为民的奴隶组建的军队。驱，是金元时期对奴隶的一种称呼。大概开始出现于辽金之际，而盛行于蒙元时期，元亡即告消失。

【屈原】 （约前340—约前278）战国时期楚国政治家、诗人。名平，字原，楚国贵族。在政治上，屈原曾深受楚怀王的宠信，担任左徒和三闾大夫等要职。他主张变法图强，联齐抗秦，使楚国一度出现了国富兵强的局面。然而，由于屈原与楚国腐朽的贵族集团存在矛盾，加上上官大夫等人的嫉妒和诬陷，屈原逐渐失去了楚怀王的信任，并被疏远。公元前304年，张仪由秦至楚，以重金收买靳尚、子兰、郑袖等人充当内奸，同时以献商於之地600里为诱饵诱骗楚怀王，导致齐楚断交。楚怀王受骗后恼羞成怒，两度向秦出兵，均遭惨败。屈原奉命出使齐国重修齐楚旧好，但在他离开期间，张仪又一次由秦至楚，进行瓦解齐楚联盟的活动，使齐楚联盟未能成功。楚怀王三十年（前299），屈原回到郢都。同年，秦约怀王武关相会，怀王遂被秦扣留，最终客死秦国。顷襄王即位后，屈原继续受到排斥，被流放至汉北。在流放期间，他创作了许多悲壮的诗篇，表达了对国家和人民的忧虑和关切。前278年，屈原看到国都郢被秦军攻破，悲愤至极，于五月初五投汨罗江自尽，以身殉国。屈原还是我国文学史上第一位伟大的爱国诗人，作品有《离骚》《九歌》《天问》《九章》等，想象丰富，辞藻瑰丽，开我国诗歌浪漫主义的先河。他创造的"楚辞"文体与《诗经》并称"风骚"。相传端午节即为纪念屈原的节日。

【趋】 古代礼节。在特定场合，地位低者在地位高者面前走过时，要低头弯腰，小步快走，以示对尊者的恭敬。始于周代，后成为传统日常礼节，用于臣子朝见君主、晚辈侍奉长者、下级赴见上级、主人迎接贵宾等。据载，孔子遇到穿丧服的人、穿戴官服礼帽的人和盲人，一定行"趋"礼，小步快走，表示敬意。今为表示尊重对方，会面时，快步走向对方，握手问候，即由古代"趋"礼演变而来。

【渠答】 古代守城御敌的战具，军用障碍物。俗称铁菱角，也称铁蒺藜。铁制的三角物，尖刺如蒺藜，散布于水中或敌人必经之路，刺人马足，阻拦人马突闯，或阻碍敌方车马行动。

【瞿塘峡】 瞿，qú。与巫峡、西陵峡合称为举世闻名的长江三峡。西起重庆奉节县白帝城，东至重庆巫山县大溪镇（又名黛溪）。峡区内有三国时期刘备托孤的白帝城等著名的历史文化景点和"两岸对峙，中贯大江，望之如门"的夔门等雄伟壮观的自然景观。在三峡水利枢纽建成蓄水之前，峡江两岸峭壁千仞，崇山峻岭，江流湍急，礁石林立，号称"天堑"，船舶航行非常困难。

【氍毹】 qúshū。古代产于西域的一种毛或毛麻混纺的粗织物，包括地毯、壁毯、幕帘等产品。古代演戏地上多铺地毯，所以也用其代指舞台。

【曲牌】 曲的调名。俗称"牌子"。元明以来南北曲、小曲、时调等各种曲调名的泛称。各有专名，如《点绛唇》《山坡羊》《挂枝儿》等，名色多至几千个。曲调音节，古代都写在牌子上，故称。每一曲牌都有一定的曲调、唱法、字数、句法、平仄等也都有基本定式，可据以填写新曲词。曲牌多来自民间，一部分由词发展而来，故曲牌名也有与词牌名相同的。此外，也有专供演奏的曲牌，大多只有曲调而无曲词。

【权衡器】 古代测量物体重量的器具。权指秤锤，衡指秤杆，两者配合使用，通过杠杆原理来测量物体的重量。权衡器主要有杆秤、天平、戥秤等。战国时期，权衡器大致分为环形的和半球形顶端有鼻钮的两种类型。秦代，铜质的占绝大多数，每一件上都铸刻有诏书，表明朝廷对度量衡标准的统一管理。汉代的权衡器以官累权为代表，权上多标明自身重量。魏晋南北朝时期的权衡器以铁质的为主，形态多样，包括瓜式、葫芦式等，体积小，重量无规律可循。宋元时期，权衡器的制作更加精细。在古代，权衡器不仅是用于称量物品重量的工具，更是权力、法度以及维持社会和谐与经济公正的重要象征。

【权知】 指代理、兼摄某官职。魏晋南北朝已使用，如"权兼""权知"。唐五代或用之，如"权判""权知"。宋命朝臣出守外州，官衔前常带"知"字，"知"为主持、执掌之义。暂代者称"权知"，如"权知枢密院事""权知贡举""权知某州某府"等。资历浅者任品秩高的职务时也加"权"字。以知县序资隔一等者称"权知"；隔二等而作州者，称"权发遣"，号"权知军州事"。

【全芳备祖】 类书。南宋陈景沂著。收集数百种植物起源、栽种的掌故和有关诗词文赋，编为一帙，力求齐备，故称《全芳备祖》。书分前后集，共58卷，分花、果、卉、草、木、农桑、蔬、药8部，共记植物296种。仿《艺文类聚》体例，此书著录植物分"事实""赋咏""乐府"三祖。书中对各种植物的形态、分类、生态，以及栽培等皆有详尽而生动的介绍，引用宋人诗词尤多，有很多为其他书所不载，因此具有重要的文献价值。

【全宋词】 总集名。今人唐圭璋编。300卷，附录2卷。该书旨在汇辑有宋一代词作，故网罗散失，虽断句零章，亦加撷拾。辑录宋代词人1330余家，词19 900余首，残篇530余首。以作者为经，以时代先后为序，将无名氏之词列于编末。编者广采现存词集，以及诗话、词话、笔记杂著、地方志等，详加校订，作者之下有小传。是目前较完备的宋词总集。

【全唐诗】 总集名。清代彭定求等 10 人奉敕编纂。共 900 卷。以明胡震亨《唐音统签》、清初季振宜《唐诗》为底本增订而成。共收唐、五代诗歌 49 403 首，残句 1000 余条，作者 2837 人，大致按时代前后排列，诗人皆有小传。并附唐、五代词作。间有校注考核未精及重收、漏收、误收之处。为研究唐诗及唐代文化的重要参考书。

【全元散曲】 总集名。今人隋树森编。共收小令 3850 余首，套数 450 余套，大致按作者时代先后排列，每一位作者附一小传。各曲之末注明出处，并校录各书中文字上的异同。是研究元人散曲的重要作品。

【全真道】 道教派别。也称全真教。由金代王重阳创立。主张儒释道三教合一。以"澄心定意、抱元守一、存神固气"为"真功"，"济贫拔苦、先人后己、与物无私"为"真行"，功行俱全，故名"全真"。在元代步入鼎盛时期。其代表人物丘处机被尊为"神仙"，号长春真人。全真道主张出家清修，与正一派并列道教两大派别。

【全祖望】 （1705—1755）清代史学家、文学家，浙东学派的重要代表人物。字绍衣，自署鲒埼亭长，号谢山，学者称"谢山先生"，浙江鄞县（今浙江宁波鄞州区）人。初为翰林院庶吉士，旋受权贵排斥，辞官归家，曾主讲于浙江蕺山书院和广东端溪书院。他继承了清初黄宗羲的经世致用之学，强调实用主义和实证研究，博通经史，著述宏富，曾七校《水经注》，

三笺《困学纪闻》。著有《鲒埼亭集》《经史问答》《汉书地理志稽疑》等。

【泉州】 地名，古称"晋江"。在今福建省东海沿海、晋江下游北岸。西晋末年，由于战乱，大批士族南下避难于此。至宋元时期，这里已经成为我国著名的海外贸易中心，经济和文化交流十分活跃，被意大利旅行家马可·波罗誉为世界最大商港之一。

【犬戎】 殷周时期西北古戎族的一支。以狼为图腾的戎人族群。曾被周文王征服，至西周末年联合申侯攻杀周幽王，迫使周平王东迁雒邑。后为秦所败，一部分北迁。

【劝进表】 "劝进"指劝说已经掌握实权并想做皇帝的人做皇帝。亦指劝就掌握政权的高位。"表"是古代的一种文体，用于表达个人意见或请求。凡劝登帝位的章表，通称"劝进表"。魏晋南北朝以后，统治阶级内部夺权，或皇统中断，建立新朝的统治者都假托"禅让"。让国的"诏书"下达后，故意逊让不受，由诸臣再三劝进，歌功颂德，归之于天命。

【雀杏】 古代攻城时的火攻器械。将杏核磨穿，并把杏仁挖出，再用艾草作火种填满。捕取敌人城中及仓库中鸟雀数十百只，将杏核系在雀的足上，加火，傍晚，雀儿群飞入城垒中栖宿，聚于庐舍，将火种带至敌人粮仓，须臾便燃烧起来。

【阙】 què。古建筑中用于标识入口的建筑物，常建于宫殿、宅第、祠庙、陵墓之前。一般为石砌而成，通常成对出现。最初只是分隔车道的标识，春秋至汉代成为体现建筑物主人身份和地位的象征，如天子用三出阙，其次

为二出阙。后世也将阙的作用延伸至一个特定区域的入口，如古村落的村口没有门和墙的门楼标识。

【榷场】 榷，què，专利，专卖。宋朝与辽西夏金元等接界地区的互市市场。在榷场内，除官营贸易外，商人需要纳税、交牙钱、领得证明文件才能进行交易。宋初与南唐通市，在汉阳、蕲口等地设置榷署。太平兴国二年（977）后在镇、易、雄、霸等州设榷务同辽贸易；辽也在南疆设榷场同北宋贸易。南宋和金在边境设立榷场，贸易比较发达。元灭南宋前，双方也各于边境设榷场，管理较严格。

【榷货务】 榷，què，专利，专卖。官署名。北宋前期置，掌受商人便钱给券及入中茶盐，出卖香药等。以朝官、诸司使副、内侍三人监之。熙宁五年（1072）并入市易务。南宋初复置，隶尚书左、右司。金也置，隶户部，兼收在京税钱。

【榷卖制】 榷，què，专利，专卖。盐、铁等重要商品的官府专卖制度。历代做法不一，宋朝包括盐、茶、酒、铁、矾等重要商品，产销办法各异，后多趋向于对民间产销课以专税。

【裙】 古代一种下装。上古时期，男女均穿裙而不穿裤。直到隋唐才逐渐形成男人以袍为常服、女子以裙为常服的局面，故后世常以"裙衩"代指妇女。裙在不同历史时期有不同样式。唐代初期多为紧身长裙，后逐渐趋于宽松。宋代出现了百叠、千褶的式样。明代发展成更为讲究的百褶裙。南方少数民族的裙装更显丰富多彩，如黎族、瑶族多穿短裙，壮族多穿长裙，傣族则多穿筒裙等。

【群芳谱】 花木谱录。明代王象晋撰。王象晋在家督率佣仆经营园圃，积累了一些实践知识，并广泛收集古籍中有关资料，用10多年时间编成此书。共30卷，分天谱、岁谱、谷谱、蔬谱、果谱、茶竹谱、桑麻葛苎谱、药谱、木谱、花谱、卉谱、鹤鱼谱12种，记载植物达400余种，每种植物分列种植、制用、疗治、典故、丽藻等项目，其中观赏植物约占一半，对一些重要花卉植物收集了很多品种名称。尤其重视植物形态特征的描述。

Q

R

【冉魏】 十六国时期冉闵建立的政权。公元350年后赵大将冉闵杀石鉴称帝，建立魏国，建都邺（今河北临漳西南），史称"冉魏"，以别于曹魏、元魏。约有今河北、山西、河南、山东、陕西全部和江苏、安徽、甘肃、辽宁的一部分。352年为前燕所灭。

【热审】 明清时期，每年小满后到立秋前清理和宽待在押囚犯的制度。为防止囚犯因天气炎热生病而死，历代常在五六月清理久拖不办的案件。此制创立于明成祖时，在京罪囚由司礼监会同三法司主持，在外由巡按御史会同各地掌印官审理。通常每年热审一次。清代沿此制，有损益。

【人间词话】 词学著作。王国维著。论词强调"境界"，认为"词以境界为上，有境界则自成高格，自有名句"，至于如何才能有境界，则认为"能写真景物、真感情者，谓之有境界"。以此为标准，王氏推崇李煜、冯延巳、欧阳修、苏轼、秦观、周邦彦、辛弃疾、纳兰性德等词人，对吴文英、张炎等则评价不高。《人间词话》是王国维接受了西方尼采、叔本华等人的美学思想洗礼后，以崭新的眼光对中国词学所作的评论，因而不同于传统的词话批评，具有划时代的意义，受到学术界的重视。

【人鬲】 鬲，lì。西周时对俘虏或奴隶的统称。多依附于土地从事畜牧与农业生产。

【人伦】 古代指人与人之间的关系，特指尊卑长幼的等级关系。孟子认为五种关系的准则是"父子有亲，君臣有义，夫妇有别，长幼有序，朋友有信"。西汉董仲舒把人伦关系具体化，最终形成"三纲五常"说。

【人日】 农历正月初七日，传说是人类的诞生日。据说，女娲在正月的前七日，每日创造一种动物，一日为鸡，二日为狗，三日为猪，四日为羊，五日为牛，六日为马，七日为人。古人在这一天有登山、饮酒、剪人胜、食七宝羹等风俗。

【壬午兵】 公元303年，晋惠帝于壬午日下诏在荆州一带征发的勇武之士。其征发目的是要镇压益州流民的暴动，由于荆州人不愿远行，加之诏书催促急迫，激起一系列反抗，加剧了西晋末年的危机。

【仁政】 儒家的政治主张。孔子所说的"仁"，包括恭、宽、信、敏、惠、智、勇、忠、恕、孝、悌等。孟子把孔子的"仁"发展为"仁政"学说，认为实行"仁政"就必须让农户有起码的生产资料保障，保证农民有劳作的时间，省刑罚，薄税敛，使人民有最低的物质生活条件。同时施行道德教化，使人民懂得"孝悌忠信"的道理。"仁政"思想对后世产生了很大影响。

【认祖归宗】 改姓脱族者重新回归原来的宗族谱系。西周宗法制崇尚"敬宗收族"，后世因收养、避祸等改姓者，或脱离宗族流落在外的家庭、家族，在核实所属世系并经本宗同意后，即可恢复原本的姓氏祭祖，或回迁宗族聚居地，或仍留外地成为本宗支族。

【仞】 rèn。古代长度单位。1 仞等于周尺 8 尺。一说等于 7 尺、5 尺 6 寸、4 尺等。也用作测量深度时的单位。仞与尺的比例关系，无明确定数。

【日晷】 晷，guǐ。我国古代利用太阳的影子来测定时间的仪器。一般由晷盘和晷针组成。晷盘是有刻度的盘，刻度被分为十二个时辰，一个时辰相当于今两小时，盘面跟赤道面平行。晷针是安装在晷盘中央，垂直穿过晷盘中心的金属棒针。当太阳光照在日晷上时，晷针在盘面上投下阴影，针影随太阳的运转而变化。通过观察晷针投影在晷盘上的刻度，来判断时间。秦汉时民间就已流行用日晷。根据晷面所放位置、摆放角度、使用地区的不同，日晷分赤道式、地平式、卯酉式、子午式、立晷等种类。

【日食】 月亮运行到太阳和地球之间，三者正好成一直线，太阳射向地球的光被月亮遮挡住，就形成日食。殷商时代的甲骨刻辞中已有日食的记载。古代占星迷信认为，出现日食是上天对最高统治者的警告。

【日知录】 书名。明末清初顾炎武撰。"日知"二字源于《论语》："日知其所亡，月无忘其所能，可谓好学也已矣。"该书是顾炎武的读书笔记，他稽古有得，随时记录下来，积三十年之力而成，自谓平生之志与业尽在此中。共 32 卷，按经义、吏治、财赋、史地、兵事、艺文等分类编入，一一考察其源流，纠正谬误，反映了他对社会现实的深刻洞察。顾炎武生前仅刊 8 卷，至康熙中，潘耒从其家中求得手稿，刻成 32 卷行世。

【戎】 泛指古代中原西北各族。部族较多，春秋以来，见于史籍的有北戎、山戎、大戎、条戎、茅戎、犬戎、大荔、义渠、戎蛮、胸衍、伊洛戎、陆浑戎等。主要以游牧为生，逐水草而居。和秦、晋诸侯国常有接触，晋文公重耳之母即出于戎。战国至秦汉时，多指今甘肃、陕西一带的氐羌。后在不断的民族融合中，大部分融入华夏，也有部分迁至西南。

【戎路】 路，车。天子或军中主帅所乘的战车。也泛指兵车。

【容斋随笔】 笔记体著作。南宋洪迈撰。共 74 卷，分《随笔》《续笔》《三笔》《四笔》《五笔》五集。原计划每集各分 16 卷，但《五笔》未完成而卒，故仅 10 卷。内容范围广泛，引证博洽，于经史百家、典章制度、诗文典故、逸闻异说等，皆有所考订或评骘。书中有关诗歌部分，后人单独辑为《容斋诗话》。《四库全书总目提要》推崇其为南宋笔记小说之冠。

【柔然】 古代族群名。东胡的一个分支。也称芮芮、蠕蠕。相传公元 3 世纪属于拓跋部，曾游牧于今鄂尔浑河和图勒河流域，后徙居阴山一带。5 世纪迁居漠北，因合并各部落，建立汗国，形成联盟，创立军事制度而逐渐强大。与北魏、南朝经济文化往来密切。6世纪中叶被突厥所灭，余众融入突厥、契丹等族，部分则南下归附西魏或西迁。

【肉刑】 我国古时施加于犯罪人肉体的刑罚。分为墨、劓、剕、宫以及笞、杖等。"肉刑"起源较早，最初为劓、刖、椓、黥的刑罚。后历代都有肉刑。汉文帝曾废除黥、劓、刖等肉刑，并改用笞刑代替劓和刖左趾。汉朝初年废除宫刑，后又恢复，东汉安帝永初年间又废去，魏晋之后有时用，后废。

【如意】 器物名。柄端作手指形，用来搔痒，如人心意，因而得名。又有柄端作心字形者。以骨、犀角、竹、木、玉、石、铜、铁等制成，长三尺许。近代多作灵芝、祥云形，使用功能减弱，取其名之吉祥，供玩赏之用。

【儒家】 先秦时期重要思想流派，以孔子为代表，主张礼制、仁政。重视伦理道德教育和自我修身养性。自从汉武帝罢黜百家、独尊儒术后，儒家学说成为官方正统思想。其内涵和形态在后世不断演变。东汉班固将"儒家"列为"九流"之首。

【儒林外史】 长篇小说。清吴敬梓作。全书共56回，通过对生活在封建末世和科举制度下的封建文人群像的成功塑造，生动地描绘了吃人的科举、礼教和腐败事态。作者以揭露、批判八股取士制度为中心，旁及当时官僚制度、人伦关系以至整个社会风尚，广泛而深刻地反映了封建社会的腐朽没落，也创造了一些襟怀冲淡、不醉心功名富贵的"真儒"形象和自食其力的小市民形象，寄托了作者的理想。《儒林外史》在艺术上取得了巨大的成功，其准确、生动、洗练的白话语言，栩栩如生的人物形象塑造，优美细腻的景物描写，出色的讽刺手法，使其成为中国古典讽刺文学的杰作。

【儒学】 元、明、清时在各府、州、县设立的地方官学，设儒学教授、学正、教谕及训导等职，教生员读书，主要研究和教育传统儒家经典，传授儒家思想和文化。

【襦】 rú。短衣，短袄。自春秋时代开始，上襦下裙一直是我国女式服装的主要形态。古乐府《陌上桑》中描写罗敷的打扮，就有"缃绮为下裙，紫绮为上襦"的句子。

【乳名】 幼时起的非正式名字，多在家庭、亲戚或熟友之间使用。也称小名、小字、奶名。一说，民间的习俗是恐怕小儿家养不大，故常以贱物为名，取其易长之意。乳名的用字一般比较鄙俗，如三国蜀汉皇帝刘禅因其母亲曾夜梦仰吞北斗，因而怀孕，故乳名叫阿斗。南朝宋武帝刘裕的乳名叫寄奴。南朝宋诗人谢灵运因幼时寄养于外，故乳名叫客儿。北魏太武帝拓跋焘的乳名叫佛狸。

【入帮钱】 古代民间组织中的一种会费制度。也称入会费、入伙费。在加入某个组织或团体时，需要交纳一定的费用作为入帮钱，以表示对该组织的认同和支持。这些费用通常用于组织的日常运营、活动经费等方面。

【入泮】 泮，pàn。周代诸侯的学校前有半圆形的水池，称泮水，所以称学校为泮宫。明清时期，顺利通过考试，录取后进入府、州、县学读书的生员须入学宫拜谒孔子，因此入学也称入泮。

【入学】 明清童生经各级考试录取后入

府、州、县学读书，称为"入学"。也称进学、入泮、游庠。入学后即受教官的月课与考校，并须按期参加考试。

【入中】官府招募商人运送粮草钱物至规定地点。源于西汉商人纳粟实边之法，宋定其制。即以优惠运价和紧俏物资，以及盐茶等物的地区营销或专卖权招揽商人，帮助运输供给京师及沿边等地所需物资。元明沿此损益。

【阮籍】（210—263）三国魏文学家、思想家。字嗣宗，陈留尉氏（今属河南）人。他的父亲是"建安七子"之一的阮瑀。因曾为步兵校尉，世称阮步兵，"竹林七贤"之一。在政治上，阮籍本有济世之志，但在魏晋乱世选择了谨慎避祸的态度。据说司马昭想要拉拢阮籍，提出与阮籍结为亲家。阮籍不愿意接受这门亲事，于是开始每天拼命喝酒，连续六十天喝得酩酊大醉，使提亲的人无法向他开口。最后，司马昭只能无奈地放弃这个想法。历史上阮籍以傲然独立、不拘小节和任情放荡而著称。传说他用眼睛来表达对人的尊重或蔑视，对待喜欢的人用青眼，对待不喜欢的人用白眼。阮籍的母亲去世后，嵇喜和嵇康两兄弟前来吊丧，阮籍对嵇喜翻白眼，对携酒带琴而来的嵇康则青眼相待。诗歌创作上，以《咏怀》八十二首最为著名，这些作品旨意隐晦，寄托遥深。阮籍还擅长散文和辞赋，代表作如《大人先生传》。后人辑有《阮嗣宗集》。

【阮瑀】（约165—212）瑀，yǔ。汉末文学家。字元瑜，陈留尉氏（今属河南）人。"建安七子"之一，为曹操司空军谋祭酒。擅长撰写章表书记与军国书檄，许多重要的文书都出自其手，如《为曹公作书与孙权》。有一次阮瑀跟随曹操外出，曹操命他写一封信给韩遂，阮瑀骑在马上很快写好。曹操想要略作修改，看后竟不能增减一字，足见他才思敏捷。在诗歌创作方面，阮瑀也有出色的表现。他的诗作语言朴实，能够深刻地反映出当时社会的现实问题，《驾出北郭门行》为其代表作。后人辑有《阮元瑜集》。

【阮元】（1764—1849）清代经学家、文字学家。字伯元，号芸台，江苏仪征人。乾隆五十四年（1789）考中进士，历经乾隆、嘉庆、道光三朝，官至体仁阁大学士，卒谥文达。担任过山东、浙江学政，提倡教育，在广州设立了学海堂，在杭州设立了诂经精舍，致力于经学的教育和研究，曾主编《经籍籑诂》，校刻《十三经注疏》，汇刻《皇清经解》等。除此之外，阮元还对金石、天文、历算、地理等领域有深入研究，撰有《畴人传》《两浙金石志》《积古斋钟鼎彝器款识》等，被尊为一代文宗。有《揅经室集》。

【闰月】我国古代阴阳历以朔望月的长度即29.530 6日为一个月的平均值，全年共12个月，同回归年即365.242 2日相差10日21时，三年累积就相差1个多月。为使每年的平均长度约与一个太阳年相等，与自然四季相协调，须置闰，3年闰1个月，5年闰2个月，19年闰7个月。每逢闰年所加的1个月叫作闰月。殷周时期及汉初，采用"年终置闰法"。后世闰月加在某月之后，叫作闰某月，如闰三月、闰六月等。

【弱冠】冠，guàn。泛指男子二十岁左右。因古代男子二十岁行冠礼，初加冠时身体还未达到壮年，故称。

S

【撒扇】 撒，sā。即折扇。一种用竹木或象牙做扇骨、韧纸或绫绢做扇面的能折叠的扇子。因用时须撒开，呈半圆形，故称。又因聚头散尾，也称聚头扇。最早在日本使用，故又称倭扇。宋代时由高丽传入中国。明初永乐间，永乐帝喜其可以卷舒，携带方便，命内府大批制作，于是开始流行。明清时，苏州、四川等地盛产撒扇。

【撒花】 撒，sǎ。元朝官员、军人向百姓征索钱物的劣行。蒙古语"人事"的音译。也称扫花、撒和。

【萨都剌】 （约1307—1359后）元代文学家。字天锡，号直斋，以回鹘人徙居雁门（今山西代县）。萨都剌的生平颇为坎坷。他出身于将门，但家境贫寒，幼年时期经历了不少艰辛。他曾尝试通过科举考试入仕，但屡试不中，只能以经商为生。直到泰定四年（1327），终于考中进士，此后在元朝政府中担任过一些小官职。为官期间以清廉著称，有良好的政绩，但由于得罪了权贵，曾被贬官。他在绘画、书法和诗歌方面都有很高的造诣，被后人称为"雁门才子"。诗歌尤佳，内容丰富，风格多样，既有游山玩水、归隐赋闲之作，也有反映民间疾苦、揭露社会黑暗的诗篇。诗风清丽俊逸，文辞雄健，有时也展现出豪迈奔放的一面。后人辑为《雁门集》《萨天锡诗集》《天锡词》等。

【赛龙舟】 也称龙舟竞渡。传统体育活动。多在端午节举行，传说是为了纪念战国时期投汨罗江而死的爱国诗人屈原。参赛船只艏艉雕成龙头龙尾形状，故称龙舟。船长一般为二三十米，比赛时一人擂鼓，其余人奋力划动船桨，先冲过终点者得胜。比赛时往往观者如云，热闹非凡。

【三宝】 佛教以佛、法、僧为三宝。佛指一切佛（一说指释迦牟尼），法指佛教教义，僧指传承宣扬佛法的僧众。道家则将《老子》中所提到的慈、俭、不敢为天下先视作三宝。道教以道、经、师为三宝。

【三不朽】 立德、立功、立言的合称，即树立高尚的德业、建功立业、撰写著作和创立学说。春秋时期，鲁国大夫叔孙豹出使晋国，晋国大臣范宣子问："古人说'死而不朽'，是什么意思？"叔孙豹没有立即回答。范宣子说："我的祖先，从尧舜到现在，一直后继有人，宗族延绵不断，并且都做了大官，算得上死而不朽了吧！"叔孙豹说："据我所知，您所说的这种情况，只能叫'世禄'，不算不朽。鲁国的大夫臧文仲，他多次建立事功，多有高论。他死之后，他的话世代流传，这才算作死而不朽。"叔孙豹归纳说："最上等的是树立个人高尚的道德，次一等是建功立业，再次一等是创立学说，虽然死去很久但业绩长存，这就叫不朽。"语出《左传·襄公二十四年》。

【三楚】 古地名。秦汉时期常将战国楚地分为南、西、东三部分，即"三楚"。分界不甚明确，大体上说：今湖北荆州，江西九江、南昌，湖南长沙以及洞庭湖、鄱阳湖一带为南楚。今徐州（古称彭城）以西淮河以北地区为西楚，项羽曾在彭城建都，称"西楚霸王"；徐州以东淮河至长江下游再至东部沿海地区为东楚。

【三川口之战】 公元1040年，北宋与西夏在三川口（今陕西延安西北）进行的一次重大战役。西夏获胜。此战为西夏的生存与发展奠定了基础。

【三代】 夏商周三朝。由于其相承发展，政教昌明，影响深远，被后世一并视为奠定中国文化传统的古典时代。"三代"最早出现于《论语》中。

【三党】 父党、母党、妻党，即父、母、妻三族。党指亲族，可指全部同宗，也可只指五服内的同宗。父、母、妻之同宗合为全部亲戚关系，按远近亲疏在社会生活中起重要作用。

【三等九则人丁】 明清时期按户等当差纳银的丁额。三等九则来源于魏晋以来的户等制。明代根据各户人丁、田亩多寡的不同，从上至下分为三等九级，即上上、上中、上下、中上、中中、中下、下上、下中、下下，以此作为编征差徭的依据。一条鞭法实行后赋、役合并征银，丁额渐成纳税单位。清初沿用，摊丁入亩后一并按田亩征缴。

【三鼎甲】 科举时代殿试一甲三名，即状元、榜眼、探花之总称。也称鼎甲。以鼎有三足，一甲共三名，故称。状元别称鼎元，因居鼎甲之首而得名。

【三都】 某一历史时期并存的三座都城。如东汉时的东都洛阳、西都长安（今陕西西安）和南都宛（今河南南阳），三国时的蜀都成都、吴都建业（今江苏南京）和魏都邺（今河北临漳西南），唐代的西京长安（今陕西西安）、东都洛阳和北都太原，明代的北京、南京和中都凤阳等。

【三藩之乱】 清初吴三桂等割据势力的叛乱。清初分封吴三桂为平西王，守云南；尚可喜为平南王，守广东；耿继茂为靖南王，守福建，合称"三藩"。后逐渐发展为地方武装割据势力。康熙十二年（1673），清政府下令撤藩，吴三桂、尚之信（尚可喜子）、耿精忠（耿继茂子）相继反清。这些叛乱，后陆续被清兵击败，耿精忠、尚之信等相继降清。康熙十七年（1678），吴三桂在衡州称帝，旋病死，由其孙吴世璠在贵阳继位。后败走云南。康熙二十年（1681），吴世璠兵败自杀。三藩之乱告终。这次叛乱性质复杂，持续八年，战火燃及西南、东南等广大地区。

【三分公室】 公元前562年，鲁国季孙氏、孟孙氏和叔孙氏三家瓜分原属公室的国人与赋税。三家各拥其军，执掌国政。其事反映了春秋后期各国公室衰落、卿大夫崛起的总体态势。

【三分损益】 我国古乐律管相生的算法。以发出某一标准音的弦、管长度为基准，依次有三分损一、三分益一的生律法，故称。始于春秋，秦汉以来续有发展。作律者先确定一个标准音，谓之元声，通常选"黄钟"。余律就依黄钟之管，损益而得。如黄钟九寸，三分损一得六寸，而下生林钟；林钟三分益一得八寸，又上生大簇；自此递推以得十二律。《管子》是最早记载"宫、商、角、徵、羽"五音名称的文献，其中提到了使用"三分损益法"来获得这五个音的科学方法。如将黄钟的弦长增加三分之一，称为"三分益一"，得到下方纯四度的徵音；接着，将徵音的弦长减去三分之一，称为"三分损一"，得到上方纯五度的商音，自此递生成五音。历代又因方法之异和计算余数加以调整。

【三坟五典】传说中我国最古的书籍。伏羲、神农、黄帝的书称为"三坟"，少昊、颛顼、高辛、唐、虞的书称为"五典"。

【三峰山之战】公元1232年，蒙古灭金的决定性战役。1231年，蒙古分三路南下伐金。西路军为主力，由拖雷指挥，绕过金的军事重镇潼关，由唐州、邓州北趋汴京（今河南开封）。拖雷采取疲劳金军的战术，使金军退至钧州（今河南禹州）之三峰山，双方激战，金军大溃，金哀宗被迫由汴京出逃。两年后，蒙宋联军攻克蔡州，金朝灭亡。

【三纲五常】中国封建礼教所提倡的道德标准。纲，指提网的总绳。为纲，指居于主导地位。"三纲"指"君为臣纲，父为子纲，夫为妻纲"。君、父、夫处于主导地位，臣、子、妻处于服从地位。五常指"仁、义、礼、智、信"五种道德规范。"三纲五常"说起源较早，西汉董仲舒对它加以概括，到东汉白虎观会议后进一步明确，大儒马融将之合称。此后历代奉行，宋代朱熹认为它是永恒不变的天理。

【三公】辅助国君掌握军政大权的三种最高官员的合称。也称三司。周以太师、太傅、太保为三公。西汉以丞相、太尉、御史大夫为三公，东汉以太尉、司徒、司空为三公。唐宋仍称三公，但已无实职。明清为虚衔，只用作大臣的加官、赠官。

【三姑六婆】三姑，即尼姑、道姑、卦姑。六婆，即牙婆（以介绍人口买卖为业的妇女）、媒婆、师婆、虔婆（巫婆）、药婆、稳婆（接生婆）。"三姑"与"六婆"组合，指各类市井女性。

【三关】古代对某三个关隘的合称。不同时期所指不同。东汉时指上党关、壶口关、石陉关。三国时指阳平关、江关、白水关。南朝时，位于义阳（今河南信阳）南的平靖关、武阳关、黄岘关合称为三关。五代时，后周世宗从契丹收复的位于今河北境内的瓦桥关、益津关、淤口关也称为三关。自明代开始，河北境内长城的居庸关、倒马关、紫荆关被称为内三关，山西境内长城的雁门关、宁武关、偏头关则为外三关。都是重要军事关隘。

【三官】道教所崇奉的三位神仙天官、地官、水官的合称。传说天官赐福，地官赦罪，水官解厄。民间以天官信仰最为普遍，其常以身穿红袍、手持如意、面容和善的形象出现在民俗文化或艺术品中。春节时人们往往在门上粘贴天官像，期盼新的一年天降福祉。

【三光】①日、月、星。也以日、月、五

星合称"三光"。②房、心、尾三星宿。

【三国】东汉后出现的魏、蜀、吴三国及其鼎立局面。自公元190年群雄起兵讨伐董卓，揭开序幕。220年曹丕代汉称帝，国号"魏"；221年刘备称帝，国号"汉"，史称"蜀""蜀汉"；229年孙权称帝，国号"吴"。魏、蜀（蜀汉）、吴三国鼎立。263年魏灭蜀，265年晋代魏，至280年晋灭吴而告终。

【三国演义】长篇小说。全称《三国志通俗演义》。元末明初罗贯中撰。作者根据陈寿《三国志》和裴松之注，以及后世有关三国的传说和文学作品，经过再创作而成。故事起于刘、关、张桃园结义，终于王濬平吴，生动描写了东汉末年和整个三国时代的社会动乱及几个统治、军事集团之间的矛盾和斗争，塑造出关羽、张飞、刘备、诸葛亮、曹操等一系列各具内涵和特点的人物形象。小说既以史实为依据，又不完全囿于史实，三分史实，七分虚构，达到了历史真实与艺术真实的完美统一。全书结构宏伟，情节曲折，行文用半文半白的语言，写得波澜壮阔，有条不紊，对战争场面的描写尤其精彩，表现出长篇叙事技巧的巨大进展，成为我国历史小说中的经典之作。与《西游记》《水浒传》《红楼梦》并称我国古典小说四大名著。

【三国志】史书名。西晋陈寿撰。主要记载魏、蜀、吴三国鼎立时期的纪传体国别史，65卷，包括《魏书》30卷、《蜀书》15卷、《吴书》20卷。详细记载了汉灵帝光和末年（184）到晋武帝太康元年（280）近一百年的历史。陈寿在撰写《三国志》时，参考了已有的魏、吴两国史书，如王沈的《魏书》、鱼豢的《魏略》、韦昭的《吴书》，但对于蜀汉的历史，由于缺乏官方史书，陈寿只能自行采集资料，因此蜀汉部分的篇幅相对较短，只有15卷。该书最初是以《魏书》《蜀书》《吴书》三书单独流传，直到北宋咸平六年（1003）才合为一书。《三国志》是"二十四史"中最为特殊的一部，因为它过于简略，没有记载王侯、百官世系的表，也没有记载经济、地理、职官、礼乐、律历等的志，不符合《史记》和《汉书》所确立下来的一般正史的规范。南朝宋时裴松之为之作注，博引群书，注文多出本文数倍，保存史料十分丰富。

【三过家门而不入】出自《史记》。相传上古之时，为防治洪水灾害，减少百姓生命财产损失，禹受命治理河道大川，不敢有半点怠慢，十三年中一直在各处工地奔波劳作，其间三次路过家门都没有进去，直至功成。禹被后世尊称为"大禹"。后人以大禹治水"三过家门而不入"赞扬大公无私，舍小家、顾大家的奉献精神。

【三河】河东、河内、河南之地。秦以来常为王朝要地，以此合指黄河南下段以东及其下游中段以北以南地区，也可特指汉以来并置的河东、河内、河南三郡之地。其中河南郡至唐改为治理东都洛阳的河南府，元设河南路，明清仍为河南府，其范围续有调整。

【三桓】桓，huán。春秋后期实际控制鲁国政权的三家贵族的合称。即鲁国大夫孟孙氏（一作"仲孙氏"）、叔孙氏与季孙氏。因三家都是鲁桓公的后裔，故名"三桓"。其中，季孙氏的势力最强。鲁文公死后，三桓的势力日渐强大，分领三军，掌控鲁国政权。

【三皇】传说中远古部落的首领。三皇之称，初见于《周礼》。有关三皇的传说始于战国秦汉时期。其名传说不一，有七种说法：天皇、地皇、泰皇；天皇、地皇、人皇；伏羲、女娲、神农；伏羲、神农、祝融；伏羲、神农、黄帝；伏羲、神农、共工；燧人、伏羲、神农。

【三家分晋】公元前453—前376年，晋国韩、赵、魏三家瓜分公室的历史过程。春秋晚期晋国由韩、赵、魏、智、范、中行六卿专权。晋定公二十二年（前490），赵氏击败范氏、中行氏。晋出公十七年（前458），智、赵、韩、魏四家尽分范、中行的土地。二十二年（前453），韩、赵、魏三家又灭智氏，三分其地。从此，韩、赵、魏三家势力已远在晋君之上。晋幽公元年（前433），晋君仅有绛、曲沃，反朝于三家，分晋实已完成。至周威烈王二十三年（前403），天子正式册命韩虔、赵籍、魏斯为诸侯。前376年，韩、赵、魏灭晋。这一事件被视为春秋、战国的分水岭。

【三监之乱】周成王即位初期，封于殷都一带监督殷民的武王之弟管叔、蔡叔、霍叔联合商纣王之子武庚发动的叛乱。后被周公平定。周武王灭商后，以商旧都封纣王之子武庚。以殷都以东为卫，由武王弟管叔监之；殷都以西为鄘，由武王弟蔡叔监之；殷都以北为邶，由武王弟霍叔监之。总称"三监"。一说武王以邶封武庚，以鄘封管叔，以卫封蔡叔，以监殷民，称为"三监"。

【三教九流】三教指儒教、佛教、道教。九流指儒家、道家、阴阳家、法家、名家、墨家、纵横家、杂家、农家。后用"三教九流"泛指学术、宗教等的各种流派，或社会上的各种行当、各色人物。

【三界】佛教把世俗世界分成三种境界，即欲界、色界和无色界。欲界为有食欲、淫欲的众生所居。色界位在欲界上，为已摆脱食、淫二欲的众生所居；无色界更在色界之上，为无形色众生所居。只有从三界中解脱，才能达到涅槃，进入最高的自由无碍的境界。

【三晋】春秋末韩、赵、魏三家瓜分晋国，是为战国时的韩、赵、魏三国，历史上称为"三晋"。战国初与原晋国地境相合，后随三国之境变化，西南接秦，东南及南部渐吞虢、周、郑、卫等地，与楚相争，东北部吞并中山，深入代北，与齐燕相邻，约相当于今山西全境及河北中部、南部和河南中部、北部地区。近代用作山西的别称。

【三乐】一生值得高兴的三件事情。孟子说，君子有三件乐事，即父母都健在，兄弟平安、没有病患；上不愧对于天，下不愧对于人；得到天下优秀的人才并教育他们。

【三闾大夫】闾，lǘ。古代官名。战国时期楚国特设的官职。主持宗庙祭祀，掌管昭、屈、景三姓贵族宗族事务。简称"三闾"。屈原曾任此职，后世用"三闾"代指屈原。

【三昧】佛教音译词。也称三摩地、三摩提。中国佛教称为"定"。是佛教重要的修行方法。意为排除一切杂念，使心神平静。

【三苗】 上古民族。也称有苗、苗民。据记载，其活动区域主要分布在江、淮、荆州一带。据传说，三苗在尧舜时曾作乱，被迁至现在的西北敦煌一带。后被禹征讨而逐渐走向衰亡。

【三秦】 地名。在今陕西一带。项羽破秦，三分秦关中之地：封章邯为雍王，领咸阳以西之地。司马欣为塞王，领咸阳以东至黄河之地。董翳为翟王，领上郡之地。合称三秦。唐王勃《送杜少府之任蜀州》诗："城阙辅三秦，风烟望五津。"其中"三秦"即此。

【三清】 道教尊奉的三位神仙的合称。即玉清元始天尊（天宝君）、上清灵宝天尊（太上道君）和太清道德天尊（太上老君）。

【三生】 即佛教所说的前生、今生和来生。"三生有幸"即指三生皆很幸运，也常用于人们初次见面时的客套话。

【三牲】 指古代用于祭祀的牛、羊、豕。三牲齐全的祭祀称太牢。一般是帝王、诸侯祭祀社稷时的规格。也有专指牛为太牢者。祭祀只用羊、豕而不用牛，称少牢，为诸侯卿大夫祭宗庙之礼。后来也称鸡、鱼、豕为三牲，俗称小三牲。

【三省六部】 隋唐时期由中书省、门下省、尚书省及其吏、户、礼、兵、刑、工部组成的朝政处理体制。主要掌管中央政令和政策的制定、审核与贯彻执行。三省长官皆为当时宰相，中书省、门下省直接协助皇帝决策，下由尚书省所属六部分掌全国人事、财政、军事、礼教、法务、工程等项政务，其间相互协调和制约，构成了朝廷政务机构的主体框架。

【三师】 太师、太傅、太保的合称。北魏时并称三师上公，名为辅导天子之官，位尊而无实权。北周改称三公。隋唐仍称三师，为赠予德高望重元老大臣的荣衔。唐末多为藩镇加官，遂至冗滥。至宋，为权贵加封的尊号。元、明、清又称三公。又，太子太师、太子太傅、太子太保也合称三师。

【三司使】 古代官名。唐宋主管财政的户部使、度支使、盐铁使，掌租赋、财政收支和盐铁专卖事务。五代后唐长兴元年（930）并为一使，始称"三司使"。至宋而专掌财赋，为朝廷财政主官，号为"计相"，元丰改制，其职掌归并于户部尚书。

【三司推事】 为防止法官独断造成冤假错案，重大案件尤其是死刑案由御史台等三个机构共同审理案件的制度。唐代规定：凡是大案冤狱，常遣侍御史、刑部郎中或员外郎、大理司直或评事联合审理。事涉各地各部门长官的，则由御史台、中书省、门下省长官联合审理。另由侍御史与中书舍人、给事中在朝堂共同受理诉讼。宋及明清时期由刑部、御史台、大理寺联合审案的"三法司"制度即来源于此。

【三苏】 北宋文学家苏洵及其子苏轼、苏辙俱以文名，世称"三苏"。三人皆入"唐宋八大家"之列。苏洵称老苏，苏轼称大苏，苏辙称小苏。其中苏轼的成就最高，在诗、词、文各方面都有重要地位。苏洵、苏辙长于书策散文，苏辙亦擅诗。

【三苏祠】 北宋文学家苏洵及其子苏轼、苏辙的故居。位于四川省眉山市。明代洪武年间就地改宅为祠，后世多次增修，现为康熙年间重建遗存。主要由大殿、飨殿、启贤堂、来风轩、碑亭等建筑构成三进四合院落，呈清代园林式文人祠堂风格。"三苏"并称始见于宋王辟之《渑水燕谈录》。历史上苏氏父子分别在政论、文学等领域留下名篇无数。今祠内存有数千件珍贵的文物资料，竖有古碑数十面。清代名臣张鹏翮题眉山三苏祠对联，赞三苏："一门父子三词客，千古文章四大家。"

【三体石经】 石经，指我国古代刻于石碑、山崖石壁上的儒家经籍和佛道经典。三国时期魏正始二年（241），用古文、小篆、汉隶三种字体将经书刻写在石头上，故名。又称正始石经、曹魏石经。三体石经刻有《尚书》《春秋》和部分《左传》，是继东汉熹平石经后的第二部石经，在我国书法史和汉字的演进发展史上有重要的意义。原石在河南洛阳太学村，已毁。宋代以来陆续有残石出土，共计约2500字。

【三通】 唐代杜佑《通典》、宋代郑樵《通志》和元代马端临《文献通考》三部政书的合称。具有较高的史学价值，影响较大。因"三通"的名称，后来又有众多的续作，如"九通""十通"。

【三统历】 汉代刘歆等人在《太初历》基础上修订而成的历法。汉成帝绥和二年（前7）颁行。在历法理论上贯彻了天、地、人道更替循环的"三统说"，综合了乐律、《易》数、五行，在节气、朔望、月食、五星运行、恒星距离等方面有所成就，包含了现代天文年历的基本内容。汉章帝时被《四分历》取代。

【三统说】 一种历史循环论。西汉董仲舒认为夏商周三代各有正朔、服色、命数等典章制度，分别代表天、地、人三统，按其方色可称为黑、白、赤三统，三统循环往复：夏朝是黑统，以寅月即夏历正月为正月。商朝是白统，以丑月即夏历十二月为正月。周朝是赤统，以子月即夏历十一月为正月。其继周者，又当是黑统，用夏历。这样循环不止，每个王朝在建立之始，都应依照往例改正朔，变换服色，以顺应天意，显示政权的正统性。"三统说"是为汉王朝统治政权服务的神学理论体系，也含有在必要时须改朝换代的意思。也称三正说。

【三头六臂】 佛教指佛的种种法相。形容本领无边广大。也称"三头八臂"。

【三卫】 隋唐时，三卫指亲卫、勋卫、翊卫，它们与五府一同构成了负责宫廷警卫的重要组织。源于北齐、北周，隋定其制，分隶左右卫，侍卫皇帝，炀帝时改称三侍、三曹。唐分属左右卫及东宫左右率府，其余各卫只领翊卫，各置中郎将为长，其成员常由高官、勋贵子孙入充，为皇帝、太子及亲王等显贵担任侍卫、仪仗，并可由此入仕为官。明朝时，三卫也指"朵颜三卫"，是明朝在蒙古兀良哈等部为了管理当地蒙古族人设置的行政机构，包括朵颜、泰宁、福余三个卫。

【三吴】 古代地理区域名。说法不一。《三国志》《晋书》以《水经注》的吴郡、吴兴、会稽为三吴，而《通典》《元和郡县志》则以吴郡、吴兴、丹阳为三吴。宋代税安礼《历代地理指掌图》以苏、常、湖三州为三吴，明代周祈《名义考》以苏州为东吴、润州为中吴、湖州为西吴。

【三五丁】 南朝时期的役制之一。每三个男丁中要有一个服役，每五个男丁中要有两个服役，而一丁则不发。因士族豪强多有规避之法，须服此役的人户多为地位贫寒的平民，称为"三五门""役门"。

【三希堂法帖】帖，tiè。汇刻丛帖。全称《三希堂石渠宝笈法帖》。清高宗弘历（乾隆帝）爱好书画，曾将最珍爱的王羲之《快雪时晴帖》、王献之《中秋帖》和王珣《伯远帖》合称"三希"，并在故宫养心殿内辟专室收藏，名曰"三希堂"；又曾命张照等将宫内收藏的书画作品整理著录，先后编成《石渠宝笈》三编。《三希堂石渠宝笈法帖》即由此得名。共32册，收录历代书法家134人的书迹340件；刻石495块，原石今存北京北海公园阅古楼内。

【三饷】饷，xiǎng。明末加征的辽饷、剿饷、练饷三项特别税。公元1618年开征辽饷，以供辽东战事需要；1637年开征剿饷，以镇压农民起义；1638年开征练饷以加强九边防御。共计征银近2000万两，征收时更有种种加派，成为促使明朝灭亡的要因。清初取消三饷，但辽饷加派的九厘地亩银仍并入田赋正项征收。

【三星】相近而几乎成一直线的三颗明亮之星。有参宿三星、心宿三星、河鼓三星。《诗经》"三星在天""三星在隅""三星在户"皆指参宿三星。

【三言二拍】明末五种话本集及拟话本集的总称。"三言"指冯梦龙纂辑的《喻世明言》《警世通言》和《醒世恒言》。"二拍"指凌濛初编著的《初刻拍案惊奇》和《二刻拍案惊奇》。

【三易】《连山》《归藏》《周易》三种易书的合称。相传《连山》《归藏》为夏、商两代所用，其书早已失传，只有《周易》流传至今。后世又以"三易"指伏羲易、文王易、孔子易。

【三友】孔子认为，有益和有害的朋友各有三种。与正直、讲诚信、学识广博的人交朋友，是有益的；与讨好恭维、表里不一、善于花言巧语的人交朋友，是有害的。古时因松、竹、梅三种植物在寒冬季节仍能够保持顽强的生命力，象征高尚的人格，所以将松、竹、梅称为"岁寒三友"。也称琴、酒、诗为三友。

【三元】①古代科举考试乡试、会试、殿试的第一名分别称解元、会元、状元，合称"三元"。明代也称殿试的前三名为"三元"，即状元、榜眼、探花。②道教以天官、地官、水官三神的生日分别配上元节（正月十五）、中元节（七月十五）和下元节（十月十五），合称"三元"。

【三垣】垣，本义为"墙"。特指所划定的星座范围。古人将天体的恒星分为三垣，即紫微垣、太微垣和天市垣。规定北斗以北，以北极为中枢，呈两屏藩状散布的15颗星的区域为紫微垣。规定北斗之南，轸翼之北，五帝座为中枢的10颗星所在区域为太微垣。规定房、心宿东北，以帝座为中枢的22颗星所在区域为天市垣。"三垣"的概念始于战国时期，汉代《史记》中已有和"三垣"相当的星官名称，唐代《开元占经》和《玄象诗》正式记录"三垣"。

【三藏】藏，zàng。梵语意译，即佛教经典的总称。藏指的是盛物的筐。经典分为三类，即经藏（说教）、律藏（戒律）和论藏（论述或注解）。精通三藏的僧人，被称为三藏法师，一般指的是唐代玄奘法师。

【三正】正，zhēng，即正月，岁首之月。春秋战国时夏历、殷历、周历三种历法的岁首月建不同。所以称作"三正"。夏历以建寅之月即后世通常所说的农历正月为岁首，殷历以建丑之月即农历十二月为岁首，周历以冬至所在的建子之月即农历十一月为岁首。

【三字经】蒙学著作。相传为宋代王应麟著。分为教学之要、幼学之序、读书次第、勤学典范、为学效果五部分。内容包括历史、天文、地理、道德和生活常识以及一些民间传说等。三字一句，朗朗上口，因其文通俗、顺口、易记等特点，与《百家姓》《千字文》并称为中国传统蒙学三大读物，合称"三百千"，被历代国人奉为经典并不断流传。

【三族】族，表示亲属关系。"三族"具体所指，有三种说法：①指父族、母族、妻族。②指父、子、孙。③指父母、兄弟、妻子。

【散骑常侍】散，sǎn。骑，qí。官名。皇帝的近侍，辅助皇帝处理宫内事务。秦汉时期，同时设立"散骑"官与"中常侍"官，均为皇帝乘舆陪乘的近卫官。东汉时期，废除"散骑"，保留"中常侍"，由宦官专任。魏晋时改用文人担任，恢复"散骑"，与"中常侍"合称"散骑常侍"，地位很高。南北朝以后，地位逐渐降低，金元以后废除。唐代诗人高适曾担任散骑常侍，世称"高常侍"。

【散曲】散，sǎn。曲的一种体式。元明两代盛行。和诗词一样，用于抒情、写景、叙事。有别于剧曲，不演故事，无宾白和科介，便于清唱。包括散套、小令两种。散套通常用同一宫调的若干曲子组成，长短不论，一韵到底，如关汉卿《一枝花·不伏老》，含四支曲子。小令通常以一支曲子为独立单位，但可以重复，各首用韵可以互异，有别于散套，如关汉卿《四块玉·别情》。又有以两支或三支曲调为一个单位的"带过曲"，也属于小令的一体。

【散馆】散，sàn。明清时翰林院设庶常馆，新进士朝考得庶吉士资格者入馆学习，三年期满举行考试后，成绩优良者留翰林院，授以编修、检讨之职，谓之留馆；其余分发各部为给事中、御史、主事，或出为州县官，谓之散馆。

【丧服】丧礼制度。按生者与死者血缘关系的亲疏远近，在料理丧事和服丧期间穿戴不同的服饰。周代以后以白色麻衣为丧服。分有服、无服两种。有服者分为五个等级，叫五服。服丧主要是晚辈为长辈或平辈之间尽哀悼，是古代"九族"制血缘观念的体现。

【丧礼】古代凶礼。安葬和悼念死者时所必须遵循的一整套礼仪制度。从西周开始，严格区别嫡庶亲疏的身份等级，以此规定丧服规格、服丧期限和安葬、悼念的相应仪节。其中以丧服制度为核心，按血缘的亲疏远近，分为斩衰、齐衰、大功、小功、缌麻五个等级，服丧期限不一。丧葬仪规，有属纩、复、停尸、小殓、报丧、吊唁、入殓、出殡、下葬等。祭礼活动，有奠、虞祭、卒哭、祔、小祥、大祥、禫

S

祭等。西晋以来其制续有发展变化，唐初以后因避忌而不预定天子丧制，臣民丧葬之制和习惯仍以身份亲疏为核心，但等级规定有所放宽。

【桑】 木名。被《本草纲目》称为"东方自然神木"。桑树在古代农业社会中占据重要地位，因此"桑麻"成为农事的代称。古代常在住宅旁栽种桑树和梓树，因而"桑梓"成了家乡的代称。古时候，青年男女多在桑林中约会，因此"桑中""桑间"成为男女约会的专指。在《诗经》中的《氓》篇，桑叶从光泽亮丽到干枯发黄的变化，被用来比喻女子从年轻貌美到年老沧桑的转变。

【桑田】 北魏至北周行均田制时对永业田的称呼。北魏男子初授田时，给桑田二十亩，规定至少种桑五十株、枣五株、榆三株。终身不还，可传子孙。

【骚体】 古典文学体裁的一种。辞赋的一类。起于战国时楚国，以屈原所作《离骚》为代表，故名。后因《离骚》是《楚辞》的代表作，故也称楚辞体。这类作品，富于抒情成分和浪漫气息；篇幅、字句较长，形式也较自由；语尾多用"兮"字以助语势。

【扫尘】 农历新年前打扫房子的习俗。古时至农历十二月二十日，家家户户准备过年。在祀灶前后至除夕，照例有一次卫生大扫除，墙角、床下、屋柱、屋梁等处一年的积尘，均须于此日以扫帚清除干净。"尘"与"陈"谐音，此举寄寓了人们辞旧迎新的美好愿望。

【色】 佛教认为，凡是人能感触到的，构成身体和世界的物质，都称为色。这种物质，不全然等同于今之物质

现象。

【色目人】 元朝按族别和地区划分的四等人（蒙古人、色目人、汉人、南人）中的第二等。"色目"一词，见于唐代，起初是种类、各色名目之意。色目人主要来自西域和西北各族，也有南方的蕃商，具体有多少种，说法不一。他们主要从事商业活动，各方面的待遇次于蒙古人。蒙古贵族利用他们来监视和协助统治汉人和南人。色目人在元朝建立和统一全国的进程中大量进入汉族居住地区，对促进民族融合起了很大的作用。有时也将姓氏稀僻的人称为"色目人"。

【色役】 正役、杂徭之外的各种职役。从北朝地位低贱的杂色役隶发展而来，唐以来名目甚多，包括官员子弟和平民轮番执事、当值于官府之役，也包括工、乐等贱户为官府服务的技艺性职役，因可免除正杂徭役而多伪冒。到了宋代，色役逐渐演变为职役，并被元、明、清各朝沿袭下来。

【瑟】 我国传统拨弦乐器。"八音"属"丝"。春秋时已流行，可用于祭祀音乐。常与古琴或笙合奏。形似古琴，但无徽位，有五十弦、二十五弦、十五弦等。今瑟有二十五弦、十六弦二种。每弦有一柱可上下移动，以定声音的清浊高低。

【僧】 梵语音译词"僧伽"的简称。意思是和合、众等。是对出家修行的男性的称呼。

【僧祇户】 祇，qí。北魏以来由僧官管辖、以供佛事的人户。北魏文成帝采纳昙曜的建议，由官府拨民户充当，后又从平齐户中选充，每年捐谷六十斛交给僧官，不服杂役。僧祇户身份

比佛图户高。北周武帝灭佛后，改为编户。但类似僧祇户的人户在隋唐时期仍然存在。

【沙弥】 梵语音译词。意为息恶、勤策男。指年龄在 7 岁以上、20 岁以下的，受过十戒但还未受具足戒的男性修行者。

【沙苑之役】 公元 537 年，东魏与西魏在沙苑（今陕西大荔南）一带进行的战役。此年东魏权臣高欢率重兵自蒲津（今山西永济西黄河渡口）进至洛水南，欲灭西魏，因轻敌，被西魏权臣宇文泰率军伏击于沙苑，大败逃归。其时西魏弱东魏强，此役西魏以不足万人，力克东魏二十万之众，使东魏攻势遭到重挫。

【山东】 战国、秦汉时，称崤山或华山以东为"山东"。也指战国时秦以外的六国，因其都在关东（当时函谷关以东），故称。因春秋时的晋国、建都平城（今山西大同）的北魏皆居太行山以西，故将太行山以东也称为山东。金改北宋京东东路、京东西路为山东东路、山东西路。明代设置的山东布政使司，今日之山东省，也都指的是太行山以东。

【山海关】 古关名。位于今河北秦皇岛东北。也称榆关、渝关。明太祖洪武十四年（1381）筑城为关，因北依燕山，南临渤海，故得名山海关。山海关为长城东端起点，有四门，东曰镇东，即"天下第一关"，西曰迎恩，南曰望洋，北曰威远，各门上均筑城楼。此关地势险要，是华北和东北之间的咽喉要隘，素有"两京锁钥无双地，万里长城第一关"之称。为明朝防止东北女真族的崛起和元朝残余势力的

侵扰起到了重要作用。清朝建立后，山海关虽失去其军事防御作用，但仍是文人雅士登楼览胜的场所。

【山海经】 古代地理学著作。共 18 卷，包括《山经》5 卷和《海经》13 卷。非出自一人之手，也非成书于一时。内容庞杂，包括各地山川、道里、民族、物产、药物、祭祀、巫医等。所记多为异物和神奇怪怪，其中保存了不少神话传说，如"精卫填海""夸父逐日"等。书中有关矿物的记录为世界最早的相关文献。

【山河两戒】 唐朝僧人一行提出的两条山川连线，即将天下的山河分成两个大系，用以分割华夏与戎狄、华夏与蛮夷的两条地理线。北线自三危、积石，东至终南、太华，北转雷首、王屋、太行抵恒山，东循燕山一线至秽貊、朝鲜。南线自岷山、嶓冢，东至终南、太华，转益山、熊耳、外方、桐柏至江汉，经武当、荆山南抵衡阳，循南岭东部至东瓯、闽中。其说以关中为"地络"，体现了当时对中国山川格局的理解。

【山河形便】 古代通过顺应山川地势划分行政区域的方法。一方面，其区划大体与自然地理单元一致，易于管理。但另一方面，一味顺势而为也易导致地方割据。故有时须刻意在区域划分上打破山川地势，使其无法独得地利。秦汉以来两者常相辅而用，但以前者为主。

【山后】 五代及北宋末在燕山北侧所设军州的属地。唐末五代时期，刘仁恭在今天的河北太行山北端和军都山以北地区设置了"山后八军"用以防御契丹。到了石敬瑭割让幽蓟十六州时，

才有了"山后四州"的说法。北宋末所称山后，包括宋企图收复的山后、代北失地的全部，当时曾预将山后一府（云中）八州（武、应、朔、蔚、奉圣、归化、儒、妫）置云中府路，相当于今山西、河北两省内、外长城之间地区，其实大半为金所有，后来成为这些地区的泛称。

【山南】 秦岭以南地区。秦汉以来建都关中，以此称终南山、华山以南地区。唐初设山南道，至开元分为山南东、西道，其地约自秦岭南抵洞庭湖以西长江南岸一线，西至嘉陵江流域与剑南道相邻，东抵淮南道、河南道的汉水下游至桐柏山一带。后遂以此泛称其地。

【山前】 五代及北宋末在太行山以东，军都山、燕山以南所设州县的属地。始于后晋割地给辽，相对"山后"而有"山前"诸州之称。五代石敬瑭割幽蓟十六州，七州在山前。北宋末所称山前，包括宋企图收复的山南失地全部，当时曾预将山前一府（燕山）九州（涿、檀、蓟、顺、易、平、营、经、景）之地置燕山府路，相当于今河北大清河以北、内长城以南地区。其地不久皆归金国，别有建制，后以此泛指这些地区。

【山水画】 中国画分科之一。描写山川景物为主。最初作为人物画背景，魏晋时已萌芽。后经南朝宋宗炳、王微等人倡导，至隋唐发展为独立的山水画创作。五代、北宋日趋成熟，名家辈出，成为以绘写自然景色为主的一大画科。主要有青绿、金碧、没骨、浅绛、水墨等形式。山水画中先有设色，后有水墨。设色画中先有重色，后有淡彩。在艺术表现上讲究经营位置和表达意境。

【山水诗】 诗歌的一种。以描写山水风光为主，对景物观察细致、形象清新逼真、语言富丽精工。晋代已有以描写山水景物为主的诗歌，至南朝宋谢灵运始开创山水诗派。其后最著名的山水诗人有谢朓、何逊、孟浩然、王维、苏轼、陆游、高启、王士禛等。

【山西】 战国、秦、汉时把崤山或华山以西称为"山西"。此后则称太行山以西为山西。隋末李渊为山西河东黜陟讨捕大使。金朝于大同府设山西兵马都部署司，所以"西京路"也称山西路。元朝置河东山西道宣慰使司，明朝置山西行中书省，山西自此成为政区名。

【山阴道】 位于今浙江绍兴城西南。古代特指自绍兴城至兰亭的几十里路。沿途山清水秀，美不胜收。书法圣地兰亭就在山阴道上。

【山长】 长，zhǎng。唐、五代时山中学社称书院，书院的主讲并总理院务者称山长。自南宋及元，官办书院多设山长，由礼部或行省宣慰使选任，与学正、教谕等并为地方学官。明时则由地方官礼聘。清沿明制。乾隆时改名院长，后复旧称。清末改书院为学堂，山长之制乃废。

【衫】 古代一种袖口宽松的短身上衣，有单、夹两种。六朝时期，一般为白色。隋唐之后，男子的公服就是一种大袖右衽加长至膝的袍衫，而民国时期常见的长衫也是受其影响而形成的。衫也是女装的一个重要组成部分，汉族女装主要是衫、裙结合的形式。

【珊瑚】 珊瑚虫所分泌的骨骼，成分主

要为石灰质或角质。其中红珊瑚可作有机宝石，因形如树枝，故又称珊瑚树。以颜色均匀浓艳的红色为上品。质地细腻，柔和且富有韧性，古时多做装饰品，用作珍玩。《世说新语》中，就记载石崇、王恺以珊瑚竞豪奢的故事，可见珊瑚之珍贵。

【陕东】 陕陌以东地区。陕陌也称陕原，在今河南三门峡陕州区西南。西周成王时周、召二公分陕而治，陕陌以西由召公督治，陕西之名由此而来。其东由周公督治，后相沿称此，其义与"关东"有所重合。随着诸侯国的扩张和秦国的统一，陕东的概念逐渐模糊，最终消失。

【善本】 原指珍贵难得、校勘严格、错误较少的古书。后经过许多学者总结归纳，形成现在通用的善本"三性"说，即具备较高的历史文物性、学术资料性和艺术代表性。

【善因】 佛教所说的善果的根由或原因。佛教认为，种善因得善果，种恶因会招致恶果。

【禅让】 禅，shàn。远古时期，部落联盟以民主的方式推举首领的制度，传贤不传子。后人称"禅让"。禅让出现在尧、舜、禹时期。相传，尧担任部落联盟的首领时，部落长老四岳推举舜为继承者，尧对舜进行三年考核。尧去世后，舜继位，之后同样用推举方式，经过治水考验，以禹为继承者。

【伤寒杂病论】 医学著作。一名《伤寒卒病论》。东汉末张仲景著。原书16卷，成书不久即散佚。至西晋经王叔和搜集，将其中伤寒部分编次成书，名《伤寒论》。共10卷，22篇，397条，载方113首。北宋时期，又由校正医书局对《伤寒论》进行校订，并对其中杂病部分加以整理，另成一书，名《金匮要略》。共3卷，25篇，载方262首。二书在我国医学史上地位崇高，被尊为经典之作，其中的辨证施治等原则对后世产生了深远影响。

【商朝】 公元前16世纪商汤灭夏建立的一统王朝。定都于亳（今地有河南商丘、山东曹县、河南洛阳偃师区三说），曾多次迁移。后盘庚迁都殷（今河南安阳西北小屯村），因而商也称殷。农业比较发达，能用多种谷类酿酒，手工业能铸造精美青铜器和烧制白陶，商品交换范围也较前扩大，出现规模较大的早期城市，为当时世界上的文明大国。传至纣，被周武王攻灭。共传十七代，三十一王。商朝是我国历史上第一个有直接的同时期文字记载的王朝。

【商君书】 古代典籍。《汉书·艺文志》著录29篇，今存24篇。其中有些篇所述史实在商鞅死后，说明不是商鞅本人所作，但书中也保留了商鞅遗著，记录了商鞅的言行，据此推断应为战国末年商鞅后学编纂成书。书中记载了商鞅在政治、经济、军事、哲学、法学、伦理学等方面的思想及其变法活动和主张。在变法具体措施上，主张加强君权，建立赏罚严明的法治制度，取消贵族的世袭特权，奖励军功，提倡耕战，同时反对用诗书礼乐和道德教化的手段治理国家，等等。也称《商君》《商子》。

【商税】 古代对各种商业行为征收的税。始于西周，唐始以此合称。属杂税，有广狭二义，狭义专指交易税，广义涵盖各种工商经营税，如商铺坐贾税、专卖税、山泽矿场税、关津通过税等。宋以来成为财政收入的重要部分，往往设专门机构掌管征收等事务。

【商汤】商朝建立者。也称武汤、武王、成汤、成唐。名履，又名天乙。夏朝末代君主桀荒淫无道，导致民不聊生，商汤起兵反抗，推翻了夏朝的统治，建立了商朝，定都于亳。建立商朝后，他吸取夏朝灭亡的教训，采取了一系列措施来治理国家，安抚民心。他减轻赋税，鼓励农业生产，注重法治，使得国家逐渐稳定，经济得到发展。他还以任人唯贤著称，重用了许多有才能的官员，如伊尹等。商汤的统治被后世视为明君的典范，成为了中国历史上贤君的象征。

【商屯】明代盐商在边境的屯垦。也称盐屯。明初为筹措西北边军粮饷，令盐商向边地纳粮，由政府发给盐引。盐商凭引到产盐地取盐运销，称开中。后来盐商为避免运粮困难，招募农民在边境开荒，就地取粮，称商屯。弘治五年（1492），改为盐商径向盐运使司纳银领引，商屯渐废。

【商鞅】（约前390—前338）战国时政治家。也称卫鞅。公孙氏，名鞅，卫国人。因其在河西之战中立功，秦孝公将商、於十五邑封赏给他，故号商君，后世称之为商鞅。公元前356年，在秦孝公的支持下实施了一系列深刻的变法改革，史称"商鞅变法"。秦孝公去世后，商鞅失去了政治支持，最终在前338年因被诬谋反而被杀，尸身被车裂示众。法家学派的后人将其言行与思想及后学著作汇编成《商君书》。

【商鞅变法】战国时商鞅在秦国进行的改革。秦孝公即位后，意图变法图强，故任用商鞅实行变法。商鞅前后两次变法，主要措施有：编定户籍，重农抑商，奖励耕织与垦荒，生产粟帛多者可免徭役；废除贵族世袭特权，制定按军功大小授予爵位的制度；采用李悝《法经》作为法律，推行连坐法；推行县制；废除井田制，准许土地买卖；创立按丁男征赋办法，规定一户有两丁男者必须分居，否则加倍征赋；颁布法定的度量衡器，统一度量衡制。这些措施奠定了秦国富强的基础。

【上币】上等的货币。上古以珠玉为上币，黄金为中币，刀布为下币。秦统一天下后改以黄金为上币。

【上帝】商周以来，指居住在天上，主宰自然界和人类社会最高的神。

【上官婉儿】（664—710）唐代女诗人。陕州陕县（今河南三门峡陕州区）人。祖父上官仪，在唐高宗时期因替高宗起草废武则天的诏书而获罪被杀，上官婉儿与母亲郑氏一同被发配为奴。仪凤二年（677），上官婉儿被武则天召见，当场命题，让其依题作文。上官婉儿文不加点，须臾而成，且文意通畅，辞藻华丽，语言优美，犹如凤构。武则天看后大悦，当即下令免其奴婢身份，让其掌管宫中诏命。不久，上官婉儿又因违忤旨意，罪犯死刑，但武则天惜其文才而特予赦免，只是处以黥面之刑。此后，上官婉儿遂精心侍奉，曲意迎合，更得武则天欢心。武则天让其处理百司奏表，参决政务，权势日盛，有"巾帼宰相"之名。唐中宗复位以后，又令上官婉儿专掌起草诏令，深得信任，拜为昭容，封其母郑氏为沛国夫人。公元 710 年,临淄郡王李隆基起兵发动政变,上官婉儿与韦后同时被杀。《全唐诗》收其诗 32 首。

【上梁】古代建筑民俗。指安装建筑物屋顶最高的一根中梁,为建造房屋中的重大工序。也称升梁。旧时建屋,必择吉日上梁,认为如此方能家业兴旺。上梁时,由主持的匠人之长口诵成套的吉祥语,工匠数人抬梁木,在鞭炮声中登梯,步步上升,安置于屋脊之上。屋主的亲朋好友以面点菜酒犒劳匠人。主人则用红布披于梁木之上,称为披红。古代上梁时有专门的祝语,称上梁文。

【上梁文】文体名。建屋,吉日上梁时颂祝文,故称。首尾皆用骈句,中有六诗,诗各三句,按四方上下分别叙述,多请名家撰写。北魏温子昇有《阊阖门上梁祝文》,宋王应麟谓为上梁文之始。由上梁文推演而来的"上牌文",为上匾额时之祝词。上梁文本意是祝福,有时却会罹祸。明朝时苏州知府魏观修复府治旧基,高启为此撰写了上梁文,其中有"龙蟠虎踞"四个字,因府治旧基原为明太祖朱元璋旧敌张士诚的宫址,有人便诬告魏观有反心,魏观被诛,而高启也受株连,被处以腰斩。

【上陵】古代吉礼。帝王拜祭祖先陵寝。也称朝陵、亲谒陵。始于秦汉。上陵时,皇室成员和大夫以上官员须陪同皇帝拜见祖先的神座,并告明收成丰歉情况,祈求神灵保佑。唐代,或只拜皇父的陵墓,或遍拜诸陵,七庙子孙和诸侯百官、蕃夷君长都一同前往拜祭。后世沿之,有所损益。

【上卿】古代官名。周制天子及诸侯皆置卿,为高级长官,分上、中、下三级,最尊贵的被称为"上卿"。后泛指朝廷大臣。上卿的职责包括主持朝政、审批诏令、制定政策、安排兵马、管理财政等。在朝廷中享有很高的威望和地位,是皇帝的亲信和得力助手。战国时期,赵王派蔺相如出使秦国,蔺相如智勇双全,完璧归赵,后被封为上卿。

【上三旗】清代皇帝亲自统辖的满洲八旗中的三旗。入关前,皇太极直接统辖正黄、镶黄、正蓝三旗。顺治年间,上三旗调整为镶黄、正黄、正白。其余的正红、正蓝、镶白、镶红、镶蓝称为下五旗。

【上巳】传统节日。古时被除不祥,进行祭祀的节日,最初以农历三月上旬巳日为上巳,魏晋以后改为三月三日。人们在此日来到水边沐浴修禊,踏青游赏。

【上下】①六朝人对父母尊长的敬称。②宋元后对衙役的称呼。

【上下忙】清雍正十三年(1735)规定征收田赋,分上下两期。上期从农历二月开征,五月截止,称上忙。下期从八月接征,十一月截止,称下忙。"上忙"和"下忙"合称"上下忙"。嘉庆二十年(1815)放宽为二至七月、八至十二月,个别省份如云南、贵州、广东等地,可推迟至跨年度征收。

【上元】传统节日。旧以农历正月十五日为上元节,其夜为上元夜,也称元宵。道教以农历正月十五为上元节,七月十五为中元节,十月十五为下元节。北魏时已成为固定节日。至唐宋时,愈发热闹。此夕,朝廷开放夜禁,到处张灯结彩，士女尽兴游赏。又有赏花灯、吃汤圆、猜灯谜、放烟花等庆祝活动。辛弃疾的《青玉案·元夕》中有"东风夜放花千树。更吹落，星如雨。宝马雕车香满路。风箫声动，玉壶光转，一夜鱼龙舞"之句，正是描绘上元节灯会盛况。

【尚方】古代官署名。主造皇室所用刀剑等兵器及玩好器物。后泛称为宫廷制办和掌管饮食器物的官署、部门。主官有令、丞。也作"上方"。秦置尚方令，属少府。汉沿置，有令、丞、员吏、从官十八人。东汉末年，分为中、左、右三尚方，魏晋沿袭。唐省去"方"字，有中、左、右三尚署。元只置中尚监，明废。三国魏马钧因其巧思和工艺精湛而被任命为尚方令，他曾改进织绫机，制造水碓、指南车等，为中国古代机械制造和纺织业的发展做出了重要贡献。

【尚食】古代官名。掌管帝王膳食。秦始置，东汉以后，合并于太官、汤官。北齐门下省有尚食局，置典御二人。隋改典御为奉御，唐因之，为六尚之一。金元尚食局属宣徽院。明设尚膳监，由宦官掌管。后用以指御膳。

【尚书】儒家经典。"尚"即"上"，上代以来之书，故名。也称《书》《书经》。相传由孔子编选而成。保存了商周时期特别是西周初期的许多史料。分为《古文尚书》与《今文尚书》。西汉初存28篇，即《今文尚书》。另有相传汉武帝末年鲁恭王刘余从孔宅壁中发现的《古文尚书》，已佚。今存东晋梅赜所献的《古文尚书》，为伪作。现通行的《十三经注疏》本《尚书》，是《今文尚书》与伪《古文尚书》的合编。

【尚书郎】古代官名。秦汉时郎中令的属官有侍郎，为宫廷近侍。东汉以后，取孝廉中之有才能者入尚书台，在皇帝左右处理政务，尚书属官初任称郎中，满一年称尚书郎，三年称侍郎。魏晋以后尚书各曹有侍郎、郎中等官，综理职务，通称为"尚书郎"。隋唐以后，中书、门下及尚书省所属各部均以侍郎为长官副职，官位渐高。至明清，递升至正二品，与尚书同为各部堂官。

【尚书令】古代官名。秦、西汉时为尚书之长官，掌管收发文书。汉武帝以后，职权稍重，为宫廷机要官员，宣达诏命，裁定章奏。东汉为尚书台长官，总揽朝政，无所不统。三国沿置，或代行宰相之职。魏晋后，职位渐高，至唐即成真宰相。以唐太宗曾为尚书令，后人不敢居此名，遂不复置，尚书省长官仅至左、右仆射。至宋，名位益高，排班在太师之上，为亲王及使相兼官或赠官，不实授。

【尚书省】古代官署名。汉成帝时设尚书员，东汉设尚书台，也称中台。群臣章奏，都要经过尚书。南北朝时始称"尚书省"，下分各曹，为中央执行政务的总机构。唐宋时与中书省、门下省合称三省，长官称尚书令，负责宰相职务，其副职为左、右仆射；下统六部，分管国政。元代尚书省时置时废。尚书省的最高长官为尚书令，但是这个职位不常设置，所以以左、右仆射成为尚书省的实际长官。房玄龄、杜如晦在唐太宗贞观朝任职左、右仆射，二人精诚为国，共同辅佐唐太宗，成就"房谋杜断"治国理政之佳话。

【尚贤】《墨子》中的篇章。主张用人唯贤，举贤不辟亲、不辟疏，不分贵贱，唯能是举，选拔贤能的人做国君或官吏，废抑不才的人。文章批判了当时的官职世袭制度。

【烧衣节】在农历十月初一日。也称十月朝、十月朔。本于《诗经·豳风·七月》中"九月授衣"之义，此时天气转凉，朝廷在此日有赏赐大臣御寒冬衣的惯例，百姓则多于路旁焚烧用纸剪成的冥衣，希望亡故的亲人能够有衣物御寒，故称烧衣节。

【芍药】与牡丹相似。原产我国北部，约在三千年前已有栽培。今江苏扬州曾是芍药胜地，宋时称"洛阳牡丹，广陵（扬州）芍药"。清代北京丰台栽培盛极一时，有"丰台芍药甲天下"之誉。在古代文学作品中，芍药常与牡丹并称"花中二绝"，牡丹象征着富贵，而芍药则寓意着吉祥、幸福。芍药也常被用来表达男女之情，尤其是离别之时，芍药成为了惜别的象征，代表着对彼此的依恋和不舍。它在春天结束时开放，不与牡丹争春，故被称为"殿春"和"五月花神"。

【韶濩】sháohuò。汤乐名。也指庙堂之乐，或泛指古乐。

【少保】古代官名。周置少师、少傅、少保，佐太师、太傅、太保辅弼君王，合称"三少"或"三孤"。后代亦有设置者，多用作加官、赠官。亦指太子少保，为辅导太子的官，亦用作虚衔。

【少府】古代官名。①秦官九卿之一。管宫廷总务。掌管山海池泽的税收和皇室手工业制造，供皇帝享用，属于皇帝的私府。东汉掌管宫中服御诸物、衣服、宝货、珍膳等。魏晋南北朝沿置，或称少府卿。②县尉的别称。县令称明府，县尉职位低于县令，故称少府。

【少傅】古代官名。周置少师、少傅、少保，佐太师、太傅、太保辅弼君王，合称"三少"或"三孤"。后代亦有设置者，多用作加官、赠官。亦指太子少傅，为辅导太子的官，亦用作虚衔。

【少昊】传说中的古帝。名挚，字青阳，为颛顼之叔。也作"少暤"。相传是皇娥与太白金星所生。以金德王，故也称金天氏。又因其居于穷桑，都城在曲阜，故也号穷桑帝。春秋时的郯国君主自称为少暤的后代。相传其即位时见有凤鸟飞来，于是以百鸟之名为百官的名称。

【少牢】古代祭祀所用的祭品为羊、豕时，称少牢。也称小牢。因在祭祀前须将所用的牲畜用牢畜养一段时间，故牢养过的祭品牛、羊、豕称"牢"。

【少师】古代官名。①周置少师、少傅、少保佐太师、太傅、太保辅弼君王，合称"三少"或"三孤"。后代亦有设置者，多用作加官、赠官。亦指太子少师，为辅导太子的官，亦用作虚衔。②乐官。特指乐官太师的副手，主管音乐的演奏。

【召陵之盟】召，Shào。公元前656年，齐、楚在召陵（今河南漯河）举行的会盟。齐桓公三十年（前656），以蔡附楚，齐桓公率齐、鲁、宋、陈、卫、曹、郑、许八国军队攻蔡，蔡溃，挥师向南，陈兵楚境，责楚不尊王室，贡赋有缺。楚惧齐师，主动求和，齐桓公遂与楚大夫屈完会于召陵，结盟而还。齐国借此遏止了楚北进中原的势头，巩固了自己的霸业。

S

【邵雍】 （1011—1077）北宋理学家。字尧夫，自号安乐先生、伊川翁等，谥康节。其先范阳（治今河北涿州）人，幼随父迁共城（今河南辉县）。隐居苏门山百源之上，后人称为"百源先生"。师从李之才，学习《河图》《洛书》与伏羲八卦等易学知识，并在此基础上形成了自己独特的宇宙观和哲学体系，在易学方面有深入研究和独到见解，其易学被称为"邵易"，他被誉为"易圣"。此外，他创立了先天图和二进制数率排列图，为现代科学的发展提供了基础。与周敦颐、程颢、程颐、张载并称为"北宋五子"。著有《皇极经世》《伊川击壤集》等。

【绍圣绍述】 宋哲宗亲政后恢复熙宁以来新法的举措。北宋元祐八年（1093）高太后去世，哲宗亲政，次年改元绍圣，表示"绍述"（继承）其父神宗的新法。起用章惇、曾布等新党人士，贬逐吕大防、刘挚等旧党人士，尽废元祐法度，恢复青苗、免役等法。此后，新旧党争愈演愈烈。

【绍兴和议】 南宋高宗绍兴十一年（1141）与金订立的和约。宋向金称臣，金册立赵构（高宗）为宋帝，每年贡纳银、绢各二十五万两、匹，宋、金间东以淮河，西以大散关（今陕西宝鸡西南）为界，以南属宋，以北属金，开展互市。为了扫清议和障碍，宋高宗、秦桧以"莫须有"的罪名杀害岳飞，制造了岳飞冤狱。绍兴和议确定了宋金之间政治上的不平等关系，结束了长达十余年的战争状态，形成了南北对峙的局面。

【折阅】 折，shé。阅，卖。宋朝纸币贬值之称。原指折价销售，纸币盛行后转指币值折价。

【蛇矛】 古代兵器名。由矛头、矛柄、矛镦三部分组成。矛头长二尺余，扁平且弯曲如蛇形，故名。《三国演义》中张飞以使用丈八蛇矛著称。

【阇梨】 阇，shé。梵语音译词"阿阇梨"的简称，即高僧。后泛指僧人。

【社仓】 隋以后为备荒而设置于乡社的粮仓。北齐征"义租"，在州县设仓存储。隋开皇五年（585）始设义仓，向民户征粮积储，备荒时放赈。因设在里社，故名"社仓"。唐初以来由各县督立，多由民户摊纳粟米入仓备荒，至玄宗时废弛，演为杂税之一。南宋朱熹因义仓设在州县，往往不能起救荒作用，又另设社仓于福建崇安（今武夷山市）开耀乡，民间募储，贷米收息，由"乡人士君子"管理，后在一些地区推广。元朝复立里甲义仓，官府定期查核。明有预备仓，有时有义仓和社仓。清规定乡村设社仓，市镇设义仓，实际上两者并无区别。

【社稷】 社，土神。稷，谷神。古代土地和五谷是人类生存的基本保障。土神和谷神成为重要的原始崇拜物。帝王每年都要祭祀土神和谷神，称祭社稷。后"社稷"成为国家象征，被用来代称国家。

【社日】 古代祭祀社神的日子。社神，相传为古代共工氏之子，名曰后土，掌管土地与农业之事。其俗起源于先秦。汉代以前，只有春社而无秋社，汉代以后始有春、秋二社。

【舍】 shè。古代行军计程以三十里为一舍。

【舍利】 舍，shè。梵语音译。原指释迦牟尼遗体火化后，骨灰里结成珠状的物质。由八位国王分取，建塔供奉。后也指高僧圆寂后焚烧剩的骨殖。佛教将其视作珍宝，意在"金刚常住，是明永存；舍利刹见，毕天不朽"。佛教认为舍利分为三种：一为骨舍利，白色；二是发舍利，黑色；三是肉舍利，红色。菩萨、罗汉的舍利也分为三种。

【舍人】 舍，shè。古代官名。①本宫内人之义，后世以为亲近左右之官。《周礼》有舍人，掌宫中之政。秦置太子舍人，为太子属官。魏置中书通事舍人，掌传宣诏命，以后名称屡更，南朝梁称中书舍人，隋称内书舍人，自宋至明皆称中书舍人，清废。带"舍人"二字之职官历代有很多。隋置起居舍人，掌修记言之史。唐置通事舍人，掌朝见引纳。明清于内阁中书科也设中书舍人，掌书写诰敕。此外，宋有阁门宣赞舍人，元有直省舍人、侍仪舍人，明有带刀散骑舍人，则皆为近侍武职。②战国至汉初，王公贵人私门之官，通称舍人。③宋元以来俗称显贵子弟为舍人，或称小舍。④明代武职应袭支庶也称舍人。

【射佃】 射，逐取，追求。佃，diàn，旧时农民向地主或官府租种土地。金元百姓向官府求租官方所有或逃亡人户的田土。

【射礼】 古代军礼。在周代曾属嘉礼。起源于上古氏族社会的军事教育。射，指射箭技术的训练。古代射箭是打仗、狩猎的重要手段。商代对外征伐掠夺，拥有庞大的军队，射、御等军体教育占有重要地位。周代射术是选士标准之一，创制射礼，分大射、宾射、燕射、乡射四种。仪节繁复庄重，对所

用弓、箭、侯（箭靶）、乐舞等有不同的规定和程序。

【摄政王】 因皇帝年幼或其他原因不能亲政时，代理皇帝处理国家大事的王。如清初顺治帝的叔父、睿亲王多尔衮代顺治帝摄政。清末，慈禧太后命醇亲王载沣代年幼的宣统帝溥仪摄政。

【歙砚】 歙，shè。文房用品。因产于安徽歙州（治今歙县）而得名。始于唐代。其色如碧云，叩之似金声，抚之若柔肤，具有不吸水、不耗墨、不损笔、易洗涤的特点。雕刻精细，造型浑朴。为我国"四大名砚"之一。

【申韩之术】 战国法家代表人物申不害、韩非倡导的治国之术。韩非综合商鞅的"法"治，申不害的"术"治，慎到的"势"治，提出以"法"为中心的"法、术、势"三者合一的统治术，主张尊君抑臣、控制臣下等策略。

【身丁钱】 宋朝向成年男子征收的一种人口税。也称丁钱。人口税始于汉代，五代时吴越称身钱。宋南方仍沿袭此制，不分主、客户，纳税对象为年二十至六十的丁男，有些地区扩大至幼儿和老人。主要纳钱，也有纳绢、绵、米的，各地税额不同。主要在四川以外的南方各路征收。真宗以来逐渐废除。

【参商】 参，shēn，星名，参宿。商，星名，心宿。两星分列西、东，彼此出没，互不相见。相传高辛氏有两个儿子，大儿子叫阏伯，小儿子叫实沈。兄弟不睦，帝尧就派二人各主参、商二星，永不相见。后世把兄弟不和比喻为参商。也比喻亲朋久别不能重逢。唐代杜甫《赠卫八处士》："人生不相见，动如参与商。"

【绅】 古代士人在腰间束系一根丝质腰带，在中间打一大结后垂下的一段称为"绅"。官员上朝时常持笏以奏事，而入朝之前或退朝时往往将笏插在腰带上，因此后人将"缙绅"作为高级官员的代名词。后世又有"乡绅""绅士"等称呼。

【深衣】 古代诸侯、士大夫闲居时所穿的一种衣服。其特征是上衣与下裳相连为一体，下摆不开叉，衣襟接长，向后拥掩，衣边和袖口都有镶边，称为"续衽钩边"。因其形制为前后深长，故名。深衣袂圆、袷方、裾平、缝直，有规矩权衡准绳之意。西周时，深衣是诸侯、大夫、士闲居常服，也是普通百姓的吉服。秦汉以来的多种服饰都是在其基础上变化发展而来的。

【神】 各类宗教和神话传说中，主宰物质世界的，具有超自然力的人格和意识存在。神的想象和观念产生于原始社会后期，是人类面对暂不能理解和征服的自然力量，脑中幻想的一种能与之对抗的人格化力量，也是一切宗教的核心。随着人类社会的进一步发展，生产力的提高，阶级的产生，在不同的宗教中，出现了主宰一切的至高神和等级诸多的神，以及由其构成的天界体系。关于神的传说，极为丰富地存在于古今中外各类文学作品中，如我国的《封神演义》《西游记》等。

【神策军】 唐禁军名。唐天宝十三载（754）陇右节度使哥舒翰在洮州西设神策军，以成如璆为军使。安史之乱时，神策故地沦没，归陕州（今河南三门峡陕州区）节度使节制。唐代宗时转为禁军，分为左、右，专由宦官分任左、右神策军护军中尉统领，德宗以来成为禁军主力，也是宦官专权的武力基础。

【神怪小说】 我国古典小说的一类。以其内容叙述神怪之事而得名。也称神魔小说。鲁迅在《中国小说史略》中首次提出"神魔小说"的概念。其源头是魏晋志怪小说和宋元说经类话本，内容以神魔怪诞之事为主。该类小说在明清时期较为兴盛，著名的有《西游记》《封神演义》《镜花缘》《三宝太监西洋记》《平妖传》。

【神话】 文学体裁。通过神仙或神化的古代英雄故事，反映古代人民对世界起源、自然现象及社会生活的原始理解。它虽不是现实生活的科学反映，但也表现了人们与自然力的斗争和对理想的追求。与迷信不同，神话富有积极的浪漫主义色彩。如嫦娥奔月、鹊桥相会、愚公移山等故事，至今仍常为世人所引用。

【神灭论】 南朝齐梁时范缜著。针对当时佛教宣扬的"神不灭"论，范缜针锋相对地提出"形存则神存，形谢则神灭"。他主张人的精神只是形体所发生的作用，而形体则是精神所从属的实体；精神依存于形体，不能离开形体而独立存在。此论代表了中国古代无神论形神观的最高水平，对后世无神论的发展有较大影响。

【神农】 神农氏，古史中也称炎帝，我国古代传说中的"三皇"之一，相传是农业的始祖。发明了耕种技术以及最初的农具，培育了五谷食粮，教授先民农耕技术，使人们从以捕食飞禽走兽为生，逐步发展为以农耕为生，从此百谷繁盛，人们摆脱了食物来源不足的困境。神农氏还在此基础上创立了市场交易。他规定以日中为市，聚天下之货，民众交易而归，各得其所。他又亲尝百草，识别各种植物的性质和药用价值，从而使人们知道如何利用天然的草药治病，提高了抵抗疾病的能力，因此也被奉为医药之神。

【**神韵说**】清诗学理论。王士禛提出，其总结前人对神韵的论述，推崇司空图、严羽的诗论，发展成一种诗学理论，即"神韵说"。其基本特征是自然传神，韵味深远，不事人工雕琢，标举冲淡、超逸、清远，强调"兴会神到"，追求"得意忘言"，主张以清淡闲远的风神韵致为诗歌的最高境界。神韵说与性灵说、格调说、肌理说并为清代前期四大诗歌理论派别。"神韵说"的诗人一般被归为"神韵派"。

【**神州**】①中国的别称。战国时，齐国人邹衍创立"大九州"学说，谓"中国名曰赤县神州，赤县神州内自有九州"。后世即以神州代称中国。②指京都。

【**沈括**】（1031—1095）北宋科学家、政治家。字存中，号梦溪丈人，杭州钱塘（今浙江杭州）人。嘉祐进士，提举司天监。熙宁中参与王安石变法，曾任太子中允、史馆检讨、三司使等职。晚年居润州，筑梦溪园（今江苏镇江东）。学识广博，在天文、地理、数学、物理、化学、生物、医学等多个领域都有深入研究，其代表作《梦溪笔谈》是中国科学史上的一部重要著作，对当时科学发展和生产技术的情况，凡有所见，俱为记录。如水工高超、木工喻皓、发明活字印刷术的毕昇，以及炼钢、炼铜的方法等，均在其记载之中。又精研药用植物与医学，著《良方》十卷。著述近四十种，传世的尚有《长兴集》。

【**沈约**】（441—513）南朝梁文学家。字休文，吴兴武康（今浙江德清）人。出身于门阀士族家庭，历仕宋齐梁三代，助梁武帝登位，为尚书仆射，封建昌县侯，官至尚书令，卒谥隐。沈约在文学上成就卓著，他创立了注重声律、对仗的"永明体"，对后世诗歌尤其是近体诗的发展产生了深远影响。还与周颙等人共同提出了"四声八病"的理论，促进了诗歌创作的规范化。在史学方面，著有《晋书》《宋书》《齐纪》等，其中《宋书》被收入"二十四史"。

【**沈周**】（1427—1509）明代画家。字启南，号石田，晚号白石翁。长洲（今江苏苏州）人。出身于家境殷实的书香世家，少有才名，十五岁游金陵，作诗献给巡抚侍郎崔恭，崔恭现场测试，让他写一篇《凤凰台赋》。沈周援笔立就，让崔恭大为叹服。其诗文、书法和绘画均有很高成就，尤其在绘画方面，是明代中期文人画的代表人物之一。他的山水画继承了"元四家"（黄公望、王蒙、倪瓒、吴镇）的传统，又有所创新。画风笔墨厚重，色彩浓重，构图饱满。四十岁前多为小景，之后始绘大幅。其细笔一路，工整缜密，气象浑融。花鸟与写意人物，用笔简括苍老，注重神采。他的创作态度极为严肃审慎，虽落笔点苔，也绝不苟且。当时被推为画坛领袖，在其影响之下，形成"吴门画派"，又与文徵明、唐寅、仇英并称"明四家"。

传世作品有《庐山高图》《秋林话旧图》《沧州趣图》。书法亦有名，著有《石田集》《客座新闻》等。

【慎独】 儒家的修身之道。指当独处而无人监督时，仍能够自觉地坚守信义，一丝不苟，不做违背道德准则的事。

【升】 ①容量单位。春秋时期，齐国旧制以4升为1豆。汉制，10合为1升。②量器名。

【升官图】 中国古代一种博戏。纸上画文武大小官，掷骰，以第一掷为进身之始，其后计点数彩色，以定升降。以四为德，以六为才，以二、三、五为功，以幺为赃。遇德则超迁，才次之，功亦升转，遇幺则降罚。唐人称彩选，宋人有选官图、选仙图，明人有百官铎，均属此类博戏。

【升科】 明清定制，新开垦的田地，一般水田六年、旱田十年不征税，满年限后，按照赋税规定，征收钱粮，与普通田亩同等，称为升科。也称起科。

【生旦净末丑】 传统戏曲的行当。原分十大行当：一末二净三生四旦五丑六外七小八贴九夫十杂，后概括为五大行当：生旦净末丑。生：一般扮演净、丑以外的普通男性人物，常是剧中的主要人物。旦：一般扮演女性人物。根据剧中人物的年龄、身份、性格、表演特点等进行划分，有正旦、花旦、闺门旦、玩笑旦、刀马旦、武旦、老旦等。净：一般扮演品貌或性格特异的男性人物，也称大花脸，俗称花脸、花面。末：宋杂剧中有副末。元杂剧的正末是同正旦并重的两个主要角色。明清戏曲中都有末，主要扮演中年男子。表演上基本与生、外相同。近代京剧，末已逐渐并入老生行，不

再有此区分。汉剧则仍作为一个主要行当。丑：一般扮演诙谐或邪恶的男性人物，由于化妆时常在鼻梁上抹一小块白粉而俗称小花脸，又同净角的大花脸、二花脸并列，俗称三花脸。

【生券军】 宋元时期外出征战而须增发军饷的军队。其名始于南宋，元朝沿称。生券即出征军士在熟券之外加发的口券，可凭此另支一份军饷。由于其多为军中精锐，故襄樊之战后，吕文焕所属生券军为元朝收编，用于侍卫、征战和屯田，其下的熟券军则被留居襄阳从事农耕。

【生员】 国学及州、县学在学学生。唐代国学、太学、四门学、郡县学分别置生若干员，此为"生员"之名所始。唐代，指在太学学习的监生。宋以后监生与生员有别。明清时，经本省各级考试，录取入府、州、县学学习者，都称生员，俗称秀才。也称诸生、庠生、弟子员、博士弟子员。明清生员，有"廪生""增生""附生"之别。

【笙】 shēng。中国传统管乐器名。"八音"分类中"匏"的代表乐器。由簧片、笙管、笙斗三部分组成。因形似植物从土中生长出来，故古人命名曰"笙"。簧片古时用竹制，后改用响铜；笙管为长短不一的竹管，于近上端处开音窗，近下端处开按孔，下端嵌接木质笙角以装簧片，并插入笙斗内；笙斗用匏、木或铜制成，连有吹口。有圆形、方形等多种形制，簧管自十三至十九根不等。奏时手按指孔，吹吸振动簧片而发音。殷周时已流行。能奏三或四个音组成的和音，音颤而柔和，是民间器乐合奏中的重要乐器，昆曲用以配笛伴唱。

【圣人】 我国传统文化中，人格品德、智慧都达到完美境界的人物称为圣人。儒家典籍中推崇的圣人有尧、舜、禹、汤、文、武、周公、孔子等。自从儒家成为正统思想以后，圣人特指孔子。

【胜邪】 古宝剑。相传春秋时铸剑大师欧冶子铸造湛卢、纯钧、胜邪、鱼肠和巨阙五把宝剑，传欧冶子在铸造这把剑时感受到了剑中的恶气，因此命名为"胜邪"，意为战胜邪恶。这把剑后来为吴王阖闾所得。

【失出失入】 因审判官的原因造成减轻或加重犯人刑罚的罪名。如一个人的罪行致死却没有判为死刑，叫"失出罪"；如罪行不到死却判死刑，叫"失入罪"。此罪名起源较早。唐律规定，不当减轻刑罚造成失出的，按减轻部分刑罚各减三等处罚审判官；不当加重刑罚造成失入的，按加重部分刑罚各减五等处罚审判官。因对失入罪的惩处比失出罪轻，法官断罪时往往倾向于重，故唐以来皇帝常通过下诏宽刑来调节。

【师旷】 春秋时晋国乐师。字子野。目盲，善弹琴，听觉十分灵敏，能够辨别各种音律。晋平公（前557—前532）时铸了一口大钟，很多乐工都以为是合乎音律的，只有师旷认为不合音律，请求重新铸造。后来经过卫国乐师师涓的审度，果然不合音律。另有记载，卫灵公访问晋国时让其国乐师师涓演奏琴曲《清商》，师旷指出师涓所演奏的《清商》是商纣王的"靡靡之音"，属于"亡国之音"。相传《阳春》《白雪》《玄默》等曲均为师旷所作。

【诗话】 ①古代文学批评方式之一。评论诗歌、表达诗歌理论或记载诗人议论、行事的随笔式著作。写作诗话之风始于宋，由北宋至南宋，遂蔚成风气，欧阳修《六一诗话》是最早以"诗话"为题的著作，其他如司马光《续诗话》、陈师道《后山诗话》等。宋人所作诗话，存世者不下数十家。历金、元、明不衰，至清代极盛，如王士禛的《渔洋诗话》、袁枚的《随园诗话》等。②宋代说唱文学的一种，略如平话之类，其体制有诗也有散文。每节前为说话，末系以诗，故曰诗话。如《大唐三藏取经诗话》。

【诗经】 我国第一部诗歌总集。本称《诗》，汉代列为儒家经典，故称《诗经》。编成于春秋时代，相传曾经由孔子删定，共305篇，又称"诗三百"。分为"风""雅""颂"三类，其中"风"有十五《国风》，"雅"有《大雅》《小雅》，"颂"有《周颂》《鲁颂》《商颂》。形式以四言为主，运用赋、比、兴手法，采用重章复沓的结构。代表了春秋中叶以前诗歌创作的最高成就，是我国现实主义诗歌的源头，对我国两千多年来的文学和文化的发展有深远的影响。

【诗品】 诗论著作。南朝梁钟嵘著。原名《诗评》。约成书于梁天监十二年（513）以后，三卷。选择自汉至梁一百二十余位五言诗人，别其等第，分为上、中、下三品，并缀以简短评语。其评论多从体貌风格出发，或用形象比喻，或从读者审美感受角度加以形容。对一部分诗人，还按其作品风貌，论述其继承关系和流派。为现存最早的诗论专著，对后世颇有影响，被视为历代诗话之祖。

S

【鸤鸠】 鸤,shī。鸟名。即布谷鸟。因其鸣叫正值我国南方麦熟种稻之时,鸣声又好像"布谷,布谷",似乎在催促着人们耕种谷物,因此得名布谷鸟。

【施耐庵】 元末明初小说家。生平事迹不详。名子安,钱塘(今浙江杭州)人。元至顺进士。因与当道不合,遂弃官闭门著书。博古通今,才华横溢。通常认为是《水浒传》的作者。

【施主】 梵语音译为"檀越"。是佛教对向寺院施舍财物、食物之人的敬称。

【蓍】 shī。又名蓍草、锯齿草、蚰蜒草。上古视蓍草为神异之草,传说一株要数百年乃至千年才能长成百茎,因而认为它能预知吉凶,故蓍草在古代被用于占卜,象征着智慧和对未来的洞察力。其四季常青,象征长寿。叶子形似"吉"字,被视为吉祥的象征。

【十八省】 清代行政区域。清初对长城以南的明代故土,仍采用明制,分为十五省,只把其中的北直隶改为直隶省,南直隶改为江南省。康熙时将陕西分为陕西、甘肃两省,湖广分为湖北、湖南两省,江南分为江苏、安徽两省,即所谓"内地十八省"。而边疆地区由将军、都统、参赞大臣、办事大臣、驻藏大臣等统辖,不用省的建制和名称。直到光绪年间,才在新疆、台湾、奉天、吉林、黑龙江陆续建省。

【十段锦册法】 明中叶南方部分地区实行的一种赋役改革。也称十段文册、十段丁田、均平需鞭。简称十段法。天顺时初行于福建;正德年间江南各府相继仿行。清查全县各里甲人户名下丁、田数目,分成十段,各段负担能力大体均平,每年徭役编派一段供应。以田亩分段的,又名十段田法。嘉靖中期改变此法,以便加派赋役。每年编役不限于一甲;一甲的田有余,留作以后派差;不足,提下甲田地补充。实际提用较多,故又名提编。嘉靖、隆庆间盛行江南浙、闽等地,不久为一条鞭法替代,万历年间仅云南等地仍在施行。

【十恶】 我国古时所制定的不可赦免的十项重大罪名,即谋反、谋大逆、谋叛、恶逆、不道、大不敬、不孝、不睦、不义、内乱。汉代以后,陆续出现不道、不敬等罪名,北齐有"重罪十条",但还没有"十恶"的名称。隋开皇年间,在法典中正式将"十恶"定为罪名,明确这些犯罪行为性质恶劣,处罚很重。其中谋反、谋大逆两罪尤其严重。犯者均判斩刑,年龄达到16岁以上的父、子连坐,处以绞刑。明清律对犯者判凌迟处死。犯这十种罪,不在"八议""常赦"的论赎范围之内。从唐代到清代,除元代改称诸恶外,相沿不改。

【十恶不赦】 古代刑律中有十项重罪一般不能被赦免。"十恶"始见于隋代开皇年间,唐律沿隋制,后各朝代沿袭此律。

【十二次】 古人为测量和说明日、月、五星的运行和节气的转换,把黄道附近一周天由西向东十二等分,依次命名为星纪、玄枵、娵訾、降娄、大梁、实沈、鹑首、鹑火、鹑尾、寿星、大火、析木,叫作十二次。也称十二星次。每个星次由二十八宿中的某些星宿作为其标志,如星纪配斗宿、牛宿,玄枵配女宿、虚宿、危宿。余皆仿此。

【十二律】中国古乐的十二调。阳律六：黄钟、太簇、姑洗、蕤宾、夷则、无射；阴律六：大吕、夹钟、仲吕、林钟、南吕、应钟。共为十二律。始于周，定型于战国秦汉时期。各律从低到高的音名依次为黄钟、大吕、太簇、夹钟、姑洗、仲吕、蕤宾、林钟、夷则、南吕、无射、应钟。其中奇数为阳，称"律"。偶数为阴，称"吕"。总称"六律六吕"，或简称"律吕"，对应于十二个月及地支。在上古时代，人们把乐律和历法联系起来，一年十二月正好和十二律相对应。

【十二生肖】一种以动物纪年、确定人的生年及属相的习俗。也称十二属相。十二生肖是从十二地支演变而来，在先秦文献中就已经有十二地支与动物相对应的痕迹。云梦睡虎地出土秦简中有关于十二生肖的记载。东汉时，十二地支与十二种动物的对应关系完全确定下来，具体为：子鼠、丑牛、寅虎、卯兔、辰龙、巳蛇、午马、未羊、申猴、酉鸡、戌狗、亥猪。南北朝文献中开始出现"某属猪""某属龙"的记载，将十二地支对应的动物作为该年的代号和生于此年的人的属相。唐代以后，十二生肖便流行起来并出现一些与生肖相关的禁忌和讲究。据传，宋徽宗属狗，便严禁屠狗；明武宗属猪，便禁止百姓养猪。

【十二章】古代帝王的冕服上的十二种图样。即日、月、星辰、山、龙、华虫、宗彝、藻、火、粉米、黼、黻。相传每种图案都有其寓意。日、月、星辰象征皇权照耀四方，皇恩浩荡。山象征帝王政权的稳固和强大。龙象征帝王善于审时度势地处理国家事务。华虫是五彩雉鸡，象征帝王要文采昭著。宗彝象征帝王忠孝之美德。藻象征帝王品性高洁。火象征帝王的行为光明磊落，率民上归天命。粉米象征帝王重视农桑，安邦兴国。黼象征帝王的威仪干练。黻象征帝王要明辨是非。

【十番鼓】合奏乐名。用笛、管、箫、弦、提琴、云锣、汤锣、木鱼、檀板、大鼓十种乐器演奏，故名。其乐有花信风、双鸳鸯、风摆荷叶、雨打梧桐等名目。起于明万历时，今仍流行于江苏、浙江、福建等地。初以打击乐器为主，后亦杂以多种管弦乐器，其种类因时因地而异，所用乐器亦有不限于十种者。

【十国楚】五代时十国之一。马殷在今湖南一带建立的割据政权。也称马楚、南楚。马殷唐末崛起于湖南，公元896年据今湖南之地，907年受后梁封为楚王，建都潭州（今湖南长沙），其疆域曾达今广西东北部。951年为南唐所灭。共历6主，56年。

【十国闽】五代时十国之一。王审知在今福建一带建立的割据政权。公元893年王潮据今福建之地，任福建观察使，旋升威武军节度使。后其弟王审知在909年被后梁封为闽王。933年其子延钧称帝，建都长乐（今福建福州），国号闽。943年延钧弟延政又在建州称帝，国号殷。945年复国号闽，为南唐所灭。共历6主，37年。

【十国吴】五代时十国之一。杨溥在今淮南至江西一带建立的割据政权。也称南吴。公元892年杨行密为唐淮南节度使，据扬州，902年受唐封为吴王，建都广陵（今江苏扬州），有今江苏、安徽、江西和湖北一部分。905

年，杨行密去世，其子杨渥继位，大权旁落摄政徐温。908 年，张颢杀杨渥，立其弟杨隆演，919 年晋吴国王，改元武义，920 年，杨隆演去世，徐温立其弟杨溥为吴国王，改元顺义。927 年，徐温去世，养子徐知诰继其权位，杨溥称帝。937 年为徐知诰所代。共历 4 主，36 年。

【十驾斋养新录】 笔记体著作。清代钱大昕著。"十驾"这个名字来源于《荀子·劝学》中的"驽马十驾，功在不舍"之说，意味着坚持不懈的努力。而"养新"则取自钱大昕祖父的书斋名，寓意对先贤学识的怀念与继承。体例略同顾炎武的《日知录》。全书二十三卷，按照不同的主题内容编排，涵盖了经学、小学、史学、官制、地理、姓氏、典籍、词章、术数、儒术等多个领域。论证缜密、见解深刻，如其中提到的古无轻唇音、古无舌上音等创见，对音韵学有重要影响。

【十六国】 时代名。西晋末年，乘各族人民纷纷起义之机，上层分子起兵建立政权，形成分裂局面。从公元 304 年刘渊称王起，至 439 年北魏统一中国北部止，共 135 年。各族统治者建立的割据政权有 16 个：成汉、二赵（前、后）、三秦（前、后、西）、四燕（前、后、南、北）、五凉（前、后、南、北、西）、夏，史称"十六国"。另有二魏（冉、翟）、西燕、蜀、段部、仇池和宇文部；北魏的前身代国也在这时建立，共 24 个。

【十七史】 中国历史上十七部重要正史的合称。《旧唐书·经籍志》著录《史记》《汉书》《后汉书》《三国志》《晋书》《宋书》《南齐书》《梁书》《陈书》《魏书》《北齐书》《周书》《隋书》13 部，《宋史·艺文志》正史类又增加了《旧唐书》《新唐书》《旧五代史》《新五代史》4 部，合称"十七史"。一说，宋人习称上述十三史及《南史》《北史》《新唐书》《新五代史》为"十七史"。

【十七帖】 帖，tiè。草书法帖名。晋王羲之所书信札，因开头有"十七日"字，故称。唐贞观时，命爱好书法的京官隶属弘文馆学习书法，拿出禁中法书做范本，其中有《十七帖》，所以又有"馆本"之称。《十七帖》书法，体势雄健，为草书绝品。

【十全武功】 清代乾隆自诩的十大征战成果。公元 1747 至 1792 年间两征金川、两征准噶尔、平定回部、降服缅甸和安南、镇压台湾天地会起义、两征廓尔喀等。乾隆帝撰写《御制十全记》以记述自己一生的"十全武功"，因此得称"十全老人"。

【十三行】 行，háng。小楷法帖。东晋王献之书《洛神赋》残存的一段，自"嬉"字起，至"飞"字止，计十三行，故名。十三行最突出的用笔特征是外拓，在挥运之中敛放自如，使点画更显得凝神静气，劲美健朗，奕奕动人。原来的墨迹写在麻笺上，内容为曹植的《洛神赋》。该文以浪漫主义的手法，通过梦幻的境界，描写人神之间的真挚爱情，但终因"人神殊道"无从结合而惆怅分离。王献之所书《洛神赋》（十三行）飞动超逸，虚和简静、灵秀流美，与文章内涵十分和谐，被誉为"小楷之极则"。

【十三经】 十三部儒家经典的合称。汉代开始，把《诗》《书》《易》《礼》《春秋》称为"五经"。唐代又把《周礼》《礼记》《仪礼》《公羊传》《榖梁传》《左传》与《诗》《书》《易》称为"九经"。唐文宗刻石经,将《孝经》《论语》《尔雅》列入经部。宋代又将《孟子》列入,因有"十三经"之称。

【十三经注疏】 南宋"十三经"之名形成后,学者们将汉代以来历代学者对这十三部经典所作的注释进行筛选和汇编,即《十三经注疏》。这十三部典籍都为儒家所看重,因此历代都有许多学者为其作注释。注释在古代有很多方法和别称,如传、注、解、说、训、诂、笺、章句、音义、直解等。前人的注释多了,后人作新注时,就将前代各家注释加以集中、对比和分析,便有了集传、集注、集解的注释方式。随着历史的变迁,语言和文字发生了很大变化,前人所作的注释也不易读懂,因此又有针对前代注释所作的注释,称疏,也称正义、疏义、义疏等。具体来说,《周易》用三国魏王弼、晋韩康伯注,唐孔颖达等正义。《尚书》用伪孔安国传,孔颖达等正义。《毛诗》用汉毛亨传、郑玄笺,孔颖达等正义。《周礼》《仪礼》都用郑玄注,唐贾公彦疏。《礼记》用郑玄注,孔颖达等正义。《左传》用晋杜预注,孔颖达等正义。《公羊传》用汉何休注,唐徐彦疏。《榖梁传》用晋范宁注,唐杨士勋疏。《论语》用三国魏何晏等注,宋邢昺疏。《孝经》用唐玄宗注,邢昺疏。《尔雅》用晋郭璞注,邢昺疏。《孟子》用汉赵岐注,宋孙奭疏。

【十三史】 唐代将西汉以来的《史记》《汉书》《后汉书》《三国志》《晋书》《宋书》《南齐书》《梁书》《陈书》《魏书》《北齐书》《周书》《隋书》十三部正史合称为"十三史"。

【十三翼之战】 公元 1190 年,蒙古乞颜部首领铁木真(即后来的成吉思汗)抗击扎答阑部首领札木合的战役。约 1189 年,铁木真被各部推举为部落首领,与扎答阑部首领札木合发生冲突。1190 年札木合集结泰赤乌等十三个部落共三万人进攻铁木真。铁木真也将所部三万人分为十三翼迎战于答兰版朱思之野(在今蒙古国成吉思汗市西北),故名。此役铁木真虽败,却打出了威名,又因札木合大肆残害俘虏,排斥异己,引起部众不满,转附铁木真,反而使铁木真实力增强。

【十善】 佛教指十件善事,即不杀生、不偷盗、不邪淫、不妄语、不两舌、不恶口、不绮语、不贪欲、不瞋恚、不邪见。因十善是佛教的戒律,所以也称十戒。与十恶相对而言。

【十通】 《通典》等十部典志书的总称。其中《通典》《通志》《文献通考》称"三通",清乾隆时加入官修的《续通典》《清通典》《续通志》《清通志》《续文献通考》《清文献通考》六书,合称"九通"。1935 年加入刘锦藻撰的《清续文献通考》,成为"十通"。

【十字纲册】 明后期推行的食盐专卖新制。也称纲法。万历四十五年(1617)厘定"纲册凡例",将纳过余盐银而未支盐之商名,挨资顺序,刊定一册。时积滞未支盐引约二百万,以"圣德超千古,皇风扇九围"十字,编为十纲,以纳过余盐二十万引之盐商,为一纲,每年以一纲行积引,九纲行新引。那些销售旧引的商人只需收取旧引本息,不会让他们承受新引拖累的痛苦；那些销售新引的商人只需速行领取新引，不会让他们受到旧引套扼的危害。两者互不相关，各得其利。通过这种方式，每十年就可以完全清理一次积引。

【**什一之税**】战国时期田税的通称。李悝变法时已推行，各国制度多为田亩产量的十分之一，但实际征收量往往超过。

【**石鼓文**】我国现存最早的刻石文字。唐朝初年，在天兴（今陕西宝鸡）的一个名叫三畤原的地方，发现了十块鼓形石，上用籀文分别刻着十首记述秦国国君游猎情景的四言诗，也被称为"猎碣"。鼓形石上的文字出土时已受损，据记载宋欧阳修所见时仅剩四百八十五字，而后字数愈少，更显珍贵。历代文人如杜甫、韩愈等都有诗篇题咏。该石的发现对于我国古代文字以及书法艺术的发展具有极其重要的研究价值。原石现藏北京故宫博物院。

【**石榴**】果名。汉武帝时张骞自西域城国安国传入内地，也称安石榴。夏月开花，果实形如球，熟则色红而开裂。又称丹若、涂林。石榴内部含有众多籽粒，这在古代被视为子孙繁衍、家族兴旺的象征，常被用来祝愿人们多子多孙、福寿绵长。石榴的外形圆润，内部籽粒紧密相连，也象征着家庭成员之间的和睦相处和团结互助。

【**石门颂**】东汉摩崖刻石。隶书。碑额题"故司隶校尉楗（犍）为杨君颂"，建和二年（148）刻。刻石原在陕西汉中褒城石门崖壁上，石门即汉中褒斜谷通道。《石门颂》的文化内涵丰富，它记载、歌颂了东汉顺帝时的司隶校尉、犍为（今属四川乐山）人杨孟文"数上奏请"修复褒斜道的事迹。也称《杨孟文颂》。

【**石砮**】砮，nǔ。用石磨制的箭头。据说，周武王灭殷后，国势强盛，四方属国纷纷前来朝贡。北方的肃慎族便是其中之一，他们贡献了楛矢石砮，周武王为了表彰自己的长女，将北方的肃慎族献来的楛矢石砮赐予了分封陈国的女婿胡公，这个传说反映了石砮在古代的重要性。

【**石渠阁会议**】汉宣帝时在长安未央宫北石渠阁召集的经学会议。自汉武帝罢黜百家、独尊儒术，设五经博士，置博士弟子员以后，说经者日众，经说越细碎，异说越纷歧。甘露三年（前51），宣帝命众儒生讲论"五经"同异，并亲临裁定，旨在统一经义解释，强化儒学地位。参加者有施雠、梁丘临（贺子）、欧阳地余（高孙）、戴圣、刘向等。这次会议标志了鲁学得势，其主要成果体现于会后辑成的《石渠议奏》。汉代博士经说的分家，除《诗》学原有鲁、齐、韩三家外，其余都始于石渠阁会议。

【**石涛**】（1641—约1718）清初画家。本姓朱，名若极。明靖江王朱赞仪十世孙。明亡后为僧，法名原济，亦作元济，字石涛，号苦瓜和尚、大涤子、清湘陈人。与弘仁、髡残、朱耷合称"清初四僧"。早岁居无定所，屡游安徽敬亭山、黄山，晚年定居扬州，以卖画为生。其画作以山水为主，同时也擅长花鸟画。所作山水、花果、人物，笔墨雄奇纵恣、构图新颖善变，意境苍莽，景象蓬勃，极富艺术感染力，对后世画家影响深远。石涛的艺术成就，一方面体现在他对传统绘画技法的深刻理解和掌握，另一方面则表现在他对传统绘画规范的打破和创新。他提出的"我自用我法"的绘画理念，强调画家应该根据自己的感受作画，不必过分拘泥于前人的规矩，这一思想对后来的"扬州八怪"以及近现代的画家们都产生了重要影响。工书法和诗。著有《苦瓜和尚画语录》等，后人辑有《大涤子题画诗跋》。其传世画作有《松鹤图》《云山图》《乔松图》《枯墨赭色山水》及《山水册》等。

【石油】 古称石漆、石脂、火油、猛火油、雄黄油、石脑油。常从地下流出，与溪流相混。大规模地开采，则需人工开掘油井。初汲出的油，名原油，稠厚，色黄或褐，带绿闪光。《汉书》记载石油的存在，其所述高奴（今陕西延长县一带）的延河支流露头的油苗浮在水面，人们已经注意到它的可燃特性。《魏书》记载新疆地区产石油，《水经注》记载甘肃酒泉产石油。最初石油只做燃料，用于点灯、煮饭、取暖，后用作车轴与机械的润滑油，南北朝时开始用于军事和医药。军事上，以石油为主要原料的燃烧剂点燃后，水无法浇灭，火反而会越烧越旺，故名"猛火油"。五代到宋元时在战争中逐渐普遍使用，如猛火油柜是较早的火焰喷射器。水战时，也可用猛火油洒物，焚烧敌船。唐宋时，今陕北一带人民用含蜡量极高的固态石油制作蜡烛，称为"石烛"。北宋时，为将石油用于军事，政府设立"猛火油作"，是世界上最早的炼油车间，所提炼的油易燃性大大提高，超过原油，

相当于今天的煤油或柴油。北宋科学家沈括以石油炭黑制墨，首次使用"石油"的名称，并记入《梦溪笔谈》中。明代，我国在四川嘉州（今乐山）凿成第一口石油竖井，深度达数百米，较美国在1859年钻成二十多米深的油井，约早三百年。在石油的发现与利用史上，中国古代居于世界领先地位。今甘肃玉门、陕西延长等地，自古以来就是著名的石油产区。

【时宪历】 成于明末的一种阴阳历，清顺治二年（1645）始颁行。"时宪"取自《尚书》："惟天聪明，惟圣时宪。"清代因避讳高宗弘历，改称"时宪书"。此历法正式采用定气，是我国历法史上第五次也是最后一次大改革。

【时享】 古代吉礼。在四季奉祀祖先的礼仪。起源很早，西周以来称春祠、夏礿、秋尝、冬烝。天子按季节用每季的时令祭品馈食于先王，各有其器用仪节，介于日祭、月祀和岁贡之间。秦汉以来沿此损益。民间祭祖也仿此。

【实封投状】 宋以来官田买卖、租赁和官营工商业经营权转移中行用的招投标方式。较买扑制（一种包税制度）严密和完善，即由买主出价，密封后投状官府，招标结束之日当众开验，价高者得。

【实录】 中国古代编年史的一种体裁，专记某一皇帝统治时期的大事。从据实编录史志发展而来，故称。最早见于周兴嗣撰、记载梁武帝事的《梁皇帝实录》和谢吴撰、记梁元帝事的《梁皇帝实录》。至唐初，每帝嗣位，都由史臣撰先帝实录，成为定制。后世沿之。又，私人记载祖先事迹的文字，有时也称实录，如唐代李翱《皇

祖实录》。

【实授】 正式授予官职。明制，京官部寺所属，初任为署职，考满后始实授；御史、中书舍人则必经试职方实授。清代以额定之官职正式除授，也称实授。

【实学】 明清时期学术派别，反对明理学空疏的学风，主张经世致用、注重事功。如清代颜元、李塨师徒创立的颜李学派，注重研究实际问题，主张实学、实事、实功并重，倡导亲身习行践履，反对死读书。如清代以黄宗羲、万斯同、章学诚等为代表的浙东学派，倡导注重研究史料和通经致用的学风。

【拾】 臂套。皮制，古人射箭、架鹰时的护臂。也称臂鞲、捍、遂。套在左臂，或套于两臂。妇女亦用以为装饰。

【食干】 干，gàn。东魏、北齐时特有的一种封赏官员的制度。干本指仆役小吏，南北朝成为配给官府、官僚的一种职役，北齐定制按官吏品级配给，由州郡县隶户充当，一干输绢十八匹可放免其身，所收钱物按额发放给应得官僚，有时也特赐给宠臣。

【食盐法】 金元按户口摊派食盐定额并据此征税的制度。

【史馆】 古代官署名。官修史书的机构。北齐始置，负责修史，由宰相主管，称监修国史。唐太宗时始以史馆为宰相兼领职务，后为定制，另设修撰、直馆等官。史馆的职能主要是编修国史，如《晋书》《梁书》《陈书》《北齐书》《周书》等重要的历代历史文献，都是在史馆中编修完成的。此外，史馆还负责记录皇帝的言行、编纂诏书和奏折、管理国家档案等事务。宋代设昭文馆、史馆、集贤院，称为"三馆"，掌理秘书图籍等事。清代分设国史馆、实录馆。国史馆随时修纂，实录馆则专编前一代皇帝的政令。"唐宋八大家"之曾巩曾任史馆修撰，专典史事，曾作诗《和史馆相公上元观灯》。

【史记】 史书。原名《太史公书》。西汉司马迁撰。中国第一部纪传体通史。作者据《左传》《国语》等史书及诸子百家之书，利用皇家收藏的文献，益以实地采访的资料编写而成，取材极富。记事起于传说的黄帝，迄于汉武帝，长达三千年左右，尤详于战国、秦、汉之际。共130篇，分为12本纪、30世家、70列传、10表、8书。本纪记录了帝王的言行和政绩，是全书的提纲；世家讲述了王侯的故事，反映了他们的品德和功绩；列传则记录了各类杰出人物的生平和贡献；表以表格形式简述世系和重要事件；书则记述了制度、文化、经济等方面的内容。每篇文章末尾，都有司马迁的总结性评论，称为"太史公曰"。上述体例为后世各正史所沿用。对历史人物的叙述，语言生动，形象鲜明，在文学史上有很高地位。鲁迅评价为"史家之绝唱，无韵之《离骚》"。

【史可法】 （1602—1645）明末大臣。字宪之，号道邻，河南祥符（今开封）人。崇祯进士。崇祯帝死后，他在南京拥立福王朱由崧（弘光帝）为帝，建立南明政权，官至兵部尚书。顺治二年（弘光元年，1645），清军大举围攻扬州城，史可法拒绝清主将多尔衮的诱降，坚守孤城。不久后城破，史可法拒降遇害。当时正值夏天，史可法的遗骸无法辨认，其义子史德威与扬州民众在城外梅花岭筑衣冠冢以纪念。史可法死后南明朝廷谥之为"忠靖"，清乾隆帝追谥为"忠正"。后人收辑其著作，编为《史忠正公集》。

【史评】 评论史事或史书的著述。源于早期史官的论赞和对有关史书的议论。评论史事的专著有王夫之《读通鉴论》《宋论》，评论史书方面的专著有刘知幾《史通》和章学诚《文史通义》。旧时图书史部分类中辟有"史评"专目。

【史通】 史学著作。唐代刘知幾撰。刘知幾曾在史馆修史，参与编修《唐书》《武后实录》，因不满于当时史馆制度的混乱和监修贵臣对修史工作的横加干涉，于中宗景龙二年（708）上书求罢史任，退而私撰《史通》，以申其志。共20卷，49篇，其中内篇36篇，外篇13篇。内篇对古代史籍进行了全面深入的探讨，分别论述史学源流、体例以及史料的搜集、鉴定、比次、撰述与写作方法等。外篇多为读史札记，系统叙述历代史官的建置与史书的编撰得失。刘知幾提出史学家必须具备史才、史学、史识"三长"。史才，是研究能力和表述技巧；史学，是历史知识；史识，是历史见解与取舍标准。"三长"必须兼备，而史识是最重要的。史识的核心是忠于历史事实，秉笔直书。史有"三长"之说，对后世有很大影响。

【使臣】 ①身负君命，出使外国的官员。张骞是汉朝的使臣，两次出使西域，开辟了"丝绸之路"，促进了东西方文化的交流。②宋代对部分低级官员的称谓。有用于特定职务的，如熙宁中选指使巡教诸军，称"巡教使臣"；州、府所设捕"盗"官员，称"缉捕使臣"。有用于表示官阶地位的，如绍兴中重定武臣官阶，其第四十三、四十四两阶训武郎、修武郎为大使臣；第四十五至五十二阶为小使臣。③随军之各色人员也称使臣或效用使臣，南宋时有一军战士仅二三千人，而使臣多至五六百人。

【使持节】 古代官吏奉使外出时或由皇帝授予节杖，以提高其威权。"使持节"中的"节"，实际上是中国古代常用的信物，因用途不同而种类繁多。封建帝王所遣使者规定持"旌节"，使命完成后，再予以归还。持节者是钦差，权力极大。朝廷命将，以节为信，指挥军队。魏晋南北朝时，掌地方军政的官往往加"使持节"的称号，给以诛杀中级以下官吏之权。次一等的称"持节"，可杀无官职的人。再次称"假节"，可杀犯军令的人。至隋唐刺史，例加"使持节"的虚衔，如某州刺史必带"使持节某州诸军事"。唐永徽以后，都督带"使持节"，则为节度使。在唐代，"使持节"成为一种特殊的荣誉，通常授予那些功勋卓著的高级官员。郭子仪曾任左仆射、太尉、代国公等职，在平定"安史之乱"中表现出色，为唐朝立下了汗马功劳，因此被授予"使持节"的荣誉。

【使相】 唐时，以宰相官衔加予节度使作为荣典，节度使等使职加宰相衔者称"使相"。宋时，多以亲王、留守、节度使等官衔加给侍中、中书令、同平章事者，也称"使相"，但不干预政事。如王安石罢相后以镇南军节度使同平章事判江宁府。明代称以辅臣身份督师者，清代也用以称呼兼大学士的总督。

【士】 商、西周、春秋时最低一级的贵族阶层。周初的士拥有土地和奴隶。春秋时期，士是军队的主力，或担任卿大夫的家臣，或有食田，或有俸禄。后逐渐失去贵族特权，转化为地主阶级或自耕农的一部分。同时，出现大批专门从事文化活动的文士。各国权贵养士之风很盛行。士也成为各国新的官吏队伍的后备队，逐步演变成知识分子阶层的通称。

【士大夫】 对某一阶层或某一类人的通称。不同时代，人群涵盖范围不同。起源于战国时期，用来泛指官吏和士人阶层。西汉前期，主要指武人或军官。东汉以后，随着士族的兴起，逐渐成士族、官员、豪族的通称。士大夫属于统治阶层，一般拥有官衔。科举制度确立后，士大夫的地位更加稳固。他们在经济上大多是地主，尽管不一定拥有土地。士大夫通常接受过儒学教育，有资格通过科举考试从政。

【士夫画】 文人画。泛指中国封建社会中文人、士大夫所作的画，以别于画院待诏、祗候等所作的院体画。宋苏轼提出"士人画"，明董其昌称为"文人之画"，他以唐代诗人王维为创始者，同时以其为南宗之祖。多取材于山水、花鸟、竹木，以抒发"性灵"或个人牢骚，间亦寓有对民族压迫或腐朽政治的愤懑之情。文人画的主张，要求画必须有"士人气"和"书卷气"，否则虽极工亦属"匠画"，不得入画品。士夫画讲求笔墨情趣，脱略形似，强调神韵，并重视文学修养，对意境表达及水墨、写意等技法的发展有很大影响，但其末流，玩弄笔墨形式，意境空虚贫乏。

【士家】 魏晋以来世代为兵的家庭。也称兵户、军户。为保障兵源，对罪犯、贱户及俘虏、流民等强制编定户籍。其籍称为士籍、兵籍，子女称为士息、士女，地位高于奴婢但低于平民。南北朝至隋逐渐消亡。

【士庶】 魏晋南北朝时士族和庶族的等级区别。东汉末年以来，大官僚地主依靠政治、经济特权，逐渐形成大姓豪族，称"士族"或"世族"，不属于士族的则称为"庶族"或"寒族"。士族往往充任高官显职，并享有占田、荫客、免役、免商税等特权。士庶的界限严格，在车舆礼服上不同，也互不通婚。庶族为求进身，常依附于士族为门生。

【士族】 东汉以后逐渐形成的各地大姓豪族、显贵之家，在政治、经济各方面享有特权。也称世族、势族。士族是从战国以来的豪强地主、贵族、有权势的商人、地主发展起来的，往往充任高官显职，把持中央和地方权力。魏晋以来，实行九品中正制后，出现了上品无寒门，下品无士族的门阀统治，士族享有一系列特权，身份地位与寒门庶族差别很大。后隋文帝杨坚即位后，废除九品中正制，"取士不问家世"，但士族制度到唐代末期才渐趋消亡。

【氏族】 原始社会由血缘关系结成的基本经济单位和社会组织。也称氏族公社。产生于旧石器时代晚期，初以女性为中心，称母系氏族，后过渡到以男性为中心的父系氏族。氏族内部禁婚，集体占有生产资料，集体劳动，集体消费，平均分配，无剥削和阶级。公共事务由选出的氏族长管理。重大问题（如血亲复仇、收纳养子等）由氏族成员会议决定。随着生产力的提高、私有制和阶级关系的确立，氏族制度开始解体，为一夫一妻制家庭所取代。

【世兵制】 把部分户口固定下来世代承担兵役的制度。起源可以追溯到汉末的质任制，当时为了确保士兵的稳定和防止逃散，军阀将士兵的家属集中管理，形成了军户。魏晋以来流行，为保障兵源，立专籍管理，其家须世世为兵，有"士家""军户"等称，身份低下。北周至隋唐演变为府兵制，身份渐同平民。辽、金、元多与部落兵制结合，明卫所及清八旗、绿营兵也皆专籍世袭。

【世家】 古称世代显贵的家族为世家。因王侯开国，子孙世代承袭，故称。《史记》把记述诸侯王和重要人物的传记称为世家，将秦末农民起义领袖陈涉、儒家宗师孔丘，也列入世家，是表示特予尊崇。《汉书》将其并入列传以后，仅梁武帝敕撰《通史》以三国蜀、吴列为"世家"，欧阳修《新五代史》以十国列为"世家"，元修《宋史》以十国列为"世家列传"。

【世说新语】 志人小说集。原称《世说》，也称《世说新书》。南朝宋刘义庆撰。原为八卷，今本作三卷。分德行、言语、政事、文学等三十六门。主要记载汉末至东晋士大夫的言谈、逸事。书中所载的人物和故事，反映了当时的社会风尚和道德观念，展现了名士们的风采和清谈玄言的社会风气。这些故事短小精悍，语言精练，辞意隽永，往往寥寥数语，人物神采毕现，对后代笔记文学颇有影响。

【世外桃源】 晋代陶渊明在《桃花源记》中虚构的一个理想世界。一位捕鱼的武陵人沿着溪水前行，忽逢桃花林，夹岸数百步，中无杂树，芳草鲜美，落英缤纷，不知不觉中进入与世隔绝、没有遭受祸乱、安乐而美好的桃花源中。后用"世外桃源"比喻不受外界干扰、与世隔绝或安居乐业的好地方。

【世翁】 对有世代交谊的长辈的尊称。富贵人家帮闲凑趣的门客对主人也尊称"世翁"。

【世袭】 帝位、爵位、领地等由一个家族世代承袭相传的制度。原始社会初实行的是禅让制。大禹去世后，其子启杀死原由禹指定的王位继承人伯益，夺得王位，建立夏朝，开启了家天下的历史，自此帝位世袭制代替禅让制。周代王位由嫡长子世袭，余子分封为诸侯，诸侯的君位也由嫡长子继承。清代的爵位世袭都限定世数，不限世数的前加"世袭罔替"，意思是世袭次数无限，继承的爵位不降等级。世袭制一直沿袭到清代。

【世袭领兵制】 将领之家世代统带所属军户和士兵的制度。盛行于三国孙吴，某些将领可世代袭领其兵，服从朝廷调遣。此后各时期该制度均有不同程度存在，但军户对将主的依附关系已逐渐减弱。

【世兄】 对有世代交谊的同辈或晚辈的称呼。科举制时，也用于尊称座师或房师的儿子。

【世子】 帝王、诸侯的嫡长子。一说因其世代相传不绝，世代继承父位，故名。西周到战国时期，世子即太子。清代，亲王的嫡子得封为世子。

【**仕女画**】通常指以封建社会里上层妇女为题材的中国画，属于中国画中的工笔人物画范畴。简称"士女"。一称"绮罗人物画"。其特点为设色浓丽，体态丰腴，姿态娴雅。魏晋时期独立成科。长沙马王堆汉墓出土的帛画《仕女图》是早期仕女画的代表作。到了唐代，受到历史及外来文化影响，形成时代新风貌，出现了绮罗人物画，是仕女画题材的扩展。典型的绮罗人物画以张萱、周昉为代表，他们创造了"铁丝描"和"游丝描"的综合技法，能更好地表现宫廷妇女、传说仙女等，穿着丝绸织品的华丽服饰，所画女子"衣裳简劲，彩色柔丽"，所以突出这类纹饰和艺术手法的仕女画，称为绮罗人物画。后随着文人画的成熟，工笔人物画走向衰微。

【**市**】古代商品交易的场所。此称呼至今仍使用，与集、墟、场等有相同的意思。原始社会就有了商品交易的场所，当时人为日中为市。后随着经济的发展，又有了以集市交易时间为特征的夜市、鬼市等。在"市"的形成与发展中又产生了行业、货运以及相应的管理机构与职能等的分工。

【**市舶司**】古代官署名。负责对外贸易的管理、法令、征税等事。唐设有市舶使，也称押蕃舶使，多由地方官兼职，或由中人担任。宋代在广州等地，设市舶司，也称市舶务，置提举官。元明时称为市舶提举司，长官称提举。清代不设。

【**市籍**】经官府准许，在市（特定的商业区）营业的商贾的户籍。秦汉时期如要从事商业活动必须向官府登记入籍，并缴纳市租。同时对商人采取抑制政策，秦代七科谪中征发"贾人"和"尝有市籍""父母有市籍""大（祖）父母有市籍"的人服重大劳役或戍边。汉代规定，列入市籍的商人不得坐车、穿丝绸衣服及携带武器，还须承担繁重的赋税，子孙不得做官。后世商人仍有专门的户籍，唐宋以来这种限制逐渐放宽。

【**市门税**】北魏末年因国用不足向入市者征收的税种。凡入市坊之门者，每人一钱，北周初废。

【**市平**】平衡市场物价。王莽新朝时推行的价格政策。将货物分为上、中、下等，以每季仲月之价为准，定出平均价格，货物市价高于此则官府抛售，低于此则收购，以平抑物价，增加财政收入。后世市场管理，仍有此类制度。

【**市易法**】北宋王安石新法之一，由政府设置专门机构平抑市场物价。熙宁三年（1070），王韶在陇西古渭寨，用官钱设市易司，控制西北边境贸易。熙宁五年（1072），王安石参照王韶所行制定市易法，先在汴京（今河南开封）试行，设都市易司，边境和重要城市设市易司（务），由监官或提举官主持。平价收购市上滞销货物，允许商贾贷款或赊货，按规定收取息金。元丰八年（1085）后陆续废除。以后兴废无常。南宋时废止。

【**市易务**】宋朝掌管城市官营商业、借贷业和政府购买的机构。

【**事力**】南北朝时供官府或官僚役使办事的人员。也称手力、吏力、公力。由兵户充当者称为兵力。北齐有"干与"力","干"出所部之人,"力"多由白直充当。

【事略】 文体的一种。记述人或事的梗概,有别于正式传记。起于宋代,常用于记述已故的亲戚朋友或历史事迹。如王偁《东都事略》、归有光《先妣事略》、李元度《国朝先正事略》等。

【侍读】 古代官名。陪侍帝王读书论学或为皇子等授书讲学之官。其职务与侍读学士略同,然级别较其为低。唐置侍读学士,后废。宋有翰林侍读学士及翰林侍读之官,掌进读书史,讲释经义,备顾问应对。明清设于翰林院,有侍读学士、侍读,与侍讲学士、侍讲均为较高级之翰林官。清制另于内阁置侍读学士掌典校、侍读掌勘对,与翰林官有别。

【侍讲】 古代官名。汉代有侍讲的称号,但未设官。以之名官起于三国魏明帝景初二年(238),以曹爽弟彦为散骑常侍、侍讲,始用作官名。唐始设侍讲学士,其职为皇帝、太子、皇子讲论文史。宋沿置,并设侍讲、侍读,都由懂文学的官员兼任。元明清为翰林院额定之官,有侍讲学士、侍讲。南北朝唐宋诸王府,亦有侍讲。

【侍郎】 古代官名。秦汉时郎中令的属官有侍郎,为宫廷近侍。东汉以后,尚书属官,初任者称郎中,满一年称尚书郎,三年称侍郎。隋唐以后,中书省、门下省及尚书省所属各部均以侍郎为长官的副职,官位渐高。至明清,升至正二品,与尚书同为各部堂官。"唐宋八大家"之一韩愈受唐穆宗赏识,曾担任刑部侍郎、兵部侍郎等职,有"韩侍郎"之称。

【侍卫亲军】 五代、宋、元皇帝的御前亲军。五代至宋与殿前军并置,同属禁军系统。元初忽必烈建立武卫军,公元1264年改称,分左右翼,1271年分为左、中、右卫,后发展至三十余卫。

【侍中】 古代官名。加官,加侍中就能出入宫禁,成为皇帝的亲信。秦始置,为丞相属官,往来殿中奏事,故名。汉沿用为加官。因侍从皇帝左右,出入宫廷,应对顾问,地位日渐贵重,如卫青、霍去病、霍光都以侍中晋升,权势或过于宰相。东汉置为正式职官。魏晋以后,实际上已相当于宰相。隋因避隋文帝父亲杨忠讳改称纳言,又称侍内。唐复称侍中,成为门下省长官,乃宰相之职。

【试帖诗】 诗体名。源于唐代,受帖经、试帖影响而产生,为科举考试所采用。其诗大都为五言或七言、六韵或八韵的排律,并限韵脚,以古人诗句或成语为题,冠以"赋得"二字,故也称赋得体。清代试帖诗,格式限制颇严,内容大多直接或间接歌颂皇帝功德,并须切题。

【室】 古代住宅中位于中央前堂后面的房间,主要供人居住睡觉。古人的住宅内部前面正中一大间为堂,也称厅堂,是主人生活起居和接待宾客的地方;堂的后面一墙之隔是主人的卧室,称为室。室的两侧房间称为房。室是通过堂才能进入的,所以有"登堂入室"的说法。由此也可以看出古时称妻子为"室人"、称家庭成员为"家室"等的说法的由来。后来也把具有房间性质的场所称作室。

【室名】 古代文人为自己的书斋或居室所取的名称,多寄托主人的意趣心态和抱负。宋淳熙八年（1181），词人辛弃疾在信州上饶郡城外建了一间书房，因旁边全部开辟为田亩，所以取名为"稼轩"，意思是面对着庄稼的轩房。后来他的作品集被弟子命名为《稼轩长短句》，随着其词作的广泛流传，"稼轩"之号也广为人知。

【室韦】 古代东胡族群。也作"失韦""失围"。东胡的一个分支。南北朝时期主要分布在黑龙江上游一带，以狩猎为生。分为南室韦、北室韦、大室韦、深末怛室韦、钵室韦五部，历史上曾向东魏、北齐等中原政权进贡，隋唐时与中央政权关系密切，先后属唐朝慎州、黎州以及室韦都督府等管辖，分为二十多部，其中部分在公元10世纪被契丹兼并。

【轼】 安装在车舆前的横木，形如半框，有三面，供人扶手或凭倚用。古人在行车途中，前面遇到人或车，即扶轼表示敬意，这个动作也叫"轼"或"式"。

【释奠】 古代学校举行的祭祀先圣先师的典礼。在祭典中呈上牲畜、酒等祭品，并伴以音乐、舞蹈，以表尊师重道。周代学校在每年春、秋、冬季及开学、学校落成时都释奠先师。后来也成为孔子祭祀中的主要典礼，曲阜孔庙也举行释奠礼。

【释名】 训诂学著作。东汉刘熙著。八卷。体例仿《尔雅》，分为释天、释地、释山、释水等27篇。所释词语总计1502条。专用声训，以音同、音近之字诠释词义，推究事物命名的由来。虽不免穿凿附会，但对探求语源、考证汉代名物、典制、风俗，辨证汉代音义等均有一定参考价值。

【谥号】 谥，shì。古时帝王、后妃、文武大臣以及具有社会声望的人士死后，根据其生平事迹与品德修养，评定褒贬，给予寓含善意评价或评判性质的称号。相传，谥号始于周代。从内容上分美谥、平谥、恶谥三种，皆用有固定含义的字来表示。美谥用文、武等，如周武王、孝文帝。平谥用哀、愍等，如汉哀帝、晋愍帝。恶谥用厉、炀等，如周厉王、隋炀帝。谥号或为官谥，或为私谥。帝王的谥号由礼官议上，由即位皇帝宣布。大臣的谥号由朝廷赐予，此均属于官谥。由亲属、朋友或门人为表达对死者的崇敬和怀念而给予的称私谥。如东晋陶渊明去世后，南朝宋颜延之定谥为"靖节"。私谥在宋明时期比较常见。

【收孥】 孥，nú，妻子和儿女的统称。指一人犯法，拘捕其妻子、儿女充当官奴婢的制度。战国秦律有此规定，始创于商鞅变法时。后代相沿，株连的程度渐轻。汉文帝认为此制度有违法理人情，下令废止。

【手号军】 宋及元初手背刺墨以为记号的地方军队。也称手记军、涅手军。宋制禁军刺墨于面，各地屯驻军及部分义勇则刺墨于手背，以防逃亡。元灭南宋后，曾把后者收编为新附军。

【手力】 宋朝从事追催赋税和城郭征科等的一种职役。一般以第二、第三等户充当。

【手实法】 唐宋时令民户自报田地和财产等作征税根据的办法。也称首实法。唐行租庸调法时，每年年底命地方基层单位（里）的居民自报年龄及田地面积，编成"乡账"。长庆四年（824），元稹在同州整顿赋税，令百姓自报，名"自通手实状"。宋仁宗时，周湛和苏颂都曾施行许民自言、自实的办法。神宗时，吕惠卿又创五等丁、产簿，规定申报项目极广。尺椽寸土，鸡豚家畜，均须陈报。如有隐匿，许人告发，以查获资产的三分之一给赏。因扰民太甚，民怨沸腾，不久罢废。

【手影戏】 我国民间传统儿童游戏。只要一烛或一灯，甚至一轮明月，就可以展开巧思，通过手势的变化，创造出各种人或动物的逼真形象。《都城纪胜》记杭州瓦舍众伎"杂手艺"中就有"手影戏"一项。因手影主要做给儿童看，于是兔子、狗、猫等就成了手影的主要表现对象。

【守节】 封建社会约束妇女的道德规范。要求妇女谨守闺门，不与男子接触，婚后要从一而终，夫亡不得再嫁，要为丈夫终身守节，甚至殉夫。起源于周代萌芽的贞操观念。汉代至北宋，上自帝室公主、官宦之女，下至平民之妇，夫亡再嫁仍是普通的现象。自宋以后，随着程朱理学成为官方哲学，它所宣传的那套夫为妻纲的道德说教，也被抬到至高无上的位置，反映在婚姻关系上，便有"从一而终""饿死事小，失节事大"的种种奇谈怪论。为了配合这种论调，由皇帝带头，旌表节妇贞女。各级政府和地方乡绅也层层配合，紧相呼应，并愈演愈烈。到了清代，"贞节"二字便成了规范妇女"人伦之大，风化之美"的最高准则，无数妇女的青春与幸福也随之葬送。

【守岁】 传统节俗。除夕之夜，一家团坐，饮酒笑乐，通夜不眠，称为"守岁"。其俗源于晋以前，至今犹然。

【守制】 丧礼仪式之一。遵守服丧期间的各种限制。西周时，服丧期间有各种禁忌限制。汉晋以来，这些规定逐渐制度化，官员服丧渐有定制，如在祖父母或父母丧期内，儿子、长房长孙不得进行娱乐活动，不得嫁娶，不得参加科举考试，要在家守孝27个月（不计闰月），在任官员须离职守丧期满后才能起复为官等。但在具体实行中，也多不遵古制。

【首辅】 明对首席大学士的习称。嘉靖、隆庆和万历初首辅、次辅界限严格，首辅职权最重，主持内阁大政，次辅不敢与较。清代领班军机大臣之权较重，一般也称为首辅。

【受戒】 佛教信徒通过既定的仪式接受戒律。只有经过这一过程，才能被称为比丘（僧）、比丘尼（尼）或居士。戒律包括在家修行者接受的五戒及八关斋戒、出家修行者接受的十戒等。另受戒也指伊斯兰教朝觐时的仪式和礼节。

【受脤】 脤，shèn，古代祭社稷用的生肉。周以来在社庙接受祭肉的仪式。常在作战出师前举行，后世沿之。

【授兵】 古代藏兵器于宗庙，打仗时先祭告，然后把兵器拿出来发给军士，称授兵。这一过程往往伴随着祭告宗教仪式，以祈求出征顺利。

【授时历】 元代许衡、王恂、郭守敬等编定的历法。至元十八年（1281）赐名颁行。因取古语"敬授人时"意，故名。此历应用弧矢割圆术来处理黄经和赤经、赤纬之间的换算，并用招差法推算太阳、月球和行星的运行度数，定365.242 5日为一回归年（距近代观测值365.242 2，仅差26秒）、

29.530 593 日为一月，没有中气的月份为闰月。其精密度和日月食预测达到空前水平。此法废除上元积年的历法传统，在宋金历法基础上有所革新，明初颁行的《大统历》基本沿用其内容，是我国历史上施行最久的历法。

【授田】 国家向农民分配土地使用权的制度。战国以来行之，凡成家立户著籍之民，授予一定数量的田地，受田者向官府缴纳赋税。北朝至隋唐均田制为其余绪。

【兽炭】 一种燃料。以炭屑和香料，用模具压成兽形，点燃用以取暖，同时有浓郁香气。也称香兽。

【绶】 丝织的带子，原用于串联玉器，战国时期开始成为官员系配官印的带子，至汉代经不断发展变化，逐步形成了完整的佩绶制度，用不同的颜色和长短、绪头的数量体现佩带人的身份和品级。绶一般和官印一起由朝廷颁发，挂在右腰一侧，打成一大环结，剩余部分自然下垂。贮绶有绶囊，用于放置官印。

【瘦西湖】 唐代以来随着扬州城址的不断变迁，人工开挖的护城河，与大运河相通。经人工整理成湖。位于江苏扬州西北。因湖面狭长，绚丽多姿，可与杭州西湖媲美，故名。是名声远扬的文化游览胜地，著名风景点有西园曲水、大虹桥、小金山、钓鱼台、莲性寺、白塔、凫庄、五亭桥、平山堂、平远楼、谷林堂、观音山、欧阳修祠等。清代乾隆皇帝多次南巡至此。

【殳书】 殳，shū，古代撞击用的兵器。秦书八体之一。因文字刻于兵器或瓠形物体上，故称。代表作有《大良造鞅戟》和《吕不韦戈》。这两件作品都是兵器上的铭刻文字，展现了殳书独特的艺术风格和书写方式。大良造鞅戟是秦国的一种兵器，上面刻有"大良造鞅之造戟"的铭文。

【书】 史书体裁的一种。纪传体史书的组成部分。司马迁《史记》创始，设《礼书》《乐书》《律书》《历书》《天官书》《封禅书》《河渠书》《平准书》八书，记载天文、地理、律历、灾异以及典章制度的原委。其中，《河渠书》是我国历史上第一部水利通史，概述了从上古时期至秦汉时期的水利发展情况。

【书牍】 牍，dú，古代用以书写的木简。文体名。书信简牍之类的通称。"书"指书信，包括启、笺、移、牍、简、札、帖等。书牍文涉及的内容相当广泛。通常用散文形式，也有用骈文写成的。起源于春秋，盛行于魏晋以后。

【书后】 文体名。写在他人著作后面，对他人著作有所说明或评论。题目通常作"书某篇后"或"题某篇后"，故名。也称题后。始见于苏轼《书曹孟德传后》。再如韩愈《张中丞传后叙》、陆龟蒙《书李贺小传后》，皆为书后之体。

【书品】 书学论著。南朝梁庾肩吾著。一卷。载汉至梁能书者120余人，分上、中、下三等，每等再分上、中、下，共为九例，各附短论，品评其书法艺术的成就。文前有总序，每品各有论。总序论述文字的起源与造字的规律，各种书体的特点和使用。上上仅列张芝、钟繇、王羲之三人。庾肩吾在《书品》中还提出了"八病"概念，即书法创作中应避免的八种弊病，包括"偏枯""单一""斜弱""粗疏""狂怪""俗艳""轻浮"和"狂野"。这些概念对后世的书法创作产生了深远的影响，成为书法批评和创作中的重要参考。

【书谱】 书法理论著作、草书法帖。唐代书法家孙过庭撰并书。成书于垂拱三年（687）。书中详细记录了孙过庭在书法实践中的体验和感悟，对书法的笔法、章法、字法等方面进行了深入的探讨，并提出了"古不乖时，今不同弊"的著名书法观，强调书法艺术应与时俱进，不应墨守成规。书法本身亦极精湛，其用笔继承了"二王"笔法，峻峭挺拔，神采飞动，历代习草书者多取为范本。现藏于台北故宫博物院。

【书仪】 关于书信体式及日常礼仪的书。始自魏晋士大夫通行的书信格式，从南北朝到隋唐逐渐世俗化，包括日常生活起居注意事项和礼仪，主要有朋友书仪、尺牍范式、综合性的吉凶书仪等。《颜氏家训》记载，江南地区的人无论地位高低，都各有称谓，记载在《书仪》中。书仪从五代到宋以来比较流行，对民间礼仪产生深远影响。

【书院】 唐代中书省修书或侍讲的机构。玄宗开元六年（718），乾元院改号丽正书院。开元十三年（725）改丽正书院为集贤殿书院，置学士、直学士、侍读学士、修撰官等，掌刊校经籍、搜求遗书、辨明典章，以备顾问应对。宋至清时为私人或官府设立的供人读书、讲学的处所，有专人主持。宋代书院以讲论经籍为主，有白鹿、石鼓、应天、岳麓、丽正、象山等著名书院。元代书院遍及各路、州、府，在官府控制下，渐流为科举的预习场所。明清书院更多，但多为习举业而设。清光绪二十七年（1901）后，改全国省、县书院为学堂，书院之名遂废。

【书院田】 古代各地书院所有的学田。宋以来即为书院的基本收入之一，来源于私人捐赠及官府助学划拨之地，明清各大书院学田中，官拨的可高达七成左右。

【书状人】 宋元以来专门为诉讼人写状词的人。书状人大都通晓法律，擅长写文章。如所写的书状内容不符合实际，书状人须承担连带责任。

【枢府瓷】 元代景德镇烧造的青白瓷。因由元代军事机关枢密院订烧，有的器内印有"枢府"两字，故名。一说，因蒙古族崇尚白色，建立元朝后，"国俗尚白，以白为吉"，以白瓷作为官府用瓷及皇家祭器。枢府瓷工艺精致，色青泛白，多有印花。因其釉面色白微青，好像鸭蛋的色泽，故也称卵白釉。

【枢密使】 古代官名。唐代宗始置枢密使，以宦者为之，掌宫廷奔走，宣传机密诏奏，承受表奏，于内中进呈，若皇帝有所处分，则宣付政事堂及翰林院学士。其后宦官以此干预朝政，甚至废立君主，至昭宗时始改任士人。五代后梁建崇政院，改"枢密使"为"崇政使"。后唐庄宗同光元年（923）改"崇政院"为"枢密院"，"崇政使"为"枢密使"，实权或超过宰相。宋代略加变通，以枢密使为枢密院长官，与同平章事等合称"宰执"，共同负责军国要政。任此职者多为文官，偶用武人。宋代则以之称枢密院的长官。明以后多用为掌管军事的大臣的代称。

【枢密院】 古代官署名。自内廷机要部门发展而来的最高军政机构。唐代宗始设枢密使，不置司局，僖宗时置官署，为东、西两院。五代后梁建崇政院，后唐改为枢密院。至宋为最高军政机构，专掌军机及征战要务，参与最高决策的有枢密使、副使等官，与中书省并称为"二府"。元代枢密院主要掌握军事机密、边防及宫廷禁卫等事务；战时设行枢密院及枢密分院，掌一方军政。明太祖下集庆，即置行枢密院，自兼领，不久，改置大都督府。

【菽】 shū。豆类的总称。秦汉以后多指大豆。

【疏决】 清理积滞，对在押未审或已判处但未行刑的囚犯减免刑罚。秦汉以来，名称不统一。唐代始用此称，宋代沿用。宋景德中，真宗在盛暑疏决京师的囚犯，此后成为定制，多在夏初通过帝王的特别诏令实行。宋时规定，谋反、谋大逆、谋叛、恶逆、不道、大不敬、不孝、不睦、不义、内乱"十恶"罪犯和"四杀"不在疏决范围内。

【输备钱】 金代品官之家缴纳的一种杂税。据品官之家所具物力多少征收，以代杂役。

【赎刑】 用缴纳金钱或服劳役等抵罪以减免刑罚。起源较早，战国秦汉时期，可赎范围广泛，从疑罪推广到各种刑罚，常限杂犯死罪以下。魏晋以来又限身份，具体赎法各有规定。后世沿此有所变化。明清官民杂犯死罪以下，都可依例用钱钞、银两或劳役赎罪减免。

【熟券军】 宋元时期领取常规军饷的驻地留守军队。其名始于南宋，元代沿称。南宋为了有效管理军队和分配军饷，采取了发放口券的制度。口券分为生券和熟券，其中熟券发给驻在兵营和内地的军士，作为领取军饷的凭证。领取熟券的军队被称为熟券军。

【黍】 shǔ。谷物名。古代五谷之一。其不黏者，别名穄，也称稷。黍和稷为我国古代的主要粮食作物，在《史记》中，司马迁列举了与时辰相对应的五种谷物，其中包括黍。黍在民俗和礼仪中也扮演着重要角色。在古代，黍常常用于祭祀和重要的宴席场合，被视为一种珍贵的食材和祭品。同时，黍也与一些重要的节日和习俗相关联，如端午节时，人们会用箬叶、菰芦叶等包裹黍米制成粽子，寓意着祈福和团圆。因此粽子又称香黍、角黍。

【属国军】 辽朝向附属国征兵组成的军队。属国军在战时被征调参与征战，但平时并没有固定的编制和员额。属国军的从征记录始于辽太祖时期。

【属珊军】 辽太祖皇后述律氏选精壮和有技艺的俘虏组成的一支御帐亲军。"属珊"为契丹语"珍美如珊瑚"的音译。述律氏将从战争中俘获的有技艺的人户安置在自己的帐下，这些私人属户被称为属珊。属珊军与皮室军一起被称为御帐亲军，它不是一个常规的军事编制单位，而是匠户编制。

【署书】 秦书八体之一。以用于封检题字而称。署书是书法艺术的重要组成部分，它代表了古代官方文书和重要文献的书写方式。在古代，署书被广泛应用于官方文书、碑刻、铭文等场合，具有规范、工整、易读的特点。

【蜀】古族名、古国名。从商代起就有关于蜀的记载。据说蜀民族是该地氏族的一个分支，早期生活在现在四川岷江上游，主要以渔猎为生，后来逐渐进入四川中部平原地区，曾参与武王伐纣。西周中期以后首领蚕丛始称蜀王。春秋中期，由杜宇氏统治，建立蜀国，后禅位给开明氏，迁都成都。公元前 316 年秦灭蜀，置蜀郡。

【蜀汉】三国政权之一。公元 221 年由刘备在成都建立。旧史以别于前后汉，称为蜀汉。也称三国蜀、季汉、刘蜀。基于赤壁之战后刘备入蜀建立的政权。曹魏代汉次年，刘备承汉称帝，定都成都，占有今四川、云南的大部分，贵州、重庆全部，陕西汉中和甘肃白龙江流域的一部分。263 年为魏所灭。共历二帝，四十三年。

【蜀锦】我国著名的丝织品，主要产于四川成都，故名。与南京云锦、苏州宋锦以及广西壮锦并列为我国古代四大名锦。蜀地蚕桑生产历史悠久。蜀锦以染色熟丝织造，质地优良、图案丰富、色彩缤纷，早在战国时期，生产已颇具规模。秦灭巴蜀后，专设"锦官"管理当地织锦业。东汉末年就是蜀地的重要手工业产品。三国时蜀锦是蜀国重要的经济支柱。隋唐蜀锦也属于重要的贡锦品种。宋代在成都还专设有锦院。后曾一度衰落，清晚期再度繁荣。因蜀锦之名，成都也有锦官城之称，锦里也是指成都及蜀地。

【蜀科】科，法规，刑律。三国蜀汉时期为补充《汉律》而制定的刑法。出于当时治理益州地区的需要，由诸葛亮主持，与大臣李严、刘巴、法正、伊籍共同制定。此律规定比较严格。

【蜀葵】花名。因在每年端午节前后开花，故又称"端午花"。因其可达丈许，花有红、紫、白等色，但多为红色，故而得名"一丈红"。在我国传统文化中，蜀葵常被用来表达忠君向日、刚直不阿的态度，同时也与端午节驱邪避祸的习俗相关联。《蜀葵花歌》是唐代诗人岑参的代表作，体现了诗人对蜀葵之美的赞赏。

【蜀洛朔党争】宋元祐更化以来，旧党内部一场具有地方色彩的政治派别斗争。旧党是与宋神宗推行新政时的新党相对而言，主要有苏轼、吕陶、上官均等代表的"蜀党"，程颐、朱光庭、贾易等代表的"洛党"和刘挚、梁焘、王岩叟、刘安世等代表的"朔党"。其间有政见、学术之争，更多的是无原则的宗派倾轧。

【鼠尾册】古代官府据以征发的民户丁口、资产登录簿。也称鼠尾簿、虎头鼠尾册、龙头蛇尾册。起源甚早，北宋始编专籍，据以差派职役，其登录综据各户丁口多少、资产高下分等攒集，先富强，后贫弱，类似鼠尾由粗而细，故名。元朝循此损益，用以登录各等户口分别征派赋役。明朝据以征派丁粮差役，丁粮额多者登录在前，少者依次在后。

【术数】古代使用方术观察自然现象，预测国家人事吉凶祸福的活动。具体方法据《汉书》载，有天文、历谱、五行、蓍龟、杂占、形法六种。

【戍】边防区域的营垒、城堡。北魏时在边关要隘设置，驻兵戍守。大者称镇，小者称戍。北边不设州郡之地，戍隶属于镇；南边设州郡之地，戍隶属于州。

【戍籍】一种特殊的户籍制度，用于登记那些被派往边疆戍守的士兵及其家庭的信息。明清两代尤为明显，特别是在明代，戍籍不仅记录了士兵的姓名、年龄和籍贯，而且这些信息会被刑部整理并编排成册，以便于管理和调度。也指明清犯罪充军者的册籍。

【戍卒】戍守边塞要地的士卒。起源甚早，历代皆有，秦汉时主要由服兵役的农民充任，还包括临时征发的贫民及罪犯、赘婿、贾人之类。东汉改用常备兵戍边，也兼用弛刑徒（已判刑但因各种原因被去掉刑具的刑徒），后世各有其制。

【束发】古时男孩年满十五岁，将头发挽束在头顶为髻，称"束发"。后为成童的代称。

【束水攻沙】治河措施。通过筑堤束狭河槽，集中水量使流水冲蚀力增大，冲刷河道所淤泥沙，达到清除淤泥、防洪的效果。明嘉靖、万历时河道总督潘季驯在总结以往治河理论和实践的基础上，提出"筑堤束水、以水攻沙"的主张。明万历六年（1578）夏，潘季驯第三次受任治理黄河，大修高家堰，增筑黄河大堤"束水攻沙"。第二年冬，大功告成。此后，此方法常用于治理黄河。束水攻沙被后世奉为指导河防工程的有效之法。

【庶吉士】古代官名。明清由新进士中选入翰林院庶常馆学习者。也称庶常。明洪武十八年（1385）始设庶吉士，采《尚书》"庶常吉士"之义，六科及中书皆有之。永乐二年（1404）专设于翰林院，选进士文学优等及善书写者任之，称为"翰林院庶吉士"。清沿明制，于翰林院设庶常馆，选新进士之优于文学书法者，入馆学习。三年后举行考试，成绩优良者分别授以编修、检讨等职；其余分发各部任主事等职，或以知县优先委用，谓之"散馆"。

【庶人】初指从事农业劳动和各种劳役的平民阶层。西周时，庶人虽然还是用于封赐的对象，但身份比奴隶高，地位低于士。以后，庶人逐渐成为个体农民，有当官和议政资格。后一般泛指没有官爵的平民。也称庶民。

【庶子】妾所生的儿子。如战国时商鞅，是"卫之诸庶孽公子"，即商鞅是卫国国君姬妾生的公子。古时由正妻所生的嫡长子继承家业，庶子无资格继承。

【数理精蕴】清朝康熙皇帝领导编撰的一部数学百科全书，为《律历渊源》的一部分。何国宗、梅毂成等编纂，全书共五十三卷，分为上下两编及附录。上编五卷专讲数理，立纲明体，为全书的理论部分；下编四十卷则包含几何学、三角学、代数学及算术等知识。附录八卷包括四种表，这些表详细列出了相关数学公式和数据。此书全面系统地介绍了明末以来传入中国的西方数学和当时流行的传统数学，中西汇通，述旧传新，对我国近代数学的发展影响很大。

【双成】神话故事中的仙女名，姓董，为王母娘娘的侍女。炼丹宅中，丹成得道，又擅长乐律，自吹玉笙，驾鹤升仙。故称"双成"。唐白居易《长恨歌》："金阙西厢叩玉扃，转教小玉报双成。"后人常用"双成"指才艺兼备的美女。

【水部】古代官署名。掌水道工程桥梁等事。长官为郎。曹魏尚书有水部郎，隋置水部侍郎，唐改置水部郎中、员外郎为正副长官。隋、唐至宋皆以水部为工部所属四司之一。明清改为"都水清吏司"，掌有关水道之政令，司下设都吏、河防、桥道、织造、柜、杂六科和算房、火房，分掌本司事务。南朝梁何逊官水部郎，世称"何水部"，也称其为"水部"。

【水浒传】长篇小说。也称《水浒》《忠义水浒传》。关于其作者，说法不一，一般认为是施耐庵。以北宋后期的农民起义为题材，真实地反映了它的产生、发展和失败的过程。暴露了封建统治阶级的丑恶和腐朽，以及对人民群众的压迫和剥削。深刻地揭示了"官逼民反""逼上梁山"的生活现实。书中塑造出李逵、武松、林冲、鲁智深、宋江等一系列个性鲜明的人物形象。全书结构严谨，情节曲折，语言生动，有很高的艺术成就，为我国英雄传奇小说的经典之作。与《三国演义》《西游记》《红楼梦》并称我国古典小说四大名著。

【水经注】地理学著作。北魏郦道元著。四十卷。《水经》为旧题汉桑钦所著记述水道之书，文字简略。郦道元博引有关史地著作为之作注，将原书所载河流137条扩载为1252条。书中详细记载了这些河流的源头、流向、流域特征以及沿途的自然景观和人文历史。不仅包含了丰富的地理知识，还涵盖了大量历史遗迹、人物掌故、神话传说等内容。引用书籍多达437种。尤其值得一提的是，该书文字散中带骈，文笔绚丽，是一部优秀的散文著作，对后世山水散文的创作影响深远。

【水晶】晶莹明亮、闪光的矿物。无色透明的叫水晶，紫色的叫紫水晶，烟黄褐色的叫烟晶、茶晶，黑色的叫墨晶。也称水玉。名贵的手工艺品的材料。春秋战国以来的古墓中，常有水晶制品出土。也从大秦、波斯等国进口。

【水利】古人通过修治河渠堤坝，获得农田灌溉之利。"水利"一词，最早见于《吕氏春秋》，关于其传说，可追溯至上古。相传大禹曾率领先民用因势利导的方式疏导洪水，整治河道。由于水利涉及民生，历代王朝都给予高度重视，投入大量人力、财力。早在西周时期，就专设"司空"一职掌管水利。历史上更不乏著名的水利工程，春秋战国时期，楚国的孙叔敖曾主持修建芍陂蓄水灌溉工程，建成我国最早的水库。吴国的邗沟及其配套工程打通了淮河与长江、黄河水系。秦国蜀郡太守李冰率领人民兴建都江堰，将成都平原变为了农业发达、物产丰饶的"天府之国"。水工郑国主持修建的郑国渠使关中平原变为千里沃野，为秦国统一天下奠定了坚实的物质基础。隋朝开凿的大运河以洛阳为中心，北至涿郡（今北京），南至杭州，对我国南北政治、经济、文化的交流起到重要的推动作用。古代水利工程在规划、设计、施工方面都具有很高的科学水平与创造性。船闸、堤防、海塘等修建技术及《河防通议》《河防一览》《河工守成疏》等水利著作体现了我国古代利用水资源和防治水患的丰富经验和创见。

【水墨画】中国画中专用水墨而不施彩色的画。始于唐，成于宋，盛于元，明清继续发展。以笔法为主导，充分发挥墨法的功能，使墨色浓淡相渗透掩映，取得"水晕墨章""如兼五彩"的艺术效果。在中国画史上占重要地位。

【水排】用水力驱动鼓风设备来进行铸造的装置。早期的鼓风设备大都采用皮囊，称为橐。一座炉子一般需要一排橐，故称排囊、排橐。用水力推动这种排橐，称水排。通过曲柄连杆将水轮的运转变换为往复运动，带动连排皮囊构成的风箱组，达到鼓风效果。相传为东汉杜诗担任南阳太守时所造，主要用于冶炼。

【水运仪象台】北宋天文学家苏颂、韩公廉等为皇帝编制历法而创制的大型天文仪器。分三层：上层置浑仪，观测日月星辰的位置。中层置浑象，有机械使浑象旋转周期与天球周日运动相同。下层设木阁。木阁又分五层，每层有门，每到一定时刻门中有木人出来报时。木阁后放有漏壶和机械系统，漏壶引水升降，以水为动力转动机轮，带动整个仪器运转。当代欧洲科技史学家认为，苏颂等人创制的水运仪象台是欧洲天文钟的先驱，早于西方数百年。

【税课】清朝财政收入中除地丁钱粮外的其他名目。也称杂赋。

【税粮】元明两代征收的实物赋税，主要是以米、麦等为主的粮食。元初在中原征税粮和科差。税粮以地、丁为征税对象，收米粟。灭宋后，江南秋粮征粟米，夏税征木棉、布、绢、丝绵等。明田赋或称税粮。行一条鞭法后大多折征银两，不再称税粮。

【顺昌之战】南宋将领刘锜在淮北顺昌（今安徽阜阳）击退金军主力的战役。南宋绍兴十年（1140）五月金完颜宗弼毁约率军南下，南宋东京副留守刘锜率八字军北上驻守开封（今属河南），行至顺昌，闻金军已陷开封，逼近顺昌，遂与知府陈规决定守城，先挫败金葛王褒及龙虎大王军。完颜宗弼率主力十余万来攻，又为所败，乃解围而去。此役，金军东路南下之势受挫。

【顺治】（1644—1661）清世祖爱新觉罗·福临的年号。清朝入关后的第一位皇帝。六岁即位，由叔父多尔衮、济尔哈朗摄政。顺治元年（1644）击败李自成，迁都北京。顺治七年（1650）多尔衮死后开始亲政。主张奖励垦荒，发展经济，稳定社会；尊孔读经，提倡忠孝节义；重用汉官，推行安抚政策，缓和汉满矛盾；澄清吏治，擢优汰劣；重视对藏蒙等少数民族的团结。二十四岁病死。

【舜】古代传说中的帝王，父系氏族社会后期的部落联盟首领。舜名重华，号有虞氏，史称"虞舜"。相传帝尧年老之后，认为舜道德高尚具有治理国家的才能，就把王位传给了舜，同时把自己的两个女儿娥皇和女英嫁给了他。舜的幼年并不顺遂，父亲瞽叟昏聩，而后母、弟弟因嫉妒几次谋害他，但舜成功脱险后，不计前嫌，依然敬重父母、关爱弟弟，因此被誉为道德品质高尚、孝顺父母的楷模。舜是治理国家的贤人。他继承了尧的治理方针，坚持以德治国，任用贤能的人，从而缔造了尧之后的又一太平盛世。后人将舜和尧并立为古代帝君之楷模。

【说】文体名。即说明文。一种用来阐述某种道理或主张的文章，以解释、说明为主。初起时带有游说、劝说性质，后则往往具有杂感色彩，故兼用议论。源于先秦。

【说文解字】文字学书。东汉许慎撰。十四卷，又叙目一卷。每卷分上、下。收字9353个，重文1163个。按文字形体及偏旁构造，分列540部，首创部首排检法。字体以小篆为主，有古文、籀文等异体，则列为重文。每字下的解释，一般先说字义，再说形体构造，不少字在解形之后，还注明音读或援引例证。是我国第一部系统分析字形、考究字源、解说字义、辨识声读的字书，也是世界上最古老的字书之一。历代注释《说文解字》的有多家，以清代段玉裁《说文解字注》最著名。

【说苑】史学著作。也称《新苑》。西汉刘向著。二十卷。分为君道、臣术、建本、立节等二十门，每卷以第一则或前面几则事例为大纲，后面事例共同陈说本卷主旨。所收遗闻逸事，自春秋战国至汉代，以儒家思想为主，兼及诸子百家之言论，多记国家兴亡之事理，阐释理想中的政治蓝图与伦理道德，要求君主实行仁政、德治。有些记载可以与先秦、汉代典籍相互印证，有些可以补充其他典籍之阙漏，有些则保留了散佚古籍的某些片段，吉光片羽，弥足珍贵。除第十六卷《谈丛》为语录之外，其他各卷大多数记载首尾完整、情节丰富的故事，多通过对话展现人物性格，生动形象。对话中有许多颇富智慧的格言警句，哲理深刻，引人思考。文字浅显明白，

简洁生动，对后世笔记小说有一定影响。

【朔】古代有"月相纪日法"，农历每月初一，月亮运行到地球和太阳之间，和太阳一起出没，此时人们在地面上看不到月亮，这种现象称朔。古人以朔这一月相指称每月初一。

【朔方】北方及北边所设郡州之称。朔，北方。先秦泛指北方。汉武帝时始置朔方郡，位于汉王朝国都长安城的正北方，辖河套西北一带，又划朔方刺史部，督凉州至并州间北方各郡及属国。王莽以来朔方刺史部并入并州，郡至前秦废，北魏复置于今延安、榆林一带，隋唐时有罢置，后改为夏州。唐玄宗时又置朔方节度使，所辖约为汉朔方刺史部北部地区，治今宁夏灵武西南。北宋废，自后遂为其地泛称。

【矟】shuò。同"槊"。长矛，古代的一种长柄武器。在古代战争中，矟常用于骑兵作战，其特点是长柄、锐利的金属头部和侧刃。

【司空】古代官名。①也称大司空、司工、大司工。西周主管建筑工程、制造车服器械、监督手工业奴隶的官，《周礼》列为六卿之一。西周王室及诸侯置有不同级别的司空。春秋战国沿置，位列卿或大夫。东汉司空与太尉、司徒并为三公，分掌宰相职能，掌管水土及营建工程。魏、晋、南北朝为名誉丞相。历代沿置，用为加官，至元代罢。后俗称工部尚书为司空或大司空，工部侍郎为少司空。②汉成帝绥和元年（前8）改御史大夫为大司空，与大司马、大司徒并列为三公，后去大字为司空，历代因之，明废。③主管囚徒之官。又少府属官有左右

司空，水衡属官有水司空。都是主管囚徒的官。唐代著名诗人李绅曾任司空一职，《悯农》是他在担任司空一职期间创作的诗歌。"司空见惯"中的司空即指李绅，唐孟棨《本事诗》载刘禹锡诗："司空见惯浑闲事，断尽江南刺史肠。"

【司空图】 （837—908）晚唐诗人、诗论家。字表圣，泗州（今江苏盱眙西北）人，寓居中条王虞乡（今山西永济西）。咸通十年（869）登进士第。广明元年（880）冬，黄巢起义军攻入长安，僖宗出奔，他追至凤翔求见，拜知制诰、中书舍人。后不及随行，于光启三年（887）隐居于中条山王官谷中，与名僧高士游咏其间，自号耐辱居士。昭宗时，以谏议大夫、户部侍郎、兵部侍郎征召，均托病固辞。朱全忠禅唐称帝，以礼部尚书召，也推辞不赴。开平二年（908），闻唐哀帝被杀，绝食而死。论诗提倡"韵外之致""味外之旨"，推崇王维、韦应物的"澄澹精致"，影响深远，严羽《沧浪诗话》提倡"兴趣""妙悟"，清代王士禛标举"神韵"之说，均受其影响。《二十四诗品》一书，旧题司空图作，今人考订系托名之作。有《司空表圣文集》《司空表圣诗集》。

【司寇】 古代官名。掌管司法、刑狱事务的辅政大臣。始置于周，地位略低于"三有司"，是重要的辅政大臣。春秋沿之，掌管刑狱、纠察等事。南方楚、陈等国称之为"司败"。《周礼》列为六卿之一，为秋官。战国时或称"邦司寇"，主刑狱，督造兵器。秦汉时期亦用作刑徒之称。西汉哀帝时曾改护军都尉为"司寇"，职掌迥异。后世以大司寇为刑部尚书的别称，刑部侍郎则称"少司寇"。孔子曾任鲁国大司寇。

【司隶校尉】 古代官名。督察京师及周围地区的长官。《周礼》秋官司寇属官有司隶。汉武帝时始置。掌纠察京师百官及所辖三辅（京兆尹、左冯翊、右扶风）、三河（河东、河南、河内）、弘农七郡，相当于州刺史。成帝时省，哀帝改称"司隶"，属大司空。东汉复称"司隶校尉"，仍领七郡，权势仍盛，所监察的京师及畿内之地相当于一州。魏晋以后，沿用汉制，称司隶。所领之州，称"司州"。

【司令】 古代官名。隋置，为内官尚宫的属官，掌图籍法式，纠察宣奏。金设于典卫、宫苑司、惠民司等。元代为盐场主官，每一盐场设司令一员，掌办盐务。明为察言司长官，掌四方章奏，寻罢。元末明初诗人、书法家杨维桢泰定四年（1327）举进士，出任天台县尹，后改钱清盐场司令，任职时期，目睹盐民百姓生活艰难，故请求减轻盐税，上级不准后，决意挂印辞官。

【司马】 古代主管军事之官。相传商代已置，西周王室及诸侯置有不同级别的司马，掌军政、军赋等事。春秋战国沿置。汉以来，司马仍然是军队的高级官员，中央、地方、军队中设有大司马或司马，为性质不同的军事或行政官。在汉末，司马逐渐演变为地方官员，负责管理一郡或数郡的军事事务。唐时，司马仍是一种重要的地方官员，但已经失去了军政大权。唐代诗人白居易，曾遭诽谤被贬作江州司马，贬官江州的白居易对人生、世事有了很深的感悟，他说自己是"面上灭除忧喜色，胸中消尽是非心"。唐后，司马一职地位渐低。明、清用作兵部尚书的别称，兵部侍郎则称少司马。

【司马光】（1019—1086）北宋大臣、史学家。字君实，号迂叟，陕州夏县（今属山西）涑水乡人，世称涑水先生。宝元元年（1038）举进士。英宗治平三年（1066），撰《通志》8 卷奏呈，受到英宗重视，命设局续修。宋神宗即位，擢为翰林学士，名其书曰《资治通鉴》，并亲自作序。政治上反对王安石变法，提出"祖宗之法不可变"的主张，尤其反对青苗法，因意见未被采纳，自请外放。熙宁四年（1071），退居洛阳，专意编纂《资治通鉴》，经过十余年的努力，元丰七年（1084）书成。哲宗即位，太皇太后听政，召司马光为门下侍郎，进尚书左仆射，全面废除王安石的新政，史称"元祐更化"。在相位仅八月，病卒，追封温国公，谥曰文正，后世称司马温公。《资治通鉴》全书 294 卷，上起战国，下至五代，取材广博，下笔审慎，结构完整，考证详密，是一部优秀的通史巨著。另著有《稽古录》《涑水记闻》《司马文正公集》等。

【司马迁】（约前 145 或前 135—？）西汉史学家、文学家。字子长，夏阳（今陕西韩城南）人。史学家司马谈之子。早年漫游长江、黄河流域，实地探访各地史迹，采集史料。元封三年（前 108）继父职，任太史令，遍阅皇家藏书。后因为李陵军败降匈奴事辩解，获罪下狱，受腐刑。出狱后，任中书令，发愤著成《史记》。《史记》记事起于传说的黄帝，迄于汉武帝，首尾共三千年左右，是中国第一部纪传体通史。鲁迅评价为"史家之绝唱，无韵之《离骚》"。

【司马穰苴】穰苴，rángjū。春秋时期齐国大夫。姓田，名穰苴。齐景公时，齐国遭晋、燕联军侵伐，穰苴以"文能附众、武能威敌"之才，受大夫晏婴推荐，出任将军，统兵抵御晋、燕之师。相传其出征前阅兵，申明约束，而受命监军的景公宠臣庄贾不遵约束，误期而至，穰苴乃令执法官将其斩首示众。继而景公遣使驰入军以救庄贾，穰苴又斩使者的仆人，全军为之肃然。他体恤士卒，亲问饮食疾病，与士卒平分口粮，使全军将士斗志高昂。晋、燕军队闻风而退，他乘势追击获胜，尽复齐国失地，因功升任大司马，故有"司马穰苴"之称。战国中期齐威王命人整理兵法时，把司马穰苴兵法附入，称《司马穰苴兵法》，简称《司马法》。

【司马谈】（？—前 110）西汉史学家、思想家。夏阳（今陕西韩城南）人。司马迁之父。官至太史令。鉴于当时学者各习师法，惑于所见，著《论六家之要指》，论述了当时流行的阴阳、儒、墨、名、法、道等各派学说。元封元年（前 110），汉武帝赴泰山封禅，司马谈因病留洛阳，不久即逝。死前嘱咐儿子司马迁要继承祖业，完成其所著的《史记》。司马迁尊称其父为太史公。现今《史记》中的部分内容即为司马谈所作。

【司马相如】（约前 179—前 118）西汉辞赋家。字长卿，蜀郡成都（今属四川）人。少好读书击剑。景帝时，为

S

武骑常侍。后来被免官，与邹阳、枚乘等同游，为梁孝王门客，作《子虚赋》。几年后，梁孝王死，回到家乡蜀地。路过临邛时，以琴曲《凤求凰》追求临邛富人卓王孙寡女卓文君，二人私奔同归成都。家贫，后与卓文君返回临邛，以卖酒为生。卓王孙感到很羞耻，就分给他们很多家僮和财物。相如、文君夫妇于是回到成都，购买田宅，成为富人。相传，汉武帝刘彻看到司马相如的《子虚赋》非常喜欢，以为是古人之作，叹息不能与作者同时代。在旁侍奉的狗监（主管皇帝猎犬的官职）杨得意是蜀人，对汉武帝说："此赋是我的同乡司马相如所作。"汉武帝惊喜之余马上召司马相如进京。司马相如向汉武帝说："《子虚赋》写的只是诸侯王打猎的事，算不了什么，请允许我再作一篇天子打猎的赋。"于是献《上林赋》。汉武帝大喜，任命为郎。后为中郎将出使蜀地，作《难蜀父老》。晚年因消渴疾免官，家居而卒。其赋大都用极其铺张的手法，描写帝王苑囿之盛、田猎之壮观，辞藻瑰丽，气韵排宕，于篇末则寄寓讽谏。为汉代大赋的代表作家。代表作有《子虚赋》《上林赋》《长门赋》《大人赋》等。

【**司马炎**】（236—290）即晋武帝。晋王朝的建立者。公元 266—290 年在位。字安世，河内温县（今河南温县西南）人。司马昭长子。三国魏咸熙二年（265）八月，继昭为相国、晋王。公元 266 年，代魏称帝，国号"晋"，都洛阳，史称"西晋"。咸宁六年（280）灭吴，统一全国，改元太康。建国后采取多种措施发展生产，一度出现繁荣景象，史称"太康之治"。晚年奢侈腐化，耽于享乐，怠惰政事，社会矛盾尖锐。死后不久爆发"八王之乱"，全国陷入分裂混战状态，导致西晋灭亡。

【**司马懿**】（179—251）懿，yì。三国魏大臣，西晋政权奠基人。字仲达，河内温县（今河南温县西南）人。曹操任司空时听闻他的名声，派人召他到府中任职，司马懿以风痹为借口不应召。建安十三年（208），曹操任丞相后，使用强制手段征召司马懿为文学掾，不得已就职。曹丕、曹叡当政后，受到重用，官至大将军、太尉、太傅。多次征伐有功，曾两次成功对抗诸葛亮北伐，远征平定辽东公孙渊叛乱。嘉平元年（249），发动高平陵政变，杀死魏帝托孤辅臣曹爽及其羽翼，成功夺取曹魏军政大权。死后，其子司马师、司马昭相继专政，最终由其孙司马炎代魏称帝，建立晋朝。追尊为宣帝。

【**司徒**】古代官名。主管土地、民政。相传商代已置，西周王室及诸侯置有不同级别的司徒，掌教化、田土、徒役。春秋战国沿置。汉哀帝元寿二年（前 1），改丞相为大司徒，与大司马、大司空并列三公。东汉时改称司徒，以太尉、司徒、司空为三公，也称三司。历代因之，明废。后别称户部尚书为大司徒。

【**司业**】主管受教者之学业。隋始为学官名，国子监置司业，为监内的副长官，协助祭酒，掌儒学训导之政。至清末废。

【**私塾**】古代家庭、宗族或教师自己设立的教学机构，为私学之一种。也称书塾、学塾、塾馆。约起于唐宋时期。

一般为初级教育，是古代启蒙教育的主要承担机构。有塾师自设的学馆，有官宦、地主、商人设立的家塾，也有以祠堂、庙宇的地租收入或私人捐款举办的义塾。一般一塾一师，采用个别教学方法，学生程度、教材及学习年限不定。

【私田】 私人占有的田地。商周常与村社公田相对而言，即出产归私家所有的份地。皆在私人名下，或自耕，或由农奴、部曲耕种，或租佃。汉唐间常由官府确认或授予，或干预其兼并买卖和耕作方式。宋以来其私有权已相对完整，经营方式尤为多样，官府渐按亩计征各项赋役，其他干预愈趋减弱。

【私罪】 因私人原因造成的犯罪。魏晋以来，始将它与公罪明确相区别。唐律中指不缘公事私自犯者，虽缘公事而有偏私阿曲、不公正的同此，其处罚比同类公罪重。自此相沿到明清，都以此为原则惩处公罪之外的其他各种犯罪。

【思无邪】 我国古代文艺理论术语。指诗所表达的情志符合传统道德礼仪规范。孔子认为，《诗经》三百篇，用一句话来概括，就是其所表达的思想感情都是纯正的，没有邪念，即思无邪。

【缌麻】 缌，sī。五服中最轻的一种丧服。此丧服用较细熟麻布做成，对布料的处理，较小功服更精细。服期为三个月。一般来说，凡疏远亲属、亲戚如高祖父母、曾伯叔祖父母、族伯叔父母、外祖父母、岳父母、中表兄弟、婿、外孙等都服缌麻。

【四川广汉三星堆】 新石器时代至商周时期蜀文化遗址。位于四川广汉南兴镇三星村和真武村。距今约 4800 至 2800 年。自公元 1980 至 1989 年，考古工作者陆续发现其城址、房屋与祭祀坑等遗迹。陆续出土金、铜、陶、骨及象牙等质料的文物 700 余件，其中，青铜立人像、人头像、龙形器、虎形器、跪坐人像和金杖、金虎形饰等为国内所罕见。

【四大发明】 指造纸术、印刷术、指南针和火药，均由古代中国人最先发明。这些发明对中国古代的政治、经济和文化的发展产生了巨大的推动作用。至宋代相继传入域外各地，为世界文明做出了巨大贡献。

【四大皆空】 佛教将一切物质现象归纳为地、水、火、风这四种自然界的基本要素，称之为“四大”。认为四大都没有质的规定性和独立实体，是虚幻不实的。后人用“四大皆空”表示看破世间一切，生活无欲无求。

【四大金刚】 佛祖的外将，即东方持国天王，白衣持琵琶；南方增长天王，青衣持宝剑；西方广目天王，红衣手上绕缠一龙；北方多闻天王，绿衣右手持伞，左手持银鼠。四大金刚分居于须弥山四埵。我国寺庙山门两旁多立有四大金刚像。

【四大美女】 指我国古代四位美女，分别是西施、王昭君、貂蝉、杨玉环。关于她们的美貌，民间留下了“沉鱼、落雁、闭月、羞花”的传说。

【四大镇】 明清时期四个工商业城镇的合称。即朱仙镇（今河南开封西南朱仙镇）、景德镇（今江西景德镇）、佛山镇（今广东佛山）和汉口镇（今湖北武汉汉口）。朱仙镇和汉口镇为著名商埠，景德镇以制瓷闻名，佛山镇

S

以冶铁业著称。

【**四等官**】 唐律区分和追究官吏行政责任的四等官制。即凡官吏协同处理政务，不因私曲发生错失，仍须据其各自职权，分为总管其事的长官、协助长官审核其事的通判官、实际处理其事的判官、负责其事文案的主典四等。以过错原发者为首，其余依次为从，由重到轻连坐治罪，检查其文案的勾检官也同末从。此制沿用到明清时期，但四等官的称呼和量刑有所变化。

【**四等人制**】 元朝的民族等级制度。元朝按族别和地区将其治理下的人口分为蒙古人、色目人、汉人、南人四等，其中前三种人统称"北人"。蒙古人是元朝的"国族"。色目人主要来自西域和西北各族，也有南方的蕃商，具体有多少种，说法不一。汉人指原金朝境内各族。南人指最迟被征服的南宋境内各族。地位最高的是蒙古人，其次是色目人，再次是汉人，南人地位最低。不同等级的人，在选用官吏、科举、刑罚及其他权利和义务等方面都有所差别。

【**四端**】 指仁、义、礼、智四种道德观念的发端、萌芽。儒家认为仁、义、礼、智四端和四肢一样，是人生来就具有的。

【**四方馆**】 古代官署名。隋炀帝时置。对东西南北四方少数民族，各设使者一人，主管往来及相互贸易等事。唐用通事舍人主管，属中书省。宋置四方馆使，主管文武官朝见辞谢、国忌赐香、庆贺章表等事。职掌与隋唐不同。金置，属兵部，掌诸路驿舍驿马并陈设器皿等事。设使、副使掌馆事。明有四夷馆，清有会同四译馆，职务同隋唐四方馆。

【**四分历**】 东汉编诉、李梵等创制的历法。汉章帝元和二年（85）实行。规定一回归年为 $365\frac{1}{4}$ 日，一朔望月为 $29\frac{499}{940}$ 日，以闰月来调节四时季候，19 个太阴年插入 7 个闰月。因岁余 $\frac{1}{4}$ 日，故名。也称后汉四分历。

【**四海测验**】 元世祖时，天文学家郭守敬奉旨主持开展的一次全国性的天地测量活动。此活动实施于公元 1276 至 1280 年，在东西 6000 多里、南北 11 000 多里的范围内，建立 27 个测验所，测量的内容多，地域广，精度高，参加人员众多，为《授时历》的编制提供了所需的天象、晷影、纬度等实测数据。

【**四合院**】 我国传统院落式住宅。以四面都建有房屋围合出院落得名，以北京四合院最为典型。常分为前院和后院，两院之间常用女墙、圆门分隔。前院大门一般设置在东南角上，大门内设有照壁，院内种植花木。后院是主要的生活居住区，南向的正房为长辈居住，并做接待来客使用，东西厢房是晚辈的住房。大型的住宅会有多重院子，有的还在两侧建有跨院。

【**四库七阁**】 清乾隆所建的收藏《四库全书》的七座藏书楼。公元 1782 年，第一部《四库全书》编纂成书，入藏紫禁城文渊阁。到 1787 年，又陆续完成六部，分别藏在盛京（今辽宁沈阳）故宫文溯阁、北京圆明园文源阁、承德避暑山庄文津阁、扬州文汇阁、镇江文宗阁、杭州文澜阁。七座藏书楼都效仿宁波天一阁藏书楼规制建造，入藏各本及编目、提要有所不同。

【**四库全书**】 清代官修大型丛书。按经、史、子、集四部分类，故名。《四库全书》纂修工程浩大。清高宗弘历从乾隆三十八年（1773）起，多次诏令各省督抚学政，访求采进著作遗书，汇总京师，备修纂全书之用。翌年在京建"四库全书馆"，派皇六子永瑢为总裁，总理其事。纪昀等为总纂官，下设纂修、总校、分校、提调、总目协勘、督促、收掌、监造等员，连同缮写书手，先后动用近四千人，历时十年成书。共收书 3460 余种，79 330 卷，约 9.97 亿字，装订成 3.6 万册，6700 余函。《四库全书》基本上将乾隆中期以前，特别是元代以前的重要著作包括在内，在一定程度上起了保存、整理和传播我国古代文献的作用。但其编纂宗旨在于维护清王朝的专制统治，凡被认为不利于其统治的图书，则加以抽毁、窜改或斥之不录，禁毁书达 3000 余种，在我国文化史上也造成难以弥补的损失。

【四库全书总目提要】 书目著作。也称《四库全书总目》。清代永瑢、纪昀主编。二百卷。四库馆臣在纂修《四库全书》时，对抄写入《四库全书》和仅录存名目的图书分别撰有提要，于乾隆四十六年（1781）汇编成书。包括每种书的作者、内容、版本沿革及有关评论。收录正式入库图书 3460 余种、存目 6793 种。对了解和研究古代文献具有重要参考价值。

【四六文】 文体名。用骈体写的文章。因多以四、六字句上下相对成文，故名。也称四六、四六体。骈文以四六对偶者，起于汉魏，形成于南朝，盛行于唐宋。徐陵、庾信、王勃、杨炯、卢照邻、骆宾王等均为骈文高手。李商隐学骈体于令狐楚，所作骈文，集名《樊南四六》。

【四书】 《论语》《大学》《中庸》《孟子》四部儒家经典的合称。宋代以《孟子》升经，又以《礼记》中的《大学》《中庸》二篇，与《论语》《孟子》配合。至南宋淳熙间，朱熹撰《四书章句集注》，"四书"之名始立。

【四书五经】 儒家经典的合称。"四书"是《论语》《大学》《中庸》《孟子》的合称。"五经"即《诗》《书》《礼》《易》《春秋》。"四书"之名始立于朱熹《四书章句集注》，因注《论语》，从《礼记》中摘出《中庸》《大学》，分章断句，加以注释，配以《孟子》，故题称。"五经"始尊于汉武帝时，其中《礼》，汉时指《仪礼》，后世指《礼记》；《春秋》，后世并《左传》而言。

【四书章句集注】 我国南宋理学家朱熹为《论语》《大学》《中庸》《孟子》四书所作的注，包括《论语集注》《大学章句》《中庸章句》和《孟子集注》。《四书章句集注》不废名物考据，更着重义理阐发，是一部义理与训诂相结合的代表作，系统阐发了理学思想。该书为历代学者所重，被视为朱熹思想和理学义理的准则。此书也受到历代统治者的推崇，元代延祐（1314—1320）初年规定，蒙古人、色目人、汉人、南人科举考试的第一场须在《论语》《大学》《中庸》《孟子》中依照朱熹章句集注出题。明清时期，科举考试首重"四书"，以朱熹注解为唯一标准，答题形式则为八股文。《四书章句集注》遂成为从中央到地方、官办和私办的学校官定教科书和科举考试必读书，对古代教育和社会产生了极大的影响。

【四象】古人把天上的恒星分为二十八星宿，再将二十八星宿分成四组，用来表示天空东、西、南、北四个方向的星象，并把每一方的七宿联想成四种动物形象，加上颜色，称为"四象"。也称四神、四灵。东方七宿称为苍龙、青龙，西方七宿称为白虎，南方七宿称为朱雀、朱鸟，北方七宿称为玄武、真武、灵龟。这与西方把星座想象成巨蟹、狮子、白羊等动物形象类似。

【四学馆】南朝宋时期设立的儒学馆、玄学馆、史学馆、文学馆。公元438年，宋文帝征召雷次宗到鸡笼山（今南京）开设儒学馆，第二年又命何尚之设立玄学馆，何承天设史学馆，谢元设立文学馆，都用于授徒讲学。到明帝时整顿其制，四学合并隶属总明观，到485年齐武帝时，被学士馆取代。

【四言诗】诗体名。全篇每句四字或以四字句为主的古体诗。具有语言简练、节奏明快、表达力强、富有寓意、对仗工整等特点。是我国古代诗歌中最早形成的体式。先秦诗歌，如《诗经》，大多为四言。自《诗经》以后，四言诗便没有太大发展。能称得上继承《诗经》四言正体遗风的，只有曹操《步出夏门行》《短歌行》与陶渊明《停云》等作品。南宋胡一桂也善四言诗，但比起《诗经》中的珍品，诗味相差甚远，而且篇幅较长，又不分章，故有人称之为四言变体。魏晋以后，五言诗、七言诗盛行，四言诗渐少。

【四夷】古代华夏族对东夷、西戎、南蛮、北狄的统称。先秦时代，处于中原地区的华夏民族，文化发展相对先进，把周边民族统称为"夷"，自称为"夏"或"华"，故有"夷夏"或"华夷"之称。根据地域方位的不同，把处于东方的夷称为东夷，西方的夷称为西戎，南方的夷称为南蛮，北方的夷称为北狄。夷夏之间，不断融合，夏吸收夷的优长，夷也接受夏的文明，称为"以夏变夷"，共同走向文明。

【四夷馆】①北魏设在洛阳的供域外归附者居住的馆舍。吴人来附者处金陵馆，北夷来附者处燕然馆，东夷来附者处扶桑馆，西夷来附者处崦嵫馆。②明清两朝所设立的专门翻译边疆民族及邻国语言文字的机构。明永乐五年（1407）设立，挑选国子监生学习翻译，隶属翰林院。分鞑靼（蒙古）、女直（女真）、西番（西藏）、西天（印度）、回回、百夷（傣）、高昌（维吾尔）、缅甸八馆。后来以太常寺少卿提督馆事，并增八百（掸）、暹罗二馆。清初改名四译馆，撤销蒙古、女真二馆。乾隆十三年（1748）并入会同馆，更名会同四译馆，以礼部郎中兼鸿胪寺少卿一人提督馆事，合并八馆为西域、百夷二馆。光绪二十九年（1903）裁撤。为了言语上沟通的方便，四译馆特别编纂了《华夷译语》等多部辞书。

【四柱册】我国旧时官府在办理钱粮报销或移交时编制的报表。也称四柱结算法、四柱清册。四柱指旧管、新收、开除、实在，分别相当于现代会计中的期初结存、本期收入、本期支出和期末结存。"旧管"加"新收"减"开除"，等于"实在"。宋代已普遍使用此种报表，元明清时期得到发展，成为传统的中式簿记所采用的一种方法。

【四柱式】赋役黄册登记每户人丁事产的四个项目。即旧管、新收、开除、实在，以明确登记前后各户丁口的变动。

【寺田】寺院名下的田地。始于南北朝，常来源于信徒捐献、朝廷赐给及寺院自身的经营购置，随朝廷抑扬增减。它通常由僧尼进行耕作和管理，产出主要用于维持寺庙的运营和僧尼的生活所需。唐武宗毁佛时，全国四千六百所寺院被没收寺田数十万顷。

【兕觥】sìgōng。古代一种饮酒器。兕，兽名，头有一角，色青，一说即犀牛。兕觥最初为犀牛角制，后为铜制或漆木制，其盖做成有角的兽头形状。盛行于商代及西周。

【祀灶】祭祀灶神。灶神也称灶君、灶王爷，供奉于灶头，被认为能掌管一家祸福。汉以前祀灶在夏天举行。后传说汉代阴子方在腊日晨见到灶神，并以黄羊祭之，因而大富，遂以腊日为祀灶日。旧时风俗多以农历十二月二十三日或二十四日为祀灶日，人们以纸马、饴糖、年糕等送灶神上天。民间往往在灶头贴"上天言好事，下界保平安"对联。

【泗上诸侯】泗，Sì。春秋战国时期泗河流域的十二个诸侯国。多为商周所封，即宋、鲁、卫、邾、薛、郳、滕、莒、任、郯、费、邳，战国时曾臣服于齐威王，也曾相互兼并，最后被齐、楚、秦所灭。

【松】松科植物的总称。因枝干苍劲、耐干旱贫瘠、抗严寒风霜、四时常青等特点，被古人附以长寿、坚贞、高洁的象征，与梅、竹并称"岁寒三友"。孔子曾经说过："岁寒，然后知松柏之后凋也。"后用松柏来比喻那些在逆境中依然坚守道义、不屈不挠的人。

【松锦之战】公元 1640—1642 年间明清在锦州和松山地区进行的重大战役。此役皇太极率清军先围锦州，继在松山、杏山一带（今辽宁锦州西南）接战来援明军，最终歼其大部，俘明主帅洪承畴，迫降锦州守将祖大寿，自此明朝在山海关外仅存宁远（今辽宁兴城）孤城。

【松赞干布】（约 617—650）唐时吐蕃赞普（君主）。先后兼并今西藏各部落，建立奴隶制政权，定都逻些（今拉萨）。唐贞观十五年（641），与唐文成公主联姻，引进唐朝先进的生产技术，开展经济文化交流。贞观二十三年（649），被唐封为驸马都尉、西海郡王、宾王。

【菘】蔬菜名。叶阔大，柄厚而色青者为青菜，柄薄而色薄者为白菜，别称黄芽菜。古人夸蔬菜好吃常说："春初早韭，秋末晚菘。"宋苏东坡曾用"白菘类羔豚，冒土出蹯掌"的语句来赞美白菜味道的鲜美。《埤雅》解释了菘得名的原因，即因其凌冬不凋、四季常绿的特性与松树相似而得名。

【嵩山】山名，五岳之中岳。位于河南登封北。古代原无"嵩"字，以"崇"为"嵩"字，直至汉代碑刻，才有"嵩"，用来专指嵩山。由太室山、少室山等组成，山峦起伏，有七十二峰，主峰峻极峰位于太室山，也称嵩顶。嵩山自南北朝起即是宗教、文化重地。有嵩岳寺塔、嵩阳书院、少林寺、嵩

S

山三阙等众多文化古迹。

【宋朝】 由赵匡胤建立,灭亡后又由赵构重建的王朝。据首都及疆域变迁,分为北宋和南宋,称"两宋"。因赵氏郡望在天水(今甘肃天水),故又称天水朝。公元960年由赵匡胤取代后周建立,都汴梁(今河南开封),史称北宋,结束了五代十国的割据局面。1127年北宋灭亡后,宗室赵构在南京(今河南商丘)称帝,建立南宋,后建都临安(今浙江杭州),偏安于江南,1279年为元朝所灭。两宋共历18帝,统治320年。两宋武功、疆域不盛,但以商品经济发达、文化艺术繁荣著称。

【宋初三先生】 北宋初期的三位理学先驱胡瑗、孙复和石介。他们着力于经书的训诂和考证,侧重于"疑经"并阐发义理;或发扬儒家"内圣外王"之道,"救时行道";或吸纳佛、道等诸家的学说和思想。重视教育,兴办学校。开创经学新风尚,为汉学向宋学的转变奠定了基础,开辟了道路。

【宋词】 宋代盛行的一种文学体裁。"宋词"即宋人填写的词。词起于唐,盛于宋。小令、中调之外,更增长调。宋代填词名家最多,作品极丰富,故文学史上常与唐诗并称双绝。按风格,通常分为豪放、婉约两派。宋词的代表人物主要有苏轼、辛弃疾、柳永、李清照等。

【宋慈】 (1186—1249)南宋法医学家。字惠父,建阳(今福建南平市建阳区)人。出身于一个朝廷官吏家庭,父宋巩,曾做过广州节度推官。少年时期受业于朱熹弟子吴稚门下,20岁进入太学。宁宗嘉定十年(1217)中进士。历任广东、江西、广西、湖南诸路四任提点刑狱公事,晚年官至广东经略安抚使。为官清廉,刚直有为,文而勇武,兼有谋略,听讼清明,决事果断。他总结宋代和宋以前法医方面的经验,再加上本人四任法官期间检验死伤者的心得,于淳祐七年(1247)编著成世界上最早的法医学专著《洗冤集录》。书中提出要重视现场勘验,主张通过检验取得案件证据,探明案件真相,强调司法审判不轻信口供,慎重详细检验才能查明案件事实。其检验方法与现代科学多有吻合处,受到现代人的重视。

【宋国】 周成王分封微子启为宋公所建的子姓诸侯国。周公平定武庚之乱后,为续殷祀,改封商纣王庶兄微子启于河南东部殷商故地,定都商丘(今河南商丘),较多地保留了殷朝典制。至宋襄公(?—前637)时,力图效法齐桓公的霸业,此后国势强弱不定,商业繁荣,思想活跃。战国中期后衰落,公元前286年为齐所灭。宋国是华夏圣贤文化的源头,是在我国传统文化中具有重要地位的儒家、墨家、道家和名家四大思想的发源地,被誉为"礼仪之邦"。孔子、墨子、庄子和惠子四位圣人或其祖先皆出自宋国,宋都商丘由此被誉为"中华圣人文化圈"。

【宋璟】 (663—737)唐代大臣。字广平,邢州南和(今属河北)人。调露元年(679)进士。武后时为御史中丞。睿宗时任宰相,因奏请太平公主出居东都,贬职楚州刺史。玄宗时复任宰相,开元八年(720)罢相。封广平郡公,卒谥文贞。宋璟以清廉、刚直著称,他在相位期间推行了一系列改革措施，主张宽赋税，减刑罚，用人唯贤，与当时另一位贤相姚崇并称"姚宋"，对"开元之治"的出现起了重要作用。宋璟因为其温和的治理方式和为百姓谋福祉的努力，被赞誉为"有脚阳春"，意思是他就像春天一样，走到哪里，哪里就充满光明和温暖。

【宋濂】（1310—1381）明代文学家。字景濂，号潜溪。出生于浙江浦江，后迁居江苏苏州。早年师从黄溍，接受了良好的儒学教育。元末不仕。至正二十年（1360）与刘基等同受朱元璋礼聘，尊为先生，累官至学士承旨知制诰。明朝开国后的一系列典章制度，宋濂多参与制定。洪武二年（1369）主持修《元史》，担任总裁官。后因长孙宋慎牵扯胡惟庸案，全家被贬置茂州，中途病死于夔州。善诗文，与高启、刘基并称"明初诗文三大家"。有《宋学士文集》等。

【宋刑统】宋代主要法典。宋太祖建隆四年（963），由工部尚书判大理寺窦仪等撰《宋建隆详定刑统》，简称《宋刑统》。共30卷，12篇，502条。篇目有：名例律、卫禁律、职制律、户婚律、厩库律、擅兴律、贼盗律、斗讼律、诈伪律、杂律、捕亡律、断狱律。律后面附有唐代到宋初的敕、令、格、式中的刑事规范，形成综合性的法典。是我国历史上第一部刊版印行的法典。

【宋学】宋儒理学。主要指宋代的理学派别。注重义理，兼谈性命。流派纷呈，主要有以朱熹为代表的理学派，以陆九渊为代表的心学派，以叶适等为代表的永嘉学派，以陈亮为代表的永康学派，以吕祖谦为代表的金华学派。

【宋应星】（1587—?）明代科学家。字长庚，江西奉新人。多次参加科举未中，于崇祯十七年（1644）弃官回乡，后一度仕南明，约死于清顺治年间。在农业和手工业方面有着深入的研究和独到的见解。著有《天工开物》一书，是一部总结我国古代农业和手工业生产技术的重要科学文献，被誉为中国17世纪的工艺百科全书。

【宋玉】战国楚辞赋家。楚国鄢（今湖北宜城）人。传为屈原弟子，曾事楚顷襄王。屈原被逐，宋玉曾想靠朋友出仕，但顷襄王仅把他当作文学侍臣。顷襄王之时，强秦压境，国土沦丧。宋玉虽常侍顷襄王左右，曾尝试在顷襄王面前谈说利害，但顷襄王只不过欣赏他的"识音而善文"，终不能有所建树。晚年受奸人谗害，离开宫廷，生活困顿。宋玉的作品，《汉书·艺文志》录其赋16篇，今多亡佚。今天所见题为宋玉的作品共计14篇，包括《九辩》《神女赋》《风赋》《高唐赋》《登徒子好色赋》等。

【宋杂剧】宋代一种戏剧表演形式，以歌舞、杂戏和滑稽戏等分段组合而成。由唐参军戏、其他歌舞和杂戏进一步发展而成，并以第三者口吻叙故事，其戏剧形态和结构不甚成熟又多端出，故也以此作为各种歌舞、杂戏的泛称。

【送穷】传统岁时风俗。祭送穷神。据传，颛顼高辛时，宫中生一子，穿破衣烂衫，宫中号为"穷子"。后来在正月晦日死去，把他埋葬后大家说是"送穷子"。此后便流行开来，此日要扔破衣，以此除去晦气。唐韩愈有《送穷文》。

【颂赞】 文体名。“颂”与“赞”的合称，以颂扬人物为主旨。“颂”是用于歌颂的作品。“赞”原本用于赞美，后来也用于褒贬评述。古人写作文史，多有附赞语以总结全篇者，如《文心雕龙》每篇后均有“赞”。二者多篇幅简短，一般有韵。史赞则有韵文、散文两体。

【搜神后记】 志怪小说集。也称《续搜神记》《搜神续记》。通常认为是东晋陶渊明所撰，也有学者认为是托名之作。今本《搜神后记》共122条，包括10卷116条（原目117条，其中卷四“魏清河宋士宗母”条又见干宝《搜神记》卷十四，当删），佚文6条。大抵前5卷多记神仙佛法，后5卷多记精灵鬼怪。在魏晋南北朝这样一个动乱的时代背景下，这部作品反映了人们对超自然力量的敬畏，对理想生活的向往以及对社会现实的批判。这些故事蕴含着深厚的文化内涵和丰富的历史信息，对后世文学尤其是志怪小说的发展产生了深远影响。

【搜神记】 志怪小说集。东晋干宝撰。原本30卷，已散佚。今本20卷。内容庞杂，分卷记述妖祥符命、卜筮梦兆，历史传说、故事，各类精怪及灵奇之物、变异传说，鬼魂妖魅故事，动物报恩报仇之事。反映出一定的时代、政治、文化背景，蕴含着丰富的社会内容，具有积极的思想意义和学术价值。书中叙事简洁且曲尽其情，语言质朴又雅致清峻，人物对话生动传神，如《韩凭夫妇》《李寄》《干将莫邪》等篇，都是魏晋南北朝志怪小说中的佳作。

【蒐苗狝狩】 蒐，sōu。狝，xiǎn。周王室和诸侯举行的四时田猎活动。目的是动员、组织农夫，训练其作战能力，点检军事装备。春、夏、秋、冬的田猎活动或分别称为蒐、苗、狝、狩，常在农忙空闲时进行，其中又以大蒐最为重要，后世军礼沿用，也称大阅。这些活动不仅是为了狩猎本身，还承载着军事训练、展示武力、维持生态平衡和遵守礼制等多重功能。

【苏尔奈】 吹奏乐器名。分哨头、管身、喇叭口三部分。管身正面七孔，背面一孔，左侧一孔，发音浑厚响亮。金元时由波斯、阿拉伯一带传入我国。后正名为唢呐，也称锁哪、琐㖫，也作“锁呐”。经改造有喇叭、大吹、海笛、小青等类别。明代以来在民间广泛流传，军队里也称唢叭、号笛。清代编入回部乐。高音唢呐称海笛。可用于合奏、独奏，也用于戏曲、歌舞的伴奏和民间婚丧节庆的吹打乐队。

【苏李诗】 “苏李”为汉苏武与李陵的并称。“苏李诗”是托名西汉苏武和李陵创作的若干首五言古诗。一般指“苏武李陵赠答诗”的简称。《文选》所收李陵《与苏武三首》和苏武《诗四首》是较完整的一组，因此常被作为“苏李诗”的代表作。“苏李诗”纯为五言体，被视为五言诗成熟的标志之一。

【苏秦】（？—前284）战国时期纵横家。字季子，洛阳（今河南洛阳东）人。家境贫寒，曾与张仪等人同在鬼谷子门下学习。学成之后，苏秦开始游说诸侯，希望实现自己的政治抱负。然而初出茅庐的苏秦并未获得成功，甚至还遭到家人的冷落和嘲笑。这些打击没有让苏秦气馁，反而激发了他

S

的斗志。他决心更加努力地学习，常常熬夜苦读。为了防止自己打瞌睡，他准备一把锥子，每当困意袭来时，就用锥子刺自己的大腿，这就是"悬梁刺股"中"刺股"典故的由来。经过不懈努力，苏秦终于取得了成功。他游说各国，说服赵、魏、韩、燕等国联合起来，对抗强大的秦国，这就是所谓的"合纵"。在这个过程中，苏秦展现了卓越的外交才能和游说技巧，成为合纵抗秦的领军人物，执掌六国相印，使秦十五年不敢出函谷关。后来，"合纵"同盟被秦分化瓦解，苏秦事燕，奉命入齐从事反间活动。因与齐大夫争宠而遭刺，复以"苏秦为燕作乱于齐"的罪名，被车裂于市。

【苏轼】（1037—1101）北宋文学家、书画家。字子瞻，号东坡居士，眉州眉山（今属四川）人。与其父苏洵、弟苏辙并称"三苏"。幼年曾受良好的家教，深受其父苏洵的熏陶，母程氏曾以东汉名士范滂的事迹勉励其砥砺名节。嘉祐二年（1057），与弟苏辙同科进士及第。神宗时曾任职史馆，因反对王安石新法而求外职，任杭州通判，知密州、徐州、湖州。后以作诗"谤讪朝廷"罪贬谪黄州，史称"乌台诗案"。哲宗时任翰林学士，曾出知杭州、颍州等，官至礼部尚书。后又贬谪惠州、儋州。北还后第二年病死常州。南宋时追谥"文忠"。苏轼在诗、词、散文、书法、绘画等诸多艺术领域都富有创造性：诗歌清新豪健，善用夸张、比喻，独具风格，与黄庭坚并称"苏黄"；词开豪放一派，与南宋辛弃疾并称"苏辛"；文章雄浑奔放，与欧阳修并称"欧苏"，为"唐宋八大家"之一；书法擅长行书、楷书，与蔡襄、黄庭坚、米芾并称"宋四家"，《寒食帖》被誉为"天下第三行书"；提倡文人写意画，善画古木丛竹，与文同齐名，同为湖州画派代表。

【苏舜钦】（1008—1049）宋代诗人。字子美，开封（今属河南）人。景祐元年（1034）进士。庆历四年（1044），以范仲淹举荐，为集贤校理、监进奏院。因岳父杜衍与范仲淹等主张新政，为守旧派所记恨，御史中丞王拱辰让其属官劾奏苏舜钦用卖废纸之钱宴请宾客。后罢职，闲居苏州，买地筑沧浪亭，读书其中。后起复为湖州长史，不久病故。工诗文，诗风豪健激昂，为欧阳修所推重，与梅尧臣并称"苏梅"。有《苏学士文集》。

【苏武】（？—前60）西汉大臣。字子卿，杜陵（今陕西西安东南）人。父苏建，曾数度随大将军卫青出击匈奴，后为代郡太守。武帝天汉元年（前100）苏武以中郎将的身份出使匈奴。当时，匈奴缑王图谋劫持单于母阏氏归汉，副使张胜卷入这一活动。事发后，苏武受到牵连，不愿投降匈奴，引佩刀自刺负伤。匈奴单于佩服苏武的气节，为迫使他投降，先将他幽闭于大窖中，苏武不为屈服。单于又将他远徙到荒无人烟的北海（今俄罗斯境内的贝加尔湖）牧羊，声称直到公羊生仔产乳才放他归汉。苏武杖汉节牧羊，卧起操持，节旄尽落。没有食粮，苏武甚至掘取野鼠所藏草实充饥。昭帝即位后，汉与匈奴和亲，要求匈奴遣返苏武等汉使，单于诡称苏武已死。后汉使复至匈奴，探知苏武下落，遂声称汉天子于上林苑中射得大雁，雁足系有帛书，写明苏武在某泽中。单于不得已，交还苏武等9人。苏武在匈奴前后19年，昭帝始元六年（前81）回到长安，拜为典属国。

【苏绣】 以苏州为中心的刺绣品的总称。苏州一带，蚕桑发达，盛产丝绸，自古以来就是锦绣之乡。早在两千多年前的春秋时期，吴国已将苏绣用于服饰。它吸收了顾绣的优点，并有所发展和创新。其针脚细密，色泽雅静，绣工精致，具有平、光、齐、匀的特点。与湘绣、粤绣、蜀绣并称我国"四大名绣"。

【苏洵】 （1009—1066）北宋散文家。字明允，眉州眉山（今属四川）人。与其子苏轼、苏辙并称"三苏"。少年任侠，终日嬉游。27岁才发愤为学，闭门苦读，终于大器晚成。嘉祐初年，苏洵带领苏轼、苏辙前往汴京，拜访翰林学士欧阳修。欧阳修对他的文章大为赞赏，认为其文才可与贾谊、刘向相提并论，并向朝廷推荐。公卿士大夫争相传诵，苏洵文名因而大盛。曾任秘书省校书郎、霸州文安县主簿等职。散文多为论辩文，论点精深，说理透彻，语言犀利，纵横恣肆，具有雄辩的说服力，其议论常能见人之所未见，发人之所未发，代表作如《六国论》。为"唐宋八大家"之一。有《嘉祐集》。

【苏辙】 （1039—1112）北宋散文家。字子由，号颍滨遗老，眉州眉山（今属四川）人。与其父苏洵、兄苏轼并称"三苏"。嘉祐二年（1057），与兄苏轼同科进士及第。官尚书右丞、门下侍郎。工古文，所作秀洁从容，流畅有韵致，为"唐宋八大家"之一。有《栾城集》。

【苏州民变】 明万历二十九年（1601），苏州民众因不堪忍受矿监税使、阉党和豪强劣绅暴行而掀起的反抗运动。市民阶层在其中发挥了领导作用，遭镇压后织工葛成等五人被杀，但市民的各种反抗仍延续多年，朝廷迫于压力不得不改变政策，减轻了对地方的破坏。

【苏州石刻天文图】 世界现存较早的大型石刻实测古星图。宋绍熙元年（1190）前后，太学博士黄裳以圆锥投影法绘制，淳祐七年（1247）王致远刻制。石碑高2米多，碑额题"天文图"，上半部刻全天星图，以北天极为中心，绘有不同直径的同心圆，外圆直径91.5厘米，中圆为天赤道，黄道与赤道相同大小，为一偏心圆并与赤道斜交，银河曲回穿越星图，又从北天极引出28条辐射线，其间夹角各不相同，每条线分别通过二十八宿距星并与外圈的十二辰、十二次等分野名称相配，全图共有星1400多颗。石碑下半部刻有约两千字的天文知识说明。

【俗曲】 通俗的歌曲。原出于民间，也有文人仿作者。也称俚曲、时调、时曲。冯梦龙《山歌》《挂枝儿》、王廷绍《霓裳续谱》、华广生《白雪遗音》，皆为俗曲选辑。清代文学家蒲松龄也是俗曲的重要推动者，他以自己创作的唱本为基础配以当时流传的俗曲时调，著有《聊斋俚曲》。《聊斋俚曲》融合了小曲、说唱、戏曲等多种艺术形式，具有深厚的文化底蕴和鲜明的艺术特色。此外，敦煌变文初发现时，也曾称"俗曲"。

【俗乐】 乐，yuè。古代对民间音乐、外来音乐和散乐的泛称。与"雅乐"相对。隋唐以前雅乐和俗乐不分，宫廷宴乐也有用俗乐的。至隋文帝开始分雅、俗二部。唐玄宗时设置左右教坊来管理俗乐，并在梨园教练俗乐乐工。唐时俗乐有28调，与雅乐同隶太常。

【**肃慎**】我国古代分布在长白山以北地区的民族群落。其活动区域大致在黑龙江、松花江流域。后来的挹娄、勿吉、靺鞨等民族大都与肃慎有传承关系，其中女真族后世建立了金政权。后也常以肃慎泛指活跃于该地区的众多族群。由于古代肃慎以狩猎为生，故擅长骑射，以生产弓箭、貂皮著称，相传自商周起就向中原王朝进贡优质弓矢和皮毛，与中原地区的经济、文化交往日益密切。

【**宿命**】佛教中指前世的生命。相对今生、今世而言。佛教认为，人在前世都有生命，其形态或为天，或为人，或为饿鬼，或为畜生。而今生的命运是由前世所为善恶之因缘决定的。

【**粟**】我国最古老的粮食作物之一。也称谷子、粱，去壳后称小米。供食用或酿酒。古代又以粟作为黍、稷、粱、秫的总称，后成为粮食的通称。以其颗粒细小，故常用来比喻细微渺小的事物，如苏轼《前赤壁赋》："寄蜉蝣于天地，渺沧海之一粟。"成语"沧海一粟"即出于此。

【**算赋**】汉代向成年人征收的赋税。始于战国，汉初规定15至56岁，每人每年须向官府缴纳一算，即120钱，由朝廷大司农统一支配此项税收。文帝时期曾减少到40钱，以减轻编户负担。武帝时期又恢复到了120钱。宣帝和成帝时期，调整为90钱和80钱。元初按户、丁或资产征收赋税也称算赋。

【**算缗**】缗，mín，穿钱用的绳子，借指成串的钱。一缗为一贯，一贯为一千钱，一算为一百二十钱。算缗是汉武帝时对商人、手工业者、高利贷者开征的赋税。元狩四年（前119）开始征收，由相关业者自行申报车船、财产，按一千钱出算二十的比例征缴。元鼎三年（前114）又规定，申报不实者查核属实即没收其财产，可将其半奖励告发者。结果使工商业者破产甚众，天下纷扰，执行一年即被废止。

【**算盘**】传统计算工具。竹木等制，四周做框，中置纵向杆若干，称"档"。每档贯珠七枚，用横木（梁）隔为上下两部分。梁下五珠，每珠表示"一"；梁上二珠，每珠表示"五"。其左档各珠均是右档的十倍。在用算盘计算时采用"五升十进制"，即每档满"五"时用一粒上珠表示，每档满"十"便向前一档"进一"。有口诀，可据口诀拨动算珠进行计算。"算盘"之名，见于宋代《谢察微算经》，宋代已有横梁的穿档的大珠算盘。明初，算盘流传到日本，后又流传到西方各国。

【**睢景臣**】睢，Suī。元代剧作家、散曲家。字景贤，扬州（今属江苏）人。心性聪明，酷嗜音律。当时扬州的作曲者同时以《高祖还乡》为题进行套曲创作，睢景臣创作的"哨遍"最为新奇，被推为第一。所撰杂剧数种，今皆失传。

【**隋朝**】公元581年杨坚建立的王朝。杨坚代北周静帝，国号"隋"，也称杨隋。开皇三年（583）都大兴（今陕西西安）。开皇九年（589）灭陈，统一全国，结束了自西晋末年以来的分裂

S

局面。疆域东、南到海，西到今新疆东部，西南至云南、广西和越南北部，北到大漠，东北迄至辽河。隋炀帝荒淫暴政，大业七年（611）起，各地农民相继起义，隋朝土崩瓦解。大业十四年（618）炀帝被杀死于江都（今江苏扬州），隋亡。共历 3 帝，38 年。

【隋末农民起义】公元 7 世纪初推翻隋王朝的农民大起义。由于隋炀帝昏庸腐朽，荒淫无道，导致内外交困，民不聊生，引发全国性的武装反抗。起义队伍多达近二十支。到隋朝大业十二年（616）形成了三支强大的起义军，即河南的瓦岗军、河北的窦建德军、江淮的杜伏威军。起义军歼灭隋军主力，使隋朝统治土崩瓦解。豪族官僚梁师都、刘武周、李渊等乘机割据一方。大业十四年（618）炀帝被杀死于江都（今江苏扬州），李渊乘机在长安（今陕西西安）称帝，建立唐朝。

【随园】著名江南园林。故址在南京市清凉山下。原为清康熙年间江宁织造隋赫德的私家园林，故名隋园。后为乾隆年间著名诗人、文学家袁枚购入并重建，改名随园。随园依山而建，园内山水相依，小桥流水，亭台楼阁，玲珑宛转，鸟语花香，众绿环绕。园林之外不设院墙，仅以一片竹海为障。

【随园诗话】诗话著作。清代袁枚著。共分 16 卷，另有《补遗》10 卷。内容是袁枚根据自己的诗歌创作经验和审美观点，对诗歌创作、鉴赏、批评等方面的问题进行的深入探讨和阐述。涉及诗歌的创作方法、形式与内容、美学价值以及诗人的艺术修养等多个方面。袁枚在此书中标举"性灵说"，提出了许多独到的见解，如提倡诗人应当真实地表达自己的感情和思想，对王士禛的"神韵说"、沈德潜的"格调说"、翁方纲的"肌理说"提出了批评和反思。对当时和后世都产生了深远的影响。

【岁办】明朝各地官府每年采办贡物的制度。各地官府每年向朝廷进贡土产，称"岁办"。不足或不合要求的部分，出钱给商人采购，称"采办""采买"。常依额向民间摊派、和买或招商采办，有额办、座办、杂办等名目，后成为一种变相的赋税。

【岁币】每年缴纳的钱币，多指朝廷为交好敌国而支付的款项。宋朝为换取和平，每年向辽、金、西夏等政权输纳的款项，先后有"助军旅之费""岁赐""岁币"等名目，反映了宋朝与这些政权之间的相互关系和地位消长。

【岁贡】科举制度中贡入国子监的一种生员。明清两代，每年或两三年从府、州、县学中选择资深学优的廪生送入国子监读书，因称岁贡、常贡。也称岁贡生。又因以食廪年深者挨次升贡，故也称挨贡、廪贡。与优贡、恩贡、拔贡、副贡合称"五贡"。

【岁考】明清时期，各省提学官对所属府、州、县生员举行的考试。明代提学官任期一般为三年，按规定这期间须对所辖地区学校生员举行两次考试，第一次称岁考，也称岁试。以成绩优劣酌定赏罚。应考者多为增广生、附生，也有廪生。考试结果分六等，考列一等之人，可依次补入廪生、增广生之列。清沿明制，由各省学政到任第一年进行，考试内容一般为四书义、经义及论、策等。

【岁星】 星名，即木星。木星在黄道带每年经过一宫，约十二年运行十二宫一周天，所以古代称之为"岁星"，并用以纪年，称为"岁星纪年法"。古代有的占星术，根据岁星运行的方位来预测年成的丰歉。如岁星运行至酉宫称"岁在金"，预示农业丰收。还认为岁星正常运行到某星宿，则地上与之相配的州国就五谷昌盛。

【燧人氏】 燧，suì。传说中钻木取火的发明者。远古时代，人们茹毛饮血。相传燧人氏最早发明了钻木取火并保留火种，教人们用火烤熟食物。从自然取火到人工取火、从生食到熟食的巨大进步，是人类逐步掌握自己命运的里程碑。一说，燧人氏和神农氏、伏羲氏并称"三皇"。

【孙膑】 膑，bìn。战国时期军事家。齐国阿（今山东阳谷东北）人。孙武后代。早年与庞涓同学兵法，庞涓出任魏将后，妒忌孙膑之才而将他骗至魏，施以膑刑，因称孙膑。后得齐国使者帮助潜逃入齐，为田忌门客，帮助田忌赛马获胜，被荐于齐威王。魏惠王十六年（前354）魏国围攻赵国都城邯郸（今河北邯郸）。次年赵求救于齐，齐王命田忌、孙膑率军往救。孙膑以魏国精锐在赵，内部空虚，引兵直趋魏都大梁（今河南开封）城郊，诱魏将庞涓兼程赶回应战，在桂陵（今河南长垣西北）设伏袭击，生擒庞涓。公元前341年，又在马陵（今河北大名）之战中用"减灶增兵"之计大败魏军，魏将庞涓被迫自杀。有《孙膑兵法》传世。

【孙膑兵法】 膑，bìn。军事学著作。也称《齐孙子》。约为战国中期齐国孙膑的弟子所述，也有一些是孙膑自著。《汉书·艺文志》载："《齐孙子》八十九篇，图四卷。"其后失传。1972年山东临沂银雀山汉墓出土孙膑论兵竹简，经整理编纂为《孙膑兵法》16篇。该书在继承《孙子》《吴子》等兵书军事思想的基础上，总结了战国中期及其以前的战争经验，提出了一些新的有价值的观点和原则。着重论述了战胜而强立、富国而强兵、必攻不守等原则，包含朴素的唯物论和辩证法思想。《孙膑兵法》还提出了许多具体的战术和策略，例如在敌强我弱的情况下，要采取退却策略，待机而发；在势均力敌的情况下，要调动敌人，分散敌人力量，然后集中兵力进攻等。《孙膑兵法》是我国古代军事思想的重要代表之一，对后世军事思想的发展产生了深远影响。

【孙恩卢循起义】 东晋末年孙恩、卢循所率天师道徒等民众的反晋斗争。孙恩家族世为天师道徒，隆安三年（399），乘各地反抗东晋征敛，他从舟山群岛率众登陆，攻陷会稽（今浙江绍兴），三年后兵败自杀。其妹夫卢循率余部转战至今福建、广东，势力壮大后经今江西北上，进逼建康（今江苏南京），至412年被刘裕率军镇压。这次起义打击了门阀士族，加快了东晋的灭亡。

【孙权】 （182—252）三国时吴国的建立者。公元229—252年在位。字仲谋，吴郡富春（今浙江杭州富阳区）人。孙坚之子，孙策之弟。建安五年（200），孙策遇刺身亡，孙权接替兄长统领江东六郡。建安十三年（208），联合刘备在赤壁大破曹操军队。蜀汉章武二年（222），在夷陵之战中击败刘备。同年称吴王。黄龙元年（229），在武昌（今湖北鄂州）称帝，不久将都城迁至建业（今江苏南京）。统治江东五十余年，消灭各支割据势力，平定、降服少数民族山越。管辖地域由江东扩展到今福建、广东、广西、湖南等地区，结束了这些地区之前的分裂状态，使社会经济得到了恢复与发展。曾大规模派人航海，加强与夷洲（今台湾省）的联系。

【孙思邈】 （581—682）唐代医学家。京兆华原（今陕西铜川耀州区）人。自少研究医学，并博涉经史百家学术，兼通佛典。早年曾中进士。隋文帝、唐太宗、唐高宗屡次征召，固辞不就，坚持在家乡一带行医，被尊为"药王"。总结了唐以前的临床经验和医学理论，并收集方剂、针灸等内容，撰《千金方》和《千金翼方》各30卷。《千金方》记载药物800多种，药方5300多方，是我国最早的临床百科全书。

【孙吴】 公元229年由孙权建立的政权。也称三国吴、东吴。建基于汉末孙权之父孙坚、兄孙策在江东建立的统治，刘备称帝后，孙权在武昌（今湖北鄂州）称吴王，八年后称帝，后迁都建业（今江苏南京）。占有今长江中下游，南至福建、广东、广西以及越南北部和中部。天纪四年（280）为晋所灭。共历4帝，59年。

【孙武】 春秋末期军事家，兵家奠基人，被后世尊为"孙子"。字长卿，齐国人。齐国田氏（即陈氏）后裔，祖父田书伐莒（今山东莒县）有功，被

齐景公赐姓孙氏，子孙因从此姓。周景王十三年（前532），齐国内乱，田、鲍两族与栾、高两族相攻，孙武避乱出奔吴国。入吴后长期避隐深居，潜心研究兵学，总结春秋时期及以前的战争经验，著书立说，成《兵法》13篇。值吴王阖闾即位，在伍子胥辅佐下欲破楚以图霸，经伍子胥多次举荐，以所著《兵法》献吴王阖闾，深得阖闾赞赏，被任为将军。治军严格，传说曾在吴宫演练宫女，斩了吴王违犯军令的两位宠姬。帮助吴国西破强楚，北威齐、晋，显名诸侯。所著《孙子兵法》以其博大精深的战略理论彪炳古今中外，孙武则以"兵圣"之誉名垂千古。

【孙星衍】 （1753—1818）清代经学家。字渊如，又字季仇，江苏阳湖（今常州）人。少聪颖，当时邑中有"毗陵才子"的评价，袁枚品其诗曰"天下奇才"，与之订忘年交。乾隆五十二年（1787）进士，历官编修、刑部主事、山东督粮道。曾主安定书院，又先后任绍兴蕺山书院讲习、西湖诂经精舍主讲。嘉庆二十三年（1818）卒。平生治经史、文字、音韵之学，旁及诸子百家，精于金石碑版、工篆隶书，尤精校勘，是乾嘉学派的领军人物之一。勤于著述，擅诗文，与黄景仁、洪亮吉等并称"毗陵七子"，深受时人推崇。积三十年之功，著成《尚书今古文注疏》，被当时治《尚书》的学者认为是最完善之本。另撰有《周易集解》《寰宇访碑录》等，刻有《平津馆丛书》《岱南阁丛书》。

【孙子兵法】 军事学著作。也称《孙子》《吴孙子》《孙武兵法》。春秋末孙

武著。世界上现存最古老的军事理论著作。今本 13 篇包括计、作战、谋攻、形、势、虚实、军争、九变、行军、地形、九地、火攻、用间。13 篇由总而分，分而又总，层层环扣，首尾相应，形成了一个系统完备的理论体系。该书总结了春秋末期及以前的战争经验，揭示了一系列带普遍性的军事规律，提出诸多精辟的用兵法则，如"知彼知己，百战不殆""不战而屈人之兵""攻其无备，出其不意"等，包含朴素的唯物论和辩证法思想，并形成系统的军事理论体系。后被誉为"兵经"，备受国内外推崇。

【蓑衣】一种雨具，用茅草或棕制作的披肩。通常和斗笠搭配使用。蓑衣起源很早，在《诗经》中已有"尔牧来思，何蓑何笠"之句。唐张志和《渔歌子》中又有"青箬笠，绿蓑衣，斜风细雨不须归"的名句。直至今天，我国南方有些地方仍在使用。

【所】明朝各地军队的组织体制。也称都司。即在兵部与五军都督府之下，各省及要地设都指挥使司或行都司、留守都司，各设都指挥使及同知、佥事掌之，下辖各卫，也设指挥使、同知、佥事。各卫辖若干千户所，各设千户、副千户，统诸百户所百户、总旗、小旗。依此划定军户，从事屯田，平时训练，战时出征。

S

T

【塔】 古代多指佛塔。源自印度，用于供奉佛骨或高僧遗物，后也用来供奉佛像、收藏佛经或作为僧人墓的地上建筑。俗称宝塔。佛塔传入中国后，与中国建筑文化相融合，形成楼阁式的古塔。由最初的木质发展为方形或多角形的砖塔和铁塔。我国现存古塔中，著名者有河南嵩山南麓的嵩岳寺塔，始建于北魏时期，塔高15层，是我国历史最悠久的密檐式砖塔。山西洪洞县东北部霍山的广胜寺飞虹塔，其前身是始建于东汉年间的佛祖舍利塔，后屡经扩建重建，今所见为明嘉靖年间修建。天启二年（1622），塔身加装琉璃，飞虹塔因此成为中国琉璃塔中的代表作。山西应县佛宫寺释迦塔，始建于辽清宁二年（1056），塔身呈八角形，外观五层六檐，内部为明五暗四九层塔，是世界上现存最高大、最古老的纯木结构楼阁式建筑。除此之外，藏传佛教的塔俗称宝瓶，外观浑圆饱满，以北京妙应寺白塔、北海白塔为代表。

【塔剌思大会】 公元1269年，由窝阔台、察合台、术赤三系诸王在塔剌思草原召开的大会。会议除划分三系诸王在河中地区的势力范围外，还决定联合反对忽必烈与伊利汗阿八哈。

【拓本】 将湿纸覆盖在碑刻或者金石器物的文字或花纹上，铺毡捶击，然后用绵包蘸墨，打拓为墨本。也作"搨本"。用白宣纸蘸浓墨拓印深黑有光的，称乌金拓。用薄纸以淡墨轻拓的，称蝉翼拓。用朱色打拓的叫朱拓。传世拓本以敦煌石室所出之唐初拓《温泉铭》及《化度寺邕禅师塔铭》为最早。

【榻】 一种供人坐卧的器具。类似床，四足，较低矮。有的三面置有屏风。东汉名士陈蕃到豫章任太守，豫章有一名士徐稺，字孺子，陈蕃对他非常敬重，专门为徐孺子做了一张榻，平时就挂在墙上。当徐孺子来访的时候，才把榻放下来，二人秉烛夜谈。后来就用"下榻"称礼遇宾客。唐王勃《滕王阁序》中"徐孺下陈蕃之榻"一句，用的就是这一典故。

【踏青】 古代民俗。初春时节，天气转暖。此时芳草始生，杨柳泛绿，人们相约来到郊外游赏，称为踏青。关于踏青的日期，各地有所差异，有的在二月初二，有的在三月三日上巳，还有的在清明节前后。

【台】 ①一种高出地平面、平顶的建筑物。一般用土筑成，后世也有用石质材料砌成的。台的作用有五：一是观测天文星象，称观象台，一般建在空旷的地方。二是祭拜上天诸神，祈求风调雨顺，一般建在城的四郊，如北京的天坛、地坛、日坛、月坛。三是拜相求贤、军帅点将，举行大军出征仪式，一般建在驻军操练场或城墙上，称点将台。四是传递信息，如烽火台，一般建立在城垛或野外显眼的高处。五是举办筵宴，饮酒作乐，观赏美景，多建在园林之中。②像台的家具，种类很多，如梳妆台、佛台等。

【台阁】古代官署名。指尚书机构尚书台。晋称为尚书都省，刘宋称尚书寺，一名尚书省。首长是尚书令，副职是尚书仆射。魏文帝鉴于东汉尚书台的势力太大，将其改为外围的执行机构，另设以中书监、令为首长的中书省，参掌中枢机密。南北朝时皇帝鉴于中书省权势日大，又设置以侍中为首长的门下省，对中书省加以制约。这样，就形成了皇朝中央尚书、中书、门下三省分职的制度：中书省取旨，门下省审核，尚书省执行。隋代避用"中"字，改中书省为内史省，改侍中为纳言。在唐高宗、武后和玄宗时，三省名称曾有几度改变：尚书省称中台、文昌台；中书省称西台、凤阁、紫微省；门下省称东台、鸾台、黄门省。三省首长同为宰相，共议国政。

【台谏】古代官名。唐宋时台谏为两官。台官为专司纠弹的御史，有侍御史、殿中侍御史、监察御史等职；谏官有给事中、谏议大夫、拾遗、补阙、司谏、正言等职，掌侍从规谏，宋时也称为谏院。两者虽各有所司，而职责往往相混，故多以台谏泛称。明初废谏院，以给事中兼领监察与规谏等职，因通称御史为台谏，给事中为给谏，两者开始合流。至清雍正元

年（1723），统归于都察院，职权不再分别。也称台谏官。

【大羹】大，tài，同"太"。不用佐料和蔬菜佐味的肉汤，祭祀时用。古人说"大羹不和"，可以视为与大道至简，大音希声等思想理念如出一辙，崇尚的是天然本味。

【大牢】大，tài，同"太"。古代帝王、诸侯祭祀时，牛、羊、豕三种祭品齐全，称太牢。有时也专指牛牲。也称大牢。与太牢相对的，为少牢，只以羊、豕为祭，主要用于诸侯卿大夫祭祀宗庙。

【太白】星名。也称启明、明星。因为其光色银白，亮度特别强，故称。秦汉以后，因"五行说"普及，又称金星。《诗经》"明星有烂""明星煌煌"，其中"明星"即指金星。黎明先日而出，见于东方叫启明。黄昏后日而入，见于西方叫长庚。《诗经》中有"东有启明，西有长庚"之句。

【太保】古代官名。①辅弼君王的重要大臣。三公之一，位次于太傅。西周始置，春秋沿置，战国罢。西汉不常设，魏晋以来为三师之一，直至明清多为重臣加衔，以示恩宠，并无实职。也指太子太保，为辅导太子之官。②宋元时称庙祝、巫者为太保。

【太卜】古代官名。卜官之长。在周王室与诸侯国中掌管占卜事务。后世为负责具体占卜之事的官称。秦汉有太卜令，北魏有太卜博士，北齐有太卜局丞，北周有太卜大夫，隋唐设太卜令。宋以太卜隶司天台，不置专官。

【太常】古代官名。秦置奉常，汉景帝中元六年（前144）更名为太常，掌宗庙礼仪，兼掌选试博士。历代因之，

为专掌祭祀礼乐之官。北魏称太常卿，北齐称太常寺卿，北周称大宗伯，隋至清皆称太常寺卿。

【太初历】西汉邓平、落下闳等编定的历法。汉武帝太初元年（前104）颁行，故名。首次将二十四节气编入历法，以没有中气的月份为闰月，以孟春正月为岁首，以正月初一为一年的第一天，还推算出135个月的交食周期。为我国历史上首部比较完整的历法，也是历法史上的第一次大改革，对后世影响极大。

【太傅】古代官名。周代始置，辅弼天子治理天下的重要大臣。秦废。三公之一，位次太师，在太保上。西汉平帝时与太师、太保、少傅合称"四辅"，无实际职司。东汉每一帝即位，必置太傅，录尚书事，参与朝政。其后各代，太师、太傅皆称上公，但多以他官兼领，或不备置。明清则以太傅和太师、太保等作为赠官、加衔之用，非实职。也指太子太师，为辅导太子之官。西汉时称为太子太傅。钟繇是曹操的重要谋士之一，官至太傅，世称"钟太傅"。

【太官】古代官署名。秦汉置有太官令、丞，掌皇帝饮食及宴会之事，属少府。北魏时，掌百官膳食，属光禄卿。北齐后历代以太官署为光禄寺的下属机构。其长官太官令也省称太官。金元置尚食局提点，以代太官。明清复于光禄寺置太官署署正、置丞各一人。

【太昊】传说中远古东夷族首领。风姓，是燧人氏的帝位继承者，也是古代传说中掌管春天的东方天帝。他从蛛网的形态中获得灵感，制成了打鱼和捕兽的网，开创了渔业并创造了新的狩猎工具，使先民在生产劳动中获得更大的收益。还发明了乐器瑟。太昊与其妹女娲结成了夫妻，被视为华夏人民的始祖。在后世留存下来的石刻或砖雕上，太昊与女娲的形象都是人头蛇身。也作"太皞""太皓"。一说即伏羲。

【太和正音谱】戏曲论著。明代朱权著。朱权为明太祖朱元璋的第十七子，自幼博古好学，在艺术尤其是音乐和戏曲方面有独到的见解和深厚的造诣。成书于洪武三十一年（1398），2卷，8章。内容大致可以分为两个部分：第一部分是北曲曲目文献，其中朱权对曲体艺术的体式、元剧作家的风格、杂剧题材流派等问题进行了总结和阐发；第二部分则是北曲格律谱，这部分是按照《中原音韵》所辑的乐府335调名谱编撰而成，每调列出其句格、平仄四声，是现存最早的北曲谱。

【太后】起初指列国诸王的母亲。如战国赵国孝成王的母亲赵太后、秦国昭襄王的母亲秦宣太后。汉代诸侯王的母亲也称太后。后世一般专用来称呼皇帝的母亲。

【太皇太后】皇帝祖母的尊称。始于秦汉时期。此后历代沿用此称。如北宋宣仁太后是宋英宗的皇后、宋神宗的母亲、宋哲宗的祖母。元丰八年（1085），年幼的宋哲宗继位，宣仁太后被尊称为太皇太后。

【太极拳】武术拳种。以我国传统儒、道哲学中的太极、阴阳辩证理念为核心思想，吸收众家武术之长，融合易学阴阳五行、中医经络、导引吐纳等术，形成内外兼修、柔和缓慢、刚柔相济的拳术，有增强体质、防病保健的功用。起源有五种说法：一为唐代许宣平、李道子所创，二为元末明初武当山道士张三丰所创，三为明初河南温县陈家沟陈卜所创，四为明末清初河南温县陈家沟陈王廷所创，五为清乾隆年间王宗岳所创。常见的太极拳有陈式、杨式、武式、吴式、孙式等流派。

【太康之治】 公元280—289年，西晋武帝太康年间出现的全国统一、政治安定、社会经济恢复发展的局面。

【太平道】 古代道教派别。东汉熹平年间由张角创立。尊崇《太平经》。奉天地，顺五行，并因反对剥削、提倡公平得到老百姓的欢迎，组织发展各方教徒，一度达到数十万人。公元184年，发动黄巾起义，高喊"苍天已死，黄天当立。岁在甲子，天下大吉"的口号，向豪强地主阶级发起猛烈攻击，使东汉王朝一度岌岌可危。后被镇压。

【太平广记】 古代小说总集。北宋李昉等奉敕编纂。因书成于太平兴国年间，故名。凡500卷，另有目录10卷，按性质分92大类，150余小类。采录自汉至宋初的小说、笔记、稗史等475种，保存了大量的古代小说资料，乃小说家之渊海。《李娃传》《柳氏传》《无双传》《霍小玉传》《莺莺传》等传奇名篇，多数仅见于此书。其中引用的不少古代典籍，有很多现在已经散佚、残缺或被后人窜改，幸赖此书得以考见。

【太平寰宇记】 地理学著作。北宋乐史编著。宋太宗太平兴国年间（976—984）编纂完成，因取太平兴国年号首二字为书名。共分为200卷。体例上沿袭了唐代总志的分类方式，将全国划分为十三道，之下再分州、县，详细记载了各州的建置沿革、户口、风俗、人物、关塞、亭障、名胜古迹、祠庙等方面的信息。书中还首次记录了宋朝绝大多数州郡的主户与客户户口统计，这对于研究宋朝的人口、户籍、阶级状况也具有极高的参考价值。该书博采众长，广泛引用了历代史书、地志、文集、碑刻、诗赋等约二百种文献，并对所引用的内容多注明出处，具有极高的史料价值。

【太平天国运动】 清朝后期全国规模的农民起义。道光二十三年（1843）洪秀全创立拜上帝会。咸丰元年（1851）洪秀全、杨秀清等在广西金田村率众起义，建号太平天国。公元1853年定都天京（今江苏南京），建立政权。之后太平军北伐、西征，军事上达到鼎盛。1856年发生内讧，在政治、经济上开始衰落。1862年太平军与清政府军及外国势力作战。1863年12月、1864年3月苏州、杭州失守，1864年7月天京陷落，标志着太平天国运动失败。这次运动发展到十八个省，坚持斗争十四年，严重地动摇了清朝统治，打击了外国侵略者，对中国近代史产生了深远的影响。

【太平御览】 类书。由李昉、徐铉等学者奉敕编纂。该书始于北宋太平兴国二年（977），成书于太平兴国八年（983）。《太平御览》采用群书类集的方式，共分55门，编为1000卷。最初名为《太平总类》，因宋太宗要求每天进呈三卷以便阅览，所以更名为《太平御览》。全书以天、地、人、事、

T

物为序，包括了政治、军事、科技、地理、人文、宗教等方面的内容，可谓是包罗古今万象。书中引用古书多达1690种，其中很多都是已经失传的著作，因而具有重要的文献价值。

【太仆】古代官名。主管朝廷车辆、马匹、牧场等政务的长官。也称大仆、大仆正、太仆正。周官有太仆，掌供天子舆马。秦汉沿置，为九卿之一，为天子执御，掌舆马畜牧之事。南朝不常置。北齐始置太仆寺，有太仆寺卿、太仆寺少卿。历代沿置。秦时赵高曾担任太仆一职，因才干出众而得到秦始皇的器重。

【太仆寺】古代官署名。太仆这一官职始设于春秋时期，主要负责管理皇室的车马和马政。在秦汉时期，太仆是九卿之一，负责掌管国家的车马、畜牧业以及与车马相关的礼仪事务。北齐始置太仆寺，其长官有太仆寺卿、太仆寺少卿。历代因之。北京西城区有太仆寺街，因其地有明代衙署太仆寺遗址而得名，明清时期，太仆寺街常常是皇帝升旗出巡或庆祝胜利时游行的必经之路。内蒙古锡林郭勒盟有太仆寺旗，曾是清朝的皇家御马场，专供皇室御用马匹。

【太上皇】皇帝生父的尊称。秦始皇称帝，追封其父庄襄王为太上皇，是皇帝父亲死后的尊称。汉高祖刘邦尊称其父刘太公为太上皇，是皇帝父亲在世时的尊号。有的是皇帝在世时就传位给子嗣后所得尊号，如北齐武成帝、唐高祖、唐睿宗、唐玄宗、宋高宗、清高宗等传位给太子后，都称太上皇。明英宗被北方的瓦剌所俘后，其弟景帝继位，遥尊英宗为太上皇。

【太上老君】道教对其创始人老子的尊称。也称道德天尊。后来道教书籍多冠其名以示学有所宗，如《太上老君太素经》《太上老君内丹经》等。道教以每年农历二月十五日为老君圣诞日。

【太师】古代官名。①为三公之最尊者。周置，为辅弼君王的重要大臣。相传周初与太傅、太保并号三公，居三公之首。秦废。西汉平帝时复置，与太傅、太保、少傅合称"四辅"，无实际职掌。两晋南北朝或称太宰，位居"三师"之首。后代相沿，多为重臣加衔，作为最高荣典以示恩宠，并无实职。也指太子太师，为辅导太子之官。西晋设太子太师、太子太傅、太子太保，太子少师、太子少傅、太子少保，称为三师、三少。北魏、北齐沿设，隋以后历代不改。明清以朝臣兼任，三师、三少成虚衔。②古代乐官之长。殷、西周、春秋皆含。《周礼》列为春官宗伯属官。

【太史】古代官名。夏商周三代为史官及历官之长。西周、春秋时太史为朝廷重臣，多由王族担任，主要掌管记载史事、编写史书、起草文书，兼管国家典籍、天文历法、祭祀等。秦称太史令，汉属太常，掌天文历法，职位渐低。魏晋以后修史职务划归著作郎，太史专掌天文历法。隋代设太史监，唐代改为太史局，肃宗时又改为司天台，五代亦同。宋代有太史局、司天监、天文院等名称。辽称司天监，金称司天台。元代改称为太史院，与司天监并立，但推步测算之事皆归太史院，司天监仅余空名。明清两代天文历法归钦天监，修史之事归翰林院，故翰林也有太史之称。古代史官与历官不分，故司马迁以掌天官之太史而负修史之任，撰写了《史记》这一不朽巨著，被后人尊称为史迁、太史公。

【**太史寮**】古代官署名。掌管册命、祭祀、占卜、礼制、天象、历法等文书及宗教性事务。以太史为首长，属下有多种官司职事。源出殷周，其作用地位较卿事寮有所衰减。东汉张衡汉安帝时任尚书侍郎，后迁太史令。

【**太守**】古代官名。秦设郡守，管理一郡政事。汉景帝时更名太守。隋初，以州刺史为郡长官。宋以后改郡为府或州，郡守已非正式官名，但仍习称知府、知州为太守。明清时专指知府。

【**太尉**】古代官名。主掌军事的辅政重臣。秦始置。西汉时改称大司马，与丞相、御史大夫合称"三公"。后代多沿置，但一般皆为大臣加官，无实权。宋徽宗时，定为武官官阶的最高一级，但本身并不表示任何职务。一般常用作武官的尊称。元不常置。明废。太尉是中国古代军事和政治体系中的重要角色，既要有深厚的军事素养，也要具备政治智慧，能够在国家决策中发挥作用。曹魏时期，司马懿因抵抗诸葛亮北伐有功，被升为太尉。

【**太学**】古代学校名，即国学。西周已有太学之名。西汉元朔五年（前124）始置太学，立五经博士，传授儒家经典。东汉时发展迅猛，质帝时太学生一度达三万人。魏晋到明清，或设太学，或设国子学，或两者同设，名称不一，制度也有变化，均为传授儒家经典的最高学府。

【**太医**】古代官名。宫廷中掌管医药的官员。周官有医师，掌医之政令。秦汉有太医令丞，主医药。隋置太医署，宋改太医局。元改为太医院，明清不变。后泛称皇帝的医生为太医。明代李时珍曾任皇家太医院判，这段经历，为其编写《本草纲目》打下基础。

【**太医署**】古代官署名。掌管医药和医学教育的最高机构。为医学史上最早的国家医学院。南北朝时期始称太医署，隋唐完善其制，分科较细，治疗及教学功能加强。太医署虽经过历代变迁，但其发展轨迹并未发生根本变化。历史上有许多杰出的医学家都在太医署任职，如隋代的巢元方、唐代的孙思邈等。

【**太宰**】古代官名。也作"大宰"，简称宰。相传殷始置太宰，周也称冢宰，兼总天官，为天官之长，掌管国家的六种典籍，辅佐帝王治理国事，相当于后世的丞相或宰相。西周时总管王家事务，春秋时也指辅佐诸侯的执政大臣，春秋后期至战国地位下降。秦、汉、魏不设。西晋时，因避司马师之讳，改"太师"为"太宰"，位居百官之首，职掌不同于周时冢宰。隋唐无此官。宋崇宁间曾改左、右仆射为太宰、少宰。靖康末复故。明清时也用为吏部尚书的别称。

【**太祝**】古代官名。祝官之长，掌祭祀、祈祷之事的官员。也作"泰祝""大祝"。商官有六太，其一曰太祝。《周礼》春官宗伯之属有太祝。秦汉有太祝令丞，属太常卿。历代多因之。

【**太子**】西周到战国时期，天子、诸侯指定的继承人称太子、世子。西汉时期，皇帝选定册立的继承皇位的嫡长子（也有例外），始称皇太子，省称太子。唐代以后，太子也称殿下。

【**泰阿**】阿，ē。古宝剑。也作"太阿"。

由泰阿山所出的神铁锻造而成, 故名。一说"泰阿"是"太一"的意思, 而"太一"在道家思想中代表着至高无上的神。相传春秋时, 楚王命欧冶子、干将铸泰阿剑。一场战争中, 楚王被晋军围困三年, 决心用泰阿剑自刎, 并将剑沉入湖底, 让泰阿剑永留楚国。然而, 在决战之日, 楚王的不屈之心激发了泰阿剑的磅礴剑气, 使得晋国兵马大乱, 最终晋军全军覆没。

【**泰和律义**】 泰和二年（1202）, 金代金章宗颁行的《泰和律令敕条格式》。有《泰和律义》30 卷、《泰和律令》20 卷、《新定敕条》3 卷、《六部格式》30 卷。其中《泰和律义》篇目同《唐律》, 并附加注疏。是金代常行的法典。对元代法制产生重要影响。

【**泰山**】 ①山名, 五岳之东岳。位于山东泰安。也称岱宗、岱山、岱岳。由于古代以东方为万物生发之地, 故帝王常在泰山举行封禅大典, 有众多名胜古迹, 如南天门、碧霞祠、日观峰、经石峪、王母池等。历代的文人墨客留下了许多诗词歌赋, 如唐代杜甫《望岳》诗: "岱宗夫如何, 齐鲁青未了。造化钟神秀, 阴阳割昏晓。荡胸生层云, 决眦入归鸟。会当凌绝顶, 一览众山小。"山上还有许多摩崖石刻等珍贵的人文景观。②岳父的别称。传说, 唐玄宗到泰山封禅, 张说担任封禅使。张说的女婿郑镒, 本为九品官。按照旧例, 封禅结束后, 爵位在三公以下的都可升迁一品。只有郑镒的官品通过张说利用职权, 一下子升到五品, 并赐绯服。因举行宴会按品级排座次, 玄宗发现郑镒的官位骤然上升, 觉得奇怪, 就问他原因, 郑镒支支吾吾。在旁的黄幡绰说: "此泰山之力也!"隐指张说越级提拔女婿。此事在民间广泛流传, 后人逐渐把妻子的父亲称泰山。因泰山为五岳之东岳, 故又将妻子的父亲改叫岳父。

【**摊丁入亩**】 将丁口税摊入田赋一并计亩征收的税制改革。也称地丁合一、丁随地起。明施行一条鞭法后, 代役丁银逐渐摊入田亩征收, 但未普遍执行。清继续施行。公元 1716 年康熙帝始行, 雍正以来贯彻至全国各地, 且以 1711 年全国在册人丁永为定数, 以后各地人丁虽增而银额不变, 人丁减者则由亲族、同甲抵补其额。使税制更趋合理和简化, 促进了人口的增长。摊丁入亩标志着我国实行两千多年人头税（丁税）的废除。

【**昙花一现**】 昙花即优昙花。盛放时能开出美丽的白花, 但花期往往只有数小时, 且是在夏夜。佛教经典中提到, 转轮王出世, 昙花才开。以此比喻高超智慧之人难得出现。后用来表示稀有的事物和显赫一时的人物出现后很快消逝。

【**弹文**】 弹, tán, 弹劾。文体名。弹劾官员过错的奏疏。也称弹章、劾文。以指陈过失、条明罪责为主, 往往辞意激切。为封建时代绳纠不法官吏的手段之一。《文选》列有"弹事"类。

【**探花**】 科举时代称殿试一甲第三名。本于唐的探花使。唐时进士在曲江杏园举行探花宴, 以进士少年俊秀者二三人为探花使, 入园折花。至南宋时, 探花专称殿试一甲第三名。元明清三代沿袭不变。

【**探马赤军**】 军队名。探马赤军在蒙古语中意为先锋官。成吉思汗于公元

1217 年从蒙古军中各千户、百户和部落中挑选士兵组成的精锐部队。作战时充当先锋，负责攻坚冲锋，战事结束后则驻扎镇戍于被征服的地区。元朝建立后，发展成屯戍各地的镇戍军。

【**賧物**】賧，tàn，指古代东方、南方民族以财赎罪。东晋和南朝时期，对于蛮、僚、俚等少数民族，强征賧物，如果不交，即处以刑罚或以军队征讨。

【**汤饼**】汤煮的面食。古代面食统称为饼，带汤的面食称为汤饼。明代蒋一葵《长安客话·皇都杂记·饼》认为，水瀹而食者皆为汤饼，包括蝴蝶面、水滑面、托掌面、切面、挂面、馎饦、馄饨、合络、拨鱼、冷淘、温淘、秃秃麻失之类是也。旧俗生儿三日往往以汤饼待客，称汤饼会。汤饼也是古代著名的节令食品。

【**汤镬**】汤，滚开的水。镬，huò，古代用来烹人的无足大鼎。汤镬是古代酷刑。执行死刑时，把人扔入烧开水的大鼎中烫死。也称烹、鼎镬。周至秦汉有此刑，秦时为常刑。

【**汤若望**】（1591—1666）明末来华的天主教耶稣会传教士，德国人。万历四十八年（1620）到澳门，后到北京学习汉语，继往西安传教。崇祯三年（1630）与罗雅各到北京，接替邓玉函修订历法，协助徐光启编成《崇祯历书》。并将《崇祯历书》删改为《西洋新法历书》。明廷为阻止清兵入关，命他监铸大炮，传授用法。清顺治二年（1645）任钦天监监正。累官至太常寺少卿、光禄大夫等。清顺治帝赐银建北京南堂，并题"通玄佳境"匾额以赠。康熙三年（1664）为杨光先告发，以图谋颠覆罪与南怀仁等被捕入狱。次年获释，移居广东，后返北京，卒于寓所。他在中国生活了47年，历经明清两个朝代，被认为是继利玛窦之后最重要的来华耶稣会传教士之一，为西方近代自然科学引入中国做出了贡献。

【**汤显祖**】（1550—1616）明代戏曲作家、文学家。字义仍，号海若、若士、清远道人，临川（今江西抚州）人。所居名玉茗堂。早年即有文名，曾拒绝首辅张居正延揽。万历十一年（1583）中进士。历任南京太常寺博士、礼部主事，十九年（1591）上《论辅臣科臣疏》，弹劾大学士申时行，降为广东徐闻典史。后改任浙江遂昌知县，又以不附权贵而被议免官，未再出仕。曾从泰州学派罗汝芳读书，后又受李贽的影响，并和僧人达观相友善，思想上崇尚真性情，反对假道学。在戏曲创作上主张"言情"，反对拘泥于格律。作有传奇《紫箫记》《紫钗记》《牡丹亭》《南柯记》《邯郸记》五种，后四种合称"临川四梦"或"玉茗堂四梦"。作品颂扬人性真情，对封建礼教和当时黑暗政治有所暴露和抨击。以《牡丹亭》最著名。诗文有《红泉逸草》《问棘邮草》《玉茗堂集》等。明清两代有些戏曲作家模拟其文辞风格，被称为玉茗堂派或临川派。

【**唐朝**】公元 618 年李渊建立的王朝。隋朝末年，多地发生农民起义，617 年太原留守李渊乘机起兵，攻克长安。次年隋亡，李渊在关中称帝，国号"唐"，也称李唐。定都隋大兴城（今陕西西安），改名长安，为政治、经济、文化空前发展的多民族统一王朝。唐代前期国势强盛。疆域初年南部同隋，北部在 7 世纪后半叶极盛时北界包括今贝加尔湖和叶尼塞河上游，西北曾到达里海，东北曾到达日本海。后期政治腐败，赋役繁重。874 年爆发农民大起义，多地藩镇割据，907 年为后梁朱温所灭。共历 22 帝，290 年。

【唐大和上东征传】 中外文化交流史名著。又名《过海大师东征传》《鉴真和尚东征传》《鉴真和尚传》《东征传》。日本淡海三船据思托《大唐传戒师僧名记大和上鉴真传》（也称《鉴真和上传》《鉴真传》），于日宝龟十年（779）改写而成，主要描绘了唐代著名僧人鉴真东渡日本并传播佛教的事迹。是研究中日古代文化交流，尤其是鉴真东渡的重要资料，为历代史家所重视。在中日两国关系史、海上交通史以及文化交流史等领域具有重要的历史价值。

【唐卡】 藏族绘画的特殊形式。多数是在布、绸或纸面上涂各色矿物颜料绘制，再用彩缎装裱而成，形象逼真，色彩艳丽。题材涉及各种佛像、教史、各派祖师像等。唐卡是佛教徒供奉、对照修行的物品，一般藏族家庭也悬挂。

【唐六典】 唐朝时期的一部重要行政法典。其编纂始于开元十年（722），由起居舍人陆坚负责起始工作。随后，在张说、萧嵩、张九龄、李林甫等宰相的先后主持下，经过多位学士如徐坚、韦述等人的努力，历经十多年终于完成。到开元二十七年（739），这部法典正式被呈献给皇帝。《唐六典》的名称来源于《周礼》，《周礼》中将治国之法分为理典、教典、礼典、

政典、刑典、事典六部分。虽然《唐六典》的编纂原计划遵循《周礼》的分类，但实际上它是根据唐代的官制体系来编写的。全书共 30 卷，内容涵盖了从三师、三公、尚书省到地方三府、都督府、州县等各种官职和机构，详细介绍了它们的职责和官阶体系，同时也注明了官制的历史沿革。此外，书中还收录了许多唐代的诏令，涉及均田、赋役、物产、土贡、户等、差科、屯田等制度，反映了唐代的政治经济状况。该书对后世的政治制度有很大启发。今日所见，已非原貌。

【唐末农民起义】 公元 9 世纪中叶反抗唐朝统治的农民大起义。唐乾符元年（874），王仙芝率数千人在长垣（今属河南）起义。次年，众至数万，黄巢聚众响应，与王仙芝合兵。三年（876），王仙芝与黄巢分兵。五年（878），王仙芝在湖北黄梅战死。余部由尚让率领，与黄巢部会合，并推黄巢为首，号冲天大将军，建元"王霸"，众至十余万。转战至今浙江、福建、两广后，经两湖至长江下游，由采石（今安徽马鞍山）北上中原，881 年初克长安（今陕西西安），称帝，国号"大齐"，改元"金统"。后因唐反攻，加之内部分裂，败退至山东，884 年黄巢不屈自杀，余部也被镇压。大起义历时十年，给唐王朝以沉重打击。

【唐三彩】 传统陶瓷品种。盛行于唐代，始于高宗朝，鼎盛于玄宗开元间，天宝以后逐渐减少。釉彩有黄、绿、白、褐、蓝、黑等色，而以黄、绿、白三色为主，所以人们习惯称之为唐三彩。主要用作随葬的冥器等，式样繁多，造型丰富，其中唐三彩马，极

负盛名。

【唐诗】 唐代盛行的一种文学体裁。泛指唐朝诗人创作的诗。唐诗的体裁多样，有：五言古诗、七言古诗、五言绝句、七言绝句、五言律诗、七言律诗。唐诗的题材多为山水田园诗、边塞诗、咏史诗等。初唐时期代表作家是"初唐四杰"。盛唐时期代表作家是李白、杜甫、王维等。中唐时期代表作家是韦应物、白居易、刘禹锡等。晚唐时期代表作家是温庭筠、李商隐、杜牧等。清代曹寅、彭定求等奉敕编纂《全唐诗》。

【唐诗别裁集】 唐诗选集。清代沈德潜编选。沈氏论诗主"格调说"，崇尚"温柔敦厚"的诗教，此书编选亦本此旨。以杜甫《戏为六绝句》有"别裁伪体亲风雅"语，因名"别裁"，意谓书中已将其所认为的"伪体"剔除。主张"备一代之诗，取其宏博"，在重点选录王维、李白、杜甫、岑参、韦应物、韩愈、白居易、李商隐等大家名家的诗外，也选录不少中小作家的作品。由于门庭比较宽广，能关注到不同时期、不同流派和不同体裁的作品，入选的题材和风格较为丰富多彩，大致反映了唐代诗歌创作的基本面貌。书中还附有简要的评注，有助于理解诗意。为旧时较有影响的唐诗选本。

【唐诗三百首】 唐诗选集。清代孙洙选编。孙洙，号蘅塘，晚号退士，乾隆进士。全书6卷，或作8卷。入选77人，诗310首，按五言、七言古近各体编排。原是为童蒙学习诗歌而编的一个家塾课本。编者汲取了《千家诗》易于成诵的优点，而补其不足，专门编选唐诗中脍炙人口之作。这一以简驭繁、广收名篇的编辑方针，使作品达到老幼皆宜、雅俗共赏的效果，成为一部家弦户诵、影响久远的读物。所收诗歌虽然只占唐代诗人、诗歌总数的很小一部分，但大多数重要作家都已收入，重点突出了杜甫，其次是王维、李白、杜牧、李商隐，也照顾到存诗不多的作家以及不同的风格流派。七绝选录李商隐、杜牧多于盛唐之作，不囿于"诗必盛唐"的成见。选集大体上反映了唐代诗歌的总体风貌和高度成就。但反映现实的诗歌入选较少，也误收了个别非唐人诗，其中张旭《桃花溪》实为北宋蔡襄所作。

【唐宋八大家】 唐宋两代八位散文代表作家的合称。即唐韩愈、柳宗元和宋欧阳修、苏洵、苏轼、苏辙、曾巩、王安石。他们提倡散文，反对骈体，是古文运动中的重要代表作家。明初朱右把韩、柳等人的文章编为《八先生文集》，八家之名，实始于此。后来唐顺之著《文编》，唐宋人除八家外，一律不取。茅坤最崇仰顺之，选编八家文，成《唐宋八大家文钞》144卷。世遂沿称为"唐宋八大家"，其书流传颇广，"唐宋八大家"之名遂亦流行。

【唐尧】 古代传说中的上古帝王。也称帝尧。名放勋，古唐国（今山西临汾尧都区）人，13岁辅佐兄挚，封于陶地，15岁改封于唐地，故号陶唐氏。尧执政时命羲氏、和氏测定推求历法，制定四时成岁，为百姓颁授农耕时令。测定出了春分、夏至、秋分、冬至。设置谏言之鼓，让天下百姓畅所欲言；立诽谤之木（华表的雏形），让天下百姓批评他的过错。尧德高望重，关心百姓疾苦，团结族人，使邦族之间团结如一家，和睦相处。在尧的统治下，国家统一，社会安定，文化繁荣，被后人赞誉为"尧舜之治"。他还通过民主推举的方式，将帝位传给了德才兼备的舜，史称"禅让"。

【唐寅】（1470—1524）明代画家、文学家。字伯虎，一字子畏，号六如居士、桃花庵主、逃禅仙吏等，吴县（今江苏苏州）人。出身商贩之家，早年发愤读书，弘治十一年（1498）得中应天府（今江苏南京）解元。次年赴京会试，因牵涉科场舞弊案而被革黜。正德九年（1514）投奔江西宁王朱宸濠幕下，后发现朱宸濠有不轨之意，遂脱身返回苏州。从此绝意仕进，筑圃舍于桃花坞，潜心诗文书画以终。性格狂放不羁、玩世不恭，有印文曰"江南第一风流才子"。工人物、花鸟，笔墨秀润峭利，景物清隽生动，工笔、写意俱佳。与沈周、文徵明、仇英并称"明四家"，为吴门派代表人物之一。与祝允明、文徵明、徐祯卿齐名，并称"吴中四才子"。有《六如居士全集》。

【堂】一种古代建筑形式。一般指居室建筑中的正房，为接待宾客、举行各种典礼之处。春秋至汉代堂是居室的主要部分，居整座建筑的正中，不住人。汉代曾称为殿。唐代以后堂的建筑样式逐渐变化，堂左右有序，有夹室，旁有房，有厢，设东、西厢，其后有寝室，各间以廊屋相连接。堂的规模按主人地位而定。汉以后，一般指衙署、宅第中的主要建筑物及宫殿寺观中的次要建筑物。堂的称谓范围后世也不断扩展，如宗教建筑中的佛堂、斋堂等专用房屋，文人避世隐的草堂等，现代有名人纪念堂，如北京中山公园的中山堂等。

【棠棣】tángdì。木名，即郁李。也作"常棣"。因花盛开时每两三朵彼此相依，故借以象征患难与共、相互照顾的兄弟。后世以棠棣比喻兄弟。唐代贾敦颐、贾敦实兄弟分别任洛州刺史、长史，为政清廉仁惠，洛州人在大市路旁为敦颐立石碑，后又在旁边为敦实立碑，此二碑被称为"棠棣碑"。

【塘丁】南齐的地方性徭役名。也称塘役、塘丁役。士庶皆须承担。南朝会稽郡沿海堤塘须经常修筑，其工料多由当地百姓摊派，后改为折收塘丁钱，成为政府的一种税收。

【逃户】脱离户籍管理的外逃人户。历代有之，战国秦汉称亡命，魏晋至隋唐称浮逃户，宋元明清称此。也称流民。常因赋役过重或战乱灾祸而大批出现，或起事反抗，或成为依附豪门的隐漏户，或因官府检籍、土断、括户等举措，被重新纳入户籍和赋役征收体系。如东魏孝静帝武定二年（544），任用太保孙腾、大司徒高隆之为括户大使，分行诸州，查获逃户六十多万，勒令他们回到原籍。

【逃人法】清初以来惩处八旗户下奴隶逃亡的法令。公元1646年颁行，规定初逃、再逃的奴仆受鞭责或在脸上刺字，遣归原主。奴仆逃跑三次，判处死刑。窝藏逃人者，一般被处死，并没收家产。同时在兵部设置督责搜捕的衙门，捕捉逃人，奖励举报。1699年，康熙帝撤除此衙门。1743年，乾隆帝改定《督捕则例》，惩罚有所放宽。

【桃】果木和果实名。在我国传统文化

中，桃被视为长生不老的象征，这源于其食用和养生功能。人们认为桃可以延年益寿，因此常常将桃与长寿联系在一起，如《西游记》中，蟠桃是仙家养生的法宝，象征健康和长寿。如夸父追日的故事中提到的桃林，以及《山海经》中的相关记载，都显示了桃与生命力的紧密联系。桃花代表着对美好生活的向往、自由精神的坚守以及对理想社会的追寻，如东晋陶渊明的《桃花源记》。在道家思想中，桃木被认为有辟邪的作用。

【桃符】 古代神话传说东海度朔山有大桃树，其下有二神，名神荼、郁垒，能食百鬼。故农历元日，民间以桃木板画二神于其上，悬于门户，以驱鬼辟邪。也称桃板。五代后蜀孟昶开始在桃符上题写联语，曰"新年纳余庆，嘉节号长春"，用来代替神像，叫作楹联，后演变为用纸书写的春联及刻印的门神像。

【桃花扇】 传奇剧本。清代孔尚任作。通过复社文人侯方域与秦淮名妓李香君的爱情故事，对南明王朝统治阶级内部的矛盾、斗争以及政治腐败，做了淋漓尽致的描写和深刻的揭露，塑造了一系列性格鲜明的人物形象，如李香君、侯方域、阮大铖、柳敬亭等。《桃花扇》脱稿后，即风行一时。康熙三十九年（1700），著名昆曲班金斗班在北京首演。孔尚任罢官后，仍在南北各地盛演不衰。在康熙年间的剧坛上，孔尚任和《长生殿》传奇的作者洪昇齐名，时人称为"南洪北孔"。

【陶弘景】 （456—536）南朝齐梁时道教思想家、医学家。字通明，自号华阳隐居，丹阳秣陵（今江苏南京）人。出身仕官家庭，少时刻苦向学，读书万余卷。曾为宰相萧道成招聘，为诸王侍读，任职宫中。其家世奉天师道，从小受到熏陶，三十七岁时辞官，隐居句容（今属江苏）茅山，修道炼丹，创立茅山派。梁武帝萧衍代齐后，与他书问不绝，礼聘不出，朝廷有大事即咨询他，有"山中宰相"之称。对历算、地理、医药、书法等均有研究。曾制造天文仪器浑天象，推算历法；撰有《本草经集注》，收录药物七百三十种，在中国药物学史上占有重要地位。其道教著作有《真诰》二十卷。卒谥"贞白先生"。

【陶渊明】 （365—427）东晋诗人。一名潜，字元亮，私谥靖节，浔阳柴桑（今江西九江西南）人。曾任江州祭酒、镇军参军、彭泽令等职，后去职归隐，绝意仕途。今存诗歌125首，以田园生活为主，语言朴实精练，风格平淡自然，被誉为"田园诗之祖""古今隐逸诗人之宗"。散文、辞赋亦不乏名篇，如《五柳先生传》《桃花源记》《归去来兮辞》等。据《宋书》记载，他在任彭泽令期间，有一次郡里派督邮前来视察工作，县吏告诉陶渊明，应穿戴整齐前往迎接。陶渊明感叹道："我不能为五斗米折腰向乡里小人！"当日就解下印绶辞职，为官仅八十天。此外，陶渊明爱好饮酒。有一次他正在酿酒，郡将前来探望。当时正值酒熟，陶渊明就顺手取下头上的葛巾用来过滤酒中的渣滓，滤完之后，仍将葛巾戴在头上，这就是著名的"葛巾漉酒"的典故。

【陶宗仪】 （1316—1403后）元末明初学者。字九成，号南村，黄岩（今浙江台州黄岩区）人，元末举进士不第，遂弃去。寓居松江，以开馆授课和耕种为生，他在教学和务农的间隙，常与学生们讨论古今，有所得就记录在树叶上，存放于破盎中。十年间，他这样积累了大量笔记，后来整理成《南村辍耕录》，这就是"积叶成书"的典故。另外，其著作还包括《南村诗集》《国风尊经》《沧浪棹歌》《书史会要》《说郛》等。其中《书史会要》辑录了从上古三皇至元末书家的小传及书论，是我国第一部权威性的书史著作。

【套版印刷】用两块或两块以上的雕版分别染色，以套印不同颜色的印刷技术。公元 1340 年，以朱、墨两色套印的《金刚经注》是现存较早的套色印本。明末，湖州闵、凌两家把这种印刷技术发扬光大，由两色而发展为三色、四色，甚至五色，这在色印史上是一大进步。明清流行以多色套版印刷画谱、童蒙读物。

【滕王阁】江南三大名楼之一，位于江西南昌赣江之滨。为唐太宗李世民之弟、滕王李元婴任洪州都督时所建。滕王阁原高九丈，东西长八丈六尺，南北宽四丈五尺。滕王阁自建阁至今经历了 1300 多年，曾数十次被毁而重修。现存建筑为 20 世纪 80 年代重建。唐上元二年（675），洪州都督阎伯屿在这里大宴宾客，王勃途经此地，受邀参加了这次宴会。席间，即席创作了著名的《滕王阁序》，语惊四座，"落霞与孤鹜齐飞，秋水共长天一色"等成为千古名句。

【踢毽子】民间体育活动。毽子有鸡毛毽、皮毛毽、纸条毽、绒线毽等，鸡毛毽最为普遍。其制作方法是用布等把铜钱或金属片包扎好，然后插上鸡毛。游戏时，用脚连续向上踢，不使落地。踢法多样，可以比次数，比花样。由古代蹴鞠发展而来，唐代始有记载，宋代流行，技巧有所提高，至明清更为盛行。

【提点】古代官名。宋始置，寓提举、检点之意。宋时各路设置提点刑狱官，又设提点开封府界诸县镇公事，掌司法、刑狱及河渠等事。辽内侍省所属内库有都提点，内藏库有提点。金近侍局官有提点。明光禄寺尚饮局、尚食局皆有提点大使之职。清初太常寺神乐观设提点一人。乾隆十三年（1748），因神乐观改称神乐署，提点则改称署正。

【提督】古代官名。全称为提督军务总兵官，负责统辖一省陆路或水路官兵。明置，始以内臣、文官充任，位在总兵官之上，寓以监察之意。正德年间始以武臣提督。清时于重要省份设提督，职掌军政，统辖诸镇，为地方武职最高长官。提督之名也用于武职以外官员。如明有提督会同馆主事、提督四夷馆少卿，清有提督学政、提督四夷馆等职。专用"提督"二字为官名者，则限于武职。

【提举】古代官名。宋代以后所设主管专门事务的职官，即以提举命名，如提举茶盐、提举水利、提举常平、提举市舶、提举学事、医学提举、宝钞提举、盐课提举等名号，其官署称司。宋枢密院编修敕令所有提举，宰相兼；同提举，执政兼。元明沿其制。清也有提举之职，如文渊阁设提举阁事，以内务府大臣充任。宋代另有提举宫观，为安置罢退大臣及闲员而设，坐食俸禄而不必处理政事，号为祠禄官。

【提辖】古代官名。①宋代州郡所置武职有"提辖兵甲"之称者，简称提辖。或由守臣兼任，掌统辖军队，训练教阅，督捕盗贼，维持治安。《水浒传》中鲁智深是渭州经略府提辖，人称鲁提辖。②宋代，掌茶、盐、香、矾等专卖的榷货都茶场，掌采办宫廷、官府所需杂物的杂买务杂卖场，掌制造供应宫廷所用珍巧器物的文思院，掌储藏金银钱帛的左藏东西库，皆置提辖官掌管，合称"四提辖"。

【提刑】古代官名。提点刑狱公事的简称。宋淳化二年（991）置，掌察所辖狱讼及举刺官吏，兼管农桑。其官署称司，号宪司。明清置提刑按察使，亦简称提刑，掌管一省司法。清末改为提法使。文天祥曾任湖南提刑、江西提刑。

【提学】古代官名。宋崇宁二年（1103）在各路置提举学事司，管理所属州县学校和教育行政，每岁巡视所部，考查师生勤惰优劣。长官称提举学事使，简称提学。金设提举学校官，元有儒学提举司。明时提刑按察使司有提学，巡察各省学政。清改为提督学政，掌全省学校生徒考课黜陟之事，三年一任，大省以四品以上大员充任，较小省份以翰林院编修充任。

【提引】清户部允许各省提前运销次年额定正引的盐政举措。多在当年本地额定盐引不敷所需时采取。

【题跋】书籍、字画、碑帖等题识之词。写在前面的叫题，后面的叫跋，统称题跋。宋以后盛行。内容多为品评、鉴赏、考订、记事等。题跋不仅可以提供关于作品创作背景、过程等历史信息，也可以表达对作者技艺的赞美和敬意，突出作者的艺术成就。书画题跋也是一种独特的书法和绘画艺术，将诗文题写在书画作品上，使得诗、书两者或诗、书、画三者巧妙结合，相得益彰，书面画面更具韵味。通过题跋，人们也可以对作品的真伪进行鉴别。

【题名会】唐代新科进士在曲江会宴后，同榜的人题名于长安慈恩寺（今陕西西安南）的大雁塔。也称雁塔题名、雁塔新题。后因以"雁塔题名"指进士及第。白居易27岁时一举中第，写下了"慈恩塔下题名处，十七人中最少年"的诗句。

【醍醐灌顶】古人将从牛奶中提炼出的精华称为醍醐，味甘美，可入药。佛教将其比喻为佛法的最高境界。佛教弟子入师门时，由其本师用醍醐灌洒头顶，这一仪式象征着向皈依者灌输智慧。后比喻聆听高论后受到很大启发。

【剃度】佛教的一种受戒仪式，即给佛教徒剃发，以脱离世俗，超越生死。

【天道】我国古代哲学术语。指自然界自身的运行规律。也指天象变化及其所预示的人事吉凶规则。古人认为，人的命运受天道支配。

【天干】甲、乙、丙、丁、戊、己、庚、辛、壬、癸十干的统称。又与十二地支子、丑、寅、卯、辰、巳、午、未、申、酉、戌、亥配成六十组，表示年、月、日的次序。

【天罡】罡，gāng，星名。北斗七星的柄。道教认为，北斗群星中有三十六天罡星，每个天罡星各有一神，共有三十六位神将。受其影响,《水浒传》将梁山泊上聚义的一百零八将附会成三十六天罡星和七十二地煞星。

【天工开物】 科技专著。明代宋应星撰。天工指自然力,开物谓经工艺技巧开发自然物而成于人有用之产品。初刊于崇祯十年(1637)。共三编,十八卷。上编包括谷类和棉麻栽培、养蚕、缫丝、染料、食品加工、制盐、制糖等;中编包括制造砖瓦、陶瓷、钢铁器具,建造舟车,采炼石灰、煤炭、矾石、硫黄,榨油,制烛,造纸等;下编包括五金开采及冶炼,兵器、火药、朱墨、颜料、曲药的制造和珠玉采琢等。书中配有大量插图。较全面系统地记述了中国古代农业和手工业的生产技术及经验,被誉为中国古代工艺百科全书。

【天后】 即妈祖。古代沿海居民将其视为保护海上航运安全的女神。相传为莆田人,名叫林默。年少笃信佛教,学习法术。后升天为神。莆田居民于康熙年间为其立庙,尊称其为“通贤灵女”。沿海各地将奉祀妈祖之庙称为妈祖庙,或称为天后宫。今天津、广州、泉州等近海或沿海地区都有天后宫。

【天花乱坠】 佛祖说法,精妙绝伦,感动了天神,于是降下各种香花作为对佛的“供养”。花如雨一样自空中纷飞飘落,故名。后也以此形容人说话浮夸,以甜言蜜语诱骗人。

【天理】 我国古代哲学术语。宋代理学家认为封建伦理纲常是客观存在的、永恒的道德法则,称之为天理。也指天然的道理、自然法则。

【天理人欲】 我国古代哲学术语。“天理”和“人欲”的合称。简称理欲。宋代理学家程颐、朱熹等人认为“天理”指封建伦理纲常,“人欲”指人的生活欲望。理学家们把“天理”与“人欲”相对立,强调人应该放弃生活欲望,绝对遵守封建伦理教条,成为压抑人性的禁欲主义的主张。明清之际,进步思想家李贽、王夫之、戴震等学者反对这种禁欲主义。

【天龙八部】 佛法的守护神。八部即佛教的八部众:一天、二龙、三夜叉、四乾闼婆(香神)、五阿修罗、六迦楼罗(金翅鸟)、七紧那罗(歌神)、八摩睺罗伽(蟒神)。因“天、龙”居八部前两位,故佛教常举二者概括之,称为“天龙八部”。

【天命】 指上天的意志和命令。我国古代把天当作神,认为天神能决定人的生死和命运,因此敬畏“天命”。历代帝王利用“天命”证明其统治百姓的合理性,解释王朝的兴衰更替的必然性,如号称“受命于天”“奉天承运”“天命转移”。

【天女散花】 佛教故事。相传维摩诘说法,一名天女散花以试菩萨和声闻弟子的道行,花落到菩萨身上即落去,说明菩萨向道之心已经达到了六根清净的境界,而至弟子身上便不落,说明弟子结习未尽。后以此词形容碎下的物体从天空纷纷落下。如金代史旭《临真上元夜雪》诗:“天女散花春一色,烛龙衔照夜三更。”此处“天女散花”指大雪纷飞的样子。

【天人感应】 我国古代关于天人关系的神秘学说。西汉董仲舒认为,天和人相类相通,天与人之间是互相因应、感召的关系。自然界的灾异或祥瑞代表天对人的谴告或赞扬。人的行为也能感应上天。"天人感应"说是董仲舒建立封建神学体系的理论基础。

【天人合一】我国古代关于自然和人之间关系的哲学观点。主张天和人、天道与人道、自然与人为相通、相统一。孟子认为天有意志和道德属性,人事是天意的体现,天意能支配人事,人事须符合"天道"且能感动天意,两者互为一体。西汉董仲舒将其体系化,提出"天人之际,合而为一""天人感应"说。宋代理学家从理、性、命等方面论证"天人合一"之理。

【天人三策】公元前140年董仲舒应诏向汉武帝论述天人关系的三篇对策。其中提出罢黜百家、独尊儒术,巩固皇权和维护大一统秩序等主张,为武帝部分采纳,促成了汉初以来国策的转折,对后世也有深远影响。

【天人之辩】我国古代关于天和人、天道和人道、自然和人为相互关系的论辩。春秋末到战国时期,天人之辩是哲学争论的焦点。孔子强调"畏天命"的必要。墨子重视人的"强力而为",但认为"天志"是衡量一切的标准。老子认为人应当顺应自然。子思、孟子主张"天人合一",认为人只要扩充"诚"的德性,就"可以赞天地之化育",从而可以与天、地并立为三。庄子主张一切人为都是对自然的损害。荀子认为"天"不以人的意志为转移,提出要"明于天人之分",主张"制天命而用之"。"天人关系"是我国历史上哲学讨论的最重要的问题之一。

【天盛律令】西夏仁宗天盛年间颁布的综合性法典。全称《天盛改旧新定律令》。共20卷,150门,1461条,是现存我国历史上首部用少数民族文字印行的法典。

【天师】东汉张道陵创立五斗米教,自称"天师",一说其后世尊奉者称其与弟子为天师。另古代称有道术者为天师。据《庄子》载,黄帝称襄城童子为"天师"。

【天书封禅】禅,shàn。宋真宗时假托上天降敕而展开的一系列造神事件。澶渊之盟后,宋真宗为了洗刷城下之耻,并镇服四海,夸示外国,在大中祥符元年(1008)正月宣称有天书降于皇宫,并借此机会大赦天下,改元大中祥符。其间天书屡降,祥瑞遍地,真宗封禅于泰山,祭祀于汾阴,百般崇奉道教,粉饰太平,自欺欺人。

【天台宗】我国佛教宗派。由南朝陈、隋时高僧智颉创立,是我国较早的本土化的成熟佛教宗派。因智颉常住浙江天台山国清寺而得名。又因崇奉《法华经》,故也称法华宗。唐五代时期发展壮大,传入当时的高丽、日本。元明时衰落。

【天堂】指行善之人去世后灵魂所归之处。后也以"天堂"指人们心之所向的、充满幸福美好的乐土。

【天下】古时关于"大国家"的概念。包括所有诸侯国、附属国以及臣服国的地域。秦汉以前,指华夏与四夷和周边族群所居住的地方。汉代以后,对外交往范围更广泛,"天下"的概念也有所扩大,主要指中国及其周边国家。"天下为公""以天下为己任"中的"天下",均指上述之义。

【天下大同】儒家宣扬的理想社会。语出《礼记》。认为天下是公众的,应该将有贤德、有才能的人选举出来给大家办事，人人都讲求诚信，崇尚和睦。反映了人们对美好生活的向往和追求。后指国家统一，人心和睦顺从。

【天一阁】我国现存的最早的私人大型藏书楼，位于今浙江宁波月湖之西。明嘉靖年间由时任兵部右侍郎的范钦建造。原有藏书七万多卷。范钦后人范懋柱编纂了《天一阁书目》十卷，为世界最早的三大家族图书馆之一。

【天主教】基督教的一个分支。也称公教、罗马公教。以罗马教皇为最高领袖，信奉天主和耶稣基督，尊玛利亚为天主圣子之母。中世纪时在西欧占主导地位，公元16世纪欧洲进行了宗教改革，又被称为"旧教"。13世纪末派传教士到中国传教，后因元亡而中断。明万历年间，耶稣会士利玛窦到中国，天主教因此再次传入。"天主"一词就是明末来华传教士借用汉语原有词语对所信仰之神的译称，其意为"至高至尊的主宰"，犹言上帝。新中国成立后，中国天主教会实行"自治、自养、自传"三原则，不受外国教会的控制。

【天子】古代统治天下的君主、帝王。古代君主、帝王认为，其政权是天神授予，秉承天意而建立的，代理上天治理老百姓，故自称是上天的儿子。

【天尊】道教尊称其所侍奉的最高位者为天尊。如元始天尊、灵宝天尊、道德天尊等。

【田底】田地所有权的俗称。也称田骨、大苗、粮业。明清流行于江南土地关系较为发达之处。与此相对的是佃户对田地的使用权，称田面、田皮、小苗、佃业，为永佃权发展起来

的体现。

【田丁】据纳粮户田产数量计算和派征丁徭的单位。始于明末，盛行于摊丁入亩后。

【田赋】按田地征收的赋税。源于三代的贡、助、彻，春秋以来计亩而征。鲁宣公十五年（前594）"初税亩"为我国历史上记载的田赋之始。秦汉至隋唐多征定量粟米，每以所产什一为率。唐宋以来兼征钱，明行一条鞭法后改征银两，各种杂税徭役并入田亩征收，清又摊丁入亩。历代均为基本税种，因征收实物、货币而发生种种成本、折算的问题。

【田结】战国时期有关土地使用、分配的券书。也称地约。

【田氏代齐】公元前386年，周安王立齐大夫田和为诸侯并取代姜氏成为齐国公室的事件。春秋时齐国的田氏即陈氏，古"陈""田"音同通用。齐田氏之祖为陈公子完，前672年，陈公子完奔齐，为齐田氏之祖，称田陈氏。战国中期以来，田氏发展迅速，收买民心、打击公室与强族势力。齐简公四年（前481），简公和右相监止为田成子（即田常）所杀，从此齐国由田氏专政。周安王十一年（前391），田和迁齐康公于海上。十六年（前386），周安王正式承认田氏为诸侯。

【田园诗】诗歌的一种。多以描写农村景物和农民、牧人、渔夫等的劳动生活为题材，并借以抒情言志。东晋陶渊明开创了田园诗。唐宋以来，有王维、孟浩然、储光羲、陆游、范成大等为田园诗派代表，《归园田居》《山居秋暝》《四时田园杂兴》等为古代田园诗的代表作。

【田主】土地所有者。宋以来常指出租田地、收取地租的人。

【条法事类】南宋时期，随事分类编纂各种适用法条的一种法律汇编。唐代以来，这类法条编纂方式无统一名称。南宋孝宗时，在敕、令、格、式等法律汇编并行的基础上，以"事类"为标准，分门别类进行编纂。如宁宗时编《庆元条法事类》，分职制、选举、文书、榷禁、财用等事类，每类之下分别收录与之相关的敕、令、格、式、申明等法规，条理清楚、便于检索，用来指导各种行政过程。

【挑钞】元朝常见的一种伪钞。用挑剜接补之法，将小面额纸钞改作大面额纸钞使用。

【帖括】帖，tiě。唐代考试制度，明经科以"帖经"试士，即把经文贴去若干字，令应试者对答。后考生因帖经难记，乃总括经文编成歌诀，便于熟读记忆，以应对考试，称"帖括"。后泛指科举应试的文章。

【铁】黑色的硬质金属。五金（金、银、铜、铁、锡）之一。古人在商代已知使用陨铁。东周时期，冶铁业兴起，铁具被广泛应用，促进了社会经济发展。春秋晚期墓葬中出土有白口铸铁鼎和用中碳钢制的剑。战国中期后，冶铁业进一步发展，铁器的品种和数量增加，使用的范围更广泛，用来打造用具、兵器、食具等。因铁的质地坚硬，故也用于比喻坚强，或形容精锐、无情。

【铁拐李】传说中的八仙之一。相传名叫李玄。曾得道于太上老君。一次神游，被徒弟误将肉身火化，导致其魂魄无所依归，只能附在一饿殍身上。饿殍复活，蓬首垢面，敞怀瘸腿，挂一根铁杖，人称铁拐李。传说他背上的大葫芦里装着神奇的丹药，故民间奉其为道教药神。

【铁画】我国传统工艺美术品之一。系以低碳钢的铁片为原料，依据画稿制成的一种装饰画。其制作过程有剪花、锻打、焊接、退火、烘漆等。传为清初铁工汤鹏所创。铁画工艺综合了古代金银空花的焊接技术，吸取了剪纸、木刻、砖雕的长处，融合了国画的笔意和章法，立体感强，在古代工艺美术品中独树一帜。

【铁勒】古代中原以北民族之一。也称高车、敕勒、丁零。魏晋至隋唐时期，分布于漠北至中亚地区。曾先后依附于鲜卑、突厥。隋唐时曾建有薛延陀汉国，后被唐太宗所灭。后逐渐统一为回纥汗国，与唐王朝关系密切。公元840年汗国灭亡，各部落流散四方，逐渐名亡。

【铁钱】我国古代以铁铸成的钱币。西汉末年，公孙述在四川铸铁质五铢钱，这是我国最早的铁钱。大规模使用铁钱始于梁武帝普通四年（523）。此后，五代、两宋、辽、西夏也都用过铁钱，使用最多的是两宋，主要通行于四川地区。清咸丰四年（1854）也曾铸造铁钱，咸丰九年（1859）停铸。

【廷珪墨】珪，guī。唐末，制墨工匠奚超、奚廷珪父子制出"丰肌腻理，光泽如漆"的好墨，被称为"廷珪墨"。据载，廷珪墨的做法是用松烟一斤，珍珠三两、玉屑、龙脑香各一两，和以生漆，捣十万杵制成。南唐吏部尚书徐铉曾得到一锭廷珪墨，每天写五千字，十年才用完。宋初朝廷征贡，唯此墨为第一。

【廷鞫】 鞫，jū，审问。明代重大的诉讼案件无法解决时，由七卿、九卿开会定案，此为廷鞫。清代，遇到疑难、重大案件，由都御史、大理寺卿和刑部尚书共同审理，称小三法司会审。

【廷尉】 古代官名。秦始置，汉沿置，九卿之一，掌刑狱，为最高司法机构长官。其属官有正、监及平，皆为司法官。汉景帝时改称大理，武帝时复称廷尉。北齐至明清均称大理寺卿。

【廷议】 古代朝廷的议事制度。廷臣集议朝政，故称。历代有之，多在殿廷御前举行，其程序及参加人员不一。廷议制度起源于周代的国民大会，成型于秦朝的博士议政大会，往后又逐渐发展成汉代的集议制度、唐代的政事堂会议，以及明代的内阁制度。明朝初年，朱元璋、朱棣等都十分重视廷议，一些朝政大事交由相关朝臣集议，然后具奏，由皇帝裁决。

【廷杖】 古代皇帝在朝廷或殿堂上杖打大臣的酷刑。所用的杖，用生荆棘做成，长约六尺。汉、隋、唐等都有廷杖大臣之事。廷杖盛行于明朝，有大臣死于杖下。

【亭】 秦汉时一级行政机构。在乡以下。十里一亭，十亭为乡。设亭长一人，掌治安、诉讼等事。

【亭障】 古代边塞要地修筑的堡垒。起源甚早，秦汉以此为整套巡防守御系统的末端设施，此后历代皆有，在长城沿线较为典型。亭障作为边境线上的军事设施，用于驻防士兵、储备粮食和武器，同时可以作为防线阻挡敌军的进攻。它们通常与长城、烽燧等其他军事设施一起构成复杂的边防体系。

【通宝】 古代钱币的一种名称。意为流通的钱币。起于唐高祖武德四年（621）铸造的"开元通宝"。以后历朝沿袭，并常在"通宝"二字前冠以年号、朝代或国名，如唐国通宝、大元通宝、永乐通宝。

【通典】 书名。唐代杜佑撰。上起传说中的唐虞，下迄唐肃宗、代宗时，以唐代尤详。以唐代刘秩《政典》为基础，摘录《开元礼》等内容。分为食货、选举、职官、礼、乐、兵、刑、州郡、边防九门，每门又分为若干子目，共得1500余条，详细记载了历代的典章制度、礼仪规范、官职变迁、经济制度、法制建设等内容。全书200卷，资料丰富，体系严密，分类细致，注解详尽，不仅保存了大量的珍贵历史资料，而且杜佑在编纂过程中注重辩证真伪，考订异同，力求准确反映历史事实。与南宋郑樵的《通志》、元代马端临的《文献通考》并称为"三通"，对后世的历史研究和史书编纂产生了深远的影响。

【通检推排】 金朝清查户口、物力以确定赋役的制度。大定四年（1164）派员分路调查人户资财，规定等级，作为征收物力钱多寡和征发差役先后的根据。原定十年举行一次，集合村坊人户共同评定，实际却时常通检，工作草率，嘱托移匿等弊很多。

【通判】 古代官名。本义为共同处理政务。宋初鉴于五代藩镇权力太大，威胁朝廷，因用文臣知州，并置州、府通判，与知府、知州共理政事。凡长官下令须与之连署，有监察长官之责，可独立奏事。南宋时其地位有所下降，战时专任钱粮之责。元废。明清各府亦置，位在知府、同知之下，分掌粮运、督捕、水利等事务，权力较宋时为小。也称半刺，俗称倅。

【**通事军**】 通事，指因避罪、被掳掠等原因而寓居他国的异族人。这些人中许多原来的身份是驱口，即战争中被俘虏并被迫为奴隶的人。在蒙古与南宋战争期间，南宋曾利用这些人组建军队，称通事军，用以抵抗蒙古人。元朝建立后，采取反招降政策，赦免这些人，解除他们的驱口身份。南宋灭亡后，通事军人大都被收编进镇戍军系统，由通事汉军万户府管辖。

【**通志**】 史书名。南宋郑樵撰。成书于绍兴三十一年（1161）。全书共分为200卷，包含了纪、谱、略、列传、载记等部分，其中二十略被认为是该书的精华所在。郑樵在书中对古代的典章制度、音乐、地理、氏族、草木、昆虫等方面的内容进行了记载和深入研究，尤其是他对金石学的重视，为后世的金石学研究奠定了基础。与唐代杜佑的《通典》和元代马端临的《文献通考》并称为"三通"，在我国史学史上占有重要地位。

【**同考官**】 明清乡试、会试中协同主考或总裁阅卷之官。同考官分房阅卷，因在闱中各居一房，所以又称房考官，简称房官。试卷由房官先阅，加批荐给主考或总裁。乡试同考官，明代多用科甲出身者，兼用教职。清代多用科甲出身之属官。会试同考官，明初定八人；清康熙后额定十八人，号"十八房"。

【**同知**】 古代官名。称副职。宋时枢密院不设枢密使及副使时，以知院事为主官，以同知院事为副，或简称知院、同知院。又府州军的副贰有同知府事、同知州军事。元明沿用。清代府、州以及盐运使设同知，府同知即以同知为官称，州同知称州同，盐同知称运同。

【**同中书门下三品**】 宰相职衔。与中书省、门下省长官同为宰相的加衔。唐初，中书省长官中书令及门下省长官侍中任宰相之职。其他官员可加"参知政事"等号为相，入政事堂议事。后加号入相者多用"同中书门下三品"，意即同于中书令、侍中（均三品官）。至唐代宗时中书令、侍中升为正二品，此衔亦改为"同中书门下二品"。后惯用"同中书门下平章事"，此名遂废。宋因之，专由年高望重的大臣担任，位在宰相之上。金、元有平章政事，位次于丞相。元代中书省和行中书省，皆置平章，中书省平章为宰相的副职，行中书省平章为地方高级长官。明初沿袭，不久废。

【**桐**】 木名。有梧桐、油桐、泡桐等种类。古代诗文中多指梧桐。在古代文献中，梧桐被称为荣、桐木，有高大挺拔、坚贞不渝等美好寓意。在传统文化中，梧桐树被视为祥瑞之树。传说中，凤凰只栖息在梧桐树上，因此梧桐树也成为吉祥、幸福的象征。桐木是制作乐器的优质材料，尤其是制作古琴的面板，因以借指琴瑟。

【**桐城派**】 清代散文流派之一。形成于康熙年间，兴盛于乾隆、嘉庆年间，其代表人物方苞、刘大櫆、姚鼐皆为安徽桐城人，故名。三人被尊为"桐城派三祖"。该派提倡学习先秦、两汉及"唐宋八大家"散文。讲究"义法",主张"义理、考据、辞章"三者合一。在内容上要求"文以载道",在语言风格上要求"雅洁",作品以典雅、凝练见称。在写作形式上制定了一些戒律,行文时受束缚。过重"载道",在创作上往往内容贫乏,流于空洞。与阳湖派并称,为清代散文的两大重要流派。

【桐花凤】 鸟名。羽毛五色,体形似传说中的凤鸟而较小。也称幺凤。产于川地,以暮春桐花开时飞集其上而得名。

【铜】 质地柔软的赤色金属。古也称赤金,是五金(金、银、铜、铁、锡)之一。汉代金有三等,黄金为上,白金为中,赤金为下。古人用铜制造器物和艺术品。原始社会晚期就有小件铜器。最初的铜器用冷锻法直接锤打而成形。后发展为用石范铸造铜器。商代已大量使用泥范铸造各类青铜器。商代已有铜币、铜镜。

【铜贝】 铸造成贝形的铜币。商和西周墓葬中皆有出土,春秋以来为楚国的通行货币。主要有无文铜贝、保德铜贝、包金铜贝、蚁鼻钱等几种。商晚期发达的青铜冶炼业促进了生产的发展和交易活动的增加,此时广泛流通的贝币由于来源不稳定而使交易不便,人们便寻找更适宜的货币材料,青铜铸币应运而生。由于其外形很像贝币,故称铜贝。

【铜鼓】 古乐器名。①铜身铜面的鼓和铜身皮面的鼓的总称。形制多种,用法各异。商代铜鼓为横置的两面鼓,鼓面为素面或铸成类似鳄鱼皮的花纹,鼓身上部铸瓷枕形或铸双鸟。春秋时期秦铜鼓为筒状的一面鼓,底中空,全身饰蟠虺纹。②我国古代南方一些少数民族所使用的重器、乐器。筒状,底中空。鼓面光体有角;有的鼓面上有浮雕图案,铸出日光、青蛙、牛、马等形象,鼓身全部饰有几何形和人与动物的写生图像。原为号召战争、祭祀、赏赐、进贡的重器,后来成为一般乐器。

【铜雀台】 宫殿名。东汉建安十五年(210),曹操所建。故址在今河北临漳县西南古邺城的西北隅,与金虎(后改名为金凤)、冰井合称"邺中三台"。铜雀台高达十丈,周围配套殿屋一百二十间。因楼顶安置一只大铜雀,故名。曹氏父子及王粲、刘桢、陈琳、徐干等一大批文人聚集于铜雀台,以文墨记述战乱频仍下百姓生活的疾苦,并直抒胸臆,抒发渴望建功立业的豪情壮志。其中,曹植《登台赋》最为著名。唐代杜牧在《赤壁》诗中有"东风不与周郎便,铜雀春深锁二乔"的名句。

【童生】 明清科举,凡习举业的读书人,在未通过考试取得生员(秀才)资格以前,无论年龄老幼,皆称童生。"童生"之"童",实际上与年龄无关,主要是指学问浅薄。也称文童。

【童生试】 明清时童生取得生员(秀才)资格的入学考试。简称童试,也称小考、小试。包括县试、府试和院试三个阶段。三年内举行两次,经院试合格者方能进入府、州、县学,取得生员资格,日后可以参加乡试、会试,故被视为士子入仕的"始进之阶"。

【童心说】 明代李贽提出的著名思想观点。其《童心说》一文中认为"童心者，真心也"，"绝假纯真，最初一念之本心也"。把童心视作不受各种思想观念干扰、影响的纯真自然的赤子之心，是人的自然本性。强调"童心"为"天下之至文"之源，即保持童心，真实地表现人的内心情感和欲望，才会有天下之至文。提倡真情和人性的文学，反对封建道学和各种"假理"。童心说对汤显祖、袁宏道、冯梦龙、金圣叹等后世文学家有较大影响。

【**童子科**】 科举考试中为儿童、少年设立的科目。唐制，凡十岁以下能通一经及《孝经》《论语》，每卷诵文，通十者予官；通七者予出身。宋制，凡十五岁以下，能通经作诗赋者，均可应试，取中者给予出身并授官。金代亦设。也称童子举。

【**潼关**】 古关名。在今陕西潼关县北。古称桃林之塞，秦时为华阳。东汉建安年间设关。因北距黄河，南临商岭，东接桃林，西薄华山，成为陕西、山西、河南三省要冲。地势险要，唐代杜甫《潼关吏》诗形容其"连云列战格，飞鸟不能逾"，是历代兵家必争之地。东汉末年，曹操破马超于潼关，去除关西心患。唐安史之乱，安禄山自洛阳进逼，占据了潼关，唐玄宗仓皇西逃。元末，朱元璋先破潼关，后平定陕西。

【**统军司**】 辽、西夏、金及元初控驭一方的军事机构。分置若干兵马司，统领军区内的驻军及部族，负责对军队的指挥、调度以及边境的防御和管理，负责当地的农业生产和牧业管理，以保障军队的粮食供应和后勤支持。

【**统天历**】 南宋天文学家杨忠辅主持编定的历法。庆元五年（1199）施行。此历取消上元积年的方法，以 29.530 594 日为一月，365.242 5 日为一年，精度堪比现在通行的公历。提出回归年消长的概念，所使用的岁差值和五星会合周期也比前人精确。元代编制《授时历》吸收其部分内容。

【**筒车**】 以河流水力为动力，把水从低处引到高处，便于高地灌溉的一种机械设备。以木为轮，下半部置水中，轮的周围安装圆筒，根据岸的高下及水流缓急而定水轮大小和水筒数量。唐到北宋称水轮，南宋改称筒车。

【**头鹅宴**】 头鹅，首先捕得的天鹅。辽朝皇帝在春捺钵捕杀天鹅时举行的宴会。头鹅由皇帝亲自放猎鹰捕捉，用捕获的第一只天鹅祭神、荐庙，群臣献酒果，并将鹅毛插在头上欢宴庆贺。头鹅宴是辽代著名宫廷宴之一。

【**头陀**】 梵语音译词，意为"抖擞"。佛教苦行方式之一。在衣食住方面严守十二项苦行，如穿百衲衣、乞食、住空闲处等。拒绝物质福利和感官上的享受，忍受环境的压迫以及自我折磨等，以此获得解脱。后也用来称呼行脚乞食的僧人。

【**头鱼宴**】 头鱼，首先钓得的鲟鳇鱼。辽朝皇帝在春捺钵凿冰钓鱼时举行的宴会。头鱼由皇帝亲自用绳钩捕取，得头鱼后大张酒宴，与群臣宴饮。头鱼宴是辽代著名宫廷宴之一。

【**头子钱**】 唐宋时按一定比例在法定租赋外加收或在官府出纳时抽取的税钱。五代后唐天成二年（927），规定苗子一布袋纳钱八文，以三文作仓司吃食补衬。北宋开宝六年（973）令川陕人户两税以上输纳钱帛，每贯收七文，每匹收十文，丝绵一两、茶一斤、草一束各一文。康定元年（1040）规定，除利、益、梓、夔四路（今陕西、四川地区）外，其余各路头子钱需缴入官库。南宋行经总制钱时，公家出纳均收头子钱。孝宗时每贯收至五十六文，遂成大宗收入，并为经总制钱主要来源。

【投笔从戎】指扔掉笔去参军，比喻文人放弃文化工作参军入伍。出自《后汉书·班超传》。东汉班超年轻时，家贫，靠帮官府抄写公文勉强过日子。抄写工作十分辛苦，而且抄写的东西还非常多，经常要忙到半夜才能睡觉。官府对于抄写的要求非常严格，抄错一个字，就要责骂，还要扣工钱，甚至开除。有一天，他正在抄写公文的时候，突然间站起来，狠狠地将笔扔到地上，非常愤怒地说："大丈夫应该像傅介子、张骞那样，在战场上立下功劳，怎么可以在这种抄抄写写的小事中白白地消耗一生呢！"因此，班超决定参军，卫国立功。

【投献】古代田主将田产寄于贵族或豪强地主名下，请托缙绅冒认这些田产，以逃避苛重的赋役的方法。也称投靠、呈献。明清尤为流行，贵族或豪强地主因此获得了众多依附性较强的佃户。清代摊丁入亩后，始少见。

【透索】民间体育活动。把绳子挥舞成圆圈，人趁绳子近地时跳过去。有短、长绳之分。短绳可单人或双人跳，比次数或花样。长绳集体跳，两人甩绳，其余人轮流或同时跳。跳法多样，是一种全身运动。唐称透索，宋称跳索，明称跳百索、跳白索、跳马索，清称绳飞，清末以后称跳绳。

【突火枪】古代一种火药武器。南宋时创制。用巨竹装上火药，安上子窠（相当于子弹），用引线点着火药后，先发出火焰，产生很强的气压，火焰之后，子窠就会射出去以杀伤敌人，并且发出像炮响的声音，在一百五十步远的地方也能听到。

【突厥】古代中原以北民族。公元6世纪游牧于金山（今阿尔泰山）以南，因金山形似兜鍪（古代战盔），而兜鍪俗称"突厥"，故名。初受制于柔然，后于522年击溃柔然，建立突厥汗国于今鄂尔浑河流域，疆域最广时其势力范围西至西海（今里海），东至辽海，南到阿姆河南，北过贝加尔湖。突厥有自己的文字、官制、刑法、税法等。曾与北朝统治者通婚，人民互相往来，促进了社会发展与民族融合。但也曾屡犯中原，后于隋开皇二年（582）分裂为东、西突厥。先后被唐太宗和唐高宗所灭。

【突骑】精锐骁勇的骑兵突击部队。西汉时期，沿用秦代的屯骑之名。东汉时期，"突骑"这一称呼开始被广泛使用，并且成为当时标志性的军事力量之一。刘秀麾下有渔阳、上谷诸郡突骑，为天下劲旅。置于缘边诸郡。后世以此泛指精锐骑兵。

【荼】tú。①苦菜。先秦文献中，往往写作"苦"。荼因其特性，古代常组成一些用来形容处境的艰辛或者比喻艰难困苦的词语。如荼蓼，泛指田野沼泽间的杂草，在《诗经》中，有"以薅荼蓼"的描述。因荼味苦，蓼味辛，在《后汉书》中，荼蓼则被用来比喻艰难困苦的生活状态。②古书上也指芦苇、茅草的白花。

【徒兵】东周王室及诸侯国的步兵。战

国以来发展迅速，成为军队主力。由普通士兵组成，靠步行行军和作战，故称。装备相对简单，通常包括盾牌、刀剑、长矛等基本武器，承担近战格斗、防守城池、维持阵形等任务。

【**徒刑**】将罪犯拘禁于一定场所，剥夺其自由，并强迫其劳动的刑罚。早期西周"圜土之制"即后世的徒刑。秦时此刑称为"城旦舂"等。北周始以"徒"为名，列为"五刑"之一，后各代相沿，但徒刑等级、服刑期限有所差异，或加械，或辅以鞭笞肉刑、髡刑。明清两代沿袭唐制。

【**酴醾**】túmí。花名。原指一种酒。后因酴醾花颜色与酴醾酒颜色相似，且酴醾花也有清香，所以用来指代这种花。酴醾作为一种文学意象，在文学作品中经常提及。酴醾的花朵繁密，香气清幽，常用来象征女子的美貌和君子的高洁品质。在诗词中，酴醾常被用作描绘春天景象的元素，其盛开的景象给人们带来美的享受。司马光在《和利州鲜于转运公剧八咏·山斋》中，用"春老酴醾香，夏浅笋笪绿"来形容春夏之交的景色，展现了酴醾在园林景致中的独特魅力。

【**土兵**】五代及宋以来就地募集之兵。五代后梁指募集防御的兵员，北宋仁宗时设于西北，主要用于抗御西夏。神宗起设于广南等地，隶属各地巡检司，维持治安，南宋循之损益。明以来泛指各种土著民兵。

【**土贡**】臣属向君主进献的土产、珍宝和财物。是赋税的原始形式。相传始于夏禹。历代皆有，以体现"普天之下，莫非王土"的原则。唐初以来各地贡物皆有规定品种和数量，不得超

过或拖欠，但官府往往借此名目多征多收。清陆续取消各地进贡，但臣属报效如故。

【**土木堡**】在今河北怀来县土木镇，因历史上发生的"土木堡之变"而闻名。其地本名统漠镇，唐初高开道置，后音讹为土木。

【**土木之变**】明英宗亲征蒙古瓦剌部时兵败被俘于土木堡的事件。也称土木堡之变、土木之役。明英宗正统十四年（1449），蒙古瓦剌部首领也先对明王朝发动南侵。大同告急。明英宗在宦官王振的怂恿和挟持下亲征，在土木堡被瓦剌军袭击。英宗溃败被俘，王振被杀。瓦剌军一路直逼北京城下，沿途烧杀抢掠。时任兵部侍郎于谦采用坚壁清野的办法指挥了北京保卫战，挽救了困境中的明王朝。土木堡之变对明朝政局和北元诸部势力的消长均产生了重要影响。

【**土司**】元、明、清时期，在西北、西南地区设置，由少数民族首领充任并世袭的官职。按等级可分为宣慰使、宣抚使、安抚使等武职及土知府、土知州、土知县等文职。土司除对中央政权承担规定的贡赋和征发之外，在辖区内依然保留传统的统治机构和权力。

【**土屯**】行于西南地区的一种募丁屯垦方式。南宋始于辰、沅、靖、澧等州，募土丁为营田刀弩手，给地耕种。清乾隆后行于贵州、湘西苗区、金川藏区及台湾等地，皆募土著为屯丁，平时耕作，战时为兵。

【**土引**】明清时期官府售发给茶商与少数民族土司进行茶叶贸易的一种凭证。

【**吐蕃**】Tǔbō。我国古代藏族政权名。始自公元6世纪，在兼并了各羌部落

之后至 7 世纪初期，由松赞干布继承王位（称为赞普），定都逻些（今拉萨）。形成了集权制的奴隶主贵族政权，其势力范围包括今天的西藏、青海以及西域多地。吐蕃政权制定了自己的法律以及相应的政府体制，并创造了自己的文字。吐蕃政权与唐朝关系密切，唐朝的文成公主、金城公主都远嫁吐蕃，为唐、吐蕃之间的文化与经济交流架起了桥梁。上层原信本教，后信奉佛教，也接受了大量的汉族生产技术。9 世纪因平民和奴隶起义而崩溃。

【吐谷浑】古族名。魏晋时西迁至青海湖西南地区的鲜卑的一支。以率部西迁的始祖之名为称，于公元 329 年建国，曾长期据有河源、柴达木及其以南地区，与西秦、南凉、北魏、南朝多有交往，北齐、北周至隋唐与之时战时和。663 年为吐蕃所灭。

【兔园】汉文帝的次子、梁孝王刘武建造的宫苑。也称梁园，其故址在今河南商丘，今已不存。园内遍布锦山秀水、雁池鹤洲、奇果异树、珍禽怪兽。是西汉最负盛名的藩王园林，司马相如、枚乘都曾入园玩赏。枚乘有《梁王兔园赋》。

【团结兵】唐代各地官府所属的民兵武装。"团结"意即编组为行伍。也称团练兵、团兵。其设立主要是为了应对北方频繁的战争，武则天时开始广泛建立。从富户强丁中征发，农闲训练，战时集结，协助作战。服役期间，官给食粮、酱菜等物。

【团练使】古代官名。主管地方武装及训练等事的使职。也称团练守捉使。唐肃宗时置于不设节度使地区，掌本区各州军事。大者领十州，并设团练副使，小者领三五州。常与观察使、防御使互兼。代宗后令刺史兼团练使。宋以团练使为武将兼衔，虚衔。明废。

【团扇】一种圆形有柄的扇子。因形似圆月，故称。也称纨扇、宫扇。边框及柄通常为竹制，扇面用洁白的丝绢，上绘山水楼台、草虫花鸟等图案。古代宫中常用。

【推恩令】汉武帝时实施的以广封诸侯王子弟来分化、削弱其势力的法令。承景帝以来削藩之势，公元前 127 年，汉武帝采纳主父偃建议，下令诸侯王可奏请朝廷推广恩典，将王国领地分封给嫡长子以外的子弟。自此，诸侯王国领地不断缩小，难成大患。推恩令下形成的侯国隶属于郡，地位与县相当。

【退田】均田制下因人口减少或户绝，应依法退还给官府的田亩。也指退还租种的田地或退佃的情况。

【屯田】古代政府利用士兵、农民和商人垦种荒地以取得军粮和税粮的措施。有民屯、军屯、商屯等。也指屯垦的土地。汉文帝募民实边，为民屯之始。武帝在西域、宣帝在边郡屯田，使用驻军，为军屯。东汉建安元年（196）曹操在许下屯田，由典农官募民耕种，为民屯。唐宋屯田又称营田，军屯和民屯都有。元明清一般仍称屯田，卫所屯田则指军屯。明朝又以专卖权招揽商人屯垦，称商屯。屯田组织性强，耕地面积大，能用先进耕作法，又便于进行水利建设，产量往往较高，但兵士和农民所受压迫和剥削极重。

【屯卫】清朝从事屯田、漕运的军事组

织。顺治三年（1646）仿明设此，各置守备一人，兼管屯田，下设千总、把总分理其事。有漕地区还根据漕船的数量，分设漕帮，每帮有领运千总二人。

【**屯驻大军**】南宋最重要的常备军。南宋立国之初，北方原有的禁军基本瓦解，面对金军的严重威胁，不得不重新编组中央军。这些新编组的军队主要由抗金将帅统率，并驻屯在前线，故名。绍兴五年（1135），南宋政府对军队进行了进一步的整顿，将五支主要的屯驻大军分别命名为行营前、左、中、右、后护军。绍兴十一年（1141）岳飞、韩世忠等被解除兵权后，相继取消番号，分其兵力，改名为某州府驻扎御前诸军。

【**拓跋代**】公元315年鲜卑拓跋部建立的政权，是北魏的前身。此年晋愍帝封拓跋猗卢为代王。至拓跋什翼犍扩展国势，设置百官，定都盛乐（今内蒙古和林格尔）。376年为前秦所破。386年拓跋珪复国，改称魏王，至398年拓跋珪入主中原，迁都平城（今山西大同），定国号"大魏"，又称"大代"，或"代魏"连称。

【**柝**】tuò。用挖空的木头或竹筒做成，敲击用以警夜巡更。俗称梆子。《木兰诗》："朔气传金柝，寒光照铁衣。"

W

【瓦当】 古代建筑物的一种装饰构件，铺于屋檐前面筒瓦的出头部位，有防水、保护檐头之用。也称勾头。据考古发现，瓦当在西周晚期的建筑上已有使用。秦汉以前的瓦当多为半圆形，故名半瓦当，饰有动物、植物等图案。秦汉以后则普遍采用圆形瓦当，同时其表面所饰的纹样也更加丰富，除青龙、白虎、朱雀、玄武四象外，更增添了鹤、麟等诸多飞禽走兽，极具匠心。秦汉瓦当还有加文字为图饰的，汉瓦当文字尤为有名。文字内容一般分为建筑题名（如"羽阳千秋"为羽阳宫专用）、记事志念（如"汉并天下"）、吉祥祝福（如"与天无极"）。

【瓦剌】 剌，là。明代对西部蒙古各部的总称，清代称之为卫拉特。早期生活于叶尼塞河上游，以狩猎、游牧为生。后归附于成吉思汗。元末，南迁至匝盆河（札布汗河）流域和准噶尔盆地，曾于公元15世纪中叶短期统一蒙古各部。明英宗正统十四年（1449），蒙古瓦剌部首领也先对明王朝发动南侵。明英宗亲征，在土木堡被俘。瓦剌军一路直逼北京城下，沿途烧杀抢掠。史称"土木堡之变"。明末清初分为杜尔伯特、准噶尔、土尔扈特、和硕特四部。

【瓦舍】 舍，shè。宋元时娱乐场所集中的地方。有表演杂剧、曲艺、杂技等的勾栏，也有出售杂货的店铺。也称瓦肆、瓦子。

【袜】 穿在脚上，用以保暖护脚的纺织品。据传最早为皮革包裹双足以抵御寒冷，故写作韤、襪，也称脚衣、足衣。汉代出现了根据脚的形状用布专门缝制的袜子，但当时的袜子有两条系带，用于系在膝盖上。早期的袜子在室内可以外穿，不再穿鞋，特别是坐席上，只能穿袜。依礼制，可配礼服，颜色各有不同。考古发现，古代除了长袜以外，还有短袜、单袜、夹袜以及无底袜、无筒袜等不同类型。清朝末年国外传入针织品袜。

【外朝】 处于宫外的朝廷机构和各种官职。内外朝之分出现于汉武帝时，外朝指丞相所统外廷各机构、部门及其官员，是常规的国务处理班子。后世皆与"内朝"相对而言，具体构成各有不同。

【外郎】 ①官名。汉中郎将分掌三署。郎有议郎、中郎、侍郎、郎中，皆掌宫殿门户，出充车骑。没有固定职务的散郎称外郎。六朝以来，也称员外郎，指正员以外的官员。②宋元以来对衙门书吏的称呼。③清代某些衙门中的低级官吏。

【外戚】 帝王的母族、妻族成员。也称

国戚。我国古代有"同姓不婚"的制度，即同一姓氏的男女不得互为夫妻。而因母族、妻族是异姓，故称"外"。西周以来称母族、妻族为"外家"。从汉代开始，外戚特指皇帝的外家，以后历代沿称。历史上，外戚多凭借太后、皇后的势力，掌握大权，干预朝政或篡位。如西汉元帝王皇后的侄子王莽夺取政权，建立新朝。

【**外制**】唐宋时由中书舍人领衔起草皇帝诏命称外制，由翰林学士领衔起草诏命称内制。唐初，中书省设中书舍人，负责起草诏令，没有内外制之分。至玄宗开元二十六年（738），始置翰林学士，掌内制；中书舍人只掌外制。宋代为中书舍人、知制诰、直舍人院统称。明代称知制诰为"外制"。

【**外传**】传，zhuàn。①用于经学著作，附经作传、广引事例而不完全以解释经义为主的书。与专主解释经义的"内传"相对。如《左传》为内传，《国语》为外传。《诗》有《韩诗外传》，《春秋》又有《穀梁外传》《公羊外传》等。②传记文的一种，为史书所不载的人物立传。或于正史外另为作传，记其遗闻逸事，称"外传"。

【**纨**】wán。一种细致光洁的绢。汉代作为制作宫廷冬装的原材料。以纨制成的团扇称为纨扇，为富贵人家女子所用。《孔雀东南飞》中有"腰若流纨素，耳着明月珰"之句。

【**纨绔**】wánkù。细绢制成的无裆裤。因其贵重，一般只有贵族子弟穿着，所以后世以"纨绔"借贵族子弟。

【**挽歌**】丧礼仪式之一。送葬时所唱的哀悼死者的歌。鲁哀公会合吴王进攻齐国，交战前齐国公孙夏命部下唱《虞殡》，示必死。一说《虞殡》为送葬歌曲，是较早的挽歌。最初是挽柩的人唱的。汉魏以后，挽歌盛行，古乐府相和曲中的《薤露》《蒿里》是古代著名挽歌。《薤露》送王公贵人，《蒿里》送士大夫、庶人。晋代陆机、陶渊明和南朝宋鲍照都曾为自己作挽歌。唐代到明清，根据死者的身份等级，对其葬礼唱挽歌者的人数、队列、服饰等做相应的规定。

【**婉约派**】宋词风格流派，与"豪放派"对称。以抒情细腻含蓄，音调、语言婉转清丽为特征。以柳永、晏殊、欧阳修、秦观、周邦彦、李清照等为代表。代表作如柳永《雨霖铃》、李清照《如梦令》等。

【**万户府**】元朝统辖若干千户的军事编制和机构。据其重要性及军额分上、中、下三等。其设置可以追溯到成吉思汗时期。到了元代，万户府被广泛设置于中枢及各路，其职能包括开府治事，统率下属的千户所。

【**万劫不复**】"劫"是佛教音译词"劫波"的简称，意为"远大时节"。源于古印度婆罗门教，认为世界经历若干万年就毁灭一次，而后又重新开始，这一灭一生称作一"劫"。故"万劫"指极其漫长的时间。人们用"万劫不复"指永不能恢复。

【**万历三大征**】明朝万历年间在西北、西南边疆和朝鲜展开的三大战役。也称万历三大役。包括公元1592年平定蒙古人哮拜叛乱的宁夏之役，1592—1593、1597—1598年援朝抗倭的朝鲜之役，1599—1600年平定土司杨应龙叛乱的播州之役。万历三大征在一定程度上维护了明朝的领土完整和国家安全，但也耗费颇巨，导致了明后期的财政危机。

【**汪大渊**】（1311—？）元代旅行家，中外文化交流的杰出使者，被西方学者尊称为"东方的马可·波罗"。字焕章，豫章（今江西南昌）人。元至顺元年（1330）由泉州第一次出海游历东西洋诸国，元统二年（1334）夏秋间返国。至元三年（1337）第二次由泉州出海，至元五年（1339）夏秋间返国。足迹遍及亚洲、非洲、大洋洲的国家和地区。至正九年（1349）撰《岛夷志略》，记所见山川、土俗、物产、风景、贸易之事，涉及东西洋国家或地区二百多个。此书是研究 14 世纪中外文化交流及亚非各国史地不可多得的重要资料，深为中外学人所重视。

【**亡命**】亡，无。命，姓名。更换姓名，脱籍逃亡。本指人户流亡，脱离户籍管理。后以此指逃亡的罪犯。先秦已将这种行为视为犯罪，秦汉到明清对此都有惩治之法。

【**王安石**】（1021—1086）北宋政治家、文学家。字介甫，号半山，抚州临川（今江西抚州）人。庆历二年（1042）中进士。熙宁二年（1069）为参知政事，次年拜相，陆续推行均输、青苗、保甲等新法，史称"王安石变法"。晚年退居江宁（今江苏南京），封荆国公，世称"王荆公"。工诗文，诗歌遒劲清新，被称为"王荆公体"。散文雄健峭拔，为"唐宋八大家"之一。王安石作诗讲究推敲文字，曾作《夜泊瓜洲》，第三句"春风又绿江南岸"中的"绿"字，一开始用"到"字，不满意，又改为"过"字，还不满意，又

改为"入""满"等字，如此反复修改了十多次，最后才决定用"绿"字。春风本无颜色，而用一"绿"字，则有了满目青翠的视觉效果。

【**王安石变法**】宋神宗熙宁年间由王安石主持的改革。也称熙宁变法。自公元 1069 年起，其陆续推出均输、青苗、募役、置将等一系列新法，内容涉及财政、军事及科举、学校等方面的改革，力图通过加强国家对这些领域的控制，实现富国强兵。新法达到了"富国"的目的，但强兵效果不明显，且实施中也出现了诸多偏差，一定程度上加重了人民的负担，引发激烈争议，哲宗继位后，新法几乎全部被废。

【**王弼**】（226—249）弼，bì。三国魏玄学家。字辅嗣，山阳（今河南焦作）人。出身于官僚世家。作为魏晋玄学的代表人物，他主张融合儒、道两家，提出"得意在忘象，得象在忘言"的思想，与何晏、夏侯玄等同开清谈之风。王弼从小就显示出过人的聪慧，笃好《老子》《庄子》，又能言善辩，受到当时许多名士的称赏。大名士何晏在见到王弼的《老子注》之后，认为王弼的注解更加高明，自叹不如，于是主动放弃了自己的注本，转而四处宣传王弼的新说。著有《老子注》《老子指略》《周易注》《周易略例》等。

【**王勃**】（649 或 650—676）唐代文学家。字子安，绛州龙门（今山西河津）人。9 岁时读颜师古所注《汉书》，作《指瑕》十卷指摘其错误。麟德二年（665）应举及第。后任虢州参军，因擅杀官奴，罪当死，后遇赦除名。其父受连累贬为交趾令，他南下省亲，

返回途中，渡海溺水，惊悸而死。王勃诗文兼擅，名显当世，与杨炯、卢照邻、骆宾王合称"初唐四杰"。王勃南下省亲时途经南昌，适逢洪州都督阎伯屿新修滕王阁成，大宴宾朋。为了让女婿在宾客面前显示才华，早就嘱咐其构思一篇序文。宴会开始后，阎伯屿假意谦恭地拿着纸笔，请客人题写序文，客人纷纷谢辞。轮到王勃，他毫不客气地接过了纸笔。阎伯屿满脸愠色，假装更衣离开，私下则让属官观察动静，随时通报情况。当第一次报"豫章故郡，洪都新府"时，阎伯屿说不过是老生常谈罢了；二次报"星分翼轸，地接衡庐"时，未作声；第三次报"落霞与孤鹜齐飞，秋水共长天一色"时，叹为天才。此文即著名的《滕王阁序》。"物华天宝""人杰地灵""俊彩星驰""胜友如云""高朋满座""逸兴遄飞"等成语均出自该篇。

【**王昌龄**】（？—756）唐代诗人。字少伯，京兆长安（今陕西西安）人。开元十四年（726）有河西走廊之行，作有《从军行》《出塞》等边塞诗。十五年（727）登进士第。后被任命为江宁（今江苏南京）县丞，世称王江宁。因受谤毁，被贬为龙标（今湖南洪江西）县尉。李白有《闻王昌龄左迁龙标遥有此寄》诗，寄予深切的同情与怀念。安史之乱起，王昌龄由贬所赴江宁，后为濠州刺史闾丘晓所杀。王昌龄在开元、天宝年间诗名甚盛，有"诗家夫（一作"天"）子"之称。殷璠编《河岳英灵集》，共收24位诗人的作品，其中以王昌龄的诗选得最多。尤擅长七绝，被誉为"七绝圣手"，内容多写边塞军旅生活，气势雄浑，格调高昂，为边塞诗代表人物。王昌龄交游广泛，与张九龄、王之涣、孟浩然、王维、李白、崔颢、高适、岑参等人都有来往。

【**王充**】（27—约97）东汉思想家。字仲任，会稽上虞（今浙江绍兴上虞区）人。出身细族孤门。少游洛阳太学，曾师事班彪，好博览而不守章句。历任郡功曹、治中等官，后罢职家居，从事著述。所著《论衡》，闪耀着朴素的唯物主义的光芒。他反对当时流行的"天人感应"和谶纬学说，认为"气"本身的运动产生万物，不存在有意志的创造者。自然界的"灾异"是"气"变化的结果，与人事无关。他还否定了鬼神的存在，认为人的精神派生于形体，人死后形体朽败，精神也随之消散。王充聪明好学，在洛阳求学期间，家贫，没钱买书，就经常逛洛阳的书铺。他记忆力惊人，那些售卖的书他读一遍就能记诵下来。以此得以遍览诸子百家的著作。

【**王道**】我国古代哲学中指君主以仁义治理天下，以德服人的政策。常与"霸道"对举。孟子提出依靠道德来实行仁义，可以使天下人心归服。其内涵在后世有所发展。

【**王夫之**】（1619—1692）明清之际思想家。字而农，号薑斋。晚年居衡阳石船山，后人称"船山先生"。衡阳（今属湖南）人。明亡，举义兵抗清，失败，隐伏深山四十年，潜心著述。于天文、地理、历法、数学都有研究，尤精于经史、文学。与黄宗羲、顾炎武并称"清初三大儒"。著作被后人编为《船山遗书》。

W

【王父】 祖父。如《公羊传》"不以父命辞王父命,以王父命辞父命",即不可以用父亲的命令拒绝祖父的命令,但可以用祖父的命令拒绝父亲的命令。

【王公宗室庄田】 清代王公和宗室所拥有的田地。官田之一种。也称八旗宗室庄田,来源于近京各州县圈占的土地,即皇帝从圈占之土地内分配给宗室王公的土地。清初,按亲王、郡王、贝勒、贝子等爵及其以下各爵衔赐给土地,建立粮庄与园庄。又分大庄与半庄。大庄四百余亩,半庄二百四十余亩,园庄每六十至一百八十亩。王以下各爵所属壮丁人各给三十六亩。此种庄田,可世袭而不准买卖,收入归受赐之王公宗室所有,不纳赋税。

【王官之学】 商周时期王室史官、乐官等各部门官员掌握的知识、技艺。春秋时期以来,礼崩乐坏,其学逐渐流散到民间,从而形成私学繁盛、百家争鸣的局面。

【王伦起义】 清乾隆三十九年(1774)白莲教徒王伦在寿张(今山东阳谷南)一带发动的农民起义。王伦利用清水教(白莲教支派)和传授武术组织附近各县农民,提出反对额外加征的口号。教徒王经隆在堂邑(今聊城西北)起义响应。两支队伍连续攻克寿张、阳谷、堂邑和临清旧城,开仓济贫。后在临清旧城与清军激战,因寡不敌众而失败,历时一个月。王伦自焚死,王经隆被俘杀。

【王莽】 (前45—公元23)新朝建立者。字巨君,魏郡元城(今河北大名东)人。西汉元帝皇后王政君之侄,以外戚掌握政权。成帝时封新都侯。元始五年(5),毒死平帝,自称假(代理)皇帝。初始元年(8)称帝,改国号为"新"。推行一系列新政,包括改革币制、更改官制等,造成经济混乱,政令苛细,赋役繁重。天凤四年(17),爆发农民起义。地皇四年(23),绿林军攻入长安,王莽死于乱军之中。

【王莽改制】 王莽执政和建立新朝后推行的一系列制度改革。包括田制、奴婢、币制、官制、工商管理和民族政策等方面,旨在缓和西汉后期以来的统治危机,却因规划和实施过程多有问题,反使各种矛盾进一步激化,导致了绿林赤眉起义和新朝灭亡。

【王冕】 (1287—1359)元代画家、诗人。字元章,号煮石山农、饭牛翁、会稽外史、梅花屋主等。诸暨(今属浙江)人。以画梅著称,尤工墨梅。所绘梅花花密枝虬,生机盎然,亦善竹石。王冕家境贫寒却勤奋好学。晚上点不起油灯,他就跑到附近的寺庙,坐在佛像的膝盖上,借着长明灯的灯光读书,直到天亮。他的刻苦和坚持,终于有所成就。存世作品有《南枝春早图》《墨梅图》等。其诗多同情百姓疾苦,语言质朴自然,有《竹斋集》。

【王鸣盛】 (1722—1797)清代学者。字凤喈,一字礼堂,别字西庄,晚号西沚居士,江苏嘉定(今属上海)人。自幼聪颖过人,四五岁时就能日识数百字,被当地县乡视为神童。乾隆三年(1738)中秀才,入嘉定县学。乾隆十二年(1747),乡试中举。乾隆十九年(1754),进士及第,成为一甲第二名榜眼,也是嘉定科举史上唯一的榜眼。随后,被授予翰林院编修的职位。历任侍读学士、内阁学士兼礼部侍郎、光禄寺卿等职。然而，他的官场生涯并非一帆风顺。在乾隆二十四年（1759）担任福建乡试正考官期间，他在途中纳妾，遭御史罗典弹劾，被降为光禄寺卿。乾隆二十八年（1763），母亲去世，他离职还乡，为母亲守孝，从此不再出仕。移居苏州阊门外，专事著述三十余年。学术研究涉及经学、史学、文学等领域，著有《尚书后案》《十七史商榷》《蛾术编》等。与钱大昕、赵翼并称"清代史学三大家"。其《十七史商榷》与钱大昕的《廿二史考异》、赵翼的《廿二史札记》并称"清代史学三大名著"。

【王念孙】（1744—1832）清代音韵训诂学家。字怀祖，号石臞。江苏高邮人。乾隆进士。精于文字、声韵、训诂。著《广雅疏证》，对汉魏以前的古训详加考证，以形、音、义互相推求，把传统语言学推进到现代语言学的边缘。撰《读书杂志》《古韵谱》等，阐明古义，每有创见。与其子王引之并称"高邮二王"。精熟水利，著有《河源纪略》。

【王实甫】元代戏曲作家。一说名德信，大都（今北京）人。生平事迹不详。所作杂剧现存《西厢记》、《破窑记》（一说关汉卿作）、《丽春堂》三种。《芙蓉亭》《贩茶船》两剧各存一折曲词。另存散曲数首。剧作大多以青年男女追求爱情幸福为题材，风格秀美，细腻委婉，《西厢记》为其代表作。

【王士禛】（1634—1711）清代文学家。字子真，一字贻上，号阮亭、渔洋山人。雍正时避帝讳，被改称士正。乾隆时，又改称士祯。新城（今山东桓台）人。顺治进士，官至刑部尚书，卒谥文简。主盟康熙诗坛数十年，追随者甚众，与朱彝尊并称"南朱北王"。论诗创"神韵说"，选《唐贤三昧集》以标宗旨。早年所作清丽澄淡，中年转为苍劲，诸体兼擅，而尤工七绝。又以余力创作词与古文，亦获时名。有《带经堂集》《渔洋诗话》《池北偶谈》《香祖笔记》等。顺治十四年（1657），游历济南，邀请在济南的文坛名士，集会于大明湖，即景赋《秋柳诗四首》。此诗迅速流传，一时和者甚多，成为文坛盛事。

【王世贞】（1526—1590）明代文学家。字元美，号凤洲、弇州山人，太仓（今属江苏）人。与李攀龙、徐中行、梁有誉、宗臣、谢榛、吴国伦合称"后七子"，在文学上倡导复古，主张文必秦汉、诗必盛唐，对明代文学产生了深远的影响。李攀龙去世后，王世贞成为文坛领袖，独领风骚二十年。有《弇州山人四部稿》《艺苑卮言》等。

【王守仁】（1472—1529）明代理学家、教育家。字伯安，余姚（今属浙江）人。尝筑室故乡阳明洞中，世称"阳明先生"。少年时即勤学善思，曾遍读朱熹著作，思考所谓"众物必有表里精粗，一草一木，皆涵至理"的学说。为实践"格物致知"而坐亭前"格"竹七天七夜，以致劳思成疾。弘治十二年（1499）进士及第。正德元年（1506）因反对宦官刘瑾，被贬为贵州龙场驿丞。在龙场，王守仁修筑石室，结合历年遭遇，日夜反省。一天半夜，他忽然顿悟，这就是著名的"龙场悟道"。后以镇压农民起义和平定"宸濠之乱"，封新建伯，官至南京兵部尚书。卒谥文成。著作有门人编成的

W

《王文成公全书》，其中主要的哲学著作是《传习录》《大学问》。

【王维】（701？—761）唐代诗人、画家。字摩诘，太原祁县（今属山西）人。开元进士。安禄山军陷长安时曾受伪职，乱平后，降为太子中允。官至尚书右丞，世称王右丞。中年后居蓝田辋川，亦官亦隐。以山水诗为后世所称，与孟浩然并称"王孟"。他的山水诗体物精细，状写传神，喜欢刻画幽寂冷清的境界，流露出避世绝俗的禅意，王维因此被称为"诗佛"，代表作如《山居秋暝》《鸟鸣涧》等。北宋苏轼评价他"诗中有画，画中有诗"。亦通音律，精绘画。据传，王维当年到京城长安应试，拿着自己的行卷投到唐玄宗的弟弟岐王门下。岐王很欣赏王维的才华，就给他支了一招，让他在太平公主举行的宴会上弹奏一首《郁轮袍》。王维成功引起公主注意，趁机献上诗卷，太平公主见都是自己平日里喜欢读的那些诗，于是大力推荐。有《王右丞集》。

【王羲之】（303—361）东晋书法家。字逸少，琅邪临沂（今属山东）人。出身贵族。官至右军将军，人称王右军。早年从卫夫人学书，后博采众长，草书学张芝，楷书学钟繇，并推陈出新，一变汉、魏以来质朴的书风，成为妍美流便的新体。其书备精诸体，尤擅楷行，字势遒美多变化，为历代学书者宗尚，有"书圣"之誉。与钟繇并称"钟王"，与其子献之并称"二王"。东晋永和九年（353）三月三日，王羲之与谢安、孙绰等人，在山阴（今浙江绍兴）兰亭"修禊"。大家坐在溪边，酒杯顺水而漂，停在谁的面前，

谁就要饮酒赋诗。这次集会，一共写了 37 首诗。有人提议把这些诗汇编成集子，就叫《兰亭集》，并由王羲之作序。王羲之兴致很高，欣然同意，这就是流芳千古的《兰亭集序》。《兰亭集序》不但文笔优美，情辞并茂，而且用笔如行云流水，是绝妙的书法精品。原序 300 多个字，各具风姿，尤其是 20 个"之"字，变化多端，写法各异，令人拍案叫绝。

【王献之】（344—386）东晋书法家。字子敬，原籍琅邪临沂（今属山东），生于会稽山阴（今浙江绍兴）。王羲之幼子。官至中书令，人称王大令。在继承张芝、王羲之的基础上，进一步改变当时古拙的书风，有"破体"之称。其书法英俊豪迈，饶有气势。与其父羲之并称"二王"。存世墨迹有行书《鸭头丸帖》等。

【王引之】（1766—1834）清代训诂学家。字伯申，号曼卿，江苏高邮人。王念孙之子。嘉庆进士，官至工部尚书。继承其父音韵训诂之学，世称"高邮二王"。著有《经传释词》《经义述闻》等，是训诂研究的重要著述。

【王与马共天下】东晋初年琅邪王氏代表的高门士族与元帝司马睿联合为治的局面。永嘉之乱后，南渡过江高门联合吴姓高门支持都督扬州诸军事的西晋琅邪王司马睿，在江东创立了东晋，其代表人物即出任丞相的王导及其手握重兵镇守江、荆等州的从兄王敦，琅邪王氏一时权倾内外，俗间遂有此谚。

【王禹偁】（954—1001）偁，chēng。北宋文学家。字元之，济州巨野（今属山东）人。历宋太宗、宋真宗两朝，官

至翰林学士承旨。主张革新政治，力主裁汰冗官、节省开支，并多次上疏直言进谏，批评时弊。曾三次被贬，分别被贬至商州、滁州和黄州。在黄州期间，他创作了著名的《黄州新建小竹楼记》。散文继承了韩愈、柳宗元的古文运动精神，注重内容充实，文辞简练。诗歌则受到杜甫、白居易的影响，多反映社会现实，风格清新平易。有《小畜集》传世。

【王昭君】我国古代四大美女之一。名嫱，字昭君。西汉南郡秭归（今属湖北）人。晋时为避司马昭讳，改称为"明君"或"明妃"。初为汉元帝宫人，竟宁元年（前33），匈奴呼韩邪单于入朝求和亲，她自请嫁匈奴。入匈奴后，被称为"宁胡阏氏"。呼韩邪死，按照匈奴风俗，复为后单于的阏氏。昭君去世后，厚葬于今呼和浩特市南郊，墓依大青山，后人称之为"青冢"。据传，元帝命画工毛延寿为宫女画像，王昭君不肯贿赂画师毛延寿，她的画像被画得并不理想，因此未得到汉元帝的宠幸。后来元帝命其远嫁匈奴时才发现她的美貌，但因已答应匈奴，就没有再更改人选，而是杀毛延寿泄愤。

【王之涣】（688—742）唐代诗人。字季凌，晋阳（今山西太原）人。以边塞诗和山水田园诗闻名。《登鹳雀楼》和《凉州词》都是其名篇。有一次，王之涣与王昌龄、高适在长安的旗亭聚会饮酒，正赶上一群歌女演唱诗歌。王昌龄提议，三人听这些歌女唱歌，谁的诗被唱得最多，谁就最优秀。第一位歌女演唱了王昌龄的《芙蓉楼送辛渐》，王昌龄在亭壁上画了一竖。接着，高适的《哭单父梁九少府》也被演唱，高适同样在亭壁上画了一竖。随后，王昌龄的另一首诗《长信怨》也被歌女演唱，他在亭壁上又画了一竖。王之涣自负才高，但直到最后，都没有歌女演唱他的诗。他感到有些不快，就对王、高二位说："这几个唱曲的，所唱不过是'巴人下里'之类不入流的歌曲，那'阳春白雪'之类的高雅之曲，哪是她们唱得了的呢！"于是用手指着歌女中最漂亮的那一位说："到她唱的时候，如果不是我的诗，我这辈子就不和你们争高下了。如果唱的是我的诗，二位就拜倒于座前，尊我为师好了。"话音刚落，最后那位歌女果然唱的是王之涣的《凉州词》。这就是"旗亭画壁"的故事。

【王庄】明清划归亲王郡王所有的庄田。也称王府庄田、藩王庄田。收入全归王公贵族享用。明就藩前后分别从京畿及当地赐拨，还有相当部分来自投献（即田主将田产献给贵族或豪强地主，以求庇荫，免除苛重的赋役）。清初除按爵级赐予外，还按其名下壮丁数给以额定田亩，多在京畿地区，康熙以后改从皇庄拨给，各由庄头和壮丁经营耕作。

【王子乔】神话人物。又名王晋。相传为周灵王太子。善吹笙，能学凤凰鸣叫。后随道士浮丘公往嵩山学道，数十年后得道，在缑氏山顶上向世人挥手告别，乘鹤升天而去。

【网师园】江南著名园林，位于江苏苏州。在我国现存园林中，以精致小巧著称。网师园原为南宋藏书家史正志"万卷堂"故址。清乾隆年间由宋宗元重建，因宋宗元自号"网师"，故名其园。园林布局巧妙，东部有宅数进；中部假山荷池，古木参天；西院小筑，园宅兼具，园中景致典雅古洁，婉约灵秀，别具一格。

【辋】 指车轮的外周。辋通过辐条与中心的毂相连接，构成车轮。其外则钉上相同宽度的、略厚的有弧度的车瓦。春秋以前用铜铸件，战国以后则用铁皮。

【忘忧】 本指忘却忧愁。亦为"萱草"的别名。因其花美丽，观之能使人愉悦而忘愁，故别名"忘忧""疗愁花"。又因原生我国南方，故别名"宜南"，古人附会说，佩此花令妇女生男，遂名"宜男"。萱草耐阴湿，古人多种于北堂母亲居处，后故以"萱堂""萱亲"借指母亲。萱草自古以来就与中国的孝道文化紧密相连。在古代文学作品中，忘忧草象征着母爱和孝心，被认为是游子寄托对母亲思念的象征。

【望】 古代有"月相纪日法"，即以月之盈亏圆缺变化特征来纪日，望是指月满之日，故古人将农历大月十六日、小月十五日叫"望"。"望"后的一天叫"既望"。

【望祭】 周代天子和诸侯遥祭境内山川的仪式。《礼记》记载，天子祭天地神，以望祭的形式在国都四郊祭祀五岳、四镇、四渎等方位、山川神。诸侯祭国家所在之方，祭山川神，祭户、灶、中溜、门、行五神，一年内祭遍。

【望楼车】 古代攻城时用作瞭望的一种车。春秋战国时的望楼车通常是木制或竹制的高台，四周有栏杆或围栏，以防止人员或物品从高处坠落。宋代的望楼车用硬木做成车座和车辕，长一丈五尺，下有四轮，轮高三尺半，车上竖望竿，竿上安望楼，竿下有转轴，攻城时可登竿进入望楼瞭望城中。

【望舒】 古代神话中为月神驾车的神。也称明舒、素舒、圆舒。《离骚》："前望舒使先驱兮，后飞廉使奔属。"后也用来指代月亮。

【望闻问切】 中医常用的诊断疾病的四种方法。望，观察病人的气色。中医认为人五脏的疾病都会表现于面部，可据此判断病源。闻，听病人发出的声音，闻病人的气息。问，询问病人的症状和病史。切，用手诊脉或触按病人身体的其他部位。合称四诊。

【望洋兴叹】 语出《庄子·秋水》。黄河水神河伯常以黄河之水的一日千里、气势磅礴而自傲。直到有一天顺流东下，见到无边无际的浩瀚东海，方知自己的渺小，识得大海的广阔无垠才知道自己眼界和心胸的狭隘。现多指力量不足或条件欠缺达不成心中所愿的无可奈何状。

【薇】 菜名。即巢菜。又名"野豌豆"。亦用来指"蔷薇""紫薇"。在我国古代文学中，"薇"常作为文学作品的题材和意象。《诗经》中《采薇》一篇，描述了士兵在边疆采薇的情景，表达了他们对家乡的思念和对战争的厌倦。商末伯夷、叔齐不食周粟，隐于首阳山，采薇而食的故事，使"薇"作为一种文化符号，代表着清高气节、爱国恋家、淡泊精神和脱俗人格等。

【韦编三绝】 语出《史记·孔子世家》。说的是孔子读《周易》的故事。古代在竹简上书写文字，用熟牛皮绳将每片竹简编串连接成书，称为"韦编"。孔子晚年对《周易》十分感兴趣，翻来覆去多次研读，以至连接竹简的皮绳也多次断掉。后人用"韦编三绝"来形容读书人的勤奋与钻研精神。

【韦陀】 佛教护法之神，是梵语音译词"塞建陀"的讹略。传说其为四天王中南方增长天王麾下的八位将领之一，居于四天王三十二将之首。相传唐西明寺道宣和尚有感神之德，在乾封年间见有神现，神自报家门是韦陀，为诸天之子，主领鬼神。如来佛祖入涅槃时，任命其护持南赡部洲（佛教四大部洲之一）。故自唐代以来，韦陀塑像多被安置在寺院中，古代武将打扮，其面如童子，表示对佛教怀有赤子之心，手持金刚降魔杵，表示摧邪辅正、除魔卫道。其塑像常被立于天王殿弥勒像之后，面对大雄宝殿内的释迦牟尼佛。

【唯识宗】 我国佛教宗派。由唐代玄奘和其弟子窥基创立，主张万事万物皆非实有，无不由心识所转化。

【帷幔】 将大幅的布垂直张挂起来，用于遮挡视线，实现软分隔的幕布。一般用于卧室或起居室的内外分隔、舞台内外区域的变化等。在皇宫利用薄纱作为帷幔，为帝、后观看歌舞表演而又不为表演者看到的遮挡物。

【维摩诘】 佛教菩萨。梵语音译词，也称维诘、维摩，意为净名、无垢称。其与释迦牟尼同时代，是毗耶离城的一位大乘居士，善于应机化导，是佛典中现身说法、辩才无碍的代表人物。

【维新】 改变旧的，实行新的。语出《诗经·大雅·文王》。本指周文王开始维新，实行新的制度。后指政治革新、改良。

【伪楚】 公元 1127 年，靖康之变后，金朝扶植原北宋太宰张邦昌建立的傀儡政权。国号"大楚"或"楚"，后世也称"张楚"。以黄河故道与金为界。从该年 3 月 7 日建立到 4 月 10 日结束，存在三十余日而废，由宋哲宗的废后孟氏垂帘听政，张邦昌退位，后被南宋赐死。

【伪古文尚书】 儒家经典《尚书》传本之一。东晋时梅赜所献。因被考证是假托古文经而伪造，故称。因内中附有伪称"孔安国"所作之传，故又称《伪孔传》。

【伪齐】 北宋灭亡后，金朝扶植的傀儡政权。金天会八年（1130），金太宗册立原北宋济南知府刘豫为皇帝，国号大齐，先后都大名府（今河北大名一带）及汴京（今河南开封），辖境包括黄河故道以南的河南、陕西地区。公元 1137 年为金所废。

【伪书】 托名假作的书籍。有的伪书是托名于前人所作，如《六韬》托名吕望；有的是成书较晚但相传是前代的著作，如《周礼》传为周朝初期的作品；有的是原书已散佚而后人有意伪造，如孔安国《古文尚书传》。伪书的内容往往有所依据，可以反映有关学术和思想状态，经准确辨别后，仍有一定的价值。

【委禽】 古代婚俗。男方请媒人向女方提亲，女方答应议婚后，男方备礼前去求婚。其中雁是礼物之一，故名。也称奠雁。把雁作为礼物，是取大雁随时序变化南飞北往而不失节，飞成行、上成列来表示取亲不误时日，嫁娶不逾礼仪。

【卫夫人】 （272—349）东晋女书法家。姓卫，名铄，字茂漪，河东安邑（今山西夏县西北）人。汝阴太守李矩妻，人称卫夫人。出身于书法世家，曾祖父卫觊、祖父卫瓘、伯父卫恒都是著名的书法家。又学习钟繇，楷、行、篆、隶无不擅长，楷体造诣尤高。王羲之少时曾从她学书。唐张怀瓘在《书断》中将她的隶书列为妙品。传著有《笔阵图》。传说卫夫人小时候习字非常认真，每次练习完毕后都会去屋前的池塘洗笔。一次，她练字累了，就把笔砚放在桶中置于池塘内，从此池塘的水变黑，后人便称之为"卫夫人洗墨池"。

【卫国】 周成王分封武王之弟康叔为卫侯所建的姬姓诸侯国。公元前 11 世纪周公平定武庚反叛后，把原来商都周围地区和殷民七族分封给康叔，建都朝歌（今河南淇县）。春秋时，曾被狄人攻灭，齐桓公助其重建，都于楚丘（今河南滑县），从此成为小国。后避狄人，迁都帝丘（今河南濮阳）。战国时，国势更弱。前 254 年为魏所灭，成为魏的附庸，秦始皇统一六国后，独置卫君，将其迁到野王（今河南沁阳），作为秦的附庸。前 209 年，秦二世废卫君为庶人，卫灭。卫国传承了 41 位国君，历时至少 900 年，是众多姬姓诸侯国中最后灭亡的国家。

【卫青】 （？—前 106）西汉名将。字仲卿，河东平阳（今山西临汾西南）人。同母异父姐姐卫子夫，被汉武帝看中，纳入后宫，并深受宠爱。因此，卫青也得以进入宫廷，担任了一些职位，包括建章监、太中大夫等。后来汉武帝发现卫青具有军事才能，便让他参与对抗匈奴的战争。卫青充分发挥了自己的军事才能，在战争中表现出色，多次打败匈奴，取得了重大胜利。尤其是在公元前 124 年，卫青率领三万士兵，采用迂回侧击的战术，取得了辉煌的胜利。因为这一战功，汉武帝封卫青为大将军。卫青去世后，汉武帝为了纪念他的功绩，为他修建了墓冢，并追封谥号为"烈"。

【卫所屯田】 元明清时使用兵士垦地耕种的屯田，为军屯性质。蒙古中统三年（1262）始立左、右卫屯田，其后陆续增立。各卫所军或七分屯种，三分防守，或八分屯种，二分防守。有的卫所全军屯种。按丁配田，征收定额地租。屯田禁止买卖，军兵不得脱籍。明代卫所遍设全国各地，明中叶以后军屯渐被破坏，各处屯地渐转为民田。清初承明制，后因裁撤卫所，卫所屯田逐渐淘汰。

【卫尉】 古代官名。秦始置，汉时为九卿之一，管宫门近卫军。汉景帝时曾改称中大夫令，旋复旧名。魏晋南北朝多沿置。北齐称卫尉寺，有卿、少卿各一人。隋时改掌军器仪仗帐幕之事。唐宋因之，宋建炎后并入工部。元立卫尉院。明废。

【未央宫】 西汉的正朝大宫。汉高祖七年（前 200）由萧何主持营造，在秦章台的基础上修建，又因位于长安城安门大街之西，所以称西宫。未央宫是我国古代大型宫殿建筑群，亭台楼榭，山水沧池，布列其中，其建筑形制深刻影响了后世宫城建筑，奠定了我国两千余年宫城建筑的基本格局。它更是西汉王朝的国家象征。西汉以后，未央宫仍是新莽、西晋、前赵、前秦、后秦、西魏、北周等多个朝代的理政之地，隋唐时也被划为禁苑的一部分，是我国历史上使用朝代最多、存在时间最长的皇宫。后毁于唐末，遗址在今陕西西安西北长安故城内。在我国古代文学作品中，"未央"常作为汉王朝的代指，寄寓着文人墨客对国家强盛的憧憬和兴亡更迭的感慨，如唐卢照邻有"九州四海常无事，万岁千秋乐未央"的诗句。

【尉】 古代官名。春秋时有军尉、舆尉。秦汉以太尉掌兵事，廷尉掌刑狱。汉时郡有都尉，县有县尉。其他如卫尉、校尉等，皆简称"尉"，多为武职。

【渭城】 秦时称咸阳，作为秦的都城共计 144 年。西汉初年，高祖更其名为新城，武帝元鼎三年（前 114）改其名为渭城。故址位于今陕西咸阳东北。唐代王维曾在此作《送元二使安西》诗："渭城朝雨浥轻尘，客舍青青柳色新。劝君更尽一杯酒，西出阳关无故人。"后有乐人为此谱曲，名为《阳关三叠》，又名《渭城曲》。

【渭河】 也称渭水，是黄河最大的支流。发源于甘肃渭源县鸟鼠山，东流入陕西，横贯渭河平原，在潼关汇入黄河。渭河历史悠久，其流经之地孕育了灿烂的文明。周王朝的肇基之地，汉刘邦暗度陈仓的历史遗迹，法门寺地宫、马援墓、《渭城曲》的诞生地都在渭河沿线。渭河平原又称关中平原，灌溉事业自古著名，号称"八百里秦川"，至今仍是我国农业的重要产区。渭河流域河渠纵横，自汉至唐，一直是关中漕运的重要通道。

【魏国】 三家分晋后魏氏建立的诸侯国。周初分封魏侯于今山西南部及陕西东部，为姬姓诸侯国，春秋时为晋所灭。其地被晋献公赐予毕公高之后毕万为采邑，其裔以魏为氏，世为晋

卿。魏文侯与赵、韩一起瓜分晋国，公元前 403 年被周威烈王承认为诸侯，建都安邑（今山西夏县）。魏惠王迁都大梁（今河南开封），因而魏也称梁。为"战国七雄"之一。前 344 年魏惠王召集逢泽之会，自称为王。后三年，马陵之战被齐击败，国势一蹶不振，疆土陆续被秦攻占，前 225 年为秦所灭。

【魏晋风度】 魏晋时期的名士所特有的风度，包括哲学思辨、人格境界、文学创作、审美追求等方面。具体表现有：服药、饮酒、纵情山水、清谈、不慕世俗功利、风流自赏、热衷文学生活等。代表人物有阮籍、嵇康、陶渊明等。

【魏令】 曹魏明帝时颁行的法令。包括《州郡令》45 篇，《尚书官令》《军中令》等共 180 余篇，用令辅助《魏律》，以治内外官吏及将士。

【魏律】 曹魏明帝时颁行的法律。又称《新律》。共 18 篇，在《汉律》及《甲子科》等旧法的基础上删减而成，将《具律》改为《刑名》并移到律首，依古义制定"五刑""八议"，对后世刑律影响很大。

【温庭筠】 （约 812—866）筠，yún。唐代诗人、词人。原名岐，字飞卿，太原（今山西太原西南）人。唐初宰相温彦博的后裔。才思敏捷，据说他每次作赋只需交叉八次手就能完成，因此被称为"温八叉"。然仕途不顺，多次参加科举考试未能及第，一生坎坷，屡次被贬，曾任国子监助教、方城尉等职。其诗与李商隐齐名，并称"温李"。词有"花间鼻祖"之称，大都收入《花间集》，与韦庄并称"温韦"。

又工骈文,与李商隐、段成式齐名,因三人皆在家族中排行十六,时称"三十六体"。

【辒辌】 wēnliáng。带车棚的卧车。有窗,可调节车内温度,故名。乘坐起来温凉舒适。也称辒车。据《史记》记载,秦始皇死后,就被放在辒辌车中,秘不发丧。基于这种功能,后来也把这种车用作丧车。

【瘟神】 古代民间神话传说中散播瘟疫的鬼神。相传上古帝王颛顼有三个儿子,夭折后变为鬼。其中一个居于江中,就是瘟鬼。古人惧怕瘟疫,通过祀神或施法术等活动祈祷瘟神远离人间。各地习俗不同,或有以土人祀瘟神,或有以酒食祭瘟神。毛泽东曾有《七律二首·送瘟神》,为1958年6月30日余江县消灭血吸虫而作,就是把血吸虫病这种可怕传染疾病比喻为"瘟神"。后也以"瘟神"形容作恶多端或面貌可憎之人。

【文昌】 即"文曲星"。古代对魁星(北斗星上第一颗星,即天枢)上六星的总称。古代星象学认为是大吉的象征,主大贵。多为读书人所崇祀,在民间成为主宰功名、禄位的神。后为道教所承袭,尊崇为神,称之为梓潼帝君。元朝时,梓潼帝君被加封为辅文开化文昌司禄宏仁帝君后称文昌帝君,二者遂合为一。

【文成公主】 (?—680)唐宗室女。贞观十四年(640),被唐太宗赐封为文成公主,次年吐蕃与唐和亲,被嫁给吐蕃赞普松赞干布。入藏时,携带大量金银器皿、丝绢、书籍、佛像以及工匠等。在她的影响下,汉族碾磨、陶器、纸、酒等制作工艺及历算、医药等知识传入吐蕃,推动了吐蕃经济、文化的发展,促进了汉藏两族人民友好关系的发展。松赞干布非常喜欢贤淑多才的文成公主,专门为她修筑了一座宫殿,即布达拉宫。

【文房四宝】 文房,书房。四宝,笔、墨、纸、砚。也称文房四士。笔,指毛笔,因是束毛而成,状如锥,故又称毛锥。墨又称玄香太守、翠饼等。因古代制纸多以楮树为原料,故纸雅称"楮先生"。砚别称润色先生。历史上著名的有湖笔、徽墨、宣纸、端砚。

【文景之治】 汉文帝、汉景帝时社会安定、经济发展的治世局面。汉文帝、汉景帝崇奉道家无为治国的理念,在社会经济衰敝的情况下,采取"与民休息""轻徭薄赋"政策,厉行节俭,少兴事端,使生产逐渐得到恢复,社会稳定,经济发展。

【文澜阁】 清代藏书阁,位于今浙江杭州西湖孤山。清乾隆四十七年(1782),集中华传统文化之大成的大型丛书《四库全书》编纂完成,为保存此部文化工程成果,建立了文渊、文溯、文源、文津"内廷四阁"以及扬州文汇、镇江文宗、杭州文澜"江南三阁"七座藏书楼。文澜阁于公元1784年建成,历经战火,内藏图书也屡次散佚、屡次抄补。直至辛亥革命后,在多位学者的努力下逐步补齐。现属浙江省图书馆。文澜阁主体建筑仿宁波天一阁形式,为木结构六开间两层楼,是典型的江南庭院建筑群,具有皇家建筑均衡对称、庄重严谨的特点。

【文史通义】 史学著作。清代章学诚撰。这部作品开始于清乾隆三十六年(1771),至嘉庆六年(1801)章学诚去世时尚未完稿，前后历时三十年。全书共分为内篇和外篇两部分，内篇五卷，外篇三卷。内容涵盖了史学、文学、哲学、社会学等多个领域。在内篇中，《易教》等十一篇阐述了"六经皆史"的观点，认为六经是古代典章制度的记载，而非圣人有意作为文字传于后世。章学诚还论及史学，批评了当时流行的考据学，提出了自己的独到见解。外篇则主要关注修志条例，探讨了学术源流和文学流变。《文史通义》是一部开风气之先的著作，书中主张借古通今，所论颇多创见，其中"经世致用""六经皆史""史德"等著名论断，影响尤为深远。

【文殊】 梵语音译词"文殊师利"或"曼殊室利"的略称，意思是"妙吉祥""妙德"。佛教大乘菩萨。在我国佛教里，与普贤、地藏、观音合称"四大菩萨"。是释迦牟尼的胁侍。寺院里，文殊菩萨的塑像一般立于佛祖左侧，骑青狮，佛祖右侧骑白象者为普贤菩萨。文殊菩萨专司"智慧"。山西五台山为文殊菩萨应化说法的道场。

【文思院斛】 斛，hú。宋元文思院制造的量器。宋每升约等于今市升$\frac{6}{10}$弱，每斗等于今市升6升弱。南宋灭亡后，文思院斛仍在江南通行。元文思院小口斛与省斛并行，同为法定标准量器。

【文天祥】 （1236—1283）南宋名臣、文学家。字履善，一字宋瑞，号文山，吉州庐陵（今江西吉安）人。理宗宝祐四年（1256）状元及第。历任刑部郎官，知瑞州、赣州等。恭帝德祐元年（1275）元军东下，乃组织义军，保卫宋都临安。次年，任右丞相兼枢密使，出使元营谈判，被扣留北上，至镇江脱险，回温州拥立端宗，力图恢复，转战东南。景炎三年（1278），在五坡岭（今广东海丰北）被俘，拘囚大都（今北京）四年，坚贞不屈，最后被杀。诗文多表现忠义大节和不屈不挠的爱国精神，慷慨激昂，代表作如《过零丁洋》《正气歌》。

【文同】 （1018—1079）北宋画家、诗人。字与可，自号笑笑先生，人称石室先生，梓州永泰（今四川盐亭东）人。元丰初出知湖州，未到任而卒，人称"文湖州"。善诗文书画，尤擅墨竹，画竹叶创深墨为面、淡墨为背之法，学者宗之，称为"湖州竹派"。画作代表是《墨竹图》。诗歌推崇梅尧臣，善写景物，有《丹渊集》。文同画竹注重体验和观察，主张"先得成竹于胸中"，他的这种创作方法衍生出了"胸有成竹"这一成语。

【文献通考】 史学著作。宋元之际马端临撰。该书取材极为广泛，除了各朝正史、历代会要、《资治通鉴》等史书外，还采用了私家著述的史书、传记、笔记等有关典章制度的记载。这些史籍中的记载就是"文"。此外，在叙事中还引用了很多当时臣僚的奏疏和学士名流的议论。这些奏疏、议论就是"献"。马端临阐述自己观点的文字则以按语的形式写在最后，就是"考"。因为作者试图通过这些资料，对各项典章制度进行融会贯通的研究，故取名为《文献通考》。全书348卷。在《通典》的基础上，细分为田赋、钱币、户口、职役等24门，各门再分子目，体例更加细密完备。其中经籍、帝系、封建、象纬、物异5门，是作者的新创。《文献通考》对宋代典章制度的记述尤为详细，约占全书一半以上，可以订正、补充《宋史》诸志的地方很多；对历代制度演变的评论颇多独到见解，是研究宋史的一部重要史籍。该书所开创的典制体新体例，为后人所继承。与唐代杜佑的《通典》、南宋郑樵的《通志》并称为"三通"。

【文心雕龙】 文学理论著作。南朝齐梁时刘勰著。成于齐末。分上、下编，各25篇。上编的《原道》《征圣》《宗经》等5篇带有总论性质，其他20篇着重论述各类文体的特征与历史演变，下编有《神思》《风骨》《通变》《物色》《知音》诸篇，属于文学创作论和文学批评的方法论。最后一篇《序志》，为全书总序。内容涵盖了文学的本质、文学创作的方法、各类文体的特点，以及文学批评的标准等多个方面。全书体大思精，组织严密，系统总结了历代文学创作经验和发展状况，注重文学与时代的关系，强调质先于文，文质并重，抨击了当时片面追求形式的不良文风，对我国古代文论的发展，具有奠基的意义。

【文选】 文学总集名。南朝梁昭明太子萧统编选，世称《昭明文选》。为现存最早的诗文选集。选录自先秦至梁130余位作家的700余篇作品。大致可分为赋、诗、杂文三大类，具体又可细分为38类。又按内容把赋分为京都、郊祀、耕籍等15门，把诗分为补亡、述德、劝励等23门，这样的分类体现了萧统对文体分类及源流的理论观点，反映了文体辨析在当时已经进入了非常细致的阶段。由于萧统本人具有很高的文学造诣，因此编选作品体现出卓越的眼光，许多作家的代表作被选入其中，是研究梁以前文学的重要参考资料。《文选》在后世备受推崇，唐宋时期以诗文取士，《文选》成为当时士子的必读书目，以至于有"《文选》烂，秀才半"的俗语。唐显庆年间李善为之注释，注文搜集资料颇多，为世所重。开元年间，又有吕延济、刘良、张铣、吕向、李周翰五人为之合注，称"五臣注"。宋人合两本为一，称"六臣注"。

【文学】 原指文章博学，为孔门四科之一。后也指文献经典或儒家经籍。又为官名，汉代于州郡及王国置文学，或称"文学掾"，或称"文学史"，为后世教官由来；魏晋以后有"文学从事"之名；唐代于州县置博士，德宗时改称"文学"，宋以后废；隋唐以后太子及诸王下亦置文学，明清废。

【文言】 ①泛指古代非诗歌的书面语体，相对"白话"而言。产生于先秦时期，一直通用到近代。最初建立在口语基础上，经过长时期发展，形成词汇丰富、表述精练的特点。但汉魏以后文言距离口语渐远，不能为多数人掌握，因此直接与口语相联系的书面语——白话与之同时并存。②《十翼》篇名。专释"乾""坤"两卦。其中解释乾卦的卦辞和爻辞通称《乾文言》，解释坤卦的卦辞和爻辞通称《坤文言》。

【文以载道】 载，zài。指文章是用来表达思想感情、说明道理的。道，旧时多指儒家思想。中唐时期，韩愈等古文运动家在前人的基础上提出"文以明道"的观点，主张"文""道"并重。

北宋理学家周敦颐明确提出"文以载道"的观点，认为写文章的目的是宣扬儒家的仁义道德和伦理纲常，服务于政治教化和社会治理，强调文章的道德教化作用。

【文渊阁】 明代宫内藏书阁，也是皇帝讲读研习的场所。清乾隆四十七年（1782）后成为编纂完毕的《四库全书》七大专用藏书楼之一。文渊阁最早由明太祖建于南京奉天门东，明成祖迁都北京之后，又在宫内建造了文渊阁。清代乾隆年间又在旧紫禁城内文华殿后面建造文渊阁，专用于收藏《四库全书》，并设置了相应的管理职能。

【文苑英华】 文学总集名。北宋太宗太平兴国七年（982），李昉、徐铉等奉诏编撰，雍熙四年（987）编成。1000卷，另有目录50卷。太宗诏书中原定编纂此书的原则是"止取菁英"，故定名为《文苑英华》。"宋四大书"之一。收录南朝梁至唐末作家2200余人，诗文近2万篇，入选篇目时限与《文选》相衔接，其中十分之九是唐代作品。入选诗文按体裁分赋、诗、歌行、杂文、中书制诰、翰林制诰等38类，各体之中又按题材内容分为若干门目。因篇幅宏大，在编选上有滥收、阙收等弊病。但是北宋初年，承唐末五代战乱之后，文献大量散佚，书籍难求，《文苑英华》比较充分地利用了北宋初年多方聚集起来的国家藏书，大量收录作品，客观上起到了保存文献的作用，在文献辑佚、校勘和考订方面有很高的价值。《四库全书总目提要》称之为"著作之渊海"。清代编刻的《全唐诗》《全唐文》等

总集都曾从中辑出了大量作品。

【文徵明】 （1470—1559）明代书画家、文学家。初名壁，字徵明，以字行，更字徵仲，号衡山居士，长洲（今江苏苏州）人。曾任翰林院待诏，三年辞归。书画俱佳，书法工行、草书，流利秀劲，温和遒雅。绘画上师从沈周，擅山水、花卉、人物，名重一时，学生甚多，形成"吴派"。与沈周、唐寅、仇英并称"明四家"。又与唐寅、祝允明、徐祯卿并称"吴中四才子"。文徵明自幼酷爱书法，练习非常刻苦。据《书林记事》记载，他曾经临摹《千字文》，以每天写完十本为标准，由此书艺大进。

【文治】 用文教礼乐施政、治理国家。西汉时期，陆贾经常在汉高祖面前称引《诗经》《尚书》等儒家典籍。高祖不喜儒生，骂道："我是靠骑在马上南征北战打得天下，要《诗》《书》何用！"陆贾说："在马上得到天下，岂能也在马上治理天下！"随后陆贾援引先圣商汤和周武用武力征服天下，治理天下时辅以文治，文治与武功并用，说明这才是使国家长治久安的好办法。

【纹银】 我国旧时的一种标准银。始于明代。表面有皱纹，形似马蹄，故称纹银或马蹄银。

【闻鸡起舞】 出自《晋书·祖逖传》。祖逖年轻时即胸有大志，以为国效力为己任。他与好友刘琨半夜听闻鸡鸣，就起床穿衣，拔剑习武，后以"闻鸡起舞"形容心怀天下者奋发自励。

【问鼎】 春秋时期，西周王室衰微，南方的楚国逐渐强大。楚庄王曾向周王朝炫耀武力，并向周王派来的特使王

W

孙满询问周朝传国之宝九鼎的大小轻重。九鼎是象征王权的礼器，楚庄王此举透露出夺取周天下的意图。王孙满说："统治天下在于道德，不在于鼎。如果天子的德行美善、光明，鼎虽小，分量也是重的。如果天子奸邪昏乱，鼎虽然大，分量也是轻的。今日周朝的德行虽衰减，可天命还没有变更。九鼎的轻重，是不能问的。"楚庄王自知还没有夺取周王朝天下的实力，于是带兵回国。历代"问鼎"指图谋夺取政权。今指在比赛中夺冠。

【翁】①父亲。楚汉相争时，项羽俘虏了刘邦父亲，以其要挟刘邦，刘邦却说："吾翁即若翁，必欲烹而翁，则幸分我一杯羹。"②祖父。一说，鸟头上的毛叫翁，翁是鸟全身之最上。祖是一家之最尊。称祖为翁者，是取其"尊上"之意。③对年长者的尊称，也泛称年老的男子。明嘉靖以后，"翁"渐成为对人的敬称。

【瓮城】古代城市的主要防御设施之一，为加强城堡或关隘的防守能力而建于城门外部的围城。也称月城。一般为圆形或方形，圆者似瓮，称瓮城，方者一般称为方城。瓮城多建在陆地上，但根据城门所处的位置和条件也可筑于水中。当敌人攻入瓮城时，如将主城门和瓮城门关闭，守军即可对陷于两城门之间的敌人形成瓮中捉鳖之势予以歼灭。据《元史》记载，为加强防守，元顺帝曾诏令，京师十一门，皆筑瓮城，造吊桥。特别值得一提的是，中国现存的南京明城墙，一反历史上主城外设瓮城的惯例，将瓮城设于城门内，在城体上创造性地设置了"瓮洞"（即藏兵洞），进一步

增强了城门的防御能力。

【倭堕髻】古代妇女常用的一种偏垂在一边的发髻。古乐府《陌上桑》中即有"头上倭堕髻，耳中明月珠"之句，用来描述罗敷扮之美丽得体。相传倭堕髻由早期"堕马髻"演变而来，唐宋以来一直流行不衰。

【蜗角之争】出自《庄子》。蜗牛本就很小，其角更小。左、右触角常为争夺地盘斗个你死我活，蜗牛自身亦深受伤害。庄子在此以小喻大，告诫人们，从广阔无垠的宇宙空间来看，人类是非常渺小的。应当珍惜自身的生存空间，互助互爱、和平共处地生活，杜绝私欲和贪婪，消除战争的伤害，共同追求太平世界的理想境界。今用以喻因细小的事情或蝇头小利引起争斗。简称"蜗争"。

【卧薪尝胆】出自《史记·越王勾践世家》。春秋时，吴国灭越，越王勾践被俘。为复仇复国，勾践夜宿草堆，昼尝苦胆，以激励自己不忘国耻，光复越国。经数年的精心谋划和国力的积累，勾践终于如愿以偿打败了吴国，一雪前耻。后人常用"卧薪尝胆"指不忘初心、坚持理想、刻苦自励的精神。

【幄】四周围起来，形同房间的帐幕。皇家或达官贵人外出游玩或狩猎时，供休息娱乐或祀神之用。天子出游时张幕为殿，称作幄殿。也指军中大帐，进行军事活动的谋划决策之处。

【斡脱】蒙古及元朝商人尤其是高利贷官商之称。突厥语和蒙古语"合伙人"的音译，后泛指商人。元朝多指经营高利贷等的官商，多色目人。元代斡脱是一种商业组织形式，也是一种社

会阶层。

【乌桓】 桓，huán。古族名。东胡的一支。秦末东胡为匈奴所破，其中一部徙居乌桓山（今内蒙古阿鲁科尔沁旗以北）并逐渐发展壮大，因所居之地得名。汉武帝时迁其于上谷、渔阳、右北平、辽东、辽西郡边塞，置护乌桓校尉监管。东汉末年，一部分归附曹操，其余附于鲜卑等族。

【乌江】 在安徽和县东北，秦代在此设置了乌江亭（行政区域）。公元前202年，楚汉在垓下决战。项羽军队被刘邦及部将重重围困。项羽率轻骑突围至乌江岸边，自叹无颜面对江东父老，不肯过江，卸甲与汉兵搏战，身被数十创，自刎身亡。后乌江浦建有楚霸王祠墓。

【乌兰布通之战】 公元1690年，清军在乌兰布通（今内蒙古克什克腾旗南）击败准噶尔汗国之军的战役。厄鲁特蒙古的准噶尔部自从噶尔丹称"汗"以后，兼并厄鲁特四部，吞并天山南路，又依靠沙俄支持，进攻喀尔喀部。康熙二十九年（1690）噶尔丹以追击喀尔喀为名，举兵南犯，深入内蒙古乌珠穆沁一带。清政府命裕亲王福全等率军反击，在乌兰布通与噶尔丹激战，噶尔丹大败逃走。此后，清政府又两度出兵平叛，噶尔丹自杀。

【乌蛮】 古族名。唐代分布于今云南、川南、黔西等地。是西南地区蛮族中的统治族群（被统治者称为白蛮），部落、族属众多。源于东晋以来的"爨人"，在由此分化的"东爨"和"西爨"中，东爨地位较高，是族群的主体。据史籍记载，乌蛮人男性结发髻，女性散发，见人无跪拜等礼节习惯，信鬼巫，大小部落皆有鬼主。不善纺织，人们以牛羊皮毛裹身，以畜牧业和农业结合为生。唐以来曾建立南诏国，接受唐王朝册封。元明以后，递变为"黑彝""黑倮倮"。

【乌纱帽】 古代帽名。因以乌纱为材质，故名。也称乌帽、乌纱。东晋成帝时宫官始着乌纱帢，南朝宋刘休仁首创乌纱帽，后形制有所变化。隋唐、宋元之时，帝王大臣、贵胄士庶多以为便帽。明代另有从幞头演化而成的官帽，也称乌纱帽，其前有半圆的顶，后脑部分有后山高起，两旁有展角。明制，凡文武官常服，致仕及侍亲辞闲官、状元及诸进士、内外官亲属、内使监皆用此帽。清代废止，改以红缨帽为官帽。后渐成为官职的代称。

【乌孙】 古族名。汉代以来，活跃于天山北麓一带，后因大月氏侵扰，西迁至伊犁河和伊塞克湖一带，建立政权，定都赤谷城。以游牧、狩猎为生，善养马。汉武帝抗击匈奴，与之建立联系，先后将宗室女解忧公主和细君公主嫁给乌孙王。后属西域都护。北魏时期，乌孙被柔然击破，迁往葱岭，之后逐渐衰落，与邻族融合。

【乌由】 元朝官府发给土地所有者的凭证。

【巫蛊之祸】 西汉时期汉武帝在位后期发生的一次重大政治事件。当时以为用巫术诅咒及将木偶人埋地下能害人，称为"巫蛊"。武帝晚年多病多疑，太子刘据地位不稳。公元前92年，武帝命宠臣江充查办宫内外部分显贵的巫蛊案件，江充诬陷刘据以巫术谋害武帝，刘据恐慌起兵，诛江充，被武帝下令镇压，皇后卫子夫等与刘据相继自杀。壶关三老和田千秋等人上书讼太子冤，清醒过来的武帝夷江充三族，诛杀诸诬陷者及镇压刘据的丞相刘屈氂等人。这一事件牵连甚广，反映了武帝后期政局的动荡，为后来的统治埋下隐患。

【巫山】 山名，位于重庆、湖北边境，北与大巴山相连，因山势曲折绵延，如一"巫"字，故名巫山。长江从其峡谷穿过，是沟通渝、鄂的重要水路通道。巫山共有十二峰，以神女峰最奇秀。相传楚怀王与巫山神女幽会于此，后人遂以"巫山云雨"代称男女幽会。

【巫山神女】 神话传说中炎帝的女儿，一说是天帝的女儿。名为瑶姬，未曾出嫁即亡故，葬于巫山之阳。相传战国时期楚怀王游高唐，梦中与巫山神女相会。后宋玉陪同楚襄王游云梦台馆，望高唐宫观，作《高唐赋》《神女赋》陈述这段旧事。《高唐赋》中有"妾在巫山之阳，高丘之阻。旦为朝云，暮为行雨。朝朝暮暮，阳台之下"。后人常把巫山神女比喻世间美女，也成为男女欢好的典故。

【无常】 "常"是永久、常住之意。佛教认为，世间万物都在迁流不息，生起、变异、坏变都无常住性，故称"无常"。后把人死时勾摄魂魄的鬼也称为无常。

【无神论】 对一切鬼神迷信和宗教信仰持否定态度的学说。商周之际就已产生"无神论"思想，战国的荀子、东汉的王充、南朝的范缜等都以朴素的唯物主义观点反对鬼神迷信和灵魂不灭的观念。王充认为，人去世后精气就不存在了。范缜认为，人的肉身存在则灵魂存在，肉身消亡则灵魂也随之消亡。

【无题诗】 诗歌的一种。诗人作诗别有寄托，不愿标明题目，故意用"无题"名篇，故称"无题诗"。或以诗的起首两字名篇，篇名不能概括全诗内容者，也属"无题"一类。唐代李商隐集中此类诗较多，代表作有《无题》《锦瑟》等。

【无为】 语出《老子》。老子认为宇宙万物的本原是"道"，"道"是"无为"而顺其"自然"，人也应效法"道"，顺应自然（客观规律），不任意妄为。"无为"不是不作为，而是不刻意为之，不违背自然规律去做事。

【无违】 语出《论语》。不要违背礼法、天道。鲁国大夫孟懿子请教孔子什么是孝道，孔子说："不要违背礼。"即父母活着时，按照礼侍奉他们；父母去世后，按照礼安葬他们、祭祀他们。

【吴承恩】 （约1500—约1582）明代文学家。字汝忠，号射阳山人，山阳（今江苏淮安）人。《淮安府志》记载，其"性敏而多慧，博极群书，为诗文下笔立成，清雅流丽，有秦少游之风。复善谐谑，所著杂记几种，名震一时"。晚年绝意仕进，专心著述。后世多以其为长篇小说《西游记》作者，但也有学者表示怀疑。明代黄虞稷《千顷堂书目》卷八"地理类"即著录了吴承恩所撰《西游记》，因此有学者据此认为吴承恩撰写的《西游记》可能是一部地理或游记类著作，而非今天广为流传的神怪小说《西游记》。

【吴道子】 唐代画家。阳翟（今河南禹州）人。少时孤贫，习绘画，玄宗闻其艺，召入宫禁，授以内教博士，改名道玄，专在宫廷作画。擅画佛道人物，笔迹磊落，势状雄峻，生动立体。曾在长安、洛阳寺观作佛道宗教壁画三百余间，情状各不相同。用状如兰叶或莼菜条的笔法来表现衣褶，有飘举之势，人称"吴带当风"，用焦墨勾线，略加淡彩设色，又称"吴装"。今存《送子天王图》，为宋摹本。

【吴广】（？—前208）字叔，秦阳夏（今河南太康）人。与陈胜同为秦末农民起义领袖。秦二世元年（前209）七月，于大泽乡（今安徽宿州东南）发动起义，提出"大楚兴，陈胜王"的口号，陈胜自立为将军，以吴广为都尉，用已被赐死的秦始皇长子扶苏和楚将项燕的名义号召群众反秦。起义军建立张楚政权，他任假王，率诸将西征，围荥阳，久攻不克。后为部将田臧假借陈胜命令所杀。

【吴国】周朝分封于长江下游一带的姬姓诸侯国。也称勾吴、攻吴。始祖为周人先公古公亶父长子太伯和次子仲雍。有今江苏、上海大部分和安徽、浙江的一部分。周武王封其后裔周章为吴君，建都蕃离（也作"梅里"，今江苏无锡梅村）。公元前585年，寿梦称王，其子诸樊迁都于吴（今江苏苏州）。春秋后期，国力始强。前506年吴王阖闾一度攻破楚国。其子夫差又战胜越国，迫使越王勾践屈服求和，并北上与晋争霸。前473年为越所灭。

【吴敬梓】（1701—1754）清代小说家。字敏轩，号粒民，晚号文木老人、秦淮寓客，安徽全椒人。早年轻财好施，又不善于治生理家，数年间便将父祖所遗家产挥霍殆尽，后移居江宁（今江苏南京）。乾隆初荐举博学鸿词，因病未赴。到江宁后他生活穷困，为与朋友集资修复雨花台先贤祠，变卖老宅。之后处境更加困窘，或卖书换米，或典衣易薪，靠亲友接济生活，最后穷困以终。工诗词、散文，所著《儒林外史》是中国古典讽刺小说的杰作。

【吴起】（约前440—前381）兵家。战国时卫国左氏（今山东菏泽定陶区西）人。善用兵，初任鲁将，继任魏将，屡建战功。魏文侯死，遭陷害，逃往楚国。辅佐楚悼王变法，加强中央集权，裁减冗员，整顿机构，使楚国逐渐富强。楚悼王死，吴起被旧贵族杀害，变法失败。后世把他与孙子连称"孙吴"。《吴子》与《孙子》又合称《孙吴兵法》，在中国古代军事典籍中占有重要地位。据传，吴起在鲁国时，齐国发兵入侵鲁国，鲁国贵族季孙氏极力举荐吴起为主将，率军反击，但是鲁穆公考虑到吴起的妻子是齐国人，有些犹豫。吴起为了成就功名，就举剑杀了妻子，以消除鲁穆公对自己的顾虑，表示自己为鲁国尽忠的决心。

【吴起变法】公元前386—前381年，楚悼王任用吴起对楚国政治、法律、军事等实行的一系列改革。旨在增强国力、抑制世袭贵族权势、选贤任能、提高官员行政效率。楚国由是日强，南攻百越，北并陈蔡，威震秦晋。变法遭到楚国旧贵族的强烈反对，吴起被射杀，变法以失败告终。

【吴伟业】（1609—1672）明末清初诗人。字骏公，号梅村、鹿樵生，太仓（今属江苏）人。明崇祯进士。入清后，官至国子祭酒。工诗文，精书画，善词曲。早期诗作风华绮丽，经乱离后多激楚苍凉之音。受唐"长庆体"影响，以七言歌行表现个人在历史变迁中的命运，最为世人称道，号为"梅村体"。《圆圆曲》为其代表作。明亡后，吴伟业辞官归里，绝意仕进。后来清廷征召，吴伟业的好友侯方域立即写了封长信给他，极力劝阻他前往就职。吴伟业在给侯方域的回信中，明确表态自己不会事清。后来清廷用各种办法逼迫吴伟业就范，万般无奈之下，他只得前去赴任。吴伟业在清廷任职四年，而后找各种理由终于辞职回乡，但这段经历成了他一生最大的耻辱，常引以为恨。临终命家人敛以僧服，叮嘱墓前树"诗人吴梅村之墓"足矣。

【吴文英】　（约 1212—约 1272）南宋词人。字君特，号梦窗、觉翁，四明（今浙江宁波）人。终身不仕，以布衣身份出于王侯贵族门下，担任幕僚。生平工词，知音律，能自度曲。其词注重修辞、协律，喜用典故，风格丽密，意旨晦涩。张炎《词源》评价其词"如七宝楼台，眩人眼目，碎拆下来，不成片段"。与周密（号草窗）并称"二窗"。清后期词论家周济编《宋四家词选》，以吴文英与周邦彦、辛弃疾、王沂孙为两宋词人领袖，评价甚高。有《梦窗词》。

【吴越】　五代时十国之一。公元 893 年钱镠为唐镇海节度使，后据有今浙江全部及江苏的一部分，907 年被后梁封为吴越王，自称吴越国王，建都西府（今浙江杭州）。唐末至五代俱尊奉中原王朝，978 年降于北宋。共历 5 主，72 年。

【吴越春秋】　史书。东汉赵晔撰。原书 12 卷，今本 10 卷，记载春秋时吴、越二国史事。其中吴国自太伯以至夫差，越国自无余以至勾践，其中尤重吴越争霸的记叙。由于作者生于东汉时期，其撰著主要依据前人史书和有关的历史传说，在叙述过程中并不拘泥于记载真实的史事，而是在历史真实的基础上，吸收传说中的故事，并加上自己的想象，进行夸张、渲染。这样不仅记载了历史上发生的重大事件，还补充了许多生动有趣的细节，塑造了一系列富有个性的人物形象，如吴王夫差、越王勾践、范蠡等。

【吴中四杰】　元末明初诗人高启、杨基、张羽、徐贲四人的合称，因他们都是吴中（今江苏苏州）人或长期居于吴中，故称。他们都由元入明，诗多怀旧感时之作，抒发故国之思和遗民之痛。

【梧桐雨】　杂剧剧本。元代白朴作。全名《唐明皇秋夜梧桐雨》，元杂剧四大悲剧之一。作品取材于唐人陈鸿所作传奇小说《长恨歌传》，剧名取自白居易《长恨歌》"秋雨梧桐叶落时"诗句。写唐明皇李隆基与杨贵妃的故事。唐明皇因宠爱杨贵妃，导致朝政荒废。安禄山等趁机作乱，明皇仓皇出走，行至马嵬坡，将士逼迫明皇缢死杨贵妃。后返回长安，明皇思念贵妃成梦，却被雨打梧桐之声惊醒，追思往事，倍添惆怅。全剧以李、杨爱情为主线，反映了安史之乱这一重大历史事件及唐王朝由盛至衰的过程。对清人洪昇的传奇戏曲《长生殿》有直接影响。

【五菜】　五种蔬菜。古时特指葵、韭、

藿、薤、葱五种蔬菜。《黄帝内经》指出"五菜为充",表明五菜被用作膳食的一部分。这五种蔬菜各自代表了不同的口味,即甘、酸、咸、苦、辛。这种分类不仅反映了古人对食物性味的理解,也体现了他们追求饮食平衡的智慧。

【五代十国】 简称五代。时代名。这一时期由《新五代史》命名。五代指从朱温灭唐建后梁起,中原地区相继出现了定都于开封和洛阳的后梁、后唐、后晋、后汉、后周五个朝代,时间为公元907—960年。十国指割据于西蜀、江南、岭南和河东等地的前蜀、后蜀、吴、南唐、吴越、闽、楚、南汉、南平(荆南)、北汉十国,时间为公元902—979年。至赵匡胤代后周建立宋朝并于979年灭北汉止,史称"五代十国"。

【五等丁产簿】 宋代主户依产分等的户籍。这种制度把户等按照税钱或家业钱的多少划分为五等。内容包括乡村主户的丁口、产业和户等,每逢闰年,由各县编订、保管,为按等征科赋役的依据。

【五帝】 ①上古三皇至夏朝建立前,五位上古帝王,说法各异,一般认为即黄帝、颛顼、帝喾、尧和舜。此为战国时期对新石器时代后期的一种推断。②指上古神话中的五位天帝,为道教所崇奉,分别是:东方青帝灵威仰、南方赤帝赤熛怒、中央黄帝含枢纽、西方白帝白招拒、北方黑帝汁光纪。

【五毒】 指蝎子、蜈蚣、蛇、蟾蜍、壁虎五种毒虫。民谣说:端午节,天气热,五毒醒,不安宁。因此民间挂五毒图于门窗,并在儿童手臂或身上佩戴五毒形象的饰物,意在禳避病害,以求平安。

【五服】 古时根据生者和死者亲属关系的亲疏远近,来确定丧服的重量和颜色。将丧服分为斩衰、齐衰、大功、小功、缌麻五个等级,称"五服"。亲近者穿最重的丧服,疏远者穿轻的丧服。另有相配的帽子、腰带、屦、杖之类,用来辨别人们的亲疏远近和服丧的时间、约束其服丧期间的容止。西周始定这种丧服制度,此后历代有所变化。后"五服"演变为主要指家族亲属关系,指从高祖一辈算起,到第五代。

【五更】 更,gēng。古人以夜半即子时为中心,把夜晚分为五段,每段为一更,每更约为现在的两个小时。子时是三更,约是晚上十一时。今常说"半夜三更"即指夜半子时。子时前后各有两更,共"五更"。因古人用鼓打更报时,一更就打一鼓,依次递推,故也称五鼓。

【五贡】 清代科举制度中恩贡、拔贡、副贡、岁贡和优贡的总称。这五类贡生都属正途出身资格。五贡就职,由学政会同巡抚验看,咨部依科分名次、依年分先后,恩、拔、副贡以教谕选用,岁贡以训导选用,优贡经朝考合格后任用。

【五国相王】 战国中期五个主要诸侯国互相承认对方君主王位的事件。公元前323年,魏将公孙衍先后联合赵、魏、韩、燕、中山五国相尊称王。魏国欲联合五国力量来对抗秦、齐、楚三大国。赵国自认为没有王爵实力,没有称王。这一事件标志着周天子权威的彻底消失。

【五胡十六国】 西晋末年,胡、汉酋豪

纷纷割据自立的局面。自公元304年李雄在蜀建立成汉始,至439年北魏太武帝统一北方告终,历135年。"五胡"指竞相自立的匈奴、鲜卑、羯、氐、羌等内徙胡人(少数民族)。"十六国"因北魏崔鸿撰《十六国春秋》得名。十六国分别为:五凉(前、后、南、西、北),二赵(前、后),三秦(前、后、西),四燕(前、后、南、北),夏,成汉。其中前凉、西凉、北燕为汉人政权,除成汉外皆在北方。另有拓跋代、冉魏、西燕、后蜀一般不包括在内。

【五湖】 最早出现于《周礼》:"东南曰扬州,⋯⋯其川三江,其浸五湖。"但说法并不统一。据《国语》和《史记》,五湖是太湖的别名。唐代王勃《滕王阁序》"襟三江而带五湖"即此。据《水经注》和《后汉书》,五湖泛指太湖流域一带所有的湖泊,或是长荡湖、太湖、射湖、贵湖、滆湖,或是滆湖、洮湖、太湖、射湖、贵湖。也有观点认为,五湖是并不集中于一地的五个大湖的总称,如彭蠡、洞庭、巢湖、震泽、鉴湖;一说是洞庭、震泽、青草、云梦、巴丘等。近代以来一般以鄱阳、洞庭、太湖、巢湖、洪泽为"五湖"。

【五荤】 五种有刺激味的蔬菜。即"五辛"。佛家以大蒜、小蒜、兴渠、慈葱、茖葱为五荤。道家以韭、薤、蒜、芸薹、胡荽为五荤。魏晋以来,民间有元旦日食五辛盘的民俗。意在驱除不祥之气,迎接新春的到来。五荤还与古代的宗教修行有关。在佛教和道教中,认为这五种蔬菜为不净之物,食之不利于修行和内观。

【五京乡丁】 辽代由五京所属州县民户丁壮充当的兵丁。直属宫帐的契丹本户不在其内。通常只作为辅助力量,负责一些非战斗性的工作。

【五经】 五部儒家经典。即《诗》《书》《礼》《易》《春秋》。相传孔子为了教育学生,对古代保存下来的文献做了选编、修订工作。晚年又把鲁国史《春秋》做了删订,并把《周易》加以整理和阐述。这样就编定了《诗》《书》《礼》《易》《乐》《春秋》六种教材。经秦代禁书,遗失了《乐》,流传下来的只有《诗》《书》《礼》《易》《春秋》五种。"五经"始称于汉武帝时。汉武帝罢黜百家,独尊儒术,"五经"立于学官,取得了统治思想的最高地位。

【五经博士】 官名。教授五经《诗》《书》《礼》《易》《春秋》的学官。汉武帝始置,传授儒家经典。元朔五年(前124)为五经博士置弟子员,博士职责由备顾问变为传经授徒,也标志着太学诞生。后世历代官学皆设经学博士,或沿称,或称国子博士、太学博士、四门博士等。另明正德五年(1510),授孔子的后裔为翰林院世袭五经博士。

【五军都督府】 明初最高军事统帅机构。明太祖初设大都督府,洪武十三年(1380)废之,改设中、左、右、前、后五军都督府,各置左右都督、同知、佥事,分掌部分京卫与各地都司、卫、所之兵,及其军官管理、屯田、训练等事,其调遣、装备及选将出征,则由兵部协助皇帝掌控。永乐间在北京设行在五军都督府,后除"行在"二字。在南京的五军都督府加"南京"

5

二字，分掌南京卫所。各府长官为左右都督。

【五均六管】管，由国家经营管理。公元10年王莽推行的工商、山泽管理和专营制度。五均为古官名，主均平市。王莽在首都长安及洛阳、邯郸、临淄、宛（今河南南阳）、成都等地设五均官，管理物价和税收。六管为酒、盐、铁、铸钱由政府垄断经营，又对名山大泽之物由政府课税。此制旨在抑制豪民富商，增加财政收入，但也聚敛扰民，加重了统治危机。

【五魁】魁，kuí，第一名。科举乡试的前五名。明代科举分五经取士，每经所取第一名为"经魁"，乡试每科前五名必五经中各中一名，列为前五名，故称五经魁首、五经魁或五魁。清代习惯上也沿称前五名为五经魁或五魁，因乡试第一、二名分别称解元、亚元，故也称第三至五名为经魁。后五经取士制度废除，但乡试中仍习惯把前五名称为五魁。

【五礼】古代国家五种礼仪制度。即吉礼、凶礼、宾礼、军礼、嘉礼。大约在西周时期定制。

【五岭】古代说法不一，多指大庾岭、越城岭、骑田岭、萌渚岭、都庞岭。这五岭是南岭山脉的主体，位于江西、湖南、广东、广西各省、自治区之间。

【五伦】伦，辈分、次序、关系。中国古代指父子、君臣、夫妇、兄弟、朋友五种伦理关系。也称五常。孟子认为，父子有亲，君臣有义，夫妇有别，长幼有叙，朋友有信。这是处理人与人之间关系的道德准则。

【五冕】冕服中的衮冕、鷩冕、毳冕、希冕、玄冕。除六冕之中的"大裘冕"外，衮冕以下的冕制大致相同。大裘冕的质地形制和使用的场合特殊，衮冕以下方为常制。魏晋以来受其影响，虽有六冕之制，但常用的只有衮冕以下五等，后世相沿为称。

【五禽戏】相传为汉末名医华佗首创的一种健身术。模仿五种禽兽，即虎、鹿、熊、猿、鸟的动作和姿态进行的肢体活动，可增强体质、防治疾病。也作"五禽嬉"。

【五体投地】初为佛教礼节，即行礼时，双膝、双手和头触地，以表达佛教徒最虔诚的敬意。后用来形容极致的虔诚和佩服。

【五投下】元朝诸王、驸马、勋臣所辖的人户，构成一种特殊的行政单位，称投下。成吉思汗时漠南东部有忙兀、兀鲁兀、札剌亦儿、弘吉剌、亦乞列思五大投下，在此基础上组成的军队称五投下军，是蒙古探马赤军的重要来源。蒙古伐金战争中，五投下发挥了重要作用。

【五溪蛮】指东汉以来分布于武陵山谷地带的族群。也称武陵蛮。武陵位于今湘西及黔、渝、鄂三省市交界之处，西汉王朝曾在此设置武陵郡。有雄、樠、沅、酉、辰溪五条溪流从此郡经过，故生活在这里的族群被称为五溪蛮。相传其为槃瓠之裔，支脉繁多，三国时期，曾介入吴蜀之争。

【五辛盘】在盘中盛上五种带有辛辣味的蔬菜，作为凉菜食用。古人认为可以发五藏之气。另外，"辛"与"新"谐音，又取迎新之意。魏晋以后，元旦日有食五辛盘的风俗。

【五星】先秦时期，太白、岁星、辰星、荧惑、填星（镇星）五颗行星的合称。

W

也称五纬、五曜。秦汉以后，因"五行说"普及，又被称为金星、木星、水星、火星和土星。古时迷信，五星被星占学家所重视。五星的运行变化，被视为辨识吉凶休咎的依据。

【五刑】 古代五种轻重不同的刑罚的合称。五刑的内容，历代有所变化。商周时期，指墨、劓、剕、宫、大辟。汉代，指黥、劓、斩趾、断舌、枭首。汉代以后，肉刑渐被废除。隋唐时期，定笞、杖、徒、流、死为五刑。明清两代，相承沿用。

【五行】 行，xíng。指金、木、水、火、土五种物质。古人认为万物由这五种物质构成，用来解释世间万物的起源和多样性的统一。春秋时已出现"五行"思想，对天文、历法、医学等科学的发展产生影响。战国时出现五行"相生相克"的说法，"相生"指相互促进，如"木生火、火生土、土生金、金生水、水生木"等。"相克"指互相排斥，如"水克火、火克金、金克木、木克土、土克水"等。五行学说含有朴素唯物主义和辩证法因素。

【五言诗】 诗体名。每句五字的诗，包括五言古诗、五言律诗、五言绝句、五言排律。起于汉代，魏晋以后，历南北朝隋唐，大为发展，为古典诗歌主要形式之一。五言古诗，一种不受严格格律限制的诗歌形式，篇幅长短不限，语言质朴自然，代表作有《饮酒》《归园田居》《玉阶怨》等。五言律诗是一种格律严谨的诗歌形式，要求诗句字数相等，平仄相对，韵脚符合规定。五言律诗通常为八句，每两句组成一联，语言优美，代表作有《春日忆李白》《月夜》等。五言绝

句，特点是四句成篇，语言简洁明了，节奏明快有力，意境深远，代表作有《登鹳雀楼》《春晓》《静夜思》等。五言排律是五言律诗的延伸形式，是一种格律更为自由、注重整体结构和意境和谐统一的诗歌形式。其特点是篇幅较长，表现手法多样，具有叙事性和抒情性。代表作有《奉使道中五言长韵》等。

【五音】 ①中国古乐五声音阶的五个阶名：宫、商、角、徵、羽。从宫到羽，按照音的高低排列起来，形成一个五声音阶，宫、商、角、徵、羽是五声音阶上的五个音级。也称五声、五声。始于商周，常与五行比附。后世用于雅乐正声的古音阶、用于清乐的新音阶和用于燕乐的清商音阶，都是在五音基础上插入两个变音而形成的七声音阶。②音韵学名词。指按声母的发音部位所分的五种声类，即喉音、舌音、齿音、唇音、牙音。其名最初见于《玉篇》所附的《五音声论》。宋元等韵学家在此基础上，又增半舌音、半齿音两类，以成七音。

【五岳】 中国古代享有最尊贵地位，并被封建王朝列为祭祀对象的五座名山。先秦古籍中只称四岳，并无中岳，直到《周礼》中才见五岳之名。具体所指也因时代不同而有一定区别。西汉时期，定东岳泰山、西岳华山、中岳嵩山、南岳霍山（在今安徽潜山）、北岳恒山（在今河北曲阳）为五岳，按既定规格岁时祭祀。隋代改湖南的衡山为南岳，明代正式以山西浑源恒山为北岳，清顺治十七年（1660）在此举行岳祭。古代帝王以五岳为群神所居，予以封禅。秦始皇、汉武帝、唐

玄宗、宋真宗等都曾赴泰山封禅。

【五铢钱】 古铜币。钱重五铢,上有"五铢"二字,故名。最初铸于汉武帝元狩五年(前118),东汉、蜀汉、魏、晋、南朝齐、梁、陈、北魏和隋都有铸造,重量形制大小不一。唐武德四年(621)废止。但旧五铢继续在民间流通。是中国历史上数量最多、流通最久的钱币之一。

【五宗】 根据宗法制度,一般有两说。一说,继承始祖的后人称"大宗",继承高祖、曾祖、祖、父的后人称"小宗"。大宗有一,小宗有四,合起来称"五宗"。一说,指五服内的亲人。

【武昌民变】 公元1601年,武昌市民反抗明廷所遣税监陈奉横征暴敛的事件。陈奉被派到湖广地区兼理矿税,他僭称"千岁",胁迫官吏,纵容随从人员劫掠行旅、坑害商贾,甚至闯入民家奸淫妇女。他还对武昌城百般搜刮、劫掠,暴行引起广大市民的强烈反抗。由于朝廷庇护贪墨残暴的税监陈奉,抓捕了武昌道佥事冯应京,进一步激发了民变的发生。

【武当山】 道教名山,也是风景名胜。位于湖北西北部,相传为道教真武神得道飞升之地。山上有唐代以来所建的三十多座宫观建筑群,蔚为壮观,其主峰顶的金殿(俗称金顶)是中国现存最早的铜铸木结构建筑。武当山道教文化历史悠久,汉代就有道教人士在此修炼,经历代传承发展,逐步成为中原道教活动的圣地。相传东汉的阴长生、五代宋的陈抟、明代的张三丰都曾在此修炼。武当山还是武当派武术的发源地。

【武侯祠】 始建于蜀汉章武元年(221),原是纪念三国蜀汉丞相武乡侯诸葛亮的专祠,明代初年,与刘备的昭烈庙合并。位于今四川成都。今之武侯祠为康熙十一年(1672)重建,由汉昭烈庙、武侯祠、惠陵(刘备墓)、三义庙四部分组成。祠庙中《蜀丞相诸葛武侯祠堂碑》,文章、书法、镌刻都极为精湛,世称"三绝碑"。

【武经七书】 宋神宗时期根据兴武备、建武学、选武举的需要,由官方组织编撰的军事教科书。共收录了七部古代重要兵书,即《孙子》《吴子》《司马法》《六韬》《尉缭子》《三略》《李卫公问对》。也称《武学七书》,简称《七书》。元丰三年(1080),宋神宗下诏朱服等校定并雕版刊行。

【武科】 科举时代专为选拔武官而设的考试科目。武则天长安二年(702)设武举,为武科之始。宋有武举、武选,先阅骑射,而以策为去留,弓为高下。至明代中期设武乡试、武会试。崇祯四年(1631)始举行武科殿试。清代沿袭。武会试以兵部主之,乡试以督抚主之,武科试以学政主之,均分内外场,外场中试始得入内场。外场考试科目为马箭、步箭、弓、刀、石,内场考默写武经。其院试、乡试、会试、殿试及童生、生员、举人、进士、状元等名目均与文科举同,但加武字以别之。光绪二十七年(1901)废。

【武林旧事】 笔记。南宋周密撰。十卷。为作者入元后追忆南宋都城临安(别称"武林",今浙江杭州)旧事而作,寄寓了作者追念故国的思想感情。仿孟元老《东京梦华录》体例,记叙南宋都城临安朝廷典礼、山川景物、民情风俗，以至市肆节物、教坊乐部。其中对民间说唱艺人、乐工姓名和杂剧名目等的记载颇详，是研究古代戏曲的珍贵史料。

【武童生】明清时应武科生员之试者。也省称"武童"。

【武威汉墓】西汉晚期至东汉墓葬群。位于甘肃武威磨嘴子、旱滩坡、滕家庄、管家坡、雷台等地。20 世纪 50 年代以来甘肃省博物馆等陆续进行发掘清理。出土器物主要有陶器、木动物俑、木简以及漆器与丝织品等。其中重要的发现有：磨嘴子 6 号墓中的西汉晚期抄本《仪礼》木简、磨嘴子汉墓中的王杖诏令十简、磨嘴子 22 号墓中的针黼箧等织锦品、旱滩坡东汉墓中出土的有字麻纸、旱滩坡东汉早期墓中出土的医药木简等。

【武则天】（624—705）唐高宗皇后，武周皇帝。名曌，并州文水（今山西文水县东）人。初为唐太宗才人，高宗时为皇后，参与朝政，尊号为天后，与高宗李治并称二圣。公元 690 年自称神圣皇帝，改国号为"周"，史称"武周"。当政期间，创新选官制度，开创自举、试官、殿试、武举等，重用狄仁杰、姚崇、宋璟等，劝农桑，薄赋税，开创了武周之治。但用酷吏、兴大狱，后期豪奢、专断，弊政渐多。705 年病重，宰相张柬之发动兵变，迫其退位。不久病逝，与高宗合葬乾陵，留无字碑。玄宗时谥为"则天皇后"。

【武周】中国历史上唯一的女皇帝武则天建立的朝代。公元 690 年武则天废其子唐睿宗，自称帝，改国号为"周"。为区别于先秦时期的周朝，史称"武周"。705 年，神龙政变后武则天退位，其子中宗复位，恢复国号为"唐"。

【舞龙运动】我国传统民间游艺活动。一般用布或绸做成形状像龙的外壳，由舞者各持棍支起一节，在领舞者的指挥下翻腾起舞，做出龙蜿蜒游动和飞舞的情态，有的前面还有一人举着一颗龙珠。有舞布龙、火龙等多种龙活动。俗称耍龙灯。西汉初年已有舞龙作嬉活动，世代相传，多在节日、庆典时举行。

【舞狮运动】我国传统民间游艺活动。自汉代佛教传入我国后兴起，隋唐时加锣鼓伴奏，世代相传，多在节日、庆典时举行。古代舞狮分文舞和武舞两种。今有南狮和北狮之分。有单人舞、双人舞和多人多狮舞多种。舞狮一般重于技巧，动作勇猛，主要表现狮子凶猛的性格，有跳跃、跌扑、登高、腾转、踩球等动作。

【戊戌变法】清代光绪二十四年（1898）的政治改革运动。6 月 11 日，光绪皇帝采纳康有为、梁启超等人的主张，颁发"明定国是"诏，宣布变法图强。变法深入经济、教育、军事、政治及官僚制度等多个层面，却遭到慈禧太后与守旧派的坚决反对，发动了戊戌政变。许多维新人士被追捕杀害，光绪帝被囚禁，维新派首领康有为和梁启超逃亡国外。因事发于干支纪年的戊戌年，故称。变法仅经历了 103 天，故也称百日维新。

【务限法】务，农务。宋代关于农忙季节停止受理民事诉讼的制度。宋初始定，规定每年二月初一开始"入务"，即进入农忙季节，一直到九月三十日为止，属于务限期。这期间，各州县不得受理田宅、债务、婚姻、地租等诉状。侵夺财产案不受此限制。

【物力钱】 金代征收的一种财产税。凡官民所有田园、房屋、车辆、牧畜、树木及现钱，均按等级征纳，使臣出使国外接受的馈赠，也须评等交纳。在通检推排时常高估民户资财，加重税额。又将逃亡户应纳税钱摊派于留居户，导致纳税户负担更重。

X

【西都】 古都名。①周武王都镐，至成王时别营雒（洛）邑为东都，因称镐京为西都。②东汉都洛阳，称西汉旧都长安为西都。班固有《西都赋》。

【西汉】 公元前206年刘邦所建的朝代。也称前汉。前汉都长安，后汉都洛阳。长安在西，故史称前汉为西汉，与东汉合称"两汉"。经文景之治，至武帝时达到全盛，北击匈奴，开西域，南定西南夷，又独尊儒术，王霸杂治，巩固了统一的多民族国家体制。自武帝晚年至成帝，社会问题日渐发展为统治危机，公元8年被王莽的新朝取代。共历13帝，210年。

【西湖】 我国风景和人文游览胜地。也称钱塘湖、西子湖。因位于浙江杭州西部，故称。水面面积约6平方千米，有苏堤春晓、平湖秋月、花港观鱼、柳浪闻莺、双峰插云、三潭印月、雷峰夕照、南屏晚钟、曲院风荷和断桥残雪等胜景，人称"西湖十景"。唐代白居易任杭州刺史时，重修湖堤、水闸、渠道等水利设施，提高了供水和防洪能力，也留下了今天西湖的重要景观通道——"白堤"。北宋年间苏轼又主持疏浚清理，并利用疏浚土修建了西湖风景堤——苏堤。苏轼《饮湖上初晴后雨》诗，极赞西湖之美："水光潋滟晴方好，山色空蒙雨亦奇。欲把西湖比西子，淡妆浓抹总相宜。"

【西家行】 清代帮工、学徒为保护自身利益建立的组织。与工商业主的"东家行"对称。成员主要包括冶铸、烧陶、纺织等行业的手工业工人。它起到了保护工人权益、增进工人福祉的作用，在一定程度上预示了近代工会的出现。

【西晋】 公元266年由司马炎建立的朝代。266年初，司马炎代魏称帝，国号"晋"。建都洛阳，因在东晋都城建康之西北，史称西晋。280年灭吴，统一了全国。惠帝后因政治昏庸，八王作乱，流民及内徙各族起事，至316年为匈奴贵族建立的汉国所灭。共历4帝，52年。

【西京杂记】 小说集。托名东晋葛洪撰。"西京"指西汉京都长安。全书共129则，所记人物有帝王将相、王公大臣、嫔妃宫女、文人学士、能工巧匠、市井细民等，所记事物有宫廷轶事、典章制度、时尚风习、苑囿珍器、奇人绝技等，形象地记录了西汉政治、经济、文化、民俗等多方面的状况，颇有资料价值。文笔简洁而有文采。

【西凉】 十六国之一。公元400年由李暠建立的政权。李暠为北凉敦煌太守，400年自立为凉公，改元割据。先后都敦煌（今甘肃敦煌）、酒泉（今甘肃酒泉）。史称西凉。有今甘肃西部。421年为北凉王沮渠蒙逊所灭。小说《三国演义》中，西凉经常出现，尤其是在提及马超时，常常以"西凉马超"来称呼，三国正史上并不存在西凉，只是一个俗称。

【西六师】 西周早期，由周人组成并驻扎在宗周（今陕西西安）的六支军队。宗周在西部，故称。拱卫京师、对外征伐，与成周八师（东八师）并为西周王室重要的常备武装力量，到西周晚期消亡。

【西门豹】 战国时魏国人。西门氏，名豹。魏文侯时，任邺（今河北临漳西南）令，上任之初，见田地荒芜，民生凋敝。经调查了解到百姓一苦于频繁的水患，二苦于官绅、巫婆勾结，以"河伯娶妇"的迷信活动为名，搜刮民财、迫害年轻女子。西门豹采取一系列措施，破除迷信、惩治不法。又主持开凿 12 条水渠，引漳水灌溉，改良土壤，发展农业生产。今临漳县修有"西门豹祠"。

【西南夷】 秦汉以来，分散在西南地区的族群的统称。部属和政权众多，经济发展不甚平衡，或从事农耕，或从事畜牧养殖。战国时开始，与秦、楚两国皆有商业往来。今见于史籍的，有夜郎、滇、邛都、昆明、徙、笮都、冉駹、白马等。汉武帝时，曾派唐蒙、司马相如等经营其地。相继设置犍为、牂柯、越巂、汶山、沈黎、武都、益州、永昌等郡。"夜郎自大"的故事，就发生在西南夷中的夜郎国。

【西秦】 十六国之一。淝水之战后，陇西鲜卑贵族乞伏国仁于公元 385 年称大单于。乞伏国仁弟乞伏乾归称河南王，又改称秦王，先后都苑川（今甘肃榆中）、金城（今甘肃兰州西北），至其子乞伏炽磐移都枹罕（今甘肃临夏），史称西秦。有今甘肃西南部。400 年降后秦，409 年复国。431 年为夏所灭。

【西天】 我国古代佛教信徒对佛祖所在之处的称呼。因佛教发源于古天竺，又因其位于中国以西，故称。

【西突厥】 隋开皇年间突厥分裂后，由达头等可汗统领的阿尔泰山以西突厥部众及其汗国。王庭位于龟兹以北的三弥山（今新疆库车北部山地）北麓，最强盛时势力东及漠南地区。公元 659 年，唐高宗派遣名将苏定方将其击破。

【西王母】 民间俗称王母、王母娘娘。古代神话传说中的仙人。其状虽如人，但却长着豹尾、虎齿，并善啸。至汉代，其形象逐渐变化为端庄平和、雍容慈祥的妇人。传说其与丈夫东王公一年一相遇，分管男、女神仙名籍。又相传其曾将三千年结一次果的蟠桃赐予汉武帝。故民间以其为长生不老的象征。信奉王母的内容除各地道教宫观外，一些文化遗迹中也多有体现，如泰山脚下有王母池，敦煌莫高窟中有东王公、西王母出行的壁画，同时还体现在一些文学作品中，如《西游记》中，王母娘娘就是一个颇受关注的角色。千余年来，王母多以宽厚善良、仁慈的形象在民间受到尊敬。而在家喻户晓的神话故事《牛郎织女》中，王母却是坚持天上人间两重天，人神不可结姻缘，扮演了棒打鸳鸯的专制角色，从而使这一神话人物更加立体和多面。

【西魏】 北朝政权之一。公元534年，北魏孝武帝为高欢所迫，奔长安依关西大都督宇文泰。次年，宇文泰杀孝武帝，立元宝炬为帝，建都长安（今陕西西安）。高欢立元善见为帝，自洛阳迁都至邺。北魏遂一分为二，长安在西，史称"西魏"。有今河南洛阳以西的原北魏领土及益州、襄阳等地。西魏恭帝三年十二月（557年初）为宇文泰子宇文觉所代。共历3帝，23年。

【西夏】 公元1038年党项羌首领元昊建立的政权。也称白上国（崇尚白色）。国号"大夏"，宋人称其为"西夏"，后世沿称。以兴庆府（后改名中兴府，今宁夏银川）为都，有今宁夏、陕北、甘肃西北、青海东北及内蒙古部分地区。与宋经济文化联系密切，部分政治制度仿宋，有文字，汉文典籍也广为流传。先后与辽、金及宋并峙，并多次发生战争。1227年被蒙古所灭。共历10帝，190年。

【西厢记】 元杂剧作品。全名《崔莺莺待月西厢记》。王实甫作。故事源出唐代元稹传奇小说《莺莺传》，北宋赵令畤改写为《商调蝶恋花》鼓子词，金代董解元复改为《西厢记诸宫调》，王实甫在此基础上编写成杂剧剧本。叙述了书生张珙在蒲东普救寺遇见崔相国的女儿莺莺，两人发生爱情，在侍女红娘的协助下，终于冲破礼教约束而结合。剧本歌颂了青年男女面对封建礼教的叛逆精神，精心塑造了张生、莺莺、红娘等性格鲜明的典型人物形象。体裁上突破了元杂剧每剧四折的体例，大大扩展了篇幅，在戏曲文学发展上影响深远。

【西燕】 十六国时期鲜卑族慕容氏所建政权。淝水之战后，鲜卑贵族慕容泓于公元384年称王。次年，慕容冲杀泓，称帝，与慕容垂争夺恢复燕国的领导权，一度据有长安（今陕西西安），史称"西燕"。386年，慕容永迁都长子（今山西长子西南）。有今山西一带。394年为后燕所灭。共历7主，仅持续10年。

【西洋】 元代以今南海以西海洋及沿海各地称为"西洋"。明永乐至宣德年间郑和七次（一说八次）率领船队远航西太平洋和印度洋，通称"下西洋"。明末清初以后，指大西洋两岸欧美各国为西洋。

【西游记】 长篇小说。通常认为是明代吴承恩作。一百回。据民间流传的唐僧取经故事并参考宋元话本、杂剧和有关神话传说写成。中心人物是神猴孙悟空。故事写孙悟空大闹天宫后和猪八戒等保护唐僧去西天取经，一路降妖伏魔、历经八十一难，终成正果。小说塑造了众多的神魔形象，将生物的自然属性、人的社会属性和超自然的神性巧妙熔铸在一起，显示出作者超乎寻常的虚构和想象能力。是我国古代神魔小说的经典之作。书中主要角色已成为民间家喻户晓的人物。与《三国演义》《水浒传》《红楼梦》并称我国古典小说四大名著。

【西域】 汉代对玉门关、阳关以西地区的总称。有二义：狭义上指玉门关以西、葱岭以东的广大地区；广义上指凡经过狭义的西域所能到达的区域，包括中亚、西亚、印度半岛，以及东欧和北非的部分地区。汉武帝时，张骞两次出使西域，打通了与西域诸国的往来。汉宣帝时，在乌垒城（今新疆轮台县）设置了西域都护府。唐代在西域设置了安西、北庭都护府，作为唐王朝在西域的最高军事、行政机构，巩固了西北边防，增进了经济、文化交流。此后，在欧亚海运畅通之前，丝绸之路始终是联系中原与西域的纽带。玄奘西行求法，著有《大唐西域记》，详细描绘了所经西域各地的风貌。直至公元 19 世纪末，"西域"之称才逐渐废弃不用。

【西周】 朝代名。公元前 11 世纪周武王所建定都镐京的周朝。西周实行分封制与宗法制，史称"封建亲戚，以藩屏周"。形成了天子—诸侯—卿大夫—士的等级结构，加强了周天子对地方的政治统治。前 771 年周幽王被申侯和犬戎所杀，西周共历 11 代 12 王。

【西周公】 战国初年封于洛河之南的贵族。公元前 441 年，周考王以河南地封其弟揭为周公，天子王城也在其中，与前 367 年封于巩地的东周公相对而称。两者分治原东周王畿，常相倾轧攻伐，西周公历桓、威、惠、武、文五公，前 256 年为秦所灭。东周公历惠、文、武、靖四公，前 249 年为秦所灭。

【牺牲】 古代供祭祀用而宰杀的牲畜。牲畜的毛色纯一称牺，躯体完整而未加分解称牲。祭神灵时要献礼，牺牲是所献礼品中的一部分。最常见的是用牛、羊、豕等。春秋以后，牛、羊、豕三牲全备或只用牛牲称太牢，用羊、豕二牲称少牢。所用的品种、数量，因祭祀对象、目的和主祭者身份不同而有所差异。天子祭祀社稷时用太牢，诸侯祭祀社稷时用少牢。

【奚】 古族名。也称库莫奚。分布于今西拉木伦河流域。游牧为生。与中原王朝有商贸往来。曾为东突厥统辖，后归属于唐王朝。唐朝政府在此设立饶乐府进行管辖。唐末各部先后归附辽。据史书记载，奚人有五个部落：辱纥主、莫贺弗、契箇、木昆和室得。每部皆有一首领（俟斤）。逐水草而居，习俗与突厥相似。

【奚军】 金朝由奚族人组成的军队。公元 1121 年金太祖设奚路都统司统领之，后改为六部路都统司，其下把原契丹遥辇九帐编为九个猛安，另于上京及泰州等六处置司，每司统军五六万人。

【腊】 xī。风干的肉。古代因冬天新鲜肉类难得，故将肉类整体风干，以便储存和用作冬日的祭祀。周代王室有专人掌管其事。后"腊"所指范围扩大，非整体的禽兽的肉，也称腊。

【锡命】 锡，通"赐"，古代天子按官职等级赐给臣下的仪物。锡命指天子封赐诸侯或大臣爵服、名号、封邑、器物等的诏令。封赐仪式是嘉礼之一。按被赐者的等级、品行、功绩等不同，分别赐之。

【羲和】 其名可追溯到《尚书》，说法不止一种。《尚书·尧典》记载，"羲"是指羲氏的羲仲、羲叔，"和"是指和氏的和仲、和叔。认为羲和是两氏四人的合称。他们被尧帝派往东西南北四地，从事观察星象、划定季节、制定历法的工作。但《尚书·胤征》认为羲和是夏代仲康时人，因醉酒失职，没有及时预报日食而被仲康治罪。还有说法认为，羲和是黄帝时人，受命"占日"。羲和生活的年代和其身份虽各不相同，但一直专司天文观测、

X

掌管历法，可算得上是上古的天文、历法专家。在《山海经》中，羲和是帝俊的妻子，生了十个太阳。而《离骚》里，羲和是给太阳驾车的神。

【醯】xī。即醋。也称酢。古人酿醋约始于周代。周王室专设有醯人负责醋的酿造。汉代时，醋已非常普及，成为大众化的调味品。北魏贾思勰在《齐民要术》里就介绍了二十种酿醋法。

【檄】xí。文体名。古官府用以征召、晓谕、声讨的文书。多在上下级、平级之间互相通用。古代官方文书用木简，长尺二寸，多作征召、晓谕、声讨等用，为比较重要的文书。后泛称这类官方文书为檄。南北朝前都用散文，唐以后则多用骈文。如唐骆宾王《为徐敬业讨武曌檄》。

【洗象】地方传统习俗。明清时，皇宫中照例于三伏日为畜养之大象洗浴，届时遣官吏以鼓乐引导，监浴，另有象奴负责洗浴。往往河两岸观者如云，热闹非凡。此外，在佛教禅宗中讲求破除名相执着，而"象"与"相"谐音，且白象又因被视为普贤菩萨的坐骑而奉为佛教圣物，故"洗象"便成为佛事绘画中经常创作的题材之一。

【铢】xí。图书印章。也称图章、印章。古称坭、鈢，后作璽、玺。秦统一六国，皇帝的印信称"玺"，官、私所用均改称"印"。至汉代，官印中始有章和印章之称。唐以来，皇帝所用印或称"宝"，官、私所用印别有记、朱记、关防、图章、图书、花押等名称。后通称图章为印章。文字形制随时代而变化，风格各有特点。先秦及秦汉的印章多用作封发物件、简牍之用，把印盖于封泥之上，以防私拆，并作

信验，而官印又是权力的象征。后简牍改为纸帛，封泥渐废，印章改用朱色钤盖。除日常应用外，又多用于图书鉴藏、书画题识，遂成为中国特有的一种艺术品。古代多用铜、银、金、玉等制印章，后用牙、角、木、水晶等，元以来石章盛行。

【屣】xí。上古时期指草鞋。也作"蹝"。和"履"字相似，后世泛指鞋。由于草鞋制作成本低，多为贫苦百姓日常穿着，所以古人常以脱屣、弃屣比喻事情不值得珍惜。

【戏法】中国传统杂技。表演者以敏捷的手法，造成观众视觉、听觉上的错觉，表演各种物体、动物或水火等迅速增减隐现的变化。戏法历史悠久，远在汉代就有吞刀、吐火、画地成川等节目。汉唐称"幻术"，宋代称"藏挟技"，明清称"戏法"或"戏术"，今多称"魔术"。

【戏曲】中国传统的舞台表演艺术形式。综合了音乐、舞蹈、武术、杂技、人物扮演等各种元素。剧中人物分别由生、旦、净、末、丑等角色行当扮演，表演方式有唱、做、念、打的不同。在剧本形式、角色行当等方面都有一定的程式。源于秦汉时期的乐舞、俳优和百戏。从唐代的参军戏、北宋的杂剧、宋元的南戏、元代的杂剧到明清时的各种地方剧，空前繁荣，创造了丰富的戏曲文学和系统的舞台艺术体系。

【舄】xì。古代一种双层底的鞋。比普通的鞋增加了一层木质的底，有利于防湿防潮。舄的材料一般为绸缎或皮革。舄是古代天子或诸侯在举行盛大的祭祀活动或加冕、婚庆等盛典活动

时穿的，又分赤舄、白舄、黑舄三等，对应不同的服饰。

【**狭乡**】　无法按均田制悉数受足地亩的人多地少之乡。唐制规定这类地方先足额授予永业田，口分田可减半授予，官府鼓励民户迁往宽乡。后世习称地狭人稠的地方为狭乡。

【**辖**】　古代为了防止车轮从车轴上脱落，在车轴两端伸出毂外的部分（即軎上）紧挨着毂的位置打一通孔，插上销子，这个销子就叫"辖"。辖用青铜或铁制成，可随用插上拔下。因其为固定车轮的关键，《淮南子》有"夫车之所以能转千里者，以其要在三寸之辖"之语。《汉书》记载，陈遵嗜酒，在大宴宾客时，常将客人车马之辖拆下投到井里，客人就是有再急的事，也走不了了。后人便以"投辖"形容主人殷勤待客。

【**夏**】　①即夏朝。我国历史上第一个朝代。②"华夏"的简称。

【**夏朝**】　相传由大禹之子启建立的王朝。约始于公元前 21 世纪，为我国历史上第一个实行王位世袭制度的一统王朝。其统治中心在今豫西、晋南一带。定都于安邑，即今山西夏县。其文明已开始进入青铜时代，政权建设和各项制度持续发展。至前 17 世纪暴君夏桀在位时，被商朝取代。

【**夏税秋粮**】　夏秋两季所征税粮。唐代实行两税法后，田赋分夏秋两季征收，称夏税和秋粮。秋粮也称秋苗、秋租、秋税。宋以来称二税、两税。明沿为田赋，常夏征丝、绢、布，秋征米、麦、豆、草之类，或折收钱钞银两，至一条鞭法与其他赋役合并为一。宋元明三代夏秋税征收时间有所不同。清分上忙、下忙两期征收。

【**夏完淳**】　（1631—1647）南明抗清将领、诗人。原名复，字存古，松江华亭（今上海松江区）人。明末名士夏允彝之子，师从陈子龙，自幼聪明过人，有"神童"之誉。5 岁能读经史，7 岁能诗文，9 岁写出《代乳集》，显示了较高的文学天赋。明末清初，政治动荡，夏完淳的父亲夏允彝和老师陈子龙都是抗清的志士。公元 1645 年，清兵南下，夏完淳随父亲和老师参与松江的抗清起义。起义失败后，夏允彝投水自尽，夏完淳和陈子龙继续抗清活动。1647 年，夏完淳被俘，羁押于南京监狱。狱中坚贞不屈，拒绝投降，写下《别云间》《狱中上母书》等诗篇，表达了他对母亲的思念和视死如归的忠诚。同年在南京英勇就义，年仅 16 岁。夏完淳虽然生命短暂，但文学成就十分显著，留下了大量的诗歌、词赋和散文，其中包括《南冠草》《精卫》等作品。诗歌慷慨悲壮，充满了爱国情怀，对后世有着深远的影响。

【**仙人关之战**】　南宋绍兴四年（1134）川陕之战中，南宋将领吴玠、吴璘兄弟在仙人关（今甘肃徽县东南）一带击败金军的战役。自此金军入蜀之势被扼，与南宋大致沿渭水相峙。

【**先考**】　尊称已经去世的父亲。也称先父。先，对已去世者的尊称，如尊称已去世的母亲为先慈，尊称已去世的皇帝为先帝，尊称已去世的有才德之人为先贤。考，本为年老之义，先秦时常用作对父亲的称呼，后专称去世的父亲。

【**先令**】　由官府保障其法律效力的遗嘱。历代都有，秦汉时期用此称。立嘱时须有官吏在场见证，将有关要求和财物处理办法记录在券书，分成三份，其中一份由官府存档。后如有争议则以券书内容为准。

【先秦】 秦统一全国以前的历史时期，即从远古起到公元前 221 年秦王朝建立为止的这段时间。也指春秋战国时期。

【先秦诸子】 先秦，指从远古起到公元前 221 年秦王朝建立为止的历史时期。诸子，指各学派的代表人物，如儒家的孔子、墨家的墨子等，也指他们的代表性著作。周王室东迁以后，学术重心逐渐由官方移向民间，自孔子以后，大思想家相继出现，如墨子、庄子、荀子、韩非子等，都撰写著作并成一家之言，后世称他们为"先秦诸子"。

【祆教】 祆，xiān。由波斯人琐罗亚斯德于公元前 7 世纪—前 6 世纪创立。也称火祆教、波斯教。主张善恶二元论。认为善恶不断争斗，最终善能战胜恶；又认为火最为圣洁，故将其视为善神的象征。最早流行于古代波斯和西域，魏晋后逐渐传入中国，唐王朝曾设祆正，由其祭司或首领担任，中唐以后逐渐衰落。

【鲜卑】 起源于鲜卑山的族群。位于今内蒙古呼伦贝尔市鄂伦春自治旗境内。秦汉时期，依附匈奴，分布于今西拉木伦河与洮儿河之间。以游牧和狩猎为生。北匈奴西迁后，其占据匈奴故地，逐渐强盛。魏晋南北朝时期，活跃于黄河以北地区，其慕容、宇文、段、拓跋等部先后建立政权。其中，拓跋氏建立的北魏曾一度统一北方。

【贤良方正】 汉代选拔统治人才的科目之一。始于汉文帝。为询访政治得失，始诏举贤良方正能直言极谏者，中选者对政治得失应直言极谏，如表现特别优秀，则授予官职。武帝时复诏举贤良或贤良文学。名称时有不同，性质无异。历代往往视作非常设之制科。

【贤书】 举荐贤能者之名籍。后指考试中式的名榜。

【弦】 古代有"月相纪日法"，以月之盈亏圆缺变化特征来纪日。月半圆时，形如张弓施弦，故古人将朔日到望日之间的半圆之月称"上弦""弦望"，望日到晦日之间的半圆之月称"下弦""弦晦"。

【显庆礼】 礼仪法典。唐高宗继位第二年，由太尉长孙无忌、中书令杜正伦、李义府等人在《贞观礼》基础上编纂而成。其修撰过程中，恰逢武则天立为皇后，受此影响，实际主事的李义府、许敬宗等人相应调整了某些礼法原则，又将凶礼中的"国殇"礼五篇取消，共得 130 卷，于显庆三年（658）下诏颁行。它是继《贞观礼》后唐代官修的第二部大礼书。

【洗马】 洗，xiān。古代官名。本作"先马"。太子属官。秦始置，汉沿秦置，为东宫官属，掌管引进谒见者的近侍，太子出则为前导。晋时改掌图籍。南朝梁、陈有典经局洗马，均由世族担任。北齐称典经坊洗马。隋改司经局洗马。唐高宗时一度改为司经大夫，寻复旧称。清代不设太子官属，仍存此名，以备翰林官升转，至清末废。史上诸多著名人物，如魏徵、李密、卫玠、徐阶、陆建瀛等都当过洗马。又因太子是储君，一朝君临天下，洗马就有可能位极人臣，明代的很多大学士都是洗马出身。

【**猃狁**】Xiǎnyǔn。周朝时中原西北的一个族群，属西戎。善造战车，军事力量极强，多次侵犯中原周王朝，对周王朝造成不小的威胁。周宣王多次出兵抵抗其侵犯。历史上，又被称为猃狁、荤允、熏（獯）鬻、匈奴。

【**县**】地方行政区划名。始于春秋时期，初指各诸侯国的边境土地。秦、楚、晋等国在新兼并的国土上置县。春秋后期，县制逐步推行到诸侯国内地，边境县制则被郡制取代。郡的面积大于县，但因地处偏远，故在地位上低于县。战国时期，随着生产力的发展，各国边地也逐渐繁荣，郡下开始设县，形成郡县两级制。秦王朝建立后，郡县制成为常制，县辖于郡。隋唐后，又隶属于州（郡）、府、军、监、路、厅等行政区域。今之县隶属于省、自治区、直辖市，或隶属于自治州、省辖市。

【**县丞**】古代官名。战国始置，为县令副佐。协助县令治理一县政事，职掌文书及仓狱等事宜。历代因之。明代为知县佐贰官，正八品。分知县政，掌粮马、巡捕之事。编户不及二十里之县不置。清代事简之县或不置，职掌同。

【**县令**】古代官名。县的行政长官，战国始置。秦汉时，以县为地方行政基层单位，人口万户以上的县，其主官称县令，不及万户的称县长。唐时县置令，县有赤、畿、望、紧、上、中、下七等，不分令长。宋因唐制，事实上多以京朝官执行其职务，称知某县事。元时称县尹。明清称知县。辛亥革命后改为县知事。后称县长。唐朝

的狄仁杰曾担任过县令，在任期间清正廉明，秉公执法，深受百姓爱戴。

【**县试**】科举时代县一级考试。童生试第一阶段考试。明始行，由各县长官主持。清制，试期多在二月，取得出身的童生，向本县礼房报名，填写姓名、籍贯、年岁、三代履历，由本县廪生保结：保其无冒籍、匿丧、顶替、假捏姓名、身家清白、非优倡皂隶之子孙，才能报名赴考。约考五场，试八股文、试帖诗、经论、律赋等。事实上第一场录取后即可参加上一级的府试。以下各场续考与否，听凭自愿。县试后排名首位的考生被称为"县案首"。

【**县尉**】古代官名。县之佐官，掌一县军事、治安事宜。秦汉县万户以上置令，不及万户为长。下有丞、尉，称长吏；丞、尉属吏为少吏。尉主地方治安。历代因之。唐代县尉多为进士出身者初任之官，京畿县尉职位尤重。元于县尉外，兼置典史。明废尉，留典史，掌尉事，后世因称典史为县尉。

【**现身说法**】佛教指佛祖法力广大，能以种种身形显现，向众生说法。《楞严经》卷六："我于彼前，皆现其身，而为说法，令其成就。"后指以亲身经历劝导他人。

【**限钱法**】金朝限制大额交易使用铜钱的规定。为防止铜钱出境，交钞贬值，公元1198年章宗定制，西京、北京等路一贯以上交易用银钞"承安宝货"，不用铜钱，一贯以下听民自便。六年后废止。

【**献俘**】古代军礼之一，战胜归来，将所获俘虏献于宗庙的仪式。用以告知祖先，昭示战功，激励世人。

【献芹】 谦称自己赠送的礼物菲薄或所提的建议浅陋，请别人多包涵。出自《列子》中一则故事：有个人向乡里的豪绅吹嘘芹菜如何好吃，不料豪绅品尝后嘴巴被刺伤，肚子疼痛。这说明自己认为好的东西，别人不一定也认为好。

【乡】 古代行政单位。所辖范围各代不同。周代一万两千五百家为一乡。春秋时期，齐国的制度是郊内（都城百里以内）约两千家为一乡，郊外约三千家为一乡。秦汉时期，以十里为亭，十亭为乡。唐宋以后，乡为县级以下的基层行政单位。

【乡兵】 古代地方武装。历代多有之，具体名称因时因地而异。平时参加生产，农闲定期训练。一些边疆地区的乡兵来自招募，垦荒纳租，守卫边土。起源可以追溯到周朝。北魏末，地方豪强纷纷组建乡兵。宋代乡兵成了重要的军事力量，各地设置乡兵。乡兵名目繁多，有"弓箭手""枪杖手""土丁""弩手"等。元朝政府掌握的乣军、寸白军、畲军都属乡兵。元末红巾军起义时，各地乡绅为自保或对抗红巾军而组织的武装，也属乡兵。明代乡兵，有隶军籍者，如戚继光用以抗倭及守蓟门的浙兵。有不隶军籍者，如河南嵩县的"毛葫芦兵"。清代临时招募乡勇，也属乡兵性质。

【乡射】 古代射礼之一。乡射是举行乡饮酒礼时在州学中所行的射礼，由地方之乡大夫或州长主持，目的是竞技、选贤、表长幼之序。仪式比较繁复，有主宾升降揖让、饮酒奏乐、取弓矢等。春秋以后，官学衰落，后世逐渐不行此礼。

【乡试】 科举考试名。明清时每三年一次，各省集士子于省城举行乡试，朝廷选派正副主考官，试四书、五经、策问、八股文等。凡本省生员与监生、荫生、官生、贡生，经科考、录科、录遗考试合格者，均可应考。逢子、卯、午、酉年为正科，遇庆典加科为恩科。考期在八月，故也称秋试、秋闱，分三场。考后发布正、副榜，正榜所取的称举人，其中第一名称解元。每省有规定的录取名额，中式者可参加次年在京师举行的会试，即使会试不第，亦可依科选官。明清两代特称乡试为大比。

【乡书手】 宋朝从事文书事务的一种职役。原先只是里正手下的书记员，变法调整后，原本分布于各乡的乡书手被上收至县，在县衙中分别主持各乡乡政，等于提级成了县属吏员，主管一乡之财税征收及户籍管理的大权。乡书手在县衙有自己的办事处，因此也被称为"乡司"。

【乡学】 古代地方学校，与"国学"相别。依行政区划设立，名称不一。有塾、庠、序、校等。塾为家学，庠为党学，序为州学，校为乡学。

【乡饮酒礼】 区分尊卑长幼的宴饮礼仪。古代嘉礼之一。起源很早，一说源自氏族时代的"聚落会食"习俗。西周时，参加者分主、宾、介、众四种角色。主人是仪式的发起者，以卿大夫为乡饮酒礼的主持人。宾由主人和乡先生商定，分三个等级，即宾、介、众宾。宾和介各一人，众宾可以有三人。分尊卑、叙年齿，依次升降答拜，过程有请宾、迎宾、进酒、旅酬、饮食进酒、送宾。以此睦宗族、乡里，敦教化。魏晋以后，常在官学中行此礼。唐代以后，为科举乡贡赴京钱行时也行乡饮酒礼，以州县长官为主持人。宋代地方长官年底也行此礼。明代，乡饮酒礼深入乡里，犯法者被单独列出，教化色彩浓，使人明辨尊卑、贵贱、善恶。

【乡约】 约束、规范、教化乡里宗亲的规约。源于汉唐间的民间结社，宋代始有此称，由士大夫提倡而在民间流行。北宋吕大钧兄弟制定的《吕氏乡约》是我国现存最早的成文乡约，以使邻里乡人能"德业相劝、过失相规、礼俗相交、患难相恤"为宗旨。明清时期，广泛推行乡约制度，内容涉及互助、风化、治安、防火、护林、用水等事。

【相和歌】 Xiānghè Gē。古歌名。西汉及魏晋对民间歌曲作艺术加工形成的歌舞、大曲等音乐的总称。省称"相和"。名称大约取以丝竹相和而歌之意。原是民间歌谣，汉时设立乐府，取以入乐，后来文人的拟作很多。西晋以后，"相和歌"大多失传，被新兴的"清商乐"替代，后又转入隋、唐燕乐。除琴曲古谱中仍保存少数古调外，多已流变而融入唐宋以后的乐曲中，其本来面目已不复可辨。

【相见礼】 古时人际交往方面的礼仪。西周时期属宾礼。按不同的身份等级，人们相见时各有趋、拜、作揖、礼让等特定仪节。后世官场谒见相逢等仪比较严格，民间则有所简化，但仍然包括道路相见时幼让长、卑让尊、轻让重、后让先等规定。

【厢】 正房两侧的房屋。我国传统民居坐北朝南的房屋称为正房，也是整个建筑中地位最高的房屋。而正房两侧的房屋称为厢房，也称厢。其中坐东朝西的一侧房屋为东厢房，坐西朝东的一侧房屋为西厢房。由此延伸，古代靠近城镇的地区也有按照其在城镇中的方位分为"东厢""西厢"等。在唐宋时期有左厢、右厢、四厢等禁军驻防的制度。此外还有称城治的附近区域为坊厢、城厢。

【厢兵】 宋代承担地方治安及各种杂役的常备部队。也称厢军。宋太祖赵匡胤鉴于唐末藩镇跋扈之弊，选诸州兵壮勇者充京师禁军，其余留驻本州充厢军，不加训练，不任战斗，主要供官府役使，称为厢兵。仁宗时招募厢军，教以武技，此厢军有"教阅""不教阅"两类（或称"厢兵""役兵"）。神宗时升教阅厢军为"下禁军"，厢军又全部为役兵。南宋时仍有"厢军""禁军"之名。

【湘水】 即湘江。湖南省最大河流。发源于广西海洋山西麓，同桂江上源漓江间有灵渠（湘桂运河）相通。流贯湖南省东部，经衡阳、衡山、株洲、湘潭、长沙等市县，到湘阴县芦林潭入洞庭湖。因与漓江同源（分别出于海洋山南北），故又称漓湘。至兴安县分流向东北入湖南省，在永州与潇水汇合，成为潇湘。在衡阳与蒸水汇合，称蒸湘，统称三湘。相传，舜于南巡途中去世，葬于苍梧之野，舜妃娥皇、女英追至湘水，相思恸哭，泪水洒在竹子上，留下斑斑泪痕。湘江岸边三十里，建有相思宫、望帝台。

【湘绣】 以湖南长沙为中心的刺绣产品的总称。是在湖南民间刺绣的基础上，吸取了苏绣和粤绣的优点，于清代中叶发展成熟起来的。迄今为止发现的最早的湘绣制品，是长沙马王堆一号汉代墓葬出土的一件丝织品，它所使用的针法与现代湘绣所差无几，说明早在两千多年前的汉代，湘绣工艺就已经产生了。19世纪末，长沙设立了第一家自制自销的吴彩霞绣坊，此后湘绣逐渐出名。至清末民初，湘绣的发展达到鼎盛，一度在中国刺绣业中独占鳌头。湘绣主要以纯丝、硬缎、软缎、透明纱、尼纶等为原料，配以各色的丝线、绒线绣制而成。充分发挥针法的表现力，达到构图严谨，形象逼真，色彩鲜明，质感强烈，形神兼备的艺术境界。与苏绣、粤绣、蜀绣并称我国"四大名绣"。

【襄阳之战】①元朝统治者消灭南宋政权的一次重要战役，也是宋元王朝更迭的关键一战。这场战役从南宋咸淳三年（1267）蒙将阿术进攻襄阳的安阳滩之战开始，经历了宋吕文焕反包围战，张贵、张顺援襄之战，龙尾洲之战和樊城之战等重大战事，最终在咸淳九年（1273）吕文焕力竭降元后结束，历时近6年。②公元1641年，张献忠率军从四川入湖广，袭取襄阳城的战役。此役标志明廷围歼张献忠部农民军战略的彻底失败，督师杨嗣昌因此畏罪自尽。

【庠序】庠，xiáng。古代的地方学校。与帝王的辟雍、诸侯的泮宫等太学相对而言。庠序源于三代的学校名称。相传为办学讲礼之所，夏称"校"，殷称"序"，周称"庠"，后世遂常以此统称学校，或比附古制而特设东庠西序等学，各有特定生源和功能。

【祥】丧祭名。服丧满一定期限后的祭礼。周制分为小祥祭和大祥祭。丧期三年者，服丧一周年后改服练衣冠的祭礼，分别在满11个月和13个月时举行，叫"小祥祭"。服丧两周年后神主入庙的祭礼，在第25个月举行，叫"大祥祭"。服丧者在大祥祭后除丧服，逐步恢复正常生活。汉代以后，帝、后的丧礼有所简化，一般去世后第12日或13日举行小祥祭，第24日或25日就举行大祥祭。

【向】古代宫室中卧室朝北的窗。《诗经》："（十月）塞向墐户。"指古人为应对冬季的寒冷和多发的鼠害，封闭朝北的窗户，用泥土密闭窗户的缝隙。

【向秀】（约227—272）魏晋之际玄学家、文学家。字子期，河内怀（今河南武陟西南）人。"竹林七贤"之一。本隐居不出，后在司马氏的高压下，不得不应召到洛阳踏入仕途。官至黄门侍郎、散骑常侍。好老庄之学，曾为《庄子》作注曰《庄子隐解》，后郭象述而广之。与嵇康、吕安交善，后二人因事被司马氏杀害，他被迫出仕。赴洛阳途中，经过嵇康故居，写下《思旧赋》，表达了对友人的怀念。

【项羽】（前232—前202）秦末农民起义军领袖。名籍，字羽，下相（今江苏宿迁西南）人。楚将项燕之孙。据传，他身高八尺，力大无穷，少有大志，年轻时就有取代秦始皇的雄心壮志。秦二世元年（前209），从叔父项梁在吴（今江苏苏州）起义。在巨鹿之战中，项羽采取破釜沉舟的策略，激励士兵背水一战，最终大败秦军，坑杀二十万秦卒，威震天下。秦亡后，自立为西楚霸王，并大封诸侯王。楚汉战争中，被刘邦击败。在垓下（今安徽固镇东北）被围，四面楚歌，最后突围到乌江（今安徽和县东北）自刎而死。"霸王举鼎""破釜沉舟""四面楚歌""霸王别姬"等典故都与其有关。

【巷】 古代住宅间的人行通道，其中沿河道而设的通道为水巷。现代仍有沿用。唐刘禹锡《乌衣巷》诗："朱雀桥边野草花，乌衣巷口夕阳斜。旧时王谢堂前燕，飞入寻常百姓家。"今安徽桐城有六尺巷。康熙年间，大学士张英家人因建房与邻居发生纠纷，写信请他出面解决。张英写诗回复道："千里家书只为墙，让他三尺又何妨？长城万里今犹在，不见当年秦始皇。"于是两家房屋外墙各让出三尺，形成了一条六尺宽的人行巷道。

【相地衰征】 相，xiàng。衰，cuī。齐国管仲改革时按照土地肥沃程度及收获情况确定赋税额的制度。相地，即观察、鉴定土地的肥沃程度以及地理位置等因素。衰征，即根据土地的状况，征收不等额的租税。衰，依标准递减。此项改革旨在合理地分级征收农业税。

【相公】 ①对宰相、丞相的尊称。也泛称一般官员。古时被贬谪或放逐到岭南地区的官员较多，岭南人见之，不问其官位高卑皆呼为相公。②对富贵家子弟的敬称。③妻子对丈夫的敬称。④旧称男妓。

【相国】 古代官名。初为对宰辅大臣的尊称，后渐成为官称。春秋战国时期，除楚国外，各国都设相，称为相国、相邦或丞相，为百官之长。秦时有丞相，又有相国。汉高祖即位初，置丞相，后改为相国。汉魏以降，其位望

尊于丞相，或为宰相的尊称。清朝专指大学士。

【象棋】 我国传统棋类竞技项目。刻圆木或象牙、玉石等为棋子，共32枚，红黑各半。弈时双方轮流行棋，以将死对方将（帅）为胜。相传为唐牛僧孺所制，棋制多有变迁，定型于北宋末南宋初，当时非常流行。明清两代名家辈出，有大量棋谱刊印。

【象胥】 象，指精通少数民族语言或外语的人。胥，xū，指有才智的人。古代通译官名。主要负责接待四方使者和管理翻译工作。其称谓因时因地而异，历史上有舌人、译官、通译、译人、通事、唐舶（帕）、蒲叉、译长、译语、译语官、译士、译字生、译经使、直中书译语、译史等。

【枭】 xiāo。鸟名。俗称猫头鹰。相传枭是食母的恶鸟，故往往用以比喻不孝或忘恩负义的恶人。常于夜间活动，叫声凄厉，古人闻其鸣声以为不吉。性情凶猛，故又称勇猛之人为枭雄。也作"鸮"。

【枭首】 古代执行死刑时，割下犯人的首级，然后高悬在木杆上示众。"枭首"是酷刑之一。周代已有此刑。汉代犯谋反、大逆等罪多用此刑，是死刑的主要执行方法之一。隋律废除此刑。除唐宋律无规定外，后历代大都沿用。

【消寒会】 旧俗入冬之后，文人雅士或亲朋相聚，摆酒席取乐的宴会。也称销寒会、暖冬会。其俗始于唐末。据记载，当时有一位名叫王元宝的富人，每到冬季下雪时，便吩咐奴仆把府门前一直到巷子口道路上的雪都扫净，他本人则耐着寒冷恭立巷口，亲自礼迎来宾。宴会间大家共享美酒佳

肴，时称暖冬会。后来文人雅士冬日常举办此会消闲取乐。如清嘉庆九年（1804），翰林院庶吉士陶澍就发起组建了消寒诗社，初名消寒纪。因诗社常在宣武门外一带活动，后来改为宣南诗社。诗社自冬至开始，隔十天一集，梁章钜、龚自珍、林则徐等人都曾应邀参加，成为当时一桩文坛盛事。

【**宵禁**】古代官府为维持社会安定，宣布戒严，禁止居民夜间在外行走的规定。西周时已有此禁。唐杜甫《月夜忆舍弟》中"戍鼓断人行"句，即描绘鼓声响起，开始宵禁，不允许百姓晚上随意外出的情景。北宋时随着商品经济的发展，宵禁逐渐取消。

【**绡**】丝织的纱绸，其质地非常细薄，据史载汉代多做夏季衣物用料。

【**萧**】植物名。蒿类，即艾蒿。因萧有香气，可以包垫肉食，古人用于祭祀。《离骚》以"萧艾"比喻品质不好的人，后代多因之。

【**萧何**】（？—前193）西汉初大臣。沛县丰邑中阳里（今江苏丰县）人。曾为秦沛县吏。秦末佐刘邦起义。起义军入咸阳，他收取秦丞相府的图籍，以此掌握全国的山川险要、郡县户口和当时社会情况。楚汉战争前夕，荐韩信为大将。战时以丞相身份留守关中，输送士卒粮饷，支援作战。刘邦称帝后，封其为酂侯，位居众臣之首。定律令制度，所作《九章律》，今佚。萧何慧眼识珠，举荐韩信做大将军，为汉朝的开辟立下了汗马功劳。天下初定之后，因为怀疑韩信可能造反，萧何又出谋划策，帮助吕后诱杀韩信于长乐宫中。这就是"成也萧何，败也萧何"故事的由来。

【**萧郎**】唐以后女子对所爱恋男子、情人的称呼。相传秦穆公时的萧史擅长吹箫，他吹箫时孔雀、白鹤便盘旋于庭院。穆公的女儿弄玉喜欢萧史，穆公便把她嫁给了萧史。萧史每天教弄玉吹箫，数年后，弄玉吹出的箫声像凤鸣声，凤凰也飞来聚集在他们的屋顶。穆公建造凤台供夫妇居住。几年后的一天清早，夫妇二人竟随凤凰飞走了。后借用"萧史"或"萧郎"指情郎或佳偶。也泛称年轻男子。

【**萧娘**】唐人对女子的泛称，犹称男子为"萧郎"。后代沿用。

【**萧墙**】古代宫室面对院门的门屏，或放置门外，或放置门内，用来遮挡视线，以免窥视。因进宫室要经过萧墙，故常用"萧墙之内"来指宫内。春秋时期，鲁大夫季孙把持朝政，忌惮邻国颛臾（鲁国的属国）加害于己，欲出兵灭之。孔子认为这种行为是不义之举，季氏德不配位，既不能使远方归服，也不能使国家内部稳定齐心，那么其祸患恐不在颛臾，而在萧墙之内。这里，颛臾指代的是外部的危险，而萧墙之内，指代的是内部的危险。后人也说萧墙之祸。今所见很多传统建筑的影壁与萧墙有一样的屏障作用，但不限于宫室，民居也可采用。

【**萧史弄玉**】出自汉刘向《列仙传》。萧史和弄玉是古代传说中的两个人物。萧史善吹箫，技艺高超。而秦穆公之女弄玉也善吹箫。两人以箫作合，结为夫妻。后弄玉得萧史传授吹奏技巧，二人能作凤凰和鸣之声。为纪念二人这段美好浪漫的爱情传说，历史上留下了很多与之相关的文化印记。

X

如西岳华山五峰之一的玉女峰之名，就源于这段故事。宋词中有《凤凰台上忆吹箫》的词牌，也是源于萧史弄玉的故事。

【萧统】（501—531）南朝梁文学家。字德施，南兰陵（今江苏常州）人。梁武帝萧衍长子。天监元年（502），被立为太子，未及即位而卒，谥昭明，世称昭明太子。自幼好学，博览群书。居东宫时，有藏书三万卷，招纳各地才士，相与商榷古今。他主持编撰的《文选》选录自先秦至梁的诗文辞赋七百余篇，是中国古代文学史上第一部文学作品选集，对后世影响深远。作品后人辑为《昭明太子集》。

【箫】竹制管乐器。"八音"属"竹"。编竹而成，大者二十三管，小者十六管，按律排列于木椟中，上端平齐，下端两旁长而中部短，参差不同，故又名"参差"。相传为舜所造。排箫的正名，元代前史籍一直称"箫"。每管一音，竖吹。今出土的先秦时期排箫用竹、石和禽骨等材料制作。元代史籍正式称"排箫"。管底以蜡蜜封堵的称"底箫"，无底的称"洞箫"。木椟以红或黑色髹漆，有作云形者，则称"云箫"。

【潇湘】本指深秀清澈的湘水，后在文学作品中多指湘江，特别是湘江与潇水汇合的水段。《水经注》记载，舜妃娥皇、女英溺于湘江，"神游洞庭之渊，出入潇湘之浦"。因湘江位于湖南，故潇湘又泛指湖南地区。

【殽之战】殽，xiáo。公元前627年，秦穆公趁晋文公去世之际，派兵偷袭郑国。郑国有备，秦军未能攻克郑国，只得退回。在回师途中，晋襄公率军在殽山（今河南洛宁）的隘道设伏，全歼了秦军，俘虏了秦军的三位将领，遏制了秦国东进的势头。

【小车】马拉的车。因先秦马车车厢较小，故称。能用于作战。我国自商代起，马车制作技艺已非常成熟。早期马车为双轮设计，车厢为方形或长方形，车轮大，车厢小，独辕，驾两马或四马。到了汉代，独辕车逐渐减少，双辕车逐渐增多。车的种类丰富，其用途亦更趋专门化。车体的固定部件一般用青铜制成。另有用铜、贝、黄金制作的装饰件，十分考究。

【小乘】佛教派别之一。"乘"为梵语意译，指载渡。与"大乘"相对。其以修身自利为宗旨，因只崇拜释迦牟尼，以自我解脱直至涅槃为目标，不同于大乘佛教普度一切众生的宗旨，故被大乘佛教贬称为"小乘"。

【小功】五服中第四等丧服，次于大功。此丧服用细麻布做成，对布料的处理，比大功服更精细，缝边，故称。服期为五个月。一般来说，男子为从祖祖父（伯祖父、叔祖父）、从祖祖母（伯祖母、叔祖母）、从祖父（堂伯、堂叔）、从祖母（堂伯母、堂叔母）、从祖昆弟（再从兄弟）、从父姊妹（堂姊妹）、外祖父母，女子为丈夫的姑母姊妹，为娣妇姒妇都服小功。

【小河之役】公元1402年，明燕王朱棣之军在睢水小河（今江苏宿迁境内）击败朝廷军队的战役。建文四年（1402）四月，朱棣令燕将陈文筑桥南渡。朝廷军何福、平安分两路夺桥，陈文被斩。朱棣率军迎战，朝廷军围之数重，并夺桥而北。张武率兵自林间突出奋战，始将朝廷军击退。于是朝廷军退守河南，燕军驻军河北，两军隔河相持。此战是靖难之变走向胜利的转折点。

【小姐】①称富贵人家的未婚少女。②元明宫中，称宫女为小姐。③宋代以后，对女艺人、妓女等的称呼。

【小价】价，jiè。称仆人，或谦称自己的仆从。也作"小介"。

【小康】儒家宣扬的理想社会。即政教相对清明，人民安乐的社会局面，但仍比不上"大同"的理想社会，所以称为小康。后也指家庭经济较宽裕，介于温饱和富裕之间。

【小可】男子的自谦之称。如《水浒传》中宋江自报家门："小可姓宋名江，祖贯郓城县人氏。"

【小殓】丧礼仪式之一。在室内举行，设置帷幕，为死者沐浴、穿殓服，并设灵座于堂前供人吊唁。

【小人】①男子的自谦之称。多用地位高于自己或平辈间。②指品行不端，令人鄙视的坏人。

【小生】①古代对新进后学者的称呼。②晚辈在长辈前的谦称或读书人的自称。

【小说】文学的一大样式。以叙述为主，具体表现人物在一定环境中的相互关系、行动和事件以及相应的心理状态、意识流等，从不同角度塑造人物，表现社会生活。在各种文学样式中，其表现手法较为丰富，表现方式较为灵活，叙述、描写、抒情、议论等多种手法可以并用，也可有所侧重，一般以塑造人物形象为基本手段。演述故事的小说至唐之传奇出现而始盛。起源于先秦的神话、传说、寓言等。魏晋的志怪也属小说。宋代，小说为说话家之一。唐末已开其端。在说话的基础上出现平话、话本，小说遂为故事性文体的专称，如《京本通俗小说》。元明以来盛行章回体小说，其特点是将全书分为若干章节，称为"回"或"节"，著名的有《三国演义》《水浒传》《西游记》《金瓶梅》《红楼梦》等。

【小说家】学术派别。战国末期到西汉初期，以采集民间街谈巷语、记录加工道听途说著称。《汉书·艺文志》列有此派。代表人物有虞初，著作有《虞初周说》，已佚。虞初事迹，散见于《史记》《汉书》。

【小星】妾的代称。

【小学】古时儿童入小学先学习六艺，即礼、乐、射、御、书、数六种技能。到了汉代，小学专指文字训诂学。隋唐之后，小学成为文字学、训诂学、音韵学的总称，一直沿用到清代末期。清人章太炎认为小学的名称不够确切，建议改为"语言文字之学"。

【小幺儿】小僮、少年男仆、小听差。

【小野妹子】日本著名遣隋大使，中日文化交流的先驱者。音译苏因高，是日本豪族中与皇族有亲缘关系的世家子弟。公元607年出使隋朝。敬呈的国书有"日出处天子致书日没处天子，无恙耶"句，隋炀帝颇为不满。经过一番解释，608年隋使裴世清等陪送他返日，受到日皇廷欢迎。同年9月，日本又遣小野妹子为大使、吉士雄成为小使、鞍作福利为通事，与裴世清等同行使隋。随行的还有留学生四人、学问僧四人。日本认为小野妹子是出使隋朝的第一人。

【小传】传，zhuàn。传记文。略记一人的生平事迹，如李商隐《李贺小传》、陆游《姚平仲小传》等。或采辑多人轶事后汇为一编的，如江盈科《皇明十六种小传》。又汇编各家的诗、文、尺牍总集时，略述作者籍贯履历等，附录于书的前后或分列于篇首姓名之下，也称小传，如钱谦益《列朝诗集小传》。

【小子】①谦称自身。西汉时安定太守谷永和平阿安侯王谭关系要好，因王谭没有得到大将军的职位，谷永劝他辞让，不接受主管城门的职务。谷永写信给王谭时说："愿君侯与博览者参之，小子为君侯安此。"②称子弟，年幼的一辈。如孔子说："小子何莫学夫《诗》？《诗》可以兴，可以观，可以群，可以怨。"③称小儿子。④对人的蔑称。东汉班超有投笔从戎之志，旁边人都嘲笑他，班超说："小子安知壮士之志哉！"

【小宗】古代宗法制把没有资格继承宗族长之位的其他各支子孙称为小宗，因这一世系相对于嫡系较弱小，故称"小宗"。如周天子的王位由嫡长子世袭，这是大宗。周天子的其余诸子分封为诸侯，这是小宗。诸侯、卿大夫、士、庶人等的家庭关系也是如此。在宗法上，大宗比小宗为尊，嫡长子比其余诸子为尊，达到以兄统弟、以君统臣，有抑止统治阶层内讧和巩固贵族世袭统治的作用。小宗从高祖、曾祖、祖父、父到自己，传五世，其庙迁毁，另立宗室，改变祭祖。

【孝经】儒家经典之一。关于其作者，历来众说纷纭，有孔子、曾子、子思、曾子门人等不同说法。凡十八章。记载了孔子向曾参讲述孝道的言论，内容大体可分为关于"孝"的基本理论、"孝道"与政治的关系和"孝道"的实行三部分。有今文和古文之别，今文有郑玄注，古文有孔安国传。开元十年（722），唐玄宗参用孔传、郑注以及韦昭、王肃等人的注解，以今文《孝经》为底本，作了"御注"。天宝二年（743），玄宗又作了增补修订，重注《孝经》，并刻石颁行天下。因劝士人以"孝"而进于"忠"受到历代统治者重视，对后世影响颇大。

【孝廉】孝，指孝悌者。廉，指清廉之士。本为汉代选举官吏的两种科目名。汉代始置，令郡国举孝、廉各一人。后来合称孝廉。历代因之，州举秀才，郡举孝廉。至隋唐只有秀才之科，无孝廉之举。清别为贡举的一种。也指被推选的士人。明清时为举人的俗称。

【孝弟力田】弟，tì，也作"悌"。汉代选拔官吏的科目之一。"孝弟"代表对父母的孝顺和对兄弟姐妹的友爱，强调的是个人道德品质；而"力田"意味着致力于农业，注重生产力的发展。始于惠帝时，名义上是奖励有孝的德行和努力的耕作者。中选者多有赏赐，并免除一切徭役，一般不担任官职，汉高后时置"孝弟力田"官。到文帝时，与"三老"同为郡县中掌教化的乡官。唐代列为科举选士的科目之一。也作"孝悌力田"。

【孝悌】悌，tì。指侍奉父母、顺从兄长，也泛指敬重长辈。儒家把"悌"和"孝"并称，教导人们在家要孝顺父母，出外要敬重长辈。孔子的学生子游请教孝道。孔子说："现在所说的孝，指的是养活父母就行了。即使狗和马，也都有人饲养。如果对父母不恭敬顺从，那和饲养狗马有什么区别呢？"孔子认为，"孝"不仅是能够供养父母，还必须要尊敬父母，对父母怀有孝敬之心。儒家认为孝是各种道德中最根本的。"孝"被认为是一种美德。

【孝文帝改革】 北魏孝文帝太和年间（477—499）推行的变革。分为前后两期，前期由冯太后主导，整顿吏治，改革租调征收，颁布俸禄制、均田制和三长制等。至公元490年冯太后去世转入后期，孝文帝迁都洛阳，改革鲜卑旧俗，议定百官流品，确定胡汉姓族。改革完善了北魏的制度，缓解了民族矛盾，促进了北魏经济发展，但也留下了一系列问题，对北魏后期和北朝史影响巨大。

【校尉】 古代官名。秦末，项梁起事之初，部署吴中豪杰为校尉、候、司马。汉武帝初置八校尉，即中垒、屯骑、步兵、越骑、长水、胡骑、射声、虎贲，为西汉时掌管特种军队的将领，略次于将军。又有城门校尉、司隶校尉等官。东汉略同。掌管少数民族地区的长官，也有称校尉者。如汉在西域置戊己校尉，在西羌、乌桓分别置护羌校尉、乌桓校尉。隋唐以后也为武散官，地位渐低；清制八品以下为校尉。明清时也称卫士为校尉。

【协田】 古代的一种耕作方式，主要出现在商代。奴隶们三人一组在连绵不断的井田上耕作，人们称这种耕作方式为"协田"。在协田制度中，三人或三人以上的集体共同耕作，这体现了早期社会生产中的合作精神。西周以后改为两人协同耕作，称为"耦耕"。

【挟书律】 惩治私人收藏禁书的法令。秦始皇时规定禁止民间私藏和流通《诗》《书》及百家之言，违反者判灭族之罪。挟书律实行二十多年。汉惠帝时废除。

【缬】 xié。丝织品上的印染花纹，或指染花的丝织品。我国早在西汉时已掌握了丝织品的印染技术，有金银彩三色套印染缬。魏晋南北朝时蜡染技术开始应用于印花布。至唐代已经有了蜡缬、夹缬和绞缬三种印染工艺。其中蜡缬是透过镂空的花纹板熔蜡于布上，经浸染处理，再将蜡洗净即显露出花纹图案；夹缬是用两块对应刻有花纹的木板将布料折叠后夹紧进行印染，染出的图案花纹对称且可以套染；绞缬是利用细绳根据图案需要将布料的局部扎起，印染后形成一组组的小碎花纹，类似于今天的扎染工艺。这些印染工艺至今仍在我国许多地区作为传统工艺或非物质文化遗产而保留。

【谢安】 （320—385）东晋政治家。字安石，陈郡阳夏（今河南太康）人。出身名门望族，自幼受到良好的教育。年轻时，谢安并不追求仕途，而是选择隐居在会稽郡的东山，过着清高的隐士生活。他与王羲之、孙绰等名士交游频繁，一起游山玩水。直到四十余岁，才决定出仕，开始他的政治生涯。公元383年的淝水之战是谢安政治生涯的巅峰。作为东晋军队的总指挥，他凭借杰出的军事才能和冷静的指挥策略，指挥弟谢石、侄谢玄，以八万兵力打败了号称百万的前秦军队，是历史上以少胜多的著名战役。

【谢灵运】 （385—433）南朝宋诗人。陈郡阳夏（今河南太康）人，世居会稽（治今浙江绍兴）。幼时寄养于外，族人因名为客儿，世称谢客。谢玄之孙。

晋时袭封康乐公，故称谢康乐。入宋，曾任永嘉太守、侍中、临川内史等职。后以"叛逆"罪被杀。与族弟谢朓合称"大小谢"，又与颜延之齐名，世称"颜谢"。所至登临游览，以歌诗题咏自娱，创作了大量山水诗，大都描写会稽、永嘉、庐山等地的山水名胜，善以精丽之语刻画自然景物，被誉为"如芙蓉出水"，开文学史上的山水诗一派。"池塘生春草，园柳变鸣禽"是流传千古的佳句。其作品由明人辑成《谢康乐集》，收入《汉魏六朝百三名家集》。为了方便游山玩水，谢灵运特别设计了一种可以拆卸的木屐，被称为"谢公屐"。

【**谢娘**】①晋书法家王羲之次子王凝之的妻子谢道韫有文才，后因以"谢娘"称有学问的女子。②唐李德裕家的美姬谢秋娘是著名的歌妓，后因以"谢娘"泛指歌妓。

【**谢朓**】（464—499）朓，tiǎo。南朝齐诗人。字玄晖，陈郡阳夏（今河南太康）人。与"大谢"谢灵运同族，世称"小谢"。曾任宣城太守，终尚书吏部郎，又称谢宣城、谢吏部。有《谢宣城集》。诗多描写自然景色，风格清俊，为李白等后代诗人所推崇。李白在其诗作中多次提及谢朓，表达对谢朓诗歌的敬仰和对其人品的钦佩。他在《宣州谢朓楼饯别校书叔云》诗中写道："蓬莱文章建安骨，中间小谢又清发。"此"小谢"指谢朓。在另一首诗里还写道："解道澄江净如练，令人长忆谢玄晖。"也是致敬谢朓。

【**谢玄**】（343—388）字幼度，陈郡阳夏（今河南太康）人。谢安之侄。年轻时便显示出卓越的才华，大司马桓温召为掾史，并在桓温麾下担任司马和南郡相等职务。太元二年（377），谢安推荐谢玄担任建武将军、兖州刺史，负责防御北方的前秦军队。谢玄招募北来民众中的骁勇之士，组建了一支精锐的部队，号为"北府兵"。太元四年（379），谢玄在盱眙（今江苏盱眙东北）、淮阴（今属江苏）和君川（盱眙北）等地成功击败前秦军队的进攻，取得了多次战役的胜利。特别是在淝水之战中，谢玄作为前锋都督，指挥刘牢之等部夜袭洛涧（今安徽淮南东），首战告捷，为东晋军队最终以少胜多、击败前秦军队奠定了基础。淝水之战后，谢玄继续率兵北伐，收复了河南、山东、陕西南部等地区。太元十二年（387），谢玄因病辞去职务，改任左将军、会稽内史，卒于官。

【**榭**】①原指建在高台上有柱无墙、四面敞开的木屋，供眺望、宴饮等用。汉以后不再建造，逐渐移到花间水际，或位于临水高台上，或在水面之上，称水榭、台榭。也有与亭融为一体的样式，称亭榭。常用于休憩观景或娱乐。至今在很多园林建筑中都有榭作为游览休闲之处。②古时还指讲武堂和收藏乐器的地方。

【**薤**】xiè。植物名。俗称藠头、荞头。味辛，可作佐料。新鲜鳞茎可作蔬菜，干燥鳞茎可入药。古代"五菜"之一。原产于中国。汉代已广为栽培，为当时常见蔬菜之一。

【**獬豸**】xièzhì。一种传说中的神兽名。也作"解豸""解廌""觟䚡"。形体如羊，头有一角，能辨别事理曲直。如见人争斗，就以角去触理亏之人；

听到人争吵，就以嘴巴去咬不对的人。古人因此将其作为决狱之兽。自汉代以来，御史等执法官员冠饰或服饰上多绣有獬豸的图案，以示执法公正、不偏不倚。

【心学】宋明理学的学术派别。以南宋陆九渊和明朝王守仁为代表。陆九渊主张人"心"是宇宙万物的本体，心即理，封建伦理纲常是人人所固有的"本心"，圣人之学就是心学，强调认识、实践的主观方面，认为理论须直指人心，简明易行。与程朱理学长期处于争辩状态。至明代王守仁又以"致良知""知行合一"等命题继承发展其学，对后世影响极大。也称陆王心学、良知之学。

【辛亥制】十六国后赵石勒制定的法律。石勒因为社会动乱，法令繁多，于是命令法曹令史贯志编集晋以来法规和石勒所下法令，择其重点，撰成《辛亥制》，约5000字，在石勒称赵王到登位为帝的十余年中施行。

【辛弃疾】（1140—1207）南宋词人。字幼安，号稼轩，历城（今山东济南）人。出生时，中原已为金兵所占。21岁参加抗金义军，不久即归南宋，历任湖北、江西、湖南、福建、浙东安抚使等职。一生坚决主张抗金，然未被朝廷采纳，长期落职闲居于江西上饶、铅山一带。晚年韩侂胄当政，一度起用，不久病卒。其词抒写力图恢复国家统一的爱国热情，倾诉壮志难酬的悲愤；也有不少作品吟咏祖国的壮美河山。艺术风格多样，而以豪放为主。慷慨悲壮，笔力雄厚，与苏轼并称为"苏辛"。《破阵子·为陈同甫赋壮词以寄之》《永遇乐·京口北固亭怀古》《水龙吟·登建康赏心亭》《菩萨蛮·书江西造口壁》等为传世名篇。有《稼轩长短句》。

【新朝】公元8年王莽建立的政权。西汉末年政衰世乱，外戚重臣王莽采取了一系列改革举措，进而代汉称帝，国号"新"，年号"始建国"，定都长安。命令全国民间的土地改称王田，奴婢改称私属，都禁止买卖，又实行五均六管，企图缓和当时严重的社会危机。多次改变币制，恢复五等爵，经常改变官制。因其取代汉朝操之过急，推行新政又多失当，各地纷纷举义反抗，至23年被绿林军推翻。

【新附军】元灭南宋过程中改编其降兵组成的军队。新附军的组织结构遵循元代的兵制，分为千户、万户和都万户等单位，并且包括多个民族的成员。与汉军不同的是，新附军的士卒及其家庭虽然能够支领口粮，但他们不享受田地免税的待遇，并且需要负担杂税差役。

【新罗】兴起于朝鲜半岛东南部的古国，源于辰韩十二部中的斯卢部。公元4世纪开始崛起，唐高宗时，联合唐朝先后灭百济、高句丽，又与唐开战，旋即臣服。由贵族会议（"和白"）决定国家大事和推举国王。505年始行州、郡、县制。7世纪后期起逐渐衰落，9世纪时分裂，为朝鲜半岛后三国之一，935年为王氏高丽所灭。

【新语】书名。也称《陆子》。西汉陆贾著。刘邦命陆贾著书论述秦亡汉兴、天下得失的道理，以资借鉴。陆贾遂著文12篇，每奏一篇，刘邦都极力称赞，号其书为"新语"。在书中，陆贾认为朝代更替，"非天所为"，提出建国"必得之于民",主张实行与民休息的"无为"之治。为西汉前期的统治思想奠立了一个基本模式。

【新乐府】 从古乐府演变革新,因事立题的一种新诗体。创始于初唐。初唐诗人写乐府诗,虽名为乐府,但另立新题,故称"新乐府"。李白、杜甫、白居易、元稹等都有新乐府之作。杜甫所作如《悲陈陶》《哀江头》等,用乐府诗体制描写时事,做到"即事名篇,无复依傍"。后来白居易、元稹等发扬了这种写作方法,倡导了"新乐府运动",同时确定了新乐府的名称,影响及于中晚唐众多诗人。新乐府虽不入乐,但其词通俗,长于叙述,富有音乐性,与古乐府相似,是唐代诗人具有积极社会意义的新创作。

【信】 古代社会的道德规范之一。言语真实,守信用。儒家认为,"信"是立国、治国的根本,是实现其道德原则"仁"的重要条件之一,也是其道德修养的内容之一。

【衅鼓】 周王室与诸侯杀战俘取血涂抹战鼓的誓师仪式,旨在鼓舞士气,增强战士们的战斗意志和团结精神。起源于衅礼。

【衅礼】 古代祭神仪式之一。即在宫室、器物等新造成时杀牲取血,将血液涂于新成之物以祭祀。古人认为,万物有灵,新成之物等也有神灵,故举行祭祀,与神灵交接。起初是用人血。后多用牛、羊、狗、猪或鸡、鹅的血。现今民间一些地区在新房建成时有杀鸡喷血的习俗,即源自古时衅礼。

【星图】 精确描述或绘制、标定恒星等各种天体所处视位置的图。起源较早,战国时已有全天星图,东汉张衡论述当时可见的恒星有 2500 颗。三国时吴太史令陈卓据战国各家星图,标出 1464 颗恒星的位置及其所属 283 星官。此后历代修正增益。另有分区、分时和针对二十八宿等特定天象的星图。

【星宿】 宿,xiù。①邻近的若干颗星集合而成的星座名称。古人把视位置比较相近的若干颗星假想地联系起来,组成各种图形。许多图形与人们生产和生活接触到的事物类似,于是便给它们取相应的特殊名称,如参、箕、斗、井、翼、轸等。各星宿所含星数多寡不一,多者达数十颗。因仿照人间秩序,将人间的官制投射到星空中,以百官之名命名众星,故也称"星官"。起源很早,自战国以来,甘德、石申、巫咸等的全天星图已据其组合形状,定其名称、含义,对其区域位置等予以定性的描述,以便占测天象。东汉张衡定有 320 官。三国时吴太史令陈卓在前人的基础上,统一了全天星官,编制了一个具有 283 官、1464 颗恒星的星表,并以此为根据绘成星图。其中,最重要的是三垣、二十八宿。此后历代相承,各有损益。②二十八宿之一,南方朱雀七宿(井、鬼、柳、星、张、翼、轸)的第四宿。

【刑部】 古代官署名。主管法律刑罚、狱讼事务。西魏恭帝三年(556)置,隶秋官府。隋开皇三年(583)改为"刑部",为尚书省六部之一,长官为刑部尚书。唐与御史台、大理寺合称"三司",负责会审重大案件。历代相沿不改。清末改为法部。

【刑律统类】 晚唐到宋代的刑事基本法。也称刑法统类。即以刑律为主,在刑律篇目下分门别类,每类以各条律文为纲,将其他刑事性质的敕、令、格、式和起请条文(条文后附以"臣等参详""臣等议曰"开头的文字,是对某些律、律疏或"准"条的补充,具法律效力)分别载在律文后,用于指导司法。从唐宣宗到后唐、后周续有编纂,在宋初定型。如唐宣宗时期的《大中刑律统类》,把律、令、格、式按内容合编在一起,改变了自秦汉以来律的传统体例,开创此类法典编纂的先河。

【**刑书要制**】 公元 577 年,北周武帝颁行的刑事法令。主要针对新近攻克的北齐关东地区制定。用刑比较严酷,如规定:持杖群强盗一匹以上、不持杖群强盗五匹以上、监守自盗二十匹以上、小盗及诈请官物三十匹以上、正长隐瞒五户及十丁以上、隐没土地三顷以上,均判处死刑。两年后,周宣帝更严其规定,改称"刑经圣制"。后修订多次,到隋代废除。

【**刑天**】 古代神话传说中的人物。出自《山海经》。相传他与天帝争夺神位,被砍掉了脑袋,葬于常羊山中,故称刑天。但刑天立而不倒,他以两乳作眼,肚脐为嘴,手持板斧和盾牌继续战斗,坚决抗争到底。据此民间尊刑天为战神,也称无头神。陶渊明"刑天舞干戚,猛志固常在"诗句,即咏其事。其形象被历代艺术家描绘成威武勇猛、力大无比、不屈不挠的英雄。传说刑天头颅埋葬之地为今天甘肃陇南西和境内的名山仇池山,正是中华人文始祖三皇(一说为伏羲、神农、黄帝)的诞生地,今天仇池山神殿中仍立有三皇塑像。

【**刑徒**】 在规定时间内被剥夺人身自由,在官府的监督下服苦役的徒刑罪犯。战国秦汉时期盛行。相传,傅说原是服苦役的刑徒,在傅岩(今山西平陆东)筑墙,商王武丁因梦中感应,知道他是辅佐殷商的圣人,于是寻访得到傅说。武丁任傅说为治国之相,商王朝得以振兴。

【**行宫**】 古代京城以外供帝王出行时居住的宫室。古代行宫多为预先建造,但也有临时所居的官署或民宅。承德避暑山庄,又称热河行宫,是清代帝王夏日避暑和处理政务的场所,也是清代初期的第二政治中心。

【**行卷**】 唐代科举习尚。唐代科举中的礼部试不糊名,主考官除详阅试卷外,还参考举子平日的作品和才誉以决定去取。当时,在政治上、文坛上有地位的人及与主试官关系特别密切者,皆可推荐人才,参与决定名单名次,此谓之"通榜"。应试举人为增加及第的可能和争取名次,在应进士科考试之前把自己的诗文写成卷轴,送给将主持考试的官员及有地位名望的人评阅,进行自我介绍,希望得到赏识。此后形成风尚,称为"行卷"。

【**行军总管**】 朝廷临时组建的出征军队的统领。北周改都督府为总管府后,始设此统领出征之军,其上或设行军元帅。隋及唐初府兵制下,番上服役的士兵皆有定额,每有战事和特殊军事需要,即须另组军队,名行军,以大总管、总管统领征战诸务。后渐被节度使取代,宋曾设总管,为都部署的别名。

【**行取**】 明清吏部从各地推官和知县中选用科道官的制度。州县官有政绩者经设地方长官保举,由吏部行文调取至京，通过吏部、都察院考试选用，补授科道或部属官职，或奉旨召见。实际是外官内擢。清初仍沿袭，乾隆十六年（1757）废止。

【行人】古代官名。掌管朝觐聘问的官。《周礼》有行人，分大行人、小行人，属秋官。掌迎送接待宾客之礼。大行人掌大宾之礼，及大客之仪，以亲诸侯；小行人掌邦国宾客之礼籍，以待四方之使者。春秋战国时各国都有设置，掌朝觐聘问，常任使者。汉代大鸿胪属官有行人，后改称大行令。十六国、南北朝常置，掌出使聘问。明洪武十三年（1380）设行人司，复有行人之官，掌传旨、册封、抚谕等事。下设左、右行人。旋改为"司正"，另置行人掌捧节奉使之事，以孝廉充任。

【行省】金元的行尚书省、行中书省及由此发展而来的省级行政区划。是行中书省或行尚书省的简称。尚书省、中书省是中央行政机构，金代曾在地方设置行尚书省，但非常制。元代推广金代的这种制度，在中央设立中书省，又于各地分设行中书省作为其派出机构，除山西、山东、河北直辖于中书省外，还在河南、江浙、湖广、陕西、辽阳、甘肃、岭北、云南等处设十个行中书省，简称"十行省"。各行省又下辖路、府、州、县。明朝建立后，明太祖改行中书省为承宣布政使司，负责辖区民政，但习惯上仍称为行省，简称省。明末，全国除南北直隶地区以外，共有十三省，清代沿袭明代做法，只在区划和官司设置上有所变化，初设十八省，后增至二十二省。

【行书】汉字字体。笔势居乎草书、楷书之间，不像草书那样潦草，也没有

楷书那样端正。楷法多于草法的称"行楷"，草法多于楷法的称"行草"。始于汉末，以其简易，流通至今。在行书作品中，书法家通过笔墨表现出自己的情感、思想和精神追求。同时，行书作品也能够传达一种超越物质的精神之美和文化内涵，给人以深刻启示和感悟。王羲之的代表作《兰亭集序》被誉为"天下第一行书"。

【行台】台省在外者称行台。魏晋始临时派驻外地，以重臣领之，在地方代表朝廷使尚书省事的机构，统掌一地军政要务。北朝后期以来多设于要地，若任职的人权位重，称"大行台"，设官类同尚书省，规模较小。隋称"行台省"。唐贞观以后废行台。至元时，有行中书省、行枢密院、行御史台，分别执掌行政、军事及监察权。

【行销引】清朝茶商纳课后从官府领取的贩茶凭证。茶商领取"行销引"后，在本省内运销，可以根据需求和市场情况，自由选择贩茶的地点，不论远近，故名"行销"。这种贩茶方式相对于固定地址的店铺销售，更加灵活便捷。

【行盐法】元朝盐商向官府买得盐引后，在指定地区支盐、销盐的制度。

【行状】文体名。专指记述死者世系、籍贯、生卒年月和生平概略的文章。也称状、行述、事略。常由死者家人好友及门生故吏撰述，以作为撰写墓志或者提供给史官用以立传的资料。始于东汉，流行于魏晋南北朝，隋唐以来历代有之，体式多端，所记贵实，但往往有浮夸溢美之词。如《大唐故三藏玄奘法师行状》是一份关于唐朝著名僧人玄奘法师的行状，详细记录

了他的生平事迹和贡献。

【饧】xíng。用麦芽或谷芽等熬成的糖。古人将用麦芽等熬成的糖浆称为饴，在饴中加入糯米粉进一步熬制，就制成了饧。饴是软糖，饧是硬糖。《齐民要术》里详细记述了制作白饧、黑饧、琥珀饧、煮饴和作饴的方法。

【饧粥】饧，xíng，麦芽糖稀。甜粥。古人有寒食日食粥的习俗，唐宋以后，人们喜在粥内浇以饧，饧粥于是成为一种普遍的节令食品。

【铏】xíng。古代的一种盛器。青铜制。形似鼎，两耳，三足，大腹，有盖。

【醒世姻缘传】长篇小说。也称《恶姻缘》。题"西周生"辑著。小说写一个冤仇相报的两世姻缘故事。前22回为前世姻缘，写山东武城县官僚地主家少爷晁源射死一只仙狐，又娶妓女珍哥为妾，虐待妻子，使其妻计氏自缢身亡。第23回起写今世姻缘，晁源因奸被杀，托生为绣江县明水镇的狄希陈，仙狐托生为其妻薛素姐，对狄百般虐待，借报冤仇。后狄娶计氏托生的童寄姐为妾，也凶狠泼悍，狄又备受欺凌。而珍哥则托生为寄姐的婢女珍珠，终为寄姐逼迫自杀。小说最后写高僧点明因果，狄希陈持诵《金刚经》，终于"福至祸消，冤除恨解"。作者从婚姻问题入手，笔触辐射至晚明各阶层社会人生百态，对明末清初腐败的官场和浇薄的世风作了鞭辟入里的解剖，是一部杰出的古代世情小说。

【杏花】花卉名。通常为浅红色，另有白、红、黄等颜色，花瓣有单瓣和重瓣两种。大约在汉代，已栽培观赏性杏花。汉武帝初修上林苑时，群臣和远方诸国所进献的名果异树中就有文杏、蓬莱杏。相传，孔子曾在杏坛聚集门徒讲学，后"杏坛"成为教育界的代称。三国时东吴名医董奉替人治病不收钱，只要求病愈者为他种杏树五株，后得杏树十余万株，蔚然成林，人们称他为"董仙杏林"，后"杏林"成为医学界的代称。唐代科举考试一般是在农历二月发榜，此时正值杏花怒放，进士及第在曲江池畔的杏园宴饮，故杏花也被称为"及第花"。文人墨客歌咏、赞美杏花，如名句"绿杨烟外晓寒轻，红杏枝头春意闹""小楼一夜听春雨，深巷明朝卖杏花""春色满园关不住，一枝红杏出墙来"等。

【杏坛】相传是孔子聚集门徒讲学的地方。孔子来到树木茂盛的林子里，坐在长有许多杏树的土坛上休息，弟子们在一旁读书，孔子则弹琴吟唱。北宋时期，为纪念孔子讲学，孔子的第四十五代孙孔道辅修建庙时，将大殿移于后，在讲堂旧基址砌石为坛，环植杏树，取名"杏坛"，历代相承。后泛指聚集授徒讲学的地方。

【性恶论】荀子的人性论观点。荀子认为，人性先天就是恶的，进而强调道德教育的必要性。"性恶论"是荀子礼法兼治政治主张的理论基础。与"性善论"相对。

【性灵说】清代诗学理论。是对明代以公安派为代表的"独抒性灵，不拘格套"诗歌理论的继承和发展。袁枚吸取和发展了宋代杨万里和明代袁宏道等人之说，主张作诗应抒写胸臆，辞贵自然，反对格调，反对以程朱理学束缚诗歌创作，对拟古倾向和温柔敦厚的"诗教"表示不满，批评了沈德潜的"格调说"和王士禛的"神韵说"。但他所说的性灵，多属封建士大夫的闲情逸致，其作品很少反映当时的社会生活。其理论著作有《随园诗话》等。"性灵说"与"神韵说""格调说""肌理说"并为清代前期四大诗歌理论派别。"性灵说"的诗人一般被归为"性灵派"。

【**性善论**】孟子的人性论观点。孟子认为，人性先天就是善的。伦理道德是上天赋予人的本性，"仁、义、礼、智"是人生来就有的。"性善论"是孟子"仁政"学说的理论基础，后经宋明理学发挥，成为我国古代人性论的正统理论。与"性恶论"相对。

【**姓氏**】姓与氏的合称。姓，原指母亲一系的血缘关系。上古三代只有贵族有姓，平民、奴隶无姓。氏，原指父系的血缘。如姜太公的母姓姜，父氏吕，名尚，所以他的"姓名"是姜尚。在战国时，原本的"母姓"的概念逐渐淡薄，到西汉已经消失。约在西汉后，姓与氏完全融为一体，通称"姓"，"姓"发展成父系血缘的代号，是个人所自出的家族的称号，一般平民也有了姓。我们今天概念的"姓"，即先秦时代的"父氏"，是父系血缘宗族符号。而今天概念的"氏"除指父系血缘之外，也常被用来指母系血缘。比如刘姓人家的女儿嫁到陈家，就被称作"刘氏""陈刘氏"。

【**荇菜**】荇，xìng。一说，因它的叶子颇似杏，故名。夏日开花，多黄色，茎叶嫩时可食。也称水葵。《诗经·关雎》中有"参差荇菜，左右流之"。

【**凶礼**】古代五礼之一，有关哀悯吊唁的礼制、仪式。因其用于祭祀、丧葬、疫疠、灾祸等凶丧之事，故名。包括丧礼、荒礼、吊礼、禬礼、恤礼。丧礼是哀死亡治丧，荒礼是哀五谷歉收饥荒疫疠，吊礼是哀水火灾祸，禬礼是哀军队围败失财，恤礼是哀寇乱。其中，丧礼中的丧服规定分亲疏远近、辨身份等级，在各种礼制中具有基础地位。其余"四礼"，多用素服、缟冠、练冠麻衣、深衣布冠等。

【**匈奴**】古代中原以北游牧族群。先后称鬼方、猃狁、山戎。战国时期，活跃于燕、赵、秦北境，三国皆筑有长城防御其侵扰。赵武灵王推行胡服骑射，攘地北至燕、代，有效阻击了匈奴的侵扰。秦时称匈奴。冒顿单于时期，匈奴势力强极一时。公元前200年白登之围后，西汉政权采取了以物资、和亲向匈奴换取休养生息时间的国策。汉武帝时，在三次大规模征伐下，匈奴势力渐衰。于东汉时分裂为南北两部。北匈奴于1世纪为东汉所破，西迁。南匈奴归附东汉，在西晋末曾建立刘汉、前赵政权，后逐渐融入汉、鲜卑等民族。

【**匈奴汉**】公元304年由南匈奴贵族刘渊建立的政权。也称刘汉。国号"汉"，先后都左国城（今山西吕梁离石东北）、蒲子（今山西隰县）、平阳（今山西临汾西南）。318年其帝刘粲为靳准所杀，国亡。

【**修城钱**】晋及南朝宋规定由官员交纳的一项钱物。以修城为名，每官两千钱，在得到任命时交纳。这一制度在南朝一直延续下来，只是在宋齐间因军兴关系，一度未收此钱。

【**修齐治平**】"修身、齐家、治国、平天下"的合称。儒家主张提高自身品德修养,管理好家族和家庭,治理好国家,使天下太平。儒家以"修身"为中心,形成一种从"个人"到"家"到"国"再到"天下"的逐层扩展关系,强调个人道德修养与治国、平天下的一致性。

【修禊】 禊,xì。指在水上盥洗以保持清洁。古代于农历三月上旬的巳日(魏晋以后改为三月三日),人们到水边嬉游,以消除不祥的活动。

【修行】 佛教徒按经、律、论三藏,修习戒、定、慧之学,以此摆脱世俗烦恼,超越生死,获得涅槃的行为。

【修撰】 古代官名。唐代史馆、宋代翰林学士院,都有修撰官,掌修国史。元时张起岩以进士第一名特授集贤院修撰,明清为翰林修史、著述之职,例由科举殿试状元出任,或由翰林院编修等职升任。明制,翰林院修撰、编修、检讨,列为史官,故俗称太史。自状元例授修撰一职以后,又称状元为殿撰。

【虚实估】 官私两种定价体系中的商品价格。历代多有,唐朝始此。虚估指各地官府确定的平均价格,常与当地实际市场价格不符;实估是商品随行就市的时价,也称时估。官府的物价管理常以虚估为准,并据实估不断调节。

【墟市】 乡村间的集市。在不同地方有不同的称呼,两广、福建等地称墟,川黔等地称场,北方称集。起源甚早,魏晋以来常见于江南,以农产品、日用品交易为主。唐朝中后期趋于普遍,是商品经济不断发展的重要标志。也作"虚市"。

【徐福】 也作"徐市"。秦代方士。字君房,琅邪(今山东青岛琅琊台)人,一说今江苏连云港赣榆区人。秦始皇二十八年(前219),上书说海上有蓬莱、方丈、瀛洲三神山,秦始皇为求长生不死之药,派其率数千童男童女、工匠等入海求仙,一去不返,成为迄今有史记载的东渡第一人。传说其在日本熊野浦登岸,与童男童女即留其处,拓荒耕地,繁衍子孙。在日本,徐福被尊为司织、司农、司药的主神,东渡遗迹及纪念址达一百余处,或谓即古之神武天皇。今日本、东南亚一些国家和地区及我国徐州市,皆成立有徐福研究会。

【徐光启】 (1562—1633)明代科学家。字子先,号玄扈,谥文定,松江府上海县(今上海)人。万历进士。历任翰林院检讨、左春坊右赞善、礼部右侍郎等职。崇祯五年(1632),为礼部尚书兼东阁大学士,参与政事,后加太子太保,进文渊阁大学士。与传教士利玛窦等学者交往甚密,学习西方的天文、历法、数学、测量和水利等科学技术,并介绍到我国,其译述有欧几里得的《几何原本》等。著述勤奋,尤其关心和精通农学,晚年编著《农政全书》,为我国古代农业科学巨著。主持《崇祯历书》的编制,经汤若望删改成《西洋新法历书》,并据此编出《时宪历》,沿用到清末。

【徐渭】 (1521—1593)明代文学家、书画家。初字文清,改字文长,号天池山人、青藤道士等,山阴(今浙江绍兴)人。性情放纵,屡试不第,入胡宗宪幕为掌记,对当时军事、政治和经济事务多有筹划,并参与过东南沿海的抗倭斗争。后来胡宗宪被弹劾为严嵩同党而自杀，徐渭深受刺激，一度精神失常，蓄意自杀，又误杀其妻，被捕入狱。后友人救免获释，流落四方，晚年贫病困顿而亡。其在书法、绘画、诗文、戏曲等方面都有较高造诣，自称书一，诗二，文三，画四。长于行草书法，擅画水墨花竹、山水、人物，淋漓恣肆，别有风致，开创写意画派的新风格，对后世影响很大。诗文不受复古派的影响，自写其抑郁不平之气，受到袁宏道等人的推崇。戏曲著有杂剧《四声猿》及评论《南词叙录》。

【徐霞客】 （1587—1641）明代地理学家。名弘祖，字振之，号霞客，南直隶江阴（今属江苏）人。因明末政治黑暗，遂绝意仕进，专心旅行。三十多年间足迹遍及全国多地，用日记记录旅途见闻感受，去世后由他人整理成《徐霞客游记》。

【徐霞客游记】 地理学著作。明代徐霞客著。徐霞客用30多年的时间，游历了今中国21个省、市、自治区的山山水水，并在此过程中写下了长达60万字的游记。这些游记在徐霞客去世后由他的家庭教师季梦良整理成《徐霞客游记》。游记详细记录了徐霞客在旅行过程中的所见所闻，对地理、水文、地质、植物等现象都做了详细的描述。在地理学上，它开创了系统观察、描述自然的新方向，被视为地理名著。其中有关石灰岩地貌的记述，早于欧洲一个多世纪。此外，该书文笔生动，记述精详，具有重要的文学价值。《徐霞客游记》的开篇之日5月19日后来被定为中国旅游日。

【徐州相王】 公元前334年，魏惠王和齐威王在徐州（今山东滕州）相会，互尊为王。双方承认魏、齐的对等地位，共分霸业。此次会盟后，东周王室名存实亡、礼崩乐坏，从此中国真正进入战国时代。

【许慎】 （约58—约147）东汉经学家、文字学家。字叔重，汝南召陵（今河南漯河召陵区）人。师从学者贾逵学习古文经学，博通经籍，时有"五经无双许叔重"之誉。由于汉字发展为隶书后字形发生变化，今文经学者随意解说文字，又产生不少异体简字，影响规范。为了正确读经，他总结前人研究成果，广采当时专家学者关于古文经学文字训诂的成果，写成《说文解字》。此书成于汉安帝建光元年（121），是我国第一部字典和系统的文字学著作，成为后世研究文字、训诂和字书编纂的重要依据。另著有《五经异义》《淮南子注》，已佚。

【盨】 xǔ。古代食器。青铜制，形体一般接近长方体，椭圆口，有盖，两耳，圈足或四足，盖可却置。用来盛食黍稷。西周中期出现，春秋以后不再使用。

【序跋】 序，也作"叙"，或称"引"，一般放在书前。跋，bá，也称跋文，写在书籍、文章、字画、金石拓片等后面的短文。二者体例略同，内容相近，因而合称"序跋"。说明书籍著述或出版意旨、编次体例和作者情况等，也包括对作家作品的评论和有关问题的研究阐发。清姚鼐编《古文辞类纂》，分文章为13类，中有"序跋类"。

【序说】 著作前的概述部分。如南宋朱熹《论语集注》《孟子集注》二书之前都有《序说》，辑录有关孔、孟身世、言行及前人评论孔、孟的材料。

【续降】宋代朝廷编纂各种敕令后，又陆续追加颁布的各种法令的统称。如陆续颁降的宣敕、德音、指挥，称"续降宣敕""续降德音""续降指挥"。经有关机构整理成册后，便于有司引据。

【轩】①古代一种前顶较高、两侧有帷幕的车。也泛指车。②殿堂前屋檐下的平台，或指古代建筑中有窗槛的长廊或小室。在明清古建筑中常见于江南住宅，许多园林中的建筑物也以"轩"命名。如苏州沧浪亭的面水轩，轩名便取自杜甫诗"层轩皆面水，老树饱经霜"。

【轩车】马车的一种，曲辕，前顶较高，装有帷幕。先秦时一般供卿大夫、诸侯夫人乘坐，汉代时供高级官员乘坐。轩车的车帷往往绘有花纹，彩饰华美，故又名"文轩"。后成为车子的通称。

【宣德炉】一种铜香炉。明宣宗宣德三年（1428），工部因宫廷和寺庙熏衣、祀祠的需要，利用从南洋所得风磨铜铸造了一批小型铜器，品种多为香炉式，后因称为"宣德炉"。其特色一是原料多，除铜之外，还有金、银等贵重材料加入，所以炉质特别细腻，呈暗紫色或黑褐色。二是炼次繁，一般炉料要经四炼，宣德炉则经十二炼，因此炉质会更加纯细。造型多参照古代铜器及瓷器样式，而加以变化创造，丰富多彩，集各式造型之大成。

【宣抚使】古代官名。朝廷派遣大臣赴某一地区传达皇帝命令并安辑军民、处置事宜，称为"宣抚"。唐开元十六年（728），以宇文融充河北道宣抚使，是为"宣抚使"称号之始。其后，派朝臣巡视灾区，称"宣抚安慰使"或"宣抚使"。宋有安抚使，如范仲淹、狄青、李纲、岳飞等都曾任此职。宋初，宣抚使的地位相当于执政大臣，有时甚至由执政大臣亲自担任。起初职责主要是巡视地方、慰问官吏和百姓。后宣抚使的角色逐渐转变为一路或数路的军事统帅。元于西南地区置宣抚司，以宣抚使为长官，参用土官，处理地方军政大事。明清沿置，宣抚使皆土官世袭之职，掌管司事，统有土兵，受地方长官约束。

【宣和画谱】绘画著作。系文臣奉宋徽宗赵佶敕令编撰。成书于宣和二年（1120）。共20卷，收魏晋至北宋画家231人、作品6396件。并按画科分为道释、人物、宫室、番族、龙鱼、山水、畜兽、花鸟、墨竹、蔬果十门。每门前均有短文一篇，叙述该画科的起源、发展、代表人物等，然后按时代先后排列画家小传及其作品。对于研究北宋及其以前的绘画发展和作品流传，有重要的史料价值。

【宣和书谱】书法著作。北宋宣和年间（1119—1125），宋徽宗赵佶命文臣辑成。20卷，著录宣和时御府所收藏的法书墨迹。其书首列诸帝王书1卷，以下依次为篆书隶书1卷、正书4卷、行书6卷、草书7卷、分书1卷，末卷附有制诰。著录历代书家197人、作品1344件。每种书体前都有叙论，叙述各种书体的渊源、发展情况；次为书法家小传，记载作者生平、遗闻轶事，评论其书法的特点、优劣；最后列御府所藏的作品目录。体例精善，评论书法亦精审详尽，很有历史价值。

【宣徽院】古代官署名。唐至元朝掌内

外器物供帐等事的机构。分南北院，以宦官担任，为内廷要职，总领宫内诸司及三班内侍的名籍和郊祀朝会宴飨供帐等事宜。后宦官势力渐大，位职亦尊。五代成外官，常以枢密院官兼任。宋初沿置，元丰改制时废。元承辽金而置，以宣徽院使为其长官，主管祭祀、宴飨物品及诸王宿卫粮草供应等事。明初改并其职掌于光禄寺。清初设，属内务府，康熙十六年（1677）改为会稽司。

【宣慰使】古代官名。地方行政机构宣慰司长官。每司设三人，掌军民事务。在行省之下，分道以总郡县，为行省和郡县间的承转机关。也有称"宣慰司都元帅府"或"宣慰司兼管军万户府"者，多设于少数民族聚居区，参用土官。明清沿之，始作为土官职衔。管所辖土兵及司事，受地方长官约束。明清宣慰使都是土司世袭职官。

【宣慰司】古代官署名。宣达政令和抚慰地方的行政机构。始设于金，元置宣慰使司，多设于各地尤其是偏远地区，管理军民事务，置使、同知、副使、经历等官，分道掌管郡县，为行省和郡县间的承转机构。明清时不设于内地，而独存于土司。

【宣谕使】古代官名。专掌奉使宣谕朝廷旨意，完成任务即去职。宋置。绍兴元年（1131），以秘书少监傅崧年为淮南东路宣谕使。后因以宣谕使负责招抚，或按察官吏，或节制军马，职权渐重。绍兴三十二年（1162），虞允文、王之望相继充任川陕宣谕使，都掌握军政，职权仅次于宣抚使。

【宣政院】古代官署名。元时掌管全国佛教事务和吐蕃（今西藏）地区军政事务的机构。初名"总制院"，后改称"宣政院"。设院使二人，其一以西藏上层喇嘛国师充任，下设同知、副使等官，僧俗并用。地方有事，临时在当地设立分院处理。凡重大军政问题，均与枢密院共同决定。

【宣纸】一种供毛笔书画用的高级手工纸。因产地安徽泾县唐代属宣州（治今安徽宣城），故名。其名称最早见于《历代名画记》《新唐书》等。用青檀皮和沙田稻草为原料，至宋元后又用楮、桑、竹、麻，经过石灰腌泡、缓和蒸煮、日光漂白、石碓打浆、竹帘入槽、榨帖焙干等18道工序、100多道手工操作制成。纸质纯白、细腻、柔韧，变形性小，又具有特殊的润墨性、变形性、耐久性和抗虫性。可长期存放，有"纸寿千年"之誉，故我国留传的古代书画多用宣纸。主要分生宣和熟宣。前者多用于书法和泼墨写意画；后者因加胶矾，宜作工笔画，也用于木版水印、古画修复、篆刻治印、仿古碑帖、民间剪纸等。

【萱堂】萱，古人认为可令人忘记忧愁的草。按古时的制度，北堂是母亲所居住的地方，古代的游子出远门前总要在北堂种满萱草，希望母亲看到萱草花开时，对游子的思念之苦有所减轻。后因以"萱堂"指母亲的居室，也借指母亲。

【玄端】端，指其衣袖近方，寓意端正。原指黑色礼服和常服。西周时，玄端是上士的礼服和天子、诸侯闲居之服，配以玄冠、裳，中、下士则配黄色或杂色裳。春秋时，玄端是朝会之服，别称缁衣，配以素裳。秦汉以来，常为士人所服，后逐渐被深衣替代。明

X

嘉靖时曾效仿玄端服,别制冠、服,服色用深青,以纻丝纱罗为之,作为品官闲居的燕服,分三品以上和四品以下两等,称"忠静服"。

【玄鸟】 鸟名。即燕子。以其羽毛为黑色(玄即黑色),故名。传说古时一个叫简狄的年轻女子在河边洗澡,见玄鸟飞过,在岸边产下一枚卵。简狄吞下鸟卵后,怀孕生下了契,契后来成为商部落的首领,被尊为商的始祖。这就是《诗经·商颂·玄鸟》中的"天命玄鸟,降而生商"。

【玄武湖】 位于江苏南京东北玄武门外。古时称桑泊、北湖。南朝宋元嘉年间,相传湖中有黑龙,故改称玄武湖。玄武湖水光山色景致绝佳,历代文人骚客、政要名流在此留下身影。南朝宋孝武帝在湖中检阅水军,宋文帝在湖中筑造神山三座,梁昭明太子萧统在湖中建亭台馆阁,以诗会友。北宋王安石任江宁府尹改湖为田。元时又改田为湖。明代,玄武湖一度充当京城的一段护城河,还在湖中之洲贮藏全国户籍赋税档案。民国时期,玄武湖被辟为"五洲公园"。中华人民共和国成立后,经过彻底整修,建成今日的玄武湖公园。

【玄学】 魏晋时期流行的哲学思潮。玄,出自《老子》"玄之又玄,众妙之门",形容"道"的微妙无形,后多指非常奥妙,不易理解。魏晋士人以老子、庄子思想为骨架,所讨论的理论幽远、玄妙虚无,讲究思辨,故称"玄学"。玄学的创始人何晏、王弼,倡导"贵无",注重研究"本末""有无""体用"等哲学范畴,阮籍、嵇康倡导"越名教而任自然",裴颜主张"崇

有论",反对王弼的"贵无论"。郭象主张"独化说""名教即自然"。东晋以后,以玄学解说佛学,玄学与佛学趋于合流。南北朝时,佛学盛行,玄学日渐衰微。玄学用老庄思想解释儒家经典,"援道入儒"含有唯心主义成分,但提出的一些哲学范畴,对于丰富中国哲学史的内容,推动人类思维方式的发展,具有积极意义。

【玄言诗】 诗歌的一种。魏晋时一些清谈家用老庄言辞写成的诗,好谈论抽象玄理。因玄学与清谈风气的盛行,又有庾亮、桓温等名士的提倡,曾风靡一时。东晋后期,殷仲文、谢混等起而反对,至陶渊明、谢灵运登上诗坛后,玄言诗始逐渐衰退。代表作家有孙绰、许询、庾亮、桓温等。

【玄奘】 (?—664)唐代高僧,我国佛教唯识宗的创始人之一。通称三藏法师,民间呼为唐僧。本姓陈,名祎,洛州缑氏(在今河南偃师)人。13岁出家,遍访名师,精通经论。因感国内对经义众说纷纭,难得定论,决心到天竺(印度)学习,求得解决。贞观三年(629,一说贞观元年),经凉州(今甘肃武威)出玉门关西行赴天竺,在那烂陀寺从戒贤受学。后又游学天竺各地,与一些学者展开辩论,名震五天竺。贞观十九年(645)回到长安(今陕西西安)。译出经、论75部,凡1335卷。多用直译,笔法谨严,世称"新译"。与鸠摩罗什、真谛、义净并称中国佛教四大译经家。对中国佛教思想的发展影响极大,丰富了中国文化宝库,并为古印度佛教保存了珍贵的典籍。据求法所经诸国见闻,由其本人口述,弟子辩机记录整理成

X

《大唐西域记》12卷，是研究印度、尼泊尔、巴基斯坦、孟加拉国以及中亚各地的重要历史资料。其不畏艰难险阻取经成功的事迹，民间经过夸张与想象，形成许多文学作品，如《唐三藏西天取经》《西游记》等。

【悬艾】传统节日习俗。也称插艾。艾，又名艾蒿，茎叶味浓烈，有驱除蚊蝇虫蚁、净化空气的作用。民间认为它有辟邪免疫的功效，故自汉晋以来，端午节家家必插艾以应节景。也有把艾束为人形挂在门上，称艾人，或者采艾制成虎形的饰物佩戴，称艾虎。

【悬梁刺股】分别出自《战国策》和《太平御览》卷363引《汉书》。前者讲的是战国时期著名的纵横家苏秦早年昼夜苦读，困倦时用锥子刺自己的大腿，用痛感刺激大脑清醒而继续看书学习。后者讲的是东汉大学问家孙敬十分好学，从早至晚片刻不休，即便疲劳至极稍微打盹一会儿，也要将头发用悬于屋梁的绳子系上，稍想坐睡，就被绳子扯醒。后世常以这两个故事激励读书人胸怀大志，在学习道路上努力精进。

【璇玑玉衡】①指星象。具体解释不一。一说泛指北斗七星；一说北斗七星中的第二星为璇，第三星为玑，第五星为玉衡；一说北斗七星中的前四星为璇玑，后三星为玉衡；一说璇玑为北极星，玉衡为北斗九星。②古代观测天象的仪器，即浑仪的前身。

【选贡】科举制度中贡入国子监生员的一种。明代在岁贡之外考选学行兼优者充贡，称选贡。清代拔贡、优贡之制，即由此而来。明代有岁贡、选贡、恩贡和细贡；清代有恩贡、拔贡、副贡、岁贡、优贡和例贡。

【旋风装】旋，xuàn。古代书籍的装帧形式。用卷轴式长条纸作底，将书页向左依次序像鱼鳞一样逐页地粘在底纸上，每页正反两面书写文字。阅读时从右向左翻阅，收藏时从首向尾卷起，书页鳞次朝一个方向旋转，好像旋风，故名。也称龙鳞装、旋风叶子卷。它的外观仍是卷轴形式，这种图书装帧形式流行于唐代以后。

【靴】即长筒鞋。原为北方少数民族穿用的鞋，战国时期赵武灵王推行胡服骑射时传入中原。靴便于乘骑，且腿脚部具有更好的保护功能，因此多用于戎装，特别是骑兵着装。唐宋时期文武百官皆穿靴。靴的品种不断增多，产生了长筒靴、短筒靴、毡靴、皮靴、马靴、锦筒靴等不同类型。

【薛涛】（？—832）唐代女诗人。字洪度，长安（今陕西西安）人。幼时随父入蜀，遂寓居蜀地。擅诗词音律，也工书，与当时著名诗人元稹、白居易、张籍、王建、刘禹锡等人多有酬唱往来，时称"女校书"。王建《寄蜀中薛涛校书》诗称："万里桥边女校书，枇杷花里闭门居。扫眉才子知多少，管领春风总不如。"居于浣花溪畔，曾自造桃红色小彩笺，用以写诗，后人仿制，号为"薛涛笺"。现存诗八十余首，以赠人之作较多，情调伤感。

【学案】记述学派宗旨源流及其学说内容并加论断的著作。清代黄宗羲有《宋元学案》《明儒学案》，唐鉴有《国朝学案小识》。梁启超对《宋元学案》《明儒学案》素来推崇备至，赞誉两书为"中国完善学术史的开端"。

【学博】唐制，府郡置经学博士各一

人，掌以五经教授学生。唐人贵进士，不重明经，故此职多由寒门浅学之人担任。后泛称学官为学博。

【学官】掌管学务的官员和官学教师。如汉始设的五经博士、博士祭酒，西晋始设的国子祭酒、博士、助教，宋以后的提学、学政和教授、学正、教谕等。

【学名】入学读书时使用的正式名字。俗称大名。以与乳名、小字、字、号及排行相区别。一般由老师或读书识字的人，代为取学名。此后读书、应考等都用学名。古时有在尊长前自称时用学名的礼俗。

【学士】古代官名。魏晋六朝征文学之士，主掌典礼、编纂、撰述诸事，通称学士。唐开元时始置学士院，官员称翰林学士，掌起草皇帝诏命。宋始设专职，其地位职掌与唐略同。清内阁、翰林院皆有学士之官。历代学士名目众多，所属机构不同，职权各异，品秩高低也有别。例如北齐文林馆学士、北周麟趾殿学士、南朝梁抄撰学士、隋代东宫学士，皆掌著述。唐代高祖武德年间李世民做秦王时设文学馆，以房玄龄、杜如晦、孔颖达、陆德明等十八人为学士，即著名的秦王府十八学士。

【学士院】古代官署名。由翰林学士组成的内廷秘书机构。也称翰林学士院、翰林院。唐玄宗时始置。供职者称翰林学士，或称待诏，即听候皇帝随时召见和差遣，其中负责起草任免将相等机密诏令的词学之士最受重视，并备咨询要政。宋称翰林学士院，地位、职掌均与唐制略同。因地在宫禁，待遇优异，号称玉署、玉堂。元称翰林兼国史院，天历二年（1329）别置奎章阁学士院，命儒臣进经史之书，考前代帝王统治的得失。明清废学士院之名，称翰林院。

【学田】古代官私学校名下的田地。包括农田、林地、山地、湖泊甚至房产。以地租作为祭祀、教师薪俸和补助学生及贫士的费用。是古代学校办学经费的重要来源。其源甚早，南唐始称此，北宋以来流行。其后官学田由官府划拨，常由学官管理。书院及宗族乡里等学田来自捐献、募购或官府劝学所赐，多以定额租方式租佃经营，赋税上或可优惠，买卖受到一定限制。

【学政】古代官名。"提督学政"的简称。也称督学使者、学政使。俗称大宗师、学台。清始置，掌管各省学校生员考课升降之事。各省督学统称"提督学院"，官名则称为钦命提督某省学政。按期派往各省，至所属府、厅考试童生及生员。人选从翰林官及进士出身的部院官中选派，三年一任。不问本人官阶大小，在充任学政时，与督、抚平行。

【勋】唐代采取前代某些散官官号略加补充作为酬赏军功的勋号。通称为勋官。共十二级。后代沿袭唐制，只是品级略有不同。明代有文勋、武勋，武官勋号和前代基本相同，文官勋号除"柱国"外还有正治卿、资治尹之类。清代勋和爵合而为一。

【勋门】以功勋著称的家族。南朝期，指父祖在平乱定难或征战中建立过显赫功勋的家族。后泛指军将之家或世代有勋阶的家族。

【埙】xūn。古代传统吹奏乐器。"八音"分类中"土"的代表乐器之一。

陶制，故也称陶埙。也有用石、骨、象牙制成者。大如鹅蛋或鸡蛋，顶部稍尖，底平，中空，有球形或椭圆形等多种。顶上有吹口，前面有三、四或五孔，后面有二孔，古今各异。商以前的埙形制不尽相同，有橄榄形、圆形、椭圆形、鱼形、鬼脸形等。商定型为平底梨形，有五个指孔，前三背二，分为雅埙、颂埙。雅埙形体较大，颂埙则较小。埙在少数民族民间有藏族的"扎令"、彝族的"笛老挪"、回族的"泥口琴"等。形状繁多，音高不固定，直到现代仍有运用。

【熏笼】 一种日用器具。古称篝，也称火笼。由熏炉和罩在外面的笼子组成。熏炉以青铜等制成，笼为竹制。天冷时可燃木炭取暖，也可用来焚香熏衣被。

【巡按】 古代官名。明清时奉诏巡视各地的监察御史。三年一换，职权颇重，负责考核吏治，审理大案，知府以下均奉其命。也称巡按御史。始于明太祖时，永乐后定制，以一省为一道，分道出巡，品级仅正七品。品级虽低，却可与省区行政长官分庭抗礼，知府以下均奉其命，事毕还京。清初因之，后废。

【巡抚】 古代官名。唐时始设巡视安抚地方的特遣官员。凡遇灾害，即遣廉访官员，以其官职高卑或名巡抚大使、副大使等。官卑者不加"使"，仅称"巡抚"。明始设巡抚专职，与总督同为地方最高长官。清为省级地方政府长官，总揽全省军事、吏治、刑狱、民政等，职权甚重，虽地位略次于总督，仍属平行。也称抚台、抚宪、抚军。又因例兼都察院右副都御史衔，故也称

抚院。明清各地总督和巡抚合称"督抚"。民族英雄林则徐曾任江苏巡抚。

【巡检】 担负边防及地方巡察治安等事的官职。五代后唐庄宗以都虞侯张廷蕴为魏博三城巡检使。宋时于京师府界东西两路，各置都同巡检二人，京城四面巡检各一人，共八人。又于沿边、沿江、沿海巡检司置都巡检及巡检，掌训练甲兵，巡逻州邑，职权颇重。后因设置增多，职权渐小，受所在州县守令节制。金元置巡检司长官。明清时，凡镇市、关隘，距县城远的大抵设巡检分治，为县令的属官。

【巡狩】 指帝王离开国都，巡行所辖国土，了解山川形势、风土民情及各地吏治等，以宣示王权，加强统治等。古代吉礼之一。传说，远古帝王舜巡狩中死于苍梧之野（今湖南、广西交界处），葬在九嶷山（今湖南永州宁远县）。秦始皇统一六国后，也曾多次出巡。隋炀帝南游扬州，清康熙帝、乾隆帝也多次巡视江南。皇帝被掳到北方去，婉称北狩，如宋代徽、钦二帝被北方的金所掳，明代英宗被北方的瓦剌所俘，均有此称。

【荀况】 （约前313—前238）战国末思想家、教育家。名况，时人尊号为"卿"，汉人避宣帝讳，称孙卿。赵国人，游历齐国，曾担任稷下学宫祭酒，晚年受到排挤，离开齐国前往楚国，春申君用为兰陵（治今山东兰陵县兰陵镇）令。后著书终老其地。韩非、李斯皆其学生。荀子认为人性本恶，因此强调要通过教育使人向善，就像弯曲的木头必须经过矫正才能变直一样。政治上主张礼法兼治，王霸并用，坚持"正名"之说，强调封建等级制，

X

反对世袭制。在经济上提出强本节用、开源节流。所著《荀子》，说理透辟，结构谨严。

【荀子】 书名。战国时期荀子著。经西汉经学家刘向整理，定为 32 篇。人性论是荀子理论的逻辑起点，也是其思想体系中最富有性格的部分。在书中，荀子提出了人性本恶的观点，认为人的本性倾向于自私和邪恶，需要通过教化和修养来实现道德的提升，即"化性起伪"。主张君主应具备德行和才能，通过仁政来实现国家的稳定和社会的和谐。此外，荀子还强调了教育对于培养人的品德和修养的重要作用。在文风上，《荀子》以行文简洁、说理透彻著称，善用排比句与对偶句增强议论的气势，有很强的感染力。

Y

【押司】 古代吏名。宋时地方官属吏，办理案牍、官司等事务。由当地有产业人户中差选。也称押司官。在《水浒传》中，宋江担任过郓城县的押司一职。

【鸦片贸易】 清中期以来英国等国大批运销鸦片，掠夺中国人民财富、毒害人民的罪恶活动。唐已有少量鸦片输入，供药用。明万历二十八年（1600）英国设东印度公司，制造鸦片输入中国。清嘉庆元年（1796），清政府下令禁止鸦片进口，但英美散商仍大量输入。道光十八年（1838）再令严禁，派林则徐到广东查办。英国发动鸦片战争，战后，外商仍将鸦片私自运销中国。第二次鸦片战争后，清政府被迫准许外商在通商口岸销售鸦片，以"洋药"名目缴税，成为"合法"进口商品。

【鸦片战争】 公元1840—1842年英国因鸦片输出受阻而对中国发动的侵略战争。1838年，道光帝鉴于烟毒泛滥、白银外流，派林则徐赴广东查禁鸦片。1839年，林则徐虎门销烟。1840年英国发动侵华战争。清廷派琦善到广州议和，将林则徐革职。1841年，清廷对英宣战，三元里数万民众也奋起参战。英军先后攻陷厦门、定海、宁波、吴淞、镇江等，进犯南京。道光帝决定议和，签订了丧权辱国的《南京条约》。中国开始逐渐沦为半殖民地半封建社会。

【牙军】 唐五代节度使麾下的精锐军队，负责保护节度使所在的牙城和官署，是藩镇对抗中央朝廷的重要武装力量。牙即衙，节度使官署称使牙，所居子城称牙城，故名。在节度使所辖诸军中最为精锐，常由其养子或亲信统领，晚唐五代藩镇军中骄兵悍将多出于此。

【牙人】 旧时集市贸易中以介绍买卖为业的人。先秦称质人、驵，汉代以来称市侩，南北朝至隋唐称牙人，也称牙郎、牙子。收取的佣金称"牙钱"。除招揽买卖、提供行情、帮助讲价外，有时也代官府征税和收集物价信息。宋以来形成行业，明清称"牙商"，有牙行，清广州十三行即为专营进出口贸易的牙行。

【牙税】 古代官府向牙商或牙行所征的税。也称牙契税、牙帖税、牙纪税、牙厘。南北朝以来多称职业化的交易议价中人为牙人，唐宋已向其所获佣金征税。明清重要口岸及商品集散地多有牙商店铺，称牙行，每年须向官府纳税领帖方得经营。

【牙帖】 帖，tiě，用简短言词书写的柬帖。旧时牙商或牙行的营业执照。明清牙商或牙行须呈请官府批准领取牙帖方许营业。明由地方政府发放。清改由户部颁发，但各省藩司所出司帖、知县所出谕帖效力相同。大致分上、中、下三等，按时换领。帖费在乾隆时最高三两。

【厓山之战】厓，yá。厓山，也作"崖山"。公元 1279 年，元军在厓山（今广东新会崖门镇南）附近海面歼灭南宋残余势力的一场海战。南宋德祐二年（1276）元军入临安（今浙江杭州）灭宋，虏宋恭帝北去。宋臣张世杰、陆秀夫等拥益王赵昰、卫王赵昺沿海南走，立赵昰为帝。景炎三年（1278）赵昰死，赵昺继位，张世杰等退至厓山。次年元将张弘范率军进逼，张世杰率军奋战，以腹背受敌失败。陆秀夫负帝跳海死，张世杰集合溃军，准备继续战斗，遇飓风舟覆溺死，南宋遂亡。

【衙前】宋代一种官役。主管运送官物或看管府库粮仓，或管理州县官食物。负赔偿失误和短缺等责，承役者往往赔累破产。宋初无固定役法。仁宗初期，有派里正轮充的"里正衙前"，募充的"长名衙前"和以富户承充的"乡户衙前"等。官府许承担重难差役的衙前承包酒坊，以资弥补。嘉祐、治平年间（1056—1067）各地相继废止。熙宁三年（1070）行免役法，衙前改为雇役，以坊场钱（酒税）募充。

【雅克萨之战】清康熙时中国军队驱逐沙俄侵略者的战役。公元 17 世纪中叶沙俄侵略者开始窜入中国黑龙江流域，强占尼布楚、雅克萨等地，筑城盘踞。康熙二十四年（1685）清政府派彭春、郎坦率军，与黑龙江将军萨布素会师，驱逐盘踞雅克萨的侵略军。俄军势穷力竭，遣使约降，彭春、郎坦等许其所请，挥师而归。同年冬侵略者又重占其地。清政府于次年使萨布素、郎坦等率军再围雅克萨，击杀托尔布津，俄方同意谈判。此役在康熙帝多年部署和准备后进行，清军两度反击，最终获胜，肃清了黑龙江下游一带的沙俄据点，为谈判解决中俄边界问题争取了主动。

【雅舞】古代用于祭祀天地、祖先及朝贺、宴飨的舞蹈。也作"雅傩"。分文舞、武舞两大类。文舞的舞者左手执籥，右手执翟。武舞的舞者手执朱干、玉戚等兵器。相传黄帝之《云门》、尧之《大咸》、舜之《大韶》、禹之《大夏》，为文舞。汤之《大濩》、武王之《大武》，为武舞。周存六代之乐，至秦只剩《韶》《武》。汉魏以后，又有庙舞，各用于其庙，皆称"雅舞"。

【雅乐】乐，yuè。古代帝王祭祀天地、祖先及朝贺、宴飨时所用的舞乐。周代用为宗庙之乐的六舞，儒家认为其音乐"中正和平"，歌词"典雅纯正"，奉之为音乐的典范。历代帝王都循例制作雅乐，以歌颂本朝功德。与"俗乐"相对。

【亚圣】战国时期的孟子是儒家道统的优秀传承人，元朝至顺元年（1330）孟子被封为"亚圣公"，明世宗改称孟子为"亚圣"，后成为孟子的专称，意思是仅次于圣人孔子。

【揠苗助长】出自《孟子》。一个宋人担心自家地里栽种的庄稼长得慢，于是就用手往上拔，想助庄稼快长。一番辛苦后，其子看到地里的庄稼不仅没有长高，反而枯萎了。后人以这个故事来比喻急于求成，忽视了事物的发展是内因和外因共同作用的结果，而内因是决定性的因素。违背了自然规律，哪怕抱有良好的愿望，强行人为干扰，其结果也必然是弄巧成拙、事与愿违。

【阉党】　阉，yān。明代趋附勾结宦官而结成的政治派别。明英宗时王振，宪宗时汪直，都有党羽，但势力未盛。武宗时，刘瑾专政，阁臣焦芳等附之，阉宦之权凌驾于内阁之上。熹宗时魏忠贤专权，内外官僚奔走门下，结党营私，陷害异己，自称儿孙，为之建造生祠。思宗即位后，将党附魏忠贤之人定为"阉党"，分为七等，严加惩治，重者处死，轻者终身不加任用。

【阏氏】　yānzhī。汉代匈奴王妻妾的称号。也称阏支、焉提。相传，焉支山下有红花，北方的人采其花朵做胭脂，妇人以胭脂为面容的妆色，因"胭脂"与"阏氏"音近，故称。汉代王昭君远嫁匈奴和亲，被封为宁胡阏氏。

【鄢陵之战】　公元前 575 年，晋楚两国为争夺对郑国的控制于郑地鄢陵（今河南鄢陵）进行的战役。晋厉公和楚共王亲自领兵参战。楚军因司马子反醉酒而败退。这是继城濮之战、邲之战后，晋楚两国第三次大战，也是晋楚争夺中原霸权的最后一次大战。

【燕国】　燕，本作匽、郾。周成王分封召公奭之子克为燕侯所建的姬姓诸侯国。位于燕山南部，建都蓟（今北京西南），是周朝控驭河北、辽西地区的重要据点，其早期世系失载。战国时称王，为"战国七雄"之一，后渐衰弱。公元前 226 年秦攻克燕都蓟城，四年后又攻克辽东，俘燕王喜，燕亡。

【燕山】　①山名。位于今河北东北部。自潮白河河谷向东，经玉田、丰润，延伸至山海关。其主峰为雾灵山，云雾缥缈，风光秀丽，动植物资源丰富。有古北口、喜峰口、冷口等多处隘口，是南北交通的要道。其中，古北口修建于明洪武年间，城墙至今可见。古代关于燕山的名篇佳作甚多，既有劲健阳刚之作，如唐代李贺《马诗二十三首·其五》："大漠沙如雪，燕山月似钩。何当金络脑，快走踏清秋。"也有叙述边地苦寒、征人离愁之作，如李白《北风行》："燕山雪花大如席，片片吹落轩辕台。幽州思妇十二月，停歌罢笑双蛾摧。"②古代府名。宋徽宗宣和四年（1122）设置，治所在今北京，辖区包括今北京、天津及河北一些区域。

【燕云十六州】　五代时期，后唐河东节度使石敬瑭拜契丹主为父，并以割让十六个州为代价，借契丹之力建立了后晋政权。也称幽云十六州、幽蓟十六州。这十六州为：幽州（今北京城区西南）、顺州（今北京顺义）、应州（今山西应县）、蓟州（今天津蓟州）、新州（今河北涿鹿）、寰州（今山西朔州）、瀛州（今河北河间）、妫州（今河北怀来）、朔州（今山西朔州）、莫州（今河北任丘）、儒州（今北京延庆）、蔚州（今河北蔚县）、涿州（今河北涿州）、武州（今河北宣化）、檀州（今北京密云）、云州（今山西大同）。自此，燕山屏障尽失，华北平原无险可据，对宋、辽、金格局的形成，产生至关重要的影响。

【延祐经理】　元仁宗延祐年间对田亩的查核与对租税钱粮的理算。当时，江南地主豪强、寺观僧道以及蒙古贵族，采用种种手段，大量隐瞒田产，逃避赋税，严重影响国家财政收入。延祐元年（1314），仁宗采纳中书平章政事章闾的建议，在河南、江浙、江西三省实施的查勘田粮。实施过程中，由于各级官吏贪黩，以无为有，妄增亩数，有很多富民却因贿赂官吏隐瞒田产，人民深受其害，成了流毒三省的一项暴政，导致次年江西宁都发生蔡五九起义。

【芫荽】yánsuī。茎叶细嫩，根如胡须。嫩茎和叶有特殊香气，可供蔬食、调味，生熟皆可食。也可点缀于肴馔上，作装饰与香辛料。果实圆形，用作香料，也可入药。西汉时期，张骞出使西域，带回此种，称其胡荽。因后赵皇帝石勒避讳"胡"字，改称香荽。俗称香菜。

【严羽】南宋文学批评家。字仪卿、丹丘，号沧浪逋客，邵武（今属福建）人。与同宗严仁、严参齐名，并称"三严"。又与严肃、严参等八人，均有诗名，并称"九严"。一生未曾出仕，大半隐居在家乡。在诗歌理论方面颇有建树，著有《沧浪诗话》。书中提出较有系统的诗歌理论，标榜盛唐，主张诗有别裁、别趣之说，重视诗歌的艺术特点，批评了当时以文字、才学、议论为诗的弊病。又以禅喻诗，强调"妙悟"，对明清的诗歌评论影响颇大。另有诗集《沧浪集》。

【炎帝】传说中远古姜姓的部族首领。"炎黄子孙"中的"炎"指的就是炎帝。号烈山氏，也作"厉山氏"。原居姜水（在今陕西岐山县西）流域，后向东发展到中原地区。曾与黄帝在阪泉（今河北涿鹿东南）大战三次，被击败，后又联合黄帝击杀蚩尤。一说炎帝即神农氏。上古时期，人们还不会用火，所获猎物只能生吃。神农发明了用火方法，教人们吃熟食，引导人们脱离了茹毛饮血的生活，因此人们也称其为炎帝，意思是给人们带来火种的帝王。他还尝百草，辨认可以食用的植物，又发明了农具，教给人们耕种的方法，引导人们从事农业生产，由此也有"神农"的称号。神农，意思是创造农业生产的神奇人物。

【炎黄】我国古代传说中的炎帝和黄帝的合称。后常借指中华民族的祖先。相传，炎帝原居住在姜水（在今陕西岐山县西）流域，阪泉大战被黄帝击败后，联合黄帝击杀蚩尤，后结成联盟。经过长期发展、壮大，逐渐形成"华夏民族"，由黄河流域扩展到长江流域，并融合更多的民族，形成今日的中华民族。

【沿纳】按例缴纳的额外苛税。指宋朝沿袭五代征收的各种附加税。也称杂变之赋。皆在两税以外附加征收，后来实际成为两税的一种固定内容。

【盐铁论】书名。西汉桓宽编著。昭帝始元六年（前81），朝廷召开"盐铁会议"，以贤良文学为一方，以御史大夫桑弘羊为另一方，双方就盐铁专营、酒类专卖和平准均输等问题展开辩论，内容包括汉武帝时期的政治、经济、军事、外交、文化等方面。三十年后，桓宽根据这次会议的官方记录，加以"推衍"整理，增广条目，把双方互相责难的问题详尽地记述出来，写成《盐铁论》。全书分为10卷60篇，前41篇是写会议上的正式辩论，自第

Y

42 篇至 59 篇是写会后的余谈,最后一篇"杂论"是作者写的后序。篇各标目,前后联成一气,采用对话文体,以生动的语言真实反映当时的辩论情景,保存了不少西汉中叶的经济思想资料。同时,也把桑弘羊这一封建社会杰出理财家的概略生平、思想和言论相当完整地保留了下来,成为研究中国经济思想史特别是西汉经济思想史的一部重要著作。

【盐铁之议】 西汉昭帝时期召开的一次由盐铁官营问题所引起的有关国家政策的辩论。其本质是对汉武帝时期推行的各项政策进行总的评价和估计。始元六年(前 81),昭帝命地方举荐的贤良文学参与讨论内外政策,御史大夫桑弘羊坚持推行武帝以来盐铁官营等政,与力主调整的贤良文学反复辩难交锋。会后,取消酒类专卖和部分地区的铁器专卖。汉宣帝时,桓宽根据当时会议的记录,整理为《盐铁论》。

【盐引】 商人运销官盐的凭照。引既指凭证,又指所规定的重量单位。宋庆历八年(1048),范祥变通盐法,由交实物改为交钱买盐钞,商人凭盐钞购盐运销,后盐钞发行过多,盐钞法败坏。蔡京于徽宗政和三年(1113)行盐引法,由商人入中或纳税后领引运销。盐引分为长引和短引。长引销外路,短引销本路。严格批缴手续和缴销期限,长引一年,短引一季。限定运销数量和价格。元以来屡有损益,明后期至清改由商人分层包销,盐商资格须经官府审定,仍须纳税领引,方得在规定期限、地区内营销规定产地和数量的食盐。

【阎立本】 (约 601—673)唐代画家。雍州万年(今陕西西安)人。其父阎毗、其兄阎立德俱擅工艺、建筑和绘画,驰名隋唐间。阎立本继承家学,擅长绘画、工艺、建筑,且有政治才干。高宗显庆元年(656)阎立德去世,继任兄长为将作大匠,同年升为工部尚书。总章元年(668)擢升为右相,当时姜恪以战功擢任左相,时人有"左相宣威沙漠,右相驰誉丹青"之说。阎立本善画道释、人物、山水、鞍马,尤以道释人物画著称。曾为长安慈恩寺画壁画,颇受称誉。武德九年(626)所绘《秦府十八学士图》系表现秦王李世民属下的房玄龄、杜如晦等 18 位学士,对每个人的身材、相貌、服饰、年龄及神情等特征都有生动而具体的刻画。贞观十七年(643)又奉诏于凌烟阁为长孙无忌、李孝恭、魏徵、李勣、房玄龄、杜如晦等 24 位功臣画像,绘成《凌烟阁功臣二十四人图》。还曾奉诏为唐太宗画像。存世作品尚有《历代帝王图》《步辇图》(均为宋摹本)等。

【阎若璩】 (1636—1704)璩,qú。清初经学家。字百诗,号潜邱。祖籍太原,五世祖居江苏淮安。其学术思想主汉学不主宋学,长于考据,主张古书要大胆怀疑,但考据务力求精确。是清代汉学研究的先导,考据学的奠基者之一。沉潜三十余年,作《尚书古文疏证》和《尚书孔氏传》,确证东晋梅赜所献《古文尚书》出于伪作,使《古文尚书》公案成为定谳。另著有《毛朱诗说》《四书释地》《潜邱札记》《困学纪闻注》等。

【颜回】 (前 521—前 490)孔子最得意

的弟子。姓颜，名回，字子渊，也称颜渊。春秋末鲁国人。家境贫寒，淡泊名利，居陋巷，箪食瓢饮而不改其乐。据《论语》记载，有一次孔子评价颜回说："贤哉，回也！"夸赞他在物质上能安于贫困并好学不倦。不幸的是，颜回英年早逝，令孔子非常悲痛。在颜回去世后，孔子感慨地说："噫！天丧予！天丧予！"后世尊其为"复圣"。

【颜柳】 指唐书法家颜真卿、柳公权。二人字体皆以筋骨见长，颜真卿的字多筋，柳公权的字多骨，故后人常以颜、柳并举，称"颜筋柳骨"。

【颜师古】 （581—645）隋唐经学家、训诂学家。名籀，字师古，以字行。祖籍琅邪临沂（今属山东），后迁居京兆万年（今陕西西安）。官至中书侍郎。祖父是南北朝时期的著名学者颜之推。遵循祖训，博览群书，学问通博，擅训诂、声韵、校勘之学。著有《汉书注》《急就章注》《匡谬正俗》等。

【颜氏家训】 书名。北齐颜之推著。始作于北齐，成于隋仁寿年间（601—604）。全书共分为七卷二十篇，内容涵盖了立身、治家、处事、为学等多个方面，是颜之推关于人生经验和教育理念的总结。书中对教育子女的方式方法和家庭内部的行为规范做了详细的阐述。强调教育要因材施教，要注重孩子的兴趣和特长，提倡教育要宽严相济，既要给予孩子自由发展的空间，又要对他们进行必要的约束和引导。这些观念在现代社会仍具有积极意义。《颜氏家训》曾广为流传，人们评价为"古今家训，以此为祖"。

【颜真卿】 （709—784）唐代书法家。字清臣，京兆万年（今陕西西安）人。祖籍琅邪临沂（今属山东）。开元年间中进士。为人刚直，受权奸杨国忠排斥，出任平原太守。安史之乱中，联合堂兄常山太守颜杲卿奋起抵抗，河北十七郡纷起响应。颜杲卿和侄颜季明慷慨殉国，颜真卿愤然书就《祭侄季明文稿》，被后世誉为天下第二行书。后授宪部（即刑部）尚书，迁御史大夫，封鲁郡公，世称颜鲁公。建中三年（782）李希烈叛，颜真卿前往劝谕，持节不屈，被李希烈缢死于狱中。颜真卿书法广泛汲取前人所长，雄伟刚劲，世称"颜体"。在中国书法史上有着承先启后的地位，对后世书法艺术的发展影响极大，为百世之宗。与柳公权并称"颜柳"，人称"颜筋柳骨"。《多宝塔碑》《颜勤礼碑》《争座位帖》《自书告身》《祭侄季明文稿》为其代表作。

【颜之推】 （531—约595以后）北齐文学家、教育家。字介，琅邪临沂（今属山东）人。初仕梁元帝为散骑侍郎，后投奔北齐，官至黄门侍郎。长于语言文字学，与刘臻、萧该等讨论音韵，后由陆法言编为《切韵》。所著《颜氏家训》，是我国古代最早的家庭教育著作。书中提倡儒家的教育思想，强调家庭教育的重要性，提倡父母注重言传身教，主张以德育为核心，培养儿童的品德和良好习惯。对中国传统家庭教育影响深远。

【衍圣公】 孔子后裔世袭的封号。自汉朝始，历代王朝对孔子后裔皆加封爵位。汉称"褒成侯"，魏称"宗圣"，晋称"奉圣"，北魏称"崇圣"，北齐称"恭王"，均为侯爵。北周及隋文帝封"邹国公"。隋炀帝改封"绍圣侯"。唐初封"褒圣侯"。开元中，追谥孔子为"文宣王"，封其后裔为"文宣公"。北宋至和二年（1055），因后裔不宜用祖谥为号，改封世袭"衍圣公"，掌奉阙里庙祀。明清两朝沿袭不改。

【郾城之战】 郾，yǎn。公元1140年，南宋将领岳飞在郾城（今河南漯河）击败金军主力的战役。南宋绍兴十年（1140）金军四路进攻，战线东至淮河，西至陕西。金将完颜宗弼率领精兵一万五千余骑，到达郾城北面，以重铠严装的"铁塔兵"列在正面，拐子马布列两侧。岳飞采用游奕联防战术，令将士各持刀斧，上砍敌人，下斩马足，大败金军。岳飞进抵朱仙镇，旋即奉诏退军而回。因高宗、秦桧主张议和，岳飞拟恢复河朔的计划未能实现。

【演义】 根据史事、传说敷衍而成的长篇章回体小说，由宋代讲史、话本发展而来。为古代小说的一种体裁，如《三国演义》《隋唐演义》等。

【甗】 yǎn。古代炊器。青铜或陶制。其下半部似鬲（用作水锅），上半部似甑（蒸锅），甑下有带孔的箅子，用来通水蒸气。盛行于商周，一直到汉代都能见到。

【晏殊】 （991—1055）晏，yàn。北宋词人。字同叔，抚州临川（今江西抚州）人。自幼聪明过人，7岁就能写文章，被誉为神童。真宗景德年间，晏殊仅14岁就以神童召试，赐同进士出身。官至集贤殿大学士、同中书门下平章事兼枢密使。卒谥元献。以词著称，与欧阳修并称"晏欧"。其词擅长小令，多表现诗酒生活和悠闲情致，语言婉丽，情致典雅。《浣溪沙》中"无可奈何花落去，似曾相识燕归来"二句，传诵颇广。其子晏几道也擅词，父子合称"二晏"。有《珠玉词》。

【晏婴】 （？—前500）春秋时齐国大夫。也称晏子。字平仲，夷维（今山东高密）人。齐灵公二十六年（前556）任齐卿，历仕灵公、庄公、景公三世。强调节俭、薄敛、省刑，重视生产，提倡蚕桑。曾奉景公命使晋联姻，与晋大夫叔向议论齐政，预言齐国政权终将为田氏所取代。传世《晏子春秋》系后人依托并采缀晏子言行而成。

【晏子春秋】 书名。旧题春秋齐晏婴撰，实则为后人托名并采缀晏子言行而作。分内外篇，共8卷、215章。书中晏婴劝告君主不要贪于逸乐，要爱护百姓、任用贤能和虚心听取不同意见等统治经验，常为后世效法。书中有许多生动的情节描写，表现了晏婴的聪慧和机智，如"晏子使楚"等，广为流传。

【宴飨】 飨，xiǎng。宴礼与飨（享）礼。古代王室用大宴款待群臣、宾客。根据招待对象不同，采用不同等级的礼仪。天子款待诸侯用飨礼，款待诸侯的卿用宴礼。飨礼用半个牲体，叫"体荐""房烝"。体荐不煮熟，不能食用，故飨礼上主、宾不饮不食，设酒肴仅为表示隆重。宴礼则用切开之肉，带骨头而放置在俎上，叫"折俎""殽烝"。后世皇家虽不完全遵先秦古礼，但"飨"与"宴"这两种不同等级的礼，一直存在。

【雁臣】 北魏孝文帝迁都洛阳后，留居代北每年前往洛阳朝觐的大臣。因为当时部分北族显贵和官员不愿意南迁，于是孝文帝特许他们仍居平城一带留守。这些人经常是每年秋凉前来朝觐，到春暖时始返回代北，以便避开炎热的天气，如同大雁秋去春来、定时往返的习性，故得名。

【雁荡山】 位于浙江东南部。分南、北两山，南雁荡山在浙江平阳县西南；北雁荡山位于乐清市东。绝顶有湖，水常不涸，芦苇丛生，春归之雁常留宿于此，故名。以飞瀑、悬崖、奇峰、灵石闻名。灵峰、灵岩、大龙湫被誉为雁荡风景三绝。明代徐霞客在其游记中，专有一篇《游雁荡山日记》，以"登盘山岭，望雁山诸峰，芙蓉插天，片片扑人眉宇"形容雁荡山景致。今人潘天寿于1963年创作了《雁荡山花图》，在实景写生的基础上，用中国画技法，描绘了雁荡山草长莺飞的勃勃生机。也称雁山。

【雁门关】 古关名。在今山西代县雁门山顶。是长城上的重要关隘。与宁武关、偏头关合称山西三关，即外三关。雁门关北通大同，南达太原，进可入辽阔草原，退可守千里关中，自古就是边防战略要地。先秦时期，赵武灵王胡服骑射，大败林胡、娄烦，设云中、雁门、代郡。秦始皇统一全国，派大将蒙恬北出雁门，收复河套地区。汉代名将卫青、霍去病、李广等都曾驰骋于雁门古塞内外，搏击匈奴，立下汗马功劳。北宋初期，雁门关一带是宋辽激烈争夺的战场。元代以后，随着中华民族统一国家疆域的逐步形成，内长城作为"内边"的作用已经失去，所属的雁门雄关也随之荒芜。

【滟滪堆】 滟滪，Yànyù。历史上位于长江瞿塘峡口江心的一块巨石。也称燕窝石、淫预石。为旧时长江三峡著名险滩。唐代李肇《唐国史补》卷下"大抵峡路峻急……四月五月为尤险时，故曰：'滟滪大如马，瞿塘不可下；滟滪大如牛，瞿塘不可留；滟滪大如襆，瞿塘不可触。'"1958年航道整治，滟滪堆被炸平。

【燕服】 燕，闲居。天子、百官日常家居时所穿的便服。也称宴服。先秦有时称褻服。秦汉以来用此称。北朝时期，常与民间服饰混淆，隋炀帝时改称常服。唐太宗以来，规定天子常服专用赤黄袍，三品以上色紫，四五品绯，六七品绿，八九品青，吏及百姓黄，质料和配饰各有规定。宋以来，公服即循此损益，而便服更趋简化。明朝常服指常朝视事之服，另仿古玄端为燕服，清废。

【燕乐】 乐，yuè。古乐名。祭祀燕享之乐；内廷之乐；隋唐以后的俗乐，亦作"宴乐"。其名称始见于《周礼》，指天子及诸侯宴饮宾客时所用的乐舞。一般采自民间俗乐，以别于雅乐。随着民间音乐的演变，历代燕乐的形式各异，如汉有相和歌、百戏等，唐有歌曲、舞曲、戏弄等，宋以后有杂剧、传奇等。

【燕子矶】 矶，jī。位于江苏南京幕府山东北角观音门外。因其形为一巨石直立江上，三面临空，如燕子展翅欲飞，故得其名。总扼大江，地势险要。自古就是长江军事要津。燕子矶名列"金陵四十八景"之一。矶上怪石嶙峋，矶下白浪滔天。矶上建有碑亭，中有清乾隆帝亲书"燕子矶"之碑。

【秧马】 一种木制农具。流行于长江中

下游一带水稻产区。北宋时已大量使用。外形似小船，尾翘起，背面像覆瓦，供一人骑坐。操作者跨坐其上，脚蹬滑行，插秧时用双手将头上放置的秧苗插入田中，拔秧时则用双手将秧苗拔起，捆缚成匝，置于船后舱中。苏轼曾写有《秧马歌》。

【扬雄】 （前53—18）一作"杨雄"。西汉文学家、哲学家、语言学家。字子云，蜀郡成都（今属四川）人。少好学，博览群书，40岁后始游京师，以辞赋闻名。汉成帝时任给事黄门郎。王莽时任大夫，校书天禄阁。因符命案受牵连，被迫投阁，未死。为人口吃，讲话不流利，以文章名世。早年好辞赋，曾模仿司马相如赋作《长杨》《甘泉》《羽猎》诸赋，世称"扬马"。晚年认为辞赋乃雕虫小技，转而投入哲学，乃仿《论语》作《法言》，仿《周易》作《太玄》。在语言学方面也有成就，曾著《方言》叙述西汉时代各地方言，为研究古代语言的重要资料。又续《仓颉篇》编成《训纂篇》。

【扬一益二】 唐后期对扬州（今江苏扬州）、益州（今四川成都）繁华居天下之最的称誉。安史之乱以后，北方经济地位下降，长江流域地位上升。扬州、益州成为全国最繁华的工商业城市。两地自然条件优越，人文传统悠久，又久为安定之地，至此城市繁华，消费发达，吸聚了天下商旅，带动当地经济，俱极一时之盛。扬州犹在益州之上，有"天下之盛，扬为首"的说法。

【扬州八怪】 清代康熙（1662—1722）到乾隆（1736—1795）年间，活跃于扬州一带的八位画家，因其个性独特、画风怪诞，被称为"八怪"。通常认为是汪士慎、李鱓、金农、黄慎、高翔、郑燮、李方膺、罗聘八人。他们多为失意官吏或无功名的文人，居于扬州，借书画表现心中不平，作画不拘成法，反对正统画风，在题画诗、书法、篆刻等创作领域锐意创新，成就卓著，被当时正统画派视为"偏师""怪物"，"扬州八怪"由此而得名。

【扬州十日】 公元1645年，清军攻破扬州后，对城内人民进行大屠杀。屠杀共持续十日，故名。此役南明督师史可法率军民誓与扬州城共存亡，坚守六日后城破，史可法被俘，拒降而死，清将多铎纵军屠掠十日，死难者八十余万人。

【阳春白雪】 古代乐曲名。传为春秋时晋国音乐家师旷所作，一说为齐国刘涓子所作。古时每以"阳春白雪"连称为一曲，后世琴谱则分为两曲。最早见于《神奇秘谱》，列"阳春"于上卷宫调，云"阳春"者，"取万物知春、和风澹荡之意"；列"白雪"于中卷商调，云"白雪"者，"取凛然清洁、雪竹琳琅之音"。唐显庆二年（657），吕才曾依琴中旧曲配以歌词。后世以"阳春白雪"借喻"曲高和寡"之典故。

【阳关】 ①古关名。在今甘肃敦煌西南，因位于玉门关之南而得名阳关。汉时设置。是古代通往西域的咽喉之地，丝绸之路南路必经的关隘。唐王维《送元二使安西》："劝君更尽一杯酒，西出阳关无故人。"阳关在后世被赋予送别友人、抒发离情的文学意象。②战国时巴国的三关之一，位于今重庆东石洞关。

【阳关三叠】古曲名。最早见于明初龚稽古《浙音释字琴谱》（1491前），而以清张鹤《琴学入门》（1864）的传谱最为流行。各派琴谱均以唐王维《送元二使安西》诗为主要歌词，并引申诗意，增添词句，抒写离情别绪。因诗中有"阳关"与"渭城"两个地名，故亦名《阳关曲》或《渭城曲》。后入乐府，以为送别之曲，又因全曲分三段，原诗反复三次，故称"三叠"。

【阳湖派】清代散文流派。形成于乾隆、嘉庆年间，其代表人物恽敬、张惠言、李兆洛皆为阳湖（今江苏常州）人，故名。在古文取向上既受过桐城派主张的影响，又对其弊病有所批评和修正，主张以学济文、追求气势与文采兼擅。与桐城派并称，为清代散文的两大重要流派。

【阳文】印章上所刻或其他器物上所铸凸起的文字或花纹。用阳文印章钤出的印文为朱色，故也称朱文。后世就其体而言，称印章或器物上凸起的文字、花纹，拓下来或盖出来的白底黑字、白底红字、花纹为阳文。被广泛应用于各种艺术形式，如篆刻、书法、雕塑等。汉魏印章多阴文，自唐以来多用阳文。阳文印章的文字图案则是凸起的，给人一种刚健、明快的感觉，常被用来代表男性、刚强、外向等特质。在中国传统文化中，阳文常被用于制作印章、符咒、法器等，被赋予了神秘、神圣的象征意义。

【杨贵妃】（719—756）我国古代四大美女之一，唐玄宗宠妃。小字玉环，号太真，蒲州永乐（今山西芮城西南）人。姿质丰艳，善音律歌舞。初为玄宗子寿王瑁妃。天宝三载（744）入宫，得玄宗宠爱。次年封为贵妃。姊妹皆显贵，堂兄杨国忠操纵朝政，败坏政事。十四载（755），安禄山以诛杨国忠为名，发动叛乱。玄宗西逃入蜀，至马嵬驿（今陕西兴平西），杨国忠被杀，她也被下令缢死。白居易《长恨歌》即咏唐玄宗与杨贵妃之间的故事。

【杨柳青木版年画】我国北方民间木版年画。因它的产地在天津西青区杨柳青镇，故名。产生于明崇祯年间，在清雍正、乾隆年间达到鼎盛，成为我国北方民间年画的核心。杨柳青木版年画继承宋元绘画的传统，吸收明代木刻版画、工艺美术、戏剧舞台的形式，采用木版套印和手工彩绘相结合的方法，多以神话、旧戏曲故事、美女、胖娃娃等为题材，寓意喜庆吉祥。

【杨慎】（1488—1559）明代文学家、学者。字用修，号升庵，四川新都（今成都新都区）人。大学士杨廷和之子。正德六年（1511）状元及第，授翰林修撰。世宗时，为经筵讲官，以"大礼议"事获罪，谪戍云南永昌卫，居云南二十余年，终老于戍地。学识广博，勤于著述，平生著作多达百余种，被誉为明代才子之首。工诗文，诗宗六朝初唐，推崇含蓄蕴藉的风格。亦善词曲，《三国演义》开篇词《临江仙》（滚滚长江东逝水）即为其所作。有《词品》《丹铅总录》《廿一史弹词》《陶情乐府》等，后人辑为《升庵集》。

【杨万里】（1127—1206）南宋诗人。字廷秀，吉水（今属江西）人。高宗绍兴三十年（1160），拜谒谪居永州的名臣张浚，张浚勉以"正心诚意"之说，遂自名书室为"诚斋"，学者称诚斋先生。绍兴进士，曾任吏部侍郎、太子侍读、秘书监等职。工诗，初学江西诗派，后学王安石及晚唐诗风，最终自成一家，时号"诚斋体"，以构思新巧、语言通俗、风趣自然著称。一生作诗 25 000 余首，现存诗 4000 余首。与陆游、范成大、尤袤并称为南宋"中兴四大家"，亦工文章及长短句，有《诚斋集》。

【杨维桢】（1296—1370）元代文学家、书法家。字廉夫，号铁崖、铁雅、东维子等，诸暨（今属浙江）人。泰定四年（1327）举进士。为官正直，曾任职钱清盐场，因请求减轻盐税而得罪上司，以致十年不调。元末避乱居富春山，以遨游山水为乐。张士诚屡召不赴。明朝建立后，朝廷召他修礼乐书，作《老客妇谣》诗以拒绝。后被逼无奈，留京四个月。待体例略定，即乞归。归后不久逝世。其诗长于乐府，风格雄奇怪丽，峻峭脱俗，人称"铁崖体"，独擅一时，声名极大。善行草书，笔力劲健。杨维桢少时就很聪颖，他的父亲杨宏在家乡铁崖山麓筑楼，周围植梅百株，楼上藏书万卷，令其与兄杨维翰专心攻读，将梯子撤去，每天用辘轳传送食物，如此苦读五年，得以遍览经史，学问精进，因以"铁崖"自号。有《东维子文集》《铁崖先生古乐府》。

【杨修】（175—219）汉末文学家。字德祖，弘农华阴（今陕西华阴东南）人。出身世代簪缨之家，太尉杨彪之子。好学能文，才思敏捷。任丞相曹操主簿。曹操之子曹植视为心腹，交往甚密。后曹植失宠，曹操因其多智，又是袁术之甥，担心留有后患，遂借

故将其杀害。有文集，已佚。

【杨衒之】衒，xuàn。北魏散文家。北平（今河北满城北）人。曾任期城郡（在今河南泌阳西北）太守。代表作《洛阳伽蓝记》记述了洛阳佛寺园林的盛衰兴废，寄托了历史兴亡的沧桑之感。

【杨朱】战国初魏国人。先秦经籍中又称他为杨子、阳子居、阳生。主张贵己、重生，反对别人对自己的侵夺，也反对侵夺别人。其思想在战国初期颇为流行。孟子曾批评他说"拔一毛而利天下不为也"。其言行散见于《孟子》《庄子》《韩非子》《吕氏春秋》等。

【洋钱】清时对外国银币的俗称。也称番银。在数十种流入中国的外国银币中，西班牙本洋和墨西哥鹰洋以数量大、流通广而著名，并一度成为中国市场上重要的流通货币。

【洋税】清朝关税等各种涉外税收的总称。在税务司制度建立前，各海关征收的夷商之税被称为夷税。在税务司制度确立后，洋关所征之税则称为洋税。洋税是晚清时期财政收入的重要来源之一。

【洋务运动】清朝同治、光绪年间进行的与资本主义有密切联系的军事、政治、经济、文教、外交等方面的活动。以"自强""求富"为目标，以"中体西用"为指导思想，以维护清廷统治为根本目的。代表人物有奕䜣、曾国藩、李鸿章、左宗棠、张之洞等。公元1860—1890 年间，洋务派购买枪炮军舰，筹建海军，创办江南机器制造总局等军事工业，创建轮船招商局等工矿、交通运输业，设立京师同文馆等

教育机构，派遣学生留学欧美等。洋务运动引进了资本主义国家的先进技术，是我国早期现代化的尝试。但初衷是维护封建统治，难以成功。

【**养蚕**】蚕的饲养技术。古人通过这项技术，获取蚕营茧时吐出的丝缕。经过加工，制造出具有华贵光泽、柔韧透气的优良纺织原料。我国养蚕有着悠久的历史，相传是远古帝王黄帝的妻子嫘祖发明了养蚕缫丝。考古发现，早在四千年前，浙江就已有桑蚕丝织活动。而出土的殷代玉蚕、青铜器上蚕纹装饰、甲骨文关于祭祀蚕神的记载都证明了蚕在我国先民生活中具有特殊地位。《诗经》《左传》《仪礼》等文献中都记载了妇女采桑、育蚕的事迹，而《齐民要术》则详细介绍了地桑（鲁桑）的推广和桑树整修技术，总结了提高桑叶产量和叶质的经验。养蚕是我国古代重要的农业活动，而桑蚕丝、柞蚕丝等丝织品作为我国的特产，西汉时经西域传到中亚、西亚乃至罗马，受到各国人民的喜爱，由此开启了世界历史上东西方大规模商贸交流的历程——"丝绸之路"。养蚕法也从公元 7 世纪起，陆续传到阿拉伯、埃及、西班牙、意大利、法国和英国。这一技术的传播，丰富了各国人民的物质生活，增进了彼此间的友谊。养蚕是中国先民智慧的结晶，也是中国对世界文明所做出的贡献。

【**养士**】收罗、供养贤才，为己所用。春秋战国时期，盛行养士之风，有权势的人招揽有才能的人，供他们食宿，留待日后之用，扩大自己的政治影响力。如齐国孟尝君养士三千，著名谋士冯谖便是孟尝君的食客之一。魏国信陵君、赵国平原君、楚国春申君、西汉淮南王刘安都养士数千人。养士之风沿袭到清代。

【**腰斩**】古代执行死刑时，用铁锧将犯人从腰部砍断为两截。周代已有此刑。秦朝丞相李斯被赵高诬陷"谋反"，被腰斩于市。

【**尧**】父系氏族社会后期部落联盟领袖。传为帝喾之子，初封于陶，又封于唐，因号陶唐氏，名放勋，史称"唐尧"。据传曾命羲和掌管时令，制定历法。设置谏言之鼓，让天下百姓畅所欲言；立诽谤之木，让天下百姓批评他的过错。尧最为人们称道的是他不传子而传贤，禅位于舜。他认为自己的儿子丹朱凶顽不堪大任，因此与四岳商议，请他们推荐人选，四岳推荐了舜。尧就把自己的两个女儿娥皇、女英嫁给舜，并对舜进行了三年的考核，认为舜才能出众，于是把帝位传给舜，史称"禅让"。尧以其勤政爱民的形象受到百姓的高度评价，后世将其作为贤君的象征。

【**轺车**】轺，yáo。一种轻便的小马车。其上有圆盖，四面空敞，供两人乘坐，右为驾车者，左为乘坐者。配一匹马的，称为"轺车"；两匹马的，称为"轺传"。还有三马、双辕，中马负轭，两马居辕外的车，称为"轺车骈驾"。此类车马尾有彩帛饰物，而古代吏人骑乘的马尾似乎均有结，故马尾饰物应是乘坐人身份的一种标记。

【**姚崇**】（650—721）唐代大臣。本名元崇，字元之，后改名崇，陕州硖石（今河南三门峡陕州区东南）人。历任武则天、睿宗、玄宗朝宰相。在位期间，推行了一系列政策，如主张禁止宦官贵戚干政，停止建造佛寺道观，奖励群臣进谏等，政绩卓著，为"开元之治"打下基础。与当时另一位贤相宋璟并称"姚宋"。开元四年（716），山东地区发生蝗灾。当时朝议鼎沸，很多大臣认为蝗灾乃是天灾，非人力所能去除。况且杀虫太多，有伤天和，不宜捕杀蝗虫。姚崇力主捕杀，推行焚埋之法，以减轻灾情。在姚崇的坚持下，蝗灾的危害大为降低，没有造成大面积的饥荒。

【姚鼐】（1732—1815）鼐，nài。清代文学家、学者。字姬传，其书斋名惜抱轩，世称惜抱先生，安徽桐城人。少从古文家刘大櫆学习古文。乾隆二十八年（1763）中进士。四库馆开，任《四库全书》纂修官，参与修书。后辞官回到家乡，先后任梅花、紫阳、敬敷、钟山等书院讲席，共计四十年。在古文创作理论上，继承方苞、刘大櫆而有所发展，提出"义理、考据、辞章"缺一不可，又以"神、理、气、味、格、律、声、色"八字为文章要素；在风格论上，阐明阴阳刚柔之说，受到后世的推重。选编《古文辞类纂》，流传极广。与方苞、刘大櫆合称"桐城派三祖"。

【瑶】玉，一说是像玉一样的美石。可做配饰和器皿。因瑶的质地洁美，故又用来比喻美好的资质或艳丽的容貌等，作为赞美之辞，如称誉人的文笔为"瑶句"，称神仙的居所为"瑶池""瑶固"等。

【耶律楚材】（1190—1244）蒙古成吉思汗、窝阔台汗时大臣。字晋卿，号湛然居士。契丹族。当蒙古军攻占金中都时，成吉思汗发现了他的才华，

将其收为臣子。耶律楚材随后陪伴成吉思汗西征，建立奇功。在窝阔台即位后，耶律楚材成为社稷之臣，官至中书令。耶律楚材深受儒家文化的影响，他在治理蒙古帝国时提倡儒家治国之道，并制定了各种施政方略。在他的影响下，蒙古帝国逐渐接受并融入了中原文化。善诗文，有《湛然居士文集》。

【野人】周朝时，居住在筑有围墙的城市及近郊外的农夫。与"国人"相对。野人供赋税，服徭役，不可当兵。如春秋时的子路是鲁国卞（今山东泗水）地的野人，后向孔子问学，成为天下显士。春秋以来，野人逐渐与国人混同。

【野史】古代私家编撰的史书。别于史官的记载。多涉史事，内容涉朝野传闻、宫闱秘事、民俗世风。与正史相对而言。《新唐书·艺文志》有《大和野史》十卷，以"野史"为名，以别于正史。后世作者，以明代为最多，野史名著如《国榷》《明季北略》《明季南略》《南疆逸史》《罪惟录》等。

【业】佛教指一切身心活动。这包括身、口、意三个方面，称作"身业""口业""意业"。"业"有善恶之分。分善、不善、非善非不善三种，并会引起相应的报应，这就是佛教"因果报应"的理论依据。后"业"引申为罪恶、邪恶的意思。

【业障】佛教徒将一切行为、语言、思想意识称为"业"，分别叫作身业、口业、意业。业有善恶之分，但一般偏指恶业。引申为罪恶、邪恶。而障即障碍。业障就是指妨碍佛教修习的罪恶。也称孽障，其意义后世在民间

俗化为"罪恶"。

【业主】 田地、房屋等常产的所有者。宋以来田地、房产等租佃、典赁、买卖多用此称。

【夜叉】 梵语音译词。原指印度神话中的一种半神的小神灵，是财神的随从，原型比较和善可亲。随着佛教东传至中国，其形象变得凶恶狰狞，成了所谓"八部鬼众"之一。它勇健轻捷、啖人、多作暴恶之事。夜叉分为三种：一在地，二在虚室，三为天夜叉。后引申为凶恶丑陋的人。如《水浒传》里的孙二娘，在十字坡上开黑店，卖人肉包子，其浑号就是"母夜叉"。

【夜光杯】 用美玉所制的夜间能发光的酒杯，故名。一说因它在月光下会呈现出"琼浆玉中月色波光"的奇妙景象，故深受人们的喜爱。唐王翰《凉州词》："葡萄美酒夜光杯，欲饮琵琶马上催。"

【夜郎】 战国至秦汉时，中原西南诸部族中的强国。位于今贵州西北部、云南东北部、四川南部及广西北部一带。秦王朝与其建立联系。汉武帝曾派唐蒙前往招抚，在当地设牂柯郡。因西南地处偏远，各族首领自为一州之主，而其中又以夜郎国最大，其国主自以为疆域超过汉王朝，在唐蒙面前闹了笑话，这就是"夜郎自大"的由来。后人以此比喻妄自尊大。汉成帝时，夜郎因不服东汉政权管束，其王被牂柯太守陈立所斩，自此亡国。

【夜明珠】 古代传说中夜间能发光的宝珠。一说因它光彩耀目，像明月之光，故又称明月珠。相传，夏朝君主禹开凿龙关山时走进一个岩洞，在洞里看到一只形状像猪的野兽，口衔夜明珠，夜明珠的光像烛光一样明亮。夜明珠被视为稀有、名贵的珍宝，用作礼品、陪葬、装饰等。战国屈原《九章·涉江》"被明月兮佩宝璐"中的"明月"即夜明珠，佩戴珍贵的夜明珠象征自己品质高洁。传说江汉一带（今湖北境内）所产的夜明珠，是珠中之最美，故古人用"江汉之珠"一词指代品质上等的珠宝。

【掖庭】 掖，yè。皇宫中的旁舍，妃嫔、宫女以及罪犯官僚的女眷居住的地方。也作"掖廷"。秦代称永巷。汉武帝太初元年（前104）改称掖廷，设置掖廷令，掌管后宫。汉代王昭君凭借"良家子"的身份选入掖庭，后主动请掖庭令求行，由此远嫁匈奴。唐朝，上官婉儿因祖父牵连被籍没入掖庭为奴。

【一床】 北齐及隋代由夫妇二人构成的户调征收单位。北齐时针对大户包括多个小家庭的情况而定制，每床每年调绢一匹、绵八两，租二石，义租五斗，单身男丁收其半，奴婢减良人之半，耕牛另定其额。隋文帝沿此有所调整。

【一司条法】 宋朝廷内外的六部各司和各路帅、漕、宪、仓的机构都制订"一司条法"，用来指导本机构事务的制敕规定及其汇编。也称一司敕。它是一种专门的法令，仅适用于某个部门。历代有之，宋朝称此。

【一田三主】 因永佃权形成而导致的土地分包承租形式。也称一田二主、一业三主。明中叶流行于东南地区，清扩展至华南、华北和西北地区。即获得永佃权者向田主纳租，又向从其手中承租的佃户收租，各方对土地的权

益多由契约规定，由此形成一业数主
的事实。

【一条鞭法】明中叶以后赋役制度方面
的改革。这项制度最初由桂萼在嘉靖
十年（1531）提出，后来在张居正的
推动下于万历九年（1581）在全国范
围内推广实施。此法总结了明中叶以
来的有关做法和建议，把以往田赋和
各种徭役合并为一，量地计丁，按亩
征银，以雇役代力役，官收官解。以
此简化税制，增收防弊，推进了白银
货币化。

【一行】（683~727）唐朝高僧、天文学
家。21 岁时出家为僧，曾参与译《大
日经》，并为之作疏，成为我国佛教密
宗之祖。生平博览经典，精通天文历
法。开元九年（721），因旧历预报日
食不准，奉诏修订历法，与梁令瓒同
制黄道游仪，重新测定了一百五十余
颗恒星的位置，在世界上第一次发现
恒星位置变动的现象。又发起在全国
十二个地点观测，并根据南宫说等人
的测量，归算出相当于子午线一度的
长度，在科学史上具有重大意义。此
外，与梁令瓒合作制成以漏水转动的
浑天铜仪，为现代时钟的雏形。主持
制定《大衍历》，为唐代最完善的历
法，为历代编历者沿用。

【伊尹】商朝初期的大臣。名挚，尹是
官名。原为有莘之君的奴仆，听说汤
贤德仁义，心向往之。商汤与有莘结
亲，他作为有莘氏女的陪嫁之臣，成
为汤的"小臣"。善厨艺，以"五味调
和"之说向商汤陈述治国之道，受到
赏识，被委以国政。辅佐成汤王推翻
夏桀暴政，建立商朝，并在建国后协
助成汤推行一系列措施，为商朝强盛

立下汗马功劳。被后世尊为厨师之祖。

【衣钵】原指佛教僧尼的袈裟和食器。
是这类人身份和生活状态的展现。后
成为禅宗师徒间传道法的信证，随
着禅宗在我国的影响逐渐扩大，"衣
钵"又指各种师门及学说的正宗。

【衣裳】裳，cháng。古代称上装为
"衣"，下装为"裳"，一般裳特指
裙子。上衣下裳是古代服饰礼仪最早
的服装形制之一。商代时期已经形成，
西周时期成为主流服饰。春秋战国之
交，衣裳连属式的袍服产生。秦汉时
期，上衣下裳开始逐渐退出主流位置，
隋唐五代时期仍然存在，但已经式微。
上衣下裳的特点是上衣为交领右衽或
左衽，下裳围合包裹下体，皆以带结
系。在整个服饰演变史上，上衣下裳
式样，以妇女服装较多，时间跨度大，
而男性在隋唐以后，以连属袍衫为多。
上衣下裳体现了汉服的基本特征，深
远地影响了中华民族服装发展的历史
走向。

【衣食租税】战国封君只从封邑收取
租税，不掌其政权和兵权的制度。西
汉以后分封多沿此损益，常由朝廷统
一征收其邑租税，再把其中部分发给
封君。

【揖让】揖，古时拱手礼，基本姿势是
双手抱拳前举。"揖让"指古代宾主
相见的礼节。根据双方的地位和关系
不同，有土揖、时揖、天揖等之分。土
揖，行礼时拱手前伸而稍向下。时揖，
行礼时拱手向前平伸。天揖，行礼时
拱手前伸稍向上举。

【匜】yí。古代盥器。青铜制。形如瓢，
有短足、圈足，或无足，并有流、鋬。
贵族盥洗时与盘合用。匜用来倒水，

盘用来接水。出现于西周中期，盛行于东周。

【仪同三司】 古代官名。官非三司而仪制待遇同于三公。三司即三公。汉称太尉、司徒、司空为三司。东汉殇帝延平元年，以邓骘为车骑将军仪同三司，仪同三司之名从此始。魏晋南北朝仪同之号渐多。北周改仪同三司为仪同大将军，仍增置上仪同大将军。隋文帝时改为散官。唐宋元因之。明废。

【夷】 泛指中原以东沿海各族群。也称东夷。夏商周以来，分布于今山东、河南东部和淮河中下游一带，部属分支较多，包括隅夷、莱夷、淮夷、徐夷、岛夷、介夷、根年夷、九夷等。其部落首领如舜、禹都曾做过中原及其东部族群的联盟首领。相传伏羲氏、后羿等也都出于东夷。春秋时期，其各部受齐鲁两国镇抚，后逐渐融入华夏民族。后夷逐渐被用来指中原以外各国，如《尚书》有"无怠无荒，四夷来王"。旧也指外国人，如清代魏源在其著作《海国图志》中提到的强国方略"师夷长技以制夷"，这种说法多带有鄙夷的意味。

【夷馆】 广东十三行专为来华贸易的外商建造的寓所。

【夷坚志】 志怪小说集。南宋洪迈撰。"夷坚"一词，源出《列子》，说有大鱼名鲲，大鸟名鹏，"大禹行而见之，伯益知而名之，夷坚闻而志之"。夷坚与大禹、伯益并称，据说是上古时代的一位博物者，每好记载奇见异闻。以此为书名，足见此书的重点在于记录怪异之事。原书420卷，分为初志、支志、三志、四志，每志又分10集，

以天干为序。今多散佚。内容多为神仙鬼怪、异闻杂录，也记载了宋人的一些逸闻轶事、风尚习俗，因而具有一定的史料价值。

【夷陵之战】 公元221—222年，吴蜀在夷陵（今湖北宜昌）一带进行的战役。也称猇亭之战。219年，孙权袭取荆州，杀蜀将关羽，孙刘联盟破裂。刘备为了夺回荆州并为关羽报仇，于221年亲率大军攻打东吴。次年，自巫峡连营至夷陵，并得武陵蛮支援，声势浩大。吴大将陆逊坚守不出，至六月夏天，趁蜀军疲惫，才在猇亭（今湖北宜昌）决战，纵火猛攻，大破蜀军四十余营。刘备尽失舟船器械、水步军资，狼狈逃至白帝城（今重庆奉节），次年病死。

【饴】 古人以稻、黍为原料，将其蒸煮后，加入磨碎的麦芽和水，在一定的温度下，这些粮食的混合物中的糊化淀粉转化为麦芽糖，再经过过滤和蒸发，就得到了麦芽糖液，也就是饴。饴糖味道甘甜，富含营养，食之使人愉悦。《后汉书》中有："吾但当含饴弄孙，不能复关政矣。"也是制造其他食品的原料和调料，还能药用。

【彝】 商周时盛酒器，多以青铜制成，统称"彝"。往往铸为鸟兽形。后用为宗庙祭祀的礼器，因此又作为古代青铜器中礼器的通称。

【蚁鼻钱】 战国时楚国地区流通的一种铜质货币。形状类似海贝，背面平，正面凸起，可能是铜贝的高级形态。正面有文字，最常见的一种像古文"贝"字，也有人认为是古文的"晋"字，又像人脸，俗称"鬼脸钱"。另一种的文字一般解作"各六朱"或

"各一朱"，三字连写，形如蚂蚁，加以"鬼脸"上有鼻状凸起，故称"蚁鼻钱"。

【义仓】 隋唐官府鼓励民间为备荒而设置的粮仓。本由富户自愿或按户等、田亩均摊粟米入仓，唐初以后渐成强制征收地税而变为官仓。宋以来泛指民间募粮用于赈济等公益事务之仓。设立于乡社的称社仓。

【义集】 清朝由乡绅等倡议设立、经官府批准免除各种税收的集市。

【义净】 （635—713）唐代僧人，俗姓张，字文明，齐州（今山东济南）人，一说范阳（今北京西南）人。14岁受沙弥戒，36岁与处一法师、弘祎论师等人一同在长安进行交流。高宗咸亨二年（671），从广州出发，通过海路前往天竺（印度）求法，在天竺学习梵语，礼拜圣迹，在那烂陀寺研究佛学，兼习医术。公元689年回到广州，695年回到洛阳，共得梵本经律论近四百部，五十万颂，金刚座佛像一铺，舍利三百粒。700年后独自主持译事。706年主持大荐福寺翻经院，一生共译佛典五十六部，二百多卷。所著《梵语千字文》，是国内所编第一部梵文字书。著《南海寄归内法传》四卷，简称《南海寄归传》，记录东南亚和印度的佛教、地理、民间习俗和医方，其价值一如《大唐西域记》，为唐代了解南海各国的指南，今则为研究东南亚及古代印度文化的宝贵史料。

【义理】 从儒家经文中寻求经义、探究名理的学问。宋代以来，理学也称义理之学，简称义理。也指文辞的思想内容。

【义乌兵】 明嘉靖年间戚继光在浙江义乌招募的士兵。共募矿徒、农民三千余人，其编制、装备、战法、纪律俱有特色，经严格训练，为戚家军主体。先于东南沿海抗倭，后移守蓟镇，皆以战力强悍著称。

【义庄】 ①古代大家族为团结本族成员，维护本族、本乡公益而设置的田庄。一般由族内官宦乡绅倡议并出资，通过捐献或购买田地作为义庄。起源很早，北宋范仲淹为敦睦宗亲而捐建田庄，始为专称而逐渐推广。南宋后期各地大族多置，用于资助族人教育、丧葬、救济及借贷等。②明清兼指其他一些公益设施，如供外乡人暂放灵柩的场所等。

【艺概】 文艺理论著作。清刘熙载撰。作者自谓谈艺"好言其概""举少以概乎多"，故以"概"名书。全书分为《文概》《诗概》《赋概》《词曲概》《书概》《经义概》，共6卷，分别论述文、诗、赋、词、书法、八股文的体制流变、性质特征、表现技巧，评论重要作家作品等。书中强调作品与人品、文学与现实的关系，也注重文学本身的特点、艺术规律，因而颇多精彩的见解，受到后来文学评论家的重视。与以往谈艺之作比较，《艺概》的特色是广综约取，以简驭繁，发微阐妙，精简切实，使人明其指要，触类旁通。

【艺文类聚】 类书。唐高祖李渊下令编修，给事中欧阳询担任主编，并与令狐德棻、陈叔达等十余人共同参与编纂。这部巨著始于唐高祖武德五年（622），历时三年，于武德七年（624）完成。全书100卷，共分岁时、帝王、职官、衣冠、舟车、食物、鸟兽、灾异等48部。每部又将各事物分为细目，全书共有 727 个细类。每类之下，先从经、史、子类等书中摘引有关之事的记载，然后再征引相关诗文。取材宏富，采录唐以前古籍 1400 多种，这些古籍大多今已不存，因而具有重要的文献保存价值。

【译场】 中国古代佛经翻译机构。场即道场，指寺院。又称译经院、译经堂等。翻译佛经多由高僧主持，译场即设于著名大寺之内。起源于东汉时期，至唐臻于完备，有民办与国家设立之别。此时译场达到了鼎盛时期，形成了大慈恩寺、荐福寺、兴福寺和草堂寺四大译场，规模庞大，设备齐全，聚集了大量的僧侣和学者。他们不仅精通梵文和汉语，而且对佛教教义有深入的理解。他们能够准确地翻译出佛经的原意，使得佛教教义不仅在中国广泛传播，也对中国古代的文化、语言和哲学产生了深远影响。

【易耨】 耨，nòu。战国时期发展起来的一种快速耘田方法。随着铁制农具普及和深耕的推广而流行。也称疾耨、深耕易耨。

【易知由单】 明清缴纳田赋的通知书。也称户由、由帖、田单。始于金元，明朝到正德时推行此法。实行一条鞭法后至清朝，常由所管州县在开征前一月逐户下达，上按既定格式填写该户当年正、杂及本、折钱粮数，以便统一征收。清行串票后渐失去作用。

【驿传】 传，zhuàn。古时由官方设置的用于传递文书、物品和接待过往官员、使者等的专门机构。汉代各地有传舍，供上级官员行旅宿歇。每三十里置驿，供停留。每十里设置亭、邮，供传递文书。唐代还在水路设水驿，置有田地，供驿站费用。设驿长，置备车、马、船，并派驿夫、驿马当役。相传，唐玄宗的宠妃杨玉环喜食荔枝，为使杨玉环吃到鲜荔枝，玄宗下令专设"荔枝道"。元代，凡有人居住的地方都设置了驿站，交通发达。清末置办邮局后废除。也称传、置、邮亭、馆、铺、驿站。

【弈】 棋类竞技项目。中国传统棋种。即围棋。两人以棋盘和棋子进行对局的竞技运动。传为尧作。春秋战国时已经有关于围棋的记载，汉墓殉葬物中曾发现有石制棋盘。隋唐时传入日本，后流传至欧美各国。早先棋盘上有纵横各 11、15、17 道线几种，唐以后为纵横各 19 道，交错成 361 个位。棋子分黑白两色，通常为扁圆形。双方用黑白棋子对弈，互相围攻，吃掉对方棋子，占据其位，占位多者为胜，故名围棋。

【意境】 我国古代文艺理论术语。指文艺作品中所描绘的客观景物与所表现的内在思想或主观情致交融为一体而形成的艺术境界。它的审美特征表现为虚实相生、意与境谐、境生象外、追求象外之象、韵外之致。优秀的作品往往能使情与景、意与境互相交融，塑造鲜明生动的艺术形象，感染力强。在我国，意境是衡量作品艺术价值的重要标志，也是艺术创作特有的审美追求。王国维在《人间词话》中提出的"境界"说，成为"意境"理论的集大成者。

【瘗钱】 瘗，yì，埋。陪葬的钱币。始于战国，汉晋以来流行，且在某些时期专门铸造用来陪葬的钱币。后世普遍改用纸代替实物钱币祭灵，一直沿袭至今。

【薏苡】 yìyǐ。植物名。五六月开花，红色，穗状，果实青白色，形如珠而稍长，熟时淡褐色，有光泽。仁可以煮吃，也可酿酒，入药称"苡仁"。传说夏朝开国君王大禹的母亲吞服"神珠薏苡"后，受胎生下大禹。上古时期，薏苡是重要的粮食之一。东汉名将马援在交趾（今越南北部）时常煮薏苡以避瘴气，后从交趾引进薏苡新品种加以栽培。宋代诗人陆游多次在诗中提及薏苡，认为唐安（今四川崇庆）所产的薏苡尤奇，白如玉，煮熟后味道不输于雕胡（菰米）。俗称"药玉米""六谷米"。

【劓刑】 劓，yì。割掉犯人鼻子的刑罚。是早期"五刑"之一。此刑重于墨刑，轻于荆刑。商周时期已有此刑，汉文帝时废，后时有使用，但隋代以后不见于法典。相传，商鞅实行新法，秦献公的儿子公子虔因触犯法令，被商鞅处以割鼻之刑，随后闭门八年不出。

【因果】 佛教指因由和果报。种什么因，结什么果。后泛指原因、结果及其相互关系。

【因果报应】 佛教认为，世界是一切空间上的相互依存关系和时间上的相续关系的总和，这种关系就是因果关系。一切事物都由因果法则支配。善因产生善果，恶因导致恶果。施必有报，有感必有应。现实所得的一切都是报应。

【因缘】 因指的是互存关系，缘指的是条件。佛教认为，所有的事物、现象的生起，都依赖相对的互存关系和条件，离开关系和条件，就不能生起任何事物和现象。

【阴山】 山名。今内蒙古河套西北至河北省西北山脉的统称。西起狼山、乌拉山，中为大青山、灰腾梁山，南为凉城山、桦山，东为大马群山。吴公坝和昆都仑沟等山间垭口是沟通阴山南北的交通要道。从古至今，有多个民族在此生息繁衍。集中于巴彦淖尔地区的阴山岩画，通过对人类放牧、游猎、征战、舞蹈的生动描绘，反映了各族先民在此地的生活生产状况。北朝民歌《敕勒歌》："敕勒川，阴山下。天似穹庐，笼盖四野。"唐王昌龄《出塞》："但使龙城飞将在，不教胡马度阴山。"

【阴文】 印章上所刻或其他器物上所铸凹下的文字或花纹。用阴文印章钤出的印文为白字，故也称白文。后世就其体而言，称印章或器物上凹下的文字、花纹，拓下来或盖出来是红底白色的文字、花纹为阴文。汉魏印章多阴文，自唐以来多用阳文。早期的玺印大多是阴文。阴文印章的文字、图案是向内凹陷的，给人一种柔和、典雅的感觉，常被用来代表女性、柔弱、内敛等特质。

【阴阳】 ①我国古代认为宇宙万物所包含的相互依存、对立的两面，如：天地、日月、昼夜、男女、夫妇、奇偶、刚柔等都分属阴阳。"阴阳"是重要的哲学概念，对我国的政治、历法、医学、乐理、宗教等产生深刻久远的影响。②古人称山的北面或水的南面为"阴"，山的南面或水的北面为"阳"。用这种命名方法保留下来的一些地名沿用至今，如"华阴"在华山的北面，"汉阴"在汉水的南面，"江阴"在长江的南面，"衡阳"在衡山的南面，"洛阳"在洛河的北面。

【阴阳家】战国时期提倡阴阳五行说的一个学派。主张按事物的本性和相互作用说明世界变化，有辩证法因素。代表人物有邹衍、邹奭等。邹衍认为，人类社会的发展受"五行"支配，根据五行"相生相克"的原理，提出"大九州""五德终始""五德转移"说，用于解释社会变革和朝政兴衰的原因，为新封建政权的建立提供理论根据。东汉班固将"阴阳家"列为"九流"之一。主要著作有《邹子》等，都已散佚。其他有关阴阳家的主张和活动，散见于《史记》等。阴阳家的学说，到汉代演变为谶纬神学。其说在自然科学史上具有一定的价值。

【阴阳历】历法的一种，结合了阴历和阳历的特点。古人根据庄稼成熟的物候而形成"年"的概念，禾谷成熟的周期意味着寒来暑往的周期。阴历，以朔望月为单位，朔望完成 12 个循环是 12 个月，一年共 354 天。阳历，以太阳年为单位，一年共 $365\frac{1}{4}$ 天，比阴历约多 $11\frac{1}{4}$ 天。为调整阴历与阳历的差别，古人设置"闰月"，即每隔 3 年将所差天数凑成一个月，按一定规律安插在某月后，称"闰某月"，带有闰月的年份有 13 个月，这就是阴阳历。将它编入二十四节气用于指导农事，在广大农村使用，故称农历。因它始于夏朝，也称夏历。辛亥革命前，除天历和十二气历属阳历外，其余的传统历法基本上都属于阴阳历。

【殷墟】商代后期都城遗址。也作"殷虚"。位于河南安阳西北郊小屯村周围。从盘庚到帝辛（商纣）以此地为都城，共计 273 年，是我国历史上可

以肯定确切位置的最早的都城。商灭亡后，殷人迁走，逐渐沦为废墟。总面积 24 平方千米，横跨洹河南北两岸。现代殷墟考古自 1928 年开始，先后发掘出城墙、宫殿、作坊、陵墓、车马坑等遗迹，出土了包括后母戊鼎等大量珍贵遗物。特别是在殷墟出土的甲骨卜辞，约 15 万片，包括单字 5000 多个，是我国迄今为止发现的最早的文字，具有极高的历史文化价值。

【银币】银铸的货币。最早见于战国时的楚国，多为铲形。汉武帝元狩四年（前 119），以银锡合金铸行"白金三品"，名为"白选"。后世大多铸成银铤、银锭、银饼，以本身的重量参与流通。金章宗承安二年（1197）铸"承安宝货"银币，这是中国古代第一次正式发行银币。元代以后，中国以银为主要货币。公元 16 世纪，西方银圆开始流入中国，清代嘉庆（1796—1820）以后，官方和私商不断仿造。光绪十五年（1889）铸造的"光绪元宝"是中国最早的正式新银圆。

【银河】晴朗的夜晚天空呈现的银白色光带。由无数恒星密集组成，因像一条河，故名。相传，七夕节时喜鹊搭成鹊桥，跨越银河，让牛郎和织女在鹊桥上相会。古典诗词将"银河"意象作为将有情人分隔两地的无情之水，吟咏男女爱情。

【银票】官方及民间钱庄、当铺等发行的银两兑换券。从唐宋以来的飞钱、交子发展而来。元明官发称宝钞，民发称会票。清多称银票，官方由户部及各承兑担保机构发行，民间发行则以晋商票号为最。清末少数银行也曾发行银票、钱票。

【银雀山汉简】 1972年，在山东临沂银雀山1、2号西汉墓葬出土的汉简。1号墓出土多为残片，共编7500多号，多为古代典籍，除一小部分传世著作外，大部分为古佚书，分属诸子、兵书、数术三类。2号墓出土竹简共计32枚，简文为隶书，内容为汉武帝元光元年（前134）历谱，基本完整。

【尹】 古代官名。甲骨文中，"尹"字是一个人手持一根象征权力的权杖，表示掌权、主管的意思，古人将"尹"作为官的统称。尹在古代的职责和权力因时代和具体职位而异。商代，尹相当于相，地位较高。西周时为辅弼之官，地位也很高。春秋战国时期，楚国的中央官职多称"尹"，如"令尹"一职为楚国最高的长官，"左尹""右尹"是"令尹"的副手。后世有京兆尹、府尹、县尹等不同的职位，这些职位相当于太守、县令等地方官员，职责包括管理地方事务、维护治安、征收赋税等。

【尹文子】 （约前360—前280）名家代表人物。战国时齐国人。与宋钘齐名，同游稷下。善名辩，认为"接万物以别宥为始"，即认识事物首先要破除成见。提倡"无为""寡为"，主张消除争斗、止息用兵。其学说为公孙龙所称道。世传《尹文子》一书，一般认为并非尹文子本人所作，可能是其弟子或者稷下学者根据其言论记录整理而成。

【引盐】 明清商人凭盐引运销的食盐。明清以若干斤盐为一引，每引纳税若干；引与税之轻重，各地不同。销盐的地域称引地，经营盐业者为引商。引商纳引税后，在其地界内有专卖之权。凡已纳引税的盐为官盐，未纳者为私盐。其甲引地的盐妄入乙引地销售者为占销，其罪与私盐等同。

【饮至】 古代诸侯朝、会、盟、伐完毕，回到宗庙饮酒庆贺的典礼。它是一种重要的社交活动，不是简单的饮酒，而是通过饮酒来表达敬意、祝贺、感谢等情感。

【印染】 用颜料染色。我国印染工艺历史悠久，西周时期专设官吏"染人"，掌管染丝和染帛。用的染料大致分为石染、草染两类。染色的步骤一般是煮、曝、染等。周代到汉代，已用染料套染，染成深浅不同的色调。西汉时期，色谱更加丰富，染色工艺技术相当完善。隋唐时期，染色工艺大发展，官营染色业发达，按青、绛、黄、白、皂、紫等色彩，专业分工生产。明代在选用染料及掌握染色技术上已很成熟，色谱更加精细。《天工开物》记载，运用蓝靛、红花、槐花三种基色，通过不同的比例组合和染色工艺，可变幻出二十八种染料。明清以来，以镇江为中心，江浙、上海等地染色业染出的面料五彩缤纷。另有凸版印花、镂空版印花等。

【印绶】 官印和用来系印的丝带。在以服饰色彩区分官员品阶地位未形成规范之前，印绶可视性较强，所以被用来昭彰权职、明示等级。汉代时期，官员依据官品与俸禄的不同，在腰部佩以不同的印绶，印分为金印、银印、铜印等，绶分为绿绶、紫绶、青绶、黑绶、黄绶等。魏晋以后，绶制渐废，官职的等级和性质常用印纽和印章形制来区别，授印和用印制度趋向严格。

【印刷术】 我国古代四大发明之一。汉

代发明造纸术,魏晋时笔墨已臻精妙。先秦以来,印玺、石刻技术发展,魏晋南北朝时木刻、反写反刻阴阳文、拓印古玺碑铭、镂版印花、摹拓石刻等技术成熟,都为印刷术的发明提供了条件。唐贞观年间(627—649),发明雕版印刷术。五代时,后唐雕造《九经》。宋以后,雕版印刷进入黄金时代,所刻之书数量多、质量好,传世者已成国宝。辽、金、西夏也雕印汉文、契丹文、女真文、西夏文书籍。北宋仁宗庆历年间(1041—1048),毕昇发明胶泥活字排版印术。元明清三代,木活字、铜活字、锡活字、磁活字版,均有精美和风格各异的版本传世。我国雕版印刷发明后,先传至朝鲜、日本及越南;公元8世纪到10世纪,由海道与陆路传至美索不达米亚与埃及;11到13世纪,经回鹘人传至中亚和西亚;13世纪时,因蒙古势力的扩张,传至波斯;14世纪传至欧洲。中国印刷术为人类文明的进步和发展做出了贡献。

【印章】 用作取信的器物。秦统一中国后,皇帝所用的印章叫"玺",官、私所用都改叫"印"。汉代,俸禄二千石以上的官员,其印文叫"章",称某官之章;俸禄二百石至六百石的官员,其印文叫"印",称某官之印。印章的材质,古代官家多用金玉,也用银、铜、牙、角、玉石、木等。因军政命令与公文必须用印盖章才生效,所以官印成为权力的象征。后印章也用于书画题识与图书鉴藏。今个人印章多用于艺术品。也称图章。

【荫客制】 荫,yìn。官员贵族的亲属、佃客和衣食客可依法免除课役的制度。源于东汉,公元280年西晋平吴后推行品占田荫客制,一至九品官员除可占田五十顷至五顷外,可荫亲属九族至三世,荫衣食客三至一人,佃客五十户至一户,皆可免役。

【应国】 周成王封其弟姬达为应侯而建立的姬姓诸侯国。位于滍水之北,今河南中部平顶山一带,定都滍阳(今河南平顶山滍阳镇南)。应国的族徽是鹰,子孙以国为姓。西周晚期应侯曾受王命征伐南淮夷,春秋时灭国。在河南平顶山新华区滍阳镇北滍村西边的滍阳岭上,有应国墓地,墓里出土的青铜鼎、卣、爵、觯等器上均有"应侯"字样。

【应受田】 按均田制规定应当授予民户的地亩定额。各时期额度不等,北魏较多,奴婢、耕牛也有授田额度,唐原则上规定丁男每人百亩,中男、寡妇递减,所授皆二成永业,八成口分,实际上常因人多地少,难以足额授予。

【莺莺传】 传奇小说。唐代元稹作。又名《会真记》。写崔莺莺和张生互相爱慕、私自结合,又为张生所抛弃的故事。作者篇末不仅没有谴责张生始乱终弃的行为,反而为张生抛弃莺莺辩护,认为他是"善补过者",招致后人的批评。有学者认为作品所写元稹本人的经历。《莺莺传》问世后,在小说、诗歌、说唱、戏剧等不同的文学形式中不断被改编,元代王实甫的杂剧名作《西厢记》即取材于此。

【荧惑】 星名。因光呈红色,亮度多变,且在天空中有时从东向西,有时从西向东,行踪不定,令人迷惑,故称。秦汉以后,因"五行说"普及,又称火星。古时占星术认为,荧惑运行到某一星宿，与之相配的州国就要发生祸殃。先秦古籍中谈到天象时说的"火"，不一定指行星中的火星"荧惑"，而是指恒星中的大火即心宿，特指心宿二。

【**萤**】昆虫名。常在夏夜于草丛中飞舞，古人误认萤乃腐草所化，故有腐草为萤的传说。其腹下能发出白色冷光，如流星点点。晋代车胤家贫，没钱购买灯油读书，夜晚就捉来萤火虫放在透明的纱袋里用于照明，夜以继日地苦读。这就是"囊萤夜读"的故事。

【**营户**】魏晋以来，因生产和战争的需要，统治者将俘获和投募来的民户配置各地，划归军队管辖，称"营户"。他们的身份高于奴婢，低于平民，主要从事耕田、畜牧、匠作等劳动，须世代服役，供养军队。有时也充当士兵。

【**营田**】古代官府组织士兵、百姓开垦土地或经营田产。是一种农业生产的组织形式。营田的历史可以追溯到北魏时期，当时宣武帝设立了营田大使。隋及唐前期，主要是在边远荒地，唐后期，扩展至内地。

【**营运钱**】宋朝坊郭户的家业钱。包括固定资产和流动资产，据以划分户等，分摊赋税。

【**营造法式**】古代建筑学著作。北宋李诫修撰。全书36卷（现存34卷），共355篇，3555条，是对宋代及宋以前建筑设计、施工经验的总结和完善。李诫根据自己多年从事各类工程管理的经验，并参阅大量文献和旧有制度，编撰成书，于崇宁二年（1103）刊行全国，成为当时的官方建筑规范文本。书中附录的千余幅建筑、构件设计详图及装饰图样，既有助于对全书内容的理解，也便于今人建造仿古建筑时借鉴。

【**楹**】yíng。厅堂前用以支撑檐檩的、左右对称的立柱。也称楹柱。贴于其上的对联，称楹联。

【**楹联**】对联。也称楹帖。以题联语于楹柱，故名。字数多寡无定规，但要求对偶工整，平仄协调，是诗词形式的演变。相传始于五代后蜀主孟昶在寝门桃符板上的题词"新年纳余庆，嘉节号长春"，至宋时用在楹柱上，后又普遍作为装饰、交际或庆吊之用。

【**瀛涯胜览**】瀛，yíng。书名。明马欢撰，一说马欢与郭崇礼合撰。记各国风俗人情、土产地貌及见闻甚详，为研究中外关系史及南亚史的重要参考著作。太监郑和于永乐、宣德年间数次出使西洋，马欢以通译随行，遍历占城、爪哇等地，远至非洲东岸，归志其事，撰成此书。前有永乐十四年（1416）自序，其后曾加修订。所记共二十国，附有纪行诗。大多为亲身经历，叙事详赅。

【**影壁**】①有浮雕的墙壁。中国绘画和雕塑合一、介于平面与立体之间的艺术形式。也称隐塑。多以山水、楼阁、花卉为题材，并施以色彩，作为衬托人物的背景之用，形成圆雕与浮雕结合的特殊样式。旧传唐惠之与吴道子同师，道子学成，惠之耻与齐名，转而为壁塑，时称天下第一。宋郭熙见唐杨惠之的山水壁塑，受到启发，命令匠人用手堆泥于壁，或凹或凸，干后以墨随其形迹，塑成峰峦林壑、楼阁人物等，谓之"影壁"。②大型宅院建筑大门内迎面安置的短墙，用以遮挡院外的视线，有屏障、围合和装饰的作用。也称照壁。有人认为，我国早期建筑门内为隐，门外为避，影壁由隐避演变而来。影壁一般采用石雕或砖砌而成，尤以砖砌为多。其上常常有砖雕，砖雕的样式以喜鹊、梅花等吉祥图案以及"福"字为多。

【影表尺】古代用来测定投在圭表上日影长短变化的专用尺。《周礼》提及的土圭是它的前身，即一种石制或玉制短尺。1975年10月，北京古观象台联合调查研究小组发现了明初影表尺的残存刻度，据此复原了隋唐以来的影表尺。这是我国天文史和度量衡史上的重要发现。也称天文尺。

【应制诗】古代朝臣或文学侍从奉皇帝命所作、所和的诗。内容多为歌功颂德，少数也陈述一些对皇帝的期望和劝谏。唐以后大都为五言六韵或八韵的排律。如唐王维《三月三日曲江侍宴应制》、许敬宗《奉和元日应制》，宋欧阳修《应制赏花钓鱼诗》等。

【硬军】金朝以宗室出身的"郎君"组成的前锋军。他们装备精良，人马都穿戴完整的铠甲，刀枪自备，弓矢在后，持戈冲锋，以其强大的战斗力在战场上发挥重要作用。

【媵】yìng。古代随贵族女子陪嫁的人。周天子及诸侯嫁女，按照礼俗，须由其兄弟之女及该女之妹随嫁，故有"诸侯一聘九女"之说。同时，陪嫁的还有男女奴仆。相传商初大臣伊尹是有莘氏女嫁给商汤为妃时陪嫁的师仆，后任以国政，帮助汤攻灭夏桀。春秋时期百里奚是以晋献公女陪嫁之臣的身份到秦国。后与蹇叔、由余等共同辅佐秦穆公建立霸业。

【佣耕】受田主雇佣的耕作活动。田主拥有土地，佣耕者提供耕作服务。起源甚早，秦汉已有，性质相近的还有赁春等雇佣方式。此后历代有之，方式不一，佣耕者对主家的人身依附逐渐减轻。秦末农民起义领袖之一的陈胜，曾经为人佣耕。

【雍熙北伐】宋太宗雍熙三年（986）为收复燕云十六州发动的攻辽战争。宋太宗赵光义利用辽朝新君继位不久，国内军政大权不稳的机会，派遣了大约二十万大军，兵分三路对辽国进行北伐。各路军先胜后败，损失惨重。宋辽自此攻守易势。

【雍正】（1678—1735）清世宗年号。也用来指其本人。在位时平定了青海和硕特部、准噶尔部贵族叛乱；设置驻藏大臣；对西南少数民族实行改土归流政策；划定中俄中段边界，并将青藏、蒙古地区纳入版图。设置军机处，整顿吏治，实行摊丁入亩、火耗归公等一系列改革政策，对康乾之治的延续起了关键性作用。屡兴文字狱以加强思想统治。雍正十分勤政，每天批阅奏折，十三年里，在数万件奏折上写下的批语达一千多万字。

【永佃】佃户与田主订立长久承租契约的租佃形式。也称永耕、长租、长耕。其特点是土地所有权与土地使用权的分离，土地永久使用权，称为永佃权，也称田面权。与此相对，田主的土地所有权称为田底权。始于宋，明清以契约方式流行于土地关系较为发达的地区，获得永佃权者对土地有相对独立的支配权，并受法律保护，甚至可以世袭，可于地上置产立坟。

【永嘉之乱】西晋怀帝永嘉年间，刘聪

率领匈奴军队进攻西晋首都洛阳的乱事。也称永嘉之祸。八王之乱以来，西晋统治危机日趋深重，公元 307 年怀帝即位，改元永嘉，内徙胡人已先后起事作乱。至永嘉五年（311），匈奴贵族刘聪遣石勒、王弥、刘曜等将大败晋军，攻克洛阳，纵兵烧杀，虏帝而归，六年后西晋灭亡。当时中原士人因战乱不绝大批南迁，史称"永嘉南渡"，为东晋的建立准备了条件。

【永乐城之战】公元 1082 年西夏军攻破宋西北要地永乐城（今陕西米脂西北）的战役。此年宋神宗命徐禧进攻西夏，筑永乐城为前线据点，西夏皇帝感到威胁，率大军来攻，宋水源被断，援军不继，城破兵败。此后宋无力再对西夏发动大规模攻势，双方进入相持阶段。

【永乐大典】类书。明成祖命解缙等辑。初名《文献大成》，后又命姚广孝等广泛收录经、史、子、集以及释、道、平话、戏曲、百工技艺等各类图书七八千种进行增补。因始辑于永乐元年（1403），成于六年（1408），故定名《永乐大典》。全书 22 877 卷，凡例、目录 60 卷，装成 11 095 册，约计三亿七千万字，为我国古代规模最大的类书。按韵分列单字，按单字依次辑入相关联的文史记载。嘉靖、隆庆年间，又依永乐时所缮正本另摹副本一份。正本约毁于明亡之际，副本至清咸丰时也渐散失。八国联军侵入北京，副本大部遭焚毁，未毁者散失殆尽。近些年来经过搜集辑佚，共得 790 余卷，尚不足原书的百分之四。

【永明律】西晋初年，晋武帝命张斐、杜预为《晋律》作注，合称"张杜律"。由于张、杜对《晋律》分别作注，存在内容不一致、轻重悬殊的问题，南朝齐武帝时对其进行修订，约于齐武帝永明九年（491）完成，故名《永明律》。共 20 卷，1530 余条，但未公布实施，后部分内容被采入《梁律》。

【永业田】均田制下授予民户且可继承、买卖的田地。也称世业田。北魏称"桑田"，种植定量的桑、榆、枣等作物，依法纳税，并准予买卖。因世代承耕，不在收授之限，故名永业田。北齐隋唐沿用此制，而授田多少有差。唐中叶以后，土地兼并，此制名存实亡。旧时土地买卖，书契例有"卖与某人""永远为业"等语。

【甬道】高楼间有顶棚的通道或两侧有墙等遮挡物的通道，也指庭院中正对厅堂的路。也称甬路。秦汉时，甬道也被用作军事运输道路。有的甬道与宫殿建筑相连，象征着权力与尊贵。

【咏怀诗】抒发情怀、寄托抱负的诗歌。我国魏晋时诗人阮籍最先以"咏怀"为题，作《咏怀》八十二首。其诗因时政有感而发，联系个人际遇，抒情性很强，运用比兴手法，隐曲委婉，含蓄不露，具有独特的风格。后世作者，同其怀抱，多沿用此题，对五言诗的发展起到显著的作用。

【咏史诗】歌咏史实，以史事为题材创作的诗歌。咏史诗发端于秦汉时期，成熟并繁荣于唐。分述古、怀古、史论史评三类：述古类咏史诗以叙事为主，如班固五言诗《咏史》，叙述西汉孝女缇萦的故事；怀古类咏史诗偏向怀古抒情、借古讽今，如左思《咏史》和苏轼《王莽》；史论史评类咏史诗秉承儒家伦理，褒贬历史人物或总括历史经验、印证人生哲理，如白居易《放言五首》、王令《读孟子》。

【用田赋】 公元前 483 年，鲁国实行的按田亩征收军赋的制度。鲁哀公十二年（前483），季康子不顾孔子等反对，实行田赋制。这一制度的实施标志着土地私有制得到了政府的认可，军赋的征收由按户或者按人口的方式转变成了按田亩的形式。这对加强鲁国军事力量起到了一定的作用，但同时也增加了赋税和有田者的负担。

【优贡】 科举制度中选拔贡入国子监的生员的一种。清制，各省学政三年任满，与督抚会考核定数名：大省六人，中省四人，小省二人。于在学生员中选拔文行俱优者，贡入京师国子监，称为"优贡生"，简称"优贡"。经朝考合格后可任职。与岁贡、恩贡、拔贡、副贡合称"五贡"。

【优免】 对具有特殊身份者给予免除其交纳赋税的优待。历代皆有，明清指各级在职官员、绅士、老人、在学生员等。此外，对于一些特定的行业或地区，也可能因为政策需要或鼓励发展而给予优免。

【邮传】 传，zhuàn。我国古代利用邮车、快马传递文书的设施与制度。步递称为邮，马递称为置或驿。也称邮驿。商代就有了邮传雏形，西周时期，邮传系统已经相当完备。春秋战国时，各国交往频繁，邮路繁忙，有传车、骑兵、徒遽（步递）传递信件。秦朝，开辟道路，修建传舍、邮亭，实行接力传递，路线固定，立法保证通信过程的安全与迅速。两汉时，邮传制度进一步严格，乘传皆有程限，通信组织主要是驿置和邮亭，设有专人管理，形成较为完备的通信网。唐宋时，首都、大郡的馆驿建筑宏伟，州县以上也设有宾馆，由驿吏主持。邮传主要负责传送政府文书，也用于私人信件的传递。邮传作为古代的一种邮政系统，在我国古代文明的发展中发挥了巨大的作用。

【游刃有余】 出自《庄子》庖丁为梁惠王解牛的故事。在分解牛的过程中，利刃所到之处，均准确进入牛骨节之间的空隙中，且在其中运转自如，旋转进退，得心应手，在寸厘之间切骨不曾损其刀刃，显示了厨师高超的解牛技巧。后人用"游刃有余"说明在实践中，尊重客观规律，不断加深对事物本质的了解和探寻，熟练掌握和运用相关技巧，方能应对各种问题与矛盾。

【游仙诗】 借描述"仙境"以寄托作者思想感情的诗歌，或借以表神往之心，或借以托曲折之情。魏晋时较为流行。萧统《文选》列"游仙"为诗的一类，选录晋何劭《游仙诗》一首及郭璞《游仙诗》七首。后世也有以此为题的作品，以唐人曹唐所写大小若干首《游仙诗》最为有名。

【辑轩】 辑，yóu。古代一种轻便的车。供奉旨出使之人乘坐。汉代扬雄《輶轩使者绝代语释别国方言》即称这些使者为"輶轩之使"，而"绝代语释"指的是先代使者调查方言所得到的古代语言的释义；"别国方言"则是西汉时代各地方言。早在周秦时代，中央王朝就每年定期派出乘坐輶车的使者到各地调查方言、习俗、民歌民谣，通过了解各地方言，体察各地的风土人情，加强中央王朝与地方上的联系。

【有巢氏】中国古代神话传说中发明巢居的人。被视为在树上用木头搭建住处的创始人。也称大巢氏。原始时代，人们多在野外寻洞穴而居，不可避免地经常遭到野兽的袭扰和侵害。有人率先发明了在树上用枝叶为巢，教民众"昼拾橡栗，暮栖木上"，故称有巢氏。《韩非子》记载："上古之世，人民少而禽兽众，人民不胜禽兽虫蛇。有圣人作，构木为巢，以避群害，而民悦之，使王天下，号之曰有巢氏。"这一记载反映出我国原始时代由穴居进入巢居的情况。

【卣】yǒu。古代盛酒器。青铜制。椭圆口，深腹，圈足，有盖和提梁。腹或椭或圆或方，也有做圆筒形，装饰成鸱鸮或虎食人图案的。盛行于商代和西周时期。

【右史】古代官名。周代史官有左史、右史之分。唐以后为中书省起居舍人的别称，起居舍人主记言。明清不设左、右史，以起居注官行其职。

【于谦】（1398—1457）明代大臣、诗人。字廷益，浙江钱塘（今杭州）人。永乐进士。正统十三年（1448），明军主力在土木堡之战中溃败，明英宗被俘，蒙古瓦剌军乘胜进攻京师（今北京）。在这关键时刻，于谦反对迁都，力主抗战，并升任兵部尚书，拥立代宗，率军击败瓦剌军，取得了北京保卫战的胜利。战后，他首创团营军制，加强边防，并委任名将镇守。他主张以战求和，多次击败瓦剌军的进攻，迫使其首领也先释放英宗回朝。公元1457年，英宗趁代宗病危，发动夺门之变重登帝位，于谦遭诬陷被害。死时家无余资。于谦为官清正廉洁。当时权倾朝野的宦官王振要求所有官员进京时都必须带上贵重礼物以示敬意，于谦却坚决反对这种贪腐之风。当他入京议事时有人劝他带些土特产，他笑着甩了甩袖子说："只有清风。"后来，他特意写了《入京》诗以明志："绢帕蘑菇及线香，本资民用反为殃。清风两袖朝天去，免得闾阎话短长。"于谦另有一首《石灰吟》，"粉骨碎身全不惜，要留清白在人间"二句寄托了自己清白做人的志向。

【余引】清户部在正引额外加发的盐引。也称活引。因正引额不足以供应当地所需而发。

【盂】古代盛水或饭的器皿。有陶、青铜等材质。深腹，圈足，有附耳。

【盂兰盆会】佛教仪式。每逢农历七月十五日，佛教徒为超度亡魂、追荐祖先而举行。"盂兰盆"是梵语的音译，意为"解倒悬"。传说，目连为释迦牟尼十大弟子之一，其母死后极苦，如处倒悬，求佛救度，佛令其在僧众夏季安居终了之日（即农历七月十五日），备百味饮食，供养十方僧众，可使母解脱。梁武帝时依此创设盂兰盆会。后世每逢农历七月十五日，人们延请僧尼结盂兰盆会，诵经施食，以追荐先人。民间有放河灯、放焰口等活动。

【鱼肠】古宝剑。相传春秋时欧冶子铸造湛卢、纯钧、胜邪、鱼肠、巨阙五把宝剑。鱼肠剑意谓极小之匕首，可藏置于鱼腹中。一说因剑的纹理盘曲如鱼肠，故名。传说专诸将鱼肠剑藏在一条鱼的肚子里，借此接近吴王僚并将其刺杀。

【鱼袋】唐朝官吏盛放鱼符的袋子。当

时皇帝颁给官员的一种鱼形物件，称作"鱼符"，可作为官员身份的识别证明，官员外出公干或入朝时应装入袋中，随身携带。鱼袋的使用也有官衔级别之分，一般三品以上饰金，五品以上饰银。

【鱼梁】 也作"渔梁"。拦截水流以捕鱼的坝。在水不太深、不太宽的小溪上，用土石横筑一坝，中间留一缺口流水，在流水口下边放鱼笱等用以捕鱼。

【鱼鳞图册】 古代官府绘制的土地登记簿册。也称丈量册。始于宋，明清皆数次大规模清丈编制，图册所绘田亩地块据实排列，状似鱼鳞，每块注明田主、边界及内外山、塘之类，以明确其所有权，据以征派田赋及相关税役。通过这些图册，可以了解到古代土地分配、农业生产以及社会结构等多方面的信息。

【竽】 yú。中国传统竹制簧管乐器。"八音"属"匏"。发音原理和笙相同，形与笙相似而略大，管数也多于笙。战国时无论是民间还是宫廷中都广泛流传，汉代前竽的音管多为三十六簧，后逐渐减为二十三簧和二十二簧。隋唐时，宫廷中竽与笙并存。宋代以后，竽在宫廷中的地位逐渐被笙取代。

【俞樾】 （1821—1907）樾，yuè。清代学者。字荫甫，号曲园，浙江德清人。道光三十年（1850）进士，曾任翰林院编修、河南学政。后因太平军攻破南京，寓居苏州，创设"诂经精舍"。晚年定居杭州。俞樾一生勤奋著述，在经学、医学、数学、哲学、文学等领域均有成就，是我国近代朴学大家。门生弟子众多，如章太炎、王国维等，

影响深远。其孙俞陛云、曾孙俞平伯皆为著名学者。著有《春在堂全书》。

【榆】 即榆树。也称刺榆。早春先叶开花，因果实圆形，很像古代串起来的麻钱儿，故称"榆钱"。木质坚韧，可供建筑和制器具。栽植榆树历史悠久，常栽种在行道或庭荫。榆是古代的救荒植物，果实、嫩叶、树皮均可代粮充饥。榆木钻火是节日游戏之一，宋朝时，每年清明节，宫廷命小内侍在阁门用榆木钻火，先进者赐金碗、绢三匹。

【虞美人】 一种植物。叶互生，羽状深裂，裂片披针形。花单生，有紫、红、白等色。花蕾卵球形，有长梗，未开时下垂。也称赛牡丹、舞草、丽春花。传说，楚汉相争时，西楚霸王项羽兵败被困垓下，与美人虞姬悲歌泣别。虞姬自刎死，血染大地，化为此草，故名。后人钦佩美人虞姬的节烈，创制词曲时便常以"虞美人"三字作为曲名，后逐渐演化为著名的词牌名。如南唐后主李煜的名作《虞美人》（春花秋月何时了），表达对故国的深切怀念。

【虞世南】 （558—638）唐代书法家、文学家。字伯施，越州余姚鸣鹤（今浙江慈溪）人。生性沉静好学，官拜秘书郎、起居舍人。隋朝灭亡后，依附于夏王窦建德，授黄门侍郎。秦王李世民灭窦建德后，虞世南为秦王府参军、记室、弘文馆学士，与房玄龄等共掌文翰，成为十八学士之一。贞观年间，历任著作郎、秘书少监、秘书监等职，封永兴县公，故世称虞永兴、虞秘监。虞世南容貌怯懦、弱不胜衣，但性情刚烈，直言敢谏，深得李世民

Y

敬重，时称德行、忠直、博学、文辞、书翰五绝。卒谥文懿，配葬昭陵。善书法，与欧阳询、褚遂良、薛稷并称"唐初四大书家"。所编《北堂书钞》为唐代四大类书之一，是中国现存最早的类书之一。诗多应制之作，文辞典丽，《从军行》《饮马长城窟》为传世名篇。

【愚公】古代寓言故事中的人物，出自《列子》。愚公是一位年近九十的老者，其家门前有太行、王屋两座大山拦路，出行极为艰难。于是其率领子孙叩石垦壤，挖山不止。有智叟劝其知难而退，愚公并未采纳，并下决心世世代代挖下去，直到移走大山。天帝听闻愚公移山之事，深为感动，命夸娥氏二子把山背走，助愚公实现了愿望。后世用"愚公移山"借指只有做事不畏艰辛、不屈不挠、坚忍不拔才能取得成功。1945 年 6 月 11 日，毛泽东在中国共产党第七次全国代表大会上号召全党用愚公移山的精神，挖掉压在中国人民头上的两座大山——帝国主义和封建主义。

【舆】车厢。古代车厢形似簸箕。前面的横梁叫"轼"，轼下面围着的木板叫"軓"，车厢两侧的木板叫"輢"，輢上的木框叫"较"，輢前后的立柱叫"轵"，下面的四框叫"轸"，固定在车轴上。后面无板，供乘车人上下，车上还有一根绳子，供人乘车拉手用，叫"绥"。有的车舆四周不是木板，而是高高的围栏。由于古人一般是立乘，遇路不平或站累了可靠在厢板或栏杆上。通常车舆上装有活动的圆形车盖，像一把大伞，用来遮阳挡雨。因舆是车的主体构件，故古人又以舆借指车。

【舆地】舆的本意是车厢底板，古人认为，天地有负载之德，天为盖，地为舆。舆地连称，即指山川、林野、方位、道路这些地理现象的总和，相当于今之地理学。又因古人信奉天圆地方，故也用"方舆"一词指地理，清顾祖禹所著《读史方舆纪要》即是我国古代著名的地理著作。另舆地也用来指地图。

【舆地纪胜】地理学著作。南宋王象之撰。王象之在少时便随父宦游四方，广泛涉猎地理书籍和郡县图经，为其编纂《舆地纪胜》奠定了坚实的基础。本书以南宋十六路版图，宝庆（宋理宗年号，1225—1227）以前建置为标准，叙述当时 166 个府、州、军、监的地理胜状，分府州沿革、县沿革、风俗形胜、景物、古迹等目。所载多南宋事，内容丰富。编纂体例严谨，考证核洽，被誉为南宋全国性总志中最善者。其内容详赡分明，尤其在收录人物、碑记、诗文等方面，具有很高的历史和文学价值。书中还附有《舆地图》十六卷，详尽地记录了四川各州的情况。引书中又多佚本，可补史志之缺。

【舆服】车舆冠服及各种仪仗的总称。西周以来，天子、诸侯、卿大夫、士所用的车舆冠服、仪仗有不同的规格，以表明身份的尊卑等级。后世以此为礼制的重要组成部分，历代各有其制用于官场典礼，民间也多以下僭上。

【舆图】地图，多指疆域图。古人因地图上载有河流、山川、城镇等，图载万物，故称"舆图"。

【羽林】汉以来掌宿卫侍从的一支精锐近卫军。汉武帝时选陇西、天水、安定、北地、上郡、西河六郡良家子宿卫建章宫，称建章营骑，后取"为国羽翼，如林之盛"之意，更名羽林骑，兼取从军死者子孙充，隶属光禄勋。宣帝令中郎将、骑都尉监领，东汉由羽林中郎将统率。魏晋以来沿置此军，除侍卫外也常征战。隋唐以来或为禁军精锐之名，或为其俗称。

【羽林孤儿】 西汉时期由战死军人的后代中选拔出来，并编入羽林骑的士兵。汉武帝始选取从军死者子孙，以此为号，养于羽林，教以五兵，使成精锐，后也用于大臣丧葬仪仗。后世循其意而做法不同。

【羽觞】 觞，shāng。即"耳杯"。古代饮器。椭圆形，两侧各有一弧形的耳。因其形状似爵（雀），两耳像雀之双翼，故而得名。另一说，饮酒时杯上插羽毛，意在催人速饮。

【羽檄】 古代战事紧急时，以骑者传送、上插羽毛的军事文书。檄，xí，是用于征召的木简，插鸟羽表示急件，须疾如飞鸟般传递送达。也称檄羽、羽书。李白《古风》："羽檄如流星，虎符合专城；喧呼救边急，群鸟皆夜鸣。"这里以羽檄比喻军令急迫，展现了边塞战事的紧张气氛。

【禹】 姓姒，名文命。原为夏后氏部落领袖，舜时为司空，奉舜之命治理洪水。他划定中国国土为九州，并铸造九鼎作为象征。禹死后，他的儿子启建立了我国历史上第一个奴隶制王朝——夏朝。传说大禹的父亲鲧也曾被派去治理洪水，但未能成功。后来，大禹接替了父亲的工作，并采用了与父亲不同的方法，即疏导而非堵塞，成功地控制了洪水。在治水过程中，

他三过家门而不入，长期在外与民众一起奋战，最终完成了治水大业。大禹治水的故事也成为中华民族不屈不挠、勇于斗争之精神的象征。

【语录】 文体名。记录传教、讲学、论政及交际等的问答口语，不重文字修饰，故名。起初用于禅宗僧徒记录其师的言谈。后来宋儒讲学，门徒记当时言辞，也称语录。如宋时程颢、程颐门人把二程有关哲学、政治等言谈编为"语录"，又由朱熹辑入《二程遗书》。再如黎靖德辑录的《朱子语类》是朱熹与其弟子问答的语录汇编。

【庾信】 （513—581）庾，Yǔ。北周文学家。字子山，南阳新野（今属河南）人。幼聪颖，随父庾肩吾在萧纲的宫廷中生活，后来担任萧纲的东宫学士。历任右卫将军，封武康县侯。侯景之乱时，逃往江陵。后奉命出使西魏，因梁为西魏所灭，被扣留北方。北周代魏后，迁骠骑大将军、开府仪同三司，世称"庾开府"。庾信的诗文既有南方清新明丽的特点，又有北方雄浑豪迈之气。前期作品文藻艳丽，与徐陵齐名，时称"徐庾体"。后期作品多身世之感与乡关之思，风格变为沉郁顿挫，深受杜甫推崇，有"庾信文章老更成，凌云健笔意纵横"的赞誉。代表作有《哀江南赋》《枯树赋》。

【玉】 温润而有光泽的美石。种类很多，有质地坚硬的黄玉、白玉、碧玉、翡翠，色彩鲜艳的松石、玛瑙、芙蓉石，晶莹明洁的水晶、绿晶、茶晶，宝光闪烁的碧玺、蓝红宝石、钻玉等。古人很珍视玉，以玉比德，玉器不但用于祭祀、外交等，而且用于服饰，"古之君子必佩玉"。商代已大量制

作玉质的礼仪用具和佩饰。周代有掌管王宫玉器的官职。秦朝后，玉玺为皇帝所专用。

【玉璧之战】 公元542年和546年，东魏为夺取战略要地玉璧（今山西稷山西南）对西魏发动的两次战役。西魏王思政、韦孝宽先后率军，积极防御，东魏屡攻不下，伤亡惨重。此后双方攻守易势。

【玉帛】 玉指圭、璧、琮、璋、琥、璜、玦等，帛是丝织品。古代祭祀、诸侯参与会盟朝聘时执瑞玉与缣帛。因帛或称币，故玉帛也称玉币，属于珍贵礼品。后引申为和好之意，如"化干戈为玉帛"。

【玉海】 类书。南宋王应麟辑录。书名取精粹如玉、浩瀚似海之意。200卷。分天文、地理、诏令、郊祀、官制等21门，每门再分子目，总共241小类。征引广博，载有许多后代史志失传的材料。卷末附《词学指南》四卷及王氏所撰《诗考》《诗地理考》《通鉴地理通释》《小学绀珠》等书十三种。

【玉门关】 古关名。在今甘肃敦煌西北戈壁滩上的小方盘城。汉武帝时设置，相传西域从此关输入玉石，故名。与阳关同为连通西域的交通要道，是古代丝绸之路的重要关隘。因通往塞外，乡关日远，常作为古人表达思乡、报国情怀的文化地标出现在古诗文中。东汉时，班超出使西域三十余年，垂暮之年上疏皇帝道："臣不敢望到酒泉郡，但愿生入玉门关。"王之涣《凉州词》："羌笛何须怨杨柳，春风不度玉门关。"王昌龄《从军行》："青海长云暗雪山，孤城遥望玉门关。"

【玉篇】 字书。南朝梁陈间顾野王撰。

30卷，分542部，共收16 917字。字头全用楷体，为我国现存最早的楷书字典。仿《说文解字》体例，有所改进，释字以音义为主，不同于《说文解字》用六书理论来分析字形。同时，《说文解字》以释形为主，讲本义也是为了证明字形，不讲引申义；而《玉篇》以释义为主，文字之训不限本义，而是列举一字之多种意义。《玉篇》释字，先反切注音，后释义，在详细的引证之外，有时还加按语，并将异体字附后，注明另见。成书于南朝梁大同九年（543），后萧恺奉命删改行世。唐时孙强复加增益。宋代陈彭年等奉敕重修，收字增至22 561字，题名《大广益会玉篇》，即今通行本。

【玉台新咏】 诗歌总集。南朝陈徐陵选编。书成于梁代。十卷，包括五言诗八卷、歌行一卷和五言四句诗一卷，收录了从汉朝到梁朝的诗歌共计769篇。该书的选录标准偏重男女情感的抒发，尤其是宫廷中的闺情之作，因此书中的诗歌多表现出一种脂粉气，格调不高。然而，其中也不乏对真挚爱情和妇女婚姻爱情悲剧的描写，一定程度上反映了当时的社会状况和妇女的生活状态。《玉台新咏》对后世的文学研究具有一定的价值，特别是对于乐府诗的发展、唐代五言绝句的形成等方面产生了积极影响。《古诗为焦仲卿妻作》就是在这部总集中首次出现的。一些著名诗人的作品，如曹植的《弃妇诗》、班婕妤及庾信等人的作品，都是通过《玉台新咏》得以流传至今。它是继《诗经》《楚辞》后较早的一部古诗歌总集。

【芋】 地下有肉质的球茎，富含淀粉和

蛋白质，可蒸煮食用，味香软滑，可做蔬菜。易储藏，可代粮充饥。一说，因芋大叶实根，先民初次见到此物惊骇道："吁，真大！"于是，此物就被称为"吁"，后演变成"芋"。也称芋芳、芋头。古称土芝、蹲鸱。约三千年前，我国黄河流域已普遍种植芋。经过长期培育，产生很多变异品种。有青芋、紫芋、真芋、白芋、连禅芋、野芋六种。一般所食，多是青芋。

【郁孤台】位于江西赣州西北部贺兰山顶。建于唐广德至大历年间（763—779）。其山隆阜，郁然孤起，故名。登台可见贡江与章江从东、西两个方向绕台而过，向北流去，汇成赣江。千余年来，郁孤台引历代文人墨客登临题咏，南宋辛弃疾《菩萨蛮·书江西造口壁》："郁孤台下清江水，中间多少行人泪。西北望长安，可怜无数山。青山遮不住，毕竟东流去。江晚正愁予，山深闻鹧鸪。"抒发了作者深沉的爱国情怀。

【御断】金朝皇帝杖责宰相下至判司簿尉的刑罚。宋使者如果忤逆金帝的命令，有时也用此责罚。

【御史】古代官名。春秋战国时列国都设有御史，为国君亲近之职，掌管文书及记事。秦时置御史大夫，职副丞相，位尊，御史监郡并执法，享弹劾纠察之权。汉以后御史职衔累有变化，职责则专司纠弹，而文书记事乃归太史掌管。唐有侍御史、殿中侍御史和监察御史。至明清仅存监察御史，分道行使纠察。权万纪，唐代御史，敢于犯颜直谏，曾弹劾过房玄龄和魏徵等人，受到了唐太宗褒奖。

【御史大夫】古代官名。秦始置，其位仅次于丞相，主管弹劾、纠察以及掌管图籍秘书。汉时沿置，与丞相、太尉合称"三公"。武帝之后，监察弹劾之权实移御史中丞，职权逐渐旁落。后改称大司空，主水土之官。晋以后多不置。隋唐五代复置，为御史台长官，专职监察弹劾百官，实权已轻。至宋又多缺而不补。明废。

【御史台】古代官署名。古代国家最高监察机构，专司弹劾之职。御史所居官署，西汉时称御史府，东汉初改称御史台，又名兰台寺。唐一度改称宪台或肃政台，不久恢复旧称。明洪武十五年（1382）改都察院，清因之，御史台之名遂废。

【御史中丞】古代官名。简称中丞、中执法。秦汉以御史中丞为御史大夫之佐。也称御史中执法。掌监察执法，管图书秘籍、文书档案。外督诸监郡御史，监察考核郡国行政；内领侍御史，其权颇重。东汉以后不设御史大夫时，即以御史中丞为御史之长。北魏改称御史中尉。唐宋虽复置御史大夫，也往往缺位，即以中丞代行其职。宋代为御史台长官，辽金元为御史台次官。

【御帐亲军】辽朝帝后帐下的直属部队。有皮室军、属珊军等。这支部队的主要职责是守卫行宫，即辽朝皇帝的临时住所，确保皇帝的安全。

【御者】周以来战车中居中驾驭马匹的贵族武士。简称"御"。御者要求有高超的驾驭技艺和忠诚品质。

【寓言】文学体裁。"寓言"本指有所寄托或比喻之言。后称我国古代诸子百家著作中短篇讽喻故事为寓言，如《庄子》《韩非子》等著作中的一些故事。寓言作为文体之名，即以散文或韵文的形式，讲述带有劝诫、教育或讽刺意味的故事。结构大多短小，主题用意在惩恶扬善，充满智慧哲理。素材多来源于民间传说。

【**身毒**】Yuāndú。国名。印度的古称。梵语音译，也译作申毒、辛头、信度、身度、天竺、贤豆。范围包括印度河以东的南亚次大陆地区。

【**鸳鸯**】鸟名。因其配偶期间，雌雄形影相随，古人认为是终身相匹之禽，故用作情侣与爱情忠贞不贰的象征。民间常以鸳鸯图案饰于被衾衣枕等物，寄寓相思与爱情。

【**元白**】指唐诗人元稹、白居易。两人同一年考中进士，一起担任秘书省校书郎。在此期间，他们相互酬唱频繁，文学主张也相近，是当时提倡写作"新乐府"的主要人物。在此后的数十年间，二人多次遭贬谪，但无论顺境或逆境，他们皆患难与共，相互扶助。元稹去世九年之后，白居易创作了一首《梦微之》（元稹字微之），表达了对已故好友的深切怀念和对人生无常的感慨。

【**元宝**】我国古代钱币的一种名称。通常由黄金或白银制成，其中以白银居多。唐宋时较常见。"元宝"两字前常冠以年号、朝代等，铸于币面。因唐开元通宝读作"开通元宝"而得名。最早使用"元宝"这一名称的是唐乾元元年（758）史思明在洛阳铸的得壹元宝和顺天元宝。后晋有天福元宝，北宋有淳化元宝、圣宋元宝，南宋有大宋元宝以及蒙古的中统元宝等。清末所铸铜圆上曾用"光绪元宝"四字。

【**元朝**】公元1206年铁木真（成吉思汗）建国，1260年忽必烈继蒙古大汗位，1271年定国号"元"，1272年建都大都（今北京）。1279年灭南宋，是我国历史上第一个由少数民族统一全国的王朝。1368年，因明军攻克大都，元顺帝北逃而灭亡。自元世祖定国号起，共历11帝，98年。自成吉思汗建国起，历史上都泛称为"元朝"。顺帝北走塞外，仍称"元朝"，史称"北元"。明建文四年（1402），鬼力赤杀坤帖木儿汗，始去国号。

【**元丰改制**】宋神宗元丰元年（1078）开始推行的官制改革。内容包括恢复唐以来三省、寺、监体制，消除部分官名与所掌职事名实不符的状态，重新确定官员的品阶、俸禄序列和相关管理制度。主要目的是减少冗官冗政，提高行政效率，明确各职位机构的职责。对我国古代官职制度的发展和演变产生了重大影响。

【**元好问**】（1190—1257）金代文学家、文学批评家。字裕之，号遗山，秀容（今山西忻州）人。出身于一个世代书香的官宦家庭，其祖先原为北魏皇室鲜卑族拓跋氏。一生经历了金朝的衰落和元朝的兴起，金亡后隐居不仕，以著述为业。工诗文，诗歌题材广泛，多关心民生疾苦、暴露社会黑暗之作，感情沉痛深挚，风格悲壮苍凉，在金元之际颇负重望。也擅词，取法苏、辛，气势豪迈。所作《论诗绝句三十首》，继承杜甫的《戏为六绝句》，以组诗的形式系统地评论了汉魏以来的诗人和作品，是文学批评史上的重要论述。有《遗山集》。

【**元和姓纂**】书名。唐代林宝奉宰相李吉甫命纂辑。作者积二十年之功，于宪宗元和年间（806—820）成书，故称《元和姓纂》。该书详载唐代族姓世系和人物，于古姓氏书颇多征引，保存一些佚书的片段。体例上先列皇族李氏，再按《唐韵》二百六部排列各姓氏，每韵之内，以大姓为首，记载姓氏来历和各家的谱系，反映了魏晋南北朝重视门阀的风气在唐代的遗存。此书记录了大量《新唐书》《旧唐书》列传以外的人物姓名、世系、任职情况，不仅增补《新唐书》《旧唐书》列传之不足，在研究唐代文献遇到生疏姓名时也可有助查考。原书久佚，今本系清人孙星衍、洪莹从《永乐大典》等书中辑出。

【元和中兴】 唐宪宗元和年间（806—820）出现的复兴局面。其突出成果，是在代宗、德宗以来理财整军的基础上改善其治，重振朝廷权威，先后平定了西川、浙西、淮西、淄青等跋扈藩镇，使长期割据的河北三镇也开始服从朝廷。藩镇割据局面暂告结束，但并未扭转唐朝走向衰落的趋势。

【元嘉北伐】 南朝宋在元嘉年间对北魏发起的三次军事行动。分别在元嘉七年（430）、二十七年（450）和二十九年（452）展开。主要目标是收复南朝宋在河南地区的失地。宋文帝刘义隆在建康留守，每次北伐都派出了不同的将领，并亲自传授战略，但最终均以失败告终。

【元嘉之治】 南朝宋文帝元嘉年间（424—453）出现的治世局面。文帝登位后，有鉴于其前政局的动荡，着力图治，清理户籍，减免赋税，改善吏治，抑制宗室，兴立学校，使社会得以安定和发展，直至元嘉末年北伐失败而衰。

【元谋人】 晚期猿人化石。也称元谋直立人。1965 年 5 月发现于我国云南元谋上那蚌村（大那乌村）。距今约 170 万年，是我国迄今发现的最早的猿人化石。从所发现的上中门齿化石看，元谋人门齿特征与北京猿人类似，但也具有近似猿类和南方古猿的原始特征，在发现化石的地方，还发现少量石器和用火遗迹。元谋猿人化石及其文化遗物的发现，为探索我国早期猿人的体质特征和文化提供了宝贵的材料。

【元曲】 元代杂剧和散曲的合称。常被作为元代文学的代表，同唐诗、宋词并称。也用来专称元杂剧，如明臧晋叔《元曲选》即元杂剧的选集。

【元曲四大家】 元代四位著名杂剧作家的并称，分别是关汉卿、马致远、郑光祖、白朴。

【元始天尊】 相传是道教的最高天神，与灵宝天尊、道德天尊合称为“三清”，也是“三清”之首。在大多道教宫、观中都有供奉的造像，也称天宝君。

【元帅】 古代官名，统率全军的主将。《左传》载“晋作三军，谋元帅”，当时元帅还不是专名。唐代设立天下兵马元帅、副元帅和行军元帅，始成为官名。初以亲王充任，由文武官统率的，称总管。后资望高深的武臣也称元帅。

【元祐更化】 宋哲宗在位前期太皇太后高氏主持废除王安石新法的举措。元丰八年（1085）神宗死，哲宗赵煦继位，次年改年号“元祐”。因哲宗年幼，高氏垂帘听政，排斥王安石等人，起用司马光等大臣，尽废各项新法，恢复旧制，至1094年哲宗亲政而止。虽意在与民休息、安定社会，但也矫枉过正，使新旧党对立加剧。

【元杂剧】用北曲演唱并有完整结构和表演方式的戏曲形式。也称金元杂剧。金末元初产生于我国北方。在宋杂剧、金院本和诸宫调的基础上广泛吸收了多种词曲和技艺发展而成。一般每本四折，每折用同一宫调的若干曲牌组成套曲，必要时另加"楔子"。代表作家有关汉卿、王实甫等，代表作品有《窦娥冤》《西厢记》等。

【元稹】（779—831）稹，zhěn。唐代诗人。字微之，河南（今河南洛阳）人。幼年丧父，家贫。贞元九年（793）应试明经科及第。元和元年（806），登才识兼茂明于体用科，授右拾遗。因直谏得罪权贵，出为河南县尉。后任监察御史、中书舍人等职。长庆二年（822）拜平章事，与裴度同为宰相。后卒于武昌军节度使任所。工诗文，与白居易相友善，共同倡导"新乐府"，彼此酬唱不断，世称"元白"。所作乐府诗广泛反映了当时的社会现实，代表作如《连昌宫词》。又作有传奇小说《莺莺传》，叙张生与崔莺莺的恋爱故事，带有一定的自传色彩，被金诸宫调及元杂剧《西厢记》所取材。贞元十九年（803），元稹娶显宦韦夏卿之女韦丛为妻。元和四年（809）七月，韦丛去世。元稹写下《遣悲怀》三首悼念亡妻，抒发内心感激与愧疚，情真意切，感人至深，为后世所称颂。

【园宅地】均田制下民户占有的居宅园圃地。唐初以来规定良人每三口给一亩，奴婢等贱口五人一亩，不计入永业田、口分田额，可以继承、买卖。

【员外郎】古代官名。员外，本指正员以外之官。简称"外郎"或"员外"，通称"副郎"。民间用以俗称地主豪绅。晋武帝始设"员外散骑常侍""员外散骑侍郎"，简称"员外郎"。隋开皇时，尚书省二十四司各设员外郎一人，为各司次官。唐宋沿置，与郎中通称"郎官"，皆为中央官员要职。明清沿袭。

【垣】本义是指矮墙，泛指一般的墙体结构。古代城墙或官署周围都有院墙，因此"垣"也被用来代指城池或某些官署。由于垣在空间上用于划分一定的范围，因此在传统的天文学术语中，"垣"用作天区名称，如太微垣、紫微垣、天市垣等，而"省垣"则指省级行政区划的首府或城市。

【爰金】战国时楚国的金币。爰是古代一种重量单位，一说是货币单位。也称印子金、饼金。铸成版状，上钤有小方印，文字有"郢爰""陈爰""专爰"等。"郢""陈"等字是地名，楚国曾先后在这两地建都。

【袁宏道】（1568—1610）明代文学家。字中郎，号石公、六休，公安（今属湖北）人。与兄宗道、弟中道合称"公安三袁"。曾从李贽问学。在文学观点上，主张独抒性灵，不拘格套，反对当时文坛上流行的拟古风气，提倡文学创作应体现个性和自然情感，强调文学的自然真实和独创性。开创了文学史上的"公安派"，对后世产生了重要影响。其作品真率自然，独具一格，小品文尤受人推崇，《初至西湖记》《晚游六桥待月记》《虎丘记》《满井游记》等为其代表作。重视小说、戏曲和民歌在文学中的地位。有《袁中郎全集》。

【袁枚】 （1716—1798）清代文学家。字子才，号简斋、随园，浙江钱塘（今杭州）人。乾隆四年（1739）进士。历任溧水、江浦、沭阳、江宁知县。辞官后迁居江宁，购得江宁小仓山隋氏废园，改名随园。清代乾隆、嘉庆时期的代表诗人之一，活跃诗坛 60 余年，存诗 4000 余首。与赵翼、蒋士铨并称"乾隆三大家"。论诗吸取明代公安派袁宏道"独抒性灵，不拘格套"之说，倡导"性灵说"，主张作诗应抒写胸臆，辞贵自然，强调独创，反对以程朱理学来束缚诗歌创作。诗作以新颖灵巧见长，独具个性。又善文，骈散兼工。著作宏富，有《小仓山房集》《随园诗话》《子不语》等。

【圆钱】 铸造成圆形的货币。早期中为圆孔，方孔出现较晚，战国时期流行于秦及赵、魏沿黄河地区。圆钱便于携带和使用，正面通常铸有文字，如"半两""五铢"等，表示重量或价值。背面通常平整，没有文字或图案。秦始皇统一六国后，对货币进行了统一改革，废除了其他诸侯国的货币，只保留了圆钱，并在全国推行使用。

【圆仁】 也作"元仁"。日本僧人，日本天台宗第三代座主，清和天皇赐为"慈觉大师"。俗姓壬生氏，下野（今栃木县）都贺郡人。九岁出家，十五岁师从最澄。开成三年（838）到中国，从各地高僧学显、密二教，历扬州、五台山、长安等地。逢武宗灭佛，遭受波折。大中元年（847）回国，弘扬大乘戒律。入唐求法期间，用汉文以日记形式记录所见所闻，著《入唐求法巡礼行记》。所记翔实可靠，俱为亲身见闻，是研究唐代宗教、社会及中日文化交流史的重要史料。与最澄、鉴真一起被誉为"唐决"，对中日文化交流产生了深远影响。

【缘分】 佛教指人与人之间命中注定的遇合机会，泛指人与人、人与事物之间发生联系的机遇。在我国古代哲学中，缘分被认为是人与人之间无形的联系，是必然存在的相遇机会和可能性。缘分在古代文化中有广泛的表现形式，如姻缘、比翼鸟、月老牵线等。在人际关系方面，经常相遇的人在我国传统文化中会被认为是有缘分的。这种关系不仅限于男女感情，还包括父子、夫妻、朋友、亲人、师生等多种形式的关系。

【辕】 车前用来驾牲畜的直木，其后部压在车轴上，前部伸出车舆的前方。商周的车都是独辕，辕在中。汉代以后多双辕，分列左右。古代帝王巡狩田猎，或军队作战，止宿时都结车为营，出入口以两车上扬，车辕相向，构成一座"门"，称为辕门。辕门后也泛指军营营门，《三国演义》吕布射戟辕门的故事，京剧里宋朝杨延昭《辕门斩子》的故事，都发生在军营里。

【远山眉】 古代一种眉妆。传说西汉时期司马相如之妻卓文君的眉毛细长而曲，色淡微，形似远山，非常美丽，时称远山眉，当时许多妇女争相效仿。唐宋间也流行。唐崔仲容《赠歌姬》诗："黛眉轻蹙远山微。"

【怨军】 辽朝时期天祚帝招募辽东难民组成的一支特殊军队。这些难民因女真的侵略而家破人亡，被组织起来，怀着对女真的深仇大恨，以"怨军"为名，参与对抗女真的战争。辽灭亡后，怨军投靠了北宋，成为北宋末年军事力量的一部分。

【院试】 明清童生试第三阶段考试。也称提学试。明始行，由提学官主持，清代由各省学政主持。凡经府试录取的童生可参加院试。因学政称提督学院，故由学政主持的考试称院试，又以旧制称提学道，故也沿称道考、道试。报名等手续与府、县试略同。清制，学政于驻在地考试就近的府、县，其余各府则依次分期案临考试。正试一场，复试一场，揭晓名次称为出案。录取者即为生员，送入府、州、县学宫，称入学，受教官的月课与考校。

【月】 ①月亮。也称太阴。新月如钩，故称银钩、玉钩；弦月如弓，故称玉弓、弓月；月满如轮如盘，故称金轮、玉轮、银盘、玉盘。民间传说月中有嫦娥、兔和蟾蜍，故称嫦娥、婵娟、玉兔、玉蟾。古人赋予月亮许多美丽传说，如嫦娥奔月、吴刚伐桂、玉兔捣药等。月亮在古代生活中具有广泛的文化象征意义，天子在秋天祭拜月亮，文人也喜欢吟咏月亮。月亮是古典诗歌中常用的意象，象征纯洁、幽美、悲欢离合、永恒等。②计时单位。农历从初一到月末为一月，一年为十二个月。

【月活】 明清农业雇工按月计算报酬的雇佣方式。

【月粮】 古代给士兵每月发放的粮食。士兵的生计主要依赖于国家或军队提供的粮食和其他物资，月粮包括米、麦等主食，也会有一些肉类或其他副食品。月粮的具体数量和种类会因不同的历史时期、地区和军队而有所不同。明代，月粮的数量会因士兵的等级和职责而有所差异。清代，八旗兵丁的家庭口粮也称为月粮，并且有详细的规定和标准。

【月食】 食，也作"蚀"。地球运行到太阳和月亮之间，三者成一直线，太阳光被地球遮挡住，照射不到月亮，便形成月食。殷商时代的甲骨刻辞中已有月食的记载。古时"天狗吃月亮"的传说即月食现象。

【月桩钱】 南宋为支应军饷而加征的税款名目。因系按月桩办钱物，故称。大体是把地方上供财赋加以合并，不足额时常需地方另筹补足。这种税收最初只在江南东路和江南西路征收，后来逐渐扩展到其他地区。

【乐府】 古代官署名。主管音乐。汉惠帝时已有乐府令。武帝时定郊祀礼，立乐府，掌管宫廷、巡行、祭祀所用的音乐，兼采民歌配以乐曲，以李延年为协律都尉。也为诗体名，指乐署及其改编、演唱的乐诗。后将魏晋至唐代可以入乐的诗歌，以及仿乐府古题或自创新题、吟诵时事的作品，统称乐府。宋元以后的词、散曲和剧曲，因配合音乐，有时也称乐府。

【乐府诗集】 诗歌总集名。北宋郭茂倩编。全书共一百卷，分郊庙歌辞、燕射歌辞、鼓吹曲辞、横吹曲辞、相和歌辞、清商曲辞、舞曲歌辞、琴曲歌辞、杂曲歌辞、近代曲辞、杂歌谣辞、新乐府辞十二类。全书各类有总序，每曲有题解，对各种曲调及歌辞的起源和发展，都有考订。每题以古辞居前，后人拟作列后，资料丰富。书中征引了一些已经散佚的著作，许多珍

Y

贵的史料得以保存，对文学史和音乐史的研究有重要的价值。

【乐毅】 乐，Yuè。战国时燕国将领。中山国灵寿（今河北平山东北）人。魏国将领乐羊之后。公元前284年，以上将军身份统率五国联军攻陷齐都临淄。因功封于昌国（今山东淄博东南），号"昌国君"。燕惠王即位，中齐国反间计，以骑劫取代乐毅，他被迫出奔赵国，被封于观津（今河北武邑东南），号"望诸君"。

【乐毅伐齐】 公元前284年，燕昭王以乐毅为上将军，统率燕、秦、赵、魏、韩五国联军共同发动对齐国的军事行动。乐毅率联军在济西与齐军进行了一场激烈的战斗，大败齐军。燕军乘胜追击，攻克齐国七十余座城池，直捣都城，攻陷齐都临淄，除聊、莒、即墨外，基本控制齐国全境。前279年，燕惠王立，以骑劫取代乐毅，齐田单率军反攻，大败燕军，收复国土。乐毅伐齐之功尽失。

【刖刑】 刖，yuè。将犯人的脚砍掉的酷刑。也称制刑。是"五刑"之一。春秋时楚人卞和献玉璞给楚王，被认为是欺诈而受刑被砍掉左右脚。西汉初年又称斩趾，汉文帝十三年（前167）废除此刑，用笞刑代替。

【轵】 yuè。车辕前头与轭相衔接用以固定的销子。一般用于小车（马车）。

【岳飞】 （1103—1142）南宋初抗金名将。字鹏举，相州汤阴（今属河南）人。宣和四年（1122）应募从军，曾随宗泽留守开封，任统制。南宋以后，屡次上书，建议收复北方失地。岳飞治军，赏罚分明，纪律严整，又能体恤部属，以身作则。其军队被称为"岳家军"，以英勇善战著称，以至金军感叹："撼山易，撼岳家军难！"曾在郾城大破完颜宗弼主力，收复郑州、洛阳等地，北方义军纷起响应，恢复形势一片大好。后高宗、秦桧君臣一意与金求和，岳飞被连下十二道金牌退兵返回临安，又被秦桧以"莫须有"的罪名杀害。孝宗时，追谥武穆。宁宗时追封鄂王。能文章、书法、诗词，《满江红》悲壮激昂，是爱国主义诗词中的千古绝唱，千百年来激励过无数爱国志士。有《岳武穆遗文》。

【岳家军】 南宋初年岳飞统率的部队。对金作战的主力部队之一。正式番号先后为神武右副军、神武副军、神武后军、行营后护军。以牛皋、董先各部义军为主干，后收编杨幺等农民军部众，吸收山东、两河忠义社梁兴、李宝等，汇成大军。岳家军以纪律严明和训练有素而闻名，士兵们即使在极度困境下也坚守"冻死不拆屋，饿死不掳掠"的原则，金人有"撼山易，撼岳家军难"的说法。

【岳麓书院】 古代著名书院。位于湖南长沙岳麓山下。北宋开宝九年（976）潭州太守朱洞创办。其后数次扩建，大中祥符八年（1015）宋真宗御笔赐书"岳麓书院"匾额。岳麓书院历经宋元明清几代，迎接四方学者，专注传道授业。宋时著名理学家朱熹曾在此讲学，明清时以传播儒学为主旨。现存主要建筑为清代遗构，保存的历代碑匾和文书刻石皆十分精美。

【岳阳楼】 江南三大名楼之一，位于湖南岳阳洞庭湖畔。相传始于三国吴鲁肃训练水师的阅兵台。历代屡有建废。北宋庆历五年（1045），滕宗谅（字

子京）重修岳阳楼，邀好友范仲淹作《岳阳楼记》，遂使其声名远播。现存形制与格局为再行修葺后所遗。楼共三层，精构细筑，气势恢宏，引无数文人雅士登临赏游，赋诗吟对。

【钺】yuè。本作"戊"。青铜铸，形状像大斧，圆刃或平刃，有孔名"穿"，用以绑缚长柄，盛行于殷周，是一种重要武器。也有用玉石制作的，多用于礼仪及殉葬。甲骨文和金文中"王"字的形状就是钺的象形，说明钺是与王权密切相关的象征物。

【阅微草堂笔记】笔记小说集。清代纪昀作。阅微草堂是作者在北京虎坊桥住宅的书斋名。二十四卷，其中《滦阳消夏录》六卷，《如是我闻》四卷，《槐西杂志》四卷，《姑妄听之》四卷，《滦阳续录》六卷。主要记述花妖狐精、鬼怪神异故事，间杂考辨，广泛反映了封建社会的黑暗现实与劳动人民、贫穷知识分子及妇女的苦难，对封建统治阶级的骄奢淫逸、残酷横暴时有记录。此外，对社会各阶层人物的风貌、普通人民的智慧勇敢与高尚情操、各地民俗等，也颇多描述。与《聊斋志异》齐名，同为清代志异笔记小说中的扛鼎之作。

【越国】由于越发展而来的姒姓古国。相传夏王少康庶子无余在今浙东一带建立了於越，建都会稽（今浙江绍兴），殷周时续有发展，东周敬王时，其主允常自称为王。春秋末年常与吴交战，公元前494年为吴王夫差所败。越王勾践卧薪尝胆，刻苦图强，于前473年攻灭吴国，北上中原争霸，战国以来渐衰，前306年为楚所灭。

【越绝书】史书名。关于其作者，说法不一，通常认为是东汉袁康、吴平二人所撰。原书二十五篇，今佚五篇，十五卷。记叙东汉以前吴越地区的历史、地理，以历史人物为关注对象，活跃在书中的吴王夫差、越王勾践、伍子胥、子贡、范蠡、文种等人，皆形象生动，个性鲜明。像吴王得胜后的恃傲、越王逆境中的虚心、伍子胥的刚直忠贞、子贡的机敏善辩，都刻画得细致入神。《越绝书》为地方志的编纂开创了范例，特别是书中《吴地传》与《越地传》两篇，对吴越山川、地理、城池、物产等，记载甚详，历来被认为是地方志之鼻祖。

【越缦堂读书记】缦，màn。书名。清代李慈铭撰。李慈铭从二十岁起写日记，直到晚年，所记文字达数百万言，内容丰赡，受到学林重视。《越缦堂读书记》就是由云龙从李慈铭日记中辑录有关读书札记的部分而成。李慈铭读书甚广，举凡经、史、子、集无不涉猎，这些笔记记录了他的读书心得，因而颇有价值。全书经重新编排后分为哲学思想、政治、社会经济、历史、地理、科学技术、军事、语言文字、文学、艺术、宗教、综合参考、札记等类，涉及图书九百八十余种。每类有若干子目，分别论述每本书的作者、内容、学术源流、版本等。

【越窑】古代名窑。窑址在今浙江慈溪上林湖一带。因唐时属越州，故名。烧制青瓷始于东汉，唐五代时烧制工艺日渐成熟，瓷器色质细腻纯净、若冰透亮，"秘色瓷"是越窑青瓷中的精品。唐陆龟蒙《秘色越器》："九秋风露越窑开，夺得千峰翠色来。"描写越窑青瓷的釉色堪比千峰秀色，青翠欲滴。唐代崇尚绿茶，选用茶具时也以越窑为上，因其色青，可益茶色。"茶圣"陆羽赞天下瓷以越州为"第一"。宋元以来，越窑逐渐衰落。

【龠】yuè。容量单位。古人以一定长度的定音器具黄钟律管来确定尺度的标准。黄钟律管的长度为九寸，是当时国家的法定标准。龠本来起源于黄钟律管，用黄钟律管长度的数字来确定它的容量。将1200颗黑黍装满律管，用井水来使它平整，一黄钟律管的数量就是一龠，两龠为一合（一合相当于现在的400克）。汉制，每龠容量为810立方分，一龠等于半合。又为量器名。

【籥】yuè。中国传统管乐器。在甲骨文中，本作"龠"。像编管之形，似为排箫之前身。有吹籥、舞籥两种。吹籥形似笛而短小，有三孔。舞籥较吹籥长而有六孔，可当作舞具。

【云车】①古代传说中仙人所乘之车，神仙以云为车，故称。如三国魏曹植《洛神赋》："六龙俨其齐首，载云车之容裔。"后人们在车上绘制祥云图案，以象神仙之车。②古代作战时用来窥察敌情的楼车。因为很高，故名。

【云冈石窟】我国佛教石窟。位于山西大同武周山南麓。因武周山又名云冈，故名。开凿于北魏时期，主体约在北魏中期完成。石窟依山开凿，现存主要洞窟53个，小龛1100多个，大小造像51 000余尊，造像最高者为17米，最小者为2厘米，是我国大型石窟群之一。云冈石窟饱经战乱，后世多次修缮，在辽金两代达到最大规模。其石雕造像气势雄伟，内容丰富，雕刻技艺精湛，菩萨、力士和飞天各类形态栩栩如生，呈现出鲜明的时代特征和高超的艺术表现力及感染力。

【云锦】以缎纹为地组织，采用桑蚕丝与金银线提花的锦类丝织物。因锦纹繁盛、瑰丽、色彩绚烂，好像天上云彩，故名。东晋末，刘裕北伐获胜，将长安织锦工匠带到建康（今江苏南京），设锦署管理织锦。南北朝始产云锦，明清时期繁盛。云锦工艺独特，从确立丝线的经纬线到最终织造，过程复杂、艰难，必须用老式提花木机织造，由提花工和织造工两人配合完成，一天只能产出几厘米。云锦用料严格考究，花卉色彩因观察视角不同而变化，图案具传统吉祥文化底蕴。南京云锦位列古代四大名锦（南京云锦、苏州宋锦、四川蜀锦、广西壮锦）之首。

【云梦】古代泽薮。其来历古代说法并不一致。一说本是江南、江北两个大湖，江北为云，江南为梦。一说云梦为一湖，可单名云或梦。先秦两汉时的云梦泽，大致包括今湖南益阳城区及湘阴县以北，湖北江陵县及安陆以南、武汉以西地区。晋代以后，云梦泽囊括了洞庭湖。随着长江和汉水带来的泥沙不断沉积，汉江三角洲不断伸展，云梦泽水域逐渐缩小、干涸，唐代以后形成平原上星罗棋布的小湖。宋代以后，江汉平原逐渐成为重要农业区和南北交通要冲。"云梦"并不仅仅指上述水域，还泛指春秋战国时楚王的巡猎区，包括整个江汉平原及其周围的部分丘陵。汉代司马相如的《子虚赋》记载："云梦者，方九百里，其中有山。"在文学作品中，"云梦"有其特殊的文学场景和情境，带

Y

着虚幻缥缈的意境，唐代诗人孟浩然《临洞庭》诗："八月湖水平，涵虚混太清。气蒸云梦泽，波撼岳阳城。"

【云母】矿石名。品种不同，颜色各异。可析为片，薄片透光有弹性，可做镜屏、屏风，也可入药。古人认为这种石头是云彩的"根"，故名。也称云精。根据质地和色泽，云母的品种可分为云英、云珠、云沙、云液、云胆等。唐代李商隐《嫦娥》有"云母屏风烛影深"，描绘嫦娥的月宫内镶嵌着云母石的屏风。

【云南民变】万历三十四年（1606），云南府（今云南昆明）军民反抗明廷所遣税监杨荣的事件。云南税监杨荣恣行威虐，杖毙数千人，积怨甚深。又因求马不获，毒打指挥使樊高明，逮捕指挥使贺瑞凤，且扬言尽捕六卫军官。指挥贺世勋、韩光大率万余军民，焚杨荣府第，杀死杨荣及其党羽二百余人。神宗闻之，数日不食。后贺世勋下狱被杀。

【云台二十八将】东汉初二十八位开国功臣的合称。明帝时追念开国功臣功绩，将二十八名功臣图画于洛阳南宫云台，故名。也称中兴二十八将。包括邓禹、吴汉、贾复、耿弇、寇恂等人。

【云梯】古代攻城时攀登城墙的长梯。也称云桥。通常由木制或竹制的长梯和轮子组成，可以推动靠近城墙，方便士兵攀爬。相传为鲁班发明。云梯出现时间很早，战国时期已经用以攻城。

【芸香】多年生草本植物。也称七里香。因其根部为木质老根，故又称芸香树。花、叶都有强烈气味，香闻数十步，可驱虫辟蠹，置席下，可去蚤虱。因古人多将它置于书室或书页内，以防蠹虫，故与书籍有关的事物，常被冠以"芸"字作为雅称。如称书籍为芸编、芸帙，称书斋为芸窗，称藏书处为芸台、芸署、芸阁，称校书郎为芸吏、芸香吏等。古人常把芸香夹在书中，打开书后，香气袭人，日久不散，故将它散发出来的香味称为书香。书香门第、书香人家中的书香，即指芸香。

【韵书】按汉字的声韵分类编排的书。魏晋时期，始编韵书。隋代总结南北字音声调撰成《切韵》，唐宋以来都有官韵定本，用来分辨、规范汉字的读音和四声，常广泛搜集汉字，按发音规律分韵排序，或者附加形义解释，类似于字典，对统一汉字发音和音韵声律的研究有深远影响。

Y

Z

【杂泛差役】 元明时区别于正役的各种杂役。主要用于国家的各种公共工程和官方需求。包括筑城、修路、治水利、造官衙、送粮草等各类工作，这些工作需要随时派役，没有固定的时间和明确的报酬标准，往往收入甚少。

【杂家】 战国末期至西汉初期博采各家的思想观点而形成一家之言的综合学派。特点是兼备并贯通融会儒、墨、道、法等各学派之道。其出现与形成在一定程度上反映了当时政治上趋向统一、文化上要求融合的趋势。东汉班固将"杂家"列为"九流"之一。主要著作有《吕氏春秋》《淮南子》。

【杂史】 非正统史家的著述。区别于纪传、编年、纪事本末的一种史书体裁。《隋书·经籍志》始有名目，所记涉及帝王之事及军国掌故。后记带有掌故性质的一时见闻、一事始末或一家私记。如唐代吴兢《贞观政要》，宋代洪皓《松漠纪闻》、王栐《燕翼诒谋录》等。

【杂言诗】 诗体名。古体诗的一种。也称杂言古诗。最初出于乐府。诗中每句字数不等，长短句间杂，无一定标准，最短仅有一字，最长可有九字、十字以上，以三、四、五、七字相间杂者为多。句式变化与用韵也较自由。李白《日出入行》《三五七言》《襄阳歌》等皆为杂言诗。

【杂徭】 正役之外的各种劳役。秦汉以来称半役、小役、小徭，属派生性、临时性或地方性劳役。历代常将之归并后纳入正税、正役，或成为新税种。唐曾设限规范，逾限可折免赋税或正役，两税法后与正役合流。宋以来指杂泛、杂差，明清常被并入户税、田赋而仍不断滋生，或折交钱物。

【宰相】 古代官名。本泛称掌握政权的大官，秦汉以来指历代辅助皇帝、统领百官、总揽国家政务的最高行政长官。如秦汉时期的丞相、相国、三公，唐宋时期的中书、门下、尚书三省长官及加"同平章事"的官员，明清时期的大学士。辽代正式定为官号。辽代中枢机构是北、南宰相府，各设左、右宰相。

【在下】 男子自称的谦辞。我国古代的坐席礼仪是尊长在上座，晚辈在下，"在下"由此而成为自称的谦辞。

【簪笔】 簪，zān。像插簪那样把笔插在头上，以备记事。始于战国。汉朝侍从近臣多插笔于发，以便记事。魏晋以来，御史等官仍插笔状之簪，称白笔。唐制，文官七品以上穿朝服时都插簪笔。宋文武都将缠绯缀丝的笔插在朝冠托座，故又称立笔。明朝仿古在朝冠上插竹木笔，按品爵高低，将笔杆弯成数折。清废。

【**赞普**】 原为吐蕃首领称号，自公元629年松赞干布建立王朝后，赞普相当于吐蕃王称号。也称赞府、锁逋。赞意为雄强，普意为男子。此称号传承至842年，末代赞普达磨被刺杀，吐蕃王朝灭亡而止。

【**藏传佛教**】 我国佛教的一派。公元7世纪，松赞干布因与尼泊尔、唐王朝联姻，始信佛教。佛教自此在西藏得以传播。9世纪曾一度被禁止，直至10世纪后期，在吐蕃新领主扶植下得以复兴。经过与西藏本教的长期相互影响、融合，形成了藏传佛教，其经典属藏语系统。其教派分为格鲁派、宁玛派、噶举派、萨迦派等。教义上大、小乘兼容，但以大乘为主。13世纪后，在元朝统治者的支持下，上层喇嘛逐渐掌握政权，藏传佛教也由西藏地区传入蒙古族聚居的地区及不丹、尼泊尔等。

【**藻井**】 我国传统建筑对室内顶棚的一种独特的装饰设计形式。以木质材料在榫卯结构的连接下构筑上小下大、可方可圆的立体斗状天花穹顶，形成具有更大的空间深度和净空高度的上部空间，在顶部的平面上与周边的侧面绘有各种五彩的花卉图案，藻井的各部构件上也有花纹或雕刻进行装饰。藻井制作是我国木结构建筑中的一项较为高难的技术，它不用一根铁钉而完全依靠榫卯进行构建。多用于宫殿、寺庙中的宝座、佛坛上方最重要部位。现存最早的木构藻井，是今天津蓟州区独乐寺观音阁上的藻井，距今已有一千多年的历史。也称绮井、复海。

【**皂荚**】 落叶乔木。也称皂角。春季开花，黄白色。所结的荚果长而扁，呈带状、黑皮，微肥厚，富胰皂质，古人用来洗濯沐浴，可去污垢，也可入药。木材坚实，可制家具。产于我国黄河流域及以南各地。相传，唐玄宗与杨贵妃曾在华清宫七圣殿西南角和临潼斜口南原上手植皂荚，每年结果实，必有十数荚，呈合欢状，人称"唐皂荚"。另有一种肥皂荚树，茎干无刺，荚果宽长圆形，肥厚，熟时为暗褐色，产于我国陕西南部、长江流域及贵州。古人用其荚果汁制成皂丸，洗濯用胜过皂荚。

【**灶君**】 俗称"灶王爷"。道教中的灶神。民间认为，灶神是玉皇大帝派来的一家之主，掌管着一家的祸福。民间风俗，每年农历正月初一各家各户迎接灶王，将其画像挂于灶台之上，到了农历腊月二十三或二十四日为灶王爷回天庭汇报的日子，各家都要在灶口贴上"上天言好事，下界保吉祥"的对联，并摆放纸马、饴糖、年糕等贡品。

【**造纸术**】 我国古代四大发明之一。中国古代造纸初起于麻质纤维，公元前已有原始的"扶风纸""金关纸"等。2世纪初，蔡伦总结了前人的造纸经验，进一步改良了造纸工艺。最初的造纸原料包括树皮、麻头、敝布和渔网等，经过挫、捣、抄、烘等步骤制成纸。这种纸被称为"蔡侯纸"，原料易得且成本低廉，质量优良。造纸术在魏晋南北朝时传到朝鲜和越南，7世纪时，又由朝鲜传到日本。8世纪时经中亚传到阿拉伯，12世纪以后再由阿拉伯传到欧洲，至16世纪时纸张已

Z

流行于全欧洲，取代了传统的羊皮和埃及纸莎草。16世纪后造纸术又由欧洲传到北美洲，此后逐步流传到全世界。造纸术是人类文化传播的伟大发明，对人类文明史产生了深远影响。

【帻】 zé。用来束发包髻的布巾。先秦时类似一种发箍，系在前额，是平民百姓戴的。秦时称百姓为黔首，汉代称仆隶为苍头，就是指他们所戴的帻是黑色或青色的。秦时武将服赤帻。及至西汉末期，帻广为流行之后与巾逐渐合而为一，演变成为约发束发以及定冠的用品，后来贵族也戴帻，用以固定冠。自此帻就不再具有裹额的作用了。

【舴艋】 zéměng。小船。宋李清照《武陵春·春晚》词"闻说双溪春尚好，也拟泛轻舟。只恐双溪舴艋舟，载不动、许多愁"将无形之愁具象化，并以舴艋舟之轻，反衬心绪之沉重。

【曾巩】 （1019—1083）北宋文学家。字子固，南丰（今江西南丰县）人，世称南丰先生。嘉祐二年（1057）进士，尝奉召编校史馆书籍，官至中书舍人。谥文定。其散文平易舒缓，长于叙事说理，讲究章法结构，为"唐宋八大家"之一，代表作《墨池记》。有《元丰类稿》。

【曾静案】 公元1728年，曾静策动清川陕总督岳钟琪反清，被奏知雍正帝而引发的案件。曾静，清湖南永兴人，号蒲潭先生，康熙秀才，深受吕留良遗著中"夷夏之防"和反清复明思想的影响。雍正六年（1728）命弟子张熙投书川陕总督岳钟琪，劝其举兵反清，被岳告发下狱，供词涉及民间流传雍正帝篡权夺位之说。案发后雍正帝释

放曾静及同谋弟子，吕氏被戮尸焚书，株连被害甚众，又将御前审问和训导曾静之词汇集成《大义觉迷录》刊发各地，命曾静四处宣讲，以图消除民族对立和雍正帝夺嫡传言的影响。乾隆帝继位后列之为禁书，处死曾静。

【增生】 科举制度中生员名目之一。明代生员都有月廪，并有一定名额，称廪膳生员。后又于正额之外，增加名额，称为增广生员，简称增生，无月米，地位次于廪生。清时，经岁、科两试成绩优秀者，增生可依次升廪生，称补廪。

【赠序】 文体名。赠言惜别的文章。古代送别常以诗文相赠，集帙而为之序的，称为"赠序"。其后凡是惜别赠言的文章，不附于诗帙的也都叫赠序，内容多赞许、称扬及慰勉之辞。与序的原意已不尽相同。唐韩愈所作，最为后世推重，不仅在文体上抒发离情别绪，而通过发表议论，表达自己的理想、见识和思想，对此类文体的发展贡献颇大。代表作有《送石处士序》和《送李愿归盘谷序》等。

【甑】 zèng。古代炊器。底部有许多透蒸汽的孔格，置于鬲或釜上蒸煮，类似今天的蒸锅。新石器时代晚期已出现，为陶制。至商周，有青铜铸的甑。后世以竹木仿制，称为蒸笼。

【札记】 札，zhá。文体名。读书时摘记的要点、心得或见闻等文字。古称小木简为札，条记于札，故称。如清代卢文弨有《龙城札记》《钟山札记》，赵翼有《廿二史札记》。

【札撒】 zhásā。蒙古语音译，意为"法令"。蒙古大汗及元朝皇帝颁布的法令。成吉思汗生前颁布的法令，称

大札撒，内容为狩猎、草原保护、马匹保护、水源保护等法律条文。也作"札萨"，也称札撒黑。

【札也】札，zhá。①金元军事将领的侍从服务人员。女真贵族子弟多由此入仕，元朝沿此。②辽的一种地方行政单位，相当于州，地位低于府，高于县。

【札子】札，zhá。古代官方公文中的上呈文书，用于向皇帝或长官进言议事。唐人奏事，非表非状者称榜子。宋代凡百官上殿奏事，两制以上非时有所奏陈，非表非状者，称为札子或奏札。如宋代王安石有上皇帝的《本朝百年无事札子》，陆游有《上二府论事札子》，等等。也用于指古代官方公文中的下行文书，用于发指示或委职派差。或称堂帖。宋代中书省或尚书省得到皇帝批准而下达的指令，凡不用正式诏命的，称为札子。诸路帅司向其部属发指令也用札子。两府之间往来的公文，也称札子。

【斋】古代人们在祭祀或典礼前，沐浴洁食，以表对祭祀对象的敬畏之心。北京故宫博物院里的斋宫就是雍正皇帝行祭天祀地典礼前的斋戒之所。斋在我国建筑中，并不代表一种独立的建筑形式，而是一种专用于静居之所，有助人聚气敛神、肃然斋敬的功用，故后世往往将斋建于僻静、幽深之处，专供人静心修习或藏书。斋也指佛、道教信奉者所吃的素食。

【斋戒】古代举行重大祭祀或典礼之前，人们沐浴更衣，戒除各种嗜欲，以表虔诚敬畏之心。又指中国穆斯林的"斋功"，为伊斯兰教五功之一，即成年穆斯林要在每年伊斯兰教历的9月斋戒一个月。规定此月每日从日出至日落，人们不能饮食、行房事等，如遇特殊原因，如患病、外出、怀孕等，规定可延缓，但过后须完成补斋或以施舍济贫等方式以示虔诚。

【翟魏】翟，Zhái。公元388年由丁零翟辽建立的政权。东晋太元八年（383），丁零翟斌起兵反前秦，后归慕容垂。次年，慕容垂杀翟斌，其侄翟真逃至中山一带，又为后燕所灭。翟真从兄翟辽南奔东晋黎阳（今河南浚县东），逐太守，据其地。十三年（388），称"魏天王"，改元"建光"，徙都滑台（今河南滑县东），领有荥阳、顿屯等七郡。十七年（392）为后燕所灭。

【占城稻】占，Zhān。中南半岛东部的高产、耐旱籼稻品种。因它的原产地是占城（今越南中南部），故名。也称早占、早占城、早米。占城稻穗长而无芒，粒稍小，适应性强，生长期仅需约60天或100天，极大地提高了土地利用率和粮食产量。五代到宋初，占城稻被引入今福建地区，宋大中祥符四年（1011），江、淮、两浙大旱，宋真宗派使者到福建取占城稻种三万斛，分给江、淮、两浙三路旱灾地区种植，并让转运使向民众宣传占城稻的优点与种植方法。占城稻的引进和广泛种植，改善了我国传统水稻的品种结构。

【詹事】古代官名。皇后及太子庶务的执事长官，即执事、给事。秦始置。东汉废，魏晋以来，唯置于太子宫，故称太子詹事，自此皆统东宫诸务。所在机构或称詹事府，或为詹事院。唐建詹事府，设太子詹事一人，少詹事一人，总东宫内外庶务。历代因之。

清沿置，初犹有辅导太子之责，康熙后不设太子，仍置詹事府，掌文章经史之事。清末废。

【斩衰】 斩，不缝缉。衰，cuī，丧服上衣。五服中最重的一种丧服。此丧服用最粗生麻布做成，披在胸前，两侧和下边断处不缝边际，表示不修饰，以尽哀痛，故。臣子为君王、诸侯为天子、男子及未嫁女为父亲、嫡长孙为祖父、父为嫡长子、嗣子为嗣父（包括出继之父或母亲再嫁的后夫）、妻妾为丈夫均需服斩衰。服期为三年，实际上是两周年，即 24 个月。后世沿此但有所变化。

【占山格】 公元 463 年，南朝宋为限制贵族、高官任意占取山泽所制的规定。因官贵势力竞相占封各地的山泽，影响朝廷的经济收益以及贫弱者的生计，故武帝下令设限。官品第一、第二的可占五顷，至第九品和百姓可占一顷。占者须依此计资征税，违犯者治罪。

【占田课田制】 公元 280 年，西晋统一南北后实行的土地田赋制度。为限制土地兼并和保障税源，原则规定男子占田限七十亩，女子限三十亩，官员可按品级占田五十至十顷不等，另可庇荫亲属、衣食客及佃客多少不等，皆可免役。又定需要缴纳田赋的为课田，丁男丁女及次丁男各有亩额，平均每亩须交租谷八升，另按户调式征收绢绵。此制度后被战乱破坏，485 年被均田制取代。

【占租】 自报应纳的租税。针对工商和高利贷者的税制。起源甚早，汉武帝时定由工商和高利贷者自报资财多少，称占，不实者有罚；依财产多少出税称租，其税率因行业不同有别。后世时或有之，名称不一。

【栈车】 车厢以竹木条编成的轻便车辆，可以乘人或载物。《诗经》："有栈之车，行彼周道。"

【栈道】 在悬崖峭壁上搭建支架形成的道路。也称阁道、复道、栈阁。战国时期，秦国为经营巴蜀，展开了栈道修筑工程。到西汉初年，已有嘉陵故道、褒斜道、谠骆道和子午道四条通蜀的栈道。栈道盘旋于高山峡谷之间，因地制宜采用不同的工程技术措施，或凿山为道，或修桥渡水，或依山傍崖构筑用木柱支撑于危岩深壑之上的木构道路，表现了在筑路工程中，适应十分复杂的地形条件的出色技术能力。栈道是川陕间的交通干线，历代屡屡修建，在经济文化交流和战略方面发挥了重要作用。历史上关于栈道的著名史事当属"明修栈道，暗度陈仓"。公元前 206 年，秦朝被推翻后，项羽依仗强大的兵力，迫使先入秦都咸阳的刘邦退出，封刘邦为汉王，让他统治偏远的汉中（今陕西南部）和巴蜀（今川渝）地区。刘邦为消除项羽戒备之心，采用张良的计策，在就封的路上，将长达几百里的栈道全部烧掉，以示再无回关中之心。后借有人起兵反项之机，采纳大将韩信提出的计策，明修栈道，暗度陈仓（今陕西宝鸡），一边大事修复栈道，迷惑守卫关中的秦降将章邯，一边为突袭陈仓积极筹备。最后成功攻并借道陈仓，占领了关中，为建立汉朝奠定了基础。后人也以此故事形容表面上用某一行动迷惑对方，但在暗中却采取另一种行动达到目的。也指暗中进行某种活动。

【战国】 时代名。周元王元年至秦始皇二十六年（前475—前221），各诸侯国之间连年战争，故称。此名出于《战国策》。紧接于"春秋"之后，与"春秋"合称"春秋战国"。其时代特征是各国交战，群雄相争，在变法改制和兼并战争中逐渐走向统一。战国时期百家争鸣，儒家、道家、法家等各种思想流派竞相发展，对我国后的文化和哲学产生了深远的影响。

【战国帛画】 战国时期在丝织物上作的画，中国画的一种。代表性的帛画有湖南长沙出土的《龙凤人物图》和《人物驭龙图》。这两幅画绘于随葬的"铭旌"上。帛画中的人物形象富有神采，线描规整、雄健流利，色彩绚烂、端丽，具有很高的艺术水平。

【战国帛书】 战国时期写在丝织物上的文字。现存较早的帛书是1942年在湖南长沙的楚墓中发现的，1945年流入美国。楚帛书长47厘米，宽38.7厘米，文字为墨书，有900多字，用楚国的文字写成。帛书的四周绘有12位神的图像，四边角绘有植物的枝叶。楚帛书是中国古代艺术中的珍品，也是世界艺术史上的瑰宝。

【战国策】 史书名。西汉刘向编定。非作于一时，作者也非一人。战国时，有专门从事外交策略研究者，探讨如何揣摩人主心理，运用纵横捭阖的手段，团结盟国、孤立和打击敌国，史称"纵横家"。其对于谈说之术尤为注重，并为此不断收集材料，以备旁征博引，甚至亲自拟作，以资练习，《战国策》即因此而产生。全书按国别编排，计有西周一篇，东周一篇，秦五篇，齐六篇，楚、赵、魏各四篇，韩、燕各三篇，宋、卫合一篇，中山一篇。记述范围自公元前453年韩、赵、魏灭智伯至秦二世继位止，全书反映各诸侯国的政治、军事、外交情况，记载当时各国、各阶级之间尖锐复杂的矛盾与斗争，是研究战国史极重要的资料。

【战国七雄】 战国时期七个最强大的诸侯国的统称。分别是秦、楚、韩、赵、魏、齐、燕，因争雄称霸，后世遂以为名。

【湛卢】 湛，zhàn。卢，黑色。古宝剑。相传春秋时铸剑大师欧冶子铸造湛卢、纯钧、胜邪、鱼肠、巨阙五把宝剑。湛卢剑湛然如水而黑，故名。一说因在湛庐山铸造而得名。相传湛卢剑最初为越王允常所得，后传至越王勾践。勾践在战败后，将湛卢剑作为贡品献给了吴王夫差。夫差无道，湛卢剑自行飞离，寻找到了明君楚王，并化为正义与仁德的象征。

【张楚】 秦朝末年农民起义领袖陈胜建立的政权。取张大楚国之意。公元前209年，陈胜、吴广率领九百戍卒，于大泽乡（在今安徽宿州）起事反抗，攻下陈县（今河南周口淮阳区），自立为王，以此为国号，次年被秦将章邯所灭。

【张岱】 （1597—1689）明末清初文学家。字宗子、石公，号陶庵，浙江山阴（今绍兴）人。出身官宦世家，但性乐山水，一生未仕。明亡后避居山中，潜心著述。其散文小品，多写山水景物与日常琐事，清新活泼，饶有诗意，尤为世人称道，在古代散文中别具一格。代表作如《西湖七月半》《湖心亭看雪》《西湖香市》等。生平著作甚丰，主要有散文集《琅嬛文集》《西湖梦寻》《陶庵梦忆》，纪传体史书《石匮书》《石匮书后集》，类书《夜航船》，笔记《快园道古》等。

【张果老】又名张果，我国古代神话传说中的八仙之一，也是八仙中的长者。传说隐居于中条山，宁愿伴死而不受武则天的征召。常倒骑毛驴，日行万里。往来于晋汾之间。休息时可将毛驴折叠起来放在箱内。出门时用水一喷，又恢复成驴。

【张衡】（78—139）东汉科学家、文学家。字平子，河南南阳西鄂（今南阳石桥镇）人。曾两度担任执管天文历法的太史令。精通天文历算，创制世界上最早的浑天仪（浑象）和地动仪；正确解释了月食的成因，指出月亮发光是日光的反照，月食乃因月亮进入地影而产生。文学作品有《二京赋》，铺写京都景象，规模巨大。抒情小赋《归田赋》形式精练，情真意切。所作《四愁诗》《同声歌》，也各具特色。因在天文学上的杰出贡献，被后人广泛纪念。国际天文学联合会将月球背面的一座环形山命名为"张衡环形山"，太阳系中的1802号小行星也以他的名字命名。

【张惠言】（1761—1802）清代学者、文学家。初名一鸣，字皋文，号茗柯，江苏武进（今常州）人。工骈散文，所作简洁晓畅，俊逸旷达。又致力于词的研究，是常州词派的开创者。论词强调比兴寄托，主张意内言外，含蓄蕴藉，反对将词视为"小道"，要求提高词在抒情诗中的地位。但有时过分强调比兴，解释古人之词，时有求

之过深、穿凿比附之谈，招致王国维等人的批评。嘉庆二年（1797），所编《词选》行世。《词选》选录唐、五代、宋词凡44家、116首。

【张籍】（约767—约830）唐代诗人。字文昌，苏州（今属江苏）人。与孟郊、韩愈、白居易等人有交往。贞元进士。因患眼疾，为太祝十年不迁，人称"穷瞎张太祝"。曾任水部员外郎、国子司业，世称"张水部""张司业"。其诗歌创作可分为三个时期：早期"学诗为众体"，"笔力可扛鼎"。中期多创作乐府诗，今存70多首，或为古题乐府，或为新题乐府，或为寓意于古题的新乐府。笔锋直指当世现实，对民生苦难表达深切同情。这类作品成就最高，与王建齐名，并称"张王乐府"。晚期多写近体，五律与七绝皆有深挚清畅之作，为晚唐朱庆余等人效法。有《张司业集》。

【张角】（？—184）东汉末黄巾起义首领。巨鹿（今河北平乡西南）人。东汉熹平年间（172—178）创立太平道，自称"大贤良师"。与弟张宝、张梁同在河北一带传教，十余年间，徒众已达数十万，遍及青、徐、幽、冀、荆、扬、兖、豫八州。东汉中平元年（184）三月五日起事，提出"苍天已死，黄天当立，岁在甲子，天下大吉"的口号。认为汉为火德，火生土，土色黄，张角自称"黄天"，徒众起事皆以头戴黄色头巾为标志，人称"黄巾军"。

【张九龄】（673或678—740）唐代诗人。字子寿，一名博物，韶州曲江（今广东韶关西南）人。曾任右拾遗、中书侍郎、同中书门下平章事等职。以刚正不阿、直言敢谏著称，曾劝安禄

山狼子野心，建议玄宗及早将其诛灭，但未被采纳。举荐才俊，反对结党营私，被称为开元时期贤相之一。张九龄是盛唐前期重要诗人。五言古诗情致深婉，蕴藉自然，在唐诗发展中有很高的地位和巨大的影响。代表作如《感遇》《望月怀远》等。他和当时的文人学士有广泛联系。执政时，曾提拔王维为右拾遗、卢象为左补阙。任荆州长史时，召孟浩然于幕府。此外，如王昌龄、钱起、綦毋潜等人都曾受到他的奖励和关怀，对促进开元诗坛的繁荣起到了积极作用。有《曲江集》。

【张居正】（1525—1582）明代政治家。字叔大，号太岳，湖广江陵（今湖北荆州市荆州区）人。嘉靖进士。官至吏部尚书。万历时，代高拱为相。时神宗年幼，军政大事均由张主裁。任相十年，厉行改革。推行考成法，考核各级官吏，提高行政效率。清丈田地，使全国土地比弘治时多三百万顷。推行"一条鞭法"，裁汰冗员，减少开支。用潘季驯治理黄淮，用戚继光等名将练兵，均卓有成效。死后被弹劾，尽夺官阶，家被抄没。除"一条鞭法"外，其他改革几乎全部废止。有《张文忠公全集》。

【张可久】（1280—约1352）元代散曲家。名久可，号小山，以字行，庆元路（今浙江宁波）人，移居杭州。曾任桐庐典史、徽州路务税大使等职，后归隐西湖以终。能诗词，尤以散曲知名于世，今存小令八百五十余首，套曲九套，数量为元人之冠。题材多为自然风光、归隐生活，也有反映民生艰难、社会污浊者。《太和正音谱》称

其词"清而且丽，华而不艳"。有《小山乐府》《张小山小令》。

【张良】（？—前189）西汉初大臣。字子房，颍川城父（今河南襄城西南）人。先世原为韩国贵族，五世相韩。为报灭国之仇刺杀秦始皇未成。相传逃亡中遇黄石公，得《太公兵法》。秦末归顺刘邦，为其重要谋士。助刘邦鸿门宴脱险，得免杀身之祸。灞上分封时为汉王请汉中地。刘邦为汉王，进汉中，建议其烧绝栈道，示无还心，使项羽无西顾之忧。提出聚集三王（韩信、英布、彭越）、决战霸王的策略，被刘邦采纳，歼灭楚军。刘邦曾赞曰："运筹策帷幄中，决胜千里外，子房功也。"刘邦称帝，封留侯。

【张骞】（？—前114）骞，qiān。西汉汉中成固（今陕西城固）人，开辟了"丝绸之路"。汉武帝建元二年（前139），出使大月氏，越葱岭，历大宛、康居、大夏。途中两次为匈奴所拘，前后历时十余年，"持汉节不失"。元朔三年（前126），始得脱身归汉。元狩元年（前122），试通身毒（古印度），未获成功。元狩四年（前119），又奉命出使乌孙，在乌孙分遣副使通好大宛、康居、大月氏、大夏、安息、身毒、于阗等地。元鼎二年（前115）归汉，官拜大行，封博望侯，岁余卒。

【张僧繇】繇，yáo。南朝梁画家。吴郡（今江苏苏州）人。曾在宫廷秘阁中掌管画事，历官右军将军、吴兴太守等职。以擅长画释道著称。梁武帝崇信佛教，凡装饰佛寺，多命其画壁。所绘佛像，自成样式，有"张家样"之称。也擅长画人物、肖像、花鸟、走兽、山水等。还善于吸收和消化外来

Z

艺术的表现手法。据记载，曾在建康（今江苏南京）一乘寺用天竺（今印度）传入的晕染法创作壁画，所绘物象，远观具有凹凸的立体感，近视则平，因此一乘寺又称凹凸寺。又相传其曾在金陵安乐寺壁上画了四条龙，不点眼睛，说点了就会飞走。听到的人不相信，偏叫他点上。刚点了两条，就雷电大发，震破墙壁，两条龙乘云上天，只剩下没有点眼睛的两条。此为成语"画龙点睛"的由来。

【张孝祥】 （1132—1170）南宋词人。字安国，号于湖居士，乌江（今安徽和县东北）人。绍兴二十四年（1154）廷试，高宗因其文章、书法俱佳，钦定为进士第一，而将秦桧之孙定为第三名，由此得罪秦桧。曾上书为岳飞鸣冤。宋孝宗时，官至荆南、湖北安抚使等职。后因病致仕，退居芜湖，徜徉山水。张孝祥所处的时代，正值主战、主和两派斗争激烈之际，他力主抗金，所作诗词，大都围绕抗金主旨而展开。其词风格豪迈，颇有感怀时事之作。在建康留守席上所作《六州歌头》，表现出要求收复中原的激情，对朝廷的苟且偷安予以强烈谴责，张浚曾为之感动罢席。诗歌多赠答、题咏和纪行之作，不少篇章都能于写景叙事之中表达对国家命运和人民生活的深切关怀。有《于湖居士文集》《于湖词》。

【张旭】 唐代书法家。字伯高，苏州吴（今江苏苏州）人，一作吴兴（今浙江湖州）人。曾官至左率府长史，人称张长史。善诗，以七绝著称。工书法，草书最擅，尤以狂草得名，对后世影响much大。张旭性情狂逸旷达，每大醉，则号呼狂走，索笔挥洒，或以头濡墨而书，时人呼为"张颠"。唐文宗时诏以李白歌诗、裴旻舞剑、张旭草书为"三绝"。传世作品有楷书《尚书省郎官石记》、草书《古诗四帖》等。

【张养浩】 （1270—1329）元代文学家。字希孟，号云庄，济南（今属山东）人。早年勤苦好学，至元二十五年（1288），十九岁的张养浩游济南白云楼，作《白云楼赋》。人们争相传抄，山东按察使焦遂闻之，荐为东平学正。历任监察御史、礼部尚书、中书省参议，因上疏触怒英宗，遂辞官归隐。天历二年（1329）关中大旱，起用为陕西行台中丞。既闻命，登车就道。遇饥者赈之，死者葬之。到官四月，未尝家居，止宿公署，后以赈灾积劳而病卒于任所，谥文忠。诗文自成一家，多写田园隐退生活，与元明善、曹元用齐名，号为"三俊"。散曲以豪放著称，代表作为《山坡羊·潼关怀古》。有政论集《三事忠告》、诗文集《归田类稿》、散曲集《云庄休居自适小乐府》。

【张仪】 （？—前309）战国时期纵横家、外交家和谋略家。魏国安邑（今山西万荣）人，魏国贵族后裔。早年师从鬼谷子，学习游说之术。曾游历于楚国、赵国，但未得到重用。后来，张仪愤而入秦，提出连横的外交策略，受到秦惠文王的赏识，并两度拜相，为秦攻灭六国立下汗马功劳。封武信君。秦惠文王死后，出逃魏国，并出任魏相，一年后去世。《汉书·艺文志》纵横家有《张子》十篇，今佚。

【张说】 （667—731）说，yuè。唐朝大臣、文学家。字道济，一字说之，洛阳

（今属河南）人。武则天时，应贤良方正举，授太子校书，擢凤阁舍人。中宗时，任黄门侍郎等。睿宗时，进同中书门下平章事，监修国史。玄宗时，任中书令，封燕国公。其诗文兼擅，为文俊丽，用思精密，朝廷大手笔，多特承帝旨撰述，尤长于碑文墓志。与许国公苏颋齐名，并称"燕许大手笔"。张说前后三秉大政，掌文学之任凡三十年，作为政坛和文坛领袖，大力延纳后进，对促进盛唐文学的兴盛起到重要作用。有《张燕公集》。

【张载】　载，zǎi。①西晋文学家。字孟阳，安平武邑（今属河北）人。曾任著作郎、中书侍郎等职。西晋末年世乱，乃托病告归。与弟张协、张亢俱以文学著名，时称"三张"，为西晋文学代表作家。其诗颇重辞藻，今存十余首。太康初，至蜀地探望父亲，途经剑阁，因作《剑阁铭》，被后人誉为"文章典则"，晋武帝曾派人镌之于石。另传说张载貌丑，乘车外出时顽童常以石掷之，以致"投石满载"，车里装满了石头。②（1020—1077）北宋理学家。字子厚，凤翔郿县（今陕西郿县）横渠镇人，学者因称横渠先生。年少时喜谈兵论武，后求之于儒家六经。政治上不满于王安石变法，于是托疾辞归故里，以读书讲学为业，"关学"的开创者。提出"太虚即气"的学说，认为由于"气"的聚散变化，形成各种事物现象。提出"民胞物与"的伦理思想，受到后世重视。还提出了著名的"横渠四句"，即"为天地立心，为生民立命，为往圣继绝学，为万世开太平"，这四句话概括了他的哲学思想和政治理念，对后世产生

了深远的影响。

【张择端】　北宋画家。字正道，东武（今山东诸城）人。早年游学汴京（今河南开封），后习绘画，徽宗朝供职翰林图画院。尤擅绘舟车、市肆、桥梁、街道、城郭。存世作品有《清明上河图》《金明池争标图》。

【张仲景】　东汉医学家。名机，南阳郡（今河南南阳）人。灵帝时举孝廉。师从同郡张伯祖学医，尽得其传。相传在建安中任长沙太守，当时伤寒流行，病死者很多。他认真钻研了《黄帝内经》《难经》《胎胪药录》等古医书，并广泛收集有效方剂，写成《伤寒杂病论》十六卷。该书倡"六经分证"和"辨证论治"原则，阐述寒热、虚实、表里、阴阳的辨证及汗、吐、下、温、清、和等治法，总结了汉以前的医疗经验，对中医学发展有重大贡献。在当时治病多用针灸的情况下，提出多用汤药的主张，并且一改药方秘而不传之陋习，公布了三百多个成效卓著的方剂，使医疗方法和技术前进了一大步。除《伤寒杂病论》外，还著有《疗妇人方》《五脏论》《口齿论》，均已失传。

【章草】　秦书八体之一。流行于东汉时的一种草书。是隶书的草写，由草隶发展成的一种字体。相传为汉黄门令史游所作。解散隶体，而保留隶书的波磔，字不连写，可以用于章奏，故称。至张芝改连写，遂成今草。章草与今草的区别，主要看是否保留有隶书笔画的形迹，每个字是否独立不连写。

【章甫】　商代以来流传的一种黑色冠帽。也称章父。西周以来存于宋国，

Z

孔子是殷人的后代而戴此帽，他的弟子们遂相沿作为儒生之帽。汉代称委貌冠，长七寸，高四寸，形状像倒置的酒杯，前高广，后低窄，用黑绢制成。魏晋以来，章甫渐不存。后世泛指儒冠。

【章回小说】 我国古典小说的一类。以章回分段叙事的长篇小说。每回常用两句相对仗的句子标目，以揭示本回的主要内容，故事连接，段落整齐。其源出宋元话本，是明清两代的长篇小说的主要形式。著名的章回小说有《三国演义》《水浒传》《西游记》《杨家将演义》《红楼梦》《儒林外史》《镜花缘》《儿女英雄传》《醒世姻缘传》等。

【章句】 经学家解说经义的一种方式。也泛指书籍注释。汉代注家以分析注解章节和句子来解说古书的意义，主要是划分段落、分析词义、串讲文句等。如王逸有《楚辞章句》，《汉书·艺文志》所载《尚书》有欧阳章句、大小夏侯章句，《春秋》有公羊章句、穀梁章句等。

【章学诚】 （1738—1801）清代思想家、史学家。字实斋，号少岩，会稽（今浙江绍兴）人。乾隆进士。官国子监典籍。曾主讲定州定武、保定莲池、归德文正等书院。又入湖广总督毕沅幕府，赞助编纂《续资治通鉴》，主修《湖北通志》。毕生精力用于讲学、著述和编修方志。治史重史才、史识、史法，尤重史意，注意"辨章学术、考镜源流"，昭示思想学问的渊源流变。所著《文史通义》，为史学理论名著。提出"六经皆器""六经皆史"之说，主张把考证史料和发挥义理相结合，

把治经引向治史，对后世影响深远。与全祖望、邵晋涵并称"清初三大家"。其著作后人编为《章氏遗书》。

【璋】 玉器名。古代贵族朝聘、祭祀、丧葬、发兵时所用的玉制礼器。顶端为斜锐角形，状如圭的上端斜削去一角。它的形制大小、厚薄长短，因所事不同而异，有大璋、中璋、边璋、牙璋等。

【长公主】 长，zhǎng。皇帝姊妹的封号。一说因其年最长，故称。也称长主。始于汉代，汉代的长公主地位相当于诸侯王。明代，长公主被授予金箔制的册封诏书。此称沿用到清代。

【长史】 长，zhǎng。古代官名。秦置。汉相国、丞相，后汉太尉、司徒、司空、将军府，各有长史，事权颇重。其后，为郡府官，掌兵马。唐制，上州刺史别驾下有长史一人，名为刺史之佐，实则权轻，从五品。然唐代大都督府之长史为从三品官，职权甚重。如镇州、扬州大都督府长史名为幕僚长，实则统帅。至清，亲王府、郡王府置长史，理府事。房玄龄是唐代开国名臣，他曾任记室、主簿等职，后来升为长史。

【丈人】 古代"丈"与"杖"相通，原本是用来指称拄着手杖的老人，是对年长男性的一种尊称。该词最早见于《论语》，泛指老年男性。随着时间的推移，约在三国以后，"丈人"始用来指妻子的父亲，也就是现在的岳父。

【杖刑】 用木杖拷打犯人的背部、臀部、腿部等的刑罚。此刑起源很早，秦汉以来用于责罚，或用作附加刑。隋代定为"五刑"之一。隋代的杖刑

分杖六十、杖七十、杖八十、杖九十、杖一百五等，所用的杖无节，形制有严格规定。后沿之并损益，可用杖折抵徒、流刑，又作为附加刑。明清时期多用大竹板，依循唐代分为五等。

【帐】用大张的毡、布或纱围成的一个封闭或半封闭的空间。一般有两大类：一类是户外使用的帐，多以毡制成，用来做野外活动的住所，也可以用于军事指挥机构驻点，还可以作为大型活动举行仪式的场所。另一类为室内使用的帐，如位于卧室、床上的避蚊帐，起居室内的幔帐等，多用纱制作。

【障】古代边境险要之处用于戍守的城堡和军寨。秦始皇统一六国后，为抵御北方少数民族的侵扰，从榆中至阴山设置三十四县，沿黄河修筑要塞，派蒙恬渡河夺取高阙、阳山、北假，修筑亭障，驱除戎人。

【障景】古代传统园林的重要艺术处理手法。利用假山、怪石或花窗、廊道、竹木等并不完全遮挡视线的情况下，实现空间的隐含过渡，成为下一空间的景色引导。障景还可在园林边界作为扩展视野之用。

【招抚使】掌招揽各部、收复失地、安抚民心的使职。南宋初始设此使，后不常置，多招揽收编河北军民，节制诸抗金武装，有便宜行事，自署官属之权。

【招魂】召唤亡者的魂魄。也称招复。古人认为，逝者灵魂不死，通过某种方法，能与灵魂相互沟通，使其返回故土或还魂。有将死者之衣升屋，向着北面三呼，召回死者之魂的习俗。战国屈原（一说宋玉）有《招魂》一篇，模仿民间招魂习俗写成，用神话传说和浪漫主义的幻想，哀悼入秦不返的怀王，感慨国事艰难和对秦国的同仇敌忾。

【昭穆】宗法制度对宗庙次序或墓地的辈次排列规则。周代贵族将自始祖以下的同族男子逐代先后相承地分为"昭""穆"两辈。例如从大王即古公亶父算起，大王的下一代是大伯、虞仲、王季，这是昭辈；王季属昭辈，则王季的下一代文王、虢仲、虢叔，就是穆辈。往后的各代依此类推，文王的下一代是武王，又是昭辈；武王的下一代是成王，又是穆辈。用"昭""穆"字样来区别父子两代，隔代的字辈相同，从而区别长幼次序、亲疏远近。这种昭穆的分别，也体现在宗庙、墓冢和祭祀上。例如，周代天子的七庙，以始祖庙居中，始祖以下，子孙依次按左昭、右穆的规则排列。二世、四世、六世位于始祖的左方，称"昭"。三世、五世、七世位于始祖的右方，称"穆"。后世墓地的葬位和子孙祭祀行礼的位次，一般沿袭此制。后泛指家族的辈分。

【昭王南征】公元前10世纪初叶，周昭王率军南征荆楚之举。昭王时期军力强大，致力于扩张南土，在位第十六年时进军至江汉一带，十九年又挥兵荆楚，军败而退，昭王溺死于汉水，王室劲旅六师覆灭，周朝国势遭到重挫。

【昭文馆】古代官署名。唐武德四年（621）于门下省置修文馆，九年（626）改为弘文馆。神龙元年（705）避孝敬皇帝李弘讳，改名昭文馆。置学士，掌详正图籍、教授生徒、参议朝廷制度礼仪。宋代设昭文馆、史馆、集贤院，称为"三馆"，掌理秘书图籍等事。昭文馆以上相为昭文馆大学士，监修国史；学士、直学士不常置，直馆以京朝官充任，掌书籍修写校雠之事。北宋开国功臣赵普曾任昭文馆大学士。

【昭仪】 宫廷女官名。言昭显其仪，以示隆重。始置于西汉元帝时，官位相当于相国，爵位相当于诸侯王。曹魏时期，昭仪爵位相当于县侯，位次于王后、夫人。后代虽沿用此称，但地位比汉魏时期有所下降。唐代昭仪为九嫔之首。历史上被封为昭仪的有汉成帝妃子赵合德、唐高宗时的武则天、明成祖妃嫔李昭仪等。

【朝槿】 zhāojǐn。植物名。即木槿。又名蕣。夏秋季开花，花朵大而鲜艳，有紫、红、黄、白等色。花期短，朝开暮落，古人往往以之比喻短暂的生命或事物。《诗经》中有"有女同车，颜如舜华"的句子，这里的"舜华"指的就是朝槿。

【朝三暮四】 出自《庄子》。有个养猴子的老人，给猴子喂橡实。开始说给猴子早上喂三个，晚上喂四个，猴子们非常不悦；老人遂改口说，早上喂四个，晚上喂三个，于是猴子们转怒为喜。这则故事本是指换汤不换药，用实质不变、改换名目的办法欺骗人。后用来比喻反复无常。

【诏令】 文体名。古代帝王所发命令、文告的总称，包括册文、制、敕、诏、诰、令、玺书、教、谕等，用散文或骈文写成，具有最高权威性。有时皇太后、皇后、太子等也可发布诏令。诏令的起草是由专门的官员或机构负责的，这些官员通常具有较高的文学素养和政治智慧，如"唐宋八大家"之一的曾巩曾负责过起草诏令。起源于先秦。秦制，天子之令称诏，皇后、太子称令。唐朝太上皇所发文告称诰，太子所发文告称令，诸王则称教。历史上，汉武帝有《推恩令》，唐太宗有《罪己诏》。诏令集有《两汉诏令》《唐大诏令集》等。

【诏狱】 奉诏拘押的场所和审理的案件。始于秦汉时期，此后专指皇帝下诏治罪拘押的犯人所涉及的相关案件，拘押的待遇、审理程序、主审的官员往往与常制有所区别，最终裁决也需皇帝特诏决定。宋苏轼因反对王安石变法，坐乌台诗案，下诏狱，被贬到黄州（今湖北黄冈）。明武宗初，太监刘瑾专权，王守仁曾因上疏反对刘瑾，也下诏狱，被贬为贵州龙场驿丞。

【赵公元帅】 我国民间所信奉的财神。相传赵公元帅姓赵名朗，字公明。其名始见于晋干宝《搜神记》和南朝梁陶弘景《真诰》，赵公明秦时得道于终南山，是道教所供奉的正一玄坛元帅，故也称赵玄坛。民间称为赵公元帅，或称财神爷。传说赵公元帅长得面黑须浓，头戴铁冠，手执一鞭，骑一黑虎，于是又称黑虎玄坛。民间流传他有驾驭雷电、驱除瘟疫、主持公道、求财如意之功力。故每年在他的生日正月初五时，各商贾与信众必有祭祀。今在道教场所大都可见赵公元帅塑像。

【赵国】 春秋末年三家分晋后赵氏建立的诸侯国。赵氏可追溯至周穆王封造父于赵城（今山西洪洞）。春秋时期，自赵衰辅佐晋文公以来，赵氏世为晋卿。三家分晋后周威烈王升之为诸侯，先后建都晋阳（今山西太原西南）和邯郸（今河北邯郸），至武灵王改革后国力甚强，约占今山西中部、东北部，河北大部和河南北部。为"战国七雄"之一。长平之战大败于秦，国势衰落。公元前 228 年，秦破赵，赵公子嘉奔代称王，六年后被俘，国亡。

【赵匡胤】 （927—976）胤，yìn。即宋太祖。宋朝开国皇帝。公元 960—976 年在位。涿郡（今河北涿州）人。后周时因战功升任殿前都点检，统率禁军。960 年发动陈桥驿兵变，诸将替他披上黄袍，拥立为帝，建立宋朝。即位不久，通过"杯酒释兵权"，以优厚的俸禄为条件，解除了曾帮助他夺取政权的禁军高级将领石守信等人的兵权。先后攻灭割据一方的后蜀、南唐诸国，改变军事管理制度，加强中央集权统治，兴修水利，发展经济。以上一系列举措发展了生产，基本上结束了唐代安史之乱以来持续两百年的藩镇割据局面。然而其重文轻武、偏重防内的方针，削弱了军队的战斗力，造成了宋朝"积贫积弱"的局面。

【赵孟𫖯】 （1254—1322）𫖯，fǔ。元代书画家。字子昂，号松雪道人、水精宫道人，湖州（今浙江湖州）人。宋宗室。南宋灭亡后一度蛰居在家。入元任至翰林学士承旨，封魏国公，谥文敏。博学多才，能诗善文，特别是书法和绘画成就最高。尤精行书和小楷，书风遒俊秀逸，结体严整，笔法圆熟，世称"赵体"。传世书迹有《四体千字文》《洛神赋》《赤壁赋》《道德经》等。绘画取材广泛，技法全面，山水花鸟俱工，为元代画坛的领军人物。存世作品有《重江叠嶂图》《秋郊饮马图》等。诗文有《松雪斋文集》。

【赵氏孤儿】 杂剧剧本。元代纪君祥作。全名《冤报冤赵氏孤儿》，也称《赵氏孤儿大报仇》，元杂剧四大悲剧之一。故事来源于《左传》《史记》等史籍。春秋时晋国权臣屠岸贾残杀赵盾全家，并搜捕孤儿赵武。赵家的门客程婴与公孙杵臼定计，将程子假充赵武，由程出首告公孙收留假赵武，公孙与程子均被害，赵武则由程婴抚养。19 年后，赵氏孤儿长大成人，在程婴的帮助下，终于查清了家族冤案真相，并成功报仇雪恨，将屠岸贾一伙斩尽杀绝，为赵氏家族洗冤。剧中成功塑造了程婴、公孙杵臼信守承诺、舍生取义的光辉形象，弘扬了正义必将战胜邪恶的主题。王国维对此剧评价甚高，认为"即列之于世界大悲剧中亦无愧色也"。公元 18 世纪，法国伏尔泰曾将其改编后演出。

【赵武灵王】 （?—前 295）战国时赵国君。名雍，谥号武灵。在位期间，为了改变赵国四面受敌、被动挨打的局面，增强赵国的战斗力，让军队改穿短小贴身、便于作战的"胡服"，像游牧民族一样骑马射箭，使赵国得以强盛，史称"胡服骑射"。晚年传位于子赵惠文王，后在内乱中被困而死。

【赵翼】 （1727—1814）清代诗人、诗论家、史学家。字云松，号瓯北，阳湖（今江苏常州）人。乾隆十五年（1750）中举。乾隆二十六年（1761）中探花，赐进士及第，授翰林编修。历任广西镇安知府、广东广州知府等职。后辞官，主讲于安定书院，以读书著述为业。赵翼在史学上颇有成就，与王鸣盛、钱大昕并称"清代史学三大家"，其著作《廿二史札记》与王鸣盛的《十七史商榷》、钱大昕的《廿二史考异》并称"清代史学三大名著"。诗歌理论上强调"独创"与"趋新"，反对模拟。诗作数量丰富，存诗超过4800首。以五言古诗最有特色，或嘲讽理学，或反映民生疾苦，或阐述生活哲理，风格新颖，见解警辟，与袁枚、蒋士铨并称"乾隆三大家"。有《瓯北诗集》《瓯北诗话》《陔余丛考》等。

【**赵州桥**】 修建于隋开皇十五年至大业元年（595—605）的一座石拱桥。位于河北赵县城南洨河上。因赵县古称赵州而得名。也称安济桥。隋代著名工匠李春设计建造。单孔，大拱左右肩各有两个小拱，是世界上最早的敞肩石拱桥。

【**折班**】 明朝内地军士可纳银免于轮戍边卫的制度。始于嘉靖四十三年（1564）。延绥巡抚胡志夔请免戍军三年，每名征银五两四钱，为募兵之用。万历初，又命河南应戍班军免三年，以所折银为边防修筑之费。随着时间的推移，实际上边疆的兵力因此减少，而征收的银两也渐渐难以收集。

【**折变**】 宋代官府征收赋税时，令民户将原定钱物改折他物缴纳的制度。官府所征常改米为麦、更绢为布、变物为钱，名为平价折算，实增收其额。

【**折漕**】 明清漕粮改折为银两或其他实物加以征收的制度。也称漕折、漕粮折征。明宣德八年（1433）江南巡抚周忱奏定加耗（米）折征例，为漕粮改折之始。弘治五年（1492），因苏、松诸府连年荒歉，定折漕之制。清末，

除江苏、浙江两省仍行漕运外，其他各省皆行折漕。

【**折冲府**】 唐代府兵制军府总称。西魏、北周二十四开府下设骠骑、车骑府统府兵，隋炀帝时改称鹰扬府，唐太宗定为折冲府，以折冲都尉主之，左、右果毅都尉为副，编制有团、旅、队、火，分别由校尉、旅帅、队正、火长率领。玄宗天宝后名存实亡。

【**折课市取**】 南朝官府把户调粟米、绢帛和杂役折算为钱币征收，再购买所需物资的制度。这种税制的实施并不是固定不变的，而是根据当时的实际情况和需要来调整的，体现了南朝时期官府在税收和物资调配上的灵活性。

【**折柳**】 古代风俗。西汉、唐两代，都城长安为全国政治、经济、文化的中心，官员商旅去关东各地，地方官员、外国使臣进入长安，都必须路经灞桥。灞桥一带，绿柳成荫，景色宜人，自汉以来，送行者皆至此桥，折柳与行人赠别。一说，"柳"与"留"谐音，取眷恋不舍、殷勤挽留之意。另一说，柳树生命力顽强，随处可活，以至民间有"无心插柳柳成荫"的说法。折柳相赠，是希望友人能够像柳树那样随处皆安、平安顺遂。

【**折纳**】 赋役在实物、钱钞和力役间折算后的实际缴纳额。也称科折。历代皆因各地物产、价格有别，官方收支需统一标准，多以各地官方平价为准，定其折算方法，为赋役制度的组成部分。秦汉以来只折算部分赋役，如汉有过更，南朝有折估。中唐以后普遍化，如宋有折变，明清有折色，常导致赋役加重和税种增加。

【**折钱租**】 宋以来将应缴纳的实物地租

按照一定的价格折算成货币进行缴纳的做法。为实物地租向货币地租转化的过渡形式。

【折色】官府征税及支付时，在米、麦、豆与银、钞、钱、绢等物间换算替代的制度。始于唐宋，流行于明清，本是方便纳税、支付的变通措施，却常弊端丛生，反而加重了实际税负。

【折子戏】戏曲术语。相对于整本戏而言。明清时，昆剧兴盛，昆腔班初期多演整本传奇，往往需要两晚甚至更长时间。明末清初，昆腔艺人通过演出实践，紧缩凝练，节演整本名剧。同时，在全本戏中，挑选精彩且情节相对完整的某一折或数折，加以充实，不断加工，形成可供演出的短剧，称折子戏。如演整本《牡丹亭》是本戏，只演《春香闹学》或《游园惊梦》是折子戏。

【柘】zhè。树名。古代柘、桑并重，其叶均可饲蚕，广泛栽培。根皮入药。叶、实可食，是救荒之物。其木色黄，木汁可染赤黄色，为帝王的服色。木材密致坚韧而有弹性，是制弓的上等材料。

【浙东】唐后期浙江东道及宋两浙东路之地。唐朝安史之乱后，以浙江（今钱塘江）为界，析江南东道为浙西、浙东道，故名。宋神宗以来又分置两浙东西路，后遂以此指两浙东路之地，约相当于今浙江东部地区。

【浙齐楚党】明末党争中的若干地缘性官僚派系。浙党因其首领阁臣沈一贯、方从哲等皆为浙江籍得名，齐党首领为山东籍的给事中亓诗教、御史韩浚等，楚党首领为湖广籍的给事中官应震、吴亮嗣等，另有太子左谕德昆山人顾天埈为首的昆党、国子祭酒宣城人汤宾尹为首的宣党等，皆起于万历中后期，影响及于南明，与东林党人立场相左又各争私利。后投靠魏忠贤，成为阉党的组成部分。

【鹧鸪】zhègū。鸟名。古人有"鹧鸪飞必朝南"的传说。又拟其鸣声为"行不得也哥哥"，古代诗文中多用于寄托幽恨哀思等情感。唐代诗人郑谷以《鹧鸪》诗著称，时人称其为"郑鹧鸪"。

【贞观礼】礼仪法典。唐太宗贞观初年，由宰相房玄龄等主持，在《开皇礼》基础上编成，共100卷，于贞观十一年（637）下诏颁行。重视与同时期编纂的律、令相协调。

【贞观政要】唐代吴兢著。共10卷，40篇。成书于玄宗开元十四年（726）。分类编辑了唐太宗在位期间，与魏徵、房玄龄、杜如晦等大臣关于国家大事的问答、大臣的争议和所上劝谏的奏疏，以及政治上的举措等。内容广泛涉及唐代贞观年间政治、经济、军事、文化、社会、思想、生活等诸多方面的问题，尤其涉及君臣关系、君民关系、求谏纳谏、任贤使能、恭俭节用、居安思危等问题。为研究唐初政治与李世民、魏徵等人的政治思想提供了重要资料。晚唐以后受到历代统治者的重视与褒扬。

【贞观之治】唐太宗贞观年间（627—649）出现的治世局面。唐初，国家统一。太宗及大臣房玄龄、杜如晦、魏徵等，常以隋亡为鉴，轻徭薄赋，与民休息。推行均田制、租庸调制、府兵制，恢复农业生产。又继行三省六部制、科举制，选拔人才，改善吏治，

Z

注意纳谏。贞观年间，人口增加，经济复苏，民族关系缓和，史称"贞观之治"。

【贞祐宝券】 金宣宗贞祐三年（1215）发行的一种钞币。因原来发行的贞祐交钞贬值严重，改行贞祐宝券，但行用数月后，又因贬值太甚为贞祐通宝所取代。

【贞祐南迁】 金宣宗贞祐二年（1214）由中都（今北京）南迁南京（今河南开封）之举。也称宣宗南迁、金室南渡。成吉思汗建蒙古国后，对金展开大规模进攻，公元1213年中都发生政变，金宣宗即位，此年向蒙古求和，下诏南迁。不久，中都失陷，金朝走向衰亡。

【针灸】 利用针刺和灸法防治疾病的医疗措施。针刺指利用针具刺激经络，而灸法指利用艾绒等物熏灼经络穴位。古人认为，经络是人体内血气运行的通道，可内属脏腑、外络肢节，经络正常与否直接关系到人体的健康状况。针灸之法起源很早，在《黄帝内经》中即有论述。人们通过针灸治疗热病、疟疾、痈疽以及脏腑疾病。相传春秋时的名医扁鹊精通针灸术，用其成功救治了虢国的太子。晋代名医皇甫谧所著《针灸甲乙经》总结了我国3世纪前针灸学的成就，厘定经穴654个。唐代太医署则专门设立针博士、针助教、针师、针工和针生等职。名医孙思邈和王焘曾绘制大型彩色针灸挂图，作为针灸的医学教材。宋仁宗更诏令王惟一铸造针灸穴位铜人两座，其上标注666个针灸点，作为医官院教学与考试工具。王氏又撰《铜人腧穴针灸图经》与之配合使用，

对针灸学的发展做出巨大贡献。针灸疗法是中医学的重要组成部分，也为人类保健和医药科学的发展做出了重要贡献。

【真谛】 指事物的真实意义、本质或道理。原为印度婆罗门教名词，后为佛教所沿用。佛教将"谛"解释为"真理"的意思。也称胜义谛、第一义谛。

【真腊】 公元7世纪—15世纪中南半岛的吉蔑人政权。约于6世纪建国。隋代时，其国王前来通使。8世纪初，分裂为陆真腊和水真腊，后为夏连特拉王朝所灭。802年，阇耶跋摩二世重新统一真腊，建吴哥王朝，定都吴哥。12世纪—13世纪国力达到最强，文化艺术发达，信奉湿婆天神，所建吴哥寺是古代佛教石构建筑和石刻浮雕的杰出代表。真腊与中国历史上唐宋等多个朝代保持友好往来，明以后改称"柬埔寨"。

【真武】 即"玄武"。古代神话中北方之神。后为道教所尊奉。同青龙、白虎、朱雀合称"四方之神"。玄武在碑刻、画像、塑像中多以龟或龟蛇合体的形象出现，而在道教文化里，也有以披发、着黑衣、仗剑、蹈龟蛇的拟人形象出现。宋大中祥符年间，因避圣祖（赵玄朗，宋统治者追封的远祖）讳，改"玄武"为"真武"。由于玄武为北方之神，故古代宫城的北门多以"玄武"命名，如隋朝大兴宫正北门。唐代著名的"玄武门之变"，也发生在太极宫（由隋大兴宫改建）的西北门。北京故宫博物院的北门在明代也称玄武门。清代因避康熙皇帝玄烨名讳，改名神武门。我国多地现都有真武庙等历史建筑或遗迹。

Z

【真主】古代所谓的真命天子。《后汉书》："今刘氏复兴，即真主也。"

【砧基簿】砧，zhēn。南宋人户的田产底账，如后世鱼鳞图册之类。由各户自造，图画田形丘段，标明亩步四至、原系祖产抑或典卖，赴县印押讫，用为凭证。各县在此基础上编成簿册，以乡为单位，每乡一册，共抄三份，县、州、转运司各藏一份。

【榛】木名。多野生，坚果似栗而小，球形，果仁含大量脂肪和蛋白质，味美可食，也可榨油。果壳可做烤胶原料。材质致密，可做手杖。远古时代，榛实是人类的重要采集对象。陕西半坡遗址就出土了大量榛子果壳。我国上古时代以榛子为代粮干果加以栽培。它的枝茎燃烧而无烟，古人多用它作为烛火。

【箴】zhēn。文体的一种，即"箴言"。以规诫为主。形式以四言句为主的一种韵文。分官箴、私箴两类：臣下写给君王或上级官吏的称官箴；自揭过失，以为警醒的称私箴。体制略近于铭，故后人多"箴铭"连称。起源于先秦。古代箴文代表作有春秋时期的《耄箴》和《勤箴》。

【枕中记】唐代沈既济所作的传奇小说。写唐玄宗开元年间，卢生在邯郸道上的旅舍里，遇见道士吕翁。卢生自叹穷困，并大发一通士之在世当追求功名富贵的感慨。言毕昏昏欲睡。此时，店主人正蒸黄粱饭。道士给卢生一个瓷枕，他俯首见瓷枕两端洞隙，豁然明亮，便举身入内。不知如何到了家，数月后，与高门大族清河崔氏女结婚。次年，登进士第，从此青云直上，出将入相。同时也招致忌妒和

诬陷，两遭贬斥。他深感宦海风波的险恶，差点引刃自刎。后来帝知其冤，复召还朝，宠信如初。他官拜中书令，进封燕国公，子孙满堂。年逾八十岁，乃寿终正寝。卢生欠伸而醒，发现自己仍在旅舍，店家的黄粱饭尚未蒸熟。他顿然觉悟，原来人生的宠辱穷达、得失生死，都不过是一枕黄粱梦。作者借这个故事讽刺和劝诫当时热衷功名的士人。"黄粱一梦"这个成语就出自本篇。

【振旅】商周王室和诸侯整顿军队、操练士兵的活动。春秋以来多指军队出征凯旋阅军之举。

【震天雷】北宋后期发展的一种爆炸性火器。南宋和元代称"铁火炮"。雷壳用生铁铸成，内装火药，安有引信。有罐子形、葫芦形、球形、合碗形数种。点燃后用抛石机抛出，或由人从高处向下投掷、滚放，或用铁线沿城墙吊下，至目标附近爆炸。用于杀伤人马、炸坏攻城器械。震天雷一直沿用到明代，并在此基础上逐步发展为地雷。

【镇抚使】古代官名。镇守安抚一地并专治其务的使职。南宋高宗建炎四年（1130），在各地设立镇抚使司，长官为镇抚使，主要是安抚地方，维护治安，保护人们的生命财产安全。任此职者，除茶盐之利仍由朝廷置提举官外，皆得便宜行事。至明，镇抚使的设置更为普遍，各卫镇抚司都设有此职，人数为二人，主要负责本卫的刑名事务。锦衣卫中也有南北镇抚等官职。元以来万户府等机构下设镇抚司，掌匠作及法纪等事。岳飞曾在建炎三年（1129）担任通泰镇抚使，

Z

负责泰州的防守工作。

【镇将】北魏以来镇守一方的将领。北魏北边置沃野、怀朔、武川、抚冥、柔玄、怀荒六镇，统其军民的将领即以此为称。在不设州郡地区，为一镇长官，兼统领军民。在设州郡的内地，主要掌军政，兼任驻在州刺史时则兼理民政。后世多指镇驻一方的将领，唐以来方镇、藩镇等称即由此而来。

【镇戍防人】戍，shù。唐代边境要地的驻防兵。也称防丁。唐初，屯防军制由北魏时期的镇、戍二级制发展为五级制，即军、守捉、城、镇、戍。镇戍防人就是这五级制中的组成部分。唐初以府兵充任，由边地都督府统领，服役期满还乡。唐后期由本道节度使征发和统领。

【镇星】星名。即土星。也称填星。因土星绕太阳转一周需要 29.45 年，大致与二十八宿的数目相符，像每年轮流坐镇二十八宿中的一宿，故称。秦汉以后，因"五行说"普及而称土星。古时占星术认为，五星陵犯北落，入于羽林天军，有战事发生。木星、土星入北落，对军事有利。

【正朔】正，zhēng，正月。朔，初一。古代朝廷颁行历法所规定的一年之始。战国时已有此称。确定何时是正月初一，与整部历法的编制密切相关。夏代历法以孟春之月即冬至后第二月（相当于今农历正月）为正，平旦即天明为朔。汉武帝时的《太初历》直到今天的农历都用夏正。古时每当朝代更替时，都定历法、改正朔。

【争国本】也称国本之争。明万历时围绕太子人选而发生的派系之争。公元 1586 年神宗宠妃郑氏生皇三子朱常洵，长子朱常洛地位受胁，神宗态度犹豫。部分朝臣建议早立长子，防微杜渐，自此与拥护郑氏及朱常洵之臣冲突，争论愈演愈烈。至 1601 年朱常洛立为太子、朱常洵封为福王告终。但其后仍有福王就藩等波折。梃击等案也为其延续。

【征辟】辟，bì。征召布衣出仕。朝廷诏聘为征，三公以下请召为辟，统称征辟。征辟制起源于汉武帝时期，作为军功爵制以及"任子""赀选"等选官方式的重要补充。征辟会优先考虑那些德才兼备、声名显赫的人士，使他们能够出任更高的官职。历史上，许多著名的官员都曾通过征辟制度进入官场，如汉代张衡。

【征兵制】以成年男子义务服役或官府强制征发为兵源的制度。起源甚早，汉唐间属于兵制，为成年男子承担的赋役义务之一。或每年在当地服役一定时间，或受调卫戍京师、边境及征战，平时也有一定的组织和训练。宋元明清征发情况不一，为募兵制、世兵制的补充。

【征聘】朝廷以礼聘请贤才。春秋时期的征聘主要是诸侯国之间的一种礼仪行为，通过派遣使者友好访问，互相学习，增进了解。东汉时期，征聘作为一种选拔人才的制度被确立下来。任命中央高级官员不从其他官职中选调，而由地方举荐，由皇帝直接下诏礼请知名人士，称征聘。也称征、征召、征举。后世礼聘隐逸之士或前朝遗老，也沿此称。比如汉武帝即位不久，连续多次大规模征聘才能之士，建立了郡国岁举贤良的制度。

【征一法】明代嘉靖时江南部分地区推

行的一种赋役改革。也称均摊法、牵摊法、牵耗法、均田法。嘉靖十五年（1536）礼部尚书顾鼎臣奏请清理江南各府隐匿田粮。次年，应天巡抚欧阳铎在清丈官民田亩的基础上奏请推行，即应征赋役银米，一概计亩均输，又以耗损加减和钱物折算来调节负担轻重。当时经赋册中有"征一定额"条目，故名。

【筝】 我国传统拨弦乐器。战国时已流行。古有弹筝、搊筝，现已失传。形似瑟。其弦数历代由五弦增至十二弦、十三弦、十六弦，后经改革，增至十八弦、二十一弦、二十五弦等。传统演奏手法用右手大、食、中三指弹弦，常用寸余长的鹿骨爪来拨奏；用左手食指、中指，或中指、无名指按弦，以取得弦音的变化。现在可两手一起弹奏，也可用右手弹奏，左手按揉码左侧的弦，产生颤音、滑音等效果，更富于表现力。用于独奏、伴奏和合奏。

【正榜】 科举时代会试或乡试公布正式录取名单的榜示。与"副榜"相对。正榜的名额通常是根据官方的计划和需求来确定的，一般会在考试前公布。明清时期，乡试录取名额不定，根据不同地区的人口、经济、文化等因素来分配，通常在数千至一万名之间。会试录取名额则相对较少，通常只有数百名。

【正仓】 设置于各州县的官仓。最初出现在唐代，当时主要指的是州县粮仓，也就是地方政府储存粮食的地方。元代中书省与各行省、路、府、州、县用于收纳、贮藏正租税粮的官仓称为正仓。

【正兑】 清朝每年运抵京仓的漕粮。也称正兑米。供八旗三营兵食之用。属于"岁漕五等"的第一等。其他四等依次为改兑、白粮、芦麦、黑豆。

【正果】 佛教指修行成道，如"修得正果"。所谓正，是相对于外道盲目修炼所得结果而言。佛教认为其修行与外道修行所得结果有正邪之分，故称自身修炼结果为"正果"。

【正耗】 明清时期各省于定额漕粮外，以弥补解运折耗和京仓耗损为名而征收的附加税。由于在运输过程中粮食会产生一定的损耗，因此除了正常的税收，朝廷还会向民户额外征收一部分粮食作为补偿，这部分额外的税收就称为正耗。清代运往北京的正兑米每石会征收正耗米二斗五升至四斗不等。

【正科】 按期举行的科举考试。明清制，乡试、会试按常规每三年举行一次。乡试逢子、午、卯、酉年为正科，会试逢丑、未、辰、戌年为正科。遇皇帝皇后整寿之年或朝廷庆典，加行乡试、会试，称恩科，以区别于正科。如庆典恰逢正科之年，或以正科为恩科，或将恩科与正科合并举行，称为"恩正并科"。

【正名】 辨正名称、名分等。孔子提出"正名"主张，说："名分不符其实，言语就不顺于理。言语不顺于理，事情就办不成。事情办不成，礼乐也就不能兴盛。礼乐不能兴盛，刑罚就会不得当。刑罚不得当，百姓就不知如何是好。"认为君臣、父子应严格遵守各自的名分，不许违纪犯上。"正名"的提出，引起名实问题，即名称（或概念）与实际事物关系问题的长期争

Z

论。后来,《荀子·正名》篇对此做了理论总结。

【正史】 以帝王本纪为纲的纪传体史书,如《史记》《汉书》等。其名始于南朝梁阮孝绪《正史削繁》。清乾隆年间定"二十四史"为正史。

【正始之音】 正始,三国魏齐王曹芳的年号。正始年间(240—249)盛行的玄学、清谈风气。当时何晏、王弼等名士谈玄析理,诗酒唱和,放达不羁。后人称当时的风尚言论为"正始之音"。

【正役】 服役对象和内容相对稳定的基本役种。起源甚早。秦汉以来多为成年男子的常役。西汉指成年男子须在本地、外地服兵役各一年,每年又须在本地服劳役一个月或纳钱三百代役。唐初指成年男子每年须服役二十日,日可折绢三尺代役。中唐至宋多为职役,由乡村主户承担,元有科差之役,明有里甲正役,或纳钱物、钞银代役。

【正引】 清户部每年据全国盐食专卖区大小、人口多少而额定的盐引。也称额引。

【正租】 地租中的主体部分。形式有谷租、钱租、力租等。唐宋以来指按租约规定的基本条款缴纳的地租,常为一定数量的粮食或货币。按租约附加部分缴纳的地租称附租,包括猪羊猎物、鱼禽土产、帮工力役及某些损耗。

【正卒】 依法在京师或边塞服兵役的成年男子。周秦皆有此称。汉初规定男子成丁至老年,若非依法免役,一生均有义务赴京师或边塞戍守一年。因其为常规征发的戍守正兵,故名。东汉时废,改行常备兵制。

【郑板桥】 (1693—1766)清代文学家、书画家。名燮,字克柔,号板桥,江苏兴化人。出身于贫寒士子家庭。幼年丧母,少年从学于乡先辈陆震。二十余岁童试中秀才,雍正十年(1732)乡试中举人,乾隆元年(1736)中进士。其书画上常用的印章印文为"康熙秀才雍正举人乾隆进士"。历任多地知县,为官清廉,敢于为民请命。性格旷达,不拘小节,喜高谈阔论,臧否人物,当时即被人称为"狂"和"怪"。为"扬州八怪"之一。罢官后居扬州,以卖画为生,善书法、绘画。画作以松竹花草为主,尤以画竹成就最为突出。书法以画法入笔,杂用篆、隶、行、楷,折中行书和隶书之间,自称"六分半书"。纵横错落,正正斜斜,时人称其为"乱石铺街"体,不落前人窠臼,别具一番韵味。亦能诗,诗作反映社会现实和民生疾苦。其《潍县署中画竹呈年伯包大中丞括》"衙斋卧听萧萧竹,疑是民间疾苦声。些小吾曹州县吏,一枝一叶总关情",广为传诵。有《板桥全集》。

【郑成功】 (1624—1662)明清之际收复台湾的名将。本名森,又名福松,字大木,福建泉州南安人。早年受到隆武帝的器重,被授予招讨大将军等职,赐国姓"朱",改名"成功"。南明隆武二年(1646),反对父亲郑芝龙降清,出走南澳,起兵抗清。后被永历帝封为延平郡王,多次在浙闽粤等地抗击清军。郑成功最著名的成就是收复台湾。光复台湾后,郑成功在台湾建立了行政机构,进行了屯田开垦,促进了台湾社会经济的发展。

【郑成功收复台湾】 公元1662年南明将领郑成功从荷兰殖民者手中收回

台湾主权的事件。荷兰东印度公司自1624年起窃踞台湾。1661年郑成功率军从厦门出发,经过澎湖,直抵台湾鹿耳门,围攻赤嵌城,并击败了荷兰的援军。次年,荷兰总督投降,台湾全岛光复。1683年清康熙帝遣军克复台湾后,将台湾划归福建省设府治理。

【郑光祖】 (?—1324之前)元代戏曲作家。字德辉,平阳襄陵(今山西襄汾)人。与关汉卿、马致远、白朴并称"元曲四大家"。善作曲,名满天下,艺人称其为"郑老先生"。所作杂剧今知有十八种,现存《王粲登楼》《倩梅香》《倩女离魂》《周公摄政》《三战吕布》五种。其中《倩女离魂》是其代表作,词曲优美,甚得曲家称赏。另存散曲若干,风格清丽。王国维《宋元戏曲考》比之为唐诗中之温庭筠、宋词中之秦观。

【郑国】 战国末期韩国水利工程专家。秦王政元年[前246,一说十年(前237)],受韩王命赴秦,游说秦国兴修水利,企图消耗秦国力,以阻止并延缓伐韩。秦王政采纳建议,征发大量民工,由他主持开凿西引泾水、东注洛河的灌溉渠,长达三百余里,灌田四万余顷,关中平原由此成为沃土。秦始皇统一六国之后,把这条渠命名为"郑国渠"。

【郑国渠】 我国古代最大的一条灌溉渠道。由战国末期韩国水利工程专家郑国在秦国主持兴建,故称。郑国渠位于今陕西泾阳县西北的泾河北岸,西引泾水,东注洛河,长达三百余里。整个工程用时十年,成就了关中平原北部的泾、洛、渭之间的密如蛛网的灌溉系统,极大地提高了秦国的粮食产量,增强了秦国国力。《史记》记载:"渠就,用注填阏之水,溉泽卤之地四万余顷(折今110万亩),收皆亩一钟(折今100公斤)。于是关中为沃野,无凶年,秦以富强,卒并诸侯,因命曰'郑国渠'。"与灵渠、都江堰并称秦三大水利工程。

【郑和】 (1371—1433,或1375—1435)明代航海家、中外文化交流的杰出使者。本姓马,小字三宝(一作"保"),云南昆阳(今昆明)人。先祖为来自西域的国王所非尔。初为燕王朱棣内侍,因"靖难"功,封为内官太监,赐姓"郑"。永乐三年(1405),奉命出使西洋,至宣宗宣德八年(1433),前后七次率大型船队下西洋。他每次航行,沿途都做详细、准确的航海记录,所传《航海图》是我国第一部海洋地理著作。他第六次航海回国后,曾任南京守备太监。病逝于最后一次航海归国途中,葬南京牛首山麓。一说宣德十年(1435)病逝于南京。

【郑和下西洋】 明成祖以来太监郑和率船队七次远航出使南海和印度洋沿岸各国之举。首发于公元1405年,至1433年第七次远航归航为止。郑和的船队规模宏大,船只数量众多,人员包括官员、士兵、航海家、翻译等。他们从南京龙江港出发,经过江苏太仓的刘家港,至福建福州长乐太平港集结后出海,历经亚非三十多个国家和地区,最远到达非洲东海岸和红海,推动了中国与南洋、印度洋、非洲各国经济、贸易的大发展,也代表了当时航海技术的最高水平。

【郑玄】 (127—200)东汉经学家。字康成,北海高密(今山东高密)人。

因生于经学家郑众之后，故也称后郑。天资聪颖，性喜读书，十三岁已能诵"五经"。得北海相杜密器重，遂入太学受业，转益多师。后游学关西，师事当时的经学大师马融。年四十后归乡里，聚徒讲学，弟子数千人。因党锢一事被禁，杜门不出，遍注群经。党禁解除后，守节不仕，屡拒朝廷、当政者征召，潜心著述，声誉日高。建安五年（200），袁绍与曹操会战于官渡。为争取民心与士望，袁绍令其子胁迫郑玄随军，郑玄不得已，抱病至元城（今河北大名县东），病情加重，六月病逝于元城。郑玄一生致力于经学。其注经简约精要，广采众说，以古文经说为主，兼采今文经说，打破了今古文经学界限，集汉代经学之大成。平生著述约60种，今存者有《周礼注》《仪礼注》《礼记注》《毛诗传笺》。

【政事堂】 唐宋宰相治理政务的处所。唐初始有此名。当时以中书省、门下省长官及加衔参与机要者为宰相，议事于门下省之政事堂。后迁政事堂于中书省。开元中，张说为宰相，又改政事堂号"中书门下"。后列五房，下分曹以主众务。北宋在中书内省设政事堂，简称"中书"，与枢密院分掌政、军，号称"二府"。元丰改制后，以尚书省的都堂为宰相办公所在，因此也称都堂为政事堂。

【政书】 古代记载典章制度沿革和为政之要的史书。起源很早，唐代以前多为私家之作，宋代以来多为官方编修。一般分为两类：一类是记述历代典章制度的通史式政书，综合性较强，书名一般有"通"字，如《通典》《通志》《文献通考》等；另一类是记述某个朝代典章制度的断代式政书，称会要、会典，如《唐会要》《明会典》等。

【支移】 因官府变更编户的赋税输纳地点形成的一种杂税。宋时盛行。或因物产和官府需要不同移их输彼，或因户等高低变其远近，可纳脚钱（搬运费）由官府代运，成为两税以外的加税。

【支运】 明代漕运方式之一。也称转运法。明初征调南粮，承元之旧，仍用海运。永乐间罢海运，始兴漕运。在淮安、徐州、临清等地设仓，各地漕粮由粮户运交就近仓口，再由官军分成淮安到徐州、徐州到德州、德州到通州（今北京通州区）等段，节节接运，名支运。每年四次，运粮三百余万石。不久用民运。宣德六年（1431）又改兑运，支运渐废。

【只孙宴】 只孙，又译作质孙，蒙古语"颜色"的音译。蒙古宫廷及宗王斡耳朵举办的一种宴会。一般在每年六月举行。参加宴会者穿一色的服饰，称只孙服。俗称"诈马宴"。

【知府】 古代官名。府级地方行政长官。唐宋首都、陪都等重要地方设府治理，其长官称为尹。宋以"权知府事"为差遣，代府尹领其政。明代始正式称知府，管辖数州县，为府一级行政长官。凡宣布国家政令、治理百姓、审决讼案、稽察奸宄、考核属吏、征收赋税等一切政务，皆为其职责。清代沿袭之。如清代书法家刘墉曾任太原府知府、江宁府知府。

【知贡举】 古代官名。皇帝特命主持科举考试或考场事务的官员。唐宋时特派主持省试以及阅卷录取等一应事务，事毕即撤。唐初考官由吏部考功员外郎担任，开元中改由礼部侍郎充任。礼部侍郎缺人，命他官充任者，则称"权知贡举"。宋代礼部试设一员，并有同知贡举二三员，均由侍从近臣、两省及台谏长官中选充，总称"知举官"，主持本届考试，决定合格举人名次。至清代，知贡举为会试之监考官，由礼部侍郎担任，总摄考场事务，不负阅卷取士之责，与乡试之监临性质相同。

【知天命】语出《论语》。意为已经把握了人生应知的使命与职责，知道怎样去做。孔子说："五十而知天命。"后代称五十岁。

【知县】县级地方行政长官。唐称佐官代理县令为"知县事"。宋多以中央官员为县官，官吏签署官衔时称某官知某县事，简称"知县"，管一县行政。至明始正式用作一县长官的名称，县丞、主簿为其佐。清相沿不改。

【知行合一】明代王守仁提出的认识和道德修养方法。认为"知"和"行"是统一的整体，密不可分。"知是行之始，行是知之成"，"知而不行，只是未知"，学者必须"知行并进"。他所谓"知行合一"的本体是"良知"，本质上是以知代行，行合于知。

【知制诰】古代官名。唐初以中书舍人掌草拟诏敕，称"知制诰"。后也有他官代行其职，称"某官知制诰"。开元末，改翰林供奉为学士院，翰林入院一岁，则迁知制诰，专掌内命，典司诏诰。凡翰林学士带知制诰者为内制，他官带知制诰者为外制。未带知制诰者，不得起草作文书，但做顾问，

参侍行幸而已。宋代因之，为清要之职。明代翰林学士或内阁学士得兼此职。清废。

【知州】古代官名。州级地方行政长官。始于宋朝的"权知军州事"，为治理州的差遣。元代州分上、中、下三等，上州长官称"州尹"，中、下州长官称"知州"。明清定为正官，掌一州政务，设同知、判官为其佐。知州有两种：一为直隶州知州，地位稍低于知府；一为散州知州，地位略高于知县。

【织成】古代一种名贵织物。用彩色丝线或金缕织出美丽的花卉图案。大多用丝织，也有用羊毛织的。织成是在经纬交织基础上另以彩纬挖花而成的实用装饰织物。也称绒、偏诸。是由锦分化出来的一种丝织品。自汉代以来其制品一般为帝王公卿大臣所用。

【织锦回文】用五色丝线织成的回文诗图。也称璇玑图。回文，指一种独特的诗歌，诗句中的字顺读或者倒读都可成文。前秦秦州刺史窦滔因事获罪，被流放到西北沙漠地区，其妻苏蕙十分思念丈夫，便将自己写的回文诗织在锦缎上，寄赠给丈夫。

【织女】古星名。也称天孙。三颗星呈三角形排列，位于银河西面，隔着银河与牛郎星相对。传说其是天帝的孙女，擅长织布，后因嫁给牛郎，中断织布，天帝震怒，强令其与牛郎分离，只许他们每年七夕在鹊桥相会一次。

【织造】古代官名。明清于江宁（今江苏南京）、杭州、苏州等地设立织造局或织染局，掌管织造各项丝织品，供皇室之用。明于三处各置提督织造太监一人。清沿用此制，但不用宦官，

改用内务府人员。除自设机房织造外，兼管机户、征收机税等事务。如曹雪芹的曾祖曹玺、祖父曹寅、父辈曹頫三代任江宁织造，曹寅妻兄李煦任苏州织造。

【栀子】　木名。也称薝卜花、越桃、鲜支。花色洁白，香味浓，可食。在古代，其果实是重要的黄色染料，也可入药。相传，栀子来自佛教发源地天竺，为佛门所重视，故又被称为禅友。栀子花芬芳馥郁，淡雅脱俗，为古代文人墨客所喜爱，是诗词歌赋常咏之物。如明代沈周《栀子花诗》称赞栀子花冰清玉洁的品格。

【执绋】　绋，fú，用来牵引灵柩的绳索。送葬仪式之一。即送葬时帮助牵引灵柩。在古代，不同等级人的葬礼，所用绳索数量和人数都不一样。据记载，天子之葬，用六根大绳挽车，称六绋，执绋者据说有千人；诸侯四绋，五百人；大夫二绋，三百人。

【执金吾】　古代官名。秦时称中尉。西汉武帝时改称执金吾。掌管京师治安的长官，天子出行，担任护卫及先导。东汉沿置，职能萎缩，专掌巡察宫外及主中央武库。晋以后废。关于“金吾”的说法，或认为“吾”读作“御”，“执金御”即持兵器保卫京师和皇帝的安全。或认为“金吾”即“金乌”，是太阳中的神鸟，能辟不祥。

【执着】　初为佛教用语。指对尘世间的事物坚持不放，不得解脱。后泛指固执或坚持不懈。

【直兵】　古代矛、枪、剑等直刺类兵器的统称。

【直隶】　古代行政区域。直属于朝廷管辖之地。宋代的三泉县，曾因地处益、

梓、利、夔四地要冲，扼守从陕西、湖北进入四川的绝对咽喉之地，其地理位置对宋太祖平定蜀地有重要军事意义，乾德五年（967），以县直隶京师。明朝先后以南京和北京为都，两京都设京畿为直隶，故有南、北两直隶。南直隶包括应天府、苏州府、凤阳府等十余个府，相当于今安徽、江苏、上海等省市；北直隶相当于今北京、天津、河北大部和河南、山东的小部分地区。清初改南直隶为江南省，后分为江苏、安徽两省。改北直隶为直隶省，相继置巡抚、总督处理军政事务。

【直音】　古代用一个汉字来标注另一个同音汉字读音的注音方法。如“述音求”“畔音叛”。直音产生于汉代末年。这种注音方法的局限性在于，如果被注音的字没有同音字，或被注音的字有同音字但它的同音字比被注音字生僻、难认读，就难以注音。后来，人们改用反切注音法来弥补直音注音法的不足。

【直斋书录解题】　目录学著作。南宋陈振孙撰。陈振孙平生好藏书，每至一地都要访书、求书，累积藏书五万余卷，历经二十年撰成《直斋书录解题》。全书56卷，后佚。清代纂修《四库全书》时从《永乐大典》中辑出22卷，并详加校定。原书著录图书3096种，51 180卷，分53类，大致依经、史、子、集顺序编排；各类根据需要撰写小序。该书是第一部以“解题”为书名的目录，其“解题”于书名之下记载篇帙、作者、版本等情况，并评论图书得失。该书收录丰富，体例完备，记载全面，为后世所重。

【职分田】 北魏至明初按品级授给官吏做俸禄的公田。北魏太和九年（485）均田，地方官吏也按级给公田六顷至十五顷不等，为授职田之始。宋元只给外官不给京官。明初沿元制，后收回，名"还官田"，折给俸钞禄米。职分田于解职时移交后任，不得买卖。官吏受田佃给农民耕种，收取地租，宋代时特称"职租"。明清废止职分田制度。

【职贡图】 绘有各藩邦前来朝贡的使者状貌、衣冠服饰和进奉的珍奇物品等的画卷。也称王会图、贡獒图。其出现不晚于南朝，唐代也有绘作。较为知名的有清朝乾隆时绘制的《皇清职贡图》，图中的各使者均标明其所属邦国，附有简要说明，介绍其风俗人情等。

【职役】 古代官府无偿差派民户充任衙门胥吏和基层行政人员的制度。也称差役。唐大中九年（855）令州县作差科簿，按户等轮差。北宋前期多差民户轮充，后改为差、雇兼行，并有部分义役。

【指腹为婚】 古代一种特殊嫁娶形式，即双方家长于孩子尚未出生之时，约定长大后结为婚姻。东汉初年，将军贾复跟随刘秀南征北战，在一次战斗中不幸身负重伤。刘秀十分心痛，当得知贾复的妻子已有孕在身，便说："如果她生的是女儿，长大后我儿子娶她；如果是儿子，我的女儿以后嫁给他。"此婚俗沿袭甚久。元代曾立法禁止，但屡禁不绝。在古代小说、戏曲中也时常述及此婚俗。

【指南针】 我国古代四大发明之一。早在春秋战国时，人们发现磁石有指示方向的性能，制成简单装置，称司南。随着航海业的不断发展，人们发现人工磁化的方法，试制成高一级的磁性指向仪器——指南鱼和指南针。北宋出现一种堪舆（察看风水）用的罗盘，称为地螺，已将磁偏角的知识应用在罗盘上，为水罗盘，也称浮针。航海即用此种罗盘以定航向。明代嘉靖年间，出现旱罗盘，以钉子支在磁针的重心处，更加适合于航海。南宋末制造的指南龟，与现代普通指南针采用的方法相同。指南针的使用，使海上远航成为可能，为郑和七下西洋、开辟至东非的航线提供了可靠保障。中国指南针大约在公元12世纪末—13世纪初由海路传至阿拉伯，继而传至欧洲。

【至大银钞】 元武宗至大二年（1309）发行的一种纸币。由于先前的中统钞和至元钞流通已久，出现了货币贬值的问题，即"物重钞轻"，于是改印造至大银钞，以银计值。元朝灭亡，至大银钞随之退出了历史舞台。

【至元钞】 元世祖至元二十四年（1287）发行的一种纸币。全称"至元通行宝钞"。至元钞的发行是在中统钞贬值后，为了改革币制而引入的。由元朝尚书右丞叶李在南宋末年献过的钞样基础上略做变动而来，得到了元世祖的嘉许。至元钞的面值共有十一等。

【至元新格】 至元二十八年（1291）元世祖颁布的法令类编。由中书右丞何荣祖编纂，包括公规、治民、御盗、理财等十个类目。

【至正条格】 至正六年（1346）元顺帝颁行的法律类编。包括制诏150条、条格1700条、断例1059条。

Z

【志】 史书体裁的一种。纪传体史书的基本组成部分。自班固《汉书》改《史记》"书"为"志"，专记天文地理、阴阳五行、政治经济制度、艺文经籍等以来，为历代纪传体史书沿用并有所变化。

【志怪小说】 我国古典小说的一类。以描写神鬼灵异为主。盛于魏晋南北朝。志怪小说源于《山海经》《穆天子传》等书中的神话传说，又杂糅了玄学、佛家思想和民间信仰，创造出瑰奇的幻想世界。内容大致为鬼神故事、地理博物、稗官野史。段成式《酉阳杂俎》和胡应麟《少室山房笔丛》正式使用"志怪小说"作为小说类别名。内容荒诞不经，叙事技法也较粗疏，是我国古代小说的雏形阶段。干宝《搜神记》是其中艺术成就最高者。

【制诰】 诰，gào。文体名。帝王所下文告及命令的统称。诏令包括册文、制、敕、诏、诰、令、玺书、教、谕等。制、诰原都是诏令的一体，后又把"制诰"作为"诏令"的代称。

【制举】 科举时代取士制度之一。除地方贡举外，皇帝亲自特诏选拔人才的科举考试，称为"制举科"。简称"制举"或"制科"。目的在于选拔各类特殊人才。未仕、已仕者均可应诏参加考试。未仕者考中授官，已仕者考中升迁。待遇比一般进士科优厚。其性质与汉代贤良文学、孝廉方正相似。唐代的科名繁多，有八十多种，其中以贤良方正直言极谏科、才识兼茂明于体用科最为常见。多出名臣文士，如张九龄、颜真卿、柳公绰、裴度、白居易、杜牧等。唐博学鸿词科本属于制科，开元十九年（731）改为吏部选人的科目，每年举行考试。宋沿用，但科名已大减，至南宋绍兴年间，恢复博学鸿词科。清代如康熙十七年（1678）、乾隆元年（1736）两次博学鸿词科，清末的经济特科等，都是制举性质。又平常科举殿试进士，因例由皇帝策问，故一般也称制举。

【制钱】 明清官局铸造的铜钱。由宝源局或宝泉局督造。因其形式、文字、重量、成色都有定制，故名。"制钱"一词，用来区别前朝旧钱和本朝私铸钱。在和历代旧钱相比时称"今钱"，在和本朝私铸钱相比时称"官钱"。

【制授】 唐制，皇帝任命三品以下、五品以上的官职称为制授。魏徵曾被封为太子太师，负责教导太子，这是五品以上的官职，属于"制授"的范畴。

【制图六体】 古代制图学术语。指绘制地图的六条原则，即分率、准望、道里、高下、方邪、迂直。西晋时期，裴秀在总结前人经验的基础上，在《禹贡地域图》序言中提出，这六条原则彼此制约，缺一不可。一般认为，分率指计里画方，准望指辨方正位，道里指人迹经由之路，高下指冈峦原野，方邪指矩之钩、弓之弦，迂直指羊肠九折、鸟飞准绳。制图六体为明末以前的制图者所遵循。

【制置使】 古代官名。统筹和节制一方军务的使职。始于唐，负责经营谋划边防军务。宋沿置，掌措置捍卫疆土的军事。宋初不常设。南宋时，多临时设于边地战区，以重臣或经略安抚使兼任，资望特高的称"制置大使"，率所属各部征讨捍御，统筹边防、后勤及相关制度、事宜，事毕即罢。制置使往往兼辖数路军务，与明清的总督相当。

【质剂】 古代贸易中用作买卖凭证的契券。也称券。战国以来流行。较大的买卖中使用较长的券，称为质，主要用于购买马、牛等大型牲畜。这类契券的长度通常较长，以便于详细记录牲畜的特征和交易条件。较小的买卖中使用较短的券，称为剂，用于购买兵器、珍宝等重要或珍贵的物品。短券的长度较短，因为所交易的物品相对特定，信息量较小。质剂由官府制作，并由专门的官员质人进行管理，确保交易的合法性和有效性。

【质库】 经营抵押、放贷等活动的店铺。即当铺。也称质舍、质肆、解库。南朝已出现。最初由寺庙经营，目的是在荒年灾年时救济百姓。唐宋时期迅速发展，商业性质进一步突出，经营者包括地主、商贾、官宦、军队及寺院等，制定有关质库的法律。宋朝时质库不仅包括金银玉器等贵重物品的典当，还涉及奴婢、牛马等。《清明上河图》中，就描绘了挂着"解"字牌的当铺场景。明朝时"当铺"这一名称正式确立。

【质子军】 元代由河西、河北、山东等地驻防将领子弟及富户子弟组成的军队。为了防止藩属及将领叛变，通过召集他们的子弟组编成军，作为人质来挟制他们。也称秃鲁花军，与诸千户、怯薛、八都鲁等其他军事组织一起构成了元军的主力。

【炙】 一种烹饪方法，将肉置于火上烤。炙烤的方法起源于原始社会。后演变为一种烹饪方法。《礼记》："以炮以燔，以亨（烹）以炙，以为醴酪。"郑玄注："炙，贯之火上。"《齐民要

术》中，介绍了多种"炙法"。

【治学三境界】 王国维在《人间词话》中说，成就大事业的学者在治学过程中会经历三个境界。他选用三句诗词来形象地比喻这三个境界，即"昨夜西风凋碧树，独上高楼，望尽天涯路""衣带渐宽终不悔，为伊消得人憔悴""众里寻他千百度，蓦然回首，那人却在，灯火阑珊处"。王国维的观点受到大众认可，流传很广。

【贽见礼】 贽，zhì，古时初次见面时所送的礼物。周以来贵族的相见礼。宾客须按各自的身份等级手执不同品级的贽，如雁、羔、币、帛之类，并按宾主的身份等级和地位关系举行授受仪式。仪式包含授受地点、执贽手法、授受方式和是否归还礼物等，以维护等级、确立名分及彼此的关系。后世仍存其意，但形式不一。

【桎梏】 zhìgù。古代的刑具。桎，铐在两脚腕上。梏，铐在两手腕上。桎梏是古代用来拘系犯人手足的两种木制刑具，类似于现代的脚镣手铐。桎梏刑始于商代，历代沿用。

【致良知】 良知，语出《孟子》，本指一种天赋的道德意识。明代王守仁对孟子的"良知"观点，提出"致良知"学说。他从"心外无物""心外无理"观点出发，认为"良知"即"心""天理"，"良知"先天存在于人的本体中，是不借用外力的内在力量。人们只要除去私欲的蒙蔽，推求穷究"良知"于客观事物，依照"良知"去做，其行为活动就自然合乎道德标准。

【致仕】 也作"致事"。通常指古代官员正常退休。一般致仕的年龄是七十岁，有疾病则提前。也常用来指官员

Z

辞官归家。

【雉】zhì。古代计算城墙面积的单位，一雉是城墙长三丈、高一丈。春秋时期，天子、诸侯、大夫筑城的高度和广度都有定制。如郑庄公分封他的弟弟到京这个地方，京的都城很大，郑国大夫祭仲提醒庄公说，都城超过百雉，是国之害。

【觯】zhì。古代饮酒器。青铜制。形似尊而小，类似喇叭，比较轻小。口阔，有的有盖，圈足。盛行于商代晚期和西周初期。

【中常侍】古代官名。皇帝的近侍，辅助皇帝处理宫内事务。秦代最早设立，是列侯、将军、卿大夫、尚书、都尉等官职的加官。西汉沿用。东汉改由宦官任职，入内宫，随侍皇帝，权力很大。

【中俄尼布楚条约】雅克萨之战后，清朝与沙俄在尼布楚城（今俄罗斯涅尔琴斯克）签订的两国东段边界条约。全称《中俄尼布楚议界条约》，也称《黑龙江界约》《涅尔琴斯克条约》。公元1689年，由清使索额图和俄使戈洛文代表两国签署。规定黑龙江、乌苏里江流域包括库页岛在内皆为中国领土，贝加尔湖以东地区划归沙俄所有。条约以满文、俄文和拉丁文三种文字书写。条约签订之日起，两国人民持有护照者，可过界来往，并许其贸易互市。

【中法战争】公元1883—1885年法国侵略越南和中国的战争。战争初期，法国远东舰队虽一度攻占基隆，却于沪尾（今台湾新北市淡水区）一役被刘铭传所部清军击败。后期，台湾及杭州湾防卫成功，广西军务帮办冯子材统率各部于镇南关（今广西凭祥友谊关）、谅山大败法军。刘永福部黑旗军也在越南义军配合下，于临洮大败法军。最终清廷却签订了屈辱的《中法新约》，使越南成了法国的殖民地，中国的西南门户大开。

【中国】古代中原华夏民族对自己所居之地的称呼。上古时代，我国华夏族建国于黄河流域一带，以为居天下之中，故称中国，而把周围其他地区称为四方。后成为我国的专称。中国在古代也指春秋战国时中原各诸侯国，泛指中原地区。

【中国画】我国传统绘画。也称国画。其特点以气韵思致为主，进而达到形神兼备的艺术效果。画科主要有山水、人物、界画、花卉、禽鸟、走兽、虫鱼等。以工笔、写意、勾勒、没骨、设色、水墨等技法形式，勾皴点染、干湿浓淡、阴阳向背、虚实疏密和留白等表现手法来描绘物象与经营构图；取景布局视野宽广，不拘泥于焦点透视。画幅形式有壁画、屏风、卷轴、册页、扇面等，并以独特的装帧工艺装潢。

【中和】儒家的伦理思想。指不偏不倚，既不过头又无不及。认为人们的道德修养如果能达到中和的境界，那么天地万物会处于各自应处的位置，达到和谐的境界。

【中华】我国上古时期的华夏族兴起于黄河流域一带，处于四方之中，有悠久的历史，文化比较发达，故称其地为"中华"。后指中国。

【中郎】古代官名。秦置，汉沿用。担任宫中护卫、侍从，属郎中令。分五官、左、右三中郎署。各署长官称中郎将，也省称中郎。汉蔡邕为左中郎将，人称蔡中郎。东晋南北朝皆置从事中郎，为将帅幕僚，隋以后废。

【中秋】我国传统节日。在农历八月十五日。农历八月在秋季之中，而八月十五日又在八月之中，因而得名。与春节、端午并称为我国三大传统节日。中秋节正当秋分前后，此时秋高气爽、玉宇澄澈，十五又为望日，月亮最亮、最圆，因此有中秋赏月的习俗。每至中秋之夕，人们或登楼临轩，或闲庭信步，赏玩月色，流连达旦。又有于庭院之中陈设瓜果、焚香拜月之俗。陈设的瓜果形状皆为圆形，寓意阖家团圆。中秋的另一项重要活动是吃月饼。其饼以面制外皮，有荤、素、五仁、百果等各种内馅。八月十五月圆如镜，而月饼也是圆形，正如天上的圆月，取团圆之意。古代文人墨客留下了无数描写中秋的作品，如苏轼的《水调歌头》"人有悲欢离合，月有阴晴圆缺，此事古难全。但愿人长久，千里共婵娟"等。

【中日】表示正午之时。也称日中。始见于商，后世沿之。

【中山国】春秋战国时期位于今河北滹沱河流域灵寿、平山、晋州一带的古国。因城中有山而得名。春秋时称"鲜虞"，属白狄。战国时崇尚儒学，曾成为次于七雄的强国，被称作"战国第八雄"。公元前296年为赵武灵王击破。

【中书令】古代官名。汉武帝时始设中书谒者，由宦官担任，掌管传达皇帝诏书，并设中书令，总管宫廷文书奏章。司马迁负刑后，曾任此职。汉成帝建始四年（前29）改由士人担任，改为中书谒者令。三国魏文帝时，改为中书令，分设中书监与中书令，共同掌握机要。晋废监，以中书省、尚书省、门下省合称三省。中书令在隋代曾改名内史令、内书令。唐初，三省长官皆为宰相之职。中书令之下，有中书侍郎、中书舍人。唐中叶以后，他官加同中书门下平章事，专掌机务，中书令等仅存虚名，或为加衔。唐代曾改称右相、凤阁令、紫微令等，旋复旧称。宋制略同。元代以中书省总领百官，为最高行政机关，并掌地方行政。中书令权位尤重，或以皇太子兼任。明废中书省，由内阁大学士秉政，另设内阁中书及中书科中书舍人，掌管书写机密文书。清于内阁设中书及贴写中书，至清末改官制始废。

【中书舍人】舍，shè。古代官名。舍人始于先秦，本为国君、太子亲近属官。魏晋时于中书省内置中书通事舍人，掌传宣诏命。南朝沿置。至梁，除"通事"二字，称中书舍人，任起草诏令之职，参与机密，权力日重。中书舍人原在中书省主管文书，职位低于中书侍郎。南朝后实权很大，从起草诏令、参与机密到决断政务，往往代行宰相职务。隋代改为内史舍人，主管诏令。唐武德三年（620）复为中书舍人，掌管诏令、侍从、宣旨、接纳上奏文表等事。开元后，渐成闲职。宋主管中书六房，承办各项文书，起草有关诏令。明有中书科舍人二十人，属内阁中书科，负责缮写文告、命令等事务。清代沿置，乾隆时改称中书。

【中书省】古代官署名。魏晋始设置。梁陈时，中书省有中书舍人五人，统领主书、书吏等，分别掌管二十一局的事务，为秉承皇帝意旨、掌握机要、发布政令的机构。沿至隋唐，逐渐成为全国政务中枢。隋文帝避父杨忠讳，改为内史省、内书省。唐代曾改称凤阁、紫微省，旋复旧称。也叫右省。与门下省、尚书省合称三省。中书决策，通过门下，交尚书省执行。中书省设置令、侍郎、舍人等官。宋沿置。元代中书省兼管尚书省的职权，权力更重，有中书令、左右丞相、平章政事、左右丞、参知政事等官，下设左右司，分别掌管各房。明初仍以中书省统六部，但不设中书令。洪武十三年（1380）废中书省，机要之任归内阁，六部直接对皇帝负责。

【中统钞】元世祖中统元年（1260）发行的一种纸币。全称中统元宝交钞。也称中统宝钞。为元朝发行的第一种纸币，分为十种面值。我国使用纸币，到元朝时已有二百多年的历史，但早期的纸币多少带有兑换券的性质，到了中统钞的发行，才有了真正不兑换的纸币，标志着我国古代货币制度从实物货币向信用货币的过渡。这在中国乃至世界货币史上都是一件大事，它标志着纯纸币流通的开始。中统钞最初是以白银为本位的，比较稳定，元世祖至元十三年（1276）后逐渐贬值。二十四年（1287）发行至元通行宝钞（简称至元钞），与中统钞并行，比价为1∶5。至正十年（1350）发行至正交钞，废除中统钞。

【中尉】古代官名。战国时赵国设置，负责选任官吏。秦汉时是武职，掌管京师治安。武帝时，改称执金吾。汉各诸侯王国也设置中尉，维持治安。唐代自德宗以后，于神策军置护军中尉，专由宦官担任，率领禁兵。元时，内史府置中尉。

【中衣】①古代法服的组成部分之一。通常穿在祭祀服装、大礼服里面。上衣下裳相连接，宽衣大袖，其领、袖、襟等处有花纹装饰图案，故穿时需要与外装配套。也称中单。②贴身的内衣。

【中医】汉族医药学。西方医学传入中国后，以"中医"为名，区别于西医。中医以阴阳、五行、天时、物候等理论为基础，是传统医学的重要组成部分。它的理论体系有阴阳、五行、运气、藏象、经络、病因病机、治则治法等，以望、闻、问、切为诊病方法。主张辨证施治，治疗方法有中药、方剂、针灸、推拿、按摩、气功和民间的单方、验方等。经典文献有《神农本草经》《黄帝内经》《伤寒杂病论》《本草纲目》等。也指用我国传统医学、医术治病的医生。

【中医八法】中医的汗、吐、下、和、温、清、消、补八种治疗方法。汗法，用有发汗作用的药物或者通过物理上的处理，使患者出汗或汗出正常。吐法，用催吐药物或能引起呕吐的物理刺激，引起呕吐后，使毒物等随吐排出。下法，用有泻下、攻逐、润下作用的药物来通导大便、消除积滞、荡涤实热、攻逐水饮，以消除燥屎、积滞、实热及水饮等证。和法，和解少阳、扶正达邪、协调内脏功能。温法，用温热药物治疗里寒证。清法，用寒凉药物清热泻火、清热养阴、清热解毒以治疗各种火热证。消法，通过消食导滞和消坚散结，渐消缓散气、血、痰、食、水、虫等积聚而成的有形之结。补法，补养人体气血阴阳的不足，治疗虚证。中医八法源自汉代张仲景《伤寒杂病论》。经金元以来发展，清代程国彭《医学心悟》对其进行了系统总结。

【中庸】 儒家的伦理思想。指凡事取中，不偏不倚，恰到好处。儒家以中庸为最高的道德标准和处理事务的原则。也指书名，原是《礼记》中的一篇，相传是战国时子思所作。南宋朱熹将《礼记》中的《大学》《中庸》与《论语》《孟子》编在一起，合称"四书"。

【中元节】 传统节日。在农历七月十五日，俗称七月半。因佛教盂兰盆节也在这一天，道教也以七月十五日为中元之日，度恶鬼，民间有祭祀亲人、超度亡魂等活动。

【中原】 指古代黄河中下游平原。秦汉以来，中原地区一直是我国古代的政治、文化、经济中心。唐宋以后，随着气候、环境、人口的变化，以及受战争等因素的影响，其经济地位被江南取代，但这一区域文化的主流主导地位在中华文明的历史进程中始终不可动摇。诸葛亮《出师表》："今南方已定，兵甲已足，当奖帅三军，北定中原。"陆游《示儿》诗："王师北定中原日，家祭无忘告乃翁。"

【中正】 古代官名。掌纠察群臣过失的官员。秦末陈胜自立为楚王时始置。三国魏在各州郡置中正官，负责考查本州人才品德，分成九等，作为选任官吏的依据。晋南北朝仍之，地位渐轻，影响变小。唐废。

【忠恕】 儒家的伦理思想。认为"忠"包含两个方面：一是"与人忠"，即为别人办事要尽心尽力。二是"事君以忠"，即对待君主，要忠诚无私，是后世忠君思想的来源。儒家主张宽恕、原谅，推己及人，用仁爱的心对待别人。在孔子看来，"忠"与"恕"是相辅相成的。"忠恕"是实践"仁"的方法。

【忠孝军】 金末由在蒙古侵略过程中投诚金朝的回纥、乃蛮、羌、吐谷浑及从蒙古逃回的汉人组成的军队。这支军队虽然组成成分复杂，但军纪严明，勇于作战，所过之处，秋毫不犯，深得民心。忠孝军在作战时充当先锋，疾如风雨，是金朝抗蒙作战中的一支劲旅。

【终南捷径】 语出《新唐书·卢藏用传》。唐代卢藏用考上进士后，未入仕途，而是到长安附近的终南山隐居，反而名声远播。其后皇帝赐以高位，当了大官。他的朋友司马承祯评说，隐居终南山是"仕宦之捷径耳"。后来世人常将"终南捷径"来借指一些为求取功名利禄的人寻找最便捷的途径去达到目的的行为。

【终南山】 山名。又名太乙山、周南山、中南山。位于陕西境内秦岭山脉中段。地形险阻、山谷重叠，《左传》称终南山为"九州之险"。终南山有"仙都""洞天之冠""天下第一福地"的美名。是我国道教、佛教的圣地，道教全真派即发祥于此。和尚道宣在此创立了律宗。"寿比南山""终南捷径"等典故也和终南山有关。

【钟】 我国传统乐器。在"八音"中属"金"。青铜制，悬挂于架上，以槌叩击发音。祭祀或宴飨时用，在战斗中也用以指挥进退。西周中期开始有十几个大小成组的，称编钟，大而单一的称特钟。商代钟用青铜浇制，分钮钟和甬钟两种。钮钟钟体顶部铸有悬挂钮，故称；甬钟上部铸有长筒形的甬，故称。

【钟馗】民间传说中的驱妖逐邪之神。也称食鬼之神。见《梦溪笔谈》所记。相传唐玄宗病中梦见一个体格魁梧的大鬼，戴着破帽，穿着蓝袍，系着角带，足蹬朝靴，捉到小鬼就吃。大鬼自称是终南山进士钟馗，多次科考不中，撞阶而死。玄宗后命吴道子画下钟馗形象以镇除妖孽。此事一经传开，逐渐盛行。皇帝每到年底就用翰林院所进钟馗像赐给大臣。民间也纷纷效仿，将钟馗像贴在大门口以驱妖邪。这个习俗自唐代延续下来，其后发展演变为在端午之时悬挂钟馗像。

【钟嵘】（？—518）南朝梁文学批评家。字仲伟，颍川长社（今河南长葛）人。历仕齐、梁二朝，官至晋安王（萧纲）记室，世称钟记室。为人刚直，齐建武时，曾上书谏皇帝躬亲细务，触怒明帝。后又上书力陈时弊，抨击官僚勾结、贿赂盛行的风气。所著《诗品》选择自汉至南朝梁一百二十余位五言诗人，分为上、中、下三品加以评论，为现存最早的诗论专著，被视为历代诗话之祖。书中提出的"滋味""直寻"等概念，对后世颇有影响。与《文心雕龙》并为南朝最重要的文艺美学著作。

【钟山书院】清代江苏省城书院。位于今南京。雍正元年（1723）两江总督查弼纳倡建，旨在选拔培养省内士子。清乾隆后期，外省士子也可入院学习。钟山书院规模颇大，有讲堂、斋舍等

主要建筑百余间，且藏书丰富。历任山长都为学识深厚之人，如校勘学家、藏书家卢文弨，考据学家、藏书家钱大昕。

【钟繇】（151—230）繇，yáo。三国魏大臣、书法家。字元常，颍川长社（今河南长葛）人。东汉末为黄门侍郎。曹操执政时，镇守关中。曹丕代汉后，任廷尉。明帝即位，迁太傅，人称钟太傅。书法学习曹喜、蔡邕、刘德昇，博采众长，擅长隶书、楷书、行书。对书法的章法和结体有深入周密的研究。其书法的艺术特点是巧趣精细，茂密幽深，自然天成，无雕琢气。其楷书笔法和结体带有浓厚的隶书气息，风格古朴，被历代研习者奉为楷模。与王羲之并称"钟王"。其书法作品真迹已佚，今存《宣示表》《贺捷表》《荐季直表》等，皆系后人临摹之作。

【冢宰】官名。《周礼》以天官冢宰、地官司徒、春官宗伯、夏官司马、秋官司寇、冬官司空分掌邦政，称为六官或六卿。冢宰为六卿之首，掌管国家六典，辅佐帝王治理国事。战国时期将百官之长称为冢宰。后世太宰、宰相等称皆由此而来。后世也用为吏部尚书的别称。

【众生】即"有情"，梵语音译词"萨埵"。佛教对人和一切有情识生物的统称。包括天、人、阿修罗、地狱、饿鬼、畜生六种（六道）。而草木、山河、大地、土石等无情识的东西称为"非情"或"无情"。古代文学作品中，常有"芳草无情"的语句，皆是受到佛教文化的影响。

【种痘法】我国古代对烈性传染病天花

的预防方法。因称天花为"痘疮"，故名。种痘法发明的时间不晚于公元16世纪，实质是使人轻微感染天花，轻微发病，从而获得免疫力不再患天花病，类似于疫苗。其法有四种：痘衣法、痘浆法、旱苗法、水苗法。其中，水苗法是把痘痂研细并用水调匀，用棉花蘸上，塞入接种者鼻孔。此法较为先进。种痘法在明隆庆年间（1567—1572）初行，17世纪时推广到全国大部分地区。清初知名种痘医师张琰，经他亲手种痘者多达八九千人，其中只有二三十人出了事故，事故率约为0.3%。清初人痘接种法初传到国外，英国的琴纳在此基础上发明了种牛痘。

【重禄法】 宋神宗时制定的吏禄法。为改善吏员因低俸禄、无俸禄，侵吞克扣军粮、贪污严重等现象，给吏员以较丰厚俸禄。若吏员再受贿就从严处罚。宋哲宗时曾废除重禄法，绍圣年间恢复，后最终废除。因该法首先推行于官仓中的胥吏，故也称仓法。

【重罪十条】 我国古时将直接危害国家根本利益的最严重犯罪规定为十种，即反逆、大逆、叛、降、恶逆、不道、不敬、不孝、不义、内乱。犯这十种罪，不在"八议"的论赎范围之内。其中，不道、不孝等罪名在汉代已有。《北齐律》首次将这十种罪行概称为"重罪十条"，正式入律。隋朝《开皇律》将"重罪十条"改定为"十恶"。此后历代相沿。

【舟师】 春秋楚国的水军以及舰船修缮操作人员。后世沿称。也指海船航行的管理人员、技术人员。

【州】 古代地方行政单位。据《尚书·禹贡》记载，大禹治水成功后，分天下为冀州、兖州、青州、徐州、扬州、荆州、豫州、梁州、雍州九州。西汉元封五年（前106），汉武帝设十三部刺史，在古九州的基础上，加幽州、并州、朔方、交趾，分天下为十三州。自此至南北朝末，州时为监察区，不涉及军政；时为行政区，牵涉军政。隋代时而废郡成州，时而改州为郡。时至唐代，全国共有三百余州，全为行政区。宋元与唐代大致相同。明清改州为府，只留少数直隶州直辖于省，其余散州隶属于府。

【周邦彦】 （1056—1121）宋代词人。字美成，钱塘（今浙江杭州）人。元丰初年为太学生，因献《汴都赋》受到神宗赏识，擢升为太学正。徽宗时，曾颂美宰相蔡京，提举大晟府，专事谱制乐曲。由于他精通音律，故所谱乐府长短句，声调谐和，上口悦耳。其词多写男女相思，或歌咏自然景物，也有少量怀古伤今及表现羁旅行役的作品。语言工丽，善于用典，长于铺叙，形成浑融、典雅、缜密的艺术风格。周邦彦对后代词的创作影响巨大，清代的词评家对他推崇备至。陈廷焯谓其"前收苏（轼）、秦（观）之终，后开姜（夔）、史（达祖）之始，自有词人以来，不得不推为巨擘"。但周邦彦词的题材内容不广，也受到后世词评家的批评，如王国维就称其"但恨创调之才多，创意之才少耳"。今存《片玉词》。

【周髀算经】 髀，bì。数理天文学著作。原名《周髀》。唐代李淳风等将其列为"算经十书"的第一种，所以改名为《周髀算经》。作者不详，是长期

Z

积累编纂而成的，西汉或更早时期成书。此书介绍了勾股定理，并给出了勾三股四弦五的证明，是我国关于勾股定理的最早记载。介绍古代测定岁时长度、二十四节气、天文南北线、太阳半径、北极四游、二十八宿距离等方法，在我国天文学史上占有重要地位。同时使用繁杂的分数计算与开平方法，在中国和世界数学史上有重要影响。

【周朝】 公元前 1046 年周武王灭商后建立的朝代。建都镐（今陕西西安）。周公东征后，确立宗法制，创立典章制度，并不断分封诸侯。前 771 年申侯联合犬戎攻杀周幽王。次年，周平王东迁到雒邑（今河南洛阳）。历史上称平王东迁以前为"西周"，东迁以后为"东周"。东周又可分为"春秋"和"战国"两个时期。前 256 年为秦所灭。共历 34 王，791 年。

【周敦颐】 （1017—1073）宋代理学家。字茂叔，原名敦实，因避英宗讳改名。道州营道（今湖南道县）人。因居于庐山莲花峰下，其地有溪，名其室为"濂溪书堂"，后人因称濂溪先生。喜谈名理，深于《易》学，程颢、程颐兄弟出其门下。据宋初道士陈抟《无极图》，著《太极图说》，认为"太极本无极"，"无极"是宇宙万物最根本的范畴。又提出理、气、心、性、命等，以及主诚、主静之说，均为后世理学家所继承发展。《宋史》将他列为道学之首，朱熹称其为理学开山，与邵雍、张载、程颢、程颐并称北宋五子。主要著作有《太极图说》《通书》《爱莲说》等。其论著后人合编为《周子全书》）。

【周公】 西周政治家。姓姬名旦。周王朝开国君王周武王的弟弟，周文王的儿子。因封地在周（今陕西宝鸡东北），所以称周公。曾佐武王伐纣，多建功业。武王死，成王年幼，代摄政事。武王弟管叔、蔡叔和霍叔起而反对，联合纣王子武庚及东方夷族叛周。他亲率大军东征，讨平叛乱。又派召公营建东都雒邑（今河南洛阳），作为统治中原的政治、经济、文化中心。此后全面封邦建国，先后置七十一国，其中同姓五十五，异姓十六，以屏藩王室。在封国范围内普遍实行井田制，统一规划土地。归政成王后，他制礼作乐，建立各项典章制度，使奴隶制国家在政治、经济上获得了进一步的巩固和发展。后世公认他为周代文明的重要创建者。周公礼贤下士，求才心切，自称"一沐三捉发，一饭三吐哺"（洗一次头要三次握起头发，吃一顿饭三次吐出正在咀嚼的食物），迫不及待地迎接贤士。后遂以"周公吐哺"作为在位者礼贤下士之典。

【周公东征】 周成王即位初期，周公旦平定三监之乱及东方徐、奄、薄姑等国叛乱的军事行动。周武王死后，周成王继位，周武王的弟弟周公旦摄政。武王的其他弟弟管叔、蔡叔和霍叔不服，与纣王之子武庚及东方夷族纠合，发动叛乱。周公团结召公，调动大军，率军东征。杀武庚，诛管叔，放逐蔡叔，贬霍叔为庶人。历时三年，镇抚了东部地区殷商遗民等各方势力，巩固了周朝的统治。

【周密】 （1232—1308）宋末元初词人、文学家。字公谨，号草窗、四水潜夫等。原籍济南，宋室南渡，其先世随之南迁，寓居吴兴（今浙江湖州）牟山，因自号牟阳啸翁。宋理宗淳祐十二年（1252）出任义乌（今属浙江）县令。宋亡后，定居杭州。与词人吴文英、王沂孙、仇远、张炎等结为词社，咏白莲诸题，寄托家国之思。晚年以整理故国文献为业，著有《齐东野语》《武林旧事》等。以词作著称，其词继承了周邦彦格律精严、圆融雅艳的词风，是宋末格律词派的重要代表。与吴文英（号梦窗）并称"二窗"。有《草窗词》。又编录南宋一百三十二家歌词为《绝妙好词》，取舍谨严。

【周文王】（约前1152—前1056）商末周族领袖。姓姬名昌，商纣王时为西伯。曾被纣王囚禁于羑里（今河南汤阴北）。在位期间，勤于政事，重视发展农业生产，礼贤下士，广罗人才，拜姜尚为军师，问以军国大计，为武王灭商奠定了基础。传说《周易》即为其所演。在位五十年。周武王姬发灭商建周后，追尊为文王。据《史记》记载，当时的诸侯国虞国、芮国发生纠纷，打算请姬昌来仲裁。等到了周地，看到周国人相互谦让，长幼有礼，非常惭愧，说道："吾所争，周人所耻，何往为，只取辱耳。"于是相互礼让而去。

【周武王】（？—前1043）西周王朝的建立者。姓姬名发，文王次子。因其兄伯邑考被商纣王所杀，故得以继位。公元前1046—前1043年在位。继承文王遗志，于前1046年联合诸部落攻商。在牧野（今河南淇县西南）之战中大获全胜，消灭商王朝，建立西周王朝。建都镐（今陕西西安）。

【周亚夫】（？—前143）西汉名将。沛县（今属江苏）人。周勃之子。治军有方，曾驻军细柳（今陕西咸阳西南）。文帝来巡，见军容严整，深为嘉许。景帝刘启即位后，任命周亚夫为车骑将军，曾参与平定七国叛乱，因功迁为丞相。后受到景帝猜忌，中元三年（前147）被罢相。后元元年（前143），周亚夫之子私买工官尚方甲盾500具，备作其父葬器，被人告发，事情牵连周亚夫，廷尉召其对质，并逼他供认谋反。周亚夫不服，绝食五日，呕血而死。

【周易】儒家经典。也称《易经》，简称《易》。"易"有变易、简易、不易三义（郑玄《易赞》）。相传系周人所作（一说"周"有周密、周遍、周流之义），故名。内容包括《经》和《传》两部分。《经》是我国古代占筮之书，由六十四卦的卦象、卦名、卦辞和爻辞组成。卦辞、爻辞是分别对卦象、爻象的解说。旧说伏羲画八卦，文王推演为六十四卦，并作辞。或说文王作卦辞，周公作爻辞。实非一时一人之作。组成卦象的基本符号"—""––"，由原始筮法中的奇偶数逐渐演变而成。卦爻辞是占筮的原始记录（筮辞）的长期积累，最后可能经西周史官整理而成。虽为占筮书，但在其神秘的形式中蕴含着古代中国人的智慧，透露了理论思维的最初萌芽和朴素的辩证观念，保存了殷周时代的一些社会习俗和道德观念。《传》是对《经》最早的解释。共十篇，统称《十翼》。旧传孔子作，据近人研究大都为战国或秦汉之际的儒家作品。内容是通过阐释《周易》意蕴、功用、

Z

筮法，八卦起源，六十四卦卦爻辞与卦序等，创造一个结合象数与义理的独特思想体系。所提出的阴阳刚柔等学说，对后世我国哲学的发展有深刻的影响。

【周瑜】（175—210）三国吴名将。字公瑾，庐江舒县（今安徽庐江县西南）人。21 岁起随孙策平定江东，创建孙吴政权。后孙策遇刺身亡，孙权继任，周瑜与长史张昭共辅国政。建安十三年（208），曹操大军南下，周瑜与刘备联合，于赤壁大败曹军。建安十四年（209），拜偏将军领南郡太守。后病逝于巴丘（今湖南岳阳），年仅 36 岁。据传周瑜的琴艺高超，尤其擅长演奏古琴。周瑜听人演奏时，即使多喝了酒，有几分醉意，也能听出细微的差错。每当发现了错误，他就看一下演奏者，示意他演奏错了。因此当时有"曲有误，周郎顾"之语。

【辀】zhōu。独辕，一般用于小车（马车）上。一杠居车厢前正中，朝前上曲，前端与架在马脖子上的衡固定在一处，后端固定在车轴上。车厢的軫木固定在辀上。

【咒】僧、道、方士等用作驱魔降妖的口诀。也指佛教密宗的真言，即真实不妄的言辞。

【朱槿】植物名。也称扶桑、佛桑。常绿灌木，其花可入药，具有润血美颜的功效。粤中有以白花作蔬菜食者。茎皮纤维可代麻制绳、织袋。

【朱卷】明清科举制度，乡试、会试考生用墨笔书写的试卷，叫墨卷。而为防止考官或应试者通过识别卷面字迹的方式徇私舞弊，会将墨卷弥封糊名，于阅卷前派专人将考卷誊录，不书姓名，只编与原卷一致的号码，使阅卷者不能识认笔迹。因用朱笔誊录，故称。即应试者原卷的副本。考中的人，把取中的文字刻印送人，也称朱卷。

【朱买臣】（？—前 115）字翁子，西汉吴县（今江苏苏州）人。家贫，以卖柴为生，勤奋好学。后赴长安上书，解读《春秋》《楚辞》，符合武帝心意，被任为中大夫。曾任会稽太守、丞相长史等。元鼎二年（前 115），因参与诬陷御史大夫汤，被汉武帝处死。

【朱淑真】宋代女诗人、词人。自号幽栖居士，钱塘（今浙江杭州）人。出身于仕宦家庭。因婚姻不称意，所遇非人，一生落落寡欢，后抑郁而终。工绘画，通音律，所作诗风格清婉，声多凄楚。有诗集《断肠集》。词作多以闺情愁绪为题材，感情真挚，语多直率，婉丽鲜明。有词集《断肠词》。

【朱提】优质银的代称。最初是作为山名出现的，后来发展为县名和郡名。汉代县名，属云南犍为郡，治所在今云南昭通。这里的银矿因品质优良而被称为朱提银。

【朱熹】（1130—1200）南宋理学家、教育家。字元晦，一字仲晦，号晦庵，别称紫阳，谥号文。祖居徽州婺源（今属江西），生于南剑州尤溪（今属福建），定居建阳（今福建南平建阳区）。绍兴十八年（1148）进士。孝宗即位时，曾上书反对主和。其后历任枢密院编修官、知南康军、提点江西刑狱公事、秘阁修撰。前后经高、孝、光、宁四朝。韩侂胄擅权时，被劾，遭打击。庆元四年（1198），名列伪学党籍中，两年后病死。理宗时，赠太师，追封信公，后改徽国公，从祀孔庙。

朱熹28岁始从学于二程（程颢、程颐）的三传弟子李侗，后专心致力于儒学。他继承二程，又独立发挥，建立了系统的思想体系，后人称为"程朱理学"。南宋时以他为代表的学派也被称为"闽学"。主要著作有《四书章句集注》《四书或问》《周易本义》《诗集传》《楚辞集注》等。此外有《朱文公文集》。

【朱彝尊】（1629—1709）清代词人、学者。字锡鬯，号竹垞，晚号小长芦钓鱼师，又号金风亭长。秀水（今浙江嘉兴）人。早年不仕，奔走各地，以设馆授徒及担任幕僚为生。康熙十七年（1678），50岁时以布衣参加博学鸿词考试，得中一等，授翰林院检讨，参与编修《明史》。遍访藏书家，积书八万卷，建曝书亭。工诗、词、古文，又长于考证之学。诗宗唐而求变，才情学力兼备，与王士禛齐名，时称"南朱北王"。词推崇姜夔、张炎，风格清雅，开创"浙西词派"，与陈维崧、顾贞观并称"词家三绝"。所著《经义考》为我国古代第一部经学专科目录，曾受到康熙皇帝的称赏，御赐"研经博物"匾额。又辑录有明一代诗作，成《明诗综》；编唐至元代词选，成《词综》。其诗、文、词汇为《曝书亭集》。

【朱元璋】（1328—1398）明朝开国皇帝。公元1368—1398年在位。原名重八、兴宗，字国瑞，庙号太祖，谥号高皇帝。濠州钟离（今安徽凤阳）人。幼年穷苦，曾入皇觉寺为僧，外出化缘讨饭。元顺帝至正十二年（1352），投奔郭子兴部红巾军，从亲兵升为九夫长，娶郭子兴养女马氏为妻，号"朱公子"，始改名取字。十六年（1356），攻克集庆，改集庆为应天府。后接受朱升"高筑墙，广积粮，缓称王"的建议，不断壮大自己的实力。龙凤七年（1361），被韩林儿封为吴国公。后击败陈友谅，至十年（1364）消灭其残余势力，改称"吴王"。1368年，即皇帝位，国号"明"，年号"洪武"。同年，攻克大都，元朝灭亡。建国后，采取一系列举措发展生产，如普查人口、奖励农桑、兴修水利，社会经济、文化都有所恢复和发展。

【朱之瑜】（1600—1682）明末清初学者、教育家。字楚屿，又字鲁屿，号舜水。浙江余姚人。明末，朝廷屡次征召，皆不就任。明亡，以舟山为根据地抗清，失败后逃亡日本、越南、暹罗（今泰国）等地，常常秘密回国，进行反清复明活动。事败，南明永历十三年（1659）避居日本，深受日本水户藩主德川光圀的尊礼。居日本讲学二十余年，开创日本水户学。卒于日本，日本学者私谥"文恭先生"。为学重实际效用和事功，反对"专在理学研究"。强调知识应从日常生活实践中求得，并主张"经邦弘化，康济艰难"。重视史学研究，认为"经简而史明，经深而史实，经远而史近"，"得之史而求之经，亦下学而上达耳"。其学术思想对当时日本有一定影响，通过编撰《大日本史》，传授儒学和礼仪，引发了日本的明治维新思想和文化。

【朱子语类】书名。南宋朱熹讲学语录的分类汇编。初为门人各录成编，经南宋黎靖德考其同异，相互参校，正误补遗，删除重复，编辑成为今本。

共一百四十卷,分"理气""鬼神""性理""学"等二十六门。内容涉及哲学、政治、自然科学、史学、文学、人物等领域,是研究朱熹思想及程朱学派的重要资料。

【珠】 珠玉的总称。有火齐、木难等。可做装饰品,古时也用来陪葬。珠的品质高贵,常用来比喻美好的事物。如杰出的人才或美好的事物相结合,称为"珠联璧合"。

【珠算】 传统计算的方法。按照特定公式移动珠算盘上的珠子进行加、减、乘、除、开方等计算。其名较早见于旧题汉徐岳《数术记遗》。与今天的算盘运算不同。现代珠算起于元明之间。

【诸葛巾】 古代男人的头巾,大多为青色。相传是诸葛亮所创,故称。也称纶巾。后世往往将其作为儒将的代表装束。

【诸葛亮】 (181—234)三国蜀汉政治家、军事家。字孔明。琅邪阳都(今山东沂南)人。早孤,东汉末随叔父诸葛玄至荆州。玄死,隐居隆中(今湖北襄阳)躬耕读书十余年,深通谋略,留心世事,尝自比管仲、乐毅,时人称为"卧龙"。建安十二年(207),刘备因徐庶荐,三顾茅庐,登门求教,因纵论天下大势,提出占据荆州(今湖北荆州)、益州(今四川成都),东联孙权,北伐曹操的策略,史称"隆中对"。此后成为刘备主要谋士,曾大败曹军于赤壁,取得荆、益,建立了蜀汉政权。刘备称帝,任他为丞相。备死,辅佐刘禅,封武乡侯,领益州牧,多次领兵北伐曹魏,希图统一中国。执政期间,积极实行法治,严明赏罚,又抑制豪强,任用贤能,加强与西南各族的联系。后主建兴十二年(234),与魏国司马懿相拒于渭南,因劳成疾,病逝于五丈原(今陕西岐山),后葬于定军山。后人辑其遗作为《诸葛亮集》。

【诸宫调】 流行于宋金元时期的一种说唱艺术形式。有说有唱,以唱为主,因用多种宫调曲子联套演唱故事,故称。取同一宫调的若干曲牌联成短套,首尾一韵,再用不同宫调的许多短套联成万言长篇,间杂说白,以说唱长篇故事。早期用鼓、板、笛伴奏,后多用弦乐。起源于北宋,元代渐趋衰落。作品有《西厢记诸宫调》《刘知远诸宫调》《天宝遗事诸宫调》等。诸宫调体制宏大,曲调丰富,对元杂剧的形成有较大影响。

【诸侯】 古代中央政权所分封的各国国君的统称。中央政权授予王族、功臣和先代贵族一定的土地和民众,按照亲疏、功劳、贡献的不同,周代分公、侯、伯、子、男五个等级。周代规定,受封的诸侯可在其封疆内设置官员,建立武装,征派赋役,同时必须服从周天子的命令,有为周天子镇守疆土、随从作战、缴纳贡赋和朝觐述职等义务。汉代分王、侯两个等级,诸侯国由皇帝派相或长吏治理,被封的王、侯仅食赋税。

【诸子百家】 先秦至汉初学术思想流派的总称。春秋战国学术繁荣,学派纷起,为数甚多,号称"百家"。各学派代表人物颇受尊崇,合称"诸子",如儒家的孔子、孟子,墨家的墨子,道家的老子,等等。《汉书·艺文志》著录诸子百八十九家,后据此概括为"诸子百家"。

Z

【竹林七贤】魏晋时期，面对当时政治腐败和社会黑暗的现实，嵇康、阮籍、山涛、向秀、阮咸、王戎、刘伶七位名士意气相投，不拘礼法，蔑视权贵，或隐居，或寄情于竹林幽泉间，纵酒谈论玄理。其崇尚自然、率性而为的言行风范，具有鲜明的个性特征，被誉为"竹林七贤"。也称竹林七子。

【竹书纪年】编年体史书。因西晋太康二年（281）在汲郡（今河南卫辉）出土，故又名《汲冢纪年》。大约出于战国时魏国史官之手。其记事始于夏禹，周幽王为犬戎所灭以后，下接晋国，晋亡特记魏国，至魏襄王二十年（前299）止。内容涵盖了上古传说中的帝王纪年、夏商周三代的历史，以及战国时期的政治、军事、经济等方面。为研究我国古代历史提供了珍贵的史料，尤其在填补商周之间历史空白方面具有重要价值。

【竹枝词】乐府《近代曲》之一。也称竹枝。本为巴渝（今属重庆）一带民歌，唐代诗人刘禹锡根据民歌改作新词，歌咏三峡风光和男女恋情，盛行于世。后人写《竹枝词》的很多，所作也多咏当地风土或儿女柔情。其形式为七言绝句，语言通俗，音调轻快。

【舳舻】zhúlú。舳指装舵的位置，也指船尾。舻指船前部刺棹处，也指船头。"舳舻"连用，泛指船，尤指声势浩大前后相衔的船队、船流。

【主簿】古代官名。汉以后中央各机构及地方郡、县官府都设有主簿，负责文书簿籍，掌管印鉴，为掾史之首。至魏晋时渐为将帅重臣的主要僚属，参与机要，总领府事。此后各中央官署及州县虽仍置主簿，但职任渐轻，多掌监印，检核文书簿籍，故有"主簿为印曹"之说。唐宋时皆以主簿为初事之官。明清时各寺卿也有设主簿的，或称典籍。外官则设于知县以下，为佐官之一。后常省并。

【主公】臣仆对主上的尊称。一说，"主公"的称呼始于东汉。将"明公"改称"主公"，是尊事之为主。

【主户】宋代以前各地的土著人户。汉魏以来，因兵徭、赋税、战争、荒歉等灾难，民户逃亡异乡，于是各地形成土著和客民的区别。唐宋时，在户籍的名目中设主户、客户。唐德宗时不分主户、客户，一律以当地现居人口，按贫富等差征税。宋代则以是否有土地为区分标准，有土地的为主户，无土地的为客户。主户是纳税户，承担赋役。元以后，主客名目已不用。也称土户、正户。

【主考】明清科举制度中主持乡试的官员。职责为总阅应试人的试卷，分别去取，核定名次，将取中的举人及其试卷奏报皇帝。主考人数，明代为每省两人。清制各省均为一正一副，唯顺天乡试乾隆中增至正副主考三人，道光后一般为一正三副。正副考官由侍郎、翰林、詹事、科道及阁、部、府、寺进士出身的人担任。属临时性差遣，考试结束后限期返回本职。清代视主考为试差。

【主事】古代官名。掌管本机构庶务的官员。汉代光禄勋属官有南北庐主事、三署主事。魏晋沿置。南朝及北魏、北齐并置，称主事令史，为令史中的首领。隋于诸省又各设主事令史。炀帝大业三年（607）省令史名称，只称主事，每十令史设一主事。唐三省六部诸司皆置此官。宋枢密院也置主事。金代始列为正官，多以进士任职，以文牍杂务为主，也分管郎中、员外郎之职。明废中书省，于六部各司官中置主事，职位次于员外郎。清沿置，与郎中、员外郎并列为六部司官。其他官署如内务府、理藩院及各部也有主事。

【煮豆燃萁】萁，qí。关于曹操的两个儿子曹丕与曹植之间关系的历史故事。见南朝宋刘义庆《世说新语》记载。曹丕登基为魏文帝后，因对才华横溢的弟弟曹植一心有忌恨，时有刁难。某次令其走七步作诗一首，否则处以死刑。曹植悲愤难抑，移步之间出口吟道："煮豆燃豆萁，豆在釜中泣。本是同根生，相煎何太急！"曹丕听后，面带惭色。这首诗是在限定的七步之内完成的，故称"七步诗"，并用以比喻兄弟之间骨肉相残。

【属纩】zhǔkuàng。属，放置。纩，新絮，特指蚕吐出的丝绵。丧礼仪式之一。古人把新絮放在临终的人的口鼻上，测看丝絮是否动摇，判断是否还有呼吸。后用来代称临终。

【麈尾】麈，zhǔ。即拂尘。麈是一种野兽，似鹿而大。古代传说麈迁徙时以前麈之尾为方向标志。麈尾就是用麈的尾毛制成，古人闲谈时拿在手里用以驱虫、掸尘。魏晋时期，士人清谈时常执，遂成为名流雅器，用以彰显名士风度。

【苎麻】苎，zhù。植物名。叶子卵形而尖，可食，也可喂蚕。根叶可供药用。苎麻是我国的特产，种植极广。它的茎皮纤维洁白有光泽，坚韧柔滑，是重要纺织原料。夏秋时节剥取之，沤浸水中，俟绿质腐脱，劈之成丝，可制线及布。所织成的布古称纻，洁白光滑，透气性好，适宜在夏天穿着，故又名夏布。被誉为"天然纤维之王""中国草"。四五千年前，古人已采用苎麻作为衣服原料。苎麻也是较早的造纸原料，很早就传入朝鲜和日本，后传到欧美。

【助教】古代学官名。晋咸宁时置，协助国子祭酒、博士教授生徒。其后相沿设置。至唐时，国子学、太学、广文馆、四门学皆有助教。明清仅国子监有助教。州县学亦有设经学助教者。北魏增设医学助教，隋增算学助教，唐增律学助教，协助博士传授专门知识。

【助役】元朝民间募集给服役者的补贴。也称义役。按资产多寡，由本地居民各出一定比例的田土或钱钞发给。

【住持】佛寺或道观之主。住指长住寺、观，持指护持所在寺、观的教法。此制度自唐代开始。

【住坐工匠】明代须在本省官府服役满规定时日的工匠。明初定制每月十天，后某些地区可纳银代替。起源于元代，明代开始有了明确的称呼。分为民匠和军匠两大类，拥有较高的技艺，负责生产和维修各种器物，参与建筑工程或其他技术性工作。每月可以获得一定的待遇，如月粮和值米，有时还会得到月盐的补助。

【纻】zhù。苎麻织成的粗布，普遍用于夏季服装。清嘉庆《松江府志·物产》："兼丝布，以白纻或黄草兼丝为之，苎宜彩色，为暑服之冠。"

【注疏】注指解释古书意义。疏指疏通文义，既解释正文，又解释前人的注解，也称义疏、正义、疏义。注疏是我国古籍的注释体例。南宋绍熙年间，将注本与相应的疏合在一起刊刻，合称"注疏"。如《十三经注疏》等。

【柱国】战国时楚国设置，原为保卫国都之官，后为楚的最高武官或勋官。喻为国之柱石，故称。也称上柱国。其地位仅次于令尹、相国。北魏、西魏均设柱国大将军。北周增置上柱国大将军。隋设上柱国及柱国，为勋官。唐以后沿用作勋官的称号。清废不用。

【祝允明】（1461—1527）明代书法家、文学家。字希哲，因右手有枝生手指，故自号枝山。长洲（今江苏苏州）人。弘治举人。官广东兴宁知县，后迁应天府通判。为人狂放不羁，不受世俗礼法束缚。擅书法，小楷学钟繇、王羲之，狂草学怀素、黄庭坚，笔势劲健，又能出入变化，自成面目。也善诗文，其诗直抒胸臆，挥洒淋漓，诗风自然，享誉于弘治、正德间，与唐寅、文徵明、徐祯卿并称"吴中四才子"。其散文和笔记小说，笔调轻俊流畅，爱写怪诞之事。有《怀星堂集》及笔记杂著《祝子罪知录》《祝子小言》《猥谈》等。

【著作郎】古代官名。三国魏始置，属中书省，专掌编纂国史。属官有著作佐郎、校书郎等。西晋改属秘书省，称为"大著作"。唐代主管著作局，也属秘书省，掌撰拟文字。宋元因之，唯宋别有国史院，故著作郎仅为寄禄官，参与汇编"日历"。明建文时设，属东宫官，隶詹事府资德院。明永乐时废。也省称"著作"。

【铸刑鼎】春秋时期，统治者制定的法律是不公开的，有利于随意处置老百姓，加强专制。公元前536年，郑国的政治家子产把刑事法规刻铸在金属鼎上，向大众公布。这是我国第一次公布成文法，在我国法制史上具有划时代的意义。也称铸刑书。

【筑】旧读zhú。古弦乐器名。在"八音"中属"丝"。琴体狭长，木质，有五弦、十三弦、二十一弦三种说法。其形似筝，颈细而肩圆，弦下设柱。演奏时，左手按弦的一端，竹尺击弦发音。战国时已流行。燕太子丹派荆轲刺秦王时，高渐离击筑送行。

【抓周】民俗活动。指在婴儿满周岁之时，陈列各种玩具和生活用具，听任其抓取，以此来预测其一生性情和志趣。也称试儿。古时抓周常用物品有笔、墨、纸、砚、算盘、钱币、书籍等。据《宋史》记载，北宋曹彬周岁时，父母把各种玩具放在他的面前，只见曹彬左手持干戈，右手取俎豆，一会儿又取来一枚印信，其他的玩具都视而不见，人们都很惊奇。曹彬长大后以军功官至检校太师兼侍中，封鲁国公。《红楼梦》中贾宝玉在抓周时抓取的是脂粉钗环，引得父亲贾政大为生气，认为他长大后必是酒色之徒。

【砖】一种建筑材料。用黏土加水和泥制成砖坯，晾晒干后入窑高温烧制而成。我国对于砖的应用历史悠久，自古就有"秦砖汉瓦"的说法。早期砖仅用于皇家陵墓的建造，后砖开始逐渐得到普遍的应用，如城墙、宫殿、庙宇以及各种房屋建筑。砖的形式种类也逐渐增多，如空心砖、砖雕、拱形砖、楔形砖、企口砖以及更为讲究的花砖等。

【颛顼】Zhuānxū。号高阳氏。传说中的远古时代帝王名。传为黄帝之孙、昌意之子。"三皇五帝"中的"五帝"之一。

【颛顼历】 制于周代末期的古六历之一。战国秦时修订，秦始皇统一六国后在全国颁行。此历定一年为 $365\frac{1}{4}$ 日，一月为 $29\frac{499}{940}$ 日，以十月为岁首，闰月放在九月后，称"后九月"。汉初以前，主要采用《颛顼历》。汉武帝时被《太初历》取替。

【转运仓】 官府在交通要道设置的仓库。起源甚早。汉以来多置于漕运要地。隋时黎阳仓、河阳仓等规模巨大。唐后期专指转运使所属各仓，在各交通干线上形成了完整的仓储体系。

【转运使】 古代官名。初为水陆发运使，唐先天二年（713）始置，管理洛阳、长安间的粮食运输事务。后设江淮转运使，掌粮食、财赋转运事务。代宗以后，多与盐铁使并为一职，称"盐铁转运使"。多由宰相兼领，于诸道分设巡院。宋置诸道转运使，掌一路或数路财赋，有督察地方官吏的权力。其后职掌扩大，兼理边防、治安、钱粮、巡察诸事，成为府州以上的行政长官，权任甚重。又因有兵权，故称漕帅。明代有转运使，仅主盐政。

【篆刻】 雕刻印章。俗称刻印、刻图章。我国传统艺术之一。印章字体，一般采用篆书，先写后刻，故称。材质多样，刻法不一。金属印章，多先刻印模，随后浇铸；晶玉印章，古代用手工琢成，再用金刚砂喷蚀，称电刻；石、牙、角等印章，则直接用刀镌刻。相传自元代王冕开始用花乳石刻印，因镌刻方便，文人倡导自篆自刻且与书画结合，流行更广。明清以来出土文物中印章渐多，提供了大量参考资料，文人士大夫中研讨篆刻之风益盛，出现很多篆刻家和流派。一般以宋元划分，前为以铜章为主的玺印实用时代，后为以石章为主的篆刻艺术时代。

【篆书】 汉字字体，大篆、小篆的统称。狭义指籀文和小篆，广义指甲骨文、金文、籀文及春秋战国时通行于各国的文字和小篆。籀文也称籀书、大篆，秦书八体之一，因著录于《史籀篇》而得名，字形的构形多重叠，春秋战国间通行于秦国，今存石鼓文即这种书体的代表。小篆也称秦篆，秦书八体之一，秦代通行的文字，在籀文的基础上发展形成，字体匀圆齐整，较籀文简化。秦始皇统一六国后，采用李斯的意见，推行统一文字的政策，以小篆为正体字，淘汰通行于其他地区的异体字，对汉字的规范化起了很大作用。

【庄廷鑨明史案】 鑨，lóng。简称明史案。公元 1661—1663 年，清政府针对庄廷鑨所修《明史辑略》一书兴起的文字狱。顺治年间，浙江富户庄廷鑨集众修订《明史辑略》，书中称努尔哈赤为"建州都督"，不书清帝年号，而书隆武、永历等南明年号。因归安知县吴之荣等告发，庄廷鑨已去世仍遭戮尸，其族人及参修、作序、题署、刻印、售购者和当地官员等株连两千余人，被杀七十余人，其中被凌迟者十八人。

【庄周梦蝶】 出自《庄子》。庄周梦到自己变成了一只生动飘飞的蝴蝶，心情愉悦，非常快乐。梦醒后有些惊惶不定，恍然悟道："我是庄周啊！这究竟是庄周变成了蝴蝶，还是蝴蝶变成了庄周呢？可是二者有别呀！我与蝴蝶的这种交互变化就叫作'物'吧。"后人于是将这个故事衍化为成语，用来指代事物的虚幻无常、人生的变化莫测。这种生死物化的观点蕴含着深刻的哲理，为人们打开了无限的想象空间。唐代李白有诗曰："庄周梦蝴蝶，蝴蝶为庄周。一体更变易，万事良悠悠。"

【庄子】（约前369—前286）战国时思想家。名周，宋国蒙（一说今河南商丘东北，一说今安徽定远）人。曾以编织草鞋糊口，担任过漆园小吏。相传楚威王遣使者以重金礼聘庄子为相，诚意十足。庄子见到使者后却以龟为喻，表示宁可曳尾于泥中，也不愿留枯骨而在王宫享供奉之贵，拒绝了楚相之位。据传惠施为梁惠王宰相时，庄子前往梁国探望。惠施因庄子之才倍于己，担心相位不保，于是派人在国都内搜寻庄子三天三夜，以阻止庄子见到梁惠王。庄子见到惠施，讽刺说自己如鹓雏，只会栖梧桐，食练实，饮醴泉，而惠施却如得腐鼠而喜的鸱鸟。因此，庄子终其一生，未处高位显爵。但是庄子通天地之统，能序万物之性，达死生之说，故遗世独立，恬淡自守。其思想继承老子一派，而又深有发明。提出"逍遥""齐物""心斋""坐忘"等观点，对后世影响深远。为文汪洋恣肆，想象丰富。《庄子》一书，记录或转述了大量庄子的言说，集中呈现了庄子的思想。

【壮丁】宋朝负责受送公文、参与治安的一种职役。常轮差乡村第四、第五等户充当，隶属耆长。

【状元】科举时代称殿试第一名为状元。唐制，举人赴京应礼部试者皆须投状，因称居首者为状头，故有状元之称。据考证，从唐高祖武德五年（622）第一位科举状元孙伏伽，到清光绪三十年（1904）甲辰科最后一位状元刘春霖，科举时代共产生了638名状元。科举时代唯一一位女状元是傅善祥，于清咸丰三年（1853）高中鼎甲第一名。

【椎髻】髻，jì。一种椎形的发髻。秦汉时期男女均可编结，但男子的椎髻束于头顶，不戴巾，多见于军人束结。女子多将头发向后梳成一个椎形的发髻。后世一直有所延续传承，但主要是在妇女中流行。清代已经演变成疙瘩鬏。

【赘婿】赘，zhuì。先秦以来就婚于女家并成为女家成员的男子。入赘后，须改从妻姓，所生子女从母姓。赘婿的社会地位低下，秦律规定其不得立户，常被额外征发出战或服役。汉文帝时规定，商贩、赘婿和犯贪污罪的官员终身禁止做官。

【准噶尔部】噶，gá。厄鲁特蒙古四部之一。势力曾扩张至天山南北和青藏地区，后又迅速衰落。明中后期自额尔齐斯河中上游、准噶尔盆地以北和塔尔巴哈台以东迁至伊犁河流域，取代和硕特部为厄鲁特诸部盟主。公元1671年，噶尔丹为其首领，称"博硕克图汗"，勾结沙俄帝国，攻掠喀尔喀蒙古，进兵青海、西藏，袭击哈萨克、布鲁特（柯尔克孜）等部。康熙皇帝三次亲征，最终在康熙三十五年（1696）彻底摧毁噶尔丹军事力量于土拉、克鲁伦两河上源之间的昭莫多，噶尔丹兵败而死。乾隆二十二年

Z

（1757），准噶尔终告平定，部众流散，清政府在其地实行盟旗制度。

【拙政园】 古代四大园林之一。在江苏苏州。三国吴郁林太守陆绩、东晋高士戴颙曾在今园址一带营建住所，唐陆龟蒙也曾隐居于此。北宋山阴簿胡稷言在此建五柳堂。时至明代，御史王献臣还乡购买此地并大兴土木建造园林，以西晋潘岳《闲居赋》"拙者之为政也"之意，命名为拙政园。吴中才子文徵明依园中景物绘图三十一幅，各系以诗，并作《王氏拙政园记》。现园大体为清末规模，占地约62亩，分东、中、西三部分。拙政园成为具有江南特色的典型园林，为我国园林艺术的杰作。

【涿鹿】 古地名。在今河北涿鹿。西汉置涿鹿县，县以山名。北齐废。其东南有涿鹿山。相传黄帝与蚩尤战于涿鹿之野，大败蚩尤。

【涿鹿之战】 相传黄帝在涿鹿之野（今河北涿鹿东南）平定蚩尤作乱的战役。黄帝之时，诸侯相侵伐，凌虐百姓，而蚩尤最暴。黄帝联合其他部落，征伐蚩尤。黄帝获胜，蚩尤遭到了毁灭性打击。

【齐衰】 zīcuī。五服中的第二等丧服，次于斩衰。用熟麻布做成，以其缉边，故称。服期分五个月、一年、三年，其中一年又分须持丧杖、不持丧杖两种。1.父已去世而子为其母、母为长子服齐衰三年。2.父健在而子为其母、夫为妻服齐衰一年，须持丧杖。3.男子为伯叔父母、为兄弟，已嫁的女子为父母、媳妇为舅姑（公婆）、孙和孙女为祖父母服齐衰，不持丧杖。4.曾孙、在室曾孙女为曾祖父母服齐

衰五个月。

【资课】 唐代散官、勋官、品官子弟及课户白丁依法缴纳的代役钱物。唐制散官、勋官、品官子弟可执事于官府，积累资历参加铨选获得官职，课户白丁则须承担各种官府职役。这些人员皆可据不同身份、役种纳钱六百至两千五百文代替，也可折纳实物。

【资治通鉴】 史书名。北宋司马光撰，二百九十四卷，又《考异》《目录》各三十卷。编年体通史。初成战国至秦二世八卷，名为《通志》，进于宋英宗。治平三年（1066）奉命设书局继续编撰，至元丰七年（1084）完成，历时十九年。神宗以其"鉴于往事，有资于治道"，赐名《资治通鉴》。全书上起周威烈王二十三年（前403），下迄五代后周世宗显德六年（959）。取材除十七史以外，尚有野史、传状、文集、谱录等三百四十种左右。

【缁衣】 缁，zī。黑布上衣。春秋以来，作为"玄端"的别名，为卿士朝会所服。汉以后，玄端逐渐被深衣替代。后因佛教出家人多穿黑布衣，故以"缁衣"专指僧尼之服。唐以来的诗文多用其代称僧尼。

【辎车】 辎，zī。古代一种装有帷盖的车，多用于载运货物，人也可以在车中就寝。由于其可携带足够的行李在外宿营，故自汉代便被普遍使用，尤其是被妇女出行时使用。

【锱铢】 锱，zī。古代重量单位。一锱为六铢，重六百黍。一说一锱为六两，或一锱为八两。一铢合二十四分之一两，即二十四铢为一两。其他的说法还有一铢合为百黍、一铢为九十六黍、一铢为十黍、一铢为一百四十四黍。

"锱"与"铢"连用，比喻数量极其微小。

【子童】 也作"梓童"。皇帝对皇后的称呼或皇后的自称。多见于戏曲或小说中。

【梓潼帝君】 潼，tóng。道教中掌管人间功名禄位之神。传说姓张名亚子，住在蜀中的七曲山中。入仕晋朝，战死，后人建立庙宇纪念。玉皇大帝授命梓潼掌管人间文昌府和禄籍，因此被民间奉为梓潼帝君。

【紫钗记】 传奇剧本。明代汤显祖作。系根据其旧作《紫箫记》重写而成。故事脱胎于唐传奇《霍小玉传》，主要讲述了才子李益与霍小玉之间的爱情故事。李益在长安应试期间，与霍小玉一见钟情，并以霍小玉遗失的紫玉钗为信物，喜结良缘。后来，李益高中状元，却因为得罪了想要招他为婿的卢太尉，被派往玉门关外任参军，与霍小玉失去了联系。霍小玉误以为李益背盟，生活艰难，因病倒下。而李益在关外平定战乱，却因为卢太尉的阴谋，无法与霍小玉相见。最后，在侠士黄衫客的帮助下，李益与霍小玉重逢，真相大白，两人重归于好。作者在剧中热情讴歌了爱情的真挚和执着，也揭露了当时官场的强权和丑恶，深刻反映了社会的不公与腐败。与《牡丹亭》《南柯记》《邯郸记》合称"临川四梦"或"玉茗堂四梦"。

【紫砂壶】 用紫砂泥烧制成的茶壶。以江苏宜兴所产最为著名。自北宋时，当地已开始生产紫砂陶茶具。历史上曾涌现出许多制壶名家，如明代的龚春、董翰、赵梁、元畅、时朋、时大彬以及清代的杨彭年、陈鸿寿等。

【字】 古代婴儿刚出生时由父母命名，到20岁举行加冠成人礼时，由父母或师长为其取本名之外的别名，或女子许嫁时所取的别名。字是表示德行或本名的意义的名字，取字是为了让人对其有所尊重，供他人称呼。名与字一般有所关联，字是名的解释和补充，与名相表里，故称表字。如汉代班固，字孟坚，"固"与"坚"同义。唐代韩愈，字退之，"愈"有前进、超越之意，与"退之"反义。女子也有取字的权利，如东汉蔡琰，字文姬。古人注重礼仪，名与字的用法有严格区别。名供长辈呼唤，字供同辈、晚辈称呼。同辈和属下只许称尊长的字，不能直呼其名。

【字验】 北宋时期的一种军事通信保密方法。约定军中重要事情为40条，如"请粮料""被贼围"之类，选40个不同的字（一首五言律诗）作为密钥，一字对应一条，从而加密通信。仁宗康定元年（1040），减作28字。

【宗】 宗庙及宗族组织。殷墟甲骨文有"大宗""大乙宗""祖乙宗"等，指的是先王宗庙。后世泛指宗族。

【宗伯】 古代官名。周始置。掌管宗法礼法及宗庙社稷祭祀等事，即后世礼部之职。又，《周礼》列为六卿之一，为春官，辅佐天子掌管宗室之事，又分为大宗伯或小宗伯。大宗伯负责主持祭祀仪式和管理宗庙事务。小宗伯为其佐官，负责制定礼乐制度并指导宫廷乐舞的表演。春秋战国时期，开始出现按地域划分的宗伯，如《左传》中提到的晋国大宗伯、小宗伯，即是按照地域和族群划分的宗族长。秦汉时期，宗伯成为朝廷中的官员，称为太祝令或太祝丞，也称为宗伯或祠祀令。魏晋南北朝后，宗伯成为掌管礼仪的官员，称为太常卿或太常少卿。后世礼部尚书别称为大宗伯或宗伯，礼部侍郎为少宗伯。

【宗法】 即祖宗之法，是古代宗族或家族内部依据血缘关系远近来区分嫡庶亲疏的等级制度。目的在于解决权位和财产的继承与分配。它的核心是嫡长子继承制。嫡长子继承制在夏商时期已经萌芽，到周代形成完备的礼制。西周时期规定，王位或爵位的法定继承人是嫡长子，嫡长子、嫡长孙一支血脉，称大宗，是宗族或家族的正统继承人，世代保持天下同姓大宗的地位。其余各支都是小宗，按照其与大宗关系的远近，分别授予诸侯、卿、大夫等爵位，构成"家天下"的宗法系统。宗法制度的确立，巩固了统治阶级的世袭统治，维护了古代社会长期的家族秩序和社会秩序。

【宗庙】 古代帝王、诸侯祭祀祖先的庙宇。也作为王室或国家政权的代称。

【宗人府】 古代官署名。明清管理皇室宗族事务的机构。明洪武三年（1370）始置大宗正院，后改称宗人府，以亲王任宗人令，掌皇族属籍，以时纂修玉牒。其后事权渐移于礼部。清代沿置，负责长官称宗令，次官为左、右宗正，以亲王以下皇族人员充任，其事务长称府丞、理事官，其下有经历、主事等。明成祖朱棣为燕王时曾任右宗正。

【宗祧继承】 宗，祖庙。祧，tiāo，远祖的庙。根据血缘与辈分关系而继承宗庙世系的制度，即继承宗庙的祭祀。始于西周，唐宋时期逐渐完善。宗祧继承的核心是嫡长子继承制。宗祧继承限于嫡长子，无嫡长子则由嫡长孙继承，无嫡长孙则由嫡次子继承，无嫡子或嫡孙则由庶长子继承，无庶子或庶孙方可在同宗中找昭穆辈分相当者立嗣。宗祧继承涉及遗产继承，有宗祧继承权者有权继承财产，但有财产继承权者不一定有宗祧继承权。

【宗正】 古代官名。西周至战国置。掌管皇族事务。秦汉沿置，位列九卿，为皇族事务机关长官，都由皇族人员担任。历代职掌略同。唐宋称"宗正寺卿"，辽称"特里衮"，金称"判大宗正事"，元称"大宗正府扎尔呼齐"。明清为宗人府，宗人府长官为宗令，次官为左、右宗正，地位极高。明万历年间诸王府亦置。清代宗人府左、右宗正皆由贝勒、贝子兼摄。晚清诗人龚自珍曾短暂担任过宗人府的主事，这段经历对他的人生和思想产生了一定的影响。

【宗周】 初指周朝的王都所在。因其为诸侯所宗仰，故名。西周时指镐京，在今陕西西安。《诗经》："赫赫宗周，褒姒灭之。"东周时指的是平王迁都后的洛阳。后也以"宗周"指代周朝。

【宗子】 ①宗法制度中大宗的嫡长子。宗子有权继承始祖的爵位，占有大部分家庭财产，主持始祖庙祭祀等。也泛指嫡长子。②皇族子弟。

【宗族】 指父系亲属集团、父亲的亲族。即以一成年男性"宗子"或"族长"为中心，按照子承父的继嗣原则上溯下延，这是宗族的主线。主线旁有若干支线，支线排列的次序根据与主线之间的血缘关系的远近而决定。族内有家，因此族又是家庭的联合体。

家的父受制于族的宗子。宗族是一单系结构，其世系按男性排列。文明社会伊始，面对严酷的自然及社会的生存斗争，家族只能以较小的规模存在，有独立生存能力的子、孙逐渐脱离父族另立宗族。又指同宗的人。也称族。

【总兵】 古代官名。明代遣将出征，别设总兵官、副总兵官以统领军务。其后总兵官镇守一方，渐成常驻武官，省称为总兵，副总兵官为副将。清因之，于各省置提督，为最高长官。提督下分设总兵官及副将。总兵所辖的部队称镇，副将所辖者称协。故俗称总兵为总镇，副将为协镇。

【总督】 古代官名。总辖一地军政要务的长官。别称总制、制台、督军、制军。明初在用兵时派部院官总督军务，为临时差遣，有管辖地方与管辖专务的不同，例如总督某处军务或总督漕运等。成化五年（1469）专设两广总督，后各地逐渐增置，成为定制。清代始正式以总督为地方最高长官，辖一省或二三省，综理军民要政。雍正后，总督辖区始成定制，例设两江、陕甘、闽浙、湖广、四川、两广、云贵、直隶总督。清末增设东三省总督。另有管河道及漕运事务者，也称总督，即河道总督、漕运总督。

【总角】 总，聚拢。古代儿童把头发分成左右两半并扎成结，形状如羊角，故称。后代指童年。

【总领】 南宋掌管诸军钱粮及其他事务的官员。宋朝南渡之后，大将拥有重兵，权力很大。朝廷想要给他们设立副将，又担心会让这些大将感到不安，于是设立总领，由朝廷官员担任，名义上负责管理财政税收，实际上主要负责处理和传递皇帝与军队之间的文件和信息，从而逐渐分散了各位大将的权力。多设于大元帅府、都督府、宣抚司等机构，总其粮秣财计之事。又为淮东、淮西、湖广、四川四处总领所之长，筹供当地诸军钱粮。另为定海所设总领海船所之长，掌防守海道诸事。

【总制钱】 宋代附加杂税的一种。宣和三年（1121）命陈亨伯以发运使经制东南七路财赋，因建议添酒价、增税额，别立收入账目，称为经制钱。其后至翁彦国为总制使，仿其法别立名目征税，称为总制钱。经制钱和总制钱合称经总制钱，是南宋重要的财政收入。

【纵横家】 战国时期靠游说进行政治外交活动的谋士。以审察时局、游说列国君主著称。其中苏秦、张仪最为著名。苏秦主张合纵，即燕、赵、韩、魏、齐、楚六国纵向联合起来对抗强大的秦国。张仪主张连横，即秦国采用的一种离间策略，游说六国各自同秦国联合，从而各个击破。东汉班固将纵横家列为九流之一。合纵、连横的活动和做法多见于《战国策》。纵横家的活动对战国时期政治、军事格局产生了重要影响。

【走百病】 民俗活动。明清时，北方地区农历正月十五日或十六日，妇女穿着节日盛装，夜间相约一起外出行走，其中一人持香在前引导，行走过程中一般要过桥、登楼、摸钉求子。据说可以健身去病，故名。

【走舸】 舸，gě。古代战舰中的快艇。船舷上立女墙，船上设钲、鼓、旌旗。水手多，战卒皆选勇力精锐者充当。

Z

船速极快，往返如飞。赤壁之战中，黄盖及其部队利用走舸快速撤离。

【走马灯】 一种供观赏的花灯。古俗元宵节用人马之形剪纸，粘在纸轮周围，能活动自转。轮下燃烛，热气上腾，引起空气对流，驱动纸轮转动，人马剪纸随之旋转，故称。又叫马骑灯。唐人称影灯。常用以形容动作忙碌而不断重复。

【奏销案】 清政府严办江南地主拖欠钱粮的案件。顺治十八年（1661）江宁巡抚朱国治分别造册上报，悉数列出拖欠钱粮的乡绅一万三千五百余人，指为抗粮，黜革功名，其中不少被械送刑部议处。探花叶方蔼仅欠一钱，也被黜革，民间有"探花不值一文钱"之谣。清政府制造此案是为增加赋税收入，同时打击江南汉族地主士大夫的势力。

【奏谳】 谳，yàn。古时对疑狱、要案提出处理意见，呈报上级或朝廷审议定案的程序，是对案件的复审。始于秦，汉初规范其制，设置奏谳掾官。凡是难以判决的疑狱、要案，须逐级上报处理，到主管法务的廷尉仍难以定夺的，就具其案情，附以法理，奏请御裁。后世仍有审级权限之别，死刑和大案、要案都须奏请，具体规定有所不同。宋代法律规定，凡是应奏谳而不奏谳，或者不应奏谳而奏谳的，知州都要受一定处分，以防止地方官吏在办案时专断或者推诿。

【租调制】 曹魏以来官府按田亩收租、依户征调绢绵的赋税制度。租调制的基本内容是政府向农民征收粮食和布帛为税收，其中粮食称为租，布帛称为调。公元204年曹操下令实施，

平均每亩收租四升，每户输绢两匹、绵两斤，把汉代的人头税改为按户征收。两晋、南北朝、隋、唐沿用，具体规定续有变化。

【租庸调】 隋及唐前期与均田制相辅而行的赋役制度。源于北魏到隋的租、调、力役制。这项制度由租、庸、调三部分构成，故称。租指田租，即缴纳谷物；庸指劳役，可以绢布代替；调指户调，也就是户税，征收绢或布。在均田、以丁口为本的前提下，唐初规定成年男丁每年需向官府纳租粟两石，输调绫或绢两丈、绵三两，或改输布二丈二尺、麻三斤。另须服劳役二十日，可每日折绢三尺代替，即"庸"。开元末年均田制破坏，此制已不适用。安史之乱后，为两税法所代替。

【菹醢】 zūhǎi。古代酷刑之一。执行死刑时，将犯人剁成肉酱。春秋战国时期已有，汉代沿用，并写入律令。晋时保留此刑，但不写入律令。元代也沿用之。也作"葅醢"。

【足下】 对别人的尊称。既用于下称上，也用于同辈间相称。战国时常用来称君主，后专用于称同辈。相传，春秋时晋国公子重耳流亡于外的途中差点饿死，介之推便割下自己的一块肉煮汤给重耳喝。后重耳当上国君，即晋文公。晋文公重赏追随他流亡的功臣时忘了介之推，而介之推已隐居于绵山。晋文公很羞愧，亲自带人进山请介之推，但无法找到。晋文公烧山逼介之推，不料介之推抱树被烧死。晋文公悲痛万分，砍下那棵大树制成木屐穿在脚下，每当感念介之推的恩德时，就俯看脚下木屐说："悲乎，足

下！""足下"的称呼即来源于此。

【**族长**】掌管宗族事务的首领。也称宗长。西周以来，一般由大宗的嫡长子担任。族长掌管族人亲疏等事务，有团结敦睦族人的责任，对违反族规的族人有惩治权。后世多由族中长老或有声望才干者担任。

【**族诛**】古时因一人犯死罪，其父母弟兄妻子等亲属均连同被杀死的制度。也称夷族、灭族。族诛是死刑中最严酷的。秦代已有此刑，后世沿用。株连的罪和范围有诛三族、诛七族等。诛三族确立于春秋秦文公时。相传西汉名将韩信因"谋反"被杀并诛三族。相传战国末期刺客荆轲因行刺秦王未成被杀并被诛七族。

【**俎**】zǔ。①古代祭祀时盛放牲体的礼器。方形，四足，青铜制，也有木制漆饰者。与礼器豆合称"俎豆"。②古代割肉所用的砧板。多为木制，也有青铜铸的，长方形，两端有足支撑。

【**祖冲之**】（429—500）南北朝时南朝科学家。字文远，祖籍范阳遒县（今河北涞水）。自幼专攻数术，青年时曾博访前故，远稽昔典，从事科学活动。在数学方面的主要贡献是应用刘徽的割圆术，计算圆周率π的值在 3.141 592 6 和 3.141 592 7 之间，是世界上第一个把圆周率数值推算到小数点后第七位的人。他还和儿子祖暅得出球体体积的正确公式，即"祖氏公理"。在天文历法方面，大明六年（462），编制《大明历》。作《驳议》一文，强调天文历法要重实证的检验，反对拘泥于古人或单凭想象，具有重要的方法论意义。在机械发明制造方面，曾改制"圆转不穷，而司方如一"

的铜制机件转动的指南车、"日行百余里"的千里船、粮食加工工具水碓磨、计时的漏壶和巧妙的欹器等。数学著作有《缀术》和《九章术义注》，均佚。

【**祖逖**】（266—321）逖，tì。东晋名将。字士稚。范阳遒县（今河北涞水）人。少有大志。据《晋书·祖逖传》载，他与司空刘琨俱为司州主簿，二人意气相投，共被同寝。半夜听到鸡鸣，立即起来舞剑，这就是"闻鸡起舞"这一成语的由来。公元313年，率军北伐，收复失地。东晋大兴四年（321），死于雍丘，时年五十六。

【**祖逖北伐**】公元313—321年，祖逖渡江北上、力图恢复中原的战役。西晋永嘉之乱后，祖逖有志恢复中原，半夜闻鸡鸣而舞剑。西晋建兴元年（313），祖逖上言琅邪王司马睿，请师北伐。奉命率部渡江。船驶到中流，祖逖面对奔腾的江水，感慨万分，敲击船桨，当众立下誓言："我祖逖此行北上，如果不能收复中原，就如大江东去，绝不南渡重返！"辞色壮烈，部众莫不受到鼓舞。在祖逖的鼓励下，大家同仇敌忾，齐心协力，数年间收复黄河以南大片失地，使石勒不敢挥兵南下，保障了东晋的偏安，却因朝廷内乱、牵制重重而难以为继，忧愤而死。

【**祖宗**】①尊称始祖及先世中有功德者。②通称祖先。

【**祖宗家法**】北宋中期以来归纳的太祖、太宗治国方略及相关制度。此后宋朝君臣常加称引，但所指宽泛，其核心是记取唐五代灭亡的教训，强化专制君权，也包括崇文抑武、权力制

Z

衡及财政赋税等方面的举措和原则。

【醉翁亭】 在今安徽滁州琅邪山麓。建于北宋庆历六年（1046）。欧阳修被朝廷贬为滁州知州时，让僧人智仙于酿泉边建亭一座，以自号"醉翁"为此亭命名，并写下传世名篇《醉翁亭记》，后由苏轼书刻于碑。醉翁亭内设九院七亭。院内六一泉（欧阳修又号"六一居士"）上的意在亭、影香亭、古梅亭等七亭各有奇巧，与亭周围的二贤堂、冯公祠形成了"醉翁九景"。醉翁亭屡经废兴，盛名不衰。

【尊】 古代盛酒器。青铜制，鼓腹，敞口，高圈足，作圆形或方形，形制较多。流行于整个商代和周代。1963年陕西宝鸡出土了何尊，是周朝一个名叫"何"的贵族用作祭祀的尊。目前"中国"一词，最早的文字记载见于何尊。

【尊称】 古人在言谈与书信交流时，为表示尊敬和客气，一般避免直接用"你""他"等第二、第三人称代词，改用某些含有显明尊敬色彩的词语来称呼对方。常用的尊称词汇有子、公、父、陛下、殿下、令尊、令堂、令郎等。如尊称春秋末期教育家孔丘为"孔子"。对一些曾为国家民族做出重大贡献的人物，尊称为"公"，如尊称秦始皇时名将蒙恬为"蒙公"。尊称春秋初期政治家管仲为"仲父"。臣对帝王尊称"陛下"，对皇太子、亲王尊称"殿下"。对对方父亲尊称"令尊"，对对方母亲尊称"令堂"，对对方儿子尊称"令郎"等。尊称是中华民族文明礼仪的体现，需根据不同情况加以运用。

【尊府】 ①对他人父亲的尊称。②对他人的家的尊称。

【尊号】 用来尊崇皇帝、皇后的功业和德行的名号。继位皇帝尊称前朝皇帝为太上皇，尊前朝皇后为皇太后、太皇太后。唐代以后，在帝、后号之上再加称号，如唐玄宗尊号为开元圣文神武皇帝。尊号可以上好几次，都是尊崇褒美之词。如唐高宗上元元年（674），唐高祖改尊号为"神尧皇帝"。直至明清的皇帝、皇后各有尊号，依例累加，常因带有阿谀奉承意，堆砌美词而较冗长。也称上尊号。

【尊驾】 对对方的尊称。因不敢直接称呼对方的名字，故指其所乘坐的车马而言。

【尊君】 对他人父亲的尊称。如东晋桓温替儿子向王坦之家求婚被拒绝，桓温说"此尊君不肯耳"，即"这不过是你父亲不答应罢了"。

【尊王攘夷】 齐桓公称霸过程中提出的政治主张。即尊崇周王室，抵御外来侵扰者。公元前679年，齐桓公首次召集宋、陈、蔡、邾等国会盟，这一主张逐渐明确。主要是针对诸侯各自为政和异族侵扰的局面，力主尊崇周天子地位，维护宗法秩序，扶危济难，共同抵御北方戎狄和南方楚国侵扰中原，以此获得主持盟会、号召诸侯的大义名分和霸主地位。这一主张在春秋时期影响甚大，齐以后诸霸多仿此而为。

【左藏署】 藏，cáng。管理朝廷库藏的机构。历代有之。东汉中有中藏府。西晋始设左右藏署，属少府。南北朝时置时罢。隋唐成定制，隶太府寺，左掌各地所输租赋钱帛的贮存管理，右收贮各地所贡宝货金玉玩好。后世沿之，有所损益。

【左光斗】（1575—1625）明代大臣。字遗直，一字共之，号浮丘、沧屿。安庆桐城（今属安徽）人。万历三十五年（1607）进士，授中书舍人。后升浙江道监察御史、左佥都御史。熹宗朝中大宦官魏忠贤乱政，支持杨涟上书弹劾魏忠贤，又亲劾魏三十二斩罪，遭诬被捕下狱，受尽酷刑折磨，死于狱中，年五十一。两年后，熹宗驾崩，思宗诛杀魏忠贤，追赠左光斗右都御史，予祭葬，再赠太子少保，赐予三代诰命。福王时，追谥"忠毅"。墓在桐城北三十里白沙岭。著有《左忠毅公集》。清代方苞有《左忠毅公逸事》记其事。

【左丘明】春秋时史学家。鲁国人。一说复姓左丘，名明；一说单姓左，名丘明。因目盲，后人称为盲左。曾任鲁太史，或为讲诵历史及传说的史官。与孔子同时，或谓在其前。相传曾著《左传》《国语》。

【左史】官名。周代史有左史、右史之分。春秋时期晋、楚等国皆设左史。唐宋也以门下省之起居郎、中书省之起居舍人，当左、右史。起居郎主记事，起居舍人主记言。明清不设左、右史，以起居注官行其职。

【左思】（约250—约305）西晋文学家。字太冲，齐国临淄（今山东淄博临淄区北）人。出身寒微，不好交游。其貌不扬而才华出众。武帝时，其妹左芬以才名被选入宫，乃移家京师。官至秘书郎。据传曾构思十年，写成《三都赋》，于是豪门贵族之家争相传阅抄写，京城洛阳的纸张供不应求，价格大涨。"洛阳纸贵"的典故即缘于此。起初，陆机从南方来到洛下，打算创作《三都赋》，听说左思正写此赋，拍手而笑，给弟弟陆云写信说："这里有个粗俗鄙陋的北人，想作《三都赋》，等他写成了，也只好用那些纸盖酒坛子罢了。"等到左思的赋作传出，陆机赞叹佩服至极，认为不能超越他，于是停笔不写了。其诗语言质朴刚健，所作《咏史八首》，托古讽今，对门阀制度表示不满，表现了蔑视权贵的精神。《娇女诗》写小儿女情态，生动形象，广为传诵。有《左太冲集》。

【左徒】战国时楚国官名。参与议论国事，发布号令，出则接待宾客。《史记》记载春申君与屈原曾任左徒。后人因屈原尝为楚怀王左徒，即用以指屈原。

【左传】史书。传为春秋时期左丘明著。也称《春秋左氏传》或《左氏春秋》。记事起于鲁隐公元年（前722），终于鲁悼公四年（前464），比《春秋》多出17年。记载了鲁国及周王朝周边各国的政治、军事、经济、文化等方面的历史，是研究春秋时期历史的重要史料。与《公羊传》《穀梁传》合称"春秋三传"。

【佐贰】古代官员。主官的副职或辅佐官之统称。明清时，凡知府、知州、知县的辅佐官，如通判、州同、县丞等，统称佐贰。其品级略低于主管官，但非属员性质。

【作丘赋】公元前538年郑国执政子产下令按丘征收军赋。按照土地单位"丘"来征收军赋，以此来增强国家的军备和财政收入。

【作丘甲】公元前590年鲁国实行的加重军赋之举。其主要内容是改变以往每甸（四丘为甸）征赋为每丘（四邑为丘）征赋，每丘军赋加重为戎马四匹、牛十二头、甲士三人、步卒七十二人，以加强军力。

【作三军】春秋时晋国建立的军制。晋文公即位后，为了实现称霸的目的，加强军事力量，于晋文公四年（前633）将晋国原有的两军扩充为三军。组建上、中、下军三支部队，三军各设将、佐二人，合为六卿，成为晋国最重要的军政大臣。

【作三师】商王对军队的一次扩军或重组行动，创建右、中、左三支部队。这种布阵方式使得右、中、左三支部队能够互相支持，形成有效的战术布局。

【作爰田】爰，yuán。也作"作辕田"。公元前645年晋国进行的田制改革。一般认为其包括赏众以田、轮换休耕、牛耕等内容。与"作州兵"相辅相成。

【作州兵】春秋时晋国推行的兵制变革。晋惠公六年（前645），晋国与秦国发生战争，晋惠公被俘，后来被释放回国，这一事件暴露出晋国军事实力的不足。为了加强国防和扩大兵源，晋惠公采取了"作州兵"的改革措施。作州兵将征兵范围扩大到了国人（即城市居民）以外的社会阶层，这意味着乡村的居民也被纳入了兵役体系。与"作爰田"相辅相成。这一制度扩大了兵源，也标示着国野制度的逐步瓦解。

【坐怀不乱】传说春秋时期鲁国有一位名叫柳下惠的人。一天他夜宿在城门下，遇到一位无家可归女子。夜间寒冷，柳下惠怕她冻坏，就让她坐在自己的怀中，盖上衣服，用自己的体温为她保暖，一夜没有发生非礼的行为。后人用"坐怀不乱"来形容男子作风正派，品格高尚。

【坐忘】道家的一种修身养性法。出自《庄子》。指通过端坐，屏除一切知识与情欲杂念，达到浑忘一切物我、是非差别的自由精神状态。

【阼阶】阼，zuò。古代宫室一般建在高大的台基之上，宫室通往地面的台阶有东、西两部。东边的台阶为主人行走之用，称阼阶，也称东阶。

【柞】zuò。木名。即栎树。也称栩。木坚实，可做枕木或器具。朽木可培养香菇、银耳等。叶可饲柞蚕，嫩叶可代茶。果实称橡实，古代用以济荒。其壳斗古称皂斗，是重要的植物性黑色染料。壳斗及树皮中含单宁，可制造栲胶。

附录

一 我国历代纪元表

1. 本表从"五帝"开始,到 1949 年中华人民共和国成立为止。

2. "五帝"以后,西周共和元年(公元前 841 年)以前,参考 2000 年公布的《夏商周年表》进行了调整。

3. 较小的王朝如"十六国""十国"等不列表。

4. 各个时代或王朝,详列帝王名号("帝号"或"庙号",以习惯上常用者为据),年号,元年的干支和公元纪年,以资对照。(年号后用括号附列使用年数,年中改元时在干支后用数字注出改元的月份。)

干支次序表

1.甲子	13.丙子	25.戊子	37.庚子	49.壬子
2.乙丑	14.丁丑	26.己丑	38.辛丑	50.癸丑
3.丙寅	15.戊寅	27.庚寅	39.壬寅	51.甲寅
4.丁卯	16.己卯	28.辛卯	40.癸卯	52.乙卯
5.戊辰	17.庚辰	29.壬辰	41.甲辰	53.丙辰
6.己巳	18.辛巳	30.癸巳	42.乙巳	54.丁巳
7.庚午	19.壬午	31.甲午	43.丙午	55.戊午
8.辛未	20.癸未	32.乙未	44.丁未	56.己未
9.壬申	21.甲申	33.丙申	45.戊申	57.庚申
10.癸酉	22.乙酉	34.丁酉	46.己酉	58.辛酉
11.甲戌	23.丙戌	35.戊戌	47.庚戌	59.壬戌
12.乙亥	24.丁亥	36.己亥	48.辛亥	60.癸亥

五帝

（约前 30 世纪初—约前 21 世纪初）

黄 帝	颛顼 [zhuānxū]	帝喾 [kù]	尧 [yáo]	舜 [shùn]

夏

（约前 2070—前 1600）

禹[yǔ]

启

太康

仲康

相

少康

予

槐

芒

泄

不降

扃[jiōng]

廑[jǐn]

孔甲

皋[gāo]

发

癸[guǐ]
（桀[jié]）

商

（前 1600—前 1046）

商前期（前 1600—前 1300）

汤

太丁

外丙

中壬

太甲

沃丁

太庚

小甲

雍己

太戊

中丁

外壬

河亶[dǎn]甲

祖乙

祖辛

沃甲

祖丁

南庚

阳甲

盘庚（迁殷前）

周

(前 1046—前 256)

商后期 (前 1300—前 1046)

盘庚(迁殷后)*			
小辛	(50)		前 1300
小乙			
武丁	(59)		前 1250
祖庚			
祖甲			
廪辛	(44)		前 1191
康丁			
武乙	(35)	甲寅	前 1147
文丁	(11)	己丑	前 1112
帝乙	(26)	庚子	前 1101
帝辛(纣)	(30)	丙寅	前 1075

* 盘庚迁都于殷后,商也称殷。

西周 (前 1046—前 771)

武王(姬[jī]发)	(4)	乙未	前 1046
成王(～诵)	(22)	己亥	前 1042
康王(～钊[zhāo])	(25)	辛酉	前 1020
昭王(～瑕[xiá])	(19)	丙戌	前 995
穆王(～满)	(55)共王当年改元	乙巳	前 976
共[gōng]王(～繄[yī]扈)	(23)	己亥	前 922
懿[yì]王(～囏[jiān])	(8)	壬戌	前 899
孝王(～辟方)	(6)	庚午	前 891
夷王(～燮[xiè])	(8)	丙子	前 885
厉王(～胡)	(37)共和当年改元	甲申	前 877
共和	(14)	庚申	前 841
宣王(～静)	(46)	甲戌	前 827
幽王(～宫涅[shēng])	(11)	庚申	前 781

东周 (前770—前256)

公元前770年至公元前476年,为春秋时代;公元前475年至公元前221年,为战国时代,主要有秦、魏、韩、赵、楚、燕、齐等国。

平王(姬宜臼)	(51)	辛未	前770	悼王(～猛)	(1)	辛巳	前520
桓王(～林)	(23)	壬戌	前719	敬王(～匄[gài])	(44)	壬午	前519
庄王(～佗[tuó])	(15)	乙酉	前696	元王(～仁)	(7)	丙寅	前475
釐[xī]王(～胡齐)	(5)	庚子	前681	贞定王(～介)	(28)	癸酉	前468
惠王(～阆[làng])	(25)	乙巳	前676	哀王(～去疾)	(1)	庚子	前441
襄[xiāng]王(～郑)	(33)	庚午	前651	思王(～叔)	(1)	庚子	前441
顷王(～壬臣)	(6)	癸卯	前618	考王(～嵬[wéi])	(15)	辛丑	前440
匡王(～班)	(6)	己酉	前612	威烈王(～午)	(24)	丙辰	前425
定王(～瑜[yú])	(21)	乙卯	前606	安王(～骄)	(26)	庚辰	前401
简王(～夷)	(14)	丙子	前585	烈王(～喜)	(7)	丙午	前375
灵王(～泄心)	(27)	庚寅	前571	显王(～扁)	(48)	癸丑	前368
景王(～贵)	(25)	丁巳	前544	慎靓[jìng]王(～定)	(6)	辛丑	前320
				赧[nǎn]王(～延)	(59)	丁未	前314

秦 [秦帝国]
(前221—前206)

周赧王59年乙巳(前256),秦灭周。自次年(秦昭襄王52年丙午,前255)起至秦王政25年己卯(前222),史家以秦纪年。秦王政26年庚辰(前221)完成统一,称始皇帝。

昭襄王(嬴则,又名稷)	(56)	乙卯	前306	始皇帝(～政)	(37)	乙卯	前246
孝文王(～柱)	(1)	辛亥	前250	二世皇帝(～胡亥)	(3)	壬辰	前209
庄襄王(～子楚)	(3)	壬子	前249				

汉

(前206—公元220)

西汉 (前206—公元25)

包括王莽(公元9—23)和更始帝(23—25)。

高帝(刘邦)	(12)	乙未	前206		五凤(4)	甲子	前57
惠帝(～盈)	(7)	丁未	前194		甘露(4)	戊辰	前53
高后(吕雉)	(8)	甲寅	前187		黄龙(1)	壬申	前49
文帝(刘恒)	(16)	壬戌	前179	元帝(～奭[shì])	初元(5)	癸酉	前48
	(后元)(7)	戊寅	前163		永光(5)	戊寅	前43
景帝(～启)	(7)	乙酉	前156		建昭(5)	癸未	前38
	(中元)(6)	壬辰	前149		竟宁(1)	戊子	前33
	(后元)(3)	戊戌	前143	成帝(～骜[ào])	建始(4)	己丑	前32
武帝(～彻)	建元(6)	辛丑	前140		河平(4)	癸巳三	前28
	元光(6)	丁未	前134		阳朔(4)	丁酉	前24
	元朔(6)	癸丑	前128		鸿嘉(4)	辛丑	前20
	元狩(6)	己未	前122		永始(4)	乙巳	前16
	元鼎(6)	乙丑	前116		元延(4)	己酉	前12
	元封(6)	辛未	前110		绥和(2)	癸丑	前8
	太初(4)	丁丑	前104	哀帝(～欣)	建平(4)	乙卯	前6
	天汉(4)	辛巳	前100		元寿(2)	己未	前2
	太始(4)	乙酉	前96	平帝(～衎[kàn])	元始(5)	辛酉	公元1
	征和(4)	己丑	前92				
	后元(2)	癸巳	前88	孺子婴(王莽摄政)	居摄(3)	丙寅	6
昭帝(～弗陵)	始元(7)	乙未	前86		初始(1)	戊辰十一	8
	元凤(6)	辛丑八	前80	[新]王莽	始建国(5)	己巳	9
	元平(1)	丁未	前74		天凤(6)	甲戌	14
宣帝(～询)	本始(4)	戊申	前73		地皇(4)	庚辰	20
	地节(4)	壬子	前69	更始帝(刘玄)	更始(3)	癸未二	23
	元康(5)	丙辰	前65				
	神爵(4)	庚申三	前61				

东汉 (25—220)

帝	年号	干支	年	帝	年号	干支	年
光武帝(刘秀)	建武(32)	乙酉六	25	冲帝(～炳[bǐng])	永憙[xī](嘉)(1)	乙酉	145
	建武中元(2)	丙辰四	56	质帝(～缵[zuǎn])	本初(1)	丙戌	146
明帝(～庄)	永平(18)	戊午	58	桓帝(～志)	建和(3)	丁亥	147
章帝(～炟[dá])	建初(9)	丙子	76		和平(1)	庚寅	150
	元和(4)	甲申八	84		元嘉(3)	辛卯	151
	章和(2)	丁亥七	87		永兴(2)	癸巳五	153
和帝(～肇[zhào])	永元(17)	己丑	89		永寿(4)	乙未	155
	元兴(1)	乙巳四	105		延熹[xī](10)	戊戌六	158
殇[shāng]帝(～隆)	延平(1)	丙午	106		永康(1)	丁未六	167
安帝(～祜[hù])	永初(7)	丁未	107	灵帝(～宏)	建宁(5)	戊申	168
	元初(7)	甲寅	114		熹[xī]平(7)	壬子五	172
	永宁(2)	庚申四	120		光和(7)	戊午三	178
	建光(2)	辛酉七	121		中平(6)	甲子十二	184
	延光(4)	壬戌三	122	献帝(～协)	初平(4)	庚午	190
顺帝(～保)	永建(7)	丙寅	126		兴平(2)	甲戌	194
	阳嘉(4)	壬申三	132		建安(25)	丙子	196
	永和(6)	丙子	136		延康(1)	庚子三	220
	汉安(3)	壬午	142				
	建康(1)	甲申四	144				

三国
(220—280)

魏 (220—265)

帝	年号	干支	年	帝	年号	干支	年
文帝(曹丕[pī])	黄初(7)	庚子十	220		嘉平(6)	己巳四	249
明帝(～叡[ruì])	太和(7)	丁未	227	高贵乡公(～髦[máo])	正元(3)	甲戌十	254
	青龙(5)	癸丑二	233		甘露(5)	丙子六	256
	景初(3)	丁巳三	237	元帝(～奂[huàn])(陈留王)	景元(5)	庚辰六	260
齐王(～芳)	正始(10)	庚申	240		咸熙(2)	甲申五	264

蜀汉 (221—263)

昭烈帝(刘备)	章 武（3）	辛丑四	221		景 耀（6）	戊寅	258
后主(～禅 [shàn])	建 兴（15）	癸卯五	223		炎 兴（1）	癸未八	263
	延 熙（20）	戊午	238				

吴 (222—280)

大帝(孙权)	黄 武（8）	壬寅十	222	景帝(～休)	永 安（7）	戊寅十	258
	黄 龙（3）	己酉四	229	乌程侯(～皓 [hào])	元 兴（2）	甲申七	264
	嘉 禾（7）	壬子	232		甘 露（2）	乙酉四	265
	赤 乌（14）	戊午九	238		宝 鼎（4）	丙戌八	266
	太 元（2）	辛未五	251		建 衡（3）	己丑十	269
	神 凤（1）	壬申二	252		凤 凰（3）	壬辰	272
会稽王(～亮)	建 兴（2）	壬申四	252		天 册（2）	乙未	275
	五 凤（3）	甲戌	254		天 玺（1）	丙申七	276
	太 平（3）	丙子十	256		天 纪（4）	丁酉	277

晋

(265—420)

西晋 (265—317)

武帝(司马炎)	泰 始（10）	乙酉十二	265		太 安（2）	壬戌十二	302
	咸 宁（6）	乙未	275		永 安（1）	甲子	304
	太 康（10）	庚子四	280		建 武（1）	甲子七	304
	太 熙（1）	庚戌	290		永 安（1）	甲子十一	304
惠帝(～衷)	永 熙（1）	庚戌四	290		永 兴（3）	甲子十二	304
	永 平（1）	辛亥	291		光 熙（1）	丙寅六	306
	元 康（9）	辛亥三	291	怀帝(～炽 [chì])	永 嘉（7）	丁卯	307
	永 康（2）	庚申	300				
	永 宁（2）	辛酉十二	301	愍[mǐn]帝(～邺[yè])	建 兴（5）	癸酉四	313

东晋 (317—420)

东晋时期,在我国北方和巴蜀,先后存在过一些封建割据政权,其中有:汉(前赵)、成(成汉)、前凉、后赵(魏)、前燕、前秦、后燕、后秦、西秦、后凉、南凉、南燕、西凉、北凉、北燕、夏等国,历史上叫作"十六国"。

元帝(司马睿 [ruì])	建 武(2)	丁丑三	317	哀帝(~丕 [pī])	隆 和(2)	壬戌	362
	大 兴(4)	戊寅三	318		兴 宁(3)	癸亥二	363
	永 昌(2)	壬午	322	海西公(~ 奕[yì])	太 和(6)	丙寅	366
明帝(~绍)	永 昌	壬午	322	简文帝(~ 昱[yù])	咸 安(2)	辛未十一	371
	太 宁(4)	闰十一 癸未三	323	孝武帝(~ 曜[yào])	宁 康(3)	癸酉	373
成帝(~衍 [yǎn])	太 宁	乙酉闰八	325		太 元(21)	丙子	376
	咸 和(9)	丙戌二	326	安帝(~德宗)	隆 安(5)	丁酉	397
	咸 康(8)	乙未	335		元 兴(3)	壬寅	402
康帝(~岳)	建 元(2)	癸卯	343		义 熙(14)	乙巳	405
穆帝(~聃 [dān])	永 和(12)	乙巳	345	恭帝(~德文)	元 熙(2)	己未	419
	升 平(5)	丁巳	357				

南北朝
(420—589)

南朝

宋 (420—479)

武帝(刘裕)	永 初(3)	庚申六	420		景 和(1)	乙巳八	465
少帝(~义符)	景 平(2)	癸亥	423	明帝(~彧 [yù])	泰 始(7)	乙巳十二	465
文帝(~义隆)	元 嘉(30)	甲子八	424		泰 豫(1)	壬子	472
孝武帝(~骏 [jùn])	孝 建(3)	甲午	454	后废帝(~ 昱[yù])	元 徽(5)	癸丑	473
	大 明(8)	丁酉	457	(苍梧王)			
前废帝(~子 业)	永 光(1)	乙巳	465	顺帝(~準)	昇 明(3)	丁巳七	477

齐 (479—502)

高帝(萧道成)	建 元(4)	己未四	479	明帝(~鸾)	建 武(5)	甲戌十	494
武帝(~赜 [zé])	永 明(11)	癸亥	483		永 泰(1)	戊寅四	498
郁林王(~昭 业)	隆 昌(1)	甲戌	494	东昏侯(~宝 卷)	永 元(3)	己卯	499
海陵王(~昭 文)	延 兴(1)	甲戌七	494	和帝(~宝融)	中 兴(2)	辛巳三	501

梁 (502—557)

武帝(萧衍 [yǎn])	天 监(18)	壬午四	502		太清(3)*	丁卯四	547
	普 通（8）	庚子	520	简文帝(～纲)	大宝(2)**	庚午	550
	大 通（3）	丁未三	527	元帝(～绎 [yì])	承圣（4）	壬申十一	552
	中大通(6)	己酉十	529				
	大 同（12）	乙卯	535	敬帝(～方智)	绍泰（2）	乙亥十	555
	中大同(2)	丙寅四	546		太 平（2）	丙子九	556

* 　有的地区用至 6 年。
** 　有的地区用至 3 年。

陈 (557—589)

武帝(陈霸先)	永定（3）	丁丑十	557	宣帝(～顼 [xū])	太建(14)	己丑	569
文帝(～蒨 [qiàn])	天嘉（7）	庚辰	560				
	天康（1）	丙戌二	566	后主(～叔宝)	至德（4）	癸卯	583
废帝(～伯宗) （临海王）	光 大（2）	丁亥	567		祯明（3）	丁未	587

北朝

北魏 [拓跋氏,后改元氏]

(386—534)

北魏建国于丙戌(386 年)正月,初称代国,至同年四月始改国号为魏,439 年灭北凉,统一北方。

道武帝(拓跋 珪[guī])	登国(11)	丙戌	386		延和（3）	壬申	432
	皇始（3）	丙申七	396		太延（6）	乙亥	435
	天兴（7）	戊戌十二	398		太平真君 （12）	庚辰六	440
	天赐（6）	甲辰十	404				
明元帝(～嗣 [sì])	永兴（5）	己酉十	409		正平（2）	辛卯六	451
	神瑞（3）	甲寅	414	南安王(～余)	永（承）平 （1）	壬辰三	452
	泰常（8）	丙辰四	416				
太武帝(～焘 [tāo])	始光（5）	甲子	424	文成帝(～濬 [jùn])	兴安（3）	壬辰十	452
	神䴥[jiā] （4）	戊辰二	428		兴光（2）	甲午七	454
					太安（5）	乙未六	455

献文帝(拓跋弘)	和平（6）	庚子	460		孝昌（3）	乙巳六	525
	天安（2）	丙午	466	孝庄帝(～子攸[yōu])	武泰（1）	戊申	528
	皇兴（5）	丁未八	467		建义（1）	戊申四	528
孝文帝(元宏)	延兴（6）	辛亥八	471		永安（3）	戊申九	528
	承明（1）	丙辰六	476	长广王(～晔[yè])	建明（2）	庚戌十	530
	太和（23）	丁巳	477	节闵[mǐn]帝(～恭)	普泰（2）	辛亥二	531
宣武帝(～恪[kè])	景明（4）	庚辰	500	安定王(～朗)	中兴（2）	辛亥十	531
	正始（5）	甲申	504	孝武帝(～脩)	太昌（1）	壬子四	532
	永平（5）	戊子八	508		永兴（1）	壬子十二	532
	延昌（4）	壬辰四	512		永熙（3）	壬子十二	532
孝明帝(～诩[xǔ])	熙平（3）	丙申	516				
	神龟（3）	戊戌二	518				
	正光（6）	庚子七	520				

东魏 (534—550)

孝静帝(元善见)	天平（4）	甲寅十	534		兴和（4）	己未十一	539
	元象（2）	戊午	538		武定（8）	癸亥	543

北齐 (550—577)

文宣帝(高洋)	天保（10）	庚午五	550	后主(～纬)	天统（5）	乙酉四	565
废帝(～殷)	乾明（1）	庚辰	560		武平（7）	庚寅	570
孝昭帝(～演)	皇建（2）	庚辰八	560		隆化（1）	丙申十二	576
武成帝(～湛)	太宁（2）	辛巳十一	561	幼主(～恒)	承光（1）	丁酉	577
	河清（4）	壬午四	562				

西魏 (535—556)

文帝(元宝炬)	大统（17）	乙卯	535	恭帝(～廓)	—（3）	甲戌一	554
废帝(～钦)	—（3）	壬申	552				

北周 (557—581)

孝闵[mǐn]帝（宇文觉）	— (1)	丁丑	557		建德（7）	壬辰三	572
					宣政（1）	戊戌三	578
明帝（～毓[yù]）	— (3)	丁丑九	557	宣帝（～赟[yūn]）	大成（1）	己亥	579
	武成（2）	己卯八	559				
武帝（～邕[yōng]）	保定（5）	辛巳	561	静帝（～阐[chǎn]）	大象（3）	己亥二	579
	天和（7）	丙戌	566		大定（1）	辛丑一	581

隋
(581—618)

隋建国于581年，589年灭陈，完成统一。

文帝（杨坚）	开皇（20）	辛丑二	581	恭帝（～侑[yòu]）	义宁（2）	丁丑十一	617
	仁寿（4）	辛酉	601				
炀[yáng]帝（～广）	大业（14）	乙丑	605				

唐
(618—907)

高祖（李渊）	武德（9）	戊寅五	618		永隆（2）	庚辰八	680
太宗（～世民）	贞观（23）	丁亥	627		开耀（2）	辛巳九	681
高宗（～治）	永徽（6）	庚戌	650		永淳（2）	壬午二	682
	显庆（6）	丙辰	656		弘道（1）	癸未十二	683
	龙朔（3）	辛酉三*	661	中宗（～显又名哲）	嗣圣（1）	甲申	684
	麟德（2）	甲子	664				
	乾封（3）	丙寅	666	睿[ruì]宗（～旦）	文明（1）	甲申二	684
	总章（3）	戊辰三	668				
	咸亨（5）	庚午三	670	武后（武曌[zhào]）	光宅（1）	甲申九	684
	上元（3）	甲戌八	674		垂拱（4）	乙酉	685
	仪凤（4）	丙子十一	676		永昌（1）	己丑	689
	调露（2）	己卯六	679		载初**（1）	庚寅正	690

	年号	干支	
武后称帝,改国号为周	天授(3)	庚寅九	690
	如意(1)	壬辰四	692
	长寿(3)	壬辰九	692
	延载(1)	甲午五	694
	证圣(1)	乙未	695
	天册万岁(2)	乙未九	695
	万岁登封(1)	丙申腊	696
	万岁通天(2)	丙申三	696
	神功(1)	丁酉九	697
	圣历(3)	戊戌	698
	久视(1)	庚子五	700
	大足(1)	辛丑	701
	长安(4)	辛丑十	701
中宗(李显又名哲),复唐国号	神龙(3)	乙巳	705
	景龙(4)	丁未九	707
睿[ruì]宗(～旦)	景云(2)	庚戌七	710
	太极(1)	壬子	712
	延和(1)	壬子五	712
玄宗(～隆基)	先天(2)	壬子八	712
	开元(29)	癸丑十二	713
	天宝(15)	壬午	742
肃宗(～亨)	至德(3)	丙申七	756
	乾元(3)	戊戌二	758
	上元(2)	庚子闰四	760
	-(1)***	辛丑九	761
代宗(～豫)	宝应(2)	壬寅四	762
	广德(2)	癸卯七	763
	永泰(2)	乙巳	765
	大历(14)	丙午十一	766

		干支	
德宗(～适[kuò])	建中(4)	庚申	780
	兴元(1)	甲子	784
	贞元(21)	乙丑	785
顺宗(～诵)	永贞(1)	乙酉八	805
宪宗(～纯)	元和(15)	丙戌	806
穆宗(～恒)	长庆(4)	辛丑	821
敬宗(～湛)	宝历(3)	乙巳	825
文宗(～昂)	宝历	丙午十二	826
	大(太)和(9)	丁未二	827
	开成(5)	丙辰	836
武宗(～炎)	会昌(6)	辛酉	841
宣宗(～忱[chén])	大中(14)	丁卯	847
懿[yì]宗(～漼[cuǐ])	大中	己卯八	859
	咸通(15)	庚辰十一	860
僖[xī]宗(～儇[xuān])	咸通	癸巳七	873
	乾符(6)	甲午十一	874
	广明(2)	庚子	880
	中和(5)	辛丑七	881
	光启(4)	乙巳三	885
	文德(1)	戊申二	888
昭宗(～晔[yè])	龙纪(1)	己酉	889
	大顺(2)	庚戌	890
	景福(2)	壬子	892
	乾宁(5)	甲寅	894
	光化(4)	戊午八	898
	天复(4)	辛酉四	901
	天祐(4)	甲子闰四	904
哀帝(～柷[chù])	天祐****	甲子八	904

* 辛酉三月丙申朔改元,一作辛酉二月乙未晦改元。

** 始用周正,改永昌元年十一月为载初元年正月,以十二月为腊月,夏正月为一月。久视元年十月复用夏正,以正月为十一月,腊月为十二月,一月为正月。本表在这段期间内干支后面所注的改元月份都是周历,各年号的使用年数也是按照周历的计算方法。

*** 此年九月以后去年号,但称元年。

**** 哀帝即位未改元。

五代

(907—960)

五代时期，除后梁、后唐、后晋、后汉、后周外，还先后存在过一些封建割据政权，其中有：吴、前蜀、吴越、楚、闽、南汉、荆南（南平）、后蜀、南唐、北汉等国，历史上叫作"十国"。

后梁 (907—923)

太祖（朱晃，又名温、全忠）	开 平（5）	丁卯四	907		贞 明（7）	乙亥十一	915
末帝（～瑱[zhèn]）	乾 化（5）	辛未五	911		龙 德（3）	辛巳五	921
	乾 化	癸酉二	913				

后唐 (923—936)

庄宗（李存勖[xù]）	同 光（4）	癸未四	923	闵[mǐn]帝（～从厚）	应 顺（1）	甲午	934
明宗（～亶[dǎn]）	天 成（5）	丙戌四	926	末帝（～从珂[kē]）	清 泰（3）	甲午四	934
	长 兴（4）	庚寅二	930				

后晋 (936—947)

高祖（石敬瑭[táng]）	天 福（9）	丙申十一	936		开 运（4）	甲辰七	944
出帝（～重贵）	天 福*	壬寅六	942				

* 出帝即位未改元。

后汉 (947—950)

高祖（刘暠[gǎo]，本名知远）	天 福*	丁未二	947	隐帝（～承祐）	乾 祐**	戊申二	948
	乾 祐（3）	戊申	948				

* 后汉高祖即位，仍用后晋高祖年号，称天福十二年。
** 隐帝即位未改元。

后周 (951—960)

太祖（郭威）	广 顺（3）	辛亥	951	世宗（柴荣）	显 德*	甲寅一	954
	显 德（7）	甲寅一	954	恭帝（～宗训）	显 德	己未六	959

* 世宗、恭帝都未改元。

宋

(960—1279)

北宋 (960—1127)

帝	年号（年数）	干支	年	帝	年号（年数）	干支	年
太祖（赵匡胤[yìn]）	建 隆（4）	庚申	960		庆 历（8）	辛巳十一	1041
	乾 德（6）	癸亥十一	963		皇 祐（6）	己丑	1049
	开 宝（9）	戊辰十一	968		至 和（3）	甲午三	1054
太宗（～炅[jiǒng]，本名匡义，又名光义）	太平兴国（9）	丙子十二	976		嘉 祐（8）	丙申九	1056
	雍 熙（4）	甲申十一	984	英宗（～曙）	治 平（4）	甲辰	1064
	端 拱（2）	戊子	988	神宗（～顼[xū]）	熙 宁（10）	戊申	1068
	淳 化（5）	庚寅	990		元 丰（8）	戊午	1078
	至 道（3）	乙未	995	哲宗（～煦[xù]）	元 祐（9）	丙寅	1086
真宗（～恒）	咸 平（6）	戊戌	998		绍 圣（5）	甲戌四	1094
	景 德（4）	甲辰	1004		元 符（3）	戊寅六	1098
	大中祥符（9）	戊申	1008	徽宗（～佶[jí]）	建中靖国（1）	辛巳	1101
	天禧[xī]（5）	丁巳	1017		崇 宁（5）	壬午	1102
	乾 兴（1）	壬戌	1022		大 观（4）	丁亥	1107
仁宗（～祯）	天 圣（10）	癸亥	1023		政 和（8）	辛卯	1111
	明 道（2）	壬申十一	1032		重 和（2）	戊戌十一	1118
	景 祐（5）	甲戌	1034		宣 和（7）	己亥二	1119
	宝 元（3）	戊寅十一	1038	钦宗（～桓[huán]）	靖 康（2）	丙午	1126
	康 定（2）	庚辰二	1040				

南宋 (1127—1279)

帝	年号（年数）	干支	年	帝	年号（年数）	干支	年
高宗（赵构）	建 炎（4）	丁未五	1127		嘉 熙（4）	丁酉	1237
	绍 兴（32）	辛亥	1131		淳 祐（12）	辛丑	1241
孝宗（～昚[shèn]）	隆 兴（2）	癸未	1163		宝 祐（6）	癸丑	1253
	乾 道（9）	乙酉	1165		开 庆（1）	己未	1259
	淳 熙（16）	甲午	1174		景 定（5）	庚申	1260
光宗（～惇[dūn]）	绍 熙（5）	庚戌	1190	度宗（～禥[qí]）	咸 淳（10）	乙丑	1265
宁宗（～扩）	庆 元（6）	乙卯	1195	恭帝（～㬎[xiǎn]）	德 祐（2）	乙亥	1275
	嘉 泰（4）	辛酉	1201	端宗（～昰[shì]）	景 炎（3）	丙子五	1276
	开 禧（3）	乙丑	1205	帝昺（～昺[bǐng]）	祥 兴（2）	戊寅五	1278
	嘉 定（17）	戊辰	1208				
理宗（～昀[yún]）	宝 庆（3）	乙酉	1225				
	绍 定（6）	戊子	1228				
	端 平（3）	甲午	1234				

辽 [耶律氏]
(907—1125)

辽建国于907年,国号契丹,916年始建年号,938年(一说947年)改国号为辽,983年复称契丹,1066年仍称辽。

庙号	年号	干支	公元
太祖(耶律阿保机)	—(10)	丁卯	907
	神册(7)	丙子十二	916
	天赞(5)	壬午二	922
	天显(13)	丙戌二	926
太宗(～德光)	天显*	丁亥十一	927
	会同(10)	戊戌十一	938
	大同(1)	丁未二	947
世宗(～阮[ruǎn])	天禄(5)	丁未九	947
穆宗(～璟[jǐng])	应历(19)	辛亥九	951
景宗(～贤)	保宁(11)	己巳二	969
	乾亨(5)	己卯十一	979
圣宗(～隆绪)	乾亨	壬午九	982
	统和(30)	癸未六	983
	开泰(10)	壬子十一	1012
	太平(11)	辛酉十一	1021
兴宗(～宗真)	景福(2)	辛未六	1031
	重熙(24)	壬申十一	1032
道宗(～洪基)	清宁(10)	乙未八	1055
	咸雍(10)	乙巳	1065
	大(太)康(10)	乙卯	1075
	大安(10)	乙丑	1085
	寿昌(隆)(7)	乙亥	1095
天祚[zuò]帝(～延禧[xī])	乾统(10)	辛巳二	1101
	天庆(10)	辛卯	1111
	保大(5)	辛丑	1121

* 太宗即位未改元。

西夏
(1038—1227)

1032年(北宋明道元年)元昊嗣夏王位,1034年始建年号,1038年称帝,国名大夏。在汉籍中习称西夏。1227年为蒙古所灭。

庙号	年号	干支	公元
景宗(嵬名元昊)	广运(2)	甲戌十	1034
	大庆(2)	丙子十二	1036
	天授礼法延祚(11)	戊寅十	1038
毅宗(～谅祚)	延嗣宁国(1)	己丑	1049
	天祐垂圣(3)	庚寅	1050
	福圣承道(4)	癸巳	1053
	奲[duǒ]都(6)	丁酉	1057
惠宗(～秉常)	拱化(5)	癸卯	1063
	乾道(1)	戊申	1068
	天赐礼盛国庆(5)	己酉	1069
	大安(11)	甲寅	1074
	天安礼定(2)	乙丑	1085
崇宗(～乾顺)	天仪治平(3)	丁卯	1087
	天祐民安(8)	庚午	1090
	永安(3)	戊寅	1098
	贞观(13)	辛巳	1101
	雍宁(5)	甲午	1114
	元德(8)	己亥	1119
	正德(8)	丁未	1127
	大德(5)	乙卯	1135
仁宗(～仁孝)	大庆(4)	庚申	1140
	人庆(5)	甲子	1144
	天盛(21)	己巳	1149
	乾祐(24)	庚寅	1170
桓宗(～纯祐)	天庆(12)	甲寅	1194
襄宗(～安全)	应天(4)	丙寅一	1206
	皇建(1)	庚午	1210
神宗(～遵顼[xū])	光定(13)	辛未八	1211
献宗(～德旺)	乾定(3)	甲申十二	1224
末帝(～睍[xiàn])	宝义(1)	丁亥	1227

金 ［完颜氏］

(1115—1234)

帝王	年号	干支	公元	帝王	年号	干支	公元
太祖（完颜旻[mín]，本名阿骨打）	收国（2）	乙未	1115	章宗（～璟[jǐng]）	明昌（7）	庚戌	1190
	天辅（7）	丁酉	1117		承安（5）	丙辰十一	1196
太宗（～晟[shèng]）	天会（15）	癸卯九	1123		泰和（8）	辛酉	1201
熙宗（～亶[dǎn]）	天会*	乙卯一	1135	卫绍王（～永济）	大安（3）	己巳	1209
	天眷（3）	戊午	1138		崇庆（2）	壬申	1212
	皇统（9）	辛酉	1141		至宁（1）	癸酉五	1213
海陵王（～亮）	天德（5）	己巳十二	1149	宣宗（～珣[xún]）	贞祐（5）	癸酉九	1213
	贞元（4）	癸酉三	1153		兴定（6）	丁丑九	1217
	正隆（6）	丙子二	1156		元光（2）	壬午八	1222
世宗（～雍）	大定（29）	辛巳十	1161	哀宗（～守绪）	正大（9）	甲申	1224
					开兴（1）	壬辰一	1232
					天兴（3）	壬辰四	1232

* 熙宗即位未改元。

元 ［孛儿只斤氏］

(1206—1368)

蒙古孛儿只斤·铁木真于1206年建国。1271年忽必烈定国号为元，1279年灭南宋。

帝王	年号	干支	公元	帝王	年号	干支	公元
太祖（孛儿只斤·铁木真）（成吉思汗）	—（22）	丙寅	1206	英宗（～硕[shuò]德八剌）	至治（3）	辛酉	1321
拖雷（监国）	—（1）	戊子	1228	泰定帝（～也孙铁木儿）	泰定（5）	甲子	1324
太宗（～窝阔台）	—（13）	己丑	1229		致和（1）	戊辰二	1328
乃马真后（称制）	—（5）	壬寅	1242	天顺帝（～阿速吉八）	天顺（1）	戊辰九	1328
定宗（～贵由）	—（3）	丙午七	1246	文宗（～图帖睦尔）	天历（3）	戊辰九	1328
海迷失后（称制）	—（3）	己酉三	1249	明宗（～和世瓎[là]）*		己巳	1329
宪宗（～蒙哥）	—（9）	辛亥六	1251		至顺（4）	庚午五	1330
世祖（～忽必烈）	中统（5）	庚申五	1260	宁宗（～懿[yì]璘[lín]质班）	至顺	壬申十	1332
	至元（31）	甲子八	1264	顺帝（～妥懽帖睦尔）	至顺	癸酉六	1333
成宗（～铁穆耳）	元贞（3）	乙未	1295		元统（3）	癸酉十	1333
	大德（11）	丁酉二	1297		（后）至元（6）	乙亥十一	1335
武宗（～海山）	至大（4）	戊申	1308		至正（28）	辛巳	1341
仁宗（～爱育黎拔力八达）	皇庆（2）	壬子	1312				
	延祐（7）	甲寅	1314				

* 明宗于己巳（1329）正月即位，以文宗为皇太子。八月明宗暴死，文宗复位。

明

(1368—1644)

太祖(朱元璋)	洪 武(31)	戊申	1368	孝宗(～祐樘 [chēng])	弘 治(18)	戊申	1488
惠帝(～允炆 [wén])	建 文(4)*	己卯	1399	武宗(～厚照)	正 德(16)	丙寅	1506
成祖(～棣 [dì])	永 乐(22)	癸未	1403	世宗(～厚熜 [cōng])	嘉 靖(45)	壬午	1522
仁宗(～高炽 [chì])	洪 熙(1)	乙巳	1425	穆宗(～载垕 [hòu])	隆 庆(6)	丁卯	1567
宣宗(～瞻 [zhān]基)	宣 德(10)	丙午	1426	神宗(～翊 [yì]钧)	万 历(48)	癸酉	1573
英宗(～祁镇)	正 统(14)	丙辰	1436	光宗(～常洛)	泰 昌(1)	庚申ᴧ	1620
代宗(～祁钰 [yù])(景帝)	景 泰(8)	庚午	1450	熹[xī]宗(～由校)	天 启(7)	辛酉	1621
英宗(～祁镇)	天 顺(8)	丁丑―	1457	思宗(～由检)	崇 祯(17)	戊辰	1628
宪宗(～见深)	成 化(23)	乙酉	1465				

* 建文四年时成祖废除建文年号，改为洪武三十五年。

清 [爱新觉罗氏]

(1616—1911)

清建国于 1616 年，初称后金，1636 年始改国号为清，1644 年入关。

太祖(爱新觉罗·努尔哈赤)	天 命(11)	丙辰	1616	仁宗(～颙 [yóng]琰 [yǎn])	嘉 庆(25)	丙辰	1796
太宗(～皇太极)	天 聪(10)	丁卯	1627	宣宗(～旻 [mín]宁)	道 光(30)	辛巳	1821
	崇 德(8)	丙子四	1636				
世祖(～福临)	顺 治(18)	甲申	1644	文宗(～奕詝[zhǔ])	咸 丰(11)	辛亥	1851
圣祖(～玄烨 [yè])	康 熙(61)	壬寅	1662	穆宗(～载淳)	同 治(13)	壬戌	1862
世宗(～胤 [yìn]禛 [zhēn])	雍 正(13)	癸卯	1723	德宗(～载湉 [tián])	光 绪(34)	乙亥	1875
高宗(～弘历)	乾 隆(60)	丙辰	1736	～溥[pǔ]仪	宣 统(3)	己酉	1909

中华民国

(1912—1949)

中华民国(38)	壬子	1912					

中华人民共和国

1949 年 10 月 1 日成立

二　词目分类索引

天文历法

宫室车马

衣器食物

人物掌故

政事法律

朝代民族

科举职官

宗法礼俗

宗教知识

军事外交

经济科技

学术考据

典籍艺文

乐律娱体

动物植物

三　词目异称、合称索引

（索引中的数码为正文页码，页码前为异称或合称，页码后为异称或合称对应的词目）

图书在版编目(CIP)数据

中国古代文化常识辞典/商务印书馆辞书研究中心
编.—北京:商务印书馆;成都:四川教育出版社,2024
ISBN 978-7-100-23980-6

Ⅰ.①中… Ⅱ.①商… Ⅲ.①中华文化—文化史—
古代—词典 Ⅳ.①K220.3-61

中国国家版本馆 CIP 数据核字(2024)第 095556 号

中国古代文化常识辞典
商务印书馆辞书研究中心 编

商 务 印 书 馆
四川教育出版社 出版
商 务 印 书 馆 发行
(北京王府井大街36号 邮政编码100710)
北京通州皇家印刷厂印刷
ISBN 978-7-100-23980-6

2024 年 6 月第 1 版　　　开本 880×1194　1/32
2024 年 6 月北京第 1 次印刷　印张 20¾
定价:45.90 元